Über dieses Buch

Der FISCHER WELTALMANACH, alljährlich auf den neuesten Stand gebracht, liefert Zahlen, Daten und Fakten aus Politik, Wirtschaft und dem kulturellen Geschehen; Wichtiges über alle souveränen Staaten und die bedeutendsten Ereignisse der letzten zwölf Monate; Informationen über internationale Institutionen ebenso wie die neuesten Entwicklungen der Weltwirtschaft. Er enthält Biographien wichtiger Politiker, verzeichnet Nobelpreise sowie die im letzten Jahr verstorbenen Persönlichkeiten und liefert Angaben zur Entwicklung der Weltbevölkerung.

Die diesjährige Ausgabe enthält außerdem die Ergebnisse der Olympischen Winter- und Sommerspiele 1976 und einen Nachtrag, der den Ausgang der Bundestagswahlen 1976 aufzeigt.

Aktualität und Fülle der Informationen machen den FISCHER WELTALMANACH zu einer interessanten Lektüre und zu einem wichtigen Nachschlagwerk. Sachlichkeit war erklärtes Ziel bei der Bearbeitung des vielfältigen Materials. Aus der umfangreichen Korrespondenz mit Behörden des In- und Auslandes, aus Zeitungen, Zeitschriften und Archiven wurden weit über 100 000 Zahlen, Daten und Fakten ausgewählt. Der FISCHER WELTALMANACH ist das bisher auflagenstärkste deutsche Taschenbuch.

Über den Herausgeber und Verfasser

Professor Dr. Gustav Fochler-Hauke, im einstigen Österreichisch-Schlesien geboren, begann als Buchhändler im Sudetenland und in Österreich. Als Neunzehnjähriger trat er seine erste Weltreise an; mit dem Paddelboot erreichte er als einer der ersten auf der Donau die Schwarzmeerküste. Auf dem Landwege reiste er sodann 1927/28 durch Vorder- und Südasien, durchquerte das vom Bürgerkrieg heimgesuchte China und kehrte über Sibirien nach Österreich zurück, um schließlich – angeregt durch seinen mit der Wiederaufforstung Chinas beauftragten Freund G. Fenzel – in München nach Ablegung des Begabtenabiturs Geographie, Geologie, Meteorologie und Völkerkunde zu studieren. Es folgten Promotion und Habilitation an der Universität München, eine mehrjährige Tätigkeit als Direktor der »Deutschen Akademie«. Aus dem Kriege als Schwerkriegsbeschädigter heimgekehrt, erschloß sich ihm 1949–1954 durch Forschung und Lehre in Südamerika eine neue Welt. Von 1954 bis 1973 widmete er sich wieder an der Universität München der Forschung und Lehre, war außerdem als Verlagsberater und Herausgeber zahlreicher Publikationen tätig und erweiterte auf Studienreisen in allen Kontinenten ständig Kontakte und Kenntnisse.

Zu seinen wichtigsten Buchveröffentlichungen gehören – neben mehr als 200 Beiträgen in Zeitschriften des In- und Auslandes – u. a.: Der Ferne Osten 1936 – Die Mandschurei 1941 – Asia, 3 Bde. 1950/52 – IRO-Weltwirtschaftsatlas 1958–1966 – Bertelsmann Länderlexikon 1961 ff. – Verkehrsgeographie 1964 – Die geteilten Länder/Krisenherde der Weltpolitik 1967 – Völker und Staaten der ›Dritten Welt‹ 1968 – Sowjetunion–China–Japan 1970 – ›Die Welt unserer Zeit‹ (finnisch), 2 Bde., ferner Mitarbeiter von Band 3, 1975/76. Herausgeber u. a. von: Das Fischer Lexikon ›Geographie‹ (Auflage über 200 000) und ›Länder, Völker, Kontinente‹, 3 Bde., 1974 ff.

DER FISCHER WELTALMANACH 1977

Herausgegeben und verfaßt von

Prof. Dr. Gustav Fochler-Hauke

FISCHER TASCHENBUCH VERLAG

Redaktionsschluß Mitte September 1976

Originalausgabe
des Fischer Taschenbuch Verlages
November 1976
Umschlagentwurf: Wolf D. Zimmermann
Fischer Taschenbuch Verlag GmbH, Frankfurt am Main

Druck und Bindung: Clausen & Bosse, Leck (Schleswig)
Satz: Gutfreund & Sohn, Darmstadt
Printed in Germany
ISSN 0430-5973
1-0100-77-880-ISBN-3-436-02378-7

Vorwort

Der »Fischer Weltalmanach«, der mit der Ausgabe '77 eine Gesamtauflage von rund 1,7 Mill. erreicht, hat zum Ziel, alljährlich einen Überblick über das politische Geschehen, über wirtschaftliche Vorgänge, Verkehr, Welthandel und u. a. auch über Veränderungen in internationalen politischen Organisationen und wirtschaftlichen Zusammenschlüssen zu geben. **Der Abschnitt über die »Souveränen Staaten«** und die von diesen abhängigen Gebiete **ist auf größtmögliche Aktualität ausgerichtet** und bringt die bis Redaktionsschluß vorliegenden neuesten Daten über die Zusammensetzung der Regierungen, über Verfassungsänderungen, über Bevölkerungsentwicklung, das Wirtschaftswachstum, den Außenhandelsumfang, über Religionszugehörigkeit und Analphabetentum und nicht zuletzt über die Mitgliedschaft in führenden internationalen Organisationen, denen darüber hinaus ein Sonderkapitel gewidmet ist. **In der »Weltchronik« wird** gewissermaßen ergänzend dazu **über das** politische und wirtschaftliche **Geschehen des abgelaufenen Jahres berichtet. Kurzbiographien** der besonders in den Vordergrund getretenen oder neu zu Einfluß gekommenen ausländischen Politiker **sollen** deren **Werdegang und politische Auffassungen** zumindest **in** einigen **Umrissen erkennen lassen.** Ein dieser Ausgabe beigegebenes Register der bisher im Weltalmanach gebrachten Kurzbiographien deutet schon für sich den raschen Wechsel auf der politischen Bühne der vergangenen zwei Jahrzehnte an. **Bei den Wirtschaftsabschnitten** wurde besonderer Wert darauf gelegt, einige **Zusammenhänge der kürzlichen wirtschaftlichen Rezession** aufzuzeigen, Produktionsveränderungen herauszustellen und auf **Entwicklungstendenzen** in den westlichen Industrieländern, im großen östlichen Wirtschaftsraum, d. h. in den Mitgliedsstaaten des »Rates für Gegenseitige Wirtschaftshilfe«, und ganz besonders auch in den »Entwicklungsländern« hinzuweisen. Die Karten und Figuren sollen Zusammenhänge aufzeigen und aktuelle Vorkommnisse verdeutlichen. Die ausgewählte **Kulturstatistik** ist in erster Linie auf eine Übersicht über die Vergabe von Preisen und sonstigen Anerkennungen für schöpferische Leistungen im Film-, Kunst-, Literatur- und Musikschaffen abgestellt. – Die mehr als 100 000 Zahlen, Daten und Fakten stützen sich auf die Auswertung deutscher und internationaler Zeitungen, Zeitschriften und Jahrbücher und auf eine weltweite Korrespondenz mit Personen, Behörden und Instituten, deren Bereitwilligkeit zu Auskünften besonderen Dank verdient.

Als Herausgeber und Verfasser ist es mir ein Bedürfnis, dem Leiter des Fischer Taschenbuch Verlages, Herrn *Wolfgang Rasch,* der Redakteurin des Almanachs, Frau *Anke Rasch,* und Verlagssekretärin Frau *Gesine Simpfendörfer* bestens für die stets angenehme Zusammenarbeit und für die Herstellung des Registers zu danken. Frau *Hannelore Bürger* hat mich in der Korrespondenz, meine Frau in der Archivarbeit tatkräftig unterstützt, wofür ihnen ebenso wie Herrn *Adolf Böhm* für die kartolithographische Ausführung der beigegebenen Karten und Figuren an dieser Stelle mein Dank ausgesprochen sei.

München, Mitte September 1976 Gustav Fochler-Hauke

Inhaltsverzeichnis

KALENDER FÜR DAS JAHR 1977

	JANUAR	FEBRUAR	MÄRZ	APRIL
So	2 9 16 23 30	6 13 20 27	6 13 20 27	3 10 17 24
Mo	3 10 17 24 31	7 14 21 28	7 14 21 28	4 11 18 25
Di	4 11 18 25	1 8 15 22	1 8 15 22 29	5 12 19 26
Mi	5 12 19 26	2 9 16 23	2 9 16 23 30	6 13 20 27
Do	6 13 20 27	3 10 17 24	3 10 17 24 31	7 14 21 28
Fr	7 14 21 28	4 11 18 25	4 11 18 25	1 8 15 22 29
Sa	1 8 15 22 29	5 12 19 26	5 12 19 26	2 9 16 23 30

	MAI	JUNI	JULI	AUGUST
So	1 8 15 22 29	5 12 19 26	3 10 17 24 31	7 14 21 28
Mo	2 9 16 23 30	6 13 20 27	4 11 18 25	1 8 15 22 29
Di	3 10 17 24 31	7 14 21 28	5 12 19 26	2 9 16 23 30
Mi	4 11 18 25	1 8 15 22 29	6 13 20 27	3 10 17 24 31
Do	5 12 19 26	2 9 16 23 30	7 14 21 28	4 11 18 25
Fr	6 13 20 27	3 10 17 24	1 8 15 22 29	5 12 19 26
Sa	7 14 21 28	4 11 18 25	2 9 16 23 30	6 13 20 27

	SEPTEMBER	OKTOBER	NOVEMBER	DEZEMBER
So	4 11 18 25	2 9 16 23 30	6 13 20 27	4 11 18 25
Mo	5 12 19 26	3 10 17 24 31	7 14 21 28	5 12 19 26
Di	6 13 20 27	4 11 18 25	1 8 15 22 29	6 13 20 27
Mi	7 14 21 28	5 12 19 26	2 9 16 23 30	7 14 21 28
Do	1 8 15 22 29	6 13 20 27	3 10 17 24	1 8 15 22 29
Fr	2 9 16 23 30	7 14 21 28	4 11 18 25	2 9 16 23 30
Sa	3 10 17 24	1 8 15 22 29	5 12 19 26	3 10 17 24 31

Hl. 3 Könige 6. Januar
(nur in Bad.-W. u. Bayern)
Karfreitag 8. April
Ostersonntag 10. April
Ostermontag 11. April
Ges. Feiertag 1. Mai
Christi Himmelfahrt 19. Mai
Pfingstsonntag 29. Mai
Pfingstmontag 30. Mai
Fronleichnam 9. Juni
(nur in Bad.-W., Bayern, Nordrh.-W., Rheinld.-Pf., Saarld.)
Ges. Feiertag 17. Juni
Mariä Himmelfahrt 15. Aug.
Erntedankfest 2. Okt.
(nur in Bayern u. Saarld.)
Reformationstag 31. Okt.
Gedenktag (kein Feiertg.)
Allerheiligen 1. Nov.
(nur in Bad.-W., Bayern, Nordrh.-W., Rheinld.-Pf., Saarld.)
Bußtag 16. Nov.
Totensonntag 20. Nov.
1. Weihnachtstag 25. Dez.
2. Weihnachtstag 26. Dez.

KALENDER FÜR DAS JAHR 1978

	JANUAR	FEBRUAR	MÄRZ	APRIL
So	1 8 15 22 29	5 12 19 26	5 12 19 26	2 9 16 23 30
Mo	2 9 16 23 30	6 13 20 27	6 13 20 27	3 10 17 24
Di	3 10 17 24 31	7 14 21 28	7 14 21 28	4 11 18 25
Mi	4 11 18 25	1 8 15 22	1 8 15 22 29	5 12 19 26
Do	5 12 19 26	2 9 16 23	2 9 16 23 30	6 13 20 27
Fr	6 13 20 27	3 10 17 24	3 10 17 24 31	7 14 21 28
Sa	7 14 21 28	4 11 18 25	4 11 18 25	1 8 15 22 29

	MAI	JUNI	JULI	AUGUST
So	7 14 21 28	4 11 18 25	2 9 16 23 30	6 13 20 27
Mo	1 8 15 22 29	5 12 19 26	3 10 17 24 31	7 14 21 28
Di	2 9 16 23 30	6 13 20 27	4 11 18 25	1 8 15 22 29
Mi	3 10 17 24 31	7 14 21 28	5 12 19 26	2 9 16 23 30
Do	4 11 18 25	1 8 15 22 29	6 13 20 27	3 10 17 24 31
Fr	5 12 19 26	2 9 16 23 30	7 14 21 28	4 11 18 25
Sa	6 13 20 27	3 10 17 24	1 8 15 22 29	5 12 19 26

	SEPTEMBER	OKTOBER	NOVEMBER	DEZEMBER
So	3 10 17 24	1 8 15 22 29	5 12 19 26	3 10 17 24 31
Mo	4 11 18 25	2 9 16 23 30	6 13 20 27	4 11 18 25
Di	5 12 19 26	3 10 17 24 31	7 14 21 28	5 12 19 26
Mi	6 13 20 27	4 11 18 25	1 8 15 22 29	6 13 20 27
Do	7 14 21 28	5 12 19 26	2 9 16 23 30	7 14 21 28
Fr	1 8 15 22 29	6 13 20 27	3 10 17 24	1 8 15 22 29
Sa	2 9 16 23 30	7 14 21 28	4 11 18 25	2 9 16 23 30

Hl. 3 Könige 6. Januar
(nur in Bad.-W. u. Bayern)
Karfreitag 24. März
Ostersonntag 26. März
Ostermontag 27. März
Ges. Feiertag 1. Mai
Christi Himmelfahrt 4. Mai
Pfingstsonntag 14. Mai
Pfingstmontag 15. Mai
Fronleichnam 25. Mai
(nur in Bad.-W., Bayern, Nordrh.-W., Rheinld.-Pf., Saarld.)
Ges. Feiertag 17. Juni
Mariä Himmelfahrt 15. Aug.
Erntedankfest 1. Okt.
(nur in Bayern u. Saarld.)
Reformationstag 31. Okt.
Gedenktag (kein Feiertg.)
Allerheiligen 1. Nov.
(nur in Bad.-W., Bayern, Nordrh.-W., Rheinld.-Pf., Saarld.)
Bußtag 22. Nov.
Totensonntag 26. Nov.
1. Weihnachtstag 25. Dez.
2. Weihnachtstag 26. Dez.

BEWEGLICHE FESTE 1979—1985

Jahr **Schalt-jahr*	*Ascher-mittwoch*	*Oster-sonntag*	*Himmel-fahrt*	*Pfingst-sonntag*	*Fron-leichnam*	*Erster Advent*	*1. Weih-nachtstag fällt auf*
1979	28. Febr.	15. April	24. Mai	3. Juni	14. Juni	2. Dez.	Dienstag
*1980	20. Febr.	6. April	15. Mai	25. Mai	5. Juni	30. Nov.	Donnerstag
1981	4. März	19. April	28. Mai	7. Juni	18. Juni	29. Nov.	Freitag
1982	24. Febr.	11. April	20. Mai	30. Mai	10. Juni	28. Nov.	Samstag
1983	16. Febr.	3. April	12. Mai	22. Mai	2. Juni	27. Nov.	Sonntag
*1984	7. März	22. April	31. Mai	10. Juni	21. Juni	2. Dez.	Dienstag
1985	20. Febr.	7. April	16. Mai	26. Mai	6. Juni	1. Dez.	Mittwoch

Zeitzonenkarte

Wenn es in Mitteleuropa **12.00** ist, ist es in . . .

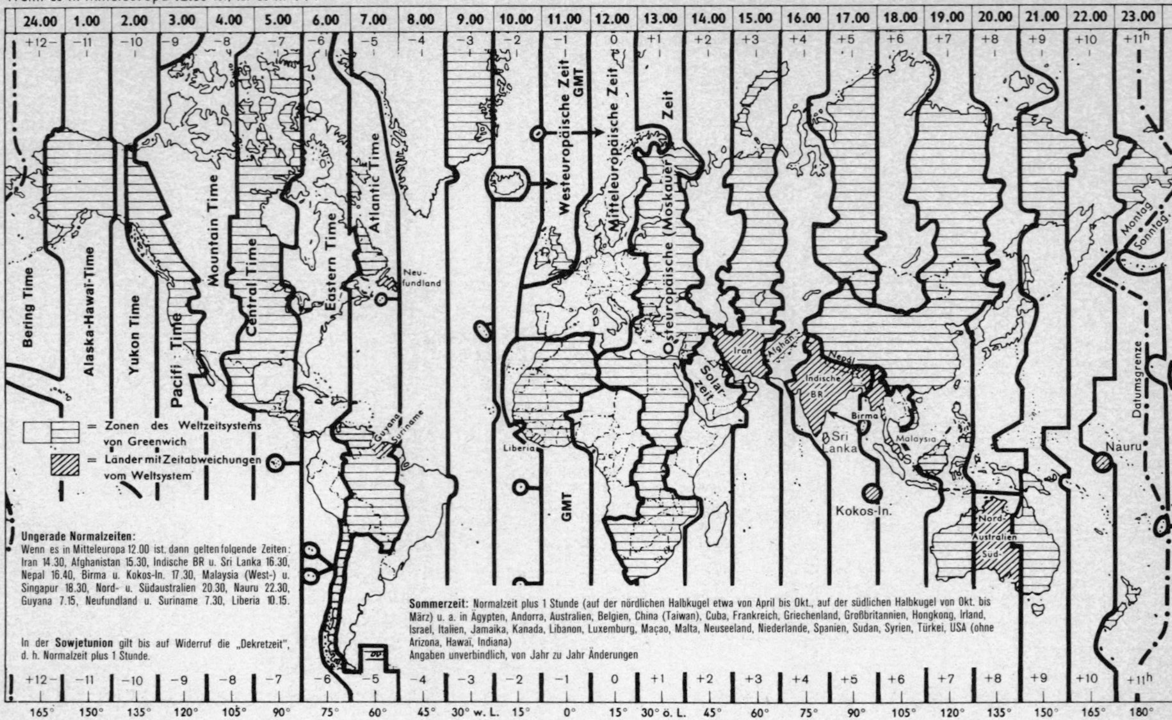

Ungerade Normalzeiten:
Wenn es in Mitteleuropa 12.00 ist, dann gelten folgende Zeiten: Iran 14.30, Afghanistan 15.30, Indische BR u. Sri Lanka 16.30, Nepal 16.40, Birma u. Kokos-In. 17.30, Malaysia (West-) u. Singapur 18.30, Nord- u. Südaustralien 20.30, Nauru 22.30, Guyana 7.15, Neufundland u. Suriname 7.30, Liberia 10.15.

In der **Sowjetunion** gilt bis auf Widerruf die „Dekretzeit", d. h. Normalzeit plus 1 Stunde.

Sommerzeit: Normalzeit plus 1 Stunde (auf der nördlichen Halbkugel etwa von April bis Okt., auf der südlichen Halbkugel von Okt. bis März) u. a. in Ägypten, Andorra, Australien, Belgien, China (Taiwan), Cuba, Frankreich, Griechenland, Großbritannien, Hongkong, Irland, Israel, Italien, Jamaika, Kanada, Libanon, Luxemburg, Maçao, Malta, Neuseeland, Niederlande, Spanien, Sudan, Syrien, Türkei, USA (ohne Arizona, Hawaï, Indiana)
Angaben unverbindlich, von Jahr zu Jahr Änderungen

Erläuterung wichtiger im Text verwendeter Abkürzungen

AATUF	=	All-African Trade Union Federation (Allafrikan. Gewerkschaftsföderation)
ADB	=	Asian Development Bank (Asiatische Entwicklungsbank)
AFRASEC	=	Afro-Asiatic Economic Cooperation (Afro-Asiat. Organ. f.wirtschaftl.Zusammenarb.)
AID	=	Agency for International Development (auch: US-AID; US-Agentur für internationale Entwicklung)
AIEC	=	Agency of Iron ore Exporting Countries (Agent. d. Eisenerz Export. Länder)
AKP	=	Afrik.-Karib.-Pazif. Länder (Assoz. an die EG)
ALALC	=	Asociación Latinoamericana de Libre Comercio (Lateinamerikanische Freihandelszone; engl. Abk. LAFTA) m. ALAMAR = Lateinam. Schiffahrtsunion
ANZUK	=	Australian–New Zealand–United Kingdom Forces (Streitkräfte zum gemeinsamen Schutz von Malaysia und Singapur)
ANZUS	=	Pazifikpakt zwischen Australien, Neuseeland, USA
APIC	=	Arab. Petroleum Investment Cy. d. OAPEC
ASA	=	Association of Southeast Asia (Südostasien-Gemeinschaft)
ASEAN	=	Association of Southeast Asian Nations (Verband Südostasiat. Nat.)
ASPAC	=	Asian and Pacific Cooperation (Asiatisch-Pazifische Kooperation)
BANK	s.	IBRD
BCEAEC	=	Banque Centrale des Etats de l'Afrique Equatoriale et du Cameroun
BCEAO	=	Banque Centrale des Etats l'Afrique de l'Ouest
BCIE	=	Banco Centroamericano de Integración Económica (Zentralamerikanische Bank f. wirtschaftliche Integration des MCC)
BIAC	=	Business and Industry Advisory Committee (Beratender Wirtschafts- und Industrieausschuß der OECD)
BID	=	Banco Interamericano de Desarrollo (Interamerik.Entwicklungsbank; engl.Abk.IDB)
BIS	=	Bank for International Settlements (franz. Abk.: BRI; Bank für Internationalen Zahlungsausgleich/BIZ)
BTO	=	Brussels Treaty Organization (franz. Abk.: OTB = Organisation du Traité de Bruxelles; Westunion, umgewandelt in die WEU)
CACM oder CACOM	=	Central American Common Market s. MCC
CAF	=	Cooperación Andina de Fomento (Andine Entwicklungskoop. d. ALALC)
CAFTA	s.	MCC
CARIFTA	=	Caribbean Free Trade Area (Karib. Freihandelszone) s. CCM
CCD	=	Consejo Centroamericano de Defensa (Zentralamerik. Verteidigungsrat)
CCM	=	Caribbean Common Market (Karib. Gem. Markt; a. d. CARIFTA hervorgeg.)
CE	=	Council of Europe (Europarat/ER)
CEAO	s.	WGWA
CECA	s.	EGKS
CECLA	=	Comisión Especial de Coordinación Latinoamericana (Spezialkommission f. lateinamerikanische Zusammenarbeit der OEA)
CECON	=	Comisión Especial de Consulta y Negociación (Spezialkommission f. Beratung und Verhandlung; Organ der OAS)
CEDEAO	s.	ECOWAS
CEE	s.	EWG und EG
CENTO	=	Central Treaty Organization (Zentr. Pakt-Org., auch Nahostpakt)
CEPAL	=	Comisión Económica para Latinoamerica (Economic Commission for Latin America; UNO-Wirtschaftskommission für Lateinamerika)
CEPLG	=	Communauté Econ. d. pays s. l. Grands Lacs (Wirtschaftsgemeinschaft d. Länder a. d. Großen [afrik.] Seen)
CEPT	=	Conférence Européenne d'Administrations des Postes et des Télecommunications (Europ. Konf. d. Verwaltungen f. d. Post- u. Fernmeldewesen)
CERN	=	Conseil Européen pour la Recherche Nucléaire (Europ. Rat f. d. Kernforschung)
CETS	=	Conférence Européenne pour Télécommunication par Satellites (Europ. Regierungskonferenz für Satellitenfragen)
CFA	=	Communauté Financière Africaine (An d. franz. Franc angeschlossene afrik. Währungsgemeinschaft)

CFAPP	=	Committee on Food Aid Policies and Programs (Ausschuß für Nahrungsmittelhilfe-Politik und Programme d. WFP)
CFP	=	Communauté Financière du Pacifique (An den franz. Franc angeschlossene pazifische Währungsgemeinschaft)
CIAP	=	Comisión Interamericana Alianza para el Progreso (Interamerikanisches Komitee der »Allianz für den Fortschritt«)
CIES	=	Consejo Interamericano Económico Social (Inter-American Economic and Social Council/IA-ECOSOC; Interamerik. Wirtschafts- u. Sozialrat d. OAS)
c. i. f.		(coast, insurance, freight = Kosten, Versich., Fracht) Preisklausel im Oberseegüterverk.
CIJ	=	Court Internationale de Justice (International Court of Justice; Internationaler Gerichtshof/IGH, Den Haag)
CIME	=	Comité Inter-gouvernemental pour les Migrations Européennes (Zwischenstaatliches Komitee für europäische Wanderungsbewegungen)
CNU-CED	s.	UNCTAD
COI	=	Comité International Olympique (s. IOK) COMECON s. RGW
COMMONWEALTH	=	Commonwealth of Nations (»Gemeinwesen der Nationen«)
COMSAT	=	Communication Satellite Cooperation (Internationale Vereinigung von Fernmeldegesellschaften f. d. Nutzung von Nachrichtensatelliten)
CUENCA		del Plata (Tratado de la C.; La-Plata-Becken-Subregion der ALALC)
EACSO	=	East African Common Services Organization (Organ. Gemeins. Ostafr. Dienste)
EAGLF	=	Europäischer Ausgleichs- und Garantiefonds für die Landwirtschaft
ECA	=	Economic Commission for Africa (UNO-Wirtschaftskommission f. Afrika)
ECAFE	=	Economic Commission for Asia and the Far East (umgewandelt in ESCAP)
ECE	=	Economic Commission for Europe (UNO-Wirtschaftskom. f. Europa)
ECLA	=	Economic Commission for Latin America (UNO-Wirtschaftsk. f. Lateinam.)
ECOSOC	=	Economic and Social Council (Wirtschafts- u. Sozialrat d. UNO)
ECOWAS	=	Economic Community of Westafrican States (bzw. CEDEAO = Communauté Econ. d. Etats de l'Afrique de l'Ouest; Wirtsch.Gemeinsch. Westafr. Staaten)
ECWA	=	Economic Commission for West Asia (UNO-Wirtschaftsk. f. Westasien)
EEC	s.	EWG u. EG
EFTA	=	European Free Trade Association (Europäische Freihandelszone)
EG	=	Europäische Gemeinschaft(en) = EGKS, EURATOM, EWG
EGKS	=	Europäische Gemeinschaft f. Kohle u. Stahl (Communauté Européenne du Charbon et de l'Acier/CECA)
EIB	=	Europäische Investitionsbank
ELDO	=	European Launching Development Organisation s. ESA
ENEA	=	European Nuclear Energy Agency (Europäische Kernenergie-Agentur)
EP	=	Europäisches Parlament der Europäischen Gemeinschaft/EG (Parlament Européen – Parlamento Europeo – Europees Parlament)
ESA	=	European Space Agency (Europ. Weltraumagentur, gebild. 1975 aus ELDO u. ESRO)
ESCAP	=	Econ. and Social Commission for Asia and the Pacific (UNO-Wirtsch.- u. Sozialkommission für Asien u. d. Pazifik, seit 1974 in Erweiterung u. Ablösung v. ECAFE)
ESRO	=	European Space Research Organisation s. ESA
EURATOM	=	Europäische Atomgemeinschaft
EWA	=	Europäisches Währungsabkommen
EWF	=	Europäischer Währungsfonds
EWG	=	Europäische Wirtschaftsgemeinschaft s. EG
EZU	=	Europäische Zahlungsunion
FAO	=	Food and Agricultural Organization of the United Nations (Ernährungs- und Landwirtschaftsorganisation der Vereinten Nationen)
FED	=	Fonds Européen de Développement (Entwicklungsfonds der EWG)
FFHC	=	Freedom from Hunger Campaign (Weltkampagne gegen den Hunger)
FIDA	s.	IFAD
f. o. b.		(free on board = frei an Bord), Risikoklausel im Oberseegüterverkehr
FORATOM	=	Forum Atomique Européen (Europ. Atomforum d. EWG-Länder)
GAMO	=	Gemeinsame Afrikanisch-Maurit Organisation (Organisation Commune Africaine et Mauricienne/OCAM)

GATT = General Agreement on Tariffs and Trade (Allg. Zoll- u. Handelsabk.)

IAEO = Internationale Atomenergie-Organisation (International Atomic Energy Agency/IAEA; UNO-Sonderorganisation; französ.: A.I.E.)

IA-ECOSOC s. CIES

IBRD = International Bank for Reconstruction and Development (Internat. Bank f. Wiederaufbau u. Entwicklung; Weltbank; UNO-Sonderorganisation)

ICAO = International Civil Aviation Organization (Internationale Zivilluftfahrt-Organisation; UNO-Sonderorganisation)

ICEM = International Committee for European Migration s. CIME

IDA = International Development Association (Internationale Entwicklungsgesellschaft; Tochterorganisation der IBRD)

IDB = Inter-American Development Bank; s. BID

IEA = Internat. Energie-Agentur der OECD

IFAD = International Fund for Agricultural Development (Internat. Fonds für Landwirtschaftl. Entwicklung d. FAO; franz. FIDA)

IFC = International Finance Corporation (Int. Finanzgesellsch., m. IBRD verb.)

IGH s. CIJ

IKRK = Internationales Komitee vom Roten Kreuz (engl. Abkürz.: ICRC)

ILO = International Labour Organization (Internat. Arbeitsorg.; UNO-Sonderorgan.)

IMCO = Inter-Governmental Maritime Consultative Organization (Zwischenstaatliche Beratende Schiffahrtsorganisation; UNO-Sonderorganisation)

IMF = International Monetary Fund (Intern. Währungsf.; FUND; UNO-Sonderorg.)

IOC = International Olympic Committee (s. IOK)

IOK = Internationales Olympisches Komitee (s. COI und IOC)

IPPF = International Planned Parenthood Federation (zur Geburtenregelung)

IPU = Interparlamentarische Union

ISO = Intern. Organ. for Standardization (Int. Org. f. Normungsfragen)

ITO = International Trade Organization (Intern. Handelsorganisation; gepl.)

ITU = International Telecommunication Union (Int. Fernmeldeunion, UNO-Sonderorgan.)

IUCN = Internat. Union zur Erhaltung der Natur

LAFTA = Latin American Free Trade Association; s. ALALC

MCC = Mercado Común Centroamericano; auch MCCA (engl. Central American Free Trade Area/CAFTA oder auch: Central American Common Market/CACM oder CACOM; Zentralamerikanischer Gemeinsamer Markt)

NACAMUR = Karibische Schiffahrtsgesellschaft

NATO = North Atlantic Treaty Organization (franz. Organisation du Traité de l'Atlantic Nord/OTAN; Organisation des Nordatlantik-Vertrages)

NORDEK = Nordic Economic; Vorbereitung einer skandinavischen Zoll- und Wirtschaftsunion; angeregt durch den »Nordischen Rat« (Nordiska Rådet)

OAPEC s. OPEC

OAS = Organisation Amerikanischer Staaten (Organization of American States; Organisación de los Estados Americanos/OEA)

OCAS s. ODECA

OCDE s. OECD

OCTI = Office Central pour les Transports Internationaux par Chemin de Fer à Bern (Zentralamt für den internat. Eisenbahnverkehr in Bern)

ODECA = Organisación de Estados Centroamericanos (Organization of Central American States/OCAS; Organisation der Zentralamerikanischen Staaten)

OEA = Organisation für die Einheit Afrikas (Organisation de l'Unité Africaine/OUA; Organization of African Unity/OAU)

OECD = Organization for Economic Cooperation and Development (Organisation de Cooperation et de Développement Economiques/OCDE)

OLADE = Organisación Latinoamericana de Energía (Lateinamerik. Energie-O.)

OLAS = Organisación Latinoamericana de la Solidaridad (Org. d. lateinam. Solidarit.)

OMVS = Organisation pour la mise en valeur du fleuve Sénégal (Organisation für die Nutzung des Senegal-Flusses)

ONUESC s. UNESCO

OPEC (OAPEC) = Organisation of the [Arabian] Petroleum Exporting Countries (Org. d. [Arab.] Erdöl exportierenden Länder; französ.: OPEP)

OSPAAL = Organisación de la Solidaridad de los Pueblos de Africa, de Asia y América Latina (Org. d. Solid. d. Völker Afrikas, Asiens u. Lateinamerikas)

OTAN	s. NATO
OTASE	(franz. Abkürzung) s. SEATO
OTC	= Organization for Trade Cooperation (Organisation f. Handelskoop.)
OUA	s. OEA
RCD	= Regional Cooperation for Development (Reg. Koop. f. wirtsch. Zusammenarbeit)
RGW	= Rat für gegenseitige Wirtschaftshilfe (engl.: Council of Mutual Economic Aid/ COMECON)
SAEMU	= Southern African Economic and Monetary Union
SEATO	= Southeast Asia Collective Defense Treaty Organization (OTASE)
SELA	= Systema Económico Latinoamericano (Lateinamerik. Wirtschaftssystem)
SEW	= Sowjet ekonomitschesskoj wsjamopomoschtschi; russ. Bez. f. RGW
SIECA	= Abk. f. »Tratado General de Integración Económica Centroamericana« (Generalvertrag für die Zentralamerikanische Wirtschaftsintegration)
TAB	= Technical Assistance Board (Amt für Technische Hilfeleistung der UNO)
TNC	= Trade Negotiating Committee d. GATT
UDEAC	= Union Douanière et Economique de l'Afrique Centrale (Zentralafrikanische Zoll- und Wirtschaftsunion)
UDEAO	= Union Douanière des Etats d'Afrique Occidental (Zollunion Westafrikanischer Staaten s. auch WGWA)
UEO	= WEU
UIA	= Arabische Parlamentarische Union
UN	= United Nations Organization (Org. d. Nations Unies/ONU; Vereinte Nationen)
UNCTAD	= United Nations Conference for Trade and Development (Handels- und Entwicklungsrat der UNO; Welthandelsrat; französ.: NUCED)
UNDOF	= UNO-Entflechtungs-Beobachtungsstreitkräfte
UNDP	= United Nations Development Program (UNO-Entwicklungsprogramm)
UNEF	= UN Emergency Force (UNO-Friedenstruppe i. Nahen Osten)
UNEP	= UN Environment Programme (UNO-Umweltschutzprogramm; französ.: CNUD)
UNESCO	= United Nations Educational, Scientific and Cultural Organization (franz. Abk.: ONUESC; Erziehungs-, Wissenschafts- u. Kultur-Org. d. UNO)
UNF ICYP	= UNO-Friedenstruppe in Cypern
UNFPA	= UNO-Fonds für Tätigkeit in Bevölkerungsfragen
UNHCR	= United Nations High Commissioner for Refugees (UNO-Hochkom. f. Flüchtl.)
UNICEF	= United Nations Children's Emergency Fund (Weltkinderhilfswerk)
UNIDO	= United Nations Industrial Development Organization (UNO-Organisation für industrielle Entwicklung; französ.: ONUDI)
UNITAR	= UN-Institute for Training and Research (UNO-Inst. f. Ausb. u. Forschg.)
UNO	s. UN
UPEB	= Unión de Países Exportadores de Bananas (U. d. Bananen exp. Länder)
UNRWA	= United Nations Reliefs and Works Agency, for Palestine Refugees in the Near East (UNO-Hilfs- und Arbeitsagentur f. d. Palästina-Flüchtlinge)
UNTSO	= UN Truce Supervision Organization (UNO-Waffenstillstandsüberwachungskommission im Nahen Osten)
UNV	= United Nations Volunteers (UNO-Freiwillige)
UPU	= Universal Postal Union (Weltpostverein; UNO-Sonderorganisation)
WAMU	= West African Monetary Union (Westafrik. Währungsunion)
Weltbank	s. IBRD
WEU	= Western European Union (Union de l'Europe Occidentale/UEO; Westeurop. Union)
WFP	= World Food Programme (Welt-Ernährungsprogramm d. FAO)
WFUNA	= World Federation of United Nations Organizations (Weltföderation d. Organ.f.d.UNO)
WGWA	= Wirtschaftsgem. Westafrika (Com. Econ. de l'Afrique de l'Ouest/CEAO)
WHO	= World Health Organization (Weltgesundheitsorganisation; UNO-Sonderorg.)
WIPO	= Weltorganisation für geistiges Eigentum
WMO	= World Meteorological Organization (Int. Meteorolog. Org.; UNO-Sonderorg.)

(Bibliographie: Spillner, P.: Internat. Wörterbuch der Abkürzungen von Organisationen, 3 Bde., 1972 - Lichtenstern, H.: Das Lexikon der Abkürzungen, 1974)

Die souveränen Staaten und die von ihnen abhängigen Gebiete

Unter die unabhängigen Staaten wurden auch die sog. Zwergstaaten aufgenommen. Bei den unabhängigen Ländern sind stets das Staatsoberhaupt und der Regierungschef, in den meisten Fällen auch der Außenminister angegeben. Die abhängigen Gebiete sind jeweils bei den Staaten genannt, unter deren Souveränität sie stehen; nur *Antarktis* und *Arktis* sind gesondert aufgeführt. – Eine ausführliche Berücksichtigung erfuhren wiederum *Deutschland, Österreich* und die *Schweiz.* Bei den unabhängigen Ländern beziehen sich die eingeklammerten Zahlen nach *»Fläche«* bzw. *»Einwohner«* auf die Rangordnung von Flächengröße und Einwohnerzahl. So steht z. B. Afghanistan seiner Fläche nach an 38. Stelle, seiner Einwohnerzahl nach an 34. Stelle unter den unabhängigen Staaten der Erde. Insgesamt gibt es bei getrennter Rechnung der politisch geteilten Länder China, Deutschland und Korea 159 unabhängige Staaten.

Für die Flächenangaben – die sich z. T. widersprechen –, für die Einwohnerzahlen und sonstigen Informationen wurden herangezogen: die neuesten UNO-Publikationen und die letzten Auflagen von: »Calendario Atlante de Agostini«, »Statesman's Year-Book«, »Archiv der Gegenwart«, »Information Please Almanac«, »Political Handbook of the World«, »The World Almanac and Book of Facts«, Statistiken von K. Witthauer (in »Pet. Mitt.«, Gotha) sowie Publikationen der einzelnen Staaten.

F = Fortschreibung – B = Berechnung – Z = Zählung – S = Schätzung – m. V. = mit Vororten – A = Agglomeration – Städtische Bevölkerung nach »Demographic Yearbook 1974« der UNO; in den entwickelten Ländern meist Bevölkerung der Gemeinden mit 2000 und mehr, mitunter aber auch schon ab 500 und z. T. 5000 oder 10 000 Einwohnern, in Entwicklungsländern manchmal »Gemeinden mit städtischen Merkmalen«; von Land zu Land demnach nur bedingt vergleichbar – **o. S.** = Anteil der Bevölkerung im Alter von 25 Jahren und darüber ohne Schulbildung (z. T. Anteil der Analphabeten insgesamt); Stand meist 1970–1972; Angaben nach UNESCO-Jahrbuch 1974 u. and. Quellen – **BSP** = Bruttosozialprodukt zu Marktpreisen in US-$ meist nach »Weltbank«/IBRD, z. T. nach UNO; nur bedingt vergleichbar (Problematik der Umrechnung in US-$, Kaufkraftunterschiede usw.). – Anteil am BSP in %: **L** = Land- u. Forstwirtschaft, Fischerei – **In** = Industrie (einschl. Bergbau u. Baugewerbe sowie Elektrizität, Gas u. Wasser) – **Je E.** = Bruttosozialprodukt je Einwohner zu Marktpreisen in US-$ (s. oben; annähernde Werte). – **JZ** = Zuwachsrate des BSP im Jahresdurchschnitt 1965/73 je Einwohner in %, wenn nicht anders angegeben. – **Dipl. B.** = Diplomatische Beziehungen, BRD = mit der Bundesrepublik Deutschland, DDR = mit der Deutschen Demokratischen Republik – **Einf.** = Einfuhr, **Ausf.** = Ausfuhr, $ = US-$ – **W** = Währung; **GP** = Goldparität je Währungseinheit in g Feingold (soweit mit IWF vereinbart) – **SZR**-Parität (Sonderziehungsrechte) beim Weltwährungsfonds/**IMF:** 1 SZR-Einheit = 0,888 671 g Feingold – Mittelkurse bzw. z. T. errechnete Vergleichswerte für 1 US-$ u. 1 DM nach »Deutsche Bundesbank«; z. T. nach »Weltbank« oder UNO usw., aber ohne Gewähr (Stand: meist Mitte 1976) – **Erläuterung der Abkürzungen** bei Mitgliedschaft s. »Politische u. wirtschaftl. Zusammenschlüsse« S. 425, dort besonders »Vereinte Nationen«, und S. 11 ff. Die meisten Länder gehören auch UNCTAD und UNIDO, die Mehrzahl d. Entwicklungsländer d. Gruppe d. »Bündnisfreien Staaten« an. – **U** = Datum der Erlangung der Unabhängigkeit – **Muslimen** = Anhänger des Islams. – Bei den Angaben handelt es sich z. T., vor allem bei Entwicklungsländern, um Schätzungen. – prov. = provisorische Angabe

ABU DHABI s. Arabische Emirate

ADÉLIELAND s. Antarktis

AFAR und ISSAS, Territ. s. Französische Republik, 3. Obersee-Territorien (Verhandlungen über die Unabhängigkeit 1976 begonnen, Referendum Anfang 1977)

AFGHANISTAN

(Republik A.; De Afghanistán Dschamhurijat bzw. Da Afghánistán Jomhuriyat)

Fläche (38): 647 497 qkm – **Einwohner** (34): 19 280 000 (S 1975) = 29,8 je qkm – Städt. Bevölkerung etwa 15 % – **o. S.** 80–90 % – **BSP** 1973 1420 Mill.; 1974 prov. 1620 Mill. $, **je E:** 100 $, **JZ** 0,97 % – **L** 50 % – **In** 12 %

Bevölkerung: über 60 % Paschtu sprechende Afghanen (bes. Gilsai u. Durrani), die das eigentl. Staatsvolk sind. 25–30 % Tadschiken, 5 % Usbeken, gegen 3 % mongolische Hesoren; Nuristanis (»Kafiren«), Bäludschen, Turkmenen, Kirgisen und Kasachen sowie Perser im engeren Sinne. 8–10 % Afghanen sind Nomaden (»Koochis«) oder Halbnomaden – **Geburten- u. Sterbeziffer:** jährl. Wachstumsrate (1970–1974) 2,3 % – **Staatssprache:** Paschtu (Pushtu), Amtssprachen Paschtu und Dari (Farsi bzw. Persisch) – **Religion:** Staatsreligion: Islam der sunn. Hanafi-Lehre; über 90 % Sunniten, der Rest Schiiten (u. a. Hesoreh). 800 Juden

Nationalflagge: schwarz-rot-grün (doppelt breit; alle Streifen waagerecht) m. Wappen links oben (Adler m. Ährenkranz in Braun u. Gold) – **Nationalfeiertag:** 17. 7. – **U:** erneut 1747; Republik seit 17. 7. 1973

Staats- und Regierungsform: Präsidiale Republik, derzeit faktisch alle Befugnisse in den Händen des Präsidenten – Neue Verfassung geplant – Verwaltungsgliederung in 28 Provinzen u. Bezirke – **Staatsoberhaupt:** General Sardar Mohammed Daud, seit dem Staatsstreich von 1973, gleichzeitig Ministerpräsident, Verteidigungs- u. Außenminister – Stellv. Ministerpräsident: Dr. Mohammed Hassan Sharq – **Parteien:** keine; vor dem Umsturz v. 1973 u. a. eine für gemäßigte Reformen eintretende Gruppe u. die sozialist.-neutralist. »Progressiven« (illegale KP etwa 70 000 Mitgl.) – **Dipl. B.:** BRD u. DDR

Städte (S 1973): Kabul (Hptst. m. V.) 534 350 Einw., Kandahár (Qandakar) 140 024, Baghlan 110 874, Herát 108 750, Tagab 106 777, Charekar 100 443, ferner 1971: Kundus 76 000, Qala-i-Naf 73 000, Tuluqan 64 000, Faisabad 60 000, Maimana 53 000, Mesar-i-Scherif (Mazár-i-Sharif) 41 000

Wichtige Ausfuhrgüter: Früchte u. Nüsse 20–25 %, Erdgas 10–15 %, Karakulfelle, Baumwolle, Wolle, Teppiche, Ölsaaten, Häute – **Wichtigste Außenhandelspartner:** Sowjetunion, Indien, Japan, Großbritannien, BR Deutschland, Pakistan, Iran – 1972 **Einf.** (S) 181 Mill. $, **Ausf.** 92 Mill. $ – **W:** 1 Afghani (Af) = 100 Puls; 1 US-$ = 44,70 Af; 1 Af = 0,0568 DM

Mitgliedschaft: UNO, ADB, ECWA, FAO, IAEA, ICAO, IBRD, IFC, ILO, IMF, UNESCO, UPU, UTU, WHO, WMO

ÄGYPTEN

(Arabische Republik Ä.; El Dschumhurija El Arabija El Misrija bzw. Al Jumhuriya Al Arabiya Al Misriya)

Fläche (28): 1 001 449 qkm (59 202 qkm in Asien) – **Einwohner** (20): 37 230 000 (S 1975, 30 083 419 Z 1966) = 37,1 je qkm; auf den etwa 35 600 qkm Kulturland liegt die Bevölkerungsdichte bei über 1000 je qkm – Etwa 45 % städt. Bevölkerung – **o. S.:** 15–20 % – **BSP** 1973: 8820 Mill. $, 1974 prov. 10 090 Mill. $, **je E:** 280 $, **JZ** 0,8 % – **L** 26 % – **In** 30 %

Bevölkerung: arabisierte Hamiten; etwa 70 000 arabische Beduinen; im Süden außerdem Nubier; ferner kleinere Minderheiten von Berbern und Negern, von Griechen und Italienern – **Geburten- u. Sterbeziffer:** jährl. Wachstumsrate 1970–1974 2,2 % – **Staatssprache:** Arabisch – **Religion:** rund 95 % Muslimen, haupts. Sunniten (El-Azhar-Moschee u. -Universität als bedeutende geistliche Mittelpunkte des Islam, der Staatsreligion ist); außerdem 3–4 % koptische Christen, daneben griechisch-orthodoxe und katholische (rund 50 000) sowie protestantische (etwa 15 000) Minderheiten und 1500 Juden

Nationalflagge: rot-weiß-schwarz (waagerecht), zwei grüne Sterne im weißen Feld – **Nationalfeiertag:** 23. 7. – **U:** 28. 2. 1922, Rep. seit 18. 6. 1953

Staats- und Regierungsform: Präsidiale Republik; der Präsident kontrolliert politisch das Kabinett; Neuwahl im Okt. 1976 – Neue Verfassung von 1971 – Volksversammlung – Allgem. Wahlrecht – Wehrpflicht – **Staatsoberhaupt:** Präsident Anwar as Sadat, wiedergewählt Sept. 1976; Vizepräs.: Mohammed Hosni Mubarak – **Regierungschef:** Mamduh Salem – **Außenminister:** Ismail Fahmi (Fahmy) – **Nationaler Verteidigungsrat** – **Parteien:** Einparteiensystem der »Arabischen Sozialistischen Union«, seit 1976 mit drei Gruppierungen (»Ägypt.-Arab. soz. Organ.«, Mitte; »Lib.-Soz.-Organ.«, rechts; »Nat.-Progr. Ver. Sammlung«, links); illeg. KP etwa 500 Mitglieder – **Verwaltungsgliederung** in 25 Provinzen – **Dipl. B.:** BRD und DDR

Städte (S 1970): Kairo (El Qahira, Hptst.) 4 961 000 Einw. (m. V. I/1976 etwa 7,5–8 Mill.), Alexandrien (Alexandria, El Iskandariya) 2 032 000, Gise (Giza) 711 900, Suez (Es Suweis) 315 000, Port Said (Bor Said) 313 000, Mahalla el Kubra 255 800, Tanta 253 600, Subra el Khema 252 500, El Mansûra 212 300, Assuan (Aswân) 201 500, Assiut (Asyût), Damanhûr, Ismailia, Faijum (Faiyum) und Sagasig (Zagazig) je 150 000–200 000

Wichtige Ausfuhrgüter: Baumwolle, Baumwollgarne, Textilien zus. 50–60 %; Halbfertigwaren; außerdem Mineralöle, Reis, Ölsamen, Gemüse, Phosphate u. Erdöl – **Wichtigste Außenhandelspartner:** Sowjetunion u. a. RGW-Länder, Indien, BR Deutschland, Frankreich, USA, Italien, Großbritannien, Niederlande, Chines. Volksrep., Japan

– 1974 **Einf.** 2348 Mill. $, **Ausf.** 1975 1402 Mill. $ – **W:** 1 Ägypt. Pfund (£-E) = 100 Piastres; 1 US-$ = 0.3913 £-E, 1 £-E = 6,5785 DM

Mitgliedschaft: UNO, OEA, CCD, ECA, FAO, GATT, IAEA, IBRD, ICAO, IFC, ILO, IMCO, IMF, OAPEC, ITU, UIA, UNESCO, UPU, WHO, WMO; Arabische Liga. Gemeinsamer Arab. Markt, Präf.-Abk. m. d. EG – Union (Föderation) Arabischer Republiken (s. diese)

GASA (Gaza): Fläche 378 qkm – Einw. 365 000 (S 1972), größtenteils Palästinaflüchtlinge – Bis Juni 1967 von Ägypten besetztes u. verwaltetes Gebiet mit einem Generalgouverneur. 1962 von Nasser zu einem »Untrennbaren Teil« eines künftigen »Staates Palästina« erklärt; seit Juni 1967 ebenso wie – trotz Teilrückzug – der größte Teil der Sinai-Halbinsel (58 824 qkm und rund 130 000 Einwohner) von israelischen Truppen besetzt.

ÅLAND-INSELN s. Finnland

ALASKA s. Vereinigte Staaten von Amerika

ALBANIEN

(Republíka Popullóre e Shqipërísë)

Fläche (123): 28 748 qkm – **Einwohner** (109): 2 432 000 (B 1975, 1 626 315 Z 1960) = 86,3 je qkm – Städt. Bevölkerung 44 % – **o. S.** 5–10 % – **BSP** 1973: 1060 Mill. $, 1974 prov. 1260 Mill. $, **je E.** 530 $, **JZ** 5,1 %

Bevölkerung: 99 % Albaner; slawische, griechische u. walachische Minderheiten – **Geburten- u. Sterbeziffer:** jährl. Wachstumsrate (1970–1974) 3,2 % – **Staatssprache:** Albanisch (Grundlage toskischer Dialekt) – **Religion:** Vor 1945 über 50 % Muslimen (meist Sunniten; dazu Bektaschiten), Christen (160 000 Orthodoxe, 124 000 Katholiken), 300 Juden

Nationalflagge: rot mit schwarzem Doppeladler und gelbem Stern darüber – **Nationalfeiertag:** 11. 1. – **U:** 28. 11. 1912; Volksrep. seit 11. 1. 1946

Staats- und Regierungsform: Kommun. Volksrep. – Parlament aus 1 Kammer (»Volksversammlung«) – Wahl der Abgeordneten für vier Jahre von allen über 18 J. alten Bürgern; neue Verfassung in Vorbereitung – Allgemeine Wehrpflicht – Innere Gliederung in 26 Bezirke (rrethët) – **Staatsoberhaupt:** als Vorsitzender des Präsidiums der Volksversammlung, General Haxhi Lleshi (Hadschi Lleschi), seit 1953 – **Regierungschef:** Vors. des Ministerrates u. Verteid.-Min. Gen. Ltn. Mehmet Shehu (Schehu) – **Parteien:** Kommun. »Alban. Arbeiterpartei« (»Partia e Punës e Shqipërisë«; PPSH); Sekr. d. Zentralkom. Enver Hoxha (Hodscha); für die Kandidaten der von der KP gesteuerten »Demokratischen Front« stimmten bei der Parlamentswahl von 1974 100 % der Wähler. Anfang 1975 87 000 Vollmitglieder der Partei – **Dipl. B.:** DDR

Städte (B 1974): Tirana (Tiranë, Hptst.) 174 800 Einw., Shkodër 56 000, Durrës 55 000, Vlorë 51 400, Korçë 47 900, Elbasan 43 200

Wichtige Ausfuhrgüter: Bergbauprodukte (über 50 %), Tabak, Felle, Wolle, Früchte (Oliven, Apfelsinen, Trauben) – **Wichtigste Außenhandelspartner:** Chines. Volksrepublik, Tschechoslowakei, Polen, DDR, übrige RGW-Länder, Italien – 1964 **Einf.** 98 Mill. $, **Ausf.** 60 Mill $ – **W:** 1 Lek = 100 Qindarka; 1 US-$ = 4,10 Leke, 1 Lek = 0,6279 DM

Mitgliedschaft: UNO, ECE, RGW (Mitarbeit suspendiert); IAEA, ITU, UNESCO, UPU, WHO, WMO (aus d. »Warschauer Pakt« im Sept. 1968 ausgetreten)

ALDABRA-INSELN s. Seschellen

ALGERIEN

(République Algérienne Démocratique et Populaire; Dem. Volksrep. Algerien; El Dschamhurija el Dschasarija el demokratija escha'abija bzw. El Djemhouria El Djazaïria El Demokratia Echaabia)

Fläche (10): 2 381 741 qkm – **Einwohner** (38): 16 780 000 (S 1975, 11 821 679 Z 1966) = 7,4 je qkm (Süd-A. weniger als 1) – 52 % städt. Bevölkerung – **o. S.** über 70 % – **BSP** 1973: 8340 Mill. $, 1974 prov. 9840 Mill. $, **je E.** 650 $, **JZ** 3,4 % – **L** 30 % – **In** 40–45 %

Bevölkerung: Arabisch sprechende Mischbevölkerung sowie unvermischte Berber (u. a. Kabylen), im Süden Negereinfluß; über 60 000 Europäer (Franzosen, Spanier usw.) – **Geburten- und Sterbeziffer:** jährl. Wachstumsrate (1970–1974) 3,2 % – **Staatssprache:** Arabisch, außerdem Französisch als Handels- u. Bildungssprache, z. T. auch im offiziellen Verkehr wichtig. Berberdialekte (18–20 %). 1976 lebten etwa 800 000 Algerier (Arbeitnehmer und Angehörige) in Frankreich – **Religion:** Muslimen; etwa 1000 Juden (1970), katholische (über 65 000) und kleine protestantische Gruppen.

Nationalflagge: grün-weiß (senkrecht) mit rotem Halbmond und Stern in der Mitte – **Nationalfeiertag:** 1. 11. – **U:** 3. 7. 1962

Staats- u. Regierungsform: Nach der im Juni 1976 durch eine Volksabstimmung gebilligten »Nationalen Charta« eine Republik des »revolutionären Sozialismus« mit dem Islam als Staatsreligion und einem Einparteiensystem. Wahl des Präsidenten und der Nationalversammlung durch das Volk nach allg. Wahlrecht – Wehrpflicht vorgesehen – Verwaltungsgliederung in 15 Dep. – **Staatspräsident u. Regierungschef:** Oberst Houari Boumedienne, Vorsitzender des »Nat. Revolutionsrates«/CNR, seit dem Staatsstreich von 1965 – **Außenminister:** Abdelasis Bouteflika – **Parteien:** »Nationale Befreiungsfront«/FLN als Einheitspartei (illeg. »Soz. Vorhut-Partei«, 400 Mitgl.). Letzte Wahlen vom 20. 9. 1964 nach der FLN-Einheitsliste – **Dipl. B.:** BRD u. DDR

Städte (S 1967): El Djaza'ir (Algier bzw. Alger, Hptst., m. V. 1970) etwa 1 840 000 Einw., Ouahran (Oran) 392 637 (m. V.), Constantine 255 000, Annaba (Bône) 165 000, Sidi-Bel-Abbès 105 357, Sétif, Tlemcen, Skikda (Philippeville), Touggourt, Mostaganem und Blida je 70 000–100 000 Einw., El Asnam (Orléansville) 50 000

Wichtige Ausfuhrgüter: Erdöl (über 80 %), Erdgas, Eisenerz, Phosphate, Wein, Getreide, Früchte, Frühgemüse, Halfagras, Kork, Häute – **Wichtigste Außenhandelspartner:** Frankreich, BR Deutschland, Italien und andere EG-Mitglieder, USA, UdSSR, Marokko – 1974 **Einf.** 4035 Mill. $ **Ausf.** 1975 4377 Mill. $ – **W:** 1 Alg. Dinar (DA) = 100 Centimes; 1 US-$ = 4,1560 DA, 1 DA = 0,6194 DM

Mitgliedschaft: UNO, OEA, Arabische Liga, CCD, ECA, FAO, GATT (assoz.) IAEA, IBRD, ICAO, ILO, IMF, ITU, OAPEC u. OPEC, UPU, UNESCO, WHO, WMO – Gemeinsame Wirtschaftskommission mit Marokko und Tunesien; Präf.- u. Kooperationsabk. m. d. EG

AMINDIVEN (Gruppe von Lakshadweep) s. Indien

AMIRANTEN s. Seschellen

ANDAMANEN s. Indien

ANDORRA

(Valls d'Andorra; franz.: Les Vallées d'Andorre)

Fläche (150): 453 qkm – **Einwohner** (157): 16 000 (S 1973, 5664 Z 1954) = 35,3 je qkm

Bevölkerung: 1973 5374 Andorraner, 9240 spanische und u. a. 696 französische Staatsangehörige – **Geburten- u. Sterbeziffer:** jährl. Wachstumsrate (1970–1974) – 5,9 % – **Sprache:** Katalanisch; Spanisch u. Französisch als Bildungs- u. Verkehrssprachen – **Religion:** röm.-kath., jüdische Minderheit

Nationalflagge: blau-gelb (mit Wappen)-rot (senkrecht) – **U:** 1278

Staats- und Regierungsform: Freistaat unter Souveränität des Bischofs von Urgel (Spanien) und des französischen Staatspräsidenten, vertreten durch je einen »Viquier« (Landvogt) – Allgemeine Wahlberechtigung seit 1970 – »Parlament« aus 1 Kammer (»Generalrat«), mit 24 »Konsuln«, für 4 Jahre gewählt u. alle 2 Jahre zur Hälfte erneuert. »Regierungschef« der erste Syndikus (»Syndic Procureur Général«) – **Parteien:** erst jüngst organisiert. Bei den Wahlen v. Dez. 1975 fielen von den 12 gewählten Sitzen 10 an die gemäß. linken Parteien »Moderat« u. »Democrácia i Progrès« – »Volksmiliz« – Postunion mit Spanien, Vertretung der auswärtigen Interessen durch Frankreich

Städte: Andorra la Vella (Hauptstadt) 5500 Einw., Les Escaldes 4350

Fremdenverkehr, Verpachtung einer Rundfunkstation, Stromausfuhr nach, Postunion mit Spanien. Französ. u. span. Währung

ANGOLA

(República Popular de A.; Volksrepublik A.)

Fläche (21): (m. d. Exklave Cabinda m. 7270 qkm u. 80 857 Einw., Z 1970) 1 246 000 qkm (nach UNO-Angaben) – **Einwohner** (74): 5 800 000 (S 1972; Z 1970 5 673 046) = 4,6 je qkm – **o. S.** über 90 % – **BSP** 1973: 2790 Mill. $, 1974 prov. 3370 Mill. $, **je E.** 420 $; **JZ** 1,3 %

Bevölkerung: hauptsächlich Bantu, in rund 120 verschiedene Stämme und etwa 10 Gruppen gegliedert, u. a. Muschikongo im N, Imbangala bes. im O, Ambo, Njanjeka im S und SW, hier auch Mbundu und Kimbundu. Im SW Watwa (nicht zu den Bantu gehörend) sowie im äußersten S Khoisaniden (Buschmanngruppen). Vor der Abwanderung 400 000 meist portugiesische Weiße, im Lande davon nur noch ein Bruchteil. Rund 70 000 Mischlinge – **Jährl. Bevölkerungswachstum** (1965–1972): 1,3 % – **Staatssprache:** Portugiesisch, z. T. auch als Umgangssprache. Im übrigen vorwiegend Bantu-Sprachen – **Religion:** etwa 40 % röm. Katholiken, rund 10 % Protestanten; Anhänger von Naturreligionen

Nationalflagge: rot-schwarz (waagerecht) m. fünfzackigem gelben Stern in d. Mitte – **Nationalfeiertag:** 11. 11 – **U:** 11. 11. 1975

Staats- u. Regierungsform: Soz. Volksrepublik – Verfassung vom Nov. 1975 – Volksversammlung als oberstes Organ – Revolutionsrat – Allgemeines Wahlrecht – Allg. Wehrpflicht – Gliederung in Provinzen – **Staatsoberhaupt:** Präsident Dr. António Agostinho Neto, MPLA – **Regierungschef:** Ministerpräsident Lopo do Nascimento, MPLA – **Außenminister:** José Eduardo dos Santos – **Parteien:** Seit dem Verbot von FNLA u. UNITA nur noch d. sozialist. »Movimento Popular de Libertação de Angola«/MPLA zugelassen; Vors. d. MPLA u. von dessen »Politbüro« (dem auch die Stabschefs der »Volksbefreiungsarmee« angehören): Dr. Neto. – **Dipl. B.:** DDR

Städte (1970): Luanda (Hptst.) 475 328, Huambo (fr. Nova Lisboa) 61 885, Lobito 59 528, Benguela 40 996, Cabinda 21 124, Moçâmedes 12 076, Uige (fr. Carmona)

Wichtige Ausfuhrgüter Erdöl aus der Exklave Cabinda, Kaffee, Diamanten, Erze, Sisal, Fische u. Fischprodukte, Holz – **Wichtigste Außenhandelspartner:** Portugal u. EG-Länder, USA – 1974 **Einf.** 614 Mill. $, **Ausf.** 1218 Mill. $ – **W:** 1 Angola-Escudo (AEsc) = 100 Centimes; 1 US-$ = 29,622 AEsc, 1 AEsc = 0,0869 DM

Mitgliedschaft: OEA, IAEA, ILO; Aufnahme in die UNO und in deren andere Sonderorganisationen angestrebt

ANTARKTIS

(Südpolargebiet)

Fläche: 13,2 Mill. qkm (nach neuen Radarmessungen nur 13 Mill. qkm), mit Schelfeismassen 14,1 Mill. qkm

Hoheitsansprüche: Argentinien (Antártida Argentina, 25°–74° w. L.) – Australien (*Australian Antarctic Territory,* 45°–160° ö. L., außer Adélieland) – Chile (*Territorio antártico chileno,* 53°–90° w. L.) – Frankreich (*Terre Adélie,* 136°–142° ö. L.) – Großbritannien (»Brit. Antarctic Territory« m. Grahamland, Süd-Orkney- u. Süd-Shetland-Inseln, 20°–80° w. L.) – Neuseeland (*Ross Dependency,* 160° ö. L.–150° w. L.) – Norwegen (*Atlanten- oder Bouvet-Sektor,* 20° w. L.–45° ö. L.) – Die einzelnen Sektoren überschneiden sich teilweise. Auf den Sektor zwischen 90° w. L. u. 150° w. L. wurde bisher kein Anspruch erhoben. Die USA und die Sowjetunion erkennen keine Hoheitsansprüche in der Antarktis an. Der von Argentinien, Australien, Belgien, Chile, Frankreich, Großbritannien, Japan, Neuseeland, Norwegen, der Republik Südafrika, der Sowjetunion und den USA am 1. 12. 1959 geschlossene Vertrag über die friedliche Nutzung der Antarktis trat am 23. 6. 1961 in Kraft (1976 Geheimkonferenz über den Abbau von Bodenschätzen) – Eisfrei 600 000 qkm – Tiefste gemessene Temperatur −91,5° C (Station »Wostok«) – Forschungsstationen der USA, UdSSR, Argentiniens, Chiles usw.

ANGUILLAS u. ANTIGUA
s. Großbritannien II

ANTILLEN s. Niederländ. Antillen

ÄQUATORIAL-GUINEA s. Guinea

ARABIEN s. Saudi-Arabien

ARABISCHE EMIRATE

(Al-Imārāt al-'Arabīya al-Muttahida; United Arab Emirates)

Fläche (106): (nach UNO-Angaben) 83 600 qkm – **Einwohner** (144): 230 000 (S 1975, 179 126 Z 1968) = rund 2,7 je qkm – **o. S.** 80 % – **BSP** 1973: 3720 Mill. $ 1974 prov. 4590 Mill. $ **je E.** 13 500 $

Mitglieder der Föderation: Abu Dhabi mit 75 000 qkm und 46 375 Einw. (mit den etwa 13 000 Einw. der Oase von Buraimi) – Adschman (Ajman) mit 250 qkm und 4200 Einw. – Dubai mit 3750 qkm und 59 100 Einw. – Fudscheira (Fujairah) mit 1175 qkm und 9700 Einw. – Ras el Cheima (Ras al Khaima) mit 1625 qkm und 24 500 Einw. – Schardschah (Sharjah) mit 2500 qkm und 31 480 Einw. – Umm el Kaiwein (U. el Qiwain) mit 750 qkm und 3700 Einw. (alle n. Z. v. 1968)

Bevölkerung: hauptsächlich Araber; in den Städten leben auch persische, indische und pakistanische Minderheiten – **Jährl. Bevölkerungswachstum:** (1970–1974) 2,7 % – **Religion:** Muslimen (haupts. Sunniten)

Nationalflagge: vertikaler roter Streifen am Flaggstock; dazu von oben nach unten horizontale grün-weiß-schwarze Streifen – **U:** 2. 12. 1971

Staats- und Regierungsform: Föderation (Ittihad) – Beratende Versammlung – Oberster Rat der Herrscher, mit Vetorecht von Abu Dhabi u. Dubai – Allg. Wahlrecht – Endgültige Verfassung in Vorbereitung – **Staatsoberhaupt:** Scheich Said (Zaid) bin Sultan an Nahjan (Nahayyan; Oberhaupt v. Abu Dhabi) – **Regierungschef:** Vizepräs. u. Regierungschef Scheich Maktum bin Raschid al Maktum (Kronprinz von Dubai) – **Außenminister:** Achmed Chalifa (Khalifa) Suweidi – Streitkräfte im Aufbau – Noch keine eigentlichen Parteien – **Dipl. B.:** BRD (Botschaftssitz Kuweit) – **Hauptstadt:** Dubai über 60 000 Einw.

Wichtige Ausfuhrgüter: Erdöl; in geringem Umfang Datteln, Vieh, Fische – **Wichtigste Handelspartner:** Japan, Großbritannien, USA, Frankreich, BR Deutschland – **W:** 1 U.A.E. Dirham (DH) = 100 Fils; 1 US-$ = 3,9513 DH, 1 DH = 0,6515 DM

Mitgliedschaft: UNO, Arabische Liga, ECWA, FAO, IBRD, ICAO, ILO, IMF, ITU, OAPEC, OPEC, UNESCO, WHO; Freundschaftsvertrag mit Großbritannien; Beobachter beim RGW

ARGENTINIEN

(República Argentina)

Fläche (8): 2 776 889 qkm; A. beansprucht die Malwinen, die Süd-Antillen und einen Antarktis-sektor mit zusammen rund 1 231 100 qkm – **Einwohner** (27): 25 380 000 (B 1975, 23 362 204 Z 1970) = 9,0 je qkm (s. auch Antarktis) – Über drei Viertel städt. Bevölkerung – **o. S.** 7 % – **BSP** 1973: 39 760 Mill. $, 1974 prov. 46 900 Mill. $, **je E.** 1900 $; **JZ** 2,9 % – **L** 11 % – **In** 39

Bevölkerung: über 95 % Weiße vorwiegend spanischer und italienischer Abstammung; Mestizen, 20–30 000 Indianer; über 200 000 Deutschstämmige – **Geburten- u. Sterbeziffer** je 1000 Einw. 1970: 22,9/8,4 – **Geb. U.**: 14,5 – **Staatssprache:** Spanisch, auch »Castellano« genannt – **Religion:** 88,6 % röm.-kath.; protestantische (1,5 %) u. islamische Minderheiten, Juden (500 000) – über 10 % Ausländer (haupts. Italiener u. Spanier)

Nationalflagge: hellblau-weiß (mit aufgehender Sonne)-hellblau (waagerecht) – **Nationalfeiertag:** 25. 5. – **U:** 9. 7. 1816

Staats- und Regierungsform: Präsidiale Republik – Parlament (›Congreso‹) aus 2 Kammern: Senat (›Cámara de Senadores‹) und Abgeordnetenhaus (›Cámara de Diputados‹), deren Mitglieder für 9 bzw. 4 Jahre gewählt werden – Wahlberechtigt alle großjährigen Staatsbürger – Wehrpflicht – 23 Provinzen (mit je eigenem Parlament und Regierung); Bundesdistrikt (Distrito Federal) Buenos Aires – **Staatsoberhaupt u. Regierungschef:** Präsident Generalleutnant Jorge Rafael Videla, nach dem Staatsstreich vom März 1976 von der Militärjunta ernannt, der außer ihm als Oberkommandierenden des Heeres auch die Oberkommandierenden der Marine (Konteradmiral Emilio Eduardo Massera) und der Luftwaffe (Brigadegeneral Orlando Ramón Agosti) angehören – **Außenminister**: Konteradmiral César Augusto Guzzetti – (Erziehungs- u. Wirtschaftsministerium sind mit Zivilisten besetzt) – Beraterkommission aus Mitgliedern der drei Waffengattungen unter Vorsitz von Konteradmiral Alberto Vanek – **Parteien:** Nach den Wahlen v. 11. 3. 1973 setzte sich das Abgeordnetenhaus wie folgt zusammen: »Frente Justicialiste de Liberación«/»Frejuli« 143 (davon u. a. 117 an »Partido Justicialista«, peronistisch; übrige: an »Bewegung für Integr. u. Entw.«/MID usw.), 51 an die »Radikale Bürgerunion d. Volkes« (»Unión Cívica Radical del Pueblo«/UCRP; Vors. Ricardo Balbín); sonstige Parteien: »Partido Peronista Auténtico«/PPA, »Tercera Posición«, »Nueva Fuerza«, »Frente de la Izquierda Popular«, KP (etwa 70 000 Mitgl. nach Moskau orientiert); seit dem Putsch Parlament und Parteien suspendiert, fünf linksextremistische Parteien verboten. – **Dipl. B.**: BRD u. DDR

Städte (Z 1970 m. V.): Buenos Aires (Hptst., C. F.) 2 972 453 Einw. (Groß B. 1974 8 925 000), Córdoba 810 008 (1974), Rosario 806 942, La Plata 506 287, Mendoza 470 896, S. M. de Tucumán 366 392, Mar del Plata 302 282, Santa Fé 244 565, San Júan 217 514, Bahía Blanca 182 158, Salta 176 216, Resistencia 142 848, Corrientes 136 924, Paraná 127 635, Santiago del Estero 105 127

Wichtige Ausfuhrgüter: Getreide u. Leinsaaten 40 bis 50 %, Fleisch u. Vieh, Wolle, Häute (über ein Fünftel), chem. Produkte, Textilien, Maschinen – **Wichtigste Außenhandelspartner:** USA, Italien, Brasilien, Großbritannien, BR Deutschland, Japan, Frankreich, Chile, Benelux, Venezuela, UdSSR – 1974 **Einf.** 3656 Mill. $, **Ausf.** 3931 Mill. $ – **W:** 1 Argent. Peso (A. Peso) = 100 Centavos; 1 US-$ = 140,0 Pesos, 1 Peso = 0,0184 DM

Mitgliedschaft: UNO, OAS, ALALC, CCD, CECLA, ECLA, FAO, GATT, IAEA, IBRD, ICAO, IDB, IFC, ILO, IMCO, IMF, ITU, UNESCO, UPU, WHO, WMO; seit 1967 Komitee »La-Plata-Becken« m. Bolivien, Brasilien, Paraguay u. Uruguay. Nicht präf. Abkommen mit EG; SELA

ARKTIS
(Nordpolargebiet)

Fläche: im mathematischen Sinne rund 21 180 000 qkm, im geographischen Sinne etwa 28 000 000 qkm. Von der Landfläche (9,9 Mill. qkm) entfallen über 5 Mill. qkm auf Kanada, mehr als 2,2 Mill. qkm auf die Sowjetunion, 2,1 Mill. qkm auf Grönland, der Rest auf die USA (Alaska) und das norwegische Svalbard

ARUBA s. Niederlande

ASANIA (Azania) s. Südafrika

ASCENSION s. Großbritannien II

ÄTHIOPIEN
(Yatyiopya Manguist)

Fläche (23): 1 221 900 qkm – **Einwohner** (26): 27 950 000 (S 1975) = 22,8 je qkm – Städt. Bevölkerung 11–12% – **o. S.** 90% – **BSP** 1973: 2290 Mill. $, 1974 prov. 2550 Mill. $, **je E.** 90 $, **JZ** 1,6 % – **L** 48 % – **In** 15 %

Bevölkerung: rund ein Drittel Amharen und Tigre, über zwei Fünftel Galla, außerdem Dankali, Somali, Niloten; 12 000 Italiener – **Jährl. Bevölkerungszuwachs:** (1970–1974) 1,9 % – **Staatssprache:** Amhara, 2. Amtssprache Galla; Englisch, daneben Italienisch als Bildungs- u. Handelssprachen – **Religion:** 60 % äthiopische Christen (bes. Amharen u. Tigre), 30 % Muslimen (Somali, Dankali, Teile der Galla), Juden (u. a. etwa 50 000 Falascha im Gebiet des Tana-Sees) u. Anhänger von Naturreligionen (im SW); 170 000 Katholiken

Nationalflagge: grün-gelb(mit Wappen)-rot (waagerecht) – **Nationalfeiertag:** 12. 9. – Blüte des Reiches von Aksum im 4. Jh. v. Chr.; neue Einigung 1853; Republik seit 1975

Staats- u. Regierungsform: Bis zum Staatsstreich von 1974 faktisch absolute Monarchie mit einem kaum Einfluß besitzenden Zweikammerparlament und allgemeinem Wahlrecht; keine offiz. Parteien (illegal u. a. KP in 2 Gruppen: RPÄ u. KPÄ) – Keine allg. Wehrpflicht – 14 Provinzen (Taklay – Gizat) – »Provis. Militär. Verwaltungsrat«/DERG (engl. Abk.: PMAC); **Vorsitzender** der DERG: Major Menghistu Hailé Mariam – **Regierungschef:** Brigadegeneral Teferi Banti – **Außenminister:** Ato Kifle Wodajo – **Dipl. B.:** BRD u. DDR

Städte (S 1971): Addis Abeba (Hptst., S 1973) 1 011 565 Einw., Asmara (Asmera) 276 355, Diredaua (Dire Dawa), Dessié, Dschimma (Jimma) u. Harar je 40 000–50 000, Massaua u. Gondar je über 30 000

Wichtige Ausfuhrgüter: Kaffee (bis 40 % d. Ausfuhrwertes), Viehzuchtprodukte, Ölsaaten, Hülsenfrüchte, Gold – **Wichtigste Außenhandelspartner:** USA, Japan, Italien, BR Deutschland, Großbritannien, Frankreich, Saudi-Arabien, Iran – 1975 **Einf.** 310 Mill. $, **Ausf.** 238 Mill. $ – **W:** 1 Äthiop. $ (Eth.$) = 100 Cents, 1 US-$ = 2,054475 Eth.$, 1 Eth.$ = 1,2530 DM

Mitgliedschaft: UNO, ECA, FAO, OEA, IAEA, IBRD, ICAO, IDA, IFC, ILO, ITU, IMF, UNESCO, UPU, WHO, WMO, assoz. a. d. EG (Entwicklung in Eritrea s. »Weltchronik«)

ATHOS s. Griechenland

ATLANTEN-SEKTOR s. Antarktis

AUCKLAND-INSELN s. Neuseeland

AUSTRALIEN

(The Commonwealth of Australia)

Fläche (6): 7 686 848 qkm (mit Tasmanien u. vorgelagerten Inseln) – **Einwohner** (45): 13 684 900 (F 1975, 12 755 638 Z 1971) = 1,7 je qkm – Rund 86 % städt. Bevölkerung – **o. S.** 0,8 % – **BSP** 1973: 57 170 Mill. $, 1974 prov. 63 450 Mill. $, **je E.** 4760 $, **JZ** 3,0 %

Bevölkerung: größtenteils britischer Abstammung; 1971 106 288 Autochthone (zu den Australiden gehörend) und Mischlinge, über 10 000 Asiaten, etwa 250 000 Deutschstämmige – **Geburten- und Sterbeziffer** je 1000 Einw. 1974: 18,4/8,7 – **Geb.-Ü.:** 9,7 – **Staatssprache:** Englisch – **Religion:** überwiegend Protestanten (Anglikaner, Presbyterianer, Methodisten), fast ein Viertel Katholiken; 70 000 Juden

Nationalflagge: blau, mit »Union Jack« (links oben), großem Stern und Kreuz des Südens als Sternbild – **Nationalfeiertag:** 26. 1. – **U:** 1. 1. 1901 bzw. vollst. 1931

Staats- u. Regierungsform: Parlamentarisch-demokratische Monarchie u. unabhängiges Mitglied des »Commonwealth of Nations« – Parlament aus 2 Kammern (»House of Representatives« u. »Senate«) – Wahlberechtigt alle erwachs. Bürger – Keine Wehrpflicht – Bundesstaaten mit Parlament u. Exekutivrat sowie einem Gouverneur – Sechs Bundesstaaten: Queensland 1 727 200 qkm, 1,95 Mill. Einw. (Hptst. Brisbane) – New South Wales 801 600 qkm, 4,70 Mill. Einw. (Sydney) – Victoria 224 000 qkm, 3,61 Mill. Einw. (Melbourne) – South Australia 984 000 qkm, 1,21 Mill. Einw. (Adelaide) – Western Australia 2 525 500 qkm, 1,08 Mill. Einw. (Perth) – Tasmania 67 800 qkm, 0,40 Mill. Einw. (Hobart) – Northern Territory 1 346 200 qkm, 0,10 Mill. Einw. (Darwin) – Aust. Capital Territory/A.C.T. 2400 qkm, 0,18 Mill. Einw. – **Staatsoberhaupt:** Königin Elizabeth II., seit 1952; vertreten durch einen Generalgouverneur, Sir John Kerr, seit 1974 – **Regierungschef,** Premierminister: Malcolm Fraser, Lib. – **Äußeres:** Andrew Peacock, Lib. – **Parteien:** Sitzverteilung seit den Wahlen v. 13. 12. 1975 (1974) im Repräsentantenhaus: »Liberal Party« 68 (40), »Australian Labour Party« 33 (66), »Country Party« 23 (21); die austr. KP hat etwa 3000 Mitgl. u. ist legal – **Dipl. B.:** BRD u. DDR

Städte (B 1973 m. V.): Canberra (Hptst.) 178 500 Einw., Sydney 2 874 380, Melbourne 2 583 900, Brisbane 911 000, Adelaide 868 000, Perth 739 200, Newcastle 357 770, Greater Wollongong 205 780, Hobart 157 870, Geelong 126 500

Wichtige Ausfuhrgüter: Wolle (etwa ein Sechstel d. Ausfuhrwertes), Getreide (Weizen), Fleisch und Molkereiprodukte (je 8–12 %), Zucker, Früchte, Häute, Felle, Bergbauprodukte (Eisenerze, Edelmetalle, Blei, Zink, Uranerze), Maschinen u. Fahrzeuge – **Wichtigste Außenhandelspartner:** Japan, USA, Großbritannien, BR Deutschland u. and. EG-Länder, Neuseeland, Kanada, Chines. VR, Hongkong, Indien – 1975 **Einf.** 9811 Mill. $, **Ausf.** 11 575 Mill. $ – **W:** 1 Austral.$ ($A) = 100 Cents, 1 $A = 1,2381 US-$ bzw. 3,1871 DM

Mitgliedschaft: Commonwealth, UNO, ANZUS, SEATO, CCD, Colombo-Plan, ESCAP, FAO, GATT, IAEA, IBRD, ICAO, IFC, ILO, IMCO, IMF, ITU, UNESCO, UPU, WHO, WMO, ADB, ASPAC, OECD –

Verteidigungsbündnis mit Großbritannien, Malaysia, Singapur; Südseeforum

Außenbesitzungen: 1. *Christmas Island* (»Weihnachtsinsel«) im Indischen Ozean, 135 qkm u. 2895 (Z 1974) Einw., überwiegend Chinesen; Hauptort: Flying Fish Cove – 2. *Kokos-Inseln* bzw. *Keeling-Inseln* (Territ. of Cocos Islands), 14,2 qkm u. 625 Einw. (1971); Hauptort: Bantam. Die K. stehen unter einer Art Feudalherrschaft von John Clunies-Ross, die zu Kritik führt – 3. *Norfolk-I.*, mit 2 Eilanden 36,2 qkm u. 1422 Einw. (S 1971); Hauptort: Kingston 800 Einw. – 4. *Coral Sea Island Territory* (v. Norfolk aus verwaltet); Met. Station auf Willis Island – Verschiedene australische Inseln: *Ashmore-I.* (1,89 qkm) u. *Cartier-I.* in der Timor-See (zum North Terr. gehörend) – *Heard-* u. *McDonald-Inseln* in der Antarktis, 258 qkm, unbewohnt – *Macquarie-I.*, Dependence von Tasmanien, 176 qkm, nur Wetterstation – Australien erhebt Hoheitsanspruch auf einen Sektor in der Antarktis (s. Antarktis) – Außerdem: Lord Howe Island u. Ball's Pyramid, zus. 13 qkm u. 285 Einw. (geh. zu New South Wales)

AZOREN s. Portugal u. »Weltchronik«: Azoren u. Portugal

BAHAMAS

(The Commonwealth of the Bahamas)

Fläche (133): 13 935 qkm – **Einwohner** (147): 200 000 (B 1975, 175 192 Z 1970) = 14,5 je qkm – 60 % städt. Bevölkerung – **BSP** 1973: 440 Mill. $, 1974 prov. 490 Mill. $, **je E.** 2460 $; **JZ** −1,1 % (Abnahme)

Bevölkerung: Etwa vier Fünftel Neger und Mulatten; im übrigen Mestizen u. Weiße – **Geburten- u. Sterbeziffer:** jährl. Wachstumsrate (1970–1974) 4,2 % – **Staatssprache:** Englisch – **Religion:** Protestanten; ein Fünftel Katholiken; jüdische Minderheit

Nationalflagge: blau-gelb-blau (waagerecht), links oben ein schwarzes Dreieck – **Nationalfeiertag:** 10. 7. – **U:** 10. 7. 1973

Staats- u. Regierungsform: Parlamentarisch-demokratische Monarchie – Parlament aus 2 Kammern: Senat (»Senate«) und Abgeordnetenhaus (»House of Assembly«) – Allgemeines Wahlrecht – Keine Wehrpflicht – **Staatsoberhaupt:** Königin Elizabeth II., seit 1973 vertreten durch einen Generalgouverneur: Sir Milo B. Butler – **Regierungschef:** Premierminister Lyndon Oscar Pindling, PLP – **Parteien:** Bei den Wahlen vom 19. 9. 1972 erhielt die »Progressive Liberal Party«/PLP 28 und u. a. das oppositionelle »Free National Movement« 8 Sitze – **Dipl. B:** BRD (Botschafter in Kingston [Jamaika] gleichzeitig in Nassau akkreditiert)

Städte (1971): Nassau (Hptst.) 101 503 Einw.

Wichtige Ausfuhrgüter: Krustentiere, Fische, Gemüse, Holz, Zement, Rum, Salz; bedeutender Fremdenverkehr – **Wichtige Außenhandelspartner:** USA, Großbritannien, Kanada – 1974 **Einf.** 1908 Mill. $, **Ausf.** 1444 Mill. $ – **W:** 1 Bahama $ (B$) = 100 Cents, 1 US-$ = 1 B$, 1 B$ = 2,5742 DM

Mitgliedschaft: UNO, Commonwealth, FAO, IBRD, IMF, EG (assoz.)

BAHREIN

(Mashyaka al Bahrein; Staat Bahrein)

Fläche (147): 622 qkm – **Einwohner** (142): 260 000 (B 1975, 216 078 Z 1971) = 417 je qkm – 78 % städt. Bevölkerung – **o. S.** 80 % – **BSP** 1973: 210 Mill. $, 1974 prov. 550 Mill. $, **je E.** 2250 $; **JZ** 1971–1973 −7,8 % (Abnahme)

Bevölkerung: hauptsächlich Araber; daneben Inder, Pakistaner, Perser sowie über 3000 Briten u. US-Amerikaner – **Geburten- und Sterbeziffer:** Jährl. Wachstumsrate (1970–1973) 1,8 % – **Staatssprache:** Arabisch – **Religion:** Muslimen

Nationalflagge: rot, mit weiß gezacktem Rand am Flaggstock – **U:** 14. 8. 1971

Staats- u. Regierungsform: Scheichtum – Kein Frauenstimmrecht – **Staatsoberhaupt:** Scheich Isa bin Sulman el Chalifa (Khalifa) – **Regierungschef:** Scheich Chalifa bin Sulman el Chalifa, seit d. Auflösung d. Parlaments Ende August 1975 auch m. d. gesetzgebenden Funktionen beauftragt – **Außenminister:** Scheich Mohamed bin Moubarak – **Dipl. B.:** Der Botschafter der BRD in Kuweit ist auch für B. zuständig

Städte (Z 1971): Manama (Hptst.) 88 785, Al Muharraq 37 732

Wichtigstes Ausfuhrgut: Erdöl – **W:** 1 Bahrein-Dinar (BD) = 1000 Fils; 1 US-$ = 0,3947 BD, 1 BD = 6,5219 DM

Mitgliedschaft: UNO, Arabische Liga, FAO u. GATT (assoz.); IBRD, ICAO, IMF, OAPEC, UIA, UNESCO, UPU, WHO, ECWA, UIA

BANGLADESCH

(Islamic Republic of Bangladesh; Islamische Rep. B.)

Fläche (87): 143 998 qkm – **Einwohner** (8): 76 820 000 (S 1975) = 533,4 je qkm – 7 % städt. Bevölkerung – **o. S.** über 80 % – **BSP** 1973: 5910

Mill. $, 1974 prov. 7260 Mill. $, **je E.** 100 $; **JZ** —1,6 % (Abnahme) – **L** 56 % – **In** 13 %

Bevölkerung: Bengalen; außerdem 1–1,5 Mill. Bihari usw., 0,5 Mill. Angehörige von Stämmen mit tibeto-birmanischen Sprachen – **Geburten- und Sterbeziffer:** jährliche Wachstumsrate (1965–1973) 2,4 % – **Staatssprache:** Bengali; außerdem andere indoarische und tibeto-birman. Sprachen – **Religion:** rund 80 % Muslimen, etwa 18,5 % Hindus; buddhistische und christliche Minderheiten (über 130 000 röm. Katholiken)

Nationalflagge: grüne Fläche mit rotem Kreis – **Nationalfeiertag:** 16. 12. – **U:** 26. 3. 1971 (endgültig 22. 12. 1971)

Staats- u. Regierungsform: Islamische Republik; Verfassung geplant – Seit Mai 1976 Gliederung in 6 Zonen unter »Kriegsrechtsadministratoren« – **Staatsoberhaupt:** Seit dem Militärputsch v. Nov. 1975 »Oberster Kriegsrechtsadministrator«, Abu Sadat Mohammed Sayem; gleichzeitig Minister für Verteidigung, Justiz, Äußeres usw. – Stellv. »Oberst. Kriegsrechtsadmin.«, Minister f. Finanzen, Inneres, Außenhandel usw.: Generalmajor Ziaur Rahman – **Parteien:** Seit Februar 1975 Einheitspartei »Volksliga der Bauern und Arbeiter« (»Krishak Sramik Awami League«), 1975 verboten; Neuzulassung von Parteien noch vor Ende 1976 vorgesehen – **Dipl. B.:** BRD u. DDR

Städte (S 1972): Dacca (Hptst.) 962 000 Einw., Tschittagong (Chittagong) 469 000, Khulna 452 000, Narayanganj 425 000

Wichtige Ausfuhrgüter: Hauptsächlich Jute und Juteprodukte; Tee – **Wichtigste Außenhandelspartner:** Indien, USA, EG-Länder, Japan – 1970 **Einf.** 1,82 Mrd. Rupien, **Ausf.** 1,54 Mrd. Rupien – **W:** 1 Taka = 100 Poisha (Paise); 1 Taka = 0,0710 US-$ bzw. 0,1723 DM

Mitgliedschaft: UNO, FAO, GATT, IAEA, IBRD, ICAO, ILO, IMF, ITU, UNESCO, UPU, WHO, ESCAP

BARBADOS

Fläche (151): 431 qkm – **Einwohner** (143): 250 000 (S 1975, 238 141 Z 1970) = 580 je qkm – 45 % städt. Bevölkerung – **o. S.** weniger als 10 % – **BSP** 1973: 240 Mill. $, 1974 prov. 270 Mill. $, **je E.** 1110 $; **JZ** 5,8 % – **L** 13 % – **In** 27 %

Bevölkerung: hauptsächlich Neger (über vier Fünftel) u. Mulatten, kleine weiße Minderheit (über 10 000) – **Geburten- und Sterbeziffer** (1972): 22,1/8,5 – **Geb.-Ü.:** 13,6 – **Staatssprache:** Englisch; außerdem z. T. Französisch – **Religion:** rund 70 % Anglikaner, außerdem Methodisten u. Mährische Brüder, katholische Minderheit

Nationalflagge: blau-gelb(mit schwarzem Dreizack)-blau (senkrecht) – **Nationalfeiertag:** 30. 11. – **U:** 30. 11. 1966

Staats- u. Regierungsform: Parlamentarisch-demokratische Monarchie – Parlament aus zwei Kammern (»Senate, House of Assembly«) – Wahlberechtigt alle erwachsenen Bürger – Keine allgem. Wehrpflicht – **Staatsoberhaupt:** Königin Elizabeth II., vertreten d. einen Generalgouverneur: Sir Winston Scott – **Regierungschef:** J. M. G. Tom Adams, BLP – **Außenminister:** N. N. – **Parteien:** Wahlen v. Sept. 1976: »Democratic Labour Party«/DLP 7 Sitze, »B. Labour Party« 17 Sitze – **Dipl. B.:** BRD, zuständige Vertretung in Port of Spain (Trinidad u. T.)

Städte (S 1972): Bridgetown (Hptst.) 18 789 bzw. 94 000 mit Umgebung

Wichtige Ausfuhrgüter: Hauptsächlich Zucker, Melasse, Krustentiere, Rum – **Wichtigste Außenhandelspartner:** Großbritannien u. karibische Gebiete, USA, Kanada – 1974 **Einf.** 204 Mill. $, **Ausf.** 85 Mill. $ – **W:** 1 Barbados-$ (BDS$) = 100 Cents; 1 US-$ = 1,9937 BDS$, 1 BDS$ = 1,2912 DM

Mitgliedschaft: UNO, Commonwealth, CCM, CECLA, FAO, GATT, IBRD, ICAO, ILO, IMCO, IMF, ITU, UNESCO, UPU, WHO, WMO, EG (assoz.)

BARBUDA, Teil der Leeward-Inseln, s. Großbritannien II

BELGIEN

(franz.: Royaume de Belgique, niederl.: Koninkrijk België)

Fläche (121): 30 513 qkm – **Einwohner** (56): 9 800 000 (B 1975, de jure 9 650 944 Z XII/1970) = 321,5 je qkm – Über 87 % städt. Bevölkerung – **o. S.** weniger als 1 % – **BSP** 1973: 44 470 Mill. $, 1974 prov. 51 080 Mill. $, **je E.** 5210 $; **JZ** 4,6 % – **L** 4 % – **In** 41 %

Bevölkerung (1970): 50,10 % Niederländisch sprechende Flamen, 32,09 % Französisch sprechende Wallonen; Zweisprachige und 0,7 % Deutschsprechende. Am 31. 12. 1970 716 237 Ausländer – **Geburten- und Sterbeziffer** je 1000 Einwohner: 1974 12,7/11,9 – **Geb.-Ü.:** 0,8 – **Staatssprachen:** Französisch, Niederländisch und als Amtssprache regional Deutsch – **Religion:** überwiegend röm.-kath., daneben über 50 000 Protestanten u. etwa 35 000 Juden

Nationalflagge: schwarz-gelb-rot (senkrecht) – **Nationalfeiertag:** 21. 7. – **U:** 1831

Staats- u. Regierungsform: parlamentarisch-demokratische Monarchie – Parlament aus 2 Kammern:

Senat (»Sénat« bzw. »Senaat«) u. Abgeordnetenhaus (»Chambre des Représentants« bzw. »Kamer van Volksvertegenwoordigers«); Senatoren und Abgeordnete werden für vier Jahre gewählt – Wahlpflicht für alle über 18 Jahre alten Männer u. Frauen – Wehrpflicht – 9 Provinzen – Nach der Verfassungsreform von 1970 gliedert sich B. in die Regionen Flandern, Valonie u. Brüssel mit entsprechenden Regionalparlamenten (seit 1974 in Mechelen, Namur u. Brüssel). Für jede Region besteht im Rahmen des Zentralkabinetts ein Regionalkomitee – **Staatsoberhaupt:** König Baudouin (Boudewijn, Balduin), seit 1951 – **Regierungschef:** Ministerpräsident Leo Tindemans, CVP, Chef einer Koalitionsregierung aus CVP, Lib. u. RW – **Außenminister:** Renaat van Eislande, CVP – **Parteien** (Wahl 1974): Christlichsoziale Partei (»Parti Social Chrétien«/PSC bzw. »Christelijke Volkspartij«/CVP) 72 von 212 Sitzen im Abgeordnetenhaus; Sozialisten (»Parti Socialiste Belge«/PSB bzw. »Belgische Socialistische Partij«/BSP) 59 Sitze; außerdem Liberale (»Parti de la Liberté et du Progrès«/PLP bzw. »Partij voor Vrijheid en Vooruitgang«/PVV) 30 Sitze, Kommunisten/PCB/BCP 4 Sitze, die »Flämische Volksunion« (»Volksunie«/VU) 22 Sitze, Autonomistische Bewegung der Wallonen u. Front der Francophonen/FDF/RW 25 Sitze. – Partei der Deutschsprach. Belgier/PDB – KP etwa 10 000 Mitglieder – **Dipl. B.:** BRD u. DDR

Städte (B 31. 12. 1970, m. V. 31. 12. 1972): Brüssel (Brussel, Bruxelles) m. V. 1 075 136 (Hptst., o. V. 161 089), Antwerpen (Anvers) 226 570, m. V. 671 872, Lüttich (Liège, Luik) 147 277, m. V. 438 825, Gent (Gand) 149 265, m. V. 223 145, Deurne 80 112, Mechelen (Malines) 65 620, Genk 58 240, Ostende (Oostende) 56 167, Brügge (Brugge, Bruges) 51 303, m. V. 118 739, Berchem 50 473, Borgerhout 48 967, St. Niklaas (St. Nicolas) 48 914, Aalst (Alost), Hasselt, Verviers, Kortrijk (Courtrai), Löwen (Leuven, Louvain m. V. 113 365), Seraing, Roeselare (Roulers) je über 40 000, Charleroi 23 324, A 212 559

Wichtige Ausfuhrgüter: Eisen- und Stahlwaren, Maschinen (zus. etwa ein Drittel d. Ausfuhrwertes), Textilien, Fahrzeuge, chem.-pharm. Produkte, Buntmetalle – **Wichtigste Außenhandelspartner:** EG (über 70 %), und zwar an erster Stelle BR Deutschland, sodann Niederlande; USA, Zaïre, Schweden, Schweiz, Kanada – 1975 (m. Lux.) **Einf.** 30 688 Mill. $, **Ausf.** 28 807 Mill. $ – **W:** 1 Belg. Franc (bfr) = 100 Centimes; 1 US-$ = 39,5975 bfr, 1 bfr = 0,0650 DM

Mitgliedschaft: UNO, NATO, Benelux, WEU, Europarat, EG (EWG, EGKS, Euratom), OECD, ECE, FAO, GATT, IAEA, IBRD, ICAO, IDB, IFC, ILO, IMCO, IMF, ITU, UNESCO, UPU, WHO, WMO, ADB, CCD

BELIZE s. Großbritannien (Abhängige Gebiete)

BENELUX: Wirtschaftsunion Belgien-Luxemburg-Niederlande s. S. 441

BENIN

(République Populaire de Benin; Volksrepublik Benin)

Fläche (94): 112 622 qkm – **Einwohner** (98): 3 110 000 (S 1975, 2 106 000 Stichpr.-Z. 1961) = 27,5 je qkm – 15 % städt. Bevölkerung – **o. S.** 80 % – **BSP** 1973: 330 Mill. $, **je E.** 120 $; **JZ** 1,5 % – **L** 31 % – **In** 14 %

Bevölkerung: hauptsächlich Sudan-Gruppen (über 50 %), u. a. Ewe, Adja u. Fong, außerdem Joruba (13 %), Bargu, Fulbe; 3000 Europäer, meist Franzosen – **Geburten- u. Sterbeziffer:** jährl. Wachstumsrate (1970–1974) 2,7 % – **Staatssprache** u. z. T. Umgangssprache der gebildeten Schicht: Französisch; sonst u. a. Kwa (Ewe), Fon, Gu, Joruba, Dendi – **Religion:** katholische (15 %) und islamische (etwa 8 %) Minderheiten; Anhänger von Naturreligionen

Nationalflagge: grüne Fläche mit einem fünfzackigen roten Stern – **Nationalfeiertag:** 30. 11. – **U:** 1. 8. 1960

Staats- u. Regierungsform: 1975 Umbenennung des bisherigen »Dahome(y)« in »Benin« (s. »Weltchronik«/Benin) – Neue Verfassung in Vorbereitung, m. Marxismus als Staatsdoktrin – Verwaltungsgliederung in 6 Departm. – Wehrpflicht noch unbestimmt – **Staatsoberhaupt:** Präs. Oberst Mathieu Kérékou, seit dem Staatsstreich v. 26. 10. 1972 – **Außenminister:** Major Michel Alladaye – **Parteien:** Seit 1975 marxistische (»Parti Révolutionaire et Populaire de Benin«/PRPB) Rev. Volkspartei von Benin als Einheitspartei

Städte (1972): Cotonou (Kotonu, Hptst.) 180 000, Porto Novo 91 009, Abomey (Abome) 35 000, Parakou 25 000, Ouidah (Uida) 21 000

Wichtige Ausfuhrgüter: Palmkerne, Palmöl, Baumwolle, Erdnüsse, Kaffee, Rizinus – **Wichtigste Außenhandelspartner:** Frankreich u. a. EG-Länder, USA, Nigerien – 1974 **Einf.** 113 Mill. $, **Ausf.** 46 Mill. $ – **W:** 1 CFA-Franc (FCFA) = 100 Centimes; 1 US-$ = 236,56 FCFA, 1 FCFA = 0,0109 DM

Mitgliedschaft: UNO, OEA, ECA, FAO, GAMO (OCAM), GATT, IBRD, ICAO, ILO, IMF, ITU, UDEAO, UNESCO, UPU, WHO, WMO, »Conseil de l'Entente«, assoziiert an die EG, CEDEAO (ECOWAS)

BERMUDA-INSELN s. Großbritannien II

BHUTAN

(tibet.: Druk-Yul)

Fläche (114): 47 000 qkm – **Einwohner** (122): etwa 1 100 000 (S 1975, 1 034 774 Z 1969) = 23,4 je qkm – nur wenige % städt. Bevölkerung – **o. S.** über 90 % – **BSP** 1963 (S): insges. 40 Mill. $, **je E.** (S) 56 $

Bevölkerung: tibet. Lhopa, nepales. Leptscha (Rong) u. Bhotia (Bhutija) – **Geburten- und Sterbeziffer:** jährl. Wachstumsrate (1970–1973) 2,3 % – **Sprache:** das tibet. Dsongha (Dzongkha) u. tibet. Dialekte – **Religion:** Lamaistischer Buddhismus der alten roten Sekte (Drupka-Gruppe der Karyud-Schule)

Nationalflagge: orange-rot (je dreiecksförmig) mit weißem Wappentier – **U:** Altes Fürstentum

Staats- u. Regierungsform: Monarchie, Vertr. d. ausländ. Angelegenheiten und Verteidigung durch Indien, das an den Gebirgsstaat Subsidien zahlt – Verwaltungsgliederung in 9 Provinzen mit je einem Fürsten oder Penlop an der Spitze / Einkammerparlament (›Tsongduk‹), kann seit 1969 mit $^2/_3$ Mehrheit den König absetzen – **Staatsoberhaupt:** König Jigme Singhye Wangtschuk (Wangchuk) seit 1972, gekrönt 1974 – **Ministerrat** u. Kgl. Beraterstab – **Parteien:** keine eigentlichen Parteien – **Dipl. B.:** weder BRD noch DDR

Städte: Hauptstadt u. Hauptresidenz Thimbu (Thimphu); außerdem Paro, Punakha u. Puntsholing

Völlig unbedeutender **Außenhandel,** vor allem mit Indien (Holz, Reis, Kohle) – **W:** 1 Ngultrum; Goldmünze: 1 Sertum = 100 Ngultrum, im Verkehr auch ind. Rupie

Mitgliedschaft: UNO, UPU, ESCAP, Colombo-Plan; Nichtpräf. Abk. m. d. EG

BIRMA

(Pyi-Daung-Su-Se-She-Lit [Socialist] Thammada Myanma Nainggnan; Sozialist. Republik der Union von Birma)

Fläche (37): 678 033 qkm – **Einwohner** (25): 31 240 000 (S 1975, 28 885 867 Z 1973) = 46,0 je qkm – Etwa 20 % städt. Bevölkerung – **o. S.** 2710 Mill. $, **je E.** 90 $; **JZ** 0,7 % – **L** 38 % – **In** 22 %

Bevölkerung: fast drei Viertel Birmanen; außerd. Schan (8–9 %), Karen (ca. 7 %), Katschin (1 %), Tschin (2 %) und verschiedene Restvölker. Inder 1% (bes. in Rangun) und Chinesen 0,5% (im Nordosten) – **Geburten- und Sterbeziffer:** jährliche Wachstumsrate (1965–1973) 2,2% – **Staatssprache:** Birmanisch; Sprachen der anderen Gruppen; Englisch wichtig als intern. Handelssprache – **Religion:** zu etwa vier Fünfteln Anhänger des südlichen Buddhismus, islamische (2–3 %), hinduistische (fast 2 %) u. christl. (u. a. 280 000 Kath.) Minderheiten (2 %); 500 Juden

Nationalflagge: Seit 1974 rotes Rechteck mit blauem Rechteck oben links, in dem sich ein Zahnrad (weiß) mit Sternen (Symbole f. autonome Staaten u. Bezirke) befindet – **Nationalfeiertag:** 4. 1. – **U:** 4. 1. 1948

Staats- und Regierungsform: Republik m. staatssozialist. Tendenz – Neue Verfassung von 1974 – Einkammerparlament (»Volksversammlung« bzw. »Pyithu Hluttaw«) – Bed. Wehrpflicht – Von den Minderheitsgebieten sind u. a. jene der Karen (Hptst. Loikaw), Katschin, Kaya u. Schan (Hptst. Taunggyi) u. das Gebiet der Tschin hervorzuheben – **Staatspräsident:** Ne Win (Generalstitel abgelegt), seit 1962 bzw. 1974, auch Vorsitzender des »Staatsrates« (28 Mitglieder; Sekretär: General San Yu) – **Ministerpräsident:** U Sein Win – **Außenminister:** U Hla Pon (Phone) – **Parteien:** Seit 1974 Einheitspartei »Birmanische Sozialistische Programm-Partei« (Generalsekretär: General San Yu). Im Untergrund KP u. »Nationale Vereinigte Befreiungsfront»/NULF. Freischärlertätigkeit

Städte (1970): Rangun (Rangoon, Hptst.) m. V. 1 854 150 Einw., Mandalay 401 633, Moulmein 172 569, Bassein 136 429, Pegu 124 643, Akyab (Sittwe) 82 313

Wichtige Ausfuhrgüter: Reis (bis 50 % des Ausfuhrwertes), Ölsaaten, Baumwolle, Holz, Bergbauprodukte – **Wichtigste Außenhandelspartner:** Japan, Indien, Großbritannien, USA, BR Deutschland, Chines. Volksrepublik, Pakistan, Indonesien, Sri Lanka, RGW-Länder – 1974 **Einf.** 128 Mill. $, **Ausf.** 1975 158 Mill. $ – **W:** 1 Kyat (K) = 100 Pyas; 1 US-$ = 6,5753 K, 1 K = 0,3810 DM

Mitgliedschaft: UNO, ESCAP, FAO, GATT, IAEA, ICAO, IFC, IBRD, ILO, IMCO, IMF, ITU, UNESCO, UPU, WHO, WMO, Colombo-Plan

BISMARCK-ARCHIPEL s. Australien

BOLIVIEN

(República de Bolivia; R. Boliviana)

Fläche (26): 1 098 581 qkm – **Einwohner** (78): 5 630 000 (B 1975, 2 704 165 Z 1950) = 5,1 je qkm – 35–40% städt. Bevölkerung – **o. S.** 60–70% – **BSP** 1973: 1200 Mill. $, 1974 prov 1390 Mill. $, **je E.** 250 $; **JZ** 2,2 % – **L** 14 % – **In** 34 %

Bevölkerung: über 50 % Indianer, 28–30 % Mestizen, etwa 15–20 % Weiße – **Geburten- und Sterbeziffer:** jährl. Wachstumsrate (1965–1973) 2,6 % – **Staatssprache:** Spanisch; Ketschua (etwa 34 %) und Aimará (etwa 25 %) als Umgangssprachen großer Teile der Hochlandindianer; im Tiefland Guaraní – **Religion:** röm.-kath. 93 %; rund 45 000 Protestanten u. 4000 Juden als Minderheiten

Nationalflagge: rot-gelb(mit Wappen)-grün (waagerecht) – **Nationalfeiertag:** 6. 8. – **U:** 1825

Staats- u. Regierungsform: Präsid. Republik – Parlament (›Cámara de Diputados‹ u. ›Senado‹) – Allg. Wahlrecht – Neue Verfassung in Ausarbeitung – Seit 1974 ein ›Polit. Nationalrat‹ – Wehrpflicht – 9 Departamentos und 98 Provinzen – **Staatsoberhaupt:** Präsident Oberst Hugo Banzer Suárez, seit dem Staatsstreich vom August 1971; seit 1974 Militärkabinett – **Außenminister:** General Alberto Guzmán Soriano – **Parteien:** nach d. Putschversuch v. Nov. 1974 verboten (u. a. Frente Revol. Boliviano/FRB, Comunidad Democr. Cristiana; die sozialrevolutionäre Bewegung »Movimiento Nacional Revolucionario«/MNR. Ferner »Partido Nac. Rev. Auténtico«/PRA; »Partido Soc.-Dem.«; »Partido Comunista de Bolivia«/PCB; »Falange Socialista Boliviana«/FSB; Parteien z. T. illegal arbeitend, z. B. die KP u. die KP-LM, je mehrere hundert Mitglieder) – **Dipl. B.:** BRD u. DDR

Städte (S 1970): La Paz (fakt. Hptst.) 562 000 Einw., verfassungsmäßige Hptst. Sucre 84 900, Cochabamba 150 000, Santa Cruz de la Sierra 124 900, Oruru 119 700, Potosí 96 800, Tarija 35 700

Wichtige Ausfuhrgüter: Zinn (bis 40 % des Gesamtausfuhrwertes), Zink, Wolfram, Antimon, Blei, Kupfer, Erdöl – **Wichtigste Außenhandelspartner:** USA, Großbritannien, Japan, Argentinien, BR Deutschland, Brasilien – 1973 **Einf.** 196 Mill. $, **Ausf.** 1974 548 Mill. $ – **W:** 1 Peso Boliviano ($b) = 100 Centavos; 1 US-$ = 20 $b, 1 $b = 0,1287 DM

Mitgliedschaft: UNO, OAS, ALALC, CECLA, ECLA, FAO, IAEA, IDB, IBRD, IFC, ICAO, ILO, IMF, ITU, UNESCO, UPU, WHO, WMO, seit 1967 Mitglied der ALALC-Subregionen »La Plata-Becken« u. »Andengruppe«; seit 1975 SELA

BONAIRE s. Niederlande

BOPHUTHATSWANA s. Südafrika (Unabhängigkeit in naher Zukunft erwartet)

BOTSUANA

(Republic of Botswana)

Fläche (41): 600 372 qkm – **Einwohner** (129): 690 000 (S 1975, de jure 608 656 Z 1971) = 1,1 % je qkm – Rund 12 % städt. Bevölkerung – **ø. S.** 72 % – **BSP** 1973: 150 Mill. $, 1974 prov. 180 Mill. $, **je E.** 270 $ – **L** 29 % – **In** 30 %

Bevölkerung: Bantu, bes. Sotho-Tswana (u. a. Bamangwato, Bakwena); 3500 Weiße, 3000 Inder u. »Coloured«; Buschmänner; z. T. noch intakte Stammesverfass. – **Jährl. Bevölkerungswachstum** (1970–1974) 3,7 % – **Staatssprache:** SeTswana u. andere Bantu-Spr.; Englisch z. T. als Amts-, Bildungs- u. Handelssprache – **Religion:** Anhänger von Naturreligionen; 70 000 Protestanten, über 22 000 röm. Katholiken

Nationalflagge: hellblau-weiß-schwarz-weiß-hellblau (waagerecht; weiße Streifen schmal) – **Nationalfeiertag:** 30. 9. – **U:** 30. 9. 1966

Staats- u. Regierungsform: Unabhängige Präsid. Republik im »Commonwealth« – Einkammerparlament; dazu beratend ein »House of Chiefs« – Allg. Wahlrecht – Gliederung in 16 Distrikte – keine Wehrpflicht – **Staatsoberhaupt** und Regierungschef: Seretse Khama, BDP, seit 1966, zuletzt 1974 ohne Gegenkandidat wiedergewählt – **Parteien:** »B. Democratic Party«/BDP, gemäßigt, für multirassiale Entwicklung eintretend; seit den Wahlen von 1974 27 von 32 Sitzen, außerdem »B. People's Party«/BPP, nationalistisch-panafrikanisch, 2 Sitze, »National Front« 2 Sitze, »Independence Party« 1 Sitz – **Dipl. B.:** BRD (Sitz in Lusaka, Sambia; Vertreter in Gaborone)

Städte (Z 1971): Gaborone (Hptst.) 18 436 Einw., Serowe m. V. 43 186, Kanye m. V. 39 200, Molepole m. V. 31 986, Mochudi m. V. 21 382, Mahalapye 14 657

Wichtige Ausfuhrgüter: Fleisch, Vieh und Viehzuchtprodukte (zus. 50–60 %), Asbest, Gold, Diamanten u Mangan – **Wichtigste Außenhandelspartner:** Rep. Südafrika, Großbritannien – 1973 **Einf.** 102 Mill. Rand, **Ausf.** 58 Mill. Rand – **W:** 1 Pula (seit 1976; Wert bisher dem südafrik. Rand entsprechend) = 100 Thebe

Mitgliedschaft: Commonwealth, UNO; Zollunion m. d. Rep. Südafrika, FAO, GATT (assoz.), IBRD, IMF, ITU, OUA, UPU, WMO, SAEMU, EG (assoz.)

BOUGAINVILLE

Fläche: 8800 qkm – **Einwohner:** 77 880 – Hauptstadt: Kieta. Unabhängigkeitsbestrebungen; einseitige U.-Erklärung am 1. 9. 1975 als »Nördliche Salomon-Inseln« durch Alexis Sarei, von Papua-Niugini (s. dieses) nicht anerkannt (s. »Weltchronik«/Bougainville)

BRASILIEN

Fläche (5): 8 511 965 qkm – **Einwohner** (7): 107 140 000 (B 1975, 92 341 556 [ohne Waldindianer] Z 1970) = 12,5 je qkm – Über 59 % städt. Bevölkerung – **o. S.** 42 % – **BSP** 1973: 76 950 Mill. $, 1974 prov. 93 180 Mill. $, **je E.** 900 $; **JZ** 6,0 % – **L** 13 % – **In** 25–30 %

Bevölkerung: etwa 60 % Weiße meist portugiesischer, italienischer und spanischer Abstammung, rund 2 Mill. Deutschstämmige; über 26 % Mulatten, Caboclos (aus Verbindungen zwischen Weißen und Indianern), 8–10 % Neger und Cafusos (Mischlinge von Indianern u. Negern), Japaner (über 1 Mill.), weniger als 2 % Indianer – **Jährl. Bevölkerungswachstum:** (1970–1973) 2,9 % – **Staatssprache:** Portugiesisch mit brasil. Eigenarten – **Religion:** rund 90 % röm.-kath.; 5–6 % Protestanten, Orthodoxe, Buddhisten u. 160 000 Juden; Naturreligionen d. Indianer; afro-brasilian. Kulte (»Umbanda« usw.)

Nationalflagge: grün mit gelber Raute, darin eine blaue Weltkugel mit weißen Sternen und Motto »Fortschritt und Ordnung« – **Nationalfeiertag:** 7. 9. – **U:** 7. 9. 1822

Staats- u. Regierungsform: Präsidiale Bundesrepublik, seit der Verfassung v. 17. 10. 1969 mit großen Vollmachten des Präsidenten – Parlament aus 2 Kammern (»Câmara dos Deputados« m. 409, »Senado Fed.« m. 66 Mitgl.) – Wahlpflicht für alle über 18 Jahre alten Bürger (abgesehen von einfachen Soldaten u. Analphabeten) – »Rat für nationale Sicherheit« – Wehrpflicht – Gliederung in 23 Bundesstaaten, m. eig. Parlament u. einem gewählten Gouverneur. Drei Territorien, ein Bundesdistrikt – **Staatsoberhaupt u. Regierungschef:** General a. D. Ernesto Geisel seit 1974 – **Außenminister:** Antônio Francisco Azeveda da Silveira – **Parteien:** seit 1965 Regierungspartei »Aliança Renovadora Nacional«/ARENA, seit der Wahl v. 1974 i. d. Dep.-Kammer u. im Senat zus. 204 (vorher 223) Sitze; »Oppositionspartei«. »Movimento Democrático Brasileiro«/MDB entsprechend 160 (149) Sitze. (Regional und lokal außerdem: »Partido Social Democrático«/PSD, »Partido Trabalhista Brasileiro«/PTB, »União Democrática Nacional«/UDN.) Illegale KP rund 6000 Mitgl. u. KP-LM etwa 1000 Mitgl. – **Dipl. B.:** BRD u. DDR

Städte (Z 1970, Mun.): Brasília (Hptst.) als Bundesdistrikt 5814 qkm und 538 351 Einw., São Paulo 5 921 796, Rio de Janeiro 4 252 009, Belo Horizonte 1 235 001, Recife 1 060 752, Salvador (Bahia) 1 007 744, Pôrto Alegre 885 564, Fortaleza 859 135, Nova Iguazú 727 674, Belém 633 749, Curitiba 608 414, Santo André 418 578, Goiânia 381 055, Campinas 376 497, Santos 346 096; A: S. Paulo 8 062 130, Rio de Janeiro 7 094 211, Recife 1 699 079, Belo Horizonte 1 613 305, Pôrto Alegre 1 531 168, Salvador 1 095 127

Wichtige Ausfuhrgüter: Kaffee (im Mittel 20–25 %), Sojabohnen, Sojakuchen etc., Baumwolle, Zucker, Eisenerz, Fleisch, Kakao, Holz, Eisen u. Stahl – **Wichtigste Außenhandelspartner:** USA, BR Deutschland, Japan, Italien, Großbritannien, Argentinien, Frankreich, Niederlande, Antillen, Venezuela, Sowjetunion – 1975 **Einf.** 13 558 Mill. $, **Ausf.** 8656 Mill. $ – **W:** 1 Cruzeiro (Cr$) = 100 Centavos; 1 US-$ = 10,730 Cr$, 1 Cr$ = 0,2399 DM

Mitgliedschaft: UNO, OAS, ALALC, CECLA, ECLA, FAO, GATT, IAEA, ICAO, IDB, IBRD, IFC, ILO, IMCO, IMF, ITU, UNESCO, UPU, WHO, WMO; Mitgl. d. ALALC-Subregion »La-Plata-Becken«; nicht-präferent. Handelsabkommen m. d. EG; seit 1975 SELA

Zu Brasilien gehören die Insel *Fernando de Noronha* (26 qkm, 1239 Einw. 1970) als Territorium, das *Rocas-Atoll,* die Klippen *São Pedro* und *São Paulo* (zus. 8 qkm) sowie die Inseln *Trindade do Sul* (11 qkm) und *Martim Vaz* mit Nachbarfelsen

BRIT. TERRIT. IM INDISCHEN OZEAN s. Großbritannien II

BRITISCHE SALOMON-INSELN (Unabhängigkeit vorgesehen) s. Großbritannien II

BRITISCH-HONDURAS (jetzt Belize) s. Großbritannien II

BRUNEI s. Großbritannien II

BULGARIEN

(Narodna Republika Bălgarija)

Fläche (97): 110 912 qkm – **Einwohner** (61): 8 720 000 (B 1975, 8 227 866 Z 1965) = 78,2 je qkm – 59 % städt. Bevölkerung – **o. S.** 9 % – **BSP** 1973: 13 710 Mill. $, **je E.** 1770 $; **JZ** 3,6 % – **L** 22 % – **In** 60 %

Bevölkerung: rund 92 % Bulgaren, 4–5 % Türken, 2,5 % Zigeuner – **Geburten- u. Sterbeziffer** je 1000 Einw.: 1974 17,2/9,8 – **Geb.-Ü.:** 7,4 – **Staatssprache:** Bulgarisch – **Religion:** Die Gläubigen sind hauptsächlich orthodoxe Christen, außerdem Muslimen, über 50 000 Katholiken, 20 000 Protestanten sowie 7000 Juden

Nationalflagge: weiß(mit Wappen links oben)-grün-rot (waagerecht) – **Nationalfeiertag:** 9. 9. – **U:** 3. 3. 1878, Volksrepublik seit 8. 9. 1946

Staats- u. Regierungsform: Volksrepublik – Parlament aus 1 Kammer (›Sobranje‹) – Wahlpflicht für alle über 18 J. alten Bürger – Wehrpflicht – Verwaltungsgliederung in 28 Bezirke – Nach der neuen Verfassung v. 1971 ist die Volksversammlung/VV höchstes, der Staatsrat (von der VV gewählt) das ständig wirkende Organ der Staatsmacht; er vertritt das Land international – **Staatsoberhaupt:** Vors. d. Staatsrates Todor Schiwkoff, BKP, erneut seit 1976 – **Regierungschef:** Vors. d. Ministerrates der Volksrepublik Stanko Todoroff, BKP – **Außenminister:** Petar Totscheff Mladenoff – **Parteien:** Bulg. Kommunistische Partei (»Bălgarska Komunistitscheska Partija«) mit ihrem aus 22 Mitgliedern bestehenden Politbüro (1. Sekr. d. Zentr.-Kom.: Todor Schiwkoff); sie zählt (1976) 788 211 Mitgl. u. hält alle Schlüsselstellungen in der »Vaterländischen Front« (»Otetschestwen Front«; bei den Wahlen v. 1976 99,9 % der Stimmen), zu der auch d. »Bulg. Bauernbund« (»Bălgarski Semdelski Naroden Sojus«/BSNS) gehört – Sitzverteilung in d. VV: 272 BKP, 100 BSNS, 28 Parteilose – **Dipl. B.:** BRD u. DDR

Städte (S 1972): Sofia (Hptst., m. V.) 1 035 480 Einw., Plovdiv 261 732, Varna 251 588, Ruse 163 012, Burgas 142 137, Stara Zagora 117 543, Pleven 108 880

Wichtige Ausfuhrgüter: Maschinen u. Ausrüstungen (40 %), Bergbauprodukte; außerdem Tabak, Obst, Gemüse, Wein, Rosenöl – **Wichtigste Außenhandelspartner:** Sowjetunion u. die and. RGW-Länder, mit denen rund vier Fünftel d. Handelsaustausches getätigt werden; wichtige nichtkommunistische Partner sind Italien, BR Deutschland, Frankreich, Österreich sowie Japan – 1975 **Einf.** 5408 Mill. $, **Ausf.** 4691 Mill. $ – **W:** 1 Lew (Lw) = 100 Stótinki; offiz. Kurs 1 US-$ = 0,940 Lw, 1 Lw = 2,6566 DM

Mitgliedschaft: UNO, ECE, Warschauer Vertrag, RGW, FAO, IAEA, ICAO, ILO, IMCO, ITU, UNESCO, UPU, WHO, WMO

BURUNDI

(Republika y' Uburundi; République du Burundi)

Fläche (125): 27 834 qkm – **Einwohner** (93): 3 760 000 (S 1975, 3 350 000 Z 1970/71) = 135,0 je qkm – 3 % städt. Bevölkerung – **o. S.** 90 % – **BSP** 1973: 270 Mill. $, 1974 prov. 300 Mill. $, **je E.** 80 $; **JZ** 1,4 %

Bevölkerung: über 80 % Bantu (bes. Hutu), 14 % hamitische Watussi (Tutsi), weniger als 1 % Twa; über 3000 Europäer, meist Belgier, etwa 1500 Asiaten (überw Inder) – **Jährl. Bevölkerungswachstum** (1965–1973): 2 % – **Staatssprache:** Amtssprachen KiRundi (Banrya) und sonst. einheimische Sprachen und Französisch; Kisuaheli z. T. als Verkehrssprache – **Religion:** über 60 % Katholiken, protestantische (3 %) und muslimische (1 %) Minderheiten; Anhänger von Naturreligionen

Nationalflagge: rote (oben und unten) und grüne (links und rechts) Felder mit weißem Diagonalkreuz und weißem Kreis mit 3 roten Sternen – **Nationalfeiertag:** 1. 7. – **U:** 1. 7. 1962

Staats- u. Regierungsform: Präsidiale Republik – Einkammerparlament – Verfassung v. 1974 – Der vom ZK d. Einheitspartei gewählte Generalsekretär ist automatisch Staats- u. Regierungschef – Keine allg. Wehrpflicht – Verwaltungsgliederung in 8 Provinzen – **Staatsoberhaupt:** seit Staatsstreich v. Nov. 1966 Generalltnt. Michél Micombero, Uprona, gleichzeitig Regierungschef – **Außenminister:** Melchior Swakira – **Parteien:** »Parti de l'Unité et de Progrès National«/Uprona als Einheitspartei – **Dipl. B.:** BRD u. DDR

Städte (1970): Bujumbura (Usumbura, Hptst.) 78 810, m. Umg. 100 000 Einw., Muyinga 18 500, Kitega (Gitega) 15 000

Wichtige Ausfuhrgüter: haupts. Kaffee (bis 90 %), Baumwolle, Ölfrüchte, Häute, Mineralien – **Wichtigste Außenhandelspartner:** USA, Benelux, Japan, BR Deutschland, Tansania, Iran – 1975 **Einf.** 62 Mill. $, **Ausf.** 27 Mill. $ – **W:** 1 Burundi-Franc (FBu) = 100 Centimes; 1 US-$ = 89,55 FBu, 1 FBu = 0,0287 DM

Mitgliedschaft: UNO, OUA, EG (assoz.), ECA, FAO, GATT, IBRD, IDA, ILO, IMF, ITU, UNESCO, UPU, WHO, WMO, CCD, CEPGL

CABINDA s. Angola

CANTON u. ENDERBURY-INSELN s. Großbritannien II und Vereinigte Staaten von Amerika (Überseebesitzungen)

CEYLON s. Sri Lanka

CHILE

(República de Chile)

Fläche (35): 756 945 qkm; Ch. beansprucht darüber hinaus den zwischen 53° u. 90° w. L. gelegenen Antarktis-Sektor (1 250 000 qkm, Stützpunkte mit rund 200 Mann) als sein Hoheitsgebiet – **Einwohner** (54): 10 250 000 (B 1975, 8 834 820 Z 1970) = 13,7 je qkm – Etwa 76 % städt. Bevölkerung – **o. S.** etwa 8 % – **BSP** 1973: 7360 Mill. $, 1974 prov. 10 404 Mill. $, **je E.** 820 $; **JZ** 1,4 % – **L** 6 % – **In** 44 %

Bevölkerung: 60–70 % Mestizen, etwa ein Viertel bis ein Drittel Weiße (vorwiegend altspanischer Abstammung), etwa 2–3 % Indianer (Araukaner; kleine Gruppen v. Feuerländern u. a.) – **Geburten- und Sterbeziffer:** jährl. Wachstumsrate (1970–1974) 1,7 % – **Staatssprache:** Spanisch – **Religion:**

89 % röm.-kath.; Protestanten (etwa 3 %) u. etwa 30 000 Juden

Nationalflagge: blau(links oben)-weiß(daneben)-rot(unten) mit weißem Stern im blauen Feld – **Nationalfeiertag:** 18. 9. – **U:** 12. 2. 1818

Staats- und Regierungsform: Präsidiale Republik, Parlament aus 2 Kammern, wahlberechtigt alle über 18 J alten Bürger; Parlament seit dem Staatsstreich vom September 1973 aufgelöst, oberstes Organ eine Militärjunta; alle Parteien suspendiert – Wehrpflicht – Verwaltungsgliederung in 25 Provinzen u. die chilen. Antarktis – **Staatspräsident** u. Regierungschef: General Augusto Pinochet Ugarte, Vors. d. Junta; Stellv. in der Junta: Befehlshaber d. Marine, Vizeadmiral Patricio Carvajal Prado, d. Luftwaffe, General Gustavo Leigh Guzman, d. Carabineros, General César Mendoza Durán; Regierung aus Militärs u. zivilen Fachministern – Seit Dez. 1975 ein »Staatsrat« aus Zivilisten, u. a. zur Beratung in Fragen der Verfassung, Wirtschaft und Außenpolitik. Vors. Expräsident Jorge Alessandri Rodriguez – Einsetzung von »Legislativkommissionen« geplant – **Außenminister:** Vizeadmiral Patricio Carvajal Prado – **Dipl. B.:** BRD (DDR Bez. am 21. 9. 1973 abgebrochen)

Städte (S 1970): Santiago de Chile (Hptst., 1972) 1 759 087, Groß-S. 3 700 000 Einw., Valparaíso 250 400, Viña del Mar 182 000, Concepción 178 200, Talcahuano 148 300, Antofagasta 125 100, Temuco 110 300, Chillán, La Serena, Osorno, Puerto Montt, Talca, Rancagua u. Valdivia m. V. je 60 000–100 000

Wichtige Ausfuhrgüter: Bergbauprodukte u. Metalle (insges. vier Fünftel d. Ausfuhrwertes, davon Kupfer bis über 70 %, Eisenerze, Salpeter, Kohle, Jod); außerdem chem. Produkte, Wolle, Felle, Holz, Obst, Wein – **Wichtigste Außenhandelspartner:** BR Deutschland u. andere EG-Länder, Japan, USA, Argentinien, Brasilien, Volksrep. China – 1974 **Einf.** 1911 Mill. $, **Ausf.** 2180 Mill. $ – **W:** 1 Chil. Peso (chil.$) = 100 Centésimos; 1 US-$ = 12,50 chil.$, 1 chil.$ = 0,2059 DM

Mitgliedschaft: UNO, OAS, ALALC, CECLA, ECLA, FAO, GATT, IAEA, IBRD, ICAO, IFC, IMF, ILO, IMCO, ITU, UNESCO, UPU, WHO, WMO; Mitgl. der ALALC-Subregion »Andengruppe«; CCD; SELA

Zu Chile gehören folgende pazifische Inseln: 1. *Oster-Insel* (Isla de Pascua, Rapanui), 162,5 qkm u. 1400 Einw.; Hauptort Mataveri. – 2. *Juan-Fernández-Inseln,* 185 qkm u. etwa 300 Einw. (Robinson/Más a Tierra, A. Selkirk/Más Afuera, Santa Clara) – 3. *Islas Desaventuradas* (San Félix, San Ambrosio, Gonzales), 3,32 qkm – 4. *Sala y Gómez,* 0,12 qkm, unbewohnt

CHINA

a) CHINESISCHE VOLKSREPUBLIK (Tschung-Hua Jen-Min Kung-Ho Kuo bzw. Zhonghua Renmin Gongheguo)

Fläche (3): 9 560 779 (n. UNO-Angaben 9 596 961, m. Taiwan, das von d. Volksrep. als integraler Teil angesehen wird) qkm – **Einwohner** (1): 838 800 000 (UNO-Schätzung) = 88 je qkm (Z 1953: 590 194 715 [einschl. d. Bevölker. v. Taiwan u. 8,4 Mill. Auslandschinesen]. Nach »News from China« [New York, 20. 4. 1976] leben derzeit außerhalb der Volksrepublik u. Taiwans rund 22 Mill. Chinesen, davon 94 % in Asien [Hongkong, Singapur, Thailand, Malaysia, Indonesien, Birma, Philippinen], 4,2 % in Amerika [überwiegend in den USA u. Kanada], fast 200 000 in Europa, 75 000 in Australien u. Ozeanien sowie 68 000 in Afrika) – Städt. Bevölker. etwa 25 % – **o. S.** 40–60 % (S, ältere Jahrgänge) – **BSP** (Nach »Weltbank«, 5) 1973: 216 750 Mill. $, 1974 prov. 245 890 Mill. $, **je E.** 300 $; **JZ** 4,6 %

Bevölkerung: etwa 94 % Chinesen, außerdem Turkvölker, Thai-Gruppen, Mongolen, Tibeter, Mandschu – **Geburten- u. Sterbeziffer:** keine genauen Angaben. Geschätzte jährliche Wachstumsrate (1965–1974) 1,7 % – **Staatssprache:** Chinesisch (Kao-yü; als einfache Umgangssprache: Pu Tunghua); in den autonomen Gebieten auch Sprachen der anderen Gruppen als Amtssprachen zugelassen. Englisch wichtig als intern. Handelssprache – **Religion:** Konfuzianische Lehre, nördlicher (Mahajana-) Buddhismus, Taoismus. Keinerlei verläßliche Angaben über die Zahl der Anhänger der verschiedenen Religionen und Kulte; auch im folgenden grobe Schätzungen: 45–50 Mill. Muslimen (n. and. Schätzungen viel weniger), 3–4 Mill. Katholiken, 800 000 Protestanten

Nationalflagge: rot mit einem großen goldenen Stern und vier kleinen Sternen – **Nationalfeiertag:** 1. 10. – **U:** Fast 4000 Jahre staatl. Überlieferung. Gründung der Volksrepublik am 1. 10. 1949

Staats- und Regierungsform: Neue Verfassung v. 17. 1. 1975: »Die Volksrep. China ist ein sozialist. Staat der Diktatur des Proletariats«. »Die Kommun. Partei Chinas ist der führende Kern«. »Der Nationale Volkskongreß ist das oberste staatliche Machtorgan unter der Führung der Kommun. Partei Chinas.« Wahl der Abgeordneten auf 5 Jahre. Der »Ständige Ausschuß« d. Nat. Volkskongr. ist sein ständiges Organ. – Allgemeines Wahlrecht – Wehrpflicht – Verwaltungsgliederung in 21 (m. Taiwan 22 n. Pek. Auff.) Provinzen (Ch'ü), 3 unmittelb. Städte (Peking, Schanghai, Tientsin), 5 auton. Gebiete (Tibet, Innenmongolei, Sinkiang-Uigur, Ningsia-Hui, Kuangsi-Tschuang),

29 auton. Bezirke (»Chou«) und 65 auton. Kreise (»Hsien«) – **Staatsoberhaupt:** In der Verfassung nicht vorgesehen; faktisch der Vorsitzende d. »Ständigen Ausschusses« des »Nationalen Volkskongresses«: amt. Stellvertreter Wu Teh – **Regierungschef:** Vorsitzender des v. »Nat. Volkskongreß« auf Vorschlag des ZK der KPCh ernannten »Staatsrates« Hua Kuo-feng (Hua Guo-feng), mehrere Stellvertreter, darunter Tschang Tschuntschiao (Chang Chun-chiao), Tschen Hsi-lien (Chen Hsi-lien) u. Li Hsien-lien – **Außenminister:** Tschiao Kan-hua (Chiao Kan-hua, auch Tjao Guanhua), mehrere Stellvertreter – Außenhandelsminister: Li-kiang – Minister f. d. wirtschaftlichen Beziehungen m. d. Ausland: Fang Ji (Fang-Yi) – Erster Stellvertreter d. Vors. des ZK der KPCh: Hua Kuo-feng; weitere Stellv.: Nang Hung-wen, Jeh Tschien-jing (Yeh Chien-ying) u. Li Tehscheng; diese und weitere Personen gehören auch dem »Politbüro« des ZK der KPCh an, darunter Jao Wen-juan (Yao Wen-yuan) sowie Frau Tschiang Tsching (Chiang Ching; Ehefrau von Mao) – **Vorsitzender des ZK der KPCh, des Politbüros und des Ständigen Komitees des Politbüros** war bis zu seinem Tod am 8. 9. 1976: Mao Tse-tung; Mitglieder sind außerdem: Wang Hung-wen, Li Teh-scheng und Tschang Tschuntschiao – Zahl der KP-Mitglieder 1974 über 28 Mill. (**Änderungen seit d. Tod v. Mao s. »Weltchronik«: China) – Dipl. B.:** BRD u. DDR

Städte (S 1967): Peking (Beijing, Hptst., S 1970) 8 000 000 Einw., Schanghai (Shanghai, S 1970) 10 820 000 (n. and. Ang. 12 000 000), Tientsin (Tianjin) 4 280 000, Schenjang (Shenyang, früh. Mukden) 4 000 000, Kanton (Guangzhou) 3 000 000, Wuhan 2 226 000, Tschungking (Chungking bzw. Chongqing) 2 165 000, Nanking (Nanjing), Harbin (Haérbin), Sian (Xi'an), Dalien (Daliän, fr. Dairen), Tsingtau (Qingdao), Tsinan, Tschengtu (Chengdu), Fuschun (Fushun), Tschangtschun (Chang chun), Tangschan und Taijuan (Taiyuan) zwischen 1 Mill. und 2. Mill.

Wichtige Ausfuhrgüter: dem Werte nach zu zwei Dritteln landwirtschaftl. Erzeugnisse (Tee, Seide, Sojabohnen, Eier, Häute, Felle, Borsten, Federn, Tungöl, Lacke), Erze (u. a. Wolfram), Textilien – **Wichtigste Außenhandelspartner:** Japan, Hongkong, die USA, BR Deutschland u. sonstige westl. Industrieländer (alle zus., ohne Hongkong, über 50 %), Sowjetunion u. übrige RGW-Länder (zus. über 15 %), Entwicklungsländer (rund 18 %) – 1974 (S) **Einf.** 7400 Mill. **$**, **Ausf.** 6300 Mill. **$** (n. »Current Scene«; Einzelheiten s. »Welthandel«) – **W:** 1 Renminbi-Yuan (RMBY) = 10 Jiao = 100 Fen; 1 US-$ = 1,96 RMBY, 1 RMBY = 1,3165 DM

Mitgliedschaft: UNO ESCAP, FAO, IAEA, IBRD, ICAO, ILO, IMCO, IMF, ITU, UNESCO, UPU, WHO, WMO usw.; seit 1975 Botschafter bei d. EG

Die nordöstlich von Taiwan gelegenen *Tiaoyütai-Inseln* (jap. Sengaku) werden von Peking und Taiwan als chinesisch angesehen, jedoch von Japan faktisch kontrolliert (s. a. bei Rep. China)

b) REPUBLIK CHINA (Taiwan; Formosa, Nationalchina) bzw. »Ta Tschung-Hua Min-Kuo« (Ta Chung-Hwa Min-Kuo, beansprucht, wie die Volksrepublik, ganz China zu repräsentieren)

Fläche (119): 36 182 qkm (ohne die unten genannten Inseln 35 966 qkm) – **Einwohner** (39): 16 269 484 (F VI/1976; 13 512 173 Z 1966) = 449,3 je qkm – 65 % städt. Bevölkerung – **BSP** 1974: 14 121 Mill. $, 1975 prov. 14 400 Mill. **$**, **je E.** 800 $; **JZ** 1973 12,3 %, 1974 3,5 %, 1975 etwa 2 % – **L** 16,8 % – **In** 44 %

Bevölkerung: Chinesen, u. a. etwa 20 % Flüchtlinge v. Festland; außerdem rd. 200 000 Malaio-polynesische Gaoschan – **Geburten- und Sterbeziffer:** jährl. Wachstumsrate (1965–1972) 2,3 %; **Geb.-Ü.:** 1974 1,8 % – **Staatssprache:** Chinesisch; Umgangssprache z. T. Fukien-(Amoy-)Dialekte (»Minnan-hua«) – **Religion:** Konfuzianismus, nördl. (Mahajana-)Buddhismus; außerdem (1969) 313 000 Protestanten, 298 600 Katholiken, rund 40 000 Muslimen

Nationalflagge: rot, in der blauen Gösch links oben weiße Sonne – **Nationalfeiertag:** 10. 10. (Tag des Aufstandes von Wutschang 1911) – **U:** Fortführung der Tradition der am 1. 1. 1912 in Peking nach dem Sturz der Mandschu-Herrschaft proklamierten Republik (Beginn der Staatsgeschichte s. Volksrep. China). Mitte 1976 war die Rep. China noch von **26 Staaten diplomatisch** anerkannt; sie unterhielt nach offiz. Angaben zu 120 Ländern wirtschaftliche u. politische Kontakte

Staats- u. Regierungsform: Republik – Nationalversammlung, gewählt 1947, ursprüngl. 2961, 1972 mit Nachwahl 1374 Mitglieder; Gesetzgebender Yuan (1948) 760 Mitglieder; nach der Ende 1975 vollzogenen Wahl von 37 Mitgliedern insgesamt über 400 (nach »News from China« v. 22. 12. 1975) – Außerdem Provinz-Parlament für Taiwan (ohne Stadtstaat Taipeh) – Allgemeines Wahlrecht – Wehrpflicht – Verwaltungsgliederung in einen »Stadtstaat«, 4 Stadtgebiete und 16 »Hsien« – **Staatsoberhaupt:** Präsident Dr. Jen Tschia-kan (Yen Chia-kan), KMT, seit 1975 – **Regierungschef** bzw. Präsident des Vollzugs-Yuan: Tschiang Tsching-kuo (Chiang Ching-kuo), KMT – **Außenminister:** Schen Tschang-huan (Shen Chang-huan) – **Parteien:** entscheidend die nationale Kuomintang/KMT, die bei der Wahl v. Dez. 1972 von 53 freigewordenen Parlamentssitzen 38 gewann; ihr Vorsitzender ist Tschiang Tsching-kuo. Außerdem die »Jungchina-Partei« (»Young China Party«) und die »Demokratische Sozialistische Partei« (»China Democratic Socialist Party«); verboten wurden die KP und deren Ersatzorganisationen – Gouverneur von Taiwan: Hsieh Tung-ming (in Taiwan geboren) – **Dipl. B.**: weder BRD noch DDR

Städte (1972): Taipeh (Taipei), als prov. Hptst. v. China betr., seit 1967 »Stadtstaat«, 2 062 325 (1976) Einw., Kaohsiung 871 824, Tainan 484 699, Taitschung (Taichung) 467 317, Kilung (Keelung) 329 284, Tschiaji (Chiayi) 216 962, Schantschung (Shanchung) 200 000, Hsintschu (Hsinchu) 184 114, Pingtung 150 395

Wichtige Ausfuhrgüter: Textilien, chem. Produkte, elektrotechn. u. elektron. Erzeugnisse sowie andere Industriewaren (Industrieprodukte insges. über 80 %), Holz, Zucker, Bananen, Reis, Ananas, Tee, Salz, Metalle – **Wichtigste Außenhandelspartner:** Japan (bis 15 % d. Exporte u. etwa 1/3 d. Importe), USA (Exporte etwa 1/3, Importe ca. 1/4), BR Deutschland, Hongkong, Kuweit, Australien – 1975 (prov.) **Einf.** 5,05 Mrd. US-$, **Ausf.** 5,58 Mrd. $ – **W:** 1 Taiwan-Dollar (NT$) = 100 Cents; 1 SZR = 45,8413 NT$; 1 US-$ = 37,95 NT$, 1 NT$ = 0,0678 DM

Mitgliedschaft: ASPAC; 1971/72 wurde die Rep. China (Taiwan) aus der UNO und allen ihren Sonderorganisationen zugunsten der Chines. Volksrepublik ausgeschlossen

Zu Taiwan gehören die *Pescadores-Inseln* (chin.: Penghu) in der Formosa-Straße 127 qkm, 118 161 Einw. (1969); Hauptort Makung (15 000 Einw.); beansprucht werden die *Spratly-(Nan-scha-)Inseln* (0,7 qkm), die *Pratas-(Tung-scha-)Inseln* (1,5 qkm) sowie die *Paracel-* oder *Hsi-scha-Inseln* (5,9 qkm). Von nationalchinesischen Truppen sind mehrere Inselgruppen vor dem Festland des kommunistischen China besetzt, darunter die zur Provinz Fukien zählenden Landkreise (»hsien«) *Kinmen-(Quemoy-)* (178,3 qkm u. 61 305 Einw. 1972) und *Matsu-Inseln* (Lienkian, 27 qkm u. 17 061 Einw. 1972) mit einem eigenen Gouverneur. *Tung-Yin-Insel* (2,6 qkm u. 800 Einw.)

CHRISTMAS ISLAND s. Australien u. Großbritannien II

CLIPPERTON-INSEL s. Frankreich (Französ. Republik 2)

COCOS-INSELN s. Australien

COMORES s. Hauptartikel »Komoren«

CONGO s. Kongo

COOK-INSELN s. Neuseeland

COSTA RICA

(República de Costa Rica; Kostarika)

Fläche (112): 50 700 qkm – **Einwohner** (115): 1 970 000 (B 1975; de jure Z 1973 prov. 1 845 331) = 35,9 je qkm – 40 % städt. Bevölkerung – **o. S.** 16 % – **BSP** 1973: 1320 Mill. $, 1974 prov. 1520 Mill. $, **je E.** 790 $; **JZ** 3,5 % – **L** 20 % – **In** 25 %

Bevölkerung: überwiegend Weiße altspanischer Abstammung; außerdem Mestizen, kleine Gruppen (2 %) von Negern u. Mulatten, ferner von Indianern (0,4 %) – **Geburten- u. Sterbeziffer** je 1000 Einw. 1974: 29,5/5,0 – **Geb.-Ü.**: 24,5 – **Staatssprache:** Spanisch – **Religion:** röm.-kath., rund 95 %; Prot. (40 000) u. Juden (1500) als Minderheiten

Nationalflagge: blau-weiß-rot(m. Wappen)-weiß-blau (waagerecht) – **Nationalfeiertag:** 15. 9. – **U:** 15. 9. 1821 bzw. 1838 (Lösung v. d. Zentralamerikanischen Konföderation)

Staats- u. Regierungsform: Präsidiale Republik – Gesetzgebende Versammlung mit 1 Kammer (›Congreso Constitucional‹), deren Mitglieder für 4 Jahre gewählt werden – Wahlpflicht für alle Männer im Alter von 20–70 Jahren u. für Verheiratete üb. 18 Jahre – Keine Wehrpflicht – Verwaltungsgliederung in 7 Provinzen – **Staatsoberhaupt** u. Regierungschef: Dr. Daniel Oduber Quiros, PLN, seit den Wahlen von 1974 – **Parteien:** stärkste Gruppe im Kongreß ist (Wahl v. 1974) »Partido Liberación Nacional«/PLN (27 Sitze), fortschrittlich gemäßigt; außerdem »Partido Unión Nacional«/PUN (konservativ), »Acción Socialista«, »Democracia Cristiana«; illegal kommunist. »Partido popular de Vanguardia«, etwa 3500 Mitglieder

Städte (1971): San José (Hptst., 1973) 215 441 Einw., A 395 000, Alajuela 29 820, Heredia 24 675, Limón 24 403, Puntarenas 24 327, Cartago 22 931

Wichtige Ausfuhrgüter: Kaffee u. Bananen (je etwa ein Viertel), Kakao, Fleisch, Zucker, Holz, Vieh – **Wichtigste Außenhandelspartner:** USA, BR Deutschland, Japan, Nicaragua, El Salvador, Guatemala, Großbritannien, Niederlande – 1975 **Einf.** 637 Mill. $, **Ausf.** 454 Mill. $ – **W:** 1 Colón

= 100 Céntimos, **GP:** 1 Colón = 0,0859580 g Feingold, 1 **SZR** = 10,3384 Colón; 1 US-$ = 8,54 Colón, 1 Colón = 0,3014 DM

Mitgliedschaft: UNO, OAS, BCIE, CECLA, ECLA, FAO, IAEA, IBD, IBRD, ICAO, IFC, ILO, IMF, ITU, MCC, NACAMUR, ODEAC, UNESCO, UPU, WHO, WMO, Zentralamerikanischer Verteidigungsrat; SELA

CROZET-INSELN s. Frankreich
(Franz. Republik 3)

CUBA

(República de Cuba; Kuba)

Fläche (93): 114 524 qkm – **Einwohner** (58): 9 090 000 (B 1974, 8 553 395 Z IX/1970) = 79,1 je qkm – Rund 60 % städt. Bevölkerung – **o. S.** 10 % (S) – **BSP** 1973: 4850 Mill. $, 1974 prov. 5780 Mill. $, **je E.** 640 $; **JZ** −0,7 % (Abnahme)

Bevölkerung: rund 70 % Weiße, meist altspanischer Abstammung, 15–17 % Mulatten, mehr als 12 % Neger, 0,5 % Chinesen – **Geburten- u. Sterbeziffer** je 1000 Einwohner: 1971 30,1/6,0 – **Geb.-Ü.:** 24,1 (jährl. Zuwachsrate 1965–1973 1,8 %) – **Staatssprache:** Spanisch – **Religion:** rund 90 % röm.-kath., kleine protestantische Gruppen, 3000 Juden

Nationalflagge: blau-weiß-blau-weiß-blaue Streifen (waagerecht) mit weißem Stern auf rotem Dreieck – **Nationalfeiertag:** 1. 1. u. 26. 7. – **U:** 1. 1. 1898

Staats- u. Regierungsform: »Sozialistische« Republik – Neue Verfassung von 1976 – Volksversammlung – Staatsrat – Ministerrat – Verwaltungsgliederung bisher in 6 Provinzen; Neugliederung eingeleitet (u. a. Havanna-Stadt u. H.-Land) – **Staatsoberhaupt:** Präsident Dr. Osvaldo Dorticós Torrado, seit 1959 – **Regierungschef:** Dr. Fidel Castro Ruz; Stellv. u. Minister f. Außenhandel: Carlos Rafael Rodriguez – **Außenminister:** Raúl Roa García – **Parteien:** 1965 Umbenennung der damaligen Einheitspartei (PURS) in »Partido Communista de Cuba«/PCC; 1. Sekr. des ZK d. PCC: Fidel Castro; 2. Sekr. Raul Castro (seit 1976 13 Mitgl. d. ZK). 1975 170 000 Mitgl. d. PCC – **Dipl. B.:** BRD u. DDR

Städte (1970 S): La Habana (Havanna, Hptst.) 1 008 450 Einw., Gran H. über 2 000 000 (1974), Santiago de Cuba 277 600, Camagüey 197 720, Holguín 131 655, Santa Clara 130 241, Guantánamo 120 005

Wichtige Ausfuhrgüter: Zucker (70–80 % d. Ausfuhrwertes), außerdem Tabak, Alkohol, Früchte, Gemüse, Mineralien, Edelhölzer – **Wichtigste Außenhandelspartner:** Sowjetunion (über 50 %) u. and. RGW-Länder, Spanien, Japan, Chines. Volksrep., Kanada, Großbritannien, BR Deutschland u. and. EG-Länder – 1973 (S) **Einf.** 1497 Mill. $, **Ausf.** 1302 Mill. $ – **W:** 1 Cub. Peso (cub$) = 100 Centavos; 1 US-$ = 0,82004 cub$, 1 cub$ = 3,1391 DM

Mitgliedschaft: UNO, ECLA, FAO, GATT, IAEA, ICAO, ITU, ILO, IMCO, RGW (Comecon), UNESCO, UPU, WHO, WMO; SELA

Auf Cuba befindet sich als Pachtgebiet der **US-Marinestützpunkt Guantánamo,** 111,9 qkm

CURAÇAO s. Niederlande

CYPERN

(Zypern, engl.: Cyprus; griech.: Kypriaki Dimokratía; türk.: Kibris Cumhuriyeti)

Fläche (138): 9251 qkm – **Einwohner** (130): 640 000 (S 1975; 577 615 Z 1960) = 69,2 je qkm – Über 40 % städt. Bevölkerung – **o. S.** 20–25 % (S) – **BSP** 1973: 734 Mill. $, **je E.** 1113 $; **JZ** (1970–1973) 5,5 % – **L** 12 % – **In** 27 %

Bevölkerung (1973): 78,9 % Griechen, 18,4 % Türken; Armenier u. a. – **Geburten- u. Sterbeziffer:** jährl. Wachstumsrate (1970–1974) 1,4 % – **Staatssprache:** Griechisch u. Türkisch. Englisch wichtig als Bildungs- u. Verkehrssprache – **Religion:** orthodoxe Christen (Griechen), Muslimen (Türken), 90 000 Katholiken, 100 Juden

Nationalflagge: weißes Feld mit Insel (ocker) u. darunter grüne Palmzweige – **Nationalfeiertag:** 1. 10. – **U:** 16. 8. 1960

Staats- und Regierungsform: n. d. Verf. Präsidiale Republik (Parlament, 70 % d. Abgeordneten verfassungsmäßig Griechen, 30 % Türken; griech. u. türk. Selbstverwaltungsorgane) – **Staatsoberhaupt** u. Regierungschef: Erzbischof Myriarthos Makarios (Grieche) erneut seit 1973 – **Parteien:** Bei d. Parlamentswahl v. Sept. 1976 im griech.-cypr. Gebiet fielen auf die gemeins. Liste d. Makarios unterstütz. Parteien (m. d. sep. kand. »Unabh.« T. Papadopoulos) alle 35 Sitze (Dem. Front 21, kommun. AKEL 9, sozialist. EDEK 4; 1 Unabh.). Die »Dem. Sammlung« v. G. Kleridis gewann 25,6 % d. Stimmen, aber weg. d. Mehrheitswahlrechts keinen Sitz. – **Neue Entwicklung:** Nach dem Putsch v. 1974 Besetzung des Nordens durch türkische Truppen; Griechen aus diesem Gebiet größtenteils vertrieben oder geflohen. Am 13. 2. 1975 **einseitige Proklamation eines separaten »Türkisch-cypriotischen Bundesstaates«** durch die »Gesetzgebende Versammlung« dieses Gebietes mit Rauf Denktasch als Präsident. (3500 qkm = 38 % des Gesamtstaates; etwa 120 000 türkischspr. Cyprioten, dazu etwa 30 000 anatolische Neueinwanderer, 30 000 türk. Soldaten u. eine griech. Restgruppe von 7000). Am 8. 6. 1975 sprachen sich 99,4 % der türkischspr. Cyprioten für eine neue Verfassung aus, die einen Sonderstatus für diese Volksgruppe u. eine autonome Regierung vorsieht, Ablehnung durch die griechischspr. Cyprioten. Bei den Wahlen v. 20. 6. 1976 wurde Denktasch zum Präsidenten dieses Türk. Bundesstaates gewählt; (Proklamation voller Unabhängigkeit für Okt. 1976 angedroht). An den Wahlen in das »Parlament« beteiligten sich die »Partei d. Nat. Union« (rechts; Vors. Denktasch) u. die »Türk. Rep. Partei« (gem. links, Vors. Berberoglu) – (Griech.-cypriot. Teil rund 5750 qkm mit 520 000 griechischspr. Cyprioten; dazu eine türk. Restgruppe von etwa 8–9000) – Verhandlungen über eine endgültige Lösung der Staatsordnung gehen weiter; türk. Unterhändler: Umif Suleiman; griech.-cypr. Unterhändler: Tassos Papadopoulos – **Dipl. B.:** BRD u. DDR

Städte (1972): Nikosia (Nicosia, Levkosia, Hptst., derzeit geteilt) 118 200, Limassol 61 400, Famagusta 44 200, Lárnaca 21 800, Páfos 12 900

Wichtige Ausfuhrgüter: Kupfer- u. Eisenkies- u. -Konzentrate, Asbest, Kartoffeln, Obst u. Wein – **Wichtigste Außenhandelspartner** bis 1974: Großbritannien, BR Deutschland, Italien, Frankreich, Griechenland, USA, Niederlande, Sowjetunion – 1975 **Einf.** 306 Mill. $, **Ausf.** 151 Mill. $ – **W:** 1 Cypern-£ (C£) = 1000 Mils; 1 US-$ = 0,4118 C£, 1 C£ = 6,2038 DM

Mitgliedschaft: Commonwealth, UNO, ECE, FAO, GATT, IAEA, IBRD, ICAO, ILO, IMF, ITU, OECD, UNESCO, UPU, WHO, WMO, Europarat, EG (Abk.); CCD – Britische Stützpunkte Dhekelia u. Akrotiri (zus. 259 qkm)

DÄNEMARK

(Kongeriget Danmark)

Fläche (115): 43 069 qkm – **Einwohner** (79): 5 060 000 (B 1975, de jure 4 937 579 Z 1970) = 117,4 je qkm – Rund 80 % städt. Bevölkerung – **o. S.** 0 % – **BSP** 1973: 26 140 Mill. $, 1974 prov. 29 390 Mill. $, **je E.** 5820 $; **JZ** 0,7 % – **L** 8 % – **In** 37 %

Bevölkerung: 96,5 % Dänen; etwa 1,7 % Deutsche (in Nordschleswig), 0,4 % Schweden – **Geburten- und Sterbeziffer** je 1000 Einw. 1972: 15,1/10,1 – **Geb.-U.:** 5,0 – **Staatssprache:** Dänisch – **Religion:** Evang.-luth. (98 %); Kath. (26 000) u. Juden (6500)

Nationalflagge: weißes Kreuz auf rotem Feld – **Nationalfeiertag:** 16. 4. – **U:** Rund 1200jährige staatliche Tradition

Staats- u. Regierungsform: Parlamentarisch-demokratische Monarchie – Parlament mit 1 Kammer (»Folketing«); Wahl der Abgeordneten für 4 Jahre – Wehrpflicht – Gliederung in 14 Verwaltungseinheiten u. Kopenhagen – **Staatsoberhaupt:** Margrethe II., Königin seit 1972; bei formellen Sitzungen Vorsitzende des Staatsrats – **Regierungschef** (Name der Regierung »Statsradet«): Anker Jörgensen als Chef einer sozialdem. Minderheitsregierung – **Außenminister:** Knud Borge Andersen – **Parteien:** bei den Wahlen v. Jan. 1975 erhielten die Sozialdem. Partei (»Det socialdemokratiske parti«) 53 (vorher 46), die »Liberale Venstre« (Bauernpartei) 42 (22), die konserv. Volkspartei (»Det konservative Folkeparti«) 10 (16), die sozial-liberale »Radikale Venstre« 13 (20) sowie die »Sozialistische Volkspartei«/SF 9 (11) Mandate; die »Fortschrittspartei« von Mogens Glistrup erhielt 24 (28) Sitze. Weitere Parteien: Zentrumsdemokraten 4 (14), »Christl. Partei« 9 (7), KP (»Danmarks kommunistiske parti«; 1975 über 7500 Mitgl.) 7 (6), Linkssozialisten/VS 4. Die Schleswigsche Partei (»Det sleswigske parti«), die 1971 0,3 % der Stimmen erhielt, kandidierte nicht, doch hat die deutsche Bevölkerung einen Sitz bei den Zentrumsdemokraten – **Dipl. B.:** BRD u. DDR

Städte (B 1973): Kopenhagen (København, Hptst.) 595 751 (m. V. 1970 1 383 073) Einw., Århus 244 840, Odense 167 772, Ålborg 155 264, Esbjerg 77 780, Randers 64 936, Herning 54 898, Helsingör 54 461, Roskilde 50 940, Kolding 53 892, Horsens 52 768, Vejle 49 196

Wichtige Ausfuhrgüter: etwa ein Viertel landwirtschaftl. Erzeugnisse (Vieh, Fleisch, Speck, Molkereiprodukte, Eier, Honig); Industriegüter (70 %), u. a. Maschinen u. Fahrzeuge, Textilien, Arzneimittel; Fische **Wichtigste Außenhandelspartner:** BR Deutschland, Schweden, Großbritannien, USA, Benelux, Italien, Norwegen, Frankreich, Schweiz – 1975 **Einf.** 10 366 Mill. $, **Ausf.** 8716 Mill. $ – **W:** 1 Dän. Krone (dkr) = 100 Øre; 1 US-$ = 6,124 dkr, 1 dkr = 0,4188 DM

Mitgliedschaft: UNO, NATO, Nordischer Rat, Europarat, ADB, CCD, ECE, EG, FAO, GATT, IAEA, IBRD, ICAO, IFC, ILO, IMC, IMF, ITU, OECD, UNESCO, UPU

Außenbesitzungen: *Färöer-Inseln* (Schaf-Inseln; dän. Faeröerne, färisch: Føroyar), autonomes Land unt. d. dän. Krone – Fläche: 1398,85 qkm – Einwohner (XII/72) 39 162 (Protestanten) = 28 je qkm – Hptst. Thorshavn 10 726 Einw. – Offiz. Sprache: Dänisch, »Färoisch« (Füringisch) – Parlament (Lagting) aus 26 Mitgliedern (Sozialdem., Samband-Partei, Folkeflok, Republikaner usw.), Koalitionsregierung – Ausfuhr: Fische, Gemüse, Heringsmehl u. Öl – *Grönland* Fläche: 2 175 600 qkm, nur rund 341 700 qkm eisfrei – Einwohner (S XII/1972): 48 581 (39 600 Z 1965), über 8000 Europäer, sonst »Grönlander« u. Eskimos, Hptst. Godthåb 8821 Einw. – G. ist seit 1963 gleichberechtigter Teil Dänemarks; wie die Färöer mit 2 Vertretern im dän. »Folketing« – Sprachen: Dänisch, Eskimoisch – Autonomiestatut in Vorbereitung – Dän.-US-Verteidigungsabkommen

DEUTSCHLAND

BUNDESREPUBLIK DEUTSCHLAND

Fläche (70): (ohne Berlin/West) 248 096,87 qkm (mit Berlin/West 248 576,95 qkm) – **Einwohner** (11): 61 645 000 (Wohnbev. m. Berlin/W., F. Ende 1975; Z 27. 5. 70 58 528 300 ohne Berlin/West, m. Berlin/West 60 650 000, darunter 6,6 % Ausländer) = 248,6 je qkm – 11,8 % d. Bevölkerung lebten am 30. 6. 1974 in Orten bis 2000 Einw., 36 % in Städten über 100 000 Einw. – **o. S.** 0 % – **BSP:** 1972 296 470 Mill. $, 1973 329 670 Mill. $, 1974 prov. 365 620 Mill. $, **je E.** 1974 5890 $; **JZ** D 1965–73 4,0 % – 1975 (mit Handel m. d. DDR; nach UNO) **Einf.** 75 565 Mill. $, **Ausf.** 91 620 Mill. $ – **W:** 1 DM = 100 Pfennig; 1 **SZR** = 3,49872 DM; 1 US-$ = 2,5692 DM – **L** 2,7 % – **In** 47,8 %

Bevölkerung: Deutsche, über 30 000 Dänen in Schleswig, etwa 40 000 Zigeuner; am 30. 9. 1975 4 089 600 Ausländer (in Mill. u. a. Türken 1,08, Jugoslawen 0,68, Italiener 0,60, Griechen 0,35, Spanier 0,25, Österreicher 0,17), darunter am 30. 6. 1975 2,07 Mill. ausländ. Arbeitnehmer – **Geburten- und Sterbeziffer** je 1000 Einw. 1975 mit Berlin/West: 9,7/12,0 – **Sterbe-U.**: 2,3 – **Religion:** (BR mit Berlin/West Z 1970) 49 % Protestanten, 44,6 % römische Katholiken, kleine jüdische Minderheit (1976 rund 26 000), 6,4 % »Sonstige«; 1975 fast 1 Mill. Mohammedaner, meist Türken.

Nationalflagge: schwarz-rot-gold (waagerecht) – Beginn der deutschen Staatsgeschichte unter Karl d. Gr. bzw. 843 mit dem Vertrag von Verdun; Gründung des Deutschen Reiches am 18. 1. 1871, der Bundesrepublik Deutschland am 24. 5. 1949

Staats- u. Regierungsform: demokratisch-parlamentarischer Bundesstaat – Parlament (»Bundestag«), außerdem »Bundesrat« als Ländervertretung, dessen Zustimmung für bestimmte Gesetze erforderlich ist – Wahlberechtigt alle über 18 Jahre alten Bürger – Wehrpflicht – Gliederung in 10, mit Berlin/West (eigener Status) 11 Bundesländer

Staatsoberhaupt: Bundespräsident Walter Scheel, seit 1. 7. 1974

Regierungschef: Bundeskanzler Diplomvolkswirt Dr. h. c. Helmut Schmidt (Stand 15. 9. 1976)
Hauptstadt: Bonn 282 136 Einw.

Mitgliedschaft der Bundesrepublik in wichtigen Organisationen, Bündnissen und Zusammenschlüssen: UNO (seit 18. 9. 73), außerdem u. a.: EG (EWG, EGKS, Euratom), ECE, Europarat, EWA, FAO, GATT, IAEA, IBRD, ICAO, IDA, IFC, ILO, IMCO, IMF (IWF), ITU, NATO, OECD, UNCTAD, UNESCO, UNIDO, UPU, WEU, WHO, WMO, ADB, CCD, IDB

Die Großstädte der Bundesrepublik und ihre Bürgermeister

»Großstädte« nach der Begriffsbestimmung der Internationalen Statistikerkonferenz 1887, d. h. alle Städte über 100 000 Einwohner

Stand: Bevölkerung (Z 27. 5. 1970), Fortschreibung meist 1. 4. 1976 (Berlin/W. 31. 12. 1975 1 984 837, dazu etwa 102 000 m. Zweitsitz im übrigen Bundesgebiet) – Zahlen gegenüber den Vorjahren z. T. stark verändert, bes. durch Zusammenlegung von Gemeinden – Oberbürgermeister 15. 9. 1976

Stadt	Einwohner		Oberbürgermeister
1000 Berlin (West)	(2 122 346)	1 984 837	Der Regierende Bürgermeister: Dr. h. c. Klaus Schütz, SPD (Bgm. Wolfgang Lüder, F.D.P.)
2000 Hamburg	(1 793 823)	1 717 383	Erster Bürgermeister: Hans-Ulrich Klose, SPD, Präsident des Senats (Zweiter Bgm.: Prof. Dr. Dieter Biallas, F.D.P.)

Stadt	Einwohner		Oberbürgermeister
8000 München	(1 293 590)	1 312 991	Georg Kronawitter, SPD
			(Zweiter Bgm.: Helmut Gittel, SPD,
			Dritter Bgm.: Eckart Müller-Heidenreich, SPD)
5000 Köln	(849 500)	985 655	John van Nes Ziegler, SPD
			(Bgm.: Heribert Blens, CDU,
			2. Bgm.: Friedrich Jacobs, F.D.P.
			Oberstadtdirektor:
			Prof. Dr. Heinz Mohnen, SPD)
4300 Essen	(712 523)	679 174	Horst Katzor, SPD
			(Oberstadtdirektor: Dr. Ernst Finkenmeyer, SPD)
4000 Düsseldorf	(663 586)	663 588	Klaus Bungert, SPD
			(Oberstadtdirektor: Gilbert Just)
6000 Frankfurt a. M.	(669 635)	642 300	Rudi Arndt, SPD
4600 Dortmund	(639 634)	625 160	Günter Samtlebe, SPD
			(Oberstadtdirektor: Hans-Diether Imhoff, SPD)
4100 Duisburg	(454 839)	597 128	Josef Krings
			(Oberstadtdirektor: Dr. Ernst Caumanns)
7000 Stuttgart	(633 158)	594 301	Manfred Rommel, CDU
2800 Bremen	(593 182)	572 969	Hans Koschnick, Präs. d. Sen. u. Bgm., SPD
3000 Hannover	(523 900)	560 831	Herbert Schmalstieg, SPD
			(Oberstadtdirektor: Rudolf Koldewey, SPD)
8500 Nürnberg	(473 555)	497 063	Dr. Andreas Urschlechter, SPD
4630 Bochum	(356 086)	434 649	Heinz Eikelbeck, SPD
			(Oberstadtdirektor: Dr. Herbert Jahofer, SPD)
5600 Wuppertal	(418 454)	408 628	Gottfried Gurland, SPD
			(Oberstadtdirektor: Dr. Rolf Krumsiek, SPD)
4650 Gelsenkirchen	(348 292)	323 775	Werner Kuhlmann, SPD
			(Oberstadtdirektor: Prof. Dr. Heinrich Meya)
4800 Bielefeld	(168 937)	316 194	Klaus Schwickert, SPD
			(Oberstadtdirektor: Herbert Krämer, SPD)
6800 Mannheim	(332 163)	315 000	Dr. Ludwig Ratzel, SPD
5300 Bonn	(274 518)	282 136	Dr. Hans Daniels, CDU
			(Oberstadtdirektor: Dr. Karl-Heinz von
			Kaldenkerken, CDU)
7500 Karlsruhe	(259 265)	280 544	Otto Dullenkopf, CDU
3300 Braunschweig	(223 700)	266 855	Günter Jaenicke, CDU
			(Oberstadtdirektor: Hans-Günther Weber, SPD)
4400 Münster (Westf.)	(198 371)	264 546	Dr. Werner Pierchalla, CDU
			(Oberstadtdirektor: Dr. Hermann Fechtrup)
4050 Mönchengladbach	(151 090)	261 845	Ob. Studiendir. Theodor Bolzenius, CDU
			(Oberstadtdirektor: Helmut Freuen)
2300 Kiel	(271 710)	261 588	Stadtpräsident: Eckhard Sauerbaum, CDU
			(Oberbürgermeister: Günther Bantzer, SPD)
6200 Wiesbaden	(250 122)	251 463	Rudi Schmid, SPD
8900 Augsburg	(211 566)	249 433	Hans Breuer, SPD
5100 Aachen	(173 475)	242 371	Kurt Malangré, CDU
4200 Oberhausen	(246 736)	238 033	Luise Albertz, SPD
			(Oberstadtdirektor: Raimund Schwarz, SPD)
4150 Krefeld	(222 250)	233 492	Hansheinz Hauser, MdB, CDU
			(Oberstadtdirektor: Dr. Hermann Steffens, CDU)
2400 Lübeck	(239 339)	230 948	Stadtpräsident: Gerhard Gaul, CDU
			(Bürgermeister: Dr. Gustav-Robert Knüppel, CDU)
5800 Hagen i. W.	(200 909)	228 583	Rudolf Loskand, SPD
			(Oberstadtdirektor: Dr. Klaus Müller, SPD)
6600 Saarbrücken	(127 989)	205 336	Fritz Schuster, CDU
3500 Kassel	(214 156)	204 143	Hans Eickel, SPD

Stadt	Einwohner		Oberbürgermeister
4690 Herne i. W.	(105 566)	193 649	Manfred Urbanski, SPD (Oberstadtdirektor: Dr. Raddatz, SPD)
4330 Mülheim	(190 609)	189 248	Dieter aus dem Siepen, SPD (Oberstadtdirektor: Heinz Hager, SPD)
6500 Mainz	(172 195)	185 354	Jockel Fuchs, SPD
7800 Freiburg i. Br.	(162 222)	175 371	Dr. Eugen Keidel, SPD
6700 Ludwigshafen/R.	(179 286)	174 983	Dr. Werner Ludwig, SPD
5650 Solingen	(176 420)	173 350	Otto Voos, CDU (Oberstadtdirektor: Dr. Willi Fischer)
4700 Hamm	(31. 12. 73: 83 700)	172 333	Dr. Günter Rinsche, MdL, CDU (Oberstadtdirektor: Dr. Hans Tigges)
5090 Leverkusen	(107 546)	166 080	Wilhelm Dopatka, SPD (Oberstadtdirektor: Bruno Krupp, SPD)
4500 Osnabrück	(143 905)	159 667	Ernst Weber, SPD (Oberstadtdirektor: Dr. Raimund Wimmer, CDU)
4040 Neuss	(114 613)	147 796	Herbert Karrenberg, CDU (Oberstadtdirektor: Franz-Josef Schmitt, CDU)
2850 Bremerhaven	(140 455)	141 686	Bodo Selge, SPD
6100 Darmstadt	(141 224)	136 984	H.-W. Sabais, SPD
2900 Oldenburg i. O.	(130 852)	134 706	Hans Fleischer, SPD (Oberstadtdirektor: Heiko Wandscher, SPD)
5630 Remscheid	(136 419)	134 213	Willi Hartkopf, SPD (Oberstadtdirektor: Dr. Hans Günter Krug)
8400 Regensburg	(129 590)	131 025	Rudolf Schlichtinger, SPD
6900 Heidelberg	(121 023)	129 386	Reinhold Zundel, SPD
3180 Wolfsburg	(188 655)	128 605	Helmut Simson, SPD (Oberstadtdirektor: Werner Hasselbring, SPD)
3400 Göttingen	(108 991)	123 651	Artur Levi, SPD (Oberstadtdirektor: Kurt Busch, SPD)
4350 Recklinghausen	(125 349)	122 740	Erich Wolfram, MdB, SPD (Oberstadtdirektor: Lorenz Amely, SPD)
5400 Koblenz	(119 434)	119 187	Willi Hörter, CDU
3321 Salzgitter	(118 201)	118 745	Willi Blume, SPD (Oberstadtdirektor: Paul Intrup, SPD)
4250 Bottrop	(106 657)	117 000	N. N. (Oberstadtdirektor: N. N.)
6050 Offenbach a. M.	(117 306)	116 724	Walter Buckpesch, SPD
7100 Heilbronn a. N.	(102 692)	114 318	Dr. Hans Hoffmann, SPD
8700 Würzburg	(117 147)	112 592	Dr. Klaus Zeitler, SPD
4790 Paderborn	(66 829)	110 000	Herbert Schwiete, CDU (Oberstadtdirektor: Wilhelm Ferlings, CDU)
5810 Witten	(97 379)	109 958	Friedhelm Ottlinger, SPD (Oberstadtdirektor: Dr. Emil Dreidoppel)
7530 Pforzheim	(90 338)	108 910	Dr. Willi Weigelt, SPD
6750 Kaiserslautern	(98 934)	105 521	Dr. Hans Jung, SPD
3200 Hildesheim	(94 800)	104 607	Heiko Klinge, CDU (Oberstadtdirektor: G. B. Oschatz)
4130 Moers	(105 407)	103 441	Albin Neuse, SPD (Stadtdirektor: Heinz Oppers, SPD)
2940 Wilhelmshaven	(102 732)	103 417	Arthur Grunewald, SPD
8510 Fürth i. Bay.	(94 774)	100 842	Kurt Scherzer, F.D.P.
8520 Erlangen	(83 850)	100 352	Dr. Dietmar Hahlweg, SPD
5500 Trier	(103 724)	100 230	Dr. Carl-Ludwig Wagner, CDU
5900 Siegen	(1973: 56 500)	100 000	Friedemann Keßler, CDU (Stadtdirektor: Hans Mohn)

Die **Agglomerationen** bzw. **Ballungsräume** (Kernstädte mit den verwaltungsmäßig selbständigen Nachbarorten) zeigen die wirkliche Bevölkerungskonzentration. Die sogen. »Ruhrstadt« z. B. hat (je nach Abgrenzung) 3,5 bis 4 Mill. Einw. Von den übrigen Ballungsräumen seien u. a. genannt: Hamburg über 3 Mill., die Rhein-Main-Region um Frankfurt 2,5 Mill., die Region München 2,2 Mill., die Region Stuttgart über 2 Mill. u. die Region Hannover weit über 1 Million. – Durch die Gebietsreform hat sich in der Bundesrepublik die Zahl der Gemeinden von 1968 bis 1974 von mehr als 24 000 auf rund 11 000 verringert. – Der **Anteil der Ausländer an der Bevölkerung der Großstädte** war im Herbst 1975 mit je 17 % in München u. Offenbach am größten; es folgten Frankfurt u. Stuttgart mit je 16 %. – **Schulden ausgewählter Großstädte** je Einw. (Gesamtschulden, nach Angaben des Deutschen Städtetages) Ende 1975 in DM: Offenbach 4744 – Frankfurt/M. 3400 – Koblenz 3368 – Neuss 2919 – Karlsruhe 2908. Bei der Verschuldung je Einwohner ohne Verschuldung der Eigenbetriebe lag (nach »Deutsche Bundesbank«, Monatsberichte 1976/4) ebenfalls Offenbach an erster Stelle, gefolgt von Koblenz, Hannover, Ludwigshafen, Düsseldorf und Frankfurt/M. (Bonn an 21., Stuttgart an 36., München an 51. Stelle). Die Kreditmarktschulden aller Großstädte beliefen sich Ende 1975 je Einwohner auf durchschnittlich 1725 DM.

BUNDESTAG UND BUNDESRAT
(bei allen FS-Nummern ist vorher eine 0 zu wählen)

Stand 15. 9. 1976; **Neuwahl am 3. 10. 1976. Der am 3. 10. 1976 gewählte Bundestag kann** nach Art. 39 des Grundgesetzes nicht vor Beendigung der 7. Wahlperiode, also **frühestens am 14. 12. 1976 zusammentreten.**

Der Deutsche Bundestag

Görresstraße 15, 5300 Bonn, Bundeshaus, F 161, FS 8 86 808

Der Deutsche Bundestag ist die Volksvertretung der Bundesrepublik Deutschland. Mitgliederzahl 518, darunter 22 beschränkt stimmberechtigte Abgeordnete des Landes Berlin. Sie werden auf Grund allgemeiner, unmittelbarer, gleicher und geheimer Wahl für die Dauer einer Wahlperiode (4 Jahre) berufen. Die Berliner Abgeordneten werden von den Mitgliedern des Berliner Abgeordnetenhauses nach den Regeln der Verhältniswahl gewählt (1976 11 CDU, 10 SPD, 1 F.D.P.).

7. Wahlperiode 1972 – 1976

Die 7. Wahl zum Deutschen Bundestag fand (vorzeitig) am 19. 11. 1972 statt.

a) *Wahlergebnisse 1972* (Wahlbeteiligung 91,1 %; 1969 86,7 %) und Sitzverteilung in der 7. Wahlperiode des Deutschen Bundestages mit Angaben über die Wahlen von 1969 und die Sitzverteilung in der 6. Wahlperiode ohne Berlin (West) zu Vergleichszwecken in Klammern ( ).

Stimmenanteil in % 1972 u. 1969

	SPD		*CDU (in Bayern CSU)*		*F.D.P.*		*Sonstige*		*davon: NPD*		*DKP*	
	1972	1969	1972	1969	1972	1969	1972	1969	1972	1969	1972	1969
BRD insgesamt	45,8	42,7	35,2	36,6	8,4	5,8	1,0	5,4	0,6	4,3	0,3	–
			9,7	9,5								
			44,9	46,1								
davon:												
Schleswig-Holstein	48,6	43,5	42,0	46,2	8,6	5,2	0,8	5,0	0,5	4,3	0,2	–
Hamburg	54,4	54,6	33,3	34,0	11,2	6,3	1,1	5,1	0,4	3,5	0,6	–
Niedersachsen	48,1	43,8	42,7	45,2	8,5	5,6	0,7	5,4	0,5	4,6	0,2	–
Bremen	58,1	52,0	29,6	32,3	11,1	9,3	1,3	6,4	0,5	4,4	0,7	–
Nordrhein-Westfalen	50,4	46,8	41,0	43,6	7,8	5,4	0,6	4,3	0,3	3,1	0,3	–
Hessen	48,5	48,2	40,3	38,4	10,2	6,7	1,1	6,6	0,6	5,1	0,4	–
Rheinland-Pfalz	44,9	40,1	45,9	47,8	8,1	6,3	1,1	5,8	0,8	5,2	0,3	–
Baden-Wttbg.	38,9	36,5	49,8	50,7	10,2	7,5	1,1	5,4	0,8	4,5	0,2	–
Saarland	47,9	39,9	43,4	46,1	7,1	6,7	1,6	7,3	0,8	5,7	0,7	–
Bayern	37,8	34,6	55,1	54,4	6,1	4,1	1,0	6,9	0,7	5,3	0,2	–

Sitzverteilung 1972 (1969)

Bundesgebiet	*insgesamt*	*SPD*	*CDU*	*CSU*	*F.D.P.*
	496 (496)	230 (224)	177 (193)	48 (49)	41 (30)

Dazu 22 Berliner Abgeordnete: 12 SPD, 9 CDU, 1 F.D.P.
(Nach »Deutscher Bundestag«, Vw. I/W. Blischke)

In den 7. Bundestag sind (Mitte 1976) 34 Frauen und (ohne Mitgl. d. Deutschen Beamtenbundes) 274 Gewerkschafts-Mitglieder (227 von der SPD, 41 von der CDU/CSU, 6 von der F.D.P.) gewählt worden.

b) Das *Präsidium* des Deutschen Bundestages in der 7. Wahlperiode (1972 – 1976)

Präsident: Annemarie Renger, SPD
Vizepräs.: Kai-Uwe von Hassel, CDU/CSU
Vizepräs.: Dr. Hermann Schmitt-Vockenhausen, SPD
Vizepräs.: Dr. Richard Jaeger, CDU/CSU
Vizepräs.: Liselotte Funcke, F.D.P.

c) Der *Ältestenrat* des Deutschen Bundestages in der 7. Wahlperiode (1972 – 1976)

Präsident: Annemarie Renger, SPD
Vizepräs.: Kai-Uwe von Hassel, CDU/CSU
Vizepräs.: Dr. Hermann Schmitt-Vockenhausen, SPD
Vizepräs.: Liselotte Funcke, F.D.P.
Vizepräs.: Dr. Richard Jaeger, CDU/CSU
(dazu 23 Abgeordnete u. 1 Vertreter des Bundeskabinetts)
Alterspräsident des Bundestages: Prof. Dr. Dr. h. c. Ludwig Erhard, CDU

d) Die *Fraktionsvorsitzenden* des Bundestages in der 7. Wahlperiode (1972 – 1976)

SPD Vors.: Bundesminister a. D. Herbert Wehner
CDU/CSU Vors.: Prof. Dr. Karl Carstens
– *Landesgruppe CSU* Vors.: Bundesmin. a. D. Richard Stücklen
F.D.P. Vors.: Bundesminister a. D. Wolfgang Mischnick

e) *Ständige Ausschüsse* des Bundestages in der 7. Wahlperiode (Mitgliederzahl)

Ausschuß für Wahlprüfung, Immunität und Geschäftsordnung (17)
Petitionsausschuß (27)
Auswärtiger Ausschuß (33)
Ausschuß für innerdeutsche Beziehungen (19)
Verteidigungsausschuß (27)
Innenausschuß (27)
Ausschuß für Bildung und Wissenschaft (27)
Ausschuß für Forschung und Technologie (17)
Ausschuß für Raumordnung, Bauwesen und Städtebau (27)
Ausschuß für Jugend, Familie und Gesundheit (27)
Rechtsausschuß (27)
Haushaltsausschuß (33; zu ihm gehört als Unterausschuß ein Rechnungsprüfungsausschuß aus 11 Mitgl. des H.-Ausschusses)
Finanzausschuß (33)
Ausschuß für Wirtschaft (27)
Ausschuß für wirtschaftliche Zusammenarbeit (19)
Ausschuß für Ernährung, Landwirtschaft und Forsten (27)
Ausschuß für Arbeit und Sozialordnung (27)
Ausschuß für Verkehr und für das Post- u. Fernmeldewesen (33)
Sportausschuß (17)
Sonderausschuß für die Strafrechtsreform (17)

f) Der *Wehrbeauftragte* des Deutschen Bundestages:

Karl-Wilhelm Berkhan, StaSekr. a. D.
Luisenstr. 46, 5300 Bonn-Bad Godesberg, F 824 – 200/201

g) *Direktor beim Deutschen Bundestag*:

Dr. Helmut Schellknecht

VERMITTLUNGSAUSSCHUSS – gem. Art. 77 GG – als gemeinsamer Ausschuß von Bundestag und Bundesrat
Vorsitzende, im vierteljährlichen Wechsel zwischen einem Bundestagsabgeordneten und einem Mitglied des Bundesrates (In der 7. Gesetzgebungsperiode wurde der V. bei 515 Gesetzen 96mal angerufen)

Bibliographie: H. Trossmann, Parlamentsrecht und Praxis des Deutschen Bundestages, Bonn 1967 – Fr. Schäfer, Der Bundestag, 2. Aufl. Bonn 1975 – G. Loewenberg, Parlamentarismus im politischen System der Bundesrepublik Deutschland, Tübingen 1969.

Der Bundesrat

Bundeshaus, Görresstraße 15, 5300 Bonn, F 161, FS 8 86 841/842

Durch den Bundesrat wirken die Länder bei der Gesetzgebung u. Verwaltung des Bundes mit. Der Bundesrat besteht aus Mitgliedern der Länderregierungen, die von den Ländern bestellt und abberufen werden. Die Länder haben je nach Einwohnerzahl 5, 4 oder 3 Stimmen; Länder mit mehr als 2 Millionen Einwohnern haben 4, Länder mit mehr als 6 Millionen Einwohnern 5 Stimmen. Zur Zeit beträgt die *Gesamtzahl der Mitglieder* des Bundesrates 45, die sich auf die einzelnen Länder wie folgt verteilen:

Baden-Württemberg	5	Niedersachsen	5
Bayern	5	Nordrhein-Westfalen	5
Berlin (beratend)	4	Rheinland-Pfalz	4
Bremen	3	Saarland	3
Hamburg	3	Schleswig-Holstein	4
Hessen	4		

(Stimmen im Bundesrat – ohne Berlin – nach Stand v. 15. 9. 1976: CDU/CSU 26, SPD/F.D.P. 15)

Ausschüsse

Die dem Bundesrat zugehenden Vorlagen werden durch den Präsidenten oder in dessen Auftrag durch den Direktor des Bundesrates unmittelbar an die zuständigen Ausschüsse überwiesen.

Agrarausschuß
Ausschuß für Arbeit und Sozialpolitik
Ausschuß für Auswärtige Angelegenheiten
Ausschuß für Fragen der Europäischen Gemeinschaften
Finanzausschuß
Ausschuß für Innerdeutsche Beziehungen
Ausschuß für Innere Angelegenheiten
Ausschuß für Jugend, Familie und Gesundheit
Ausschuß für Kulturfragen
Rechtsausschuß
Ausschuß für Städtebau und Wohnungswesen
Ausschuß für Verkehr und Post
Ausschuß für Verteidigung
Wirtschaftsausschuß

Präsidium des Bundesrates (Präsident – drei Vizepräsidenten)
Direktor des Bundesrates: Dr. Albert Pfitzer

Der Bundesrat wählt seinen Präsidenten jeweils auf ein Jahr. Nach einer Vereinbarung der Regierungschefs der Länder wechselt das Amt unter ihnen in der Reihenfolge der Einwohnerzahl der Länder – (Vermittlungsausschuß s. Bundestag).

DER BUNDESPRÄSIDENT

Walter Scheel (Amtsantritt 1. 7. 1974)
Adenauerallee 135 – Haus des Bundespräsidenten – 5300 Bonn – F 2001, FS 8 86 393

Gemäß Artikel 54 des Grundgesetzes am 15. 5. 1974 von der Bundesversammlung zum neuen Präsidenten der Bundesrepublik Deutschland gewählt. Die Amtsdauer beträgt 5 Jahre. Anschließende Wiederwahl ist nur einmal zulässig (Art. 54 Abs. 2 GG) – (Die Bundesversammlung besteht aus den Mitgliedern des Bundestages und einer gleichen Zahl von Mitgliedern, die von den Volksvertretungen der Länder nach dem Grundsatz der Verhältniswahl gewählt werden; sie wird vom Präsidenten des Bundestages einberufen).

Der Bundespräsident vertritt den Bund völkerrechtlich. Er schließt im Namen des Bundes die Verträge mit auswärtigen Staaten, er beglaubigt und empfängt deren Botschafter. Er fertigt die nach den Vorschriften des Grundgesetzes zustande gekommenen Gesetze aus und verkündet sie. Er ernennt und entläßt die Bundesrichter, Bundesbeamten und Soldaten. Der Bundespräsident übt für den Bund das Begnadigungsrecht aus und verleiht u. a. den Verdienstorden der Bundesrepublik.
Bundespräsidialamt: Kaiser-Friedrich-Straße 16 – 18, 5300 Bonn, F 2001, FS 8 86 393
Chef des Bundespräsidialamtes: Staatssekretär Dr. Paul Frank

DIE BUNDESREGIERUNG

Adenauerallee 141, 5300 Bonn

Die Bundesregierung besteht aus dem Bundeskanzler und aus den Bundesministern. Der Bundeskanzler bestimmt nach Art. 65 GG die Richtlinien der Politik und trägt dafür die Verantwortung. Innerhalb dieser Richtlinien leitet jeder Bundesminister seinen Geschäftsbereich selbständig und unter eigener Verantwortung.

DIE OBERSTEN BUNDESBEHÖRDEN (15. 9. 1976):

Eine neue Regierung kann nach der Wahl v. 3. 10. 1976 erst nach dem Zusammentreten des neuen (8.) Bundestages, d. h. frühestens Mitte Dezember 1976 gebildet werden.

Bundeskanzler

Der Bundeskanzler wird auf Vorschlag des Bundespräsidenten vom Bundestag ohne Aussprache gewählt. Der Bundeskanzler bestimmt die Richtlinien der Politik und trägt dafür die Verantwortung. Er leitet die Geschäfte der Bundesregierung nach einer von ihr beschlossenen und vom Bundespräsidenten genehmigten Geschäftsordnung. Auf Vorschlag des Bundeskanzlers werden die Bundesminister vom Bundespräsidenten ernannt und entlassen. Der Bundeskanzler ernennt einen Bundesminister zu seinem Stellvertreter.

Bundeskanzler:

Dr. h. c. Helmut Schmidt, MdB, SPD,
seit 16. 5. 1974
Der Stellvertreter des Bundeskanzlers:
Bundesminister des Auswärtigen Hans-Dietrich Genscher, MdB, F.D.P.

Bundeskanzleramt

Adenauerallee 141, 5300 Bonn, F 10 51,
FS 8 86 750

Chef des Bundeskanzleramtes: Staatssekretär Dr. Manfred Schüler
Parlamentarischer Staatssekretär: Frau Marie Schlei, MdB, SPD

Bevollmächtigter der Bundesregierung in Berlin
Staatssekretär Dietrich Spangenberg
Bundesallee 216–218, 1000 Berlin 15,
F 2 12 61, FS 1–8 37 81

Ständige Vertretung der Bundesrepublik Deutschland bei der Deutschen Demokratischen Republik
Leiter: Staatssekretär Günter Gaus
Hannoversche Straße 30, DDR–104 Berlin,
F 282 5261

Presse- und Informationsamt der Bundesregierung

Welckerstr. 11, 5300 Bonn, F 2081, FS 88 67 41/43
Chef des Presse- und Informationsamtes:
Staatssekretär Klaus Bölling, SPD
Stellvertretender Sprecher der Bundesregierung:
Dr. Armin Grünewald
Stellv. Leiter des Presse- und Informationsamtes:
MinDir. Dr. Gerhard Liebrecht, F.D.P.

Auswärtiges Amt

Adenauerallee 99–103, 5300 Bonn, F 171,
FS 8 86 591

Der Bundesminister des Auswärtigen und Vizekanzler:
Hans-Dietrich Genscher, MdB, F.D.P.
Staatsminister: Karl Moersch, MdB, F.D.P. und Hans-Jürgen Wischnewski, MdB, SPD
Staatssekretäre: Dr. Walter Gehlhoff und Peter Hermes
Chef des Protokolls:
Botschafter Franz Jochen Schöller

Bundesminister des Innern

Rheindorfer Str. 198, Postfach, 5300 Bonn, F 7 81, FS 8 86 664 u. 8 86 896
Der Bundesminister des Innern:
Prof. Dr. Dr. h. c. Werner Maihofer, F.D.P.
Parlament. Staatssekretäre: Gerhart Rudolf Baum, MdB, F.D.P. u. Dr. Jürgen Schmude, SPD
Staatssekretäre: Dr. Günter Hartkopf u. Dr. Siegfried Fröhlich
Angelegenheiten der Vertriebenen, Flüchtlinge und Kriegsgeschädigten; kulturelle Angelegenheiten: MinDir. Dr. Sieghardt von Köckritz

Bundesminister der Justiz

Stresemannstr. 6, 5300 Bonn-Bad Godesberg, F 58-1, FS 88 56 46
Der Bundesminister der Justiz:
Dr. Hans-Jochen Vogel, MdB, SPD
Parlamentarischer Staatssekretär: Dr. Hans de With, MdB, SPD
Staatssekretär: Dr. Günther Erkel

Bundesminister der Finanzen

Rheindorfer Str. 108, 5300 Bonn, F 7 91, FS 8 86 645
Der Bundesminister der Finanzen:
Dr. Hans Apel, MdB, SPD
Parlament. Staatssekretäre: Karl Haehser, MdB, SPD u. Rainer Offergeld, MdB, SPD
Staatssekretäre: Diplomvolkswirt Karl Otto Pöhl und Dr. Joachim Hiehle

Bundesminister für Wirtschaft

Villemombler Str. 74–78, 5300 Bonn-Duisdorf, F 76-1, FS 8 86 747
Der Bundesminister für Wirtschaft:
Dr. Hans Friderichs, F.D.P.
Parlament. Staatssekretär: Martin Grüner, MdB, F.D.P.
Staatssekretäre: Dr. Detlev Rohwedder und Dr. Otto Schlecht

Bundesminister für Ernährung, Landwirtschaft und Forsten

Rochusstr. 1, 5300 Bonn-Duisdorf, F 751, FS 8 86 844

RAUM FÜR VERÄNDERUNGEN NACH DER BUNDESTAGSWAHL VOM 3. 10. 1976

Der Bundesminister für Ernährung, Landwirtschaft und Forsten:
Oberlandwirtschaftsrat a. D. Josef Ertl, MdB, F.D.P.
Parlament. Staatssekretär: Fritz Logemann, MdB. F.D.P.
Staatssekretär: Hans-Jürgen Rohr

Bundesminister für Arbeit und Sozialordnung

Rochusstr. 1, 5300 Bonn-Duisdorf, F 7 41, FS 8 86 641
Der Bundesminister für Arbeit und Sozialordnung: Walter Arendt, MdB, SPD
Parlament. Staatssekretär: Hermann Buschfort, MdB, SPD
Staatssekretär: Heinz Eicher

Bundesminister der Verteidigung

Postfach 161, 5300 Bonn 1, F 2 01 61, FS 8 86 575/576
Der Bundesminister der Verteidigung: Georg Leber, MdB, SPD
Parlament. Staatssekretär: Hermann Schmidt, MdB, SPD
Staatssekretäre: Helmut Fingerhut, Dr. Siegfried Mann
(Generalinspekteur der Bundeswehr: Admiral Armin Zimmermann – Inspekteur des Heeres: Gn.Lt. Horst Hildebrandt – Inspekteur der Luftwaffe: Gn.Lt. Gerhard Limberg – Inspekteur der Marine: Vizeadmiral Günter Luther – Inspekteur des Sanitäts- und Gesundheitswesens: Adm. OSt.-Arzt Dr. Hans-Georg Stemann)

Militärseelsorge

Evangelischer Militärbischof Dr. Sigo Lehming
Bahnhofstr. 29–31, 2080 Pinneberg, F 04101/20 84 44

Evangelisches Kirchenamt für die Bundeswehr
Kölner Str. 107a, 5300 Bonn-Bad Godesberg 1, F 37 30 43/44

Katholischer Militärbischof: Dr. Franz Hengsbach, Bischof von Essen
Burgplatz 2, 4300 Essen, F 2 20 42 01

Katholisches Militärbischofsamt
Adenauerallee 115, 5300 Bonn, F 22 64 21 und 22 55 21, 63 18 71 über VKK 312

Bundesminister für Verkehr und für das Post- und Fernmeldewesen

(Der Bundesminister leitet das Bundesverkehrsministerium und das Bundesministerium für das Post- und Fernmeldewesen in Personalunion)
Kennedyallee 72, 5300 Bonn-Bad Godesberg, F 861, FS 88 57 00

RAUM FÜR VERÄNDERUNGEN NACH DER BUNDESTAGSWAHL VOM 3. 10. 1976

Der Bundesminister für Verkehr und für das Post- und Fernmeldewesen:
Kurt Gscheidle, SPD
Parlament. Staatssekr.: Ernst Haar, MdB, SPD u. Dipl.-Ing. Kurt Jung, MdB, F.D.P.
Staatssekretäre: Heinz Ruhnau u. Dipl.-Ing. Dietrich Elias

Bundesminister für Forschung und Technologie

Stresemannstr. 2, Postfach Bonn 120 370,
5300 Bonn-Bad Godesberg,
F 591, FS 885 674
Der Bundesminister für Forschung und Technologie:
Diplomvolkswirt Hans Matthöfer, MdB, SPD
Parlament. Staatssekretär: Dr. Volker Hauff, MdB, SPD
Staatssekretär: Hans-Hilger Haunschild

Bundesminister für Raumordnung, Bauwesen und Städtebau

Deichmannsaue, 5300 Bonn-Bad Godesberg,
F 83 21, FS 8 85 462
Der Bundesminister für Raumordnung, Bauwesen und Städtebau:
Karl Ravens, MdB, SPD
Parlament. Staatssekretär: Dr. Dieter Haack, MdB, SPD
Staatssekretär: Dr. Hubert Abreß

Bundesminister für Innerdeutsche Beziehungen

Kölner Str. 140, 5300 Bonn-Bad Godesberg,
F 30 61, FS 8 85 673
Der Bundesminister für Innerdeutsche Beziehungen:
Egon Franke, MdB, SPD
Parlament. Staatssekretär: Karl Herold, MdB, SPD
Staatssekretär: Dr. Heinz Morgenstern

Bundesminister für Jugend, Familie und Gesundheit

Kennedyallee 105–107, 5300 Bonn-Bad Godesberg,
F 83 41, FS 8 85 517
Der Bundesminister für Jugend, Familie und Gesundheit:
Frau Dr. Katharina Focke, MdB, SPD
Parlament. Staatssekretär: Karl Fred Zander, MdB, SPD
Staatssekretär: Prof. Dr. Hans-Georg Wolters

Bundesminister für Bildung und Wissenschaft

Stresemannstr. 2, Postanschrift: Postfach 120 124,
5300 Bonn-Bad Godesberg, F 5 71, FS 8 85 666
Der Bundesminister für Bildung und Wissenschaft:
Helmut Rohde, MdB, SPD
Parlament. Staatssekretär: Dr. Peter Glotz, MdB, SPD
Staatssekretär: Prof. Dr. Reimut Jochimsen

RAUM FÜR VERÄNDERUNGEN NACH DER BUNDESTAGSWAHL VOM 3. 10. 1976

Bundesminister für wirtschaftliche Zusammenarbeit

Karl-Marx-Str. 4–6, 5300 Bonn 12, F 53 51, FS 886 94 52
Der Bundesminister für wirtschaftliche Zusammenarbeit: Egon Bahr, MdB, SPD
Parlament. Staatssekretär: Alwin Brück, MdB, SPD
Staatssekretär: Prof. Dr. Dr. Udo Walter Kollatz

Kabinettsausschüsse

Adenauerallee 139–141, 5300 Bonn, F 10 51, FS 8 86 750
Bundessicherheitsrat
Kabinettsausschuß für Europapolitik
Kabinettsausschuß für innerdeutsche Beziehungen
Kabinettsausschuß für mittelfristige Finanzplanung
Kabinettsausschuß für Wirtschaft
Kabinettsausschuß für Agrar- und Ernährungspolitik
Kabinettsausschuß für Soziales und Gesundheit
Kabinettsausschuß für Vermögensbildung
Kabinettsausschuß für Bildung, Wissenschaft, Forschung u. Technologie
Kabinettsausschuß für Umweltfragen
Kabinettsausschuß für Raumordnung und Städtebau
Kabinettsausschuß für die Reform der Struktur von Bundesregierung und Bundesverwaltung

(**1975** tagte die Bundesregierung in 56 **Kabinettssitzungen** und drei **Klausurtagungen** 182 Stunden und 58 Minuten)

(*Bibliographie:* A. Ch. Storbeck: Die Regierungen des Bundes und der Länder seit 1945 Erg. Bd. 1969 bis 1973. Bearb. v. Jürgen Jekewitz, München 1974)

RAUM FÜR VERÄNDERUNGEN NACH DER BUNDESTAGSWAHL VOM 3. 10. 1976

Bundesrechnungshof

Berliner Str. 51 (Postfach 2409), 6000 Frankfurt/Main 1, F 2 17 61, FS 4 12 981
Präsident: Dr. Hans Schäfer

OBERSTE ORGANE DER RECHTSPRECHUNG

Bundesverfassungsgericht

Schloßbezirk 3, 7500 Karlsruhe, F 14 91, FS 7 826 749
Das Bundesverfassungsgericht ist ein allen übrigen Verfassungsorganen gegenüber selbständiger und unabhängiger Gerichtshof des Bundes
Präsident: Dr. h. c. Ernst Benda
Vizepräsident: Dr. Wolfgang Zeidler
Direktor beim Bundesverfassungsgericht:
Dr. Karl-Georg Zierlein

Bundesgerichtshof

Herrenstr. 45a, 7500 Karlsruhe 1, F 15 91, FS 7 825 828
Präsident: Dr. Dr. h. c. Robert Fischer
Sitz des 5. Strafsenats: Witzlebenstr. 4–5, 1000 Berlin 19, F 3 07 91, FS 18 4133

Bundesanwaltschaft beim Bundesgerichtshof
Herrenstr. 45a, 7500 Karlsruhe 1, F 15 91, FS 7 825 828
Generalbundesanwalt: Siegfried Buback
Dienststelle Berlin, Witzlebenstr. 4–5, 1000 Berlin 19, F 3 07 91

Bundesverwaltungsgericht

Hardenbergstr. 31, 1000 Berlin 12, F 31 97–1
Präsident: Prof. Dr. Walter Fürst

Wehrdienstsenate
Schwere Reiterstr. 37, 8000 München 40, F 39 40 71

Oberbundesanwalt beim Bundesverwaltungsgericht
Dr. Kurt Neis
Hardenbergstr. 31, 1000 Berlin 12, F 31 97–1

Bundesfinanzhof

Postfach 860 240, Ismaninger Straße 109, 8000 München 86, F 9 23 11, FS über 05-23 534
Präsident: Prof. Dr. Hugo von Wallis

Bundesarbeitsgericht

Graf-Bernadotte-Platz 5, 3500 Kassel-Wilhelmshöhe, F 30 61
Präsident: Prof. Dr. Gerhard Müller

Bundessozialgericht

Graf-Bernadotte-Platz 5 (Postfach 410 220), 3500 Kassel 1, F 30 71
Präsident: Prof. Dr. Georg Wannagat

SONSTIGE BUNDESBEHÖRDEN (Auswahl)

Umweltbundesamt

Bismarckplatz 1, 1000 Berlin 33, F 8 80 31, FS 18 3756
Präsident: Dr. Heinrich Freiherr von Lersner

Bundespatentgericht (II. Instanz ist der Bundesgerichtshof)

Zweibrückenstr. 12, 8000 München 2, F 2 19 51, FS 5 23 534
Präsident: Dr. Ernst Karl Pakuscher
Vizepräs.: Dipl.-Ing. Erich Gast, Vorsitzender Richter am Bundespatentgericht

Deutsches Patentamt

Zweibrückenstraße 12, 8000 München 2, F 2195-1
Präsident: Dr. Erich Häusser

Bundesamt für Verfassungsschutz

Barthelstraße 75, 5000 Köln, F 47 13
Präsident: Dr. Richard Meier

Statistisches Bundesamt

G.-Stresemann-Ring 11, 6200 Wiesbaden, F 70 51, FS 4 18 65 11
Präsidentin: Dr. Hildegard Bartels

Deutsche Bundesbank

Wilhelm-Epstein-Str. 14 (Postfach 26 33), 6000 Frankfurt am Main 50, F 158–1, FS 4 12 27 (Inland), 41 66 95 (Geld- und Kapitalmarkt), 4 14 431 (Ausland), TA Notenbank Ffm.
Präsident: Dr. Karl Klasen
Vizepräsident: Dr. Otmar Emminger

Deutsche Bundesbahn

Friedrich-Ebert-Anlage 43 – 45, 6000 Frankfurt am Main, F 26 51, FS 4–11 124
Erster Präsident und Vorsitzender des Vorstandes der DB: Dr. Wolfgang Vaerst

VERTRETUNGEN DER LÄNDER BEIM BUND (Stand 15. 9. 1975)

Baden-Württemberg

Der Bevollmächtigte des Landes Baden-Württemberg beim Bund
Schlegelstr. 2, 5300 Bonn 1, F 503-1, FS 8 86 874
Eduard Adorno, Min. f. Bundesangelegenheiten

Bayern

Der Staatsminister für Bundesangelegenheiten und Bevollmächtigte des Freistaates Bayern beim Bund
Schlegelstr. 1, 5300 Bonn 1, F 20 21, FS 8 86 771
Dr. Franz Heubl, StaMin. für Bundesangelegenheiten

Berlin

Der Senator für Bundesangelegenheiten, Bevollmächtigter des Landes Berlin beim Bund
Joachimstr. 7, 5300 Bonn 1, F 22 59 21, FS 8 86 895
Dietrich Stobbe, Senator

Bremen

Der Senator für Bundesangelegenheiten der Freien Hansestadt Bremen
Schaumburg-Lippe-Str. 7/9, Postfach 120 167, 5300 Bonn, F 65 09 76, FS 8 86 883
Karl Willms, Senator

Hamburg

Der Bevollmächtigte der Freien und Hansestadt Hamburg beim Bund
Kurt-Schumacher-Str. 12, 5300 Bonn 12, F 21 30 61, FS 8 86 809
Jürgen Steinert, Senator

Hessen

Der Bevollmächtigte des Landes Hessen beim Bund
Scharnhorststr. 14, 5300 Bonn 1, F 22 34 13/22 35 13, FS 8 86 836
StaMin. Dr. Herbert Günther, Min.

Niedersachsen

Der Niedersächsische Minister für Bundesangelegenheiten
Dahlmannstr. 18, 5300 Bonn 1, F 22 00 71–73, FS 8 86 413,
Postanschrift Postfach 120 360, Bonn 12
Wilfried Hasselmann, Min.

Nordrhein-Westfalen

Der Minister für Bundesangelegenheiten des Landes Nordrhein-Westfalen
Dahlmannstr. 2, 5300 Bonn 12, F 22 20 68, FS 8 86 850
Inge Donnepp, Min.

Rheinland-Pfalz

Der Bevollmächtigte des Landes Rheinland-Pfalz beim Bund
Schedestr. 1–3, 5300 Bonn 1, F 22 00 51-53, FS 8 86 801
Prof. Dr. Roman Herzog, StaSekr.

Saarland

Der Bevollmächtigte des Saarlandes beim Bund
Kurt-Schumacher-Str. 9, Postfach 120 307, 5300 Bonn 12, F 22 19 44/45, FS 8 86 553
Dr. Rainer Wicklmayr, Min.

Schleswig-Holstein

Der Bevollmächtigte des Landes Schleswig-Holstein beim Bund
Kurt-Schumacher-Str. 17/18, 5300 Bonn 12, F 22 20 54/57, FS 8 869 382 lvshd
Joachim Dorenburg, StaSekr.

STÄNDIGER VERTRETER DER BUNDESREPUBLIK DEUTSCHLAND IN DER DEUTSCHEN DEMOKRATISCHEN REPUBLIK

Hannoversche Straße 30, DDR–104 Berlin, F 2 82 52 61
Günter Gaus, StaSekr.

DIE BUNDESLÄNDER MIT IHREN PARLAMENTEN UND REGIERUNGEN

(Stand 15. 9. 1976)

Landeshauptstädte sind die angegebenen Regierungssitze. – Die Länderparlamente werden alle 4 (im Saarland u. Nordrhein-Westf. alle 5) Jahre neu gewählt, die Wahljahre differieren in den Bundesländern (Stand: jeweils die letzte Landtagswahl). Einwohnerzahl meist Ende 1975, Stadtstaaten 1. 4. 1976.

Baden-Württemberg (Fläche: 35 751,33 qkm, Einw.: 9153 T = 256 Einw. je qkm)

Der Landtag von Baden-Württemberg Präsident: Erich Ganzenmüller, CDU Mitglieder: 121 (davon 1 Überhangmandat) Verteilung d. Sitze: CDU 71 – SPD 41 – F.D.P./DVP 9 Letzte Landtagswahl 4. 4. 1976, nächste Wahl 1980	Haus des Landtags Konrad-Adenauer-Str. 3, 7000 Stuttgart F 2 19 41, FS 7 22 341
2. Die Regierung des Landes Baden-Württemberg Ministerpräsident Dr. Hans Filbinger, CDU	Richard-Wagner-Str. 15, St.-1 F 2 15 31, FS 723 711
Innenminister Karl Schiess, CDU	Dorotheenstr. 6, St.-1 F 2 07 21, FS 7 22 005
Kultusminister Stellv. d. Ministerpräsidenten Prof. Dr. Wilhelm Hahn, CDU	Schloßplatz (Neues Schloß) St.-1 F 2 19 31, FS 7 23 931
Justizminister Dr. Traugott Bender, CDU	Schillerplatz 4, St.-1 F 2 19 31, FS 7 23 931
Finanzminister Robert Gleichauf, CDU	Schloßplatz (Neues Schloß), St.-1 F 2 19 31, FS 7 23 931
Minister für Wirtschaft, Mittelstand und Verkehr Dr. Rudolf Eberle, CDU	Theodor-Heuss-Str. 4, St.-1 F 20 11, FS 7 23 931
Minister für Ernährung, Landwirtschaft und Umwelt Gerhard Weiser, CDU	Marienstr. 41, St.-1 F 6 67 61, FS 7 21 608

Minister für Arbeit, Gesundheit und Sozialordnung Annemarie Griesinger, CDU	Rotebühlpl. 30, St.-1 F 6 67 31, FS 7 22 548
Minister für Bundesangelegenheiten Eduard Adorno, CDU	Schlegelstr. 2, 53 Bonn F 50 31, FS 8 86 874
Staatssekretär im Staatsministerium Dr. Gerhard Mahler	Richard-Wagner-Str. 15, St.-1 F 2 15 31
Staatssekretär im Ministerium für Ernährung, Landwirtschaft und Umwelt Erwin Teufel	Marienstr. 41, St.-1 F 6 67 61, FS 7 21 608

Bayern (Fläche: 70 546,92 qkm, Einw.: 10 810 T [31. 3. 1976] = 153,3 Einw. je qkm)

1. Bayerischer Landtag

Präsident: Rudolf Hanauer, CSU Mitglieder: 204 Verteilung der Sitze: CSU 132 – SPD 64 – F.D.P. 8 Letzte Landtagswahl 27. 10. 1974, nächste Wahl 1978	Maximilianeum, 8000 München 85, F 41 26–1, FS 5 29 015 byl d
2. Der Bayerische Senat Präsident: Hippolyt Frhr. Poschinger v. Frauenau Mitglieder: 60	Maximilianeum, M. 85 F 41 26-2 88
3. Die Bayerische Staatsregierung Ministerpräsident Dr. h. c. Alfons Goppel, CSU	Prinzregentenstr. 7, M. 22 F 2 16 51, FS 5 23 809, 5 24 345
Staatsminister der Finanzen Stellv. d. Ministerpräsidenten Dr. h. c. Ludwig Huber, CSU	Odeonsplatz 4, M. 22 F 2 30 61, FS 5 23 509
Staatsminister des Innern Dr. Bruno Merk, CSU	Odeonsplatz 3, M. 22 F 2 19 21, FS 5 24 540
Staatsminister der Justiz Dr. Karl Hillermeier, CSU	Elisenstr. 1a, M. 2 F 5 59 71, FS 5 23 674
Staatsminister für Unterricht und Kultus Prof. Dr. Hans Maier, CSU	Salvatorplatz 2, M. 2 F 2 18 61, FS 5 29 789
Staatsminister für Wirtschaft und Verkehr Anton Jaumann, CSU	Prinzregentenstr. 28, M. 22 F 2 16 21, FS 5 23 759 Postanschr.: Postfach, M. 22
Staatsminister für Ernährung, Landwirtschaft und Forsten Dr. Hans Eisenmann, CSU	Ludwigstr. 2, M. 22 F 2 18 21, FS 5 23 830
Staatsminister für Arbeit und Sozialordnung Dr. Fritz Pirkl, CSU	Winzererstr. 9, M. 40 F 1 25 31, FS 5 23 654
Staatsminister für Landesentwicklung und Umweltfragen Max Streibl, CSU	Rosenkavalierplatz 2, M. 81 F 92 14 22 04, FS 5 24 295
Staatsminister für Bundesangelegenheiten und Bevollmächtigter des Freistaates Bayern beim Bund Dr. Franz Heubl, CSU	Prinzregentenstr. 7, M. 22 F 2 16 51, FS 5 23 809

(Mitglieder der Regierung sind auch die Staatssekretäre)

Berlin (West) (Fläche: 480,07 qkm, Einw.: 1984,84 T [31. 12. 1975; nach verwaltungsinterner Schätzung liegt die tatsächliche Wohnbevölkerung um 102 000 Personen höher] = 4134 Einw. je qkm)

1. Abgeordnetenhaus von Berlin Präsident: Peter Lorenz, CDU Mitglieder: 147 Verteilung der Sitze: CDU 69 – SPD 67 – F.D.P. 11 Letzte Wahl am 2. 3. 1975, nächste Wahl im März 1979	 Rathaus, 1000 Berlin 62 F 78 31 FS 1 83 798/3 799
2. Senat von Berlin Regierender Bürgermeister Dr. h. c. Klaus Schütz, SPD	John-F.-Kennedy-Platz (Rathaus), B 62 F 78 81, FS 1 83 798
Bürgermeister Wolfgang Lüder, F.D.P.	John-F.-Kennedy-Platz, B 62 F 78 31, FS 1 83 798
Senator für Justiz Prof. Dr. Jürgen Baumann, F.D.P.	Salzburger Str. 21–25, B 62 F 78 31, FS 1 83 798
Senator für Bundesangelegenheiten Dietrich Stobbe, SPD	John-F.-Kennedv-Platz, B 62 F 7 83 32 02/39 93, FS 1 83 798
Senator für Inneres Kurt Neubauer, SPD	Fehrbelliner Platz 2, B 31 F 87 05 91, FS 1 83 798
Senator für Wissenschaft und Kunst Gerd Löffler, SPD	Bredtschneiderstr. 5–8, B 19 F 3 03 21, FS 1 83 798
Senator für Schulwesen Walter Rasch, F.D.P.	Bredtschneiderstr. 5–8, B 19 F 3 03 21, FS 1 83 798
Senator für Arbeit und Soziales Horst Korber, SPD	An d. Urania 4–10, B 30 F 2 12 21, FS 1 83 798
Senator für Bau- und Wohnungswesen Harry Ristock, SPD	Württembergische Str. 6–10, B 31 F 87 05 91, FS 1 83 798
Senator für Wirtschaft Wolfgang Lüder, F.D.P.	Martin-Luther-Str. 105, B 62 F 78 31, FS 1 83 798
Senator für Finanzen Dr. Klaus Riebschläger, SPD	Nürnberger Str. 53–55, B 30 F 24 01 11, FS 1 83 798
Senator für Familie, Jugend und Sport Hilde Reichel, SPD	Am Karlsbad 8–10, B 30 F 2 60 41, FS 1 83 798
Senator für Gesundheit und Umweltschutz Erich Pätzold, SPD	An d. Urania 12, B 30 F 2 12 21, FS 1 83 798

Freie Hansestadt Bremen (Fläche: 403,77 qkm, Einw. [XII/75]: 717 T = 1775 Einw. je qkm)

1. Bremische Bürgerschaft (Landtag) Präsident: Dr. Dieter Klink, SPD Mitglieder: 100 Verteilung der Sitze: SPD 62 – CDU 35 – F.D.P. 13 Letzte Bürgerschaftswahl am 28. 9. 1975, nächste Wahl 1979	 Haus der Bürgerschaft 2800 Bremen F 3 61 49 91, FS 2 44 804
2. Der Senat der Freien Hansestadt Bremen Präsident des Senats Bürgermeister Hans Koschnick, SPD	 Rathaus, B. F 36 11, FS 2 44 804
Stellvertreter: Bürgermeister Dr. Walter Franke, SPD	Rathaus, B. F 36 11, FS 2 44 804
Senator für Inneres Helmut Fröhlich, SPD	Contrescarpe 22/24, B. F 36 21, 93 83 40 FS 2 44 804, 2 44 593

Senator für Finanzen Karl-Hainz Jantzen, SPD	Haus des Reichs Contrescarpe, B. F 36 11, FS 2 44 804
Senator für Wissenschaft und Kunst Horst Werner Franke, SPD	Katharinenstr. 12–14, B. F 36 11, FS 2 44 804
Senator für Bildung Moritz Thape, SPD	Rembertiring 8–12, B. F 36 11, FS 2 44 593
Senator für Soziales, Jugend und Sport Bürgermeister Dr. Walter Franke, SPD	Bahnhofplatz 29, B. F 36 11, FS 2 44 804
Senator für das Bauwesen Hans Stefan Seifriz, SPD	Börsenhof A, Am Dom 5a, B. F 36 11, FS 2 44 804, 2 44 593
Senator für Wirtschaft und Außenhandel Dieter Tiedemann, SPD	Bahnhofplatz 29, B. F 36 11, FS 2 44 804
Senator für Häfen, Schiffahrt und Verkehr Oswald Brinkmann, SPD	Kirchenstr. 4/5a, B. F 36 11, FS 2 44 804
Senator für Arbeit Bürgermeister Dr. Walter Franke, SPD	Contrescarpe 73, B. F 36 11, FS 2 44 804
Senator für Gesundheit und Umweltschutz Herbert Brückner, SPD	Bahnhofplatz 29, B. F 36 11, FS 2 44 804, 2 44 593
Senator für Rechtspflege und Strafvollzug Wolfgang Kahrs, SPD	Richtweg 16–22, B. F 36 11, FS 2 44 804, 2 44 593
Senator für Bundesangelegenheiten Karl Willms, SPD	Schaumburg-Lippe-Str. 7–9, 5300 Bonn F 63 81 85, FS 8 86 883

Freie und Hansestadt Hamburg (Fläche: 753,15 qkm, Einw. [XI/1975]: 1717 T = 2284 Einw. je qkm)

1. Bürgerschaft der Freien und Hansestadt Hamburg Präsident: Herbert Dau, SPD Mitglieder: 120 Verteilung der Sitze: SPD 56 – CDU 51 – FDP 13 Letzte Bürgerschaftswahl am 3. 3. 1974, nächste Wahl im Mai 1978	Rathaus (Postfach 100 902) 2000 Hamburg 1 F 36 81-1, FS 2 12 121
2. Der Senat der Freien und Hansestadt Hamburg Präsident des Senats:	Rathaus, H. 1 F 36 81-1, FS 2 12 121
Erster Bürgermeister: Hans-Ulrich Klose, SPD Senatskanzlei, Staatsarchiv, Senatsamt für den Verwaltungsdienst	Rathaus, H. 1 F 36 81-20 11/12, FS 2 12 121
Zweiter Bürgermeister: Prof. Dr. Dieter Biallas, F.D.P.	Rathaus, H. 1 F 36 81-22 41/42, FS 2 12 121
Behörde für Wissenschaft und Kunst Senator Prof. Dr. Dieter Biallas, F.D.P.	Hamburger Str. 45, H. 76 F 2 91 88–27 00/01
Arbeits- und Sozialbehörde Senator Ernst Weiß, SPD	Hamburger Str. 47, H. 76 F 29 18 81–20 20/21, FS 2 12 121
Behörde für Wirtschaft, Verkehr und Landwirtschaft Senator Dr. Wilhelm Nölling, SPD	Alter Steinweg 4, H. 11 F 3 49 12–621/622, FS 2 11 100
Finanzbehörde Senator Dr. Hans-Joachim Seeler, SPD	Gänsemarkt 36, H. 36 F 35 98–411/412, FS 2 12 121

Behörde für Schule, Jugend und Berufsbildung Günter Apel, SPD	Hamburger Str. 31, H. 76 F 29 18 81–30 01/02, FS 2 12 121
Justizbehörde Senator Prof. Dr. Ulrich Klug, F.D.P.	Drehbahn 36, H. 36 F 3 41 09–600/601, FS 2 12 121
Baubehörde Senator Dr. Rolf Bialas, F.D.P.	Stadthausbrücke 8, H. 36 F 3 49 13–30 02/30 03
Gesundheitsbehörde Senatorin Helga Elstner, SPD	Tesdorpfstr. 8, H. 13 F 4 41 95–330/331
Behörde für Inneres Senator Werner Staak, SPD	Johanniswall 4, H. 1 F 2 48 25–800/500, FS 2 14 578
Der Bevollmächtigte der Freien und Hansestadt Hamburg beim Bund Senator Jürgen Steinert, SPD	Rathaus, H. 1 F 36 81–20 26/20 27, FS 2 12 121

Hessen (Fläche: 21 111,78 qkm, Einw.: 5550 T = 263,0 Einw. je qkm)

1. Hessischer Landtag Präsident: Dr. Hans Wagner, CDU Mitglieder: 110 Verteilung der Sitze: CDU 53 – SPD 49 – F.D.P. 8 Letzte Landtagswahl am 27. 10. 1974, nächste Wahl im Herbst 1978	Schloßplatz 1, 6200 Wiesbaden F 35 01, FS 4 186 222
2. Die Landesregierung in Hessen Hessischer Ministerpräsident Albert Osswald, SPD	Bierstadter Str. 2, W. F 3 21, FS 4 186 693
Hess. Minister des Innern Hanns-Heinz Bielefeld, F.D.P.	Friedrich-Ebert-Allee 12, W. F 35 31, FS 4 186 814
Hess. Minister der Finanzen Heribert Reitz, SPD	Friedrich-Ebert-Allee 8, W. F 3 21, FS 4 186 814
Hess. Minister der Justiz Dr. Herbert Günther, SPD	Luisenstr. 13, W. F 3 21, FS 4 186 814
Hess. Kultusminister Hans Krollmann, SPD	Luisenplatz 10, W. F 36 81, FS 4 186 814
Hess. Minister für Wirtschaft und Technik Heinz Herbert Karry, F.D.P.	Kaiser-Friedrich-Ring 75, W. F 81 51, FS 4 186 817
Hess. Sozialminister Dr. Horst Schmidt, SPD	Adolfsallee 53, 59, W. F 81 51, FS 4 186 817
Hess. Minister für Landwirtschaft u. Umwelt Willi Görlach, SPD	Hölderlinstr. 1–3, W. F 81 51, FS 4 186 814
Der Bevollmächtigte des Landes Hessen beim Bund Dr. Herbert Günther, Min., SPD	Luisenstr. 13, W. F 3 21, FS 9 23 765

Niedersachsen (Fläche: 47 426,08 qkm, Einw.: 7 239 T = 150,6 Einw. je qkm)

1. Der Niedersächsische Landtag Präsident: Heinz Müller, CDU Mitglieder: 155 Verteilung der Sitze: CDU 77 – SPD 67 – F.D.P. 11 Letzte Landtagswahl am 9. 6. 1974, nächste Wahl 1978	Hinrich-Wilhelm-Kopf-Pl. 1, 3000 Hannover F 32 66 51

2. Die Niedersächsische Landesregierung	
Der Niedersächsische Ministerpräsident Dr. Ernst Albrecht	Staatskanzlei, Planckstr. 2, H. F 19 01, FS 9 22 765
Der Niedersächsische Minister des Innern Gustav Bosselmann, CDU	Lavesallee 6, H. F 19 01, FS 9 22 795
Der Niedersächsische Minister der Finanzen Walther Leisler Kiep, CDU	Schiffgraben 10, H. F 19 01, FS 9 22 800
Der Niedersächsische Sozialminister Hermann Schnipkoweit, CDU	Hinrich-Wilhelm-Kopf-Platz 2, H. F 19 01, FS 9 22 475
Der Niedersächsische Kultusminister Dr. Werner Remmers, CDU	Schiffgraben 12, H. F 19 01, FS 9 22 800
Der Niedersächsische Minister für Wissenschaft und Kunst m. d. W. d. G. b.: Dr. Werner Remmers, CDU	Schiffgraben 12, H. F 19 01, FS 9 22 800
Der Niedersächsische Minister für Wirtschaft und Verkehr m. d. W. d. G. b.: Walther Leisler Kiep, CDU	Friedrichswall 1, H. F 19 01, FS 9 23 530
Der Niedersächsische Minister für Ernährung, Landwirtschaft und Forsten Gerhard Glup, CDU	Calenberger Str. 2, H. F 19 01, FS 9 22 709
Der Niedersächsische Minister der Justiz Hans Puvogel, CDU	Am Waterlooplatz 1, H. F 19 01, FS 9 23 765
Der Niedersächsische Minister für Bundesangelegenheiten Wilfried Hasselmann, CDU	Calenberger Str. 2, H. F 19 01, FS 9 22 709

Nordrhein-Westfalen (Fläche: 34 056,52 qkm, Einw.: 17 130 T = 503,8 Einw. je qkm)

1. Der Landtag Nordrhein-Westfalen Präsident: Dr. Wilhelm Lenz, CDU Mitglieder: 200 Verteilung der Sitze: CDU 95 – SPD 91 – F.D.P. 14 Letzte Landtagswahl am 4. Mai 1975, nächste Wahl im Frühjahr 1980	Ständehausstraße 1, 4000 Düsseldorf F 88 41
2. Die Landesregierung Nordrhein-Westfalen	
Ministerpräsident Heinz Kühn, SPD	Staatskanzlei, Mannesmann-Ufer 1a, D. F 83 71, FS 8 581 894
Minister für Wirtschaft, Mittelstand und Verkehr und stellv. Ministerpräsident Dr. Horst-Ludwig Riemer, F.D.P.	Haroldstr. 4, D. F 8 30 21, FS 8 582 728
Innenminister Dr. Burkhard Hirsch, F.D.P.	Elisabethstr. 5, D. F 87 11, FS 8 582 749
Finanzminister Prof. Dr. Friedrich Halstenberg, SPD	Jägerhofstr. 6, D. F 4 49 21, FS 8 584 739
Justizminister Dr. Diether Posser, SPD	Martin-Luther-Platz 40, D. F 8 79 21, FS 8 581 930
Kultusminister Jürgen Girgensohn, SPD	Völklingerstr. 49, D. F 3 03 51, FS 8 582 749
Minister für Wissenschaft und Forschung Johannes Rau, SPD	Völklingerstr. 49, D. F 3 03 21, FS 8 582 967

Minister für Arbeit, Gesundheit und Soziales Prof. Dr. Friedhelm Farthmann, SPD	Horionplatz 1, D. F 83 51, FS 8 582 192
Minister für Ernährung, Landwirtschaft und Forsten Diether Deneke, SPD	Roßstr. 135, D. F 4 56 31, FS 8 584 965
Minister für Bundesangelegenheiten Inge Donnepp, SPD, Min.	Dahlmannstr. 2, 5300 Bonn 1 F 22 20 68, FS 8 86 850

Rheinland-Pfalz (Fläche: 19 835,06 qkm, Einw.: 3 666 T = 185,1 Einw. je qkm)

1. Der Landtag Rheinland-Pfalz Präsident: Albrecht Martin, CDU Mitglieder: 100 Verteilung der Sitze: CDU 55 – SPD 40 – F.D.P. 5 Letzte Landtagswahl am 9. 3. 1975, nächste Wahl im Frühjahr 1979	Deutschhauspl. 12, 6500 Mainz F 10 81
2. Die Landesregierung Rheinland-Pfalz Ministerpräsident Dr. Helmut Kohl, CDU	 Staatskanzlei, Rheinstr. 113, M. F 1 61, FS 4 187 852
Minister des Innern Staatsminister Heinz Schwarz, CDU	Schillerplatz 3–5, M. F 1 61, FS 4 187 852
Minister der Justiz Staatsminister Otto Theisen, CDU	Ernst-Ludwig-Str. 3, M. F 14 11, FS 4 187 852
Minister der Finanzen Staatsminister Dipl.-Kfm. Johann Wilhelm Gaddum, CDU	Kaiser-Friedrich-Str. 1, M. F 1 61, FS 4 187 852
Kultusminister Staatsminister Dr. Bernhard Vogel, CDU	Bellipiatz, M. F 1 61, FS 4 187 656
Minister für Wirtschaft und Verkehr Staatsminister Heinrich Holkenbrink, CDU	Bauhofstr. 4, M. F 1 61, FS 4 187 852
Minister für Landwirtschaft, Weinbau u. Umweltschutz und stellv. Ministerpräsident Staatsminister Otto Meyer, CDU	Große Bleiche 55, M. F 1 61, FS 4 187 852
Minister für Soziales, Gesundheit und Sport Staatsminister Dr. Heiner Geißler, CDU	Bauhofstr. 4, M. F 1 61, FS 4 187 852
Der Bevollmächtigte des Landes Rheinland-Pfalz beim Bund Prof. Dr. Roman Herzog, Staatssekretär	Schedestr. 1–3, 5300 Bonn 1 F 22 00 51/53, FS 886 801

Saarland (Fläche: 2 568,50 qkm, Einw.: 1 096 T = 426,4 Einw. je qkm)

1. Der Landtag des Saarlandes Präsident: Ludwig Schnur, CDU Mitglieder: 50 Verteilung der Sitze: CDU 25 – SPD 22 – F.D.P. 3 Letzte Landtagswahl am 4. 5. 1975, nächste Wahl Frühjahr 1980	 Hindenburgstr. 7, 6600 Saarbrücken 1 F 50 02-1, FS 4 421 120
2. Die Regierung des Saarlandes (amtierend) Ministerpräsident Dr. Franz Josef Röder, CDU	 Am Ludwigsplatz 14, S. 1 F 59 47, FS 4 421 371

Minister des Innern Alfred Wilhelm, CDU	Hindenburgstr. 21, S. 1 F 59 29, FS 4 421 399
Minister der Finanzen Prof. Dr. Konrad Schön, CDU	Am Stadtgraben 6–8, S. 3 F 30 00-1
Minister für Rechtspflege und Bevollmächtigter des Saarlandes beim Bund Dr. Rainer Wicklmayr, CDU	Zähringerstr. 12, S. 1 F 59 56
Minister für Kultus, Bildung und Sport Werner Scherer, CDU	Saaruferstr. 30–32, S. 1 F 5 03-1
Minister für Familie, Gesundheit und Sozialordnung Frau Rita Waschbüsch, CDU	Hindenburgstr. 23, S. 1 F 59 29, FS 4 421 391
Minister für Wirtschaft, Verkehr und Landwirtschaft Dr. Erwin Sinnwell, CDU	Hardenbergstr. 8, S. 1 F 5 01-1, FS 4 421 411
Minister für Umwelt, Raumordnung und Bauwesen Günther Schacht, CDU	Hardenbergstr. 8, S. 1 F 50 11, FS 4 421 411

Schleswig-Holstein (Fläche: 15 677,88 qkm, Einw.: 2 582 T = 164,6 Einw. je qkm)

1. Schleswig-Holsteinischer Landtag Präsident: Dr. Helmut Lemke, CDU Mitglieder: 73 Verteilung der Sitze: CDU 37 – SPD 30 – F.D.P. 5 – SSW 1 Letzte Landtagswahl am 13. 4. 1975, nächste Wahl im Frühjahr 1979	Landeshaus Düsternbrooker Weg 70/90, K. 2300 Kiel F 59 61, FS 2 92 633
2. Die Landesregierung Schleswig-Holstein Ministerpräsident Dr. Gerhard Stoltenberg, CDU	Landeshaus Düsternbrooker Weg 70/90, K. F 59 61, FS 2 99 871
Innenminister Rudolf Titzck, CDU	Düsternbrooker Weg 70/90, K. F 59 61, FS 2 99 871
Finanzminister Gerd Lausen, CDU	Düsternbrooker Weg 64/68, K. F 59 61, FS 2 99 871
Minister für Ernährung, Landwirtschaft und Forsten Günter Flessner, CDU	Düsternbrooker Weg 104/108, K. F 59 61, FS 2 99 871
Minister für Wirtschaft und Verkehr Dr. Jürgen Westphal, CDU	Düsternbrooker Weg 94/100, K. F 59 61, FS 2 99 871
Kultusminister Prof. Dr. Walter Braun, CDU	Düsternbrooker Weg 64/68, K. F 59 61, FS 2 99 823
Justizminister Dr. Henning Schwarz, CDU	Lorentzendamm 35, K. F 59 61, FS 2 99 871
Sozialminister Karl Eduard Claussen, CDU	Brunswiker Str. 16/22, K. F 59 61, FS 2 99 871

Sekretariat der Ständigen Konferenz der Kultusminister der Länder der Bundesrepublik Deutschland	Nassestraße 8, Postfach 2240 5300 Bonn F 501-1, FS 8 86 587

Vergleich der Bundesländer

a) *Anteile am Bundesgebiet*[1]) *in %*

Land	*Fläche*	*Einwohner*	*Bruttoinlandsprodukt 1974*	*Export*	*Zunahme des Bruttoinlandsprodukts*[2]) *1960/74 in %*
Hamburg	0,3	2,8	4,9	3	+ 8,2
Bremen	0,2	1,2	1,5	1	+ 8,2
Schleswig-Holstein	6,3	4,2	3,5	2	+ 9,5
Niedersachsen	19,1	11,7	9,8	10	+ 8,4
Bayern	28,3	17,5	16,3	13	+ 9,5
Rheinland-Pfalz	8,0	5,9	5,6	6	+ 9,7
Nordrhein-Westfalen	13,7	27,7	28,8	35	+ 8,4
Hessen	8,5	9,0	9,2	8	+ 9,5
Baden-Württemberg	14,4	14,9	15,1	17	+ 9,4
Saarland	1,0	1,8	1,6	2	+ 7,8
Berlin (West)	0,2	3,3	3,7	2	+ 8,1
Bundesgebiet (einschl. Berlin/West)	100,0		100,0	100,0[3])	+ 8,9

[1]) Nach Statistisches Bundesamt u. «Commerzbank»
[2]) durchschnittliche jährliche Zunahme des Bruttoinlandsprodukts (nominal)
[3]) Ohne nicht ermittelte Herstellungsländer und Waren ausländischen Ursprungs

b) *Personalausgaben 1974*

	in DM je Einwohner	*Anteil an den Gesamtausgaben in %*
Schleswig-Holstein	855	40,5
Niedersachsen	811	40,4
Nordrhein-Westfalen	618	37,0
Hessen	852	40,6
Rheinland-Pfalz	846	41,8
Baden-Württemberg	812	41,2
Bayern	758	40,6
Saarland	961	46,3
Hamburg	2013	44,1
Bremen	1450	28,0
Berlin (West)	2115	37,4

(Nach Angaben d. »Bundes der Steuerzahler«)

POLITISCHE PARTEIEN

(Nicht im Bundestag vertretene Parteien erreichten weder drei Direktmandate noch 5 % der Zweitstimmen)

I. Im Bundestag der 7. Wahlperiode vertretene Parteien:
Personen, F u. FS, Stand 15. 9. 1976 (Angaben ohne Ministerämter usw.)

Sozialdemokratische Partei Deutschlands (SPD)
Vors.: Dr. h. c. Willy Brandt
Stellv. Vors.: Hans Koschnick, Sen. Pr.
Helmut Schmidt, MdB
Schatzmeister: Wilhelm Dröscher
BGF: Holger Börner, MdB
(Mitgliederzahl: Mitte 1975 rund 980 000, davon etwa 19 % Frauen)

Erich-Ollenhauer-Haus,
Ollenhauerstr. 1, Postfach 651
5300 Bonn 1
F 53 21, FS 8 86 306

Christlich-Demokratische Union Deutschlands (CDU)
Ehrenvors.: Prof. Dr. Dr. h. c. Ludwig Erhard, MdB,
und Dr. h. c. Kurt Georg Kiesinger, MdB
Vors.: Dr. Helmut Kohl, MdL
Stellv. Vors.: Hans Filbinger, MdL, Hans Katzer, MdB,
Heinrich Köppler, MdL, Dr. Gerh. Stoltenberg, MdL,
Dr. Helga Wex, MdB
Generalsekretär: Prof. Dr. Kurt Biedenkopf
Bundesschatzmeister: Walther Leisler Kiep
BGF: Dipl.-Volkswirt Karl-Heinz Bilke
(Mitgliederzahl: am 31. 7. 1976 618 964, etwa 19 % Frauen)

Friedrich-Ebert-Allee 73–75,
Konrad-Adenauer-Haus,
5300 Bonn
F 54 41, FS 8 86 804

Christlich-Soziale Union in Bayern (CSU)
Lds.-Vors.: Dr. h. c. Franz Josef Strauß, MdB
Stellv. Lds.-Vors.: Dr. Franz Heubl, MdL,
Dr. Werner Dollinger, MdB, Dr. Mathilde Berghofer-Weichner, MdL
Generalsekretär: Gerold Tandler, MdL
(Mitgliederzahl: Mitte 1976 141 000, dazu etwa 35 000 Mitgl. von Arbeitsgemeinschaften; rund 12 % Frauen)

Lazarettstr. 33,
8000 München 19
F 1 23-1, FS 22 278

Freie Demokratische Partei (F.D.P.)
Vors.: Hans-Dietrich Genscher, MdB
Stellvertreter: Wolfgang Mischnick, MdB
Dr. Hildegard Hamm-Brücher, MdL, Dr. Hans Friderichs
Schatzmeister Heinz Herbert Karry, MdL
BGF: MinDirig. a. D. Harald Hofmann
(Mitgliederzahl: 1976 über 72 000; rund 20 % Frauen)

Braunscheidstr. 15,
Friedrich-Naumann-Haus
5300 Bonn
F 54 71, FS 8 86 580

II. Politische Jugendgruppen der im Bundestag der 7. Wahlperiode vertretenen Parteien

Jungsozialisten in der SPD
Vors.: Heidemarie Wieczorek-Zeul
BGF: Hartmut Heß

Ollenhauerstr. 1, 5300 Bonn
F 53 21, FS 8 86 306

Junge Union Deutschlands
BVors.: Matthias Wissmann
BGF: Peter Helmes

Am Zuckerberg 79,
7140 Ludwigsburg

Junge Union Bayern Lds.-Vors.: Otto Wiesheu, MdL	Lazarettstr. 33/1, 8000 München 19 F 12 32 44
Deutsche Jungdemokraten – Liberaler Jugendbund e. V. – BVors.: Hanspeter Knirsch BGF: Rolf Saligmann	Reuterstr. 44, 5300 Bonn F 22 52 (21 09 52) Kemnaderstr. 4a, 4630 Bochum F 47 13 78

III. Sonstige Parteien und politische Gruppierungen

(Parteien, die auf Anfragen nicht geantwortet haben, wurden nicht aufgenommen)

Aktionsgemeinschaft Unabhängiger Deutscher/AUD BVors.: August Haußleiter	Josephspl. 4 (Postfach 200 103 b. Postamt München 2) 8000 München 40 F 37 40 40
BG-Stelle: G. Reincke (3000 Mitgl.)	Schweitzer-Str. 30, 7130 Mühlacker, Alb. F 66 07
Aktion Freies Deutschland (AFD) Vors.: Siegfried Schneidersmann (50 Mitgl.)	Finnentroper Str. 111, Postf. 472, 5952 Attendorn F 57 94
Aktionsgemeinschaft Vierte Partei (AVP) Vors.: Dietrich Bahner	Depotstr. 3, 8900 Augsburg F 35 664 – Nst. 43
Bayerische Staatspartei (BSP) Vors.: Arthur Kreuzer LG-Stelle (s. Europ. Föderalist. Partei)	Marschallstr. 4, 8400 Regensburg Auenstr. 52, 8000 München 5 F 54 675
Bayern-Partei (BP) Landesvors.: Rudolf Drasch (Mitgliederzahl etwa 20 000)	Adelheidstr. 27/V, 8000 München 40 F 37 48 48
Bund Freies Deutschland e. V. (BFD) Vors.: Prof. Dr. Ing. Max Pfender	Kurfürstenstr. 62, 1000 Berlin 15
Christlich-Bayerische Volkspartei – Bayerische Patriotenbewegung (CBV-BV) Vors.: René von Godin (Mitgliederzahl: rund 1400)	8000 München 40
Demokratische Frauenbewegung Deutschlands (DFD) Vors.: Sigrid Bude-Pflaumbaum	Albrecht-Dürer-Ring 16, 6710 Frankenthal F 30 92
Deutsche Arbeitspartei (DAP) Vors.: Otto Siemon	Lange Str. 40, 2040 Diopholz F 50 21
Deutsche Bürgerpartei (DBP) BVors.: Wilhelm Warnke	Friedrichsgrabenweg 317, 2000 Norderstedt
Deutsche Friedensunion (DFU) Direktorium: Arno Behrisch, Simon Peter Gerlach, Lorenz Knorr, Ingrid Kurz, Josef Weber, Heinrich Werner, Hilde Westphal (Schatzmeister) (Mitgliederzahl rund 12 400)	Venloer Str. 383, Postfach 300 360, 5000 Köln 30 F 54 45 00, 54 56 27, FS 88 81 956
Deutsche Kommunistische Partei (DKP) Vors.: Herbert Mies Stellv. Vors.: Hermann Gautier (Mitgliederzahl über 42 000)	Prinz-Georg-Str. 79, 4000 Düsseldorf F 48 10 01, FS 8 584 387

Deutsche Mittelstandspartei (DMP) Vors.: Walter Mody	Dorfstr. 38, 2241 Hollingstedt
Deutsche Partei (DP) BVors.: F. Thielen	Postfach 210 107, 2800 Bremen 21 F 64 20 55
Deutsche Volkspartei (DV) BVors.: Justus B. Bühlow	Rauenthaler Str. 5 6200 Wiesbaden F 4 57 20
Deutsche Volksunion (DVU)	Postf. 45, 8033 Planegg
Deutsche Zentrumspartei (Zentrum) Vors.: Gerhard Woitzik	Straberger Weg 12, 4047 Dormagen-Nievenheim
Europ. Föderalist. Partei (EFP) Generaldelegierter: Walter Spörri	CH 8934 Zürich-Kronau Bergli, F 99 05 62
Sektion Deutschland BVors.: Prof. Dr. Karl Hahn Gen. Sekr. D. Härthe (Mitgliederzahl einschl. d. als Landesverband Bayern d. EFP eingegl. Bayerischen Staatspartei/BSP 1976: über 7000)	 Prinz-Albert-Str. 1a, 5300 Bonn 1 F 63 89 199
Freie Wählergemeinschaft Deutschland (FWG) Vors.: Leon Speier (Mehrere hunderttausend Mitgl.)	Schwarzburgstr. 90, 6000 Frankfurt/M. F 55 32 26
Freisoziale Union (Demokratische Mitte/FSU) Vors.: Dr. Kurt Kessler Gen. Sekr. Ferdinand Böttger	Feldstr. 46, 2000 Hamburg 6 F 4 39 97 17
Gesamtdeutsche Partei (BHE) GFBVors.: Rudibert Schneider	In den Holzäckern 23, 3260 Rinteln/Weser F 55 47
Kommunistischer Bund Westdeutschland (KBW) Ständ. Ausschuß d. ZK: Hans-Gerhard Schmierer (Sekr.), Dieter Bock, Martin Fochler, Hans-Jörg Hager, Jürgen Klocke	Sandhoferstr. 29, 6800 Mannheim F 75 20 12/13
Kommunistische Partei Deutschlands/KPD Mitglieder d. Ständ. Ausschusses d. Politbüros d. ZK: Werner Heuler, Karlheinz Hutter, Jürgen Horlemann, Christian Semler (7000 Mitglieder u. Aktivisten)	Kamekestr. 19, 5000 Köln F 52 89 59
Kommunistische Partei Deutschlands/Marxisten Leninisten (KPD/ML) Vors.: Ernst Aust	Wellinghofener Str. 103, 4600 Dortmund-Hörde F 83 41 66
Liberalnationale Volkspartei Deutschlands (NLP)	Ratzelstr. 21, 8000 München F 43 39 91/92
Nationaldemokratische Partei Deutschlands (NPD) Bundesvors.: RA Martin Mußgnug (Mitgliederzahl über 15 000)	Rötestr. 4, Postfach 2881, 7000 Stuttgart 1 F 62 21 03
Niedersächsische Landespartei/Niederdeutsche Union (NLP-Niederdeutsche Union) BVors.: Willi Tietje	Trift 19, 3100 Celle F 73 16
Ostdeutsche Volkspartei (OVP) BVors.: Alois Bude	Albrecht-Dürer-Ring 16, 6710 Frankenthal F 30 92

Partei aller Deutschen BVors.: Fritz Rexhausen	Ehrenfeldgürtel 161, 5000 Köln 30
Partei Freier Bürger/PFB BVors.: Kurt Zielski	Friedrichrhodaerstr. 29, 2800 Bremen 1 F 44 62 80
Republikanische Partei (RP) BVors.: Günther Leyk	Friedrichstr. 29, 8000 München 40 F 34 64 37
Sozialistische Einheitspartei Westberlins (SEW) Vors.: Gerhard Danelius	Wilmersdorfer Str. 165, Aufg. II, 1000 Berlin 10 F 3 41 30 26
Sozial-Liberale Deutsche Partei (SLP) Vors.: Martin Pape	Allgäustr. 22, 7000 Stuttgart-Plieningen F 45 22 76
Südschleswigscher Wählerverband (SSW) LVors.: Gerhard Wehlitz (etwa 5000 Mitglieder)	Norderstr. 74/I, 2390 Flensburg F 1 74 21
Unabhängige Arbeiterpartei/Deutsche Sozialisten (UAP) 1. Vors.: Erhard Kliese ZB-GF: Ulrich Villmow	Bergmühle 5, Postfach 1751, 4300 Essen 11
Unabhängige Deutsche Frauenpartei (UDF) Else Muth-Lehmann	Griesstr. 18, 8100 Garmisch-Partenkirchen F 48 34

(Außerdem u. a. »Europ. Arbeiterpartei«/EAP, »Fünf-Prozent-Block-Partei«, »Gruppe Internationaler Marxisten« und »Vereinigte Linke«/VL)

Die bei Bundestagswahlen zugelassenen Parteien erhalten eine **Wahlkampfkostenpauschale** von 3,50 DM (vorher 2,50) je Wähler. 1974 beliefen sich (nach »Handelsblatt« v. 1. 12. 1975) die **Gesamteinnahmen d. Parteien**, einschl. Spenden, Beiträgen, Krediten usw., in Mill. DM u. a. wie folgt (davon Mitgl.-Beiträge): SPD 95,7 (44,1), CDU 88,6 (25,8), CSU 26,6 (3,1), F.D.P. 18,9 (2,8), DKP 11,4 (2,1), DFU 1973 2,2 und u. a. NPD 1973 1,5 (35,25 %). (Nach Angaben d. Innenministeriums von Nordrhein-Westfalen fließen der DKP m. nahestehenden Organisationen jährlich aus der DDR rund 30 Mill. DM zu, was von der DKP dementiert wird.)

Bibl. Hinweise: Flechtheim O. K.: Die Parteien der Bundesrepublik Deutschland, Hamburg 1975 – Rowold, M.: Im Schatten der Macht. Zur Oppositionsrolle der nichtetablierten Parteien in der Bundesrepublik, Düsseldorf 1974.

Zur Bundestagswahl vom 3. 10. 1976 zugelassene Parteien: außer den im 7. Bundestag vertretenen Parteien SPD, CDU, CSU, F.D.P. folgende: AUD – AVP – CBV/BV – DKP – EAP – KPD – NPD – REP – UAP – VBD (Volkssozialist. Bewegung Deutschlands) und VL (Vereinigte Linke) sowie Fünf-Prozent-Block-Partei und Gruppe Internat. Marxisten.

BUNDESHAUSHALT

Übersicht

über die Veränderungen zwischen den Ausgaben – Ist-Ergebnissen 1975 und dem Haushaltssoll 1976 (Nach »Bundesministerium der Finanzen«, Stand 10. 6. 1976)

Einzelplan	*Soll 1976 in Mill. DM*	*Istergebnis 1975 in Mill. DM*	*Veränderung in Mill. DM*	*in %*
01 Bundespräsident	12	11	+ 1	+ 9,1
02 Bundestag	241	224	+ 17	+ 7,6
03 Bundesrat	8	7	+ 1	+ 14,3
04 Bundeskanzler	320	300	+ 20	+ 6,7
05 Ausw. Amt	1 286	1 267	+ 19	+ 1,5
06 Inneres	2 300	2 213	+ 87	+ 3,9
07 Justiz	274	266	+ 8	+ 3,0
08 Finanzen	2 495	2 172	+ 323	+ 14,9
09 Wirtschaft	2 680	2 972	– 292	– 9,8
10 Ernährung	5 482	5 444	+ 38	+ 0,7
11 Arbeit	38 326	34 839	+3 487	+ 10,0
12 Verkehr	19 699	19 130	+ 569	+ 3,0
13 Post	298	106	+ 192	+181,1
14 Verteidigung	31 891	31 248	+ 643	+ 2,1
15 Jugend	14 503	14 568	– 65	– 0,4
19 BVerfG	8	8	–	–
20 B.Rechnungshof	31	29	+ 2	+ 6,9
23 WZusArbeit	3 004	3 526	– 522	– 14,8
25 Raumordnung	3 688	3 981	– 293	– 7,4
27 Innerd. Bezieh.	384	527	– 143	– 27,1
30 Forschung	3 962	4 077	– 115	– 2,8
31 Bildung	3 909	3 784	+ 125	+ 3,3
32 Bundesschuld	8 404	5 848	+2 556	+ 43,7
33 Versorgung	7 612	7 654	– 42	+ 0,5
35 Verteid.-Lasten	939	932	+ 7	+ 0,8
36 Ziv.Verteidigung	547	565	– 18	+ 3,2
60 AllgFinVerw. ohne Zuführungen an Rücklagen	11 742	10 564	+1 178	+ 11,2
Summe Ausgaben nach volkswirtsch. Abgrenzung	164 047*	156 262	+7 785*	+ 5,0

*) Abweichungen in den Summen durch Runden der Zahlen

Die **Soziale Sicherung** steht im Haushaltsvoranschlag **1976** an erster Stelle; erst in großem Abstand folgen die Verteidigungsausgaben. An **Gesamtausgaben** für die soziale Sicherung sind **in Mill. DM** vorgesehen: 61 478 Mill., wovon auf die Einzelposten folgende Beträge entfallen: Kindergeld 21 700 – Kriegsopferversorgung 10 236 – Vermögensbildung 4100 – Arbeitsmarktpolitik und Arbeitsschutz 722 – Wiedergutmachungsleistungen 1272 – Zuschüsse an die Sozialversicherung 28 977. Der *Bundeshaushalt 1976* (am 20. 5. 1976 vom Bundestag, am 4. 6. vom Bundesrat gebilligt) wird nach dem Voranschlag mit einer Steigerung der Ausgaben gegenüber dem Vorjahr um rund 4 % als Sparhaushalt bezeichnet, eine Charakterisierung, die auch für den Haushaltsplan 1975 galt, der allerdings im Laufe des Jahres einschl. der nach der Verabschiedung nachträglich genehmigten Ausgaben zum Schluß um mehr als 21 % über den Ausgabenplanstand von 1974 hinausging. Der **Haushaltsplan von 1976 beginnt** demnach mit seiner geplanten Wachstumsrate **auf einem sehr hohen Niveau**.

Das *Nettodefizit des Bundeshaushaltes* belief sich 1971 auf 1,4, 1972 auf 4,2, 1973 auf 2,7, 1974 auf 9,5 und 1975 auf *36,4 Mrd. DM*; im 1. Hj. 1976 ergab sich ein Defizit von 17,93 Mrd. DM bei Gesamtausgaben von 79,45 Mrd. DM. Die *Kreditzinsen* des Bundes, die 1952 nur 1,1 % und 1970 2,9 % des Steueraufkommens ausmachten, verschlangen 1975 bereits mehr als 6 %. 1976 dürften sie nach der Finanzplanung des Bundes auf etwa 9 % ansteigen. Im 1. Hj. 1976 belief sich die Nettokreditaufnahme auf knapp 17 Mrd. DM. Nach dem Geschäftsbericht der »Deutschen Bundesbank« für 1975 nahm die Verschuldung der Gebietskörperschaften in den letzten Jahren folgende Entwicklung:

Der hohe Minussaldo für 1975 kam durch das geringe Wachsen der Einnahmen und durch ein weiteres starkes Steigen der Ausgaben zustande, und zwar nicht nur durch konjunkturelle Faktoren, sondern auch durch Maßnahmen wie die Steuer- und Kindergeldreform sowie durch die Liquiditätshilfen für die Bundesanstalt für Arbeit in Nürnberg. Die Gesamtverschuldung erreichte 1975 einen Anteil, der 24,9 % des Bruttosozialprodukts entsprach. *Je Einwohner* der Bundesrepublik kamen 1970 erst 2064, 1975 aber *4135 DM öffentliche Schulden*. – Nach dem Fünften Subventionsbericht der Bundesregierung beliefen sich **1975 die staatlichen Subventionen (nach Plan) insgesamt auf 50,46 Mrd. DM**, wovon 26,56 (darunter 1,76 Darlehen) Mrd. DM auf den Bund und 23,90 (1,09 Darlehen) Mrd. DM auf die Länder entfielen. Während das Haushaltsvolumen von Bund und Ländern von 1973 bis 1976 um rund 40 % gestiegen ist, erhöhten sich die Subventionen im gleichen Zeitraum nur um 20 %. Bis 1979 soll sich die Zunahme weiter verringern, namentlich in Auswirkung des Artikelgesetzes zur »Verbesserung der Haushaltsstruktur«. **Für 1976** sind **insgesamt 52,1 Mrd. DM** (Bund allein 27,3 Mrd. DM) **vorgesehen**, davon *Finanzhilfen* in Höhe von 20,1 (Bund allein 12,1) Mrd. DM und *Steuervergünstigungen* von 32,0 (Bund 15,2). Von den Finanzhilfen/Steuervergünstigungen insgesamt entfallen 1976 auf die *Landwirtschaft* 22 %/8 %, auf die *gewerbliche Wirtschaft* 15 %/26 %, auf das *Wohnungswesen* 28 %/10 %, auf die *Sparförderung* 29 %/13 %, auf den *Verkehr* 6 %/3 %, auf *freie Berufe* –/6 % und auf sonstige Vergünstigungen (z. B. Arbeitnehmer- und Weihnachtsfreibetrag, Kirchensteuerabzug) –/34 %. Von den eigentlichen Bundessubventionen (Finanzhilfen) entfällt auf die Landwirtschaft

Verschuldung der Gebietskörperschaften in Mrd. DM

(Differenzen der Summen durch Runden; 1975 z. T. geschätzt)

	Stand am Jahresende			*Veränderung im Jahr*		
	1973	1974	1975	1973	1974	1975
Bund	61,4	72,1	108,5	+ 6,1	+10,8	+36,4
Lastenausgleichsfonds	5,9	5,4	5,2	– 0,5	– 0,5	– 0,2
ERP-Sondervermögen	1,2	1,2	1,3	– 0,3	+ 0,0	+ 0,1
Länder	39,5	47,3	67,0	+ 2,5	+ 7,9	+19,7
Gemeinden	55,5	61,3	70,0	+ 7,0	+ 5,8	+ 8,7
Insgesamt	163,3	187,3	252,0	+14,8	+23,9	+64,7

– auch ohne die EG-Zuschüsse – ein weit größerer Teil als auf die gesamte gewerbliche Wirtschaft; lag der Anteil der Landwirtschaft bei den Finanzhilfen des Bundes früher z. T. bei rund 40 %, so ist er 1976 (Plan) auf 26 % gesunken.

Der **Bargeldumlauf** belief sich **am 31. 12. 1975** auf **60,6 Mrd. DM** (Ende 1960 21,8, Ende 1970 39,5 Mrd. DM, am 30. 6. 1976 61,86 Mrd. DM); davon entfielen 55,14 Mrd. DM auf Banknoten (u. a. 10,5 % zu 1000, 7,8 % zu 500 und 54,8 % zu 100 DM) und 5,41 Mrd. DM auf Münzen. – Die **Steuereinnahmen** beliefen sich **1975** im Monatsdurchschnitt auf 17 292,1 Mill. DM, wovon 10 001,0 auf den Bund, 6796,7 auf die Länder und der Rest auf EG-Anteile an Zöllen entfielen; die Lohnsteuer machte im Monatsdurchschnitt 5932,6, die veranlagte Einkommensteuer 2333,4 und die Umsatz- bzw. Mehrwertsteuer 2976,8 Mill. DM aus. Von den Bundessteuern entfielen u. a. im Monatsdurchschnitt in Mill. DM 1426,8 auf die Mineralöl-, 740,5 auf die Tabak-, 260,2 auf die Branntwein- und 105,5 auf die Kaffeesteuer, von den Landessteuern 441,9 auf die Kfz-, 106,2 auf die Bier-, 278,2 auf die Vermögen- und 44,2 auf die Erbschaftsteuer.

Die gesamten kassenmäßigen Steuereinnahmen von Bund und Ländern beliefen sich **1975** (1974) auf **207,5** (205,5) **Mrd. DM**. Lohn-, Einkommen- und Mehrwertsteuer erbrachten 1975 rund zwei Drittel des gesamten Steueraufkommens; der Rest entfiel auf über 40 weitere Steuern. Die ab 1. 1. 1975 wirksame *Steuer- und Kindergeldreform* ergab für die Steuerverpflichtungen eine Entlastung von 12,2 Mrd. DM. Von der Umsatzsteuer wurden 1974 1,59 Mill. umsatzsteuerpflichtige Unternehmen mit einem Jahresumsatz von mindestens 12 000 DM erfaßt. – Die *Steuereinnahmen der Gemeinden* beliefen sich 1975 auf 33,23 Mrd. DM, (davon 17,9 Mrd. DM Gewerbesteuern). – Im 1. Hj. 1976 lag der Zuwachs der Steuereinnahmen von Bund und Ländern um rund 9 % über dem entsprechenden Vorjahresergebnis.

Aufgrund **steuerlicher Betriebsprüfungen** haben die Finanzämter 1975 3,9 Mrd. DM eingenommen.

Das **Bruttosozialprodukt/BSP** erreichte **1975** (nach »Wirtschaft und Statistik« 1976/2) eine Höhe von **1 040 400** (1974 995 700) **Mill. DM**, nach Abschreibungen das Nettosozialprodukt zu Marktpreisen 914 300 (879 950) Mill. DM und – ein-

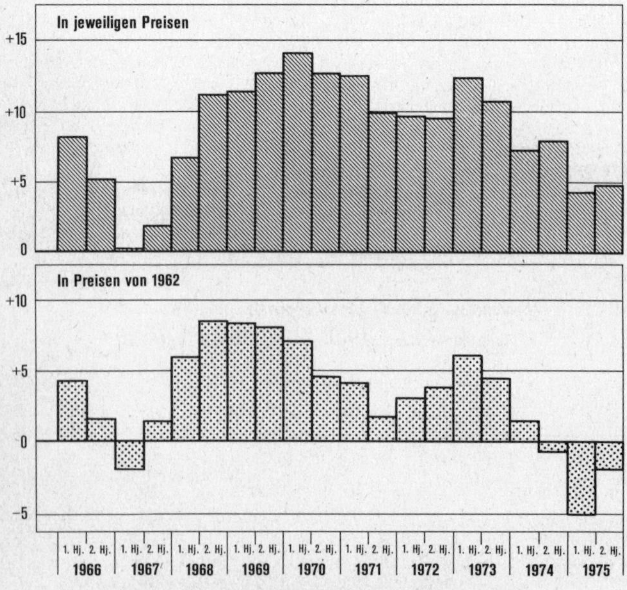

Entwicklung des Bruttosozialprodukts der BR Deutschland
Veränderung gegenüber dem entsprechenden Halbjahr des Vorjahres in %
(Nach »Wirtschaft und Statistik« 1976/2, hg. v. Statist. Bundesamt; modifiz.)

schl. der indirekten Steuern sowie abzüglich der Subventionen – das Nettosozialprodukt zu Faktorkosten 794 300 (765 190) Mill. DM; **in Preisen von 1962 gerechnet** belief sich das BSP **1975** (1974) auf **574 800** (595 000) **Mill. DM.** Nominal stieg das **BSP** 1975 gegenüber 1974 um 4,5 % (1974 + 7,4 %), **real sank es um 3,4 %** (1974 noch ein Wachstum von 0,4 %). Das *Bruttoinlandsprodukt* – d. h. die nur im Inland entstandene wirtschaftliche Leistung – nahm 1975 (nominal + 4,4 %, real – 3,5 %) eine ähnliche Entwicklung wie das BSP und erreichte eine Höhe von 1 042 160 (1974 998 360) Mill. DM. Die **Produktivität je Erwerbstätigenstunde hat sich 1975 um etwa 1,5 % erhöht.**

Der **Anteil der Land- und Forstwirtschaft** (m. Fischerei) **am BSP** belief sich wie im Vorjahr auf rund **2,7 %** (real etwa – 2 %), jener **des warenproduzierenden Gewerbes** (Industrie, Handwerk, dazu Baugewerbe, Energie) erreichte 47,8 % (1950 50,1 %; real – 6 %); die Anteile des tertiären Sektors erreichten folgende Prozentsätze: Handel und Verkehr 18,6 % (1974 17,8 %), eigentliche Dienstleistungen 17,3 % (16,3 %), Beiträge des Staates und der privaten Haushalte 13,6 % (13,1 %). – Nach Angaben des Bundeswirtschaftsministeriums haben **Bund und Länder während der Rezessionsphase** seit Anfang 1974 **durch Konjunkturprogramme in Höhe von 16,28 Mrd. DM** (Bund 10,21, Länder 6,07 Mrd. DM) **die wirtschaftliche Entwicklung** gestützt; dazu kommen noch die Leistungen aus der Steuer- und Kindergeldreform (s. oben).

Das *Bruttoeinkommen aus unselbständiger Arbeit* belief sich 1975 (1974) auf rund 570 (546) Mrd. DM, *aus Unternehmertätigkeit und Vermögen* auf 225 (218) Mrd. DM. – Die **Verwendung des BSP** ergab 1975 (1974) u. a. folgende Anteile: privater Verbrauch 55,5 (53,5 %), Staatsverbrauch 21,3 % (19,9 %), Anlageinvestitionen 21,1 % (22,5 %); der Staatsverbrauch stieg wieder stärker an als der private, die Investitionen waren weiterhin rückläufig.

Das **Volkseinkommen je Einwohner/je Erwerbstätigen** (prov. Angaben) nahm gegenüber dem Vorjahr 1975 (1974) um 4,2 %/7,2 % (7,0 %/9,2 %) auf 12 846/31 305 DM (12 331/29 189 DM) zu. Das *Nettoeinkommen aus Unternehmertätigkeit und Vermögen* erhöhte sich 1975 um 5,3 % (1974 + 1,1 %), die *Netto-Lohn- und Gehaltssumme je* durchschnittlich beschäftigten *Arbeitnehmer* um 7,2 % (1974 9,8 %) auf monatlich 1355 DM (1263 DM). – Der **Anteil am gesamten Bruttoeinkommen** belief sich beim Einkommen aus Unternehmertätigkeit und Vermögen/aus unselbständiger Arbeit 1967 auf 34,1 %/65,9 %, 1974 auf 28,6 %/71,4 % und 1975 auf 28,4 %/71,6% .

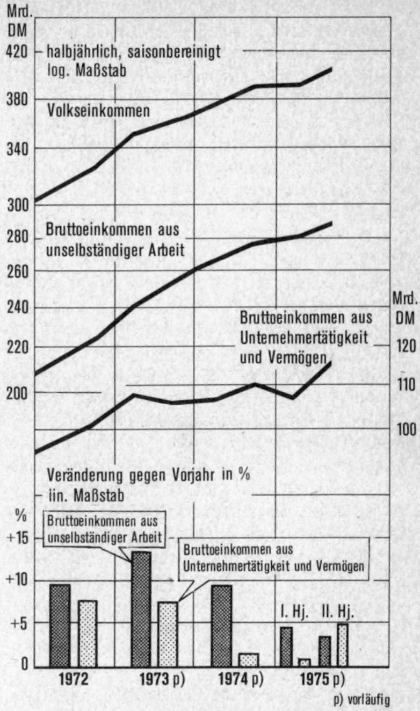

Zur Entwicklung d. Einkommen i. d. BR Deutschl.
(Nach »Monatsbericht der Deutschen Bundesbank«, März 1976)

Die **Bruttolöhne und Gehälter** beliefen sich 1975 auf 487 Mrd. DM, die Nettolöhne und Gehälter nach Abzug von 72,6 Mrd. DM an Lohnsteuern und 59,0 Mrd. DM an Sozialversicherungsbeiträgen auf 355,5 Mrd. DM, die öffentlichen Einkommensübertragungen auf 167 Mrd. DM (darunter Leistungen der Sozialversicherungen 110,7 Mrd. DM, Geldleistungen sonstiger öffentlicher Stellen auf 39,0 Mrd. DM und u. a. Beamtenpensionen netto auf 24,4 Mrd. DM), **die gesamten Masseneinkommen** damit auf 522,5 Mrd. DM; einschließlich der Privatentnahmen der Selbständigen und Einkommen der privaten Haushalte aus Vermögen von 173,2 Mrd. DM und abzüglich des Saldo der Übertragungen mit dem Ausland erreichte das **verfügbare Einkommen 1975 687,1 Mrd. DM**; davon entfielen auf den Verbrauch (nach »Monatsbericht der Deutschen Bundesbank«, März 1976) 577,7 Mrd. DM und auf die **Ersparnis 109,4** (1974 95,1) **Mrd. DM**, so daß die **Sparquote 15,9 %** (1974 15,1 %) betrug.

Der sogen. **»Staatsanteil« am BSP**, d. h. die Ausgaben von Bund, Ländern und Gemeinden sowie der Sozialversicherung am nominalen BSP, der 1970 erst 37,3 % ausmachte, erhöhte sich 1974 auf 43,1 % und (prov.) 1975 auf **47,5 %**; rund zwei Fünftel dieses Anteils gingen 1975 auf **Aufwendungen der Sozialversicherungen** zurück.

Die laufenden Übertragungen vom Staat an private Haushalte erhöhten sich 1975 um 24,5 % auf **174 180 Mill. DM**; es entfielen darunter (prov. Angaben) in Mill. DM auf Geldleistungen der Rentenversicherungen (einschl. landwirtsch. Alterskassen) 83 220, auf öffentliche Pensionen (nach Abzug der Lohnsteuer) 24 470, auf Kindergeld 14 660, auf Geldleistungen der Krankenversicherung 6170, auf Arbeitslosengeld (ohne Beitr. zur gesetzl. Krankenversicherung) 6150, auf Arbeitslosenhilfe u. Anschlußarbeitslosenhilfe (ohne Beitr. z. ges. Krankenversicherung) 760, auf Kurzarbeitergeld 2210 sowie u. a. auf Umschulungsbeihilfen (ohne Leistungen des Bundesausbildungsgesetzes u. ä.) 2470. **Empfänger von Sozialleistungen** waren 1975 in Mill.: begünst. Vermögenssparer 16,3 – Kinder 14,1 – Rentner 11,5 – Sozialmieter 6,1 – Kriegsopfer 2,3 – Sozialhilfe-Empf. 1,7 – Wohngeld-Empf. 1,6 – Unfallrentner 1,0 – Pensionäre 0,88 – Studenten u. Oberschüler 0,82 – Arbeitslose 0,82 – Kurzarbeiter 0,77 – alte Landwirte 0,62 – LAG-Empf. 0,37 – Umschüler 0,27 u. Lehrlinge 0,19.

Der **Anteil der einzelnen Bundesländer am Bruttoinlandsprodukt der Bundesrepublik** betrug (nach »Arbeit und Soziales« 1976/5, München) 1975 in %: Nordrhein-Westfalen 28,3 – Bayern 16,6 – Baden-Württemberg 15,2 – Niedersachsen 9,9 – Hessen 9,3 – Rheinland-Pfalz 5,5 – Hamburg 5,0 – Berlin (West) 3,7 – Schleswig-Holstein 3,5 – Saarland 1,6 – Bremen 1,5.

Nach Art. 107 des Grundgesetzes wird infolge der unterschiedlichen Wirtschafts- und Finanzkraft der Bundesländer ein angemessener **Ausgleich zwischen den leistungsschwachen und leistungsfähigen Ländern** sichergestellt. 1975 erhielten durch diesen Ausgleich Bayern, Bremen, Niedersachsen, Rheinland-Pfalz, das Saarland und Schleswig-Holstein (prov. Angaben) 1870 Mill. DM von den Ländern Baden-Württemberg, Hamburg, Hessen und Nordrhein-Westfalen.

1975 erfolgte ein **rascher Abbau der Überschußposition** im Leistungsverkehr mit dem Ausland; der Leistungsbilanzüberschuß ging von 25 136 Mill. DM 1974 auf 9193 Mill. DM 1975 zurück. Das ergab sich bes. durch den Rückgang des Überschusses der Bundesrepublik im Warenhandel, da infolge der Rezession in wichtigen Industrieländern die Importe sich verringerten, während in

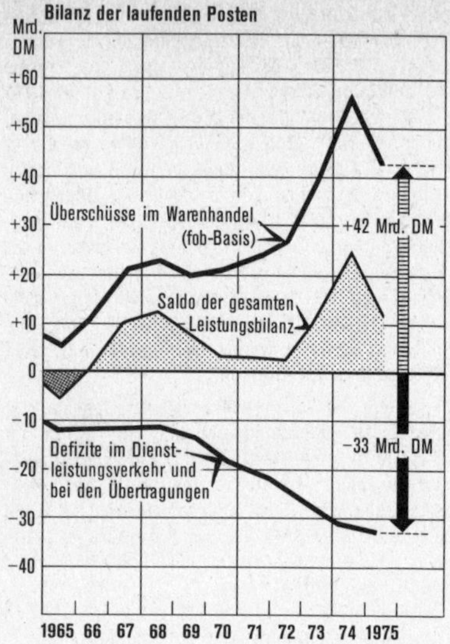

Leistungsbilanz der BR Deutschland
(Nach »Monatsbericht der deutschen Bundesbank« März 1976)

der Bundesrepublik die Einfuhren im Verlauf des Jahres wieder rascher zunahmen. **Im Dienstleistungsverkehr** wurde 1975 **ein Rekorddefizit** erreicht, nahm dieses doch einschl. der Fracht und Versicherungskosten für die Güterimporte um rund 1 Mrd. DM auf 33 Mrd. DM zu; während der Fehlbetrag im *Reiseverkehr* erneut um 1,5 Mrd. DM anstieg u. auch die *Überweisungen an die EG* um 1,8 Mrd. DM zunahmen, verringerte sich infolge der gesunkenen Öleinfuhr das Defizit der Transportbilanz und verminderten sich die Überweisungen der ausländischen Arbeiter an ihre Heimatländer durch Rückwanderung um 1,5 Mrd. DM auf rund 6,5 Mrd. DM. *Wiedergutmachungsleistungen* beliefen sich auf etwa 2 Mrd. DM. – Von **Jan.–Juli 1976** ergab sich **ein Überschuß in der Leistungsbilanz** von **4,5** (Jan.–Juli 1975 6,9) **Mrd. DM.**

Im **Patent-, Lizenz- und Urheberrechtsverkehr mit dem Ausland** ergaben sich **1975** (1974) Einnahmen von 796 (713) Mill. DM und Ausgaben von 2052 (1736) Mill. DM, damit ein **Defizit von 1036** (830) **Mill. DM**; 52 % der Ausgaben entfielen auf die USA, 20 % auf die Schweiz. Zum Vergleich: 1974 hatten die USA in ihrem gesamten Patent-

und Lizenzverkehr einen Überschuß von 9294 Mill. DM, die Schweiz von 2445 Mill. DM, Länder wie Japan (– 1622), Italien (– 986) und Frankreich (1973 – 720) dagegen große Defizite, u. a. auch Österreich mit 135 Mill. DM 1974. Im letzten Jahrzehnt hat die Bundesrepublik 8,27 Mrd. DM mehr für Patente, Lizenzen usw. an das Ausland ausgegeben als aus diesem eingenommen. – **Patentanmeldungen** in der BRD 1975 (1974) 60 095 (63 545).

Die **Währungsreserven der »Deutschen Bundesbank«** beliefen sich nach Abzug der Auslandsverbindlichkeiten Ende 1975 (1974) auf **72 745** (69 602) Mill. DM, darunter 14 002 (14 002) in Gold, 9309 (8055) Mill. DM Reserven im IWF (IMF) und SZR und 51 313 (49 747) Mill. DM Devisen, darunter 51 056 (49 513) Mill. in US-$. Mitte August 1976 erreichten die Netto-Währungsreserven einen Umfang von 78,7 Mrd. DM.

Die **Gesamtzahl der Erwerbstätigen nahm** nach dem Mikrozensus vom Mai 1975 gegenüber dem Mikrozensus vom April 1974 (nach »Wirtschaft u. Statistik« 1976/4) **um 3,3 % auf 25 960 000 ab** (Männer –3,8 % auf 16,32 Mill., Frauen –2,6 % auf 9,64 Mill.); einschl. der 918 000 Erwerbslosen (darunter 363 000 Frauen) war das verfügbare Angebot an Arbeitskräften mit 26 878 000 um 1,3 % niedriger als im Vorjahr. Die **Gesamterwerbsquote** belief sich im Mai 1975 auf **43,4 %** (April 1974 43,9 %). Die Zahl der Nichterwerbspersonen bezifferte sich im Mai 1975 auf 35 Millionen. Die Erwerbsquote der Frauen nahm von 31,1 % auf 30,9 % ab, die der verheirateten Frauen aber von 39,0 % auf 39,1 % zu. Die Erwerbsquote der Männer ging von 57,9 % auf 57,1 % zurück. – Von der Abnahme der Gesamtbeschäftigten zwischen April 1974 und Mai 1975 um 893 000 entfielen 596 000 auf das Verarbeitende Gewerbe und Baugewerbe. Zum Zeitpunkt des Mikrozensus vom Mai 1975 hatte jede zweite Frau ihre Erwerbstätigkeit unterbrochen, rund 3,4 Mill. Frauen waren nach einer Unterbrechung wieder erwerbstätig, überwiegend aus finanziellen Gründen. Von den am 30. 6. 1975 **beschäftigten 2 070 700 ausländischen Arbeitskräften** (30. 6. 1974 2 331 200) waren 1 250 800 im Verarbeitenden Gewerbe, 223 600 im Baugewerbe, 76 000 im Verkehr und (einschl. Kreditwesen und Versicherungen) 286 000 in sonstigen Dienstleistungen tätig.

Von der Gesamtzahl der Erwerbstätigen entfielen im Mai 1975 **in Tausend**: 1726 auf Land- und Forstwirtschaft u. Fischerei, **9561** auf das **Verarbeitende Gewerbe**, 1812 auf das Baugewerbe, 3106 auf den Handel und u. a. 1513 auf Verkehr und Nachrichtenübermittlung.

Von den Erwerbstätigen waren **im Mai 1975 11,14 Mill. Arbeiter, 8,98 Mill. Angestellte, 2,40 Mill. Selbständige und 1,30 Mill. mithelfende Familienangehörige**. Die **durchschnittlich geleistete Wochenarbeitszeit** fiel (nach dem Zensus der Berichtswoche vom 11.–17. 5. 1975) **erstmals** auf **unter 40 Stunden**, d. h. auf 39,8 Stunden (1974 40,6 Stunden).

In der Verwaltung von Bund und Ländern waren am 30. 6. 1975 **1,70 Mill. Vollbeschäftigte** tätig (gegenüber Mitte 1974 +2,2 %), davon 26,9 % an Schulen, 16,4 % in der Polit. Führung und zentralen Verwaltung, 11,6 % an Hochschulen, 10,7 % im Bereich der Öffentl. Sicherheit u. Ordnung, 10,4 % in der Verteidigung (ohne Soldaten) und u. a. 6,9 % im Rechtsschutz. **Insgesamt** waren **bei Bund, Ländern und Gemeinden** (einschl. rechtl. selbständig. Wirtschaftsunternehmen) sowie bei **Bundespost und Bundesbahn 3,46 Mill. vollbeschäftigte Beamte, Richter, Angestellte und Arbeiter** im unmittelbaren öffentl. Dienst tätig (gegenüber 30. 6. 1974 +1,2 %). (Von je 100 Erwerbstätigen sind nach »SZ« v. 13. 4. 1976 im Öffentlichen Dienst beschäftigt: Italien 12, Frankreich 12, Niederlande 13, BR Deutschland 13, Belgien 14, Großbritannien 18, Dänemark 24.) Die **Personalausgaben** der öffentlichen Haushalte, d. h. der Gebietskörperschaften **stiegen 1975 gegenüber dem Vorjahr um rund 9 %** auf (prov.) 117 Mrd. DM.

Nach dem Fünften Rahmenplan der Gemeinschaftsaufgabe **»Verbesserung der regionalen Wirtschaftsstruktur«** sollen **von 1976–1979 rund 600 000 neue und zu sichernde Arbeitsplätze** geschaffen werden, darunter neu/zu sichernd in Nordrhein-Westfalen 101 600/44 400 – Bayern 101 000/41 300 – Niedersachsen 84 000/18 000 – Rheinland-Pfalz 41 200/6000 – Schleswig-Holstein 34 400/21 000 – Saarland 25 000/25 000 – Hessen 24 000/16 800 – Baden-Württemberg 16 000/4000 – Bremen 3600/1200.

Die wirtschaftliche **Rezession von 1974/1975 brachte eine weit größere Arbeitslosigkeit als die Rezession von 1967**; die **Arbeitslosenquote** belief sich **im Januar des jeweiligen Jahres** in % wie folgt: 1066 0,7, **1967 2,1**, 1968 1,5, 1969 0,9, 1970 0,7, 1971 0,9, 1972 1,1, 1973 1,3, 1974 2,7, 1975 4,8 und **im Januar 1976 mit 1 351 000 Arbeitslosen** (darunter 149 900 Ausländer) auf eine Quote von **5,9 %**; dazu kamen 743 321 Kurzarbeiter. Es war somit **die höchste Arbeitslosigkeit seit 1959** (nach Angaben der »Bundesanstalt für Arbeit« in Nürnberg). **Vor 50 Jahren**, am **1. 1. 1926**, gab es im Deutschen Reich **1 485 931 Arbeitslose**, darunter **160 879 Frauen.**

Im Februar 1976 nahm erstmals seit September 1975 die Zahl der Arbeitslosen ab, eine Entwicklung, die sich aus saisonalen Gründen und im Zeichen der konjunkturellen Erholung in den folgenden Monaten fortsetzte, so daß **die Zahl der**

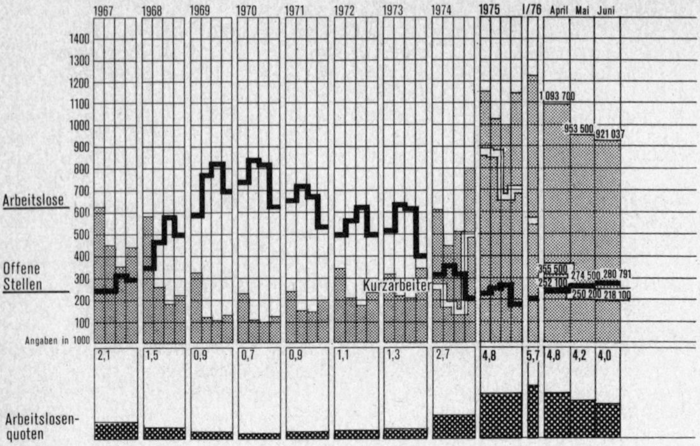

Entwicklung des Arbeitsmarktes in der BR Deutschland
(Nach »Süddeutsche Zeitung«; modifiz.)

Arbeitslosen im Mai 1976 zum erstenmal seit Dezember 1974 wieder unter die Millionengrenze sank, auf 953 500 (Quote 4,2 %, ausländische Arbeitslose Quote 4,6 %). Ende Juli 1976 gab es 944 609 Arbeitslose (Quote 4,1 %), 82 200 Kurzarbeiter und 276 243 offene Stellen. Die *Arbeitslosenquote* lag im Durchschnitt von 1975 *bei den Frauen höher als bei den Männern,* bei den Büroangestellten höher als bei den Arbeitern. **Besonders hoch war die Arbeitslosenquote bei den Jugendlichen** (im Frühjahr 1976 Anteil insgesamt 8–9 %) unter 20 Jahren, erreichte sie doch im September 1975 6,5 %; im Mai 1976 fiel sie auf 3,6 %, d. h. unter die allgemeine Quote von 4,2 %. Von den arbeitslosen Jugendlichen mit Berufsausbildung waren relativ weit weniger ohne Arbeit als solche ohne Berufsausbildung. Wie **je nach Wirtschafts- bzw. Industriezweigen die Arbeitslosenquote verschieden** hoch war, so zeichneten sich **auch regional starke Unterschiede** ab. Ende 1975 erreichte z. B. die Arbeitslosenquote der strukturschwachen Randgebiete in den Arbeitsamtsbezirken Passau 19,8 %, Deggendorf 18,5 %, Schwandorf 16,2 %, Leer 14,3 %, Emden 11,9 %, Mayen 9,5 %, während sie z. B. in Stuttgart bei 2,7 %, in Frankfurt bei 3,5 %, in München bei 4,2 % und in Hamburg bei 4,8 % lag.

Die **Gesamtausgaben der »Bundesanstalt für Arbeit«** (einschl. Bundeszuschüsse) erreichten **1975** 17 836 Mill. DM; davon entfielen in Mill. DM: auf Arbeitslosengeld 7765, auf Kurzarbeitergeld 2207, auf Unterhaltsgeld 1991, auf Anschlußarbeitslosenhilfe 776, auf Wintergeld 657, auf Schlechtwettergeld 396, auf Konkursausfallgeld 262, auf Arbeitsbeschaffungsmaßnahmen 126, auf berufliche Fortbildung 374, auf berufliche Ausbildung 277 und auf berufliche Umschulung 158. Nach Berechnungen des »Instituts für Arbeitsmarkt- und Berufsforschung« in Nürnberg beliefen sich 1975 im Durchschnitt die *Aufwendungen je Arbeitslosen* auf 18 510 DM. – Von den Mitte Februar 1976 1,34 Mill. Arbeitslosen erhielten 950 400 Leistungen, davon 82,5 % Arbeitslosengeld und 17,5 % Arbeitslosenhilfe; die übrigen hatten meist noch keine Ansprüche erworben. – Die Bundesanstalt für Arbeit hatte 1975 ein Defizit von 9,76 Mrd. DM, da die Ausgaben sich gegenüber dem Vorjahr um 87,3 %, die Einnahmen nur um 15,6 % erhöhten.

Die **Zahl der ausländischen Arbeitskräfte in der Bundesrepublik**, die im September 1973 mit 2,6 Mill. ihren Höhepunkt erreicht hatte, ist durch Rückkehr in die Heimat – meist wegen Arbeitslosigkeit – bis Mitte 1976 auf rd. 1,9 Mill. gesunken; Türken sind mit einem Anteil von über einem Viertel noch immer die stärkste Gruppe, gefolgt von den Jugoslawen (ein Fünftel), Italienern (ein Siebentel) und Griechen (knapp ein Zehntel). Ende 1975 belief sich der Anteil der Ausländer an der Gesamtzahl der abhängig Beschäftigten auf rund 10,1 %; von ihnen lebten 25,8 % schon über 8 Jah-

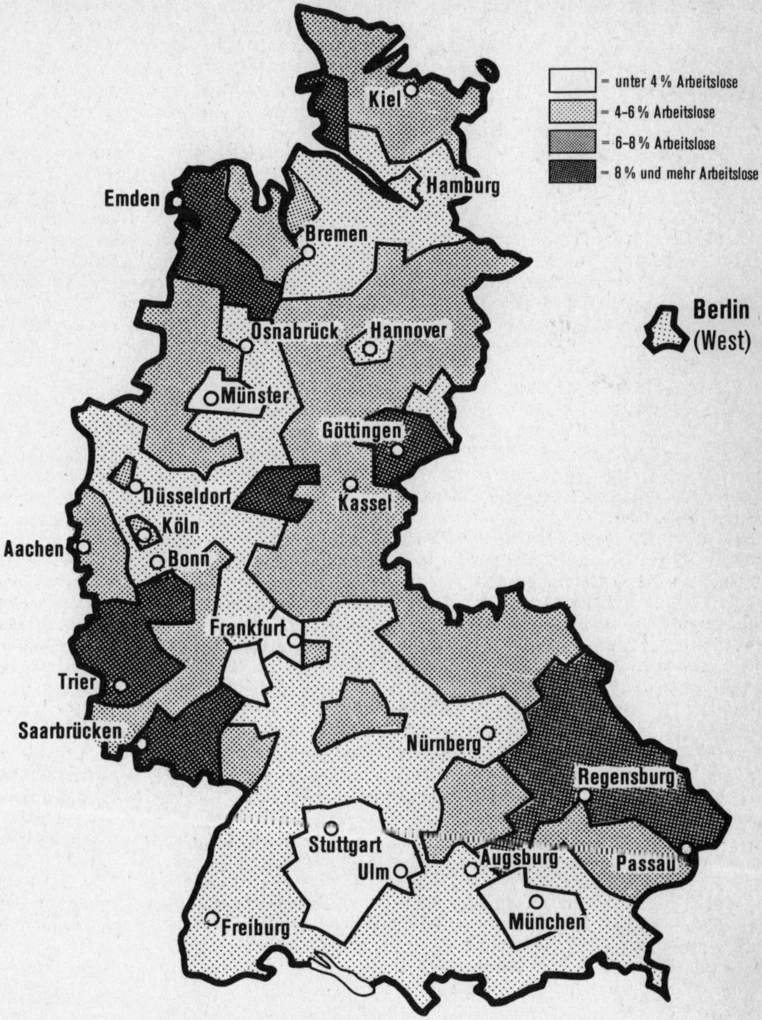

Regionale Unterschiede der Arbeitslosigkeit in der BR Deutschland
Arbeitslosenquote in % der Beschäftigten (Ende Januar 1976)

re in der Bundesrepublik. Das 1973 erlassene Anwerbeverbot für ausländische Arbeitnehmer blieb aufrechterhalten.
Die **Überweisungen von Gastarbeitern in ihre Heimat** beliefen sich 1974 auf 8350 Mill. DM, im 1. Halbjahr 1975 auf 3550 Mill. DM, wobei Türken und Jugoslawen vor Italienern, Spaniern und Griechen führten.
Nach dem Unfallverhütungsbericht der Bundesregierung ereigneten sich (lt. Anzeigen) 1974 2 212 266 **Arbeitsunfälle und Berufskrankheitsfälle** (89,9 % eigentliche Arbeitsunfälle, 8,5 % Wegeunfälle und 1,6 % Fälle von Berufskrankheiten); es war die niedrigste Zahl seit 20 Jahren. Die Ausgaben der Unfallversicherung erreichten 1974 eine Höhe von 7,3 Mrd. DM. Nach vorlf. Erhebungen des Hauptverbandes der gewerblichen Berufsgenossenschaften ging 1975 die Zahl der eigentlichen Arbeitsunfälle gegenüber dem Vorjahr um 14 %, die der tödlichen Arbeitsunfälle von 2449 auf 2039 zurück.
Nach Angaben des »Statist. Bundesamtes« waren 1975 (1974) 35 814 (250 352) Arbeitnehmer an **Streiks** beteiligt, wobei 68 680 (1 051 290) Arbeitstage verlorengingen, und zwar 1974 die meisten in Bremen, Nordrhein-Westfalen und Berlin (West), 1975 in Bayern, Baden-Württemberg und Nordrhein-Westfalen.
Ende 1975 waren rund **39 % aller abhängigen Arbeitnehmer** der Bundesrepublik (einschl. Berlin/West) **gewerkschaftlich organisiert, darunter 31,7 %** (ohne Arbeitslose 33,3 %) **im »Deutschen Gewerkschaftsbund«/DGB**, der 7 364 912 Mitglieder in seinen 16 Einzelgewerkschaften zählt (größte IG Metall 2 556 200, ÖTV 1 058 500, kleinste Gewerkschaft Kunst 36 461). Das Vermögen des DGB mit allen Einzelgewerkschaften wurde 1976 von der IG Metall auf 1,5 bis 2 Mrd. DM geschätzt. Dem Vorsitzenden des DGB und des Europäischen Bundes Freier Gewerkschaften, *Heinz Oskar Vetter*, wurde im März 1976 von der Universität Haifa der Titel eines Ehrendoktors verliehen. – Außerhalb des DGB ist der **»Deutsche Beamtenbund«** mit 750 000 Mitgliedern am stärksten; es folgen die **Deutsche Angestelltengewerkschaft/DAG** mit 475 000, der **Christliche Gewerkschaftsbund Deutschlands/CGB** mit 229 400 und die **Gewerkschaft der Polizei/GdP** mit 132 000 Mitgliedern.
Die durchschnittlichen **Zuwachsraten der Bruttostundenverdienste der Arbeiter in Industrie und Handel**, die (nach »Wirtschaft und Statistik« 1976/4) 1974 bei den Männern um 10,5 % und bei den Frauen (u. a. durch Mindesterhöhungsbeträge für niedrigere Lohngruppen) um 12,0 % gestiegen waren, **erhöhten sich 1975 bei den Männern um 7,4 % und bei den Frauen um 9,0 %**; sie lagen damit infolge Abbaus von Überstunden, Akkordarbeit, übertariflicher Bezahlung usw. unter den Veränderungsraten der tariflichen Stundenlöhne. **Die durchschnittlichen Bruttostundenverdienste** der Arbeiter in Industrie (einschl. Bau) und Handel lagen 1975 erstmals über 10 DM, d. h. bei 10,40 DM (1974 9,68 DM), für Frauen bei 7,52 DM (die Bruttowochenverdienste bei 430 bzw. 289 DM); die **Spitze** hielten die **Arbeiter in der Mineralölindustrie mit 12,89 DM,** gefolgt von den Facharbeitern in der Elektrizitätswirtschaft mit 12,18 DM und in der Druckindustrie mit 11,87 DM, während die Arbeiter in der Schuhindustrie nur durchschnittlich 8,50 DM je Stunde erhielten. Die durchschnittlichen **Bruttomonatsverdienste für Angestellte** in Industrie (einschl. Bau), Handel, Kreditinst., Versicherungen lagen bei **2468 DM für Männer und 1570 DM für Frauen** (in der Mineralölverarbeitung bei 3116 bzw. 2168 DM, im Einzelhandel dagegen nur bei 1999 bzw. 1279 DM). Die höchsten Verdienste übertrafen bei den Männern um 56 %, bei den Frauen um 70 % die niedrigsten. – **Bruttomonatsverdienst** (Durchschnitt nach Ang. d. Statist. Bundesamtes) **Jan. 1976:** *Angestellte* M (Frauen)/*Arbeiter* M (Frauen) in DM: 2531 (1618)/1894 (1299). – **Die höchsten Einkom-**

Monatliches Netto-Haushaltseinkommen 1974
von je 100 Haushalten (nach «Handelsblatt» v. 21. 11. 1975)

DM	*Rentner*	*Arbeitnehmer*	*Selbständige*
über 5000	1	4	30
4000 – 5000	2	5	18
3000 – 4000	4	11	23
2500 – 3000	4	10	12
2000 – 2500	7	15	9
1500 – 2000	11	21	6
1000 – 1500	24	23	2
unter 1000	47	11	0

men bei den freien Berufen haben Notare, Ärzte, Zahnärzte, Rechtsanwälte und Tierärzte.

Nach einer Untersuchung des rheinland-pfälzischen Sozialministers *Heiner Geißler* sind in der Bundesrepublik über eine Million Haushalte auf Sozialhilfe angewiesen. – Von den **Sozialhilfe-Ausgaben** nach dem Bundessozialhilfegesetz flossen 1974 54 % den Anstalten zur Pflege von Menschen zu, 46 % entfielen auf Eingliederungshilfen.

Ab 1. 7. 1976 wurden die rund **11,5 Mill. Renten** aus den rund 38 Mill. Versicherungskonten (24 Mill. Arbeiter- und 13 Mill. Angestellten- sowie etwa 1 Mill. Knappschaftsversicherungen) sowie die Grundrenten nach dem Bundesversorgungsgesetz **um 11 % erhöht**; die Altersgelder für Landwirte, d. h. für die rund 600 000 Bezieher von Altersgeld und Landabgabenrente, steigen ab 1. 1. 1977 um 11 %. Ebenfalls zum 1. 1. 1977 werden die Renten aus der gesetzlichen Unfallversicherung um 7,5 % angehoben. Diesen Erhöhungen liegen wie üblich die Lohn- und Gehaltssteigerungen in den letzten drei Jahren (1972–1974) gegenüber den Durchschnittsentgelten in den drei Jahren von 1971–1973 zugrunde. Die Rentenerhöhungen erfordern insgesamt rund 10,7 Mrd. DM. Die **Beitragsbemessungsgrenzen** erhöhten sich in der Renten- und Arbeitslosenversicherung von monatlich 1800 DM im Jahre 1970 auf 3100 DM ab 1. 1. 1976 (Versicherungspflichtgrenze in der Krankenversicherung von 1200 auf 2350 DM), die **Höchstbeiträge** von 428 DM auf 918,40 DM. Nach Angaben von Bundesarbeitsminister *Walter Arendt* haben sich die **Rentenbezüge nominal seit 1957 mehr als vervierfacht;** ihre Kaufkraft ist seit 1969 real um etwa 40 % gestiegen.

1957 belief sich die durchschnittliche monatliche Netto-Lohn- und Gehaltssumme je Beschäftigten auf 359 DM, das **Altersruhegeld je Durchschnittsverdiener nach 40 Versicherungsjahren auf 214,10 DM**; für **1976** werden die entsprechenden Beträge auf netto **1432 DM** (brutto 1949 DM) **bzw. 932,60 DM geschätzt**, d. h. das Altersruhegeld dürfte 64 % des Nettoentgelts erreichen. Von 1958–1970 sind die monatlichen Nettoverdienste je Arbeitnehmer um 274 %, die Altersrenten je Monat jedoch um 329 % gestiegen. Nach »Verband Deutscher Rentenversicherungsträger« bezogen Mitte 1975 **388 000 Versicherte** in den Rentenversicherungen der Arbeiter und Angestellten eine **Rente vom 63. Lebensjahr** an (Schwerbeschädigte, Berufsunfähige usw. ab 62. Lebensjahr), d. h. 70 % der Berechtigten (54 % d. Männer mit Monatsrenten von 1350 bis unter 1800 DM).

Angaben des »Statist. Bundesamtes« zufolge **lebte** im April **1974 jeder sechste Bundesbürger vom Bezug einer Rente, Pension,** von einer öffentlichen oder privaten Unterstützung oder von einem sonstigen Nichterwerbseinkommen.

Das **Gesamtvermögen der Rentenversicherungen** für Arbeiter und Angestellte belief sich am 30. 6. 1975 auf **48,14 Mrd. DM** (davon 38,95 Mrd. DM d. Angestelltenversicherung); die sofort verfügbaren Mittel beliefen sich auf 27,33 %. Im Rentenanpassungsbericht 1976 der Bundesregierung deutete der Sozialbeirat die Möglichkeit von Liquiditätsschwierigkeiten bereits gegen Ende 1977 an. Grundsätzlich sollten die Renten aus den laufenden Beiträgen gezahlt werden. Die »Deutsche Bundesbank« warnt in ihrem »Monatsbericht« vom November 1975 davor, die Belastungsgrenze zu überschreiten, weist jedoch darauf hin, daß bei Liquiditätsschwierigkeiten die **Zahlungsfähigkeit der Rentenversicherung infolge der Bundesgarantie nicht gefährdet** würde. – Nach dem letzten Rentenanpassungsbericht reicht der Beitragssatz von 18 % in der Rentenversicherung aus, um die Leistungen in den nächsten 15 Jahren sicherzustellen.

Nach dem Geschäftsbericht der »Deutschen Bundesbank« für 1975 sind **1975 in den Preisen folgende Veränderungen** gegenüber 1974 eingetreten: Preisindex des Sozialprodukts +8,2 % – Preisindex der Lebenshaltung aller privaten Haushalte +6,0 % – Erzeugerpreis industrieller Produkte +4,7 % – Lohnkosten je Produktionseinheit in der Gesamtwirtschaft +7,2 %. – Im März 1976 lag nach Angaben des »Statist. Bundesamtes« der **Preisindex für die Lebenshaltung aller privaten Haushalte um 5,4 % höher als im März 1975, im Juli 1976 um 4,1 % höher als im entsprechenden Vorjahrsmonat**.

Nach einem **Kaufwertvergleich** der »Arbeitsgemeinschaft der Verbraucher«/AGV in Bonn sind Nahrungsmittel, industrielle und gewerbliche Ge- und Verbrauchsgüter von 1970–1975 im Durchschnitt um 33,1 % gestiegen, darunter im einzelnen: Mieten im sozialen Wohnungsbau um 36,4 %, Brot um 52 %, Fisch um 58 % und Obst um 64 %. **Am stärksten erhöhten sich die sogen. administrativen Preise,** d. h. um über 45 %, darunter die Postgebühren um über 86 %, Wasser um 72 %, Kohle um 70 %, Arzt- und Krankenhauskosten um 63 %, die Bundesbahn um mehr als 60 %, am geringsten u. a. Photoartikel um 4 %, Geflügel um 12 %, Butter und Elektrogeräte um je 13 % und Waschmittel um 18 %.

Nach Berechnungen des »Statist. Bundesamtes« wurden 1975 in einem 4-Personen-Haushalt bei einem Nettoeinkommen (einschl. Nebeneinkünften) von 2200 DM in DM ausgegeben: Nahrungsmittel 460 – Miete 280 – Verkehr, Telefon 248 – Kleidung, Schuhe 178 – Hausrat 160 – Versicherungen, Zinsen 109 – Heizung, Licht 91 – Genußmittel

77 – Körper- u. Gesundheitspflege 54 – Sonstiges 75 – Ersparnis 290.

Das **Geldvermögen der privaten Haushalte** hat sich von 1960–1975 fast versechsfacht. Ende **1975** belief es sich (nach »Monatsberichte der Deutschen Bundesbank« 1976/5) auf **887 Mrd. DM** (ohne Aktienbesitz zu Tageswerten auf 850 Mrd. DM). Die Erträge aus diesen privaten Geldanlagen erreichten 1975 nahezu 40 Mrd. DM und entsprachen etwa 6 % des gesamten verfügbaren Haushaltseinkommens (1970 4,5 %, 1960 2 %); einschließlich der Prämiengewährung und Steuervergünstigungen ergab sich 1975 eine »Gesamtrendite« von knapp 7 %. Nach Auffassung der Bundesbank ist trotz der Geldentwertung auch 1975 im Durchschnitt ein gewisser realer Kapitalertrag aus dem privaten Geldvermögen erzielt worden, wenn auch der längerfristige Durchschnitt der Jahre 1960–1970 von 3 % bei weitem nicht erreicht werden konnte.

Die »Gemeinschaft zum Schutz der deutschen Sparer« bezifferte im Herbst 1975 den **Inflationsverlust der letzten fünf Jahre auf etwa 136 Mrd. DM,** wozu **1975 ein weiterer Verlust von** bis zu **40 Mrd. DM** gekommen sein dürfte; nach Berechnungen der AGV soll 1975 fast die Hälfte dessen, was neu gespart worden sei (109,4 Mrd. DM), durch die Entwertung verloren gegangen sein.

Die **Zinsen** für Spareinlagen mit gesetzlicher Kündigungsfrist, die 1971 bei 4,1 % und 1974 bei 5,5 % lagen, sind seit März 1976 auf 3,5 % zurückgegangen. – Von den Ersparnissen des Jahres 1975 sind 46,6 % für Spareinlagen, 16 % als Eigengeld im Wohnungsbau, 10,5 % für Versicherungen, je über 6 % für festverzinsliche Wertpapiere und Bargeld sowie für Sparbriefe, 4,8 % für Bausparen, 1,9 % für Rentennachentrichtung und 1,2 % für Aktien verwendet worden.

Der Anteil der **Haushalte mit prämienbegünstigten Sparbüchern** stieg von 1969 bis 1973 (nach »Wirtschaft und Statistik« 1976/1) von 38,7 % auf 48,9 % (Arbeiter 63,7 %, Angestellte 60,8 %), bei **Bausparverträgen** von 22,8 % auf 35,4 % (Beamte 62,4 %, Angestellte 48,9 %, Arbeiter 36,6 %) und beim **vermögenswirksamen Sparen** (sogen. »624 DM-Gesetz«) von 28,8 % auf 58,9 % (Beamte, Arbeiter und Angestellte je über 90 %). Bei den Haushalten, die **Sparbücher** besaßen, lag der **Anteil** derjenigen **mit Guthaben von 5000 DM und mehr** bei **46 %,** mit Guthaben von unter 1000 DM bei rund 15 %.

Im Zusammenhang mit der vermehrten **Konsumneigung** und besonders mit dem zunehmenden Kauf neuer Kraftfahrzeuge wurden im Jahr **1975** (nach »Monatsberichte der Deutschen Bundesbank«, 1976/Mai) für **4,5 Mrd. DM Darlehen für Konsumzwecke neu in Anspruch genommen,** so daß sich die gesamten Verbindlichkeiten für **Konsumkredite Ende 1975** auf rund **52 Mrd. DM** beliefen.

Der **Wertpapierumlauf** zeigte Ende 1975 folgenden Stand: Schuldverschreibungen inländischer Emittenten 318,1 Mrd. DM (gegenüber 1974 +48,8 %), Aktien inländischer Emittenten 73,8 Mrd. DM (+5,3 %), Investmentzertifikate der Fonds inländ. Kapitalanlage-Ges. 554,1 Mrd. DM (+72,9 %), DM-Schuldverschreibungen ausländischer Emittenten 35,9 Mrd. DM (+6,0 %). Die weitaus wichtigste Käufergruppe am Rentenmarkt waren infolge hoher Liquidität die Banken, deren Netto-Käufe 1975 über 35 Mrd. DM Nominalwert erreichten. – Das Netto-**Anlagevermögen** in der Bundesrepublik erreichte Anfang 1975 in Preisen von 1962 bei Anlagen eine Höhe von 1447 Mrd. DM (8,3 % des Bestandes von vor 1950, 39,6 % aus den Jahren 1970–1974), bei Bauten eine solche von 993 Mrd. DM (11,8 % vor 1950, 29,0 % 1970 bis 1974), bei Ausrüstungen den Wert von 454 Mrd. DM (0,5 % vor 1950, 62,7 % 1970–1974).

Ende 1975 gab es in der Bundesrepublik **135 571 Kapitalgesellschaften** (gegenüber 1975 +9 %) **mit einem Nominalkapital von 145,5 Mrd. DM** (+7 %); darunter befanden sich 2189 Aktiengesellschaften (29 mehr als 1974) mit einem Grundkapital von 76,3 Mrd. DM (+7,5 %) und 133 382 Gesellschaften mit beschränkter Haftung (GmbH; 11 134 mehr als 1974) mit einem Stammkapital von 69,1 Mrd. DM (+4,5 Mrd. DM). – Die Zahl der **Fusionen** von Unternehmen erhöhte sich 1975 um 41 % auf 448. – (**Größte Unternehmen** s. Abschnitt »Industrie«).

Die Kapitaldecke der Unternehmen ist in den letzten zwei Jahrzehnten immer kürzer geworden; **von 1951 bis 1975 verringerte sich das Eigenkapital der westdeutschen Aktiengesellschaften von 48,1 % auf 29 % der Bilanzsumme.**

Die **Zahl der Selbständigen nahm** in der Bundesrepublik zwischen 1960 und 1974 von 3,3 Mill. auf 2,6 Mill. **ab**, und zwar in der Landwirtschaft um 41 %, im Handwerk um 28 %, im Handel um 27 % sowie in Industrie und Baugewerbe um 16 %. – Bei den Großbanken besitzen über 70 % der Belegschaft Aktien, doch liegt ihr Anteil am Aktienkapital unter 1 %. Bei Conti Gummi, VEW, RWE, Siemens, Hoechst, BASF, Linde und Bayer sind zwischen 34 % und 58 % der **Belegschaft Aktionäre**; nur bei Siemens (6,2 %), BASF (6,0 %) und Hoechst (1,8 %) **beträgt der Anteil** am Aktienkapital über 1 %. Insgesamt gibt es bei etwa 60 Aktiengesellschaften Belegschaftsaktionäre.

Die **Privatinvestitionen der Bundesrepublik** im Ausland erreichten (nach »Vereinsbank-Information« v. 13. 5. 1976) Ende 1975 eine Höhe von **41,99 Mrd. DM**, d. h. etwa den **Umfang der aus-**

ländischen privaten Investitionen in der Bundesrepublik, der sich Ende 1975 auf **42,45 Mrd. DM** belief. Seit 1970 haben sich die deutschen Auslandsinvestitionen verdoppelt; 1975 erhöhten sie sich um 5,6 Mrd. DM. Rund ein Fünftel der Investitionen entfällt auf die Chemische Industrie; es folgen Elektrotechnik, Banken/Versicherungen, Eisen u. Stahl sowie Maschinenbau. Über 50 % der Investitionen erfolgten im EG- und EFTA-Raum, zu je über 10 % in Frankreich, Belgien/Lux. und in der Schweiz; auch auf die USA entfallen über 10 %. Auf *Entwicklungsländer* kommen 29,3 %, auf die ärmsten unter ihnen, die sogen. »Vierte Welt«, jedoch nur 5 %. – Auch die **ausländischen Investitionen** in der Bundesrepublik haben sich seit 1970 etwa verdoppelt, 1975 jedoch nur um 2,5 Mrd. DM zugenommen. Rund 97 % dieser Investitionen stammen aus den industrialisierten OECD-Ländern, 40 % allein aus den USA und 35 % aus EG-Ländern, außerdem etwa 16 % aus der Schweiz. Die Mineralölwirtschaft sowie Elektronische und Elektro-Industrie gehören zu den bevorzugten Wirtschaftszweigen.

Das **Verhältnis der Auslandsproduktion westdeutscher Unternehmen zum Exportumsatz liegt bei 40 %**, d. h. es ist viel unausgewogener als in vergleichbaren Ländern (nach »Handelsblatt« vom 4. 6. 76: Benelux 50 %, Kanada 70 %, Frankreich 90 %, Schweden 90 %, Schweiz u. Großbritannien je 200 %, USA 400 %).

Die Brutto-**Investitionen** der Unternehmen (mit Bauwirtschaft, ohne Banken, Sparkassen und Versicherungen) **im Inland** beliefen sich **1975** auf **169,5**, 1974 auf 180,4 und **1973** auf **200,5 Mrd. DM**, die Kreditaufnahmen entsprechend auf 63,8, 83,7 bzw. 101,9 Mrd. DM. – Der **Index der Aktienkurse** (29. 12. 1972 = 100), der im Oktober **1974 mit 74,0** seinen **Tiefstand** erreicht hatte, erholte sich unter Schwankungen von 80,0 Ende 1974 auf **103,5 Ende 1975.**

Die **Insolvenzen erreichten 1975 einen neuen Höchststand**, stiegen sie doch gegenüber dem Vorjahr um 19 % auf **9195**; von den 8942 beantragten Konkursverfahren wurden 3056 eröffnet, bei den übrigen mußte der Antrag auf Eröffnung abgelehnt werden, weil die Deckung der Verfahrenskosten nicht gewährleistet war. Trotz vermehrter Zahl ist die Gesamthöhe der zu erwartenden **Forderungen** gegenüber 1974 von 7,2 Mrd. DM auf **6,4 Mrd. DM** zurückgegangen. Die Vergleichsverfahren nahmen 1975 gegenüber dem Vorjahr um 23,2 % auf 355 ab. Am stärksten gefährdet waren Gesellschaften mbH. Auf je 1000 Unternehmen kamen 4,3 Verfahren. Absolut am stärksten war mit 2340 die Zahl der Insolvenzen in Nordrhein-Westfalen, gefolgt von Bayern und Baden-Württemberg. **1976** erhöhten sich von Januar bis Juni die Insolvenzen gegenüber der entsprechenden Vorjahreszeit um 2,9 % auf 4613.

Im Jahre **1975 wurden 436 000 Wohnungen fertiggestellt**, d. h. etwa soviel wie der geschätzte mittelfristige jährliche Bedarf, aber um 28 % weniger als 1974 und um über **39 % weniger als im Rekordjahr 1973**, in dem 714 200 Wohnungen gebaut worden sind. Wurden 1972 768 600 Baugenehmigungen erteilt, so war 1975 mit 368 000 genehmigten Wohnungen der seitherige Tiefstand erreicht. Der *Bauüberhang* belief sich Ende 1975 auf 679 000 Wohnungen, von denen sich 475 000 bereits im Bau befanden. Die Finanzierungsquote, die in den letzten 10 Jahren bei 45 % und 1972/73 bei nur 28,5 % lag, betrug 1975 rund 50 %. Die *Neuverschuldung* der Wohnungswirtschaft bezifferte sich 1975 auf 23,5 Mrd. DM; zwei Drittel der Kreditaufnahme entfielen auf längerfristige Bankkredite. – Von der öffentlichen Hand wurden 1975 Aufträge von 15,6 Mrd. DM für Tiefbauten vergeben. – Die Zahl der sogen. **»Obdachlosen«** und in Behelfsunterkünften lebenden Personen wird auf eine halbe Million geschätzt.

Das **Bauhauptgewerbe** zählte Mitte 1975 58 468 Betriebe mit 1 229 200 Beschäftigten – darunter 143 783 Ausländer – (gegenüber 1974 – 11,1 %); Mitte der 60er Jahre war mit 66 800 Betrieben der Höchststand erreicht worden. Der Umsatz (ohne Umsatzsteuer) belief sich 1974 auf 75,04 (1973 77,20) Mrd. DM. – Mit den Bundesmitteln für das **Regionalprogramm 1976** in Höhe von über 1 Mrd. DM soll der Bau von 42 000 Wohnungen gefördert werden; die größten Mittel sind mit 290,71 Mill. DM für Nordrhein-Westfalen, mit 175,79 Mill. DM für Bayern und mit 147,15 Mill. DM für Baden-Württemberg vorgesehen.

Von je 100 Haushalten besitzen Haus- und Grundbesitz 92 % der Landwirte, 67,4 % der übrigen Selbständigen, 49,4 % der Beamten, 40,4 % der Arbeiter, 37,0 % der Angestellten und 29,9 % der Nichterwerbstätigen; der Einheitswert ist mit 42 546 DM bei den Selbständigen (ohne Landwirte) am höchsten und mit 19 419 DM bei den Arbeitern am niedrigsten. – Nach Angaben des Bundesministeriums für Raumordnung, Bauwesen und Städtebau sind in den Gemeinden von 10 000 und mehr Einwohnern des Bundesgebietes **an der bewohnten Baugrundstücksfläche beteiligt**: 70,7 % natürliche Personen, 3,2 % freie Wohnungsunternehmen, 8,6 % gemeinnützige Wohnungsunternehmen, zu 6,7 % die öffentliche Hand und zu 10,8 % Sonstige. – Bisher haben nur **7 % aller Wohnungen Fernwärme**; die Leitungsnetze haben eine Länge von rund 5000 km. – Die Zahl der **Wohngeldempfänger** stieg von 908 000 im Jahre 1970 auf 1 650 000 im Jahre 1974, der Aufwand von 599 Mill. DM auf 1487 Mill. DM. Das durchschnittliche Wohngeld erhöhte sich in der gleichen Zeit von 48 DM auf 70 DM im Monat; Empfänger waren 1974 zu 67 % Rentner, zu 12 % Arbeiter, zu 7 % Angestellte und Beamte und u. a. zu 5 % Sozialhilfeempfänger.

Bis 31. 3. 1976 waren mehr als **10 Mill. Bausparverträge** mit privaten Bausparkassen abgeschlossen, davon 7,3 Mill. Verträge noch nicht zugeteilt (rund 206,5 Mrd. DM). Nach Angaben des Verbandes der privaten Bausparkassen war 1975 ein Zugang von 1,4 Mill. Verträgen (+2,9 %) und eine Bausparsumme von 43,3 Mrd. DM (+6,7 %) zu verzeichnen. Die Neuabschlüsse der Landesbausparkassen/öffentl. Bausparkassen erreichten im 1. Vierteljahr 1976 163 833 (1. Vj. 1975 137 227) Zugänge mit einer Bausparsumme von 4215 (3097) Mill. DM.

Der **Umsatz der Großhandelsunternehmen** war nominal um 3 % höher, **real** jedoch um 9 % niedriger als im Jahr 1974, in dem nur ein realer Rückgang von 1,8 % zu verzeichnen gewesen ist. Die Zahl der Beschäftigten nahm 1974 um 4,7 % ab.

Im **Einzelhandel** wurde 1975 gegenüber dem Vorjahr eine Umsatzsteigerung von nominal 9 % auf 280,4 Mrd. DM erzielt; real belief sich die Zunahme auf über 2 %. Die Beschäftigtenzahl nahm um 2 % ab. Fachgeschäfte hatten einen Umsatzanteil von 65 %, Nahrungs- und Genußmittel waren am Umsatz zu rund 30 % beteiligt. In der Bundesrepublik gibt es bereits **2000 Gemeinden** mit weniger als 2000 Einwohner, **in denen der tägliche Bedarf nicht mehr am Ort eingekauft werden kann**.

Im **Handwerk** nahm auch 1975 die durchschnittliche Zahl der Beschäftigten ab, und zwar um 3,4 % auf 3,67 Millionen. Der Umsatz stieg 1975 nominal um 3,9 % auf 239,7 Mrd. DM. Die Strukturänderungen dauerten an.

Im **Gastgewerbe** wurde 1975 real eine geringe, nominal eine Steigerung von 6,1 % gegenüber dem Vorjahr erzielt; die Zahl der Vollbeschäftigten verringerte sich geringfügig auf 94 500, die der Teilzeitbeschäftigten erhöhte sich leicht auf 118 400.

Die **Werbewirtschaft** erfuhr nach Angaben ihres Zentralausschusses 1975 eine nominale Umsatzsteigerung von 4,4 % auf 6,67 % Mrd. DM; davon entfielen in Mill. DM auf Tageszeitungen 2995,9 (+5,9 %), auf Publikumszeitschriften 1013,6 (–2,2 %), auf Direktwerbung 930,5 (+3,4 %), auf das Fernsehen 844,9 (+14,8 %) und u. a. auf den Hörfunk 200,5 (–7,0 %).

In der Bundesrepublik gab es 1974 26 **Versicherungsunternehmen** mit einem Brutto-Prämienaufkommen von über 500 Mill. DM. Die 10 größten waren in Mill. DM: 1. Münchner/Rückv. 4032 (30. 6. 1975) – 2. Allianz/Sachv. HUK 3808 – 3. Allianz/Leben 2092 – 4. Deutsche Krankenv. 1885 – 5. Volksfürsorge/Leben 1149 – 6. Colonia/Sach, HUK 1045 – 7. Gerling-Konz. Allg. Sach/HUK 980 – 8. Gerling Globale/Rückv. 965 – (30. 6. 1974) – 9. Hamburg-Mannheimer/Leben 804 – 10. Kölnische/Rückv. 734. – Nach einer Studie der »Schweizer Rück« (Zürich, »sigma« 1976/5) ist von 1964 bis 1974 das **Weltvolumen an Versicherungsprämien** (ohne kommunistische Länder) von schätzungsweise 64 Mrd. US-$ **auf 194 Mrd. $ gewachsen**; der Anteil der wichtigsten Länder an den Prämien belief sich in %: USA 49,04 – BR Deutschland 9,66 – Japan 8,95 – Großbritannien 5,99 – Frankreich 5,00 – Kanada 3,54 – Niederlande 1,99 – Australien 1,87 – Italien 1,86 – Schweiz 1,38. – Die **Prämien je Einwohner** und Jahr beliefen sich 1974 schätzungsweise insgesamt in US-$ auf insgesamt/Leben USA 449,0/167,5 – Schweiz 413,1/181,3 – BR Deutschland 302,1/114,4 – Kanada 301,1/130,2 – Niederlande 284,7/116,5 – Australien 272,5/117,8 – Schweden 271,1/125,0 – Norwegen 238,1/78,2 – Dänemark 237,6/83,1 – Großbritannien 207,6/118,0.

Die **Bevölkerung der Bundesrepublik** (m. Berlin/West) hat nach Berechnungen des »Statist. Bundesamtes« 1975 bis Jahresende gegenüber dem Vorjahr **um 347 000 bzw. 0,6 % auf 61,645 Mill. abgenommen**, und zwar durch einen Wanderungsverlust von 198 000 und ein **Geburtendefizit** von **149 000**. Wurden **vor sechs Jahren noch rund 1 Mill. Kinder geboren, so nahm** seither die **Geburtenzahl ab,** 1975 um 4,1 %, bei den lebendgeborenen deutschen Kindern (mindestens ein deutscher Elternteil) sogar um 5,1 % **auf 523 200.** Dem Geburtendefizit der deutschen Bevölkerung von 213 700 entsprach ein Geburtenüberschuß bei den Ausländern um rund 90 000. Die **Säuglingssterblichkeit ging auch 1975 zurück,** auf 19,7 je 1000 Lebendgeborene (bei deutschen Kindern 19,5, bei ausländischen 20,8). **Bis 1990 dürfte die Bevölkerung** der Bundesrepublik (ohne Ausländer) wahrscheinlich **auf 54,6 Mill. abnehmen.** Wesentlich ändern wird sich die Bevölkerungsstruktur. 1975 war die Hälfte der Bundesbürger jünger als 36 Jahre, 1990 wird diese Grenze bei 39 Jahren liegen. **Hamburg** ist mit einem Anteil von 18,3 % der Altersgruppe unter 15 Jahren an der Gesamtbevölkerung die **kinderreichste Großstadt;** in München liegt der Anteil bei 15,7 %, in Berlin (West), in dem 21,4 % der Einwohner über 65 Jahre alt sind, bei 15 %.

Am 31. 12. 1974 gab es in der Bundesrepublik **3483** (1309 öffentl.) **Krankenhäuser** mit 716 530 Betten, d. h. 115,6 Betten auf je 10 000 Einwohner. An den Krankenhäusern waren 58 430 Ärzte (darunter 11,5 % Ausländer) und 238 312 Pflegepersonen angestellt. 10,3 Mill. Kranke wurden stationär behandelt (je 10 000 Einwohner 1667

Frauen und 1501 Männer); die durchschnittliche Verweildauer betrug 22,7 Tage. Von den 1974 in der Bundesrepublik 631 800 Geborenen kamen 98 % in Krankenhäusern zur Welt, von den 727 530 Gestorbenen starben 54,4 % in solchen. Die gesetzlichen **Krankenkassen** verzeichneten 1960 26, 1974 52 und 1975/prov. 62 Mrd. DM an Ausgaben. 1974 wurden in der Bundesrepublik 114 661 berufstätige **Ärzte**, 5599 Medizinalassistenten und 31 538 **Zahnärzte** gezählt; auf je 515 Einwohner entfiel ein Arzt, auf 1966 ein Zahnarzt. – Von den 2 Mill. **Alkoholkranken** waren 1974 18 % Frauen. 1974 wurden 85 000 Geschlechtskranke registriert.

1974 wurden knapp **100 000 Ehen geschieden**, die meisten zwischen dem 2. und 5. Ehejahr; 40 % waren kinderlos, 106 725 Kinder wurden durch die Scheidungen betroffen. – Am 30. 9. **1975 gab es in der Bundesrepublik** (mit Berlin/West) **4 089 600 Ausländer**, d. h. um 0,9 % weniger als 1974; von ihnen stammten in 1000: **1077,1 aus der Türkei**, 677,9 aus Jugoslawien, 601,4 aus Italien, 390,5 aus Griechenland, 247,4 aus Spanien, 174,0 aus Österreich, 118,5 aus Portugal, 110,5 aus den Niederlanden und u. a. 108,1 aus den RGW-Ländern. In Nordrhein-Westfalen lebten 29,9 %, in Baden-Württemberg 21,6 %, in Bayern 16,4 % und u. a. in Hessen 10,9 % der Ausländer. Relativ am stärksten waren sie mit 96 je 1000 Einwohner in Baden-Württemberg vertreten, gefolgt mit 86 in Berlin (West), 80 in Hessen, 71 in Nordrhein-Westfalen, 67 in Hamburg, 62 in Bayern und 58 in Bremen; am geringsten war der Anteil mit 30 in Schleswig-Holstein.

Von 1950 bis 30. 9. 1975 wurden 798 451 **Vertriebene, Flüchtlinge und Aussiedler** in der Bundesrepublik aufgenommen (1975 insg. 19 655, 1. Hj. 1976 19 986). Im Durchgangslager *Friedland* wurden vom 26. 9. 1945 bis 30. 8. 1975 2 393 431 Personen registriert (1975 13 724 insges., darunter 6669 aus Polen und 5827 aus der UdSSR), davon 1 217 551 Flüchtlinge und Vertriebene, 546 118 Übersiedler und u. a. 589 529 Heimkehrer. – Aus *Polen* kamen von 1950 bis Ende 1975 insg. 470 792 (1. Hj. 1976 12 240) Übersiedler in die Bundesrepublik. Die *Zahl der legalen Übersiedler aus der DDR* in die Bundesrepublik belief sich 1975 auf 10 274 (1974 7928), meist Rentner. Nach dem Jahresbericht *1975* des Bundesgrenzschutzes *ist es 248 Personen gelungen, die DDR-Grenzbefestigungen zu überwinden* (1974: 969). Vom 13. 8. 1961 bis 13. 8. 1976 verloren an d. Grenze Bundesrep./DDR 101, am Ring um Berlin (W) 70 Menschen ihr Leben.

Seit September 1973 sind *1750 chilenische Flüchtlinge* von der Bundesrepublik aufgenommen worden, mehr als von jedem anderen europäischen Staat. – Nach einer Aufstellung der Industrie- und Handelskammer in Krefeld hat die Bundesrepublik von **1945 bis 1975 rund 600 Mrd. DM für Kriegsfolgelasten und -leistungen aufgebracht,** darunter 133,1 Mrd. DM als Ersatzleistungen an die Rentenversicherung für Ausfallzeiten derjenigen, die während des Krieges durch Wehrdienst oder aus anderen Gründen keine Beiträge zahlen konnten, 121,8 Mrd. DM für die Kriegsopferversorgung, 85,5 Mrd. DM für den **Lastenausgleich** (n. Ang. d. Bundesinnenministeriums bis Mitte 1976 100 Mrd. DM; zus. noch aufzubringen 40 Mrd. DM) und u. a. 49,4 Mrd. DM für Besatzungskosten.

Im Schuljahr **1975/76** gab es in der Bundesrepublik **mehr als 10 Mill. Schüler** (gegenüber 1974/75 +1,2 %); darunter waren 393 000 Ausländer. Fast zwei Drittel besuchten Grund- oder Hauptschulen; von den übrigen besuchten über 11 % Realschulen, 18,5 % Oberschulen und 1,6 % Gesamtschulen. Über 48 % der Schüler waren Mädchen (an Realschulen 54 %). An Schulen für Behinderte waren 394 000 Schüler eingeschrieben. Unter rund 1,2 Mill. Bundesbürgern mit Sprach- und Stimmstörungen befinden sich etwa 300 000 Kinder von drei bis zu neun Jahren. – 1975 erhielten über **800 000 Schüler und Studenten individuelle Ausbildungsförderung** (Höchstförderung monatlich 200 bis 380 DM für Schüler an weiterführenden Schulen und Berufsschulen, 390–480 DM für Studierende an Fachschulen, Kollegs und Abendgymnasien; 410–500 DM für Studierende an Höheren Fachschulen, Akademien und Hochschulen, mit Rückzahlungsanteilen von 110–130 DM); insgesamt wurden 1975 dafür über 3,2 Mrd. DM aufgewendet. – Nach Angaben auf einer Tagung des Hessischen Instituts für Lehrerfortbildung **scheiden jährlich ungefähr 500 Schüler freiwillig aus dem Leben**, aus seelischer und sexueller Not, aus Krankheit, wegen Schulproblemen und aus anderen Gründen. – Nach dem vom »Statist. Bundesamt« veröffentlichten Bericht »Berufliche Aus- und Fortbildung« hat sich 1973 **über die Hälfte der** 1,33 Mill. in einer praktischen Ausbildung befindlichen **Jugendlichen nur für 15 von fast 500 Ausbildungsberufen entschieden**, darunter von den männlichen in 1000: 97,0 für Kfz-Mechaniker, 60,4 für Elektroinstallateur, 42,2 für Maschinenschlosser, 33,5 für Industriekaufmann, 31,2 für Groß- und Außenhandelskaufmann und u. a. 23,5 für Bankkaufmann. Bei den weiblichen Jugendlichen in 1000 u. a. 62,7 für Verkäuferin, 43,1 für Friseuse, 40,2 für Bürokaufmann, 35,4 für Industriekaufmann, 26,7 für Arzthelferin, 25,8 für Bankkaufmann, 17,9 für Zahnarzthelferin, 16,8 für Bürogehilfin. – Von *Abiturienten ohne Stu-*

dienabsicht wollten 1974 36,3 % in den öffentl. Dienst, 20,8 % zu Bundeswehr, Bundesgrenzschutz oder Polizei und u. a. 13,0 % in kaufmännische Berufe gehen; bei den Abiturientinnen nannten 42,5 % den öffentl. Dienst, 15,4 % Sozialarbeit und Krankenpflege und 11,3 % technische Berufe. Künstler, Schriftsteller oder Journalist wollten von den Männern 3 %, von den Frauen 2 % werden. – Die **Hochschulen** (einschl. Fachhochschulen usw.) wurden im Sommersemester 1976 **von 798 000 Studierenden** (dav. 269 600 weibliche) **besucht.** Nach einer Erhebung an der Universität Bonn beträgt der **Prozentsatz der Studierenden,** die die Mindeststudienzeit (8, Medizin- u. Zahnmedizin 10 Semester) überschreiten, in Physik 44,6 %, in Biologie 42,6 %, in der Rechtswissenschaft 39,6 %, in der Psychologie 38,9 %, in den Wirtschaftswissenschaften 35,4 %, in Chemie und Mathematik 31–32 %, in Sprachen rund 29 %, in der Allg. Medizin 17,3 %, in der Zahnmedizin 1,5 %. **Von** den **Studienanfängern brechen 20–25 % ihr Studium ohne Abschluß ab.** Ende Mai 1976 waren 18 400 Akademiker und 14 400 Fachschulabsolventen arbeitslos. 1976 wurde der Rechtswissenschaftler *Werner Knopp erneut zum Präsidenten der Westdeutschen Rektorenkonferenz* und der Rechtswissenschaftler *Wilhelm Kewenig zum Vorsitzenden des Wissenschaftsrates* gewählt.

Der **»Deutsche Akademische Austauschdienst«/DAAD** hat seit seiner Wiedergründung im Jahre 1950 7000 deutschen Wissenschaftlern und Studenten ein Jahresstipendium für das Ausland und 28 000 ausländischen ein solches in der Bundesrepublik vermittelt und den Austausch von 45 000 ausländischen und 21 deutschen Hochschulpraktikanten vermittelt. – Die Förderung hochqualifizierter ausländischer Nachwuchswissenschaftler unterstützt auch die *»Alexander-von-Humboldt-Stiftung«.*

1973 gaben Bund, Länder und Gemeinden insgesamt rund **45 Mrd. DM für Bildung und Wissenschaft** aus. – Der Bund plant für 1976 Ausgaben von rund 10 Mrd. DM für Wissenschaft, Forschung und Entwicklung. – **1975 waren etwa 4 % der Erwerbsbevölkerung Akademiker**; bis 1980 rechnet man mit einer Quote von 6 %. – Die **Deutsche Forschungsgemeinschaft/DFG** zählt 116 Sonderforschungsbereiche, deren Kosten zu 70 % vom Bund und zu 30 % von den Ländern getragen werden; der für 1976 vorgesehene Etat mußte wesentlich gekürzt werden. – Die **Max-Planck-Gesellschaft**, an deren 40 Forschungsinstituten 10 000 Mitarbeiter, darunter 4000 Wissenschaftler, tätig sind, betrachtet ihren Etat von 681 Mill. DM für 1976 als nicht ausreichend; um eine Stagnation zu vermeiden, sei für 1977 eine Erhöhung um 9,5 % erforderlich. – Die **VW-Stiftung** bewilligte von 1962 bis Anfang Oktober 1975 für 8070 Projekte 1545 Mill. DM; 1975 mußten wegen Ausfall der VW-Dividende für 1974 Kürzungen des Haushalts vorgenommen werden. – Der **Stifterverband für die deutsche Wissenschaft** verzeichnete 1975 – hauptsächlich durch Zuwendungen seiner über 5500 Mitglieder – Einnahmen in Höhe von 45 Mill. DM (gegenüber 1974 –4,3 Mill. DM); 1975 wurde von ihm die Verwaltung der »Deutschen Stiftung für Krebsforschung« übernommen. Nach einer Untersuchung des Verbandes hat zwischen 1971 und 1973 die Zahl der in Forschung und Entwicklung tätigen Beschäftigten um 5 % auf 189 000 abgenommen, hauptsächlich jedoch bei Technikern und in der Verwaltung, während die Zahl der Wissenschaftler und Ingenieure sich um 4 % erhöhte. – Rund 70 % der Ausgaben für Forschung in der Industrie entfallen auf Personalkosten. Die 23 größten deutschen Unternehmen geben allein über die Hälfte aller Forschungsmittel der Wirtschaft aus. – Die **öffentlichen Ausgaben für Forschung und Entwicklung** beliefen sich (nach »Das Parlament« vom 3. 1. 1976) in DM je Einwohner in der EG wie folgt: BR Deutschland 168 – Frankreich 153 – Großbritannien 140 – Niederlande 112 – Belgien 99 – Dänemark 93 – Italien 36 – Irland 25 (keine Angaben über Luxemburg).

Die Zahl der jährlichen **Kirchenaustritte** liegt in der Bundesrepublik bei über einer Viertelmillion und ist bei den Protestanten (1975 rd. 150 000) größer als bei den Katholiken (1974 83 277).

Nach Angaben der Bundesregierung sind von **1971–1975 der DDR aus Haushaltsmitteln des Bundes, des Landes Berlin, von der Bundesbahn und Bundespost** – ohne Berücksichtigung der zinslosen Überziehungskredite (Swing) im innerdeutschen Handel – **4,2 Mrd. DM zugeflossen**. Nach Berechnungen der Bundesregierung erhöhte sich der jährliche **Abfall** in der Bundesrepublik von 60,7 Mill. t 1970 auf 71,5 Mill. t 1975; für 1985 wird mit einer Müllmenge von 100 Mill. t gerechnet. – **Für Umweltschutzmaßnahmen** wurden **1970 bis 1974 von der Industrie 38,1 Mrd. DM** und **von der öffentlichen Hand 28,6 Mrd. DM aufgewendet**; für die Jahre 1975–1979 schätzt man die erforderlichen Aufwendungen auf 111,2 (Industrie allein 65,9) Mrd. DM.

Die Zahl der *Wehrdienstverweigerer* ist nach Angaben des Bundesverteidigungsministeriums 1975 gegenüber dem Vorjahr um 4,6 % gesunken; es wurden 32 565 Anträge gestellt (Höchstzahl 1973 mit 35 192). – Bis zum Herbst 1975 sind insgesamt knapp 7500 **Entwicklungshelfer** aus der Bundesrepublik für mindestens zwei Jahre ins Ausland entsandt worden; 1975 befanden sich etwa

1450 Helfer in Afrika, Asien und Lateinamerika. Mit Bundesmitteln wurden 1975 etwa 4790 Stipendiaten aus Entwicklungsländern gefördert.
Die Ausgaben der Bundesregierung für **Katastrophenhilfe im Ausland** erreichten 1975 eine Höhe von mehr als 40 Mill. DM. – Von Angehörigen der *»Deutschen Lebensrettungsgesellschaft«/* DLRG wurden 1975 **603** (1974 524) **Menschen vor dem Ertrinken gerettet.**
Nach der **Kriminalstatistik** für 1975 hat sich die Gesamtzahl der Straftaten (ohne Verkehrs- und Staatsschutzdelikte) gegenüber dem Vorjahr um 6,5 % auf 2 919 390 erhöht; bei Taxi-Überfällen ergab sich z. B. eine Zunahme von 10,7 % auf 114, bei den Sexualstraftaten ein Rückgang, u. a. bei Vergewaltigungen um 2,8 %. Die Aufklärungsquote belief sich auf 44,8 %, lag jedoch bei schweren Verbrechen hoch. Im März 1975 befanden sich über *34 000* (März 1976 46 000) Personen im *Gefängnis.*
Nach Erkenntnissen der Bundesregierung waren im Dezember 1975 *in der DDR* 353 Bundesbürger und Westberliner in Straf- und 112 in Untersuchungshaft.
Nach im Auftrag der Länderjustizminister vorgenommenen Untersuchungen am Freiburger Max-Planck-Institut haben in der Bundesrepublik **Wirtschaftsstraftäter 1974 einen Schaden von mehreren Mrd. DM verursacht;** wegen einer Schadensumme von 1,7 Mrd. DM wird von der Staatsanwaltschaft ermittelt. Am 10. 6. 1975 billigte der Bundestag ein Gesetz gegen Wirtschaftskriminalität.
Im *Verfassungsschutzbericht* für 1975 liegt die Zahl der Mitglieder linksextremistischer Organisationen wesentlich höher als die der rechtsextremistischen. Nach Auffassung des Bundesinnenministers ist trotz vereinzelter Terroranschläge und militanter Aktivitäten der »neuen Linken« die **innere Sicherheit der Bundesrepublik 1975 gewährleistet gewesen.** Durch neuartige Ermittlungsmethoden konnten beachtliche Erfolge in der Aufdeckung von Spionagefällen und der Abwehr verfassungsfeindlicher Kräfte erreicht werden. Die Bundesrepublik wird als Ziel »besonderer« Spionageaktivitäten kommunistischer Länder, namentlich der DDR, bezeichnet.
Nach einer vom Bundesinnenministerium angefertigten Aufstellung wurden **seit Bestehen des sogen. »Extremisten-Erlasses«** bzw. vom 1. 1. 1973 bis zum 30. 6. 1975 vom Verfassungsschutz **454 585 Bewerber** (u. a. in Nordrhein-Westfalen 84 308, in Baden-Württemberg 69 550 und in Bayern 55 000) **für den öffentlichen Dienst vom Verfassungsschutz überprüft und 235** (u. a. Baden-W. 50, Nordrhein-W. 30, Hamburg 29, Hessen 26, Bayern 23) – d. h. 0,05 % aller Überprüften – **wegen mangelnder Verfassungstreue nicht eingestellt.**

BERLIN (WEST)

Fläche: 480,08 qkm – **Einwohner:** 1 984 837 Einw. (F 31. 12. 1975; dazu etwa 102 000 mit einem zweiten Wohnsitz im übrigen Bundesgebiet; 2 023 980 Z 1970) = 4134 je qkm.
Geburten- und Sterbeziffer 1973 je 1000 Einw.: 9,1/19,1 – **Sterbe-U.:** 10 – **Bevölkerungsentwicklung** 1975 ergab sich wieder ein **Sterbeüberschuß**, dazu ein Wanderungsverlust von 17 685, so daß die Wohnbevölkerung um 39 150 Personen abnahm. Der Anteil der Berliner im Alter von 65 Jahren und darüber ist auf rund 22 % gestiegen. (»Modelle der Bevölkerungsentwicklung in Berlin/West bis zum Jahre 1990« geben P. Ring u. I. Pfeiffer im Sonderheft 110 des DIW, Berlin 1975) – **Religion** (Z 1971): Überwiegend Protestanten (70,2 %), außerdem Katholiken (12,5 %), kleine jüdische Minderheit (über 5000) und Konfessionslose.
Politischer Status: Nach der Verfassung vom 1. 9. 1950 ein deutsches Land und zugleich eine Stadt, volle Zugehörigkeit zur Bundesrepublik von den Besatzungsmächten suspendiert. »Abgeordnetenhaus« (Vors.: Peter Lorenz, CDU; Mandate 1976: CDU 69, SPD 67, F.D.P. 11), das den Regierenden Bürgermeister wählt, der ihm seinerseits Senatoren für die Regierungsaufgaben zur Wahl vorschlägt. Selbstverwaltung in den 12 Stadtbezirken – **Regierung:** Vom Senat ausgeübt, seit 1975 von SPD u. F.D.P. gebildet – **Regierender Bürgermeister:** Dr. h. c. Klaus Schütz, SPD; Bürgermeister Wolfgang Lüder F.D.P. – Außer den genannten Parteien u. a. die aus der KP hervorgegangene »Sozialistische Einheitspartei West-Berlins«/SEW; Vors. Gerhard Danelius, sowie der »Bund Freies Deutschland«; Vors. Prof. Dr. Ing. Max Pfender.
Das Berlin-Abkommen v. 3. 9. 1971 (in Kraft seit 3. 6. 1972) hält u. a. fest, daß Berlin (West) kein konstit. Teil der Bundesrepublik ist, anerkennt jedoch die engen Bindungen an diese. Nach der Auffassung der drei Westmächte, u. a. am 14. 4. 1975 erneut dem UNO-Generalsekretär übermittelt, gilt, im Gegensatz zur Auffassung der UdSSR und DDR, der Viermächte-Status nicht nur für Westberlin, sondern für Gesamtberlin. – Durch das Viermächte-Abkommen über Berlin (s. WA '73), das Transitabkommen zwischen der Bundesrepublik Deutschland und der DDR sowie die Vereinbarungen des Senats von Berlin (West) mit der DDR haben sich u. a. neue Voraussetzungen für eine störungsfreie Entwicklung der Wirtschaft ergeben. Die von der DDR am 4. 7. 1973 geforderte

Anerkennung der »Sektorengrenze« als »Staatsgrenze der DDR zu West-Berlin« sowie der Spree zwischen Kreuzberg und Friedrichshain als »Grenzgewässer der DDR« wird von den drei Westmächten in Übereinstimmung mit dem Senat von Berlin (West) abgelehnt. Am 28. 5. 1975 bekräftigten die Außenminister der drei Westmächte in Paris den »Viermächte-Status« für das gesamte Berlin und bekannten sich zur strikten Einhaltung des »Vier-Mächte-Abkommens« vom 3. 9. 1971. Von der DDR wird weiterhin (u. a. erneut am 30. 10. 1975) die Auffassung vertreten, Ostberlin stehe nicht unter dem »Viermächte-Status«. Die UdSSR wiederholte ihren Standpunkt im gleichen Sinne, u. a. am 12. 5. 1975 in einer Verbalnote an den UNO-Generalsekretär als Antwort auf eine Note der Westmächte vom 14. 4. 1975.

Nach dem Jahresbericht der »Industrie- und Handelskammer« und Angaben des DIW (»Wochenbericht« 1976/6 u. 25) ist infolge der engen Verknüpfung der Berliner Wirtschaft mit dem übrigen Bundesgebiet und dem westlichen Ausland, in denen die Rezession 1975 erst spät abzuklingen begann, Westberlin durch **den schärfsten Konjunktureinbruch** seit der »Blockade« von 1948/49 betroffen worden; die gesamtwirtschaftlichen Leistungen gingen zurück, wenn auch mit einer **Abnahme des realen Bruttoinlandsprodukts um 2,2 %** weniger als im übrigen Bundesgebiet. Nominal belief sich das Wachstum des Bruttoinlandsprodukts auf rund 4 %, so daß es einen Umfang von 38,7 Mrd. DM erreichte. Der Umsatz der Gesamtindustrie ging 1975 auf 20,15 (1974 20,52) Mrd. DM zurück, jener der Produktionsgüterindustrie verminderte sich um 5 %, während der Umsatz der Verbrauchsgüterindustrie sich um 3 % erhöhte. Im zweiten Halbjahr 1975 zeigte sich eine gewisse Erholung, auch in der Bauwirtschaft, besonders beim Tiefbau. Der **Großhandelsumsatz** erlitt real starke Einbußen, der Einzelhandelsumsatz stagnierte. Die **Anlageinvestitionen** waren um etwa 6 % niedriger als 1974. – Die industrielle Produktion blieb auch 1975 überwiegend fernabsatzorientiert, wurde doch nur rund ein Zehntel vom Berliner Markt aufgenommen, während allein etwa vier Fünftel in das übrige Bundesgebiet gingen. Die *Warenlieferungen* (nach dem übrigen Bundesgebiet) erreichten (prov., Zahlen gerundet) 1975 18,90 (1974 19,10) Mrd. DM, nach der DDR (m. Ost-Berlin) 0,288 (0,255) Mrd. DM, die Exporte nach dem Ausland 3,93 (3,83) Mrd. DM. Die Einfuhr stieg auf rund 21,0 (20,67) Mrd. DM, wovon 18,54 (18,43) auf Westdeutschland und das westliche Ausland und 0,86 Mrd. DM auf die DDR (mit Ost-Berlin) entfielen. Die *Arbeitsproduktivität* erhöhte sich 1975 um 2 %, während sie im übrigen Bundesgebiet zurückging. Die *Beschäftigungsstruktur* veränderte sich weiterhin ungünstig, die Zahl der öffentlich Bediensteten stieg erneut an, während im warenproduzierenden Gewerbe eine Abnahme um 10 % zu verzeichnen war. Seit 1970 nahm die Zahl der öffentlich Beschäftigten um 15 % auf 194 000 zu, während die Zahl der in der Industrie Erwerbstätigen um 23 % auf rund 204 000 zurückging. Die Zahl der Arbeitnehmer lag 1975 um 3,7 % unter jener v. 1974 (Stand 1. Vj. 1976 845 000). – Im 1. Vj. 1976 nahm das BSP real um über 2 % zu.

Die **Zahl der Arbeitslosen** war im Januar 1976 mit rund 39 000 doppelt so hoch wie im Rezessionsjahr 1967, aber die Arbeitslosenquote mit im Jahresdurchschnitt 3,8 % niedriger als im übrigen Bundesgebiet. Die Zahl der offenen Stellen lag mit 6600 am Jahresende 1975 so tief wie seit langem nicht. Während der **Anteil der ausländischen Arbeitskräfte** an der Gesamtzahl der Beschäftigten sich auf 11 % belief, betrug ihr Anteil an den Arbeitslosen 22 %. Der Anteil der Ausländer insgesamt ging wegen Heimkehr auf 189 000 zurück. Ab 1. 4. 1976 besteht wegen »Überlastung des Siedlungsgebietes« ein Zuzugsstopp für ausländische Arbeitnehmer. 1975 kamen etwa 10 000 Arbeitnehmer aus dem übrigen Bundesgebiet nach Berlin (West), während es 1974 13 381 waren; insgesamt sind seit August 1961 305 000 Arbeitnehmer aus Westdeutschland zugewandert, von denen allerdings ein beachtlicher Teil wieder wegzog.

Die gesamte **Bundeshilfe** für 1975 belief sich auf 6,35 Mrd. DM (1974 5,88 Mrd. DM) und summierte sich seit 1951 auf rund 63 Mrd. DM. – Der *Haushalt* erreichte 1975 eine Höhe von 13,28 Mrd. DM und war defizitär. – **Haushaltsentwurf 1976:** 15,15 Mrd. DM; erhoffter Bundeszuschuß 7,05 Mrd. DM. – Die gesamte *Schuldenlast* wird für Berlin für Ende 1975 mit (prov.) 10,3 Mrd. DM angegeben, was je Einwohner rund 5300 DM bedeutet.

Der *Transitverkehr* nach Berlin ist 1975 zu über 99 % reibungslos verlaufen; rund 2 Mill. Personen sind 1975 über die Transitstraßen nach Berlin gefahren. Der gesamte Transitverkehr von und nach Berlin (West) zählte 14,8 Mill. Personen. Während 1971 nur 85 000 Westberliner in den Osten der Stadt zu Besuch einreisen konnten, waren es 1975 rund 2,7 (einschl. der Reisen nach der übrigen DDR 3,2) Millionen. – Seit dem Inkrafttreten des Transitabkommens am 4. 6. 1972 bis Ende Juli 1976 sind auf den Transitstrecken nach Berlin 511 Personen (u. a. 301 Westberliner) festgenommen, 181 wieder freigelassen worden, während sich 330 noch in Haft befinden (überwiegend wegen Beteiligung an »Fluchthilfe«).

BERLIN (OST)

Fläche: 403 qkm – **Einwohner:** 1094,0 T (B Mitte 1975) = 2716 Einw. je qkm

Geburten- u. Sterbeziffer je 1000 Einw. 1974: 10,1/14,3 – **Sterbe-U.:** 4,2 – **Religion:** Überwiegend Protestanten (rund 72 %), dazu Katholiken (11 %), etwa 600 Juden; Konfessionslose – Ost-Berlin ist Hauptstadt der DDR u. n. deren Auffassung ihr integraler Bestandteil. Oberbürgermeister: Dipl.-Volkswirt Erhard Krack, SED, seit 1974

Wichtige Ausfuhrgüter: Erzeugnisse der eisen- u. metallschaffenden sowie -verarbeitenden Industrie, Elektrotechnische Artikel; über 30 % der Erwerbstätigen in Industrie und Baugewerbe – In der Planperiode 1976–1980 sollen in der Hauptstadt bis 77 000 neue Wohnungen geschaffen werden, darunter 20 000 durch Modernisierung.

DEUTSCHE DEMOKRATISCHE REPUBLIK/DDR

Fläche (99): 108 178 qkm (ohne Ost-Berlin 107 775 qkm) – **Einwohner** (37): 16 850 125 (S Ende 1975; ohne Ost-Berlin 15 755 625; Z 1971 m. Ost-Berlin 1 706 831) = 156 je qkm (einschl. Ost-Berlin: 46,5 % männlichen, 53,5 % weibl. Geschlechts) 24,6 % der Bevölkerung leben in Orten mit weniger als 2000, 23,5 % in Städten mit über 100 000 Einwohnern (1974) – **o. S.** 0 % – **BSP** 1973: 50 850 Mill. $, 1974 prov. 58 880 Mill. $, **je E.:** 3430 $; **JZ** 2,9 %.

Bevölkerung: Deutsche; kleine sorbische Minderheit (Wenden: 40–60 000, S) in der Lausitz und im Spreewald mit gewissen Autonomierechten – **Geburten- u. Sterbeziffer** je 1000 Einw. (einschl. Ost-Berlin) 1975: 10,8/14,3 – **Sterbe-U.:** 3,5 – **Religion:** Schätzung der Kirchen für 1974 8,47 Mill. Angehörige der evangel. Landeskirchen, 1,3 Mill. röm. Katholiken, 100 000 Angehörige von Freikirchen. Etwa 900 Juden, über die Hälfte in Ost-Berlin.

Nationalfeiertag: 7. 10. – **Nationalflagge:** schwarz-rot (mit Wappen: Ährenkranz, Hammer u. Zirkel) – gold (waagerecht) – **U:** Gründung der DDR am 7. 10. 1949

Regierungsform: »Sozialistischer Staat« n. d. Verfassung v. 1968, in der nach den Änderungen vom 7. 10. 1974 die Wiedervereinigungsabsicht nicht mehr genannt ist. – Parlament aus 1 Kammer (»Volkskammer«; Präsident Gerald Götting, CDU); Verteilung der 500 Sitze nach einem festen Schlüssel: SED 127 Sitze, die von ihr gelenkten Massenorganisationen 165 (FDGB 68, DFB 35, FDJ 40, DKB 22), (Ost-)CDU, DBD, LDPD und NDPD je 52 Sitze; die 66 von Ost-Berlin entsandten Vertreter haben faktisch volles Stimmrecht – Wahlrecht und wählbar alle über 18 J. alten Bürger – Legislaturperiode 5 Jahre – Wahlen v. 14. 11. 1971: für die Kandidaten der »Nationalen Front der DDR« 99,63 % der Stimmen – Nächste Wahl 17. 10. 1976 – Der **»Staatsrat«**, ein Organ der »Volkskammer«, vertritt die DDR völkerrechtlich. Der **»Ministerrat«** ist als Organ der »Volkskammer« (Parlament) die Regierung der DDR; sein Vorsitzender wird von der stärksten Fraktion (SED) der »Volkskammer« vorgeschlagen und, wie die Mitglieder des Ministerrats, von der »Volkskammer« gewählt. Der Vorsitzende des Ministerrats leitet auch dessen Präsidium – Allgem. Wehrpflicht (»Nat. Volksarmee«/NVA) – Verwaltungsgliederung in die Bezirke Cottbus, Dresden, Erfurt, Frankfurt, Gera, Halle, Karl-Marx-Stadt (Chemnitz), Leipzig, Magdeburg, Neubrandenburg, Potsdam, Rostock, Schwerin, Suhl; Land- und Stadtkreise

Staatsrat (für 5 Jahre von der Volkskammer gewählt) mit 24 Mitgliedern u. einem Sekretär. Vors.: Armeegeneral a. D. Willi Stoph, Stellvertreter: F. Ebert, Dr. M. Gerlach (LDPD), G. Götting (CDU), Dr. H. Homann (NDPD), H. Rietz (DBD), soweit nicht anders angegeben, alle SED – Sekretär: Heinz Eichler – Vorsitzender des Nat. Verteidigungsrates: Erich Honecker (SED) – **Ministerrat** (Stand Sept. 1976) Präsidium: Vors.: Horst Sindermann, SED; 1. Stellvertreter: Alfred Neumann und Dr. rer. oec. Günter Mittag, beide SED – Weitere Stellvertr.: Dipl.-Wirtsch. M. Flegel, NDPD – Hans-Joachim Heusinger, LDPD – Dipl.-Ing. Günther Kleiber, SED – Dipl.-Wirtsch. W. Rauchfuß, SED – Dipl.-Ges.-W. G. Schürer, SED – R. Schulze, CDU – Dr. W. Titel, DBD – Dr. G. Weiss, SED, Ständiger Vertreter der DDR beim RGW – Dr. H. Weiz, SED – Dr. K. Wünsche, LDPD – Leiter d. Büros d. Ministerrates: Dr. Rudolf Rost, SED – Minister: Ing. Otto Arndt, SED, Minister f. Verkehrswesen – Dr. Karl Bettin, SED, Minister für Leichtindustrie – Dr. Manfred Bockmann, Chef des Ministeriums für Geologie – Dipl.-Wirtsch. Siegfried Böhm, SED, Minister der Finanzen – Prof. Hans-Joachim Böhme, SED, Minister für Hoch- u. Fachschulwesen – Gerhard Briska, SED, Minister für Handel und Versorgung – Generaloberst Friedrich Dickel, SED, Minister des Innern u. zugleich Chef der Volkspolizei – Heinz Kuhrig, Minister für Land-, Forst- und Nahrungsgüterwirtschaft – Dipl.-Wirtsch. Manfred Flegel, NDPD, Vors. d. Staatl. Vertragsgerichts b. Ministerrat – Dr. rer. oec. Rudi Georgi, Minister f. Verarbeitungsmaschinen und Fahrzeugbau – Dipl.-Wirtsch. Walter Halbritter, SED, Minister und Leiter des Amtes für Preise – Werner Greiner-Petter, SED, Minister für Glas- und Keramikindustrie – Hans Joachim Hoffmann, SED, Minister für Kultur – Armeegeneral Heinz Hoffmann, SED, Minister für Nationale Verteidigung – Margot Honecker, SED, Minister f. Volksbildung – Bauing. Wolfgang Junker, SED, Minister für Bauwesen – Ing. Heinz Matthes, SED, Minister und Vors. des Komitees der Arbeiter- und Bauerninspektion – Prof. Dr. Ludwig Mecklinger, Minister für Gesundheitswesen – Generaloberst Erich Mielke, SED, Minister für Staatssicherheit – Dipl.-Wirtsch. Wolfgang Rauchfuß, SED, Minister für Materialwirtschaft – Hans Reichelt, DBD, Minister für Umweltschutz und Wasserwirtschaft – Rudolph Schulze, CDU, Minister für Post- und Fernmeldewesen – Gerhard Schürer, SED, Vorsitzender der Staatlichen Plankommission – Bergbauing. Klaus Siebold, Minister für Kohle und Energie – Dipl.-Ing. Dr. Kurt Singhuber, Minister für Erzbergbau, Metallurgie und Kali – Dipl.-Wirtsch. Horst Sölle, SED, Minister für Außenhandel – Ing. Otfried Steger, SED, Minister für Elektronik u. Elektrotechnik – Dr. Udo-Dieter Wange, SED, Minister für Bezirksgeleitete Industrie und Lebensmittelindustrie – Dr. rer. oec. Herbert Weiz, SED, Minister für Wissenschaft und Technik – Oskar Fischer, SED, Minister für Auswärtige Angelegenheiten – Dipl.-Chem. Günther Wyschofsky, SED, Minister für Chemische Industrie – Schiffbauing. Gerhard Zimmermann, SED, Minister für Schwermaschinen- und Anlagenbau – Horst Kaminsky, SED, Präsident der Staatsbank und Mitglied des Ministerrates – Weitere wichtige Ämter: Staatssekr. in der Plankommission Heinz Klopfer, SED, Mitglied des Ministerrates – Staatssekretär im Außenmin. u. 1. Stellv. d. Außenministers: Herbert Krolikowki, SED – stellv. Leiter d. Büros beim Ministerrat: Dr. Gerhard Schüssler, SED – Leiter des Presseamtes beim Vors. des Ministerrates: Kurt Blecha, SED – *Oberstes Gericht:* Präsident: Dr. Heinrich Toeplitz, CDU – *Generalstaatsanwalt:* Dr. Josef Streit, SED – Leiter der Ständ. Vertretung der DDR in der BR Deutschland: Minister Dr. Michael Kohl, SED (Kandidat des ZK).

Parteien: Seit dem Zusammenschluß von KPD und Ostdeutscher sowie Ost-Berliner SPD – am 21. 6. 1946 – zur »Sozialistischen Einheitspartei Deutschlands«/**SED** hat diese in allen Fragen entscheidenden Einfluß. Seit dem IX. Parteitag (Mai 1976) bezeichnet sich die SED als eine »Abteilung der internationalen kommunistischen Bewegung«; in ihrem neuen Statut ist kein Hinweis auf eine einheitliche deutsche Nation vorhanden, sondern klar **festgelegt, daß sich in der DDR durch die Arbeiterklasse die »sozialistische deutsche Nation« entwickle.** Mitgliederzahl Mitte 1976 2 043 697 (dazu mehr als 45 000 Kandidaten), und zwar 56 % Arbeiter, 5,6 % Genossenschaftsbauern, 12,8 % Angestellte und u. a. 18,6 % Angehörige der Intelligenz. Von den Mitgliedern und Kandidaten sind 29,4 % Frauen. **Generalsekretär** (Titel seit 1976) **des ZK der SED:** Erich Honecker; Sekretäre des ZK (das seit dem IX. Parteitag 145 Mitglieder u. 57 Kandidaten umfaßt): Horst Dohlus (Vors. d. FDJ, Kaderchef der SED), Joachim Herrmann, Werner Krolikowski, Inge Lange, Albert Norden. Dem Politbüro d. Zentralkomitees/ZK der SED gehören (Mitte 1976) an: Hermann Axen, Friedrich Ebert, Werner Felfe, Gerhard Grüneberg, Professor Kurt Hager (Sekretär für Kultur und Wissenschaft), Heinz Hoffmann, Erich Honecker, Werner Krolikowski, Werner Lamberz, Erich Mielke, Dr. rer. oec. Günter Mittag, Erich Mückenberger (Vors. d. Zentr. Parteikontrollkommission), Konrad Naumann, Alfred Neumann, Albert Norden (Leiter d. Agitationskommission), Horst Sindermann, Willi Stoph, Paul Verner (Sicherheitsfragen) und Harry Tisch, Vors. d. FDGB; Mitglieder ohne Stimmrecht sind Egon Krenz u. Werner Walde. – Kandidaten des Politbüros: Joachim Herrmann, Dr. rer. oec. Werner Jarowinski, Günter Kleiber, Inge Lange, Margarete Müller – Außer d. SED sind zugelassen: Die (Ost-)**CDU** (1975 130 000 Mitgl.; Vors. Philologe Gerald Götting), die »Liberal-Demokrat. Partei Deutschlands«/**LDPD** (1975 70 000 Mitgl.; Vors. Dr. Manfred Gerlach), die »National-Demokrat. Partei Deutschlands«/**NDPD** (1945 80 000 Mitgl.; Vors. Prof. Dr. Heinrich Homann) und die »Demokratische Bauernpartei Deutschlands«/**DBD** (Vors. Ernst Goldenbaum)

Städte: (B Mitte 1975): Berlin (Ost-, Hptst.) 1 094 496 Einw., Leipzig 568 877, Dresden 508 298, Karl-Marx-Stadt (Chemnitz) 302 925, Magdeburg 276 580, Halle/Saale 239 181, Rostock 211 723, Erfurt 203 190, Zwickau 122 064, Potsdam 118 134, Gera 114 117, Schwerin 105 951, Dessau 100 663, Jena 99 877

Postleitzahlen: 10 u. 11 Berlin – 80 Dresden – 50 Erfurt – 65 Gera – 40 Halle/Saale – 90 Karl-Marx-Stadt – 70 Leipzig – 30 Magdeburg – 15 Potsdam – 25 Rostock – 95 Zwickau (außerdem Zusatzzahlen für die einzelnen Postämter)

Mitgliedschaft: UNO, Rat für gegenseitige Wirtschaftshilfe/RGW (Comecon), Warschauer Vertrag, ECE, IAEA, ILO, IMCO, ITU, UNCTAD, UNESCO, UPU, WHO, WMO, Verwaltungsrat des UNO-Sekretariats für Umweltschutz

11,29 Mrd. $ – **Ausfuhr** 10,09 Mrd. $ – **W:** 1 Mark der DDR (M) = 100 Pfennig; 1 US-$ = 2,55 M (offiz. Kurs), 1 M = etwa 0,25 DM (inoffiz.)
Staatshaushalt 1975 (1974) in Mrd. Mark: Einnahmen 106,46, Ausgaben 106,41 (103,29), dav. f. Bildg. 8,29, f. Gesundh. u. Soz. 7,89, f. Soz.-Vers. u. Renten 21,36. – Der von der Volkskammer verabschiedete **Volkswirtschaftsplan** 1976 sieht gegenüber 1975 eine mäßigere Wachstumsrate vor, wie sich aus einigen Vergleichen ergibt: Nationaleinkommen 5,3 % (1975 5,5 %) – Industrielle Warenproduktion 6 % (6,3 %) – Warenumsatz im Einzelhandel 4 % (4,6 %) – Nettogeldeinnahmen bei d. Bevölkerung 4 % (4,6 %) – Größere Steigerungen sind, vor allem zur *Verstärkung d. Rohstoffbasis,* in der Chemischen Industrie vorgesehen, soll doch hier die Wachstumsrate 7,4 % betragen. Überdurchschnittl. hoch sind auch die geplanten Steigerungen bei den industriellen **Investitionen** mit 8,7 % (4,6 %) u. beim Außenhandelsumsatz m. 9,7 % (9,1 %). Die als erforderlich geltenden höheren Industriepreise – erzwungen durch Verteuerung von Rohstoffeinfuhren – sollen sich nicht auf die Einzelhandelspreise und die Verkehrstarife auswirken; deshalb werden die **Subventionen** für den »gesellschaftlichen Fonds« kräftig erhöht, auf über 40 Mrd. Mark. In der *Landwirtschaft* ist für 1976 nur eine Erhöhung d. Produktion um 1,4 % (1975 2,4 %) vorgesehen.
1975 wurde allgemein das Plansoll erreicht und in einigen Sektoren übertroffen, u. a. in der Elektrotechnik, in der Chemischen Industrie sowie nicht zuletzt in der Bauwirtschaft (Errichtung von 96 000 Neubauwohnungen). Geringer als erwartet stieg das Nationaleinkommen (5,0 % statt 5,5 %). – **Ergebnis 1. Hj. 1976:** Sozialprodukt +5 %, industr. Warenproduktion +6,6 %, Ausfuhr +11 % Exp. in die RGW-Länder +14 %.
Im **Fünfjahresplan 1971–1975** ergaben sich beim *geplanten/erreichten durchschnittlichen jährlichen Zuwachs* folgende Prozentsätze: Produziertes Nationaleinkommen 4,9/5,4 – Industrielle Warenproduktion 6,0/6,5 – Bruttoinvestitionen im Inland 3,0/4,0. Privater Verbrauch (gemessen am Warenfonds bzw. Wareneinsatz oder Einzelhandelsumsatz) 4,5/5,1.
Gegenüberstellung mit den Planzielen für 1976 bis 1980 im Schaubild:

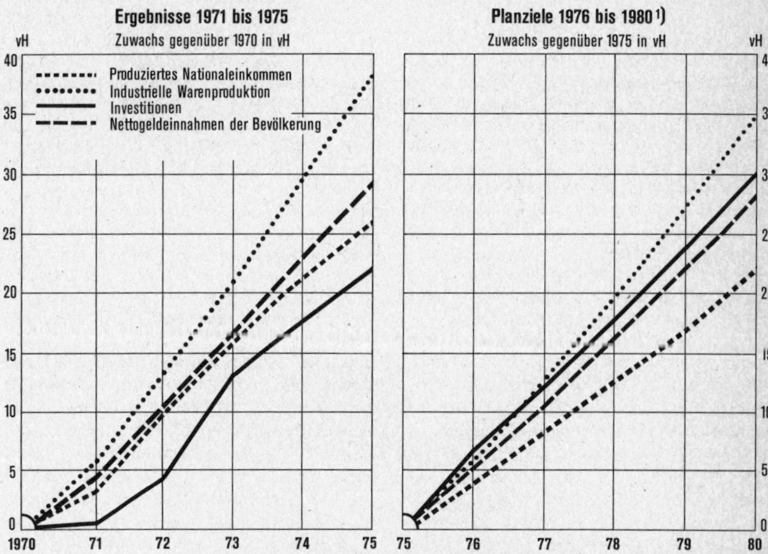

[1]) 1976: Volkswirtschaftsplan 1976; 1977 bis 1980: Fünfjahrplan 1976 bis 1980 nach Berücksichtigung der Ansätze für 1976

Entwicklung und Planziele der Wirtschaft der DDR 1971–1980
(nach »Wochenbericht« des DIW 1976/8; modifiz.)

Das **Gesamtvolumen der Investitionen für den Fünfjahresplan 1976–1980** ist auf 240–243 Mrd. Mark festgesetzt, wovon 7–8 Mrd. Mark auf *Investitionsbeteiligungen im RGW-Raum* entfallen sollen. – Der *private Verbrauch* soll im Jahresdurchschnitt nur um 4 % ansteigen. **Voraussetzung** – entsprechend dem Motto »Es ist von dem Grundsatz auszugehen, daß nur das verbraucht werden kann, was vorher erarbeitet wurde« – **für die eingesetzten Planziele** sind u. a. eine **Steigerung der Arbeitsproduktivität** im Planjahrfünft um 30–32 % sowie die **komplexe Nutzung der einheimischen Ressourcen,** und zwar der Primär- wie auch der Sekundärrohstoffe (Erhöhung der Erfassung von Metallschrott, Altpapier-, Plastik- und Holzabfällen), schließlich ganz allgemein **größte Sparsamkeit** sowohl beim Einsatz von Rohstoffen als auch bei der Verwendung der Energieträger. Um die **Transportsituation** zu verbessern, sollen bis 1980 Eisenbahnstrecken auf einer Länge von 800 km ein zweites Gleis erhalten.

Zur **Erhöhung des Lebensniveaus der Bevölkerung** soll u. a. bis 1980 der Bau von 750 000 *Wohnungen* durchgeführt werden. Geplant sind ferner bis zu 17 000 neue Unterrichtsräume, 14 000 Schulinternatsplätze sowie 35 000–55 000 Plätze in Kinderkrippen. 1975 besuchten 83 % aller Kinder im Vorschulalter *Kindergärten.* Außerdem sollen bis 1980 alle Haushalte mit Kühlschränken, 80 % mit Waschmaschinen und 97 % mit Fernsehgeräten ausgestattet sein.

Die *Säuglingssterblichkeit* konnte auf unter 16 je 1000 Lebendgeburten gesenkt werden, die *Müttersterblichkeit* auf 2 je 10 000. Derzeit kommt auf je 550 Einwohner ein *Arzt.*

Das **durchschnittliche Monatseinkommen** belief sich 1974 (nach offiz. Angaben) auf 867, im Verkehr auf 965, im Bauwesen auf 922 und in der Industrie auf 865 Mark.

Nach dem IX. Parteitag der SED wurden im Mai 1976 folgende **soziale Verbesserungen** für Berufstätige und Rentner bekanntgegeben, die z. T. bald, z. T. in den nächsten fünf Jahren durchgeführt werden sollen: **Anhebung des Mindestlohnes** ab Oktober 1976 von 350 **auf 400 Mark** und der Mindestrenten ab Dezember 1976 um 30–60 Mark; Verringerung der wöchentlichen **Arbeitszeit** ab Mai 1977 für Schichtarbeiter auf 42 bzw. 40 Stunden und Zusatzurlaub für diese Gruppe von 3 Arbeitstagen. Die Arbeitszeit für Lehrer soll herabgesetzt werden, berufstätige Mütter sollen zusätzliche Vergünstigungen erhalten.

Unbefriedigend ist weiterhin die Entwicklung der **Straftaten**, wenn auch bei den schweren Verbrechen ein Rückgang verzeichnet wird.

Die Zahl der **Studierenden** belief sich 1974 an den Hochschulen auf 136 417 (dav. 65 248 Frauen) und an den Fachschulen auf 154 300 (dav. 91 400 Frauen). Auf je 1000 Einw. kamen 1974 8 **Eheschließungen** und 2,5 **Ehescheidungen.**

Im 1976 verabschiedeten Statut der SED heißt es, der Staat garantiert *Gleichberechtigung* unabhängig von nationaler Zugehörigkeit, »von Weltanschauung, religiösem Bekenntnis und sozialer Stellung«.

Ein **Vergleich des Sozialprodukts der Bundesrepublik und der DDR** ist aus einer Vielzahl von Gründen außerordentlich schwierig und kann nur annähernde Werte bringen, wie dies in einer Untersuchung des »Deutschen Instituts für Wirtschaftsforschung«/DIW (»Wochenbericht« 1976 S. 110 ff.) ausdrücklich festgestellt wird. »In den letzten Jahren ist das Sozialprodukt in der DDR weiter stetig gewachsen. Infolge der Rezession in der Bundesrepublik Deutschland hat sich im Vergleich der beiden Länder der Abstand im Produktionsniveau verringert, nicht aber der Rückstand in der Arbeitsproduktivität; nach wie vor werden nur etwa zwei Drittel der westdeutschen Leistung erreicht. Wegen der in der DDR höheren Erwerbsquote war der Rückstand im Sozialprodukt je Einwohner geringer; er lag 1974 bei etwa einem Fünftel. Die Konsumquote ist – in westdeutschen Preisen gerechnet – um 7 Prozentpunkte niedriger als in der Bundesrepublik . . . In den Jahren 1967–1974 haben sich vor allem bei der Arbeitsproduktivität in den . . . Vergleichsrelationen Veränderungen ergeben. In der Landwirtschaft und wohl auch im warenproduzierenden Gewerbe hat sich der Rückstand gegenüber der Bundesrepublik vergrößert . . . Dagegen wurde im Bereich Handel und Verkehr der Versorgungsrückstand im Vergleich zur Bundesrepublik vermindert, und zwar mittels einer deutlich angehobenen relativen Produktivität . . . Während . . . **beim privaten Verbrauch je Einwohner immer noch ein Rückstand von etwa 30 v. H.** besteht, ist in der DDR der Staatsverbrauch pro Kopf höher als in der Bundesrepublik.«

Nach dem absoluten Bruttosozialprodukt zu Marktpreisen lag 1974 (provisorische Angaben der »Weltbank«) **die DDR an 16. Stelle** (die BR Deutschland nach den USA, der Sowjetunion und Japan an 4. Stelle) und übertraf damit zahlreiche ungleich volkreichere Länder, ohne andererseits die Wirtschaftsleistung der nicht nur nach Fläche, sondern auch nach der Bevölkerung viel kleineren Niederlande zu erreichen; **je Einwohner** gerechnet kam **die DDR mit 3430 $ an die 19.** (Bundesrepublik 6.) **Stelle** (unter Einschluß der Ölländer Katar, Kuweit u. Ver. Arab. Emirate), d. h. sie lag noch knapp vor Großbritannien, außerdem u. a. vor

Italien und übertraf um einiges die Tschechoslowakei – das nach ihr führende RGW-Land – und mit großem Abstand die Sowjetunion (2300 $). Nach Vorausschätzungen des DIW wird die **Bevölkerung** der DDR zwischen 1975 und 1990 um rund 650 000 auf 16,7 Millionen **abnehmen**, auch unter Nichtbeachtung von Abwanderungen; **infolge der veränderten Altersstruktur** dürfte sich jedoch die **Zahl der Erwerbstätigen um 610 000 erhöhen** und der Rentneranteil abnehmen. Kamen 1970 auf 100 Personen im erwerbsfähigen Alter noch 73 im nichtarbeitsfähigen, so waren es 1975 nur noch 68; 1990 dürften es dann 49 sein. Derzeit ist der Rentneranteil so hoch wie in wenigen Ländern der Erde. – 1975 kamen 3,1 Mill. Westdeutsche im Besuchs- und Reiseverkehr in die DDR; 1,33 Mill. Rentner und etwa 40 000 Nichtrentner der DDR unternahmen 1975 Reisen in die Bundesrepublik.

DIEGO GARCIA s. Großbritannien II (Brit. Terr. im Ind. Ozean)

DOMINICA s. Großbritannien II (Assoziierte Staaten Westindiens)

DOMINIKANISCHE REPUBLIK

(República Dominicana)

Fläche (113): 48 734 qkm – **Einwohner** (84): 4 700 000 (B 1975, 4 006 405 Z 1970) = 96,5 je qkm – Etwa 45 % städt. Bevölkerung – **o. S.** 35 % – **BSP** 1973: 2310 Mill. $, 1974 prov. 2710 Mill. $, **je E.**: 590 $; **JZ** 5,1 % – **L** 22 % – **In** 27 %

Bevölkerung: Fast zwei Drittel Mulatten und andere Mischlinge, etwa 12 % Neger, ein Achtel (nach anderen Schätzungen 28 %) Weiße meist altspanischer Abstammung – **Geburten- u. Sterbeziffer** jährl. Wachstumsrate (1965–1973) 2,9 % – **Staatssprache:** Spanisch, im Westen als Umgangssprache auch Kreolen-Französisch – **Religion:** röm. Katholiken; Protestanten (1–2 %) u. 600 Juden

Nationalflagge: rot-blau gewürfelt mit Wappen in weißem Kreuz – **Nationalfeiertag:** 27. 2. – **U:** 1844

Staats- u. Regierungsform: Präsidiale Republik – Parlament (»Congreso Nacional«) aus 2 Kammern (»Cámara de Diputados« u. »Senado«), deren Mitglieder für fünf Jahre gewählt werden – Wahlberechtigt alle über 18 J. alten Bürger – Wehrpflicht – Verwaltungsgliederung in 26 Provinzen u. in den Hauptstadtdistrikt Santo Domingo – **Staatsoberhaupt:** Dr. Joaquín Balaguer, PR, wiedergewählt 1974 – **Außenminister:** Kommodore Ramón Emilio Jiménez Hiso – **Parteien:** Bei den Wahlen von 1974 erhielt d. »Partido Reformista«/PR wegen Wahlboykotts der Opposition alle Sitze in beid. Kammern; außerdem »Partido Revol. Dom.«/PRD und z. T. illegale extreme Rechts- und Linksgruppen (links: PCD, PSP, PMD usw.) – **Dipl. B.:** BRD

Städte (Z 1970): Santo Domingo de Guzmán (Hptst., als Nat.-Distr.) 671 402 Einw., Santiago de los Caballeros 155 151, San Francisco de Macorís 36 976, San Juan de la Maguana 30 752

Wichtige Ausfuhrgüter: Zucker (bis 50 % des Außenhandelswertes), Kaffee, Tabak, Kakao, Bauxit – **Wichtigste Außenhandelspartner:** USA, Japan, BR Deutschland und andere EG-Länder – 1975 **Einf.** 773 Mill. $, **Ausf.** 895 Mill. $ – **W:** 1 dom. Peso (RD$) = 100 Centavos; 1 US-$ = 1 Rd$; 1 RD$ = 2,5807 DM

Mitgliedschaft: UNO, ECLA, OAS, CECLA, FAO, GATT, IAEA, IBRD, ICAO, IDB, IFC, ILO, IMF, IMCO, ITU, UNESCO, UPU, WHO, WMO, SELA

DSCHAMMU (Jammu) s. Indien

ECUADOR

(República del Ecuador)

Fläche (65): 283 561 qkm (mit Galápagos-In. = Archipiélago Colón, 7812 qkm, 1971 3816 Einw.) – **Einwohner** (68): 6 730 000 (S 1975, 6 500 845 ohne Urwald-Ind. Z 1974) = 23,7 je qkm (E. erhebt Anspruch auf eine Fläche von 174 565 qkm, die lt. dem Vertrag v. Rio de Janeiro von 1942 an Perú abgegeben werden mußten.) – Über 40 % städt. Bevölkerung – **o. S.** 30 % – **BSP** 1973: 2560 Mill. $, 1974 prov. 3200 Mill. $, je E. 460 $; **JZ** 2,8 % – **L** 26 % – **In** 22 %

Bevölkerung. Über 25 % (n. and. Angaben 40 %) Mestizen, 30–40 % Indianer (fast ein Viertel Ketschua-Sprechende), etwa 10–15 % Weiße, etwa 5 % Neger u. Mulatten – **Geburten- und Sterbeziffer:** jährl. Wachstumsrate (1970–1973) 3,4 % – **Staatssprache:** Spanisch, als Umgangssprache u. a. auch Ketschua (s. o.) – **Religion:** rund 90 % röm. Katholiken; 20 000 Protestanten und 2000 Juden; Naturreligionen der östlichen Tieflandindianer

Nationalflagge: ein breiter gelber, ein blauer und ein roter Streifen (waagerecht) mit Wappen – **Nationalfeiertag:** 10. 8. – **U:** 1822 bzw. nach Loslösung von Großkolumbien 10. 8. 1830

Staats- u. Regierungsform: Präsidiale Republik – Parlament (»Congreso«) aus 2 Kammern (»Cámara de Diputados« u. »Senado«), Mitglieder werden für 4 bzw. 2 Jahre gewählt – Wahlberechtigt alle über 18 J. alten Bürger (für Männer Wahlpflicht, außer Analphabeten) – Wehrpflicht – Verwaltungsgliederung in 20 Provinzen – **Staatsoberhaupt:** Seit Januar 1976 ein »Oberster Regierungsrat« (»Consejo Supremo de Gobierno«) mit Vizeadmiral Póveda Burbano, Oberbefehlshaber der Marine, an der Spitze; außerdem General Guillermo Durán Arcentales (Oberbefehlsh. d. Heeres) u. General Luis Leoro Franco (Oberbefehlsh. d. Luftwaffe) – **Außenminister:** Dr. Armando Pesantes – **Parteien:** Konserv. »Union Demócrata Cristiana«/ UDC, Sozialisten und u. a. Dem. Inst. Koalition, »Nat.-Velasquist. Bewegung«. Parteien faktisch suspendiert, KP verboten. – **Dipl. B.:** BRD u. DDR

Städte (S 1972): Quito (Hptst.) 564 900 Einw., Guayaquil 860 600, Cuenca 77 327, Ambato 75 279, Esmeraldas 59 025, Machala 58 739, Riobamba 53 657, Portoviejo 47 512

Wichtige Ausfuhrgüter: Erdöl (über 50 %), Bananen, Kaffee, Kakao, Zucker, Fischprodukte, Balsaholz, Reis – **Wichtigste Außenhandelspartner:** USA, Japan, BR Deutschland u. and. EG-Länder, Venezuela, Kolumbien – 1975 **Einf.** 943 Mill. $, **Ausf.** 884 Mill. $ – **W:** 1 Sucre (s/.) = 100 Centavos; 1 US-$ = 24,80 s/.; 1 s/. = 0,1038 DM

Mitgliedschaft: UNO, OAS, ALALC, CECLA, ECLA, FAO, IAEA, IBRD, ICAO, IDB, ILO, IMCO, IMF, ITU, OPEC, UNESCO, UPU, WHO, WMO, SELA

ELFENBEINKÜSTE

(République de Côte-d'Ivoire)

Fläche (60): 322 463 qkm – **Einwohner** (82): 4 890 000 (S 1975) = 15,1 je qkm – 30–35 % städt. Bevölkerung – **o. S.** 70–80 % – **BSP** 1973: 2250 Mill. $, 1974 prov. 2570 Mill. $, **je E.** 420 $; **JZ** 3,0 % – **L** 29 % – **In** 19 %

Bevölkerung: Sudangruppen (Agni, Kru, Mande), Fulbe; 20 000 Europäer, meist Franzosen – **Geburten- und Sterbeziffer:** jährl. Wachstumsrate (1965–1972) 2,5 % – **Staatssprache:** Französisch, sudanes. Sprachen (an der Küste: Kwa) – **Religion:** christliche (15 %, zu etwa 70 % Katholiken) und muslimische (20–25 %) Gruppen; Anhänger von Naturreligionen

Nationalflagge: orange-weiß-grün (senkrecht) – **Nationalfeiertag:** 7. 12. – **U:** 1960

Staats- u. Regierungsform: Präsidiale Republik – Parlament aus 1 Kammer – Wahlrecht für alle Erwachsenen – Verwaltungsgliederung in 6 Departements – **Staatsoberhaupt** u. Regierungschef: Félix Hophouët-Boigny, PDCI, wiedergewählt 1975 – **Außenminister:** Arsène Assouan Usher – **Parteien:** »Parti démocratique de la Côte-d'Ivoire«/ PDCI, allein im Parlament vertreten – Einheitsparteisystem – **Dipl. B.:** BRD

Städte (S 1971 m. V.): Abidscham (Abidjan, Hptst.) 500 000 Einw., Buake (Bouaké) 105 000, Man 52 000, Daloa 32 000, Grand-Bassam 23 000, Korhogo 23 000

Wichtige Ausfuhrgüter: Kaffee und Holz je bis 30 %, Kakao, Erze, Bananen, Ananas – **Wichtigste Handelspartner:** Frankreich u. and. EG-Länder (bes. BR Deutschland), USA, Algerien, Senegal, Japan – 1975 **Einf.** 1127 Mill. $, **Ausf.** 1181 Mill. $ – **W:** 1 CFA-Franc (FCFA) = 100 Centimes; 1 US-$ = 236,56 FCFA, 1 FCFA = 0,0109 DM

Mitgliedschaft: UNO, UEA, Conseil de l'Entente, BCIE, CFA, ECA, FAO, GAMO (OCAM), GATT, IAEA, IBRD, ICAO, IFC, ILO, IMCO, ITU, UDEAO, UNESCO, UPU, WHO, WMO, CEAO, CCD – Assoziiert an d. EG, ECOWAS (CEDEAO)

ELLICE-INSELN (jetzt Tuvalu) s. Großbritannien II

EL SALVADOR

(República de El Salvador)

Fläche (128): 21 040 qkm – **Einwohner** (90): 4 040 000 (B 1975, 3 549 260 Z 1971) = 192,3 je qkm – Über 40 % städt. Bevölkerung – **o. S.** 40 % – **BSP** 1973: 1320 Mill. $, 1974 prov. 1540 Mill. $, **je E.** 390 $; **JZ** 0,8 % – **L** 26 % – **In** 24 %

Bevölkerung: etwa 70 % Mestizen (Ladinos), 10–20 % Indianer, 10 % Weiße meist altspan. Abstammung – **Geburten- u. Sterbeziffer** je 1000 Einw. 1975: 40,1/8,0 – **Geb.-Ü.:** 32,1 – **Staatssprache:** Spanisch, örtlich indianische Mundarten (Nahua, Maya) – **Religion:** röm.-katholisch (85 %), protestantische Minderheit (etwa 75 000), 300 Juden

Nationalflagge: blau-weiß(mit Wappen)-blau (waagerecht) – **Nationalfeiertag:** 15. 9. – **U:** 1821 (Trennung von Spanien) bzw. 1838 (selbständ. Republik nach Auflösung d. Zentralamerik. Föderation)

Staats- u. Regierungsform: Präsidiale Republik – Parlament aus einer Kammer (»Asamblea Nacional Legislativa«), deren Mitglieder für zwei Jahre gewählt werden – Wahlpflicht für alle erwachsenen Männer, Wahlrecht für die Frauen – Beschränkte Wehrpflicht – Verwaltungsgliederung in 14 Departamentos – **Staatsoberhaupt** u. Regierungschef: Oberst Arturo Armando Molina, PCN, seit 1972 – **Außenminister:** Mauricio Borgonovo – **Parteien:** Wichtigste Gruppierungen (Wahl 1974) »Partido de Conciliación Nacional«/PCN (32 von 52 Sitzen), Opp.: »Partido Democr. Cristiano«/PDC, »Unión Nacional«, »Frente Democrático«, »Partido Acción Renovadora«/PAR. Die KP ist verboten – **Dipl. B.:** BRD

Städte (S 1969): San Salvador (Hptst., 1972) 378 827 Einw., Santa Ana 168 047, San Miguel 107 658, Zacatecoluca 55 000, Santa Tecla 54 000

Wichtige Ausfuhrgüter: Kaffee (30–40 % des Ausfuhrwertes), Baumwolle, Gold, Zucker, Chem. Produkte – **Wichtigste Außenhandelspartner:** USA, Guatemala, Japan, BR Deutschland u. and. EG-Länder, Venezuela – 1974 **Einf.** 562 Mill. $, **Ausf.** 463 Mill. $ – **W:** 1 Colón = 100 Centavos; 1 US-$ = 2,50 Colón, 1 Colón = 1,0297 DM

Mitgliedschaft: UNO, OAS, ODECA, Zentralamerikanischer Verteidigungsrat, CECLA, ECLA, FAO, IAEA, IBRD, ICAO, IDB, IFC, ILO, IMF, ITU, MCC, UNESCO, UPU, WHO, WMO, SELA

ENIWETOK s. Vereinigte Staaten von Amerika (Überseebesitzungen)

FALKLAND-INSELN s. Argentinien und Großbritannien

FÄRÖER-INSELN s. Dänemark

FERNANDO DE NORONHA s. Brasilien

FIDSCHI

(Fiji; Viti; Fidschi-Inseln)

Fläche (130): 18 272 qkm – **Einwohner** (131): 580 000 (B 1975, 476 727 Z 1966) = 31,6 je qkm – 34 % städt. Bevölkerung – **o. S.** 20 % – **BSP** 1973: 360 Mill. $, 1974 prov. 410 Mill. $, **je E.** 720 $; **JZ** 5,3 % – **L** 21 % – **In** 20 %

Bevölkerung: über 45 % Inder, 38 % Fidschi (Fijians), rund 6600 Europäer, ca. 10 000 mit Europäern Vermischte, etwa 5200 Chinesen, 12 000 Angehörige verschiedener pazifischer Gruppen (u. a. Rotumas) – **Geburten- und Sterbeziffer:** jährl. Wachstumsrate (1970–1973) 1,9 % – **Staatssprache:** Englisch u. Fidschi; Umgangssprache z. T. Hindi – **Religion:** Methodisten u. Angehörige anderer protestantischer Kirchen, etwa 47 000 röm. Katholiken, über 40 % Hindus, 8–10 % Muslimen; ferner Minderheiten von Sikh und Konfuzianern

Nationalflagge: blaues Feld m. »Union Flag« links oben u. Wappen in der Mitte rechts – **Nationalfeiertag:** 10. 10. – **U:** 1970

Staats- u. Regierungsform: Parlamentarisch-dem. Monarchie – Zweikammerparlament: Senat aus 22 Mitgl., darunter 7 vom Premierminister, 8 vom »Rat der Häuptlinge«, 6 vom Oppositionsführer ernannt; 1 Vertreter des »Rates von Rotuma« – Abgeordnetenhaus – **Staatsoberhaupt:** Königin Elizabeth II., seit 1970, vertreten durch einen Generalgouverneur: Ratu Sir George Cakobau, Urenkel des letzten Königs – **Regierungschef:** Premierminister Ratu Sir Kamisese K. T. Mara, All. P. – **Parteien:** »Alliance Party«/All. P., mit 33 v. 52 Sitzen n. d. Wahl v. 1972; außerdem »Nat. Federation Party« d. Inder 17 – **Dipl. B.:** BRD u. DDR

Städte (1966): Suva (auf Viti Levu) 54 157 Einw., m. V. 80 248; im übrigen nur kleinere Siedlungen

Wichtige Ausfuhrgüter: Zucker (über 50 %), Kokosöl, Kopra, Gold, Bananen, Manganerz – **Wichtigste Außenhandelspartner:** Australien, Großbritannien, Neuseeland, Japan, USA – 1975 **Einf.** 273 Mill. $, **Ausf.** 175 Mill. $ – **W:** 1 Fidschi-Dollar ($F) = 100 Cents; 1 $F = 0,8943 US-$ bzw. 2,8849 DM

Mitgliedschaft: UNO, Commonwealth of Nations, FAO, GATT (assoz.), IBRD, ICAO, IMF, ITU, UPU, WHO, Südseeforum, EG (assoz.)

FINNLAND

(finn.: Suomen Tasavalta, schwed.: Republiken Finland)

Fläche (56): 337 009 qkm (einschl. 31 557 qkm Wasserfläche) – **Einwohner** (83): 4 710 000 (F 1975, de jure 4 622 299 Z 1970) = 13,9 je qkm – 58 % städt. Bevölkerung – **o. S.** 0 % – **BSP** 1973: 16 170 Mill. $, 1974 prov. 19 350 Mill. $; **je E.** 4130 $; **JZ** 5,2 % – **L** 12 % – **In** 45 %

Bevölkerung: 92,4 % Finnen, 6,5 % Schweden, 3843 Lappen (1962) – **Geburten- u. Sterbeziffer** je 1000 Einw. 1975: 14,2/9,4 – **Geb. Ü.:** 4,8 – **Staatssprache:** Finnisch u. Schwedisch – **Religion:** protestantisch 92,7 %; orthodoxe Minderheiten (1,3 %) über 3000 Katholiken, 1500 Juden, etwa 1000 Muslimen

Nationalflagge: blaues Kreuz a. weißem Feld – **Nationalfeiertag:** 6. 12. – **U:** 1917

Staats- u. Regierungsform: Parlamentarisch-dem. Republik – Parlament mit einer Kammer (»Eduskunta«, Riksdag), Mitglieder für vier Jahre gewählt – Allgemeines Wahlrecht – Vertraglich festgesetzte Höchstgrenze der Wehrmacht – Verwaltungsgliederung in 12 Provinzen (darunter die weitgehend auton. Åland-In. – finn.: Ahvenanmaa – m. eig.

Landtag u. schwed. Amtssprache; 1505 qkm u. 20 873 Einw., 1971) – **Staatsoberhaupt:** Präs. Dr. Urho Kaleva Kekkonen, erneut s. 1974 – **Regierungschef:** Marttii Miettunen, Zentrum, Chef einer Koalitionsregierung aus Zentr., Sozialdem., Schwed. Volksp., Kommun. u. Unabh. – **Außenminister:** Kalevi Sorsa, Sozialdem. – **Parteien:** (Reichstagssitze nach den Wahlen von 1975): »Zentrumspartei« (»Agrarunion«, 39 u. 17,7 % der Stimmen), »Finnische Volksdemokratische Union« (Suomen Kansan Demokraattinen liitto), durch die Kommunisten bestimmt (41 u. 19 %), »Sozialdemokrat. Partei« (Suomen Sosialidemokraattinen puolue, 54 u. 25 %), »Konservative Partei« (Kansallinen Kokoomus, 34 u. 18,4 %), »Schwedische Volkspartei« (Svenska folkpartitet i Finland, 10 u. 4,7 %), »Finnische Landpartei« (2 u. 3,6 %), »Liberale Volkspartei« (Kansanpuolue, 9 u. 4,4 %), Christl. Verband (9 u. 3,3 %), Finn. Einheitspartei (1 u. 1,7 %), Konst. Volkspartei (1 u. 1,6 %) usw. Rücktritt d. Reg. Miettunen Sept. 1976 – **Dipl. B.:** BRD u. DDR

Städte (F 1971): Helsinki (schwed. Helsingfors; Hptst., 1973) 509 666 Einw., A. 837 553, Tampere (Tammerfors) 164 105, m. V. 231 758, Turku (Åbo) 160 830, m. V. 227 245; 1971, Espoo (Esbo) 101 558, Lahti 91 036, Oulu (Uleåborg) 87 090, Pori (Björneborg) 76 927, Kuopio 67 439, Jyväskylä 58 925, Vaasa (Vasa) 49 536, Lappeenranta (Villmanstrand) 51 395, Hämeenlinna (Tavastehus) 38 430, Imatra 34 756, Kotka 33 985

Wichtige Ausfuhrgüter: Papier, Holz und Zellulose (über 70 % der Gesamtausfuhr), Maschinen, Metallwaren, Schiffe, Textilien – **Wichtigste Außenhandelspartner:** Schweden, BR Deutschland, Großbritannien, Sowjetunion, USA, Niederlande, Frankreich, Dänemark – 1975 **Einf.** 7602 Mill. $, **Ausf.** 5487 Mill. $ – **W:** 1 Markka (mk) = 10 Penni; 1 US-$ = 3,878 mk, 1 mk = 0,6638 DM

Mitgliedschaft: UNO, Nordischer Rat, EFTA, OECD, ADB, ECE, FAO, GATT, IAEA, IBRD, ICAO, IFC, ILO, IMCO, IMF, ITU, UNESCO, UPU, WHO, WMO, Abkommen m. RGW (Comecon) u. EG, CCD

FÖDERATION ARABISCHER STAATEN s. Union Arab. Staaten

FORMOSA s. China: Rep. China (Taiwan)

FRANKREICH
(République Française)

Fläche (44): 547 026 qkm (m. Korsika: 8682 qkm u. 218 500 Einw. 1972, aber ohne Übersee-Departements) – **Einwohner** (15): 52 658 253 (F 20. 2. 1975, 49 778 540 Z 1968) = 96,7 je qkm – Über 70 % städt. Bevölkerung – **o. S.** 1–2 % – **BSP** 1973: 236 610 Mill. $, 1974 prov. 272 410 Mill. $, **je E.** 5190 $ – **JZ** 5,0 % – **L** 6 % – **In** 46 %

Bevölkerung: Franzosen, u. a. 1,2 Mill. (nach and. Ang. über 2 Mill.) mit bretonischer Mundart, 1,2 Mill. Deutschsprechende (Elsaß-Lothringen), 120 000 Italienischsprechende, 0,3 Mill. Katalanen, 0,2 Mill. Flamen, über 0,1 Mill. Basken. 1. 1. 1976 (offiz. S) 4 196 134, d. h. 7,7 % Ausländer, u. a. (n. »Le Monde« 1976) 871 223 Algerier, 858 929 Portugiesen, 558 205 Italiener, 531 384 Spanier, 322 067 Marokkaner, 167 463 Tunesier, 86 408 Polen, 77 810 Jugoslawen und 64 110 Belgier – **Geburten- u. Sterbeziffer** je 1000 Einw. 1974: 15,2/10,4 – **Geb.-Ü.:** 4,8 – **Staatssprache:** Französisch – **Religion:** im wesentl. röm.-kath., doch stark verbreiteter Laizismus, rd. 900 000 Protestanten (u. a. 600 000 Calvinisten), 550 000 Juden (davon etwa die Hälfte im Ballungsraum Paris), rd. 180 000 Angehörige der Armenischen Kirche

Nationalflagge: (Trikolore) blau-weiß-rot (senkrecht – **Nationalfeiertag:** 14. 7. – **U:** Wurzel der eigentlichen französischen Staatsgeschichte ist der Vertrag von Verdun (843); Republik endgültig seit 1871

Staats- u. Regierungsform: Demokratische Republik (Verfassung von 1958, seit 1962 m. starker Stellung des Präsidenten, der f. 7 Jahre gewählt wird u. den Regierungschef ernennt – Parlament aus 2 Kammern (»Sénat« u. »Assemblée nationale«), für neun bzw. fünf Jahre gewählt – Verfassungsrat – Beratendes Organ: Wirtschafts- u. Sozialrat – Wahlrecht ab 18 Jahren – 95 Départements u. 21 Regionen – **Staatsoberhaupt:** Präsident u. Vors. d. Ministerrates Valéry Giscard d'Estaing, seit Mai 1974 – **Regierungschef,** Wirtschafts- u. Finanzminister: Prof. Dr. Raymond Barre, parteilos, Min.Präs. eines Kabinetts aus U.D.R., Ind., Zentr., Radikalsoz. u. Parteilosen – **Außenminister:** Louis de Guiringaud, parteilos – **Parteien:** U.D.R. (Gaullisten und Verwandte) 183 in der 487 Abgeordnete zählenden Nationalversammlung, Unabh. Republikaner (Rép. Ind.) 55, Sozialist. Partei (»Parti Socialiste«/P.S.F.) 89, Kommunisten (»Parti Communist«/P.C.F.) 73, Reformer (»Mouvement Réformateur«) 34, Fortschrittl. Demokr. (»Centre Démocratie et Progrès«/C.D.P.) 23, Union der sozialist. u. demokrat. Linken (»Union de la gauche socialiste et démocrate«/U.G.S.D.) 11, Vereinigte Soz. Partei u. Radikale Linke (»Parti socialiste unifié«/P.S.U. usw.) 3, Sonstige 19. 1975 schlossen sich mehrere Parteien zur »Föderation der Reformatoren« u. 1976 C.D.P. u. C.D. zum

»Zentr. d. Soz. Demokraten« zusammen. Die französische KP zählt rund 1,5 Mill. Mitglieder – **Dipl. B.:** BRD u. DDR

Städte (1968): Paris (Hptst.) 2 317 227 (F 20. 2. 1975; m. V. 1968 8 196 746, als Ballungsraum [über 1100 qkm] 1975 etwa 10 Mill. Einw.), Lyon 1 074 823, Marseille 964 412, Lille-Roubaix-Tourcoing 881 439, Bordeaux 555 152, Toulouse 439 764, Nantes 393 731, Nice (Nizza) 392 695, Rouen 369 793, Toulon 340 021, Strasbourg (Straßburg) 334 668, Grenoble 332 423, St.-Etienne 331 414, Nancy 257 823, Le Havre 247 374, Valenciennes 223 629, Cannes 213 397, Douai 205 432 (alle m. V.)

Wichtige Ausfuhrgüter: Maschinen u. Fahrzeuge (bis 30 %), Eisen und Stahl (bis 10 %), Chem. Produkte, Textilien, Getreide, Obst, Gemüse, Wein, Parfümerien – **Wichtigste Außenhandelspartner:** BR Deutschland, Benelux, Italien, USA, Großbritannien, Schweiz, Spanien, Schweden, UdSSR, Japan, Algerien, Mitglieder der »Communauté« – 1975 **Einf.** 54 247 Mill. $, **Ausf.** 52 214 Mill. $, **W:** 1 Franc (F) = 100 Centimes; 1 US-$ = 4,73525 Franc, 1 Franc = 0,5436 DM

Mitgliedschaft: UNO, NATO, SEATO, WEU, Europarat, ECA, ECE, ECLA, EG, FAO, GATT, IAEA, IBRD, ICAO, IFC, ILO, IMCO, IMF, ITU, OECD, UNESCO, UPU, WHO, WMO, CCD; seit 1966 vollständiger Rückzug aus den integrierten NATO-Streitkräften u. -stäben

ÜBERSEEGEBIETE

1. Gebiete, die als Teil des Mutterlandes gelten (Départements d'Outre-Mer; Frz.-Guayana hat in d. Franz. Nationalversammlung u. im Senat je 1 Vertreter, die drei anderen Dep. sind je mit 3 Abgeordneten u. 2 Senatoren vertreten).

Französisch-Guayana (Übersee-Dep.; Guyane Française), 91 000 qkm (davon das Binnengebiet Inini 78 500 qkm) und 57 000 (1974) Einw.; Hauptstadt Cayenne 24 518 Einw. (1967) – Haupts. röm. Katholiken – Ausfuhr von Holz, Rum, Essenzen – Parteigruppierungen: »Mayouri« u. GONG (rad. links).

Guadeloupe (Übersee-Dep.) m. Dependenzen, 1779 qkm und 350 000 (S 1975) Einw. (92 % Mulatten u. Neger) – Hauptstadt Basse-Terre 16 000 Einw., Pointe-à-Pitre 29 538 (zu G. gehört ein Teil d. Insel St.-Martin m. 52 qkm u. über 5000 Einw.) – Ausf. v. Zucker, Bananen, Rum

Martinique (Übersee-Dep.), 1102 qkm und (S 1975) 360 000 (haupts. röm.-kath.) Einw., Hauptstadt Fort-de-France 99 057 (B 1971) Einw. – Ausf. v. Bananen, Zucker, Rum

Réunion (Übersee-Dep.) 2510 qkm und (S 1975) 500 000 (haupts. röm.-kath.) Einw. (etwa 30 % europ., sonst meist afrikan. Herkunft), Hauptstadt St. Dénis 85 444 Einw., St. Paul 43 129, St. Pierre 40 335, St. Louis 26 663 – Ausf. haupts. Zucker; Essenzen, Rum

2. Übersee-Territorien mit beschränkter Selbstverwaltung (Territoires d'Outre-Mer):

Französisch-Polynesien (Polynésie Française) mit Gesellschaftsinseln (Tahiti und andere Ins.), Marquesas-Inseln, Tuámotu-Gruppe, Gambier-, Tubuai- od. Austral-, Rapa-Inseln u. a. 4000 qkm und etwa (S 1975) 130 000 Einw.; Hauptstadt Papéete 25 342, m. V. 36 784 (1971) Einw. – Nationalist. Parteien: Te Ea Api (»Der neue Weg«) und Puru Mere Ai/A (»Bewegung der Patrioten«) – Je 1 Vertr. in d. franz. Nationalversammlung u. im Senat.

Französ. Territorium der Afar und Issas (»Térritoire française des Afars et des Issas«) 23 000 qkm u. (1967) 125 000 Einw.: 42 270 Afar bzw. Danakil, 58 240 Somali, 10 250 Franzosen und andere Europäer, 8285 Araber, 37 850 Ausländer; hauptsächl. Muslimen, katholische Minderheit; Hauptstadt Djibouti 62 000 Einw. (1970) – Innere Autonomie. Franz. Gouverneur, Gesetzgebende Versammlung. Vizepräs. als Regierungschef: Abdallah Mohammed Kamil (Afar), UNI, seit 1976 – Wichtigste Parteien: »Union Nationale de l'Indépendance«/U.N.I. u. die opposit. »Ligue Populaire Africaine de l'Indépendance«/L.P.A.I. unter Hassan Gouled; beide Parteien verlangen baldige **Unabhängigkeit,** die U.N.I. z. T. mit, die L.P.A.I. ohne Bindungen an Frankreich. Illegal »Front de Libération de la Côte Française des Somalis«/FLCFS. – **Volksabstimmung über die Unabhängigkeit** für Anfang 1977 **vorgesehen.**

Mayotte 374 qkm u. etwa 35 000 Einw. – Hptst.: Dzaoudzi, etwa 8000 Einw. – Ausf. v. Zucker, Vanille u. Parfumpflanzen – Die sehr gemischte Bevölkerung (Mahorais) hat sich am 11. 4. 1976 in einer Abstimmung gegen den Anschluß an die Komoren (s. diesen Hauptartikel) ausgesprochen (79,59 % bevorzugen den Status eines Übersee-Departements). Sonderstatut vorgesehen.

Neukaledonien (**Nouvelle-Calédonie**) m. Dependenzen, 19 058 qkm und (S 1975) 120 000 meist christl. Einw. (u. a. über 50 000 Melanesier, etwa 32 000 franz. Europäer, rd. 10 000 Polynesier usw.) – Hauptstadt Nouméa 55 000 Einw. (1972 m. V.) – Verwaltung durch Gouverneur mit Generalrat. Wichtigste Parteien: »Union calédonienne«,

»Union multiraciale«. Innere Autonomie in Vorbereitung. Je 1 Vertreter in Senat u. Nat.Vers.

Saint-Pierre und **Miquelon**, 242 qkm und 5186 (Z 1967) Einw., Hauptstadt St. Pierre 4565 (Z 1967) Einw.. (Je 1 Vertr. in Sen. u. Nat.Vers.)

Wallis und **Futuna**, 225 qkm und 8546 (B 1972) Einw.; Hauptort Mata Utu in der Wallis-Gruppe.

Französisch sind ferner: **Clipperton** (Isle de la Pasión) 1,6 qkm u. 30 Einw. (verwaltungsmäßig ein Teil von Franz.-Polynesien), **Crozet-Inseln** 476 qkm, **Kerguelen** 6332 qkm (wiss. Stationen in Port-aux-Français), **St. Paul** 7 qkm und **Amsterdam** (Neuamsterdam) 66 qkm sowie die »Iles (Terres) Australes« (Bassas da India, Europe, Glorieux-A., Juan da Nova, Tromelin) über 160 qkm, stark gemischte Bevölkerung. Dem Gouverneur v. Réunion in separater Verwaltung unterstehend.

3. Von Frankreich beanspruchtes Hoheitsgebiet in der Antarktis:

Adélieland (Terre Adélie) zwischen 136° und 142° ö. L. (zusammen mit den subantarktischen Inseln Crozet, Kerguelen, St. Paul und Amsterdam) bezeichnet als »Terres Australes et Antarctiques Françaises« mit etwa 395 500 qkm

4. Ein französisch-britisches Kondominium bilden die **Neuen Hebriden** (Nouvelles-Hébrides), 14 763 qkm (S 1975) u. 90 000 Einw. (Z 1967 77 988), Hauptstadt Vila (m. V.) 8106 Einw. (1967). Frankreich u. Großbritannien einigten sich am 4./5. 11. 1974 auf die Einrichtung einer gewählten »Versammlung« als **Schritt zur Autonomie u. Unabhängigkeit.** Die erste Sitzung der aus 38 Mitgliedern bestehenden Repräsentativversammlung fand im April 1976 in Vila statt; sie wurde von der »New Hebrides National Party« boykottiert.

(Die »**Communauté**«, in der die unabhängig gewordenen Überseegebiete gleichberechtigt vertreten waren, ist faktisch formlos aufgelöst worden.)

FRANZÖSISCHES TERRIT. DER AFAR U. ISSAS s. Frankreich (Französische Republik 2)

FRANZÖSISCH-GUAYANA s. Frankreich (Französische Republik 1)

FRANZÖSISCH-POLYNESIEN s. Frankreich (Französische Republik 2)

FREUNDSCHAFTS-INSELN s. Tonga

FUTUNA (m. Alofi) s. Frankreich (Französische Republik 2)

GABUN
(République Gabonaise)

Fläche (68): 267 667 qkm – **Einwohner** (132): 540 000 (S 1975; Zählung 1960/61 448 504; Z 1970 noch nicht greifbar) = 2 je qkm – Etwa ein Drittel städt. Bevölkerung – **o. S.** 85 % – **BSP** 1973: 680 Mill. $, 1974 prov. 820 Mill. $, **je E.** 1560 $; **JZ** 6,1 % – **L** 13 % – **In** (Bergbau) 53 %. **Bevölkerung:** Bantu-Gruppen (Fang, Eschira, Mbédé, Omyene), Pygmäen (Zwergvölker); 1971 12 800 Europäer, meist Franzosen – **Geburten- u. Sterbeziffer:** jährl. Zuwachsrate (1970–1973) etwa 1,1 % – **Amtssprache:** Französisch; Umgangssprachen Bantu-Sprachen (bes. Fang) – **Religion:** rund 340 000 Katholiken und 50 000 Protestanten; Anhänger von Naturreligionen

Nationalflagge: grün-gelb-blauviolett (waagerecht) – **Nationalfeiertag:** 12. 3. – **U:** 1960

Staats- u. Regierungsform: Präsidiale Republik u. Parlament aus einer Kammer – Wahlrecht für alle Erwachsenen – Wehrpflicht noch unbestimmt – Verwaltungsgliederung in 9 Regionen – **Staatsoberhaupt u. Regierungschef:** Omar Bongo, erneut seit 1973, ihm direkt verantwortlich als »Premierminister« Léon Mebiame, der ihn vertritt – **Außenminister:** Martin Bongo – **Parteien:** Bei den Wahlen von 1973 entfielen alle Sitze auf den »Bloc démocratique gabonais«/BDG; es waren keine Gegenkandidaten aufgestellt – **Dipl. B.:** BRD u. DDR

Städte (1965): Libreville (Hptst. 1967) 57 000 Einw., m. V. 1970 105 000, Port-Gentil 25 000, Lambaréné 4000

Wichtige Ausfuhrgüter: Erdöl (über 80 %), Holz, Mangan- u. Uranerz – **Wichtigste Außenhandelspartner:** Frankreich, USA, BR Deutschland, Großbritannien u. and. EG-Länder – 1975 (ohne UDEAC-Handel) **Einf.** 469 Mill. $, **Ausf.** 942 Mill. $ – **W:** 1 CFA-Franc (FCFA) = 100 Centimes; 1 US-$ = 236,56 FCFA, 1 FCFA = 0,0109 DM

Mitgliedschaft: UNO, OEA, Französische Gemeinschaft, Mitglied der »Union Douanière et Économique de l'Afrique Centrale«/UDEAC; assoziiert an die EG; CFA, ECA, FAO, GATT, IAEA, IBRD, ICAO, IDA, ILO, IMF, ITU, UNESCO, UPU, WHO, WMO, CCD, OPEC; einige Spez.-Organ. v. GAMO (OCAM)

GALÁPAGOS-INSELN s. Ecuador

GAMBIA
(Republic of Gambia)

Fläche (134): 11 295 qkm (einschl. 948 qkm Binnengewässer) – **Einwohner** (134): 520 000 (S 1975, 493 197 Z 1973) = 46,0 je qkm – Etwa 15 %

städt. Bevölkerung – **o. S.** 70–80 % – **BSP** 1973: 60 Mill. $, 1974 prov. 80 Mill. $, **je E.** 170 $; **JZ** 2,2 % – **L** 25 % – **In** 40 %

Bevölkerung: rund zwei Fünftel Mandingo; Wolof und u. a. ein Fünftel Fulbe; etwa 600 Europäer – **Geburten- u. Sterbeziffer:** jährliche Wachstumsrate (1970–1973) 2,2 % – **Staatssprache:** Englisch, Mandingo 40 %, Wolof u. Ful je 20 % usw. – **Religion:** über vier Fünftel Muslimen, christliche Minderheiten (u. a. 35 000 Protestanten, über 10 000 röm. Katholiken), Anhänger von Naturreligionen

Nationalflagge: rot-blau-grün (waagerecht), getrennt durch weiße Streifen – **Nationalfeiertag:** 18. 2. – **U:** 1965

Staats- u. Regierungsform: Parlament aus einer Kammer – Allgemeines Wahlrecht ab 21 Jahren – Keine Wehrpflicht – Verwaltungsgliederung in die Hauptstadt und 6 Divisionen – **Staatsoberhaupt und Regierungschef:** Sir Dauda Kairaba Jawara (Dawda Karaiba Jawra), PPP, wiedergewählt 1972 – **Außenminister:** Andrew David Kamara – **Parteien:** »Progressive People's Party«/PPP, seit den Wahlen v. 1972 28 Sitze, außerdem »United Party« (3), 1 Unabhängiger – **Dipl. B.:** BRD u. DDR

Städte (S 1973): Banjul (fr. Bathurst; Hptst.) 41 047, m. V. über 50 000 Einw., Brikama 4400, Salikene 4000

Wichtige Ausfuhrgüter: Erdnüsse und -öl (bis 80 %), Palmkerne, Fischprodukte, Häute, Felle, Wachs – **Wichtigste Außenhandelspartner:** Großbritannien u. and. EG-Länder, USA, Japan – 1975 **Einf.** 60 Mill. $, **Ausf.** 49 Mill. $ – **W:** 1 Dalasi (D) = 100 Butut; 1 US-$ = 2,2676 D, 1 D = 1,1473 DM

Mitgliedschaft: UNO, OEA, Commonwealth, Assoziierungsabkommen mit Senegal; FAO, GATT, IBRD, ILO, IMF, UNESCO, WHO; Mano-Fluß-Union (m. Liberia u. Sierra Leone); assoz. m. d. EG; ECOWAS (CEDEAO)

GAMBIER-INSELN s. Frankreich (Französische Republik 2 bei Französ.-Polynesien)

GAZA (Gasa) s. Ägypten

GESELLSCHAFTS-INSELN s. Frankreich (Französische Republik 2)

GHANA
(Republic of Ghana)

Fläche (73): 238 537 qkm – **Einwohner** (55): 9 870 000 (S 1975, 8 559 313 Z 1970) = 41,3 je qkm – 35 % städt. Bevölkerung – **o. S.** 70 % – **BSP** 1973: 2760 Mill. $, 1974 prov. 3310 Mill. $, **je E.** 350 $; **JZ** 0,8 % – **L** 48 % – **In** 17 %

Bevölkerung: Aschanti und Fanti der Akan-Gruppe (Süd-Gh.), Ewé (im SO), Gonya (Mittel-Gh.), Dagomba u. Mamprusi der Volta-Familie (N-Gh.); außerdem u. a. Fulbe u. Haussa sowie 7000 Europäer – **Geburten- u. Sterbeziffer:** jährl. Zuwachsrate (1970–1973) 2,7 % – **Staatssprache:** Englisch; Twi, Fanti, Ga u. Dagbane; Ful u. a. westafrik. Sprachen – **Religion:** über 40 % Christen (10 bis 12 % Katholiken, Protestanten), im N Muslimen (insges. 15–20 %); Anhänger von Naturreligionen

Nationalflagge: rot-gelb(mit schwarzem Stern)-grün (waagerecht) – **Nationalfeiertag:** 6. 3. – **U:** 1957

Staats- und Regierungsform: Republik – Parlament aus 1 Kammer, regionale Volksversammlungen – Allgem. Wahlrecht – Keine allg. Wehrpflicht – Verwaltungsgliederung in 9 Regionen – **Staatsoberhaupt:** seit dem Staatsstreich von 1972 »Staatschef« Oberst Ignatius Koti Akyeampong (Acheampong), Vors. d. »Nation. Erneuerungsrates« u. des 1975 geschaffenen »Obersten Militärrates« sowie Verteidigungs- u. Finanzminister – **Außenminister:** Oberst Roger Joseph A. Felli – **Parteien:** Nach dem Putsch vom Januar 1972 Auflösung des Parlamentes u. d. Parteien – **Dipl. B.:** BRD u. DDR

Städte (Z 1970): Akkra (Accra, Hptst.) 564 194 Einw. (Greater A. m. Sekondi u. Takoradi 738 498), Kumasi 345 117, Asamankese 101 144, Tamale 98 919, Bolgatanga 93 182, Cape Coast 71 594, Koforidua 69 804, Sunyani 61 772, Ho 46 348 (alle m. Umgebung)

Wichtige Ausfuhrgüter: Kakao (bis über 50 %); außerdem Holz, Gold, Diamanten, Manganerze, Bauxit, Ölfrüchte – **Wichtigste Außenhandelspartner:** Großbritannien, USA, BR Deutschland u. a. EG-Länder, Japan, Kanada, Nigerien – 1975 **Einf.** 805 Mill. $, **Ausf.** 720 Mill. $ – **W:** 1 Cedi (₵) = 100 Pesewas; 1 US-$ = 1,15 Cedi, 1 Cedi = 2,2384 DM

Mitgliedschaft: UNO, OEA, Commonwealth, Zollunion mit Obervolta, ECA, GATT, IAEA, IBRD, ICAO, IDA, IFC, ILO, IMCO, IMF, ITU, UNESCO, UPU, WHO, WMO, CCD, ECOWAS (CEDEAO); assoz. a. d. EG

GIBRALTAR s. Großbritannien II

GILBERT-INSELN s. Großbritannien II

GOA s. Indien

GOUGH s. Großbritannien II

GRAHAM-LAND (jetzt »Antarktische Halbinsel«) s. Antarktis

GRENADA

Fläche (152): 344 qkm – **Einwohner** (149): 110 000 (B 1975; Z 1970 94 500 prov.) = 319,7 je qkm – Über 30 % städt. Bevölkerung – **o. S.** 3 % – **BSP** 1973: 40 Mill. $, 1974 prov. 30 Mill. $, **je E.** 300 $; **JZ** –3,7 % (Abnahme) – **L** über 35 % – **In** 10–12 %

Bevölkerung: Rund 50 % Neger, im übrigen meist Mulatten und andere Mischlinge, kleine weiße Minderheit – **Geburten- und Sterbeziffer:** jährl. Zuwachsrate (1965–1972) 0,5 % – **Staatssprache:** Englisch, Umgangssprachen auch kreol. Englisch und kreol. Französisch – **Religion:** Protestanten und Katholiken

Nationalflagge: rot (m. gold. Sternen) umrandete Fläche aus je zwei gelben u. grünen Dreiecken (im linken eine Muskatnuß), die in einem roten Kreis m. gold. Stern zusammentreffen – **Nationalfeiertag:** 7. 2. – **U:** 1974

Staats- u. Regierungsform: Parlamentarische Monarchie – Parlament – Allg. Wahlrecht – Keine allg. Wehrpflicht – **Staatsoberhaupt:** Königin Elizabeth II., vertreten durch einen Generalgouverneur: Leo de Gale – **Regierungschef:** Eric M. Gairy, LP – **Parteien:** Bei den letzten Wahlen erreichte die »Labour Party«/LP 13 der 15 Sitze; kleinere opposit. Gruppen – **Dipl. B.:** BRD

Städte (S 1972): Saint George's etwa 30 000 Einw. m. Umgebung

Wichtige Ausfuhrgüter: Bananen, Muskatnüsse (ein Drittel der Weltproduktion), Kakao, Baumwolle – **Wichtigste Außenhandelspartner:** Großbritannien, USA, Kanada, BR Deutschland – 1972 **Einf.** 42,8 Mill. Ostkarib. $, **Ausf.** 10,5 Mill. Ostkarib. $ – **W:** 1 Ostkarib. Dollar (EC $) = 100 Cents; 1 US-$ = 2,70 EC $, 1 EC $ = 0,9560 DM

Mitgliedschaft: UNO, OAS, Commonwealth, UNESCO, WHO, EG (assoz.)

GRIECHENLAND

(Helleniki Demokratia)

Fläche (89): 131 944 qkm – **Einwohner** (59): 9 050 000 (F 1975, 8 768 641 Z 1971) = 68,5 je qkm – städt. u. halbstädt. Bevölkerung 60 % – **o. S.** 20 % – **BSP** 1973: 16 720 Mill. $, 1974 prov. 17 680 Mill. $, **je E.** 1970 $; **JZ** 7,6 % – **L** 16 % – **In** 27 %

Bevölkerung: von bulgarischen, türkischen und aromunischen Minderheiten abgesehen Griechen – **Geburten- u. Sterbeziffer** je 1000 Einw. 1974: 16,1/8,5 – **Geb.-U.:** 7,6 – **Staatssprache:** Griechisch (Neugriechisch) – **Religion:** Angehörige d. griech.-orthodoxen Kirche, muslimische (über 1 %), protestantische, katholische (35 000) u. jüdische (6500) Minderheiten

Nationalflagge: neun abwechselnd blau-weiße Streifen u. ein weißes Kreuz im blauen Obereck – **Nationalfeiertag:** 25. 3. – **U:** 1821 bzw. endgültig 1830

Staats- u. Regierungsform: Parlament.-dem. Republik nach der Verfassung von 1975 mit starker Stellung des Präsidenten – Parlament – Verwaltungsgliederung in Regionen u. Verwaltungsbezirke (Nomói) – **Staatsoberhaupt:** Präsident Prof. Dr. Konstantin Tsatsos, seit 1975 – **Regierungschef:** Ministerpräsident Dr. Konstantin Karamanlis, ND – **Außenminister:** Dimitros Bitsios – **Parteien:** stärkste Gruppe seit den Wahlen von 1974 (u. Nachwahlen) ist mit 216 von 300 die »Nea-Dimokratia«/ND (»Neue Demokratie«), gefolgt von der »Zentrumsunion«–»Neue Kräfte«/ZU-NK bzw. EDIK unter Georgios Mavros, mit 61, der »Panhellenischen Sozialist. Bewegung«/PASOK unter Andreas Papandreou mit 15 und der kommunistischen »Vereinigten Linken« mit 8 Sitzen – **Dipl. B.:** BRD u. DDR

Städte (Z 1971): Athen (Athinai, Hptst.) 867 023, Groß-A. 2 540 241 Einw. (mit Piräus), Saloniki (Thessaloniki) 345 799 m. V. 557 360, Patras (Paträ) 111 607, Iraklion (Herakleion) 77 506, Larissa (Larisa) 72 336, Wolos (Volos) 51 290, Kawalla (Kavalla) 46 887, Serres (Serrä) 41 091, Joánnina (Yoánnina) 40 130, Chania 40 564, Kalamata (Kalamä) 39 462

Wichtige Ausfuhrgüter: Industrieprodukte, Erze u. Metalle, landwirtschaftl. Erzeugnisse (Tabak, Korinthen, Sultaninen, Baumwolle, Wein, Olivenöl, Zitrusfrüchte), Textilien – **Wichtigste Außenhandelspartner:** BR Deutschland, Italien, Frankreich, Benelux, USA, Großbritannien, Sowjetunion, Jugoslawien – 1975 **Einf.** 5457 Mill. $, **Ausf.** 2288 Mill. $ – **W:** 1 Drachme (Dr.) = 100 Lepta; 1 US-$ = 36,341 Dr., 1 Dr. = 0,0708 DM

Mitgliedschaft: UNO, NATO, Balkanpakt, OECD, ECE, FAO, GATT, IAEA, IBRD, ICAO, IFC, ILO, IMCO, IMF, ITU, UNESCO, UPU, WHO, WMO, CCD, EG (assoz.), Europarat; **aus der militär. Integration der NATO** (nicht aus d. polit.) **am 14. 8. 1974 ausgeschieden** – Beitritt zur EG beantragt

Mönchsrepublik Athos (Hágion Oros)

336 qkm mit 20 Klöstern und mit voller innerer Selbstverwaltung; 1732 (Z 1971) Einw. – Hauptort Kariai 301 Einw.

GRÖNLAND s. Dänemark

GROSSBRITANNIEN
(United Kingdom)

Fläche (72): 244 046 qkm (mit 3085 qkm Binnengewässern) – **Einwohner** (13): 55 960 000 (F 1975, 53 978 538 Z 1971) = 229,3 je qkm – **England** 130 367 qkm, F 1973 46,42 Mill. Einw., **Wales** 20 763 qkm u. 2,75 Mill. Einw., **Schottland** (Scotland) 78 773 qkm u. 5,23 Mill. Einw. – **Nordirland** 14 121 qkm u. 1,53 Mill. Einw. (künftige Regierungsform noch nicht feststehend; derzeit v. d. brit. Regierung direkt verwaltet) – Rund 78 % städt. Bevölkerung – **o. S.** bis 1 % – **BSP** 1973: 171 300 Mill. $, 1974 prov. 188 630 Mill. $ **je E.**: 3360 $; **JZ** 2,3 % – **L** 3 % – **In** 37 %

Bevölkerung: Engländer, Schotten, Waliser; schätzungsweise 2,6 Mill. Ausländer (davon 1,8 Mill. erwerbstätig), darunter mindestens 1,8 Mill. farbige Einwanderer aus d. Commonwealth (dav. ⅓ in London) – **Geburten- u. Sterbeziffer** je 1000 Einw. 1974: 13,3/11,9 – **Geb.-Ü.**: 1,4 – **Staatssprache:** Englisch; Reste keltischer Sprachen (Schottland, Wales, Man); es sprachen z. B. 1971 in Wales 32 725 Personen nur Welsh, 509 700 Welsh u. Englisch, 1971 in Schottland 88 415 Gälisch u. Englisch und 338 nur Gälisch – **Religion:** vorwiegend Protestanten; anglikanische Staatskirche in England, presbyterianische Staatskirche in Schottland, Freikirchen. Römische Katholiken in England und Wales (1973) 4 157 769, in Schottland (1975) 816 312 u. Nordirland (1971) 477 919. 450 000 Juden, 250 000 Muslimen

Nationalflagge: (»Union Jack«): weißgerandetes rotes Georgskreuz auf schrägem Andreaskreuz auf blau, über rotem, schrägem Patrickskreuz – **Nationalfeiertag:** im Juni, Tag jährlich wechselnd – **U:** Beginn der engeren Staatsgeschichte im 8. Jahrhundert

Staats- u. Regierungsform: parlamentarisch-demokratische Monarchie – Keine Verfassung, nur Verfassungsgesetze – Parlament aus 2 Kammern (»House of Commons«, d. h. das »Unterhaus«, 635 Mitglieder für fünf Jahre gewählt, und »House of Lords«, »Oberhaus«); außerdem Geheimer Staatsrat (»Privy Council«) ohne verfassungsrechtliche Entscheidungsgewalt – Wahlberechtigt alle 18 Jahre alten Bürger mit Ausnahme der Peers – Wehrpflicht aufgehoben – Verwaltungsgliederung in Grafschaften (Counties) u. Städte (County Boroughs). Begrenzte Selbstverwaltung u. Regionalparlament f. Schottland (in Edinburgh m. 142 Mitgl.), f. Wales (in Cardiff m. 72 Mitgl.) sowie eine Art von Kabinett mit je 1 »Chief Executive« in Vorbereitung. **Nordirland** hatte seit 1975 eine Verfassunggebende Versammlung (»Ulster Unionist Council«) mit 78 Sitzen; n. d. Wahl v. Mai 1975 Sitzverteilung: »Ulst. Un. Party« 19, »Dem. Un. Party« 12, »Vang. Un. Progr. Party« 14, »Soc. Dem. and. Lab. Party« 17, Unabhängige 2 (im März 1976 wegen Nichterfüllung ihrer Aufgabe, eine Regierung unter Beteiligung der Katholiken zu bilden, faktisch suspendiert) – **Staatsoberhaupt:** Königin Elizabeth II., seit 1952, gekrönt 1953 – **Regierungschef:** Premierminister (Prime Minister) James Callaghan, LP – **Außenminister** (Secretary of State for Foreign and Commonwealth Affairs): Anthony Crosland, LP – Führer des Unterhauses u. Lordpräsident: Michael Foot, LP – Minister für Nordirland: Roy Mason – **Parteien:** Nach d. Wahl v. 10. Okt. 1974 erhielt die »Labour Party« 39,3 % (Febr. 1974 37,2 %) der Stimmen und 319 (301) Mandate, die »Conservative and Unionist Party« 35,8 % und 276 (296), die »Liberal Party« 18,3 % (19,3 %) und 13 (14) Sitze; übrige 27 Sitze u. a. 11 schott. (»Scottish Nat. Party«/SNP) u. 3 walis. Nationalisten, 16 Angehörige der nordir. »Ulster Unionist Party», 1 Vertreter der nordir. kathol. »Social and Democratic Labour Party«/SDLP, 1 Unabhängiger u. d. Speaker – Führer der Konservativen: Margaret Thatcher, der Arbeiterpartei: James Callaghan, der Liberalen: David Steel, der Kommunisten (etwa 30 000 Mitgl.): GenSekr. Gordon McLennan (Durch Nachwahlen 1975 Änderungen, u. a.: 318 LP, 277 Kons.) – **Dipl. B.**: BRD u. DDR

Städte (F 1974): London (Hptst., Registr.) 2 088 701 Einw., Groß-L. 7 167 600, Birmingham 1 086 500, Glasgow 893 790, Leeds 748 300, Liverpool 561 100, Sheffield 561 500, Edinburgh 543 025, Manchester 516 100, Bradford 461 100, Bristol 418 600, Belfast 362 082, Coventry 335 300, Newcastle-upon-Tyne 297 800, Leicester 287 300, Kingston-upon-Hull 278 800, Cardiff 278 321, Stoke-on-Trent 258 300, Plymouth 251 200, Southampton 213 000, Portsmouth 200 000 – In England u. Wales lebten 1971 78,3 %, in Schottland 70,8 % und in Nordirland 55,1 % der Bevölkerung in städt. Siedlungen. Mitte 1973 gab es folgende »Conurbations«, die fast zwei Fünftel der Gesamtbevölkerung umfaßten: London 7,4 Mill., ges. Ballungsraum über 11 Mill., Greater Manchester 2,73 Mill., W. Midlands (um Birmingham) 2,78 Mill., W. Yorkshire (um Leeds) 2,08 Mill., Merseyside (um Liverpool) 1,63 Mill., Tyneside (um Newcastle-upon-Tyne) 1,20 Mill.; in Wales: S. E. Wales (um Cardiff) 1,83 Mill.; in Schottland: Central Clydeside (um Glasgow) 1,73 Mill. Einw. – Die farbige Bevölkerung von Gr.-London dürfte 8–10 % der Einwohner ausmachen

Wichtige Ausfuhrgüter: Maschinen, Metallwaren u. Fahrzeuge (zusammen bis 40 %), chemische Produkte, elektronische Erzeugnisse, Genußmittel, Textilien u. sonstige Industrieartikel aller Art –

Wichtigste Außenhandelspartner: Commonwealth-Mitglieder (vor allem Kanada, Australien, Neuseeland, Indien), USA, BR Deutschland, Niederlande, Belgien/Lux., Schweden, Südafrika, UdSSR (EG etwa ein Drittel, EFTA rund ein Achtel) – 1975 **Einf.** 53 262 Mill. $, **Ausf.** 43 760 Mill. $ – **W:** 1 Pfund Sterling (£) = 100 Pence; 1 US-$ = 0,5669 £, 1 £ = 4,5975 DM

Mitgliedschaft: UNO, NATO, CENTO, SEATO, WEU, Europarat, EG, OECD, Colombo-Plan, ADB, CCD, ECE, ECLA, FAO, GATT, IAEA, IBRD, ICAO, IDA, IFC, ILO, IMCO, IMF, ITU, UNESCO, UPU, WHO, WMO, IDB – Verschiedene bilaterale Verteidigungsabkommen

I. UNMITTELBAR MIT DER KRONE VERBUNDENE GEBIETE

Kanal-Inseln (Channel Islands, Normannische Inseln, 195 qkm u. [Z 1971] 123 063 Einw.) – Sie bestehen aus 2 Bailiwicks: Guernsey (51 351 Z 1971) mit Alderney (1686 Einw.), den Sark- (584) und and. Eilanden sowie Jersey (72 629 Z 1971); Staatsgewalt bei den Ständeparlamenten (»States«). Hauptorte und Sitze je eines »Lieut.-Governor« sind St. Helier (28 135 Einw.) auf Jersey und St. Peter Port (16 303 Einw.) auf Guernsey. Offizielle Sprachen sind Französisch auf Jersey und Englisch – die hauptsächlich gebrauchte Umgangssprache – auf Guernsey; in ländl. Gebieten z. T. ein normannischer Dialekt

Man (Isle of Man), 588 qkm u. 56 289 Einw. (Z 1971): Hauptort Douglas 20 389 Einw. – Gesetzgeb. Rat, Versammlung (»House of Keys«) – Kleine neben Englisch auch »Manx« sprechende Gruppe

Die Insel Man und die Kanal-Inseln sind nicht Mitglieder des Vereinigten Königreiches, sondern mit der Krone unmittelbar verbunden und haben eigene Parlamente

II. ABHÄNGIGE GEBIETE MIT VERSCHIEDENEM GRAD VON SELBSTVERWALTUNG

Die autonomen u. assoziierten Staaten haben innere Selbstverwaltung; London ist für Verteidigung u. Außenpolitik, z. T. auch für Verfassungsfragen zuständig

Assoziierte Staaten Westindiens (»The West Indies Associated States«); sie besitzen diesen Charakter seit 1967 und haben innere Autonomie. Großbritannien behielt die Verantwortung für Außenpolitik und Verteidigung; jedes Mitglied kann durch Beschluß des Gesetzgebenden Rates (mit Zweidrittelmehrheit) und Volksabstimmung die Assoziierung beenden. Die Assoziierung besteht für jede der Inseln u. Inselgruppen, die bei den Leeward- und Windward-Inseln genannt sind – **Staatsoberhaupt** ist Königin Elizabeth II., die durch einen Gouverneur, Administrator usw. in den einzelnen der »West Indies Associated States« vertreten ist – In der »Declaration of Grenada« vom 1. 11. 1971 vereinbarten die A. St. und Guyana die Bildung einer »Ostkaribischen Föderation« (East Caribbean Federation), die bei einer Verwirklichung etwa 2 Mill. Einw. haben würde (haupts. Neger u. Mulatten) – Ab 1.8. 1973 bildeten die Assoz. Staaten, Barbados, Guyana, Jamaica sowie Trinidad u. Tobago – bisher Mitglieder der »Karibischen Freihandelszone« (Caribbean Free Trade Area/CARIFTA) – den »Karibischen Gemeinsamen Markt« (Caribbean Common, Market/CCM), dem später auch Antigua, Belize, Dominica, Grenada, Montserrat, St. Lucia und St. Vincent beitraten. – **W:** 1 Ostkarib. Dollar (EC$) = 100 Cents; 1 US-$ = 2,70 EC$; 1 EC$ = 0,9560 DM

Zu den Assoz. Staaten gehören (Einw. meist 1973): a) LEEWARD-INSELN: **Anguilla** (88 qkm u. 5400 Einw.; Hauptort Valley), **Antiqua** (m. Barbuda u. Redonda, zus. 442 qkm u. 70 000 Einw.; Hauptst. St. John's 21 595 Einw.) und die Gruppe **St. Christopher (St. Kitts), Nevis u. Sombrero** (zus. 262 qkm u. 70 000 Einw., größte Stadt Basseterre 15 897 Einw.). Diese Inseln haben Gesetzgebende Versammlung und Vollzugsräte; sie sind hauptsächlich von Negern u. Mulatten bewohnt (meist Protestanten, 60 000 Katholiken). Hauptausfuhrwaren: Zucker, Kakao, Gewürze, Früchte. **Montserrat** (98 qkm u. 12 330 Einw., Hauptort Plymouth 3000 Einw.); M. hat noch nicht Ass.-Status. – Die L. haben gemeinsam mit den Windward-Inseln ein Oberstes Gericht – Sprache: Englisch; z. T. eine französische Mundart – Ausfuhr: Bananen, Kakao, Zucker – b) WINDWARD-INSELN: **Dominica** (751 qkm und 71 500 Einw., Hptst. Roseau 12 200 Einw.), **St. Lucia** (616 qkm und 110 000 Einw., Hptst. Castries 40 000 Einw.), **St. Vincent** (388 qkm m. nördl. Grenadinen, 100 000 Einw., Hauptort Kingstown 22 000 Einw.) – Diese Inseln haben innere Autonomie und eigene Gesetzgebende Versammlungen und Vollzugsräte. Sie sind hauptsächlich von protest. und z. T. röm.-kath. Negern und Mulatten bewohnt – Ausfuhr: Zucker, Bananen, Kakao, Rum, Kopra

Belize (früher Brit.-Honduras) 22 965 qkm und 140 000 (S 1974, 119 660 Z 1970) Einw.; Afrikaner (etwa 50 %), Indianer, Mischlinge und Weiße (u. a. etwa 4000 deutschstämmige Mennoniten) – Hptst. Belmopan, seit 1970 (3000 Einw.), früh. Hptst. Belize City 39 257 (Z 1970) Einw. – Innere Autonomie – Gouverneur: Richard Neil Posnett –

Parlament aus 2 Kammern (»Senate« u. »House of Representatives«) – Allgemeines Wahlrecht – Premierminister: George C. Price, PUP – Parteien: bei den Wahlen von 1974 errang die »People's United Party«/PUP 12 der insges. 18 Unterhaussitze; 6 Sitze gingen an die opp. »United Democratic Front« (aus »Nat. Independence Party«/NIP, »People's Dem. Movement«/PDM u. »United Black Association for Development«/UBAD) – Guatemala erhebt Anspruch auf dieses Gebiet; die UNO-Vollversammlung sprach sich 1975 für das Recht von B. auf Selbstbestimmung und Unabhängigkeit aus. – Sprache: Amtssprache Englisch, Umgangssprache z. T. Spanisch – Religion: haupts. röm. Katholiken, daneben Protestanten – Ausfuhr von Zucker, Holz u. Zitrusfrüchten – Seit 1974 Mitglied d. CARICOM (CCM) – W: 1 B$ = 100 Cents; 1 US-$ = 1,80 B$; 1 B$ = 1,2155 DM

Bermuda-Inseln (etwa 300 Inseln u. Eilande, davon über 20 bewohnt) 53,3 qkm u. 60 000 Einw. (S 1975), ein Drittel Weiße, sonst Farbige – Hptst.: Hamilton 3000 Einw. – Kolonie mit innerer Autonomie n. d. Verfassung von 1968 – »Legislative Council« u. »House of Assembly« (Wahl 1976: »United Bermuda Party«, haupts. v. Weißen getrag., 26, »Progr. Labour Party« 14 Sitze) – Sprache: Englisch – Religion: Protestanten, 8800 röm. Katholiken – Gouverneur: Sir Edwin Leather – Premierminister: Sir Edward Richards – Ausfuhr: Chem. Erzeugnisse, Essenzen

Britische Salomonen (British Solomon Islands Protectorate) 28 446 qkm u. 190 000 Einw. (S 1975); u. a. 1971 154 590 Melanesier, 6680 Polynesier, 2450 Mikronesier, 1280 Weiße, 580 Chinesen. Verwaltungssitz Honiara (auf Guadalcanal) 11 389 Einw. – Sprache: Englisch (im Umgang »Pidgin«-E.) – Religion: Protestanten; 35 000 röm. Katholiken – Gouverneur: Donald Luddington – Governing Council – Chefminister: Solomon Mamaloni – Ausfuhr: Kopra, Holz, Kakao – ADB-Mitglied – Die **Unabhängigkeit** soll nach Vereinbarung m. d. brit. Regierung etwa Mitte 1977 gewährt werden. Wahl der ersten »Repräsentativversammlung« 1975 – W: Austral. $ – Beob.-Status im »Südseeforum«

Britisches Territorium im Indischen Ozean (»British Indian Ocean Territory«), 1965 geschaffen; nach der (1976) Angliederung einiger Inseln an die Seschellen (s. diesen Hauptartikel) nur noch aus dem Tschagos (Chagos)-Archipel bestehend (über 60 qkm u. knapp 1000 Einw.). Wichtigste Insel ist Diego Garcia; auf ihr wird ein Stützpunkt der USA ausgebaut

Brunei 5765 qkm u. 150 000 Einw. (S 1975; Z 1971 136 256; u. a. 54 % Malaien – haupts. Muslimen – 26 % Chinesen usw.), Hptst. Bandar Seri Begawan 37 000 Einw. – Seit 1971 volle innere Autonomie – Herrscher: Sultan Hassan al-Bolkiah Muizzaddin Waddaulah – Brit. Hochkommissar: P. Gautrey – Gesetzgebender Rat, Ministerrat unter dem Vorsitz des Sultans; Verteidigungsrat – Flagge: weiß-schwarzer Querstreifen m. Wappen auf gelber Fläche – Amtssprache Malaiisch; Englisch, Chinesisch, Iban – Ausfuhr von Erdöl u. Erdgas – W: 1 Brunei-Dollar (BR$) = 100 Cents; 1 US-$ = 2,4630 BR$, 1 BR$ = 1,0451 DM

CANTON u. ENDERBURY s. Gilbert-Inseln

Cayman-Inseln 259 qkm u. 10 249 Einw. (Z 1970), meist Mulatten u. Neger, etwa 1600 Weiße, Hptst. Georgetown (auf Gr.-Cayman) 3975 Einw. – Gesetzgebender Rat und Vollzugsrat – Sprache: Englisch – Religion: haupts. Protestanten – Gouverneur: K. R. Crook – Ausfuhr: Schildkröten, Muscheln – W.: 1 Cayman-Dollar (CI$) = 100 Cents; 1 CI$ = 1,20 US-$ bzw. 2,8140 DM

Falkland-Inseln; Malwinen (Falkland Islands and Dependencies) ohne Dependenzen 11 961 qkm u. 1874 Einw. (Ende 1973), Hptst. Port Stanley 1100 Einw. – Gesetzgebender Rat und Vollzugsrat – Dependenzen sind die Inselgruppen Süd-Georgien (South Georgia 4144 qkm; hier Walfangstationen; 1973 22 Einw.) und die Süd-Sandwich-Inseln (337 qkm). – Die Falkland-Inseln (Islas Malvinas) sind eine britische Kronkolonie und werden, wie die Dependenzen, von Argentinien, die eigentliche britische Antarktis (s. Artikel Antarktis) von demselben Land und von Chile als Hoheitsgebiet beansprucht – Gouverneur: N. A. I. French – Ausfuhr: Wolle, Walfangprodukte

Gibraltar 6 qkm u. 26 833 Einw. (Z 1970, ohne Militär; 1973 29 927), darunter zwei Drittel Einheimische meist spanischer, maltesischer und portugiesischer Herkunft – Sprache: Englisch u. Spanisch – Religion: röm. Katholiken, Protestanten – Gesetzgebender Rat, Vollzugsrat. Gouverneur: Luftmarschall Sir John Grandy – Chefminister: Sir Joshua Hassan – Spanien erhebt Anspruch auf diese britische Besitzung, die nach der neuen Verfassung ein brit. »Dominion« ist – Transithandel, Bunkerstation

Gilbert-Inseln (Gilbert Islands Colony) seit d. Abtrennung d. Ellice-Inseln (jetzt Tuvalu) 906 qkm u. (S) über 50 000 Einw.; Hptst. Bairiki auf Tarawa, über 10 000 Einw. – Zu dieser Kolonie gehören u. a. auch die Ocean-I. (Phosphate; Trennung v. d. G.-In. geplant), die Phoenix-Inseln (Gardner, Phoenix), die Line-Inseln (dazu Christmas Island bzw. Weihnachtsinsel, Fanning und Washington), ferner die unbewohnten Inseln Caroline, Flint, Malden, Starbuck, Vostok (z. T. von den USA beansprucht) – Sprache: Englisch und polyn. Sprachen – Religion: Protestanten, 20 000 röm. Katholiken – Ausfuhr: Phosphate, Kopra – Volle innere Autonomie – Gouverneur: John Hilary Smith – Chief Minister: Naboua Ratieta – Beob.-Status im »Südseeforum«

Canton u. Enderbury werden nach Vereinbarungen (1939) zwischen Großbritannien u. den USA für 50 Jahre gemeinsam kontrolliert; Canton war zeitweise wichtiger Stützpunkt für den transpazifischen Luftverkehr

Hongkong (Hong Kong) 1034 qkm (m. Wasserflächen 2196 qkm; New Territories 959 qkm) und 4 370 000 Einw. (B 1975 Z 1971 3 948 179), rd. 98 % Chinesen; etwa 35 000 Weiße, meist Briten; Hptst. Victoria, 674 962 (Z 1961), m. V. etwa 1 000 000 Einw., Kaulun (Kowloon) etwa 1 500 000, New.-K. 700 000 Einw. usw. – Gesetzgebender Rat (12 offiz. Mitglieder u. bis 15 inoffiz., überwiegend Chinesen, dazu Briten) und Vollzugsrat – Gouverneur: Sir Murray MacLehose – Sprache: Englisch, Chinesisch – Religion: Buddhisten, Konfuzianer, christl. Minderheiten (u. a. über 260 000 röm. Katholiken) – Ausfuhr: Textilien, Möbel, chem. u. pharm. Produkte, elektr. Apparate – 1975 Einf. 6757 Mill. US-$, Ausf. 6019 Mill. $ (nach d USA, Großbrit., BR Deutschland, Japan; Japan führt bei d. Einfuhr vor d. Chines. Volksrep.) – Die sogen. »New Territories« wurden von China 1898 für 99 Jahre gepachtet, aber Peking betrachtet das ganze Gebiet als unter seiner Hoheit stehend – W: 1 Hongkong Dollar (HK$) = 100 Cents; 1 US-$ = 4,90 HK$, 1 HK$ = 0,5180 DM

JUNGFERN-INSELN s. Virgin Islands

Pitcairn (4,6 qkm) einschl. d. unbewohnten Insel-Dependencen Ducie, Henderson u. Oeno 38 qkm u. 74 Einw. (Ende 1973) – Gouverneur: Sir David Scott – *Unabhängigkeit vorgesehen*

Sankt Helena 121,7 qkm u. 5159 Einw. (1973) Hauptort Jamestown 1600 Einw. – Gesetzgebender Rat und Vollzugsrat – Zum Amtsbereich des Gouverneurs (Sir Thomas Oates) v. Sankt Helena gehören Ascension, 88 qkm u. 1231 Einw. (S 1971), Hauptort Georgetown; Tristan da Cunha (104 qkm) mit Gough, Inaccessible u. Nightingale-Gruppe, 209 qkm u. 290 Einw. (1970) – Sprache: Englisch – Religion: haupts. Protestanten – Ausfuhr: Flachs

SÜD-GEORGIEN u. SÜD-SANDWICH-INSELN s. Falkland-Inseln

Tuvalu (bestehend aus der ehem. »Ellice-Islands« genannten Inselgruppe im Pazifischen Ozean; am 1. 10. 1975 von den Gilbert-Inseln getrennt) 24,6 qkm u. über 7000 haupts. polynesische Einw. – Verwaltungssitz auf Funafuti – Gesetzgebender Rat u. Vollzugsrat – Gouverneur: Thomas Laying – Ausfuhr von Kopra

Turks- und Caicos-Inseln 430 qkm u. 5675 Einw. (Z 1970), meist Neger u. Mulatten – Sprache: Englisch – Religion: Protestanten – Verwaltungssitz: Grand Turk 2400 Einw. – Staatsrat – Gouverneur: A. G. Mitchell – Ausfuhr: Salz, Schwämme, Sisal – W: Jamaika-Dollar (J$)

Virgin Islands (The Brit. Virgin Islands; u. a. Anegada, Jost van Dykes, Tortola [10 484 Einw.], Virgin Gorda) 153 qkm u. 13 692 Einw. (Z 1970), meist Neger u. Mulatten – Sprache: Englisch – Religion: haupts. Protestanten – Gesetzgebender Rat u. Vollzugsrat – Gouverneur: W. W. Wallace – Hptst. Road Town (auf Tortola) 2183 Einw. – Ausfuhr: Vieh, Fische, Gemüse, Früchte – W: US-$

III. DOMINION mit voller Selbstverwaltung

Rhodesien (nach Auffassung der britischen Regierung mit dominionartiger Stellung seit 1968 bzw. 1969) s. diesen Hauptartikel

IV. HOHEITSANSPRÜCHE IN DER ANTARKTIS s. Antarktis-Artikel

V. NEUE HEBRIDEN (New Hebrides Condominium)

14 763 qkm und 100 000 (überwiegend melanesische) Einw. (S 1975, 77 988 Z 1967); Hauptstadt Vila m. V. 8106 (1967) Einw. – Diese Inselgruppe ist nicht ein unmittelbarer Teil des Britischen Reiches, sondern ein britisch-französisches Kondominium – Je ein brit. (R. W. H. du Boulay) u. franz. (R. Langlois) Resident als Beauftragter von Hochkommissaren – Ausfuhr: Manganerze, Kopra, Fische – Im Nov. 1974 Einigung mit Frankreich über den Aufbau einer Teilselbstverwaltung. Erster Zusammentritt der Repräsentativ-Versammlung im April 1976 (Einzelheiten s. Frankreich 4)

COMMONWEALTH OF NATIONS (Gemeinwesen der Nationen)

Unabhängige Mitglieder (Stand 15. 9. 1976)

Großbritannien u. Nordirland – Australien – Bahamas – Bangladesch (Rep.) – Barbados – Botsuana (Rep.) – Cypern (Rep.) – Fidschi – Gambia (Rep.) – Ghana (Rep.) – Grenada – Guyana (Rep.) – Indien (Bundesrepublik) – Jamaika – Kanada – Kenia (Rep.) – Lesotho – Malawi (Rep.) – Malaysia – Malta (Rep.) – Mauritius – Nauru (Rep.) – Neuseeland – Nigerien (Rep.) – Papua-Niugini – Sambia (Rep.) – Samoa i Sisifo – Seschellen (Rep.) – Sierra Leone (Rep.) – Singapur (Rep.) – Sri Lanka (Rep.) – Swasiland (Ngwane) – Tansania (Rep.) – Tonga – Trinidad und Tobago (Rep.) – Uganda (Rep.)

Das britische Verbindungsorgan zu den Mitgliedern ist seit 1968 das Ministerium für Auswärtige und Commonwealth-Angelegenheiten (Foreign and Commonwealth Office) in London; es pflegt auch die Beziehungen zur Irischen Republik, die dem Commonwealth nicht angehört, aber von Großbritannien nicht als fremder Staat angesehen wird. Auf der Commonwealth-Konferenz vom Juli 1964 wurde von den Partnern die Errichtung eines gemeinsamen Sekretariats mit dem Sitz in London beschlossen – 1971 wurde ein Commonwealth-Fonds für technische Zusammenarbeit geschaffen.

GUADALCANAL s. Großbritannien II (Brit. Salomonen)

GUADELOUPE s. Frankreich (Französische Republik 1)

GUAM s. Vereinigte Staaten von Amerika (Überseebesitzungen)

GUATEMALA
(República de Guatemala)

Fläche (98): 108 889 qkm – **Einwohner** (77): 5 650 000 (S 1975, 5 175 400 Z 1973) = 51,8 je qkm – 34 % städt. Bevölkerung – **o. S.** 70 bis 80 % – **BSP** 1973: 2590 Mill. $, 1974 prov. 3010 Mill. $, **je E.** 570 $; **JZ** 3,8 % – **L** 22 % – **In** 29 %

Bevölkerung: über 45 % Indianer (meist Maya-Quiché), über 40 % Mestizen (Ladinos); außerdem Neger, Mulatten, Sambos u. Weiße (bes. in den Städten) – **Geburten- u. Sterbeziffer** je 1000 Einw. 1973: 43,4/15,4 – **Geb.-Ü.:** 28,0 – **Staatssprache:** Spanisch; indianische Idiome – **Religion:** 90 % röm.-katholisch; kleine Gruppen von Protestanten (über 100 000) und 1200 Juden.

Nationalflagge: blau-weiß(mit Wappen)-blau (senkrecht) – **Nationalfeiertag:** 15. 9. – **U:** 1821

Staats- u. Regierungsform: Präsidiale Republik – Parlament (»Congreso Nacional«) mit 1 Kammer; Wahl der Mitglieder für vier Jahre – Wahlrecht für Analphabeten, sonst Wahlpflicht – Wehrpflicht – Verwaltungsgliederung in 22 Departamentos – **Staatsoberhaupt u. Regierungschef:** General Kjell Eugenio Laugerud García, von MNL und PID gewählt, seit 1974 – **Außenminister:** Lic. Adolfo Molina Orantes – **Parteien:** In der Kammer haben die gemäßigte Linkspartei »Partido Revolucionario«/PR 16, »Partido Institucional Democrático«/PID (rechtskonservativ) und »Movimiento Nacional de Liberación«/MNL (rechts, mit einer gemeinsamen Liste) 32 und u. a. die »Democracia Cristiana Guatemalteca« 4 Sitze (Wahl v. 1974) – **Dipl. B.:** BRD

Städte (Z 1973): C. de Guatemala (Hptst.) 706 920 Einw., Quezaltenango 65 733, Escuintla 64 750, Chiquimula 46 374, Cobán 43 538, Mazatenango 38 319, Puerto Barrios 38 950, Retalhuleu 37 250, Zacapa 35 769, Huehuetenango 31 945, Guatemala Antigua 26 631

Wichtige Ausfuhrgüter: Kaffee (bis 30 % d. Ausfuhrwertes), Baumwolle (bis 15 %), Bananen, Zucker, ätherische Öle – **Wichtigste Außenhandelspartner:** USA, El Salvator u. and. mittelamerikan. Länder, BR Deutschland, Japan, Großbritannien, Niederlande, Kanada, Mexiko, Italien – 1974 **Einf.** 700 Mill. $, **Ausf.** 586 Mill. $ – **W:** 1 Quetzal (Ø) = 100 Centavos; 1 US-$ = 1 (Ø), 1 (Ø) = 2,5742 DM

Mitgliedschaft: UNO, OAS, BCIE, CECLA, ECLA, IAEA, IBRD, ICAO, IDA, IDB, IFC, ILO, IMF, ITU, MCC, UNESCO, UPU, WHO, WMO, SELA, Zentralamerikanischer Verteidigungsrat – G. erhebt Anspruch auf Belize (s. Großbritannien II)

GUAYANA s. Guyana, ferner Frankreich (Französ. Republik 1) und Hauptartikel Suriname

GUINEA
(République de Guinée)

Fläche (71): 245 857 qkm – **Einwohner** (87): 4 420 000 (S 1975) = 17,9 je qkm – über 15 % städt. Bevölkerung – **o. S.** 80–90 % – **BSP** 1973: 570 Mill. $, 1974 prov. 660 Mill. $, **je E.** 120 $; – **JZ** 0,1 %

Bevölkerung: vorwiegend Sudan-Gruppen, besonders Mandingo (15 % Malinke, 5 % Sussu, Kissi); über ein Viertel Fulbe, etwa 8000 Franzosen – **Geburten- und Sterbeziffer:** jährl. Wachstumsrate (1970–1974) 2,4 % – **Staatssprache:** Französisch, außerdem Mandingo-Sprachen (Malinke), Ful u. a. – **Religion:** etwa drei Fünftel Muslimen, daneben Anhänger von Naturreligionen; christliche Minderheiten (1–2 %; über 40 000 Katholiken)

Nationalflagge: rot-gelb-grün (senkrecht) – **Nationalfeiertag:** 2. 10. – **U:** 1958

Staats- u. Regierungsform: Präsidiale ›soziale‹ Republik – Parlament aus 1 Kammer – Allgem. Wahlrecht – Allgem. Wehrpflicht – Verwaltungsgliederung in 29 Regionen – **Staatsoberhaupt:** Sékou Touré, wiedergewählt 1974 – **Regierungschef:** Lansana Beavogui – **Parteien:** »Demokratische Partei Guineas« (»Parti Démocratique de Guinée«/PDG) Einheitspartei – **Dipl. B.:** BRD und DDR

Städte (S 1967): Conakry (Hptst.) 200 000 Einw., Kindia 40 000, Kankan 30 000

Wichtige Ausfuhrgüter: Aluminiumoxid, Bananen, Kaffee, Eisenerz, Diamanten – **Wichtigste Außenhandelspartner:** Sowjetunion u. andere RGW-Länder, Frankreich u. andere EG-Länder, USA, Japan – **W:** 1 Syli (SY) = 100 Cauris; 1 US-$ = 21,531 SY, 1 SY = 0,1196 DM

Mitgliedschaft: UNO, OEA, ECA, FAO, IBRD, ICAO, ILO, IMF, ITU, UNESCO, UPU, WHO, WMO, EG (assoz.), ECOWAS (CEDEAO)

GUINEA

(República de Guinea Ecuatorial; Äquatorial-Guinea)

Fläche (124): 28 051 qkm, davon Macías Nguema Biyogo (fr. Fernando Póo) 2017 qkm, Pagalu (fr. Annobón) 17 qkm, Festlandgebiet mit Elobey-Inseln 26 017 qkm – **Einwohner** (139): 310 000 (S 1975, davon drei Viertel auf dem Festland [fr. Río Muni]) = 11,0 je qkm – Etwa 20 % städt. Bevölkerung – **BSP** 1973: 80 Mill. $, 1974 prov. 80 Mill. $, **je E.:** 260 $, **JZ** –3,1 % (Abnahme)

Bevölkerung: überwiegend Bantu (u. a. Fang oder Pamúes, Benga; auf Macías Nguema auch etwa 20 000 Bube bzw. »Bubis« u. 3000 »Fernandinos« [Mischlinge]); kleine span. Minderheit – **Jährl. Wachstumsrate** (1970–1974): 1,7 % – **Staatssprache:** Spanisch, Bubi; Fang; kreol. Portugiesisch auf Pagalu – **Religion:** über vier Fünftel röm.-kath.; protestant. Minderheit, Anhänger von Naturreligionen

Nationalflagge: grün-weiß(m. Wappen)-rot (waagerecht) mit blauem Dreieck – **Nationalfeiertag** 12. 10. – **U:** 1968

Staats- und Regierungsform: Präsid. Republik – Parlament – Nach der Verfassung v. 4. 8. 1973 ein Einheitsstaat – Nationalversammlung – »Republik. Rat« – **Staatsoberhaupt u. Regierungschef** sowie Außenminister: Francisco Macías Nguema, IPGE – **Parteien:** auf d. Festland »Movimiento de Unión Nacional«/MONALIGE (10) und »Movimiento de Unión de Guinea Ecuatorial«/MUNGE (10); auf den Inseln »Idea Pop. de la G. E.« (8) und »Unión Bubi« (7) – **Dipl. B.:** BRD (wahrgen. durch Botschaft d. BRD in Kamerun)

Städte (S 1960): Malabo (fr. Santa Isabel, Hptst.) auf Macías Nguema 37 237 Einw., Bata 27 000

Wichtige Ausfuhrgüter: Kakao (bis 50 %), Kaffee, Holz – **Wichtigste Außenhandelspartner:** Spanien, EG – **W:** 1 Ekuele (E) = 100 Céntimos, 1 US-$ = 67,42 E; 1 E = 0,0379 DM

Mitgliedschaft: UNO, OEA, GATT (assoz.), IBRD, ICAO, IFC, IMCO, ITU, UPU, WHO, WMO, EG (assoz.), ECOWAS (CEDEAO)

GUINEA-BISSAU

Fläche (120): 36 125 qkm – **Einwohner** (133): 530 000 (S 1975, 487 448 Z 1970) = 14,8 je qkm – Etwa 20 % städt. Bevölkerung – **ö. S.** 80–90 % – **BSP** 1973: 170 Mill. $; **JZ** 5,9 %

Bevölkerung: Neger und Mulatten; etwa ein Drittel Balantas, außerdem Manjacos, Mandingo, Papeis; dazu Fulbe, weiße Minderheit sowie Mischlinge – **Jährl. Wachstumsrate:** (1963–1974) 1,5 % – **Staatssprache:** Portugiesisch; sudanesische Umgangssprachen u. ein kreol. Portugiesisch (Crioulo) – **Religion:** etwa ein Drittel Muslimen, im übrigen Anhänger von Naturreligionen; rund 44 000 Katholiken

Nationalflagge: gelb-grün (waagerecht)-senkrechter roter Streifen am Mast mit schwarzem Stern – **Nationalfeiertag:** 24. 9.; 1973 einseitige Ausrufung der Unabhängigkeit, Gewährung der **Unabhängigkeit** durch Portugal am 10. 9. 1974

Staats- und Regierungsform: Republik – Volksversammlung – »Oberster Kampfrat« u. »Oberster Vollzugsrat« – »Revolutionäre Volksstreitkräfte«/FARP – **Staatsoberhaupt:** Luiz de Almeida Cabral, Vorsitzender des 15köpfigen »Staatsrates«, seit 1973 – **Regierungschef:** Francisco Mendes, Vorsitzender der »Staatskommissare« (Minister) – **Außenminister:** Nguema Essono – **Parteien:** »Partei für die Unabhängigkeit von Guinea-Bissau und der Kapverdischen Inseln« (»Partido Africano de Independencia da Guiné e do Cabo Verde«/PAIGC); Generalsekr. Aristides Pereira (s. Kapverden), Stellv. Luiz de Almeida Cabral. Illegal A.N.R.D. – **Dipl. B.:** BRD u. DDR

Städte (1970): Hauptort Bissau 71 169 Einw., A. über 100 000; als Hauptstadt der kleine Ort Boé (Madina do Boé)

Wichtige Ausfuhrgüter: Erdnüsse; etwas Palmöl, Fische, Holz – **Wichtigster Außenhandelspartner:** Portugal – 1973 **Einf.** 44 Mill. $, **Ausf.** 3 Mill. $ – **W:** 1 Guinea-Peso (PG) = 100 Centavos; 1 US-$ = 29,77 PG, 1 PG = 0,0800 DM (S)

Mitgliedschaft: UNO, OEA, FAO, UNESCO, UPU, WHO, EG (assoz.), ECOWAS (CEDEAO); Föderation mit d. Kapverden (s. diese) geplant

GUYANA
(Republic of Guyana)

Fläche (77): 214 969 qkm – **Einwohner** (127): 790 000 (S 1975, 714 000 Z 1970) = 3,6 je qkm – 30 % städt. Bevölkerung – **o. S.** 80 % – **BSP** 1973: 320 Mill. $, 1974 prov. 370 Mill. $, **je E.** 470 $; **JZ** 1,1 % – **L** 22 % – **In** 29 %

Bevölkerung: über 50 % Inder, etwa 30 % Afrikaner, 4 % Indianer, 2 % Weiße, 0,7 % Chinesen, im übrigen Mischlinge – **Geburten- u. Sterbeziffer:** jährl. Wachstumsrate (1970–1974) 2,2 % – **Staatssprache:** Englisch; Umgangssprachen der heterogen. Bevölkerung – **Religion:** 60 % Christen (Protestanten, 106 000 röm. Katholiken), 15 % Hindus, 5 % Muslimen

Nationalflagge: grünes Feld mit schwarzgerändertem roten Dreieck auf weißgerändertem gelben Dreieck – **Nationalfeiertag:** 23. 2. – **U:** 1966

Staats- und Regierungsform: Unabhängige Kooperative Republik – Parlament aus 1 Kammer – **Staatsoberhaupt:** Arthur Chung (Tschung, chines. Herkunft), wiedergewählt 1976 – **Regierungschef:** Premierminister L. Forbes S. Burnham (afrikan. Herkunft), PNC – **Außenminister:** S. S. Ramphal – **Parteien:** Größte Partei ist (Wahlen von 1973) der »People's National Congress«/PNC (37 Sitze); er vertritt namentlich die Bevölkerung afrik. Herkunft. Es folgen: die linksradikale »People's Progressive Party«/PPC (14 Sitze); sie stützt sich auf die Inder u. andere Asiaten; »Liberation Party« (2 Sitze) – **Dipl. B.:** BRD u. DDR

Städte (S 1970): Georgetown (Hptst.) 167 068, m. V. 200 000 Einw., Linden 29 000, New Amsterdam 23 000

Wichtige Ausfuhrgüter: Zucker (bis 20 %), Bauxit u. Aluminiumoxid (bis über 40 % d. Ausfuhrwertes), Reis, Rum, Manganerze, Diamanten – **Wichtigste Außenhandelspartner:** Großbritannien, USA, Trinidad und Tobago, Kanada, Jamaika, Niederlande, BR Deutschland – 1975 **Einf.** 342 Mill. $, **Ausf.** 359 Mill. $ – **W:** 1 Guyana-Dollar (G$) = 100 Cents; 1 US-$ = 2,5452 G$, 1 G$ = 1,0114 DM

Mitgliedschaft: UNO, Commonwealth, FAO, GATT, IAEA, IBRD, ICAO, IFC, ILO, IMF, ITU, UNESCO, UPU, WHO, WMO, »Karib. Gemeins. Markt«/CCM, EG (assoz.) – Teile v. G. werden von Venezuela beansprucht

HABOMAI s. Japan

HAGION OROS s. Griechenland: Mönchsrepublik Athos

HAITI
(République d'Haïti)

Fläche (126): 27 750 qkm – **Einwohner** (86): 4 580 000 (S 1975, 4 243 926, nur de jure B., Z 1971) = 165,0 je qkm – Etwa 20 % städt. Bevölkerung – **o. S.** 70 % – **BSP** 1973: 570 Mill. $, 1974 prov. 640 Mill. $, **je E.** 140 $; **JZ** 0,7 % – **L** 47 % – **In** 17 %

Bevölkerung: über 60 % Neger; außerdem Mulatten (30 %) und Weiße – **Geburten- u. Sterbeziffer:** jährl. Wachstumsrate (1970–1974) 1,6 % – **Staatssprache:** Französisch; Umgangssprache ein kreolisches Französisch – **Religion:** zu rund 70 % röm.-katholisch; protestantische Minderheit, 200 Juden. Vudu-Kulte

Nationalflagge: schwarz-karmesinrot (senkrecht) mit Wappen in der Mitte – **Nationalfeiertag:** 1. 1. – **U:** 1804

Staats- und Regierungsform: Präsidiale Republik – Parlament aus 1 Kammer (»Chambre des Députés«); Verfassung von 1964 m. starker Stellung d. Präs. – Wahlberechtigt alle über 21 Jahre alten Bürger – Keine Wehrpflicht – Verwaltungsgliederung in 5 Départements – **Staatsoberhaupt u. Regierungschef:** Präsident Jean-Claude Duvalier, seit 1971 – **Außenminister:** Ednèr Brutus – **Parteien:** »Parti Unité National« (»Einheitspartei der Revolut. Regierungsaktion«); KP verboten; faktisch autoritäres System – **Dipl. B.:** BRD

Städte (S 1971): Port-au-Prince (Hptst.) 493 932 Einw., Le-Cap-Haïtien 37 000, Gonaïves 20 000

Wichtige Ausfuhrgüter: in erster Linie milde Kaffeesorten (bis 40 % d. Ausfuhrwertes). Bauxit (bis 15 %) und Zucker, Sisal, Kakao, Kupfer – **Wichtigste Außenhandelspartner:** USA, Japan, Kanada, Frankreich, Italien, BR Deutschland, Belgien, Niederländ. Antillen – 1974 **Einf.** 100 Mill. $, **Ausf.** 1975 78 Mill. $ – **W:** 1 Gourde (G) = 100 Centimes; 1 US-$ = 5 G, 1 G = 0,5148 DM

Mitgliedschaft: UNO, OAS, CECLA, ECLA, FAO, GATT, IAEA, IBRD, ICAO, IDA, IDB, IFC, ILO, IMCO, IMF, ITU, UNESCO, UPU, WHO, WMO, CCD, SELA

HAUTE-VOLTA s. Obervolta

HAWAII-INSELN s. Vereinigte Staaten von Amerika

HEARD-INSELN s. Australien

HONDURAS

(República de Honduras)

Fläche (95): 112 088 qkm – **Einwohner** (101): 3 040 000 (S 1975, 2 653 857 Z 1974) = 26,9 je qkm – Über 30 % städt. Bevölkerung – **o. S.** 50 % – **BSP** 1973: 890 Mill. $, 1974 prov. 990 Mill. $, **je E.** 340 $; **JZ** 1,1 % – **L** 32 % – **In** 21 %

Bevölkerung: vier Fünftel Mestizen, 10–20 % Indianer, außerdem Neger, Mulatten und Sambos sowie Weiße (über 1 %) meist altspanischer Abstammung – **Geburten- und Sterbeziffer:** jährl. Wachstumsrate (1970–1974) 4 % – **Staatssprache:** Spanisch; in den Küstenorten Englisch als Verkehrssprache; indianische Dialekte – **Religion:** etwa 90 % röm.-kath., rund 36 000 Protestanten, 150 Juden

Nationalflagge: blau-weiß(mit fünf blauen Sternen)-blau (waagerecht) – **Nationalfeiertag:** 15. 9. – **U:** 1821 bzw. nach Auflösung der ›Zentralamerikanischen Föderation‹ 1838

Staats- und Regierungsform: Präsidiale Republik – Parlament aus 1 Kammer (»Congreso Nacional«) – Allgemeines Wahlrecht – Wehrpflicht – Verwaltungsgliederung in 18 Departamentos – **Staatsoberhaupt u. Regierungschef:** Oberst Juan Alberto Melgar Castro, seit dem Staatsstreich v. 22. 4. 1975 – **Außenminister:** Virgilio Galvez – **Parteien:** bei den Wahlen von 1971 errang die »Nationalpartei« (»Partido Nacional«/PN) die Mehrheit der Sitze, gefolgt von den Liberalen (»Partido Liberal«), doch wurden alle wichtigen Organe paritätisch besetzt – Das Parlament wurde Ende 1972 aufgelöst – **Dipl. B.:** BRD

Städte (S 1973): Tegucigalpa (Hptst.) 274 850, m. V. 302 483 Einw., San Pedro Sula 133 730; 1968 m. V.: La Ceiba 35 322, El Progreso 25 000, Tela 25 000, Puerto Cortès 22 296

Wichtige Ausfuhrgüter: Bananen (bis 40 % d. Ausfuhrwertes), Kaffee (10–12 %), Holz, Baumwolle, Bergbauprodukte, Silber, Blei, Zink – **Wichtigste Außenhandelspartner:** USA, weitaus führend in Ein- u. Ausfuhr, Japan, BR Deutschland, Kanada, Venezuela, MCC-Länder, Großbritannien – 1975 **Einf.** 400 Mill. $, **Ausf.** 283 Mill. $ – **W:** 1 Lempira (L) = 100 Centavos; 1 US-$ = 2 L, 1 L = 1,2871 DM

Mitgliedschaft: UNO, OAS, OCAS, ODECA, BCIE, CECLA, ECLA, FAO, IAEA, IBRD, ICAO, IDA, IDB, IFC, ILO, IMCO, ITU, MCC, UNESCO, UPU, WHO, WMO

HONGKONG s. Großbritannien II

INDIEN

(Bharat, B. Juktarashtra; Ind. Bundesrepublik)

Fläche (7): 3 287 590 qkm (mit Sikkim), 3 148 595 qkm ohne die v. Indien besetzten Teile von Kaschmir (Jammu und Kashmir nach offiz. Angaben 138 995 qkm – einschl. des v. China okkupierten Teiles von Ladakh mit etwa 40 000 qkm – und 4 616 632 Einw., Z 1971) – **Einwohner** (2): S 1. 1. 1976 600 000 000 (m. Sikkim u. Anteil an J. und Kaschmir; 547 949 809 Z 1971 m. d. ind. bes. Teil von J. u. Kaschmir, ohne Sikkim) = 182,3 je qkm; u. a. als Ausländer rd. 15 000 Tibeter, über 10 000 Chinesen sowie europäische u. sonstige Gruppen – Rund 20 % städt. Bevölkerung – **o. S.** über 70 % – **BSP** 1973: 71 590 Mill. $, 1974 prov. 78 990 Mill. $, **je E.** 130 $; **JZ** 2,3 % – **L** 44 % – **In** 19 %

Bevölkerung: überwiegend Bevölkerungsgruppen mit indoarischen (vor allem Hindi, Bengali, Bihari, Marathi, Pandschabi, Gudscherati, Radschastani, Orija, Assami, Urdu, Kaschmiri, etwa 2000 sprechen Sanskrit), daneben mit Drawida-Sprachen (bes. Tamil, Telugu, Malajalam, Kannada). 4–5 Mill. Inder leben im Ausland – **Geburten- u. Sterbeziffer:** jährliche Wachstumsrate (1970–1974) 2,1 % – **Staatssprache:** Hindi, in Devanagari-Schrift, aber mit internationalen Zahlenzeichen, neben Hindi als offizielle Sprache Englisch bis 1965, seither ›assoziierte‹ Sprache. In den Bundesstaaten Gleichberechtigung der Regionalsprachen – **Religion:** (Z 1971) 83 % Hindus, 11,2 % Muslimen; außerdem größere Gruppen von Christen (2,6 %, davon mehr als die Hälfte Katholiken), Sikh (1,9 %) u. Dschainas (0,4 %), 0,7 % Buddhisten (durch wachsenden Übertritt von Kastenlosen wahrscheinlich mehr) etwa 200 000 Parsen und 16 000 Juden

Nationalflagge: tiefes Safrangelb-weiß(mit Emblem: Ashokas Rad in Blau)-grün (waagerecht) – **Nationalfeiertag:** 26. 1. – **U:** 15. 8. 1947

Staats- u. Regierungsform: Demokrat.-parlament. Republik m. bundesstaatl. Gliederung; unabhängiges Mitglied des »Commonwealth of Nations« – Parlament aus 2 Kammern (»Lok Sabha« bzw. »Haus des Volkes«, »Radja Sabha« bzw. »Haus der Staaten«; die Mitglieder des Lok Sabha werden direkt für fünf Jahre gewählt) – Wahlberechtigt alle über 21 Jahre alten Bürger – Keine allgemeine Wehrpflicht – Indien ist in 20 bzw. mit dem von ihm bes. Teil v. Kaschmir u. mit Sikkim in 22 Staaten (mit eigenen Parlamenten u. Regierungen) u. in mehrere, der zentralen Verwaltung unterstehende Territorien (Andamanen u. Nikobaren, Chandigarh, Dadrar u. Nagar Haveli, Delhi, Gôa m. Daman u. Diu, Lakshadweep [= Lakkadiven m. Minicoy u. Amindiven], Mizoram, Pondicherry, Arunachal Pradesh [fr. Nordostgrenzgebiet]) gegliedert – Bundesstaaten: Andhra Pradesh – Assam – Bihar – Gujarat – Haryana – Himachal Pradesh – Jammu u. Kaschmir – Karnataka (fr. Mysore)-Kerala – Madhya Pradesh – Maharashtra – Manipur – Meghalaya – Naga Pradesh – Orissa – Punjab – Rajasthan – Sikkim – Tamil Nadu (früher Madras) – Tripura – Uttar Pradesh – West Bengal. – **Staatsoberhaupt:** Präs. Fakhruddin Ali Ahmed, seit 1974 – **Regierungschef:** Premierminister Frau Indira Priyadarshini Gandhi, Kongreß-Partei – **Außenminister:** Yashwantrao Bahwantrao Chavan, Kongr.-Partei – **Parteien:** Führend ist d. »Kongreß-Partei« (»Indian National Congress«); sie verfügt (seit d. Wahlen v. 1971) im »Haus des Volkes« über 350 Sitze, d. oppos. abgespaltene Kongreßpartei nur üb. 16 Sitze. Die in einen Moskauer (CPI, 23) u. einen Pekinger (CPI/M, 25) Flügel u. d. CPI (M-L) gespaltenen Kommunisten sind auch i. d. Parlamenten mehrerer Bundesstaaten vertreten (Mitglieder 1976 insges. etwa 250 000). Sonst. Parteien u. a. »Swatantra« (8 Sitze, rechts), die »Jan Sang« (22, rechts) u. d. Praja Sozialisten (»Praja-Socialist Party«), die 2 Sitze innehaben, ferner u. a. »Samyukta«-Sozialisten (3) u. »Dravida Munnetra Kazhagam« (23) sowie »Telengana Praja Samiti« (10; fordert die Anerkennung v. Telengana als Bundesstaat) und Unabhängige. Außerdem eine »Authent. KP«. Seit den Teilwahlen von 1976 hat die regierende »Kongreßpartei« auch im Oberhaus eine Zweidrittelmehrheit – Durch die Aufrechterhaltung des Ausnahmezustandes und die Beschränkung der Grundrechte geringe Möglichkeiten der Opposition; Wahlen in das Unterhaus auf 1977 verschoben. – **Dipl. B.:** BRD u. DDR

Städte (Z 1971): Neu-Delhi (Hptst.) 301 801, als A. Delhi 3 647 023 Einw., Kalkutta (Calcutta) als engere Stadt 3 148 746 (ohne Howrah, das 737 877 Einw. zählt), als Mun. Corporation 7 031 382, Bombay (engere Stadt) 5 970 575, Madras 2 469 449, Haiderabad (Hyderabad) 1 607 396 (Aggl. 1 796 339), Ahmadabad 1 585 544, Bangalore 1 540 741 (Aggl. 1 653 759), Kanpur 1 154 388 (Aggl. 1 275 242), Nagpur 866 076 (Aggl. 930 459), Puna (Poona) 856 105 (Aggl. 1 135 034), Lakhnau (Lucknow) 749 239 (Aggl. 813 982), Agra 591 917 (Aggl. 634 622), Varanasi (Benares) 583 856 (Aggl. 606 721) – Insgesamt 1971 142 Städte m. mehr als 100 000 Einw.; in den 2921 Städten lebten 1971 109 Mill. Inder, davon über die Hälfte in d. Großstädten.

Wichtige Ausfuhrgüter: Baumwollwaren und Jute (einschl. Säcke je 10–15 %), Erze, Eisen bis über 10 %; Tee u. Leder je bis 8 %; Häute, Felle, Pflanzenöle, Gewürze, Obst, Gemüse, Tabak – **Wichtigste Außenhandelspartner:** USA, Japan, Sowjetunion, Großbritannien, BR Deutschland, Benelux, Saudi-Arabien, Kanada, Italien, Frankreich, Australien, Tschechoslowakei, Polen – 1975 **Einf.** 12 536 Mill. $, **Ausf.** 10 283 Mill. $ – **W:** 1 Rupie (Re; i. R.) = 100 Paise; 1 US-$ = 8,931 Re, 1 Re = 0,2881 DM

Mitgliedschaft: UNO, Commonwealth, Colombo-Plan, ADB, ESCAP, FAO, GATT, IAEA, IBRD, ICAO, IDA, IFC, ILO, IMCO, IMF, ITU, UNESCO, UPU, WHO, WMO, CCD; nichtpräferent. Abkommen m. d. EG

INDONESIEN

(Republik Indonesien)

Fläche (14): 1 919 270 qkm (mit West-Neuguinea bzw. Irian Jaya [412 781 qkm] u. Ost-Timor [14 925 qkm]) – **Einwohner** (5): 128 260 000 (S 1974, m. Irian Jaya [950 000 Einw.] u. Ost-T. [670 000]; 119 383 285 Z 1971, m. Irian Jaya) = 67,6 je qkm (ohne I. J. 86 je qkm) – Rund 20 % städt. Bevölkerung – **o. S.** 55 % – **BSP** 1973: 15 890 Mill. $, 1974 prov. 18 600 Mill. $, **je E.** 150 $; **JZ** 2,1 % – **L** 40 % – **In** 22 %

Bevölkerung: ganz überwiegend malaiische Indonesier; stärkste Gruppe sind die Javaner mit über 80 Mill., größte Fremdgruppe: Chinesen (1974) mit

2,75 Mill. (1,4 Mill. indones., 0,25 Mill. chinesische Staatsbürger, 1,1 Mill. staatenlos); Java u. Madura haben eine Siedlungsdichte von 500 bis 800 Einw. je qkm – **Geburten- u. Sterbeziffer:** jährl. Wachstumsrate (1965–1972) 2,1 % – **Staatssprache:** Bahasa Indonesia; außerdem indonesische Regionalsprachen. Handelssprachen Englisch und Holländisch – **Religion:** etwa 87,9 % Muslimen; außerdem etwa 1,5 % Hindus (Bali), 0,4 % Buddhisten u. Konfuz. (meist Chinesen), 3–4 % Protestanten u. Angehörige pfingstlicher Kirchen (0,8 %), röm. Katholiken 2,1 %, 100 Juden und rund 0,8 % Anhänger von Naturreligionen

Nationalflagge: rot-weiß (waagerecht) – **Nationalfeiertag:** 17. 8. – **U:** 1945 bzw. endgültig 1949

Staats- und Regierungsform: Zentralistische Republik – Parlament aus 1 Kammer; derzeit »Oberster Beratender Volkskongreß« (»Madjelis Permusjawaratan Rakja«/MPRS) als oberst. Organ – Keine allgemeine Wehrpflicht – Verwaltungsgliederung in 27 Provinzen u. Hptst. – **Staatsoberhaupt:** Präs. u. Regierungschef General Suharto, wiedergewählt 1973; Vize-Präs.: Sultan Buwono IX. Hamengku – **Außenminister:** Adam Malik – **Parteien:** Eine wachsende Rolle spielen die von der Regierung gelenkten »Funktionellen Gruppen« (»Sekbar Golkar-Bewegung« Golongan Karya), auf die bei den Wahlen v. Juli 1971 236 Sitze entfielen; die muslim. »Nahadatul Ulama«/NU erhielt 58 Sitze; alle anderen Parteien erhielten weniger als 10 % der Stimmen (»Parmusi« [muslim.] 24, »Nation. Partei« [»P. Nasional Indonesia«/PNI] 20, »Sozialist. Partei« 10, »Parkindo« [protest.] 7, »Katolik« 3, »Perrti« [muslim.] 2 Sitze). 100 Mandate werden direkt vom Präsidenten vergeben (75 an Militärs, 25 an Zivilisten). Die moslem. Parteien (NU, Parmusi, Perrti u. PSSI) schlossen sich 1973 zur »Vereinigten Entwicklungspartei« zusammen. Die »Indones. Kommunist. Partei« (»Partai Komunis Indonesia«/PKI) hatte 1965 über 3 Mill. Mitglieder; sie wurde 1966 mit ihren Unterorganisationen dezimiert und verboten – **Dipl. B.:** BRD u. DDR

Städte (Z 1971): Jakarta Raya (fr. Batavia, Hptst.) 4 576 009 Einw., Surabaja (Surapaja) 1 556 255, Bandung 1 201 730, Semarang 646 590, Medan 635 562, Palembang 582 961, Makasar 434 766, Malang 422 428, Bandjarmasin 420 510, Surakarta 414 285, Jogjakarta 342 267

Wichtige Ausfuhrgüter: Erdöl und -produkte (bis über 40 %), Kautschuk (ein Achtel), Kaffee, Palmöl, Zinn, Tabak, Tee, Kopra, Gewürze – **Wichtigste Außenhandelspartner:** Japan, USA, BR Deutschland, Niederlande, Australien, Großbritannien, Singapur, Birma, Indien – 1974 **Einf.** 3863 (1. Hj. 1975 2400) Mill. **$**, **Ausf.** 7421 (1. Hj. 1975 3338) Mill. $ – **W:** 1 Rupiah (Rp) = 100 Sen; 1 US-$ = 414,50 Rp., 1 Rp. = 0,00621 DM

Mitgliedschaft: UNO, Colombo-Plan, ASEAN, ESCAP, FAO, GATT, IAEA, IBRD, ICAO, IFC, ILO, IMCO, IMF, ITU, UNESCO, UPU, WHO, WMO, CCD, OPEC

IRAK

(Al Dschumhurīja al Iraqija ad Dimukratija asch-Scha'abija bzw. Al Jumhurya al'Iraqia ad Dimuqratiya ash-Sha'abiya: Demokrat. Volksrepublik Irak)

Fläche (51): 434 924 qkm – **Einwohner** (52): 11 120 000 (S 1975; 8 047 415 Z 1965) = 25,5 je qkm – Über 60 % städt. Bevölkerung – **o. S.** über 60 % – **BSP** 1973: 8880 Mill. $, 1974 prov. 10 400 Mill. $, **je E.** 970 $; **JZ** 2,9 % – **L** 13 % – **In** 48 %

Bevölkerung: etwa 75 % arabischsprechende Iraker, 10–15 % Kurden, fast 2 % Türken, außerdem Perser u. and. kleine Volkssplitter – **Geburten- u. Sterbeziffer:** jährl. Wachstumsrate (1970 bis 1974) 3,3 % – **Staatssprache:** Arabisch; Umgangssprachen der anderen Volksgruppen, vor allem Kurdisch – **Religion:** schiitische u. sunnitische Muslimen; ca. 3 % Christen verschiedener Konfessionen (über 200 000 Katholiken), Jesiden, etwa 12 000 Mandei (Sabians) u. 2500 Juden (nach and. Angaben nur 300)

Nationalflagge: rot-weiß(drei grüne Sterne)-schwarz (waagerecht) – **Nationalfeiertag:** 14. 7. – **U:** 1932; Republik seit 1958

Staats- und Regierungsform: Republik – »Nationaler Pakt« v. 1971 auf der Grundlage der (1973 abgeänd.) Verfassung eines volksdem.-sozialist. Einheitsstaates – »Revolutionärer Führungsrat« und beratender »Nationalrat« – Verwaltungsgliederung in 16 Provinzen (Liwas) – **Staatsoberhaupt:** Präsident u. Vorsitzender des Revolutionären Führungsrates‹ sowie Regierungschef: General Achmed Hassan el Bakr, seit dem Militärputsch vom Juli 1968 – **Außenminister:** Saadun Hammadi (Hammadeh) – **Parteien:** Entscheid. Einfluß der nationalist.-sozialist. »Baath« (»Wiedergeburts«- oder auch »Sendungs«-Partei/SABP; Gen.-Sekr. A. H. el Bakr); KP und »Kurd. Dem. Partei«/KDP – Autonomie für die kurdischen Gebiete in Aufbau; seit 1974 der Kurde Taha Mohieddin Maaruf (Muhyiddin Marouf) Vizepräsident d. Irak – **Dipl. B.:** BRD und DDR

Städte (S 1965): Bagdad (Hptst.) 410 877, Siedlungskomplex 1965 1 745 328 Einw., Basra (Bassora) 313 327, Karradah Sharqiyah m. V. 236 666, Mosul (Mawsil) 243 311, Kadhimain (m. V.)

183 404, Kirkuk 167 413, Adhamiya 152 067, Nedschef (Najaf) 128 096, Arbil 90 320, Suleimanije 86 822, Kerbela 83 301, Diwanije u. Nasirije je über 60 000

Wichtige Ausfuhrgüter: Hauptsächlich Erdöl (80 bis 90 % des Ausfuhrwertes); Datteln, Baumwolle u. Viehzuchtprodukte, Zement – **Wichtigste Außenhandelspartner:** Italien, Großbritannien, Frankreich, Niederlande, Japan, BR Deutschland, Sowjetunion, Libanon, Saudi-Arabien, Chines. Volksrep. – 1974 **Einf.** 2273 Mill. $, **Ausf.** 1975 8756 Mill. $ – **W:** 1 Irak-Dinar (ID) = 1000 Fils; 1 US-$=0,2961 ID, 1 ID = 8,7386 DM

Mitgliedschaft: UNO, Arabische Liga, Gemeinsamer Arabischer Markt, FAO, IAEA, IBRD, ICAO, IDA, IFC, ILO, IMF, IMCO, ITU, UNESCO, UPU, WHO, WMO, ECWA, OAPEC u. OPEC; Beob.-Status bei RGW (Neutrale Zone s. Saudi-Arabien)

IRAN

(Keshvaré Shahanshahiyé Irân; Persien)

Fläche (16): 1 648 000 qkm – **Einwohner** (24): 33 020 000 (F 1975; 25 785 210 Z 1966) = 20 je qkm – 43 % städt. Bevölkerung – **o. S.** 60 % – **BSP** 1973: 27 830 Mill. $, 1974 prov. 35 120 Mill. $, **je E.** 1060 $; **JZ** 3,2 % – **L** 15 % – **In** 44 %

Bevölkerung: zwei Drittel iranische Perser, etwa 20 % turktatar. Aserbaidschaner (Aseri); bis 10 % Kurden; Araber (2 %), Armenier usw.; 3–4 % weisen nomadische Lebensformen auf – **Geburten- u. Sterbeziffer:** jährl. Wachstumsrate (1970–1974) 2,8 % – **Staatssprache:** Iranisch (Persisch); außerdem versch. iranische Umgangssprachen, besonders der Kurden, ferner der Bachtiaren, Luren, Bäludschen usw. sowie Umgangssprachen der nichtiranischen Völker, u. a. Aserbaidschanisch bzw. Aseri, Arabisch – **Religion:** Islamisch; rund 90 % Schiiten (Schia bzw. Ithna-Ashariyya als Staatsreligion), 5 % Sunniten; zahlreiche Sekten. 140 000 Christen, etwa 21 000 Anhänger der alten Zarathustra-Religion (Ghabrs), 68 000 Juden, Anhänger der verbotenen Bahai-Sekte

Nationalflagge: grün-weiß(mit Löwenemblem)-rot (waagerecht) – **Nationalfeiertag:** 26. 10. – **U:** über 2000 Jahre alte Staatsgeschichte; 1925 Sturz der Kadscharen-Dynastie und Begründung der jetzigen **Staats- u. Regierungsform:** Konstitutionelle Monarchie – Parlament aus 2 Kammern (»Medschlise schuraja« bzw. »Majlis« u. »Senat«); Wahl der 268 Majlis-Abgeordneten und von 30 der 60 (30 ernannt) Senatoren für vier Jahre – Wahlberechtigt alle über 20 Jahre alten Männer und Frauen – Wehrpflicht – Verwaltungsgliederung in 14 Provinzen (Ostan usw.) – **Staatsoberhaupt:** Mohammed Resa Schah Pahlevi (Reza Pahlavi), Kaiser seit 1941 – **Regierungschef:** Ministerpräsident Amir Abbas Hoveida (Hoveyda), v. Schah ernannt – **Außenminister:** Abbas Ali Chalatbari (Khalatbari) – **Parteien:** seit März 1975 »Partei der Nationalen Wiederauferstehung« (»Rastakhiz«) als Einheitspartei; Gen. Sekr. A. A. Hoveida. Bei den Wahlen vom Juni 1975 stimmte (bei etwa 50 %, in der Hauptstadt 70 % Wahlbeteiligung) die große Mehrheit für die Kandidaten der Einheitspartei – **Dipl. B.:** BRD u. DDR

Städte (meist S 1972): Teheran (Tehran, Hptst., 1973) 3 774 000 Einw., Isfahan (Esfahan) 575 000, Meschhäd (Mashhad) 562 000, Täbris (Tabriz) 493 000, Schiras (Shiraz) 356 000, Abadan 306 000, Ahwas (Ahvez) 286 000, Kermanschah (Kermanshah) 239 000, Rescht (Rasht) 170 000, Kum (Ghom) 164 000, Tajrisch (1966) 157 486, Hamadan (Hamedan) 141 000

Wichtige Ausfuhrgüter: Erdöl (über 80 % des Ausfuhrwertes), Teppiche, Baumwolle, Trockenfrüchte (Datteln, Rosinen), Häute, Felle, Wolle, Reis, Ölsaaten, Erze – **Wichtigste Außenhandelspartner:** Japan, BR Deutschland, Großbritannien, USA, Italien, Frankreich, Niederlande, Indien, Sowjetunion – 1975 **Einf.** 10 963 Mill. $, **Ausf.** 19 978 Mill. $ – **W:** 1 Rial (Rl) = 100 Dinar; 1 US-$ = 70,50 Rl, 1 Rl = 0,0365 DM

Mitgliedschaft: UNO, CENTO, ADB, ECAFE, FAO, IAEA, IBRD, ICAO, IDA, IFC, ILO, IMF, ITU, UNESCO, UPU, WHO, WMO, OPEC, CCD; nichtpräf. Handelsabkommen m. d. EG, ECWA; Zusammenarbeit mit Pakistan und Türkei (»Reg. Cooper for Development«/RCD)

IRIAN JAYA s. Indonesien

IRLAND

(Poblacht Na h'Éireann; Irish Republic; Eire)

Fläche (109): 70 283 qkm (mit 1392 qkm Binnengewässern) – **Einwohner** (97): 3 130 000 (F 1975, 2 978 248 Z 1971) = 44,1 je qkm – 52 % städt. Bevölkerung – **o. S.** 2 % – **BSP** 1973: 6520 Mill. $, 1974 prov. 7330 Mill. $, **je E.** 2370 $; **JZ** 3,9 % – **L** 15 % – **In** 29 %

Bevölkerung: fast ausschließlich Iren; in den USA leben über 6,5 Mill., in Kanada rund 1 Mill. Irischstämmige – **Geburten- u. Sterbeziffer** je 1000 Einw. 1974: 22,3/11,2 – **Geb.-Ü.:** 11,1 – **Staatssprache:** Irisch (zum gälischen Zweig der keltischen Sprachen gehörig) u. Englisch. Als tatsächliche Umgangssprache dürfte Irisch von rund 40 000 Iren gesprochen, daneben von über 700 000 z. T. beherrscht werden – **Religion:** rd. 94 % röm.-kath.; Protestanten, 6700 Juden (nach and. Angaben nur 3300)

Nationalflagge: grün-weiß-orange (senkrecht) – **Nationalfeiertag:** 17. 3. – **U:** 1921 bzw. 1937 (Verfassung v. 1937 durch Großbritannien 1945 anerkannt)

Staats- u. Regierungsform: Parlamentarisch-demokratische Republik – Parlament (»Oireachtas«) aus 2 Kammern (»Dáil Éireann« u. »Senat« bzw. »Seanad Éireann«); Wahl der Abgeordneten für fünf Jahre – Wahlberechtigt alle über 21 J. alten Bürger – Keine Wehrpflicht – Verwaltungsgliederung in 27 »Counties« u. 5 »C. Boroughs« – **Staatspräsident:** (Uachtarán na h'Éireann): Cearbhall O'Dalaigh (Carroll O'Daly), seit 1974 – **Regierungschef:** Ministerpräs. (Taoiseach) Liam Mac Cosgair (Liam Cosgrave), Fine Gael – **Außenminister:** Dr. Gearóid Mac Gearailt (Garret FitzGerald), Fine Gael – **Parteien:** Seit den Nachwahlen von 1973 besitzen die »Fine Gael« (»Schar der Gälen«) 54, die »Fianna Fáil« 69, die »Labour Party« 19 Sitze; 2 Unabhängige – **Dipl. B.:** BRD

Städte (Z 1971): Baile Atha Cliath (Dublin, Hptst.) 567 866 (m. V. 650 153) Einw., Corcaigh (Cork) 128 645, Luimneach (Limerick) 57 167, Dun Laoghaire (Kingstown) 53 171, Port Láirge (Waterford) 31 968, An Ghaillimh (Galway) 27 726

Wichtige Ausfuhrgüter: Vieh, Fleisch, Molkereiprodukte u. Lebensmittel (zus. über 40 %), Maschinen, Textilien, Chemikalien – **Wichtigste Außenhandelspartner:** Großbritannien (über 50 % d. Gesamtwertes), BR Deutschland u. übrige EG-Länder 15–20 %, USA u. Kanada 8–10 % – 1975 **Einf.** 3768 Mill. $, **Ausf.** 3177 Mill. $ – **W:** 1 Ir. Pfund (I£) = 100 Pence; 1 US-$ = 0,5675 I£, 1 I£ = 4,5949 DM

Mitgliedschaft: UNO, Europarat, OECD, ECE, FAO, GATT, IAEA, ICAO, IDA, IFC, ILO, IMCO, IMF, ITU, UNESCO, UPU, WHO, WMO, EG, CCD

ISLAND

(Lýdhveldidh Island)

Fläche (100): 102 829 qkm (m. 14 500 qkm Binnengewässern) – **Einwohner** (145): 220 000 (F 1975; 204 930 Z 1970) = 2,1 je qkm – 86 % städt. Bevölkerung – **o. S.** 0 % – **BSP** 1973: 1060 Mill. $, 1974 prov. 1220 Mill. $, **je E.** 5550 $; **JZ** 2,6 % (Fischerei u. Fischprodukte über 80 % des BSP)

Bevölkerung: fast ausschließlich Isländer – **Geburten- u. Sterbeziffer** je 1000 Einw. 1974: 20,4/7,0 – **Geb.-Ü.:** 13,4 – **Staatssprache:** Isländisch (»islenska«) – **Religion:** rund 90 % evang.-lutherisch, über 1000 Katholiken

Nationalflagge: blau mit weißgerändertem roten Kreuz – **Nationalfeiertag:** 17. 6. – **U:** alte staatliche Geschichte; volle Unabhängigkeit von Dänemark 1944

Staats- u. Regierungsform: Parlamentarisch-demokratische Republik – Parlament (»Althing«) aus 2 Kammern (»Oberhaus« bzw. »Efri deild« u. »Unterhaus« bzw. »Nedri deild«) – Allg. Wahlrecht – Wahl alle 4 Jahre – Keine Streitkräfte – Verwaltungsgliederung in 23 »Sýslur« (etwa »Landkreise«) u. 14 Städte – **Staatsoberhaupt:** Präsident Dr. Kristján Eldjárn, erneut seit 1976 – **Regierungschef:** Prem. Min. einer Koalitionsreg. aus »Unabh. P.« und »Fortschr.-P.« Geir Hallgrimmsson, Unabh. P. – **Außenminister:** Einar Agustsson, Fortschr.-P. – **Parteien:** bei den Wahlen v. Juni 1974 errang die »Unabhängigkeitspartei« (Sjalfstoedflokkurin), auch »Konservative Partei« genannt, 25 Sitze; sie vertritt eine liberale Wirtschaftspolitik, bejaht Anwesenheit der NATO-Truppen. 17 Sitze entfielen auf d. »Fortschrittspartei« (Framsoknarflokkurin; vertritt Planwirtschaft), 11 auf die Kommunisten (Volksbund), 5 auf die »Sozialdemokratische Partei« (Althyduflokkurin), 2 auf die »Freisinnige Linke« (dissidente Kommunisten) – **Dipl. B.:** BRD und DDR

Städte (1973): Reykjavík (Hptst.) 84 333, m. V. (Kópavogur, usw.) 97 000 Einw., Akureyri 11 484, Hafnarfjördur 10 926

Wichtige Ausfuhrgüter: Fische u. Fischereierzeugnisse, Aluminium – **Wichtigste Außenhandelspartner:** USA, Großbritannien, BR Deutschland, Sowjetunion, skandinav. Länder, Italien, Japan – 1975 **Einf.** 487 Mill. $, **Ausf.** 308 Mill. $ – **W:** 1 Isl. Króna (ikr) = 100 Aurar; 1 US-$ = 183,90 ikr, 1 ikr = 0,01400 DM

Mitgliedschaft: UNO, NATO, Nordischer Rat, Europarat, ECE, EFTA, FAO, IAEA, IBRD, ICAO, IDA, IFC, ILO, IMCO, IMF, ITU, OECD, UNESCO, UPU, WHO, WMO, GATT, CCD, Freihandelsabk. m. d. EG

ISRAEL

(Medinat Yisrael; State of Israel)

Fläche (129): 20 710 qkm (m. 445 qkm Binnengewässern) – **Einwohner** (94): 3 490 000 (F Ende 1975, m. Ost-Jerusalem; de jure 3 124 000 Z 1972, m. Ost-Jerusalem) = 168,6 je qkm – Rund 82 % städt. Bevölkerung – **o. S.** 12–15 % – **BSP** 1973: 9660 Mill. $, 1974 prov. 11 150 Mill. $, **je E.** 3380 $; **JZ** 6,7 % – **L** 5 % – **In** 31 %

Bevölkerung: Ende 1975 n. offiz. Ang. 2 950 000 Juden und 537 000 Araber; kleine sonst. Gruppen – **Geburten- u. Sterbeziffer** je 1000 Einw. 1974: 28,2/7,3 – **Geb.-Ü.**: 20,9 (Durchschnitt; Araber allein über 30) – **Staatssprache:** Hebräisch (Iwrith); Jiddisch; Arabisch f. d. arab. Minderheiten – **Religion:** Juden; fast 12 % Muslimen, 2,5 % Christen (meist Araber; zu 64 % Katholiken d. versch. Riten, zu 30 % Orthodoxe, im übrigen Protestanten), über 40 000 Drusen – 1965 waren von der Gesamtbevölkerung 38,8 % in Israel, 4,4 % in Afrika, 14,3 % in Asien und 32,5 % in Europa (einschl. Sowjetunion) u. Amerika Geborene; 1972 waren von den 2 723 600 Juden 1 418 200 im Lande geboren (»Sabras«) – 1974 gab es in der Welt insgesamt 14 386 540 Juden, davon 6,35 Mill. in Nordamerika (nach »Inf. Please Almanac«) – in Israel gab es 1969 1,194 Mill. »Sephardim« u. 1,114 Mill. »Ashkenasim«

Nationalflagge: weiß mit zwei waagerechten blauen Streifen und blauem David-Stern in der Mitte – **Nationalfeiertag:** jährlich wechselnd; 1977 am 24. 4., 1978 am 11. 5., 1979 am 2. 5., 1980 am 21. 4. – **U:** 1948

Staats- u. Regierungsform: Parlamentarische Republik – Parlament (»Knesset«) mit 1 Kammer; Wahl der Abgeordneten für vier Jahre – Wahlberechtigt alle über 18 J. alten Bürger – Wehrpflicht für Männer und unverh. Frauen – Gliederung in 6 Distrikte (Mechusa) – **Staatsoberhaupt:** Präs. Prof. Dr. Ephraim Katzir (Katschalski), seit 1973 – **Regierungschef:** Jitzak (Yitzak) Rabin, Israel. Arbeitspartei, Ministerpräsident einer Koalitionsregierung – **Außenminister** und Stellv. Ministerpräsident: Jigal (Yigal) Allon, Israel. Arbeitspartei – **Parteien:** Bei den Wahlen vom Dez. 1973 erhielt die »Israel. Arbeitspartei« (»Mifleget Ha'aroda Hajisra elit- Ma'J« aus Mapai, Mapam usw.) 51 der 120 Sitze, es folgten der »Rechtsblock« (Likud) m. 39 (u. a. die »Gachal« m. 26), die »Nationalreligiöse Front« (Hapoël-hamis-rachi', Misraki) m. 10 Sitzen; auf die orthodoxe Agudath Israel entfielen 4, auf die »Poalai Agudath Yisrael« 2, auf die nichtkommunistischen arabischen und drusischen Parteien 4 und auf die »Moked« (jüdische Kommunisten, früh. »Maki« und »Neue Linke«, Koalit. seit 1975) 1 Sitz, auf die kommunistische, überwiegend arabische »Rakah« 4 Sitze usw. – **Dipl. B.**: BRD

Städte (S 1973): Jerusalem (Hptst. m. arab. Altstadt, 1975) 368 000, darunter über 90 000 arab. Einw., Tel Aviv/Jaffa (Tel Aviv-Jafo) 368 000 (A 1975 über 1,1 Mill. Einw.), Haifa 225 800 (m. V. 450 000), Ramat-Gan 121 000, Bat Jam 110 800, Holon 106 700, Petach-Tikwa 100 000, Beer Shava (Beerscheba) 90 400, Bnei Brak (Bene Beraq) 79 300, Nathania 77 500, Rischon Le Zijjon 58 600, Givataim (Giv'atayim) 50 400, Herzelijja 44 300, Nazareth 33 300

Wichtige Ausfuhrgüter: Zitrusfrüchte (8–10 %), Diamanten (bis 50 %), Textilien, Kupfer, Chemikalien, Zement – **Wichtigste Außenhandelspartner:** USA, BR Deutschland, Großbritannien, Niederlande, Frankreich, Belgien/Lux., Schweiz, Italien, Japan – 1975 **Einf.** 4140 Mill. $ – **Ausf.** 1835 Mill. $ – **W:** 1 Isr. Pfund (I£) = 100 Agorot; 1 US-$ = 8,25 I£, 1 I£ = 0,3200 DM; weitere Abwertung vorgesehen

Mitgliedschaft: UNO, FAO, GATT, IAEA, IBRD, ICAO, IDA, IFC, ILO, IMCO, IMF, ITU, UNESCO (nicht in Regional-Abk.), UPU, WHO, WMO, CCD; Handelsabk. m. d. EG – I. hält seit 1967 z. T. die Sinai-Halbinsel, den Gaza-Streifen, Westjordanien und Teile v. Syrien besetzt; n. d. Truppenentflechtungsabkommen v. Januar 1974 zog es sich um 15–30 km v. Ostufer des Suezkanals und später auch von einem Teil der Golan-Höhen, im Herbst 1976 von Randstreifen am Golf von Suez zurück. Die jordanische Altstadt von Jerusalem wurde mit der Neustadt vereinigt, wird jedoch von den Arabern zurückgefordert – In d. bes. Gebieten (über 50 000 qkm) leben rd. 1 Mill. muslim. Araber und 30 000 Christen

ITALIEN

(Repubblica Italiana)

Fläche (62): 301 262 qkm – **Einwohner** (14): 55 810 000 (F 1975, de jure 54 134 846 Z 24. 10. 1971) = 184,8 je qkm – 55 % städt. Bevölkerung – **o. S.** 1–2 % – **BSP** 1973: 134 520 Mill. $, 1974 prov. 153 300 Mill. $, **je E.** 2770 $; **JZ** 4,2 % – **L** 8 % – **In** 41 %

Bevölkerung: Italiener; n. d. Zählung von 1971 260 351 deutschsprachige Südtiroler; slawische, albanische, französische u. rätoroman. Minderheiten (etwa 400 000 Friauler u. über 25 000 eigentliche Ladiner) – **Geburten u. Sterbeziffer** je 1000 Einw. 1975: 14,8/9,9 – **Geb.-Ü.**: 4,9 – **Staatssprache:** Italienisch; Deutsch beschränkt als Amtssprache in der Provinz Bozen neben Italienisch; Französisch in d. R. Aosta zugelassen – **Religion:** fast ausschl. röm.-katholisch (über 99 %); protestantische (rund 180 000) und orthodoxe Minderheiten, 35 000 Juden

Nationalflagge: grün-weiß-rot (senkrecht) – **Nationalfeiertag:** 2. 6. – **U:** alte staatliche Geschichte; nationale Einheit in neuerer Zeit seit 1870, Republik seit 1946

Staats- u. Regierungsform: Parlamentarisch-demokrat. Republik – Parlament (»Parlamento«) aus 2

Kammern (»Camera dei Deputati« u. »Senato della Repubblica«); Wahl der Deputierten für fünf Jahre – Wehrpflicht – Seit dem Regionalstatut v. 1970 wurde allen Regionen größere Selbstverwaltung gegeben, wie sie vorher nur die Regionen Friuli-Venezia Giulia, Trentino/Alto Adige (Trentin/Südtirol), Valle D'Aosta, Sardinien und Sizilien besaßen – **Staatsoberhaupt:** Präsident Prof. Dr. Giovanni Leone, DC, seit Ende 1971 – **Regierungschef:** Ministerpräsident Dr. Giulio Andreotti, DC, als Chef eines DC-Minderheitskabinetts – **Außenminister:** Dr. Arnaldo Forlani, DC – Die **Parlamentswahlen** vom 20./21. 6. 1976 zeigten im Vergleich zu den Wahlen von 1972 (in Klammer) für Abgeordnetenkammer/Senat folgende Ergebnisse (% bzw. Sitze): Christl.-Demokrat. Partei/DC 38,7/262 bzw. 38,9/135 (38,7/266 bzw. 38,1/135) – Kommunist. Partei/PCI 34,4/228 bzw. 33,8/116 (27,1/179 bzw. 27,6/91) – Sozialisten/PSI 9,5/57 bzw. 10,2/29 (9,6/61 bzw. 10,7/33) – Movimento Sociale/MSI (Destra Nazionale bzw. »Nationale Rechte«) 6,1/35 bzw. 6,6/15 (8,7/56 bzw. 9,2/26) – Sozialdemokraten/PSDI 3,4/15 bzw. 3,1/6 (5,1/29 bzw. 5,4/11) – Republikan. Partei/PRI 3,1/14 bzw. 2,7/6 (2,8/15 bzw. 3,0/5) – Liberale Partei PLI 1,3/5 bzw. 1,4/2 (3,9/20 bzw. 4,4/8) – Südtiroler Volkspartei/SVP 0,5/3 bzw. 0,5/2 (0,5/3 bzw. 0,4/2) – Außerdem 1976: Proletar. Einheit/PDUP 0,1/1 bzw. 0 – Proletar. Demokraten/DP 1,5/6 – Radikale Partei/PR 1,1/4 bzw. 0,8/2 – Wahlbündnis PRI-PSDI-PLI auf örtl. Ebene im Senat 1,1/2 – Aostatal Partei im Senat 0,1/1 – Wahlbündnis KPI/PSI im Senat 0,2/1. Prozentzahlen z. T. abgerundet. Zahl der Sitze im Abgeordnetenhaus 630, im Senat 315; weder DC mit den anderen Parteien der Mitte noch KPI zusammen mit PSI erreichen in den Kammern die absolute Mehrheit, diese auch nicht mit den noch weiter linksstehenden Parteien – Im Südtiroler Landtag ist die Südtiroler Volkspartei/SVP seit der Wahl vom November 1973 mit 20 Sitzen (von 34), die »Sozialdem. Partei Südtirols«/SPS mit 2, die »Soz. Fortschrittspartei«/SFP mit 1 Sitz vertreten; dazu 1 Ladiner und Italiener (u. a. 5 DC); im Landtag der Region Trient-Südtirol entfallen von 70 Sitzen 20 auf die SVP, 2 auf die SPS, 1 auf die SFP, 3 auf die Trientiner-Tiroler Volkspartei, die übrigen auf ital. Parteien (u. a. DC 26, PSI 6, PCI 5). Die PSIUP fiel 1972 auseinander; ein Teil der Mitglieder trat in die neue »Partei d. Prolet. Einheit«/PDUP ein – **Dipl. B.:** BRD und DDR

Städte (F XII/1973): Rom (Roma, Hptst.) 2 833 103 Einw., Mailand (Milano) 1 743 427, Neapel (Napoli) 1 221 859, Turin (Torino) 1 199 000, Genua (Genova) 813 256, Palermo 657 689, Bologna 493 933, Florenz (Firenze) 460 974, Catania 396 644, Bari 367 350, Venedig (Venezia) 366 201, Triest (Trieste) 272 423, Verona 269 787, Messina 256 060, Tarent (Taranto) 234 592, Cágliari 232 572

Wichtige Ausfuhrgüter: Maschinen u. Fahrzeuge (etwa ein Drittel des Ausfuhrwertes); außerdem Textilien u. Bekleidung (15–20 %), Chemikalien, landwirtschaftl. Erzeugnisse (u. a. Südfrüchte, Gemüse, Reis, Wein, Käse, Olivenöl) – **Wichtigste Außenhandelspartner:** BR Deutschland, Frankreich, USA, Benelux, Großbritannien, Schweiz, Sowjetunion, Österreich, Jugoslawien, Japan, Brasilien, Kanada und die Ölländer – 1975 **Einf.** 38 366 Mill. $, **Ausf.** 34 821 Mill. $ – **W:** 1 Ital. Lira (Lit.) = 100 Centesimi; 1 US-$ = 243,75 Lit., 1 Lit. = 0,0031 DM

Mitgliedschaft: UNO, NATO, WEU, Europarat, ADB, CCD, ECE, EG, FAO, GATT, IAEA, IBRD, ICAO, ILO, IMCO, IMF, OECD, UNESCO, UPU, Weltbank, WHO, WMO

JAMAIKA
(Jamaica)

Fläche (136): 10 962 qkm – **Einwohner** (114): 2 030 000 (S 1975; 1 865 400 Z 1970 prov.) = 184,5 je qkm – Etwa 38 % städt. Bevölkerung – **o. S.** 15 % – **BSP** 1973: 1950 Mill. $, 1974 prov. 2270 Mill. $, **je E.** 1140 $; **JZ** 4,8 % – **L** 8 % – **In** 36 %

Bevölkerung: etwa 70 % Neger, fast ein Fünftel Mulatten; Weiße (12 500), indische (30 000) und chinesische (10 000) Minderheiten – **Geburten- u. Sterbeziffer** je 1000 Einw. 1974: 30,8/7,2 – **Geb.-Ü.:** 23,6 – **Staatssprache:** Englisch – **Religion:** Protestanten; etwa 8 % Katholiken, 600 Juden

Nationalflagge: gold. Diagonalkreuz auf grün-schwarz (dreiecksförmig) geteiltem Grund – **Nationalfeiertag:** jeweils am ersten Montag im August – **U:** 1962

Staats- u. Regierungsform: Parlamentarisch-demokrat. Monarchie – Parlament aus 2 Kammern – Allgem. Wahlrecht – Keine allgemeine Wehrpflicht – **Staatsoberhaupt:** Königin Elizabeth II., vertreten durch einen Generalgouverneur: Florizel Augustus Glasspole – **Regierungschef:** Premiermin. Michael Norman Manley, NPP – **Außenminister:** Dudley Thompson – **Parteien:** Bei den Wahlen v. 1972 entfielen auf die »J. Labour Party«/JLP 16 (seit 1973 1 Abg. unabh.), auf die »National People's Party«/NPP 37 Sitze

Städte: Kingston (1970, Hptst.) 111 879, m. V. 475 548 Einw., Montego Bay 25 000, Spanish Town 16 000

Wichtige Ausfuhrgüter: Aluminiumoxid u. Bauxit (zus. 60–70 %), Zucker, Bananen, Rum, Früchte, Gewürze – **Wichtigste Außenhandelspartner:** USA, Großbritannien, Kanada, Venezuela, Norwegen – 1975 **Einf.** 1113 Mill. $, **Ausf.** 707 Mill. $ – **W:** 1 Jamaica Dollar (J$) = 100 Cents; 1 US-$ = 0,9075 J$, 1 J$ = 2,8366 DM

Mitgliedschaft: Commonwealth, UNO, CECLA, ECLA, FAO, GATT, IAEA, IBRD, ICAO, IFC, ILO, IMF, ITU, OAS, UNESCO, UPU, WHO, WMO, CCM, CCD, EG (assoz.), NACAMUR

JAPAN

(Nihon-Koku; Nippon)

Fläche (54): 372 391 qkm – **Einwohner** (6): 110 948 000 (F 31. 3. 75 m. Riukiu-Inseln [Präf. Okinawa 1 Mill. Einw.]; 104 665 171 Z 1970, m. R.-I.) = 298,1 je qkm – Rund 75 % städt. Bevölker. – **o. S.** 0,8 % – **BSP** 1973: 393 000 Mill. $, 1974 prov. 425 880 Mill. $, **je E.** 3880 $; **JZ** 9,6 % – **L** 6 % – **In** 48 %

Bevölkerung: fast ausschließlich Japaner; 1973 636 346 Koreaner, 46 642 Chinesen, 15 000 Ainu; außerdem über 21 000 US-Bürger sowie europäische Gruppen – **Geburten- und Sterbeziffer** je 1000 Einw. 1975: 17,2/6,4 – **Geb.-Ü.**: 10,8 – **Staatssprache:** Japanisch; Englisch als Verkehrs- u. Bildungssprache wichtig – **Religion:** Buddhisten (mit vielen Sekten, darunter die »Soka Gakkai«) u. Schintoisten; 371 000 Katholiken, über 734 000 Protestanten, 25 000 Orthodoxe; Anhänger der Kirche Christi in Japan (»Nippon Kirisuto Kyodan«), 1000 Juden

Nationalflagge: weiß mit roter Sonne – **Nationalfeiertag:** 29. 4. – **U:** in historischer Zeit stets unabhängig gewesen

Staats- u. Regierungsform: Parlamentarisch-demokrat. Monarchie – Parlament (»Kokkai«) aus 2 Kammern (»Haus der Räte« bzw. »Sangi-in« und »Abgeordnetenhaus« bzw. »Schugi-in«); Wahl der Abgeordneten für vier Jahre – Wahlberechtigt alle über 20 J. alten Bürger – Keine allgemeine Wehrpflicht – Verwaltungsgliederung in 43 Präfekturen (»ken«), 2 Stadtbezirke (»fu«; Osaka u. Kioto), sowie in die Hauptstadt (»to«; Tokio) – **Staatsoberhaupt:** Kaiser (Nihon-Koku Tenno) Hirohito, seit 1926 – **Regierungschef:** Takeo Miki, Liberal-Demokrat, Chef eines Einparteienkabinetts – **Außenminister:** Sentaro Kosaka (Zentaro Kozaka), LDP – **Parteien:** die Liberal-Demokratische Partei/LDP hat (Wahlen von 1972) 271 Sitze im Abgeordnetenhaus, sie tritt für Zusammenarbeit mit West u. Ost, für freie Wirtschaft u. nationale Verteidigung ein und ist in mehrere Flügel gegliedert. Zweitwichtigste Gruppe sind die Sozialisten (118); sie vertreten Neutralitätspolitik und Aufgabe der US-Stützpunkte; »Sozialist.-Demokrat. Partei« (19). Die Kommunisten (Nihon Kyosan-to) errangen 38 Sitze; sie haben großen Einfluß in den Gewerkschaften; Unabhängige 16 Sitze. Verluste erlitt die »Komei Seiji Renmei«, d. h. die rechtsgerichtete »Liga für saubere Politik« der »Soka Gakkai«, die sich als Partei »Komei-To« nennt (29 Sitze) – Die konserv. LDP verfügt auch im »Haus der Räte« (seit Apr. 1975 130 Sitze) über die Mehrheit – **Neuwahlen Herbst 1976 – Dipl. B.:** BRD und DDR

Städte (S 1970): Tokio (Tokyo, Hptst.) 8 840 942, m. V. 1974 11 633 875, als Conurb. (Kei-hin): Tokio-Jokohama usw. annähernd 17 Mill. Einw., Osaka 2 980 487, Jokohama (Yokohama) 2 238 264, Nagoja (Nagoya) 2 036 053, Kioto (Kyoto) 1 419 165, Kobe 1 288 937, Kitakiuschu (Conurbation v. Jawata, Kokura, Moji, Tobata, Wakamatsu) 1 042 321, Sapporo 1 010 023, Kawasaki 973 486, Fukuoka 853 270, Sakai 594 367, Sendai 545 065, Hiroschima (Hiroshima) 541 998, Amagasaki 533 996, Kumamoto 440 020, Hamamatsu 432 221, Nagasaki 421 114, Schisuoka (Shizuoka) 416 378, Himedschi (Himeji) 408 553, Kagoschima 403 340, Gifu 385 727, Niigata 383 919, Wakajama 365 267, Kanasawa 361 379; 1971 Conurb. Osaka 7,7 Mill.

Wichtige Ausfuhrgüter: führend sind Maschinen (bis 30 %), Eisen- und Stahlwaren, Kraftfahrzeuge, Schiffe, Baumwollerzeugnisse; Kunstfaserfabrikate, opt. Produkte, Rohseide, Porzellan, Glas, Spielwaren, Fischereiprodukte – **Wichtigste Außenhandelspartner:** USA, Australien, Kanada, Indonesien, Iran, BR Deutschland, Hongkong, Rep. China (Taiwan), Chines. Volksrep., Großbritannien, Thailand, Philippinen, UdSSR, Malaysia, Indien – 1975 **Einf.** 57 881 Mill. $, **Ausf.** 55 844 Mill. $ – **W:** 1 Yen (Y) = 100 Sen; 1 US-$ = 300,0 Y, 1 Y = 0,0087 DM

Mitgliedschaft: UNO, ABD, ASPAC, ESCAP, FAO, GATT, IAEA, IBRD, ICAO, IDA, IFC, IMCO, IMF, ITU, OECD, UNESCO, UPU, WHO, WMO, Colombo-Plan, CCD

Von der Sowjetunion, an die nach dem Artikel III des Friedensvertrages mit Japan (in Kraft getreten am 24. 4. 1952) die *Kurilen* abgetreten werden mußten, erwartet Japan die Rückgabe von *Schikotan* (Shikotan) und *Habomai* (zus. 357 qkm), ferner der beiden südlichsten Kurilen-I. (*Kunashiri* u. *Etorofu*, zus. 4639 qkm), doch sind alle Verhandlungen bisher gescheitert. Mit China sind die *Sengaku* (Taoyütai)-Inseln umstritten.

JEMEN

(Al Dschumhurija al'Arabija al Jamanija bzw. Jamhuriya Al Arabiya al Yamaniya; Arab. Rep. Jemen)

Fläche (80): 195 000 qkm – **Einwohner** (69): 6 670 000 (S 1975) = 34,2 je qkm – **o. S.** über 80 % – **BSP** 1973: 620 Mill. $, 1974 prov. 740 Mill. $, **je E.** 120 $; **JZ** 2,4 % – **L** 71 % – **In** 6 %

Bevölkerung: südarabische Stämme, z. T. mit Negern vermischt – **Geburten- u. Sterbeziffer:** jährl. Wachstumsrate (1970–1974) 2,9 % – **Staatssprache:** Arabisch – **Religion:** Muslimen, und zwar zu mehr als vier Fünfteln schiitische Saiditen; außerdem sonstige Schiiten u. Sunniten, darunter die ›Schaafii-Sekte‹. Der Islam ist Staatsreligion. 2000 Juden.

Nationalflagge der Republik: rot-weiß(mit grünem Stern)-schwarz (waagerecht) – **Nationalfeiertag:** 26. 9. – **U:** lang zurückreichende staatliche Geschichte; völlig unabhängig vom Osmanischen Reich seit dem I. Weltkrieg

Staats- u. Regierungsform: Nach d. prov. Verfassung v. Juni 1974 eine »Arabisch-islamische Republik und Teil der Arabischen Nation« – Seit dem Staatsstreich v. Juni 1974 ein »Revolutionsrat« (»Kommandorat« bzw. eine Militär-Junta) aus 10 Mitgliedern bis zur Ausarbeitung einer neuen Verfassung (bisher kein Wahlrecht für Frauen) – Wehrpflicht – Verwaltungsgliederung in 7 Provinzen – **Staatsoberhaupt:** Der Vorsitzende des »Kommandorates« Oberstltnt. Ibrahim Mohammed el Hamidi (Hamadi, auch Chamdi) seit d. Staatsstreich v. 1974 – **Regierungschef:** Abdelasis Abdel Ghani – **Außenminister:** Jahja (Yahja) Geghman – **Parteien** nicht vorhanden – Verfassunggebende Versammlung – Wahlen in Aussicht gestellt – Vorbereitung eines evtl. Zusammenschlusses mit dem Süd-Jemen geplant – **Dipl. B.:** BRD und DDR

Städte (S 1970): Sana (Rep. Hptst. u. Regierungssitz) 120 000 Einw., Hodeida 90 000, Tais (Tai'z) 80 000, Ibb 35 000, Rada 30 000

Wichtige Ausfuhrgüter: Kaffee, Baumwolle, Häute, Felle, Kat (Qath) – **Wichtigste Außenhandelspartner:** Saudi-Arabien, UdSSR, EG-Länder, Australien, DVR Jemen, Chines. Volksrep. – 1974 **Einf.** 190 Mill. $, **Ausf.** 13 Mill. $ – **W:** 1 Jemeni Riyal (YRI) = 40 Bugshahs; 1 US-$ = 4,550 YRI = 0,5658 DM

Mitgliedschaft: UNO, ECWA, FAO, IBRD, ICAO, ILO, IMF, ITU, UNESCO, UPU, WHO, Arabische Liga

JEMEN

(Dschamhurijat al Jaman asch-Scha'abija ad Dimukratija; Jamhuriyat al-Yaman-ash-Sha'abiya addimuqratiya; Demokratische Volksrepublik Jemen)

Fläche (64): 287 683 qkm (nach »Stat. Yearbook« d. UNO, einschl. Sokotra [3626 qkm u. 15 000 Einw., Hptst. Hadibu 1500 Einw.] sowie Perim [13 qkm u. 380 Einw.] u. Karaman-Inseln [57 qkm u. 2200 Einw.]; nach »Demograph. Yearbook« d. UNO insges. 332 968 qkm) – **Einwohner** (117): 1 690 000 (S 1975) = 5,7 je qkm – 33 % städt. Bevölkerung – **o. S.** 80 % – **BSP** 1973: 170 Mill. $, 1974 prov. 200 Mill. $, **je E.** 120 $; **JZ** unbekannt – **L** 19 % – **In** 29 %

Bevölkerung: hauptsächlich Südaraber; 16 000 Inder, 10 000 Somalis; kleine Gruppen von Europäern, bes. Briten – **Geburten- u. Sterbeziffer:** jährl. Wachstumsrate (1970–1974) 3,3 % – **Staatssprache:** Arabisch – **Religion:** Muslimen (meist Sunniten), kleine christl. Minderheiten (8000 Katholiken), 500 Juden

Nationalflagge: rot-weiß-schwarz (waagerecht), hellblaues Dreieck am Mast mit fünfzackigem roten Stern – **Nationalfeiertag:** 30. 11. – **U:** 1967

Staats- u. Regierungsform: Republik – Verfassung von 1970; Volksrat – 6 Bezirke – Wehrpflicht – **Staatsoberhaupt:** Vors. d. Präs.-Rates Salem Robaja Ali (Rabie, Rubayyi) – **Regierungschef:** Mohammed Ali Haythem – **Außenminister:** Mohammed Saleh al Aulaqui – **Parteien:** »Nat. Front« (»Al-Jabha-al-wataniya«) einzig zugelassen (Gen.Sekr.: Mohammed Saleh Moteih) – Die DVRJ fordert die 1967 v. Großbritannien an Oman übergebenen Kuria-Muria-Inseln (77 qkm u. 80 Einw.) – Im Okt. 1972 wurde mit d. Arab. Rep. Jemen ein Grundsatzvertrag über Herbeiführung der Wiedervereinigung geschlossen, doch bisher keine Fortschritte – **Dipl. B.:** BRD und DDR

Städte (1973): Aden (Hptst.) m. V. 285 373 Einw., Mukalla 50 000, Scheich Othman (Shaikh Uthman) 35 000, El Hawtha 15 000, Al Scha'ab (Al Sha'ab; war zeitweise Hauptst.) 10 000, Ahwar 5000

Wichtige Ausfuhrgüter: Ölderivate, Baumwolle, Kaffee, Häute u. Felle, Salz – **Wichtigste Außenhandelspartner:** Kuweit, Japan, Iran, Großbritannien, A. R. Jemen, Australien, Thailand – 1974 **Einf.** 187 Mill. $, **Ausf.** 203 Mill. $ – **W:** 1 Yemeni Dinar (YD) = 1000 Fils; 1 US-$ = 0343 YD, 1 YD = 7,5050 DM

Mitgliedschaft: UNO, ECWA, FAO, GATT (assoz.), IBRD, ICAO, IFC, ILO, IMF, ITU, UNESCO, UPU, WHO, WMO, Arab. Liga, Gemeins. Arab. Markt

JORDANIEN

(Al Mamlakah Al Urdunniyah Al Hashimiyah; Haschemitisches Königreich Jordanien)

Fläche (102): 97 740 qkm (m. 918 qkm Binnengewässern) – **Einwohner** (106): 2 700 000 (S 1975, 1 706 226 Z 1961; Mai 1971: 766 615 Palästinaflüchtlinge) = 27,5 je qkm – Über 45 % städt. Bevölkerung – **o. S.** 50 % – **BSP** 1973: 870 Mill. $, 1974 prov. 1040 Mill. $, **je E.** 400 $; **JZ** 2,6 % – **L** 18 % – **In** 16 %

Bevölkerung: jordanische Araber u. arab.-palästinens. Flüchtlinge (40–50 %) – **Geburten- u. Sterbeziffer:** jährl. Wachstumsrate (1970–1974) 3,5 % – **Staatssprache:** Arabisch – **Religion:** rd. 90 % sunnit., daneben schiit. Muslimen, 5 % Christen versch. Bekenntnisse (griech.-orth., armenisch, Melchiten)

Nationalflagge: schwarz-weiß-grün (waagerecht) mit weißem Stern im roten Dreieck am Flaggstock – **Nationalfeiertag:** 25. 5. – **U:** 1946

Staats- u. Regierungsform: Konstitutionelles Königreich – Parlament aus 2 Kammern (»Rat d. Notabeln«, vom König ernannt, »Abgeordnetenhaus«, für vier Jahre gewählt) – Wahlrecht für alle über 18 J. alten Bürger – Keine allgemeine Wehrpflicht – Verwaltungsgliederung in 1 Wüstenterritorium u. 8 Distrikte (Liwas), an deren Spitze ein Gouverneur (Mutassarif) steht – Stammesverbände mit Scheich – **Staatsoberhaupt:** König Hussein II., seit 1952 – **Regierungschef** u. Außenminister: Mudar (Moudar) Badran – **Parteien:** Bei den Wahlen von 1958 Mehrheit der panarabischen Parteien, darunter die »Nationale Union« und die sozialist. Baath-Partei. Außerdem unter anderen »Arabische Befreiungsfront« (pro-ägyptisch). Kommunist. Tätigkeit seit 1959 unter Strafe gestellt. Wegen Parteienverbots hatten die Wahlen v. 1967 keinen echten polit. Charakter – Im Abgeordnetenhaus 10 Sitze für Christen und 2 für Tscherkessen vorbehalten – Aufbau einer »Jordan. Nat.-Union« – **Dipl. B.:** BRD u. DDR

Städte (S 1973): Amman (Hptst.) 580 000 Einw., Jerusalem (El Quds)-Altstadt 90 000 (zugleich zweite Hauptstadt, seit Juni 1967 von Israel besetzt), Serka (Zarqa) 220 000, Irbid 116 000; 1971: Nablus 64 000, Hebron 43 000; Bethlehem (Betlemme) 25 000 und Jenin 20 000, beide seit 1967 israel. besetzt.

Wichtige Ausfuhrgüter: Phosphate, Pottasche, Viehzuchtprodukte, Früchte, Gemüse, Tabak – **Wichtigste Außenhandelspartner:** USA, Großbritannien, BR Deutschland, Libanon, Syrien, Irak, Kuweit, Saudi-Arabien, Japan – 1975 **Einf.** 731 Mill. $, **Ausf.** 147 Mill. $ – **W:** 1 Jordan. Dinar (JD) = 1000 Fils; 1 US-$ = 334 Fils, 1 JD = 7,7536 DM

Mitgliedschaft: UNO, Arabische Liga, Gemeinsamer Arabischer Markt, FAO, IAEA, IBRD, ICAO, IDA, IFC, ILO, IMCO, IMF, ITU, UIA, UNESCO, UPU, WHO, WMO, CCD, ECWA, Handelsabk. m. d. EG

JUAN-FERNANDEZ-INSELN s. Chile

JUGOSLAWIEN

(Socijalistička Federativna Republika Jugoslavija)

Fläche (69): 255 804 qkm – **Einwohner** (32): 21 350 000 (F 1975 20 522 972 Z 1971) = 83,3 je qkm – Über 40 % städt. Bevölkerung – **o. S.** 12 % – **BSP** 1973: 21 160 Mill. $, 1974 prov. 25 430 Mill. $, **je E.** 1200 $; **JZ** 4,5 % – **L** 19 % – **In** 50 %

Bevölkerung: 41,7 % Serben, 23,5 % Kroaten, 8,8 % Slowenen, etwa 4,4 % Albaner und 7 % Mazedonier, über 3 % Madjaren, 2,7 % Montenegriner; außerdem u. a. rumänische, slowakische, türkische und italienische Minderheiten; weniger als 10 000 Deutsche; Zigeuner – **Geburten- und Sterbeziffer** je 1000 Einw. 1975: 18,1/8,6 – **Geb.-U.:** 9,5 – **Staatssprache:** Serbisch/Kroatisch, Slowenisch, Mazedonisch – **Religion:** 41,5 % serb.-orthodoxe Christen (u. a. Serbien, Montenegro, Bosn.-H.), 31,8 % römische Katholiken (u. a. Slowenien, Kroatien, Bosn.-H.), 12,3 % Muslimen (Bosn.-H., Mazedonien, Kosovo), 150 000 Protestanten, 12,3 % Konfessionslose, 7000 Juden

Nationalflagge (der Gesamtrep.): blau-weiß(mit goldgerändertem roten Stern)-rot (waagerecht) – **Nationalfeiertag:** 29. 11. – **U:** alte staatl. Geschichte Serbiens und Kroatiens; Unabhängigkeit Kroatiens v. Öst.-Ungarn 1918, Unabhängigkeit Serbiens v. Osmanischen Reich 1878, Verbindung beider mit Slowenien und and. Gebieten zu Jugoslawien 1918

Staats- u. Regierungsform: Volksrepublik auf bundesstaatlicher Grundlage – Für vier Jahre gewähltes Parlament (»Savezna Skupština«), seit der neuen Verfassung von 1974 aus zwei Kammern (Föd.-Rat m. 220 nach einem komplizierten System gewählten und »Rat der Republiken« mit 88 von den Republiken und autonomen Provinzen entsandten Mitgliedern) – Wahlberechtigt alle über 18 Jahre alten Bürger – Wehrpflicht – Politische Gliederung in die föderativen Volksrepubliken Serbien (Srbija; mit den auton. Provinzen Vojvodina und Kosovo), Kroatien (Hrvatska), Slowenien (Slovenija), Bosnien (Bosna) und Herzegowina, Mazedonien (Makedonija) und Montenegro (Crna Gora), eigene Parlamente, Vollzugsräte, Flaggen – **Staatspräsidium:** Vorsitzender

Präs. Marschall Josip Broz-Tito, auf Lebenszeit – **Vorsitzender d. Bundesvollzugsrates** (Ministerpräs.): Djemal Bijedić – **Außenminister:** Miloš Minić – **Parteien:** Einzig zugelassene Partei ist der »Bund der Kommunisten Jugoslawiens«, der auch die entscheidenden Positionen in der Volksfront »Sozialistischer Bund des werktätigen Volkes« besitzt; ZK aus (seit 1974) 166 Mitgliedern, Exekutivkomitee aus 12 Mitgliedern m. einem Generalsekretär (der Slowene Stane Dolanc); der BdKJ zählte 1975 1,07 Mill. Mitglieder – Neben diesen Organisationen spielen die Gewerkschaften eine wichtige Rolle – **Dipl. B.:** BRD und DDR

Städte (Z 1971): Belgrad (Beograd, Hptst.) 770 140 Einw., Zagreb 566 084, Skopje 312 091, Sarajewo (Sarajevo) 244 045, Laibach (Ljubljana) 173 530, Split 171 875, Neusatz (Novi Sad) 141 712, Rijeka 132 933, Nisch (Niš) 132 677, Marburg (Maribor) 97 167, Osijek 93 912, Banja Luka 89 886, Subotica 88 787

Wichtige Ausfuhrgüter: Maschinen u. Fahrzeugausrüstungen (ein Viertel); Erze u. Metalle, Chemikalien, Vieh u. Fleisch, Schnittholz, Textilien, Früchte, Tabak, Wein – **Wichtigste Außenhandelspartner:** BR Deutschland, Italien, Sowjetunion, USA, Österreich, Tschechoslowakei, Frankreich, Polen, DDR, Großbritannien – 1975 **Einf.** 7697 Mill. $, **Ausf.** 4061 Mill. $ – **W:** 1 Jugosl. Dinar (DIN) = 100 Para; 1 US-$ = 18,1862 DIN, 1 DIN = 0,1415 DM

Mitgliedschaft: UNO, Balkan-Pakt, RGW (assoz.), FAO, IAEA, IBRD, ICAO, IDA, GATT, ILO, IMCO, ITU, OECD-Mitarbeit, UNESCO, UPU, WHO, WMO, CCD; Komitee für wirtschaftl. Zusammenarbeit mit der UdSSR, nichtpräferent. Abk. m. d. EG, IDB

JUNGFERN-INSELN s. Großbritannien II und Vereinigte Staaten von Amerika

KAMBODSCHA

(Cambodge Démocratique; Demokratisches Kambodscha; Kampuchea)

Fläche (82): 181 035 qkm (m. 3000 qkm Binnengewässern) – **Einwohner** (64): 8 110 000 (S 1975) = 44,8 je qkm – Anteil d. städt. Bevölkerung nicht bekannt – **o. S.** 50–60 % – **BSP** 1973: 550 Mill. $, 1974 prov. 570 Mill. $, **je E.** 70 $; **JZ** –5,2 % (Abnahme) – **L** 41 % – **In** 17 %

Bevölkerung: ganz überwiegend Khmer (Kambodschaner); vietnames. u. chines. Minderheiten; Tscham, Lao, Moi (»Khmer-Loeu«) – **Geburten- u. Sterbeziffer:** jährl. Wachstumsrate (1970–1974) 2,8 % – **Staatssprache:** Khmer; Französisch als Bildungs- u. Handelssprache; Vietnamesisch – **Religion:** südlicher Buddhismus; schaafiitische Sunniten (etwa 50 000) als islamische Minderheit (Tscham, Malaien); christliche Restgruppen; »zerstörerische Konfessionen« (offenbar christliche) sind künftig verboten

Nationalflagge: rotes Feld mit einem dreitürmigen gelben Tempel (Angkor) in der Mitte – **Nationalfeiertag:** 17. 4. – **U:** alte staatliche Tradition; seit 1949 formell, seit 1953 endgültig von Frankreich unabhängig; Volksrepublik seit 1976

Staats- u. Regierungsform: Republik; Verfassung v. 5. 1. 1976 – Repräsentativversammlung aus 250 Mitgl. (150 d. Bauern, 50 der Arbeiter, 50 der »Revol.-Armee«; Vors. d. Ständigen Ausschusses: Nuon Chea), direkt nach allgem. Wahlrecht für 5 Jahre gewählt; sie ist gesetzgebend u. wählt die Regierung, die ihr verantwortlich ist – Wehrpflicht – Verwaltungsgliederung in Umorganisation – **Staatsoberhaupt:** Präsident Khieu Samphan; Stellv. Sau Phim, Nhim Ros – **Regierungschef:** Pol Pot (Polpot) – **Stellv. u. Außenminister:** Ieng Sary – **Dipl. B.:** DDR

Städte: Pnom Penh (Hptst.) Mitte 1976 30 000–100 000 Einw., Battambang, Kompong Chhnang u. Kompong Cham, Kompong Som

Wichtige Ausfuhrgüter: Reis, Kautschuk, Mais, Holz, Fische, Palmzucker, Sticklack, Baumwolle, Kapok, Pfeffer, Tabak, Viehzuchtprodukte – **Wichtigste Außenhandelspartner:** Vietnam, Chines. Volksrepublik – 1972 **Einf.** 98 Mill. $, **Ausf.** 15 Mill. $ – **W:** 1 Riel = 100 Sen

Mitgliedschaft: UNO, Colombo-Plan, ESCAP, FAO, GATT, ADB, IAEA, IBRD, IFC, ICAO, ILO, ITU, UNESCO, UPU, WHO, WMO

KAMERUN

(République Unie du Cameroun; United Republic of Cameroon)

Fläche (47): 475 442 qkm (davon 5242 qkm Binnengewässer) – **Einwohner** (70): 6 430 000 (S 1975) = 13,5 je qkm – 22 % städt. Bevölkerung – **o. S.** über 80 % – **BSP** 1973: 1530 Mill. $, 1974 prov. 1650 Mill. $, **je E.** 260 $; **JZ** 4,9 % – **L** 31 % – **In** 21 %

Bevölkerung: Bantu-, Semibantu- u. Sudangruppen; Fulbe, Haussa; etwa 12 000 Europäer, meist Franzosen – **Geburten- u. Sterbeziffer:** jährliche Wachstumsrate (1970–1974) 1,9 % – **Staatssprache:** Französisch u. Englisch als Amtssprachen; Bantu-, Semibantu- und sudanesische Sprachen, Ful z. T. als Verkehrssprache – **Religion:** über 20 % Katholiken, etwa 14 % Protestanten und 15–20 %

Muslimen; Anhänger von Naturreligionen u. Sekten (z. B. Kirdi)

Nationalflagge: grün(mit zwei goldenen Sternen)-rot-gelb (senkrecht) – **Nationalfeiertag:** 20. 5. – **U:** 1960/61

Staats- u. Regierungsform: Republik – Parlament aus 1 Kammer – Keine Wehrpflicht – **Staatsoberhaupt** u. Vorsitzender d. Kabinetts: Präsident Hadschi Ahmadou Ahidjo Babatoura/UNC, wiedergew. 1975 – **Regierungschef** (v. Präs. ernannt): Paul Biya – **Außenminister:** Jean Keutcha – **Parteien:** Seit 1966 Einparteiensystem: »Union National Camerounaise«/UNC bzw. »Cameroon National Union«/CNU. Bei den Wahlen für die Bundesnationalversammlung erhielt 1973 die UNC 98,41 % aller Stimmen – **Dipl. B.:** BRD und DDR

Städte (S 1970): Jaunde (Yaoundé, Hptst., 1972 m. V.) 178 000 Einw., Duala (Douala, m. Bonaberi usw.) 250 000, Nkongsamba 71 000, Kumba 50 000, Bamenda 40 000

Wichtige Ausfuhrgüter: Kakao (bis ein Fünftel), Kaffee (bis ein Viertel), Aluminiumoxid, Holz, Baumwolle, Kautschuk, Bananen, Palmkerne und -öl – **Wichtigste Außenhandelspartner:** Frankreich; USA, BR Deutschland, Niederlande u. andere EG-Länder, Japan – 1975 **Einf.** 599 Mill. $, **Ausf.** 447 Mill. $ – **W:** 1 CFA-Franc (FCFA) = 100 Centimes; 1 US-$ = 236,56 FCFA, 1 FCFA = 0,0109 DM

Mitgliedschaft: UNO, OUA, an die EG assoziiert; Mitglied d. Zentralafrikan. Zoll- und Wirtschaftsunion/UDEAC, ECAFE, FAO, GATT, IAEA, IBRD, IDA, ILO, IMCO. IMF, ITU, UNESCO, UPU, WHO, WMO, CCD, »Union Monétaire Ouest-Africaine«

KANADA
(Canada)

Fläche (2): 9 976 139 qkm (m. 755 165 qkm Binnengewässern) – **Einwohner** (30): 22 830 000 (F 1975; 21 568 310 Z 1971) = 2,2 je qkm 76 % städt. Bevölkerung – **o. S.** 2–3 % – **BSP** 1973: 120 510 Mill. $, 1974 prov. 136 570 Mill. $, **je E.** 6080 $; **JZ** 3,5 % – **L** 5 % – **In** 32 %

Bevölkerung: 1971 waren 18 272 780 Kanadier im Lande geboren. Rund 23 % waren 1961 englischer, 10,4 % schottischer, 9,6 % irischer, 30,4 % französischer, 5,7 % deutscher, 2,4 % ukrainischer Abstammung; 191 709 Indianer (1973 270 494), 28 412 Eskimos (1972 etwa 17 600), 58 197 Chinesen, 30 623 Japaner, 32 127 Neger. In Quebec leben über 4,5 Mill. und u. a. in Ontario 0,75 Mill. Frankokanadier – **Geburten- u. Sterbeziffer** je 1000 Einw. 1974: 15,4/7,4 – **Geb.-U.:** 8,0 – **Staatssprache:** Englisch und Französisch –

Religion: 1971 9,97 Mill. Katholiken (Frankokanadier, viele Deutsche und Polen), 3,77 Mill. Angehörige d. »United Church«, 2,54 Mill. Anglikaner, 0,87 Mill. Presbyterianer, 0,71 Mill. Lutheraner, 0,66 Mill. Baptisten, 0,31 Mill. Griech.-Orthodoxe; 305 000 (1973) Juden, 168 150 Mennoniten; im übrigen Angehörige verschiedener, oben nicht genannter christlicher Konfessionen

Nationalflagge: weißes Feld, links und rechts senkrechte rote Streifen, in der Mitte ein rotes Ahornblatt; die alte Flagge mit Wappen »Union Jack« usw. darf neben der neuen benutzt werden – **Nationalfeiertag:** 1. 7. – **U:** autonomes Dominion seit 1867, volle Unabhängigkeit durch das Westminsterstatut von 1931

Staats- u. Regierungsform: Parlamentarische Monarchie mit bundesstaatlicher Verfassung – Parlament aus 2 Kammern (»House of Commons« und »Senate«); die Mitglieder des Unterhauses werden für fünf Jahre gewählt – Wahlberechtigt alle volljährigen Bürger – Keine allgemeine Wehrpflicht – Verwaltungsgliederung in 10 Provinzen: *Alberta* 661 185 qkm u. (1973) 1,67 Mill. Einw. (Hptst. Edmonton) – *Brit. Columbia* 984 589 qkm und 2,29 Mill. Einw. (Hptst. Victoria) – *Manitoba* 650 086 qkm u. 0,99 Mill. Einw. (Hptst. Winnipeg) – *Neu-Braunschweig* 734 437 qkm und 0,65 Mill. Einw. (Hptst. Fredericton 23 612 Einw.) – *Neufundland* 404 517 qkm u. 0,54 Mill. Einw. (Hptst. Saint John's) – *Neu-Schottland* 55 490 qkm u. 0,80 Mill. Einw. (Hptst. Halifax) – *Ontario* 1 068 582 qkm u. 7,89 Mill. Einw. (Hptst. Toronto) – *Prinz-Eduard-Insel* 5657 qkm und 0,11 Mill. Einw. (Hptst. Charlottetown 18 631 Einw.) – *Quebec* 1 540 680 qkm u. 6,07 Mill. Einw. (Hptst. Quebec) – *Saskatchewan* 651 900 qkm u. 0.91 Mill. Einw. (Hptst. Regina) – Territorien: *Nord-West-Territ.* 3 379 683 qkm und 37 000 Einw. (Hptst. Yellowknife 5867 Einw.) – *Yukon* 536 324 qkm u. 20 000 Einw. (Hptst. Whitehorse 11 084 Einw.). Alle Provinzen haben eigene Parlamente u. Provinzregierungen – **Staatsoberhaupt:** Königin Elizabeth II., seit 1952; vertreten durch einen Generalgouverneur, der auf Vorschlag der kanadischen Regierung ernannt wird und in den Provinzen Vize-Gouverneure (Lieutenant-Governors) einsetzt – Generalgouverneur: Jules Léger, seit 1974 – **Regierungschef:** Premiermin. Pierre Elliott Trudeau, Lib. – **Außenminister:** Donald Jamieson – **Parteien:** Bei den Wahlen vom Juli 1974 errang die »Konservative Partei« (Progressive Conservative Party) 95 (1968 106) der 264 Unterhaussitze; sie vertritt den Vorrang der Privatwirtschaft und betont die Bindungen zu Großbritannien. Die »Liberale Partei«, die sich innenpolitisch nicht stark, außenpolitisch jedoch mehr von den Konservativen unterscheidet, erhielt 140 (109) Sitze (seit Nachwahl von 1975 139 Sitze). Außerdem: »New Democratic Party« 16 (31) Sitze, »Rassembl. des Créditistes« 12 (15), 1 Unabhängiger, »Parti National«/PN (seit 1975) – **Dipl. B.**: BRD und DDR

Städte (Z 1971; Metrop. Area = MA): Ottawa (Hptst.) 302 341 Einw. (MA 602 510), Montreal 1 214 352 (MA 2 743 208), Toronto 698 634 (MA 2 628 043), Vancouver 426 256 (MA 1 082 852), Edmonton 437 116 (MA 495 702), Calgary 403 319, Hamilton 309 173 (MA 602 510), Winnipeg 246 246 (MA 540 262), London 223 222 (MA 286 011), Windsor 203 300 (MA 258 653), Quebec 182 418 (MA 480 502), Regina 139 469 (MA 140 734), Saskatoon 126 449, Halifax 121 086 (MA 222 637), Kitchener 111 804 (MA 226 846), Sudbury 90 535 (MA 155 424), St. John's 86 290 (MA 131 814)

Wichtige Ausfuhrgüter: Maschinen, Fahrzeuge und F.-Teile (bis über 30 % d. Ausfuhrwertes), Papier, Holz, Zellstoff (15–20 %), Getreide u. Getreideerzeugnisse (Weizen, stark wechselnd), Aluminium, Nickel, Uran, Asbest u. Kupfer, Erdöl, Edelmetalle, Eisenerze, Blei, Chemikalien, Fischereiprodukte – **Wichtigste Außenhandelspartner:** USA (über drei Fünftel der Ausfuhr, fast zwei Drittel d. Importe), Großbritannien, Japan, BR Deutschland, Frankreich und weitere EG-Länder, Venezuela, Australien, Sowjetunion, Chines. Volksrepublik, Indien usw. – 1975 **Einf.** 34 306 Mill. $, **Ausf.** 31 688 Mill. $ – **W:** 1 Can. Dollar (can. $) = 100 Cents; 1 US-$ = 0,9842 can. $, 1 can. $ = 2,6571 DM

Mitgliedschaft: UNO, NATO, ADB, ECLA, FAO, GATT, IAEA, IBRD, ICAO, IDA, IDB, IFC, ILO, IMCO, IMF, ITU, OECD, UNESCO, UPU, WHO, WMO, CCD, BID; assoziiert an den Colombo-Plan, Beobachter in der OAS, Rahmen-Koop.-Abk. m. d. EG

KANAL-INSELN s. Großbritannien I

KANARISCHE INSELN s. Spanien

KAPVERDISCHE INSELN
(Cabo Verde bzw. Ilhas do Cabo Verde)

Fläche (140): 4033 qkm – **Einwohner** (140): 290 000 (S 1975; 272 071 Z 1970) = 71,9 je qkm – Etwa 20 % städt. Bevölkerung – **o. S.** 70 % – **BSP** 1973: 95 Mill. $, **je E.** 340 $, **JZ** 6,0 %

Bevölkerung: zu einem großen Teil Nachkommen aus der Vermischung von Weißen und Negern, im übrigen Neger und Weiße – **Geburten- u. Sterbeziffer:** jährliche Wachstumsrate (1970–1974) 2,1 % – **Staatssprache:** Portugiesisch; Umgangssprache »Crioulo«; ein von vielen afrikanischen und anderen Sprachelementen durchsetztes Portugiesisch – **Religion:** überwiegend röm. Katholiken, daneben Angehörige von Freikirchen und Anhänger von Naturreligionen

Nationalflagge: gelb-grün(waagerecht)-rot(senkrecht) am Mast, m. Emblem aus fünfzackigem schwarzen Stern, gelben Meerestieren auf Blau und umrahmenden grünen Zweigen – **Nationalfeiertag:** 5. 7. – **U:** 5. 7. 1975

Staats- u. Regierungsform: Republik – Nationalversammlung – Falls nicht künftig ein direkter Anschluß an Guinea-Bissau erfolgt, den die PAIGC anstrebt, dürfte eine Föderation zwischen beiden Staaten in Betracht kommen – **Staatsoberhaupt:** Aristides Pereira, PAIGC – **Regierungschef:** Major Pedro Pires, PAIGC – **Parteien:** »Partido Africano de Independencia da Guiné e do Cabo Verde«/PAIGC, Gen. Sekr. Aristides Pereira; die PAIGC hält seit d. Wahl v. 30. 6. 1975 alle 56 Sitze in der Nationalversammlung – **Dipl. B.:** BRD und DDR

Städte: Praia (Hptst., auf São Tiago) 21 494 (Z 1970), Mindelo (Wirtschaftszentrum) 28 797, S. Filipe 3559

Wichtige Ausfuhrgüter: Fischkonserven, Salz, Bananen, Pflanzenöle, etwas Kaffee – **Wichtigste Außenhandelspartner:** Portugal, daneben west- u. zentralafrikanische Länder – 1971 **Einf.** 573,4 Mill. Escudos, **Ausf.** 45,6 Mill. Escudos – **W:** 1 Escudo (Esc) = 100 Centavos; Verhältnis z. port. Esc 1:1

Mitgliedschaft: UNO, OEA, FAO, künftig vermutlich in weiteren UNO-Sonderorganisationen; assoz. an d. EG

KAROLINEN s. Vereinigte Staaten von Amerika (Überseebesitzungen)

KASCHMIR s. Indien u. Pakistan

KATAR
(Mashyaka al Qatar)

Fläche (135): 11 000 qkm – **Einwohner** (146): 90 000, m. Ausländern etwa 190 000 (S 1975) = 17,2 je qkm – **o. S.** 80 % – **BSP** 1973: 1090 Mill. $, 1975 1110 Mill. **$, je E.** 5380 $; **JZ** 7,9 %

Bevölkerung: Araber verschiedener Herkunft; persische Minderheit, etwa 10 000 Neger – **Religion:** sunnitische u. schiitische Muslimen – **Geburten- u. Sterbeziffer:** jährl. Wachstumsrate (1970–1974) 8,9 % – **Staatssprache:** Arabisch; außerdem u. a.

Persisch; Englisch als Handels- u. Verkehrssprache

Nationalflagge: braunes Feld m. gezacktem weißen Streifen am Flaggstock – **Nationalfeiertag:** 3. 9. – **U:** 1971

Staats- u. Regierungsform: Beratende Versammlung (kein Frauenwahlrecht) – Scheichtum – **Staatsoberhaupt:** Emir Chalifa (Khalifa) bin Hamad at-Thani, seit dem Staatsstreich von 1972 – **Außenminister:** Scheich Suhaim bin Hamad at-Thani – **Parteien:** nicht vorhanden – **Dipl. B.:** BRD

Städte: Doha (Hptst., S 1975) 120 000 Einw., Waqra, Duchan (Doukhan), Umm Said (Oum-S.)

Wichtige Ausfuhrgüter: fast ausschließlich Erdöl – **Wichtigste Außenhandelspartner:** Großbritannien u. andere EG-Länder, Japan, USA, Australien – **W:** 1 Qatar Riyal (QR) = 100 Dirham; 1 US-$ = 3,9500 QR, 1 QR = 0,6517 DM

Mitgliedschaft: UNO, Arabische Liga, FAO, GATT (assoz.), IBRD, ICAO, IMF, ITU, OAPEC, OPEC, UPU, WHO, ECWA, CCD; Freundschaftsabk. mit Großbritannien

KENIA

(Dschamhuri ja Kenia bzw. Jamhuri ya Kenya; Republic of Kenya)

Fläche (43): 582 646 qkm (mit 13 396 qkm Binnengewässern) – **Einwohner** (47): 13 400 000 (S 1975; 10 942 705 Z 1969) = 22,9 je qkm – 10 % städt. Bevölkerung – **o. S.** über 70 % – **BSP** 1973: 2150 Mill. $, 1974 prov. 2850 Mill. $, **je E.** 200 $; **JZ** 3,3 % – **L** 30 % – **In** 21 %

Bevölkerung: über 60 % Bantu (u. a. über ein Fünftel Kikuju, ein Siebentel Luhya, fast ein Zehntel Kamba), ferner über ein Achtel Niloten (hauptsächlich Luo) u. hamitische sowie nilohamitische (darunter 1,5 % Massai) Gruppen, je einige Hundert Europäer u. Indischstämmige, über 40 000 Araber – **Geburten- u. Sterbeziffer:** jährl. Wachstumsrate (1970–1974) 3,6 % – **Staatssprache:** seit 1974 Suaheli; Umgangssprachen der Bantu, Inder, Niloten; Englisch wichtig als Verkehrs- u. Bildungssprache – **Religion:** etwa 30 % Protestanten, rund 20 % Katholiken, fast 4 % Muslimen (nach anderen Schätzungen wesentlich mehr), Minderheiten von Hindus; Anhänger von Naturreligionen

Nationalflagge: schwarz-rot-grün, durch schmale weiße Streifen getrennt (waagerecht), in der Mitte Wappen – **Nationalfeiertag:** 12. 12. – **U:** 1963

Staats- u. Regierungsform: Präsidiale Republik – Parlament aus 1 Kammer – Gliederung in 7 Regionen u. i. das Bundesgebiet Nairobi – **Staatsoberhaupt und Regierungschef:** Mzee Yomo Kenyatta, KANU, seit 1964, 1974 erneut bestätigt; Vizepräs. u. Innenminister: Daniel Arap Moi – **Außenminister:** Dr. F. L. Munyua Waiyaki – **Parteien:** bei den Wahlen vom Okt. 1974 erhielt im Unterhaus die von Yomo Kenyatta geführte Einheitspartei »Kenya African National Union«/KANU, die sich vor allem auf Kikuju und Luo stützt, alle Sitze – **Dipl. B.:** BRD

Städte (1973): Nairobi (Hptst.) 630 000, Mombasa-Kilindi 301 000; 1969: Nakuru 47 151, Kisumu 32 431, Thika 18 387, Eldoret 18 196

Wichtige Ausfuhrgüter: Kaffee (rund ein Drittel d. Ausfuhrwertes), Tee (15 %), Sisal, Pyrethrumextrakt, Viehzuchtprodukte – **Wichtigste Außenhandelspartner:** Großbritannien, BR Deutschland, Japan, USA, Iran, Italien, Frankreich – 1975 **Einf.** 938 Mill. $, **Ausf.** 494 Mill. $ (ohne Handel von Eigenprodukten mit Tansania u. Uganda) – **W:** 1 Kenya-Shilling (K.Sh.) = 100 Cents; 1 US-$ = 8,42 K.Sh., 1 K.Sh. = 0,3057 DM

Mitgliedschaft: Commonwealth, UNO, OEA, GATT, IAEA, IBRD, ICAO, IDA, IFC, ILO, IMCO, IMF, ITU, UNESCO, UPU, WHO, WMO, mit Uganda u. Tansania gemeins. Einrichtungen in der »East African Common Services Organisation«. 1967 Vereinbarungen mit Tansania u. Uganda über einen »Ostafrik. Gemeinsamen Markt«, der nur noch bedingt funktioniert, assoz. an d. EG; CCD

KIMOI-INSELN (Kinmen) s. Rep. China (Taiwan)

KOLUMBIEN

(República de Colombia)

Fläche (25): 1 138 914 qkm – **Einwohner** (29): 23 540 000 (B 1975; 21 070 115 Z 1973) = 20,6 je qkm – 65 % städt. Bevölkerung – **o. S.** über 20 % – **BSP** 1973: 9900 Mill. $, 1974 prov. 11 630 Mill. $, **je E.** 510 $; **JZ** 3,1 % – **L** 27 % – **In** 20 %

Bevölkerung: etwa 50 % Mestizen, ein Fünftel Weiße, meist altspanischer Herkunft, teilweise als Oberschicht; etwa 2 % Indianer, 6 % Neger, rund 20 % Mulatten – **Geburten- u. Sterbeziffer:** jährl. Wachstumsrate (1970–1974) 3,2 % – **Staatssprache:** Spanisch; indianische Idiome, z. B. Chibcha – **Religion:** 90 % röm.-kathol.; 100 000 Protestanten, 10 000 Juden

Nationalflagge: gelb(doppelt breit)-blau-rot (waagerecht) – **Nationalfeiertag:** 20. 7. – **U:** Loslösung von der spanischen Herrschaft 1819

Staats- u. Regierungsform: Präsidiale Republik – Parlament aus 2 Kammern (Abgeordnetenhaus bzw.

»Cámara de Representantes« u. Senat bzw. »Senado«, die Mitglieder des Repräsentantenhauses werden für zwei Jahre gewählt) – Wahlberechtigt alle über 21 Jahre alten Bürger – Wehrpflicht – Verwaltungsgliederung in 22 Departementos sowie in 3 Intendencias u. 5 Comisarías – **Staatsoberhaupt** und für die Regierung verantwortlich: Präsident Antonio López Michelsen, PL, seit 1974 – **Außenminister:** Dr. Indalecio Lievano Aguirre, PL – **Parteien:** Bei den Wahlen v. April 1974 erhielten: »Partido Liberal«/PL 111 (Senat 66 von 112), »P. Conservador« 61 (38), »Nation. Volksallianz«/ ANAPO (»Rojistas«) 19 (7), Kommunisten/PC 3 (1); 1976 bei Regionalwahlen u. a. auch eine »Unión Nacional de Oposición«/UNO (Koalition aus Kommunisten u. anderen Linksgruppen). Procastrische Freischärler (FLN, FALN, FARC) – **Dipl. B.:** BRD u. DDR

Städte (S 1973): Bogotá (Hptst.) 2 978 700 Einw., Medellín 1 269 900, Cali 1 077 000, Barranquilla 721 900, Bucaramanga 364 200, Cartagena 362600, Manizales 318 600, Cúcuta 259 400, Ibagué 226 500, Santa Marta 174 200, Palmira 170 000, Tulua 152 500, Ciénaga 144 200, Pasto 140 700, Buenaventura 135 000 – Distr. Esp. de Bogotá 1754 qkm

Wichtige Ausfuhrgüter: Kaffee (bis über 50 % des Ausfuhrwertes), Erdöl, Bananen, Baumwolle, Zukker, Platin, Gold, Viehzuchtprodukte – **Wichtigste Außenhandelspartner:** USA (bis zwei Fünftel des Außenhandelsumfanges), BR Deutschland, Japan, Großbritannien, Spanien, Niederlande, Kanada, Schweiz – 1975 **Einf.** 1558 Mill. $, **Ausf.** 1358 Mill. $ – **W:** 1 Kolumb. Peso (col.$) = 100 Centavos; 1 US-$ = 34,70 col.$, 1 col.$ = 0,0740 DM

Mitgliedschaft: UNO, OAS, ALALC, CECLA, ECLA, FAO, IAEA, IBRD, ICAO, IDA, IDB, IFC, ILO, IMF, ITU, UNESCO, UPU, WHO, WMO; Andengruppe, SELA

KOMOREN
(République des Comores)

Fläche (144): 1797 qkm (ohne Mayotte, s. Frankreich) – **Einwohner** (141): 280 000 (ohne M., S 1975; m. Mayotte Z 1966 243 498) = 155,6 je qkm – Etwa 10 % städt. Bevölkerung – **o. S.** 70 %, **BSP** 1973: 49 Mill. $, **je E.** 170 $; **JZ** 1,2 %

Bevölkerung: sehr gemischt, bes. Araber, Madegassen, Bantu (Makua), indische und persische Minderheiten; einige Hundert Europäer, meist Franzosen – **Geburten- u. Sterbeziffer:** jährl. Wachstumsrate (1970–1974) 3,1 % – **Staatssprache:** Französisch; als Umgangssprachen Arabisch, Bantu-Sprachen, Kisuaheli usw. – **Religion:** ganz überwiegend Muslimen; ohne Mayotte 8–10 000 Katholiken, protestantische Minderheit

Nationalflagge: rot(doppelt breit)-grün (beide waagerecht), links oben im Rot weißer Halbmond und vier weiße Sterne – **Nationalfeiertag:** 6. 7. – **U:** 6. 7. 1975

Staats- u. Regierungsform: Republik mit Einkammerparlament – Verfassung in Ausarbeitung – Allg. Wahlrecht – **Staatsoberhaupt:** Ali Soilih – **Regierungschef:** Abdallah Mohamed – **Außenminister:** Mouzawoir Abdallah – **Parteien:** »Vereinigte Nat. Front«/FNU, »Rassemblement démocratique du peuple comorien«/R.D.P.C., UMMA, »Mouvement de Libération nationale des Comores«/ MOLINACO – Parteien in Umstrukturierung – **Dipl. B.:** DDR

Städte: Moroni (auf Gr. Comore, Hptst.) etwa 15 000 Einw.

Wichtige Ausfuhrgüter: Vanille, Essenzen (u. a. Citronella, Ylang), Kopra, Kakao, Sisal – **Wichtigste Außenhandelspartner:** Frankreich und andere EG-Länder – 1971 **Einf.** 2,83 Mrd. FCFA, **Ausf.** 1,57 Mrd. FCFA – **W:** 1 CFA-Franc (FCFA) = 100 Centimes; 1 US-$ = 236,56 FCFA, 1 FCFA = 0,0109 DM

Mitgliedschaft: UNO, OEA, künftig wahrscheinlich in den Sonderorganisationen; EG (assoz.)

KONGO
(République Populaire du Congo)

Fläche (55): 342 000 qkm – **Einwohner** (120): 1 350 000 (S 1975; Z 1974 1 300 000) = 3,9 je qkm – Etwa 30 % städt. Bevölkerung – **o. S.** 75 % – **BSP** 1973: 410 Mill. $, 1974 prov. 470 Mill. $, **je E.** 390 $; **JZ** 1,9 $

Bevölkerung: Bantu-Gruppen (u. a. Vili-Kongo, Bavili, Balali, Bateke, M'Boshi), im N auch Sudan-Gruppen, einige Tausend meist franz. Europäer – **Geburten- u. Sterbeziffer:** jährl. Wachstumsrate (1970–1974) 3,1 % – **Staatssprache:** Französisch; Lingala, Kikongo usw. – **Religion:** Etwa 40 % röm. Katholiken, 10–12 % Protestanten, Anhänger von Naturreligionen, einige Tausend Muslimen

Nationalflagge: rote Fläche mit Hammer und Hacke, umrahmt von 2 grünen Palmzweigen, gekrönt von einem gelben Stern – **Nationalfeiertag:** 15. 8. – **U:** 1960

Staats- u. Regierungsform: Republik – Neue Verfassungsbestimmungen von 1976 – Wichtige Aufgaben werden seit 1976 vom »Revolut. Sonderhauptquartier«/RS (»Etat-major révolutionnaire spécial«; 5 Mitglieder; Vors. Marien Ngouabi) d. »Parti Congolais du Travail«/PCT wahrgenommen – Keine allgem. Wehrpflicht – Verwaltungsgliederung in 9 Regionen – **Staatsoberhaupt:** Commandant Marien Ngouabi, seit 1970 – **Ministerpräsident:** Commandant Louis Goma, Mitgl. d. RS – **Außenminister:** Théophile Obenga – **Parteien:** PCT, linkssoz. – **Dipl. B.:** BRD und DDR

Städte (S 1970): Brazzaville (Hptst.) etwa 170 000 Einw., Pointe-Noire etwa 100 000 (beide m. V.)

Wichtige Ausfuhrgüter: Holz (bis 50 % d. Ausfuhrwertes), Diamanten (5–10 %), Erdöl, Kakao, Palmöl u. -kerne, Tabak, Bananen – **Wichtigste Außenhandelspartner:** Frankreich, BR Deutschland und andere EG-Länder, USA – 1973 **Einf.** 125 Mill. $, **Ausf.** 294 Mill. $ (ohne UDEAC-Handel) – **W:** 1 CFA-Franc (FCFA) = 100 Centimes; 1 US-$ = 236,56 FCFA, 1 FCFA = 0,0109 DM

Mitgliedschaft: UNO, OEA, Communauté; assoziiert an die EG, ECA, FAO, IBRD, ICAO, CFA, IDA, ILO, IMF, ITU, UDEAC (z. T. aus deren Einrichtungen ausgetreten), UNESCO, UPU, WHO, WMO

KOREA, REP.

(Dähan-Minkuk; Han Kook; Süd-Korea)

Fläche (101): 98 484 qkm – **Einwohner** (23): 33 950 000 (F 1975, 31 465 654 Z 1970) = 344,6 je qkm – Rund 42 % städt. Bevölkerung – **o. S.** 8–9 % – **BSP** 1973: 13 250 Mill. $, 1974 prov. 15 800 Mill. $, **je E.** 1060 $; **JZ** 8,7 % – **L** 26 % – **In** 34 %

Bevölkerung: fast ausschließlich Koreaner – **Geburten- u. Sterbeziffer:** jährl. Wachstumsrate (1970–1974) 1,7 % – **Staatssprache:** Koreanisch; Englisch als Handelssprache wichtig – **Religion:** Buddhisten; Konfuzianer; etwa 800 000 Katholiken und 3 460 000 Protestanten

Nationalflagge: weißes Feld mit rotblauem Ying-Yang-Zeichen im Fischblasenmuster, gegen die Ecken zu stilisierte Schrift – **Nationalfeiertag:** 15. 8. – **U:** alte staatliche Tradition; Ende der japanischen Herrschaft (seit 1910) 1945

Staats- u. Regierungsform: Republik mit Verfassung v. 1972 und starker Stellung des Präsidenten. Eine auf sechs Jahre gewählte »Nat. Wiedervereinigungskonferenz« als Träger der »Nat. Souveränität«; sie wählt den Präsidenten u. bestimmt faktisch durch den Präsidenten ein Drittel der Mitglieder der »Nationalversammlung«, des Parlamentes – 9 Prov. u. 2 Stadtgeb. (Ssóul, Pusan) – Wehrpflicht – **Staatsoberhaupt:** Präsident General Pak Kung Li (Park Chung Hee), DRP, wiedergewählt 1972) – **Regierungschef:** Ministerpräsident Tschoi (Choi) Kyu Hah, DRP – **Außenminister:** Park Tong Tsching (Park Dong Jing) – **Parteien:** Bei den Wahlen vom Febr. 1973 errang die »Demokratisch-Republikanische Partei«/DRP 73, die »Neue Demokratische Partei«/NDP (»Shinmin«) 52, die »Demokr. Wiedervereinigungspartei« (»Dem. Unif. Party«/DUP) 2 Sitze; 19 Unabhängige – **Dipl. B.:** BRD

Städte (Z 1970): Ssóul, Hptst.) 5 536 377 (1. 10. 1973 6 289 600) Einw., Pusan (Busan) 1 879 404, Tägu (Daegu) 1 082 750, Intschön (Incheon) 646 013, Kwangdschu (Gwangju) 502 753, Tädschön (Daejeon) 414 598, Tschöntschu (Chonchu, Jeonchu) 262 816, Masan 190 992, Mokpo 177 801, Suwön (Suweon, Puwan) 170 518, Ulsan 159 340, Jösu (Yeosu) 113 651, Kunsan (Gunsan) 112 453, Wöndschu (Weonju) 111 972, Dschedschu (Jeju) 106 456

Wichtige Ausfuhrgüter: Textilien u. a. Industrieprodukte (über 50 %), Fische u. Fischprodukte, Holz, Häute u. Felle, Reis, Eisenerz, Wolfram, Graphit, Früchte – **Wichtigste Außenhandelspartner:** Japan, USA, BR Deutschland, Hongkong, Philippinen, Rep. China (Taiwan), Frankreich, Großbritannien, Kanada, Italien – 1975 **Einf.** (einschl. Entwicklungshilfsgüter) 6844 Mill. $, **Ausf.** 4460 (1. Hj. 1975 2046) Mill. $ – **W:** 1 Won (₩) = 100 Tschön (Chon, Keun); 1 US-$ = 484,0 ₩, 1 ₩ = 0,00533 DM

Mitgliedschaft: ADB, ASPAC, ESCAP, FAO, GATT, IAEA, ICAO, IBRD, IFC, IMCO, IMF, ITU, UNCTAD, UNESCO, UPU, WHO, WMO, CCD; Behandlung d. Antrages z. Aufnahme in d. UNO 1975 im Sicherheitsrat abgelehnt.

KOREANISCHE VOLKSDEMOKRATISCHE REPUBLIK

(Tschosson Mintschu tschu-i-Jinmin [Choson Minchu-Chui Inmin] Konghwa-Guk; Nord-Korea)

Fläche (91): 120 538 qkm – **Einwohner** (39): 15 850 000 (S 1975) = 130,9 je qkm – Etwa 40 % städt. Bevölkerung – **o. S.** 8–10 % – **BSP** 1973: 5160 Mill. $, 1974 prov. 5960 Mill. $, **je E.** 390 $; **JZ** 2,8 % – **L** 30 % – **In** 45 %

Bevölkerung: fast ausschließlich Koreaner – **Geburten- u. Sterbeziffer:** jährl. Wachstumsrate (1970–1974) 2,7 % – **Staatssprache:** Koreanisch; Russisch u. Chinesisch z. T. als Handelssprachen – **Religion:** Buddhismus; christliche Minderheiten

Nationalflagge: blau-weiß-rot(breit, m. rotem Stern in weißem Kreis)-weiß-blau (waagerecht; weiße Streifen schmal) – **U:** wie Rep. Korea (Süd-Korea)
Staats- u. Regierungsform: Kommun. Volksrepublik – Parlament mit einer Kammer – Wahlberechtigt alle erwachsenen Bürger – Wehrpflicht – Verwal-

tungsgliederung in 9 Provinzen (Do) u. 2 unmittelbare Städte (Si), d. h. Pjöngjang u. Käsöng – **Staatsoberhaupt:** Präsident Kim Il Sung – Vorsitzender d. Präsidiums d. »Oberst. Volksversammlung« PdAK-Vizepräs.: Tschö Jong Gon (Choi Yonk Kun) – **Regierungschef:** Park Song Tschol (Chol), Ministerpräsident des »Administrativen Rates« – **Außenminister** u. stellv. Reg.-Chef: Ho Dam – **Parteien:** Entscheidend ist die kommun. »Partei d. Arbeit Koreas«/PdAK (»Tschosson Nodongdang«, 1975 über 1,9 Mill. Mitglieder), die im Rahmen des sog. »Nationalen Blocks« auch die einflußlosen kleinen sonstigen Gruppen (z. B. »Demokr. Partei« [»Tschosson Mindschudang«] u. die religiöse »Tschonudang«) bestimmt; Vorsitzender des Politbüros ist Kim Il Sung. Bei den Wahlen von 1972 stimmten 100 % für die PdAK – **Dipl. B.:** DDR

Städte (S): Pjöngjang (Pyongyang, Hptst.) m. V. über 1 Mill. Einw., Wönsan u. Tschöngdschin (Chongjin) je etwa 250 000, Hungnam (Heungnam) 150 000, Hamhung u. Sinuidschu (Sineuiju) je etwa 200 000

Wichtige Ausfuhrgüter: Eisenerz, Kohle, Wolfram, Wismut, Graphit, Industrieprod. (etwa 30 %, u. a. Rohseide u. chem. Produkte, Maschinen) – **Wichtigste Außenhandelspartner:** Sowjetunion (bis 50 % d. Außenhandelswertes), Chines. Volksrepublik u. die and. kommunist. Staaten; Gesamthandel m. westl. Ländern 25–30 % (bes. Japan) – 1973 **Einf.** (S) 602 Mill. $, **Ausf.** 528 Mill. $ – **W:** 1 Won (₩) = 100 Tschön (Chon, Keun); 1 US-$ = 0,96 ₩, 1 ₩ = 2,6454 DM

Mitgliedschaft: als Beobachter Teilnahme bei manchen Tagungen des RGW, UNCTAD, UPU, WHO, WMO, Interparlament. Union

Koreanische Wiedervereinigung: Das seit 1945 durch eine Demarkationslinie, seit dem Ende des »Bürgerkrieges« durch eine Waffenstillstandslinie getrennte Korea konnte infolge der Gegensätze zwischen dem kommunistischen Norden und dem nichtkommunistischen Süden noch nicht wiedervereinigt werden. Seit 1971/72 direkte, mehrfach unterbrochene Verhandlungen zwischen Nord- und Südkorea; bisher ohne Erfolg

KORSIKA s. Frankreich

KUBA s. Cuba

KUWEIT

(Dawlat al Kuwait; Staat Kuweit; Koweit)

Fläche (131): 17 818 qkm – **Einwohner** (125): 1 000 000 (S 1975, 737 909 Z 1970; davon über 50 % Ausländer bes. aus arab. Staaten) = 56,1 je qkm – Über 70 % städt. Bevölkerung – **BSP** 1973: 12 050 Mill. $, 1974 prov. 10 830 Mill. $, **je E.** 11 640 $; **JZ** –2,9 % (Abnahme)

Bevölkerung: hauptsächlich Araber verschiedener Herkunft; persische u. and. Minderheiten – **Geburten- u. Sterbeziffer** je 1000 Einw. 1973: 45,5/5,2 % – **Geb.-Ü.:** 40,3 % – **Staatssprache:** Arabisch; Englisch als Handelssprache wichtig – **Religion:** Sunnitischer Islam, über 20 000 Christen, darunter armen. u. röm. Katholiken, Kopten usw. **Nationalflagge:** grün-weiß-rot (waagerecht) mit schwarzem Trapezoid am Flaggstock – **U:** 19. 6. 1961

Staats- u. Regierungsform: Scheichtum (Fürstentum) – Verfassung von 1962 – Nationalversammlung aus 50 Mitgliedern; der Herrscher ernennt den Ministerpräsidenten – Wehrpflicht – **Parteien:** Bei den Wahlen (kein Frauenstimmrecht) von 1975 fielen die meisten Sitze an konservative Gruppen. Eigentliche Parteien sind nicht vorhanden – **Staatsoberhaupt:** Emir Sabah as Salim as Sabah, seit 1965 – **Regierungschef:** Scheich Dschabar (Jabar) al Ahmad al Dschabar as Sabah; die Mehrzahl der Minister besteht aus Verwandten des Herrschers – **Außenminister:** Scheich Sabah al Ahmad al Dschabar as Sabah – Ende Aug. 1976 Auflösung d. Parlamentes; Verfassung z. T. außer Kraft, neue Verf. in Vorbereitung – **Dipl. B.:** BRD u. DDR

Städte (Z 1970): Kuweit (Hptst.) 80 405 Einw., m. V. 300 000, Hawalli 106 542, Salmiya 67 346

Wichtige Ausfuhrgüter: Erdöl und -produkte (über 95 %) – **Wichtigste Außenhandelspartner:** Japan, USA, Großbritannien, BR Deutschland u. andere EG-Länder sowie Nahoststaaten – 1975 **Einf.** 2219 Mill. $, **Ausf.** 8639 Mill. $ – **W:** 1 Kuweit Dinar (KD) = 10 Dirham = 1000 Fils; 1 US-$ = 0,29325 KD, 1 KD = 8,7782 DM

Mitgliedschaft: UNO, Arabische Liga, FAO, GATT, IAEA, IBRD, ICAO, IDA, IFC, ILO, IMCO, IMF, ITU, UNESCO, UPU, WHO, WMO; bedingt Mitglied des ›Gemeinsamen Arabischen Marktes‹; ECWA, OAPEC, OPEC, UIA

LAOS

(République démocratique populaire Lao; Volksdemokrat. Republik Laos)

Fläche (75): 236 800 qkm – **Einwohner** (95): 3 300 000 (S 1975) = 13,9 je qkm – Etwa 15 % städt. Bevölkerung – **o. S.** 60 % – **BSP** 1973: 200 Mill. $, 1974 prov. 220 Mill. $, **je E.** 70 $; **JZ** 2,5 %

rate (1970–1974) 2,4 % – **Staatssprache:** Lao und **Bevölkerung:** Lao, außerdem andere Thaigruppen, vietnamesische u. chinesische Minderheiten, Miao, Jao – **Geburten- u. Sterbeziffer:** jährl. Wachstums- bisher Französisch; Idiome der and. Volksgruppen als Umgangssprachen; Französisch z. T. Bildungs- u. Verkehrssprache – **Religion:** vorwiegend südlicher Buddhismus; christliche Minderheiten (rund 46 000 Protestanten und über 30 000 Katholiken) **Nationalflagge:** blau-rot-blau (waagerecht), mit einem weißen Kreis in der Mitte – **U:** proklamiert 12. 10. 1945, faktisch seit 1949 autonom in der »Französischen Union« und 1954 als völlig unabhängig anerkannt; Volksdem. Rep. seit Dezember 1975

Staats- u. Regierungsform: Volksdemokrat. Republik – »Volksversammlung« (gewählt nach allgem. Wahlrecht); sie bestimmt die Zusammensetzung des aus 45 Mitgl. bestehenden »Obersten Volksrates«, der die Verfassung ausarbeitet und die Regierung unterstützt – Wehrpflicht – Verwaltungsgliederung in Umbau – **Staatsoberhaupt:** Präsident u. Vors. d. »Obersten Volksrates« Prinz Suvannuvong (Souphanouvong); sein »Höchster Berater«: Prinz Savang Vatthana (der ehem. König) – **Regierungschef:** Ministerpräsident Kaysone Phomvihan; mehrere Stellvertreter – Berater: Prinz Suvanna Phuma (Souvanna Phouma) – Stellvertreter d. Min. Präs. u. **Außenminister:** General Phoune Sipaseuth – **Parteien:** »Revolutionäre Volkspartei« (kommunistisch); Generalsekretär: Kaysone Phomvihan – **Dipl. B.:** BRD (Sitz d. zuständ. Botschaft in Bangkok) und DDR

Städte: Vientiane (Hptst., 1973) 176 637 Einw., Residenz Luang Prabang (Louang Prabang) 45 000, Savannakhet 36 000, Pakse 35 000 (gegenwärtige Einwohnerzahlen nicht greifbar)

Wichtige Ausfuhrgüter: Zinn (etwa 40 % d. Ausfuhrwertes), Teakholz, Kaffee, Reis, Baumwolle, Tee, Gewürze – **Wichtigste Außenhandelspartner:** bis 1975 USA, Thailand, Philippinen, Japan, Indonesien, Hongkong, Frankreich – 1973 **Einf.** 57 Mill. $, **Ausf.** 5 Mill. $ – **W:** 1 Kip Pot Poy (»Befreiungs«-Kip; KPP bzw. KL); 1 US-$ = 200 KPP; 1 KPP = 0,0129 DM

Mitgliedschaft: UNO, ADB, ESCAP, FAO, IBRD, ICAO, IDA, ILO, IMF, ITU, UNESCO, UPU, WHO, WMO; z. T. als Beobachter beim RGW

LESOTHO

(Kingdom of Lesotho)

Fläche (122): 30 355 qkm – **Einwohner** (124): 1 040 000 (S 1975; 852 361 Z 1966, ohne im Ausland befindliche Arbeiter, etwa 12 %) = 34,3 je qkm – 1973 lebten 117 000 Bürger von L. in der Rep. Südafrika – 5 % städt. Bevölkerung – **o. S.** 50–60 % – **BSP** 1973: 120 Mill. $, 1974 prov. 150 Mill. $, **je E.** 120 $; **JZ** 2,6 % – **L** 62 % – **In** 5 %

Bevölkerung: Basutos der Südbantugruppe; rund 2000 Weiße, etwa 1000 Indischstämmige – **Geburten- u. Sterbeziffer:** jährl. Wachstumsrate (1970–1974) 2,2 % – **Staatssprache:** Bantu-Sprachen (Se Sotho), Englisch – **Religion:** über 60 % Christen (überwiegend Katholiken), muslimische Minderheit; Anhänger von Naturreligionen

Nationalflagge: blau (mit weißem Emblem) – je ein grüner und roter Streifen (vertikal) am Fahnenmast – **Nationalfeiertag:** 4. 10. – **U:** 1966

Staats- u. Regierungsform: Königreich – Parlament aus 2 Kammern (Senat m. 11 ernannten Mitgliedern u. 22 Häuptlingen; Nationalversammlung aus 60 Mitgliedern) – **Staatsoberhaupt:** König Moshoeshoe II., erneut seit Ende 1970 – **Regierungschef:** Leabua Jonathan, NP – **Außenminister:** C. D. Molapo – **Parteien:** Bei den Wahlen vom April 1965 entfielen 31 Sitze auf die gemäßigte »National Party«/NP, 25 Sitze auf den »National Congress«/NC von Ntsu Mokhehle (radikalnationalistisch), 4 auf die konservative »Marema Tlou Freedom Party«. Die Wahlen v. Jan. 1970 wurden als ungültig erklärt – **Dipl. B.:** BRD u. DDR

Städte (1971): Maseru (Hptst.) 29 049 Einw.

Wichtige Ausfuhrgüter: Wolle u. and. Viehzuchtprodukte, Diamanten – **Wichtigste Außenhandelspartner:** Rep. Südafrika, Großbritannien – 1972 **Einf.** 43,3 Mill. Rand, **Ausf.** 6,2 Mill. Rand – **W:** 1 Maluti (bzw. Rand) = 100 Licente; 1 US-$ = 0,8678 M (bzw. Rand), 1 M (bzw. Rand) = 2,9264 DM

Mitgliedschaft: UNO, Commonwealth, Zollunion m. Südafrika, SAEMU, FAO, GATT (assoz.), IBRD, IFC, IMF, ITU, OEA, UNESCO, UPU, WHO, EG (assoz.)

LETTLAND s. Sowjetunion

LIBANON

(El Dschumhurija el Lubnanija bzw. El Jumhouriya El Lubnaniya; Republik Libanon)

Fläche (137): 10 400 qkm – **Einwohner** (103): 2 870 000 (S 1975, einschl. d. 250 000–300 000 Palästinaflüchtlinge; Z 1970 2 126 325 ohne 187 529 Flüchtlinge) = 275,9 je qkm – Seit 1975 mehrere Hunderttausend Libanesen ausgewandert bzw. geflohen – Über 60 % städt. Bevölkerung – **o. S.** 16–18 % – **BSP** 1973: 2790 Mill. $, 1974 prov. 3500 Mill. $, **je E.** 1080 $; **JZ** 3,5 % – **L** 9 % – **In** 22 %

Bevölkerung: arabischstämmige Libanesen, arabisch-palästin. Flüchtlinge; tscherkessische und armenische Minderheiten – **Geburten- u. Sterbeziffer:** jährl. Wachstumsrate (1970–1974) 3,0 % – **Staatssprache:** Arabisch; Französisch u. Englisch wichtig für Bildung und Handel – **Religion** (S 1975): 660 000 kath. Maroniten, 150 000 andere Katholiken, 250 000 Orthodoxe Christen, 850 000 armenische Christen; 420 000 sunnitische und 395 000 schiitische Muslimen (ohne Flüchtlinge), 100 000–120 000 Drusen; 6000 Juden (Angaben unsicher). Keine Staatsreligion. Eigenes Gericht u. religiöses Recht für die verschiedenen Religionsgemeinschaften.

Nationalflagge: rot-weiß(breiter Streifen mit grüner Zeder)-rot (waagerecht) – **Nationalfeiertag:** 22. 11. – **U:** 1941 bzw. 1943; endgültiger Abzug der französischen Truppen 1946

Staats- u. Regierungsform: Republik – Parlament mit einer Kammer – Der Präsident muß maronitischer Christ, der Regierungschef sunnitischer Muslim sein – Allgemeines Wahlrecht – Die 99 Parlamentssitze sind wie folgt aufgeteilt: 30 Maroniten, 20 Sunniten, 19 Schiiten, 11 Griechisch-Orthodoxe, 6 Griechisch-Katholische, 6 Drusen, 4 Armenisch-Orthodoxe, je 1 Protestant, armen. Katholik, Jude und Vertr. and. relig. Gruppen – Wehrpflicht – Verwaltungsgliederung in 5 Prov. (»Mohafazats«) – **Staatsoberhaupt:** Präsident durch Wahl v. Mai 1976 nach Rücktritt von Sleiman Franschije (Amtsablauf Ende Sept. 1976) Dr. Elias Sarkis – **Regierungschef:** Ministerpräs. Raschid Karamé (Sunnit) – **Amt. Reg.-Chef u. Außenminister:** Camille Nimer Schamun (Chamoun) – **Parteien:** Viele Abgeordnete gehören keiner Partei an. Bei den Wahlen von 1972 erhielten die konservativen Gruppen zwar die meisten Stimmen (Nationalliberale, Falangisten [»Kataeb«] Nat. Block), aber erstmals errangen auch »Progressive« (»Nasseristen«, »Baath«-Anhänger usw.) Mandate; Führer der »Sozialist. Progress. Partei«: Chalid Dschumblat (Khalid Joumblat), drusischer Linkssoz., der KP: Nicolas Schawi. Durch den Bürgerkrieg seit 1974 z. T. veränderte Situation (s. Abschnitt »Weltchronik«/Libanon) – **Dipl. B.:** BRD und DDR

Städte (Z 1970): Beirut (Beyrout, Hptst.) 474 870, m. V. 938 940 Einw., Tripoli (Tarabulus esh Sham) 157 230, Zahlé, Saida je etwa 30 000, Ba'albek 18 000, Es Sur (Tyrus) 12 000

Wichtige Ausfuhrgüter: bearb. Edelmetalle, Textilien, Obst, Wolle, Gemüse, Gerste, Baumwolle, Olivenöl – **Wichtigste Außenhandelspartner:** Großbritannien, USA, Saudi-Arabien, Syrien, Kuweit, Frankreich, BR Deutschland, Schweiz, Italien, Sowjetunion, Japan – 1973 **Einf.** 1333 Mill. $, **Ausf.** 589 Mill. $ – **W:** 1 Libanes. Pfund (L£) = 100 Piastres; 1 US-$ = 2,43 L£, 1 L£ = 1,069 DM

Mitgliedschaft: UNO, Arabische Liga, FAO, IAEA, IBRD, ICAO, IDA, IFC, ILO, IMCO, IMF, ITU, UIA, UNESCO, UPU, WHO, WMO, CCD; Präferenz-Abk. m. EG; ECWA

LIBERIA

(Republic of Liberia)

Fläche (96): 111 369 qkm – **Einwohner** (116): 1 710 000 (S 1975, 1 016 443 Z 1962) = 15,4 je qkm – Etwa 28 % städt. Bevölkerung – **o. S.** über 70 % – **BSP** 1973: 450 Mill. $, 1974 prov. 500 Mill. $, **je E.** 350 $; **JZ** 4,7 % – **L** 19 % – **In** 37 %

Bevölkerung: kleine z. T. von amerikanischen Negern abstammende, zivilisierte Bevölkerungsschicht an der Küste (3 %); Kpelle, Bassa, Kru, Mandingo, Gola, Gissi. Etwa 30 000 Ausländer – **Geburten- u. Sterbeziffer** je 1000 Einw.: jährl. Wachstumsrate (1970–1974) 2,3 % – **Staatssprache:** Englisch; Mande, Kru usw. – **Religion:** Anhänger von Naturreligionen, etwa 20 % Muslimen (bes. Mandingo), rund 60 000 Protestanten und 24 000 Katholiken

Nationalflagge: abwechselnd rote und weiße Streifen (insgesamt 11, waagerecht), am Flaggstock blaues Feld mit weißem Stern – **Nationalfeiertag:** 26. 7. – **U:** 1822

Staats- u. Regierungsform: Präsidiale Republik – Parlament aus 2 Kammern (»Senate« und »House of Representatives«) – Wahlrecht für Bürger mit Eigentum – Allgemeine Wehrpflicht – Verwaltungsgliederung in 9 Bezirke (»Counties«); im Innern haben z. T. Kommissare die Aufsicht über die Stammeshäuptlinge – Grundbesitz für Weiße verboten – **Staatsoberhaupt u. Regierungschef:** Präs. Dr. William Richard Tolbert, wiedergewählt 1975 – **Außenminister:** Cecil Dennis – **Parteien:** »True Whig Party« als einzige Partei v. Bedeutung, geführt v. Tolbert; gestützt auf die zivilisierte Küstenbevölkerung; hält alle Abgeordnetensitze – **Dipl. B.:** BRD und DDR

Hauptstadt (S 1970): Monrovia 100 000 Einw., im übrigen nur kleine Orte wie Buchanan, Harper, Robertsport

Wichtige Ausfuhrgüter: Eisenerze (bis 70 % des Ausfuhrwertes), Kautschuk (10–15 %), Kaffee, Palmkerne, Diamanten, Kakao – **Wichtigste Außenhandelspartner:** USA, BR Deutschland, Japan, Großbritannien, Niederlande, Belgien-Luxemburg, Schweden – 1975 **Einf.** 331 Mill. $, **Ausf.** 406

Mill. $ – **W:** 1 Lib Dollar (Lib$) = 100 Cents; 1 US-$ = 1 Lib$, 1 Lib$ = 2,5742 DM

Mitgliedschaft: UNO, OEA, ECA, FAO, IAEA, IBRD, ICAO, IDA, IFC, ILO, IMF, ITU, UNESCO, UPU, WHO, ECOWAS (CEDEAO), EG (assoz.); mit Gambia u. Sierra Leone in der »Mano-Fluß-Union«

LIBYEN

(Al Jamhuriya [Dschamhurija] Al Arabiya Al Libiyya; Lib. Arab. Rep.)

Fläche (15): 1 759 540 qkm – **Einwohner** (111): 2 440 000 (S 1975, de jure 2 259 497 Z 1973) = 1,4 je qkm – Etwa zwei Fünftel städt. Bevölkerung – **BSP** 1973: 7620 Mill. $, 1974 prov. 7530 Mill. $, **je E.** 3360 $; **JZ** 5,7 % – **L** 1 % – **In** über 80 % (vor allem Erdölwirtschaft)

Bevölkerung: Arabisch sprechende Libyer, z. T. mit Berbern vermischt; Kulughli, Tuareg u. and. Berber; im S Negergruppen; über 150 000 Ägypter – **Geburten- u. Sterbeziffer:** jährl. Wachstumsrate (1965–1972) etwa 3,7 % – **Staatssprache:** Arabisch, z. T. Berberdialekte; Handelssprache Englisch – **Religion:** etwa 98 % Muslimen (u. a. Reformorden der Senussi); der Islam ist Staatsreligion; kleine katholische Minderheit

Nationalflagge: rot-weiß-schwarz (waagerecht) mit goldenem Adler – **Nationalfeiertag:** 1. 9. – **U:** 1951

Staats- u. Regierungsform: Republik – Verfassung seit dem Umsturz von 1969 aufgehoben – Vorläuf. konstit. Erlaß v. 12. 12. 1969 – Gliederung in 10 Provinzen – **Staatsoberhaupt:** »Oberster Revol. Kommandorat« unter dem Vorsitz von Oberst Omar Moamar el Gaddafi (al Kadhafi) – Bildung eines »Nat. Generalrates« durch Wahlen und einer neuen Regierungsform geplant – **Regierungschef:** Major Abdessalam Dschallud (Jalloud) – **Außenminister:** Abdel (Mo(u)neim el Honi – **Parteien:** Seit 1972 Einheitspartei »Arab. Sozialist. Union« – **Dipl. B.:** BRD u. DDR

Städte (S 1972): Tripolis (Tarabulus, Hptst.) etwa 400 000 Einw., Bengasi (Benghazi) 300 000, El Beida 36 000, Derna 25 000 (alle m. V.)

Wichtige Ausfuhrgüter: Erdöl (etwa 98 %); Häute, Felle, Erdnüsse, Olivenöl, Obst, Halfagras – **Wichtigste Außenhandelspartner:** Italien, BR Deutschland, Großbritannien u. andere EG-Länder, USA, Sowjetunion – 1974 **Einf.** 2762 Mill. $, **Ausf.** 1975 6454 Mill. $ – **W:** 1 Lib. Dinar (DL) = 1000 Dirham; 1 US-$ = 0,29331 DL, 1 DL = 8,7764 DM

Mitgliedschaft: UNO, OEA, Arabische Liga, ECA, FAO, IAEA, IBRD, ICAO, IDA, IFC, ILO, IMCO, IMF, ITU, OAPEC, OPEC, UNESCO, UPU, WHO, WMO; wirtsch. u. kult. Zusammenarbeit m. den Maghreb-Staaten Algerien, Marokko u. Tunesien geplant – Seit 1971 Mitglied der »Union Arabischer Republiken« (s diese), faktisch bisher ebenso nicht existent wie der eingeleitete Zusammenschluß mit Ägypten

LIECHTENSTEIN

(Fürstentum Liechtenstein)

Fläche (155): 160 qkm – **Einwohner** (155): 23 745 (F 1974, 21 350 Z 1970) = 148,4 je qkm

Bevölkerung: alemannischer Abstammung; außerdem 1974 3440 Schweizer, 2033 Österreicher, 1182 Deutsche, 834 Italiener, 714 andere – **Geburten- u. Sterbeziffer:** jährl. Wachstumsrate (1970 bis 1974) 0,8 % – **Staatssprache:** Deutsch; die Bevölkerung spricht jedoch einen alemannischen Dialekt – **Religion** (Z 1970): 19 247 Katholiken, 1873 Protestanten und u. a. 25 Juden

Nationalflagge: blau(mit goldener Krone nahe am Flaggstock)-rot (waagerecht) – **Nationalfeiertag:** 15. 8. – **U:** gegründet 1719, unabhängig ab 1866

Staats- u. Regierungsform: Konst. Erbmonarchie auf parlamentar.-demokratischer Grundlage – Zoll- und Währungseinheit mit der Schweiz, ebenso Schweizer Auslandsvertretung – Einkammerparlament (»Landtag«), dessen 15 Mitglieder für vier Jahre gewählt werden – Wahlpflicht für alle Männer über 20 Jahre – **Staatsoberhaupt:** Fürst Franz Joseph II., seit 1938 – **Regierungschef:** Dr. Walter Kieber, FBP, Stellv. Hans Brunhart, VU – **Parteien:** Die »Fortschrittliche Bürgerpartei«/FBP erhielt bei den Landtagswahlen von 1974 8, die »Vaterländische Union«/VU 7 Sitze, die »Christlich-Soziale Partei« erreichte keinen Sitz. Vorber. f. Frauenwahlrecht auf Gemeindeebene – **Dipl. B.:** BRD u. DDR

Städte (B 1974): Hauptort Vaduz 4382 Einw., Schaan 4359, Balzers 3023

Wichtige Ausfuhrgüter: Industriegüter; Getreide, Wein, Obst, Holz, Vieh – **Wichtigste Außenhandelspartner:** Schweiz (bis 40 %). EG-Länder (bis 10 %), EFTA-Länder (über 22 %) usw. – **W:** 1 Schweizer Franken (sfr) = 100 Rappen (s. Schweiz)

Mitgliedschaft: EFTA, IAEA, ICAO, ITU, UPU, UNCTAD, Beobachterstatus im Europarat

LITAUEN s. Sowjetunion

LUXEMBURG

(Grand-Duché de Luxembourg, Großherzogtum Luxemburg, Grousherzogdem Lezebuurg)

Fläche (142): 2586,4 qkm – **Einwohner** (137): 360 000 (B 1975; 339 848 Z 1970) = 139,2 je qkm – 70 % städt. Bevölkerung – **o. S.** 0 % – **BSP** 1973: 1730 Mill. $, 1974 prov. 1990 Mill. $ (1975 prov. 2156 Mill. $), **je E.** 6040 $; **JZ** 3,1 % – **L** 4 % – **In** 52 %

Bevölkerung: deutschsprachige Moselfranken; 1970 56 733 Ausländer (u. a. 24 902 Italiener, 7950 Deutsche, 7168 Franzosen) – **Geburten- und Sterbeziffer** je 1000 Einw. 1975: 11,2/12,2 – **Sterbe-U.**: 1 – **Staatssprache:** Französisch und »Lezebuurgisch« (Moselfränkisch); Hochdeutsch neben Französisch Bildungssprache – **Religion:** rd. 95 % röm.-kath.; etwa 3000 Protestanten und etwa 700 Juden

Nationalflagge: rot-weiß-blau (waagerecht) – **Nationalfeiertag:** 23. 6. – **U:** völlig souverän seit 1866

Staats- u. Regierungsform: Parlamentarisch-demokrat. Monarchie – Parlament mit einer Kammer (»Chambre des Députés«), deren Mitglieder für fünf Jahre gewählt werden. Außerdem ein Staatsrat, vom Staatsoberhaupt berufen – Wahlberechtigt alle über 21 Jahre alten Bürger – Wehrpflicht 1967 aufgehoben – Verwaltungsgliederung in 12 Kantone – **Staatsoberhaupt:** Großherzog Jean, seit 1964 – **Regierungschef** u. Außenminister: Dr. Gaston Thorn, Lib., Chef einer Koalitionsregierung aus Lib. und Soz. – **Parteien:** Bei den Wahlen von 1974 erhielt die »Christlich-Soziale Partei« 18 Sitze, die »Sozialistische Arbeiterpartei« 17 Sitze; letztere bildet mit d. Liberalen (»Demokratische Partei«, 14 Sitze) eine Koalitionsregierung. Die Kommunistische Partei errang 5, die »Sozialdem. Partei« ebenfalls 5 Mandate – **Dipl. B.:** BRD und DDR

Städte (Z 1970): Luxemburg (Luxembourg, Hptst.) 76 143 Einw., Esch-Alzette 27 575, Differdingen (Differdange) 17 963

Wichtige Ausfuhrgüter: vor allem Erzeugnisse der Schwerindustrie; chemische u. landwirtsch. Produkte, Textilien usw. – **Wichtigste Außenhandelspartner:** BR Deutschland, Belgien und übrige EG-Partner, USA, Schweiz – 1972 **Einf.** 42,26 Mrd. Francs, **Ausf.** 44,09 Mrd. Francs, – **W:** 1 Luxemb. Franc (lfr) = 100 Centimes; 1 US-$ = 39,85 lfr, 1 lfr = 0,0649 DM

Mitgliedschaft: UNO, WEU, Europarat, CCD, EG sowie FAO, GATT, IAEA, ICAO, IDA, IFC, IBRD, ILO, IMF, ITU, NATO, OECD, UNESCO, UPU, WHO, WMO – L. bildet mit Belgien eine Wirtschaftsunion u. m. diesem und den Niederlanden die noch nicht voll ausgebaute Wirtschaftsunion »Benelux«

MACAO s. Portugal

MADAGASKAR

(Repoblika Dem. Malagasy; République Dém. Malgache; Demokrat. Rep. M.)

Fläche (42): 587 041 qkm (mit den Nebeninseln Nosy-Bé 293 qkm, St.-Marie du Madagascar 165 qkm) – **Einwohner** (65): 8 000 000 (S 1973) = 13,6 je qkm – 15 % städt. Bevölker. – **o. S.** 30 % – **BSP** 1973: 1260 Mill. $, 1974 prov. 1440 Mill. $, **je E.** 170 $; **JZ** 0 % – **L** 29 % – **In** 18 %

Bevölkerung: Madagassen (Malagasy) in negritische (u. a. Sakalaven), vor allem aber malaiische (Merina, Betsimisaraka) Gruppen gegliedert; 1971 40 698 Comorier, 30 788 Franzosen (1976 etwa 12 000), 17 992 Inder u. Pakistaner, 9881 Chinesen – **Geburten- u. Sterbeziffer:** jährl. Wachstumsrate (1965–1972) 2,5 % – **Amtssprache:** Französisch und Malagasy; Umgangssprachen einheimische Idiome, besonders das auch als Bildungssprache wichtige Howa – **Religion:** über 30 % Christen, je etwa zur Hälfte Protestanten u. Katholiken; rund 5 % Muslimen, darunter Ismailiten; Anhänger von Naturreligionen

Nationalflagge: weiß(senkrecht am Flaggstock)-rot-grün (beide waagerecht) – **Nationalfeiertag:** 26. 6. – **U:** 1958 autonom in der ›Französischen Union‹, 1960 völlig unabhängig

Staats- u. Regierungsform: Nach d. Verfassung v. 1975 »Demokrat. Rep. auf d. Basis d. Charta d. Sozialist. Revolution v. M.« – Allgem. Wahlrecht – Einkammerparlament »Conseil suprême de la révolution« (»Oberster Revolutionsrat«) – Wahl d. Präsidenten für 7 Jahre – Allg. Zivil- u. Wehrdienstpflicht – Gliederung in 6 Provinzen – **Staatsoberhaupt:** Kapitän Didier Ratsiraka, seit 1975; gleichzeitig Vors. d. »Obersten Revolutionsrates« – **Ministerpräsident:** Prof. Dr. Justin Rakotoniaina – **Außenminister:** Jean Bemananjara – **Parteien:** »Sozialdemokratische Partei«/PSD (Wahl 1970: 104 von 107 Sitzen); »Partei d. Unabhängigkeits-Kongresses v. M.«/AKFM (3), Parteien der sog. »Dritten Kraft«/ATM (u. a. »Sauvegarde des Paysans Malgaches«), »Union d. Madagassischen Sozialdemokr.«/UDSM, »Nationalbewegung« usw. 1974 vereinigte sich die PSD mit der UDSM zur »Sozialist. Partei Madagaskars«. Parlament u. Parteien seit Okt. 1972 faktisch ohne Einfluß, aber seit Ende 1975 z. T. mit Vertretern im »Oberst. Rev. Rat«. Einheitspartei in Vorbereitung; Parlamentswahlen 1978 geplant – **Dipl. B.:** BRD u. DDR

Städte (S 1972): Tananarive (Antananarivo; Hptst.) 366 530 Einw., Majunga 67 458, Tamatave 59 503, Fianarantsoa 58 818, Diégo-Suarez 45 487, Tuléar 39 978, Antsirabé 32 979

Wichtige Ausfuhrgüter: Kaffee (rd. ein Viertel des Ausfuhrwertes), Gewürznelken, Vanille, Reis, Fleisch, Zucker, Sisal, Tabak, Kakao, Holz, Pfeffer, Graphit – **Wichtigste Außenhandelspartner:** Frankreich, das über ein Drittel der Ausfuhr abnimmt, USA, BR Deutschland, Japan, Italien, Malaysia, Niederlande, Großbritannien – 1974 **Einf.** 286 Mill. $, **Ausf.** 244 Mill. $ – **W:** 1 Franc Malgache (FMG) = 100 Centimes; 1 US-$ = 236,56 FMG, 1 FMG = 0,0109 DM

Mitgliedschaft: UNO, OEA, Communauté, ECA, EG (assoz.), FAO, GATT, IAEA, IBRD, ICAO, IDA, IFC, ILO, IMCO, ITU, UNESCO, UPU, WHO, WMO, CCD

MADEIRA s. Portugal

MAGHRIB s. Algerien [Libyen], Marokko, Tunesien

MALAWI

(Republic of Malawi)

Fläche (92): 118 484 qkm (m. 24 403 qkm Binnengewässern) – **Einwohner** (80): 5 040 000 (S 1975, 4 039 583 Z 1966) = 53,5 (ohne Binnengew.) je qkm – Weniger als 10 % städt. Bevölkerung – **o. S.** über 60 % – **BSP** 1973: 530 Mill. $, 1974 prov. 630 Mill. $, **je E.** 130 $; **JZ** 3,7 % – **L** 47 % – **In** 18 %

Bevölkerung: Bantu (Nyanja, Sena u. a.); je einige Tausend meist britische Europäer sowie Asiaten u. Mischlinge – **Geburten- u. Sterbeziffer:** jährl. Wachstumsrate (1970–1974) 2,6 % – **Staatssprache:** Englisch; Nyanja, Tumbuca, Yao – **Religion:** christl. Minderheit (über 20 % Katholiken u. über ein Achtel Protestanten); hinduistische Gruppen, 12 % Muslimen; Anhänger von Naturreligionen

Nationalflagge: schwarz(mit aufgehender Sonne)-rot-grün (waagerecht) – **Nationalfeiertag:** 6. 7. – **U:** 1964

Staats- u. Regierungsform: Präsidiale Republik – Parlament aus 1 Kammer – Wahlberechtigt alle erwachsenen Bürger über 21 Jahre – Keine allgemeine Wehrpflicht – Verwaltungsgliederung in 3 Regionen bzw. 23 Distrikte – **Staatsoberhaupt** (auf Lebenszeit) u. Regierungschef sowie Außen-, Justiz-, Verteidigungsminister usw.: Ngwazi Dr. Hastings Kamuzu Banda, MCP – **Parteien:** Wahlen von 1964 mit Einheitsliste: 50 Sitze der »Malawi Congress Party«/MCP zugesprochen; für Weiße 3 Sitze der »Nyasaland Constitutional Party«/NCP bestätigt. – **Dipl. B.:** BRD

Städte (1966): Lilongwe (Hptst.) 19 176, m. V. 1974 etwa 70 000 Einw., Blantyre-Limbo (1972) 160 000, Zomba rund 20 000

Wichtige Ausfuhrgüter: Tee und Tabak (je fast ein Fünftel des Ausfuhrwertes), Erdnüsse, Mais, Baumwolle – **Wichtigste Außenhandelspartner:** Rep. Südafrika (bes. Handelsabkommen), EG-Länder, Rhodesien, Sambia, Japan – 1975 **Einf.** 248 Mill. $, **Ausf.** 136 Mill. $ – **W:** 1 Malawi-Kwacha (MK) = 100 Tambala; 1 US-$ = 0,9211 MK, 1 MK = 2,8381 DM

Mitgliedschaft: Commonwealth, UNO, OEA, GATT, IBRD, ICAO, IDA, IFC, ILO, IMF, ITU, UNESCO, UPU, WHO, WMO, CCD, EG (assoz.)

MALAYSIA

(Persekutuan Tanah Malaysia; Föderation Malaysia)

Fläche (58): 329 749 qkm – **Einwohner** (50): 11 900 000 (B 1975, 10 319 324 Z 1970, ohne 94 200 vorübergehend Abwesende usw.) = 36,6 je qkm – West-M. 29 %, Ost-M. 16 % städt. Bevölkerung – **o. S.** West-M. etwa 40 %, Ost-M. über 60 % – **BSP** 1973: 6490 Mill. $, 1974 prov. 7610 Mill. $, **je E.** 660 $; **JZ** 3,7 % – **L** 31 % – **In** 26 % (beide nur West-M.)

Bevölkerung: die Malaien bilden auf der Malaiischen Halbinsel rund 52,5 % der Bevölkerung, die Chinesen 35,7 %, aus Vorderindien Stammende rd. 9 %; europ. Minderheit. Chinesen (neben Dajak u. Malaien) in Saráwak 31 %, in Sabah (neben malaiischen Stämmen) 23 % der Bevölkerung. Von d. Gesamtbev. sind 45 % Malaien, 36 % Chinesen, 9 % Inder und u. a. 8 % Altstämme (bes. auf Borneo); über 80% der Bevölkerung leben in West-Malaysia – **Geburten- u. Sterbeziffer:** jährl. Wachstumsrate (1965–1972) West-M. 2,4, Ost-M. 3,7 %; 1970–1974 Gesamt-M. 3,0 % – **Staatssprache:** Malaiisch (Bahasa, Malaysia); Landessprachen: Chinesisch, Tamil; Englisch z. T. Amts- (Saráwak), ferner wichtige Verkehrs- u. Bildungssprache – **Religion:** Staatsreligion ist der Islam, aber für alle Religionen ist freie Kultausübung garantiert. Die Muslimen (Malaien und Teile der aus Vorderindien Stammenden) machen 50 % der Gesamtbevölkerung aus. Hindus (Inder), Konfuzianer und Buddhisten (Chinesen); 325 000 Katholiken, rund 150 000 Protestanten, 800 Juden, Anhänger von Naturreligionen (bes. in Ost-M.)

Nationalflagge: rot-weiß (waagerecht, mehrfach abwechselnd); oben am Flaggstock im blauen Feld goldener Halbmond und dreizehnstrahlige Sonne – **Nationalfeiertag:** 31. 8. – **U:** 1963

Staats- u. Regierungsform: Wahlmonarchie (die einzige neben d. Föd. d. Arab. Emirate) auf parlamentar.-demokrat. Grundlage – Bundesstaat – Parlament aus 2 Kammern (Oberhaus bzw. »Dewan Negara« u. Unterhaus bzw. »Dewan Ra'ayat«), deren Mitglieder für 6 bzw. 5 Jahre gewählt werden. Im Unterhaus haben die Staaten der Halbinsel (Negeri Tanah Melayu) 104, Saráwak 24 u. Sabah 16 Abgeordnete – Allg. Wahlrecht – Keine allg. Wehrpflicht – 13 Bundesstaaten: Johor, Kedah, Kelantan, Melaka (Malakka), Negeri Sembilan, Pahang, Pulau Pinang (Penang), Perak, Perlis, Sabah, Saráwak, Selangor, Trengganu; jeder Staat hat ein Parlament. An der Spitze der Fürstenstaaten stehen Sultane oder andere Fürsten, in den übrigen Staaten Gouverneure – **Staatsoberhaupt** (Yang di-Pertuan Agong, alle 5 Jahre von den 9 Sultanen v. West-M. gewählt): Tunku Jahja (Yahya) Petra ibni al Marhum Sultan Ibrahim, Sultan von Kelantan, seit 1975 – **Regierungschef:** Premierminister Dato (Datuk) Hadschi (Haji) Hussein Onn, UMNO – **Außenminister:** Tunku Ahmed Rithauddeen bin Tunku Ismail – **Parteien:** Die aus 9 Parteien gebildete »Nationale Front« (u. a. »United Malay's Nat. Organisation«/UMNO [Partei der Malaien], »Malayan Chinese Association«/MCA u. »Malayan Indian Congress«/MIC usw.) errang bei den Wahlen v. Aug. 1974 135 der 154 Sitze des Unterhauses; auf die opp. Parteien entfielen: »Democratic Action Party«/DAP (gemischtrass., aber von Chinesen bestimmt) 9, »Parti Keadilan Masharakat«/PEKEMAS (»Soz. Gerechtigkeitspartei«) 1 u. auf die »Saráwak National Party«/SNAP 9 Sitze. In Sabah regiert die »United Sabah National Organization«/USNO. Die KP ist verboten.

Städte (Z 1970): Kuala Lumpur (Hptst.) 451 728 Einw., Pinang (George Town) 270 019, Ipoh 247 689, Johor Baharu 135 936, Klang 113 269, Melaka (Malakka) 86 357, Kuching (Hptst. von Saráwak) 63 491, Sandakan 42 249, Kota Kinabalu (Hptst. v. Sabah) 40 939

Wichtige Ausfuhrgüter: Kautschuk (bis ein Drittel des Ausfuhrwertes), Rohzinn (bis 20 %), Rohöl u. Mineralölprodukte, Palmöl, Holz, Kopra, Kokosnußöl, Pfeffer, Ananas-Konserven, Eisenerz, Bauxit – **Wichtigste Außenhandelspartner:** Japan, USA, Großbritannien, Singapur, Thailand, BR Deutschland, Sowjetunion, Chin. Volksrepublik, Indonesien – 1974 **Einf.** 4441 Mill. $, **Ausf.** 4558 Mill. $ (einschl. Handel zwischen Ost- u. West-M.) – **W:** 1 Ringgit (R bzw. M$) = 100 Sen; 1 US-$ = 2,5350 R, 1 R = 1,0155 DM

Mitgliedschaft: Commonwealth, UNO, ADB, ASEAN, CCD, ESCAP, FAO, GATT, IBRD, IDA, IFC, ILO, IMCO, IMF, ITU, UNESCO, UPU, WHO, WMO; Colombo-Plan, Mitglied d. »Islam. Sekr.«

MALEDIVEN

(Republic of Maldives)

Fläche (154): 298 qkm – **Einwohner** (149): 123 000 (S 1975; 122 673 Z 1972) = 412,7 je qkm – 12 % städt. Bevölkerung

Bevölkerung: arab.-malaiisch-singhales. Abstammung – **Geburten- u. Sterbeziffer:** jährl. Wachstumsrate (1970–1974) 2,0 % – **Staatssprache:** »Maldivisch« (Divehi), eine Sonderform des Singhalesischen bzw. Elu; Englisch – **Religion:** Muslimen

Nationalflagge: rotes Feld mit grünem Rechteck u. weißem Halbmond – **Nationalfeiertag:** 26. 7. – **U:** 1965

Staats- u. Regierungsform: Präsidiale Republik – Parlament (»Madschlis«) aus 54 in ihrer Mehrheit (für 5 Jahre) gewählten Mitgliedern – 19 Verwaltungsbezirke – Keine Wehrpflicht – **Staatsoberhaupt:** Amir Ibrahim Nasir, seit März 1975 nach einer angebl. Verschwörung auch wieder Regierungschef – **Dipl. B.:** BRD

Städte (S 1975): Malé (Hptst.) 15 000 Einw.

Ausfuhr: Fische u. Fischprodukte, Kopra u. Kokosfasern; Fremdenverkehr – **Wichtigste Außenhandelspartner:** Sri Lanka u. Großbritannien – **W:** 1 Malediv. Rupie (Re.) = 100 Laris; 1 US-$ = 3,93 Re., 1 Re. = 0,6550 DM

Mitgliedschaft: UNO (bisher kaum Mitarbeit), Colombo-Plan, ESCAP, FAO, GATT (assoz.), IMCO, ITU, UPU, WHO – Britische Stützpunkte

MALI

(République du Mali)

Fläche (22): 1 240 142 qkm – **Einwohner** (76): 5 700 000 (S 1975; 3 484 500 Z 1960/61) = 4,6 je qkm – 15 % städt. Bevölkerung – **o. S.** 80 bis 90 % – **BSP** 1973: 370 Mill. $, 1974 prov. 410 Mill. $, **je E.** 70 $; **JZ** 0,5 % – **L** 50–60 %

Bevölkerung: etwa zur Hälfte Westsudan-Gruppen (Bambara, Malinke, Songhai u. a.), berberische Tuareg, Mauren (arabisch-berberische Mischbevölkerung), Fulbe, über 7500 Europäer – **Geburten- u. Sterbeziffer:** jährl. Wachstumsrate (1970–1974) 2,5 % – **Staatssprache:** Französisch; Umgangssprache Mambara. Songhai-Jerma, Arabisch, Ful – **Religion:** rund 75 % Muslimen; christl. Minderheiten (etwa 45 000 Katholiken u. 20 000 Protestanten), Anhänger von Naturreligionen

Nationalflagge: grün-gelb-rot (senkrecht) – **Nationalfeiertag:** 22. 9. – **U:** 1960

Staats- u. Regierungsform: Präsidiale Republik »laizistisch-sozialist. Charakters« – Allgemeines

Wahlrecht – Allgemeine Wehrpflicht – Verwaltungsgliederung in 6 Regionen – **Staatsoberhaupt u. Regierungschef:** Präsident u. Vors. d. »Militär-Komitees d. Nat. Befreiung« Oberst Moussa Traoré, seit 1969 – **Außenminister:** Major Charles Samba Cissoko – **Parteien:** »Union Soudanaise« (Wahlen von 1964 98,9 % aller Stimmen) aufgelöst. 1968 Übernahme aller Macht durch ein »Comité nationale de la libération«/CLN unter Traoré – Im Juni 1974 wurde durch ein Referendum eine neue Verfassung gebilligt, die eine »Nationalversammlung und eine Einheitspartei vorsieht; die Militärs »definieren« für 5 Jahre die Politik – **Dipl. B.:** BRD und DDR

Städte (1969): Bamako (Hptst., 1972) 196 800 Einw., Mopti 33 900, Segu (Ségou) 31 870, Kayes 29 870, Sikasso 23 370, Gao 13 699, Timbuktu (Tombouctou) 10 445

Wichtige Ausfuhrgüter: Baumwolle, Erdnüsse, Vieh u. Viehzuchtprodukte, Trockenfische, Reis, Gummiarabikum – **Wichtigste Außenhandelspartner:** Frankreich, Sowjetunion, Elfenbeinküste, Senegal, Ghana, Tschechoslowakei, Chines. Volksrepublik, Japan, BR Deutschland – 1974 **Einf.** 127 Mill. $ **Ausf.** 42 Mill. $ – **W:** 1 Mali-Franc (F.M.) = 100 Centimes; 1 US-$ = 477 F.M., 1 F.M. = 0,0054 DM

Mitgliedschaft: UNO, OEA, CEAO, ECA, EG (assoz.) IAEA, IBRD, IDA, ILO, IMF, ITU, UNESCO, UPU, WHO, WMO, UDEAO, OMUS, ECOWAS (CEDEAO), FAO, GATT (assoz.)

MALTA

(Repubblika ta'Malta; Republic of Malta)

Fläche (153): 315,6 qkm (m. Comino u. Gozo/Ghawdex) – **Einwohner** (138): 330 000 (F 1975; 314 216 Z 1967) = 1045 je qkm – Über 94 % städt. Bevölkerung – **o. S.** 8–10 % – **BSP** 1973: 340 Mill. ₵, **je E.** 1060 $; **JZ** 7,0 %

Bevölkerung: Meist Malteser (Nachkommen v. Italienern u. Arabern), britische Minderheit – **Geburten- u. Sterbeziffer** je 1000 Einw. 1975: 18,8/9,7 – **Geb.-Ü.:** 9,0 – **Staatssprache:** Maltesisch und Englisch; als Umgangssprache auch Italienisch verbreitet – **Religion:** überwiegend röm.-kath.; protest. Gruppen

Nationalflagge: weiß(mit Georgskreuz oben am Flaggstock)-rot (senkrecht) – **Nationalfeiertag:** 21. 9. – **U:** 1964, Republik seit 1974

Staats- u. Regierungsform: Republik – **Staatsoberhaupt:** Präsident Sir Anthony Joseph Mamo – **Regierungschef,** Premierminister u. Äußeres: Dom Mintoff, LP – **Parteien:** bei den Wahlen von 1971 errang die gemäßigte »Nationalist Party«/NP 27, die »Labour Party«/LP 28 Sitze – **Nächste Wahl Sept. 1976**

Städte (B Ende 1973): Valetta (Hptst.) 14 712 Einw. (ohne Ausländer)

Wichtige Ausfuhrgüter: Textilien, Kartoffeln, Gemüse, vegetabile Öle, Blumen, Fruchtkonserven, Wein, Tabak – **Wichtigste Außenhandelspartner:** Großbritannien und andere Länder des Commonwealth, BR Deutschland, andere EG-Länder sowie u. a. USA und Libyen – 1975 **Einf.** 376 Mill. $, **Ausf.** 167 Mill. $ – **W:** 1 Malta-Pfund (£M) = 100 Cents; 1 US-$ = 0,4265 £M, 1 £M = 5,9914 DM

Mitgliedschaft: Commonwealth, UNO, ECE, Europarat, FAO, GATT, ICAO, ILO, IMCO, ITU, UNESCO, UPU, WHO, CCD, assoz. an die EG – Brit. Stützpunkt

MAN-INSEL s. Großbritannien I

MARIANEN (nach d. Vertrag v. 15. 2. 1975 bis 1980 Umwandlung in ein US-Territorium vorgesehen) s. Vereinigte Staaten von Amerika (Überseebesitzungen)

MAROKKO

(Al Mamiakah al Maghrebia)

Fläche (49): 458 730 qkm – **Einwohner** (36): 17 500 000 (B 1975, 15 379 259 Z 1971) = 38,1 je qkm (Fläche u. Einw. ohne besetzte Sahara-Gebiete) – 38 % städt. Bevölkerung – **o. S.** 80 % – **BSP** 1973: 5080 Mill. $, 1974 prov. 6940 Mill. $, **je E.** 430 $; **JZ** 1,6 % – **L** 27 % – **In** 30 %

Bevölkerung: Marokkaner verschiedener Herkunft (Berber, arabisierte Berber, Araber) im Süden u. a. Negermischlinge; rund 100 000 Ausländer (S 1974, davon etwa 50 000 Franzosen; Algerier, Tunesier, Spanier usw.) – **Geburten u. Sterbeziffer:** jährl. Wachstumsrate (1965–1972) 2,5 % – **Staatssprache:** Arabisch (etwa 63 %), Berberdialekte (über ein Fünftel) u. Zweisprachigkeit (rd. ein Achtel) weit verbreitet; Französisch u. Spanisch amtl. Hilfssprachen u. als Handels- u. Bildungssprachen wichtig – **Religion:** 95 % sunnitische Muslimen (der Islam ist Staatsreligion); christliche (etwa 100 000 röm. Katholiken) Minderheiten, rund 70 000 Juden (n. and. Angaben viel weniger)

Nationalflagge: rotes Feld mit fünfzackigem grünen Stern – **Nationalfeiertag:** 3. 3. – **U:** 1956

Staats- u. Regierungsform: »Konstitutionelle demokratische und soziale Monarchie« – Verfassung v.

1972 – Einkammerparlament – Der König ernennt u. entläßt den Regierungschef u. Regentschaftsrat – Wahlberechtigt alle volljährigen Bürger – Keine allgemeine Wehrpflicht, seit 1961 ziviler Pflichtdienst – 19 Provinzen u. 2 Stadtpräfekturen – **Staatsoberhaupt:** Moulay Hassan II., König seit 1961 – **Regierungschef:** Ahmed Osman – **Außenminister:** Dr. Achmed Laraki – **Parteien:** Im August 1970 waren 159 Unabhängige und Neutrale gewählt worden, außerdem die gemäßigt nationalistisch-sozialistische »Istiklal-Partei« (Istiqlal), die einstige Vorkämpferin der Unabhängigkeit (8 Sitze), »Mouvement Populaire« (60), die »Nationale Volksunion«/UNFP (marxistisch, 1 Sitz), »Progrès Social« (10) sowie »Parti Démocrate constitutionnel« (2), USPP. Die KP ist verboten. Ende 1971 wurde das Parlament aufgelöst; Termin f. Neuwahlen noch nicht bekannt. 1974 Gründung d. »Parti du Progrès et du Socialisme«/PPS (links) – Wahlen in naher Zukunft vorgesehen – **Dip. B.:** BRD u. DDR

Städte (Z 1971): Rabat (Hptst. u. Res.) 530 366 Einw. (m. Salé), tradit. Residenzen: Marrakesch (Marrakech) 332 741, Fès (Fez) 325 327, Meknes (Meknès) 248 369, Tanger (Tandja) 187 994; weitere wichtige Städte: Dar el Beida (Casablanca) m. V. 1 506 373, Oujda 175 532, Knitra (Kenitra) 139 206, Tetouane (Tetuán) 139 015, Safi 129 113 (Ceuta u. Melilla sind als »Presidios« spanischer Besitz, werden aber von Marokko beansprucht)

Wichtige Ausfuhrgüter: Bergbauprodukte 30–40 %, bes. Phosphate, Blei, Mangan), Citrusfrüchte, Wein, Gemüse, Häute, Olivenöl, Baumwolle, getrocknete Fische – **Wichtigste Außenhandelspartner:** Frankreich, BR Deutschland, USA, Italien, Spanien, Benelux, Großbritannien, Sowjetunion, Cuba – 1975 **Einf.** 2589 Mill. $, **Ausf.** 1601 Mill. $ – **W:** 1 Dirham (DH) = 100 mar. Centimes; 1 US-$ = 4,4240 DH, 1 DH = 0,5814 DM

Mitgliedschaft: UNO, OEA, ECA, FAO, IAEA, ICAO, IDA, IFC, IBRD, ILO, IMF, IMCO, ITU, UNESCO, UPU, WHO, WMO, Arabische Liga; wirtsch. und kult. Zusammenarbeit mit den Maghrib-Staaten Algerien u. Tunesien sowie mit Libyen. Abk. m. d. EG, CCD; Beistandspakt mit Mauretanien

MARSHALL-INSELN Verhandlungen über Schritte zur Unabhängigkeit; s. Vereinigte Staaten von Amerika (Überseebesitzungen)

MAURETANIEN

(République Islamique de Mauritanie; El Dschumhurija el Muslimija el Mauritanija bzw. Al Djoumhouriya Al Muslemiya Al Mawritaniya)

Fläche (27): 1 030 700 qkm – **Einwohner** (121): 1 320 000 (S 1975) = 1,2 je qkm (Fläche und Einw. ohne die von M. besetzten Sahara-Gebiete) – Über 10 % städt. Bevölkerung – **o. S.** über 80 % – **BSP** 1973: 250 Mill. $, 1974 prov. 290 Mill. $, **je E.** 230 $; **JZ** 1,2 %

Bevölkerung: etwa 80 % Mauren (arabisch-berberische Mischbevölkerung); daneben Tukulör, Sarakallés, Wolof sowie Fulbe u. 5000 Europäer – **Geburten- u. Sterbeziffer:** jährl. Wachstumsrate (1970–1974) 2,7 % – **Staatssprache:** Arabisch als Nationalsprache, seit 1966 auch als Amtssprache, daneben Französisch; außerdem Hassanije, Ful, berber u. sudanes. Sprachen – **Religion:** Muslimen; kleine christliche Minderheiten (6000 Katholiken). Der Islam ist Staatsreligion

Nationalflagge: grünes Feld mit goldenem Stern u. liegendem goldenen Halbmond – **Nationalfeiertag:** 28. 11. – **U:** 1960

Staats- u. Regierungsform: Präsidiale Republik – Nationalversammlung – Allgemeines Wahlrecht – Allgemeine Wehrpflicht – Verwaltungsgliederung in 8 Regionen u. den Distrikt der Hauptstadt – **Staatsoberhaupt u. Regierungschef:** Präsident Mochtar Uld Daddah (Mokhtar Ould Daddah), seit 1961, wiedergewählt 1976 – **Außenminister:** Hamdi Ould Mouknass – **Parteien:** »Parti Populaire Mauritanien« (»Hisb Chaeb«), (Wahl 1975) alle 70 Parlamentssitze. Die oppositionellen Parteien (u. a. »Nadha Wataniya Mauritaniya«) wurden verboten. Seit 1974 Exilpartei »Parti de la Justice de Mauritanie« – **Dipl. B.:** BRD u. DDR

Städte (S 1973): Nuakchott (Nouakschott, Hptst.) m. V. 100 000 Einw., Nouadibou (Port Étienne) 15 000, Atar, Kaédi u. Rosso je 13 000, Boghe 6000

Wichtige Ausfuhrgüter: Eisenerz (bis 80 % d. Ausfuhrwertes), Kupfer, Fischprodukte, Vieh u. Viehzuchtprodukte, Gummiarabikum, Salz – **Wichtigste Außenhandelspartner:** Frankreich, Großbritannien, BR Deutschland, USA, Italien – 1974 **Einf.** 170 Mill. $, **Ausf.** 181 (1. Hj. 1975 136) Mill. $ – **W:** 1 Ouguiya (UM) = 5 Khoums; 1 US-$ = 45,40 UM, 1 UM = 0,0543 DM

Mitgliedschaft: UNO, OEA, CFA, ECA, EG (assoz.), FAO, GATT, IBRD, IDA, IFC, ILO, IMCO, IMF, ITU, OMVS, UDEAO, UIA, UNESCO, UPU, WHO, WMO, CEAO, ECOWAS (CEDEAO); Arabische Liga

MAURITIUS

Fläche (143): 2045 qkm (m. Rodrigues, 109 qkm u. [1971] 24 872 meist christ. Einw., St. Brandon usw.) – **Einwohner** (126): 900 000 (S 1975, 857 335 Z 1972) = 435,2 je qkm – 45 % städt. Bevölkerung – **o. S.** 30–40 % – **BSP** 1973: 360 Mill. $, 1974 prov. 420 Mill. $, **je E.** 480 $; **JZ** 1,4 % – **L** 25 % – **In** 22 %

Bevölkerung: Überwiegend Nachkommen der im 19. Jahrh. aus Vorderindien eingewanderten Pflanzungsarbeiter (fast 60 %), ein Fünftel Kreolen, rd. 18 % Araber, chines. Minderheit, 14 000 Weiße – **Geburten- u. Sterbeziffer** je 1000 Einw. 1975 (o. R.): 25,1/8,1 – **Geb.-Ü.**: 17,0 – **Staatssprache:** Englisch, Umgangssprache meist ein kreolisches Französisch u. indische Sprachen – **Religion:** rund 50 % Hindus, etwa 26 % Kathol., 3 % Protest. und 14 % Muslimen

Nationalflagge: rot-blau-gelb-grün (waagerecht) – **Nationalfeiertag:** 12. 3. – **U:** 1968

Staats- u. Regierungsform: Parlamentarische Monarchie – Parlament aus 1 Kammer – Allgemeines Wahlrecht – Keine allgem. Wehrpflicht – Verwaltungsgliederung in 9 Distrikte – **Staatsoberhaupt:** Königin Elizabeth II., vertreten durch einen Generalgouverneur: Sir A. Raman Osman – **Regierungschef:** Dr. Seewoosagur Ramgoolam, PI – **Außenminister:** Sir Harold Walter – **Parteien:** Bei den Wahlen von August 1967 wurde die »Parti de l'indépendance«/PI (jetzt »Arbeiterpartei«) mit 39 Sitzen stärkste Gruppe, die »Parti Socialdém.«/PS erhielt 23 Sitze. Außerdem d. marxist. »Mouvement Militant Mauricien«/MMM v. Paul Bérenger – **Neuwahl im Oktober 1976** – **Dipl. B.**: BRD u. DDR

Städte (1973 m. V.): Port Louis (Hptst.) 150 000 Einw., Beau Bassin-Rose Hill 81 000, Curepipe 53 000

Wichtige Ausfuhrgüter: Zucker (bis 80 %), Tee, Melasse, Rum – **Wichtigste Außenhandelspartner:** Großbritannien u. and. Commonwealth-Länder, Südafrika, USA, EG-Länder – 1974 **Einf.** 309 Mill. $, **Ausf.** 312 (1. Hj. 1975 105) Mill. $ – **W:** 1 Maurit.-Rupie (MR) = 100 Cents; 1 US-$ = 6,68 MR, 1 MR = 0,3854 DM

Mitgliedschaft: UNO, OEA, Commonwealth, Ostafrikanische Wirtschaftsassoziation mit Äthiopien, Kenia, Sambia u. Tansania (bisher nicht realisiert); FAO (assoz.), GAMO (OCAM), GATT, IBRD, IFC, IMF, ITU, UNESCO, UPU, WHO, WMO, assoz. m. EG

MELILLA s. Spanien

MEXIKO

(Estados Unidos Mexicanos)

Fläche (13): 1 972 547 qkm – **Einwohner** (12): 60 150 000 (B 1975, de jure 48 225 238 Z 1970) = 30,5 je qkm – Etwa 60 % städt. Bevölkerung – **o. S.** über 20 % – **BSP** 1973: 49 830 Mill. $, 1974 prov. 58 130 Mill. $, **je E.** 1000 $; **JZ** 2,8 % – **L** 11 % – **In** 36 %

Bevölkerung: etwa 75 % Mestizen, 9 % Indianer, 10–15 % Weiße, meist altspanischer Abstammung (nach anderen Angaben 29 % Indianer, 55 % Mestizen). Kleine Negergruppe; über 150 000 Ausländer, u. a. etwa 60 000 Deutschstämmige – **Geburten- u. Sterbeziffer** je 1000 Einw. 1974: 43,4/7,2 – **Geb.-Ü.**: 36,2 – **Staatssprache:** Spanisch, als Umgangssprache von vielen aztekischen Lehnwörtern durchsetzt; etwa 3,5 % der Mexikaner sprechen nur indianische Sprachen (u. a. Nahua, Maya), rd. 8 % sind zweisprachig – **Religion:** röm.-katholisch; daneben protestant. Minderheiten (rund 1,8 %) u. über 50 000 Juden

Nationalflagge: grün-weiß(mit Staatswappen)-rot (senkrecht) – **Nationalfeiertag:** 16. 9. – **U:** 1810, endgültig 1821

Staats- u. Regierungsform: Präsidiale Republik – Parlament (»Congreso de la Unión«) aus zwei Kammern (»Cámara de Senadores« u. »Cámara de Diputados«); Wahl der Abgeordneten (Deputierten) für drei Jahre – Wahlberechtigt alle Bürger über 21 Jahre, Verheiratete ab 18 Jahre – Wehrpflicht – Bundesstaatliche Gliederung in 31 Staaten (mit Parlament u. Gouverneur), 1 Bundesdistrikt (Hptst. u. Umgebung) – **Staatsoberhaupt u. Regierungschef:** Präsident Dr. José López Portillo y Pacheco PRI, seit 1976 – **Außenminister:** Alfonso Garcia Robles – **Parteien:** Wahlen v. 1. 7. 1973 (1970) f. d. Deputiertenkammer: »Partido Revolucionario-Institucional«/PRI 189 (175), »Partei der Nationalen Aktion« (»Partido Acción Nacional«/PAN, kath. konservat.) 25 (20), »Partido Popular Socialista«/PPS (prokommunistisch) 9 (10); der erst 1957 gegründete »Partido Auténtico de la Revolución Mexicana«/PARM (rechts) 5 (5); KP (PCM, angeschlossen an die »Movimiento de Liberación Nacional«/MLN) – **Wahl v. 1976** s. »Weltchronik« – **Dipl. B.**: BRD u. DDR

Städte (S 1974, Municipios) Ciudad de México (Hptst.) 8 299 000 (als A 10 766 791) Einw., Guadalajara 1 478 383 (A 1 856 878), Monterrey 1 006 791 (A 1 543 399), C. Juárez, Ch. 497 267, León, Gto. 468 887, Puebla de Zaragoza 465 895, Tijuana, B. C. 363 154 (A 458 514), Chihuahua, Chih. 327 313, Mexicali, B. C. 317 228, Acapulco 309 254, San Luis Potosí 271 123, Vera Cruz 255 546, Torreón, Coah. 244 309 (A 356 240),

Cuernavaca 239 813, Mérida 233 492, Hermosillo 232 691, Culiacán, Sin. 228 001, Aguas Calientes, Ags. 213 428, Tampico 212 188, Saltillo 200 172

Wichtige Ausfuhrgüter: Baumwolle (ein Achtel des Ausfuhrwertes), Zucker, Kaffee, Fische, Mais, Vieh, Schwefel, Blei, Zink, Kupfer, Erdöl, Fischereierzeugnisse; außerdem Silber, Chicle, Henequén (Sisal) – **Wichtigste Außenhandelspartner:** USA (bis zu 50 % am Außenhandelsumfang beteiligt), BR Deutschland, Japan, Frankreich, Großbritannien, Italien, Niederl. Antillen, Kanada, Schweiz, ALALC-Länder – 1975 **Einf.** 6631 Mill. $, **Ausf.** 2909 Mill. $ – **W:** 1 Mexikan. Peso (mex. $) = 100 Centavos; 1 US-$ = 12,490156 mex. $, 1 mex. $ = 0,20610 DM (Im Sept. 1976 Kursfreigabe des mex. $)

Mitgliedschaft: UNO, OAS, ALALC (auch Koop. m. d. Andengruppe), CECLA, ECLA, FAO, IAEA, IBRD, ICAO, IDA, IFC, ILO, IMCO, IMF, ITU, UNESCO, UPU, WHO, WMO; Handelsabkommen m. d. EG u. Koop.-Vertr. m. d. RGW; SELA, NACAMUR

MOÇAMBIQUE s. Mosambik

MONACO

(Principauté de Monaco)

Fläche (158): 1,81 qkm – **Einwohner** (154): 24 000 (S 1974; 23 035 Z 1968) = 12 620 je qkm

Bevölkerung: Französisch, Monegassen genannt (1961 3039); 19 258 Ausländer (u. a. 12 969 Franzosen u. 4217 Italiener) – **Geburten- u. Sterbeziffer:** jährl. Wachstumsrate (1970–1974) 0,9 % – **Staatssprache:** Französisch, Umgangssprache ›Monegasco‹ u. teilweise Italienisch – **Religion:** rund 90 % röm. Katholiken

Nationalflagge: rot-weiß (waagerecht) – **Nationalfeiertag:** 19. 11. – **U:** alte staatliche Tradition; wechselnde Schutzherrschaft. 1918 neuer Vertrag mit Frankreich, 1951 geändert

Staats- u. Regierungsform: Konstitutionelles erbliches Fürstentum im Zollverband mit Frankreich – »Nationalrat« (»Conseil National«) und »Gemeinderat« – Keine Wehrpflicht – Die Regierungsgewalt liegt unter der Autorität des Fürsten bei einem Staatsminister (Kabinettschef) u. 3 Regierungsräten; auf Grund des Schutzvertrages mit Frankreich von 1861 schlägt dieses den Staatsminister vor – **Staatsoberhaupt:** Fürst Rainier III., seit 1949 – **Staatsminister:** Pierre Blanchy – **Parteien:** Bei den Wahlen von 1968 erhielt die »Union nationale et démocratique« alle 18 Sitze, während die oppositionelle »Union démocratique monégasque« ohne Mandat blieb; es handelt sich nicht um Parteien im engeren Sinne – **Dipl. B.:** BRD

Stadtbezirke: (Munizipien, 1968) sind: Stadt Monaco (Hptst.) 1649 Einw., La Condamine (Hafen) 11 438, Monte Carlo 9948 u. Fontvieille (Industriezentrum) – Fremdenverkehr, Ozeanographisches Museum u. Forschungsinstitut; Spielkasino – **W:** 1 franz. Franc (F) = 100 Centimes (s. Frankreich); eigene Münzen

Mitgliedschaft: IAEA, ITU, UNESCO UPU, WHO

MONGOLISCHE VOLKSREPUBLIK

(Bügd Nairamdach Mongol Ard Uls)

Fläche (17): 1 565 000 qkm – **Einwohner** (119): 1 440 000 (S 1975; 1 197 600 Z 1969) = weniger als 1 je qkm – 46 % städt. Bevölkerung – **o. S.** 5 % – **BSP** 1973 (S): 740 Mill. $, 1974 prov. 860 Mill. $, **je E.** 620 $; **JZ** 1,6 % – **In** 40 %

Bevölkerung: drei Viertel Ostmongolen (Chalcha, fast 5 % Westmongolen; Burjat-Mongolen, über 4 % Kasachen, außerdem Tuwiner, russische und chinesische Minderheiten – **Geburten- u. Sterbeziffer:** jährl. Wachstumsrate (1970–1974) 3,0 % – **Staatssprache:** Mongolisch – **Religion:** lamaistischer Buddhismus

Nationalflagge: rot(mit Emblem in Gold)-blau-rot (senkrecht) – **Nationalfeiertag:** u. a. 31. 3. – **U:** 1924, von China erst am 5. 1. 1946 endgültig anerkannt

Staats- u. Regierungsform: Kommun. Volksrep. – Parlament aus 1 Kammer (»Großer Volks-Chural« = »Iche-Ch.«); Mitglieder auf Einheitsliste für drei Jahre gewählt – Wahlberechtigt alle Bürger über 18 Jahre – Verwaltungsgliederung in 18 Aimak und 2 Stadtgebiete – **Staatsoberhaupt:** Präsidium des Großen Volks-Chural als kollektives Oberhaupt bzw. dessen Vorsitzender Jumschagin Tsedenbal (Yumzhagin Tse Den Bal), seit 1974, gleichzeitig 1. Parteisekretär – **Regierungschef:** Vorsitzender d. »Kleinen Volks-Chural« (Ministerrat) Prof. Jambyn Batmunch (Zhambyn Batmonkh) – **Außenminister:** Mangalyn Dugersuren – **Parteien:** »Mongol. Revol. Volkspartei« (kommun.), 1974 etwa 70 000 Mitglieder. Bei den Wahlen von 1973 stimmten 99,9 % für die Einheitsliste – **Dipl. B.:** BRD u. DDR

Städte (1969): Ulan-Bator (Ulaan-Baatar, Hptst.; 1974) 310 000 Einw., Darchan 23 300, Tschojbalsan 14 000, Suche-Bator 12 000, Dschirchalantu (Dschargalant, fr. Kobdo) 11 000, Zezerleg und Ulangom je 10 000, Dschibchalantu (Dscharchlant) 7000

Wichtige Ausfuhrgüter: Wolle, Vieh, Häute, Leder, Wolfram, Gold – **Wichtigste Außenhandelspartner:** Sowjetunion (bis 80 %), Chinesische Volksrepublik, Tschechoslowakei, DDR - 1973 **Einf.** 377 Mill. $, **Ausf.** 157 Mill. $ - **W:** 1 Tugrik (Tugrug; Tg) = 100 Mongo; 1 US-$ = 3,36 Tg, 1 Tg = 0,7661 DM

Mitgliedschaft: UNO, RGW, als Beobachter an Sitzungen des Warschauer Vertrages vertreten, ESCAP, FAO, IAEA, ILO, ITU, UNESCO, UPU, WHO, WMO

MONTSERRAT (Teil der Leeward-Inseln) s. Großbritannien II

MOSAMBIK

(Moçambique, Volksrepublik Mosambik)

Fläche (33): 799 380 qkm (mit 21 371 qkm Binnengewässern) - **Einwohner** (57): 9 240 000 (S 1975; 8 233 978 Z 1970) = 11,5 je qkm - Etwa 15 % städt. Bevölkerung - **o. S.** über 90 % - **BSP** 1973 prov. (S): 3116 Mill. $, 1974 prov. 3590 Mill. $, **je E.** 420 $; **JZ** 3,3 % - **L** 40 % - **In** 15 %

Bevölkerung: weit über 90 % Bantu, bes. Makua (N-Küste), Tonga (im S) und Schona (zwischen Sambesi u. Sabi), Mitte 1976 noch etwa 20 000 Weiße (Zahlen unsicher), meist Portugiesen, 35 000 Mischlinge, fast 20 000 Asiaten (Inder, Chinesen usw.) - **Geburten- u. Sterbeziffer:** jährl. Wachstumsrate (1970–1974) 2,3 % - **Staatssprache:** Portugiesisch; Bantu-Sprachen - **Religion:** mehr als eine Mill. Katholiken, über 300 000 Protestanten, etwa 10 % Muslimen; Anhänger von Naturreligionen

Nationalflagge: grün-schwarz(weißgerändert)-gelb (waagerecht), rotes gleichseitiges Dreieck am Flaggstock (m. Emblem) - **Nationalfeiertag:** 3. 2. - **U:** 1975

Staats- u. Regierungsform: Sozialist. Volksrepublik - »Volksversammlung« - Allgem. Wahlrecht - Verwaltungsgliederung in 9 Distrikte (Änderung vorgesehen) - **Staatsoberhaupt:** Präs. u. Regierungschef Samora Moises Machel, FRELIMO; Staatsminister bei der Präsidentschaft: Oscar Monteiro - **Außenminister:** Joaquim Chissano, FRELIMO - **Parteien:** »Frente de Libertação de Moçambique«/FRELIMO, deren Präs. automat. Staatspräsident ist - **Dipl. B.:** BRD u. DDR

Städte (Z 1970): Maputo (fr. Lourenço Marques; Hptst.) 354 684. Nampula 126 126, Beira 113 700, Quelimane 71 786, João Belo 63 949, Tete 53 232, Vila Cabral 36 715, Inhambane 26 701 (z. T. Umbenennung der Namen vorgesehen)

Wichtige Ausfuhrgüter: Baumwolle, Zucker und Cashew (Acajou)-Nüsse, Kopal, Holz, Sisal, Erze - **Wichtigste Außenhandelspartner:** Portugal (1975 zu etwa 40 % a. d. Ausfuhr beteiligt), EG-Länder, Rep. Südafrika, USA - 1974 **Einf.** 462 Mill. $, **Ausf.** 297 Mill. $ - **W:** 1 Mos. Escudo (MEsc. bzw. Limpad/L) = 100 Centavos; 1 US-$ = 31,401 MEsc, 1 MEsc = 0,0820 DM

Mitgliedschaft: UNO, OEA, FAO, WHO; künftig vermutlich in weiteren UNO-Sonderorganisationen

NAMIBIA s. Südafrika (Abschnitt Südwestafrika); als unabhängiger Staat im Sinne der UNO - die seit 17. 12. 1974 den Rückzug Südafrikas aus N. bisher erfolglos forderte - würde N. nach der Fläche an 32., nach der Einwohnerzahl an 127. Stelle im Weltrang stehen. N. wurde 1974 als assoz. Mitglied in die UNESCO aufgenommen. Verhandlungen m. Südafrika über die Unabhängigkeit, die für Ende 1978 vorgesehen ist, im Gange (s. »Weltchronik«)

NAURU

(Republic of Nauru)

Fläche (157): 21,4 qkm - **Einwohner** (158): 6768 (B 1972; 6057 Z 1966) = 304,4 je qkm

Bevölkerung (1972): 3471 polynesische Nauruaner, 1787 andere Polynesier, 883 Chinesen, 627 Weiße - **Geburten- u. Sterbeziffer:** jährl. Wachstumsrate (1963–1971) 4,8 % - **Staatssprache:** Englisch u. d. polynesische Nauruanisch - **Religion:** meist Protestanten

Nationalflagge: blau mit einem Goldstreifen (Äquator) und - links unter diesem - einem zwölfzackigen Stern - **Nationalfeiertag:** 31. 1. - **U:** 1968

Staats- u. Regierungsform: Parlamentarische Republik - **Staatsoberhaupt:** Präs. u. Außenminister Hammer DeRoburt - **Hauptstadt:** Yaren (fr. Makwa)

Wichtige Ausfuhrgüter: Phosphate - **Wichtigste Außenhandelspartner:** Australien, Neuseeland, Großbritannien, Japan - 1972 **Einf.** 8 Mill. $A, 1968/69 **Ausf.** 12,07 Mill. $A - **W:** 1 Austral. Dollar ($A) = 100 Cents (s. Australien)

Mitgliedschaft: Commonwealth; Sonderabkommen mit Australien, in dem auch ein Büro zur Regelung der Auslandsbeziehungen unterhalten wird; ITU, UPU, Südseeforum; Allg. Zollpräf. m. d. EG

NEPÁL

(Sri Nepalá Sarkár)

Fläche (88): 140 797 qkm - **Einwohner** (48): 12 570 000 (B 1975; 11 555 983 Z 1971) = 89,1

je qkm – Etwa 5–10 % städt. Bevölkerung – **o. S.** über 80 % – **BSP** 1973: 1100 Mill. $, 1974 prov. 1310 Mill. $, **je E.** 110 $; **JZ** –0,1 % (Abnahme) – **L** 65 % – **In** 12 %

Bevölkerung: stark gemischt; Newar als ältere Gruppe, Gurkhas als entscheidende Schicht; tibetisch-mongolische Hochgebirgsstämme wie Magar, Gurung, Rai, Bothia (u. a. Scherpa) u. im Tiefland Inder – **Geburten- u. Sterbeziffer:** jährliche Wachstumsrate (1970–1974) 2,3 % – **Staatssprache:** Parbatiya (Pahari) d. Gurkhas; als Umgangssprache z. T. tibetische Dialekte – **Religion:** Buddhismus u. Schiwakult bei den Newar. Der Hinduismus (»Sanátan« bzw. »Pauranic«) der Gurkhas usw. ist Staatsreligion; zu ihm bekennen sich über 50 % der Bevölkerung – Über 7000 Flüchtlinge aus Tibet

Nationalflagge: zwei blaugeränderte rote Dreiecke, im oberen Mond, im unteren Sonne (beide weiß) – **Nationalfeiertag:** 28. 12. – **U:** alte staatliche Tradition; Gründung des vereinigten Königreiches 1769

Staats- u. Regierungsform: »Konstitutionelle Hindu-Monarchie« – Seit der Verfassungsänderung von 1975 ein »Nationalrat« (»Nat. Panchayat«, 112 Mitgl.), von den Gemeinden und Distrikten gewählt, bis 20 % v. König ernannt – »Nat. Zurück-aufs-Dorf-Campagne« unt. Führung d. Königs als eine Art Kontrollorgan – Gut ausgebildetes Heer (Gurkhas) – Gliederung in 14 Zonen u. Kreise – **Staatsoberhaupt** u. Inhaber d. höchsten Vollzugsgewalt: Maharajadhiraja Birendra Bir Bikram Sháh Deva, König s. 1972 – **Regierungschef:** Tulsi Gire – **Außenminister:** Krishna Radsch (Raj) Aryal – **Parteien:** schätzungsweise ein Drittel der Mitglieder des Nationalrates gehörte vor Auflösung der Parteien der gemäßigt-sozialist. »Kongreß-Partei« (»Nepali Congress«) an, ein Siebentel wurde als prokommunistisch angesehen (illegale KP etwa 1500 Mitgl.) – **Dipl. B.:** BRD u. DDR

Städte (1971): Katmandu (Hptst.) 150 402 m. V. über 300 000 Einw., Patan u. Bhatgaon 50–100 000 Biratnagar über 40 000, Birganj 15 000

Wichtige Ausfuhrgüter: Reis, Jute, Arzneipflanzen, Felle, Edelhölzer, Ölsaaten, Viehzuchtprodukte – **Wichtigste Außenhandelspartner:** Indien (80–90 %), Chines. Volksrepublik, Großbritannien – 1969/70 **Einf.** 884,6 Mill. N. Rupien, **Ausf.** 489,2 Mill. N. Rupien – **W:** 1 Nep. Rupie (NR) = 100 Paisa; 1 US-$ = 12,45 NR, 1 NR = 0,2068 DM

Mitgliedschaft: UNO, ADB, ESCAP, FAO, IBRD, ICAO, IFC, ILO, IMF, ITU, UNESCO, UPU, WHO, WMO, Colombo-Plan

NEUE HEBRIDEN s. Frankreich u. Großbritannien

NEUGUINEA s. Hauptartikel Papua-Niugini und Indonesien

NEUKALEDONIEN s. Frankreich (Seit 1975 Unabhängigkeitsbestrebungen mehrerer Parteien)

NEUSEELAND

(New Zealand)

Fläche (67): 268 675 (einschl. Stewart-I. 1735 qkm u. 280 Einw.), Chatham-Inseln (963 qkm u. 520 Einw.), Kermadec-In. (33,5 qkm; Raoul-I. m. Met. Stat. u. 8–10 Einw.), Campbell-I. (9 Einw.), Three Kings-, Solander-, Bounty-, Snares-, Antipoden- u. Auckland-Inseln mit zusammen 839 qkm, meist unbewohnt – **Einwohner** (99): 3 090 000 (F 1975; 2 862 631 Z 1971) = 11,5 je qkm – 81 % städt. Bevölkerung – **o. S.** 1–2 % – **BSP** 1973: 10 900 Mill. $, 1974 prov. 12 440 Mill. $, **je E.** 4100 $; **JZ** 2,0 % – **L** 17 % – **In** 38 %

Bevölkerung: fast ausschließlich englischer und schottischer, daneben irischer Abstammung; 227 414 Maori (1971), 7000 Chinesen u. mehr als 3000 Inder – **Geburten- u. Sterbeziffer** je 1000 Einw. 1975: 18,4/8,1 – **Geb.-Ü.:** 10,3 – **Staatssprache:** Englisch; Umgangssprache der Maori usw. – **Religion:** ganz überwiegend protestantisch; etwa 15 % Katholiken, rund 4000 Juden

Nationalflagge: auf blauem Feld oben am Flaggstock »Union Jack«, rechts vier Sterne des »Kreuz des Südens« – **Nationalfeiertag:** 6. 2. – **U:** 1907 britisches Dominion mit Autonomie, durch das Westminster-Statut von 1931 völlig unabhängig

Staats- u. Regierungsform: Unabhängige parlamentarisch-demokrat. Monarchie – Parlament (»General Assembly«) mit 1 Kammer (»House of Representatives«, 87 Sitze, davon 4 für Maori), deren Mitglieder für drei Jahre gewählt werden – Wahlberechtigt alle über 18 Jahre alten Bürger, einschl. der Maori – Keine allg. Wehrpflicht – Verwaltungsgliederung in »counties«, »borroughs« u. »town-districts« bzw. »stat. areas« – **Staatsoberhaupt:** Königin Elizabeth II., vertreten durch einen Generalgouverneur, der gleichzeitig Mitglied der Regierung ist: Sir Denis Blundell seit 1971 – **Regierungschef:** Robert David Muldoon, NP – Außen- u. Außenhandels- sowie Umweltschutzminister: Brian Edward Talboys – **Parteien:** die Parlamentswahlen v. Nov. 1974 brachten der konservativen »National Party«/NP 53 (vorher 32) Sitze, die »Labour Party«/LP erhielt 34 (55) Sitze. Die Maori erzielten 6 Sitze, d. h. zwei mehr als die für sie reservierten.

Außerdem: »Social Credit Party« u. »Values Party«, ohne Mandat – **Dipl. B.:** BRD u. DDR

Städte (S 1973): Wellington (Hptst., ohne Hutt) 139 400, m V. über 200 000 Einw., Auckland 698 020, Christchurch 285 920, Hutt 127 870, Manukau 119 600, Dunedin 112 430, Hamilton 87 810, Palmerston North 59 780, Invercargill 52 270

Wichtige Ausfuhrgüter: Fleisch (25–30 % d. Ausfuhrwertes), Molkereierzeugnisse u. Wolle (je bis ein Fünftel), Häute u. Felle, Konserven – **Wichtigste Außenhandelspartner:** Großbritannien (bis über ein Viertel d. Außenhandelsumfanges), USA, Australien, Japan, BR Deutschland u. andere EG-Länder, Kanada. Die EG hat an Einfuhr u. Ausfuhr einen Anteil von je einem Drittel – 1975 **Einf.** 3152 Mill. $, **Ausf.** 2152 Mill. $ – **W:** 1 Neus. Dollar (NZ$) = 100 Cents; 1 US-$ = 0,9554 NZ$, 1 NZ$ = 2,5675 DM

Mitgliedschaft: Commonwealth of Nations, UNO, ANZUS-Pakt, SEATO-Pakt, Colombo-Plan, ADB, ASPAC, ESCAP, FAO, GATT, IAEA, IBRD, ICAO, IDA, IFC, ILO, IMCO, IMF, ITU, OECD, UNESCO, UPU, WHO, WMO, DAC, CCD – Besonderes Verteidigungsabkommen mit Großbritannien, Malaysia u. Singapur (ANZUK); Südseeforum

Außengebiete mit innerer Autonomie

Cook-Inseln (Cook Islands), Fläche: 240,6 qkm – Einwohner: 21 227 (Z 1971), meist Polynesier (Protestanten, etwa 10 % Katholiken). Ausfuhr von Kopra, Früchten usw. *Volle innere Selbstregierung* unter der britischen Krone bei neuseeländischer Staatsangehörigkeit. Zollunion mit Neuseeland, das Verteidigung u. Außenpolitik wahrnimmt. Erklärung der Unabhängigkeit nach einer Volksabstimmung grundsätzlich möglich – Hauptort: Avarua auf Rarotonga – **Niue** (Savage Island), Fläche 259,1 qkm – Einwohner: 4142 (Z 31. 12. 1973) – Hauptort: Alofi etwa 4000 Einw. (als Agglom.). Seit 19. 10. 1974 *volle innere Selbstregierung* in freier Assoziation mit Neuseeland. Premierminister: Robert Rex; Mitgl. i. »Südseeforum« – Weiteres Außengebiet: **Tokelau-Inseln** (Tokelau-Islands, Union-I.), Fläche: 10,1 qkm – Einwohner: 1587 (Z 23. 9. 1973) – Hauptort: Fakaofo – **Hoheitsanspruch in d. Antarktis**: Neuseel. beansprucht den Sektor zwischen 160° ö. L. und 150° w. L. sowie südlich v. 60° s. Br. als »Ross Dependency«

NEUTRALE ZONE a) s. Irak u. Saudi-Arabien – b) über die zwischen Kuweit und Saudi-Arabien bestehende neutrale Zone wurden 1964 von den genannten Ländern endgültige Teilungsvereinbarungen getroffen und am 27. 6. 1966 ratifiziert. Ölausbeutung gemeinsam; Tankerhafen Mina Saud

NEVIS Teil der Leeward-Inseln s. Großbritannien II

NICARAGUA

(República de Nicaragua; Nikaragua)

Fläche (86): 148 000 qkm (mit 9000 qkm Binnengewässern) – **Einwohner** (113): 2 160 000 (S 1975; 1 877 952 Z 1971) = 15,5 je qkm (ohne Binnengew.) – 49 % städt. Bevölkerung – **o. S.** 40 % – **BSP** 1973: 1060 Mill. $, 1974 prov. 1310 Mill. $, **je E.** 650 $; **JZ** 1,6 % – **L** 26 % – **In** 24 %

Bevölkerung: rund 60–70 % Mestizen, 10–15 % Neger, Mulatten, Sambos; außerdem Weiße (8 bis 10 %) u. Indianer (5–10 %) – **Geburten- u. Sterbeziffer:** jährl. Wachstumsrate (1970–1974) 3,3 % – **Staatssprache:** Spanisch; als Verkehrssprache auch Englisch wichtig; Chibcha d. Indianer – **Religion:** rund vier Fünftel röm.-katholisch; etwa 3 % Protestanten u. einige Hundert Juden

Nationalflagge: blau-weiß(mit Staatswappen)-blau (waagerecht) – **Nationalfeiertag:** 15. 9. – **U:** 1821 bzw. 1838 nach Auflösung der ›Zentralamerik. Föderation‹

Staats- u. Regierungsform: Präsidiale Republik – Parlament (›Congreso‹) aus zwei Kammern (»Cámara de Diputados« u. »Senado«); Wahl ihrer Mitglieder für sechs Jahre – Wahlberechtigt alle Männer über 21 Jahre u. alle Männer u. Frauen über 18, die lesen und schreiben können – Wehrpflicht nicht angewandt – Verwaltungsgliederung in 16 Departamentos – **Staatsoberhaupt u. Regierungschef:** General Anastasio Somoza Debayle, PNL, erneut seit 1974 – **Parteien:** Bei den Wahlen von 1972 zu einer Gesetzgebenden Versammlung erhielten vereinbarungsgemäß die »National-Liberalen« (»Partido Nacional-Liberal«/PNL) 60, die »Traditionelle Konservative Partei« 40 Sitze – **Dipl. B.:** BRD

Städte (S 1973): Managua (Hptst.) 409 810 Einw., León 90 559, Jinotepe 76 181, Matagalpa 68 698, Granada 56 729, Masaya 56 237, Chinandega 54 376, Estelí 39 375, Bluefields 28 513

Wichtige Ausfuhrgüter: Baumwolle (etwa ein Viertel d. Ausfuhrwertes), Kaffee u. Fleisch (je bis ein Sechstel), Zucker, Bananen, Holz, Edelmetalle – **Wichtigste Außenhandelspartner:** USA, Japan, MCC-Partner, BR Deutschland, Niederlande u. Niederländische Antillen, Großbritannien, Belgien – 1975 **Einf.** 517 Mill. $, **Ausf.** 376 Mill. $ – **W:** 1 Córdoba (C$) = 100 Centavos; 1 US-$ = 7,0 C$, 1 C$ = 0,3677 DM

Mitgliedschaft: UNO, OAS, BCIE, CECLA, ECLA, FAO, GATT, IAEA, IBRD, ICAO, IDA, IFC, ILO, IMF, ITU, MCC, ODECA, SELA, UNESCO, UPU, WHO, WMO, Zentralamerikan. Verteidigungsrat, NACAMUR

NIEDERLANDE

(Koninkrijk der Nederlanden; Königreich d. N.)

Fläche (118): 40 844 qkm (mit 7352 qkm Binnengewässern) – **Einwohner** (46): 13 650 000 (F 1975; de jure 13 045 785 Z 1971 prov.) = 332,1 je qkm (Bevölkerungsdichte der Landfläche ohne Binnengewässer: 403,8) – Rund 78 % städt. Bevölkerung – **o. S.** weniger als 1 % – **BSP** 1973: 58 180 Mill. $, 1974 prov. 66 060 Mill. $, **je E.** 4880 $; JZ 4,3 % – **L** 5 % – **In** 38 %

Bevölkerung: Niederländer; friesische Minderheit; Ende 1973 rund 300 000 Ausländer (Spanier, Deutsche, Belgier, Italiener usw.; außerdem je mehrere Zehntausend Ambonesen und Surinamesen) – **Geburten- u. Sterbeziffer** je 1000 Einw. 1975: 13,0/8,3 – **Geb.-U.:** 4,7 – **Staatssprache:** Niederländisch – **Religion:** 1971 37,5 % Protestanten verschiedener Kirchenzugehörigkeit (bes. Niederl. Reform. Kirche), 39,5 % röm. Katholiken, 23 000 Juden, 23 % ohne Angaben

Nationalflagge: rot-weiß-blau (waagerecht) – **Nationalfeiertag:** 30. 4. – **U:** 1648 (1831 völlige Trennung der Niederlande und Belgiens)

Staats- und Regierungsform: Konstit. parlamentarisch-demokrat. Monarchie – Parlament (»Staten-Generaal«) aus 2 Kammern »Eerste Kamer« als »Oberhaus« u. »Tweede Kamer«; Gesetzesinitiative besitzt neben der Regierung die Tweede Kamer; Wahl der Mitglieder für die Zweite Kammer für vier Jahre – Wahlberechtigt für die Zweite Kammer sind alle über 18 Jahre alten Bürger; Wahl der Mitglieder der Ersten Kammer durch die Provinzialparlamente – Verwaltungsgliederung in 12 Provinzen mit je einem Parlament u. einem Königl. Kommissar als Vertreter des Innenministers – **Staatsoberhaupt:** Königin Juliana Louise Emma Maria Wilhelmina, seit 1948 – **Regierungschef:** Joop den Uyl, PvdA, Ministerpräsident einer Koalitionsregierung aus PvdA, ARP, KVP, PPR usw. – **Außenminister:** Dr. Max van der Stoel – **Parteien:** Bei den Wahlen vom 29. 11. 1972 errang die »Partei der Arbeit« (Partij van de Arbeid/PvdA) 2,02 Mill. Stimmen u. 43 (vorher 39) der 150 Sitze, auf die »Katholische Volkspartei« (Katholieke Volkspartij/KVP) entfielen 1,3 Mill. Stimmen u. 27 (35) Sitze, auf die liberale »Volkspartei für Freiheit und Demokratie« (Volkspartij voor Vrijheid en Democratie/VVD) 1,07 Mill. u. 22 (16), auf d. konservative »Antirevolutionäre Partei« (Anti-Revolutionaire Partij/ARP) 0,65 Mill. u. 14 (13); »Christlich-Historische Union« (Christelijk-Historische Unie/CHU) 0,35 Mill. u. 7 (10), »Pol. Partij Radikalen«/PPR 0,35 Mill. u. 7 (2), »Communistische Partij van Nederland«/CPN 0,32 Mill. u. 7 (6), »Demokraten '66« 0,30 Mill. u. 6 (11), »Democrat. Soc. '70« 0,30 Mill. u. 6 (8), »Staatk. Geref. Partij« 0,16 Mill. u. 3 (3), »Boeren-Partij« 0,14 Mill. u. 3 (1), »Geref.-Pal. Verbond« 0,13 Mill. u. 2 (2), »Pac. Soc. Partij«/PSP 0,11 Mill. u. 2 (2; extrem links); seit den Wahlen einige Verschiebungen durch Aus- u. Übertritte, bes. bei PvdA u. VVD – **Dipl. B.:** BRD u. DDR

Städte (B 1. 1. 1974): Amsterdam (Hptst.) 770 805 m. V. 1 001 652 Einw., Regierungssitz u. Residenz Den Haag ('s Gravenhage) 494 696, m. V. 684 569, Rotterdam 635 910, m. V. 1 040 233, Utrecht 263 635, m. V. 462 592, Eindhoven 191 842, m. V. 350 138, Haarlem 168 243, m. V. 235 280, Groningen 166 828, m. V. 203 399, Tilburg 152 523, m. V. 210 792, Nijmegen 148 247, m. V. 210 373, Enschede 142 089, m. Hengelo 237 908, Arnhem 127 675, m. V. 277 406, Apeldoorn 130 707, Zaanstad (seit 1974 aus Zaandam, Zaandijk usw.) 124 600, Breda 119 186, Maastricht 111 641, Dordrecht 101 279, m. V. 181 020, Hilversum 95 041

Wichtige Ausfuhrgüter: Nahrungs- u. Genußmittel (Molkereierzeugnisse, Fleisch, Konserven, Fische, Gemüse, Obst, Kakao, Schokolade, Tabakwaren; bis 20 %), Maschinen, Fahrzeuge u. elektrotechnische Güter (15 %), chem. Erzeugnisse (bis 15 %), Erdölderivate (über 10 %), Textilien, Porzellan, Keramik – **Wichtigste Außenhandelspartner:** BR Deutschland, Belgien/Lux., Frankreich, Großbritannien, USA, Italien, Schweden, Schweiz, Kuweit, Venezuela – 1975 **Einf.** 34 542 Mill. $, **Ausf.** 35 048 Mill. $ – **W:** 1 Florin (f) bzw. Gulden (Gld) = 100 Cents; 1 **SZR** = 3,35507 Gld; 1 US-$ = 2,73425 Gld, 1 Gld = 0,9415 DM

Mitgliedschaft: mit Belgien-Luxemburg in der noch nicht voll ausgebauten Wirtschaftsunion »Benelux«; UNO, NATO, WEU, ADB, ECE, Europarat, EG, FAO, GATT, IAEA, IBRD, ICAO, IDA, IDB, IFC, ILO, IMCO, IMF, ITU, OECD, UNESCO, UPU, WHO, WMO, CCD, IDB

Überseegebiete

Niederländische Antillen (Nederlandse Antillen), Fläche 993 qkm (ein Teil von St. Maarten, ferner St. Eustatius u. Saba 68 qkm u. [1972] 11 342 Einw., Curaçao, Aruba u. Bonaire 925 qkm) – Einwohner (S 1972): 219 482, Hauptstadt: Willemstad 45 000, m. V. 100 000 Einw. – Insgesamt (1972) 230 824 Einw. = 232 je qkm – **BSP** 1973: 360 Mill. $, **je E.** 1530 $; **JZ** 0,7 % – **Bevöl-**

kerung: hauptsächlich Neger und Mulatten – **Geburten- und Sterbeziffer** je 1000 Einwohner: jährl. Wachstumsrate (1970–1974) 1,8 % – **Sprachen:** Niederländisch; als »lingua franca« Papiamento (Mischsprache aus Spanisch, Niederländisch usw.) – **Religion:** zu 75 % Katholiken, im übrigen Protestanten – **Flagge** (bisher): auf weißem Feld blauer Querstreifen mit sechs weißen Sternen und in der Mitte dahinter senkrechter roter Streifen – **Wichtigste Ausfuhrgüter:** Raffinerieprodukte – 1973 **Einf.** 1600 Mill. $, **Ausf.** 1974 2654 Mill. $ – **W:** 1 Niederl.-Ant. Florin (NAf) = 100 Cents; 1 US-$ = 1,79 NAf, 1 NAf = 1,4381 DM – **Staats- u. Regierungsform:** Unabhängigkeit in Kürze zu erwarten (Nach Fläche sodann an 145., nach Einwohnern an 144. Stelle)

NIGER

(République du Niger)

Fläche (20): 1 267 000 qkm – **Einwohner** (85): 4 600 000 (S 1975) = 3,6 je qkm – Etwa 10 % städt. Bevölkerung – **o. S.** 80–90 % – **BSP** 1973: 450 Mill. $, 1974 prov. 470 Mill. $, **je E.** 100 $; **JZ** –4,6 % (Abnahme) – **L** 51 % – **In** 11 %

Bevölkerung: Haussa über zwei Fünftel, Fulbe 14 %, Tuareg 8–10 %, Sudan-Gruppen (Dscherma u. Songhai zus. 15 %), etwa 6000 Europäer, meist Franzosen – **Geburten- u. Sterbeziffer** je 1000 Einw.: jährl. Wachstumsrate (1970–1974) 2,7 % – **Sprache:** Französisch als Amtssprache; Songhai-Dscherma, arabische Mundarten; Ful u. Haussa, auch als Verkehrssprachen wichtig; Tamaschagh – **Religion:** rund 85 % Muslimen (u. a. Quadriya-, Senussi- u. Tidjaniya-Sekten), Anhänger von Naturreligionen, christliche Minderheiten (0,5 %)

Nationalflagge: orange-weiß(mit Sonne im Orange)-grün (waagerecht) – **Nationalfeiertag:** 18. 12. – **U:** 1960

Staats- u. Regierungsform: Präsidiale Republik – Parlament aus 1 Kammer – Allgemeines Wahlrecht – Keine allgemeine Wehrpflicht – 7 Départements – **Staatsoberhaupt:** Staats- u. Regierungschef Oberst Seyni Kountié (Kountché), seit dem Putsch v. April 1974 – **Außenminister** u. Zusammenarbeit: Hauptmann Moumouni Ammadou Djermakoye – **Parteien:** Bei den letzten Wahlen fielen alle 60 Sitze an die »Parti Progressiste Nigérien«/PPN. Parlament und Parteien seit d. Staatsstreich von 1974 aufgelöst. Gesamtverantwortung seither ein »Oberster Militärrat« unter dem Vorsitz von Seyni Kountié – **Dipl. B.:** BRD u. DDR

Städte: Niaméy (Hptst.) m. V. 1973 über 100 000 Einw.; (1962) Sinder (Zinder) 22 900, Tahua (Tahoua) 17 833, Maradi 17 460

Wichtige Ausfuhrgüter: Erdnüsse (40–50 % des Ausfuhrwertes), Vieh- und Viehzuchtprodukte, etwas Zinn, Fische, Gummiarabicum, Salz – **Wichtigste Außenhandelspartner:** Frankreich u. andere EG-Länder, Nigerien – 1974 **Einf.** 96 Mill. $, **Ausf.** 53 Mill. $ – **W:** 1 CFA-Franc (FCFA) = 100 Centimes; 1 US-$ = 236,56 FCFA, 1 FCFA = 0,0109 DM

Mitgliedschaft: UNO, OUA, »Conseil de l'Entente«, ECA, EG (assoz.), FAO, GAMO, (OCAM), GATT, IAEA, IBRD, ICAO, ILO, IMF, ITU, UNESCO, UPU, WHO, WMO, CEAO, ECOWAS (CEDEAO)

NIGERIEN

(Federal Republic of Nigeria)

Fläche (30): 923 768 qkm – **Einwohner** (10): 62 930 000 (S 1975 nach UNO; umstrittene Z v. 1973 79 758 969) = 68,1 je qkm – (etwa zwei Drittel d. Bevölkerung leben in den Staaten des Nordens) – Rund 25 % städt. Bevölkerung – **o. S.** 80–85 % – **BSP** 1973: 15 050 Mill. $, 1974 prov. 17 830 Mill. $, **je E.** 240 $; **JZ** 8,3 % – **L** 24 % – **In** (m. Erdölwirtschaft) etwa 50 %

Bevölkerung (S): Ibo (17 %), Joruba (Yoruba, 20 %), Ibibio, Tiv usw. im Süden. Hamitische u. tschadohamit. Schichten (Haussa 20 %; Fulbe, Kanuri, Tuareg) im Norden. Rund 16 000 Europäer, meist Briten – **Geburten- u. Sterbeziffer:** jährl. Wachstumsrate (S) 2–3 % – **Sprachen:** Amtssprache Englisch; Sudan- und Bantusprachen, Ful, Haussa-Sprachen u. a. – **Religion:** etwa 50 % Muslimen (vor allem im Norden), rund 35 % Christen (davon über ein Sechstel Katholiken), viele Sekten; Anhänger von Naturreligionen

Nationalflagge: grün-weiß-grün (senkrecht) – **Nationalfeiertag:** 1. 10. – **U:** 1960

Staats- u. Regierungsform: Republik – Bis Mai 1966: Parlament aus 2 Kammern (Senat, »Unterhaus«: »Federal House of Representatives«) – Wahlrecht für alle erwachsenen Bürger – Keine allgemeine Wehrpflicht – Neugliederung seit 1976 im Gange (19 Bundesstaaten u. Hauptstadtdistrikt) – 1966 Auflösung von Bundes- u. Regionsparlamenten sowie der Parteien. »Oberster Militärrat« entscheidende Kraft, auch nach d. Putsch v. Juli 1975 u. dem fehlgeschlagenen Putsch v. Dez. 1975 – Neue Verfassung geplant (neben d. »Oberst. Militärrat« ein »Nation. Rat« d. Bundesländer u. ein »Bundesexekutivrat«). Bundesstaaten derzeit unter Militärgouverneuren – **Staatsoberhaupt:** Präsident General Olusegun Obasanjo, Vors. der Bundesmilitärregierung und Oberbefehlshaber; seit Februar 1976 – **Außenminister:** Oberst Joseph Nandam Garba – **Dipl. B.:** BRD u. DDR

Städte (S 1971): Lagos (Hptst.) 970 272 (S 1973, m. V. 1,5 Mill.) Einw., Ibadan 758 332, Ogbomosho 386 650, Kano 357 098, Oshogbo 252 583, Ilorin 252 076, Abeokuta 226 361, Port Harcourt 217 043, Zaria 200 855, Ilesha 200 434, Onitsha 197 062, Iwo 191 684, Ado-Ekiti 190 398, Kaduna 181 201, Mushin 176 446 – Im Februar 1970 wurde im neuen Bundesstaat Niger bei Abuja ein 3000 qkm großes Gebiet zum Territorium des künftigen Bundesdistrikts erklärt; es wird von der Bundesmilitärregierung kontrolliert und entwickelt, um in 10–15 Jahren die Hauptstadtfunktion zu übernehmen

Wichtige Ausfuhrgüter: Erdöl (über 80 % d. Ausfuhrwertes), Palmnüsse u. -öl, Erdnüsse, Kakao, Kautschuk, Baumwolle, Zinn, Holz, Kohle, tropische Früchte, Häute – **Wichtigste Außenhandelspartner:** Großbritannien, USA, Niederlande, BR Deutschland, Frankreich, Japan – 1974 **Einf.** 6103 Mill. $, 1975 **Ausf.** 8078 Mill. $ – **W:** 1 Naira (₦) = 100 Kobo; 1 US-$ = 0,6251 ₦, 1 ₦ = 4,1187 DM

Mitgliedschaft: Commonwealth, UNO, OUA, ECA, FAO, GATT, IAEA, IBRD, ICAO, IDA, ILO, IMCO, IMF, ITU, UNESCO, UPU, WHO, WMO, CCD; assoziiert an die EG, ECOWAS (CEDEAO), OPEC

NIKARAGUA s. Nicaragua

NIKOBAREN s. Indische Union

NORMANNISCHE INSELN s. Großbritannien I

NORWEGEN
(Kongeriket Norge)

Fläche (59): 324 219 qkm (m. 15 963 qkm Binnengewässern) – **Einwohner** (92): 4 010 000 (F 1975; 3 888 305 Z 1970) = 12,3 je qkm – Rund 45 % städt. Bevölkerung – **o. S.** 0 % – **BSP** 1973: 18 460 Mill. $, 1974 prov. 21 070 Mill. $, **je E.** 5280 $ (1975 prov. 7425 $); **JZ** 3,8 %

Bevölkerung: Norweger, außerdem 20 000 Lappen u. 12 000 Finnen (Kwänen) – **Geburten- u. Sterbeziffer** je 1000 Einw. 1975: 14,0/9,9 – **Geb.-Ü.:** 4,1 % – **Staatssprache:** Norwegisch, m. d. zwei einander sehr ähnlichen offiz. Schriftsprachen Bokmål und Riksmål (aus d. Dänischen entwikkelt, vom größten Teil der Bevölkerung bevorzugt) sowie das als Kunstsprache aus Dialekten geschaffene Nynorsk (Neunorwegisch, fr. Landsmål) – **Religion:** fast ausschließl. Evang.-Luth. (96,8 %), 11 000 Katholiken, etwa 900 Juden

Nationalflagge: rotes Feld mit weißumrändertem blauen Kreuz – **Nationalfeiertag:** 17. 5. – **U:** alte staatliche Tradition; 1814–1905 Union m. Schweden, seit 1905 völlig unabhängig

Staats- u. Regierungsform: Konstitutionelle Monarchie auf parlamentarisch-demokrat. Grundlage – Parlament (»Storting«) aus 2 Kammern (»Lagting« u. »Odelsting«); Wahl der Mitglieder für vier Jahre – Wahlberechtigt alle über 20 J. alten Bürger – Wehrpflicht – Verwaltungsgliederung in 19 Provinzen (Fylker) mit je 1 Parlament (»Fylkesting«) u. einem von der Regierung ernannten Provinzgouverneur (»Fylkesmann«) – **Staatsoberhaupt:** König Olav V., seit 1957 – **Regierungschef:** Odvar Nordli, DNA, Chef einer soz.dem. Minderheitsreg. – **Außenminister:** Knut Frydenlund, DNA – **Parteien:** Die Wahlen v. Sept. 1973 zeigten folgendes Ergebnis: »Det Norsk Arbeiderparti«/DNA 62 (1969 74), »Sozialist. Wahlverband«/SV (Linkssozialisten, Kommunisten usw.) 16 (–), Høyre (Konservative) 29 (29), »Senter-P.« 21 (20), »Christl. Volkspartei« (»Kristelig Folkep.«/CVP) 20 (14), »Venstre« (sozialliberal) 2 (13), »Neue Volkspartei« 1 (–), »Anders Langes-P.« 4 (–). Die Kommunisten (rund 3000 Mitgl.) zogen sich 1975 aus dem linkssozialist. Wahlverband zurück – **Dipl. B.:** BRD u. DDR

Städte (F 1974): Oslo (Hptst.) 468 301 (m. V. 550 000) Einw., Bergen 214 417, Trondheim 133 205, Stavanger 84 334, Kristiansand 58 977, Drammen 50 565, Skien 46 032, Tromsø 42 246, Ålesund 40 683, Sandefjord 33 232, Sandnes 32 891, Bodø 30 384, Ringerike 29 709, Fredrikstad 29 396, Haugesund 27 280 und u. a. Narvik 14 000

Wichtige Ausfuhrgüter: Erze u. Metalle (rund ein Sechstel d. Ausfuhrwertes), Schiffe (ein Siebentel), Holz, Papier u. Papierwaren, Fische, Fischereierzeugnisse, Chemikalien – **Wichtigste Außenhandelspartner:** Schweden, Großbritannien, BR Deutschland, Dänemark, Benelux, USA, Frankreich, Kanada, Italien, Japan – 1975 **Einf.** 9718 Mill. $, **Ausf.** 7207 Mill. $ – **W:** 1 Norw. Krone (kr) = 100 Øre; **1 SZR** = 6,87145 kr; 1 US-$ = 5,55 kr, 1 kr = 0,4638 DM

Mitgliedschaft: UNO, NATO, Nordischer Rat, ADB, ECE, EFTA, Europarat, FAO, GATT, IAEA, IBRD, ICAO, IDA, IFC, ILO, IMCO, IMF, ITU, OECD, UNESCO, UPU, WHO, WMO, CCD; Freihandelsabkommen m. d. EG

Außenbesitzungen

Svalbard (Spitzbergen und Bären-Insel bzw. Bjørnøya), Fläche: 62 050 qkm, davon 179 qkm Bären-Insel – Einw.: (31. 12. 1973) 1004 Norweger u. 1893 Sowjetbürger (in d. Kohlengruben beschäft.); Hauptsiedlung: Longyearbyen etwa 1000

Einw. – **Jan Mayen,** Fläche: 372,5 qkm; Angestellte d. Wetter- u. Funkstation – **Antarktis und Subantarktis:** *Bouvet-Insel*, Fläche: 58,5 qkm; unbewohnt – *Peter I.-Insel* 249,2 qkm (unbewohnt) – Anspruch auf den *Atlanten* oder *Bouvet-Sektor*, 20° w. L. bis 45° ö. L., in der Antarktis (»Dronning Maud Land«)

OBERVOLTA

(République de Haute-Volta)

Fläche (66): 274 200 qkm – **Einwohner** (73): 6 030 000 (S 1975; Z 1960/61 4 300 000) = 22,0 je qkm – Weniger als 10 % städt. Bevölkerung – **o. S.** 90 % – **BSP** 1973: 410 Mill. $, 1974 prov. 470 Mill. $, **je E.** 80 $; **JZ** −1,1 % (Abnahme) – **L** 44 % – **In** 12 %

Bevölkerung: Volta-Völker (Mossi fast 50 % der Gesamtbevölkerung), westsudan. Gruppen (Bobo u. Verwandte ein Sechstel, Sanike, Diula), außerdem Fulbe, Haussa u. Tuareg; über 1000 Europäer, meist Franzosen – **Geburten- u. Sterbeziffer:** jährl. Wachstumsrate (1970–1974) 2,3 % – **Staatssprache:** Französisch; Volta-Semi-Bantu-Sprachen (Morée, Sprache d. Mossi), westsudan. Sprachen u. Ful als Umgangssprachen. Französisch als Bildungssprache – **Religion:** Muslimen (etwa ein Fünftel), christl. Minderheiten (rund 5 % Katholiken u. 25 000 Protestanten); Anhänger von Naturreligionen

Nationalflagge: schwarz-weiß-rot (waagerecht) – **Nationalfeiertag:** 11. 12. – **U:** 1960

Staats- u. Regierungsform: Präsidiale Republik – Parlament mit einer Kammer – Allgemeines Wahlrecht – Keine Wehrpflicht – Gliederung in 10 Departements – **Staatsoberhaupt:** Präs. Generalltnt. El Hadsch Aboukar Sangoulé Lamizana, seit d. Staatsstreich v. 1966 u. (seit 1974) Chef d. »Regierung der nationalen Erneuerung« – **Außenminister:** Alfred Kabore – **Parteien:** »Union Démocratique Voltaïque«/UDV 37, »Parti du Régroupement Africain«/PRA 12, Mouvem. de Lib. Nat.-MLN 6, Unabh. 2 Sitze (Wahl v. Dez. 1970). Seit dem Putsch v. Febr. 1974 Verfassung, Parlament u. Parteien aufgelöst. Seit 1975 eine »Nationale Erneuerungsbewegung« (»Mouvement national pour le renouveau«/MNR) als politisches Instrument der Regierung – **Dipl. B.:** BRD u. DDR

Städte (S 1975): Wagadugu (Ouagadougou, Hptst., S 1974) 150 000 Einw., Bobo-Diulasso (Bobo-Dioulasso) 100 000, Kudugu (Koudougou) 30 000 (alle m. V.)

Wichtige Ausfuhrgüter: Vieh- u. Viehzuchtprodukte (bis 40 % d. Ausfuhrwertes), Erdnüsse, Baumwollsaat, Sheanuß-Samen, getrocknete Fische – **Wichtigste Außenhandelspartner:** Frankreich, Elfenbeinküste, Ghana, Senegal – 1974 **Einf.** 114 Mill. $, **Ausf.** 36 (1. Hj. 1975 18) Mill. $ – **W:** 1 CFA-Franc (FCFA) = 100 Centimes; 1 US-$ = 236,56 FCFA, 1 FCFA = 0,0109 DM

Mitgliedschaft: UNO, OEA, »Conseil de l'Entente«, CEAO, CFA, ECA, EG (assoz.), FAO, GAMO (OCAM), GATT, IBRD, ICAO, IDA, ILO, IMF, ITU, UDEAO, UNESCO, UPU, WHO, WMO, CCD; besondere Zollvereinbarung mit Ghana, ECOWAS (CEDEAO)

OMAN

(Sultana' Oman; Sultanat Oman)

Fläche (78): 212 457 qkm – **Einwohner** (128): 770 000 (S 1975) = 3,6 je qkm – **o. S.** über 80 % – **BSP** 1973: 610 Mill. $, 1974 prov. 750 Mill. $, **je E.** 1250 $; **JZ** 19,4 %

Bevölkerung: hauptsächlich Araber verschiedener Herkunft; außerdem in den Städten Inder, Pakistaner, Perser, Bäludschen, Neger – **Geburten- und Sterbeziffer:** jährl. Wachstumsrate (1970–1974) 3,1 % – **Staatssprache:** Arabisch – **Religion:** Muslimen (bes. Sunniten; Ibaditen, Schiiten)

Nationalflagge: rot (am Mast) mit dem Staatsemblem (gekreuzte Säbel) sowie einem weißen und einem grünen Feld (quer, durch einen roten Balken getrennt) – **Nationalfeiertag:** 23. 7. – **U:** alte staatliche Tradition; ab 1891 faktisch brit. Protektorat; durch die Verträge v. 1939 u. 1951 schließlich unabhängig

Staats- u. Regierungsform: unabhängiges Sultanat – Keine parlamentarischen Einrichtungen – **Staatsoberhaupt u. Regierungschef:** Sultan Qabus (Kabus) bin Saiyid (Ehrentitel: Jalalat as Sultan), seit Staatsstreich v. 1970; »Personal Advisor on Diplomatic Affairs«: Saiyid Tariq bin Taimur – **Außenminister:** Al Sawawi (Zawawi) – Die im Gebiet von Dhofar lange Zeit operierende Linke mit ihrer »Volksfront zur Befreiung Omans und des Arabischen Golfes«/PFLOAC wurde faktisch ausgeschaltet – **Dipl. B.:** BRD

Städte: Maskat (Muskat, Masqat, Hptst.) 6200 Einw., Matrah 15 000, Sur 12 000, Sohar 7500, Naswa einige tausend Einw. – Residenz des Sultans: Salalah (in Dhofar)

Wichtige Ausfuhrgüter: Erdöl; daneben etwas Datteln, Fische, Früchte, Perlen – **Wichtigste Außenhandelspartner:** Großbritannien, Australien, Indien, USA, Golfstaaten – **W:** 1 Riyal Omani (R.O.) = 1000 Baizas; 1 US-$ = 0,34505 R.O., 1 R.O. = 7,4604 DM

Mitgliedschaft: UNO, Arabische Liga, FAO, IBRD, ICAO, IDA, IFC, IMCO, IMF, ITU, UNESCO, UPU, WHO; Allg. Zollpräf. m. d. EG, ECWA – Die 1967 angegliederten *Kuria-Muria-Inseln* (78 qkm u. 80 Einw.) werden von der Dem. Volksrep. Jemen beansprucht

ÖSTERREICH

(Republik Österreich)

Fläche (105): 83 850,37 qkm – **Einwohner** (66): 7 525 000 (F 1975, de jure 7 456 403 Z 12. 5. 1971) = 89,8 je qkm – 52 % städt. Bevölkerung – **o. S.** 0 % – **BSP** (Einz. s. Text weiter unten) 1973: 26 460 Mill. $, 1974 prov. 30 480 Mill. $, **je E.** 4050 $; **JZ** 5,1 % – **L** 5,6 % – **In** 51 % (verarbeit. Industrie allein 24,6 %)

Bevölkerung: zu 98 % deutschstämmige Österreicher; kroatische, madjarische, slowenische (u. a. 1971 17 014 Slow. in Kärnten) und tschech. Minderheiten. Etwa 300 000 Ausländer, darunter 47 000 Bürger der BR Deutschland – **Geburten- u. Sterbeziffer** je 1000 Einw. 1975: 12,3/12,7 – **Sterbe-Ü.:** 0,4 – **Staats- u. Umgangssprache:** Deutsch – **Religion:** rund 89 % Katholiken, 6,2 % Protestanten; 13 000–14 000 Juden und andere Minderheiten (1 %), ohne religiöses Bekenntnis 3,8 % (Z 1961)

Nationalflagge: rot-weiß-rot (waagerecht) – **Nationalfeiertag:** 26. 10. – **U:** alte staatliche Tradition; unter den Habsburgern ab 1282; 1866 Ausscheiden aus Deutschland; seit 1918/19 Republik

Staats- u. Regierungsform: Bundesrepublik auf parlamentarisch-demokrat. Grundlage – Parlament aus 2 Kammern »Bundesrat« (wird von den Landtagen beschickt, Änderungen daher nach jeder Landtagswahl möglich), Zusammensetzung (15. 9. 1976): 58 Vertreter (29 SPÖ, 29 ÖVP); »Nationalrat« (Mitglieder nach dem Verhältniswahlrecht direkt von den Bürgern ab 19 Jahren gewählt). Präsident d. Nationalrates: Anton Benya, SPÖ, zweiter bzw. dritter Präsident Roland Minkowitsch, ÖVP und Otto Probst (SPÖ) – Bundesrat und Nationalrat bilden als Gesamtorgan die Bundesversammlung. Die Bundesregierung ist vom Vertrauen des Nationalrats abhängig – Wahl (Wahlpflicht) des Bundespräsidenten für 6 Jahre, Wahl der Nationalratsmitglieder für vier Jahre – Allgemeine Wehrpflicht

Staatsoberhaupt: Bundespräsident Dr. Rudolf Kirchschläger, seit 1974

Regierungschef: (Stand 15. 9. 1976) Bundeskanzler Dr. Bruno Kreisky, SPÖ, als Chef einer SPÖ-Regierung – Vizekanzler: Dr. Hannes Androsch, SPÖ – Bundeskanzleramt: Wien 1, Ballhausplatz

Bundesminister (Ende Sept. 1976):
Auswärtige Angelegenheiten: *Dr. Willibald Pahr*, parteilos

Inneres: *Otto Rösch*, SPÖ

Finanzen: *Dipl.-Kfm. Dr. Hannes Androsch*, SPÖ

Justiz: *Dr. Christian Broda*, SPÖ

Unterricht u. Kunst: *Dr. Fred Sinowatz*, SPÖ

Wissenschaft u. Forschung: *Dr. Hertha Firnberg*, SPÖ

Soziale Verwaltung: *Dr. Gerhard Weißenberg*, SPÖ

Land- u. Forstwirtschaft: *Dipl.-Ing. Günther Haiden*, SPÖ

Handel, Gewerbe u. Industrie: *Dr. Josef Staribacher*, SPÖ

Verkehr: *Erwin Lanc*, SPÖ

Verteidigung: *Brigadier Karl Lütgendorf*, parteilos

Gesundheit u. Umweltschutz: *Dr. Ingrid Leodolter*, SPÖ

Bauten u. Technik: *Josef Moser*, SPÖ

Staatssekretäre:
Dr. Ernst Eugen Veselsky, SPÖ, *Elfriede Karl*, SPÖ, *Karl Lausecker*, SPÖ (alle Bundeskanzleramt); *Albin Schober* (Landwirtsch.-Ministerium)

Leiter des Bundespressedienstes: Sektionschef *Dr. Franz Fischer*

Parteien: *Bei den Wahlen vom 5. 10. 1975* (1971) erzielte die »Sozialistische Partei Österreichs«/SPÖ 2 326 201 (2 280 168) Stimmen. Die »Österreichische Volkspartei«/ÖVP errang 1 981 291 (1 964 713) Stimmen. Die »Freiheitliche Partei Österreichs«/FPÖ erhielt 249 444 (248 473), die »Kommunistische Partei Österreichs«/KPÖ 55 032 (61 762) Stimmen u. kein Mandat.

Mandatsverteilung im Nationalrat: 93 SPÖ, 80 ÖVP, 10 FPÖ
Vorsitzender der SPÖ: Dr. Bruno Kreisky, Zentralsekretäre: Fritz Marsch u. Karl Blecha
Parteiobmann der ÖVP: Dr. Josef Taus, Generalsekretär: Sixtus Lanner
Bundesparteiobmann der FPÖ: Friedrich Peter
Vorsitzender der KPÖ: Franz Muhri
Parteimitglieder 1976: ÖVP (ÖAAB, Bauernbund einschl. Frauen, Wirtschaftsbund) 980 000, SPÖ 700 000, FPÖ 33 000, KPÖ 20 000

Dipl. B.: BRD u. DDR

Verwaltungsgliederung in das Bundesland Wien und 8 weitere Bundesländer mit je einem Landtag u. Landeshauptmann (Vorsitzender der Landesregierung) [Zahlen nach »Österr. Statist. Zentralamt«]

Bundesland	*qkm*	*Einwohner* *Z 12. 5. 1971*	*F 1975 (JD)*
Burgenland	3 965,15	272 119	269 100
Kärnten	9 532,92	525 728	528 100
Niederösterreich	19 170,28	1 414 161	1 413 300
Oberösterreich	11 978,04	1 223 444	1 239 700
Salzburg	7 153,88	401 766	418 900
Steiermark	16 385,92	1 192 442	1 193 600
Tirol	12 648,35	540 771	564 800
Vorarlberg	2 601,30	271 473	287 800
Wien	441,53	1 614 841	1 603 900

Städte (Z 12. 5. 1971): Wien (Hptst.) 1 614 841 – Landeshauptstädte: Graz 248 500, Linz 202 874, Salzburg 128 845, Innsbruck 115 197, Klagenfurt 74 326, Bregenz 22 839, Eisenstadt 10 059 – Sonstige wichtige Städte: Wels 47 279, St. Pölten 43 300, Steyr 40 578, Leoben 35 153, Villach 34 595, Dornbirn 33 810, Wiener Neustadt 33 774, Kapfenberg 26 001, Baden 22 631, Klosterneuburg 21 912, Krems a. D. 21 733 (Niederösterreich hat keine eigene Hauptstadt; d. Sitz von Landtag u. Landesregierung befindet sich in Wien) – *Bürgermeister von Wien:* Leopold Gratz, SPÖ

Postleitzahlen: 2500 Baden b. Wien – 6900 Bregenz – 6850 Dornbirn – 7000 Eisenstadt – 8010 Graz – 6010 Innsbruck – 8605 Kapfenberg – 9010 Klagenfurt – 3400 Klosterneuburg – 3500 Krems a. D. – 8700 Leoben – 4010 Linz a. D. – 5010 Salzburg – 3100 St. Pölten – 4400 Steyr – 9501 Villach – 4601 Wels – 1010 Wien – 2700 Wiener Neustadt (Mit Ausnahme von Baden u. Eisenstadt haben alle diese Städte mehrere Postämter; die angegebene Nummer bezieht sich jeweils auf das frühere Postamt 1)

Wichtige Ausfuhrgüter: Fertigwaren (Maschinen, Verkehrsmittel, Metallwaren, Textilien, Papier und Papierwaren, chemische Produkte u. a.), Halbfertigwaren, Rohstoffe (u. a. Holz, Erze, Metalle) u. Energie, Nahrungs- u. Genußmittel (Einzelheiten s. Abschnitt ›Welthandel‹) – **Wichtigste Außenhandelspartner:** BR Deutschland u. and. EG-Länder (bes. Italien u. Großbrit.); EFTA-Länder (bes. Schweiz u. Schweden), USA, Sowjetunion, Jugoslawien, Polen, Ungarn – 1975 **Einf.** 9391 Mill. $, **Ausf.** 7518 Mill. $ – **W:** 1 Schilling (S) = 100 Groschen; 1 US-$ = 18,36 S, 1 S = 0,1402 DM

Mitgliedschaft: UNO, ADB, ECE, Europarat, EFTA, FAO, GATT, IAEA, IBRD, ICAO, IDA, IDB, IFC, ILO, IMF, ITU, OECD, UNESCO, UNIDO, UPU, WHO, WMO, CCD; Freihandelsabk. m. d. EG

Bundeshaushalt

Der Nationalrat verabschiedete am 18. 12. 1975 mit den Stimmen der Regierungspartei SPÖ den **Bundeshaushalt 1976**:

Ordentliche Gebarung	*Mill. S*
Ausgaben	210 348,682
Einnahmen	178 950,913
Abgang	31 397,769

Außerordentliche Gebarung	*Mill. S*
Ausgaben	5 070,189
Einnahmen	409,961
Abgang	4 660,228

Ordentliche und Außerordentliche Gebarung	
Gesamtausgaben	215 418,871
Gesamteinnahmen	179 360,874
Gebarungsabgang	36 057,997

(Mitte Juni 1976 rechnete der Bundesfinanzminister mit einem Defizit von 45 Mrd. S für 1976)

Von den Ausgaben in Höhe von 215,4 Mrd. S entfallen auf soziale Wohlfahrt und Gesundheit 24,1 %, auf Straßen und Verkehr 14,7 %, auf Bildung, Wissenschaft und Forschung 11,6 %, auf Recht und Sicherheit 7,7 % und auf sonstige Ausgaben 41,9 %. Die **Ausgaben** des Grundbudgets liegen **gegenüber 1975 um 16,8 %**, die Einnahmen um 6,7 % **höher**. Das Budget wurde in der Annahme aufgestellt, daß 1976 mit einer nominalen Wachstumsrate des Bruttosozialprodukts/BSP um 9 % gerechnet werden kann. Nach Angaben des Finanzministers *Hannes Androsch* liegt das veranschlagte Defizit von rund 36 Mrd. S unter dem für 1975 zu erwartenden; der *Haushalt diene u. a. folgenden Schwerpunkten:* Arbeitsplatzsicherung, Eindämmung des Preisauftriebs, Maßnahmen zur Strukturverbesserung.

Nach dem nun vorliegenden Rechnungsabschluß

für 1974 ergab sich ein Defizit von 18,5 Mrd. S. Für *1977 soll ein »Austerity-Haushalt«* aufgestellt werden und 240 Mrd. S nicht überschreiten, wobei Kürzungen der Förderungsmittel des Bundes, Einschränkungen der Überstunden in der Verwaltung, Kosteneinschränkungen bei Dienstreisen und u. a. ein Abbau der Milchpreisstützung vorgesehen sind.

1975 wurden (nach »Österreich-Bericht« 1976/135 u. »Arbeiter-Zeitung«) **124,2 Mrd. S für Sozialausgaben bereitgestellt**; mit einem **Anteil von rund 19 % am BSP entspricht** dies dem **höchsten Anteil der Nachkriegszeit**. Die der Sozialversicherung zur Verfügung stehenden Mittel stiegen von 27,8 Mrd. S im Jahre 1951 auf 88,6 Mrd. S 1975. Die Pensionsversicherung wies einen Überschuß von 7 % auf; der erzielte Einnahmenüberschuß war dem um 40 % erhöhten Bundeszuschuß zu verdanken. Die **Krankenversicherungen**, die 1974 noch einen Überschuß aufwiesen, verzeichneten 1975 ein **Defizit**.

Das **Bruttonationalprodukt** belief sich (nach Angaben des »Österr. Statist. Zentralamtes« bzw. d. »Österr. Instituts für Wirtschaftsforschung«) **1974** auf **616,8 Mrd. S**, d. h. es lag nominal um 15,7 %, real um 4,4 % höher als 1974. **1975** erreichte es (prov.) **je Einwohner rund 87 000 S** und **insgesamt 654,4 Mrd. S** (1965 247,4 Mrd. S); es lag somit nominal um rund 6,5 % über jenem von 1974, real jedoch (ohne Land- u. Forstwirtschaft) um rund 2 % darunter. Der **Rückgang entsprach etwa dem Durchschnitt der europäischen OECD-Länder**, war jedoch beachtlich geringer als in der BR Deutschland und erheblich geringer als in der Schweiz. Die **Bruttoanlageninvestitionen** gingen infolge der Rezession 1975 mit ungefähr 7 % besonders stark zurück. Der **reale private Verbrauch** nahm 1975 um rund 2,5 % (1974 + 3,7 %) zu und war neben dem etwa eine gleiche Steigerungsrate aufweisenden öffentlichen Verbrauch die einzige Konjunkturstütze. Die **Verbraucherpreise sind 1975 um 8,5 %** (1974 9,5 %) angestiegen; 1976 (1. Hj. +7,5 %) dürfte der Anstieg nach offiziellen Schätzungen kaum oder nur wenig darunter liegen.

Die internationalen **Währungsreserven** beliefen sich **Ende 1975** (1974) umgerechnet auf **3090** (2873) **Mill. US-$**, wovon in Mill. $ 1969 auf Devisen, 867 auf Gold, 152 auf Positionen im IMF (IWF) und 102 auf SDRs (spezielle Ziehungsrechte beim IMF) entfielen.

Obwohl Österreich in Westeuropa zu den relativ am wenigsten verschuldeten Ländern gehört, ist die **Verschuldung** in den letzten Jahren weiter gewachsen, wobei Bund und Länder, ganz besonders aber die Gemeinden von diesem Prozeß erfaßt sind. Nach den für die Gemeinden vorliegenden Daten für Ende 1973 – seither weiteres beträchtliches Anwachsen der Schulden – belief sich in den einzelnen Bundesländern die **Verschuldung der Gemeinden** (insges. 34 Mrd. S) **je Einwohner in S** (nach »präsent« v. 10. 6. 1976) wie folgt: Wien 6473 – Tirol 6368 – Kärnten 5804 – Salzburg 5184 – Steiermark 3556 – Niederösterreich 3378 – Burgenland 3047 – Oberösterreich 3036 – Vorarlberg 2010 – Zinsen und Tilgung verschlangen 1973 14,3 % der Gemeindeeinnahmen. Der Gesamtumfang entsprach etwa der Hälfte der damaligen Staatsschuld.

Der **Beschäftigtenstand** war in Österreich Ende Juli 1976 mit 2 713 502 (dav. über 1 Mill. Frauen)

Zahlungsbilanz (nach »Mitt. d. Direkt. d. Österr. Nationalbank«)

	1975 prov.	*1974*
	in Mill. S	
1. Handelsbilanz	− 30 378	− 32 667
2. Dienstleistungsbilanz	+ 24 175[1]	+ 22 425
3. Bilanz der Transferleistungen	+ 761	+ 933
Leistungsbilanz (1.–3.)	− 5 442	− 9 309
4. Langfristiger Kapitalverkehr	+ 18 214	+ 7 378
Grundbilanz (1.–4.)	+ 12 772	− 1 931
5. Kurzfristiger Kapitalverkehr	+ 8	− 448
6. Reserveschöpfung usw.[2]	+ 2 213	+ 2 089
Statistische Differenz	+ 5 073	+ 3 404
Währungsreserven	+ 20 067	− 1 065

[1] = darunter Reiseverkehr 26 165 Mill. S – [2] = Ausgleichsposten für zugeteilte Sonderziehungsrechte/SZR u. Bewertungsveränderungen der Währungsreserven.

um 36 856 höher als ein Jahr vorher; nur in der Steiermark lag er um 0,03 % unter dem Vorjahresstand. Nach Berechnungen des »Instituts für Wirtschaftsforschung« wird die **Zahl der erwerbsfähigen Bevölkerung bis 1981 ansteigen,** weil geburtenstarke Jahrgänge in das Erwerbsleben eintreten und geburtenschwache pensioniert werden. Bis 1981 ist daher mit einem relativ entspannten Arbeitsmarkt zu rechnen.

Der **Personalstand des Bundes** zeigt (nach »Österreich-Bericht« 1975/287) folgende Gliederung: insgesamt 286 572, davon 41 571 bei der Verwaltung, 44 856 in Unterricht, Forschung und Kultur, 58 604 in Sicherheitswesen und Recht, 141 541 in Betrieben.

Bei den unselbständig Erwerbstätigen ergab sich zwischen Mitte 1965 und Mitte 1975 ein tiefgreifender **Strukturwandel:** Anteil an der Gesamtzahl in % 1965/1975: Arbeiter 61,4/52,3 – Angestellte 38,6/47,7 – 1975 waren **von den Arbeitnehmern 37,6 % über 10 Jahre,** 31,4 % 3–10 Jahre, 17,9 % 1–3 Jahre und u. a. 10,5 % kürzer als 1 Jahr **in ihrem derzeitigen Betrieb tätig.** – Die Zahl der **Arbeitslosen** verringerte sich von Januar bis April um 22 000 auf 51 486, d. h. auf eine Quote von rund 2 % (1. Hj. 1976 Durchschnitt 2,4 %). Für 1976 ist beabsichtigt, die Zahl der ausländischen Arbeiter um 30 000 zu vermindern. Insgesamt waren 1975 im Durchschnitt etwa 180 000 **Ausländer in Österreich beschäftigt.** – 1975 (1974) nahmen nur 3783 (7295) Arbeiter und Angestellte an **Streiks** teil, das waren 0,14 (0,27) % der Arbeitnehmer; insgesamt gingen 44 098 (57 948) Arbeitsstunden verloren. – Zwischen 1961 u. 1971 gaben 343 600 **Landwirte** ihren Beruf auf, darunter 232 900 durch Eintritt in den Ruhestand oder Tod, 110 700 durch Überwechsel in andere Berufe; zu den Berufswechslern kommen 161 000 ländliche Schulabgänger, die aus dem Agrarbereich abwanderten. Für 1986 rechnet man nur noch mit 200 000 hauptberuflichen Landwirten, so daß dann – wie jetzt schon in Schweden und der Schweiz – der Anteil an der gesamten Erwerbsbevölkerung etwas über 0 % ausmachen wird.

Das **Verhältnis der Pensionsberechtigten zu den Erwerbstätigen** (15–60 Jahre) erreichte 1974 mit 372 auf je 1000 Einw. seinen ungünstigsten Stand; 1975 waren es 371, 1980 dürften es infolge der sich verändernden Altersstruktur 320 und 1990 nur noch 319 sein. – Rund **62 % der Pensionen und Renten aus der Sozialversicherung entfallen auf Frauen,** 38 % auf Männer. Die Höchstbeitragsgrundlage beträgt ab 1. 1. 1976 13 200 S. Nach der Erhöhung der Pensionen und Renten um 11,5 % ab **1. 1. 1976** erreicht nun die **Mindestpension** für Alleinstehende 2625 S, für Ehepaare **3755 S je Monat.** Die **Durchschnittspensionen** nach der PVAng belaufen sich (nach »Österreich-Bericht« 1976/68) bei der Alterspension auf 5442 S, bei der Witwenpension auf 2985 S. Nach Angaben des Hauptverbandes der Sozialversicherungsträger haben sich die Pensionen von 1970 bis 1975 real um 30,2 % erhöht.

Zu den 2,6 Mill. österreichischen Haushalten gehörten 1975 rund 4,4 Mill. Einkommensempfänger (einschl. der Pensionisten); im Durchschnitt zählte jeder Haushalt 2,9 Personen. Im Gesamtdurchschnitt ergaben sich je Mitglied **Haushaltsausgaben** von 3578 S (»Österreich-Bericht« 1976/107); im einzelnen waren die Ausgaben je nach Beruf und sozialer Schicht sehr verschieden hoch. Nach Berufen ergaben sich folgende Durchschnittszahlen (HM = Haushaltsmitglieder) für Verbrauchsausgaben je Mitglied: Landwirte (HM 5,1) 2304 S – Selbständige in Gewerbe, Handel, freie Berufe usw. (HM 3,4) 4015 S – Angestellte, Beamte (HM 3,1) 4599 S – Arbeiter (HM 3,6) 3099 S – Pensionisten (HM 1,9) 3578 S. – Die *Struktur der Haushaltsausgaben* änderte sich von 1964 bis 1974 nach dem Anteil der einzelnen Positionen in % wie folgt: 1964/1974 Ernährung 34,3/26,5 – Kleidung 11,6/12,3 – Wohnung 8,3/12,6 – Verkehr, Post usw. 9,9/12,0 – Bildung, Erholung 7,6/9,2.

Die **Rezession,** die in Österreich später als in den anderen westlichen Industrieländern einsetzte, **traf die Industrie besonders stark;** die Produktion ging um rund 8 % zurück, die Beschäftigtenzahl sank im Jahresdurchschnitt um über 5 % auf 340 000, die Arbeitsproduktivität nahm um 2,5 % ab und die Lohnkosten stiegen stärker als je vorher an. Die Erholung setzte relativ spät ein. – Die Gesamtzahl der **Insolvenzen** erhöhte sich von 732 im Jahre 1973 auf 997 1974 und sodann auf 1105 1975; es gab 1975 222 Vergleichsverfahren und 883 Konkurse, darunter 155 mit je über 1 Mill. S, vor allem in der Bauwirtschaft, gefolgt von der Textilwirtschaft. Die Schadenssumme der Großinsolvenzen erreichte 1975 eine Höhe von 4012,9 Mill. S. Im 1. Hj. 1976 ging die Zahl der Insolvenzen im Vergleich zum 1. Hj. 1975 um 3,6 % zurück. – Die **10 größten Industriebetriebe waren 1974** nach Umsatz in Mill. S/Zahl der Beschäftigten: 1. VÖEST-Alpine-Konzern (Stahl) 38 127/82 914 – 2. ÖMV-Konzern (Erdöl) 18 511 (S)/7592 – 3. Austria Tabak 10 700/2654 – 4. Chemie-Linz-Konzern 8100/7637 – 5. Böhler-Konzern (Edelstahl) 7442/16 448 – 6. Steyr-Daimler-Puch (Fahrzeuge) 7304/18 479 – 7. Semperit-Gruppe (Chemie) 7254/14 420 – 8. Österr. Philips (Elektro) 6200/10 000 – 9. Siemens-Gruppe (Elektro) 5875/14 116 – 10. Verbund-Konzern (Energie) 4446/4917.

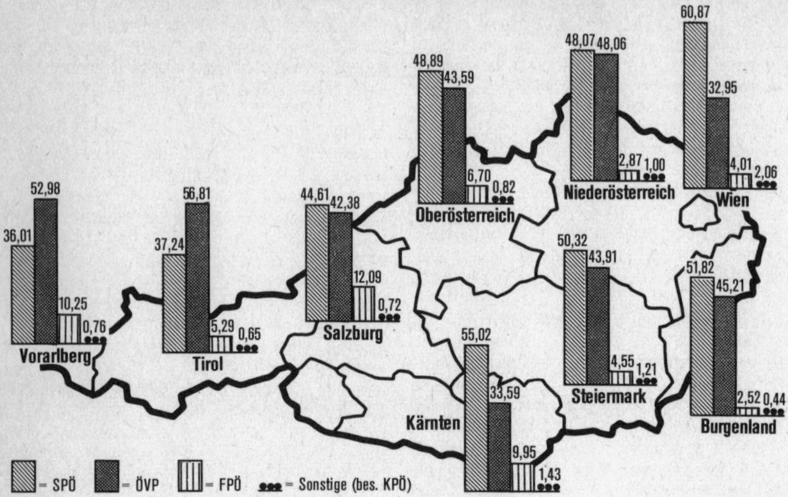

Ergebnisse der Nationalratswahlen von 1975
in den Bundesländern – Anteil in % (Nach »Oberösterr. Nachrichten«)

Nationalratswahlen vom 5. 10. 1975 (10. 10. 1971) Stimmenanteile in % und Mandate: SPÖ 50,41 u. 93 (50,04 u. 90) – ÖVP 42,95 u. 80 (43,11 u. 80) – FPÖ 5,41 u. 10 (5,45 u. 10) – KPÖ 1,19 kein M. (1,36 kein M.) – Splittergruppen 0,03 (0,04) – Das **Durchschnittsalter aller Abgeordneten liegt bei 50,2 Jahren,** das der 30 neugewählten (13 von der SPÖ, 17 von der ÖVP) bei 45,1 Jahren.

Die jüngsten Abgeordneten gehören dem Jahrgang 1938 an.

Die **Bevölkerungsentwicklung** zeigt seit Jahren eine andauernde Abnahme von Geburten und Geburtenüberschuß; 1976 ergab sich bereits ein Sterbeüberschuß. **In Westeuropa gehört Österreich zu den geburtenärmsten Ländern** und rangiert unter diesen nach der DDR, der BR Deutschland, Belgien und Luxemburg an 5. Stelle. Vor 15 Jahren wurden noch über 130 000 Lebendgeborene registriert; seit 1974 ist die Zahl unter 100 000 gesunken. Nach Berechnungen von *Felix Gamillscheg* (»Volksblatt« v. 25. 5. 1976) wird bei einem Anhalten des jetzt erkennbaren Trends in 25 Jahren die Einwohnerzahl unter 7 Mill. und im Jahre 2100 auf 3,4 Mill. abgesunken sein.

Die Zahl der **Kirchenaustritte** belief sich 1974 auf 24 174; 20 816 traten aus der katholischen und u. a. 3119 aus der evangelischen Kirche aus. Gegenüber 1973 lag die Zahl der Austritte um 12 % höher. – Nach dem letzten, dem Nationalrat vorgelegten Bericht des Bundesministeriums für Wissenschaft und Forschung hat sich die Gesamtzahl der inländischen ordentlichen **Hörer an den Hochschulen** (seit 1. 1. 1975 fast alle »Universität« genannt) **in den letzten zwei Jahrzehnten vervierfacht.** Im Wintersemester 1955/56 belief sich die Gesamtzahl der Hörer (nach »Berichte und Informationen«/BI) auf 13 888, im Wintersemester 1974/75 dagegen auf 62 481, darunter allein 25 380 an der Universität Wien, die auch mit ihrer Philosophischen Fakultät (15 095 Hörer) die größte aller Fakultäten aufwies, desgleichen die kleinste (Evangel. Theol. Fak. 88 Hörer). Die kleinsten wissenschaftlichen Hochschulen sind die Montanistische und Tierärztliche mit je 750, die erst 1971 eröffnete Klagenfurter Universität mit 740 und die im Aufbau begriffene Hochschule für Bildungswissenschaften mit 350 Hörern.

OST-TIMOR s. Indonesien u. Portugal
(im Abschnitt »Weltchronik«/Ost-Timor)

PAKISTAN
(Islamic Republic of Pakistan)

Fläche (32): 803 940 qkm (nach UNO-Angaben u. ohne d. pakistanisch besetzten Teil v. Kaschmir;

m. diesem 891 940 qkm) – **Einwohner** (9): 70 260 000 (ohne Dschammu u. Kaschmir, S 1975; mit diesem etwa 71,55 Mill.; Z 1972 ohne K. 64 892 000) = 87,3 je qkm – Etwa 27 % städt. Bevölkerung – **o. S.** 75–80 % – **BSP** 1973: 7740 Mill. $, 1974 prov. 8770 Mill. $, **je E.** 130 $; **JZ** 2,5 % – **L** 34 % – **In** 23 %

Bevölkerung: indoarische (Pandschabi, Sindhi, Urdu) u. iranische (Bäludschi und Paschtu) Sprachen sprechende Völker; bengal. u. dravid. Minderheitsgruppen – Nach d. Zählung von 1961 sprachen 66 % Pandschabi, 13 % Sindhi, 8 % Urdu, 4 % Paschtu; 253 920 Arabisch, 452 612 Brahui – **Geburten- und Sterbeziffer:** jährl. Wachstumsrate (1970–1974) 3,3 % – **Staatssprache:** Urdu, daneben regionale Amtssprachen; Englisch als Staatssprache für eine Übergangszeit anerkannt – **Religion:** 97,2 % sunnitische Muslimen; außerdem die regionsweise einflußreiche »Ahmedia-Sekte«, 1,5 % Hindus; weniger als 1 % Christen, einige tausend Parsen, einige hundert Juden. Der Islam ist Staatsreligion

Nationalflagge: grünes Feld mit weißem Halbmond und weißem fünfzackigen Stern, am Flaggstock ein weißer senkrechter Streifen – **Nationalfeiertag:** 23. 3. – **U:** 1947; Republik seit 1956

Staats- u. Regierungsform: Föderative Republik – Neue Verfassung von 1973 – Parlament aus 2 Kammern (Nationalverslg. u. Senat) – Teilweise Autonomie der Provinzen (Bäludschistan – Nordwestgrenzprovinz – Pandschab [Punjab] – Sindh) – Keine allgemeine Wehrpflicht – **Staatsoberhaupt:** Fasal Elahi Tschaudhry (Fazal E. Chaudhry) – **Regierungschef:** Premiermin., Verteidigungs- u. Außenminister: Zulfiqar Ali Bhutto, mit großen Vollmachten – **Parteien:** sowohl in der Nationalversammlung als auch im Senat ist die »Pakistan People's Party« stärkste Partei; außerdem »Jamaati-i-Ulema-i-Pakistan«/JUP sowie u. a. die »Vereinigte Demokratische Front«. Die »Nationale Awami-Partei«/NAP wurde im Mai 1975 verboten – **Dipl. B.:** BRD u. DDR

Städte (S 1972): Islamabad (Hptst.), 77 000 m. V. 250 000 Einw., Karatschi (Karachi) 3 469 000, Lahore 2 148 000, Lyallpur 820 000, Haiderabad (Hyderabad) 624 000, Rawalpindi 615 000, Multan 544 000, Gujranwala 366 000, Peshawar 273 000, Sialkot 212 000, Sargodha 203 000, Sukkur 159 000, Quetta 156 000, Bahawalpur 134 000, Rahimyar-Khan 129 000, Sahiwal 115 000, Mardan 109 000, Kasur 103 000, Gujrat 100 000

Wichtige Ausfuhrgüter: Baumwollgarne u. -gewebe u. Rohbaumwolle; Reis, Häute, Felle, Chemikalien – **Wichtigste Außenhandelspartner:** USA, Japan, Großbritannien, Hongkong, BR Deutschland, Italien, Frankreich, Benelux, Chines. Volksrep. – 1975 **Einf.** 2125 Mill. $, **Ausf.** 1005 Mill. $ – **W:** 1 Pak. Rupie (PakRe) = 100 Paisa; 1 US-$ = 9,8844 PakRe, 1 PakRe = 0,2604 DM

Mitgliedschaft: UNO, ADB, CENTO, ESCAP, FAO, GATT, IAEA, IBRD, ICAO, IDA, IFC, ILO, IMCO, IMF, ITU, UNESCO, UPU, WHO, WMO; Colombo-Plan; m. Iran u. Türkei in der »Reg. Cooperation for Development«, CCD; Abkommen m. d. EG

Kaschmir (Dschammu u. Kaschmir; Jammu and Kashmir) wird v. P. beansprucht und ist im W sowie im NW in einem rund 88 000 qkm umfassenden Streifen pakistanisch besetzt; 1975 etwa 1 350 000 Einw. – Ab 1972 stärkere Integration der Stammesgebiete – Besondere Verwaltung für »Azad Kashmir« (»Freies Kaschmir« = praktisch Nagar und 3 Distrikte des eigentl. Kaschmir m. zusammen etwa 33 000 qkm und 1,1 Mill. Einw. [Hunza, das etwa 13 000 Einw. zählt, wurde im Sept. 1974 direkt an P. angeschlossen; Baltistan und Gilgit werden von der pakistanischen Regierung unmittelbar verwaltet]). Ministerrat mit Sitz in Muzaffarabad (etwa 15 000 Einw.). Pakistan unterhält im Freien Kaschmir einen Chief Adviser. Wichtigste Parteien sind hier die »Dschammu und Kaschmir-Muslim-Konferenz«/JKMC, die den Anschluß an Pakistan fordert – und die »Dschammu und Kaschmir-Befreiungsliga«, die zumindest volle Autonomie anstrebt, sowie die »Azad-J.-K.-Muslim Conference« – Abgrenzung gegen den von Indien besetzten Hauptteil von Kaschmir z. T. durch die Waffenstillstandslinie v. 1949 – Grenzabkommen von Pak. m. d. Chines. Volksrepublik 1963

PALÄSTINA, historische Landschaft, zwischen Israel und Jordanien (s. diese) aufgeteilt (s. Weltchronik: »Nahostkonflikt«)

PALAU-INSELN s. Vereinigte Staaten von Amerika (Überseebesitzungen)

PANAMA

(República de Panamá)

Fläche (107): 75 650 qkm – **Einwohner** (118): 1 670 000 (B 1975; 1 428 082 Z 1970) = 22,0 je qkm (Fläche u. Einw. ohne Kanalzone; s. Vereinigte Staaten von Amerika) – Rund 50 % städt. Bevölkerung – **o. S.** 18–20 % – **BSP** 1973: 1450 Mill. $, 1974 prov. 1640 Mill. $, **je E.** 1010 $; **JZ** 4,3 % – **L** 23 % – **In** 24 %

Bevölkerung: 50–60 % Mestizen, 15–20 % Neger u. Mulatten, etwa 10–15 % Weiße, 5–10 % Indianer – **Geburten- und Sterbeziffer:** jährl. Wachstumsrate (1970–1974) 3,3 % – **Staatssprache:** Spanisch, Englisch als Verkehrssprache; z. T. indianische Dialekte (u. a. Chibcha) – **Religion:** mehr als 93 % röm.-katholisch, rund 6 % Protestanten, 2000 Juden

Nationalflagge: weiß mit blauem Stern (links oben), rot (rechts oben), blau (links unten), weiß mit rotem Stern (rechts unten) – **Nationalfeiertag:** 3. 11. – **U:** 1903

Staats- u. Regierungsform: Präsidiale Republik – Neue Verfassung in Ausarbeitung durch d. 1972 gewählte Nationalversammlung (»Asamblea Nacional«) – Legislative u. Exekutive bei Präsidium u. Regierung – Verwaltungsgliederung in 9 Provinzen – **Staatsoberhaupt:** Präs. Demetrio Lakas, seit 1972; Vizepräs.: Arturo Sucre Pereira; drittes Mitglied der »Junta«: Großer Führer d. Revol. v. Panamá« u. Koordinator d. Verwaltung (6 Jahre »Regierungschef« mit bes. Vollmachten) General Omar Torrijos – **Außenminister:** Aquilino Edgardo Boyd – **Parteien:** Tätigkeit der Parteien suspendiert – **Dipl. B.:** BRD u. DDR

Städte (Z 1970): Ciudad de Panamá (Hptst.) 418 013 (m. V. 550 000) Einw., Colón 67 641 (m. V. 90 000), Ciudad David 35 538, Chitré 12 575

Wichtige Ausfuhrgüter: Bananen (50–60 % des Ausfuhrwertes), Erdölderivate, Krabben, Zucker, Kaffee, Kakao, Manilahanf, Kokosnüsse – **Wichtigste Außenhandelspartner:** USA (bis 60 % d. Ausfuhr, 30–40 % d. Einfuhr), außerdem Venezuela, BR Deutschland, Großbritannien, Kanada, Niederlande – 1974 **Einf.** 795 Mill. $, **Ausf.** 1975 272 Mill. $ – **W:** 1 Balboa (B/.) = 100 Centésimos; 1 US-$ = 1 B/., 1 B/. = 2,5742 DM

Mitgliedschaft: UNO, OAS, CAFTA, CECLA, ECLA, FAO, IAEA, IBRD, ICAO, IFC, ILO, IMCO, IMF, ITU, UNESCO, UPU, WHO, WMO, SELA, NACAMUR

PANAMA-KANALZONE s. Vereinigte Staaten v. Amerika (Überseegebiete)

PAPUA-NIUGINI

(Papua-New Guinea; Papua-Neuguinea)

Fläche (48): 461 691 (ohne Bougainville 452 891) qkm – **Einwohner** (105): 2 760 000 (S 1975, ohne Boug. 2 630 000, 2 489 936 Z 1971; 53 132 Ausländer, überw. Australier) = 5,8 je qkm – Etwa 12 % städt. Bevölkerung – **o. S.** 70–80 % – **BSP** 1973: 1050 Mill. $, 1974 prov. 1150 Mill. $, **je E.** 440 $; **JZ** 5,0 %

Bevölkerung: hauptsächlich Papua, stammlich außerordentlich differenziert (etwa 750 Stämme); in den Küstengebieten des Südwestens und Nordens z. T. malaiische (indonesische), an der Nordküste auch melanesische Gruppen; kleine chinesische Minderheit – **Geburten- und Sterbeziffer:** jährliche Wachstumsrate (1970–1974) 1,6 % – **Staatssprache:** Englisch; Melanesisches Pidgin als Umgangssprache, im Wortschatz und strukturell sehr unterschiedliche Papua-Sprachen; außerdem Umgangssprachen der verschiedenen Minderheiten – **Religion:** rund 710 000 Katholiken, etwa 800 000 Protestanten; »Cargo«-Kult; Anhänger von Naturreligionen (Animismus, Totemismus)

Nationalflagge: diagonal geteilt; links unten schwarzes Feld mit 4 großen Sternen und 1 kleinen weißen Stern (Kreuz des Südens), rechts oben scharlachrot mit goldenem Paradiesvogel – **Nationalfeiertag:** 16. 9. – **U:** seit 1883/85 der N deutsch (1921 Völkerbundsmandat, 1946 UNO-Treuhandgebiet, austr. verw.), der S britisch (sodann australisch verwaltet); seit Dez. 1973 innere Autonomie; **Unabhängigkeit** 16. 9. 1975

Staats- u. Regierungsform: Parlamentarisch-demokrat. Monarchie – Abgeordnetenhaus (»House of Assembly«) – Allgem. Wahlrecht – Keine allgem. Wehrpflicht – **Staatsoberhaupt:** Königin Elizabeth II., vertreten durch einen Generalgouverneur (Sir John Guise) – **Regierungschef:** Premierminister einer »Nationalen Koalition« Michael Thomas Somare, PP – **Außenminister:** Sir Albert Maori Kiki – **Parteien:** »Vereinigte Partei Papuas und Neuguineas« (Pangu Pati/PP); die stärkste Partei im »House of Assembly« ist die oppositionelle »United Party«/UP (bes. von Teilen der Bergvölker, den Geschäftsleuten und Farmern unterstützt). Außerdem u. a. »People's Progress Party«/PPP (von Chinesen gefördert), die Sezessionistische »Besana-Bewegung« von Josephine Abaijah und u. a. die »Mataungan Association«/MA in New Britain sowie eine Sezessionsbewegung unter John Morris in Bougainville (s. Abschnitt »Weltchronik«/Bougainville u. Papua-Niugini). Partei-Organisation meist nur rudimentär u. lokal bis regional – **Dipl. B.:** BRD (der Leiter der Botschaft in Australien ist mit Sitz in Canberra auch in P.-N. akkreditiert)

Städte (Z 1971): Port Moresby (Hptst.) 62 244 Einw., Lae 34 699, Rabaul 34 778, Madang 15 751, Wewak 12 154, Goroka 10 756

Wichtige Ausfuhrgüter: Kupfer, Kakao, Kopra/Kokosnußöl, Kautschuk, Holz – **Wichtigste Außenhandelspartner:** Australien (über 50 %), Japan,

USA, Großbritannien – 1975 **Einf.** 516 Mill. $, **Ausf.** 476 Mill. $ – **W:** 1 Kina (K) = 100 Toea (t); 1 K = 1,24 $ bzw. 3,1920 DM

Mitgliedschaft: Commonwealth, enge Koop. m. Australien; UNO, FAO und künftig vermutlich in weiteren Sonderorganisationen; Südseeforum; EG (assoz.)

PARAGUAY

(República del Paraguay)

Fläche (52): 406 752 qkm – **Einwohner** (107): 2 650 000 (S 1975; ohne etwa 40 000 Waldindianer; 2 354 071 Z 1972) = 6,5 je qkm – Rund 38 % städt. Bevölkerung – **o. S.** 20–25 % – **BSP** 1973: 1000 Mill. $, 1974 prov. 1200 Mill. $, **je E.** 480 $; **JZ** 2,2 % – **L** 34 % – **In** 21 %

Bevölkerung: über 90 % Mestizen, 2–5 % Indianer u. etwa 3 % Weiße – **Geburten- und Sterbeziffer:** jährl. Wachstumsrate (1970–1973) 3,9 % – **Staatssprache:** Spanisch und Guaraní, meist Zweisprachigkeit – **Religion:** etwa 89 % röm.-katholisch; 2 % Protestanten, Mennoniten, 1200 Juden

Nationalflagge: rot-weiß(mit Wappen auf der Vorderseite, Löwe sowie Inschrift auf der Rückseite)-blau (waagerecht) – **Nationalfeiertag:** 14. 5. – **U:** 1811

Staats- u. Regierungsform: Präsidiale Republik – Parlament (»Congreso« bzw. »Cámara de Diputados«); Wahl der Abgeordneten für fünf Jahre; außerdem ein vom Präsidenten ernannter Staatsrat (»Consejo del Estado«) – Allgemeine Wahlpflicht ab 18 Jahren – Allgemeine Wehrpflicht – Verwaltungsgliederung in 16 Departementos u. Hauptstadt – **Staatsoberhaupt u. Regierungschef:** General Alfredo Stroessner, Colorado, wiedergewählt 1973 – **Außenminister:** Dr. Raúl Sapena Pastor – **Parteien:** »Asociación Nacional Republicana« (kons.; »Colorados«) 40 der 60 Sitze; Liberal-Radikale 20. Außerdem »Febreristas«, »Christlich-Demokratische Bewegung«. Die Kommunistische Partei wurde verboten.

Städte (Z 1972): Asunción (Hptst.) 392 753 Einw., m. V. über 500 000; S. 1970 m. V.; Coronel Oviedo 59 000, Concepción 52 000, Pedro Juan Caballero 50 000, Encarnación 50 000, Hernandarías 44 000, Mariscal Estigarribia 40 000

Wichtige Ausfuhrgüter: Fleisch und Fleischextrakt (ein Drittel), Holz, Ölsaaten u. Tabak, Baumwolle, Quebracho-Extrakt, Häute u. Felle, Kaffee, Petitgrain-Öl f. Parfümeriezwecke – **Wichtigste Außenhandelspartner:** Argentinien, USA, BR Deutschland, Großbritannien, Italien, Uruguay, Niederl. Antillen, Japan, Frankreich, Spanien – 1975 **Einf.** 186 Mill. $, **Ausf.** 187 Mill. $ – **W:** 1 Guaraní (₲) = 100 Céntimos; 1 US-$ = 126 ₲, 1 ₲ = 0,0204 DM

Mitgliedschaft: UNO, OAS, ALALC, CECLA, ECLA, FAO, IAEA, IBRD, ICAO, IDA, IFC, ILO, IMF, ITU, UNESCO, UPU, WHO, WMO; Mitglied der Gruppe »Cuenca del Plata« der ALALC, CCD, SELA

PERSIEN s. Iran

PERU

(República del Perú)

Fläche (18): 1 285 216 qkm (davon 4996,28 qkm Anteil am Titicaca-See) – **Einwohner** (41): 15 870 000 (UNO-Schätzung für 1975; 13 572 052 nach Z 1971, nach erster prov. Revision jedoch 14 100 000; ohne die etwa 100 000 Waldindianer d. Ostgebiete) = 12,3 (bzw. nach revid. Z 10,9) je qkm – Fast 60 % städt. Bevölkerung – **o. S.** über 30 % – **BSP** 1973: 9070 Mill. $, 1974 prov. 10 670 Mill. $, **je E.** 710 $; **JZ** 1,8 % – **L** 16 % – **In** 37 %

Bevölkerung: mehr als zwei Fünftel Indianer, etwa ebensoviele Mestizen; über 10 % Weiße, meist altspanischer Abstammung; je einige Zehntausend Neger, Mulatten; je rund 10 000 Japaner u. Chinesen – **Geburten- und Sterbeziffer:** jährl. Wachstumsrate (1970–1974) 3,2 % – **Staatssprache:** Spanisch, seit 1975 auch Ketschua; etwa ein Viertel spricht Ketschua, 3–5 % sprechen Aymará als Umgangssprache – **Religion:** etwa 75 % röm.-katholisch (unter Staatsschutz), etwa 1 % Protestanten, 4000 Juden, viele indianische Anhänger von Naturreligionen

Nationalflagge: rot-weiß(mit Wappen)-rot (senkrecht) – **Nationalfeiertag:** 28. 7. – **U:** proklamiert 1821, endgültig souverän 1824

Staats- u. Regierungsform: Präsidiale Republik – Parlament (»Congreso«) aus 2 Kammern (»Cámara de Diputados« und »Senado«), Wahl der Deputierten für sechs Jahre – Allg. Wahlrecht – Wehrpflicht – Verwaltungsgliederung in 24 von einem Präfekten geleitete Departamentos; von diesen untersteht das Gebiet Callao unmittelbar der Regierung – **Staatsoberhaupt:** Präsident General Francisco Morales Bermudez, seit d. Staatsstreich v. Aug. 1975 – **Regierungschef:** Ministerpräsident u. Verteidigungsmin. General Guillermo Arbulu Galliani – **Außenminister:** José de la Puente Radbill – **Parteien:** Bei den Wahlen v. Juni 1963 entfielen 58 Sitze auf »Partido del Pueblo«/APRA (soz.-nationalist.), 38 auf »Partido Acción Popular«/PAP (gemäßigt sozialist.), 27 auf die »Unión Nacional Odriísta«/UNO; außerdem u. a.: »Partido Demócrata Cristiana« (13 Sitze). Kleine, aber aktive KP – Auflösung des Parlaments durch die Militärjunta im Nov. 1968 – Neue Verfassung geplant – **Dipl. B.:** BRD u. DDR

Städte (Z 1972): Lima (Hptst.) 2 862 197, als Groß-L. 3 158 417 Einw., Arequipa 304 653, Chiclayo 298 820, Callao 296 220, Trujillo 241 882, Chimbote 159 045, Piura 126 702, Cuzco 120 881, Huancayo 115 093, Iquitos 111 327, Cerro de Pasco 75 819, Tacna 67 011 (alle Städte ohne die volkreichen Randsiedlungen)

Wichtige Ausfuhrgüter: Kupfer (bis über ein Viertel d. Ausfuhrwertes) u. and. Bergbauerzeugnisse (u. a. Silber u. Eisenerz, Zink, Erdöl), Fischmehl u. Fische (20–25 %), Pflanzungsprodukte (Baumwolle, Zucker, Kakao) – **Wichtigste Außenhandelspartner:** USA, Japan, BR Deutschland, Großbritannien, Argentinien u. and. ALALC-Länder – 1974 **Einf.** 1531 Mill. $, **Ausf.** 1540 Mill. $ – **W:** 1 Sol (S/.) = 100 Centavos; 1 US-$ = 65,00 S/., 1 S/. = 0,0396 DM

Mitgliedschaft: UNO, OAS, ALALC, CECLA, ECLA, FAO, GATT, IAEA, IBRD, ICAO, IDA, IDB, IFC, ILO, IMCO, IMF, UNESCO, UPU, WHO, WMO, »Andengruppe« der ALALC, CCD, SELA

PESCADORES-INSELN s. China (Taiwan)

PHILIPPINEN

(Republika Ñg Pilipinas; Répública de Filipinas; Republic of the Philippines)

Fläche (63): 300 000 qkm – **Einwohner** (17): 42 510 000 (S 1975; de jure 36 684 486 Z 1970) = 141,7 je qkm – Rund 35 % städt. Bevölkerung – **o. S.** 17 % – **BSP** 1973: 11 170 Mill. $, 1974 prov. 13 030 Mill. $, **je E.** 310 $; **JZ** 2,6 % – **L** 28 % – **In** 22 %

Bevölkerung: vorwiegend jungmalaiische Filipinos (Bisayas, Tagalen, Bicol, Iloco), daneben alt-(Igoroten, Ilongoten) und primitivmalaiische Stämme. Außerdem Chinesen (rund 150 000 nicht naturalisiert), mehrere hunderttausend Mischlinge, 20 000 Negritos (Aëta), etwa 9000 Nordamerikaner usw. – **Geburten- u. Sterbeziffer:** jährliche Wachstumsrate (1970–1974) 3,0 % – **Staatssprache:** Tagalog – 1960 wurden als Muttersprache gesprochen: Cebuano von 6,5 Mill., Tagalog von 5,7 Mill., Iloco von 3,2 Mill., Panay-Hiligaynon von 2,8 Mill., Bicol von 2,1 Mill. und u. a. Samar-Leyte von 1,5 Mill. Personen. Des Tagalog mächtig waren insgesamt 44 %, des Englischen 39 % und des Spanischen rund 2 % – **Religion:** ungef. 84 % röm.-katholisch, im übrigen Anhänger anderer christlicher Kirchen (so über 5 % der »Iglesia Filipina Independiente Aglipayan«; »Iglesia ni Kristo«); über 5 % Protestanten sowie (S) 5 % Muslimen (sogen. »Moros«, im S), fast 40 000 (1967) Buddhisten u. 500 Juden

Nationalflagge: blau-rot (waagerecht), weißes Dreieck am Flaggstock mit goldener Sonne und 3 goldenen Sternen – **Nationalfeiertag:** 12. 6. – **U:** 1946

Staats- u. Regierungsform: Präsidiale Republik – Parlament aus 2 Kammern (»Senat« und »Repräsentantenhaus«) – Wehrpflicht – Verwaltungsgliederung in 68 Provinzen mit je einem gewählten Gouverneur – **Staatsoberhaupt u. Regierungschef:** Präsident Fernando E. Marcos, PN, erneut seit 1969 – **Außenminister:** Carlos Rómulo – **Parteien:** bei den Wahlen von 1969 errangen die Nationalisten (»P. Nacionalista«) 89 Sitze im Repräsentantenhaus, die Liberalen 18. Kleinere Parteien sind die »Fortschrittliche Partei« (PPP) und die »Nationale Bürgerpartei« (NCP). Das Parlament wurde aufgelöst, die Kommunistische Partei (PKP) schon 1957 verboten – Die neue Verfassung v. 1973 sieht künftig das parlamentarische System und u. a. einen eigenen Regierungschef sowie das allg. Wahlrecht vor, ist jedoch noch nicht in Kraft, da der Kriegszustand herrscht – Seit Sept. 1976 »Legislativrat« (Mitgl. v. Präsidenten ernannt) – **Dipl. B.:** BRD u. DDR

Städte (S 1973): Quezon City (Hptst.) 896 200 Einw., Sommerhauptstadt Baguio 75 000, Manila (Regierungssitz) 1 435 000, m. V. über 2 000 000, (Gouverneurin: Imelda Marcos), Davao 463 700, m. V. 600 000, Cebu 384 000, Caloocan 325 000, Pasay 231 200, Zamboanga 220 800, m. V. 250 300, Iloilo 217 000, Bacolod 211 600, Cagayan de Oro 153 000, Butuan 152 300

Wichtige Ausfuhrgüter: Holz u. Holzwaren (bis 25 %), Kokosnüsse u. -öl, Kopra u. Zucker (bis über 30 %), Kupfer u. and. Mineralien (bis 20 %), Fasern (Abacá) – **Wichtigste Außenhandelspartner:** USA, Japan, BR Deutschland, Niederlande, Großbritannien, Australien, Malaysia – 1975 **Einf.** 3375 Mill. $, **Ausf.** 2295 Mill. $ – **W:** 1 Philipp. Peso (₱) = 100 Centavos; 1 US-$ = 7,375 ₱, 1 ₱ = 0,349 DM

Mitgliedschaft: UNO, ADB, ASEAN, ASPAC, ESCAP, FAO, IAEA, IBRD, ICAO, IDA, IFC, ILO, IMCO, IMF, ITU, UNESCO, UPU, WHO, WMO, Colombo-Plan, Assoz. Südostasien/ASA (m. Malaysia und Thailand) vereinbart, aber nicht verwirklicht; SEATO; GATT

Militärische Stützpunkte der USA (Clark, Subic-Bucht) – Die Ph. erheben Anspruch auf Sabah (1968 gesetzlich festgelegt); im Süden agiert die »Moro Nat. Befreiungsfront«/MNLF

PITCAIRN s. Großbritannien II

POLEN
(Polska Rzeczpospolita Ludowa)

Fläche (61): 312 677 qkm – **Einwohner** (22): 34 180 000 (F XII/1975; 32 642 270 Z 1970) = 109,2 je qkm – Über 54 % städt. Bevölkerung – **o. S.** 0,2 % – **BSP** 1973 (S): 69 860 Mill. $, 1974 prov. 82 440 $, **je E.** 2450 $; **JZ** 4,2 % – **L** 19 % – **In** 63 %

Bevölkerung: zum größten Teil Polen; ferner u. a. einige Hunderttausend Deutsche u. sog. »Autochthone« (ehem. dtsch. Staatsb., die poln. Bürger wurden), 180 000 Ukrainer, 170 000 Bjelorussen, 21 000 Slowaken, 19 000 Russen, 12 000 Zigeuner, 10 000 Litauer, je 5000 Griechen u. Mazedonier, 2000 Tschechen – **Geburten- u. Sterbeziffer** je 1000 Einw. 1975: 19,0/8,7 – **Geb.-Ü.**: 10,3 – **Staatssprache:** Polnisch – **Religion:** ganz überwiegend röm.-kath. (über 90 %); dazu 280 000 Protestanten, Altkatholiken (30 000), ›Polnische Katholiken‹ (60 000), Orthodoxe (über 500 000), Juden (etwa 5000, nach and. Angaben 12 000)

Nationalflagge: weiß-rot (waagerecht) – **Nationalfeiertag:** 22. 7. – **U:** alte staatliche Tradition; 1918 Wiedererlangung der Unabhängigkeit

Staats- u. Regierungsform: Nach der 1976 abgeänderten Verfassung v. 1952 ist die Volksrepublik Polen ein sozialistischer Staat mit der PZPR als »führende politische Kraft« – Parlament mit einer Kammer (»Sejm«) – Wahl der Abgeordn. für vier Jahre – Wahlberechtigt alle über 18 Jahre alten Bürger – Wehrpflicht – Neue Verwaltungsgliederung seit 1975; 49 Woidwodschaften (Województwo), darunter die 3 Städte Warschau, Lodsch u. Krakau – **Staatsoberhaupt:** kollekt. Repräsentation durch einen vom Parlam. gewählten, 15 Mitgl. zähld. Staatsrat (»Rada Państwa«); Präs. d. Staatsrates: Prof. Dr. Henryk Jabłoński, erneut seit 1976 – **Regierungschef:** Vorsitz d. Ministerrates Piotr Jaroszewicz – **Außenminister:** Stefan Olszowski – **Parteien:** entscheidend ist die kommun. »Poln. Ver. Arbeiterpartei« (PZPR) 1976 2 350 000 Mitgl. u. Kand.; 1. Vors. d. Zentralkomitees der PZPR: Edward Gierek – Die PZPR erhielt bei den Wahlen v. 1976, bei denen es nur die Einheitslisten der »Front der Nationalen Einheit« (99,46 % aller Stimmen) gab, 255 von 460 Sitzen, kontrolliert aber auch die übrigen Parteien u. Massenorganisationen, darunter die »Vereinigte Bauernpartei« (ZSL, 117 der Sitze), die »Demokratische Partei« (SD, 39 Sitze); Kathol. Gruppe »Pax« usw. 13 Sitze, Parteilose 36 – **Dipl. B.:** BRD u. DDR

Städte (B 1974): Warschau (Warzawa, Hptst.) 1 410 000 Einw., Lodsch (Łódź) 787 000, Krakau (Kraków) 668 300, Breslau (Wrocław) 568 900, Posen (Poznań) 506 200, Danzig (Gdańsk) 406 900, Stettin (Szczecin) 363 700, Kattowitz (Katowice) 321 900, Bromberg (Bydgoszcz) 313 500, Gdynia (Gdingen) 209 400, Hindenburg (Zabrze) 201 200, Tschenstochau (Czestochowa) 196 400, Beuthen (Bytom) 192 600, Gleiwitz (Gliwice) 178 900, Waldenburg (Wałbrzych) 127 700

Wichtige Ausfuhrgüter: Maschinen u. Transportmittel (über 40 % des Ausfuhrwertes), Kohle, Koks u. Briketts (bis 20 %), Eisen u. Stahl, Textilien, Zement, Viehzuchtprodukte, Holz – **Wichtigste Außenhandelspartner:** Sowjetunion (bis ein Viertel d. Außenhandelswertes) und die übrigen kommunistischen Staaten, die zus. an der Ein- u. Ausfuhr zu rund drei Fünfteln beteiligt sind – Wichtigste nichtkommunistische Handelspartner sind die BR Deutschland, Großbritannien, die USA, Italien, Frankreich, Österreich u. die skandinav. Länder – 1975 **Einf.** 12 536 Mill. $, **Ausf.** 10 283 Mill. $ – **W:** 1 Złoty (Zł) = 100 Groszy; 1 US-$ = 3,30 Zł, 1 Zł = 0,7801 DM

Mitgliedschaft: UNO, Warschauer Vertrag, RGW, IAEA, FAO, GATT, ICAO, ILO, IMCO, ITU, UNESCO, UPU, WHO, WMO

PORTUGAL
(República Portuguesa)

Fläche (104): 92 082 qkm (ohne Binnengewässer 91 631 qkm) einschl. Ilhas Adjacentes (»Anliegende Inseln«): **Azoren** (Arquipélagos de los Açores), 2335 qkm u. 273 400 Einw. (1973), Hptst. Ponta Delgada 20 190 Einw. – **Madeira** (m. Nebeninseln) 796 qkm u. 245 000 Einw. (1973), Hptst. Funchal 38 340 Einw. (Die Azoren u. Madeira besitzen seit 1976 begrenzte innere Autonomie) – **Einwohner** (60): 8 760 000 (B 1975, ohne die über eine halbe Million Flüchtlinge aus den ehem. Überseeprovinzen; 8 663 252 Z 1970, ohne Überseeprovinzen, m. Azoren u. Madeira) = 95,6 je qkm – Etwa 40 % städt. Bevölkerung – **o. S.** etwa 30 % – **BSP** 1973: 12 690 Mill. $, 1974 prov. 13 930 Mill. $, **je E.** 1540 $; **JZ** 8,0 % – **L** 14 % – **In** 44 %

Bevölkerung: fast ausschließlich Portugiesen – **Geburten- und Sterbeziffer** je 1000 Einw. 1974: 19,6/11,0 – **Geb.-Ü.**: 8,6 – **Staatssprache:** Portugiesisch – **Religion:** fast ausschließlich röm.-kath.; etwa 100 000 Protestanten, 700 Juden

Nationalflagge: grün-rot (senkrecht) mit Wappen in der Mitte – **Nationalfeiertag:** 25. 4. – **U:** unabhängiges Königreich seit 1128 bzw. 1139, 1580 b. 1640 Personalun. m. Spanien; 1910 Republik

Staats- u. Regierungsform: Nach der Verfassung v. 2. 4. 1976 eine Republik auf demokratisch-parlamentarischer Grundlage, »auf dem Weg zum Sozialismus mittels der demokratischen Ausübung der Macht durch die Arbeiterklasse« und »auf dem Weg zu einer klassenlosen Gesellschaft« – Der Präsident wird für fünf Jahre vom Volk gewählt; er ist Vors. d. »Obersten Revolutionsrates« (aus Offizieren u. d. Regierungschef, falls dieser ein Militär ist) u. ernennt den Regierungschef und die Minister unter Beachtung der Wahlergebnisse zur Gesetzgebenden Versammlung (»Volksversammlung«), die für 4 Jahre gewählt wird – Wehrpflicht – 11 historische Provinzen, aber Verwaltungsgliederung in 18 festländische u. 4 Inseldistrikte – **Staatsoberhaupt:** Generalstabschef General Antônio dos Santos Ramalho Eanes – **Regierungschef:** Dr. Mário Alberto Nobre Lopes Soares, PSP, als Chef eines sozialist. Minderheitskabinetts – **Außenminister:** Dr. José Medeiros Ferreira – **Parteien:** bei den Wahlen zur »Volksversammlung« (25. 4. 1976) entfielen auf die »Sozialistische Partei Portugals« (»Partido Socialista Portugués«/PSB) 35,01 % der Stimmen u. 106 Sitze; es folgten: die »Demokratische Volkspartei« (»Partido Popular Democrático«/PPD) 20,01 % u. 71, das »Demokratisch-Soziale-Zentrum« (»Centro Democrático Social«/DS; rechte Mitte) 15,87 u. 41, die Kommunistische Partei (»Partido Comunista Portugués«/PCP) 14,59 % u. 40, die »Volksdemokratische Union« (»União Dem. Portugués«/UDP; marxist.-leninistisch) 1,69 % u. 1 Sitz. Weniger als 1 % d. Stimmen u. keinen Sitz erhielten u. a. die »Sozialist. Volksfront«/FSP, die »Bewegung d. sozialist. Linken«/MES, die »Monarchist. Volkspartei«/PPM, die »Internat. Kommunistenliga«/LCI (trotzkistisch), die »Christlich-Demokratische Partei«/PDC und die maoistische »Bewegung für die Reorganisation der Partei des Proletariats«/MRPP. – **Dipl. B.:** BRD und DDR

Städte (Z 1970): Lissabon (Lisboa, Hptst. S 1972) 761 500, als Agglom. 1 650 000 Einw., Pôrto (Oporto, S. 1972) 304 700, als Agglom. 1 350 000, Coimbra 55 985, Barreiro 53 690, Vila Nova de Gaia 50 805, Setúbal 49 760, Braga 48 735, Évora 23 665 (Einwohnerzahl durch die Flüchtlinge aus den ehem. Überseegebieten seither z. T. stark gestiegen)

Wichtige Ausfuhrgüter: Textilien (über ein Fünftel d. Ausfuhrwertes), Maschinen u. Chemikalien (zu über 15 %), Kork, Fische u. Fischereierzeugnisse, Holz, Wein, Harze, Olivenöl, Gummiwaren, Pyrite – **Wichtigste Außenhandelspartner:** Großbritannien, BR Deutschland, USA, Frankreich, Benelux, Italien, Schweden, Schweiz, Spanien, Brasilien – 1975 **Einf.** 3840 Mill. $, **Ausf.** 1939 Mill. $ – **W:** 1 Escudo (Esc) = 100 Centavos; 1 US-$ = 31,358 Esc, 1 Esc = 0,0821 DM

Mitgliedschaft: UNO, NATO, ECE, EFTA, FAO, GATT, IAEA, IBRD, IFC, ILO, IMF, ITU, OECD, UNESCO, UPU, WHO, WMO

Verbliebenes Überseegebiet (Überseeprovinz): **Macao** (Macau), Fläche: 16 qkm, bestehend aus Macao, Taipa u. Coloane – Einw.: 248 118 (Z 1971), 98 % Chinesen, rd. 8000 Portugiesen u. Mischlinge (sog. »Maccinese«), Hptst. Macao; seit 1976 volle innere Autonomie (s. auch »Weltchronik«/Ost-Timor)

PRATAS-INSELN s. China (Taiwan)

PRINZ-EDUARD-INSEL s. Südafrika

PUERTO RICO (El Estado Libre y Asociado del P.) s. Vereinigte Staaten (Überseebesitzungen)

QUEMOY-INSELN s. China (Taiwan)

RHODESIEN

(Republic of Rhodesia; Zimbabwe bzw. Simbabwe)

Fläche (53): 390 622 qkm – **Einwohner** (72): 6 310 000 (S 1975, 5 037 110 Z 1969) = 16,1 je qkm – Rund 22 % städt. Bevölkerung – **o. S.** (Nichtweiße) etwa 70 % – **BSP** 1973: 2520 Mill. $, 1974 prov. 2930 Mill. $, **je E.** 480 $; **JZ** 3,5 %

Bevölkerung: Bantu, bes. Schona u. Ndebele; 1976 277 000 Weiße, 30 000 »Coloured« u. Asiaten (meist Inder) – **Geburten- und Sterbeziffer** (S für Bantu): jährl. Wachstumsrate (1970–1974) 3,5 % – **Staatssprache:** Englisch, Bantu-Sprachen (CiShona, IsiNdebele) – **Religion:** überwiegend Protestanten, über 9 % Katholiken, muslimische Minderheit, 6000 Juden; Anhänger von Naturreligionen

Nationalflagge: grün-weiß-grün (senkrecht mit Wappen im Weiß) – **Nationalfeiertag:** 19. 10. bzw. 11. 11. – **U:** nach brit. Auffassung u. UNO ein brit. Dominion; einseitige Unabhängigkeitserklärung 1965

Staats- u. Regierungsform: Die britische Regierung will der Unabhängigkeit erst zustimmen, wenn die Gleichberechtigung aller Rassen und eine entsprechende Regierung verbürgt ist. Auf Beschluß der UNO wurde über Rhodesien der Boykott verhängt. Am 2. 3. 1970 wandelte sich Rhodesien in eine Republik um – Parlament aus 1 Kammer – Keine allgemeine Wehrpflicht – Verwaltungsgliederung in 7 Provinzen – Neue Verfassung von 1969: Senat (10 gewählte Weiße, 10 Häuptlinge, 3 v. d. Regierung ernannte Senatoren) u. Repräsentantenhaus (50 gewählte Weiße, je acht gewählte Afrikaner u. Stammesvertreter; mit d. Erhöhung des Steueraufkommens nach u. nach bis zu 50 Afrikaner) – Aufteilung in Siedlungsgebiete für Weiße u. Afrikaner u. kleine gemischte Staatsgebiete – 1976 Vorschlag einer Wahlrechts- und Bodenreform für Nichtweiße durch eine Regierungskommission – **Staatsoberhaupt:** Präsident John Wrathall, seit 1976; nach Auffassung der brit. Regierung Königin Elizabeth II., die von der rhodes. Regierung nicht anerkannt wird – **Regierungschef** d. überwiegend aus Weißen bestehenden Kabinetts: Ian Douglas Smith, RF – **Außenminister:** Pieter K. van der Byl – Seit April 1976 sind neben den weißen Ministern im Kabinett 4 Stammeshäuptlinge und Senatoren; dazu kommen 6 afrikanische stellv. Minister bzw. Staatssekretäre – **Parteien:** Auch nach den Wahlen von 1974, bei denen nur über 7000 Nichtweiße wahlberechtigt waren, hält die die Vorrechte der Weißen und Rassentrennung vertretende »Rhodesian Front«/RF alle 50 den Weißen vorbehaltenen Sitze, während die rechtsextreme »Republikanische Allianz« der Weißen sich nicht durchsetzen konnte. Ein Sitz entfiel auf die von Weißen geleitete, rassisch gemischte »Zentrumspartei«, die eine allmähliche Rassenintegration befürwortet; 1 Sitz ging an einen Unabhängigen, 5 Sitze gewann der »African National Council«/ANC (»Afrikanischer Nationalrat«). Der ANC ist Sprachrohr der schwarzen Afrikaner und in zwei Flügel (unter Bischof Abel Muzorewa [im Exil von der OEA anerkannt] u. Joshua Nkomo) gespalten. Außerdem seit 1974 »African Progressive Party«/APP (»Afrikan. Fortschrittspartei«; Vors. Chad Chipunza) und die neue »Vereinigte Konservative Partei«, die sich für die Beibehaltung der Vorherrschaft der Weißen einsetzt. Von den zugelassenen rein afrikanischen Parteien sind u. a. die UNPP sowie seit 1976 die »Rhodesian African Progressist Union«/RAPU von Maxwell Wandawanda (afrikanisch) hervorzuheben. Die opposit. Bantu-Gruppen fordern Gleichberechtigung und die radikalen unter ihnen Unabhängigkeit. Die von Joshua Nkomo gegründete Bantu-Partei »Zimbabwe African People's Union«/ZAPU u. d. extremere »Zimbabwe African National Union«/ZANU von Ndabaningi Sithole sowie die »Front for the Liberation of Zimbabwe«/FROLIZI unter James Chikerema kooperieren seit 1974 mit dem nun gespaltenen ANC als Dachverband, von dem sich 1975 der konsequent eine Gewaltlösung anstrebende »Simbabwe-Befreiungsrat«/ZLC (Sitz Lusaka) abgelöst hat (s. auch Abschnitt »Weltchronik«/Rhodesien) – **Dipl. B.:** weder BRD noch DDR

Städte (S 1973): Salisbury (Hptst.) 501 930 Einw. als Agglom. (121 500 meist britische Weiße), Bulawayo 307 190 (57 900 Weiße), Umtali 61 790 (9500 W.), Gwelo 55 430 (9300 W.), Que Que 40 400 (3900 W.), Gatooma 31 090 (2700 W.), Wankie 23 750 (2700 W.), Shabani 16 910 (1800 W.), Fort Victoria 14 200 (2800 W.)

Wichtige Ausfuhrgüter: Bergbauprodukte (Asbest, Chromerz, Gold, Kupfer, Zinn, Wolfram), Tabak, Tee, Getreide, Zucker – **Wichtigste Außenhandelspartner** bis 1965: Großbritannien, Südafrika, Sambia, USA, BR Deutschland, Japan; seither wegen des Boykotts Lieferanten u. Bezieher auf Umwegen Handel treibend – 1973 **Einf.** 541 Mill. $, **Ausf.** 652 Mill. $ – **W:** 1 Rhodes. Dollar (R$) = 100 Cents; 1 R$ = 1,6020 US-$ bzw. 4,1239 DM

Mitgliedschaft: Commonwealth (nach brit. Auffassung ein Dominion)

RIO DE ORO s. Marokko bzw. Sahara

RIUKIU-INSELN (Okinawa-Präf.) s. Japan

ROBINSON-INSEL s. Chile

RUANDA

(Republica y'u Rwanda [y Urwanda]; République Rwandaise)

Fläche (127): 26 338 qkm – **Einwohner** (88): 4 200 000 (S 1975) = 159,4 je qkm – Weniger als 5 % städt. Bevölkerung – **o. S.** über 80 % – **BSP** 1973 (S): 290 Mill. $, 1974 330 Mill. $, **je E.** 80 $; **JZ** 3,2 % – **L** etwa 50 % – **In** 11 %

Bevölkerung: hauptsächlich Bantu (u. a. über 82 % Bahutu bzw. Hutu und verwandte Stämme), 9–10 % hamit.-nilot. Watussi bzw. Tutsi (vor Flucht u. Vertreibung, die 1959 begannen, etwa 12–13 % der Gesamtbevölkerung); kleine Gruppen von Pygmäen (Twa); über 1000 Europäer (meist Belgier), einige Hundert Inder u. and. Asiaten – **Geburten- u. Sterbeziffer:** jährl. Wachstumsrate (1970–1974) 2,9 % – **Staatssprache:** Französisch u. KinyaRwanda; Kisuaheli z. T. Verkehrssprache – **Religion:** rund 40 % röm. Katholiken, etwa 5 % Protestanten, mehrere tausend Muslimen; Anhänger von Naturreligionen

Nationalflagge: rot-gelb(mit großem schwarzen R)-grün (senkrecht) – **Nationalfeiertag:** 1. 7. – **U:** 1962

Staats- u. Regierungsform: Präsidiale Republik – Nationalversammlung aus 1 Kammer – Wahlrecht für alle erwachsenen Bürger – Keine allg. Wehrpflicht – Verwaltungsgliederung in 10 Präfekturen – **Staatsoberhaupt:** Präsident, Regierungschef und Verteidigungsminister: General Juvenal Habyalimana (auch Kabyarimana), seit dem Staatsstreich vom Juli 1973 – **Außenminister:** Alois NsKalije – **Parteien:** »Mouvement Dém. Rép.«/MRD (neutralist., scharfe Gegnerschaft gegen die Watussi), alle 47 Sitze seit den Wahlen von 1969 (nach Einheitsliste MDR, früher Parmehuto/PP); Parlament und Parteien seit dem Staatsstreich von 1973 aufgelöst. »Nat. Revolutionsbewegung für die Entwicklung«, als offiz. Partei seit 1975

Städte: Kigali (Hptst., m. V.) 60 000 (S 1976) Einw., Butare (früher) Astrida 25 000

Wichtige Ausfuhrgüter: Kaffee (bis ein Drittel des Ausfuhrwertes), Zinn, Wolfram, Baumwolle, Ölfrüchte, Pyrethrum, Tabak, Tee – **Wichtigste Außenhandelspartner:** Belgien u. übrige EG-Länder, Uganda, Kenia, USA, Iran – 1974 **Einf.** 58 Mill. $, **Ausf.** 1975 42 Mill. $ – **W:** 1 Ruanda-Franc (F. Rw) = 100 Centimes; 1 US-$ = 91,91 F. Rw., 1 F. Rw = 0,0280 DM

Mitgliedschaft: UNO, OEA, ECA, EG (assoz.), FAO, GAMO (OCAM), GATT (assoz.), IBRD, ICAO, IDA, ILO, IMF, ITU, UNESCO, UPU, WHO, WMO, CCD, CEPGL (»Com. Ec. d. Pays d. Grands-Lacs«/»Wirtschaftsgem. d. Länder a. d. Großen Seen«)

SABAH s. Malaysia

SAINT-PIERRE U. MIQUELON s. Frankreich

SALA Y GÓMEZ s. Chile

SALOMONEN s. Großbritannien II

SALVADOR s. El Salvador

RUMÄNIEN

(Republica Socialistă România; Sozialist. Rep. Rumänien)

Fläche (74): 237 500 qkm – **Einwohner** (33): 21 180 000 (S 1975; 21 028 841 B 1. 7. 1974; 19 103 163 Z 1966) = 89,1 je qkm – 42,7 % städt. Bevölkerung – **o. S.** (S) 2 % – **BSP** 1973 (S, nach »Weltbank«) **je E.** etwa 890 $, 1974 etwa 910 $ (aber faktisch nicht mit anderen Staaten vergleichbar) – **L** 22 % – **In** 66 %

Bevölkerung (Z 1966): 87,7 % Rumänen, 8,5 % Madjaren, 2,0 % Deutsche (1974 420 000), kleinere Minderheiten von Zigeunern, Ukrainern, Serben, Kroaten, Bulgaren, Slowaken, Tschechen, Russen, Tataren, Türken, Griechen, Armeniern u. Polen – **Geburten- u. Sterbeziffer** je 1000 Einw. 1974: 20,3/9,1 – **Geb.-Ü.:** 11,2 – **Staatssprache:** Rumänisch; Umgangssprachen der Minderheiten – **Religion:** ganz überwiegend – rd. 88 % – rumänisch-orthodoxe Christen, ca. 6 % Katholiken, über 5 % Protestanten, 80 000 (n. and. Angaben über 120 000) Juden, kleine muslimische Gruppen

Nationalflagge: blau-gelb(mit Wappen)-rot (senkrecht) – **Nationalfeiertag:** 23. 8. – **U:** erste eigene Staatsbildungen im 14. Jh.; Proklamation der Unabhängigkeit vom Osmanischen Reich 1877, anerkannt 1878; seit 1948 Volksrepublik

Staats- u. Regierungsform: »Sozialistische Republik« – Parlament (»Marea Adunare Nationala«) mit einer Kammer; Wahl der Abgeordneten für vier Jahre – Wahlberechtigt alle über 18 Jahre alten schaffenden Bürger – Wehrpflicht – Verwaltungsgliederung in das Municipium Bukarest und 39 Kreise. Die autonome madjarische Region Tîrgu-Mureş wurde aufgelöst – 1974 durch Verfassungsänderung Schaffung d. Amtes des Staatspräsidenten – **Staatsoberhaupt:** Präsident Nicolae Ceauşescu, seit 1974, zugleich Vorsitzender des ›Staatsrates‹ – **Regierungschef:** Vors. d. Ministerrats Manea Manescu – **Außenminister:** Gheorghe Macovescu – Gen.Sekr. der PCR, Vors. d. Polit. Exek. Kom. u. d. Ständ. Büros: Nicolae Ceauşescu – **Parteien:** einzige Partei »Rumänische Kommunistische Partei« (PCR, Ende 1975 2,58 Mill. Mitgl.), der auch d. Lenkung aller sog. Massenorganisationen obliegt. Bei d. Wahlen v. 1975 wurden für die von der PCR kontrollierte Einheitsliste »Sozialist. Einheitsfront«/FSE 99,15 % aller Stimmen abgegeben; der Nationalversammlung gehören auch einige Vertreter der Minderheiten (u. a. 8 Deutsche) an – **Dipl. B.:** BRD u. DDR

Städte (B 1974): Bukarest (Bucureşti, Hptst.) 1 681 603 Einw., Konstanza (Constanţa) 262 156, Ploieşti 232 718, Iaşi 232 189, Temeschburg (Timişoara) 225 577, Craiova 211 901, Klausenburg (Cluj-Napoca) 218 703, Galatz (Galaţi) 204 745, Kronstadt (Braşov) 202 053, Brăila 172 579, Arad 167 781, Großwardein (Oradea) 163 658, Hermannstadt (Sibiu) 124 426, Petroşani 143 886, Tîrgu-Mureş (Maros-Vásárhely) 135 374, Piteşti 131 839, Bacău 131 406, Baia Mare 106 944

Wichtige Ausfuhrgüter: Maschinen, Ausrüstungen u. Verkehrsmittel (über 20 %), ind. Verbrauchsgüter (16 %), Mineral. Rohstoffe u. Metalle (22 %), Nahrungsmittel (15 %), Chem. Produkte

(10–12 %) – **Wichtigste Außenhandelspartner:** über 50 % des Außenhandels werden mit den RGW-Partnern, in erster Linie mit der Sowjetunion, abgewickelt; es folgen BR Deutschland, Italien, Frankreich, Großbritannien, Österreich, Chines. Volksrep. – 1974 **Einf.** 5144 Mill. **$, Ausf.** 4874 Mill. **$ – W:** 1 Leu (Mehrzahl: Lei) = 100 Bani; 1 US-$ = 4,97 Lei, 1 Leu = 0,5179 DM

Mitgliedschaft: UNO, Warschauer Vertrag, RGW, ECE, FAO, GATT, IAEA, ICAO, ILO, IMCO, IMF, ITU, UNESCO, UPU, WHO, WMO, CCD; allg. Präf.-Abk. m. d. EG (Daten z. T. nach »Romania Yearbook 1975« Ed. ştiint şi encicl., Bukarest 1975)

RWANDA s. Ruanda

SAHARA

Fläche (68a): 266 000 qkm – **Einwohner** (152a): 76 425 (Z 1970) (seit 1975 z. T. nach Algerien geflohen)

Bevölkerung: »Sahauris«, überwiegend berberischer Abkunft, z. T. berberisch-arabische Mischbevölkerung; teilweise nomadisch lebend. 1970 16 648 Europäer, meist Spanier (1976 größtenteils nach Spanien zurückgekehrt)

Städte (1970): El Aaiun (Hptst.) 24 519, Dakhela (Villa Cisneros) 2655, Smara

Wichtige Ausfuhrgüter: Phosphate, Salz u. Viehzuchtprodukte

Staatssprache: Spanisch, Arabisch und »Hasania« – **Religion:** Muslimen

Staats- u. Regierungsform: »Demokratische Arabische Republik Sahara«/DARS, am 29. 2. 1976 von der »Volkskonferenz« ausgerufen und von mehreren afrikan. u. and. Staaten anerkannt. Umfang: »Saguit el Hamra u. Río de Oro in ihren historischen Grenzen«. – »Befreiungsfront der Sahara«/FPOLISARIO (»Frente Popular de Liberación de Seguia el Hamra y Río de Oro«; Gen.Sekr.: Mohamed Abdelasis), die – offenbar von Algerien aus – Guerilla-Aktionen in dieses nach dem Abzug der spanischen Truppen von marokkanischen und mauretanischen Truppen besetzte und im April zwischen Marokko und Mauretanien aufgeteilte Sahara-Gebiet unternimmt (s. Abschnitt »Weltchronik«/Sahara)

SAÏRE s. Zaïre

SAMBIA

(Republic of Zambia)

Fläche (36): 752 614 qkm – **Einwohner** (81): 4 900 000 (S 1975; 4 056 995 Z 1969) = 6,5 je qkm – 35 % städt. Bevölkerung – **o. S.** über 60 % – **BSP** 1973: 2020 Mill. $, 1974 prov. 2310 Mill. $, **je E.** 480 $; **JZ** –0,2 % (Abnahme) – **L** 9 % – **In** 49 % (vor allem Bergbau)

Bevölkerung: Bantu, daneben kleine Buschmanngruppen; 1970 über 40 000 meist britische Europäer u. Südafrikaner, Gruppen von Asiaten (bes. Inder), über 2000 Mischlinge – **Geburten- u. Sterbeziffer:** jährl. Wachstumsrate (1970–1974) 3,3 % – **Staatssprache:** Englisch; Bantu-Sprachen: Ci-Bemba, CiNyanja, Tonga usw. – **Religion:** Starke protestantische (etwa 10 %) und katholische (fast 20 %) Minderheiten; Muslimen, 800 Juden; Anhänger von Naturreligionen

Nationalflagge: grünes Feld, rechts unten Trikolore rot-schwarz-orange (senkrecht), darüber »Adler« (»sea eagle«) in Orange – **Nationalfeiertag:** 24. 10. – **U:** 1964

Staats- u. Regierungsform: Präsidiale Republik – Parlament (National Assembly) – Wahlberechtigt alle erwachsenen Bürger – Keine allgemeine Wehrpflicht – Verwaltungsgliederung in 9 Provinzen – **Staatsoberhaupt:** Präsident Dr. Kenneth David Kaunda, UNIP, erneut seit 1973 – **Regierungschef:** Elijah Mudenda, UNIP – **Außenminister:** Siteke Mwale – **Parteien:** Wahlen von 1968: 81 Sitze an die »United National Independence Party«/UNIP, 23 an den »African National Congress«/ANC (Führer Harry Nkumbula), 1 Unabhängiger – Seit 1973 nach Verfassungsänderung Einparteienstaat mit der UNIP, der alle Sitze der Einheitsliste zufielen – **Dipl. B.:** BRD u. DDR

Städte (S 1974): Lusaka (Hptst.) 415 000 Einw., Kitwe-Kalulushi 314 000, Ndola 222 000, Chingola-Chililabombwe (fr. Bancroft) 202 000, Mufulira 136 000, Luanshya 119 000, Kabwe (fr. Broken Hill) 95 000, Maramba (fr. Livingstone) 58 000

Wichtige Ausfuhrgüter: Bergbauprodukte (98 %; über 90 % Kupfer, sodann Blei, Kobalt, Mangan, Zink), Tabak, Holz – **Wichtigste Außenhandelspartner:** Großbritannien, Japan, BR Deutschland, Südafrika, USA – 1974 **Einf.** 783 Mill. $, **Ausf.** 1407 (1. Hj. 1975 433) Mill. $ – **W:** 1 Kwacha (K) = 100 Ngwee; 1 US-$ = 0,64245 K, 1 K = 4,0068 DM

Mitgliedschaft: Commonwealth, UNO, OEA, ECA, FAO, GATT, IAEA, IBRD, IDA, IFC, IMF, ITU, UNESCO, UPU, WHO, WMO, EG (assoz.)

SAMOA I SISIFO

(Western Samoa; West-S.)

Fläche (141): 2842 qkm – **Einwohner** (148): 150 000 (S 1975; 146 635 Z 1971) = 52,7 je qkm – 20 % städt. Bevölkerung

Bevölkerung: Überwiegend Polynesier; etwa 6000 Personen mit europäischem Status – **Geburten- u. Sterbeziffer:** jährl. Wachstumsrate (1970–1974) 2,1 % – **Staatssprache:** Samoanisch, Englisch – **Religion:** 75 % Protestanten; rund 37 000 Katholiken

Nationalflagge: rotes Feld mit fünf weißen Sternen (›Kreuz des Südens‹) im blauen Viereck am Flaggstock – **U:** 1. 1. 1962

Staats- u. Regierungsform: Häuptlingsaristokratie – **Staatsoberhaupt** (Ao o le Malo): der Häuptling Malietoa Tanumafili II., seit 1963 auf Lebenszeit – Gesetzgebende Versammlung – **Regierungschef** (vom Staatsoberhaupt ernannt): Premierminister Tupuola Efi – Wahrnehmung der außenpolitischen Interessen durch Neuseeland – **Parteien:** 1971 45 indirekte Vertreter der Familienoberhäupter, 2 der individuellen Liste der Weißen; keine Parteifunktionen im engeren Sinne – **Dipl. B.:** BRD (Der Botschafter in Wellington, Neuseeland, ist zugleich in West-Samoa mit Sitz in Wellington akkreditiert) **Städte:** Apia (Hptst.) auf Upolu 28 880 (Z 1970) Einw.

Wichtige Ausfuhrgüter: Kakao, Kopra, Bananen – **Wichtigste Außenhandelspartner:** Neuseeland und and. Commonwealth-Partner – 1975 **Einf.** 36 Mill. $, **Ausf.** 7 Mill. $ – **W:** 1 Tala (WS$) = 100 Sene; 1 US-$ = 0,7970 WS$, 1 WS$ = 3,2299 DM

Mitgliedschaft: Seit 1970 Commonwealth of Nations; Antrag auf UNO-Mitgliedschaft bis zu einer evtl. Vereinigung mit Ost-Samoa (s. Vereinigte Staaten von Amerika, Überseebesitzungen), die zunächst nicht angestrebt zu werden scheint, nicht beabsichtigt; ADB, IBRD, IMF, UNCTAD, WHO; Südseeforum; assoz. a. d. EG

SANKT HELENA s. Großbritannien II

SAN MARINO

(Repubblica di San Marino)

Fläche (156): 60,57 qkm – **Einwohner** (156): 19 801 (S 1974; 13 500 Z 1953) = rund 300 je qkm – Über 16 000 Bürger leben im Ausland

Bevölkerung: Italiener (»Sanmarinesen«) – **Staatssprache:** Italienisch – **Religion:** röm.-katholisch

Nationalflagge: weiß-hellblau (waagerecht), Wappen in der Mitte – **U:** Status 1263 erstmals anerkannt; »Leges Statutae« v. 8. 10. 1600; letzte Änderung 1939

Staats- u. Regierungsform: Republik, durch Freundschaftsvertrag unter dem Schutz Italiens – Parlament (»Consiglio Grande e Generale«), Abgeordnete für 5 Jahre gewählt – Wahlberechtigt alle volljährigen Bürger – Keine Wehrpflicht; Miliz – Zollunion mit Italien, das auch die auswärtigen Angelegenheiten wahrnimmt; nur einige Vertretungen (meist Generalkonsulate) im Ausland – **Staatsoberhaupt:** zwei jeweils für 6 Monate durch den »Consiglio« gewählte Capitani Reggenti (1976 erstmals auch ein Sozialist/PS, sonst stets Christl. Demokraten/DC) – **Regierung:** durch den »Congresso di Stato« (1976 »Staatssekretäre« f. Äußeres: Giancarlo Ghironzi – f. Inneres: Clara Biscaglia, beide DC – f. Finanzen: Reny Giacomino/PS) – **Parteien:** im wesentlichen wie in Italien – Wahlen v. 1974: Christl. Dem. 25 (–2), PC (KP) 15 (+ 1), Soz. Dem. 9 (–2) und u. a. Sozialisten 8 (+1) – **Dipl. B.:** BRD, zuständig Gen.-Konsulat der BRD in Mailand; konsulare Beziehungen auch m. d. DDR

Hauptort: San Marino 4400 (S 1974) Einw. – Fremdenverkehr, Ausfuhr geringer Mengen von Wein, Vieh, Keramik – **W:** Italien. Währung u. Lira von San Marino – **Mitgliedschaft:** UNCTAD, UPU

SANSIBAR U. PEMBA s. Tansania

SÃO TOMÉ u. PRÍNCIPE

(República Democrática de S. e P.; Demokratische Republik von S. T. u. P.)

Fläche (145): 964 qkm (S. T. 836, P. 128) – **Einwohner** (152): 80 000 (S 1975, 73 631 Z 1970) = 82,1 je qkm – Über 30 % städt. Bevölkerung

Bevölkerung: haupts. Neger, z. T. vom benachbarten Festland stammend (»Forros«, »Angolares« usw.); daneben Mulatten; 1974 rund 3000 Europäer, meist Portugiesen (z. T. abgewandert) – **Geburten- u. Sterbeziffer:** jährl. Zuwachsrate (1970 bis 1974) 1,8 % – **Staatssprache:** Portugiesisch; als Umgangssprache eine Mischsprache aus Portugiesisch u. Bantusprachen – **Religion:** zum größten Teil Katholiken; kleine jüdische Minderheit

Nationalflagge: grün-gelb(m. schwarzem Stern)-grün (waagerecht), rotes Dreieck am Flaggstock – **Nationalfeiertag:** 12. 7. – **U:** 12. 7. 1975

Staats- u. Regierungsform: Republik – Verfassung von 1975 – Volksversammlung – **Staatsoberhaupt:** Dr. Manuel Pinto da Costa, MLSTP, auch Minister f. Verteidigung usw. – **Regierungschef:** Ministerpräsident Miguel Trovoada – **Außenminister:** Leonel Mário d 'Alva – **Parteien:** »Movimento de Libertação de S. Tomé e Príncipe«/MLSTP; Generalsekretär Dr. Manuel Pinto da Costa; Umwandlung in eine Partei im Gange. – **Dipl. B.:** BRD (Amtssitz d. Botschafters in Libreville/Gabun) und DDR

Städte (1970): São Tomé (Hptst.) 17 380 Einw., Santo Antônio (auf P.)

Wichtige Ausfuhrgüter: haupts. Kakao; daneben Kaffee, Kopra, Palmöl – **Wichtigste Außenhandelspartner:** bisher Portugal – 1973 **Einf.** 14 Mill. $, **Ausf.** 10 Mill. $ – **W:** Escudo de S. T. und P.

Mitgliedschaft: UNO, OEA; künftig wahrscheinlich in den UNO-Sonderorganisationen; EG (assoz.)

SARÁWAK s. Malaysia

SAUDI-ARABIEN

(Al Mamlaka Al'Arabiya As Sa' udiya; Königreich S.-A.)

Fläche (12): 2 149 690 qkm nach UNO-Angaben; Abgrenzung gegen die A. R. Jemen und DVR Jemen umstritten – **Einwohner** (62): nach UNO 8 700 000 (S 1974; nach and. Schätzungen 6–7 Mill.) = 3–4 je qkm – 40–60 % Nomaden u. Halbnomaden; etwa 15–20 % städt. Bevölkerung – **o. S.** 80–85 % – **BSP** 1973: 12 470 Mill. $, 1974 prov. 16 090 Mill. $, **je E.** 2080 $; **JZ** 10,1 % – **L** 4 % – **In** 72 % (haupts. Erdölwirtschaft)

Bevölkerung: Araber; kleine Gruppen von Europäern u. Nordamerikanern, Indern, Persern und Negern – **Geburten- u. Sterbeziffer:** jährl. Wachstumsrate (1970–1974) 3,0 % – **Staatssprache:** Arabisch – **Religion:** Muslimen (Wahhabiten, Bewegung aus der hanbalitischen Richtung des sunnitischen Islam hervorgegangen, puritanisch-orthodox ausgerichtet; andere Muslimen, u. a. Schafiiten)

Nationalflagge: grünes Feld mit weißem Schwert und weißem Korantext in arabischer Schrift – **Nationalfeiertag:** 12. 11. – **U:** durch Eroberungen von Ibn Saud seit 1901 entstanden, seit 1932 Vereinigtes Königreich

Staats- u. Regierungsform: Doppelmonarchie aus dem Nedschd (Nejd, noch weitgehend intakte Stammesverfassung) u. dem Hedschas (Hejaz), der eine Ratsversammlung (»Madjilis ash Shurah«) besitzt – Mekka, Medina und Dschidda haben eigene Stadtoberhäupter (Kaimakam). Nach dem Verfassungsentwurf von 1961 soll S. eine konstitutionelle Monarchie werden; eine Nationalversammlung (ohne Frauenwahlrecht) ist vorgesehen. Neuerdings Schaffung eines »Konsultativrates« geplant – Keine Wehrpflicht – Verwaltung bzw. politische Gliederung: Nedschd, Hedschas sowie Asir, El Hasa, Nedschran – **Staatsoberhaupt** u. Regierungschef: König Chalid (Khaled) ibn Abdul Asis (Aziz), seit 1975; **Kronprinz**, Erster Stellv. Ministerpräsident u. mit der Wahrnehmung der **Regierungsgewalt** beauftragt: Fahd ibn Abdul Asis as Saud – **Außenminister:** Prinz Saud ibn Feisal (Faisal) – **Parteien:** parteipolit. Strömungen, noch ohne Organisation, in Anfängen vorhanden – **Dipl. B.:** BRD

Städte (S): Er Rijad (Riyadh, Hptst.) 225 000, m. V. 300 000 Einw., Mekka (Mecca, Hptst. des Hedschas) 200 000, Dschidda (Jedda oder Djidda) 300 000; außerdem Hufuf 100 000, Medina 72 000, Bureida (Buraida) 70 000, Ta'if 54 000, Damman 40 000, Anaiza 30 000

Wichtige Ausfuhrgüter: fast ausschließlich Erdöl u. -derivate; Datteln, Häute, Felle, Wolle – **Wichtigste Außenhandelspartner:** Japan, Italien, Großbritannien, USA, Niederlande, BR Deutschland, Libanon, Indien, Bahrein, Belgien – 1974 **Einf.** 3473 Mill. $, **Ausf.** 1975 27 113 Mill. $ – **W:** 1 Saudi-Riyal (S.Rl.) = 20 Qirshes bzw. 100 Hallalas; 1 US-$ = 3,525 S.Rl., 1 S.Rl. = 0,7303 DM

Mitgliedschaft: UNO, Arabische Liga, FAO, IAEA, IBRD, ICAO, IDA, IFC, IMF, ITU, UNESCO, UPU, WHO, WMO, ECWA, OAPEC, OPEC

Die zwischen Kuweit u. S. gelegene, 5836 qkm große Neutrale Zone wurde 1963/64 zwischen beiden Staaten administrativ geteilt; die Erdölgewinne werden halbiert. Die zwischen S. und dem Irak gelegene N. Z. (7000 qkm) ist demilitarisiert und unbesiedelt

SCHWEDEN

(Konungariket Sverige)

Fläche (50): 449 964 qkm (m. 38 485 qkm Binnengewässern) – **Einwohner** (63): 8 200 000 (F 1975; de jure 8 076 903 Z 1970) = 18,2 je qkm – 82 % städt. Bevölkerung – Am 1. 4. 1974 235 380 beschäftigte Ausländer (rund 50 % Finnen) – **o. S.** 0 % – **BSP** 1973: 48 070 Mill. $, 1974 prov. 54 850 Mill. $, **je E.** 6720 $; **JZ** 2,4 % – **L** 4 % – **In** 36 %

Bevölkerung: fast ausschließlich Schweden; 50 000 einheim. Finnen u. rund 8500 Lappen (im N) – **Geburten- u. Sterbeziffer** je 1000 Einw. 1975: 12,6/10,8 – **Geb.-Ü.:** 1,8 – **Staatssprache:** Schwedisch – **Religion:** fast ausschließlich protestantisch (vor allem evangel.-luther.), rund 70 000 Katholiken, 13 000 Juden

Nationalflagge: blaues Feld mit skandinav. gelbem Kreuz – **Nationalfeiertag:** 6. 6. – **U:** alte Tradition als unabhängiger Staat

Staats- u. Regierungsform: Parlamentarisch-demokrat. Monarchie – Neue Verfassung v. 1974 in Kraft ab 1975 – Einkammerparlament (»Riksdag«) seit 1970 – Wahl d. Parlaments alle 3 Jahre – Wahlberechtigt alle 20 Jahre alten Bürger – Wehrpflicht – Verwaltungsgliederung in 24 Provinzen (Län) mit je einem v. d. Regierung ernannten Gouverneur (Landhövding) u. einem gewählten Parlament (Landsting) – **Staatsoberhaupt:** Carl XVI. Gustaf, seit 1973 – **Regierungschef:** Ministerprädent Sven Olof Palme, Sozialdemokratische Partei – **Außenminister:** Sven Andersson – **Parteien:** Wahlen v. 16. 9. 1973: Sozialdemokr. Partei (»Socialdemokratisk Arbetarpartiet«) 43,6 % und 156 Sitze; Zentrumspartei (»Centerpartiet«, bes. v. d. Bauern getragen) 25 % und 90, Konservative Partei (»Högerpartiet«) 14,3 % und 51 Sitze, Liber. »Folkpartiet« 9,4 % und 34 sowie Kommunisten (»Vänsterpartiet Komunisterna«/VPK) 5,3 % und 19 Sitze, Sonstige 1,9 %, kein Sitz – **Wahlen v. Sept. 1976** s. »Weltchronik«: Schweden – **Dipl. B.:** BRD u. DDR

Städte (B I/1975): Stockholm (Hptst.) 671 226 Einw. (Groß-St. 1 349 892), Göteborg 445 704 (m. V. 700 000), Malmö 246 647 (m. V. 470 000), Uppsala 137 543, Norrköping 119 470, Västerås 118 044, Ürebro 117 560, Jönköping 108 195, Linköping 108 034, Borås 105 559, Helsingborg 102 137, Sundsvall 93 368, Eskilstuna 92 236, Gävle 85 234, Södertälje 77 825, Karlstad 72 504, Skellefteå 72 120, Ürnsköldsvik 60 152

Wichtige Ausfuhrgüter: Zellstoff, Holz, Papier (zus. etwa ein Sechstel d. Gesamtausfuhrwertes), Maschinen, Ausrüstungen u. Fahrzeuge (zus. bis zwei Fünftel), Eisen u. Stahl, Erze, Chemikalien – **Wichtigste Außenhandelspartner:** BR Deutschland, Großbritannien, Dänemark, USA, Norwegen, Finnland, Frankreich, Niederlande, Belgien/Lux., Italien, Sowjetunion – 1975 **Einf.** 17 874 Mill. $, **Ausf.** 17 439 Mill. $ – **W:** 1 Schwed. Krone (Kr.) = 100 Üre; 1 US-$ = 4,44 Kr., 1 Kr. = 0,5791 DM

Mitgliedschaft: UNO, Nordischer Rat, Europarat, ADB, ECE, EFTA, FAO, GATT, IAEA, IBRD, ICAO, IDA, IFC, ILO, IMCO, IMF, ITU, OECD, UNESCO, UPU, WHO, WMO, CCD; Freihandelsabk. m. d. EG

SCHWEIZ

(Confoederatio Helvetica, Schweizerische Eidgenossenschaft, franz.: Suisse, ital.: Svizzera, rätoroman.: Svizzra)

(Angaben z. T. nach Informationsdienst der Schweizerischen Bundeskanzlei u. d. Eidgenöss. Statist. Amtes)

Fläche (116): 41 293 qkm – **Einwohner** (71): 6 403 000 (F mittl. Wohnbevölkerung 1975; 6 269 783 Z 1970) = 155 je qkm – Rund 60 % städt. Bevölkerung – **o. S.** (Schweizer Bürger) 0 % – **BSP** 1975 (prov. offiz. Angaben) 54 000 Mill. $, **je E.** 8430 $, Zunahme gegenüber 1974 1 % (**JZ** 1965–1973 nach »Weltbank« 3,0 %)

Bevölkerung: Schweizer mit unterschiedl. Muttersprache – Am 31. 12. 1975 1 012 710 (ohne Saisonarbeiter) Ausländer = über 16 % d. Gesamtbevölkerung – **Geburten- u. Sterbeziffer** je 1000 Einw. 1975: 12,2/8,7 – **Geb.-Ü.:** 3,5 – **Sprachen:** Nach der Volkszählung von 1970 sprachen von der Wohnbevölkerung (Zahl der Ausländer dieser Sprache) 64,9 % (206 605) deutsch, 18,1 % (88 919) franz., 11,9 % (536 203) italienisch, 0,8 % (884) rätoromanisch u. 4,3 % (247 465) andere. Amtssprachen sind Deutsch, Französisch und Italienisch; Rätoromanisch als Landessprache anerkannt – **Religion:** Von der Wohnbevölkerung (Zahl der Ausländer dieser Religion usw.) waren 1970 47,8 % (136 967) Protestanten, 49,4 % (864 666) röm. Katholiken, Christkatholisch 0.3 % (945), Jüdisch 0,3 % (8767), andere 0,7 % (38 175), Konfessionslos 1,1 % (21 343), ohne Angabe 0,4 % (9213)

Nationalflagge: rotes Feld mit weißem freischwebenden Kreuz – **Nationalfeiertag:** 1. 8. – **U:** 1291 »Ewiger Bund« der drei Urkantone; 1499 faktische Loslösung vom Reich, 1648 deren völkerrechtliche Bestätigung

Staats- u. Regierungsform: Parlamentarisch-demokratischer Bundesstaat mit Kollegialregierung – Parlament (Bundesversammlung/Assemblée fédérale/Assemblea federale) aus 2 gleichberechtigten Kammern (Ständerat bzw. Conseil des Etats/Consiglio degli Stati u. Nationalrat bzw. Conseil national/Consiglio nazionale): Wahl der Nationalratsmitglieder auf vier Jahre – Seit 1971 Frauenwahlrecht auf Bundesebene – Wehrpflicht im Milizsystem – Politische Gliederung in 22 Kantone (davon 3 mit je 2 Halbkantonen) mit Kantonsrat u. Regierungsrat – Kantone: Aargau – Appenzell A. R. – Appenzell I. R. – Basel-Land – Basel-Stadt – Bern – Fribourg (Freiburg) – Genève (Genf) – Glarus – Graubünden – Luzern – Neuchâtel (Neuenburg) – Nidwalden – Obwalden – St. Gallen – Schaffhausen – Schwyz-Solothurn – Ticino

(Tessin) – Thurgau – Uri – Valais (Wallis) – Vaud (Waadt) – Zug – Zürich; Bildung eines neuen Jura-Kantons vorgesehen (etwa 843 qkm u. 68 000 Einw.) – **Staatsoberhaupt:** Vertreter der Eidgenossenschaft nach außen ist der Bundespräsident (jährl. v. d. Bundesversammlung im Turnus neu gewählt), für 1976: Rudolf Gnägi, Schweizer. Volkspartei; Vizepräsident: Kurt Furgler, Christl.-Dem. Volkspartei (voraussichtl. Präsident f. 1977) – **Regierung** (Kollegialbehörde): Zusammensetzung Departement: (Außen-) Politisches: Pierre Graber, Sozialdem. Partei (Stellv. Georges-André Chevallaz, Freis.-Dem. Partei); Inneres: Hans Hürlimann, Christl.-Dem. Volkspartei (Stellv. Willi Ritschard, Sozialdem. Partei); Justiz und Polizei: Kurt Furgler, Christl.-Dem. Volkspartei (Stellv. Rudolf Gnägi, Schweizer Volkspartei); Militär: Rudolf Gnägi (Stellv. Kurt Furgler); Finanzen u. Zoll: Georges-André Chevallaz (Stellv. Hans Hürlimann); Volkswirtschaft: Ernst Brugger (Stellv. Pierre Graber); Verkehr und Energie: Willi Ritschard (Stellv. Ernst Brugger). Die Regierung heißt Bundesrat (Conseil fédéral/Consiglio federale) – Vorsitzender ist der jeweilige Bundespräsident

Parteien Bei den Wahlen von 1975 (1971) entfiel von den 244 Parlamentssitzen (200 im Nationalrat/44 im Ständerat) auf die Parteien folg. Sitzzahl: Christlich-Demokratische Volkspartei/CVP 46/17 (44/17), Freisinnig-Demokratische Partei (Radikal-Demokratische Partei)/FDP 47/15 (49/15), Sozialdemokratische Partei/SPS 55/5 (46/4), Schweizer Volkspartei 21/5 (23/5), Landesring 11/1 (13/1), Liberal-Demokratische Partei/LDP 9/1 (6/2), Republikaner u. Vigilance 4 (7), (kommunistische) Partei der Arbeit/PdA 5 (5), »Nat. Aktion« 2 (4), Partito Socialista Autónomo 1/0 – Im Mai 1976 konstituierte sich eine »Christlichsoziale Partei der Schweiz« – **Dipl. B.:** BRD u. DDR

Städte: (F 1973): Bern (Hptst.) 157 700 (A 287 000) Einw., Zürich 410 100 (A 720 700), Basel 204 900 (A 380 200), Genève (Genf) 168 600 (A 322 000), Lausanne 137 700 (A 231 000), Winterthur 92 900 (A 109 500), St. Gallen 81 700 (A 91 000), Luzern 69 500 (A 158 700), Biel (Bienne) 62 700 (A 90 600), Fribourg (Freiburg) 42 400 (A 52 000), La Chaux-de-Fonds 42 200, Schaffhausen 36 200 (A 57 500)

Wichtige Ausfuhrgüter: Zu 90 % Industrieartikel, vor allem Maschinen, Apparate und Instrumente, chemisch-pharmazeutische Produkte, Uhren, Textilien – **Wichtigste Außenhandelspartner:** BR Deutschland u. andere EG-Länder, EFTA-Partner, USA, Japan – 1975 **Einf.** 13 305 Mill. $, **Ausf.** 12 957 Mill. $ (Einzelheiten s. Abschn. »Welthandel«) – **W:** 1 Schweiz. Franken (Fr., sfr) = 100 Rappen; 1 US-$ = 2,45 sfr, 1 sfr = 1,0475 DM

Mitgliedschaft: EFTA, Europarat, FAO, GATT, IAEA, ICAO, ILO, IMCO, ITU, OECD, UNCTAD, UNIDO, UNDP, UNESCO, UNFP, UNICEF, UNITAR, UNRISD, UNRWA, UPU, WHO, WFP, WIPO, WMO; ferner u. a. CETS, CSE, CEPT, CIESM, CIJ, CIME, EKMB, ESA, IDB, IKRK, IRO, INTELSAT, OCTI, CCD, IDB; Freihandelsabk. m. d. EG

Die **Staatsrechnung ergab für 1975** statt eines budgetierten Defizits von 458 Mill. Franken ein **Defizit von 1309 Mill. Franken,** u. a. weil die Einnahmen um 676 Mill. niedriger waren als veranschlagt, z. T. auch infolge der konjunkturbelebenden Maßnahmen des Bundes. – Von den veranschlagten Ausgaben für 1976 entfallen u. a. in Mill. Franken: 1710 auf Behörden und Personal,

Finanzrechnung und Staatsvoranschlag der Eidgenossenschaft

Finanzrechnung	*Rechnung 1974*	*Voranschlag 1975* *in Mill. sfr*	*Voranschlag 1976*
Ausgaben	13 052	13 366	15 074
Einnahmen	12 012	12 908	14 486
Ausgabenüberschuß	*1 040*	*458*	*588*
Vermögensveränderungen			
Ertragsüberschuß	*1 103*	–	*7*
Aufwandsüberschuß	–	*538*	–
Gesamtvoranschlag			
Reinertrag	63	–	–
Reinaufwand	–	996	581

1880 auf Bundeseigene Sozialwerke, 4670 auf Bundesbeiträge, 1091 auf Gemeinschaftswerke und u. a. 272 auf internationale Hilfswerke und Institutionen. Ein Nachtrag zum Haushalt 1976 sieht u. a. 457 Mill. Franken zur Deckung des unerwartet hohen Defizits der Bundesbahnen/SBB vor, das besonders auf starke Rückgänge im Güterverkehr zurückzuführen ist. – Zahlungs- und Verpflichtungskredite in Höhe von 600 Mill. Franken sollen für beschäftigungspolitisch wichtige Aufträge verwendet werden.

Das **Bruttosozialprodukt** ging **1975** gegenüber 1974 nominal um rund 1 % zurück, während real ein stärkerer Rückgang zu verzeichnen war. Für 1976 wird mit einer realen Zunahme um 1–2 % gerechnet. – Nach dem vom Bundesamt für Industrie, Gewerbe und Arbeit berechneten Index für **Verbraucherpreise** (Haushalte von Arbeiter- und Angestelltenfamilien) lag dieser (Sept. 1966 = 100) Ende 1975 um 3,4 % höher als ein Jahr vorher; seit dem Herbst 1975 ist die **Schweiz zum relativ preisstabilsten westlichen Industrieland geworden.** (Im Jahresdurchschnitt war der Index 1975 um 6,7 % höher als im Vorjahr; 1974 um 9,8 % über jenem von 1973). Ende Juni 1976 lagen die Verbraucherpreise gegenüber dem entsprechenden Vorjahrsmonat nur noch um 1,1 % höher.

Die **Renten** der Alters- und Hinterlassenenversicherung (AHV) und der Invalidenversicherung (IV) werden ab 1. 1. 1977 um durchschnittlich 5 % erhöht. – Die Schweizerische Nationalbank hat sich zum Ziel gesetzt, 1976 die Ausweitung der Geldmenge auf durchschnittlich 6 %, d. h. wie 1975 zu begrenzen.

Ende Januar 1976 war mit 31 579 Ganzarbeitslosen (Quote etwa 1,1 %) die höchste Arbeitslosenzahl seit Anfang der 50er Jahre zu verzeichnen; am stärksten war sie in der Metallindustrie. **Ende Juli 1976** war die **Zahl** der Ganzarbeitslosen **auf 15 422 gesunken (Quote 0,5 %)**; 26,4 % der Arbeitslosen waren Ausländer. Die gemeldeten offenen Stellen beliefen sich auf 5269. – Die **Arbeitslosenversicherung** wurde 1975 verbessert, die

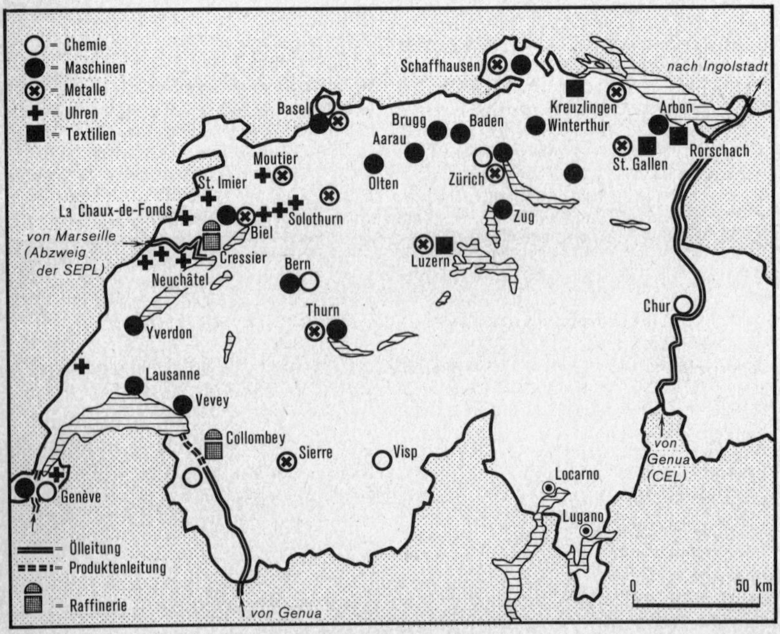

Industriemittelpunkte in der Schweiz
(Nach F. Sydow, ESSO-Magazin 1973/3; modifiz.)

maximale Bezugsdauer ab 27. 11. 1975 von 120 auf 150 Tage erhöht; das Tagegeld beträgt 65–85 % des Tagesverdienstes, und zwar bis zu einem maximalen Tagesverdienst von 120 Franken.

Von den **Erwerbstätigen** waren im Jahresdurchschnitt 1975 je rund 47 % in Industrie/Gewerbe und Dienstleistungen sowie 6 % in der Landwirtschaft tätig.

Die Zahl der **Landwirtschaftsbetriebe** sank von 1965 bis 1975 von 162 000 auf 132 000; 1955 lag die Zahl noch bei 206 000. Die Zahl der ständig beschäftigten Arbeitskräfte ging von 1965 bis 1975, nicht zuletzt infolge zunehmender Mechanisierung, um 28 % zurück, d. h. auf 80 000 hauptberufliche Landwirte und 132 000 ständige männliche Arbeitnehmer.

Die Auslastung der industriellen **Produktionskapazitäten** lag Ende 1975 bei 75 %; die Investitionstätigkeit dürfte nach Auffassung der »Kommission für Konjunkturfragen« erst bei einer Auslastung von 85 % stimuliert werden.

Die größten Industrieunternehmen waren (nach »Außenhandelsblätter« der Commerzbank, 1975/10) 1974 nach Konzernumsatz (ohne Steuern und konzerninterne Verkäufe) in Mill. Franken/und nach Beschäftigten: 1. Nestlé (Nahrungsmittel) 16 624/138 809 – 2. Ciba-Geigy AG (Chemie) 9345/78 999 – 3. Brown, Boveri & Cie (Maschinen, Elektro) 7426/96 200 – 4. Alusuisse (Aluminium) 5119/34 890 – 5. F. Hoffmann–La Roche & Co AG + Sapac AG (Pharma) 5049/37 213 – 6. Sandoz AG (Chemie) 4001/34 901 – 7. Gebr. Sulzer AG (Maschinen) 3029/37 642 – 8. Holderbank Fin. Glarus AG (Zement) 1799/16 681 – 9. Oerlikon-Bührle Holding AG (Maschinen) 1609 (mit WUST, ohne Mehrwertst. u. ohne lateinamerik. Töchter)/18 703 (ohne lateinam. T.) – 10. ASUAG (Uhren) 1409/20 228. – **Größte Handelsunternehmen** nach Konzernumsatz 1974 (in Mill. Franken wie oben)/und Beschäftigten: 1. Migros(-Gem.) 6187/33 769 – 2. Coop Schweiz 4719 (netto)/32 441 – 3. Usego-Trimerco-Holding AG 1001/2197 – 4. Shell (Switz.) 960 (ohne Verbr. St. u. Zölle) 960/576 – 5. Grands Magasins Jelmoli SA 879/5700.

Im 1. Hj. 1976 (1. Hj. 1975) wurden 539 (424) **Konkurse** eröffnet.

Von 1945–1974 sind in der Schweiz über eine Million **Wohnungen** gebaut worden, davon 1961–1974 im Jahresdurchschnitt 59 479, 1974 allein 73 961. Der Leerwohnungsbestand wird für Ende 1975 mit 80 000, der Baubedarf 1976–1980 je Jahr auf 25 000 beziffert.

Das **Volkseinkommen zeigt je nach Kanton große Unterschiede,** ist jedoch je Einwohner **im reichsten Kanton dreimal höher als im »ärmsten«.** Im einzelnen ergibt sich laut einer Statistik der Schweizerischen Bankengesellschaft (zit. nach M. Mugglin, »Luzerner Neueste Nachrichten« v. 22. 6. 1976) nach Kantonen je Einwohner 1975 in Franken (+/– = Veränderung gegenüber 1974): Schweiz insges. Durchschnitt 19 287/+ 7,6 – Basel-Stadt 34 897/+ 12,1 – Genf 28 437/+ 13,9 – Zug 26 658/+ 23,9 – Zürich 23 582/+ 9,4 – Basel-Land 19 892/+ 7,4 – Glarus 19 160/+ 23,0 – Waadt 19 052/+ 10,0 – Schaffhausen 18 563/+ 6,7 – Neuenburg 18 538/+ 6,3 – Aargau 18 302/+ 7,6 – Solothurn 17 636/+ 5,5 – Bern 16 771/+ 2,9 – Thurgau 16 083/+ 3,2 – Appenzell A.-R. 15 813/+ 4,7 – Graubünden 15 790/+ 3,0 – Nidwalden 15 646/+11,5 – Luzern 15 542/+ 6,1 – St. Gallen 15 450/+ 4,7 – Tessin 15 249/+8,8 – Wallis 14 402/+ 5,8 – Uri 13 208/ –1,4 – Schwyz 13 180/–1,6 – Freiburg 13 039/+ 1,1 Obwalden 11 226/–4,4 – Appenzell I.-R. 10 956/– 1,7.

Die **Wohnbevölkerung der Schweiz** hat **1975 erstmals seit Beginn der 20er Jahre abgenommen,** und zwar um 42 300 Personen bzw. um 0,7 %, **als Folge eines Wanderungsverlustes** um 64 800 (Abwanderung von 59 000 Ausländern, Zunahme der Schweizer um 16 700) einerseits und eines Geburtenüberschusses von 22 500 andererseits. Der Geburtenüberschuß war bei den Schweizern mit 3096 um 42,9 %, bei den Ausländern mit 19 444 um 14,3 % geringer als 1974. **Je 1000 Einwohner** belief sich 1976 der **Geburtenüberschuß 1975** für die gesamte Bevölkerung auf 3,6, für die **Schweizer auf 0,6, für die Ausländer auf 17,3.** Die Zahl der Heiraten nahm 1975 um rund 10 % auf 34 500 ab. – Nach Angaben der Eidgenöss. Fremdenpolizei ist die **Gesamtzahl der Ausländer erstmals wieder unter 1 Million gesunken;** sie belief sich Ende April 1976 auf 999 181 (Ende April 1975 1 059 696), wovon 336 700 auf Jahresaufenthalter und 655 475 auf Niedergelassene entfielen. Die Zahl der Saisonarbeiter betrug Ende April 1976 29 220, die der Grenzgänger 37 158. – 1975 war in der Schweiz **erstmals** mit 1416 die **Zahl der durch Freitod aus dem Leben Geschiedenen höher als die der Verkehrsopfer** (1372).

Nach einer Repräsentativumfrage des Instituts »Publitest« (Zürich) sprachen sich im April 1975 von den Befragten **rund 50 % für die Wiedereinführung der Todesstrafe,** 45 % gegen eine solche aus, während 5 % ohne Meinung waren; die stärksten Befürworter waren unter den über 55 Jahre alten und unter den jüngsten Befragten, die meisten Gegner unter der mittleren Altersgruppe vorhanden.

Von der Einführung des Initiativrechts am 5. 7. 1891 bis zum 10. 4. 1976 sind (nach »NZZ« v. 15./16. 5. 1976) insgesamt 122 **Volksinitiativen** verzeichnet, davon 41 zurückgezogen worden; 59 kamen zur Abstimmung, nur 7 waren von Erfolg.

Die gesamte schweizerische **Entwicklungshilfe** belief sich 1974 auf 1020 Mill. Franken (öffentliche 202 Mill. Franken, 0,14 % des BSP) bzw. 0,74 % des Bruttosozialprodukts.

Der **Umweltschutzpreis '72** in Höhe von 100 000 Franken ist 1976 an drei Preisträger für Verdienste um die Lärmbekämpfung verliehen worden. – Nach sechsjähriger Arbeit und mit einem Aufwand von 14 Mill. Franken erschien 1976 der sogen. »Clottu-Bericht« **Beiträge für eine Kulturpolitik der Schweiz**; er bringt eine umfassende Darstellung des Kulturlebens und befaßt sich u. a. mit der Möglichkeit einer besseren Verteilung der Mittel zur Kulturförderung und mit dem Ausgleich des Kulturgefälles zwischen Stadt und Land.

SENEGAL

(République du Sénégal)

Fläche (79): 196 192 qkm – **Einwohner** (89): 4 140 000 (S 1975; Z 1960/61 3 109 840) = 21,0 je qkm – Rund 26 % städt. Bevölkerung – **o. S.** 75 % – **BSP** 1973: 1160 Mill. $, 1976 prov. 1310 Mill. $, **je E.** 320 $; **JZ** –2,8 % (Abnahme)

Bevölkerung: Sudan-Gruppen (Wolof und Serer, Tukulör, außerdem u. a. Mandinge, Sarakole, Malinke), Fulbe, Mauren, etwa 40 000 Europäer (meist Franzosen), rund 15 000 Libanesen und Syrier – **Geburten- und Sterbeziffer:** jährl. Wachstumsrate (1970–1974) 2,4 % – **Staatssprache:** Französisch u. Wolof als Amtssprachen; Umgangssprachen: sudanesische Sprachen (Wolof, Malinke) und Ful – **Religion:** etwa 75 % Muslimen; rd. 4 % Christen (meist Katholiken); Anhänger von Naturreligionen

Nationalflagge: grün-gelb(mit grünem Stern)-rot (senkrecht) – **Nationalfeiertag:** 4. 4. – **U:** 1960

Staats- und Regierungsform: Republik – Parlament aus einer Kammer – Allgemeines Wahlrecht – Allgemeine Wehrpflicht – Gliederung in 7 Regionen – **Staatsoberhaupt:** Präsident Léopold Sédar Senghor, UPS, seit 1960, erneut 1973 – **Regierungschef:** Ministerpräsident Abdou Diouf – **Außenminister:** Assane Seck – **Parteien:** »Progressistische Senegalesische Union«/UPS (hält alle Sitze im Parlament und war seit 1966 Einheitspartei). Im Sept. 1976 wurden die bisher verbotene prokommunistische »Parti Africain de l'Indépendence«/PAI u. die »Senegales. Demokrat. Partei« zugelassen. – **Dipl. B.:** BRD u. DDR

Städte (S 1975): Dakar (Hptst.) 474 000 Einw. (als A 580 000), Kaolack 96 000, Thiès 90 000, Rufisque 81 000, Saint-Louis 52 000, Siginschor (Ziguinchor) 45 700, Diurbel (Diourbel) 40 000, Louga 35 000

Wichtige Ausfuhrgüter: Erdnüsse, Erdnußöl, Ölkuchen (etwa ein Viertel d. Ausfuhrwertes), Phosphate, Häute u. Felle, Fische u. F.-Produkte, Titan, Salz – **Wichtigste Außenhandelspartner:** Frankreich (b. über 50 % Anteil), BR Deutschland u. and. EG-Länder, USA, Nachbarländer – 1974 **Einf.** 449 Mill. $, **Ausf.** 367 (1. Hj. 1975 172) Mill. $ – **W:** 1 CFA-Franc (FCFA) = 100 Centimes; 1 US-$ = 236,56 FCFA, 1 FCFA = 0,0109 DM

Mitgliedschaft: »Communauté«, UNO, OEA, CEAO, CFA, ECE, EG (assoz.), FAO, GAMO (OCAM), GATT, IAEA, IBRD, ICAO, IDA, IFC, ILO, IMCO, IMF, ITU, OMVS, UDEAC, UNESCO, UPU, WHO, WMO – Seit 1967 Assoziationsvertrag m. Gambia; ECOWAS (CEDEAO)

SESCHELLEN

(Republic of Seychelles)

Fläche (149): 482 qkm (einschl. der Amiranten sowie der Inseln Aldabra, Des Roches- u. Farquhar – **Einwohner** (153): 60 000 (B 1975; 52 560 Z 1971) = 124,4 je qkm – Etwa ein Viertel städt. Bevölkerung – **o. S.** 40 %

Bevölkerung: Neger und Mulatten, französische Kreolen; indische (»Laskar«, »Malabars«, etwa 2 %), chinesische und malaiische Minderheiten – **Geburten- u. Sterbeziffer:** jährl. Bevölkerungswachstum (1970–1974) 2,8 % – **Staatssprache:** Englisch und Französisch; Umgangssprache ein überwiegend kreolisches Französisch – **Religion:** Katholiken, daneben protestantische Gruppen

Nationalflagge: weißes St. Andreas-Kreuz auf blaurotem Feld – **Nationalfeiertag:** 29. 6. – **U:** 1976

Staats- und Regierungsform: Parlamentarisch-demokrat. Republik – Einkammerparlament, gewählt nach Mehrheitswahlrecht – Allg. Wahlrecht – **Staatsoberhaupt:** James Richard Marie Mancham, auch Außen- u. Verteidigungsminister – **Regierungschef:** Albert René, SPUP – Unterstaatssekretär für Äußeres: Peter Hedy – **Parteien:** nach den Wahlen von 1974 »Seychelles Democratic Party«/SDP 52,3 % der Stimmen u. 13 von 15 Sitzen; Vors.: J. R. Mancham. »Seychelles People's United Party«/SPUP 47,7 % der Stimmen u. nur 2 Sitze; Vors.: Abert René – **Dipl. B.:** DDR

Städte: Victoria (Hptst.) auf der Insel Mahé 13 622 Einw. (1971)

Wichtigste Ausfuhrgüter: Kopra, Zimt, Zimtöl, Kokosnüsse, Guano – **Wichtigste Handelspartner:**

Großbritannien, Frankreich und andere EG-Länder – 1972 **Einf.** 105,0 Mill. SR, **Ausf.** 9,37 Mill. SR – **W:** 1 Seychelles Rupee (R, auch SR) = 0,443 DM

Mitgliedschaft: Commonwealth, künftig wahrscheinlich UNO und UNO-Sonderorganisationen (s. auch »Weltchronik«: Seschellen); Abk. m. d. EG

SIAM s. Thailand

SIERRA LEONE

(Republic of Sierra Leone)

Fläche (108): 71 740 qkm – **Einwohner** (104): 2 750 000 (S 1975, 2 180 355 Z 1963) = 38,3 qkm – **o. S.** 90 % – **BSP** 1973: 460 Mill. $, 1974 prov. 520 Mill. $, **je E.**: 180 $; **JZ** 1,5 % – **L** 26 % – **In** 31 %

Bevölkerung: vorwieg. Sudan-Gruppen (Mende, Temne, Soso, Kuranko, Limba); etwa 3000 meist britische Europäer, 2500 Asiaten. Sogenannte »kreolische« Neger (etwa 2 %) an der Küste – **Geburten- u. Sterbeziffer** je 1000 Einw.: jährliche Wachstumsrate (1970–1974) 1,5 % – **Staatssprache:** Englisch als Amtssprache; als Umgangssprachen sudanesische Sprachen (u. a. Malinke) und Krio – **Religion:** etwa ein Drittel Muslimen (bes. Temne) u. kleinere christl. Minderheiten (70 000 Protestanten, 52 000 Katholiken), im übrigen Anhänger von Naturreligionen

Nationalflagge: grün-weiß-dunkelblau (waagerecht) – **Nationalfeiertag:** 19. 4. – **U:** 1961

Staats- u. Regierungsform: Präsidiale Republik; unabhängiges Mitglied des Commonwealth of Nations – Einkammerparlament (»House of Representatives«) – Keine Wehrpflicht – Verwaltungsgliederung in 3 Provinzen (12 Distr.), ein Stadtgebiet – **Staatsoberhaupt:** Dr. Siaka Probyn Stevens, PC, erneut seit 1976 – **Regierungschef:** Christian A. Kamara-Taylor – **Außenminister:** Francis Misheck Minah – **Parteien:** der linksneutralist. »All People's Congress«/APC ist faktisch Einheitspartei; er erhielt bei d. Wahlen v. 1973 84 Sitze, dazu d. Sitze d. 12 gewählten Stammeshäuptlinge; 1 Unabhängiger – **Dipl. B.:** BRD u. DDR

Städte (S): Freetown (Hptst.) m. V. (1974) 214 443 Einw., Bo 30 000, Lunsar-Marampa 18 000, Kenema 15 000, Makeni 12 000, Koindu 11 700, Port Loko 4000, Moyamba 3700, Pepe 1500

Wichtige Ausfuhrgüter: Diamanten (über die Hälfte des Ausfuhrwertes), Eisen- und Chromerze, Palmkerne, Kakao, Kaffee, Kolanüsse, Piassava-Fasern – **Wichtigste Außenhandelspartner:** Großbritannien, Japan, Niederlande, BR Deutschland, USA, Frankreich, Indien, Italien – 1975 **Einf.** 187 Mill. $, **Ausf.** 131 Mill. $ – **W:** 1 Leone (Le) = 100 Cents; 1 US-$ = 0,9866 Le, 1 Le = 2,2945 DM

Mitgliedschaft: Commonwealth, UNO, OEA, ECA, FAO, GATT, IAEA, IBRD, ICAO, IDA, IFC, ILO, IMF, ITU, UNESCO, UPU, WHO, WMO, ECOWAS (CEDEAO), EG (assoz.); m. Gambia u. Liberia in d. »Mano-Fluß-Union«

SIKKIM, bis 1974 indischer Schutzstaat, seit 1975 indischer Bundesstaat

SINGAPUR

(Repablik Singapura; Republic of Singapore)

Fläche (148): 581 qkm – **Einwohner** (110): 2 250 000 (F 1975, 2 074 507 Z 1970) = 3872 je qkm – 98 % städt. Bevölkerung – **o. S.** 25 % – **BSP** 1973: 3990 Mill. $, 1974 prov. 4700 Mill. $, **je E.**: 2120 $; **JZ** 9,4 % – **L** 2 % – **In** 34 %

Bevölkerung (1973): rund 76 % Chinesen, 14 % Malaien, etwa 7 % Inder u. Pakistaner, u. a. 38 000 Europäer sowie 20 000 Eurasiaten – **Geburten- und Sterbeziffer** je 1000 Einw. 1975: 17,7/5,1 – **Geb.-Ü.**: 12,6 – **Staatssprache:** Englisch als Amts- und wichtige Verkehrs- u. Bildungssprache; Chinesisch u. Malaiisch, indische Sprachen (bes. Tamil) – **Religion:** Konfuzianer u. Buddhisten (Chinesen), Muslimen (Malaien u. Pakistaner), Hindus (Inder); christl. (u. a. etwa 78 000 Katholiken) und jüdische Minderheiten

Nationalflagge: rot(mit weißem Halbmond und fünf weißen Sternen links oben)-weiß (waagerecht) – **Nationalfeiertag:** 9. 8. – **U:** 1965

Staats- u. Regierungsform: Republik – Parlament aus einer Kammer – Allgemeines Wahlrecht – Wehrpflicht – **Staatsoberhaupt:** Präsident Dr. Benjamin Henry Sheares (eurasiat. Abstammung) parteilos, seit 1971 – **Regierungschef:** Premierminister Lee Kuan Yew, PAP – **Außenminister:** Sinnathamby Rajaratnam – **Parteien:** weitaus wichtigste Partei ist die von den Chinesen getragene »People's Action Party«/PAP, die 1972 alle Sitze gewann; »Singapore People's Alliance« (gemäßigt); »Barisan Socialist Party« (extrem links) – **Dipl. B.:** BRD u. DDR

Hauptstadt: Singapur (1975) 2 200 000 Einw., daneben noch einige kleinere städt. Siedlungen und Landgemeinden

Wichtigste Ausfuhrgüter: Erdölprodukte, Maschinen, Textilien, sonst. Industriegüter, Transitausfuhr von Malaysia (Kautschuk, Eisenerz, Zinn, Kopra, Kokosnußöl) – **Wichtigste Außenhandelspartner:** Malaysia, Japan, USA, Großbritannien, Indonesien, Australien, Chines. Volksrepublik,

Hongkong, BR Deutschland, Thailand – 1975 (ohne Transithandel mit W.-Malaysia) – **Einf.** 8133 Mill. $, **Ausf.** 5376 Mill. $ – **W:** 1 Singapur-Dollar (S$) = 100 Cents; 1 US-$ = 2,4710 S$, 1 S$ = 1,0418 DM

Mitgliedschaft: UNO, Commonwealth, Colombo-Plan, ADB, ASEAN, GATT, IAEA, ICAO, IBRD, ILO, IMCO, IMF, ITU, UNESCO, UPU, WHO, WMO, ESCAP

SOMALIA

(Al Jumhuuriyadda Al Dimuqratiga Soomaaliya; Somali Dem. Republic)

Fläche (39): 637 657 qkm – **Einwohner** (96): 3 170 000 (S 1975) = 4,9 je qkm – **o. S.** über 90 % – **BSP** 1973 (S): 250 Mill. $, 1974 prov. 260 Mill. $, **je E.** 80 $; **JZ** – (Abnahme oder unverändert)

Bevölkerung: überwiegend Somal-Stämme (Digil, Dir, Issas, Hawiya usw.), daneben etwa 100 000 Bantu, rund 30 000 Araber, kleine italienische, britische, indische u. pakistanische Minderheiten; über die Hälfte der Einheimischen lebt nomadisch – **Geburten- und Sterbeziffer:** jährl. Wachstumsrate (1970–1974) 2,6 % – **Staatssprache:** Somali (in Lateinschrift), seit 1972 einzige Amtssprache; Arabisch, Englisch u. Italienisch als Handels- u. Bildungssprachen – **Religion:** sunnitische Muslimen (schafiitischer Richtung); 3100 Katholiken

Nationalflagge: hellblaues Feld mit weißem fünfzackigen Stern – **Nationalfeiertag:** 21. 10. – **U:** 1960

Staats- u. Regierungsform: Republik m. soz. Tendenz – Nach der Verfassung von 1976 »sozialistischer Einparteienstaat« – Keine Wehrpflicht – Verwaltungsgliederung in 8 Regionen – Ungelöste Grenzfragen gegenüber Nachbarländern – **Staatsoberhaupt:** General Mohammed Siad (Ziyad) Barre, seit 1969; auch Regierungschef, Außenminister und Vorsitzender der »Sozialistischen Revolutionspartei« – **Parteien:** Bei den Wahlen von 1969 wurde die »Liga der Jugend v. Somaliland«/SYL die stärkste Partei (73 Sitze von 124); nach dem Staatsstreich vom Okt. 1969 wurden Parlament und Parteien aufgelöst. Seit Juni 1976 einzige politische Kraft die »Sozialistische Revolutionspartei« – **Dipl. B:** BRD u. DDR

Städte (S 1967): Mogadisciu (Mogadischo, Hptst., 1972) 230 000 Einw., Hargeisa 90 000, Marka (Merca) 65 000, Berbera 50 000, Kisimayó (Chisimaio) 30 000 (alle m. Umgebung)

Wichtigste Ausfuhrgüter: Vieh, Häute u. Felle (bis 60 %); Bananen u. Gemüse, Holz, Baumwolle, Weihrauch, Myrrhe, Gummiarabikum – **Wichtigste Außenhandelspartner:** Italien, Saudi-Arabien, Sowjetunion, USA, Japan, Großbritannien, BR Deutschland, DV-Jemen – 1974 **Einf.** 129 Mill. $, **Ausf.** 65 Mill. $ – **W:** 1 Somali-Shilling (So.Sh.) = 100 Centesimo; 1 US-$ = 6,2327 So.Sh., 1 So.Sh. = 0,4130 DM

Mitgliedschaft: UNO, OEA, ECA, EG (assoz.), FAO, IBRD, ICAO, IDA, IFC, ILO, IMF, ITU, UNESCO, UPU, WHO, WMO; Arabische Liga

SOWJETUNION

(Sojus Sowjetskich Sozialistitscheskich Respublik, S.S.S.R.; Union der Sozialistischen Sowjetrepubliken/UdSSR)

Fläche (1): 22 274 900 bzw. bzw. 22 402 200 qkm einschl. des Asowschen und Weißen Meeres, deren Fläche in den Unionsrepubliken nicht enthalten sind (eigentl. Binnengewässer 375 000 qkm) – **Einwohner** (3): 256 700 000 (F 1. 7. 1976; Z 15. 1. 1970 241 720 134, davon 130 320 757 Frauen [1975 53 %], europ. Teil 5 571 000 qkm u. rund drei Viertel d. Gesamtbevölkerung; asiatischer Teil 16 831 000 qkm) = 11,5 je qkm – 60 % städt. Bevölkerung (1976) – **BSP:** (nach »Weltbank«, S) 379 Mrd. $ (1972), **je E.:** 1530 $, **JZ:** 5,9 % (nach offiz. Angaben Nationaleinkommen 1974 350 Mrd. Rubel) – **L** 19 % – **In** 63 %

Ethnische Gliederung der Bevölkerung (»Nationalitäten«): Z 1970 (Anteil mit der entsprechenden Muttersprache in %)/Z 1959, Angaben in Tausend: Russen 129 015 (99,8/114 114 – Ukrainer 40 753 (85,7)/37 253 – Usbeken 9195 (98,6)/6015 – Bjelorussen (»Weißruthenen«) 9052 (80,6)/7913 – Tataren 5931 (89,2)/4968 – Kasachen 5299 (98,0)/3622 – Aserbaidschaner 4380 (98,2)/2940 – Armenier 3559 (91,4)/2787 – Georgier/Grusinier 3245 (98,4)/2692 – Moldauer 2698 (95,0)/2214 – Litauer 2665 (97,9)/2326 – Juden 2151 (17,7)/2268 – Tadschiken 2136 (98,5)/1397 – Deutsche 1846 (66,8)/1620 – Tschuwaschen 1694 (86,9)/1470 – Turkmenen 1525 (98,9)/1002 – Kirgisen 1452 (98,8)/969 – Letten 1430 (95,2)/1400 – Dagestanische Völker 1365 (96,5)/945 – Mordwinen 1263 (77,8)/1285 – Baschkiren 1240 (66,2)/989 – Polen 1167 (32,5)/1380 – Esten 1007 (95,5)/989 – Udmurten 704 (82,6)/625 – Tschetschenen 613 (98,7) 419 – Mari 599 (91,2)/504 – Osseten 488 (88,6)/413 – Komi 322 (82,7)/287 – Komi-Permjaken 153 (85,8)/144 – Koreaner 357 (68,6)/314 – Bulgaren 351 (73,1)/324 – Griechen 337 (39,3)/309 – Burjäten 315 (92,6)/253 – Jakuten 296 (96,3)/233 – Kabardiner 280 (98,0)/204 – Karakalpaken 236 (96,6)/173 – Zigeuner 175 (70,8)/132 – Uiguren 173 (88,5)/95 – Ungarn 166 (96,6)/155 – Inguschen 158 (97,4)/106 – Gagausen 157 (93,6)/124

– Völker des Nordens u. Sibiriens 151 (67,4)/130 – Karelier 146 (63,0)/167 – Tuwiner 139 (98,7)/100 – Kalmücken 137 (91,7)/106 – Rumänen 119 (63,9)/106 – Karatschaier 113 (98,1)/81 – Adygen 100 (96,5)/80 – Kurden 89 (87,6)/59 – Finnen 885 (51,0)/93 – Abchasen 83 (95,9)/65 – Türken 79 (92,3)/35 – Chakassen 67 (83,7)/57 – Balkaren 60 (97,2)/42 – Altaier 56 (87,2)/45 – Tscherkessen 40 (92,0)/30 – Dunganen 39 (94,3)/22 – Iranier 28 (36,9)/21 – Abasen 25 (96,1)/20 – Assyrer 24 (64,5)/22 – Tschechen 21 (42,9)/25 – Taten 17 (72,6)/11 – Schoren 16 (73,5)/15 – Slowaken 12 (52,0)/15 – übrige Nationalitäten 126 (69,4)/108 – *Von d. dagestan. Völkern waren* (in 1000); Awaren, Lesgier 324 (93,9)/233 – Darginer 231 (98,4)/158 – Kumyken 189 (98,4)/135 – Laken 86 (95,6)/64 – Tabasseranen 55 (98,9)/35 – Nogaier 52 (89,8)/39 – Rutulzen 12 (98,9)/6,7 – Zachuren 11 (96,5)/7,3 – Agulen 8,8 (99,4)/6,7, *v. d. Völkern d. Nordens u. Sibiriens* (in 1000): Nenzen 29 (83,4)/23 – Ewenken 25 (51,3)/25 – Chanten 21 (68,9)/19 – Tschuktschen 14 (82,6)/12 – Ewenen 12 (56,0)/9,1 – Nanai 10 (69,1)/8,0 – Mansen 7,7 (52,4)/6,45 – Korjaken 7,5 (81,1)/6,3 – Von den über 1,8 Mill. Deutschen in der UdSSR lebten 1970 41 % in der Russischen SSR, 46 % in der Kasachischen SSR und u. a. 9 % in der Kirgisischen SSR; 45,4 % lebten in Städten – **Geburten- u. Sterbeziffer** je 1000 Einw. 1972: 17,8/8,5 – **Geb.-Ü.**: 9,3 – **Durchschnitt der tatsächl. jährl. Zuwachsrate d. UdSSR** (1970–1974) 0,9 % (in Europa 0,8 %, dagegen in den mittelasiatischen Gebieten 1,6 %) – **Staatssprache:** Russisch; im übrigen Gleichberechtigung der anderen Sprachen in den Unions- u. Autonomen Republiken, Nationalen Gebieten u. Kreisen – 1970 bezeichneten 141,8 Mill. (1959 124,1 Mill.) Russisch als ihre Muttersprache, davon 128,8 Mill. Russen u. 13 Mill. Angehörige anderer Nationalitäten. Als Zweitsprache beherrschten weitere 41,9 Mill. Personen das Russische, das zu Lasten der anderen Sprachen ständig an Boden gewinnt – **Religion:** vorherrschend orthodoxes Christentum (nach »World Christian Handbook« usw. 1970 etwa 30 Mill. praktizierende Orthodoxe), röm.-katholische Minderheiten (über 3 Mill.), Protestanten (bes. Lutheraner u. etwa 0,5 Mill. Baptisten). Anteil der gläubigen Juden an der Gesamtzahl der Juden unbekannt. Wahrscheinlich über 30 000 000 Muslimen, vor allem in Mittelasien u. Transkaukasien; Buddhisten (0,5 Mill.). Trennung von Kirche u. Staat. Nach der Verfassung Freiheit des Kultus, aber auch der antireligiösen Propaganda; Verbot des Religionsunterrichts für Jugendliche unter 18 Jahren.

Nationalflagge: rotes Feld mit Hammer und Sichel (golden) und einem fünfzackigen Stern in der oberen Ecke am Flaggstock – **Nationalfeiertag:** 7. 11. – **U:** alte staatliche Tradition; fünf Jahre nach der Revolution von 1917 Gründung der UdSSR am 30. 12. 1922

Staats- u. Regierungsform: Kommunistisches Rätesystem mit massendemokratischen u. nationalföderalen Zügen. KP als letzthin entscheidende Instanz in allen Angelegenheiten – Parlament aus 2 Kammern (»Oberster Sowjet« bzw. »Wjerchnyj Sowjet«, 1517 Mitgl., Präsidium aus 37 Mitgl.), bestehend aus dem »Unionsrat« bzw. »Sowjet Sojusa« (767 Mitgl.) und dem »Nationalitätenrat« bzw. »Sowjet Nationalnostej« (750 Mitgl.) – Wahlberechtigt alle über 18 Jahre alten Bürger – Wehrpflicht – Die 15 Unionsrepubliken haben je ein eigenes Parlament (Sowjet) u. eine eigene Regierung – Die Ukraine u. Weißrußland (Bjelorußland) sind eigenständige Mitglieder der Vereinten Nationen (UNO) neben der Sowjetunion als Ganzes – Verwaltungsgliederung in Gebiete (Oblastj), vereinzelt in Gaue (Kraj) – Wirtschaftsgliederung in Rayones – Autonome Einheiten für die verschiedenen Nationalitäten als Aut. Republik (20), Aut. Gebiet (8) oder nationaler Kreis (Nat. Okrug; 10)

Staatsoberhaupt: Vorsitzender des Präsidiums des Obersten Sowjets Nikolaj Wiktorowitsch Podgorny, erneut seit 1974 – **Regierungschef:** Vors. des Ministerrates Alexej Nikolajewitsch Kossygin; Erste Stellvertreter: Kyrill T. Masurow u. Nikolai Tichonow – **Außenminister:** Andrej A. Gromyko – **Parteien:** allein zugelassen u. in allen Fragen entscheidend die »Kommunistische Partei d. Sowjetunion«, geleitet seit Stalins Tod durch ein »Führungskollektiv«, d. h. die Vollmitglieder des Politbüros der KPdSU; Generalsekretär des Zentralkomitees (1976 287 Mitgl., darunter 9 Frauen, u. 139 Kandidaten des ZK, darunter 4 Frauen) Leonid I. Breschnjew. Vollmitglieder des Politbüros der KPdSU (1976): J. Andropow, L. I. Breschnjew, V. Grischin, A. Gromyko, D. P. Kirilenko, A. N. Kossygin, F. Kulakow, D. Kunajew, K. T. Masurow, A. Pelsche, N. W. Podgorny, Grigorij Romanow, W. Schtscherbizki, M. R. Suslow, Dimitri Ustinow; dazu 6 Kandidaten. – Am 1. 3. 1976 zählte die KPdSU 15 694 000 Mitglieder u. 0,5 Mill. Kandidaten, darunter rd. 41,6 % Arbeiter und u. a. 13,9 % Kolchosbauern sowie etwa 20 % Vertreter der technischen Intelligenz, 24 % Wissenschaftler, Künstler, Verwaltungsfunktionäre und Militärs; über 60 % besitzen zumindest abgeschlossene Oberschulbildung. Rund 23 % d. Mitgl. waren Frauen – Am 15. 6. 1975 entfielen bei den Wahlen zum »Obersten Sowjet« rd. 99,90 % der Stimmen auf die Kandidaten der Einheitsliste; von den Kand. waren 32,5 % Parteilose

Städte (F I/1974) Moskau (Moskva, Hptst.) 7 528 000 Einw., Leningrad 4 243 000, Kijew 1 887 000, Taschkent 1 552 000, Baku 1 359 000, Charkow 1 330 000, Gorkij 1 260 000, Nowosibirsk 1 243 000, Kujbyschjew 1 140 000, Swerdlowsk 1 122 000, Minsk 1 095 000, Omsk 1 040 000, Odessa 1 010 000, Tbilisi (Tiflis) 1 010 000, Tscheljabinsk 947 000, Dnjepropetrowsk 941 000, Donezk 934 000, Kasan 931 000, Perm 920 000, Wolgograd 885 000, Ufa 871 000, Jerewan 870 000, Rostow/Don 867 000, Saratow 820 000, Alma-Ata 813 000, Riga 776 000 und u. a. Kaliningrad (Königsberg) 331 000

Wichtige Ausfuhrgüter: Maschinen u. Ausrüstungen (ein Viertel des Ausfuhrwertes); Erdöl, Erze u. Metalle, Kohle u. Koks, Getreide, Holz, Pflanzenfasern (Brenn- u. Rohstoffe aller Art insgesamt über zwei Fünftel), Fertigwaren aller Art; Binnen- u. Außenhandel **staatlich** – **Wichtigste Außenhandelspartner:** RGW-Mitglieder und die übrigen kommunistischen Staaten (wobei die DDR an erster Stelle steht), BR Deutschland u. andere EG-Länder, USA, Japan, Indien, Ägypten – 1975 **Einf.** 36 989 Mill. $ (26,67 Mrd. Rbl), **Ausf.** 33 329 Mill. $ (24,03 Mrd. Rbl) (Einzelheiten s. Abschnitt »Welthandel«) – **W:** 1 Rubel (Rbl) =

Unionsrepubliken (F I/1974)
(Zahlen abgerundet)

				Anteil d. Russen/d. namengeb. Bevölkerung (1970) in %
Russische Soz. Föd. Sowjetrepublik	17 045 400 qkm	u.	132 900 000 Einw.	(82,2)
Hauptstadt: Moskau (Moskva m. V.)			7 528 000 Einw.	
Ukrainische SSR	603 700 qkm	u.	48 600 000 Einw.	(16,9/76,8)
Hauptstadt: Kijew			1 887 000 Einw.	
Bjelorussische SSR	207 600 qkm	u.	9 300 000 Einw.	(8,2/81,1)
Hauptstadt: Minsk			1 095 000 Einw.	
Estnische SSR	45 100 qkm	u.	1 400 000 Einw.	(20,1/74,6)
Hauptstadt: Tallinn			392 000 Einw.	
Lettische SSR	63 700 qkm	u.	2 500 000 Einw.	(26,6/62,0)
Hauptstadt: Riga			776 000 Einw.	
Litauische SSR	65 200 qkm	u.	3 300 000 Einw.	(8,5/79,3)
Hauptstadt: Vilnius			420 000 Einw.	
Moldauische SSR	33 700 qkm	u.	3 800 000 Einw.	(10,2/65,4)
Hauptstadt: Kischinjow			432 000 Einw.	
Armenische SSR	29 800 qkm	u.	2 700 000 Einw.	(3,2/88,0)
Hauptstadt: Jerewan			870 000 Einw.	
Grusinische (Georgische) SSR	69 700 qkm	u.	4 900 000 Einw.	(10,1/64,3)
Hauptstadt: Tbilisi			1 010 000 Einw.	
Aserbeidschanische SSR	86 600 qkm	u.	5 500 000 Einw.	(13,6/67,5)
Hauptstadt: Baku (engere Stadt 847 000)			1 359 000 Einw.	
Kasachische SSR	2 715 100 qkm	u.	13 900 000 Einw.	(43,2/29,8)
Hauptstadt: Alma-Ata			813 000 Einw.	
Kirgisische SSR	198 500 qkm	u.	3 200 000 Einw.	(30,2/40,5)
Hauptstadt: Frunse			474 000 Einw.	
Tadschikische SSR	143 700 qkm	u.	3 300 000 Einw.	(13,3/53,1)
Hauptstadt: Duschanbe			422 000 Einw.	
Turkmenische SSR	488 100 qkm	u.	2 400 000 Einw.	(17,3/60,9)
Hauptstadt: Aschchabad			280 000 Einw.	
Usbekische SSR	449 600 qkm	u.	13 300 000 Einw.	(13,5/61,1)
Hauptstadt: Taschkent			1 552 000 Einw.	

100 Kopeken; **GP:** 1 Rbl = 0,987412 g Feingold; 1 US-$ = 0,756 Rbl, 1 DM = 3,4050 Rbl

Mitgliedschaft: UNO, Warschauer Vertrag, RGW, ECAFE, ECE, IAEA, ICAO, ILO, IMCO, ITU, UNESCO, UPU, WHO, WMO

SPANIEN

(Estado Español)

Fläche (46): 504 782 qkm – **Einwohner** (21): 35 470 000 (F 1975, einschl. Ceuta u. Melilla; 33 823 918 Z 1970) = 70,2 je qkm (einschl. Kanarische Inseln, 7273 qkm u. 1,17 Mill. Einw., Z 1970) – 62 % städt. Bevölkerung – **o. S.** 5 % – **BSP** 1973: 59 360 Mill. $, 1974 prov. 68 650 Mill. $, **je E.** 1960 $; **JZ** 5,3 % – **L** 12 % – **In** 35 %

Bevölkerung: rund 73 % kastilische Spanier (einschl. der Galicier, die als Umgangssprache das dem Portugiesischen verwandte »Gallego« sprechen), etwa 24 % Katalanen, fast 3 % Basken – **Geburten- u. Sterbeziffer** je 1000 Einwohner. 1975: 18,8/8,1 – **Geb.-Ü.:** 10,7 – **Staatssprache:** Spanisch; Katalanisch in Katalonien u. Baskisch im Norden als Umgangssprachen (von der Kath. Kirche werden sie als »Amtssprachen« anerkannt). Nach einem Dekret v. Nov. 1975 ist Spanisch die offizielle Sprache, doch werden Katalanisch, Galicisch u. Baskisch als »Nationalsprachen« anerkannt, die auch bei Diskussionen in Lokalverwaltungen u. bei kulturellen Veranstaltungen gebraucht werden können. – **Religion:** fast ausschl. röm.-katholisch (Staatsreligion), über 32 000 Protestanten, 7000 Juden, etwa 1000 Muslimen

Nationalflagge: rot-gelb-rot (waagerecht) – **Nationalfeiertag:** 18. 7. – **U:** alte staatl. Tradition. Beginn der Maurenherrschaft um 718, Ende 1942

Staats- u. Regierungsform: Monarchie, auf dem Wege zu einer parlamentarisch-demokratischen Struktur – Gesetzgebende Versammlung (»Cortes«) aus ernannten u. ständisch gewählten »Procuradores«; Präsident Prof. Dr. Torcuato Fernández Miranda, auch des »Rates des Königreiches« (»Consejo del Reino«). – Bei Staatsnotstand können Gesetze durch den »Consejo del Reino« erlassen werden – Wehrpflicht – Neue Verfassung in Vorbereitung (u. a. Zweikammerparlament); über ihre Annahme entscheidet eine Volksabstimmung. Für 1977 sind Wahlen vorgesehen. – Verwaltungsgl. (m. Kanarischen Inseln) in 50 Provinzen mit je einem Landtag (»Diputación Provincial«) u. einem vom Innenminister ernannten Zivilgouverneur (»Gobernador«) – Barcelona besitzt ein Sonderstatut mit erweiterten Selbstverwaltungsrechten – **Staatsoberhaupt:** König Juan Carlos I., seit 22. 11. 1975 – Die Regierung (Ministerrat) wird vom König ernannt – **Regierungschef:** Adolfo Suárez Gonzales – Erster Stellv.: Generalleutnt. Fernando de Santiago y Diaz de Mendivil – **Außenminister:** Dr. Marcelino Oreja – Innenminister: Rodolfo Martín Villa – **Parteien:** Offiziell (Mitte Sept. 1976) seit Juli 1976 zugelassen, aber Aktivität erst nach Antrag u. Billigung erlaubt (m. Ausnahme der KP/»Partido Comunista de España«/PCI, über 30 000 Mitgl., Gen.Sekr.: Santiago Carrilla, und linksextremer Gruppen). Die »Junta Democrátia«/JD und die »Plataforma Democrátia«/PD haben sich lose zur »Plata-Junta« koordiniert. Zu den wichtigsten Parteien gehören u. a. »Partido del Trabajo de España«/PTE, »Partido Socialista Popular«/PSP unter Prof. Dr. Enrique Tierno Galván (linkssozialist.), die auf alte Tradition zurückgehende u. viel Widerhall findende »Sozialist. span. Arbeiterpartei« (»Partido Socialista Obrero de España«/PSOE) unter Felipe González, die »Sozialdem. Partei Spaniens« (»Partido Socialdemocrático de España«/PSDE) und andere Linksgruppen; mehrere (nicht PSOE) haben sich zur linken »Federación de Partidos Socialistas«/FPS zusammengeschlossen. Christlich demokratische Gruppen, die sich z. T. in d. »Alianza Democrática« vereinigten, sind u. a. »Izquierda Democrática«/ID, »Federación Dem. Popular«/FDP, «Unión Dem.«/UD und »Partido Popular«. Als linksliberal gilt die »Demokrat. Volkspartei«/PDP. Zur traditionellen Rechten zählen die »Union d. Span. Volkes«/UDPE, ferner PAN, UDE u. RSE. Derzeit ist das Parteiwesen noch fließend. Gewalt zur Änderung der Strukturen bejahen z. T. die in sich zersplitterte baskische ETA, die »Katalonische Befreiungsfront«/FAC u. die »Antifaschistische-Patriotische Revolutionsfront«/FRAP (s. auch »Weltchronik«) – **Dipl. B.:** BRD (DDR unterbrochen)

Städte (Z 1970, Munic.): Madrid (Hptst.) 3 146 071 (m. V. 1976 üb. 4 Mill.), Barcelona 1 745 142, Valencia 653 690, Sevilla 548 072, Saragossa (Zaragoza) 479 843, Bilbao 410 400, Málaga 374 452, Las Palmas 287 038, Murcia 243 759, Hospitalet 241 978, Valladolid 236 341, Córdoba 235 632, Palma de Mallorca 234 098, Vigo 198 815, Granada 190 429, La Coruña 189 654, San Sebastián 165 829, Oviedo 154 117

Wichtige Ausfuhrgüter: Maschinen u. Fahrzeuge (zus. 15–20 % d. Ausfuhrwertes), landwirtschaftl. Erzeugnisse (Orangen, Zitronen, Oliven u. Olivenöl, Wein), Gemüse- u. Fischkonserven, Bergbauprodukte (Eisenerz, Schwefelkies), Textilien, chem. Produkte – **Wichtige Außenhandelspartner:** Frankreich, USA, BR Deutschland, Großbritannien, Italien, Benelux, Saudi-Arabien, Schweiz, Schweden, Argentinien, Brasilien, Japan, Kanada – 1975 **Einf.** 16 097 Mill. $, **Ausf.** 7691 Mill. $ – **W:** 1 Peseta (Pta) = 100 Céntimos; 1 US-$ = 67,801 Pta, 1 Pta = 0,0380 DM

Mitgliedschaft: UNO, ECA (assoz.), ECE, FAO, GATT, IAEA, IBRD, ICAO, IDA, IDB, IFC, ILO, WMO, CCD, IDB; nichtpräferenz. Abk. m. d. EG

Uberseegebiete:

Ceuta (19,0 qkm u. [1970] 67 187 Einw.) u. **Melilla** (12,3 qkm u. [1970] 64 942 Einw.) sowie Peñón de Vélez, Alhucemas, Chafariñas (zus. 1 qkm u. 329 [1970] Einw.), die sogenannten *Presidios* (Plazas de Soberanía) sind keine Provinzen, sondern gehören zu spanischen Provinzen (Cádiz bzw. Málaga). Marokko erhebt auf sie Anspruch.

SPITZBERGEN s. Norwegen

SPRATLY-INSELN (11 kleine Inseln im Südchines. Meer), z. T. von Vietnam besetzt, von China und den Philippinen beansprucht (s. »Weltchronik«: China im WA '75, S. 360)

SRI LANKA

(Ceylon)

Fläche (110): 65 610 qkm (mit 868 qkm Binnengewässern) – **Einwohner** (44): 13 990 000 (B 1975; 12 711 143 Z 1971) = 213,2 je qkm – Über 22 % städt. Bevölkerung – **o. S.** 16 % – **BSP** 1973: 1560 Mill. $, 1974 prov. 1790 Mill. $, **je E.** 130 $; **JZ** 2,0 – **L** 32 % – **In** 18 %

Bevölkerung: rund 70 % Singhalesen, etwa je 11 % ceylonesische und indische Tamilen, 6 % »Mohren« (Moors); kleine Gruppen von »Burghers«, Europäern, Malaien und Weddas – **Geburten- u. Sterbeziffer:** jährl. Wachstumsrate (1970–1974) 2,3 % – **Staatssprache:** seit 1963 Singhalesisch; Englisch z. T. als Handels- u. Bildungssprache. Tamil als wichtige Regionalsprache und regional als Gerichtssprache – **Religion:** zwei Drittel südliche (Hinajana) Buddhisten (der B. ist staatl. geschützt), 20 % Hindus, 7 % Christen (davon vier Fünftel Kath.), über 5 % Muslimen

Nationalflagge: gelber Rahmen, links senkrechte Streifen in Grün und Orange, im rotbraunen Hauptfeld gelbes Wappentier – **Nationalfeiertag:** 22. 5. – **U:** 1948

Staats- und Regierungsform: Republik seit 1972 – Einkammerparlament (Nationalversammlung) – Wahlberechtigt alle Bürger über 18 Jahre – Keine Wehrpflicht – Gegliedert in 9 Provinzen (Palana) und in Distrikte – **Staatsoberhaupt:** Präs. Sir William Gopallawa, seit 1972 – **Regierungschefin** einer Koalition (von SLFP, KP und anderen Gruppen) sowie Verteidigung, Äußeres usw.: Frau Sirimavo Bandaranaike, SLFP – **Parteien:** Bei den Wahlen v. Mai 1970 wurde die gemäßigte »Vereinigte Nationalpartei«/UNP entscheidend geschwächt (17 Sitze); stärkste Gruppe wurde die linksgerichtete »Sri Lanka Freiheitspartei«/SLFP unter Frau Sirimavo Bandaranaike mit 90 Sitzen; außerdem »Föderale (Tamilen-)Partei« mit 12, die trotzkistische »Lanko Sama Samaja-Partei« unter Dr. Nanaya Korapathiraga mit 19 und u. a. die KP (Mosk. Richtung, Vors. N. Sanmugathasan) mit 6 Sitzen sowie der »Tamilen-Kongreß« mit 3 Sitzen – **Dipl. B.:** BRD u. DDR

Städte (S 1973): Colombo (Kolamba, Hptst.) 618 000 Einw., Dehiwala-Mt. Lavinia (Galkissa) 136 000, Jaffna (Yapnaya) 112 000; 1967: Moratuwa 82 000, Kandy (Maha Nuwara) 76 000, Galle (Galla) 72 000, Negombo 50 000

Wichtige Ausfuhrgüter: Tee (bis 50 %), Kautschuk (bis 15 %), Kopra, Kokosöl, Kakao, Graphit – **Wichtigste Außenhandelspartner:** Großbritannien, Chines. Volksrepublik, USA, Indien, Japan, BR Deutschland, Australien, Sowjetunion, Italien, Kanada – 1974 **Einf.** 691 Mill. $, **Ausf.** 523 (1. Hj. 1976 268) Mill. $ – **W:** 1 Rupie (S.L.Re.) = 100 Cents; 1 US-$ = 8,667 S.L.Re., 1 S.L.Re. = 0,2970 DM

Mitgliedschaft: Commonwealth, UNO, ABD, ESCAP, FAO, GATT, IAEA, IBRD, ICAO, IFC, IMCO, IMF, ILO, ITU, UNESCO, UPU, WHO, WMO, Colombo-Plan, CCD

SÜDAFRIKA

(Republik Südafrika; Afrikaans: Republiek van Suid Afrika, Englisch: Republic of South Africa)

Fläche (24): 1 182 479 qkm, ohne das Gebiet von Walvis Bay 1124 qkm und 12 648 Einw. u. d. Pinguin-Inseln (2,92 qkm) u. ohne die ab Okt. 1976 unabhängige Transkei – **Einwohner** (31): 22 600 000 (de jure, ohne Transkei u. die in d. Rep. Südafrika lebenden Xhosa, die ab Okt. 1976 als Staatsbürger d. Transkei gelten sollen; Z 1970 21 477 230) = 19,1 je qkm – 52 % städt. Bevölkerung – **o. S.** Weiße 1 %, Afrikaner (S) 30–35 % – **BSP** (einschl. Südwestafrika/Namibia) 1973: 25 420 Mill. $, 1974 prov. 29 210 Mill. $, **je E.** 1200 $; **JZ** 2,0 % – **L** 10 % – **In** 41 %

Bevölkerung: Nach der Volkszählung v. 1970 waren 3 750 716 Weiße, von denen 58,0 % Afrikaans u. 37,1 % Englisch als Muttersprache sprachen; Bantus 15 057 559 (mehr als die Hälfte Afrikaans, die übrigen meist beide Sprachen; dazu Bantu-Dialekte); 620 422 Asiaten (ganz überwiegend Inder) u. 2 018 533 Mischlinge (»Coloured«; 88,5 % Afrikaans und u. a. 10,2 % Englisch als Muttersprache); (S VI/1975) in Mili.: 4,20 Weiße, 18,15 (ab Nov. 1976 ohne die unmittelbar in d. Transkei lebenden Xhosa 15,6 Mill.) Afrikaner, 2,40 Mischlinge u. 0,73 Asiaten; Japaner gelten als Weiße – **Geburten- u. Sterbeziffer** je 1000 Einw. (nur Weiße) 1964: 24,0/9,0 – **Geb.-U.**: 15,0 – Bantu 1956 (S): 16,5/11,0 – **Geb.-U.**: 5,5 – »Coloured« 1963: 46,3/15,3 – **Geb.-U.**: 31,0 – Jährl. Wachstumsrate insges. (1970–1974) 2,6 % – **Staatssprache:** Afrikaans u. Englisch; außerdem als Umgangssprachen Bantu-Sprachen, indische Sprachen – **Religion:** die Weißen sind fast ausschl. Angehörige protestantischer Kirchen (Niederl. Reform. Kirche rund 53 %, Anglikanische Kirche etwa 13 %, Methodisten u. Presbyterianer 12 %); dazu kommen 6 % Katholiken u. Angehörige einiger anderer Kirchen; über 120 000 Juden – Die über 6,5 Mill. christlichen Bantu sind, abgesehen von über 1,5 Mill. Katholiken, Protestanten (Angehörige von »Bantu-Kirchen« über 2,5 Mill.), ebenso die »Coloured« (»Kleuerlinge«, d. h. Nachkommen aus Verbindungen von Weißen mit Bantus u. Hottentotten in der Frühzeit), von denen sich nur 0,2 Mill. zum Katholizismus bekennen; die sogen. »Kapmalaien« sind Muslimen. Bei den Indischstämmigen handelt es sich um Hindus (über 350 000), daneben um Muslimen (rund 200 000)

Nationalflagge: orange-weiß(mit Flaggen vom Oranje-Freistaat u. Transvaal u. mit dem »Union Jack«)-blau (waagerecht) (neue Flagge ohne »Union Jack« geplant) – **Nationalfeiertag:** 31. 5. – **U:** Autonome Union im Brit. Reich seit 1910, volle Unabhängigkeit durch das »Westminster-Statut« v. 1931; Republik seit 1961

Staats- u. Regierungsform: Parlamentarische Bundesrep. – Parlament aus 2 Kammern (»Volksraad« bzw. »House of Assembly« u. »Senat«); Wahl der Abgeordneten für fünf Jahre – Wahlberechtigt alle über 18 J. alten Bürger europäischer Abstammung – Allgemeine Wehrpflicht für Weiße – Provinzen: Kap-Provinz, Natal, Oranje-Freistaat, Transvaal – Errichtung von Selbstverwaltungsgebieten (Bantustan) für die Bantus im Zeichen der Apartheid-(Rassentrennungs-)Politik – **Staatsoberhaupt:** Prof. Dr. Nicolaas Diederichs, NP, seit 1975 – **Regierungschef:** Premierminister Balthazar Johannes Vorster, NP – **Außenminister:** Dr. Hilgard Muller – **Parteien:** »National-Partei«/NP, Vertreterin der Rassentrennungspolitik und der burischen Elemente, seit den Wahlen von 1974 und seit Nachwahlen 123 Sitze, die bedeutendste Oppositionsgruppe, die »Vereinigte Partei« (»United Party«/UP), infolge von Austritten nur noch 37; die UP nimmt eine gemäßigtere Haltung in der Rassenpolitik ein, desgleichen die »Fortschrittliche Reformpartei« (PRP; 11); beide stützen sich wesentlich auf das britische Element. Die rechtsextreme »Hergestigte Nasionale Party«/HNP besitzt kein Mandat. Zu nennen sind außerdem die »Federal Coloured People's Party« sowie and. Parteien der Mischlinge, die jedoch im Unionsparlament keine Mandate haben, aber einen »Coloured Representative Council« besitzen (Labour Party 31 von 40, Fed. Col. P. P. 8 Sitze) – **Dipl. B.**: BRD – 1970 waren v. d. **Bantu** 4 026 058 Zulu, 3 930 087 Xhosa, 1 719 367 Tswana (bes. Sotho), 1 603 854 Sepedi, 1 451 790 Seshoesho, 737 169 Shangaan (Tsonga), 498 916 Swasi, 357 919 Venda, 233 021 Süd-Ndebele, 181 748 Nord-Ndebele u. 318 223 sonstige Bantu. 1970 (1960) lebten von den Bantu 46,5 % (37,5 %) in ihren Heimatgebieten, deren Fläche am 1. 4. 1971 158 485 qkm betrug; Vergrößerung auf 171 877 qkm geplant – Von den Venda leben 70,1 %, von den Matschanga-Tsonga 68,3 %, von den Tswana 63,2 % und u. a. von den Nord-Sotho 62,4 % in ihrem Heimatland. Für die Zulu u. andere Gruppen sind zwecks geschl. Siedlung Umsiedlungen vorgesehen – Die derzeit stärkste der Geheimorganisationen der Bantu, die die Aufhebung der Rassentrennung und Gleichberechtigung fordern, ist die »Nationale Befreiungsfront«/**FLN**; außerdem u. a. »Befreiungsfront für Südafrika«/**LIBSA** und **ANC**, die z. T. die Rep. Südafrika als »Asania« (Azania) bezeichnen

Innere Autonomie haben (ohne die ab 26. 10. 1976 unabhängige Transkei, s. entsprech. Hauptartikel): **Bophuthatswana** 37 540 qkm u. 1,72 Mill. Einw., haupts. Tswana der Sotho-Gruppe. Hauptort: künft. Heystekrand Gesetzgeb. Rat. Chefminister Lucas Manjani Mangope; der Gesetzgeb. Rat dieses zunächst noch aus 6 voneinander getrennten Teilen bestehenden »Homeland« fordert seit 1975 völlige **Unabhängigkeit,** die **für 1977** in **Aussicht gestellt** wurde – **Lebowa** 22 140 qkm u. 2,02 Mill. Einw., Nord-Sotho, dazu Ndebele, Hauptort: Sheshego. Chefmin.: Dr. Cedric Phatudi – **Venda** 6044 qkm und 0,36 Mill. Einw. haupts. Vhay. Hauptort: Sibasa. Chefmin.: Patrick Mphephu – **Gazankulu** 6673 qkm u. 0,74 Mill. Einw., haupts. Matschangana – Tsonga (Shangaan), Hauptort: Giyani. Chefmin.: Prof. W. A. Ntsanwisi – **Ciskei** 9185 qkm u. 0,92 Mill. Einw., haupts. Xhosa. Hauptort: Zwelitsha. Chefminister: L. L. Sebe – **Kwazu-**

lu 31 443 qkm und 4,0 Mill. Einw., haupts. Zulu. Hauptort: Nongoma, später Ulundi. Chefmin.: Gatsha-Buthelezi – **Basotho Qwaqwa** 4570 qkm u. 1,45 Mill. Einw., haupts. Süd-Sotho, Hauptort: Qwaqwa. Chefmin.: Wessels Mota – **Territ. Swasi** 2118 qkm und 0,50 Mill. Einw., haupts. Swasi. Hauptort: Nyamasane. Flächenangaben schwanken wegen Umgliederung, ebenso Einwohnerzahlen – *Zuständiger Minister für Bantu-Verwaltung* usw.: Michiel Coenraad Botha – Im Aug. **1976** sprachen sich die meisten der **Homeland-Chefs gegen die »Bantustanisierung«** und für Gleichberechtigung in der Gesamtrepublik aus.

Städte (Z 1970): Pretoria (Hptst. als Regierungssitz) 561 703 Einw. (darunter 304 618 Weiße, 11 343 Coloured u. 11 047 Inder), Kapstadt (Kaapstad, Cape Town, Hptst. als Parlamentssitz) 1 096 597 (378 505) Weiße, 598 972 Coloured u. 11 263 Inder), Johannesburg 1 432 643 (501 061 Weiße, 82 639 Coloured u. 39 348 Inder), Durban 843 327 (257 780 Weiße, 43 699 Coloured u. 317 029 Inder), Port Elizabeth 468 577 (149 569 Weiße), Vereeniging 169 533 (34 568 Weiße), Germiston 132 273 (95 768 Weiße), Bloemfontein 180 179 (74 516 Weiße), Benoni 149 563 (43 928 Weiße), Springs 104 090 (44 627 Weiße), East London (Oos-L.) 123 294 (56 809 Weiße), Pietermaritzburg 158 921 (45 503 Weiße, 36 400 Inder), Welkom 131 767 (31 381 Weiße), Roodepoort – Maraisburg 114 191 (56 734 Weiße), Kimberley 103 789 (29 397 Weiße), Krugersdorp 91 202 (34 844 Weiße), Kempton Park 35 767 (32 349 Weiße) Größte der sogen. **»Bantu Townships«** ist **Soweto** (Southwest Town) bei Johannesburg mit offiz. 838 000, faktisch wahrscheinlich weit über 1 Mill. Einwohnern

Wichtige Ausfuhrgüter: Gold (Schätzg. 1974: etwa 12 Mrd. DM), Diamanten, Uranerze, Kupfer, Mangan, Chrom, Asbest, Kohle; ferner vor allem Wolle, Mais, Früchte, Zucker, Häute, Felle, Maschinen u. Textilien – **Wichtigste Außenhandelspartner:** (ohne Gold): Großbritannien, USA, BR Deutschland (größter Lieferant), Japan, Italien, Benelux, Frankreich, Rhodesien – 1975 (m. Südwestafrika) **Einf.** 7589 Mill. $, **Ausf.** 5315 Mill. $ – **W:** 1 Rand (R) = 100 Cents; 1 US-$ = 0,8696 R, 1 R = 2,9678 DM

Mitgliedschaft: UNO, CCD, ECA, GATT, IAEA, IBRD, ICAO, IDA, IFC, IMF, SAEMU, WMO (Wegen d. »Apartheid«-Politik z. T. von der Teilnahme an Tagungen d. UNO-Organisation. ausgeschlossen)

Weitere Hoheitsgebiete:

Walfischbucht (Walvis Bay) Fläche: 1124 qkm – Einwohner 12 648, darunter 4834 Weiße u. 2076 Mischlinge; gehört zur Kapprovinz, wird aber seit 1922 südwestafrikanisch verwaltet – **Marion-Insel** Fläche 255 qkm, unbewohnt – **Prinz-Eduard-**(Prince Edward-)**Insel** Fläche 55 qkm, unbewohnt

Südwestafrika (engl.: South West Africa, afrik.: Suidwes Afrika; UNO-Bez.: **NAMIBIA) Fläche** (bei Unabhängigkeit an der 32. Stelle): 824 292 qkm (m. Walfischbucht) – **Einwohner** (bei U. an 126. Stelle): 890 000 (S 1975); 1974: Ovambos 396 000 (46,5 %) – Weiße 99 000 (11,6 %) – Damaras 75 000 (8,8 %) – Hereros 56 000 (6,6 %) – Kavangos 56 000 (6,6 %) – Namas 37 000 (4,3 %) – »Coloured« (Mischlinge) 32 000 (3,8 %) – Ost-Caprivier 29 000 (3,4 %) – Buschmänner 26 000 (3,0 %) – Rehoboth Basters 19 000 (2,2 %) – Kaokolander 7000 (0,8 %) – Tswana 5000 (0,6 %) – Sonstige 15 000 (1,8 %) – Jährl. Wachstumsrate (1970–1974) 2,3 % – Hauptstadt: Windhoek (Windhuk; m. Katatura) 72 000 (etwa 50 % Weiße) – Chef der Hereros ist Clemens Kapuuo – S. wird praktisch als ein Teil d. Rep. Südafrika verwaltet, in deren Parlament es 6 Abgeord. u. 3 Senatoren entsendet – Gesetzg. Rat (»Nationalpartei« 16, Opposition 2 Sitze) ohne Beteiligung d. Afrikaner – Administrator: B. J. van der Walt – Die südafrikanische Regierung plant eine Aufgliederung von Südwestafrika nach der Bevölkerung in autonome Gebiete (Buschmannland, Damaraland, Hereroland, Kaokoveld, Kavangoland, Namaland, Ovamboland, Ost-Caprivi, Rehoboth-Gebiet, Tswanaland, Gebiet der weißen Bevölkerung) – 1968 erhielt als erstes dieser Gebiete *Ovamboland* Selbstverwaltung; etwa 27 200 qkm u. 270 000 Einw., Hptst. Odangwa. Gesetzgeb. Rat. 1970 bekam *Kavangoland* (rd. 40 000 qkm u. fast 50 000 Kavangos; Hauptort Rundu) Selbstverwaltung, 1972 auch d. »Caprivi-Zipfel« einen Gesetzgebenden Rat – Die **wichtigsten Organisationen der Nichtweißen** (Bantu usw.), die die Unabhängigkeit fordern, sind d. SWANU (»Südwestafr. Volksunion«) und **SWAPO** (»Organis. f. Südwestafr. Einheit«), die sich zu einer illeg. »Befreiungsfront« zusammenschlossen. – 1966 entzog die UNO-Vollversammlung Südafrika das Mandat über Südwestafrika, 1967 beschloß sie die Einsetzung einer UNO-Verwaltung (UNO-Rat mit einem UNO-Kommissar) in S., das als **Namibia** unabhängig werden soll; die Resolution blieb ohne praktische Bedeutung, da Südafrika die Zuständigkeit der UNO und die Entscheidung des Internat. Gerichtshofs nicht anerkennt. Seit Herbst 1975 Abhaltung einer Verfassungskonferenz auf Beschluß Südafrikas, aber ohne SWAPO, der v. d. UNO anerkannten Vertretung Namibias (s. auch »Weltchronik«: Südwestafrika). Nach dem Verfassungsentwurf soll das **künftige Parlament eines unabhängigen Namibia** aus 2 Häusern bestehen, von denen das eine die nördlichen Gebiete (ohne Kaokoveld), das andere die südlichen Gebiete – mit den meisten Weißen (u. a. 30 000 Deutsche) – u. Kaokoveld umfassen. Jedes Haus soll separat entscheiden und keine ethnische Gruppe die anderen beherrschen können. **Geplant** Einsetzung einer multirassialen **Übergangsregierung bis zu der für 31. 12. 1978 vorgesehenen Unabhängigkeit.** – Die **UNO** lehnt diesen Plan ab, desgleichen die SWAPO (»South West African People's Organization«), die in einen gemäßigteren internen und einen radikalen Exil-Flügel (unter Sam Nujoma) gespalten ist.

SUDAN

(Dschumhurijat Ed Demokratia Es Sudan bzw. Jamhuryat Ad Demokratia As Sudan; The Dem. Republic of the Sudan)

Fläche (9): 2 505 813 qkm – **Einwohner** (35): 17 760 000 (nach UNO S 1975; 14 171 732 Z 1973) = 7,1 je qkm – Über 13 % städt. Bevölkerung – **o. S.** 80 % – **BSP** (S) 1973: 2260 Mill. $, 1974 prov. 2560 Mill. $, **je E.** 150 $; **JZ** −0,6 % (Abnahme) – **L** 35 % – **In** 16 %

Bevölkerung: Araber u. arabisierte Schichten im N (40–50 %), in Nubien hamit. Stämme, im S Niloten (u. a. Dinka 9–10 %); einige Tausend Europäer – **Geburten- u. Sterbeziffer:** jährl. Wachstumsrate (1970–1974) 2,5 % – **Staatssprache:** Arabisch; Englisch wichtig als Bildungs- und z. T. als Handelssprache; hamitische, nilotische u. sudanesische Sprachen – **Religion:** Islam (Staatsreligion; 60–70 %, bes. im N), im S Naturreligionen; 685 000 Katholiken, etwa 36 000 Protestanten; Kopten

Nationalflagge: rot-weiß-schwarz (waagerecht), mit grünem Dreieck am Flaggstock – **Nationalfeiertag:** 1. 1. – **U:** 1956

Staats- u. Regierungsform: Republik – Neue Verfassung von 1973 – Verwaltungsgliederung in 6 Provinzen u. d. autonome Südregion – **Staatsoberhaupt:** Präs. General Dschafar (Jafaar) Mohammed el Numeiri (Nimeiry) seit 1969, wiedergewählt 1971 – **Vizepräs. u. Regierungschef:** Raschid el Tahir Bakr – Berater des Präsidenten für **Auswärtiges:** Mansur Chalid (Khaled) – **Parteien:** die Einheitspartei »Sudanesische Sozialistische Union« stellt seit d. Wahl v. 1974 alle 125 gewählten Abgeordneten; die übrigen von d. »Volksorganisationen« entsandt u. v. Präs. ernannt – Die neue Verfassung gewährt den drei Südprovinzen als Region Autonomie; Regierungschef d. Süd-S.: Sajid Abdel Alier – **Dipl. B.:** BRD u. DDR

Städte (S 1971): Chartum (Karthoum, Hptst., 1972 m. V.) 300 000 Einw., Omdurman 258 532, Chartum Bahri 127 672, Port Sudan 110 091; 1968: El Obeid 70 000, Wad Medani (1971) 79 364, Atbara (1971) 55 669, Kassala 49 000, El Fascher, Kosti u. En Nahud je 30 000

Wichtige Ausfuhrgüter: Baumwolle u. Baumwollsamen (bis 60 % d. Ausfuhrwertes), Erdnüsse, Sesam, Gummiarabikum, Ölkuchen, Häute u. Felle, Vieh – **Wichtigste Außenhandelspartner:** Indien, UdSSR, Großbritannien, BR Deutschland, Chines. Volksrepublik, Japan, Italien, USA, Ägypten – 1975 **Einf.** 887 Mill. $, **Ausf.** 443 Mill. $ – **W:** 1 Sudanes. Pfund (£S) = 100 Piastres; 1 US-$ = 0,346677 £S, 1 £S = 7,4254 DM

Mitgliedschaft: UNO, OEA, ECA, FAO, IBRD, IAEA, ICAO, IDA, IFC, ILO, IMF, ITU, UIA, UNESCO, UPU, WHO, WMO, CCD, EG (assoz.), Arabische Liga

SÜDWESTAFRIKA s. Südafrika

SURINAME

Fläche (85): 163 265 qkm – **Einwohner** (136): 420 000 (S 1975; 384 903 Z 1971) = 2,5 je qkm – Über 50 % städt. Bevölkerung – **BSP** 1973: 350 Mill. $, **je E.** 870 $; **JZ** 2,4 % – **L** 13 % – **In** 39 %

Bevölkerung: rund zwei Fünftel Mischlinge, über 30 % Indischstämmige, 12–15 % Indonesier (meist Javaner), einige Tausend Europäer (meist Niederländer), mehr als 6000 Chinesen, gegen 40 000 Neger (»Morronen«) und rund 10 000 Indianer – **Geburten- u. Sterbeziffer:** jährl. Wachstumsrate (1970–1974) 2,6 % – **Staatssprache:** Niederländisch; Sprachen der verschiedenen Gruppen sowie als Mischsprachen (als Umgangs- und Verkehrssprachen verbreitet) »Sranan Tongo«, »Saramaccan« – **Religion:** über ein Fünftel Protestanten, rund ein Viertel Hindus, je ein Fünftel Katholiken und Muslimen

Nationalflagge: grün-weiß(schmal)-rot (doppelt breit, mit fünfzackigem gelben Stern in Kreisumrandung)-weiß(schmal)-grün (Streifen waagerecht) – **Nationalfeiertag:** 25. 11. – **U:** 1975

Staats- u. Regierungsform: Republik mit Einkammerparlament – Allg. Wahlrecht – Verwaltungsgliederung in 8 Distrikte – **Staatsoberhaupt:** Dr. Johan H. E. Ferrier – **Regierungschef:** Henck Arron/NAP – **Parteien:** »Nationale Allianz-Partei«/NAP 17 Sitze, »Vereinigte Hindustani-Partei« unter Jagernatz Lachmon 11 Sitze, »Progressive Nat. Partei«

Städte: Paramaribo (Hptst., S. m. V.) 180 000, mehrere Kleinstädte wie Nieuw Nickerie und Albina (Häfen)

Wichtige Ausfuhrgüter: Bauxit, Tonerde u. Aluminium (60–70 %), Reis, Gemüse und Holz – **Wichtigste Außenhandelspartner:** Niederlande und andere EG-Länder, USA, Trinidad u. Tobago, Kanada – 1972 **Einf.** 144 Mill. $, **Ausf.** 169 Mill. $ – **W:** 1 Suriname Gulden (Sf) = 100 Cents; 1 US-$ = 1,77 Sf, 1 Sf = 1,4544 DM

Mitgliedschaft: UNO; künftig wahrscheinlich in deren Sonderorganisationen; EG (assoz.)

SVALBARD s. Norwegen

SWASILAND

(Swaziland; künftig vielleicht Umbenennung in Ngwane)

Fläche (132): 17 363 qkm – **Einwohner** (135): 490 000 (B 1974, de jure 374 697 Z 1966) = 28,1 je qkm – Etwa 8 % städt. Bevölkerung – **o. S.** über 60 % – **BSP** 1973 (S): 150 Mill. $, 1974 prov. 190 Mill. $, **je E.** 400 $; **JZ** 6,3 % – **L** 33 % – **In** 25 %

Bevölkerung: Über 90 % Swasi, die zur Nguni-Gruppe der Bantu gehören und mit den Zulu verwandt sind; über 8000 Weiße und mehr als 2000 Mischlinge (»Coloured«) – **Geburten- u. Sterbeziffer:** jährl. Wachstumsrate (1970–1974) 3,1 % – **Staatssprache:** SiSwati (Isi-Zulu); Engl. auch als Verwaltungs- u. Bildungssprache – **Religion:** 40 bis 50 % Christen (u. a. rund 42 000 röm. Katholiken); Anhänger von Naturreligionen

Nationalflagge: blau-gelb-karmesin(breit, m. Wappen: Schild, Speeren usw.)-gelb-blau (waagerecht) – **Nationalfeiertag:** 6. 9. – **U:** 1968

Staats- u. Regierungsform: Konstit. Monarchie – Parlam. aus 1 Kammer, von deren Abgeordneten 24 gewählt und 6 ernannt werden – Wahlberechtigt alle erwachsenen Bürger – Keine Wehrpflicht – Verwaltungsgliederung in 4 Distrikte – **Staatsoberhaupt:** König bzw. »Ngwenyama« Sobhuza II., seit 1921 – **Regierungschef:** Premierminister Oberst Maphevu Dlamini – **Parteien:** Bei den Wahlen vom April 1967 errang die königstreue und für Zusammenarbeit mit Südafrika eintretende »Imbokodvo«-Bewegung alle Sitze; über 20 % der Stimmen entfielen auf den panafrikan.-nationalist. »Ngwane National Lib. Congress«. Im April 1973 Aufhebung d. Verfassung, Auflösung v. Parlament u. Parteien – Neue Verfassung vorgesehen – **Dipl. B.:** BRD (Sitz der Botschaft in Lilongwe–Limbe/Malawi)

Städte: Mbabane (Hptst.) 14 000 Einw., Manzini 16 000, Lobamba

Wichtige Ausfuhrgüter: Hauptsächlich Zucker (bis ein Viertel), Eisenerz, Asbest u. Holz (je bis ein Fünftel d. Ausfuhrwertes), Viehzuchtprodukte, Baumwolle – **Wichtigste Außenhandelspartner:** Rep. Südafrika, Großbritannien – **W:** 1 Lilangeni (L bzw. E; Mz.: Emalangeni) = 100 Cents; 1 US-$ = 0,8696 E, 1 E = 2,9645 DM

Mitgliedschaft: UNO, OEA, Commonwealth, EG (assoz.), IBRD, ICAO, IFC, IMF, ITU, SAEMU, UPU, WMO, GATT (assoz.)

SYRIEN

(Arab. Republik S.; El Dschamhurija el Arabija es Surija bzw. Al Jamhouriya al Arabiya As Souriya)

Fläche (81): 185 180 qkm (einschl. 4070 qkm Binnengewässer) – **Einwohner** (67): 7 350 000 (S 1975; 6 304 685 Z 1970 mit den Palästinaflüchtlingen [1972 193 420]) = 38,4 je qkm – Im Juni 1967 wurden einige Grenzgebiete von israelischen Verbänden besetzt, aus denen etwa 80 000 Personen in das übrige Syrien geflohen waren; nach d. Truppenentflechtungsabkommen v. 1974 Rückgabe eines Landstreifens (m. Kuneitra u. Rafi) – 46 % städt. Bevölkerung – **o. S.** 60–70 % – **BSP** 1973: 2800 Mill $, 1974 prov. 3480 Mill. $, **je E.** 490 $; **JZ** 3,6 % – **L** 18 % – **In** 24 %

Bevölkerung: hauptsächlich syrische Araber; Kurden (etwa 5 %), Armenier und Tscherkessen – **Geburten- u. Sterbeziffer:** jährl. Wachstumsrate (1970–1974) 3,3 % – **Staatssprache:** Arabisch – **Religion:** sunnitische Muslimen, schiitische und ismailitische Gruppen (zus. über 80 %); rund 7 % schiit. Alauiten und über 2 % Drusen, etwa 10 % Christen, bes. griech-orth., armen.-orth. u. Angehörige verwandter Kirchen, 15 000 Protestanten sowie 4000 Juden

Nationalflagge: rot-weiß(Wappen in Gold)-schwarz (waagerecht) – **Nationalfeiertag:** 17. 4. – **U:** 1944, 1946 vollst. Abzug d. brit. u. franz. Truppen

Staats- u. Regierungsform: Präsidiale Republik m. »volksdem.-sozialist.« Charakter n. d. Verfassung v. 1973 – Volksversammlung; Wahl alle 4 Jahre – Wehrpflicht – Verwaltungsgliederung in 13 Provinzen (Mohafazat) u. Hauptstadt – **Staatsoberhaupt:** General Hafes (Hafez) el Assad, seit 1971 – **Regierungschef:** General Abdurrahman Chleifaui (Khleifawi), Koalit.-Regierung aus Baath, Soz. Union, KP usw. – **Außenminister** u. stellv. Min.-Präs. Abdul Halim Chaddam (Khaddam), Baath – **Parteien:** Die nationalistisch-sozialistische »Baath (Wiedergeburts)- bzw. Sendungs-Partei«, die mehrere Flügel aufweist, erhielt bei den Wahlen v. 1973 (164 der 186 Sitze standen zur Wahl) 111 Sitze, die »Arab. Union« 6, die »Arab. Soz. Organisation« 3, die KP 7, Unabhängige 33. Die Baath-Partei, die KP u. nationalist. Gruppen arbeiten in der »Progressistischen Front«/FNP zusammen – Vorsitzender d. »Baath« ist General Hafes el Assad – **Dipl. B.:** BRD u. DDR

Städte (Z 1970): Damaskus (Esch Scham, Hptst.) 836 668 Einw., Aleppo (Halep) 639 428, Homs (Homsi) 215 423, Hama 137 421, Latakia 125 716, Deir es Sor (Deir ez Zor) 66 144, Mochajam (Mokhayam-Y.)-Jarmuk 64 273, El Kamischli (Al Kamushly) 47 714, El Rakka 37 151, Idleb (Idlib) 34 515

Wichtige Ausfuhrgüter: Baumwolle (bis 20 % d. Ausfuhrwertes), Viehzuchtprodukte, Erdölderivate, Früchte, Wolle, Textilien – **Wichtigste Außenhandelspartner:** Sowjetunion, Italien, Libanon, BR Deutschland, Japan, Frankreich, USA, Kanada, Großbritannien, Ägypten – 1975 **Einf.** 1669 Mill. $, **Ausf.** 930 Mill. $ – **W:** 1 Syr. Pfund (£S bzw. syr. £) = 100 Piastres; 1 US-$ = 3,65 £S, 1 £S = 0,6601 DM

Mitgliedschaft: UNO, Arabische Liga, FAO, IAEA, IBRD, ICAO, IDA, IFC, ILO, IMCO, IMF, ITU, UIA, UNESCO, UPU, WHO, WMO, ECWA, CCD; Gemeins. Arab. Markt, Handelsabkommen m. d. EG – Mitglied der »Union Arabischer Staaten« (s. diese)

TAHITI s. Frankreich (Französische Republik 2)

TANSANIA

(United Republic of Tanzania; Jamhuriya [Dschamhurija] ja Mwungano wa Tanzania; Vereinigte Republik Tansania)

Fläche (29): 945 087 qkm (m. 53 483 qkm Binnengewässern; u. a. Anteil am Tanganjika- u. Victoria [»Sango«]-See) – **Einwohner** (42): 15 160 000 (S 1975; Z 1967 12 313 469) = 16,0 je qkm – Etwa 8 % städt. Bevölkerung – **o. S.** etwa 75 % – **BSP** (ohne Sansibar) 1973: 1830 Mill. $, 1974 prov. 2060 Mill. $, **je E.** 140 $; **JZ** 26 % – **L** (ohne S.) 31 % – **In** (ohne S.) 21 %

Nationalflagge: links oben grünes Dreieck-gelbgeränderter schwarzer Diagonalstreifen-blaues Dreieck – **Nationalfeiertag:** 26. 4. – **U:** 1961 (Sansibar 1963); Föderation seit 1964

Staats- und Regierungsform: Präsidiale Republik föderativen Charakters – Bundesparlament, Wahlen hierfür nur in Tanganjika (Abgeordnete für Sansibar entsandt), eigenes Parlament für Sansibar mit auf dieses Gebiet beschränkten Teilvollmachten – Keine Wehrpflicht – Verwaltungsgliederung in 17 Regionen sowie Sansibar und Pemba – **Staatsoberhaupt:** Präsident und Regierungschef »Mwalimu« Dr. Julius Kambarag Nyerere, TANU, ohne Gegenkandidat wiedergewählt 1975 – **1. Vizepräs.** u. Präs. d. »Revolutionsrates« in Sansibar: Mwinyi Aboud Jumbe – 2. Vizepräs. u. **Regierungschef** in T.: Raschidi Mfaume Kawawa, TANU – **Außenminister:** Ibrahim Kaduma – **Dipl. B.:** BRD u. DDR

Mitgliedschaft: Commonwealth, UNO, OEA, ECA, FAO, GATT, IAEA, IBRD, ICAO, IDA, IFC, ILO, IMCO, IMF, ITU, UNESCO, UPU, WHO, WMO, CCD – Seit 1967 mit Kenia u. Uganda Mitglied des »Gemeinsamen Ostafrikan. Marktes«; assoz. m. d. EG – 1975 (ohne Handel m. Kenia u. Uganda) **Einf.** 749 Mill. $, **Ausf.** 365 Mill. $ – **W:** 1 Tansania-Shilling (T.Sh.) = 100 Cents; 1 US-$ = 8,4715 T.Sh.; 1 T.Sh. = 0,3039 DM

a) Tanganjika (942 626 qkm und 14 763 000 Einw., S 1974)

Bevölkerung: 50–60 % Bantu-Gruppen (Haya, Makonde, Njamwesi, Sukuma, Tschagga u. viele andere), außerdem hamitische Massai, arabisch-negrische Suaheli, je einige Tausend Europäer (meist Briten) und Indischstämmige, kleine arabische Minderheit – **Geburten- und Sterbeziffer:** jährl. Wachstumsrate (1970–1974) 2,7 % – **Staatssprache:** Suaheli; Englisch als Bildungs- und Verkehrssprache wichtig; außerdem Bantu-Dialekte u. hamitische Mundarten, an der Küste Arabisch – **Religion:** rund 10–15 % Muslimen, etwa 20 % Katholiken, 10 % Protestanten; Hindu-Minderheit; Anhänger von Naturreligionen – **Parteien:** »Tanganyika African National Union«/TANU (Vorsitzender: Julius Nyerere), seit 1965 in Tanganjika »Einheitspartei«; bei d. Wahlen v. 1975 alle Sitze an die TANU; dazu u. a. 10 vom Präsidenten nominierte u. 15 von region. Institutionen entsandte Vertreter sowie 20 Regionalkommissare; in das Föderationsparlament entsendet Sansibar 52 Vertreter

Städte (S 1967): Dodoma (Hptst., S 1973) 20 000 Einw., Dar es Salaam (Verlegung d. Ministerien n. Dodoma im Verlauf von etwa 10 Jahren) 343 911 (1970) Einw., Tanga 60 935, Mwanza 34 855, Aruscha 32 348, Moschi 26 969, Morogoro 25 263, Tabora 20 994

Wichtige Ausfuhrgüter: Baumwolle, Kaffee, Sisal (zus. über 50 % d. Ausfuhrwertes), Diamanten, Tee, Erdnüsse, Pyrethrum, Gold – **Wichtigste Außenhandelspartner:** Großbritannien, Chines. Volksrepublik, Japan, BR Deutschland, USA, Benelux, Sambia, Hongkong, Indien, Iran, Indonesien

b) Sansibar (Zanzibar), m. Pemba (164 243 Einw., 1967) – Fläche 2641 qkm u. 412 000 Einw. (S

1974), darunter etwa 75 % Bantu und Bantu-Mischlinge, ein Achtel Araber und rund 5 % Indischstämmige – Hauptstadt: Sansibar über 80 000 Einw. – Offiz. Sprache: Suaheli; daneben Englisch – Religion: haupts. Muslimen – Jährl. Bevölkerungswachstum (1970–1974) 2,2 % – Präs. d. »Revolutionsrates« u. 1. Vizepräs. v. Tansania ist seit 1972 Mwinyi Aboud Jumbe, gleichzeitig auch Führer d. sozialrevolutionären »Afro-Shirazi Party«/ASP (Sans.-Einheitspart.)

Wichtige Ausfuhrgüter: Gewürznelken, Fische, Kopra

THAILAND

(Prathet [Prades] T'hai oder Muang T'hai; Königreich Thailand)

Fläche (45): 514 000 qkm – **Einwohner** (18): 41 870 000 (S 1975, 34 397 274 Z 1970) = 81,4 je qkm – Etwa 20 % städt. Bevölkerung – **o. S.** 25 % – **BSP** 1973: 10 600 Mill. $, 1974 prov. 12 140 Mill. $, **je E.** 300 $; **JZ** 4,5 % – **L** 31 % – **In** 25 %

Bevölkerung: über 85 % Thaivölker, vor allem Siamesen, sodann Schan u. Lao, außerdem der Herkunft nach 5–8 % Chinesen u. über 3 % Malaien – **Geburten- u. Sterbeziffer:** jährl. Wachstumsrate (1970–1975) 3,2 % – **Staatssprache:** T'hai (Siamesisch); Umgangssprachen der anderen Gruppen. Handelssprache Englisch – **Religion:** 93 % Hinajana-(Theravada-)Buddhisten; im S über 3 % islamische Malaien; über 150 000 Christen (110 000 Katholiken)

Nationalflagge: rot-weiß-blau(doppelt breit)-weiß-rot (waagerecht) – **Nationalfeiertag:** 5. 12. – **U:** Reichsbildung seit d. 13. Jh., auch in der Kolonialzeit unabhängig

Staats- u. Regierungsform: Monarchie auf parlamentarisch-demokrat. Grundlage – Verfassung von 1974 – Nationalversammlung – Allg. Wehrpflicht – Verwaltungsgliederung in 72 Provinzen (Tschangwad), an deren Spitze ein Gouverneur steht – **Staatsoberhaupt:** König Bhumibol Adulyadej (Phumiphon Aduldet; Rama IX.) seit 1946, gekrönt 1950 – **Regierungschef:** Prinz (Rajwongse) Seni Pramoj (Pramot), DP – **Außenminister:** Pichai Ratakul, DP – **Parteien:** Wahlen v. April 1976: »Demokrat. Partei«/DP 114 Sitze, »Nation. Thai-Partei« (Chat) 56, »Soz. Aktionspartei« 45, »Soziale Gerechtigkeitspartei« 28, »Soz. Landwirtepartei« 8, »Soz. Nationalpartei« 8, »Partei d. Neuen Kraft« 3, »Partei der Volkskraft« 3, »Sozialist. Partei« 2, »Partei f. Provinzentwicklung« 2, »Verein. Sozialist. Front« 1, Sonstige 9. Die KP ist verboten – **Dipl. B.:** BRD u. DDR

Städte (S 1970): Bangkok (Hptst.; Phra Nakhon, auch Nakhon Luang bzw. Krung Thep, mit Thon Buri) 2 495 312 Einw., m. V. 1975 über 3 Mill., Tschiengmai (Chiang Mai) 83 729, Nakhon Ratchasima (Kho Rat bzw. Korat) 60 371, Udon Thani 56 218, Hat Yai (Songkhla) 47 953, Nakhon Sawan 46 853, Samut Prakan 46 632, Nakhon Si Thammarat 40 671, Lampang 40 100, Chon Buri 39 367

Wichtige Ausfuhrgüter: Reis (bis 15 % d. Ausfuhrwertes), Kautschuk (bis 10 %), Mais u. Zinn (je bis 10 %), Jute u. Kenaf, Tapioka, Holz – **Wichtigste Außenhandelspartner:** Japan, USA, BR Deutschland, Großbritannien, Singapur, Niederlande, Hongkong, Malaysia, Indonesien – 1974 **Einf.** 3143 Mill. $, **Ausf.** 2485 Mill. $ – **W:** 1 Baht (฿) = 100 Satang; 1 US-$ = 20,35 B, 1 ฿ = 0,1265 DM

Mitgliedschaft: UNO, SEATO, ADB, ASEAN, ECAFE, FAO, IAEA, IBRD, ICAO, IDA, IFC, ILO, IMCO, IMF, ITU, UNESCO, UPU, WHO, WMO, CCD; Colombo-Plan, Assoziation Südostasien/ASA mit Malaysia und den Philippinen vereinbart, aber nicht realisiert

TIBET s. China

TIMOR s. Abschnitt »Weltchronik«: Ost-Timor

TOBAGO s. Trinidad

TOGO

(République Togolaise)

Fläche (111): 56 000 qkm – **Einwohner** (112): 2 220 000 (S 1975; 1 953 778) = 39,6 je qkm – Rund 28 % städt. Bevölkerung – **o. S.** 75 % – **BSP** 1973: 380 Mill. $, 1974 prov. 460 Mill. $, **je E.** 210 $; **JZ** 2,6 % – **L** 40 % – **In** 24 %

Bevölkerung: ganz überwiegend Sudan-Völker (Ewé über 60 %) u. Volta-Völker (Temba, Moba, Gurma, Kabyé [Cabrais bzw. Kabré]); daneben Haussa- u. Fulbe; etwa 3000 Europäer – **Geburten- und Sterbeziffer:** jährliche Wachstumsrate (1970–1974) 2,6 % – **Sprache:** Französisch als Amts- u. Bildungssprache, als Umgangssprachen Ewé-Dialekte und Volta-Sprachen (Moba u. Gurma); Ful – **Religion:** über ein Viertel Christen (davon 400 000 Katholiken), 10–12 % Muslimen; Anhänger von Naturreligionen

Nationalflagge: grün-gelb-grün-gelb-grün (waagerecht) mit weißem Stern in rotem Viereck am Flaggstock – **Nationalfeiertag:** 27. 4. – **U:** 1960

Staats- u. Regierungsform: Präsidiale Republik – Parlament aus 1 Kammer – Allgemeines Wahlrecht – Verwaltungsgliederung: 5 Entwickl.-Regionen; 20 Bezirke (»Circonscriptions«) m. 7 Stadtgemeinden – **Staatsoberhaupt u. Regierungschef:** General Gnassingbé (Nyassingbe) Eyadema, seit d. Staatsstreich v. Januar 1967, gewählt 1972 – **Außenminister:** Edem Kodjo – **Parteien:** Seit 1969 »Sammlung des togolesischen Volkes« (»Rassemblement du peuple togolais«/RPT) als Einheitspartei unter Eyadema – **Dipl. B.:** BRD u. DDR

Städte (1975): Lomé (Hptst., m. V.) 310 000 Einw., Tschaoudjo (fr. Sokodé) 45 000, Vogan 40 000, Atitogan 25 000, Atakpamé 22 000, Kpalimé 20 000

Wichtige Ausfuhrgüter: Phosphate u. Kakao (je bis ein Drittel), Kaffee, Palmkerne, Kopra, Baumwolle – **Wichtigste Außenhandelspartner:** Frankreich u. and. EG-Länder, UdSSR, USA, Japan – 1974 **Einf.** 109 Mill. $, **Ausf.** 189 (1. Hj. 1975 79) Mill. $ – **W:** 1 CFA-Franc (FCFA) = 100 Centimes; 1 US-$ = 236,56 FCFA, 1 FCFA = 0,0109 DM

Mitgliedschaft: UNO, OEA, »Conseil de l'Entente«, ECA, EG (assoz.), FAO, GAMO (OCAM), GATT (assoz.), IBRD, ICAO, IDA, IFC, ILO, IMF, ITU, UNESCO, UPU, WHO, WMO, CEAO, ECOWAS (CEDEAO)

TONGA

(Kingdom of Tonga; Königreich T.)

Fläche (146): 699 qkm – **Einwohner** (151): 100 000 (S 1975, 77 429 Z 1966) = 143,0 je qkm – Weniger als 20 % städt. Bevölkerung – **BSP** 1973 (S) 20 Mill. $, **je E.** 210 $; **JZ** –0,9 % (Abnahme)

Bevölkerung: (Z 1966): 76 121 polynesische Tonganer, 512 Mischlinge, 402 Europäer u. 394 sonstige – **Geburten- u. Sterbeziffer:** jährl. Wachstumsrate (1970–1974) 2,9 % – **Staatssprache:** Tonga; Englisch – **Religion:** Protestanten; außerdem 15 % röm. Katholiken

Nationalflagge: rotes Feld, rotes Kreuz im weißen Viereck am Flaggstock – **Nationalfeiertag:** 4. 6. – **U:** 1970

Staats- u. Regierungsform: Konstit. Monarchie – Einkammerparlament – **Staatsoberhaupt:** König Taufa' ahau Tupou IV., seit 1965 – **Regierungschef:** Prinz Fatafehi Tu'ipelehake – **Parteien:** Keine organisierten Parteien

Städte: Nuku'alofa (auf Tongatapu) 16 000 Einw. (Hptst.)

Wichtige Ausfuhrgüter: Kopra, Bananen – **Wichtigste Außenhandelspartner:** Neuseeland, Australien, Fidschi, EG – 1971 (S) **Einf.** 8,5 Mill. $, **Ausf.** 3,0 Mill. $ – **W:** 1 Pa'anga (T$) = 100 Seniti; 1 US-$ = 0,712 T$, 1 T$ = 3,6154 DM

Mitgliedschaft: Commonwealth; UNO-Mitgliedschaft noch nicht beabsichtigt, EG (assoz.); Südseeforum, ITU, UPU

TRANSKEI

Fläche (117): 41 600 (prov., nach and. Angaben 38 558 qkm) – **Einwohner** (102): 3 000 000 (mit Xhosa-Angehörigen in Südafrika, ohne diese etwas über 1 800 000) = 72,3 (ohne Xhosa in d. Rep. Südafrika etwa 48) je qkm – Weniger als 5 % städt. Bevölkerung – **BSP** 1973 (S): über 600 Mill. $, **je E.** über 200 $; **L** 70–80 % – **In** etwa 10 % (S)

Bevölkerung: hauptsächlich zur Nguni-Gruppe der Bantu gehörende Xhosa; in 11 Stämme gegliedert; außerdem Sotho; einige Tausend Mischlinge (»Coloured«), kleine weiße Minderheit – **Geburten- u. Sterbeziffer:** jährl. Wachstumsrate über 2 % – **Staatssprache:** Xhosa; auch SeSotho, Englisch u. Afrikaans in Verwaltung u. bei Gericht zugelassen – **Religion:** Überwiegend Protestanten, daneben Katholiken

Nationalflagge: rötlicher Ocker-weiß-grün (waagerecht) – **Nationalfeiertag:** 26. 10. – Im 19. Jh. kriegerische Auseinandersetzung mit den weißen Siedlern; zwisch. 1879 u. 1897 v. d. Briten annektiert. 1910 Teil d. Südafrikanischen Union, 1961 d. Rep. Südafrika; s. 1956 wachsende innere Autonomie – **U:** faktisch am 17. 9., offiz. am 26. 10. 76

Staats- u. Regierungsform: Republik – Einkammerparlament aus 150 Mitgliedern (75 gewählt, 15 »Chiefs«, d. h. Häuptlinge) mit 5jähriger Periode – Allg. Wehrpflicht – Regionale, Bezirks-, Stammes- und Gemeindeverwaltungen – **Staatsoberhaupt:** Präsident Botha Sigcau – **Regierungschef:** Dr. h. c. Kaizer Daliwonga Matanzima, seit 1976 – **Außenminister:** N. N. – **Parteien:** »Transkei National Independence Party«/TNIP unter Georg Matanzima; vertritt Kooperation mit der Rep. Südafrika; hielt nach den Wahlen von 1973 mit 25 von 45 Sitzen die Mehrheit im Parlament; außerdem die oppositionelle, streng die »Apartheid«-Politik ablehnende «Democratic Party« (11) und Unabhängige. In der Verfassung- und Gesetzgebenden Versammlung hielt 1976 die TNIP 98 von 110 Sitzen

Städte: Umtata (Hptst. m. V.) etwa 30 000 Einw.

Wichtige Ausfuhrgüter: haupts. landwirtschaftliche Erzeugnisse – **Wichtigste Außenhandelspartner:** Rep. Südafrika – **W:** noch nicht feststehend (15. 9. 1976)

Mitgliedschaft: Zoll- und Währungsgemeinschaft mit der Rep. Südafrika usw. (SAEMU); Mitgliedschaft in UNO und OEA angestrebt, aber zunächst nicht wahrscheinlich

TRINIDAD und TOBAGO

(Trinidad and Tobago)

Fläche (139): 5128 qkm (Tobago allein 301 qkm) – **Einwohner** (123): 1 080 000 (B 1975, 945 210 Z 1970) = 210,5 je qkm (Tobago allein 37 000 Einw.) – Rund 20 % städt. Bevölkerung – **o. S.** 5 % – **BSP** 1973: 1380 Mill. $, 1974 prov. 1590 Mill. $, **je E.** 1490 $; **JZ** 2,2 % – **L** 8 % – **In** 50 %

Bevölkerung: zwei Fünftel Neger, ein Sechstel Mulatten, fast 40 % aus Vorderindien Stammende, 1 % Weiße, fast 1 % Chinesen usw. – **Geburten- u. Sterbeziffer:** jährl. Wachstumsrate (1970–1974) 1,2 % – **Staatssprache:** Englisch; Umgangssprachen auch Spanisch u. z. T. Franz. – **Religion:** ein Drittel Katholiken, über ein Viertel Protestanten, 25 % Hindus, über 5 % Muslimen, 400 Juden.

Nationalflagge: karmesinrotes Feld mit weißgerändertem schwarzen Diagonalstreifen – **Nationalfeiertag:** 31. 8. – **U:** 1962

Staats- u. Regierungsform: Präsidiale Republik – Parlament aus 2 Kammern – **Staatsoberhaupt:** interimist. Sir Ellis Clarke – **Regierungschef** und Außenminister: Dr. Eric E. Williams, PNM – **Parteien:** bei den Wahlen von 1971 erhielt »People's National Movement«/PNM alle 36 Sitze im Unterhaus; seither einige Abgeordnete ausgetreten und als Unabhängige gezählt. Die oppositionelle »Democratic Labour Party«/DLP boykottierte die Wahlen. – Bei den Wahlen vom Sept. 1976 erringt die PNM die absolute Mehrheit. – **Dipl. B.:** BRD

Städte (S 1970): Port of Spain (Hptst.) 67 900, m. V. 100 000 Einw., San Fernando 37 300, Arima 11 800, Scarborough (Hauptort auf Tobago) 3000

Wichtigste Ausfuhrgüter: Erdöl u. -derivate (70 bis 80 %), Zucker, Rum, Kakao – **Wichtigste Außenhandelspartner:** USA, Großbritannien, Kanada, Venezuela, Nigerien, Niederlande, Saudi-Arabien, CARICOM – 1975 **Einf.** 1470 Mill. $, **Ausf.** 1754 Mill. $ – **W:** 1 Trin. und Tobago Dollar (TT$) = 100 Cents; 1 US-$ = 2,400 TT$, 1 TT$ = 1,0726 DM

Mitgliedschaft: Commonwealth, UNO, OAS, CECLA, ECLA, IDB, FAO, GATT, IBRD, ICAO, IFC, ILO, IMCO, IMF, ITU, UNESCO, UPU, WHO, WMO, Karibischer Gemeinsamer Markt/MCC, EG (assoz.)

TSCHAD

(République du Tschad)

Fläche (19): 1 284 000 qkm – **Einwohner** (91): 4 030 000 (S 1975, 3 254 000 Z 1963/64) = 3,1 je qkm – Etwa 15 % städt. Bevölkerung – **o. S.** 80 % – **BSP** 1973: 320 Mill. $, 1974 prov. 360 Mill. $, **je E.** 90 $; **JZ** −3,3 % (Abnahme) – **L** 50 % – **In** 3–5 %

Bevölkerung: Araber u. Sudan-Gruppen (Tibbu, Kanuri, Sara); Haussa sowie Niloten; einige Tausend Europäer, meist Franzosen – **Geburten- u. Sterbeziffer:** jährl. Wachstumsrate (1970–1974) 2,1 % – **Staatssprache:** Amtssprache Französisch; Arabisch, nilotische u. sudanesische Sprachen – **Religion:** etwa 50 % Muslimen, 5 % Katholiken, 1 % Protestanten; Anhänger von Naturreligionen

Nationalflagge: blau-gelb-rot (senkrecht) – **Nationalfeiertag:** 11. 8. – **U:** 1960

Staats- u. Regierungsform: Präsidiale Republik – Parlament aus einer Kammer – Allgemeines Wahlrecht – Keine Wehrpflicht – Verwaltungsgliederung in 14 Präfekturen – **Staatsoberhaupt:** Präsident, Vors. d. »Obersten Militärrates«/CSM, Regierungschef u. Verteidigungsminister Brigadegeneral Félix Malloum, seit dem Staatsstreich v. April 1975 – **Außenminister** u. Min. f. Zusammenarbeit: Commandant Kamougue Wadal Abdelkader; Staatssekretär f. Äußeres u. Zusammenarbeit: Galma Youssoubou – **Parteien:** »Union pour le Progrès du Tchad«/UPT als Einheitspartei abgelöst durch d. »Mouvement National pour la Révolution culturelle et sociale«/MNRCS (hielt alle Parlamentssitze). Parlament u. Parteien seit April 1975 aufgehoben; prov. Verfassung v. Aug. 1975 – **Dipl. B.:** BRD u. DDR

Städte (S 1968): Ndjemena (N'Djamena; fr. Fort Lamy, Hptst., 1972) m. V. 179 000 Einw., Sarh (fr. Fort Archambault) 36 749, Moundou 34 098, Abéché 25 564

Wichtige Ausfuhrgüter: Baumwolle (über 70 % d. Ausfuhrwertes), Viehzuchtprodukte, Erdnüsse – **Wichtigste Außenhandelspartner:** Frankreich, dazu übrige EG-Partner, Nigerien, Zaïre, USA – 1974 **Einf.** 92 Mill. $, **Ausf.** 37 Mill. $ – **W:** 1 CFA-Franc (FCFA) = 100 Centimes; 1 US-$ = 236,56 FCFA, 1 FCFA = 0,0109 DM

Mitgliedschaft: UNO, OEA, Zentralafrik. Zoll- u. Wirtschaftsunion/UDEAC, CFA, ECA, EG (assoz.), FAO, GATT, IBRD, IDA, ILO, IMF, ITU, UNESCO, UPU, WHO, WMO

TSCHAGOS-INSELN s. Seschellen

TSCHECHOSLOWAKEI

(Československá Socialistická Republika/ČSSR)

Fläche (90): 127 869 qkm – Einwohner (43): 14 800 000 (F 1975; 14 344 986 Z 1970) = 115,3 je qkm – 31 % d. Gesamtbevölkerung leben i. d. Slowakei (49 014 qkm) – Über 55 % städt. Bevölkerung – **o. S.** 0 % – **BSP** (S) 1973: 41 820 Mill. $, 1974 prov. 47 270 Mill. $, **je E.** 3220 $; **JZ** 2,6 % – **L** 11 % – **In** 72 %

Bevölkerung: Die Volkszählung v. 1970 ergab 64,8 % Tschechen, 29,3 % Slowaken, 3,9 % Madjaren, 85 282 Deutsche (0,8 %; 1975 77 000), 66 777 Polen, 58 667 Ukrainer u. rund 44 000 Sonstige – **Geburten- u. Sterbeziffer** je 1000 Einw. 1975: 19,6/11,5 – **Geb.-U.**: 8,1 – **Staatssprache:** Tschechisch und Slowakisch – **Religion:** ganz überwiegend röm.-katholisch; daneben etwa 8 % Anhänger der Tschechoslowakischen Kirche u. 8 % Protestanten; griech.-orthodoxe Minderheit u. 14 000 Juden

Nationalflagge: weiß-rot (waagerecht) mit blauem Dreieck am Flaggstock – **Nationalfeiertag:** 9. 5. – **U:** 1918

Staats- u. Regierungsform: Föderat. »Sozialistische« Rep. – Bundesversammlung, bestehend aus der »Volkskammer« (mit 200 im Gesamtstaat gewählten Abgeordneten) und der »Länderkammer« (mit je 75 vom böhmischen und slowakischen Nationalrat delegierten Abgeordneten und Vetorecht gegenüber der Bundesversammlung); die Bundesversammlung wählt d. Staatspräsidenten u. bestätigt die Bundesregierung, die für die Bundesgesetzgebung, Außenpolitik und Verteidigung zuständig ist – Wahl d. Präsidenten für sechs Jahre – Wahlpflicht f. alle üb. 18 J. alten Bürger – Wehrpflicht – Je eigene Regierung für die Böhmische Soz. Republik (Min.-Präs. Jozef Korčak) und Slowakische Soz. Republik (Min.-Präs. Prof. Dr. Petr Čolotka) – **Staatsoberhaupt:** Präsident Gustav Husák, KPČSSR, seit 1975 – **Regierungschef der Bundesregierung:** Lubomír Štrougal – **Außenminister:** Bohuslav Chnoupek – **Parteien:** entscheidende Kraft ist die Kommunistische Partei; sie lenkt auch die aus ihr und den verschiedenen formal weiterbestehenden politischen Gruppen zusammengesetzte »Nationale Front« (Vors. J. Kempný). Bei den Wahlen von 1971 wurden für die Einheitsliste der »Nationalen Front« 99,8 % aller Stimmen abgegeben – Der Gesamt-KP gehörten Mitte 1976 1,38 Mill. Mitglieder an, darunter 62 % »Vertreter der Arbeiter-Klasse«; 24 % der Mitgl. sind Frauen – 1. Sekretär des Zentralkomitees der Gesamt-KP: Gustav Husák, der tschechischen KP Jozef Kempný, der slowakischen KP Jozef Lenart; außerdem ČSS, ČSL, SSO – **Dipl. B.:** BRD u. DDR

Städte (F 1974): Prag (Praha, Hptst.) 1 091 000 Einw., Brünn (Brno) 354 000, Preßburg (Bratislava) 325 000, Ostrau (Ostrava) 291 000, Kaschau (Košíce) 164 000, Pilsen (Plzeň) 153 000, Königgrätz (Hradec Králové) 84 000, Havířov 84 000, Olmütz (Olomouc) 83 000, Budweis (Č. Budějovice) 81 000, Karwin (Karvina) 79 000, Pardubitz (Pardubice) 77 000, Reichenberg (Liberec) 74 000, Aussig (Ustí nad Labem) 67 000, Gottwaldov 61 000, Kladno 59 000, Preschau (Prešov) 58 000, Brüx (Most) 55 000, Sillein (Žilina) 53 000, Troppau (Opava) 52 000, Teplitz (Teplice) 52 000, Neusohl (Banská Býstrica) 51 000, Neutra (Nitra) 49 000, Tetschen (Děčin) 47 000, Karlsbad (Karlovy Vary) 46 000

Wichtige Ausfuhrgüter: Maschinen u. Fahrzeuge (40–50 % d. Ausfuhrwertes), Eisen/Stahl, Textilien, chem. Produkte, Glas/Porzellan, landw. Produkte, Holz, Kohle – **Wichtigste Außenhandelspartner:** RGW-Mitglieder (UdSSR bis 30 %) und and. kommunist. Staaten, auf die über 60 % d. Ausfuhrwertes entfallen; BR Deutschland, Österreich, Großbritannien, Italien, Frankreich, Niederlande, USA – 1975 **Einf.** 9081 Mill. $, **Ausf.** 8358 Mill. $ – **W:** 1 Koruna (Krone; Kčs) = 100 Haléřu; 1 US-$ = 5,77 (f. Tour. 10,10) Kčs, 1 Kčs = 0,4461 (f. Tour. 0,2549) DM

Mitgliedschaft: UNO, Warschauer Vertrag, RGW, ECE, FAO, GATT, IAEA, ICAO, ILO, IMCO, ITU, UNESCO, UPU, WHO, WMO

TUNESIEN

(El Dschumhurija et Tunusija bzw. Al Djoumhouria At Tunousiya; République Tunisienne; Rep. Tunesien)

Fläche (84): 163 610 qkm (125 180 qkm ohne strittige Gebiete m. Lib.) – **Einwohner** (75): 5 770 000 (B 1975, 4 533 351 Z 1966) = 35,1 je qkm – Etwa 45 % städt. Bevölkerung – **o. S.** 60 % – **BSP** 1973: 2530 Mill. $, 1974 prov. 3080 Mill. $, **je E.** 550 $; **JZ** 4,9 % – **L** 19 % – **In** 29 %

Bevölkerung: Tunesier (z. T. arabisierte Berber); kleine französische u. italienische Minderheiten u. Malteser – **Geburten- u. Sterbeziffer:** jährl. Wachstumsrate (1970–1974) 2,4 % – **Staatssprache:** Arabisch; westarab. Dialekt (Tunesisch) als Umgangssprache; Französisch wichtig als Bildungs- u. Handelssprache – **Religion:** rund 96 % meist sunnitische Muslimen; der Islam ist Staatsreligion. Etwa 20 000 Katholiken u. kleine protestantische Gruppen; über 9000 (n. and. Angaben 23 000) Juden

Nationalflagge: rotes Feld mit rotem Halbmond und Stern in weißem Kreis – **Nationalfeiertag:** 1. 6. – **U:** alte staatliche Tradition; unabhängig von Frankreich seit 1956; Republik seit 1957

Staats- u. Regierungsform: Präsidiale Republik – Parlament aus 1 Kammer – Keine allgemeine Wehrpflicht, Heer im Aufbau – Verwaltungsgliederung in 13 Bezirke (Vilayet) unter je einem Regionsgouverneur – **Staatsoberhaupt:** Präsident Habib Burgiba (Bourguiba), seit 1957 (seit 1974

Wahl auf Lebenszeit) – **Regierungschef:** Min.-Präs. Hédi Nouira – **Außenminister:** Habib el Schatti (el Chatti) – **Parteien:** die nationalistische (früher »Neo-Destour-Partei«) »Parti Socialiste Destourien«, die einzige legale Partei, hält alle Sitze im Parlament – **Dipl. B.:** BRD u. DDR

Städte (S 1966, Com. Munic., nach E. Hédi Eckert): Tunis (Hptst.) 642 384, als Ballungsraum (1973) etwa 1 Mill. Einw., Sfax 70 472, Sousse 58 161, Bensert (Biserta bzw. Bizerte) 51 708, Kairouan (heilige islamische Stadt) 46 199, Nabeul 34 133, Menzel Bourgiba 33 780, Gafsa 32 408, Gabès 32 330, Béja 28 145, Msaken 28 130, Houmt Suk etwa 10 000

Wichtige Ausfuhrgüter: Erdöl (20–25 % d. Ausfuhrwertes), Phosphate (bis 15 %), Olivenöl (bis 25 %), Düngemittel, Wein, Früchte, Getreide, Eisen- und Kupfererze – **Wichtigste Außenhandelspartner:** Frankreich, Italien, BR Deutschland, USA, Großbritannien, UdSSR – 1975 **Einf.** 1422 Mill. $, **Ausf.** 855 Mill. $ – **W:** 1 Tunes. Dinar (DT) = 1000 Millimes; 1 US-$ = 0,4330 DT, 1 DT = 5,9450 DM

Mitgliedschaft: UNO, ECA, FAO, GATT (assoz.), IAEA, IBRD, ICAO, IDA, IFC, ILO, IMCO, IMF, ITU, OEA, UIA, UNESCO, UPU, WHO, WMO, Arab. Liga; CCD. Abk. m. d. EG

TÜRKEI

(Türkiye Cumhuriyeti; Republik Türkei)

Fläche (34): 780 576 qkm (m. 29 777 qkm Binnengewässern), davon 23 623 qkm (mit 8,5 % d. Bevölkerung) in Europa (Avrupa Türkiyesi) – **Einwohner** (19): 39 180 000 (B 1975, 35 666 549 Z 1970) = 50,1 je qkm – Rund 43 % städt. Bevölkerung – **o. S.** 40 % – **BSP** 1973: 22 600 Mill. $, 1974 prov. 26 800 Mill. $, **je E.** 690 $; **JZ** 4,4 % – **L** 26 % – **In** 29 %

Bevölkerung: über 90 % Türken, etwa 7 % Kurden, 1 % Araber; Tscherkessen, Griechen, Lasen, Bulgaren, Georgier usw.; keine bes. Minderheitenrechte – **Geburten- u. Sterbeziffer:** jährl. Wachstumsrate (1970–1974) 2,4 % – **Staatssprache:** Türkisch; Umgangssprache der jeweiligen Gruppen – **Religion:** über 98 % sunnitische Muslimen, daneben Christen (1965: 76 000 Orthodoxe, 29 000 Katholiken, über 23 000 Protestanten, 64 000 sonst. Christen); 38 000 Juden

Nationalflagge: rotes Feld mit weißem Halbmond und Stern – **Nationalfeiertag:** 29. 10. – **U:** Gründung des Osmanischen Reiches an der Wende vom 13. z. 14. Jh. Republik Türkei s. 1920 bzw. 1923

Staats- u. Regierungsform: ›Nationale, demokratische und soziale Republik‹ – Parlament (»Große Nationalversammlung«) mit 2 Kammern (Volkskammer und Senat); die Abgeordneten werden auf vier Jahre gewählt – Wahlberechtigt sind alle volljährigen Bürger – Neue Verfassung von 1971 – Wehrpflicht – Verwaltungsgliederung in 67 Provinzen (IL), die in Regionen zusammengefaßt werden – **Staatsoberhaupt:** Präsident (Cumhur Reisi) Admiral i. R. Fahri Korutürk, seit 1973 – **Regierungschef:** Ministerpräsident Suleyman Demirel, AP, Chef einer Koalitionsregierung aus AP, MSP, CGP, MHP – **Außenminister:** Ihsan Sabri Caglayangil, AP – **Parteien:** Seit den Wahlen von 1973: staatssozialist. »Republikan. Volkspartei« (»Cumhuriyet Halk Partisi«/CHP) in der Volkskammer 185 (1969 143) der 450 Sitze, die »Gerechtigkeitspartei« (»Adalet Partisi«/AP) 149 (256), »Nat. Wohlfahrts(Heils)partei« (»Milli Selamit Partisi«/MSP) 48 (–), »Demokratische Partei« (»Demokratik Partisi«/DP) 45 (–), »Rep. Vertrauenspartei« (»Cumhuriyetçi Güven Partisi«/CGP) 13 (15), »Partei d. nationalist. Bewegung« (»Milliyetçi Hareket Partisi«/MHP) 3 (1), »Türk. Partei d. Einheit« (»Türkiye Birlik Partisi«/TBP) 1 (8), Unabhängige 6 (13). 1975 Neugründung d. »Türk. Marxist. Arbeiterpartei«/TLP. Bei den Teilwahlen v. Okt. 1975 für 54 von 153 Senatssitzen entfielen 27 auf die AP von Suleyman Demirel, 25 auf die CHP von Bulent Ecevit und 2 auf die MSP; von den 6 zu wählenden Abgeordnetensitzen (insg. 450) gewann die AP 4, die CHP 2 – **Dipl. B.:** BRD u. DDR

Städte (F 1973): Ankara (Hptst., m. V.) 1 553 897 Einw., Istanbul 2 376 296, m. V. 3 135 345, Izmir (fr. Smyrna) 590 997, m. V. 819 276, Adana 383 646, Bursa (Brussa) 318 209, Gaziantep 275 000, Eskişehir 243 328, Konya 227 887, Kayseri 183 128, Diyarbakir 180 237, Erzurum (Erzatum) 151 590, Samsun 150 947, Sivas 150 267, Malatya 149 603

Wichtige Ausfuhrgüter: Früchte (über 10 % d. Ausfuhrwertes), Baumwolle (bis ein Fünftel), Tabak (5–10 %), Chrom- u. Kupfererze, Viehzuchtprodukte – **Wichtigste Außenhandelspartner:** BR Deutschland, Großbritannien, USA, Italien, Benelux, Schweiz, Frankreich, UdSSR, Tschechoslowakei, DDR, Polen – 1975 **Einf.** 4640 Mill. $, **Ausf.** 1401 Mill. $ – **W:** 1 Türk. Pfund (TL.) = 100 Kuruş; 1 US-$ = 16,00 TL., 1 TL. = 0,1609 DM

Mitgliedschaft: UNO, NATO, Balkan-Pakt, CENTO, ECE, Europarat, EG (assoz.), FAO, GATT, IAEA, IBRD, ICAO, ILO, IMCO, IMF, ITU, OECD, UNESCO, UPU, WHO, WMO, ECWA, CCD. Mit Iran u. Pakistan in d. »Reg. Coop. for Development«

TUVALU s. Großbritannien II

UGANDA

(Republic of Uganda)

Fläche (76): 236 036 qkm (m. 39 459 qkm Binnengewässern) – **Einwohner** (51): 11 550 000 (S 1975, Z 1969 9 548 847) = 49,0 (nur Landfläche 59,5) je qkm – Etwa 10 % städt. Bevölkerung – **o. S.** 70–80 % – **BSP** 1973: 1610 Mill. $, 1974 prov. 1780 Mill. $, **je E.** 160 $; **JZ** 1,2 % – **L** 48 % – **In** 11 %

Bevölkerung: zu fast 50 % Bantu-Gruppen (unter diesen ein Fünftel Buganda bzw. Baganda); außerdem sudanesische, nilotische u. hamitische Gruppen; einige Hundert Inder, einige Tausend Europäer, kleine arabische Gruppe – **Geburten- und Sterbeziffer:** jährl. Wachstumsrate (1970–1974) 3,3 % – **Staatssprache:** Englisch und Kisuaheli; Sprachen der verschiedenen Gruppen – **Religion:** ein Drittel Katholiken, 18–20 % Protestanten, über 5 % Muslimen; Anhänger von Naturreligionen

Nationalflagge: schwarz-gelb-rot-schwarz-gelb-rot, m. Kronenkranichwappen in der Mitte – **Nationalfeiertag:** 9. 10. – **U:** 1962

Staats- u. Regierungsform: Präsidiale Republik – Seit 1974 ein »Oberster Staatsrat« u. ein »Nation. Forum« aus ernannten Mitgliedern – Keine Wehrpflicht – Politische Gliederung in 4 Regionen mit 21 Distrikten – **Staatsoberhaupt:** Präsident u. Regierungschef Feldmarschall Idi Amin Dada, seit dem Staatsstreich v. Jan. 1971, seit Juni 1976 auf Lebenszeit – **Außenminister:** Oberstltnt. Juma Abdalla Oris – **Parteien:** »Uganda Volkskongreß« (»U. People's Congress«/UPC), seit Einführung d. Verfassung v. 1966 Einheitspartei; seit 1971 Parteienverbot – **Dipl. B.:** BRD u. DDR

Städte (Z 1969): Kampala (Hptst.) 330 700 Einw., Jinja 52 509, Bugembe 46 884, Mbale 23 544, Tororo 15 977, Entebbe 10 941

Wichtige Ausfuhrgüter: Kaffee (über 50 % d. Ausfuhrwertes), Baumwolle, Kupfer, Tee, Ölsaaten, Häute, Zinnerz – **Wichtigste Außenhandelspartner:** Großbritannien, USA, BR Deutschland, Japan, Benelux, Indien, Italien – 1975 **Einf.** 273 Mill. $, **Ausf.** 133 Mill. $ (ohne Handel v. Eigenprodukten m. Kenia u. Tansania) – **W:** 1 Uganda Shilling (U.Sh.) = 100 Cents; 1 US-$ = 8,42599 U.Sh., 1 U.Sh. = 0,3055 DM

Mitgliedschaft: Commonwealth, UNO, OEA, ECA, FAO, GATT, IAEA, IBRD, IFC, ILO, IMF, ITU, UNESCO, UPU, WHO, WMO, CCD. Mit Kenia u. Tansania noch aus der britischen Zeit gemeinsame Dienste im Rahmen der »East African Common Services Organisation«; »Ostafrik. Gemeins. Markt« (EACM); assoz. m. d. EG; Vereinbarungen über künftige Kooperation mit Zaïre

UNGARN

(Magyar Népköztársaság, Ungarische Volksrepublik)

Fläche (103): 93 032 qkm – **Einwohner** (53): 10 540 000 (F 1975, 10 322 099 Z 1970) = 113,3 je qkm – Rund 50 % städt. Bevölkerung – **o. S.** 1 % – **BSP** (S) 1973: 19 320 Mill. $, 1974 prov. 22 410 Mill. $, **je E.** 2140 $; **JZ** 2,7 % – **L** 16 % – **In** 59 %

Bevölkerung: rund 96 % Madjaren; 1970 etwa 215 000 Deutsche, 110 000 Slowaken, 100 000 Serben u. Kroaten und 25 000 Rumänen – **Geburten- u. Sterbeziffer** je 1000 Einw. 1975: 18,4/12,4 – **Geb.-Ü.**: 6,0 – **Staatssprache:** Madjarisch (Ungarisch) – **Religion:** fast zwei Drittel röm.-kath., etwa ein Viertel Protestanten, fast 3 % Orthodoxe, 100 000 Juden (nach »Budapester Rundschau« 1971; n. and. Angaben 1973 über 40 000). Nach ungar. Angaben nehmen nur etwa 1,5 Mill. Personen aktiv an kirchlichem Leben teil.

Nationalflagge: rot-weiß-grün (waagerecht) – **Nationalfeiertag:** 4. 4. – **U:** alte staatliche Tradition; 1867 gleichberechtigte Reichshälfte in »Österreich-Ungarn«; 1918 völlig souveräner Staat

Staats- u. Regierungsform: Kommun. Volksrep. – Parlament mit 1 Kammer (»Országgyülés«), die Nationalversammlung, die als kollektives Staatsoberhaupt den Präsidialrat (»Népköztársaság Elnöki Tanácsa«) wählt – Wahl der Abgeordneten f. vier Jahre – Wahlberechtigung für alle üb. 18 J. alten Bürger – Wehrpflicht – Zentralist. Verwaltung; Hptst., 5 Stadtgebiete, 19 Komitate (Megyék) – **Staatsoberhaupt:** Präsidialrat der Nationalversammlung bzw. sein Vorsitzender Pál Losonczi, erneut seit 1971 – **Regierungschef:** Ministerpräsident György Lázar, Ung. Soz. Arbeiterpartei – **Außenminister:** Frigyes Puja – **Parteien:** entscheidend in allen Fragen ist die kommunist. »Ungarische sozialistische Arbeiterpartei« (»Magyar Szocialista Munkáspárt«/MSZMP; 1. 1. 1975 754 353 Mitgl., 45 % Arbeiter u. Bauern); Erster Sekretär: János Kádár. Bei den Wahlen v. Juni 1975 wurden die Kandidaten erstmals von Wählerversammlungen vorgeschlagen, für sie stimmten 99,6 % der Wähler. – **Dipl. B.:** BRD u. DDR

Städte (B 1974): Budapest (Hptst.) 2 047 488 Einw., Miskolc 193 000, Debrecen 177 000, Szeged 165 000, Pécs (Fünfkirchen) 159 000, Györ (Raab) 113 000, Kecskemét 86 524, Nyíregyháza 85 079, Hódmezövásárhely 53 776, Dunaújváros 50 400

Wichtige Ausfuhrgüter: Industrielle Güter (Maschinen u. Ausrüstungen, ein Viertel d. Ausfuhrwertes), Eisen u. Stahl, Bergbau- (Bauxit) u.

chem. Produkte, Fleisch, Getreide, Textilien – **Wichtigste Außenhandelspartner:** Sowjetunion u. die and. RGW-Mitglieder (bis drei Fünftel d. Ausfuhrwertes), BR Deutschland, Italien, Österreich, Frankreich, Großbritannien, USA – 1975 **Einf.** 7176 Mill. $, **Ausf.** 6091 Mill. $ – **W:** 1 Forint (Ft) = 100 Filler; 1 US-$ = 20,82 (f. Tour. 41,65) Ft; 1 Ft = 0,1236 (f. Tour. 0,0618) DM

Mitgliedschaft: UNO, Warschauer Vertrag, Comecon, ECE, FAO, GATT, IAEA, ICAO, ILO, ITU, UNESCO, UPU, WHO, WMO, CCD

UNION ARABISCHER REPUBLIKEN

(auch »Föderation Arabischer Republiken« oder »Vereinigte Arab. Rep.«)

Als Gesamtstaat betrachtet würde die U. nach der Fläche im Weltrang an 8. Stelle, nach der Bevölkerung an 16. Stelle stehen

Nationalflagge: vorgesehen: rot-weiß-schwarz (waagerecht), in der Mitte der goldene ›Falke von Koreisch‹ (an einen Sieg des Propheten Mohammed erinnernd)

Staats- u. Regierungsform: Föderation bzw. Union nach der durch Volksabstimmung in den Mitgliedsländern Ägypten, Libyen u. Syrien gebilligten Verfassung – Präsidentschaftsrat als oberstes Organ; er fällt, von Ausnahmen abgesehen, Mehrheitsentscheidungen und besteht aus den Staatschefs der Mitgliedsländer. Der Präsident wird für eine Amtszeit von 2 Jahren gewählt – Bundesversammlung aus je 20 von den nationalen Parlamenten gewählten Delegierten – Bisher wurde die Union nicht realisiert.

URUGUAY

(República Oriental del Uruguay)

Fläche (83): 177 508 qkm – **Einwohner** (100): 3 060 000 (B 1975, 2 592 563 Z 1963) = 17,1 je qkm – Über 80 % städt. Bevölkerung – **o. S.** 8–10 % – **BSP** 1973: 2850 Mill. $, 1974 prov. 3210 Mill. $, **je E.** 1060 $; **JZ** 0 % – **L** 11 % – **In** 27 %

Bevölkerung: europäischer (meist spanischer u. italienischer) Abstammung; etwa 5–10 % Mestizen – **Geburten- u. Sterbeziffer** je 1000 Einw. 1972: 20,9/9,6 – **Geb.-Ü.:** 11,3 – **Staatssprache:** Spanisch – **Religion:** röm.-katholisch; etwa 75 000 Protestanten, 50 000 Juden

Nationalflagge: fünf weiße und vier waagerechte blaue Streifen mit goldener Sonne im weißen Feld am Flaggstock – **Nationalfeiertag:** 25. 8. – **U:** 1825, 1828 von Argentinien u. Brasilien anerkannt

Staats- u. Regierungsform: Präsidiale Republik, Parlament (»Asamblea General«) aus 2 Kammern (»Cámara de Senadores« u. »Cámara de Diputados«); Wahl der Deputierten für vier Jahre – Wahlberechtigt alle über 18 J. alten Bürger, Wahlpflicht für Männer – bedingte Wehrpflicht – Verwaltungsgl. in 19 Departamentos mit je einer »Junta Departamental« u. je einem »Intendente«. Seit dem Militärputsch vom Juni 1976 eigentliche Machtausübung durch eine Militärjunta aus den Oberbefehlshabern der Streitkräfte und den Kommandanten der Militärregionen, die als Legislative einen »Staatsrat« (»Consejo del Estado«) aus 25 Mitgliedern schuf, der im ebenfalls neugebildeten »Rat der Nation« (»Consejo de la Nación«) neben den ranghöchsten Offizieren vertreten ist; dieser wählt den Präsidenten – **Staatsoberhaupt** u. Regierungschef: Dr. Aparicio Mendez, im Juli 1976 vom »Rat der Nation« gewählt – **Außenminister:** Dr. Juan Carlos Blanco – Führende Partei bis zur Parlamentsauflösung vom Juni 1973: »Partido Colorado« (41 Sitze in d. Dep.-Kammer); stützt sich besonders auf die Städte u. vertritt d. »Wohlfahrtsstaat«. Zweitstärkste Partei »Partido Nacional« bzw. »Partido Blanco« (40 Sitze), konservativ; vertritt vor allem ländl. Kreise u. ist gegen zu starke Interventionen d. Staates i. d. Wirtschaft (»Mov. Nac. de Rocha«, »Un. Nac. Blanca«, »Al. Nacionalista«). »Frente Amplio« (links, 18 Sitze) – Die Linksparteien sind verboten. Der »Staatsrat« sowie »Colorados« u. »Blancos« sollen eine neue Verfassung ausarbeiten; freie Wahlen und eine Rückkehr zur Demokratie sind in einigen Jahren vorgesehen – **Dipl. B.:** BRD u. DDR

Städte (B 1969): Montevideo (Hptst., 1972) 1 459 200 Einw., Salto 58 000, Paysandú 52 000, Rivera 41 300; Z 1963; Mercedes 31 325, Minas 31 256, Tacuarembó 29 011, Artigas 23 429, Durazno 22 203, Treinta y Tres 21 435, Rocha 19 484

Wichtige Ausfuhrgüter: Fleisch u. Wolle (60–70 % d. Ausfuhrwertes), Textilien, Konserven, Häute, Felle, Weizen u. Pflanzenöle – **Wichtigste Außenhandelspartner:** BR Deutschland, USA, Brasilien, Argentinien, Großbritannien, Niederlande, Venezuela, Italien, Spanien, Kuweit – 1974 **Einf.** 487 Mill. $, **Ausf.** 382 (1. Hj. 1975 149) Mill. $ – **W:** 1 »Nuevo Peso« (N$urug.) = 100 Centésimos; 1 US-$ = 3,27 N$urug., 1 N$urug. = 0,7872 DM

Mitgliedschaft: UNO, OAS, ALALC, CECLA, ECLA, FAO, GATT, IAEA, IBRD, ICAO, IDB, ILO, IMCO, IMF, ITU, UNESCO, UPU, WHO, WMO; Mitglied der ALALC-Subregion »Cuenca del Plata«; CCD, nichtpräf. Abk. m. d. EG

USA s. Vereinigte Staaten von Amerika

VATIKANSTADT

(Stato della Città del Vaticano; Santa Sede; Holy See; Saint Siège; Heiliger Stuhl)

Fläche (159): 0,44 qkm – **Einwohner** (159): 365 (1974 de jure; 1974 Zahl d. Angestellten 3713; 63 »Schweizer Gardisten«). Wohnbevölkerung 1976 etwa 1000. Über 160 diplomat. Vertreter im Ausland

Nationalflagge: gelb-weiß (senkrecht) mit gelber Tiara und 2 Schlüsseln im weißen Streifen – **Nationalfeiertag:** 29. 6. – **U:** alte staatliche Tradition; derzeitiger Status 1929 von Italien in den »Lateranverträgen« anerkannt (1947 in die neue ital. Verfassung übernommen)

Staats- u. Regierungsform: Souveräner Staat, aber Teil des italienischen Wirtschaftsgebietes – Vatikanische u. italienische Zahlungsmittel – Zur V. gehören das Gebiet um den Petersplatz sowie einige Kirchen u. Paläste in Rom, ferner der päpstliche Sommersitz Castel Gandolfo – **Staatsoberhaupt:** Papst Paul VI. (Giovanni Battista Montini), seit 1963 – **Curia Romana,** u. a. mit dem Staatssekretariat u. den Ämtern für Öffentliche Angelegenheiten sowie den 10 Kurienkongregationen (seit 1968 als gemischte Kongregationen aus Kardinälen und Nichtkardinälen; Abstimmung der Arbeit in Besprechungen der Kardinalpräfekten unter dem Vorsitz des Kardinal-Staatssekretärs [Jean Kardinal Villot]); außerdem u. a. 3 Päpstliche Gerichtshöfe (u. a. Rota Romana), je 1 Sekretariat für die Einheit d. Christen, für die Nichtchristen und für die Nichtgläubigen sowie verschiedene Kommissionen – **Amtssprachen:** Latein und Italienisch – Das Kardinalskollegium zählt (Mitte 1976) 138 Mitglieder (von denen 18 über 80 Jahre alt und damit nicht mehr zur Teilnahme an einer Papstwahl berechtigt sind). Sekretär d. Rates für Öffentliche Angelegenheiten: Tit.-Erzbischof Agostino Casaroli

W: Vat. Lira (Parität. zur ital. Lira) = 100 Centesimi (s. Italien)

VENEZUELA

(República de Venezuela)

Fläche (31): 912 050 qkm – **Einwohner** (49): 11 990 000 (B 1975, 10 721 522 Z 1971) = 13,1 je qkm – 78 % städt. Bevölkerung – **o. S.** 20–25 % – **BSP** 1973: 18 340 Mill. $, 1974 prov. 19 380 Mill. $, **je E.** 1710 $; **JZ** 3,1 %

Bevölkerung: rund zwei Drittel Mestizen u. Mulatten, etwa 20 % Weiße meist span. u. ital. Herkunft, 8–9 % Neger, knapp 1 % Indianer – **Geburten- u. Sterbeziffer:** jährl. Wachstumsrate (1970–1974) 3,1 % – **Staatssprache:** Spanisch, örtlich indianische Idiome als Umgangssprache – **Religion:** rund 84 % röm.-kath.; etwa 30 000 Protestanten u. 9000 Juden

Nationalflagge: gelb(m. Wappen links oben)-blau (mit 7 weißen bogenförmig angeordneten Sternen)-rot (waagerecht) – **Nationalfeiertag:** 5. 7. – **U:** Proklamation d. Unabhängigkeit von Spanien 1811, Lösung von Großkolumbien 1830

Staats- u. Regierungsform: Präsidiale Republik – Parlament (»Congreso«) aus 2 Kammern (»Cámara de Senadores« u. »Cámara de Diputados«), Wahl der Deputierten für fünf Jahre – Wahlrecht für alle über 18 J. alten Bürger – Wehrpflicht – Verwaltungsgliederung in 20 Bundesstaaten mit teilweiser Autonomie, in den Bundesdistrikt d. Hptst., 2 Bundesterritorien u. »Depend. federales« – **Staatsoberhaupt** u. Regierungschef: Carlos Andrés Pérez/AD, seit 1974 – **Außenminister:** Ramón Escovar Salom – **Parteien:** Bei den Wahlen vom Dezember 1973 errang die »Acción Democrática«/AD (linksgemäßigt) 29 von den 49 Sitzen im Senat und 102 von den 203 Sitzen im Abgeordnetenhaus; es folgen die Christlich-Sozialen (COPEI, gem. links) 14 bzw. 64, »Cruzada Cívica Nacionalista« (d. ehem. Diktators Pérez Jiménez) 1 bzw. 7, sozialist. MAS 2 bzw. 9, »Mov. El.d.Pueblo«/MEP 2 bzw. 8, »Unión Rep. Democrática«/URD 1 bzw. 5 und u. a. »Partido Comunista« 2 Abg. – **Dipl. B.:** BRD

Städte (Z 1971): Caracas (Hptst.) 1 035 499 m. V. 2 184 693 Einw., Maracaibo 650 002, Valencia 367 154, Barquisimeto 334 333, Maracay 255 134, Cabimas 154 713, San Cristóbal 152 239, Ciudad (Santo Tomé de) Guayana 127 681 (m. Umgebung 200 000), Maturín 121 662, Cumaná 119 751, Maiquetía 110 432

Wichtige Ausfuhrgüter: Erdöl u. Erdölprodukte (bis über 80 % des Gesamtausfuhrwertes), Eisenerze, Kakao, Kaffee, Zucker, Holz, Häute – **Wichtigste Außenhandelspartner:** USA, Kanada, BR Deutschland, Großbritannien, Japan, Italien, Frankreich, Brasilien, Niederländ. Antillen – 1974 **Einf.** 3751 Mill. $, **Ausf.** 1975 10 214 Mill. $ – **W:** 1 Bolívar (B.) = 100 Céntimos; 1 US-$ = 4,20 B., 1 B. = 0,6129 DM

Mitgliedschaft: UNO, OAS, ALALC, CECLA, ECLA, FAO, IAEA, IBRD, ICAO, IDB, IFC, ILO, IMF, ITU, UNESCO, UPU, WHO, WMO; Mitglied der »Anden-Gruppe« der ALALC, CCD; nichtpräf. Abk. m. d. EG; OPEC, SELA, NACAMUR

VEREINIGTE STAATEN VON AMERIKA

(United States of America/USA)

Fläche (4): 9 363 123 qkm (davon 202 711, m. Anteil an Großen Seen 359 326 qkm Binnengewässer), ohne Alaska u. Hawaii 7 827 620 qkm – **Einwohner** (4): 215 000 000 (F 31. 12. 1975; 203 211 926 Z 1. 4. 1970) = 22,9 je qkm – 75 % städt. Bevölkerung – **o. S.** etwa 2 % – **BSP** 1973: 1 304 530 Mill. $, 1974 prov. 1 406 610 Mill. $, **je E.** 6640 $; **JZ** 2,5 % – **L** 4 % – **In** 34 %

Bevölkerung (Z 1970): 177 748 975 Weiße (davon 9 178 000 der Herkunft nach »Spanischamerikaner«), 22 580 289 Neger, 792 730 Indianer (davon über 533 000 in oder nahe bei »Reservaten«), 591 290 Japaner, 435 062 Chinesen, 343 060 Filipinos. Im Ausland geboren waren (1970) 8 773 770 (u. a. 1 Mill. in Italien, 0,83 Mill. in Deutschland). 1976 gab es mehrere Hunderttausend Exilcubaner – Nach einer Erhebung v. 1971/72 waren v. d. Bevölkerung 14,4 % britischer, 12,5 % deutscher, 8 % irischer, 4,5 % spanischer, 4,3 % italienischer, 2,6 % französischer, 2,5 % polnischer und u. a. 1,1 % russischer Abkunft – **Geburten- u. Sterbeziffer** je 1000 Einw. 1975: 14,8/9,0 – **Geb.-Ü.**: 5,8 – 1970 lebten von den Weißen 128,77 Mill., von den Negern 18,37 Mill. in Städten – **Staatssprache:** Englisch (Amerikanisch) – **Religion:** 1974/75 waren (nach »Yearbook of American Churches 1975«) v. den Kirchengemeinden erfaßt (Z): 71 667 225 Protestanten, 48 701 835 römische Katholiken, 6 115 000 Juden, 3 705 882 Angehörige von Ostkirchen, 848 152 Altkatholiken usw. und 60 000 Buddhisten. Von den Protestanten waren 1969 die Baptisten mit 25 896 250 u. die Methodisten mit 13 693 322 am zahlreichsten

Nationalflagge: abwechselnd rote und weiße Streifen (7 rote, 6 weiße, waagerecht), im blauen Viereck oben am Flaggstock 50 weiße Sterne – **Nationalfeiertag:** 4. 7. – **U:** 1776

Staats- u. Regierungsform: Präsidiale Republik mit bundesstaatlicher Verfassung; der Präsident ernennt und entläßt die Kabinettsmitglieder – Parlament (»Congress«) mit 2 Kammern (»Senate« u. »House of Representatives«); Wahl der Mitglieder des Repräsentantenhauses für 2 Jahre – Wahl d. Präsidenten durch Wahlmänner für vier Jahre; er ist nur einmal wiederwählbar – Wahlberechtigung ab 18 Jahre – Wehrpflicht – Titel der Minister: Secretary; den höchsten Rang nach dem Präsidenten u. Regierungschef bekleidet unter den Ministern der Außenminister (Secretary of State) – **Bundesstaaten** mit eigener Verfassung u. einem Parlament aus 2 Kammern (nur Nebraska 1 Kammer) sowie einem gewählten Gouverneur; Fachminister z. T. gewählt, z. T. vom Gouverneur berufen. Bedeutende Sonderrechte der einzelnen Staaten, die in kleinere Verwaltungseinheiten (County, Parish) untergliedert sind – Insgesamt 50 Bundesstaaten, dazu der District of Columbia/DC mit der Bundeshauptstadt Washington – **Staatsoberhaupt u. Regierungschef:** Präsident Gerald Rudolph Ford, Rep., seit 9. 8. 1974, republik. Kandidat für die **Präsidentschaftswahl** (Kandidat f. d. Vizepr.: Robert Dole) **im Nov. 1976, neben dem demokratischen Kandidaten James Earl Carter** (Kand. f. d. Vizepr. Walter F. Mondale) usw. – **Vizepräs.**: Nelson Aldrich Rockefeller, kandidiert nicht – **Außenminister:** Prof. Dr. Henry Alfred Kissinger (Stand 15. 9. 1976) – **Parteien:** Die Parteien unterscheiden sich z. T. in ihrer Struktur von den europäischen. Für die Präsidentschaftswahlen werden v. d. beiden einzigen Parteien von Bedeutung Programme aufgestellt und auf den Parteikongressen beschlossen. Die »Republikanische Partei« (»Republican Party«), auch manchmal GOP (»Grand Old Party«) genannt (Symbol: ein Elefant; Vors.: Mrs. Mary Louise Smith), gilt als weiter rechts stehend als die Demokraten, doch besitzen beide Parteien liberale und konservative Flügel. Das Symbol der »Demokratischen Partei« (»Democratic Party«; Vors.: Robert Strauss) ist ein Esel. Es gibt zwar einige kleinere Parteien, doch sind sie völlig bedeutungslos (»American Party«, »American First Party«, »Libertarian Party«, »People's Party«, »Prohibition Party«, »Socialist Labor Party«, »Socialist Workers Party«, »Universal Party«). Die KP wurde 1954 als Partei für illegal erklärt. Die kommunistische Betätigung ist jedoch nicht strafbar; 1975 etwa 10 500 Mitglieder

Nach den Wahlen v. 5. 11. 1974 setzte sich der **Senat** aus 63 Demokraten und 37 Republikanern (1 Sitz vakant), das **Repräsentantenhaus** aus 293 Demokraten und 142 Republikanern zusammen. Von den Gouverneuren gehörten nach den Wahlen v. Nov. 1974 u. Nachwahl 36 der Demokrat. und 13 der Republikan. Partei an; 1 Unabh. – Im Repräsentantenhaus waren seit 1974 19 Frauen sowie 16 Neger bzw. Farbige vertreten – **Neuwahlen** ins Repräsentantenhaus u. Teilwahlen in den Senat **finden im November 1976 statt – Dipl. B.:** BRD u. DDR

Städte (Z 1970, Metrop.-Geb./MG Z 1970): Washington D.C. (Hptst.) 756 510, MG 2 861 123 Einw., New York 7 895 563, MG 11 628 549, Siedlungskomplex (NY/NJ-Stand. Cons. Area) 16 037 395, Chicago, Ill., 3 366 957, MG 6 978 947, Siedlungskomplex (Ind. Stand. Metrop. Stat. Area) 7 521 478, Los Angeles, Cal.,

Staaten (m. postalischer Abkürzung)	*qkm*	*Einwohner i.T.* *F 1972*	*Hauptstadt*	*Einwohner* *Z 1970*
Alabama, AL	133 667	3 510	Montgomery	133 386
Alaska, AK	1 518 800	325	Juneau	6 050
Arizona, AZ	295 022	1 945	Phoenix	581 562
Arkansas, AR	137 538	1 978	Little Rock	132 483
California, CA	411 012	20 468	Sacramento	254 413
Colorado, CO	269 998	2 357	Denver	514 678
Connecticut, CT	12 973	3 082	Hartford	158 617
Delaware, DE	5 328	565	Dover	17 488
Florida, FL	151 670	7 259	Tallahassee	71 897
Georgia, GA	152 488	4 720	Atlanta	496 973
Hawaii, HI	16 705	809	Honolulu	324 871
Idaho, ID	216 412	756	Boise City	74 990
Illinois, IL	146 075	11 251	Springfield	91 753
Indiana, IN	93 993	5 291	Indianapolis	744 624
Iowa, IA	145 791	2 883	Des Moines	200 587
Kansas, KS	213 063	2 258	Topeka	125 011
Kentucky, KY	104 623	3 299	Frankfort	21 356
Louisiana, LA	125 674	3 720	Baton Rouge	165 963
Maine, ME	86 027	1 029	Augusta	21 945
Maryland, MD	27 394	4 056	Annapolis	29 592
Massachusetts, MA	21 386	5 787	Boston	641 071
Michigan, MI	150 779	9 082	Lansing	131 546
Minnesota, MN	217 735	3 896	Saint Paul	309 980
Mississippi, MS	123 584	2 263	Jackson	153 968
Missouri, MO	180 486	4 753	Jefferson City	32 407
Montana, MT	381 084	719	Helena	22 730
Nebraska, NE	200 017	1 525	Lincoln	149 518
Nevada, NV	286 296	527	Carson City	15 468
New Hampshire, NH	24 097	771	Concord	30 022
New Jersey, NY	20 295	7 367	Trenton	104 638
New Mexico, NM	315 113	1 065	Santa Fe	41 167
New York, NY	128 401	18 366	Albany	114 873
North Carolina, NC	136 197	5 214	Raleigh	121 577
North Dakota, ND	183 022	632	Bismarck	34 703
Ohio, OH	106 765	10 783	Columbus	539 677
Oklahoma, OK	181 090	2 634	Oklahoma City	366 481
Orgeon, OR	251 180	2 182	Salem	68 296
Pennsylvania, PA	117 412	11 926	Harrisburg	68 061
Rhode Island, RI	3 144	968	Providence	179 213
South Carolina, SC	80 432	2 665	Columbia	113 542
South Dakota, SD	199 551	679	Pierre	9 699
Tennessee, TN	109 412	4 031	Nashville-D.	447 877
Texas, TX	692 403	11 649	Austin	251 808
Utah, UT	219 932	1 126	Salt Lake City	175 885
Vermont, VT	24 887	462	Montpelier	8 609
Virginia, VA	105 716	4 764	Richmond	249 621
Washington, WA	176 617	3 443	Olympia	23 111
West Virginia, WV	62 629	1 781	Charleston	71 505
Wisconsin, WI	145 438	4 520	Madison	173 258
Wyoming, WY	253 597	345	Cheyenne	40 914

2 816 061, MG 7 032 075, Philadelphia 1 948 609, MG 4 817 914, Detroit, Mich. 1 511 482, MG 4 199 931, Houston, Tex., 1 231 934, MG 1 985 031, Baltimore, Md., 905 759, MG 2 070 670, Cleveland, Ohio, 750 903, MG 2 064 194, Milwaukee, Wisc., 717 099, MG 1 403 688, Dallas, Tex., 844 401, MG 1 555 950, San Francisco/Oakland, Cal., 715 674, MG 3 109 519, St. Louis, Mo., 622 236, MG 2 363 017, Boston, Mass., 641 071, MG 2 753 700, New Orleans, La., 591 502, MG 1 045 809, San Diego, Cal., 693 931, MG 1 357 854, San Antonio, Tex., 654 153, MG 864 014, Pittsburgh, Pa., 520 117, MG 2 401 245, Seattle, Wash., 530 831, MG 1 421 869, Kansas City, Mo., 501 859, MG 1 253 916, Cincinnati, Ohio, 452 524, MG 1 384 851, Buffalo, N. Y., 462 768, MG 1 349 211, Atlanta 496 973, MG 1 390 164, Minneapolis, Minn., 434 400, MG (M.-St. Paul) 1 813 647, Newark, N. J., 382 417, MG 1 856 556 – Nach der Zählung von 1970 lebten in den Siedlungen mit je über 100 000 Einwohnern 27,7 %, in den »Millionenstädten« (engere Stadtgebiete) 9,2 % der Gesamtbevölkerung

1970 lebten von den 22,7 Millionen Negern 53 % in den Südstaaten, davon 55 % in Städten. Die Staaten mit den meisten Negern sind (Z 1970 in Mill.): New York 2,17, Illinois 1,42, Kalifornien u. Texas je 1,40, Georgia 1,19, North Carolina 1,12, Louisiana 1,09, Florida 1,04, Pennsylvania 1,01, Von den 10,7 Millionen Negern der Nord- u. Weststaaten wohnten 96 % (von den Weißen in diesen Staaten nur 73 %) in Städten. Die Zahl der Neger im engeren New York belief sich 1970 auf 1,67 Millionen. Einen Anteil von mehr als 50 % haben die Neger u. a. in Cleveland, Gary, Newark und Washington/DC (71 %). Mehrere Großstädte haben Neger bzw. Farbige als Bürgermeister

Wichtige Ausfuhrgüter: An erster Stelle stehen Fertig- und Halbfertigwaren (mehr als 70 % des Ausfuhrwertes, besonders Maschinen aller Art und Verkehrsmittel m. rund 40 %), chemische u. pharmazeutische Artikel, Baumwollerzeugnisse, Eisen- u. Stahlwaren, Erdölprodukte, Papier, Gummiwaren, ferner landwirtschaftl. Produkte (Baumwolle, Getreide, Tabak, Gemüse u. Ölsaaten, Fleisch) sowie Erze – **Wichtigste Außenhandelspartner:** Kanada, Japan, BR Deutschland, Großbritannien, Benelux, Mexiko, Italien, Frankreich, Venezuela, Australien, Brasilien, Hongkong, die Schweiz, Spanien, Schweden, die Philippinen, Indien, Perú, Argentinien, Iran; Kanada und die EG-Länder nehmen je etwa ein Fünftel der Exporte ab; an den Einfuhren ist Kanada ebenfalls zu über einem Fünftel, der EG-Raum zu einem Sechstel beteiligt. 1975 **Einf.** 102 984 Mill. $, **Ausf.** (m. Auslandshilfelieferungen) 106 157 Mill. $ – **W:** 1 US-$ = 100 Cents; **GP:** 1 US-$ = 0,736662 g Feingold, 1 **SZR** = 1,20635 US-$; 1 US-$ = 2,5182 DM (10. 9. 1976)

Mitgliedschaft: UNO, NATO, SEATO, OAS, CENTO (nur in Kommissionen vertreten), Colombo-Plan (assoz.), ADB, CCD, CECLA, ECE, ESCAP, FAO, GATT, IAEA, IBRD, ICAO, IDA, IDB, IFC, ILO, IMCO, IMF, ITU, OECD, UNCTAD, UNESCO, UPU, WHO, WMO

Bundesstaaten außerhalb des geschlossenen Staatsgebietes

Alaska (m. Alëuten, Pribilof-Inseln, St. Lawrence, St. Matthew) Fläche: 1 518 800 qkm – Einwohner: 325 000 (S 1972; Z 1970 236 173 Weiße, 16 276 Indianer, 8911 Neger, 37 577 Eskimos u. Alëuten); Hauptstadt Juneau 6050 (Z 1970), Anchorage 48 081, Fairbanks 14 771 (Seit 1958 Bundesstaat)

Hawaii-Inseln (Hawaii-Islands, auch Sandwich-Inseln genannt) Fläche: 16 705 qkm – Einwohner: 809 000 (S 1972; Z 1970 302 173, darunter u. a. 298 160 Weiße); Hauptstadt Honolulu 324 871 (Z 1970), m. V. 629 176 (Seit 1959 Bundesstaat)

Autonomer Staat

Puerto Rico (El Estado Libre y Asaciado de Puerto Rico – Commonwealth of Puerto Rico) Fläche: 8897 qkm – Einwohner: 3 090 000 (B 1975) = 347,3 je qkm – Jährl. Bevölkerungszuwachs (1970 bis 1974) 2,8 % – Religion: überwiegend Katholiken – Hauptstadt San Juan (1970) 452 749, A 820 442 Einw., Ponce 128 233 – P. ist autonom; die Bewohner sind Bürger der USA, besitzen aber bei den US-Wahlen kein Stimmrecht. 58 % städt. Bevölkerung. 16 % der Bewohner sind zweisprachig (Spanisch und Englisch), die übrigen haben größtenteils Spanisch als Muttersprache. Spanisch und Englisch sind Amtssprachen – BSP 1973: 6420 Mill. $, 1974 prov. 7260 Mill. $, je E. 2400 $; JZ 5,2 % – L 3 % – In 34 % – W: US-$ – Am 23. 7. 1967 sprachen sich in einer Volksabstimmung 0,6 % der Stimmberechtigten für volle Unabhängigkeit, 38,9 % für die Umwandlung in einen US-Bundesstaat und 60,5 % für den bisher. Status aus. Flagge: rot-weiß-rot-weiß-rot (waagerecht) mit weißem Stern in blauem Dreieck am Mast

Außengebiete

a) Atlantisch-mittelamerikanischer Bereich

Jungfern-Inseln (Virgin Islands of the United States; Organized Unincorp. Territory) Fläche: 344 qkm – Einwohner: 62 468 (Z 1970; 80 % Neger

u. Mulatten); Hauptstadt Charlotte Amalie 12 220 (Z 1970) – Regierung durch einen gewählten Gouverneur – Gesetzgebende Versammlung – Die J.-I. unterstehen dem Department of the Interior

Panamá-Kanal-Zone (Panama Canal Zone) Fläche: 1432 (nach UNO; m. Hoheitsgewässern 1676,3 qkm) – Einw.: 44 198 (Z 1970); Sitz d. Gouverneurs: Balboa Heights, rd. 120 Einwohner, Balboa 6000, Cristóbal 19 000 – Nach den zwischen Panamá und den USA geschlossenen Verträgen (1903, 1936, 1955) besitzen die Vereinigten Staaten in dieser Zone Hoheitsrechte u. Verteidigungsgewalt. Die Bürger der Städte unterstehen den Gesetzen v. Panamá. An der Spitze der Zone steht ein Gouverneur, der gleichzeitig Oberbefehlshaber und Präsident der Panamá-Kanal-Gesellschaft ist. Privatbesitz ist in der Zone nicht erlaubt. Eine Panamá begünstigende 8-Punkte-Grundsatzerklärung wurde zwischen Panamá und den USA 1974 gegeben; in einem neuen Vertrag will u. a. Panamá die volle Hoheit über die Zone erhalten

Pachtgebiet

Guantánamo Bay, 1903 von Cuba an die USA verpachtet, 111,9 qkm, dazu die Insel Navassa (5 qkm), die nicht zum Pachtgebiet gehört und von Cuba beansprucht wird; Flottenstützpunkt

b) Bereich des Pazifischen Ozeans

Guam Fläche: 549 qkm – Einwohner: 93 000 (S 1973); Hauptstadt Agana 2119 (Z 1970) – G. untersteht seit 1950 dem Innenministerium und besitzt in Apra einen Marinestützpunkt; es ist ein »Organized Unincorporated Territory«. Größter Ort ist Tamuning mit 8230 Einw. Offiz. Sprache: Englisch; Umgangssprache: Chamorro – Gesetzgebende Versammlung; Gouverneur – **Midway-Inseln** (5,2 qkm u. 2220 Einw.; Flug- und Kabelstation); untersteht dem Navy Department – **Samoa-Inseln** (Amerikanisch-Samoa, American Samoa; Unorganized Unincorp. Territory) Fläche: 197 qkm, den östlichen Teil der Gruppe umfassend, einschl. Swain's Islands (3,2 qkm und 106 Einw.) – Einwohner: 30 000 (S 1973); hauptsächlich Polynesier; Hauptort Pago Pago auf Tutuila 2451 Einw. (Z 1970); Regierungssitz Fagatogo (1340 Einw.). Untersteht dem Department of the Interior – Senat u. Repräsentantenhaus. Verwaltung durch einen Gouverneur

Weitere US-Außenbesitzungen im Pazifischen Ozean

Wake (jap. Ontoroschima) 7,8 qkm und 1100 Einw.; untersteht dem Navy Department – **Baker** (2,18 qkm)-, **Howland** (2,26 qkm)- und die **Jarvis**-(7,7 qkm)-Inseln unterstehen ebenfalls dem Navy Department. Meteorol. Stationen, Flugzeugstützpunkte – **Kingman Reef u. Palmyra** (1,2 qkm, unbewohnt), Jarvis **und einige andere Inseln der sogen. Äquator. Sporaden**: Johnston (2 qkm, 156 Einw.), Malden (90 qkm), Starbuck (2,6 qkm), Caroline (11 qkm), Flint (2,7 qkm) und Vostok (0,2 qkm) – sind zwischen den USA und Großbritannien strittig. – Die Inseln **Canton** (9 qkm) und **Enderbury** (5 qkm) mit zus. über 300 Einw. besitzen Kontrolleinrichtungen für Satellitenbeobachtung und bilden ein **britisch-nordamerikanisches Kondominium,** wobei seitens der USA das Department of the Interior und britischerseits der Gouverneur der Gilbert-Inseln zuständig sind.

UNITED STATES TRUST TERRITORY OF THE PAZIFIC ISLANDS

Gesamtfläche 1832,2 qkm – Diese UNO-Treuhandgebiete unterstehen einem Hochkommissar der USA und sind in 6 Distrikte gegliedert; Verwaltungssitz ist seit 1976 Kolonia auf Ponape. – a) Im Bereich der Karolinen (Caroline Islands) liegen: *Distrikt Palau* (m. d. P.-Inseln, Sonsorol-In., Pulo Ana, Merir, Tobi u. Helen Reef) 460 qkm u. 13 025 Einw. (1972); Verw.-Sitz: Koror auf d. gleichnam. Insel – *Distrikt Yap* (m. d. Y.-Ins. u. einigen anderen Eilanden) 121,7 qkm u. 7536 Einw. (1972); Verw.-Sitz: Colonia auf Yap. – *Distrikt Ponape* 482,7 qkm u. 2325 Einw. (1971); Verw.-Sitz: Kolonia auf P. – *Distrikt Truk* 116,2 qkm u. 31 600 Einw. (1971); Verw.-Sitz: Truk – b) *Distrikt Marshall-Islands* (u. a. mit Ratak- und Ralik-Inselbögen, Bikini und Eniwetok) 178,7 qkm und 24 248 Einw. (1972); Verw.-Sitz: Majuro auf d. gleichn. Eiland – c) *Distrikt Mariana Islands* (Marianen) 472,9 qkm u. 13 381 Einw. (1972); Verw.-Sitz: Susupe auf Saipan. **Die Bevölkerung** hat sich 1975 in einem Referendum **für den Anschluß an die USA (als Territory) entschieden.** Das neue Statut soll bis 1980 in Kraft treten. Auf Tinian ist ein Flugstützpunkt geplant. – Die Palau- u. Marshall-Inseln streben Unabhängigkeit an.

VIETNAM

(Sozialistische Republik Vietnam)

Fläche (57): 332 559 qkm (Nord-V. 158 750, Süd-V. 173 809 qkm) – **Einwohner** (16): 44 810 000 (S 1975; Nord-V. 23 800 000, Süd-V. 21 010 000) = 134,2 je qkm – **o. S.** 30–40 % – **BSP** 1974 prov. S 6440 Mill. $, **je E.** im Süden 170, im Norden 130 $

Bevölkerung: hauptsächlich Vietnamesen (Kinh), daneben siamo-chinesische und andere Volkssplitter (Nung, Miao, Müong, T'hai, Tscham usw.), von denen die meisten in den Berggebieten leben. Teilweise starke Vermischung mit Chinesen und bedeutende chinesische Minderheit (u. a. in Tongking und im Gebiet von Saigon [Ho Tschi Minh-Stadt]-Cholon) – **Geburten- u. Sterbeziffer:** jährl. Wachstumsrate (1970–1974) 2,4 % – **Religion:** vorwiegend Mahajana-Buddhisten, außerdem eine starke kathol. Minderheit (insges. 5–6 %, zu zwei Dritteln in Süd-V.). Daneben Taoismus, konfuzianische Einflüsse und zahlreiche Sekten (im S. u. a. Hoa Hao und Anhänger der Cao-Daï-Lehre) – **Staatssprachen:** Vietnamesisch (tai-austroasiatische Mischsprache mit chin. Lehnwörtern) als Amts- u. Umgangssprache; als Umgangssprachen daneben Dialekte der kleinen Volksgruppen und vereinzelt Chinesisch, als Handels- u. Bildungssprache auch Französisch, im S. auch Englisch – **U:** alte staatliche Traditionen; Gründung der letzten Kaiser-Dynastie 1802 mit Hilfe Frankreichs, das seit 1887 Indochina ganz beherrscht. Gegen Ende der japanischen Besetzung im II. Weltkrieg mit Billigung Japans am 8. 3. 1945 Bildung eines Staates Vietnam unter Kaiser Bao Dai. Faktische Bestätigung der prov. Teilung des Landes durch die »Genfer Indochina-Konferenz« von 1954, in die Republik V. im Süden und die Demokrat. Rep. V. im Norden. Wiedervereinigung am 2. 7. 1976 vollzogen

Nationalflagge: rotes Feld mit fünfzackigem goldenen Stern in der Mitte – **Nationalfeiertag:** 2. 9.

Staats- u. Regierungsform: Volksrepublik kommunistischer Prägung – Verfassung in Vorbereitung – Einkammerparlament – Erste Wahl in die gemeinsame »Nationalversammlung« im April 1976 – Wahlberechtigt alle Bürger über 18 Jahre – Wehrpflicht – Verwaltungsgliederung seit 1976 in die Stadtgebiete Hanoi, Ho Tschi Minh (fr. Saigon), Haiphong und 35 Provinzen – **Staatsoberhaupt:** Ton Duc Thang (zugl. Vors. d. »Nat. Verteidigungsrates«), gewählt i. Sept. 1969, erneut im Juni 1975 u. Juni 1976, auch Vors. d. Präs. d. ZK der »Vaterl. Front« (»Mat tran to quoc Viet-Nam«); Vizepräs.: Nguyen Huu Tho u. Nguyen Luong Bang – **Regierungschef:** Min. Präs. Pham Van Dong – **Außenminister:** Nguyen Duy Trinh – **Parteien:** führ. politische Kraft ist die kommunistische »Arbeiterpartei« (»Dang Lao Dong«), von der die Massenorganisationen »Vaterländische Front« und »Vietn. Nationale Einheitsfront« (»Lien Hieo Cuok San Viet Nam«) gelenkt werden. Bei den Wahlen zur gesamtvietnamesischen Nationalversammlung v. 25. 4. 1976 gab es keine Opposition, sondern Einheitslisten der »Vaterländischen Front« im Norden, dem 249 Sitze vorbehalten waren, und der »Nation. Befreiungsfront« (gemeinsam mit d. »Allianz d. Nation. Kräfte«) im Süden (243 Sitze); insgesamt 492 Abgeordnete, die mit einem Stimmenanteil von über 99 % gewählt wurden – 1. Sekretär des Zentralkomitees der »Arbeiterpartei«: Le Duan – **Dipl. B.:** BRD u. DDR

Städte (S): Hanoi (Hptst.) 850 000 Einw., Ho Tschi Minh-Stadt (fr. Saigon) etwa 1 000 000 (1975 zeitweise über 2 Mill.), Haiphong rund 370 000, Hué 200 000 (alle Zahlen geschätzt; Angaben über weitere Städte im WA '78, da derzeit alle Zahlen-Angaben unsicher)

Wichtige Ausfuhrgüter: Kautschuk, Tee, Holz, Bergbauprodukte (Antimon, Bauxit, Chrom, Nickel, Wolfram) – **Wichtigste Außenhandelspartner:** Sowjetunion u. andere RGW-Länder, Chines. Volksrepublik, Japan, EG u. südostasiatische Länder – *Südvietnam* 1973: **Einf.** 618 Mill. $, **Ausf.** 59 Mill. $; *Nordvietnam:* geschätzter Außenhandelsumfang 1973 400 Mill. $ – **W:** 1 Dong (D) = 10 Chao bzw. 100 Sau; 1 US-$ = etwa 2,93 D, 1 D = 0,8663 DM

Mitgliedschaft: durch Beobachter im RGW vertreten; Aufnahme in die UNO u. in deren Sonderorganisationen erwartet. Südvietnam war Mitglied in: ECOWAS, FAO, IAEA, IBRD, ICAO, ILO, IMF, ITU, UNESCO, UPU, WHO, WMO.

VIRGIN ISLANDS s. Großbritannien II u. Ver. Staaten v. Amerika (Außengebiete)

VOLTA s. Obervolta

WAKE s. Vereinigte Staaten von Amerika (Außengebiete)

WALLIS s. Frankreich (Übersee-Territorien)

WEIHNACHTS-INSELN s. Australien u. Großbritannien II

WEST-SAMOA s. Samoa i Sisifo

WINDWARD-INSELN s. Großbritannien II

YEMEN s. Jemen

ZAÏRE

(République du Zaïre [Saïre]; früh. Rép. Dém. du Congo bzw. K.-Kinshasa)

Fläche (11): 2 345 409 qkm – **Einwohner** (28): 24 900 000 (S 1975; Z 1970 21 637 876, einschl. 942 400 Ausländer, meist Flüchtlinge aus Nachbarländern) = 10,7 je qkm – Über ein Viertel städt. Bevölkerung – **o. S.** etwa 75 % – **BSP** 1973: 3200 Mill. $, 1974 prov. 3650 Mill. $, **je E.** 150 $; **JZ** 2,9 % – **L** 26 % – **In** 30 %

Bevölkerung: Bantu, Sudan-Gruppen, Niloten, hamitische Gruppen, Pygmäen; einige tausend Europäer usw. – **Geburten- u. Sterbeziffer:** jährl. Wachstumsrate (1970–1974) 2,8 % – **Staatssprache:** Französisch; Umgangssprachen u. a. Kiluba (Kingwana), Kikongo, Lingala, Suaheli – **Religion:** (S) über 30 % Katholiken, 10–12 % Protestanten, bis 1 % Muslimen, 1500 Juden; im übrigen Anhänger von Naturreligionen

Nationalflagge: hellgrünes Feld mit kreisförmigem gelben Emblem, in dem ein dunkelbrauner Arm eine ebensolche Fackel mit roter Flamme hält – **Nationalfeiertag:** 24. 11. – **U:** 1960

Staats- u. Regierungsform: Präsidiale Republik – Seit 1971 neue Verfassung: Parlament aus 1 Kammer mit geringem Einfluß; Gesetzgebung faktisch beim Staatspräsidenten als Vors. d. »Nation. Gesetzgebenden« u. d. »Nation. Justiz-Rates« – Wahlberechtigt alle erwachsenen Männer – Keine Wehrpflicht – Gliederung in 8 Provinzen u. Hauptstadt – Die Minister heißen »Staatskommissare« – **Staatsoberhaupt,** Regierungschef, Min. für Verteidigung, Veteranen u. Planung usw.: General Sésé-Séko (Kuku-Ngbandu-Wa-Za-Banga) Mobutu, wiedergewählt 1970 (einziger Kandidat) – **Außenminister:** Nguza Karl-I-Bond – **Parteien:** seit 1967 entscheidende Partei »Mouvement Populaire de la Révolution«, nach d. Verfassung v. 1971 u. Änderungen v. 1974 allen Institutionen übergeordnet; oberstes Organ: »Politisches Büro«; Vors.: Mobutu – **Dipl. B.:** BRD u. DDR

Städte (S 1974): Kinshasa (fr. Léopoldville; Hptst.) 1 990 717 Einw., Kananga (fr. Luluabourg) 596 954, Lubumbashi (fr. Elisabethville) 401 612, Mbuji-Mayi (Bakwanga) 334 725, Kisangani (fr. Stanleyville) 297 928, Likasi (fr. Jadotville) 185 500, Bukavu 180 633, Matadi 142 808, Mbandaka (fr. Coquilhatville) 133 877, Kikwit (1970) 111 960, Bandundu 74 476

Wichtige Ausfuhrgüter: Kupfer (über 70 % d. Ausfuhrwertes), Diamanten, Kobalt, Uran, Edelmetalle u. a. Bergwerksprodukte, Kaffee, Kakao, Baumwolle u. Palmöl – **Wichtigste Außenhandelspartner:** Belgien/Lux., Frankreich, Italien, BR Deutschland, Großbritannien, USA, Südafrika, Japan – 1974 **Einf.** 780 Mill. $, **Ausf.** 1359 Mill. $ – **W:** 1 Zaïre (Z) = 100 Makuta (Einzahl: Likuta) = 10 000 Sengi; 1 US-$ = 0,87272 Z, 1 Z = 2,9496 DM

Mitgliedschaft: UNO, OEA, ECA, FAO, GATT, IAEA, IBRD, ICAO, IDA, ILO, IMCO, IMF, ITU, UNESCO, UPU, WHO, WMO, CCD; assoziiert an die EG. Seit 1969 Vereinbarungen mit Burundi u. Ruanda über die Bildung einer Wirtschaftsunion; Mitgl. d. »Wirtschaftsgem. d. Länder a. d. Großen Seen«/CEPGL

ZANZIBAR (Sansibar) s. Tansania

ZENTRALAFRIKANISCHE REPUBLIK

(Republique Centrafricaine)

Fläche (40): 622 984 qkm – **Einwohner** (108): 2 610 000 (S 1974) = 3,8 je qkm – Rund 27 % städt. Bevölkerung – **o. S.** 70–80 % – **BSP** 1973: 280 Mill. $, 1974 prov. 350 Mill. $, **je E.** 200 $; **JZ** 1,0 % – **L** 31 % – **In** 22 %

Bevölkerung: haupts. Bantu der Ngala-Gruppe u. Sudan-Gruppen (u. a. Banda, Baja, Sara); einige tausend Europäer (meist Franzosen) – **Geburten- u. Sterbeziffer:** jährl. Wachstumsrate (1965–1972) 2,3 % – **Staatssprache:** Französisch u. »Nationale Umgangssprache« Sangho; Bantu- u. Sudan-Sprachen – **Religion:** Katholiken (etwa 15 %), protestantische Minderheit (rund 45 000); im N z. T. Muslimen (5 %), im übrigen Anhänger von Naturreligionen

Nationalflagge: blau-weiß-grün-gelb (waagerecht), in der Mitte roter senkrechter Streifen, am Flaggstock im blauen Streifen gelber Stern – **Nationalfeiertag:** 1. 12. – **U:** 1960

Staats- u. Regierungsform: Republik – Parlament aus 1 Kammer – Allgemeines Wahlrecht – Allgem. Wehrpflicht – Verwaltungsgliederung in 14 Präfekturen – **Staatsoberhaupt:** Präsident Marschall Jean Bedel Bokassa, seit d. Staatsstreich v. Jan. 1966, seit 1972 auf Lebenszeit; Oberbefehlshaber u. seit Sept. 1976 Vors. d. »Rates d. Zentralafrikan. Revolution« (»Conseil de la Révolution centrafricaine«/CRC, aus 31 Mitgl.) – **Regierungschef:** Ange Patasse – **Außenminister:** Antonio Franck – **Parteien:** »Mouvement pour l'évolution sociale de l'Afrique noire«/MESAN. Vors.: J. B. Bokassa, Stellv. A. Patasse – **Dipl. B.:** BRD u. DDR

Städte (S 1971): Bangui (Hptst.) 187 000, als Agglom. über 300 000 Einw., Bambari 30 000, Bouar 28 000, Berbérati 25 000

Wichtige Ausfuhrgüter: Diamanten (30–40 %), Baumwolle u. Kaffee (je über 20 %), Kautschuk, Holz, Erdnüsse – **Wichtigste Außenhandelspartner:** Frankreich u. übrige EG-Mitglieder, USA, Japan – 1974 (ohne CEUCA-Handel) **Einf.** 46 Mill. $, **Ausf.** 48 Mill. $ – **W:** 1 CFA-Franc (FCFA) = 100 Centimes; 1 US-$ = 236,56 FCFA, 1 FCFA = 0,0109 DM

Mitgliedschaft: UNO, OEA, ECA, CFA, EG (assoz.), FAO, GAMO (OCAM), GATT, IBRD, ICAO, ILO, IMF, ITU, UDEAC, UNESCO, UPU, WHO, WMO

ZIMBABWE s. Rhodesien

ZYPERN s. Cypern

Kurzbiographien ausländischer Staatsoberhäupter und Politiker

Vorbemerkung: In diesem Abschnitt sind in Auswahl diejenigen ausländischen Staatsoberhäupter und Politiker berücksichtigt, die zwischen Herbst 1975 und Herbst 1976 hohe Staatsämter übernahmen oder auf andere Weise im Vordergrund des Interesses standen. Die Kurzbiographien werden jährlich fortgesetzt.

Abdullah, Scheich Mohammed (Indien. Kaschmir) s. WA '76, S. 176 u. WA '76, S. 181.

Ahmed, Chondakar Muschtak (*Khondakar Moushtaque,* Bangladesch; s. WA '76, S. 181), im November 1975 von → *Sayem* abgelöst.

Ahmed, Fakhruddin Ali, Staatspräsident (Indien), s. WA '75, S. 184.

Akyeampong, Oberst *Ignatius Koti* (Ghana; s. WA '74, S. 175), bildet im Oktober 1975 einen »Obersten Militärrat« als »höchste Autorität« und übernimmt den Vorsitz.

Allon, *Jigal* (*Yigal,* Israel; s. WA '76, S. 181), u. a. 1961 Arbeitsminister in der Regierung von *Ben Gurion,* 1967/74 stellv. Ministerpräsident. Urheber des sog. »Allon-Planes« von 1968, der die Annexion etwa eines Drittels von Cisjordanien vorsah. Seit Juni 1974 als Nachfolger von *Aba Eban* Außenminister und stellv. Ministerpräsident. Im Juni 1976 erklärt A. erstmals, daß eine Lösung des Nahostkonflikts eine gerechte Lösung für die Identität der Palästinenser einschließen müsse.

Alves, Major *Vitor Rodriguez* (Portugal; s. WA '76, S. 181), ab Herbst 1975 bis zum Rücktritt von → *Azevedo* Erziehungsminister.

Amendola, Dr. *Giorgio* (Italien), geb. 1908, Studium d. Rechtswissenschaften, Journalist. Seit 1929 Mitglied d. KPI. Zeitweise während d. Faschismus im Gefängnis, im II. Weltkrieg in d. franz. Résistance. A. gilt als Führer des »rechten« Flügels der KPI und als Spezialist für Wirtschafts- u. Sozialfragen; ihm wird ein Hauptverdienst an d. Wahlgewinnen der KPI 1975 u. 1976 zugeschrieben.

Amin, Al Hadschi Dr. h. c. *Idi* (Uganda; s. WA '73, S. 177 u. WA '76, S. 182), Staatspräsident von Uganda (seit Juni 1976 auf Lebenszeit). 1976 von der »Makerere-Universität« in Lusaka (Sambia) mit der Würde eines Ehrendoktors der Rechtswissenschaften ausgezeichnet. 1976 mehreren Attentaten entgangen; im Juli 1976 als Präsident der OEA von → *Ramgoolam* abgelöst. Zwielichtige Haltung in der Geiselaffäre vom Juli 1976; politisch ständig stärker umstritten.

Andreotti, Giulio (Italien; s. WA '73, S. 177), Juli 1973 als Ministerpräsident von → *Rumor* abgelöst. Seit März 1974 Verteidigungs-, ab Nov. 1974 Haushaltsminister; seit August 1976 Chef eines von PSI, PCI usw. tolerierten DC-Minderheitskabinetts mit einem rigorosen Spar-, Anti-Inflations- u. Reformprogramm (s. Abschnitt »Weltchronik«: Italien).

Andriamahazo, General *Gilles* (Madagaskar), s. WA '76, S. 182.

Androsch, Dr. *Hans,* geb. 1938 als Sohn eines Steuerberatungskanzlei-Besitzers, Studium der Wirtschaftswissenschaften an der Universität Wien, Diplomkaufmann, Steuerberater und Wirtschaftsprüfer. Politisch früh in der SPÖ aktiv, Vorsitzender des »Vereins der Sozialist. Studenten Österreichs«, 1963/66 Konsulent im parlamentarischen Club der SPÖ; 1967 jüngster Abgeordneter im Nationalrat. Seit 1970 in der Regierung → *Kreisky* Finanzminister und als solcher den Haushalt stark belastende Reformen fördernd. Seit 1974 einer der stellv. SPÖ-Vorsitzenden. Gilt als Anwärter auf das Amt des Vizekanzlers bei der geplanten Regierungsumbildung vom September 1976.

Angelis, Odysseus (Griechenland; s. WA '74, S. 176), Amtsverlust durch den Militärputsch im November 1973; 1975 unter Anklage gestellt und zu Gefängnis verurteilt.

Arafat, *Jassir* (Deckname *Abu* **Ammar,** Palästina), geb. 1929 in Jerusalem (s. WA '76, S. 182), seit 1969 Vorsitzender des Zentralrates (»Nationalrates«) d. »Palästinensischen Volksbefreiungsfront«/PLO; seither stets wiedergewählt, aber im Widerstreit mit → *Habbasch* (1976 angeblich mit diesem versöhnt) und → *Hawatmeh.* Am 13. 11. 1974 vor der UNO-Vollversammlung einen multireligiösen Staat Palästina fordernd. 1975/76 im libanesischen Bürgerkrieg eine zeitweise vermittelnde, aber auch zwiespältige Rolle spielend, an Einfluß offenbar verlierend.

Arbulu Galliani, General *Guillermo* (Perú), geb. 1911, militärische Laufbahn, seit 1943 Pionieroffizier, rascher Aufstieg; Direktor der Pionierakademie, Leiter der Logistik und des Militärerziehungswesens. Mehrfach zur Fortbildung in den USA. Politisch relativ wenig hervorgetreten, zu den gemäßigt-reformerischen Kräften der Militärs gerechnet. Nach der Entlassung des progressiven Regierungschefs → *Fernández Maldonado* durch den Präsidenten → *Morales Bermudez* im Juli 1976 zum neuen Regierungschef und Verteidigungsminister ernannt, offenbar unter dem Druck konservativerer Offiziere, die durch eine Verlangsamung der sozialistisch ausgerichteten Reformpolitik eine Behebung der wirtschaftlichen Krise erhoffen.

Aref, *Ali Bourhan* (Franz. Territorium d. Afar und Issas), geb. als Sohn einer Afar-Familie. Als Führer des »Rassemblement Démocratique Afar«/RDA, 1975 zum Regierungschef gewählt. Einst Vertreter eines »Groß-Afar«, wie es vom Sultan *Ali Mareh* verfochten wird, nun vermittelnd, aber bei den Afar an Sympathien verlierend, ohne die mit den Somali verwandten Issas für sich zu gewinnen. Im Juli 1976 von → *Kamil* als Regierungschef abgelöst.

Areilza, *José María, Graf von Motrico* (Spanien), geb. 1909 als Sohn einer großbürgerlich-monarchistischen Familie baskischer Herkunft; vielseitiges Studium, namhafter Essayist. Teilnahme an der »Erhebung« vom Juli 1936; 1937 Bürgermeister von Bilbao. Diplomatische Laufbahn, 1960–1964 u. a. Botschafter in Paris und hier stark von *Charles de Gaulle* (s. WA '70, S. 170) beeindruckt. Seit 1966 Berater von Don → *Juan*, aber seit 1966 auch mit → *Juan Carlos* in positiver Verbindung. Seit der Mitte der 60er Jahre in wachsendem Gegensatz zu → *Franco;* zunehmender Kontakt mit illegalen demokratischen Gruppierungen und den »Arbeiterkommissionen«. Nach dem Tode von *Franco* in der neuen Regierung von → *Arias Navarro* seit Dezember 1975 Außenminister. A. gilt als Feind aller Extremisten und als überzeugter Europäer; lehnt im Juli 1976 Eintritt in das Kabinett von → *Suárez Gonzales* ab.

Arias Navarro, Carlos (Spanien; s. WA '76, S. 182), nach dem Tode von → *Franco* wieder mit der Regierungsführung beauftragt, aber am 1. 7. 1976 – offenbar unter Druck – zurückgetreten u. vom König zum Marquis ernannt. Nachfolger → *Adolfo Suárez Gonzales.*

Assad, *Hafes (Hafez) el* (Syrien), geb. 1929, Sohn einer alauitischen Bauernfamilie; militärische Laufbahn, Absolvierung der Militärakademie in Homs, bald politisch aktiv und Aufstieg zum General und Verteidigungsminister. Führender Angehöriger des sog. »rechten« (militärischen) Flügels des »Baath« (»Soz. Partei der Arab. Wiedergeburt«). Am 13. 11. 1970 Regierungschef. Am 2. 3. 1971 Präsident der Republik, am 12. 3. als solcher bestätigt. Im Nahostkonflikt hart die arabische Position verteidigend, durch Teilerfolge der syrischen Truppen im Oktoberkrieg von 1973 offenbar noch an Prestige gewonnen, nach zähen Verhandlungen 1974 Zustimmung zum ersten Truppenentflechtungsabkommen mit Israel, aber Gegner der neuen ägypt.-israel. Vereinbarungen v. Sept. 1975, und zeitweise eine der Hauptstützen von → *Arafat.* 1976 in den libanesischen Bürgerkrieg unter Entsendung von Truppen eingreifend, seine wirklichen Absichten bisher nicht erkennen lassend (s. Abschnitt »Weltchronik«: Libanon).

Azevedo, Admiral *José Baptista Pinheiro de* (Portugal), geb. 1917 in Angola (s. WA '76, S. 183), im Sept. 1975 Nachfolger von → *Gonçalves* als Regierungschef, überwiegend als Sozialist betrachtet, der einem linkssozialistischen Pluralismus den Vorzug gibt. Bei den Präsidentschaftswahlen vom Juni 1976 unterlegen, als Regierungschef von → *Soares* abgelöst.

Badran, *Meudar* (Jordanien), geb. 1934 in der Gegend von Amman, Studium der Rechtswissenschaften an der Universität Damaskus, sodann Rechtsberater der jordanischen Armee, später Direktor der Nachrichtendienste. 1972 Generalsekretär des Kgl. Kabinetts und Berater des Königs für die Fragen der von Israel besetzten Gebiete mit dem Rang eines Ministers. Zeitweise, bis zur Auflösung, auch im Vorstand der »Arab. Nationalunion«, der einzigen zugelassenen Partei. 1973/74 Erziehungsminister in der Regierung von Sejid er → *Rifai;* nach dessen Rücktritt seit Juli 1976 Regierungschef und Außenminister.

Bakr, *Achmed Hassan el* (Irak), geb. 1912, Berufsoffizier, Aufstieg zum General, Vertreter sozialrevolutionärer panarabischer Tendenzen, beteiligt am Sturz der Monarchie im Jahre 1958, zeitweise Regierungschef. Seit dem unblutigen Staatsstreich von 1968 Staatspräsident. Vorsitzender des »Revolutionären Führungsrates« der »Baath«-Partei.

Banda, Dr. *Hastings Kamuzu* (Malawi), geb. 1902, evangelisch, als Jugendlicher nach Südafrika ausgewandert, in den Goldminen bei Johannesburg als Dolmetscher und Büroangestellter tätig, Weiterbildung in Abendkursen; schließlich Studium, Ausbildung als Arzt, bis 1953 in England praktizierend, sodann bis 1958 in Ghana. Ab 1958 als Führer der Kongreßpartei in Njassaland für die Unabhängigkeit kämpfend, 1959/1960 verhaftet. Sodann Gründung der »Malawi Congress

Party«/MPC, 1963 im autonomen Njassaland Regierungschef, desgleichen im unabhängig gewordenen (1964) Malawi. Seit 1966 Staatspräsident, seit 1971 auf Lebenszeit. Populär »Ngwazi« (etwa »Häuptling der Häuptlinge«) genannt. Langjähriger Befürworter einer Politik des Dialogs, nicht der Konfrontation, so bes. m. der Rep. Südafrika.

Bandaranaike, Sirimavo (Sri Lanka), s. WA '74, S. 176 u. WA '76, S. 183), 1974 Besuch in der BR Deutschland. Im August 1976 als Gastgeberin des Kongresses der »Bündnisfreien Staaten« (s. »Weltchronik«) international an Ansehen gewonnen.

Banti (Benti), General *Teferi* (Äthiopien; s. WA '76, S. 183), 1974 zum Ministerpräsidenten der zivilen Regierung ernannt; bisher kaum Erfolg in der Reformpolitik und nur geringer in der Bekämpfung der Aufständischen in Eritrea.

Banzer Suares, Hugo (Bolivien; s. WA '75, S. 186), Verfolgung eines nationalist. Reformkurses, bislang nur geringe Konsolidierungserfolge, mehrfach Putschversuchen ausgesetzt.

Barre, Mohammed Siyad (Somalia; s. WA '69, S. 164), proklamiert am 28. 6. 1976 S. als »sozialistischen Einparteienstaat« (s. Abschnitt »Weltchronik«: Somalia).

Barre, Prof. Dr. *Raymond* (Frankreich), geb. 1924 als Sohn eines Kaufmanns auf der Insel Réunion, Studium am Institut für Politische Wissenschaften und an der Juristischen Fakultät in Paris. Diplomiert in Rechts- und Wirtschaftswissenschaften; bereits 1950 Dozent in Caen, 1961 bis 1973 Universitätsprofessur in Paris für Rechts- und Wirtschaftswissenschaften. Außerdem in anderen Bereichen tätig. Ab 1959 mehrere Jahre Kabinettsdirektor im Industrie- und Handelsministerium, 1967–1972 Vizepräsident der EG-Kommission, zuständig für Wirtschafts- und Finanzfragen; Aufstellung des nach ihm benannten Planes zur Wirtschafts- und Währungsunion. 1973 Mitglied des Generalrats der »Banque de France«. 1974 u. a. Vorsitzender der Kommission für die Finanzierung des Wohnungswesens. Im Herbst 1975 Vorbereitung des »Wirtschaftsgipfeltreffens« von Rambouillet. Außenhandelsminister im Kabinett von → *Chirac*; im August 1976 von → *Giscard d'Estaing* als Nachfolger von *Chirac* zum Regierungschef sowie zum Wirtschafts- und Finanzminister ernannt und vor der Aufgabe, die schwierige Wirtschafts- und Währungssituation zu lösen, Inflation und Arbeitslosigkeit zu bekämpfen. B. gehört keiner Partei an, besitzt jedoch gute Beziehungen zur U.D.R. (Gaullisten) und gilt als einer der führenden französischen Wirtschaftsexperten.

Benn, Anthony Neil Wedgwood (Großbritannien; s. WA '76, S. 183), 1975 Energieminister, als solcher auch seit 1976 in der Regierung von → *Callaghan.*

Benti s. Banti Teferi

Berlinguer, *Enrico* (Italien; s. WA '73, S. 179); geb. 1922, 1944 wegen »versuchten Umsturzes der Ordnung« vier Monate im Gefängnis. Auch 1975 beim Parteitag der KPI von entscheidendem Einfluß. Seit 1969 wiederholt einen unabhängigen Kurs der KPI und politischen Pluralismus betonend. Durch den großen Erfolg bei den Parlamentswahlen vom Juni 1976 noch mehr zu einer Schlüsselfigur der italienischen Politik geworden, u. a. durch die Besetzung wichtiger Positionen in Senat und Kammer mit Mitgliedern seiner Partei und zunehmenden indirekten Einfluß auf Regierungsentscheidungen.

Bhutto, *Zulifikar Ali Chan* (Pakistan; s. WA '74, S. 177 u. WA '76, S. 183/184), Premierminister, 1975 Widerstand der Opposition mit Härte entgegentretend. Im Februar 1976 zu Besuch in der BR Deutschland, im Juni 1976 in Kabul in Verhandlungen mit → *Daud* bestrebt, die Spannungen zwischen seinem Land und Afghanistan abzubauen.

Bielka-Karltreu, Dr. Erich, Außenminister (Österreich), s. WA '75, S. 187.

Binh s. Nguyen Thi Binh

Bijedić, Djemal (Jugoslawien; s. WA '76, S. 184), seit 30. 7. 1971 Präsident der jugoslawischen Bundesregierung, 1974 im Amt bestätigt.

Birendra Bir Bikram Sháh Deva (Nepál; s. WA '73, S. 180), am 24. 2. 1975 gekrönt.

Bitsios, Dimitrios (Griechenland; s. WA '76, S. 184), im Oktober 1974 nach dem Rücktritt von → *Mavros* Außenminister in der prov. Regierung von → *Karamanlis,* desgleichen im neuen nach den Wahlen von *Karamanlis* gebildeten Kabinett.

Boumedienne, *Houari* (gewählter Name; Geburtsname *Mohammed Ben Brahim Boukharouba;* Algerien; s. WA '76, S. 184), seit 1965 Staatspräsident. Nationalisierung der Wirtschaft, überzeugter Vertreter der arabischen Solidarität und eines »islamischen Sozialismus«. Anreger der Rohstoffkonferenz der UNO vom April 1974 und seither Verfechter der vollen wirtschaftlichen und politischen Nutzung der Rohstoffe durch die sie besitzenden Länder. 1975/76 im Konflikt mit Marokko wegen der Aufteilung der (ehem. span.) Sahara u. deren prov. (Exil-)Regierung stützend.

Bourgiba (Burgiba) Habib Ben (Tunesien; s. WA '68, S. 162 u. WA '73, S. 181), am 3. 11.

1974 wiedergewählt, seit 18. 3. 1975 Präsident auf Lebenszeit.

Bouteflika, *Abdelasis* (Algerien; s. WA '76, S. 184), seit 1963 Außenminister. Auf der vierten Konferenz der »Blockfreien Länder« in Algier 1973 mitbeteiligt an der Konzeption, Öl und andere Rohstoffe als Kampfmittel der Entwicklungsländer um Macht und Einfluß einzusetzen. Im September 1974 Präsident der XXIX. UNO-Vollversammlung und im Sept. 1975 Präs. d. UNO-Sondersession über Entwicklung und Wirtschaftskooperation.

Breschnjew, *Leonid I.* (Sowjetunion; s. WA '74, S. 178), in den letzten Jahren besonders erfolgreich in seiner »Westpolitik« und offenbar mit verstärkter Position in der KPdSU, 1973 durch seine Besuche in der Bundesrepublik Deutschland, in Frankreich und in den USA den Willen zu verstärkter Kooperation mit dem Westen, vor allem in Wirtschaft u. Technik, mit dem Abschluß mehrerer Abkommen unterstreichend. Fortgesetzt bemüht um kollektive Sicherheitsvereinbarungen (u. a. beim Besuch in Indien). Im Nahostkonflikt auch nach dem Krieg vom Oktober 1973 die Araber politisch und rüstungsmäßig unterstützend, aber bestrebt, die Entwicklung der Beziehungen zu den USA nicht zu stören, desgleichen im Cypern-Konflikt. Wertet d. Abschluß d. Europ. Sicherheitskonferenz (1975) auch als persönl. Erfolg. 1976 wieder in seinen Positionen bestätigt und im Mai 1976 für seine Verdienste als Präsident der »Verteidigungskommission der UdSSR« vom Präsidium des »Obersten Sowjet« zum Marschall ernannt. Aufstellung einer Büste in seinem Geburtsort Dnjeprodserschinsk. Seit dem Sommer 1976 verschiedentlich kritischere Haltung gegenüber der BR Deutschland.

Brown, George Alfred (Großbritannien; s. WA '69, S. 166), ehem. brit. Außenminister, 1970 in den Adelsstand erhoben und Mitglied des Oberhauses. 1976 aus der »Labour Party« ausgetreten, da diese »nicht mehr für individuelle Freiheit« eintrete.

Cabral, *Luiz de Almeda* (Guinea-Bissau), geb. 1929 in G.-B. als Sohn einer rassisch gemischten Familie von den Kapverden; nach Schulbesuch Angestellter einer portug. Firma. Bruder des 1973 ermordeten PAIGC-Gründers *Amilcar C.* 1959 Führer eines Hafenarbeiterstreiks, 1961 Gewerkschaftssekretär, sodann Organisator der PAIGC; enge Verbindung mit → *Castro*. Seit Juli 1973 stellv. Generalsekretär der PAIGC, seit Sept. 1973 Präsident der erst 1974 anerkannten Rep. G.-B. C. gilt als harter Politiker, afrikan. Nationalist u. Sozialist. Verfechter der Vereinigung der Kapverden mit G.-B.

Callaghan, *James* (Großbritannien), geb. 1912 (s. WA '76, S. 185), seit den Wahlen von 1945 Labour-Abgeordneter, in der Regierung von *Clement Attlee* parlamentarischer Staatssekretär. 1951–1964 in der Opposition politisches Gewicht gewinnend, aber 1963 in der Bewerbung um die Parteiführung ohne Erfolg. 1964–1970 in der Regierung von → *Wilson* zunächst Schatzkanzler, 1967 Innenminister, 1974 Außenminister. In der Partei einer der Befürworter des Beitritts zur EG, aber Gegner der EG-Agrarpolitik. Nach dem Rücktritt von → *Wilson* im April 1976 an dessen Stelle zum Labour-Führer gewählt und ab 8. 4. Premierminister einer Labour-Regierung, bemüht, in enger Kooperation mit den Gewerkschaften die Wirtschaftskrise zu bewältigen.

Camacho, *Marcelino* (Spanien), geb. 1918 als Sohn einer sozialistischen Arbeiterfamilie, mit 18 Jahren im Bürgerkrieg in den Reihen der Republikaner kämpfend, anschließend zwei Jahre im Lager festgehalten, sodann in Algerien und Frankreich zu gewerkschaftlicher Ausbildung in der CGT. 1966 nach Spanien zurückgekehrt, Gründung der »Arbeiterkommissionen«, die sich die Erlangung gewerkschaftlicher Rechte und den Sturz von → *Franco* zum Ziel setzen. 1969 zu fünf Jahren Gefängnis verurteilt, 1972 freigelassen. 1974 erneut verhaftet und im sogen. Prozeß »1001« zu zehn Jahren Haft verurteilt. Aufgrund der von → *Juan Carlos* verkündeten Amnestie am 29. 11. 1975 freigelassen. Zunächst parteipolitisch als ungebunden geltend, aber beim Exilkongreß der KP (PCE) in Rom im Juli/August 1976 als führendes Mitglied hervorgetreten.

Carrillo, *Santiago* (Spanien), geb. 1915 als Sohn eines sozialist. Abgeordneten; Setzer, später Redakteur sozialist. Zeitungen, mit 18 Jahren Vors. der vereinigten sozialist. und kommunistischen Jugend; im Bürgerkrieg 1936–1939 Offizier und Politischer Kommissar, Mitglied der Junta zur Verteidigung Madrids gegen die Franco-Truppen. Seit dem Ende des Bürgerkriegs im Exil, meist in Frankreich; Generalsekretär der illegalen spanischen KP; 1968 die Invasion von Truppen des »Warschauer Paktes« in die Tschechoslowakei verurteilend. Auf dem Exilkongreß der PCE in Rom im August 1976 für »pluralistischen Wettbewerb« der Parteien eintretend (s. auch Abschnitt »Weltchronik«: Kommunismus u. Spanien).

Carter, *James Earl jr.* (*»Jimmy«;* USA), geb. 1924 in Georgia als Sohn eines Erdnußfarmers; mit 20 Jahren Eintritt in die Marine-Akademie von Annapolis, Spezialausbildung in Nuklearphysik und Nukleartechnik, Aufstieg zum Nuklearingenieur und Kommandanten eines Atom-U-Bootes. Nach dem Tode seines Vaters 1953 Quittierung des Dienstes und Ausbau seiner großen Erdnußfarm. Überzeugter Baptist, Laienprediger. Politisch in der Demokratischen Partei tätig; 1962 Senator von Georgia, 1970 für eine Amtsdauer zum Gouverneur seines Heimatstaates gewählt, als Gegner der Rassendiskriminierung auch mit Unterstützung der Neger. Seit 1975 Bewerbung als demokratischer Präsidentschaftskandidat, 1976 mit zunehmendem Erfolg. Vertreter der Arbeitsbeschaffung durch die Öffentliche Hand, der Kürzung der Verteidigungsausgaben zugunsten der Sozialversicherung und des Wohlfahrtswesens, Befürworter einer Eindämmung der Bürokratie und der überseeischen Verpflichtungen. Für Begrenzung der atomaren Rüstung bei Gewährleistung der Sicherheit der USA u. der Verbündeten. Im Juli 1976 auf dem Parteikongreß in New York einmütig zum demokrat. Präsidentschaftskandidaten gewählt, *Mondale* als Kandidaten für die Vizepräsidentschaft benennend.

Carvalho, Otelo Saraivo de (Portugal; s. WA '76, S. 185), in den gescheiterten Putschversuch linksextremer Militärs vom November 1975 verwickelt, zum Major zurückgestuft und aus dem »Revolutionsrat« ausgeschlossen, aber zu den Präsidentschaftswahlen vom Juni 1976 zugelassen und als Kandidat der extremen Linksgruppen mit 16,52 % der Stimmen von beachtlichem Erfolg.

Castle, Barbara (Großbritannien; s. WA '69, S. 166 u. WA '76, S. 186), mit Rücktritt von → *Wilson* 1976 aus der Regierung ausgeschieden.

Ceauşescu, Dr. h. c. *Nicolaie* (Rumänien; s. WA '68, S. 163 u. WA '69, S. 166), im März 1969 erneut zum Vorsitzenden des Staatsrates gewählt und seither mehrfach Stellungnahme für volle Unabhängigkeit und Souveränität jedes kommunistischen Landes und jeder KP bei gegenseitiger Zusammenarbeit und Bündnis- und Vertragstreue; seit 1971/72 strenge ideologische Richtung im Innern. 1973 als erstes Oberhaupt eines kommunistischen Staates in der Bundesrepublik Deutschland. Im März 1974 in das neugeschaffene Amt des Staatspräsidenten gewählt, im März 1975 in dieser Position und als Vorsitzender des »Staatsrates« sowie als Gen.Sekr. u. Vors. d. Exek.-Komitees des ZK der Partei bestätigt.

Chalid *Bin Abdul Asis* (*Khaled Ibn Abdul-Aziz,* Saudi-Arabien; s. WA '76, S. 186), nach der Ermordung seines Bruders *Feisal* im März 1975 König; im April 1975 Übertragung d. eigentl. Regierungsgeschäfte an Kronprinz → *Fahd.* Befürworter enger arabischer Zusammenarbeit und der islamischen Traditionen, der Räumung der von Israel besetzten arabischen Gebiete und der Rechte der Palästinenser; wird dem Westen gegenüber als weitgehend positiv eingestellt angesehen.

Chamoun s. Schamun

Chang Chun-chiao s. Tschang Tschun-tschiao

Chavan, Yashwantrao Bahwantrao (Indien; s. WA '76, S. 186), seit 1974 Außenminister.

Chen Hsi-liän s. Jieh Tschien-jing

Chiang Ching s. Tschiang Tsching

Chiang Ching-kuo s. Tschiang Tsching-kuo

Chiao Kuan-hua s. Tschiao Kuan-hua

Chirac, *Jacques René* (Frankreich; s. WA '76, S. 187), gilt als vielseitiger und erstrangiger »Technokrat« und nüchterner Verfechter von Reformen. 1974/75 vorübergehend Generalsekretär der U.D.R. (Gaullisten); weiterhin Ehrenvorsitzender der Partei. Im März 1976 vom Präsidenten mit der Koordinierung der Regierungsparteien und der Straffung ihres Programms als Gegengewicht gegen die Linke betraut, aber im August 1976 wegen Differenzen mit Präs. → *Giscard d'Estaing* zurückgetreten (Nachfolger → *Barre*).

Chissano, Joaquim (Mosambik; s. WA '76, S. 187), seit Juni 1975 Außenminister im unabhängig gewordenen Mosambik. Ch. gilt als pragmatischer Intellektueller unter den Führungskräften. Ende 1976 angeblich in eine Verschwörung verwickelt, aber weiter im Amt.

Choi Kyu Hah s. Tschoi Kyu Hah

Chou En-lai s. Tschou En-lai

Choudhury, Abu Saijid (Bangladesch; s. WA '75, S. 189), seit August 1975 Außenminister.

Colombo, Emilio (Italien; s. WA '72, S. 174 und WA '73, S. 183), im März 1973 in der Regierung → *Rumor* Finanzminister, seit März 1975 im Kabinett von → *Moro* Schatzminister bis zu dessen Rücktritt.

Cortina Mauri, Dr. *Pedro* (Spanien; s. WA '76, S. 187), im Dezember 1976 von → *Areilza* abgelöst.

Costa Gomes, General *Francisco da* (Portugal; s. WA '76, S. 187), nach den Wahlen vom Juni 1976 von → *Eanes* abgelöst.

Coutinho, Antonio Alva Rosa (Portugal; s. WA '76, S. 187), in den gescheiterten Putschversuch linksextremer Militärs vom November 1975 verwickelt, aus d. »Revolutionsrat« ausgeschlossen.

Craig, William (Großbritannien/Nordirland; s. WA '73, S. 183 und WA '74, S. 180), auch 1974/75 zunächst Gegner eines Ausgleichs mit den Katholiken; im Herbst 1975, offenbar aus taktischen Gründen, eine gewisse Änderung in dieser Haltung und deshalb aus der »loyalistischen« protestantischen Dreiparteienkoalition ausgeschlossen.

Crosland, *Anthony* (Großbritannien), geb. 1918

als Sohn eines hohen Beamten und einer Wissenschaftlerin; Besuch einer Public School, Studium der Philosophie, Politischen Wissenschaften und Volkswirtschaft in Oxford. Mit einer amerikanischen Journalistin verheiratet. Mehrjährige Dozententätigkeit am Trinity College; seit 1950 Abgeordneter der »Labour Party«. 1964–1970 in der Regierung von → *Wilson* nacheinander Minister für Erziehung, Handel, kommunale Selbstverwaltung und Regionalplanung. Im neuen Kabinett von *Wilson* 1974 Umweltminister, in der Regierung von → *Callaghan* Außenminister.

Craxi, *Bettino* (Italien), geb. 1934 als Sohn einer mittelständischen Familie, vom Vater her durch die antifaschistische Widerstandsbewegung beeinflußt. Bereits als Student sozialistisch orientiert, Mitte der 60er Jahre Gemeinderat der PSI in Mailand, seit 1968 sozialist. Abgeordneter in der Kammer; stark vom Patriarchen des italienischen Sozialismus, *Pietro Nenni* (s. WA '70, S. 175), gefördert; 1969 Ernennung zum Vizesekretär der PSI. Nach dem Wahlmißerfolg von → *De Martino* im Juni 1976 zum PSI-Fraktionsführer im Parlament und im Juli darauf als Nachfolger von *De Martino* an der Spitze der Partei, in der nun die neue Generation in den Vordergrund tritt (die sogen. »Obersten«). C. gilt als »Autonomist«, d. h. als Verfechter einer von den Kommunisten unabhängigen Politik, jedoch mit deren voller Mitverantwortung bei Garantie demokratischer Grundsätze.

Cunhal, Dr. *Alvaro Barreirinhas* (Portugal), geb. 1915, Studium der Rechtswissenschaften, führend in den studentischen Aktivitäten gegen das *Salazar*-Regime, Tätigkeit als Rechtsanwalt. Führer der »Föderation junger Kommunisten«, schließlich Generalsekretär der 1923 gegründeten portugiesischen KP (PCP); 1940–1949 aktiv im Aufbau kommunistischer Kader-Gruppen. 1949 verhaftet und zu 20 Jahren Gefängnis verurteilt, 11 Jahre auf der atlantischen Insel Peniche interniert, darunter 8 Jahre in Isolationshaft; 1960 mit zehn Gefährten entflohen und seither im Exil, zuletzt in Prag. Nach dem Militärputsch vom April 1974 zurückgekehrt. Den Sozialisten (PSP), die im August 1976 die Regierung bilden, wirft er vor, den »revolutionären Prozeß« zu behindern und »in der Wirtschaft kapitalistische Methoden« anzuwenden.

Daddah, Mokhtar Ould (Mauretanien; s. WA '64, S. 156). 1971 u. 1976 als Staatspräsident wiedergewählt. 1975/76 Übereinkommen mit Marokko über die Teilung der ehem. Span. Sahara.

Daud, *Mohammed* (Afghanistan; s. WA '74, S. 181), seit Juli 1973 Übernahme der Macht in einem unblutigen Staatsstreich; Absetzung des Königs und Ausrufung der Republik, u. a. angeblich mit dem Ziel, Demokratie einzuführen und die Korruption zu bekämpfen sowie veraltete Traditionen abzuschaffen. Verfechter der Paschtunistan-Idee (Ansprüche auf pakistanische Grenzgebiete), aber seit Treffen mit → *Bhutto* zurückhaltender.

De Martino, Dr. *Francesco* (Italien), geb. 1908, einer der bedeutendsten Gelehrten des Römischen Rechts; politisch früh aktiv, zunächst Mitglied der gegen Mussolini illegal operierenden Aktionspartei, 1945 nach deren Auflösung Mitglied der Sozialistischen Partei/PSI; anfangs gemeinsam mit → *Nenni* mit der KPI kooperierend, dann die PSI wieder in der Aktion voll verselbständigend. In den 60er Jahren die Union mit den Sozialdemokraten/PSDI herbeiführend. Nach dem Bruch mit den Sozialdemokraten 1969 erneut für eine Kooperation mit der KPI; schließlich Führer der PSDI und bemüht, deren verschiedene Flügel zusammenzuhalten, der Partei politische Entscheidungskraft zu bewahren. 1976 einer der Hauptverantwortlichen für die Aufkündigung der Unterstützung der Regierung → *Moro* durch die PSDI und damit Auslöser einer schweren Regierungskrise u. der Neuwahlen vom Juni 1976; nach den Wahlverlusten zurückgetreten (Nachfolger → *Craxi*), aber weiterhin für eine Regierungsbeteiligung der Kommunisten.

Demirel, *Süleyman* (Türkei; s. WA '67, S. 161 u. WA '76, S. 188), nach dem Rücktritt von → *Ecevit* am 1. 4. 1975 an der Spitze einer aus Parteien der Rechten gebildeten Koalitionsregierung. Prowestlich, Vertreter des Verbleibens in der NATO, in der Cypern-Frage Bundesstaat bejahend.

Deng Hsiao-ping s. Teng Hsiao-ping

Denktasch, Rauf (*Denktaş*; Cypern; s. WA '76 S. 188), im April 1976 als Unterhändler der türkischsprachigen Cyprioten von *Umit Suleiman Oman* abgelöst, aber nach der bisherigen Verfassung für Gesamt-Cypern weiterhin Vizepräsident der Republik. Nach der türkisch-cypriotischen Verfassung von 1975 und den Präsidentschaftswahlen vom Juni 1976 jedoch vom türk.-cypriot. »Parlament« zum Präsidenten der Teilrepublik gewählt.

Den Uyl, *Joop* (*Johannes Martens den Uyl;* Niederlande; s. WA '74, S. 181), seit Mai 1973 Chef einer Koalitionsregierung aus Linksparteien und der Kath. Volkspartei/KVP.

Dolanc, *Stane* Jugoslawien; s. WA '76, S. 188), als Sekretär des Präsidiums des Exekutivkomitees des ZK des »Bundes der Kommunisten Jugoslawiens« faktisch nach *Tito* der einflußreichste Politiker.

Dole, *Robert* (»Bob«, USA), geb. 1923, Studium der Rechtswissenschaften, Anwalt. Im II. Weltkrieg u. a. in Italien eingesetzt, schwere Verletzung des rechten Arms. Wie → *Ford* ein typischer Vertreter des Mittleren Westens; Mitglied der methodistischen Kirche und wie *Ford* Freimaurer. Seit 1961 republikan. Abgeordneter, seit 1970 einer der Senatoren aus Kansas. 1971–1973 Chairman des Nationalkomitees der Republikaner, verantwortlich für den letzten Wahlkampf von → *Nixon,* diesem gegenüber bis zuletzt loyal, ohne selbst in die »Watergate«-Affäre verwickelt zu sein. D. gilt als Repräsentant der konservativen Mitte; einst gegen den Rückzug aus Vietnam; wiederholt gegen Liberalisierung der Abtreibung, für die Todesstrafe bei Schwerstverbrechen, gegen umfassende staatliche Sozialhilfe und gegen einen Truppenabbau im Ausland eingetreten.

Dschallud, Abdessalam, Regierungschef (*Jalloud,* Libyen; s. WA '73, S. 184), 1976 im libanesischen Bürgerkrieg als einer der »Vermittler« aktiv.

Dschebril (*Jabril*), *Achmed* (Palästina), s. WA '76, S. 189.

Dschemeijil *(Gemayel, Schemajel), Pierre* (Libanon), geb. als Sohn eines Arztes in einem libanesischen Gebirgsort, als Kind mit diesem vor dem I. Weltkrieg wegen Verfolgung durch die osmanischen Türken nach Ägypten geflohen. Nach dem Studium als Apotheker in Beirut tätig. Als Katholik 1936 Gründung der christlichen Jugendorganisation »Kataeb« (= etwa »Verbände«, »Phalangen«), aus der im Kampf gegen die französische Kolonialherrschaft schließlich eine Partei mit Selbstschutzorganisationen hervorgeht. 1958 Unterstützung der Regierung im Bürgerkrieg gegen die Nasseristen, anschließend als Minister loyale Zusammenarbeit mit dem Nasser-Sympathisanten *Fuad Schehab* als Ministerpräsident. Verfechter einer demokratisch-laizistischen Staatsordnung und der Bewahrung der Identität der christlichen Araber, angeblich kein Feind der Palästinenser, wohl aber extremistischer Kräfte. Im Bürgerkrieg von 1975/76 auf der Seite seiner »Kataeb«, nur dann zu Kompromissen mit dem Ziel einer Versöhnung bereit, wenn die Position der Christen voll gesichert wird. Fall dies nicht erreicht werde, angeblich im Gegensatz zu seinem Sohn Beschir Dsch. die Gründung eines christlichen (maronitischen) Teilstaates erwägend (s. Abschnitt »Weltchronik«: Libanon).

Dschumblat (*Joumblat*), *Kamal* (Libanon; s. WA '76 S. 189), obwohl Großgrundbesitzer und eine Art drusischer Stammesführer, in seiner Politik marxistischer Sozialrevolutionär. Mehrfach Minister; als Innenminister 1970 die bis dahin illegale KP zulassend. Zeitweise von Ägypten unterstützt. Für seine arabische Lyrik 1972 mit dem Lenin-Preis der UdSSR ausgezeichnet. Im Bürgerkrieg von 1975/76 schärfster Gegner von → *Dschemeijil* und → *Franschije;* mit seiner Miliz in Kooperation mit der u. a. aus Heeresdeserteuren bestehenden muslimischen »Libanesischen Arabischen Armee« des Leutnants *Chatib* (*Khatib*) und als Führer der »Vereinigten Linken« die Schlüsselfigur im Kampf um eine entkonfessionalisierte sozialistische Republik; im Sommer 1976 schärfster Gegner der syrischen Intervention u. Gründer der fast alle linken Muslimen umfassenden »Volksbefreiungsarmee« (s. Abschnitt »Weltchronik«: Libanon).

Eanes, *Antônio dos Santos Ramalho* (Portugal), geb. 1934, militärische Laufbahn, 1956 Absolvierung der Heeresfachschule; in Angola, Macao, Mosambik und im ehem. Port. Guinea (jetzt G.-Bissau) eingesetzt. Spezialist in der »Subversions-Bekämpfung«, an der Militärakademie ausgebildet und 1969–1971 in P.-G. als solcher wirkend. Rascher militärischer Aufstieg. Zeitweise mit → *Spinola* persönlich verbunden, aber keine Beteiligung an dem von diesem inspirierten Putschversuch vom September 1974. 1974 Direktor des Fernsehens; auf Betreiben der extremen Linken im März 1975 abgesetzt. Im November 1975, u. a. gemeinsam mit General *Vasco Lourenço,* an der Niederschlagung des Putschversuches Linksextremer beteiligt und daraufhin im Dezember 1975 zum General und Generalstabschef ernannt. Bei den Präsidentschaftswahlen vom 26. Juni 1976 von den Sozialisten und Mittelparteien gestützt und mit 61,54 % aller Stimmen (vor → *Azevedo,* → *Carvalho* und → *Pato*) zum Präsidenten gewählt und damit Nachfolger von → *Costa Gomes.* Am 14. 7. als Präsident, Vors. d. »Revolutionsrates« und Generalstabschef vereidigt. E. gilt als Pragmatiker, als keineswegs antikommunistisch, aber als Feind von Extremisten.

Ecevit, Bülent (Türkei; s. WA '75, S. 191), wegen Nichteinigung mit dem Koalitionspartner erstmals im September, endgültig im November 1974 zurückgetreten.

Echeverria Alvarez, Lic. Luis (Mexiko; s. WA '74, S. 182), 1974/75 stärkere Distanzierung von den USA; entschiedener Vertreter der vollen Verfügung der Staaten, besonders der Entwicklungsländer, über ihre Rohstoffe.

Fabião, General *Carlos* (Portugal; s. WA '76, S. 189), wegen Beteiligung am Putschversuch der linksextremistischen Offiziere vom November 1975 aus dem »Revolutionsrat« ausgeschlossen und zum Oberstleutnant herabgestuft. (Nachfolger als Generalstabschef → *Eanes*)

Fahd, *Bin Abdul Asis* (*F. Ibn Abdul-Aziz,* Saudi-Arabien; s. WA '76, S. 189), seit März 1975 Kronprinz, erster stellv. Regierungschef, Vorsitzender des Obersten Erdöl- und des Erziehungs-Rates, am 3. 4. vom König mit der faktischen Wahrnehmung der Regierungsgeschäfte in enger Verbindung mit diesem beauftragt. F. gilt als die stärkste Persönlichkeit des Landes, als der technischen und wirtschaftlichen Entwicklung zugewandt und als entschlossener Verteidiger der arabischen Interessen, besonders auch in der Palästina- und Erdölfrage, und als dem Westen gegenüber kooperativ eingestellt.

Fahmi, *Ismail* (Ägypten), geb. 1922; Studium der politischen Wissenschaften in Kairo; Abschluß mit Diplom. Vielsprachig. 1945 Eintritt in die diplomatische Laufbahn, seit 1957 besonders in ägyptischen UNO-Belangen tätig. 1968 Botschafter in Wien, 1971 Unterstaatssekretär im Außenministerium, 1972 wegen kritischer Haltung zur Sowjetunion zurückgetreten. Ab März 1973 Minister für Tourismus, ab Ende des Monats schließlich als Nachfolger von *Sajjat* Außenminister.

Fälldin, *Thorbjörn* (Schweden), geb. 1926, nach Schulbesuch vielseitige Weiterbildung, beruflich mit Erfolg als Landwirt tätig, politisch in der sich auf Bauern und kleine Unternehmer stützenden Zentrumspartei (»Senterpartiet«) aktiv; 1958 bis 1964 und erneut seit 1967 Mitglied des Reichstags, seit 1971 Vorsitzender seiner Partei. Bei den vorgezogenen Wahlen von 1973 Kandidat seiner Partei für eine Regierungsbildung mit den Konservativen und Liberalen, aber trotz bedeutender Erfolge nicht in der Lage, die Sozialdemokraten abzulösen; seither noch an Ansehen gewonnen, auch in städtischen Schichten. F., der als nüchtern-besonnener Politiker und als einer der besten Repräsentanten der Mittelschicht gilt, wird als einer der möglichen Nachfolger von → *Palme* angesehen, falls die Wahlen vom September 1976 Voraussetzungen dafür schaffen.

Fanfani, Dr. Dr. h. c. Amintore (Italien; s. WA '74, S. 183). Überzeugter Vertreter einer »Apertura a sinistra« (Öffnung nach links), 1962/63 Chef der ersten Koalition »Centro-Sinistra«, auch später eine solche fördernd. Gegner des sogen. »Historischen Kompromisses«; nach dem schlechten Abschneiden seiner Partei bei den Regionalwahlen vom Juni 1975 von → *Zaccagnini* abgelöst, aber im April 1976 zum Präsidenten des Nationalrats der DC gewählt, und im Wahlkampf erneut einer der schärfsten Gegner der Zusammenarbeit mit der KPI. Seit Juli 1976 Präsident des Senats.

Fernández Maldonado Solari, General *Jorge* (Perú), militärische Laufbahn, rascher Aufstieg, besonders nach dem Militärputsch von 1968. Gehört zu den letzten Repräsentanten der linksrevolutionären Offiziere, die 1968 unter Führung von General *Juan Velasco Alvarado* den damaligen Staatspräsidenten *Fernando Belaúnde Terry* stürzten. Immer wieder, u. a. als Minister für Energie und Bergbau, Vertreter eines harten Kampfes gegen die Oligarchie und den ausländischen »Imperialismus« und radikaler sozialer Reformen. Von Präsident → *Morales Bermudez* Ende Januar 1976 zum Ministerpräsidenten ernannt, aber im Juli 1976 durch → *Arbulu Galliani* abgelöst.

Ferreira, Dr. *José Medeiros* (Portugal), geb. 1942, Studium der Wirtschaftswissenschaften, früh sozialistisch orientiert, 1965 Oppositionskandidat für die Hauptstadt, aber für drei Jahre vom Studium (Philosophie) an portugiesischen Universitäten ausgeschlossen. 1968 in die Schweiz geflohen; Studium der Geschichte, Ausarbeitung einer Dissertation über »Pariser Kommune«. Nach dem Umsturz von 1974 sozialistischer Abgeordneter in der »Verfassunggebenden Versammlung« in Lissabon, Staatssekretär im Außenministerium unter → *Melo Antunes,* sodann im Kabinett von → *Azevedo.* Seit Juli 1976 Außenminister in der Regierung von → *Soares.*

FitzGerald, Dr. *Garret* (*Gearóid Mac Gearailt,* Irland), s. WA '76, S. 190.

Foot, Michael (Großbritannien; s. WA '76, S. 190), nach dem Rücktritt von → *Wilson* im Kabinett von → *Callaghan* seit April 1976 Lord-Präsident des Rates und Führer des Unterhauses sowie wichtigster Vertreter des Gewerkschaftseinflusses.

Ford, *Gerald Rudolph* (USA; s. WA '76, S. 190), nach → *Nixons* Rücktritt am 9. 8. 1974 als Präsident vereidigt. Erklärt Versöhnung und wirtschaftliche Stabilität als innenpolitische Hauptziele, sagt Kontinuität in der Außenpolitik zu, in der er zunächst in Auswirkung des Cypern-Konflikts, sodann im Frühjahr 1975 im Zusammenhang mit dem Zusammenbruch der von den USA unterstützten Regierungen in Kambodscha und Süd-Vietnam erste Rückschläge hinnehmen muß. Stark geschwächte Stellung gegenüber dem Senat, in dem seit Nov. 1974 die Demokraten die $^2/_3$-Mehrheit besitzen. Mehrfach Attentaten ausgesetzt. Innen- und außenpolitisch ständig stärker seitens der Demokraten, aber auch seiner eigenen Partei der Kritik ausgesetzt. 1975/76 mit wechselndem Erfolg im Einsatz als Bewerber um die republikanische Präsidentschaftskandidatur, zunehmend bedrängt von → *Reagan,* aber im August 1976 auf dem Parteikonvent mit 1187 Stimmen – bei 1070 für Reagan – zum republikan. Präsidentschaftskandidaten erkoren, mit → *Dole* als Kandidat für die Vizepräsidentschaft.

Forlani, Dr. jur. *Arnaldo* (Italien), geb. 1925, unmittelbar nach dem Zweiten Weltkrieg in der Christl. Demokr. Partei/DC aktiv, bereits mit 23 Jahren Provinzsekretär in Pesaro; zehn Jahre später Abgeordneter in der Kammer, stets wiedergewählt, zuletzt im Juni 1976. Politisch von → *Fanfani* gefördert, unter diesem u. a. Pressechef im Landwirtschaftsministerium. In den verschiedensten Positionen der DC mit Erfolg tätig. Minister für Staatsbeteiligungen, 1969 Minister ohne Geschäftsbereich mit der besonderen Aufgabe, die Verbindungen zur UNO zu pflegen. Seit 1974 Verteidigungsminister. Seit Ende Juli 1976 Außenminister in der Regierung von → *Andreotti.*

Fraga Iribarne, Prof. Dr. *Manuel* (Spanien), geb. 1922 in Galicia als Sohn eines nach Cuba ausgewanderten, später wieder zurückgekehrten und mit einer Baskin aus Frankreich verheirateten Saisonarbeiters, der sich einigen Besitz erwirbt. Studium der Rechts-, Wirtschafts- und Staatswissenschaften. Als Lehrstuhlinhaber besonders qualifiziert für Verfassungsrecht, enge Zusammenarbeit mit → *Tierno Galván.* Direktor des Hispanischen Kulturinstituts, Generalsekretär des Erziehungsrates, Abgeordneter in den »Cortes«. Loyal gegenüber → *Franco,* aber kein Ideologe, stets auf eine erfolgreiche Laufbahn bedacht. 1962 bis 1969 Minister für Information und Tourismus; Verdienste um die Abschaffung der Vorzensur. Durch wachsende Kritik am System mißliebig geworden und bei einer Regierungsumbildung aus dem Kabinett ausgeschieden. 1970–1975 Botschafter in London. Programm nach der im Dezember 1975 erfolgten Ernennung zum Innenminister: Verwirklichung der Menschenrechte und der demokratischen Freiheiten, Volksabstimmung über Verfassungsänderungen, allgemeine freie Wahlen, unabhängige Gewerkschaften, Selbstverwaltung. Lehnt im Juli 1976 Eintritt in das Kabinett von → *Suárez Gonzales* ab.

Franco Bahamonde, Francisco (Spanien; s. WA '76, S. 191), gestorben am 20. 11. 1975. In seiner Abschiedsbotschaft heißt es u. a.: »Vergeßt nicht, daß die Feinde Spaniens und der christlichen Zivilisation auf dem Sprung sind . . . Schart Euch um den künftigen König, Juan Carlos . . . Erhaltet die Einheit Spaniens . . .«.

Franschije (*Frandschijeh, Frangié, Frangieh*), *Sleiman* (Libanon; s. WA '71, S. 171), seit 1975 erfolglos bemüht, die ausgebrochene Staatskrise zu meistern; durch die Verweigerung seines von den meisten Gruppen vor Ablauf der Amtszeit (23. 9. 1976) geforderten Rücktritts als Staatspräsident eine Lösung der Krise zusätzlich erschwerend. Gewählter Nachfolger → *Sarkis.*

Fraser, *Malcolm* (Australien), geb. 1930 als Sohn einer alteingesessenen, sehr wohlhabenden Landbesitzerfamilie (»Squatterfamilie«) im Staat Victoria. Studium der Wirtschaftswissenschaften und Philosophie in Oxford. Politisch in der konservativen »Liberal Party«/LP aktiv, seit 1955 Abgeordneter. 1966 Heeresminister, Befürworter des Eingreifens der USA in Vietnam. Später Erziehungs- und schließlich Verteidigungsminister. Nach dem Sturz der Liberalen im Jahre 1972 rasch in der LP an Einfluß gewinnend und schließlich im März 1975 an der Spitze der Partei. Nach der Entlassung der Regierung → *Whitlam* durch den Generalgouverneur im Dezember 1975 Sieger im Wahlkampf gegen die »Australian Labour Party«/ALP und Premierminister. F. gilt als erklärter Gegner jeder Form des »Sozialismus« und harter Widersacher gewerkschaftlichen Vormachtstrebens.

Freitas do Amaral, Dr. *Diego* (Spanien), geb. 1941 in Nordportugal als Sohn einer bürgerlichen Familie; Studium der Rechtswissenschaften, besonders des Verwaltungsrechtes, Universitätslaufbahn, Dozent. Mitbegründer und Führer des von ihm als Mittelpartei betrachteten »Demokratisch-Sozialen Zentrums« (»Centro Democrático Social«/DCS), das der »Europ. Union Christlicher Demokraten« beigetreten ist und bei den Wahlen zur »Verfassunggebenden Versammlung« im April 1975 7,65 % der Stimmen gewonnen hat. Bei den Wahlen vom 25. 4. 1976 erhält die Partei 15,87 % der Stimmen und überflügelt die Kommunisten. F. vertritt soziale Marktwirtschaft und soziale Reformen, wird von der Linken häufig als »Faschist« bezeichnet, toleriert zwar die Regierung von → *Soares,* unterstellt diesem jedoch utopische Ziele.

Gaddafi, Omar Moamar el (*M. O. al Kadhzafi,* Libyen; s. WA '74, S. 183 u. '75, S. 192), unterstützt im Libanon die extreme palästinensische Linke, von Ägypten und dem Sudan beschuldigt, in Umsturzpläne verwickelt zu sein; auf der Konferenz der »Bündnisfreien« im August 1976 einer der heftigsten Kritiker des Westens.

Gandhi, *Indira Priyadarshini* (Indien; s. WA '68 S. 165, WA '70 S. 169, WA '74 S. 183 u. WA '76 S. 191), veranlaßt 1974/75 die volle Annexion von Sikkim, begrüßt den Zusammenbruch des von den USA unterstützten Süd-Vietnam. Im Juni 1975 von einem Gericht korrupter Praktiken bei der Unterhauswahl v. 1971 für schuldig befunden, doch wird dieses Urteil vom Obersten Gerichtshof verworfen. Ende Juni 1975 verhängt sie den Ausnahmezustand, da die Opposition die Demokratie mißbrauche und zum Ungehorsam gegen die Regierung und Sicherheitskräfte aufgerufen habe, und schränkt, nachträglich vom Obersten Gerichtshof gebilligt, zahlreiche Grundrechte ein. Einige Tausend Oppositionelle, darunter die wichtigsten Führer der Opposition, u. a. auch → *Narayan,* werden verhaftet. Alle diese Maßnahmen sollen Störungspraktiken der Opposition verhindern sowie der Bekämpfung der Korruption und einer effektiveren Wirtschaft dienen.

Geisel, General *Ernesto* (Brasilien; s. WA '76, S. 191), im Januar 1974 durch das zuständige Wahlkollegium als erster Protestant zum Präsidenten des Landes gewählt; Amtsantritt 16. 3. 1974. Wirtschaftlich z. T. erfolgreich, aber sozial- und innenpolitisch nur zögernd echte Reformen und eine vorsichtige Liberalisierung fördernd.

Gemayel (*Schemayel*) s. *Dschemeijil*

Giap s. Vo Nguyen Giap

Gierek, *Edward* (Polen; s. WA '74, S. 184 u. WA '76, S. 191), auf dem VI. Parteitag im Dezember 1975 in seiner Position bestätigt und eine verstärkte Industrialisierung anstrebend. Im Juni 1976 bei seinem ersten Besuch in der BR Deutschland die Normalisierung der Beziehungen mit der Bundesrepublik betonend und um Verstärkung der wirtschaftlich-finanziellen Kooperation bemüht. Ende Juni 1976 im Zusammenhang mit geplanten Preiserhöhungen erstmals in der Arbeiterschaft heftige Kritik hervorrufend.

Giscard d'Estaing, *Valéry* (Frankreich; s. WA '76, S. 191). Nach dem Tod von *Pompidou* im Mai 1974 Präsidentschaftskandidat; im ersten Wahlgang gegen → *Mitterand* unterlegen, am 19. 5. 1974 im zweiten Wahlgang, auch von der Mehrheit der Gaullisten unterstützt, mit 50,81 % der Stimmen knapp gewinnend. Nach seinem Amtsantritt Ende Mai Ernennung von → *Chirac* z. Regierungschef u. bemüht, folgende Programmpunkte zu verwirklichen: Unterstützung einer Politik des Gleichgewichts und des Friedens in der Welt, Kooperation mit den USA bei voller Gleichberechtigung, enge Zusammenarbeit mit der BR Deutschland und Förderung einer »progressiven Entwicklung« Europas unter Beibehaltung der französischen Entscheidungsfreiheit. Schaffung größerer Chancengleichheit und Gerechtigkeit. Seit Mitte 1975 unter verschärfter Kritik der linken Parteien, auf die bei den Generalratswahlen vom März 1976 mehr als die Hälfte der Stimmen entfallen. Bemüht, durch ein Konjunkturprogramm die schwierige Wirtschaftslage zu meistern und die eingeleiteten Reformen weiterzuführen, jedoch bisher ohne durchschlagenden Erfolg. Er ernennt im August 1976 → *Barre* zum neuen Regierungschef, um die Sanierungspolitik zu aktivieren, und bereitet einen umfassenden Plan zur Wirtschafts- und Sozialreform vor.

Gomes s. Costa Gomes

Gonçalves, Vasco (Portugal; s. WA '76, S. 192), vorübergehend Leiter der Militärstudienanstalt; im Februar 1976 in den endgültigen Ruhestand versetzt.

Gonzales Márquez, *Felipe* (Spanien), geb. 1943 als Sohn eines mittelspanischen, in Sevilla in den Mittelstand aufgestiegenen Arbeiters; Studium der Rechtswissenschaften in Sevilla, ergänzt durch kurzes wirtschaftswissenschaftliches Studium in Belgien. Mehrere Jahre Lehrbeauftragter für Arbeiterrecht an der Universität Sevilla; Verlust dieser Stellung wegen politischer Aktivitäten. Seit langem einflußreich in der illegalen »Sozialistischen Arbeiterpartei Spaniens«/PSOE, die marxistisches Ideengut vertritt, aber das marxistische Dogma ablehnt und daher auch nicht der stark von den Kommunisten bestimmten »Demokratischen Junta Spaniens« beigetreten ist. Auf dem 13. Parteitag der PSOE zum Ersten Sekretär der in ihren Traditionen 100 Jahre alten Partei gewählt. 1975/76 wiederholt im Ausland zu Kontakten mit sozialdemokratischen Politikern.

Gowon, Dr. h. c. *Yakubu* (Nigerien; s. WA '71, S. 172 u. '75, S. 194), Ende Juli 1975 während der Teilnahme an der OEA-Konferenz (in Uganda) von → *Muhammed* gestürzt; im Exil.

Gretschko, Marschall *Andrej Antonowitsch* (Sowjetunion, s. WA '68, S. 166), gestorben am 26. 4. 1976 in Moskau; Nachfolger als Verteidigungsminister → *Ustinow.*

Gromyko, *Andrej Andrejewitsch* (Sowjetunion; s. WA '74, S. 184), seit 1957 Außenminister. 1976 erneut in das Politbüro gewählt.

Guerreiro, Prof. Dr. *Emidion* (Portugal), geb. 1900, Studium d. Mathematik; als Gegner des Salazar-Regimes verhaftet, 1932 nach Spanien entflohen, im Bürgerkrieg gegen → *Franco* kämpfend. Sodann im Exil in Frankreich, im II. Weltkrieg in d. »Résistance«. 1974 Rückkehr nach Portugal, zeitweise Vertreter von → *Sá Carneiro* als Führer d. »Demokr. Volkspartei«/PPD.

Guiringaud, *Louis de* (Frankreich), geb. 1912 als Sohn eines Kavallerieoffiziers, nach vielseitigem Studium diplomatische Laufbahn. Im. II. Weltkrieg als Spahi-Offizier in Nordafrika eingesetzt. Später im Auswärtigen Dienst in der Türkei und in Syrien sowie Algerien, London, in den USA und in Ghana. Als Generalinspekteur des diplomatischen Dienstes 1963–1966, sodann als Botschafter in Japan, schließlich seit 1972 als Chef der französischen UNO-Delegation Erwerbung umfassender Kenntnisse der weltpolitischen Vorgänge und Zusammenhänge. Bekannt durch Zurückhaltung, aber auch durch konsequente Verfechtung seiner Auffassungen. Parteilos. Seit August 1976 in der Regierung von → *Barre* Außenminister.

Habbasch, Georges (*Dr. Georges Habbash,* Jordanien) s. WA '71, S. 173.

Haig, General *Alexander Meigs* (USA; s. WA '74, S. 184), seit 1. 11. 1974 Oberbefehlshaber der US-Truppen in Europa (CINCEUR), ab Mitte Dezember 1974 auch »Oberster All. Befehlshaber Europa« (SACEUR).

Hassan II. (Marokko; s. WA '64, S.158, 184 u. '75, S. 195), organisiert im November den sogen. »Grünen Marsch« in die Span. Sahara und sichert für Marokko nach einem Abkommen mit Spanien die phosphatreichen Gebiete der Westsahara.

Hawatmeh, Najef (*Nayef;* Palästina) s. WA '76, S. 193.

Healey, Denis (Großbritannien; s. WA '75, S. 195), auch Schatzminister in der neuen Regierung → *Wilson* v. Oktober 1974, ebenso in dem nach dessen Rücktritt im April 1976 von → *Callaghan* gebildeten Kabinett.

Heath, Edward (Großbritannien; s. WA '74, S. 185), im Februar 1975 in der Wahl um die Führung der Konservativen gegen Frau → *Thatcher* unterlegen.

Hophouet-Boigny, Dr. *Félix* (Elfenbeinküste; s. WA '64, S. 160), stets offen für Kooperation mit dem Westen, als Staatspräsident mehrfach wiedergewählt, zuletzt im November 1975.

Hoveida, *Dr. Amir Abbas* (Iran; s. WA '74, S. 185), als Ministerpräsident innenpolitisch zielbewußt und nüchtern wirtschaftliche und soziale Reformen durchführend, politische Gegner hart in Schach haltend.

Hua Kuo (Guo)-feng (Chines. Volksrep.), geb. um 1922 als Sohn einer Bauernfamilie in Hunan, der Heimatprovinz von → *Mao;* seit 1949 Kreissekretär von Hsiangtan in Hunan, in der Folge anerkannt als Agrar- und besonders Bewässerungsfachmann. 1956 Mitglied des Ständ. Politbüros der KP der Provinz, 1958 stellv. Gouverneur, 1959 Sekretär des ZK der Provinzpartei. Während der »Kulturrevolution« mehrfach Angriffen ausgesetzt, seit 1967 als Mitglied des linken Flügels bekannt; 1968 stellv. Vors. d. »Revolutionskomitees« von Hunan, 1970 amtierender Vorsitzender desselben, aber seit 1969 auch Mitglied des ZK der KPCh. Angeblich Leitung der Aktionen gegen *Lin Piao* (s. WA '69; S. 175 u. '75, S. 200). 1972 1. Polit. Kommissar des Militärdistrikts Hunan und Polit. Kommissar der Militärregion Kanton, 1973 Mitglied des ZK der Gesamtpartei, 1975 Vollmitglied des Politbüros. Mitglied des Präsidiums des »Nat. Volkskongresses«, schließlich einer der Stellv. Vorsitzenden des »Staatsrates« und Minister für öffentliche Sicherheit. 1975 Sprecher auf der Agrarkonferenz, angeblich Vertreter einer beschleunigten Mechanisierung der Landwirtschaft. Hervorgetreten außerdem 1975 durch eine militärische Inspektionsreise nach Tibet. Nach dem Tod von → *Tschou En-lai* (den *Teng Hsiaoping* vertreten hatte) zum amtierenden Vorsitzenden, im April 1976 zum Vorsitzenden (Ministerpräsidenten) des »Staatsrates« und zum 1. Stellv. des Vorsitzenden des ZK der KPCh ernannt und damit der mächtigste Mann nach *Mao.*

Humphrey, Hubert Horatio (USA; s. WA '73, S. 188), 1975/76 möglicher Anwärter auf die demokratische Präsidentschaftskandidatur.

Huong s. Duong Van Minh

Husák, *Dr. Gustav* (Tschechoslowakei; s. WA '74, S. 186), seit Mai 1975 Staatspräsident, aber weiterhin KP-Chef und im April 1976 auf dem Parteitag in seinen Ämtern bestätigt.

Hussein II. (Jordanien; s. WA '64, S. 160 u. '75, S. 196), 1974 Vertretung der außerhalb Jordaniens lebenden Palästinenser durch die PLO anerkennend und eine entsprechende Westjordanien betreffende Verfassungsänderung veranlassend. Seit 1975/76 Kooperation mit Syrien.

Hussein, *Saddam* (Irak; s. WA '76, S. 193), seit der Niederschlagung des Putsches von 1973 besonders eng mit Staatschef → *Bakr* zusammenarbeitend. Im März 1975 irakischer Hauptvertreter für die Aussöhnung mit dem Iran, um auf diese Weise freie Hand für die endgültige Lösung des Kurdenproblems zu gewinnen. H. gilt als der nach *Bakr* wichtigste Politiker des Irak.

Huu Tho s. Nguyen Huu Tho

Huynh Tan Phat (Vietnam), geboren 1913 in Süd-Vietnam, nach Schulbesuch Studium der Architektur, berufliche Betätigung als Architekt. Frühzeitige politische Tätigkeit als Nationalist und Gegner der französischen Kolonialmacht, Aktivität in der als antikommunistisch geltenden »Demokratischen Partei«; zeitweise von den Franzosen in Haft gehalten. Einer der »Vietminh«-Führer. Wiederauftauchen beim Gründungskongreß der kommunistisch gelenkten »Nationalen Befreiungsfront«/ FNL im Jahre 1960 und bald als deren Chefideologe angesehen. Stellv. Vors. des Zentralkomitees. Im Juni 1969 von der FNL zum Chef der »Provisorischen Revolutionsregierung« Süd-Vietnams gewählt; seit der Wiedervereinigung im Juli 1976 einer der Stellvertreter des Regierungschefs.

Ibarruru, Dr. h. c. *Dolores* (Spanien), geb. 1895 im Baskenland als Tochter eines Sprengmeisters; schon als Jugendliche politisch aktiv, bald bekannt unter dem Decknamen »**La Pasionaria**«. 1920 an der Gründung der spanischen KP/PCE beteiligt, 1930 Mitglied des ZK, 1932 des Politbüros; mehrfach verhaftet. 1936 Abgeordnete im Parlament (»Cortes«), 1937 dessen Vizepräsidentin. 1939 Emigration in die UdSSR, 1942 Generalsekretärin d. illegalen KP, 1960 Vorsitzende. Im Sommer 1976 beim Exilkongreß der Partei in Rom als Ehrenvorsitzende stürmisch gefeiert.

Ieng Sary (Kambodscha), im Kampf der »Volksbefreiungsstreitkräfte« enger Mitarbeiter von → *Khieu Samphan;* nach dem Sieg 1976 Mitglied der neuen »Volksversammlung«, stellv. Regierungschef sowie Außenminister.

Ingrao, Dr. jur. u. Dr. phil. *Pietro* (Italien), geb. 1915, Studium der Rechts- und Literaturwissenschaften, bereits als Student politisch aktiv, seit 1940 in der »resistenza« gegen den Faschismus, als Mitglied der KPI von *Palmiro Togliatti* gefördert. Ein Jahrzehnt hindurch Chefredakteur des kommunistischen Parteiorgans »Unità«. Zeitweise umstritten. Angehöriger des »linken« Parteiflügels. Als Fraktionsvorsitzender in der Kammer von großem Einfluß, stark gestützt von der Parteibasis. Im Juli 1976 nach den Wahlerfolgen seiner Partei als erster Kommunist Präsident der Abgeordnetenkammer.

Ioannidis, Brigadegeneral *Dimitrios* (Griechenland; s. WA '75, S. 196), im August 1974 entlassen, sodann verhaftet; im Sept. 1975 zu lebenslänglichem Kerker, im März 1976 als Anstifter der Verschwörung vom 24. 2. 1976 zusätzlich zu 14 Jahren Gefängnis verurteilt.

Jabril (*Jebril*) s. Dschebril

Jaffar s. Soilih

Jao Wen-juan (*Yao Wen-yuan,* Chin. Volksrepublik), geb 1932 als Sohn eines Schriftstellers, u. a. Studium der Literatur, sodann Theater- und Literaturkritiker, frühzeitig in der KPCh; 1958 im Nationalkomitee des Jugendverbandes, 1965 einer der entschiedensten Verteidiger von → *Mao* gegen *Liu Schao-tschi* und damals Gegner von → *Teng Hsiao-ping* und *Peng Teh-huai.* Mit seinen Theater-Rezensionen und Artikeln einer der Hauptvorbereiter der »Kulturrevolution«; 1967 Mitbegründer d. »Volkskommune Schanghai«. Seit 1969 Mitglied des Politbüros der Partei; Angehöriger des äußersten linken Flügels der KPCh.

Jaroszewicz, *Piotr* (Polen; s. WA '74, S. 186). Nach den Unruhen vom Dezember 1970 und dem Rücktritt von → *Gomułka* bzw. der Ernennung von → *Cyrankiewicz* zum Vorsitzenden des Staatsrates, Regierungschef. Im Dezember 1975 erneut in das Politbüro gewählt. Im Juni 1976 gezwungen, wegen heftiger Kritik der Arbeiterschaft an geplanten Preiserhöhungen diese zunächst zurückzunehmen.

Jefremow, Michail Timofejewitsch (UdSSR; s. WA '74, S. 187), im März 1975 durch *Pjotr Abrassimow* abgelöst.

Jeh Tschien-jing (*Yäh Djiän-ying, Yeh Chien-ying,* Chinesische Volksrepublik; s. WA '76, S. 194), seit 1955 Marschall; nach aktiver Teilnahme an der »Kulturrevolution« Mitglied des »Politbüros«, seit 1973 von dessen »Ständigem Ausschuß«. Große Erfahrungen in Verhandlungen mit Politikern und Militärs in Ost und West. Im Januar 1975 Verteidigungsminister und offenbar einer der entscheidenden Männer der chinesischen Führungsgruppe. Wegen schwerer Erkrankung im Februar 1976 abgelöst vom nun amtierenden Verteidigungsminister General *Tschen Hsi-lien* (*Chen Hsi-lien* bzw. *Tschen-Hsi-liän*), geb. 1913, einst jüngster General der »Volksbefreiungsarmee«, Teilnehmer des »Langen Marsches«; seit 1975 einer der Stellvertreter des Staatsratsvorsitzenden.

Jenkins, Roy (Großbritannien; s. WA '73, S. 191), seit März 1974 Innenminister, desgleichen seit April 1976 im Kabinett von → *Callaghan.* Ab 1977 als Nachfolger von → *Ortoli* als Präsident der EG-Kommission vorgesehen.

Jen Tschia-kan (*Yen Chia-kan,* Republik China), im April 1975 als Nachfolger von → *Tschiang Kai-schek* zum Staatspräsidenten gewählt.

Jörgensen (*Jørgensen*), *Anker* (Dänemark; s. WA '74, S. 187), nach der Wahlniederlage seiner Partei im Dezember 1973 von → *Hartling* abgelöst; nach dessen Rücktritt seit Februar 1975 Chef eines sozialdemokratischen Minderheitskabinetts.

Juan Carlos (Spanien; s. WA '76, S. 195; geb. 1938), während der schweren Erkrankung von → *Franco* am 30. 10. 1975 aufgrund des Artikels 11 der Verfassung erneut vertretungsweise Übernahme der Staatsführung; nach dem Ableben des Staatschefs durch Kabinettsbeschluß Generalkapitän der Streitkräfte; am 22. 11. als *Juan Carlos I.* zum König proklamiert und vor dem Ständeparlament vereidigt, mit seinem Sohn *Felipe* als Erbprinz. Er verspricht Gerechtigkeit »als Voraussetzung für Freiheit in Würde, Wohlstand und Größe«, sagt den »Völkern Spaniens« gebührende Berücksichtigung zu und fordert die Beteiligung aller im Einsatz für »eine freie und moderne Gesellschaft«. Die von ihm erlassenen Amnestien, die wegen Terror Verurteilte ausnehmen, werden von der Linken und Teilen der Mitte als nicht weitgehend genug, sein Einsetzen für eine raschere Demokratisierung als zu gering angesehen.

Kádár, *János* (Ungarn; s. WA '76, S. 195), beim Aufstand von 1956 Gegner von *Nagy* und *Pál Maleter* (beide später hingerichtet) und mitverantwortlich für den Einmarsch der sowjetischen Truppen. 1956–1958 und 1961–1965 Regierungschef, seit 1956 Erster Sekretär des ZK der KP, im März 1975 erneut als solcher bestätigt. K. gilt außenpolitisch als strenger Verfechter der sowjetischen Intentionen, innenpolitisch als relativ gemäßigt, ohne jedoch Abweichungen von der Parteilinie zuzulassen.

Kadhzafi s. Gaddafi

Kahn-Ackermann, Dr. *Georg* (BR Deutschland), seit Mai 1973 Generalsekretär des »Europarates«.

Kamil, *Abdallah Mohamed* (Terr. d. Afar und Issas), geb. 1936 in Obock als Sohn einer Afar-Familie, aber später mit einer Issa verheiratet. Absolvent des »Institut Politique« in Paris. Seit 1965 politisch im »Rassemblement Démocratique Afar«/RDA von → *Aref* aktiv, zuletzt – seit 1974 – unter diesem Generalsekretär in der Regierung. Nach dem Rücktritt von *Aref* im Juli 1976 dessen Nachfolger als Chef einer Koalitionsregierung. Verwaltungsfachmann, Vertreter einer Wirtschaftspolitik, die das Gebiet zu einem afrikanischen Hongkong machen könnte; von den progressiven Gruppen mit Skepsis oder Ablehnung betrachtet. Zwar überzeugter Vertreter der Afar, aber der Auffassung, daß ohne echte Kooperation mit den Issas – die in Dschibuti dominieren – keine erfolgreiche Politik von Dauer möglich ist.

Karamanlis, *Konstantin* (Griechenland; s. WA '76, S. 195), nach dem Cypern-Putsch von 1974 von → *Gizikis* nach Griechenland zurückgebeten und Regierungschef einer Koalitionsregierung ohne die eigentliche Linke. Genießt als integere Persönlichkeit großes Vertrauen in weiten Kreisen; von den linken Gruppierungen anfangs mit Skepsis toleriert, sodann zunehmend kritisiert. Bei den Parlamentswahlen vom Nov. 1974 absolute Mehrheit seiner Partei »Neue Demokratie«/ND u. Bildung einer ND-Regierung; ernsthaft bemüht um die Konsolidierung der Wirtschaft und die Lösung der Streitfragen mit der Türkei.

Karamé (*Keramé*), *Raschid* (Libanon; s. WA '76, S. 196), im Bürgerkrieg von 1975/76 vorübergehend von seinem Amt als Ministerpräsident zurückgetreten; immer – u. a. durch sein Programm zur Abschaffung des Konfessionsproporzes – wieder bemüht, einen dauerhaften Waffenstillstand zu erreichen, aber bisher ohne Erfolg.

Karjalaïnen, Dr. Ahti (Finnland; s. WA '72, S. 181), im Februar 1972 als Ministerpräsident von → *Paasio* abgelöst, v. Sept. 1972 bis Juni 1975 Außenminister.

Kaunda, *Kenneth* (auch *»Buchizya«,* Sambia), geb. 1924 als Sohn eines schwarzen presbyterianischen Geistlichen im damaligen Nordrhodesien, Ausbildung zum Lehrer; früh politisch im »African Nat. Congress« tätig, zeitweise in Haft. 1958 Gründung einer radikalen Unabhängigkeitsbewegung, die nach dem Verbot illegal weiterarbeitet und sich »United Nat. Independence Party«/UNIP nennt; erneut verhaftet. Gegner der Föderation zwischen den beiden Rhodesien und Njassaland. Seit der Unabhängigkeit Nordrhodesiens als »Sambia« Staatspräsident, zuletzt 1973 wiedergewählt. Wirtschaftlich durch die reichen Kupfervorräte relativ bewegungsfrei. Hart seine Auffassungen verteidigend, afrikanischer »Nationalist«, aber nicht antieuropäisch. Neuerdings sozialistische Wirtschaftsstruktur fördernd. 1975/76 zunächst Versuch, zwischen den afrikanischen politischen Führern in Rhodesien und der von → *Smith* geführten weißen rhodesischen Regierung zu vermitteln und dann, da ohne Erfolg, kompromißlos für eine Beseitigung der Vorherrschaft der Weißen durch Gewalt, mit Guerillastützpunkten auf sambischem Territorium. Auf der Konferenz der »Bündnisfreien« im August 1976 einer der heftigsten Kritiker des Westens.

Kaysone Phomvihan (Laos), geb. 1919 als Sohn einer laotischen Mutter und eines kleinen Beamten vietnamesischer Herkunft; nach Schulbesuch Weiterbildung in Harwich und zeitweise Jurastudium. Bereits als Mitglied der Jugendgruppen der 1930 von *Ho Tschi Minh* (s. WA '69, S. 172) gegründeten Indochinesischen KP und nach Eintritt in diese (1946) aktiv im Kampf gegen die französische Kolonialmacht. Bald in engem Kontakt zu *Ho Tschi Minh* und → *Vo Nguyen Giap.* Militärisch in Nordvietnam ausgebildet. 1950–1957 »Verteidigungsminister« der prokommunistischen Befreiungsfront »Néo-Lao-Haksat«/NLH sowie Oberkommandierender von deren »Pathet-Lao«-Streitkräften. Nach der endgültigen Machtübernahme durch die Kommunisten und dem »Rücktritt« von Ministerpräsident → *Suvanna Phuma* (mit diesem als »Berater«) seit Dezember 1975 an der Spitze der Regierung. – Ein ähnlicher politischer Werdegang wird dem ein Jahr älteren *Sanan Suthitschak* (*Southichak*) zugeschrieben, der drei Jahrzehnte im Untergrund gekämpft hat und als der eigentliche starke Mann der laotischen KP gilt.

Kekkonen, Dr. *Urho Kaleva* (Finnland; s. WA '74, S. 188). Am 1. 4. 1974 Antritt der neuen Amtsperiode.

Kenyatta (= »Brennender Speer«, angenommener Name), *Jomo* (eigentl. *Kaman Ngengi Johnstone,* Kenia), geb. 1891 als Sohn eines Kikuju-Bauern; früh politisch-sozial aktiv, u. a. seit 1927 in der »Kikuyu Central Association«. Gründung der ersten Zeitung in der Sprache der Kikuju und eines Lehrerseminars. Studium in Moskau und London, hier gemeinsam mit *Kwame Nkrumah* (s. WA '67, S. 167 u. WA '73, S. 198) Gründung der »Panafrican Federation«. 1946 Rückkehr in seine Heimat, Präsident der »Kenya African Union«, Kampf für eine neue Bodenverteilung, gegen Rassismus und für die Unabhängigkeit. Als angeblicher Anstifter der terroristischen »Mau-Mau-Verschwörung« von den Briten 1953 zu sieben Jahren Haft verurteilt, schließlich verbannt. Nach Freilassung Gründung der »Kenya African National Union«; 1963 Premierminister, 1964 mit Erlangung der Unabhängigkeit Staatspräsident, 1974 ohne Gegenkandidaten erneut im Amt bestätigt. Von großer Volkstümlichkeit, mit dem Ehrentitel »Mzee« (in Kisuaheli etwa »Alter Herr«) genannt. K. gilt als ausgleichende politische Persönlichkeit, unterliegt jedoch zunehmender Kritik wegen mangelnder Führung und Vernachlässigung des Kampfes gegen Korruption.

Kérékou (*Kereku*), *Mathieu* (Benin, früher Dahome; s. WA '74, S. 191), zum Oberstleutnant aufgestiegen. Seit Nov. 1974 auch neben seinem Amt als Staatspräsident Vorsitzender des neuen »Politbüros« d. »Nat. Revolutionsrates« und Verfechter einer »sozialistischen Gesellschaft besonderer Art«. Im Dezember 1975 Verfügung der Umbenennung von Dahome in »Volksrepublik Benin«.

Khiem s. Tran Thien Khiem

Khieu Samphan, Dr. (Kambodscha; s. WA '76, S. 196), nach dem Sieg der »Volksbefreiungsstreitkräfte« im April 1975 in seinen Positionen gefestigt, verstärkt durch eine führende Stellung im Politbüro der kommunist. bestimmten »Vereinigt. Nat. Front von Kambodscha«/FUNC. Nach der endgültigen Festigung der kommunistischen Macht, der Verkündung einer neuen Verfassung und dem Rücktritt von → *Sihanuk* dessen Nachfolger bzw. Vorsitzender des Staatspräsidiums des »Demokratischen Kambodscha«.

Kim Il (Koreanische Volksdemokrat. Republik; s. WA '76, S. 196), im Mai 1976 als Regierungschef v. *Pak Sung Tschul* (Chul, auch Chol) abgelöst.

Kim Il Sung (*Kim Ir Sen;* Koreanische Volksdem. Republik, geb. 1912; s. WA '69, S. 174), 1972 als Nachfolger von *Tschö Jong Gon* (*Kun*) zum Staatspräsidenten gewählt. In den letzten Jahren erneut aktiv hervorgetreten, um Gespräche über die Wiedervereinigung mit der nichtkommunistischen Republik Korea (Süd-K.) herbeizuführen. Seit 1971 erste Kontakte durch das Rote Kreuz, sodann Fortsetzung im Rahmen von Koordinierungsausschüssen. Vorläufiges Ziel: Herbeiführung einer lockeren Konföderation, unter der Bedingung, daß sich der Süden von den »imperialistischen« und »kapitalistischen« Kräften trenne und die US-Verbände abziehen. Im Mai 1976 ernennt er *Pak Sung Tschul* (Chul) zum neuen Regierungschef. (*Kim Jong Il* [geb. um 1940]. Sohn von Kim Il Sung; Studium der Flugzeugtechnik, u. a. in der DDR. Seit einiger Zeit politisch immer stärker in den Vordergrund gerückt und offiziell als »geliebter und geachteter Führer« bezeichnet; Beobachter sehen darin eine Vorstufe zu einer möglichen späteren Nachfolgeschaft seines Vaters.)

Kim, *Jöng Pil* (Rep. Korea, Süd-K.; s. WA '74, S. 188). Verdienst um den Ausgleichsvertrag mit Japan. Nach der Wiederwahl von → *Pak* 1971 zum Ministerpräsidenten aufgestiegen; 1971/72 Einleitung erster Kontakte mit Nordkorea; seither vorsichtige Weiterentwicklung. Ende 1975 von → *Tschoi Kyu Hah* abgelöst.

Kissinger, Dr. *Henry A.* (USA; s. WA '70, S. 172 u. WA '76, S. 197), auch unter → *Ford* weiterhin Außenminister, aber im Cypern-Konflikt von 1974 widersprüchliche Haltung und nicht in der Lage, die türkische Invasion zu verhindern. Nach dem Zusammenbruch Süd-Vietnams in seiner Position geschwächt. Im Aug./Sept. 1975 Abschluß erfolgreicher Verhandlungen zur weiteren Truppenentflechtung auf der Sinai-Halbinsel. Im November 1975 Abgabe des Vorsitzes im Nationalen Sicherheitsrat an seinen bisherigen Stellvertreter → *Scowcroft.* Ende April/Anfang Mai 1976 auf einer ausgedehnten Afrikareise Klarstellung der US-Afrikapolitik (s. »Weltchronik«/Afrika). Verstärkte Einwirkungsversuche auf die Rep. Südafrika, um die Lage im Süden des Kontinentes einer Lösung näherzubringen.

Klerides, Glafkos (Cypern; s. WA '75, S. 199 u. '76, S. 197), kompromißbereiter Unterhändler der griechisch-sprachigen Cyprioten bei den Verhandlungen mit → *Denktasch* im Jahre 1975; wegen mangelnder Unterstützung durch Staatspräsident → *Makarios* im April 1976 Rücktritt von diesem Amt (Nachfolger: *Tassos Papadopou-*

los), Gründung einer neuen Partei (s. Abschnitt »Weltchronik«/Cypern).

Kossygin, *Alexej* (Sowjetunion; s. WA '74, S. 189). 1960 1. Stellvertreter des Ministerratsvorsitzenden, zahlreiche Auslandsreisen; seit Oktober 1964 als Nachfolger von *Chruschtschow* Regierungschef der Sowjetunion. 1974 erneut im Amt bestätigt.

Kreisky, *Dr. Bruno* (Österreich; s. WA '74, S. 190). 1970 Bildung einer SPÖ-Minderheitsregierung. 1971 nach dem Wahlsieg der von K. geführten SPÖ Bildung einer reinen SPÖ-Regierung, die Sozialreformen in den Vordergrund rückt. Bestrebt, die sozialist. Parteien internat. zu koordinieren. Nach dem Wahlsieg der SPÖ vom 5. 10. 1975 erneut Bundeskanzler einer SPÖ-Regierung und im März 1976 auch wieder zum Bundesvorsitzenden der SPÖ gewählt.

La Pasionaria s. Ibarruru

Lázár, *György* (Ungarn), geb. 1924 als Sohn einer Arbeiterfamilie, Besuch einer Höheren Handelsschule, Ausbildung als technischer Zeichner. 1945 Eintritt in die KP, 1948 Mitarbeiter, 1958 stellv. Vorsitzender der Planungsbehörde. 1970 erstmals Minister (für Arbeitswesen), 1973 Chef der neuen Planungskommission und einer der stellv. Ministerpräsidenten. 1970 Mitglied des ZK der Partei, seit März 1975 auch des Politbüros. Verfasser zahlreicher wirtschaftswissenschaftlicher Arbeiten; wirtschaftspolitisch als relativ undogmatisch angesehen. Seit Mai 1975 als Nachfolger von *Jenö Fock* Regierungschef.

Le Duan (Vietnam), geb. 1906; bereits als Jugendlicher im Widerstand gegen die französische Kolonialmacht, 1930 Eintritt in die KP (jetzt »Dang Lao Dong« genannt), insgesamt fast 10 Jahre von den Franzosen inhaftiert. 1945 als Beauftragter des ZK der Partei Organisierung des Widerstandes im Süden; 1954 als Mitglied des Politbüros entschiedener Gegner des Vietnam-Abkommens und der Zweiteilung des Landes. Veranlassung der Anlage geheimer Waffenlager im Süden, Ausbildung von Zehntausenden von »Vietcong« und politische Umerziehung südvietnamesischer Soldaten im kommunistischen Norden. Seit 1960 als möglicher Nachfolger von *Ho Tschi Minh* (s. WA '74, S. 185) angesehen und nach dessen Ableben Erster Sekretär d. »Dang Lao Dong«. Innenpolitisch eine strenge Linie, außenpolitisch eine schwierige Balance zwischen Peking und Moskau verfolgend. Im Juni 1976 am Ziel seiner Politik der Wiedervereinigung, entscheidende politische Persönlichkeit für ganz Vietnam; im April 1976 mit 99,76 % der Stimmen in die neue Nationalversammlung gewählt.

Le Duc Tho (Vietnam; s. WA '74, S. 190). Wird neben *Le Duan* und *Truong Chinh* als wichtigstes Mitglied d. Politbüros d. kommunistischen Arbeiterpartei »Dang Lao Dong« angesehen. Annahme des Friedensnobelpreises von 1973 vor der endgültigen Lösung des Vietnam-Problems abgelehnt; auch nach dem Zusammenbruch der Regierung von → *Nguyen Van Thieu* nicht angenommen (Preis inzwischen verfallen), aber bei der Reorganisation des Südens stark hervorgetreten. Bei den Wahlen vom April 1976 mit über 99,6 % der Stimmen in die neue gemeinsame Nationalversammlung gewählt.

Lee Kuan Yew (Singapur; s. WA '68, S. 163, '69, S. 365 u. '73, S. 193), weiterhin bemüht, die Wirtschaft des Inselstaates bei innenpolitischer Konsolidierung auszubauen. Kommunistische Agitation bekämpfend, außenpolitisch gute Beziehungen zu Peking fördernd.

López Portillo y Pacheco, Dr. *José* (Mexiko), geb. 1920, Studium der Rechts- und Sozialwissenschaften an der Nationaluniversität in Mexiko, zeitweise an der Universität von Santiago de Chile. 1946 Rechtsanwalt, 1948 Professor für allgemeine Staatstheorie. Seit 1945 Mitglied der regierenden »Revol. Inst. Partei«/PRI, später eng mit → *Echeverría* befreundet. Seit 1960 Inhaber zahlreicher Regierungsämter, u. a. Chef des Amtes für juristische Beratung des Präsidenten, seit 1968 verschiedentlich Staatssekretär, u. a. in der Präsidentschaft und im Landespatrimonium. 1972/73 Generaldirektor der »Bundeselektrizitätskommission«. 1973 Finanzminister, als solcher die soziale Marktwirtschaft in begrenztem Umfang befürwortend. L. gilt als überzeugter Anhänger einer Weiterführung sozialer Reformen. Als Kandidat der I.R.P. am 4. 7. 1976 als Nachfolger von *Echeverría* zum Staatspräsidenten gewählt.

Losonczi, Pál (Ungarn; s. WA '68, S. 169 u. '75, S. 200), 1975 Wiederwahl als Staatspräsident und Zuwahl in das Politbüro d. MSZMP (KP).

Luns, Joseph Maria Antoine Hubert (Niederlande), s. WA '74, S. 191.

MacEachen, *Allan J.* (Kanada), geb. 1921, vielseitiges Studium, besonders der Wirtschaftswissenschaften, u. a. an der Universität Toronto und an der Chicago University; 1948–1951 Professor für Wirtschaftswissenschaften an der St. Francis Xaver University in Antigonish, N. S. Seit 1953 (mit Unterbrechung von 1958–1962) Abgeordneter der »Liberal Party«/LP im kanadischen Unterhaus, zeitweise Fraktionsvorsitzender. 1963 Arbeitsminister, später Minister für Gesundheit u. Sozialordnung, Arbeitsvermittlung und Einwanderung. Außenpolitische Erfahrungen u. a. als Mitglied der kanad. UNESCO-Delegation u. Beobachter bei der UNO-Vollversammlung. Seit 1974 Außenminister, im Sept. 1976 von *Donald Jamieson* abgelöst.

Machel, *Moises Samora* (Mosambik), geb. 1933, nach Schulbesuch Krankenpfleger; Begegnung mit dem Gründer der FRELIMO, *Eduardo Mondlane* (ermordet 1969 in Dar es Salaam); 1963 militär.-ideolog. Ausbildung in Algier, am 25. 4. 1964 Führer d. ersten FRELIMO-Aktionen in Mosambik, 1968 Kommandeur – »General« – aller F.-Einheiten. Im Mai 1970 nach Ausschluß v. *Uria Simango* Präsident d. FRELIMO m. *Marcelino dos Santos* als Vizepräs. Von seinem Vater – einem Schona-Häuptling – verstoßen. Träger des Lenin-Ordens, Marxist, mit dem festen Willen, in Mosambik eine sozialistische Gesellschafts- und Wirtschaftsordnung aufzubauen. Seit 25. 6. 1975 Präsident des unabhängigen Mosambik; 1976 für eine gewaltsame Lösung des Rhodesien-Problems.

Makarios Myriartis (fr. *Michael Muskos;* Cypern; s. WA '69, S. 176 u. '75, S. 201), im Dezember 1974 n. Cypern zurückgekehrt u. erneut als Präsident im Amt, bestrebt, die Einheit des Inselstaates wiederherzustellen.

Malloum, General *Félix* (Tschad), geb. 1932, militärische Laufbahn, u. a. Besuch von Militäranstalten in Frankreich zur Weiterbildung; 1953–1955 in der französischen Armee im Indochina-Krieg, sodann in Algerien, 1961 in die tschadische Armee als Leutnant eingetreten; rascher Aufstieg bis zum Oberst (1968). 1972 Oberbefehlshaber der tschadischen Truppen, enger Mitarbeiter von → *Tombalbaye.* Sodann verdächtigt, eine Verschwörung zu planen, 1973 verhaftet, u. a. unter dem Verdacht, mit den Guerillas der FROLINAT Verbindung zu haben. Nach dem Militärputsch vom April 1975 Vorsitzender des die Macht ausübenden »Obersten Militärrates«.

Mancham, *James Richard* (*»Jimmy«*, Seschellen), geb. 1940 auf den Seschellen, Studium der Rechtswissenschaften in London und Paris. Nach Rückkehr in seine Heimat als Jurist, Schriftsteller und Journalist sowie als Geschäftsmann tätig. Gründer der »Seychelles Democratic Party«. Nach der Verfassung von 1970 und Wahlsieg Regierungschef. Anfangs skeptisch hinsichtlich der Existenzfähigkeit einer Zwerginselrepublik, schließlich konsequent die Souveränität erstrebend. Nach deren Gewährung im Juni 1976 erster Präsident, mit dem Führer der sozialistischen »Seychelles People's United Party«, *Albert René*, als Regierungschef. M. gilt als pragmatischer Politiker.

Manescu, *Manea* (Rumänien; s. WA '76, S. 198), seit März 1974 Vorsitzender des Ministerrates. Seit März 1975 Mitglied d. Ständ. Büros d. Polit.-Exek.-Komitees.

Mao Tse-tung (*Mao Tsetung,* Chines. Volksrep.; s. WA '74, S. 192 u. WA '76, S. 198), geb. 1893 in Hunan, entscheidend als Vorsitzender des Zentralkomitees und Politbüros der KP, Verfechter einer permanenten Revolutionierung der Massen, kompromißloser Gegner sowjetischer Vormachtstendenzen. In der 2. Hälfte der 60er Jahre Kampf gegen den »Revisionismus« durch die »Kulturrevolution« und die »Roten Garden«. Durchsetzung seiner Ziele auf dem IX. Parteitag der KPCh im April 1969, Neubildung des ZK und des Politbüros, endgültige Bestätigung der Entmachtung von *Liu Schao-tschi.* Auch 1974/75 Unterstützung des neuen außenpolitischen Kurses von → *Tschou En-lai,* aber nach dessen Tod erneut Hintergrundfaktor der verschärften Betonung der Diktatur des Proletariats zur Verhütung eines »bourgeoisen Revisionismus«; Ausschaltung von → *Teng Hsiao-ping* und Ernennung von *Hua Kuo-feng* zum endgült. Nachfolger von *Tschou. Mao* ist am 8. 9. 1976 gestorben u. wurde in d. Weltöffentlichkeit m. unterschiedl. Akzenten nicht nur als eine der bedeutendsten Persönlichkeiten d. chines. Geschichte, sondern auch als eine der eindrucksvollsten Gestalten der neueren Zeit überhaupt gewürdigt.

Marchais, *Georges* (Frankreich), geb. 1920, Lehre als Maschinenschlosser, sodann Arbeiter in einer Flugzeugmotorenfabrik. 1942 zur Arbeit – nach eigener Version Zwangsarbeit – in Deutschland, 1943 illegal nach Frankreich zurückgekehrt, keine Angaben über aktiven Widerstand gegen die deutsche Besatzung. 1946 Sekretär einer Metallarbeitergewerkschaft in Paris. 1947 Beitritt zur KPF (C.P.F.), seit 1953 wichtige Position in der kommunistisch geführten Gewerkschaft CGT. Seit 1961 im Politbüro der KPF zuständig für Organisation, 1970 stellv. Generalsekretär, 1972 nach dem Tod von *Waldeck Rochet* als dessen Nachfolger Generalsekretär der Partei und im selben Jahr mit dem Sozialisten → *Mitterand* ein Wahl- und Regierungsbündnis abschließend. Im Februar 1976 auf dem KPF-Kongreß Ablehnung einer Diktatur des Proletariats; bei den Generalratswahlen vom März 1976 mit seiner Partei Stimmen gewinnend.

Marcos, *Ferdinand* (Philippinen; s. WA '67, S. 165), seit 1965 Staatspräsident, versprochene Reformen nur zögernd und völlig ungenügend durchführend, ständig in stärkerem Gegensatz zur liberalen und linken Intelligenz und nicht in der Lage, die Rebellionen der muslimischen »Moros« im Süden des Landes zu beenden und die Korruption zu unterdrücken. Seit 1972 mit dem Kriegsrecht und autoritären Mitteln regierend, aber ohne entscheidenden Erfolg in der Bekämpfung von Terror und sozialer Unruhe. Einerseits Befürworter der Kooperation mit den USA, andererseits bestrebt, in der »Dritten Welt« eine progressive Rolle zu spielen, in den letzten Jahren mit zunehmendem Hervortreten seiner Frau *Imelda Marcos* (geb. 1930), die u. a. 1975 zur Gouverneurin von Manila ernannt wird.

Matanzima, Dr. h. c. *Kaizer* (Südafrika/Transkei), geb. 1915 im Tembuland als Sohn eines Häuptlings, Studium der Rechtswissenschaften an der Bantu-Hochschule in Fort Hare, Rechtsanwalt. Politisch mit seiner die Rassentrennung befürwortenden »Transkei Nat. Independence Party« erfolgreicher als die eine solche ablehnenden Politiker (wie etwa *Victor Poto*). Seit der Schaffung des ersten »Bantu Homeland«, der Transkei, Chefminister. In den letzten Jahren volle Unabhängigkeit der »Transkei« fordernd und nach Erlangung dieser im Oktober 1976 deren erster Präsident.

Mavros, Prof. Dr. *Georgios* (Griechenland; s. WA '75, S. 202), im Oktober 1974 als Außenminister zurückgetreten (Nachfolger: → *Bitsios*); seither als Oppositionsführer scharfer Kritiker von → *Karamanlis.*

Melo Antunes, Major *Eduardo Augusto de* (Portugal; s WA '76, S. 199), mit der Verstärkung d. prokommunist. Kurses unter → *Gonçalves* im Gegensatz zu diesem u. einen »dritten Weg z. Sozialismus« fordernd. Im August 1975 vorübergehend aus d. »Revolutionsrat« ausgeschlossen. Ab September 1975 im Kabinett von → *Azevedo* Außenminister bis zur Regierungsneubildung unter → *Soares* im August 1976 (Nachfolger → *Ferreira*).

Méndez, Dr. *Aparicio* (Uruguay), geb. 1904, Studium der Rechtswissenschaften; Rechtsanwalt, Mitglied des rechten Flügels der konservativen »Blancos«, der wichtigsten Partei neben den »Colorados« bis zur Parteiensuspendierung im Jahre 1973. Zeitweise Gesundheitsminister. Nach dem Militärputsch vom Juni 1976 Präsident des »Staatsrates«, sodann als Nachfolger des Interimspräsidenten Prof. Dr. *A. Demicheli* mit Wirkung vom September 1976 vom »Rat der Nation« für fünf Jahre zum Staatspräsidenten gewählt. M. gilt als überzeugter Antimarxist und angeblich als Befürworter eines Regierungs- und Parteiensystems nach brasilianischem Muster.

Miettunen, *Marttii* (Finnland), geb. 1907 als Bauernsohn; Landwirt u. in verschiedenen landwirtschaftlichen Vereinigungen führend. Politisch in der »Agrarunion« (1946–1950 Parteisekretär), dem späteren »Zentrum« aktiv; 1945–1958 Abgeordneter. In den 50er Jahren abwechselnd Transport-, Finanz- und Agrarminister. 1961/62 für neun Monate Ministerpräsident einer Minderheitsregierung des Zentrums. 1958–1973 mit Unterbrechungen Landeshauptmann von Lappland. M., einer der erfahrensten finnischen Politiker, eng mit → *Kekkonen* verbunden, von diesem aus dem Ruhestand zurückgerufen und im November 1975 mit der Bildung einer Koalitionsregierung unter Einschluß des Mehrheitsflügels der Kommunisten betraut; im Mai 1976 zunächst wegen Weigerung der Kommunisten, der Haushaltssanierung zuzustimmen, zurückgetreten; auf Ersuchen von *Kekkonen* weiter im Amt bis Mitte Sept. 1976.

Mijasawa, Dr. *Kiitschi* (*Kiichi Miyazawa,* Japan), geb. 1919 als Sohn eines Reichstagsabgeordneten, Studium der Wirtschafts- und Finanzwissenschaften; früh in der Liberaldemokratischen Partei/LDP tätig und Studien über deren Reform ausarbeitend. Aufstieg u. a. als Sekretär des einstigen LDP-Vorsitzenden und Ministerpräsidenten *Hayato Ikeda.* Unter → *Sato* zunächst Wirtschafts-, sodann Industrieminister. Seit 1974 im Kabinett → *Miki* Außenminister. Bemüht um eine selbständigere Außenpolitik gegenüber den USA, um die Rückgabe einiger Kurilen-Inseln durch die UdSSR u. um eine Stärkung d. Beziehung. zu Peking, ohne d. Interessen in d. Rep. China (Taiwan) u. Rep. Korea (Südkorea) zu schädigen. Im Sept. 1976 v. *Sentaro Kosaka (Zentara Kozaka)* abgelöst.

Miki, *Takeo* (Japan; s. WA '76, S. 199), früh Vertr. einer Annäherung an Peking, schärfster Kritiker d. Flügelbildg. u. d. Korruption in seiner Partei. Beteiligt am Sturz v. *Sato;* im Kabinett v. → *Tanaka* dessen Stellvertr. Beim Bekanntwerden v. Korruptionsvorwürfen geg. *Tanaka* Austr. a. d. Kabinett. Als Kompromißkand. im Dez. 1974 Parteivorsitz. u. Ministerpräs., aber seit Herbst 1976 in heftigem Gegensatz zur Parteimehrheit.

Minić, Miloš (Jugoslawien), s. WA '74, S. 193.

Mintoff, Dominic (Malta), s. WA '73, S. 196.

Mitterand, *François* (Frankreich; s. WA '76, S. 199), 1965 maßgebl. a. d. Bildung der »Demokrat. und Sozialistischen Linken«/F.G.D.S. beteiligt und bei den Präsidentschaftswahlen in der Stichwahl mit 44,8 % der Stimmen gegen *de Gaulle* unterlegen. Seit 1971 Vorsitzender der Sozialisten (P.S.F.) und 1972 Verpflichtung mit den Kommunisten auf das sog. »Gemeinsame Programm«. Als Kandidat des »Volksfrontbündnisses« zwischen Kommunisten, Sozialisten u. and. linken Gruppierungen bei den Präsidentschaftswahlen 1974 im 2. Wahlgang am 19. 5. bei einem Stimmenanteil von 49,19 % knapp gegen → *Giscard d'Estaing* unterlegen. Bei den Regionalratswahlen vom März 1976 mit seiner Partei besonders erfolgreich. Auch 1976 für enge Kooperation mit der KPF bei völliger Unabhängigkeit von dieser.

Mondale, *Walter Frederick* (USA), geb. 1928 als Sohn einer eingewanderten, kinderreichen norwegischen Pastorenfamilie, Studium der Rechtswissenschaften, Rechtsanwalt; als Generalstaatsanwalt in Minnesota für die Rechte der Familie, der Einwanderer und der Indianer eintretend. Angehöriger des liberalen Flügels der Demokraten, stark von *Hubert H. Humphrey* (s. WA '73, S. 188) beeinflußt und seit 1966 (1972 wiedergewählt) dessen Nachfolger als Senator von Minnesota. Zunächst Befürworter des US-Engagements in Vietnam, seit 1969 dessen entschiedener Gegner. M. gilt als Pragmatiker und hat starken Rückhalt bei den liberalen Demokraten und in den Gewerkschaften. Im Juli 1976 von → *Carter* zum Kandidaten für die Vizepräsidentschaft bei den Wahlen vom November 1976 erkoren.

Monteiro, Victor (Guinea-Bissau fr. Portug.-Guinea), s. WA '76, S. 200.

Morales Bermudez, General *Francisco* (Perú; WA '76, S. 200), seit 1974 Regierungschef, unter Präsident Velasco Alvarado, jedoch bald kritisch gegen dessen nach seiner Ansicht zunehmende autoritäre Tendenzen und den um sich greifenden »Personenkult«. Am 29. 8. Sturz des Präsidenten durch einen Militärputsch und Amtsnachfolger seit Anfang 1976 mit dem sozialistisch ausgerichteten → *Fernandez Maldonado Solari,* seit Juli 1976 mit → *Arbulu Galliani* als Ministerpräsident.

Moro, Dr. *Aldo* (Italien; s. WA '74, S. 193 u. '75, S. 203), ab Februar 1976 Chef einer reinen DC-Minderheitsregierung (der 38. der Nachkriegszeit). Rücktritt am 30. 4. 1976, da es nicht gelingt, die schwere Wirtschaftskrise zu meistern; nach den Wahlen vom Juni 1976 Nachfolger von → *Andreotti.*

Moscharaff (*Musharaff*), *Chalid* (Bangladesch) s. Rahman, Z.

Muhammed (*Mohammed*), General *Murtala Ramat* (Nigerien; s. WA '76, S. 200), bei einem Putschversuch am 13. 2. 1976 ermordet (Nachfolger → *Obasanjo*).

Muhssin s. Mohsen

Muldoon, *Robert David* (Neuseeland), geb. 1921, nach Schulbesuch Ausbildung als Wirtschaftsprüfer. Im II. Weltkrieg im Pazifik, im Nahen Osten und Italien eingesetzt. Politisch in der konservativen »National Party«/NP aktiv, bei den Wahlen von 1954 und 1957 ohne Erfolg; seit 1960 Abgeordneter der NP. 1963 Unterstaatssekretär im Finanzministerium, 1967–1972 Finanzminister und u. a. als solcher Vertreter seines Landes bei ADB, IBRD und IWF. Seit 1974 Vorsitzender der NP und heftiger Kritiker der Labour-Regierung unter → *Rowling.* Mit der Parole, durch straffe, sparsame Regierung und neue Konzeptionen die schwierigen Wirtschafts- und Finanzfragen zu lösen, in den Wahlen vom Dezember 1975 von außerordentlichem Erfolg und Premierminister.

Muller, Dr. *Hilgard* (Rep. Südafrika), geb. 1914 in Transvaal, Nachkomme einer im 18. Jahrhundert nach Südafrika eingewanderten norddeutschen Familie. Studium der Literaturwissenschaften, zeitweise als Rhodes-Stipendiat in Oxford, Promotion in Pretoria. Juristisches Zweitstudium, Rechtsanwalt in Pretoria. Politisch aktiv in der »Nationalen Partei«/NP; 1953 Bürgermeister der Hauptstadt, 1958 Abgeordneter im Parlament. 1961 Hochkommissar in London, nach dem Austritt Südafrikas aus dem »Commonwealth« dort als Botschafter. Seit 1964 Außenminister. Wegbereiter der von → *Vorster* begonnenen Politik, zu schwarzafrikanischen Staaten bessere Beziehungen auszubauen. M. gilt als gemäßigter Vertreter der »Apartheid«-Politik und als der weitaus erfahrenste südafrikanische Diplomat.

Muzorewa, Bischof *Abel* (Rhodesien), geb. 1925 als Sohn eines Lehrers an der Methodistenschule; Ausbildung als Lehrer, später auf Wunsch des Vaters zum Geistlichen; seit 1953 Pfarrer, ab 1958 als Stipendiat der US-Methodisten fünfjähriges Theologiestudium in den USA, sodann Rückkehr. Seit 1968 Bischof. Gründer des »Afrikanischen Nationalrates« (»African National Council«/ANC) u. anfangs Verfechter gewaltloser Unabhängigkeit eines v. d. afrikan. Mehrheit regierten Rhodesien. Seit Dezember 1974 Stärkung des ANC durch Kooperation mit »ZANU«, »ZAPU« und »FROLIZI« (s. u. a. → *Nkomo* und → *Sithole*). In Verhandlungen mit der Regierung von → *Smith* eingeschaltet. Seit Sept. 1975 Parteinahme für d. militanten Kräfte und 1976 von Sambia aus als Führer des ANC-Exilflügels für eine Gewaltlösung eintretend.

Narayan, Dschajaprakasch (*Jayaprakash,* Indien; s. WA '76, S. 200), Gegner von Frau → *Gandhi,* der er mangelnde soziale Verantwortung, autoritäre Führung und Machtmißbrauch vorwirft. Seit 1974 wie zahlreiche andere Oppositionelle mehrfach verhaftet.

Nascimiento, Lopo de (Angola) → Neto

Nenni, Pietro (Italien) s. WA '70, S. 175.

Neto, Dr. *António Agostinho* (Angola), geb. 1922 als Sohn einer Kimbundu-Familie bzw. eines Methodistenpfarrers, teilweise weißer Herkunft. Seit 1947 Studium der Medizin in Portugal, u. a. Stipendiat in Lissabon und Coimbra; wegen Regimekritik 1952 und 1955/57 verhaftet. Promotion 1958. Bekannt geworden durch nationalistische Lyrik. Als Sympathisant der Kommunisten 1959 nach Angola zurückgekehrt, von den Gründern (1955) der angolanischen KP *Mário de Andrade* und *Viriato da Cruz* für die ebenfalls von ihnen (1956) geschaffene »Volksbewegung für die Befreiung von Angola«/MPLA gewonnen, in der sich *Neto* bald zur entscheidenden Kraft entwickelt und auch *Daniel Chipenda* in den Hintergrund drängt. 1960 verhaftet, nach den Kapverden und 1962 nach Portugal verbracht, nach Kinshasa entkommen und schließlich an der Spitze der MPLA, mit der er eindeutig der FNLA den Rang abläuft, gestützt durch zahlreiche Auslandsreisen (1969 Delegierter für Angola bei der »Afro-Asiat. Solidaritätskonferenz« in Chartum, 1970 vom Papst, 1971 von → *Tschou En-lai* empfangen), sowie ständig stärker von den kommunistischen Staaten gefördert. Bildung der ersten Regierung mit *Lopo de Nascimiento* als erstem Regierungschef. Im November 1975 am Ziel seines Kampfes, Präsident der Volksrepublik und durch sowjet. Waffenhilfe sowie von cubanischen Truppen unterstützt, im Bürgerkrieg FNLA (→ *Roberto*) und UNITA (→ *Savimbi*) besiegend. Verleihung des Joliot-Curie-Friedenspreises des »Weltfriedensrates«.

Ne Win (eigentl. *Maung Shu Maung*, Birma; s. WA '75, S. 203). 1972 Verzicht auf den Generalstitel. Seit März 1974 Vorsitzender des neu gebildeten »Staatsrates« und damit Staatspräsident. N. versucht außenpolitisch einen neutralen, innenpolitisch einen eigenständigen »birmanesischen« Weg des Sozialismus zu gehen.

Nguyen Huu Tho (Vietnam; s. WA '76, S. 201), im Juni 1969 Vorsitzender des Rates zur Unterstützung der »Provisorischen Revolutionsregierung von Süd-Vietnam«, auch nach »Vietcong-Sieg« im April 1975 maßgeblich an den Maßnahmen zur Wiedervereinigung beteiligt; Mitglied der gemeinsam gewählten Nationalversammlung und ab Juli 1976 einer der beiden Vizepräsidenten der Republik.

Nguyen Thi Binh (Vietnam; s. WA '74, S. 193). Seit Juni 1969 in ihrer Eigenschaft als Außenministerin der neu gegründeten »Provis. Revolutionsregierung von Süd-Vietnam« verstärkte Aktivität. Nach dem Sieg der »Vietcong« weiterhin Außenministerin in der »Revol. Regierung«, Mitglied des ZK der »Dang Lao Dong« und der im April 1976 von Nord und Süd gemeinsam gewählten Nationalversammlung, sowie seit Juli 1976 Erziehungsministerin in der Regierung des wiedervereinigten V.

Nixon, Richard Milhous (USA; s. WA '74, S. 194), im Februar 1976 auf Einladung der chinesischen Regierung zu einem Besuch in Peking.

Nkomo, *Joshua* (Rhodesien), geb. 1917 im Matabeleland als Sohn eines Lehrers und Laienpredigers, Bildung in Missionsanstalten in Südafrika; 1945 Rückkehr in seine Heimat, 1947 Sekretär der Eisenbahnergewerkschaft der Afrikaner. Später Gegner der 1953 von Großbritannien aus Süd- und Nordrhodesien und Njassaland gebildeten »Zentralafrikanischen Föderation« (1964 aufgelöst). 1957 Präsident des »Afrikanischen Nationalrates«/ANC bis zu dessen Verbot 1959; sodann in London. 1961 wieder im Lande, Gründung der »Afrikanischen Volksunion von Simbabwe« (»Zimbabwe's African People's Union«/ZAPU), nach deren Verbot 1962 des »Interimistischen Volksrates«; 1964 Verhaftung, sodann Verbannung, jedoch Kontakte mit der illegal weiterbestehenden ZAPU; seit 1974 in Freiheit mit → *Muzorewa* und →*Sithole* zusammenarbeitend, um eine afrikan. Mehrheitsregierung f. Rhodesien zu erreichen, nach Differenzen m. *Muzorewa* im Sept. 1975 zunächst aus d. ANC ausgeschlossen, aber sodann vom rhodesischen Flügel des ANC zum Präsidenten gewählt. Auch 1976 ohne Erfolg in Verhandlungen mit → *Smith* über die Lösung des Rhodesien-Problems.

Nordli, *Odvar* (Norwegen), geb. 1928 ais Sohn eines Bahnarbeiters, Absolvierung eines Handelsgymnasiums. 1947 Kommunalbeamter, später Übergang zum Gemeindepolitiker. Aktiv in der Jugendorganisation der »Arbeiterpartei«/DNA, über den Bezirksverband der DNA weiterer Aufstieg; 1961 Wahl ins Parlament (»Storting«). In der ersten Regierung von *Trygve Bratteli* (s. WA '76, S. 184) Kommunal- und Arbeitsminister; 1973 Fraktionschef der DNA. Nach dem Rücktritt von *Bratteli* im Januar 1976 dessen Nachfolger als Regierungschef. N. gilt als Angehöriger der Mitte der DNA und als Anhänger enger europäischer Zusammenarbeit.

Numeiri(y), Dschafar bzw. *Jaafar Mohammed el* (Sudan; s. WA '74, S. 195), seit 1972 Verdienste um den Beginn, seither um die Fortsetzung der Befriedung des Wiederaufbaus und der Entwicklung der Selbstverwaltung im Südsudan, 1976 Rückschläge in dieser Politik und im Juli einem Militärputsch ausgesetzt (s. Abschnitt »Weltchronik«/Sudan).

Nyerere, *Dr. Julius Kambarage* (Tansania), geb. 1922 als Sohn eines Häuptlings, nach Schulbesuch Lehrer an einer katholischen Missionsschule, sodann 1949–1953 Studium von Geschichte und Wirtschaft in Edinburgh. 1953 Gründung der »Tanganyika African Association«, 1954 der politisch ausschlaggebend werdenden Partei »T. African Nat. Union«/TANU, die er 1960 zum Wahlsieg führt; 1960 Regierungschef, seit 1962 Präsident des ein Jahr vorher unabhängig gewordenen Tanganjika, das er 1964 mit Sansibar verbindet. Der »Mwalimu« (»Lehrer«), wie N. populär genannt wird, gilt als guter Taktiker, als vielseitig aufgeschlossen, aber auch als hart in der Verfolgung seiner Ziele und Vorstellungen, u. a. in der Verwirklichung eines besonderen afrikanischen Sozialismus, der von unten nach oben aufgebaut werden soll, auf der »Ujamaa« (in Kisuaheli etwa »aktiver Gemeinsinn«)-Idee, den Dorfgemeinschaften. Mit dem Westen zusammenarbeitend, desgleichen mit dem Osten, von dessen Vorstellungen er ihm positiv erscheinende in seinen »Sozialismus« einzubauen versucht. Stets Förderer der Unabhängigkeitsbewegungen in den Nachbarländern; wie → *Kaunda* ein heftiger Gegner der Vormacht der Weißen in Rhodesien, zunächst sich vermittelnd im Sinne des Abbaus dieser Vormacht einschaltend, aber seit dem Frühjahr 1976 für eine gewaltsame Lösung des Problems. In seinen wirtschaftspolitischen Zielsetzungen immer wieder Rückschlägen ausgesetzt. Im Oktober 1975 erneut zum Präsidenten gewählt; im Mai 1976 zu einem offiziellen Besuch in der BR Deutschland.

Obasanje, *Olusegun* (Nigerien), geb. als Sohn einer Joruba-(Yoruba-)Familie, nach Schulbesuch militärische Laufbahn, Weiterbildung in Großbritannien, rasch aufgestiegen. Im Januar 1970 entscheidend zur Beendigung des Sezessionskrieges von Biafra beigetragen, die Kapitulation entgegengenommen und durch humane Behandlung der Unterlegenen hervorgetreten. Für seine Leistungen zum Chef des Pionierwesens und zum Brigadegeneral befördert; 1975 Minister für Öffentl. Arbeiten und Wohnungsbau, Ende Juli 1975 nach dem Sturz von Staatspräsident General *Yakubu Gowon* Mitglied des »Obersten Militärrates« unter → *Mohammed* und Generalstabschef. Nach der Ermordung von *Mohammed* durch eine Offiziersgruppe im Februar 1976 zum Generalleutnant sowie Vorsitzenden des »Obersten Militärrates« befördert und als erster Joruba Staatspräsident.

Olszowski, Stefan (Polen; s. WA '74, S. 194), im März 1976 in der neuen Regierung einer der stellv. Ministerratsvorsitzenden und als Außenminister bestätigt; im Sommer 1976 vorübergehend Prestigeeinbuße nach Ankündigung und Zurücknahme von Preiserhöhungen.

Onn, *Dato Hadsch Hussein* (Malaysia), geb. 1922, Studium der Rechtswissenschaften an britischen Universitäten; während des II. Weltkrieges auf britischer Seite, seit Anfang 1945 in den »Befreiungsstreitkräften« der von Japan besetzten malaysischen Gebiete kämpfend. Sodann in der Verwaltung, führend in der »Malaysischen Jugendbewegung« und in der UMNO. Ab 1948 im Gesetzgebenden Rat, später in der Exekutive des Sultanats Johore. 1970 Parlamentsabgeordneter, Erziehungsminister, 1973 Handels- und Industrieminister und Stellvertreter seines Schwagers, des Premierministers → *Rasak;* nach dessen Ableben im Januar 1976 Nachfolger als Regierungschef.

Oreja Aguirre, Dr. *Marcelino* (Spanien), geb. 1935 als Sohn einer baskischen Familie, Studium der Rechtswissenschaften in Madrid, Bonn, London und Den Haag; diplomatische Laufbahn mit raschem beruflichen Aufstieg; 1962–1970 Direktor der Technischen Abteilung des Außenministeriums. Von Januar bis Oktober 1974 im Stab des liberalen Informationsministers *Pío Cabanillas,* mit diesem unter dem Druck der Rechten zurückgetreten und den Übergang zu einer echten Demokratie fordernd, u. a. auch in Beiträgen für die Zeitung »Ya«, das Sprachrohr des gemäßigten Katholizismus. Unter → *Areilza* Staatssekretär im Außenministerium und diesen, diplomatisch erfahren und sprachkundig, häufig vertretend. Dem für liberale Reformen aufgeschlossenen Flügel der sogen. »Tacito«-Gruppe zugerechnet. O. gilt als Verfechter eines Dialogs zwischen den fortschrittlicheren »Franquisten« und der gemäßigten Linken. Im Aug. 1976 erstmals in der BR Deutschland.

Ortoli, *François-Xavier* (Frankreich; s. WA '76, S. 202), Präsident der EG-Kommission bis Ende 1976 (Nachfolger → *Jenkins*).

Osman, Ahmad (Marokko; s. WA '74, S. 195), seit April 1974 erneut Regierungschef.

Pahr, Dr. *Willibald* (Österreich), geb. 1930, Studium der Rechtswissenschaften, seit 1955 im Bundeskanzleramt tätig, nicht unmittelbar ÖVP-Mitglied, aber Mitglied des ÖAAB. Rascher Aufstieg in seiner Beamtenlaufbahn, seit Anfang 1975 Leiter der Sektion »Verfassungsdienst« im Bundeskanzleramt. Angesehen durch völkerrechtskundliche Arbeiten, wesentlich an der Ausarbeitung der Minderheitengesetze beteiligt. Experte der slowenischen Minderheitsprobleme in Kärnten, u. a. in diesem Zusammenhang Verhandlungen in Belgrad. Seit Sept. 1976 als Nachfolger von → *Bielka* Außenminister.

Pak Kung Li (*Park Chung Hee;* Rep. Korea; s. WA '68, S. 171 u. WA '76, S. 202), um die zunehmende Opposition zu widerlegen, Veranlassung einer Volksabstimmung; in dem umstrittenen Referendum sprechen sich im Februar 1975 79,9 % der Abstimmenden für die Beibehaltung der Verfassung von 1972 aus, die ihm außergewöhnliche Vollmachten verleiht.

Pak Sung Tschul (*Song Chol;* Korean. Volksdem. Rep.), im April 1976 Nachfolger von → *Kim Il* als nordkoreanischer Regierungschef.

Palme, *Olof* (Schweden; s. WA '76, S. 202), im Oktober 1969 Nachfolger von *Erlander* als Regierungschef und in diesem Amt auch nach Mandatsverlusten seiner Partei bei den Wahlen vom September 1973. (Ergebnis u. Konsequenzen der Wahl v. Sept. 1976 s. Abschnitt »Weltchronik«/ Schweden.)

Papadopoulos, Georgios (Griechenland; s. WA '69, S. 179 und '74, S. 196), wegen »Anstiftung zur Tötung« bei der Niederschlagung der Studentenrevolte 1975 zusätzlich mit 25 Jahren Kerker bestraft.

Papandreou, Andreas (Griechenland; s. WA '76, S. 202), Führer der »Panhellenischen Sozialistischen Bewegung«, die bei den Parlamentswahlen vom Nov. 1974 nur 13,58 % der Stimmen erhält, aber bei den Gemeindewahlen von 1975 größere Erfolge erzielt.

Pato, *Octávio* (Portugal), geb. 1925 als Sohn einer Arbeiterfamilie, nach Schulbesuch Arbeit in der Schuhindustrie. Mit 16 Jahren Mitglied der KP (PCP), 1949 Kandidat des ZK, 1950 Vollmitglied; meist im Untergrund tätig, 1961–1970 verhaftet. International erstmals als Delegierter der portugiesischen KP beim Kongreß von 1960 in Moskau bekannt geworden; offenbar im Gegensatz zu → *Cunhal* kein Vertreter des orthodoxen Kommunismus, sondern eines elastischeren Kurses im Sinne der KPF und KPI. P. wird als der neben *Cunhal* fähigste und einflußreichste Führer der Partei angesehen. Bei den Präsidentschaftswahlen vom Juni 1976 als Kandidat seiner Partei mit nur 7,59 % der Stimmen an letzter Stelle nach → *Eanes,* → *Carvalho* und → *Azevedo.*

Penn Nouth, Prinz (Kambodscha), langjähriger Ministerpräsident der Exilregierung von → *Sihanuk;* im März 1976 als »Vertreter der Arbeiter der Gummiplantagen« in die neue Volksversammlung gewählt, aber sodann als Regierungschef von *Pol Pot* abgelöst und zu dessen Berater ernannt.

Pereira, Aristides Maria (Guinea-Bissau; s. WA '76, S. 202), Generalsekretär der PAIGC. Im Juli 1975 nach der Proklamation der Unabhängigkeit der Kapverdischen Inseln deren erster Staatspräsident, bestrebt, in möglichst naher Zukunft eine Föderation oder eine Fusion mit Guinea-Bissau herbeizuführen.

Perón, Maria Estela Martinez de (Argentinien; s. WA '76, S. 203), im März 1976 durch einen Militärputsch unter → *Videla* gestürzt, interniert und verdächtigt, die Veruntreuung öffentlicher Mittel zugelassen zu haben.

Pham Hung (Vietnam; s. WA '76, S. 203), nach den Wahlen vom April 1976 Mitglied der gemeinsamen Nationalversammlung und des Politbüros der »Dang Lao Dong« und einer der Stellvertreter des Ministerpräsidenten des wiedervereinigten Vietnam.

Pham Van Dong (Vietnam), geb. 1906, dreißig Jahre lang enger Mitarbeiter von *Ho Tschi Minh* (s. WA '69, S. 172 u. WA '70, S. 170) u. Mitbegründer der »Viet-Minh«; erfahrener pragmatischer Politiker. Als nordvietnamesischer Regierungschef geschickt zwischen Moskau und Peking lavierend. In die gesamtvietnamesische Nationalversammlung im April 1976 mit 99,74 % der Stimmen gewählt, seit Juni 1976 Regierungschef des wiedervereinigten Vietnam.

Phomvihan s. Kaysone Phomvihan

Pinochet *Ugarte, Augusto* (Chile; s. WA '76, S. 203), am Militärputsch vom Sept. 1973 beteiligt und zum Führer der Junta gewählt, die allen Widerstand rücksichtslos bricht. Auch 1974/76 in dem bisher wenig erfolgreichen Bestreben, wirtschaftliche Konsolidierung und Aufrechterhaltung der Ordnung zu sichern, die Erfordernisse freiheitlicher Demokratie zurückstellend und im In- und Ausland heftiger Kritik ausgesetzt und harter Unterdrükkungsmethoden beschuldigt.

Pinto da Costa, *Manuel* (São Tomé u. Príncipe), nach Schulbesuch Studium der Wirtschaftswissenschaften, u. a. in der DDR. Als Mitglied der von *Da Graça* 1960/61 ins Leben gerufenen »Befreiungsbewegung von S. Tomé u. P.«/MLSTP mit Sitz in Libreville (Gabun) seit langem in dieser von Einfluß und schließlich Generalsekretär. Seit Erlangung der Unabhängigkeit dieser einst port. Inselgruppe im Juli 1975 Präsident des neuen Staates, mit *Miguel Trovoada* (früher Professor für Spanisch am Lyzeum »Léon Mba« in Libreville) als Ministerpräsident, Verteidigungs- u. Außenminister.

Podgorny, Nikolaj W. (Sowjetunion; s. WA '73, S. 200), seit Ende 1965 Vorsitzender d. Präsidiums d. Obersten Sowjets (Staatsoberhaupt).

Pol Pot (Kambodscha), Ministerpräsident, s. → *Penn Nouth*

Ponomarjow, *Boris Nikolajewitsch* (Sowjetunion), geb. 1905 als Sohn einer mittelständischen Familie, bereits als 14jähriger in der »Roten Armee«, in der KPdSU rasch aufsteigend. Studium, später Lehre an der Parteihochschule »Institut der Roten Professur«. 1943/44 stellv. Leiter des »Marx-Lenin-Engels-Instituts« (heute »Inst. für Marxismus-Leninismus«). Seit 1955 an der Spitze der Internat. Abteilung des ZK der KPdSU und verantwortlich für die Beziehungen zu den anderen kommunistischen und sozialistischen Parteien. P.

gilt als Verfechter einer Politik der »Volksfront« und »Aktionseinheit« der nicht an der Macht befindlichen kommunistischen Parteien anderer Staaten.

Pramot (*Pramoj*, Thailand) a) *Kukrit Pramot*, Bruder von b), geb. 1912, nach dem Studium hauptsächlich in der Wirtschaft tätig, Besitzer der großen Zeitung »Siam Rath«, Führer der nationalistisch-konservativen »Partei der sozialen Aktion«, gestützt von Geschäftsleuten und Militärs. Im März 1975 zum Chef einer Koalitionsregierung gewählt (37. Regierung seit 1942); Programmpunkte: Abzug der US-Truppen, gute Zusammenarbeit mit den Nachbarn, auch mit Peking – mit dem im Juli 1975 diplomat. Beziehungen aufgenommen werden – und den anderen kommunistischen Staaten Asiens. Verlangt im März 1976 den Abzug der in Thailand stationierten US-Verbände innerhalb von vier Monaten, gerät jedoch in eine innenpolitische Krise. Bei den vorzeitigen Neuwahlen gewinnt seine Partei zwar Sitze, doch verliert er sein Mandat und tritt zurück. – b) *Seni Pramot*, Bruder von a), geb. 1905, wie dieser Studium der Rechtswissenschaften, u. a. in Oxford, Advokat; sodann Diplomat, u. a. Botschafter in Washington. Im II. Weltkrieg Mitbegründer der antijapanischen Bewegung »Freie Thai« sowie der konservativen »Demokratischen Partei«. Zeitweise am »Internat. Gerichtshof« in Den Haag. Trotz Wahlerfolgen in der Opposition; erst im Febr./März 1975 Regierungschef, dann von seinem Bruder abgelöst. Bei den Wahlen vom 4. 4. 1976 großer Erfolg seiner Partei; seit 21. 4. Chef einer Koalitionsregierung. Gilt als relativ prowestlich. Starke Gegnerschaft unter Studenten und linken Gruppierungen.

Puja, *Frigyes* (Ungarn; s. WA '76, S. 204), 1953 Beginn der diplomatischen Laufbahn, Botschafter in Stockholm, dann in Wien. 1959 stellv. Außenminister, 1968 Leiter der Außenpolitischen Abteilung der Partei, schließlich 1. stellv. Außenminister und seit 1973 an der Spitze des Außenministeriums.

Rabin, *Yitzhak* (Israel; geb. 1922 in Jerusalem, damit ein »Sabra«; s. WA '76, S. 204), militärische Laufbahn, Aufstieg zum General und Generalstabschef, hauptverantwortlich (neben *Mosche Dajan*) für die Strategie des Feldzuges von 1967. 1967 Botschafter in den USA, Verbesserung der Beziehungen zwischen Israel und Washington. 1973 Rückkehr nach Israel, im März 1974 im neuen Kabinett von *Golda Me'ir* Arbeitsminister, nach deren Rücktritt seit Juni 1974 Ministerpräsident einer Koalitionsregierung. 1975/76 in Koalition und Opposition zunehmend Kritik ausgesetzt.

Rahman, Scheich Mudschibur (*Scheich Mujibur R., »Mujib«,* Bangladesch; s. WA '74, S. 197 u. WA '76, S. 204), am 15. 8. 1975 ermordet.

Rahman, *Ziaur* (Bangladesch), geb. 1936, nach Schulbesuch militärische Laufbahn; rascher Aufstieg nach der Sezession Ostpakistans als Bangladesch, Generalmajor und stellv. Befehlshaber des Heeres. Unbeteiligt am »Putsch der jungen Majore« vom 15. 8. 1975, offenbar gebilligt vom damaligen pro-indischen Generalstabschef *Chalid* (*Khaled*) *Musharaff* (*Mosharaff*), der Anfang November 1975 für wenige Tage die Macht übernimmt, aber am 7. 11. durch einen Staatsstreich von R. als »Oberster Kriegsrechtsadministrator« abgelöst wird, der seinerseits einige Stunden später das Präsidentenamt → *Sayem* überläßt. R. gilt als einer der fähigsten Offiziere; er leitet die Ministerämter für Verteidigung, Inneres, Finanzen, Industrie, Handel, Bildung, Information, Forschung und Atomenergie und teilt sich u. a. die Macht mit dem Marinechef *Musharaff* (*Mosharaff*) *Hossein Chan.*

Rakotomalala, Oberst *Joël* (Madagaskar), geb. 1923, nach Schulbesuch militärische Laufbahn, u. a. Absolvierung verschiedener Akademien (u. a. in Saint-Maixent und Saint-Montargis in Frankreich), sodann rascher Aufstieg; 1973 Oberstleutnant. In der Regierung von General *Gabriel Ramanantsoa* (s. WA '76, S. 204) Informationsminister. Später Minister für Post und Fernmeldewesen. Vom Februar bis Juni 1975 Mitglied des Militärdirektoriums, anschließend des »Obersten Revolutionsrates«. Seit Januar 1976 Oberst und Ministerpräsident. Im August 1976 bei Hubschrauberabsturz tödlich verunglückt. Nachfolger: **Justin Rakotoniaina** (geb. 1933, Prof. d. Rechtswissenschaften, ehem. Erziehungsminister).

Ramgoolam, Sir *Seewoosagur* (Mauritius), geb. 1900 in Beau-Bassin als Sohn einer indischstämmigen Familie, Studium der Medizin in Großbritannien. Nach Rückkehr auf die Insel Mauritius als Arzt und in der Gemeindepolitik tätig; 1940 im Stadtrat von Port Louis, 1948 Mitglied des Exekutivrates. Mitbegründer und Führer d. »Parti de l'Indépendance«/PI und 1968 erfolgreich in dem Bestreben nach Unabhängigkeit; seither Regierungschef und Außenminister, pragmatisch und um Ausgleich bemüht. Im Juli 1976 als Nachfolger von → *Amin* zum Präsidenten der »Organisation für Afrikanische Einheit«/OEA gewählt.

Rasak (*Razak*), *Tun Hadschi Abdul* (Malaysia; s. WA '70, S. 178 u. '73, S. 201), am 14. 1. 1976 unerwartet verstorben (Nachfolger → *Onn*).

Ratsiraka, Fregattenkapitän *Didier* (Madegass. Republik; s. WA '76, S. 204), im Juni 1975 Vorsitzender d. »Obersten Revolutionsrates«/CSR,

Staats- u. Regierungschef sowie Verteidigungsminister. Am 21. 12. 75 in einer Volksabstimmung als Präsident, im Januar 1976 auch als Vorsitzender des »Obersten Revolutionsrates« bestätigt und unter dem Motto einer »sozialistischen Revolution« wirkend.

Reagan, *Ronald* (USA), geb. 1911 als Sohn eines kleinstädtischen Schuhverkäufers in Illinois. Als Kunststudent an der Universität von Südkalifornien zum »Adonis des 20. Jahrhunderts« gewählt; zeitweise Sportreporter. Karriere als Filmschauspieler. Seit den 50er Jahren politisch tätig, zunächst als liberaler Demokrat, dann als Republikaner und als Presse- und Rundfunkkommentator für 200 Zeitungen und Sender weithin Echo findend. 1966 im Präsidentschaftswahlkampf für den erfolglosen Rechtsrepublikaner *Barry Goldwater.* Zeitweise militanter Antikommunist, aber gegen ein KP-Verbot. Anfang 1967 bis Anfang 1975 Gouverneur von Kalifornien, das er verschuldet übernimmt und seinem Nachfolger mit einem Überschuß übergibt. Reich an Initiative, traditionsverhaftet, gegen Bürokratisierung. Außenpolitisch für Entspannung, aber unter Wahrung der Sicherheit der USA, innenpolitisch für »Reformen mit Augenmaß«. R. gilt als einer der wichtigsten Männer des rechten Flügels der Republikaner. Seit 20. 11. 1975 offiziell Bewerber um die Nominierung als republikanischer Präsidentschaftskandidat.

Rees, Merlyn (Großbritannien), geb. 1921 in Wales, frühzeitig in der »Labour Party« aktiv, seit 1963 Labour-Abgeordneter im Unterhaus, im letzten »Schattenkabinett« von → *Wilson* dessen Nordirland-Sprecher, sachlich die Arbeit der konservativen Nordirland-Minister → *Whitelaw* und *Francis Pym* durch konstruktive Kritik unterstützend; im März 1974 von *Wilson* zum Nordirland-Minister ernannt, als solcher auch ab April 1976 in der Regierung von → *Callaghan.*

Riad, Mahmud (*Mahmoud,* Ägypten, Generalsekretär der »Arabischen Liga«, s. WA '73, S. 201). Im Sept. 1974 Besuch in d. BR Deutschland. Weiterhin um Einigkeit in der Liga bemüht und ausgleichend.

Richardson, Elliot Lee (USA; s. WA '74, S. 197 u. WA '75, S. 207), im November 1975 zum Handelsminister ernannt.

Rifai, Seid (*Zayid,* Jordanien; s. WA '74, S. 198), im Juli 1976 von → *Badran* abgelöst.

Roberto, *Alvero Holden* (Angola), geb. 1923 als Sohn einer nordangolanischen Bakongo-Familie, im ehemal. Belg. Kongo (heut. Zaïre) aufgewachsen und in baptistischen Missionsschulen erzogen; sodann Angestellter bei »Unilever«, zeitweise auch in der belgischen Kolonialverwaltung. Aktiv in den antikolonialistischen Bewegungen der Bakongo, die sich u. a. 1954 in der »Union der Völker Nord-Angolas«/UPA organisieren. 1962 Gründung der »Frente Nacional de Libertação de Angola«/FNLA und (in Kinshasa/Zaïre) einer Exilregierung (»Governo da República de Angola em Exilio«/GRAE), an deren Spitze er tritt. Unterstützung der gegen die portugiesischen Truppen gerichteten Operationen (bei geringer persönlicher Teilnahme von R.) durch Zaïre, zeitweise auch durch Organisationen der USA (u. a. »American Committee for Africa«) und durch Peking sowie Südafrika, bei ständig heftigerem Gegensatz zur MPLA von → *Neto.* Seit 1975 mit der UNITA von → *Savimbi* und in Ambriz (mit Sitz in Huambo, d. früh. Nova Lisboa) Proklamation einer »Demokrat. Volksrepublik Angola« als Gegenaktion gegen die Ausrufung einer »Volksrepublik Angola« in Luanda durch *Neto.* 1976 nach dem mit cubanischer Hilfe errungenen Sieg der MPLA relativ ausgeschaltet und im Exil.

Rockefeller, Nelson Aldrich (USA; s. WA '76, S. 205), 1974 von → *Ford* als Vizepräsident vorgeschlagen; nach Billigung durch den Kongreß am 19. 12. 1974 als 41. Vizepräsident vereidigt. Regt am 22. 3. 1976 an, die Mitglieder der NATO sollten sich grundsätzlich für eine »Atlantische Interdependenz« erklären. R. bewirbt sich 1976 nicht für eine erneute Vizepräsidentschaftskandidatur.

Rowling, Wallace Edward (Neuseeland; s. WA '76, S. 205), nach der Wahlniederlage vom November 1975 als Regierungschef von → *Muldoon* abgelöst.

Ruiz-Giménez, Prof. Dr. *Joaquín* (Spanien), s. WA '76, S. 205.

Rumor, *Dr. Mariano* (Italien; s. WA '71, S. 182), mehrfach, zuletzt bis 1970 Chef einer »Mitte-Links-Regierung« in der »Democrazia Cristiana«/DC überzeugter Verfechter einer »Öffnung nach links«. Ab Juli 1973 und erneut ab März 1974 Ministerpräsident einer »Mitte-Links«-Koalition; im Oktober 1974 zurückgetreten und in der neuen Regierung von → *Moro* Außenminister, auch ab Februar 1976 in dessen DC-Minderheitsregierung bis zur Ablösung durch das neue DC-Minderheitskabinett von → *Andreotti* im August 1976.

Rumsfeld, *Donald* (USA), geb. 1931 in Illinois als Sohn einer Familie mit deutschen Vorfahren, Studium der Rechtswissenschaften an der Georgetown-Universität in Washington und in Princeton; Dienst als Marineflieger, Ringkampf-Champion der Navy. Seit 1958 politisch tätig, zunächst als Sekretär von Kongreßabgeordneten, 1962 als einer der republikanischen Abgeordneten seines Heimatstaates in das Repräsentantenhaus gewählt; 1965 u. a. mit → *Ford* beteiligt an der Ablösung der »Alten Garde« der Partei, die *Ford* den Fraktionsvorsitz einbringt. Unter → *Nixon* Leiter des »Amtes zur Bekämpfung der Armut«, sodann Berater des Präsidenten für Lebenshaltungskosten. Nach *Nixons* Wiederwahl 1973 US-Botschafter bei der NATO in Brüssel. Im August 1974 von *Ford* ins »Weiße Haus« geholt, bald darauf faktisch als Nachfolger von → *Haig* Stabschef mit direktem Zugang zum Präsidenten. Seit November 1975 als Nachfolger von → *Schlesinger* Verteidigungsminister. R., bereits als Abgeordneter an Verteidigungsfragen interessiert, gilt als hervorragender Organisator und nüchterner Pragmatiker mit harter Verhandlungstaktik.

Sá Carneiro, Prof. Dr. *Francisco* (Portugal), geb. 1924 als Sohn eines Juristen, Studium der Rechtswissenschaften, Rechtsanwalt in Pôrto, Hochschullehrer. 1969/73 Zusammenarbeit mit der Regierung von *Marcelo Caetano* (s. WA '74, S. 179 u. WA '75, S. 188), Mitglied der »Nat. Volksunion«/ ANP und der Nationalversammlung, sodann in Opposition wegen mangelnder Liberalisierung. Mitbegründer und Führer der »Demokrat. Volkspartei«/ PPD, die sich z. T. auf die kathol. Soziallehre stützt, sich als »sozialdemokratisch« und linksliberal versteht, aber im Gegensatz zur PSP von → *Soares* nicht in die Sozialist. Internationale aufgenommen wird. *S. Carneiro,* ab Mai 1974 zeitweise Minister ohne Geschäftsbereich, gewinnt mit seiner Partei bei den Wahlen von 1975 über ein Fünftel der Stimmen, verliert dann wegen seiner streng antikommunistischen Haltung den größeren Teil des linken Flügels seiner Partei, vermehrt aber dennoch deren Stimmenanteil bei den Wahlen vom April 1976 auf 26,38 %, so daß er mit dieser ein wichtiger Faktor in der Politik des Landes bleibt.

Sadat, *Anwar as* (Ägypt. Arab. Republik; s. WA '74, S. 198 u. WA '75, S. 207f.), nach dem Tod v. *Nasser* im Okt. 1970 zum Präsidenten gewählt. Vertritt d. volle Wiedergewinnung d. israelisch-besetzten Gebiete. Im Okt. 1973 nach angeblichen israel. Angriffen mit Syrien mitverantwortlich f. d. neuen Nahostkrieg. Nach dem Waffenstillstand unter d. arab. Politikern einer d. Hauptverfechter f. Verhandlungen mit Israel zur Lösung d. Nahostproblems und zunehmend Kooperation mit dem Westen, besonders mit den USA, und verschiedentlich Distanzierung von der Sowjetunion. Durch die Vereinbarungen mit Israel über Truppenentflechtung heftiger Kritik seitens der »progressiven« arabischen Politiker ausgesetzt, namentlich seitens der PLO, Libyens und Syriens, seit dem Frühjahr 1976 sich zeitweise wieder mit letzterem verständigend, aber seit der syrischen Intervention im Libanon erneut in Differenzen mit Syrien (u. besonders auch mit Libyen) u. Wiederannäherung an die PLO.

Sadr, Mussa el (Libanon) s. WA '76, S. 205.

Salem, *(Salam) Mamduh* (Ägypten), geb. um 1920 als Sohn einer Mittelstandsfamilie, Absolvierung der Polizeiakademie, in seiner Laufbahn Aufstieg zum General. Gouverneur verschiedener Provinzen, u. a. von Alexandrien. Mitglied des ZK der Einheitspartei »Arab. Sozialistische Union«. Als enger, langjähriger Mitarbeiter von → *Sadat* Innenminister geworden, 1971 an dessen Seite in der Auseinandersetzung mit der prosowjetischen Gruppe um *Ali Sabri;* Abschaffung der berüchtigt gewordenen Geheimdienstmethoden und der Anhaltelager für politische Häftlinge. Nach dem wenig erfolgreichen Versuch einer wirtschaftlichen Liberalisierung unter *Abdul Asis Higasi* (*Hegazi*) als dessen Nachfolger im April 1975 z. Ministerpräsidenten ernannt.

Sampson, Nikos (Cypern; s. WA '75, S. 208), im März 1976 verhaftet und wegen des Staatsstreiches von 1974 unter Anklage gestellt.

Sanan Suthitschak s. Kaysone Phomvihan.

Saragat, Giuseppe (Italien; s. WA '66, S. 165), im März 1976 erneut an der Spitze der PSDI; nach der Wahlniederlage seiner Partei im Juni 1976 Rücktritt als Generalsekretär.

Sarkis, Dr. *Elias* (Libanon), geb. 1922 als Sohn einer einfachen Familie, Studium an der französischen Rechtsfakultät der Universität St. Joseph in Beirut, nebenbei in der Eisenbahnverwaltung tätig, um sich die notwendigen Mittel zu verdienen. 1953 als Jurist beim Rechnungshof, bald durch seine Integrität und seine Fähigkeiten geschätzt. 1958 juristischer Berater des Staatspräsidenten *Fuad Schehab* (*Chehab*), sodann Kabinettsdirektor. 1968 Gouverneur der Bank von Libanon, mit Erfolg die durch den Zusammenbruch der »Intra«-Bank entstandenen Schwierigkeiten behebend und Beirut zum Finanzzentrum des Nahen Ostens machend. In der Wahl zum Staatspräsidenten 1970 gegen → *Franschije* mit nur einer Stimme unterlegen. Im Mai 1976, offenbar mit Unterstützung Syriens und der Gemäßigten, zum neuen Staatspräsidenten gewählt; Amtsantritt am 23. 9. 1976, nach dem Ende der Amtsdauer von *Franschije* vorgesehen. Vor der Aufgabe, den Bürgerkrieg zu beenden und eine Staatsreform durchzuführen, durch die die Ursachen des religiös-sozialen Konfliktes überwunden u. eine Teilung vermieden werden können.

Sauvagnargues, Jean (Frankreich; s. WA '75, S. 208), von 1974 bis Aug. 1976 französ. Außenminister.

Savimbi, *Jonas* (Angola), geb. 1934 als Sohn eines Bahnhofvorstandes, als Stipendiat Medizinstudium in Lissabon, später Politologiestudium in der Schweiz. Seit 1961 wiederholt Kooperation mit → *Roberto,* zeitweise Außenminister in dessen Exilregierung. 1966 Gründung der »União Nacional para a Indêpendencia total de Angola«/**UNITA**; ab 1968 Guerilla-Aktionen gegen die Portugiesen. Von der OEA erst 1975 nach Annäherung von UNITA und FLNA an die MPLA anerkannt, aber seit dem Sommer 1975 mit dieser in bewaffneter Auseinandersetzung und von ihr Anfang 1976 mit Hilfe cubanischer Verbände besiegt, aber – wie die UNITA im Guerillakampf im Lande – vom Exil aus politisch weiter aktiv.

Sayem, *Abu Sadat Mohammed* (Bangladesch), nach Studium der Rechtswissenschaften Einschlagen der Richterlaufbahn und Aufstieg zum Obersten Richter. Politisch nicht hervorgetreten. Nach dem erfolgreichen Putsch vom 7. 11. 1975 des Generalmajors und Heeresstabschefs *Ziaur* → *Rahman* von diesem als Nachfolger von *Chondakar Muschtak* → *Ahmed* für das Präsidentenamt vorgeschlagen und vereidigt; als Haupt einer Übergangsregierung bis zu den spätestens für 1977 vorgesehenen Wahlen Funktion als Staatsoberhaupt, Oberster Kriegsrechtsadministrator usw., aber von den Oberbefehlshabern der Teilstreitkräfte abhängig.

Schamun, *Camille Nimer* (Libanon), geb. 1900 als Sohn einer christlich-maronitischen Familie, Studium der Rechtswissenschaften, seit 1924 Anwalt. Politischer Einsatz für die Beendigung der französischen Kolonialherrschaft. Lange Jahre Abgeordneter und Minister, 1952–1958 Regierungschef, doch in ständig heftigerem Gegensatz zu den panarabisch-nasseristischen Kräften; im Bürgerkrieg von 1958 durch Landung von US-Truppen im Rahmen der sogen. »Eisenhower-Doktrin« gestützt, aber Rücktritt vom Amt des Staatsoberhauptes. Gründung der »National-Liberalen Partei«/NLP, von den linken Gruppen und dem Drusenführer → *Dschumblat* abgelehnt. Im Bürgerkrieg von 1975 Innenminister und als solcher ohne Erfolg um Ausgleich bemüht. Im Juni 1976 durch → *Franschije* zum amtierenden Außenminister ernannt; z. T. mit seiner NLP und der radikalen »Tiger-Miliz« im Gegensatz zu → *Dschemeijil* und dessen gemäßigterer »Falange«.

Schiwkoff, *Todor* (Bulgarien), geb. 1911 als Bauernsohn, mit 19 Jahren in der kommunistischen Jugendbewegung, 1932 Mitglied der KP. Seit 1941 als Partisan aktiv, 1944 stellv. Kommandeur der Partisanen-Verbände im Gebiet von Sofia. Sodann rascher Aufstieg, alle Rivalen geschickt ausschaltend, Erster Sekretär; stets der orthodoxen Moskauer Linie zugerechnet. 1962–1971 Regierungschef. Seit 1971 Vorsitzender des »Staatsrates« und damit Staatsoberhaupt. Im November 1975 zu einem Besuch in der BR Deutschland, 1976 erneut im Parteiamt bestätigt.

Schlesinger, James R. (USA; s. WA '74, S. 199), als Verteidigungsminister Anfang November 1975 von → *Rumsfeld* abgelöst.

Senghor, Léopold Sédar (Senegal; s. WA '64, S. 171 u. '74, S. 199), seit 1975 Präsident d. Westafrikan. Wirtschaftsgemeinschaft/CEAO.

Sihanuk *(Sihanouk) Samdech Norodom* (Kambodscha; s. WA '69, S. 182 u. WA '76, S. 206), im September 1975 nach Kambodscha zurückgekehrt, den revolutionären Sieg der »Volksbefreiungsstreitkräfte«/FAPLNC preisend, aber am 5. 4. 1976 seinen Rücktritt als Staatschef erklärend. Mitglied der neuen »Volksversammlung«. Offiziell »Berater« von → *Khieu Samphan.*

Siislavou, General *Enso* (Finnland; s. WA '75, S. 209), seit August 1975 Leiter aller militär. UNO-Organisationen (UNDOF, UNEF, UNTSO bzw. UNTSOP) im Nahen Osten.

Sithole, Reverend *Ndabaningi* (Rhodesien), s. WA '76, S. 207.

Smith, *Ian Douglas* (Rhodesien, s. WA '69, S. 182), außen- u. verteidigungspolitisch in ständig schwieriger Situation, besonders seit dem Sieg der Unabhängigkeitsbewegung in Angola und Mosambik und der von US-Außenminister → *Kissinger* im Frühjahr 1976 verkündeten neuen »Afrika-Politik« der USA. Nach dem Scheitern der Verhandlungen mit → *Nkomo* und anderen afrikanischen Politikern im April 1976 Aufnahme von mehreren, Stammestraditionen verkörpernden Schwarzafrikanern in die Regierung, aber im übrigen unverändert in seiner Politik weißer Vorherrschaft.

Soares, Dr. *Mário Alberto Nobre Lopes* (Portugal; s. WA '76, S. 207), erhält bei den Wahlen v. 25. 4. 1975 mit seiner sozialistischen Partei – der PSP – 37,87 % aller Stimmen und ist damit eigentlicher Sieger, doch gerät er zeitweise unter Druck d. PCP (KP) und extremer Linkskräfte, da er sich zwar auch nach der Wahl für die Beseitigung des Kapitalismus ausspricht, aber »Sozialismus ohne Freiheit« ablehnt. Bei den Wahlen vom 25. 4. 1976 zwar leichter Stimmenrückgang seiner Partei auf 35,01 %, aber mit der PSP weiterhin politisch die stärkste Kraft und nach den Präsidentschaftswahlen vom Juni 1976 von → *Eanes* als Nachfolger von → *Azevedo,* im Juli 1976 zum Ministerpräsidenten einer PSP-Minderheitsregierung ernannt und ein umfassendes Wirtschafts- und Sozialprogramm verkündend.

Soilih, *Ali* (Komoren; s. WA '76, S. 207), am 3. 1. 1976 von »Revolutions«- und Exekutivrat zum neuen Präsidenten der Republik gewählt und bestrebt, auch die Angliederung von Mayotte zu erreichen.

Somare, *Michael* (Papua-Neuguinea/Niugini), geb. 1936 als Sohn eines Polizisten im Sepik-Distrikt; nach Besuch einer Missionsschule Lehrer, sodann Journalist und politisch aktiv. Gründer der Partei »Pangu Pati« und bald politisch in weiten Gebieten von Neuguinea bekannt. Seit den Wahlen von 1972 Chefminister und seit der im Sept. 1975 erreichten Unabhängigkeit des Landes dessen Premierminister, bemüht, alle sezessionistischen Bestrebungen – besonders von Bougainville – zu unterbinden.

Sorsa, *Kalevi* (Finnland; s. WA '76, S. 207), seit November 1975 im Kabinett von → *Miettunen* dessen Stellvertreter u. Außenminister.

Souvanna Phouma s. Suvanna Phuma

Spínola, General António Sebastião Ribeiro de (Portugal; s. WA '75, S. 210 u. '76, S. 208), nach dem Mißlingen des von ihm angeblich gebilligten Putschversuchs v. 11. 3. 1975 im Exil in Brasilien. Im April 1976 während eines Aufenthaltes in der Schweiz wegen politischer Betätigung (u. a. angeblich Verhandlungen über Waffenkäufe für einen Putsch) aus dieser ausgewiesen und wieder in Brasilien. Nach Distanzierung von bzw. Auflösung der von ihm inspirierten »Bewegung für die Befreiung Portugals«/MDLP im August 1976 nach Portugal zurückgekehrt und einer Überprüfung unterzogen.

Steel, *David* (Großbritannien), geb. 1938 als Sohn einer schottischen Mittelstandsfamilie, Studium an der Universität Edinburgh, zeitweise Journalist; frühzeitig in der »Liberal Party« aktiv, von *Grimond* und → *Thorpe* gefördert, bis 1975 Fraktionsgeschäftsführer. Gilt als Verfechter allmählicher, sorgsam erwogener Reformen. Nach dem Rücktritt von *Thorpe* und der Interimspräsidentschaft von *Grimond* im Juli 1976 zum neuen Führer der Liberalen gewählt.

Stoel, *Max van der* (Niederlande), geb. 1924, Studium der Soziologie und Rechtswissenschaften, 1953–1958 Mitarbeiter in der sozialistischen »Wiardi-Beckman-Stiftung«, 1970 Vorsitzender des »Niederländ. Instituts für Friedensfragen«. Politisch in der sozialdemokrat. »Partei der Arbeit«/PvDA aktiv; 1963 Mitglied der Ersten, 1963–1965, 1967–1973 der Zweiten Kammer. 1965/66 Staatssekretär im Außenministerium, seit 1973 Außenminister, bekannt als überzeugter Verfechter der Entspannungspolitik. Im 2. Hj. 1976 Vorsitzender des EG-Ministerrates.

Suárez Gonzales, *Adolfo* (Spanien), geb. 1932 als Sohn einer bürgerlichen Familie, Studium der Rechtswissenschaften an der Universität Salamanca. Im Dienst der 1970 in »Movimento Nacional« umbenannten »Falange«, der »Nat. Bewegung«, aufgestiegen, aber ohne als besonders überzeugter Anhänger hervorzutreten. Verbindung zu der einflußreichen kathol.-konservativen Vereinigung »Opus Dei«. Verwaltungserfahrung besonders durch zweijährige Tätigkeit als Zivilgouverneur der Provinz Segovia. Generaldirektor für Fernsehen und Rundfunk. In der ersten Regierung von → *Arias Navarro* Staatssekretär für die »Nat. Bewegung«. Gründer der »Union des Spanischen Volkes«/UPE. Eng verbunden mit dem Präsidenten des »Kronrates« *Fernández Miranda.* Geringe Auslandserfahrung. Ideologisch offenbar nicht festgelegt, als sehr wandlungsfähiger Politiker angesehen, Sympathie für ein Kräftespiel zwischen demokratischem Sozialismus und einer modernen Rechten. Von den liberalen und linken Parteien ebenso wie von der konservativen Rechten mit Skepsis betrachtet. Seit einiger Zeit für raschere politische und soziale Reformen eintretend. Im Juli 1976 als Nachfolger von *Arias Navarro* zum Regierungschef ernannt, mit umfangreichen Reformen beginnend.

Suslow, *Michail Andrejewitsch* (Sowjetunion), geb. 1902, nach Schulbesuch und Absolvierung der Parteihochschule zeitweise Journalist, rascher politischer Aufstieg (Mitglied der KPdSU seit 1921), zunächst als Anhänger von *Stalin.* 1939–1941 Mitglied der Revisionskommission der KPdSU, seit 1941 Mitglied, seit 1947 Sekretär des ZK, Chefredakteur der »Prawda« (1949/50). Bereits 1952 in das Parteipräsidium aufgenommen und sodann immer wieder in dieses (umbenannt in »Politbüro«) aufgenommen, zuletzt auf dem XXV. Parteitag im März 1976. Seit der ideologisch begründeten Verurteilung des »Stalinkultes« auf dem XX. Parteitag (1956) und dem gemeinsam mit *Nikita S. Chruschtschjow* geführten Kampf gegen die sogen. »Antiparteigruppe« als führender Ideologe der KPdSU angesehen, verstärkt durch seine ideologischen Beweisführungen, die 1964 zum Sturz von *Chruschtschjow* führen. S. verficht die Unerläßlichkeit der engsten Kooperation aller kommunistischen Parteien, wenn auch je nach den nationalen Besonderheiten die gesellschaftliche Entwicklung in verschiedenen »revolutionären Staffeln« verlaufen könne. S. wird als möglicher

Nachfolger von → *Podgorny* im Amt des Vorsitzenden des Präsidiums des Obersten Sowjets angesehen.

Suvanna Phuma, Prinz (*Souvanna Phouma;* Laos; s. WA '66, S. 166 u. WA '76, S. 208), bereits im Mai 1975 faktisch die Regierungsgewalt an die »Pathet Lao« verlierend und im Dezember 1975 offiziell »zurückgetreten«, mit dem Titel eines »Beraters« seines Nachfolgers → *Kaysone Phomvihan.*

Suvannuvong, *Prinz* (*Souphanouvong;* Laos; s. WA '66, S. 166 u. '76, S. 208), nach dem Abkommen mit der Kgl.-Regierung vom Februar 1974 und der Konstituierung des »Nationalen Koalitionsrates« im April 1974 Präsident dieses ständig einflußreicher werdenden Rates. Nach dem endgültigen Sieg der »Pathet Lao« und der Abdankung des Königs am 4. 12. 1975 Präsident der neuen Republik, aber an Einfluß weit hinter → *Kaysone Phomvihan* zurückstehend.

Svoboda, Ludvík (Tschechoslowakei; s. WA '69, S. 183 u. '74, S. 201), im Mai 1975 wegen schwerer Erkrankung von → *Husák* abgelöst und im April 1976 aus dem Parteipräsidium ausgeschieden.

Swaran Singh (*Sardar Swaran S.;* Indien; s. WA '75, S. 211 u. WA '76, S. 208), im November 1976 aus der Regierung ausgeschieden.

Taus, Dr. jur. *Josef* (Österreich; s. WA '76, S. 208), nach dem Tod von *Karl Schleinzer* auf dem außerordentl. Parteitag der ÖVP am 31. 7. 1975 mit 481 von 491 Stimmen zum Vorsitzenden der Partei und zum Kanzlerkandidaten gewählt (mit Dr. *Erhard Busek,* Jurist, geb. 1941, als Generalsekretär), aber mit einem Stimmenanteil von 42,8 % bei den Nationalratswahlen vom 5. 10. 1975 gegenüber der SPÖ unterlegen und mit seiner ÖVP in Opposition. T. gilt als einer der besten Finanz- und Wirtschaftssachverständigen des Landes und als Vertreter einer wirtschaftlich-sozialen Neuordnung auf der Basis von Partnerschaft und Eigentumsstreuung.

Teferi Banti (Benti) s. Banti

Teng (Deng) Hsiao-ping (Chines. Volksrepublik; s. WA '76, S. 208 ff.), während der »Kulturrevolution« 1966 aus seinen Ämtern entfernt, aber seit April 1973 erneut auf der politischen Bühne. Im Januar 1975 als Mitglied des »Politbüros« der Partei bestätigt und in dessen entscheidendes Organ, den »Ständigen Ausschuß«, berufen sowie einer der sechs stellv. Vorsitzenden der Partei und Generalstabschef; als nunmehriger erster Stellvertreter von → *Tschou En-lai* in dessen Eigenschaft als Regierungschef (Vorsitzender des »Staatsrates«) auch in der Regierung nach diesem führende Persönlichkeit. Als pragmatisch und relativ gemäßigt im Gegensatz zum »ultralinken« Flügel der »Schanghaier Gruppe« (→ *Tschang Tschun-tschiao/Chang Chun-Chiao, Jao Wen-juan/Yao Wen-yuan* und → *Wang Hung-wen*). Seit dem Herbst 1975 zunehmender Kritik ausgesetzt. Nach dem Tod von → *Tschou En-lai* wird nicht T. Nachfolger, sondern *Hua Kuo-feng*. Die Wandzeitungskampagne gegen T. nimmt zu; → *Mao* schreibt, ohne den Namen zu nennen, über ihn u. a.: »Er begreift den Marxismus-Leninismus nicht, er vertritt die Bourgeoisie.« Anfang April wird T. aus allen seinen Partei- und Staatsämtern entfernt; er darf jedoch Parteimitglied bleiben.

Thatcher, Dr. Dr. *Margaret* (Großbritannien; s. WA '76, S. 209), am 4. 2. 1975 bei der Neuwahl des Vorsitzenden der Konservativen mit 130 Stimmen einen Vorsprung von 111 Stimmen gegenüber *Heath,* der zurücktritt; am 11. 2. mit 142 Stimmen (vor → *Whitelaw* mit 79) endgültig zur Vorsitzenden der Partei gewählt und Oppositionsführerin.

Thieu, s. *Nguyen Van Thieu*

Tho, s. *Nguyen Huu Tho*

Thorn, *Gaston* (Luxemburg; s. WA '70, S. 180), nach den Wahlen vom Juni 1974 unter Beibehaltung des Außenministeriums Chef einer Koal.-Regierung mit der Soz. Partei. 1975 Präsident d. XXX. UNO-Vollversammlung, auf der er diese u. a. wegen »übermäßiger Politisierung« kritisiert. Im 1. Hj. 1976 Vorsitzender des EG-Ministerrates, enttäuscht über die geringen Fortschritte in der politischen Integration; im Juli als Vorsitzender des Ministerrates von → *Stoel* abgelöst.

Thorpe, Jeremy (Großbritannien; s. WA '75, S. 212), im Mai 1976 als Vorsitzender der Liberalen zurückgetreten: Nachfolger → *Steel.*

Tierno Galván, Dr. *Enrique* (Spanien), geb. 1918, eines Seminars am Lehrstuhl »Staatsrecht«, das Studium der Rechtswissenschaften, zeitweise Professor an der Universität Salamanca, Gründung als Keimzelle für die Entstehung der illegalen Partei »Partido Socialista del Interior«/PSI angesehen wird, aus der 1971 die »Sozialistische Volkspartei« (»Partido Socialista Popular«/PSP) hervorgegangen ist. T. G., Jahrzehnte hindurch in Gegnerschaft zu → *Franco* (Verlust des Lehrstuhls, zeitweise Paßentzug) und als Rechtsanwalt Verteidiger von oppositionellen Angeklagten, befürwortet als Linkssozialist im Gegensatz zur bisherigen Haltung des PSOE, der »Sozialist. Arbeiterpartei Spaniens« unter → *Gonzales,* wie der

PSP-Generalsekretär *Raúl Morodo,* eine Kooperation mit der KP (PCE).

Tindemans, Dr. h. c. *Leo* (Belgien; s. WA '75, S. 212), seit April 1974 an d. Spitze eines Koalitionskabinetts. Am 7. 1. 1976 Vorlage des laut Auftrag der EG-Gipfelkonferenz von 1974 von ihm ausgearbeiteten Berichts über die »Europäische Union«, der zu wenig Beachtung findet. Im Juni 1976 für seine großen Verdienste um Europa mit dem Internat. Karlspreis der Stadt Aachen ausgezeichnet.

Tito, Dr. h. c. *Josip* (eigentlich *Broz;* Jugoslawien; s. WA '74, S. 202). In den letzten Jahren, vor allem seit 1972/73, Entfernung zahlreicher Personen aus Politik, Wirtschaft u. Kultur mit d. Ziel, die ideologische u. nationale Einheit zu sichern. Im Mai 1974 auf dem Parteikongreß zum Präsidenten auf Lebenszeit gewählt; ständig um die Beilegung innerparteilicher Differenzen und um die Stärkung des eigenen Weges zum Sozialismus bemüht. Im Juni 1976 erstmals nach 18 Jahren an einer Tagung der europäischen kommunistischen und Arbeiter-Parteien (in Ostberlin) teilnehmend und im August 1976 auf der Gipfelkonferenz der »Bündnisfreien Staaten« erneut als einer der führenden Politiker der »Dritten Welt« hervortretend.

Todoroff, Stanko (Bulgarien; s. WA '75, S. 212), seit 1971 Vorsitzender d. Minsterrates.

Ton Duc Thang (Dem. Rep. Vietnam; s. WA '75, S. 212), seit 1969 Staatsoberhaupt, seit Juli 1976 auch des wiedervereinigten Vietnam.

Touré, Achmed Sékou (Guinea, s. WA '64, S. 173, '69, S. 184 u. '72, S. 192), strafft 1972 seine stark linksgerichtete Staatspartei; im Dezember 1974 erneut zum Staatspräsidenten gewählt. 1976 einem Attentat entgangen.

Tran Nam Trung (eigentl. *Tran Va Tra,* Vietnam; s. WA '76, S. 209 f.), Mitglied des ZK der »Dang Lao Dong«.

Trovoado, Miguel (São Tomé u. Príncipe) s. Pinto da Costa

Trudeau, *Pierre Elliott* (Kanada; s. WA '69, S. 184), löst im September 1972 das Parlament auf; nach den Parlamentswahlen vom Oktober 1972 trotz Verlusten für seine Partei erneut Premierminister. Im Mai 1974 durch einen Mißtrauensantrag gestürzt u. nach den Wahlen vom 8. Juli, die seiner Partei die absolute Mehrheit bringen, wieder Regierungschef, bestrebt, die wirtschaftlich-finanzielle Abhängigkeit von den USA einzudämmen.

Tsatsos, Prof. Dr. *Konstantin* (Griechenland; s. WA '76, S. 210), im Juni 1975 mit den Stimmen der Mehrheitspartei von → *Karamanlis* zum Staatspräsidenten gewählt. T. gilt als großer Gelehrter und als konservativer Politiker mit Verständnis für soziale Fragen und als ausgleichend.

Tschang Tschun-tschiao (*Chang Chun-chiao, Dschang Tschun-tjiao;* Chinesische Volksrepublik), geb. 1911, aufgewachsen im Raum von Schanghai, frühzeitig Mitglied der Gewerkschaften und der KP, maßgebendes Redaktionsmitglied der dortigen großen Tageszeitung, beauftragt mit der Wahrnehmung kultureller Verbindung der Stadt mit dem Ausland. Neben → *Wang Hung-wen* der Hauptanführer der Schanghaier »Kulturrevolution« und 1967 Vorsitzender des »Revolutionskomitees« der Stadt. Sodann Politischer Kommissar der Schanghaier Garnison, 1969 Mitglied des Politbüros der KPCh, 1970 Generalsekretär der Schanghaier KP, 1973 Mitglied des »Ständigen Komitees« des ZK der KPCh. 1973/74 Verfassungsreferent, seit Januar 1975 einer der Stellvertreter des Staatsratsvorsitzenden (Ministerpräsidenten), außerdem Vorsitzender der Politischen Abteilung der Streitkräfte.

Tschawan s. Chavan

Tschiang Tsching (*Djiang Tjing, Chiang Ching;* Chines. Volksrepublik; s. WA '74, S. 203), geb. 1912, ursprünglich Schauspielerin *(Luan Schumeng),* in ihrer 2. Ehe 4. Frau von → *Mao Tse-tung,* mit dem sie zwei Töchter (sein 6. u. 7. Kind) hat. Von großem Einfluß auf Erziehung, Film und Schauspiel; Reform der »Peking-Oper«. 1973/75 eine Anführerin der »Anti-Linpiao u. Anti-Konfuzius-Kampagne«, 1975/76 offenbar auch der Aktionen, die zum Sturz von → *Teng Hsiao-ping* führen. Seit 1966 eine der Vorsitzenden des ZK, seit 1969 Mitgl. d. Politbüros d. KPCh, protokollarisch meist an 6. Stelle nach *Mao* genannt.

Tschiang Tsching-kuo (*Chiang Ching-kuo;* Rep. China/Taiwan; s. WA '74, S. 203). Nach dem Rückzug der Regierung nach Taiwan Korpsgeneral, Vorsitzender des Kuomintang/KMT-Provinzialbüros, Generalsekretär des Nat. Verteidigungsrates, 1965 Verteidigungsminister, 1969 stellv. Regierungschef, seit Mai 1972 als Nachfolger von *Jen Tschia-kan* (*Yen Chia-kan*) Ministerpräsident. Nach dem Tod seines Vaters *Tschiang Kai-schek* Ende April 1975 auch zum Vorsitzenden der »Kuomintang«-Partei gewählt.

Tschiao Kuan-hua, Dr. phil. (*Chiao Kuan-hua, Tjiao Guan-Hua;* Chinesische Volksrepublik; s. WA '76, S. 211), geb. 1908, nach Schulbesuch Studium der Politischen Wissenschaften und Philosophie an der Tsinghua-Universität in Peking, sodann zeitweise in Tokio und ab 1935 Weiterbildung in Tübingen; 1937 nach Promotion zum Dr. phil. (mit einer Studie über den altchinesischen Mystiker *Tschuang-tse*) Rückkehr nach China. 1954 Unterstaatssekretär, sodann ab 1964 stellv. Außenminister bis zur Ernennung zum Außenminister (als Nachfolger von *Tschi Peng-fei*) im November 1974. T. gilt als der erfahrenste Auslandskenner und fähigste Außenpolitiker, als hartnäckig, aber verbindlich und gewandt; er gehört zu den Architekten der neuen chinesischen Außenpolitik (der sogen. »Ping-Pong-Diplomatie«). Seit 1973 ist T. Mitglied des ZK der KPCh.

Tschoi Kyu Hah (*Choi K. H.,* Rep. Korea/Süd-K.), geb. 1919, nach Studium der Rechts- und Staatswissenschaften längere Zeit als Universitätsprofessor wirkend, sodann Übergang in die diplomatische Laufbahn. Umfassend gebildet und von vielseitiger sprachlicher Fertigkeit. Durch weitreichende diplomatische Tätigkeit, als Botschafter in Malaysia begonnen, sowie seit 1971 als Sonderberater des Präsidenten → *Pak Kung Li* einer der besten Kenner der außen- und innenpolitischen Probleme des Landes. Im Dezember vom Präsidenten als Nachfolger von → *Kim Jong Pil* zum Regierungschef ernannt, mit *Park Tong Dschin* (*Jin*) als Außenminister.

Tschoudhury s. Chowdhury

Tschou En-lai (*Chou En-lai,* Chines. Volksrepublik, s. WA '69, S. 185), beim X. Parteikongreß der KPCh in Peking 1973 in seinen Partei-Ämtern bestätigt und wieder Mitglied des Ständ. Ausschusses des Politbüros. Meist nach → *Mao* von stärkstem Einfluß und verantwortlich für den neuen, Peking immer mehr als eine der Führungsmächte der Welt demonstrierenden Kurs, in dem die ideologische Auseinandersetzung mit pragmatischen Entscheidungen einhergeht. Seit Mai 1974 durch das Politbüro aus Gesundheitsgründen ohne Änderung seiner Position in protokollarischen Pflichten entlastet, da schwer erkrankt. Im Januar 1975 vom »IV. Nat. Volkskongreß« erneut zum Vorsitzenden des »Staatsrates« (Regierungschef) ernannt, dessen Funktionen jedoch bald mehr und mehr durch den Ersten Stellvertretenden Vorsitzenden des Staatsrates → *Teng Hsiao-ping* wahrgenommen werden, bis das Amt des Staatsratsvorsitzenden nach dem am 8. 1. 1976 erfolgten Ableben von *Tschou En-lai* an → *Hua Kuo-feng* übergeht.

Tschu Teh (*Chu Teh,* Chines. Volksrepublik), Mitglied des Ständigen Ausschusses d. Politbüros d. KPCh, seit Anfang 1975 Vorsitzender des »IV. Nat. Volkskongresses«. Im Juni 1976 teilweise Übernahme der bisherigen Repräsentationsverpflichtungen von → *Mao,* aber † am 6. 7. 1976.

Ustinow, *Dimitri Fjedorowitsch* (Sowjetunion), geb. 1908, Schlosserlehre, Absolvierung des Militärtechn. Instituts in Leningrad, Dipl.-Ing.; 1921 Eintritt in die KPdSU. 1941 von *Stalin* zum Volkskommissar (seit 1953 Minister) für die Verteidigungsindustrie ernannt und in diesem Amt bis 1957, sodann Erster Stellv. Ministerpräsident. 1963–1965 Vorsitzender des Oberst. Volkswirtschaftsrates. 1965 Sekretär des ZK und Kandidat des Präsidiums (Politbüro) der Partei; weiterhin verantwortlich für die Rüstungsindustrie, außerdem für die Weltraumfahrt. Seit März 1976 Vollmitglied des Politbüros. Nach dem Tod von Marschall → *Gretschko* als dessen Nachfolger im April 1976 zum Verteidigungsminister ernannt und vom Generalobersten des Militärtechn. Dienstes zum Armeegeneral, im Juli 1976 zum Marschall befördert. U., »Held der sozialistischen Arbeit«, Träger eines »Stalin«-Preises, der höchsten Kriegsauszeichnungen und viermal mit dem »Lenin«-Preis ausgezeichnet, gilt als der erfahrenste Rüstungsfachmann der UdSSR und ist nach *Trotzki* (1918/19) und *Bulganin* (1947/49) der dritte Zivilist als Verteidigungsminister. Er wird als einer der möglichen Nachfolger von → *Kossygin* angesehen.

Uyl (Niederlande) s. Den Uyl

Van der Stoel s. Stoel

Videla, General *Jorge* (Argentinien), geb. 1925 als Sohn einer Familie mit alter Offizierstradition; 1942 Eintritt in die Militärakademie, in den 50er Jahren Lehrer an dieser. 1954 Mitglied der argentinischen Delegation beim »Interamerikanischen Verteidigungsrat«, 1956 Militärattaché in den USA. 1973 unter der Präsidentschaft von *Juan Domingo Perón* stellv. Kommandeur der Militärregion Buenos Aires; später Generalstabschef und schließlich Oberbefehlshaber des Heeres. Politisch nicht hervorgetreten, aber stets gegenüber dem »Peronismus« zurückhaltend bis ablehnend. Mitverantwortlich für den Einsatz der Armee gegen die Guerillas der »Revolutionären Volksarmee«/**ERE** im Nordwesten des Landes, besonders in der Provinz »Tucumán«, in dem als »Freies Territorium« deklarierten Gebiet. Zunehmender Terror der extremistischen linken »Motoneros« und rechten »AAA« sowie Korruption veranlassen die Militärs, im März 1976 die Staatspräsidentin *María Estela Martínez de* → *Perón* zu stürzen und die Macht zu übernehmen. Am 29. 3. 1976 wird *Videla* als Staatspräsident vereidigt. Er tritt mit dem Ziel an, den Terrorismus auszurotten, die Korruption zu bekämpfen, die Wirtschaft zu sanieren und die Voraussetzungen für die Wiederherstellung der Demokratie zu schaffen. V. gilt als ideologisch ungebunden, als »professioneller Militär«.

Vongvichit, Phumi (*Phoumi*, Laos), Altmitglied von »Pathet Lao« und »Neo-Lao-Haksat«. 1974 stellv. Außenminister, sodann bis Mitte 1975 Außenminister; in der Regierung → *Kaysone Phomvihan* einer von dessen Stellvertretern sowie Minister für Erziehung, Sport und Religion; Stellvertreter des Vorsitzenden des Präsidiums des ZK der Partei.

Vo Nguyen Giap (Dem. Rep. Vietnam; s. WA '73, S. 186), einer der Stellv. d. Ministerpräsidenten und Verteidigungsminister, Mitglied des »Verteidigungsrates« und des Präsidiums der »Dang Lao Dong«; gilt als der überlegene Stratege und Taktiker des langjährigen Vietnamkrieges.

Vorster, *Balthazar Johannes* (Südafrika; s. WA '67, S. 173), in den letzten Jahren Einleitung eines »Dialogs« mit den gemäßigten schwarzafrikanischen Staaten, Auflockerung verschiedener Apartheid-Bestimmungen, Gewährung zunehmender Autonomie in den »Bantu-Heimatländern«, zurückhaltend gegenüber Konflikten in den Nachbarländern und weiterhin bestrebt, sich nicht Entscheidungen von außen aufzwingen zu lassen, was sich auch 1975/76 in den Auseinandersetzungen um Rhodesien und Südwestafrika zeigt. Mit der Entlassung der Transkei in die Unabhängigkeit (Okt. 1976), die Gewährung der – von vielen als »Scheinunabhängigkeit« bezeichnete – Souveränität an die Bantu-Territorien einleitend. Während seines Aufenthaltes in der BR Deutschland, wo er u. a. mit US-Außenminister → *Kissinger* zusammentrifft, heftiger Kritik ausgesetzt, die sich durch die gleichzeitige blutige Niederschlagung einer Bantu-Rebellion in Soweto und anderen »Bantu-Townships« international noch weiter verschärft.

Waldheim, Dr. Dr. h. c. *Kurt* (Österreich, s. WA '69, S. 185), Außenminister bis April 1970. Obwohl parteilos, von der ÖVP als Präsidentschaftskandidat aufgestellt, unterliegt W., auf den 47,2 % der Stimmen entfallen, gegen *Jonas*. Seit Dezember 1972 UNO-Generalsekretär (Dauer der Amtsperiode bis Dez. 1976).

Wallace, George (USA; s. WA '73, S. 207), galt 1976 zeitweise als ein möglicher Kandidat für die Präsidentschaftswahlen von 1976.

Wang Hung-wen (Chines. Volksrepublik; s. WA '74, S. 205), geb. 1935; 1969 Mitglied des Präsidiums des IX. Parteikongresses und des ZK der KPCh. 1972 Politkommissar der Garnison von Schanghai und maßgebend bei der Neugründung der Gewerkschaften. W., als Vertreter des linken Flügels der Partei angesehen, tritt beim X. Parteikongreß im September 1973 nach → *Mao* und neben → *Tschou En-lai* am deutlichsten in der Führungsgruppe hervor. W. ist einer der Stellvertretenden Vorsitzenden des ZK und Mitglied d. Ständ. Ausschusses d. Politbüros der KPCh.

Whitelaw, William (Großbritannien; s. WA '74, S. 205 u. '75, S. 214), im Februar 1975 von *Margaret* → *Thatcher*, der Führerin der Konservativen, zu ihrem Stellvertreter ernannt.

Whitlam, *Edward Gough* (Australien; s. WA '74, S. 205). Seit Dez. 1972 Premierminister. Erste Maßnahmen: Abschaffung der Allg. Wehrpflicht, Aufnahme von Beziehungen zu Peking. Aus dem Programm: weiterer Ausbau der Sozialpolitik, Erschließung aller wirtschaftlichen Reserven, Lockerung der Bindungen an Großbritannien, Distanzierung vom »Südostasienpakt«/SEATO, Zusammenarbeit mit den Nachbarn im »Südseeforum«. 1975 Besuch in Europa, u. a. in der BR Deutschland, Kontakte mit der EG. Wegen Budgetschwierigkeiten am 11. 11. 1975 durch den Generalgouverneur von seinem Amt abgelöst und mit seiner »Labour-Party« in der Wahl vom 16. 12. 1975 eine schwere Niederlage erleidend, jedoch weiterhin Vorsitzender seiner Partei. (Neuer Premierminister → *Fraser*.)

Wilson, *Harold* (Großbritannien, s. WA '69, S. 186 und WA '74, S. 205), nach Erlangung der relativen Mehrheit der »Labour Party« in den Wahlen vom 28. 2. 1974 und dem Rücktritt von → *Heath* im März Bildung einer Minderheitsregierung, Beendigung des Bergarbeiterstreiks und bemüht, die tiefgreifende wirtschaftlich-soziale, finanzielle, währungs- und handelspolitische Krise des Landes zu lösen und stärkere sozialistische Akzente zu setzen. Auch 1975 kaum Erfolg im Bemühen um wirtschaftliche Stabilisierung. Am 16. 3. 1976 Rücktritt als Premierminister, da er nach den langen Jahren politischer Tätigkeit nicht mehr »die Kraft habe, die drängenden Probleme zu bewältigen«. Die Königin verleiht ihm den »Hosenbandorden« (»Order of the Garter«), zu dem der Titel »Sir« gehört.

Wu Teh (Chinesische Volksrepublik), geb. 1914 in der Nähe von Peking, als Bergarbeiter gewerkschaftlich Einfluß gewonnen und schon 1940 führender KP-Funktionär in seiner Heimatprovinz; 1948 in den Vollzugsausschuß seiner Gewerkschaft gewählt, bald darauf Parteisekretär in Tangschan (vom Erdbeben im Sommer 1976 besonders stark betroffen). Nach Ausrufung der Volksrepublik Minister für Brennstoffindustrie, 1953 im Verwaltungsrat Nordchinas, 1956 Erster Sekretär der Provinz Kirin und Kandidat für das ZK der KPCh. 1960 Politkommissar in Kirin. Während der »Kulturrevolution« 1967 Nachfolger des gestürzten Pekinger Bürgermeisters *Peng Tschen (Chen)* und Stellvertreter des Vorsitzenden des »Revolutionsausschusses« der Hauptstadt, sodann (1972) Vorsitzender und schließlich auf dem X. Parteikongreß zum Mitglied des Politbüros gewählt. Mit Hilfe der Gewerkschaften bzw. der Arbeitermilizen im Herbst 1975 die Unruhen in Peking niederschlagend. Stellvertretender Vorsitzender des »Nationalen Volkskongreß«. Seit dem Tod von Marschall → *Tschu Teh (Chu Teh)* zwar nicht formell, aber faktisch dessen Nachfolger und damit gewissermaßen die Amtspflichten eines Staatsoberhauptes ausübend.

Yäh Djiän-ying (Yeh Chien-ying), s. Jeh Tschin-jing

Yao Wen-juan, s. Jao Wen-juan

Yen Chia-kan, s. Jen Tschia-kan

Zaccagnini, Dr. med. *Benigno* (Italien), geb. 1912 in Faënza als Sohn eines antifaschistischen Eisenbahners, früh in der katholischen Jugend tätig. Studium der Medizin, Spezialisierung als Kinderarzt. Seit 1941 Militärarzt auf dem Balkan, sodann als Arzt in der »Brigade Garibaldi« u. Mitglied des Nat. Befreiungskomitees. 1946 Mitglied der Verfassunggeb. Versammlung, seit 1948 Abgeordneter der Christl. Demokraten/DC, schließlich Aufgabe seiner ärztlichen Tätigkeit. Zweimal Minister (für Arbeit u. Öffentliche Arbeiten). 1969 Präsident des Nationalrates der DC; Vizepräsident der Deput.-Kammer. Nach der Niederlage der DC bei den Regionalwahlen am 27. 7. 1975 mit 93 von 165 Stimmen als Nachfolger von → *Fanfani* zum Parteisekretär der DC gewählt, mit der Aufgabe, die in viele Flügel gespaltene Partei zu einigen. Z. gilt als Gegner der politischen Aufspaltung der Partei; er spricht sich vor den Wahlen vom Juni 1976 wiederholt für eine scharfe Abgrenzung gegenüber den Kommunisten und gegen den sogen. »Historischen Kompromiß« aus, befürwortet aber ein »demokratisches Kräftemessen« und ist in seiner Haltung nicht unumstritten.

Kurzbiographien, die in den Ausgaben '64 bis '75 des Fischer Weltalmanachs erschienen sind; Hinweise auf Biographien im WA '76 sind im WA '77 enthalten.

(Beispiel: 75/174 = WA '75, S. 174)

Politische und wirtschaftliche Zusammenschlüsse Verteidigungsbündnisse

VEREINTE NATIONEN/UNO

(United Nations Organization/**UN** – Organisation des Nations Unies/**ONU** – Naciones Unidas)

Vorbereitende Konferenzen der Alliierten seit 1942. Unterzeichnung der Charta in San Francisco am 26. 6. 1945. Am 24. 10. (seither »Tag der Vereinten Nationen«) 1945 traten die Statuten in Kraft. Als Gründungsmitglieder gelten 51 Länder. – **Aufnahme** aller »friedliebenden Staaten« nach Empfehlung durch den Sicherheitsrat und Zustimmung der Generalversammlung möglich. Durch das Veto der ständigen Mitglieder des Sicherheitsrates kann die Aufnahme verhindert werden. – **Ziel:** Laut Art. 2 sollen alle Mitglieder »ihre zwischenstaatlichen Streitigkeiten auf friedlichem Wege auf solche Weise schlichten, daß internationaler Friede und internationale Sicherheit und Gerechtigkeit nicht gefährdet werden«. *Hauptziele:* Erhaltung des Friedens durch Ächtung des Krieges, Abrüstung. Garantie der persönlichen Freiheit und Wahrung der Menschenrechte. – **Organe:** 1. *Generalversammlung* – Vollversammlung – (General Assembly); jedes Mitglied verfügt über eine Stimme. Die G. tagt regulär einmal jährlich. Seit 1965 ein Spezialkomitee für friedenserhaltende Operationen. Die Waffenstillstandskommissionen sind der Vollversammlung verpflichtet. 2. (Welt-) *Sicherheitsrat* ([World] Security Council), bestehend aus den ständigen Mitgliedern Frankreich, Großbritannien, Volksrepublik China, Sowjetunion und USA, außerdem seit 1966 aus 10 (vorher 6) für je zwei Jahre von der Vollversammlung gewählten nichtständigen Mitgliedern: Benin (fr. Dahomey), Libyen, Pakistan, Panamá und Rumänien bis 31. 12. 1977, Guyana, Italien, Japan, Schweden und Tansania bis 31. 12. 1976 (s. »Weltchronik«). Entscheidendes Organ; die fünf ständigen Mitglieder haben Vetorecht. Zuständig auch für die Abrüstungskommission. 3. *Wirtschafts- und Sozialrat* (Economic and Social Council/**ECOSOC**) aus 54 von der Vollversammlung gewählten Mitgliedern. Zusammenarbeit mit über 140 nichtstaatlichen Organisationen. *Amt für Technische Hilfeleistung* (Technical Assistance Board/**TAB**) für Koordinationsaufgaben. 4. *Treuhandschaftsrat* (Trusteeship Council, 6 Mitglieder) als Aufsichtsorgan für die der UNO unterstellten Treuhandgebiete. 5. *Generalsekretär* (The Secretary General) bis 31. 12. 1976 der Österreicher *Dr. Dr. h. c. Kurt Waldheim.* Sekretariat im UNO-Sitz in New York mit 11 Untergeneralsekretären sowie 5 stellv. Generalsekretären. 6. *Internationaler Gerichtshof* (The International Court of Justice), aus 15 von Vollversammlung und Sicherheitsrat für 9 Jahre gewählten Richtern; Präs.: E. Jiménez de Arechega (Urug.); Sitz Den Haag. – *Amts- u. Arbeitssprachen:* Chinesisch, Englisch, Französisch, Russisch, Spanisch, Arb.-Spr. auch Arabisch; Übers. ins Deutsche nur wicht. Dokumente – **Budget:** ord. Zweijahreshaushalt 1976/77 745,8 Mill. $. Beitrag zum Haushalt der Organisation: USA 25,00 %, UdSSR 12,97 %, Japan 7,15 %, BR Deutschland 7,10 % (DDR 1,22 %), Frankreich 5,86 %, V. R. China 5,50 %, Großbritannien 5,31 %, Italien 3,60 %, Kanada 3,18 %, Ukrain. SSR 1,71 %. Nur 17 Staaten tragen jährl. m. über 1 % zum Gesamthaushalt bei. Bedeutung haben u. a. folgende UNO-Einrichtungen: Military Staff Committee, UN Military Observer – UNO-Friedenstruppe auf Cypern (UN Peace Force in Cyprus/**UNFICYP**) – UNO-Waffenstillstandsüberwachungskom./**UNTSOP** im Nahen Osten – UNO-Eingreif(Friedens)truppe/**UNEF** im Nahen Osten – UNO-Entflechtungs-Beobachtungsstreitkräfte/**UNDOF** – UNO-Hilfswerk für Palästina-Flüchtlinge im Nahen Osten/**UNRWA** (Sitz Beirut, gegr. 1949) – UNO-Umweltsekretariat/**UNEP** (Sitz Nairobi, Kenia) – UNO-Seerechtskonferenz – UNO-Welternährungskonferenz u. Welternährungsrat – Kommissionen (unter anderen für Abrüstung, für Internationales Recht, für Menschenrechte, für Rauschgift) – UNO-Entwicklungsprogramm/**UNDP** – Welternährungsprogramm/**WFP** – UNO-Inst. f. Ausbildung u. Forschung/**UNITAR** – *Hochkommissar für Flüchtlinge* (United Nations High Commissioner for Refugees/**UNHCR**), Prinz Sadruddin Agha Chan, Genf. – *Kinderhilfswerk der Vereinten Nationen* (United Nations Children's Fund/**UNICEF**), Sitz New York; UNICEF arbeitet in über 140 Ländern. – Die *UNO-Wirtschaftskommissionen*: für Europa (**ECE,** Sitz Genf), f. Asien u. d. Pazifik (**ESCAP,** früh. ECAFE, Sitz Bangkok), f. Westasien (**ECWA,** Sitz Beirut), f. Lateinamerika (**ECLA** bzw. **CEPAL,** Sitz Santiago de Chile) u. f. Afrika (**ECA,** Sitz Addis Abeba). – UNO-Konferenz für Handel und Entwicklung (UN Conference on Trade and Development/**UNCTAD;** Anfang 1976 153 Mitglieder); gegr. 30. 12. 1964; Sitz Genf. – Organisation für industrielle Entwicklung (UN Industrial Development Organization/

UNO-MITGLIEDER (144 mit Aufnahmedatum)[1]

Afghanistan	19. 11. 46	Honduras	17. 12. 45	Obervolta	20. 9. 60
Ägypten	24. 10. 45	Indien	30. 10. 45	Oman	21. 9. 71
Albanien	14. 12. 55	Indonesien	28. 9. 50	Österreich	14. 12. 55
Algerien	8. 10. 62	Irak	21. 12. 45	Pakistan	30. 9. 47
Angola[3]		Iran	24. 10. 45	Panamá	13. 11. 45
Äqu.-Guinea	12. 11. 68	Irland	14. 12. 55	Papua-Niugini	10. 10. 75
Arabische Em.	9. 12. 71	Island	19. 11. 46	Paraguay	24. 10. 45
Argentinien	24. 10. 45	Israel	11. 5. 49	Perú	31. 10. 45
Äthiopien	13. 11. 45	Italien	14. 12. 55	Philippinen	24. 10. 45
Australien	1. 11. 45	Jamaika	18. 9. 62	Polen	24. 10. 45
Bahamas	18. 9. 73	Japan	18. 12. 56	Portugal	14. 12. 55
Bahrein	21. 9. 71	Jemen, Ar. Rep.	30. 9. 47	Ruanda	18. 9. 62
Bangladesch	17. 9. 74	Jemen, D. V. R.	14. 12. 67	Rumänien	14. 12. 55
Barbados	9. 12. 66	Jordanien	14. 12. 55	Sambia	1. 12. 64
Belgien	27. 12. 45	Jugoslawien	24. 10. 45	São Tomé u. Pr.	16. 9. 75
Benin (fr. Dah.)	20. 9. 60	Kambodscha	14. 12. 55	Saudi-Arabien	24. 10. 45
Bhután	21. 9. 71	Kamerun	20. 9. 60	Schweden	19. 11. 46
Birma	19. 4. 48	Kanada	9. 11. 45	Senegal	28. 9. 60
Bolivien	14. 11. 45	Kapverden	16. 9. 75	Seschellen[3]	
Botsuana	17. 10. 66	Katar	21 9. 71	Sierra Leone	27. 9. 61
Brasilien	24. 10. 45	Kenia	16. 12. 63	Singapur	21. 9. 65
Bulgarien	14. 12. 55	Kolumbien	5. 11. 45	Somalia	20. 9. 60
Burundi	18. 9. 62	Komoren[3]		Sowjetunion	24. 10. 45
Chile	24. 10. 45	Kongo, V. R.	29. 9. 60	Spanien	14. 12. 55
China, Volksr.[2]	24. 10. 45	Kuweit	14. 5. 63	Sri Lanka	14. 12. 55
Costa Rica	2. 11. 45	Laos	14. 12. 55	Südafr. (Rep. S.)	7. 11. 45
Cuba	24. 10. 45	Lesotho	17. 10. 66	Sudan	12. 11. 56
Cypern	20. 9. 60	Libanon	24. 10. 45	Suriname	4. 12. 75
Dänemark	24. 10. 45	Liberia	2. 11. 45	Swasiland	25. 9. 68
Deutschland,		Libyen	14. 12. 55	Syrien	24. 10. 45
Bundesrep.	18. 9. 73	Luxemburg	24. 10. 45	Tansania	14. 12. 61
DDR	18. 9. 73	Madeg. Rep.	20. 9. 60	Thailand	16. 12. 46
Dominik. Rep.	24. 10. 45	Malawi	1. 12. 64	Togo	20. 9. 60
Ecuador	21. 12. 45	Malaysia	17. 9. 57	Trinidad-Tob.	18. 9. 62
Elfenbeinküste	20. 9. 60	Malediven	21. 9. 65	Tschad	20. 9. 60
El Salvador	24. 10. 45	Mali	28. 9. 60	Tschechosl.	24. 10. 45
Fidschi	13. 10. 70	Malta	1. 12. 64	Tunesien	12. 11. 56
Finnland	14. 12. 55	Marokko	12. 11. 56	Türkei	24. 10. 45
Frankreich	24. 10. 45	Mauretanien	27. 10. 61	Uganda	25. 10. 62
Gabun	20. 9. 60	Mauritius	24. 4. 68	Ukrain. S.S.R.	24. 10. 45
Gambia	21. 9. 65	Mexiko	7. 11. 45	Ungarn	14. 12. 55
Ghana	8. 3. 57	Mongol. Volksr.	27. 10. 61	Uruguay	18. 12. 45
Grenada	17. 9. 74	Mosambik	16. 9. 75	USA	24. 10. 45
Griechenland	25. 10. 45	Nepál	14. 12. 55	Venezuela	15. 11. 45
Großbritannien	24. 10. 45	Neuseeland	24. 10. 45	Vietnam[3]	
Guatemala	21. 11. 45	Nicaragua	24. 10. 45	Weißr. S.S.R.	24. 10. 45
Guinea	12. 12. 58	Niederlande	10. 12. 45	Zaïre	20. 9. 60
Guinea-Bissau	17. 9. 74	Niger	20. 9. 60	Zentralafr. Rep.	20. 9. 60
Guyana	20. 9. 66	Nigerien	7. 10. 60		
Haïti	24. 10. 45	Norwegen	27. 11. 45		

[1] = Stand am 17. 9. 1976. Von unabhängigen Staaten sind nicht Mitglieder der UNO: Rep. China (Taiwan), Korea (Rep. K., Kor. Volksd. Rep.), Liechtenstein, Monaco, Nauru, San Marino, Schweiz, Vatikanstadt, Vietnam, Samoa i Sisifo, Transkei; einige (sowie EG, RGW u. bedingt PLO) sind durch Beobachter bei der UNO vertreten bzw. leisten Beiträge zu den Unter- und Sonderorganisationen – [2] = Anspruch, auch Taiwan zu repräsentieren – [3] = Aufnahme in die UNO durch die Vollversammlung zu erwarten (vermutlich noch vor Ende 1976, Angola nur, wenn die USA kein Veto einlegen).

UNIDO); gegr. 1966; Sitz Wien; ständ. Ausschuß (Ind. Dev. Board); Kapitalentwicklungsfonds. – **Sonderorganisationen**[1], unabhängig v. d. UNO, aber eng mit ihr zusammenarbeitend: *Erziehungs-, Wissenschafts- u. Kulturorganisation* (United Nations Educational, Scientific and Cultural Organization/**UNESCO,** franz. **ONUESC**); gegr. 1946; Sitz Paris; 136 Voll- u. mehrere assoz. Mitglieder; Budget 1975/76 169,99 Mill. US-$; Präs.: A. M. M'Bow – *Internationale Atomenergie-Organisation*/**IAEO** (International Atomic Energy Agency/**IAEA**); gegr. 1957; Sitz Wien (109); Generaldir. *Sigvard Eklund* (Schweden). – *Intern. Bank für Wiederaufbau und Entwicklung* (Internat. Bank for Reconstruction and Development/»Weltbank«/**IBRD**); gegr. 1945; Sitz Washington D. C. (125); Tochterorganisation: »Intern. Entwicklungsgesellschaft« (Int. Development Association/**IDA**) (114). – *Intern. Finanzgesellschaft* (International Finance Corporation/**IFC**); gegr. 1956, Sitz in Washington D. C. (100); Präsident der Bank und der IDA und Vorsitzender der IFC ist seit 1968 Robert McNamara, USA. – *Internationale Fernmeldeunion* (International Telecommunication UNION/**ITU**); gegr. 1932 als Nachf. d. Int. Telegr. Vereins, Sitz Genf (145). – *Internationale Meteorolog. Organisation* (World Meteorological Organization/**WMO**); gegr. 1950; Sitz Genf (m. Assoz. 139). – *Internat. Zivilluftfahrtorganisation* (International Civil Aviation Organization/**ICAO**); gegr. 1947; Sitz Montreal (131). – *Internat. Währungsfonds*/**IWF** (Int. Monetary Fund/**IMF**); gegr. 1945; Sitz Washington D. C. (127), m. Trustfonds. – *Internat. Arbeitsorganisation* (International Labour Organization/**ILO**); gegr. 1919; Sitz Genf (131), Präs. Blas F. Ople. – *Organ für Ernährung und Landwirtschaft* (Food and Agriculture Organization/**FAO**); gegr. 16. 10. 1945, Sitz Rom (o. Assoz. 136), Präs. ab 1976: Edouard Saouma (Libanon). – *Organ f. Handelszusammenarbeit*/**OTC,** vorges. als Ersatz für die seit 1947 geplante, aber nicht zur Wirksamkeit gekommene *International Trade Organization*/**ITO**; zunächst an deren Stelle *Allgemeines Zoll- u. Handelsabkommen* (General Agreement on Tariffs and Trade/**GATT**); abgeschlossen am 23. 10. 1947 (Sitz Genf) und später mehrfach erweitert (83). Es hat (u. a. im »Trade Negotiating Committee«/**TNC**) dafür zu sorgen, daß zwischen den Partnern ausgehandelte Zollsenkungen auch den übrigen Mitgliedern zugestanden werden. – *Weltgesundheitsorganisation* (World Health Organization/**WHO**); gegr. 1948, Sitz Genf (149). – *Weltpostverein* (Universal Postal Union/**UPU**); gegr. 1. 7. 1875 als General Postal Union, Sitz Bern (151). – *Zwischenstaatliche Beratende Schiffahrtsorganisation* (Inter-Governmental Maritime Consultative Organization/**IMCO**); gegr. 1958; Sitz London (87) – *Weltorganisation für Geistiges Eigentum* (World Intellectual Property Organization/**WIPO;** franz. **OMPI**); gegr. 1967, Sitz Genf (nicht unmittelbar mit UNO verbunden). – *World Federation of United Nations Associations*/**WFUNA.**

[1] = Die eingeklammerte Zahl bezieht sich auf die Mitgliederzahl (Mitte 1976)

Bibliographie: H. Haefs u. H. v. Siegler: Politische, militärische, wirtschaftliche Zusammenschlüsse und Pakte der Welt, Bonn 1973. – E.-O. Czempiel: Die Beziehungen der Bundesrepublik Deutschland zu den Vereinten Nationen 1956–1970, Düsseldorf 1971 – K. Hüfner u. J. Naumann: Das System der Vereinten Nationen, Gütersloh 1974 – Vereinte Nationen, Zeitschr.; red. v. K. Seinsch, Bonn–Koblenz.

ORGANISATION DES NORDATLANTIK-VERTRAGES/NATO

(North Atlantic Treaty Organization/**NATO** – Organisation du Traité de l'Atlantic Nord/**OTAN**)

Vertragsunterzeichnung am 4. 4. 1949 in Washington D.C. durch die zwölf Gründungsmitgl. (Belg., Dänem., Frankr., Großbr., Island, Italien, Kanada, Lux., Niederl., Norw., Port., USA); 1952 traten Griechenland und die Türkei, 1955 die BR Deutschland bei. – **Ziel:** Verteidigung gegen einen bewaffn. Angriff auf einen oder mehrere Partner oder deren Streitkräfte in Europa oder Nordamerika bzw. im Mittelmeer oder im Atlantik nördlich des Wendekreises des Krebses. 1966 setzten entscheidende Änderungen ein; Frankreich blieb zwar Mitglied, zog sich aber – wie 1974 auch Griechenland – aus dem integrierten Militärsystem zurück. Die NATO-Einrichtungen mußten aus Frankreich bis 1. 4. 1967 abgezogen werden. – **Organe:** *Nordatlantikrat* (NATO-Rat aus den Verteidigungsministern der 15 Mitgliedstaaten) als oberstes Gremium, der mehrmals im Jahr tagt und Entscheidungen einstimmig trifft. Die Geschäfte besorgt der *Ständige NATO-Rat* aus den NATO-Botschaften u. d. Generalsekretariat (Brüssel). Es bestehen Ratsausschüsse sowie zahlreiche militärische u. zivile Organe. Dem *Ausschuß für Verteidigungsplanung* gehören de jure alle Mitglieder an, doch hält sich de facto Frankreich fern. Im *Ausschuß für nukleare Verteidigungsangelegenheiten* sind Frankreich, Island und Luxemburg nicht vertreten. Zur *Nuklearen Planungsgruppe* (NPG) gehören die USA, Großbritannien, Italien, Kanada, die Niederlande, die BR Deutschland und u. a. die Türkei (die evtl. ihre NATO-Position überprüfen will). Der *Militärausschuß* (»Military Committee«, früher Washington, seit 1967 Brüssel) ist aus den 13 (ohne Frankreich) Generalstabschefs der Mitgliedsländer und einem zivilen Vertreter Islands zusammengesetzt. Ihm untersteht der *»International Military Staff«/IMS.* Die *NATO-Verteidigungsakademie* befindet sich seit 1967 in Rom. *NATO-Generalsekretär: J. M. H. A. Luns,* Niederlande, seit 1. 10. 1971. Sitz des NATO-Rates und des Generalsekretariats: Brüssel (Gemeinde Evere). *Oberster Alliierter Befehlshaber Europa* (SACEUR) General *Alexander Meigs Haig* (USA), seit 1974. *Hauptquartier der Alliierten Gesamtstreitkräfte für Europa*/SHAPE in Casteau-Maisières in Belgien (Frankreich unterhält eine Delegation). *NATO-Oberkommando* »Atlantik« (SACLANT) in Norfolk/USA. Sitz der *Regionalen Planungsgruppe Kanada/USA* (CUSPRG) in Washington/Ottawa, des *Ärmelkanalausschusses* (ACCHAN) in London. Das *Hauptquartier für Europa Mitte* (AFCENT) wurde 1967 von Fontainebleau bei Paris nach Brunssum bei Maastricht (Niederlande), das Hauptquartier der US-Gesamtstreitkräfte in Europa (EUCOM) von Saint-Germain-en-Laye bei Paris nach Stuttgart verlegt. – Seit 1970 besteht innerhalb der NATO eine »Euro-Group« – 1973 erfolgte die Gründung einer multinationalen *Ärmelkanal-Flotte* (Standing Naval Force/Channel bzw. STANAVFORCHAN), 1974 eines »Luftwaffenkommandos Mitteleuropa« (Allied Air Force Central Europe/AAFCE) – Verteidigungsausgaben der NATO-Mitglieder s. Kapitel »Weltchronik«, Abrüstung/Rüstung und NATO.

Bibliographie: The NATO Handbook – Facts about NATO – The NATO Letter (monatlich) – Aspects of NATO – NATO Pocket Guide – G. Schlott: Die NATO, 1970 – Steinhoff, J.: Wohin treibt die NATO?, 1976

RAT FÜR DIE ZUSAMMENARBEIT AUF DEM GEBIET DES ZOLLWESENS

(Customs Co-Operation Council/**CCC** – Conseil de Coopération Douanière/**CCD**)

Unterzeichnung des Abkommens am 15. 12. 1950 in Brüssel. 68 Mitglieder. Sekretariat in Brüssel. Rat als Beschlußorgan. Ziele: Verwaltung und Weiterentwicklung der auf Abkommen beruhenden Brüsseler Zolltarifnomenklatur und der Brüsseler Zollwertdefinition sowie Harmonisierung des Zollverfahrensrechts.

ORGANISATION FÜR WIRTSCHAFTLICHE ZUSAMMENARBEIT UND ENTWICKLUNG

(Organization for Economic Co-operation and Development/**OECD** – Organisation de Coopération et de Développement Economiques/**OCDE**)

Übereinkommen v. 14. 2. 1960 in Paris (in Kraft: 30. 9. 61), 24 Vollmitglieder; beschränkt arbeiten Jugoslawien u. Neuseeland mit. – **Ziel:** Planung, Koordinierung und Vertiefung der wirtschaftlichen Zusammenarbeit und Entwicklung als Nachfolgeorganisation des 1948 gegründeten »Europäischen Wirtschaftsrates« (Organization for European Economic Co-operation/OEEC). – **Organe:** Rat aus allen Mitgliedern, der jährlich einen Vorsitzenden wählt. Generalsekretär z. Z. *Jonkheer Emile van Lennep,* Ndld.; *Sekretariat* mit Sitz in Paris. Kontrollorgan der OECD ist die Beratende Versammlung des Europarates.

Die OECD soll nicht zuletzt die **Entwicklungshilfe** der westlichen Industriestaaten koordinieren. Die Entwicklungshilfe wird vom *Ausschuß für E.* (Development Assistance Committee/**DAC,** 18 Mitglieder; Vors. *William Thorp,* USA) multilateral in langfristigen Programmen koordiniert. – *Wirtschaftspolitischer Ausschuß.* OECD *Nuclear Energy* (NEA) und u. a. OECD *Centre for Educational Research and Innovation* sowie OECD *Development Centre.* – Seit 15. 11. 1974 besteht eine *Internat. Energie-Agentur*/IEA aus 16 Mitgliedern, seit 1975 ein *Solidaritätsfonds* z. Überwindung von Schwierigkeiten in der Energieversorgung u. Zahlungsbilanz. – Die OECD-Mitglieder liefern etwa 60 % der Weltindustrieproduktion sowie 70 % der Weltexporte und geben weit über vier Fünftel der Entwicklungshilfe für die »Dritte Welt«.

Seit 1. 1. 1973 **Komitee für Währungs- und Devisenangelegenheiten** aus Vertretern der OECD-Mitglieder, den leitenden Direktoren des IWF u. Delegierten d. Bank für Internationalen Zahlungsausgleich (**BIZ;** Bank for International Settlements/BIS oder franz. BRI; Sitz Basel), die seit 1974 vom Intern. Währungsfonds/IWF auch zum System der Sonderziehungsrechte (SZR) zugelassen wurde.

EUROPÄISCHE GEMEINSCHAFTEN/EG (EGKS – EWG – EURATOM)

Bibliographie: Cartou, L.: Europäische Organisationen, Freudenstadt 1967. – Jaeger, F.: GATT, EWG und EFTA, Bern 1970. – Hellmann, R.: Europäische Wirtschafts- und Währungsunion, Baden-Baden 1972. – Die Menschenrechte in der Praxis des Europarates, hg. v. Europarat, Wien 1972. –

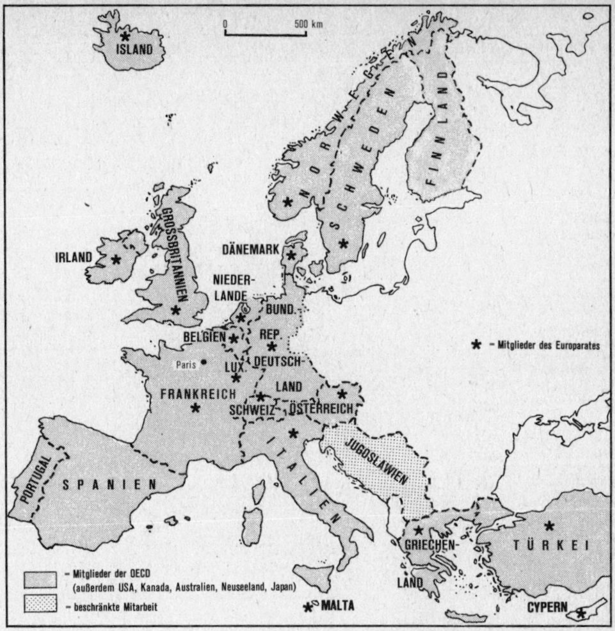

Mitglieder des »Europarates« und der »Organisation für Wirtschaftliche Zusammenarbeit und Entwicklung«/OECD

Siegler, H. v. (Hg.): Dokumentation d. Europ. Integration, 2 Bde., 1968. – Ders.: Europ. politische Einigung 1948–1968, Bonn 1968.

EUROPÄISCHE GEMEINSCHAFT FÜR KOHLE UND STAHL/EGKS

(Communauté Européenne du Charbon et de l'Acier/**CECA**)

Vertragsunterzeichnung am 18. 4. 1951, in Kraft getreten für 50 Jahre am 25. 7. 1952. – **Gründungsmitglieder:** Belgien, BRD, Frankreich, Italien, Luxemburg, Niederlande. – **Ziel:** Schaffung einer *Montanunion,* d. h. eines gemeinsamen Marktes für Kohle und Stahl; Verzahnung der Grundindustrien. Laut Vertrag vom 22. 1. 1972 ab 1. 1. 1973 als weitere Mitglieder mit mehrjährigen Übergangsbestimmungen: Dänemark, Großbritannien u. Irland. Am 1. 1. 1974 Abkommen mit Island, Österreich, Portugal, Schweden u. Schweiz (m. Liechtenstein) in Kraft getreten. – **Organe:** *Die Hohe Behörde* (Haute Autorité, 9 Mitgl.) war souveränes Verwaltungsorgan bis z. Zusammenlegung d. Vollzugsorgane EGKS, EWG und der Europ. Atomgemeinschaft/**EURATOM** (Mitglieder wie EGKS u. EWG, Koop. m. USA u. IAEO) am 30. 6. 1967 (zu einer Gemeinsamen Kommission; s. EWG). Beratender Ausschuß. – Der Haushalt aus laufenden Einnahmen wird in Rechnungseinheiten/RE bestimmt; Umfang 1976 118 Mill. RE.

EUROPÄISCHE WIRTSCHAFTSGEMEINSCHAFT/EWG

(Communauté Économique Européenne/**CEE**; European Economic Community/**EEC**)

Gründungsmitglieder: Belgien, BR Deutschland, Frankreich, Italien, Luxemburg, Niederlande. – **Unterzeichnung des unbefristeten Vertrages** am 25. 3. 1957 in Rom; in Kraft getreten am 1. 1. 1958. – **Ziel:** Abschaffung d. Zölle u. mengenmäßigen Beschränkungen unter den Partnern, Einführung eines gemeinsamen Zolltarifs gegenüber Nichtmitgliedstaaten, gemeinsame Konjunktur-, So-

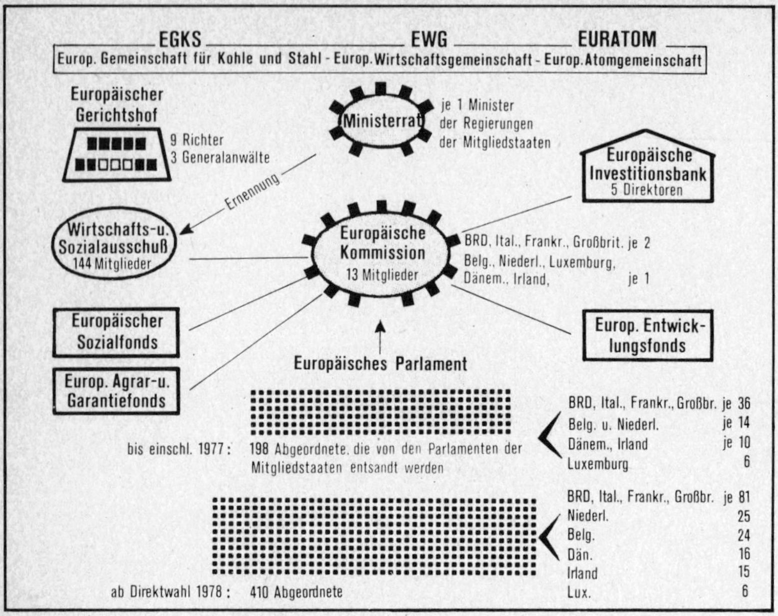

Hauptorgane der EG und ihre Zusammensetzung

zial-, Währungs- und Wirtschaftspolitik, freier Personen-, Kapital- und Dienstleistungsverkehr, freies Niederlassungsrecht. – Erweiterung der Vollmitglieder auf neun laut Vertrag vom 21. 1. 1972 (in Kraft ab 1. 1. 1973) durch Beitritt von Dänemark (ohne Färöer), Großbritannien u. Irland mit Übergangsbestimmungen, die mit Erlöschung von Rest-Zollsätzen vereinbarungsgemäß am 1. 1. 1977 aufgehoben werden. Der Abschluß der Verhandlungen mit den bereits assoziierten und den die Assoziierung anstrebenden Afrikan.-Karib. und Pazif. Ländern (AKP-Länder) erfolgte am 1. 2. 1975 in Brüssel, die Billigung durch das Plenum der AKP-Länder in Akkra (Ghana) und die gemeinsame Unterzeichnung der **»Konvention von Lomé zwischen EWG und AKP-Ländern«** am 28. 2. 1975 in Lomé; das Vertragswerk trat nach der Ratifizierung am 1. 4. 1976 in Kraft. Der neue Entwicklungsfonds/EEF für den Zeitraum von 5 Jahren beläuft sich auf 3,015 Mrd. RE (= nach alter Umrechnung rund 9,7 Mrd. DM, davon rund 5 % f. d. Überseegebiete der Mitglieder); die BR Deutschland trägt wie Frankreich mit 25,95 % und u. a. Großbritannien mit 18,7 % zum Fonds bei. Die »Europäische Investitionsbank« gewährt Sonderdarlehen in Höhe von 390 Mill. RE. Die (nach UNO-Kriterien) 17 »ärmsten« AKP-Länder werden von Rückzahlungsverpflichtungen ausgenommen; insgesamt werden 2,1 Mrd. RE als Zuschüsse gegeben. Die *Organe* des Abkommens sind: der Ministerrat (aus Mitgliedern des EG-Rates und der Kommission und je einem Mitglied der Regierungen der AKP-Staaten); die paritätisch besetzte *Beratende Versammlung* und ein *Botschafterausschuß,* an den der Ministerrat Befugnisse delegieren kann. Das Abkommen gilt bis 28. 2. 1980. Übersicht über Mitglieder u. assoz. Staaten sowie Länder m. Sonderabkommen, z. B. seit April 1976 m. d. »Maghreb«-Staaten, s. S. 764). – **Organe der EG:** Europäisches Parlament/**EP**/»Parlament Européen«/»Parlamento Europeo«/»Europees Parlament«/»European Parliament« (gemeinsam für EWG, EGKS und EURATOM), Mitglieder von den Parlamenten der Partner delegiert, in Fraktionen gegliedert. Am 12. 7. 1976 wurde ein vom Ministerrat noch zu ratifizierendes Abkommen getroffen, das ab Frühjahr 1978 die direkte Wahl der dann 410 (s. Abb.) Abgeordneten vorsieht. Derzeit besteht das abwechselnd in Straßburg u. Luxemburg tagende Parlament aus 198 Abgeordneten (je 36 der Bundesrepublik, Frankreichs, Großbritanniens und Italiens, je 14 Belgiens und der Niederlande, je

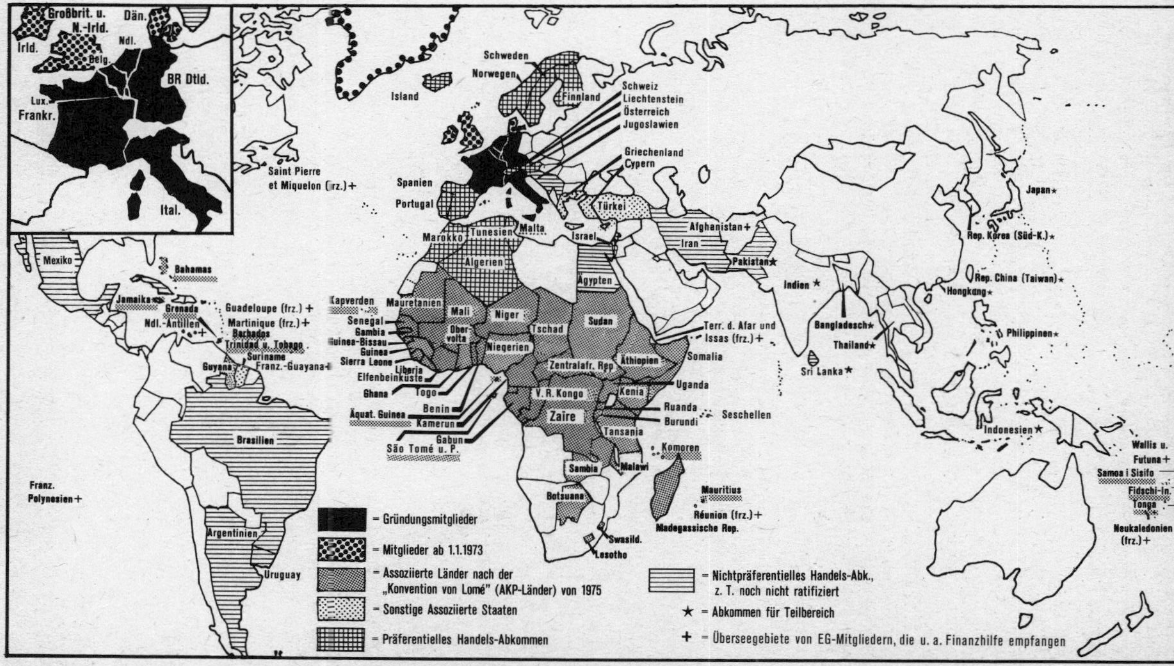

Europäische Gemeinschaften/EG

Vollmitglieder und assozi erte Länder der EWG sowie Gebiete, mit denen Handelsabkommen bestehen (Mitte September 1976)

10 Dänemarks und Irlands sowie 6 aus Luxemburg), Generalsekretariat in Luxemburg/Kirchberg. Das Parlament hat beratende Funktionen gegenüber dem Rat und Kontrollfunktionen gegenüber der Kommission. Präsident des Parlaments seit 1975 *Georges Spénale* (Frankreich).

Seit den Beschlüssen vom Dezember 1974 treffen sich die Regierungschefs der Mitglieder jährlich dreimal (Vorsitz in halbjährigem Wechsel), um die politische Kooperation voranzubringen; in dieser neuen Form erfolgte im März 1975 in Dublin die erste Zusammenkunft als *»Europäischer Rat«* (Vorsitz in halbjähr. Wechsel). – Der Ministerrat (vorl. Sitz Brüssel, Tagungen auch in Luxemburg) besteht a. d. zuständigen Ministern der Partner u. trifft d. eigentl. Entscheidungen (Stimmenverteilung: BRD, Frankr. Großbrit., Italien je 10, Belgien u. Niederlande je 5, Dänemark u. Irland je 3, Luxemburg 2. Für d. qualifizierte Mehrheit sind 41 Stimmen erforderl., d. bei Beschlüssen ohne Kommissionsvorschläge aus mindestens 6 Ländern stammen müssen). Die *Gemeinsame Kommission* (Sitz in Brüssel) v. EWG, EGKS u. EURATOM besteht s. 1973 a. 13 Mitgl., d. v. d. Regierungen im Einvernehmen ernannt werden und in der Amtsausübung Unabhängigkeit besitzen. Von ihren Vorschlägen kann der Rat nur bei einstimmigen Beschlüssen abweichen. Von den 13 Mitgliedern sind je 2 aus der BRD, Frankreich, Großbritannien und Italien, je 1 aus den übrigen Partnerstaaten. *Präsident* der EWG-Kommission war von 1958–1967 *Walter Hallstein* (Bundesrepublik), sodann *Jean Rey* (Belgien) u. vom 1. 7. 1970 bis 22. 3. 1972 Präs. d. Gem. Kommission: *Franco-Maria Malfatti* (Italien). Bis 31. 12. 1972 Präsident *Sicco Mansholt* (Niederlande). Erster Präsident d. erweiterten EG ist (bis Ende 1976) *François-Xavier Ortoli* (Frankreich); als Nachfolger ist *Roy Jenkins* (Großbrit.) vorgesehen. Der Präsident und die 5 Vizepräsidenten bleiben 2 Jahre, die übrigen Kommissionsmitglieder 5 Jahre im Amt. *Wirtschafts- und Sozialausschuß* (beratend) Fach- und Sonderausschüsse, seit 1960 ein *Konjunkturausschuß. Gerichtshof* (Sitz Luxemburg) aus 9 von den Regierungen im Einvernehmen für 6 Jahre ernannten Richtern und 3 Generalanwälten, sichert die Wahrung des Rechts bei Anwendung des Vertragswerkes. *Europ. Sozialfonds; Europ. Investitionsbank* (Sitz Luxemburg). *Regionaler Entwicklungsfonds* (1975 549 Mill. DM).
»Europ. Ausrichtungs- und Garantiefonds für die Landwirtschaft«/**EAGLF.** Die BR Deutschland zahlte bisher jeweils am meisten in den Fonds ein. Der Agrarmarkt verschlingt über zwei Drittel (1977 etwa 70 %) des gesamten EG-Haushaltes.

Im April 1970 wurde das Finanzstatut verabschiedet. Stufenweise sind bis 1975 der Gemeinschaft alle Abschöpfungen und Zölle übertragen worden; Beitrag zum Haushalt 1975 der EG: BR Deutschland 28,06%, Frankreich 22,98%, Italien 17,24%, Großbritannien 13,52 % sowie u. a. Benelux-Länder 15,96 %; die Gesamtsumme macht 1,9 % der Haushalte der Mitglieder bzw. 0,62 % ihres BSP aus. Haushaltsansatz für 1976 m. Nachtrag 8,41, für 1977 8,66 Mrd. RE. Die Rechnungseinheit/RE entsprach beim Haushalt 3,66 DM, bei EGKS u. für Statistik 3,22 DM und für die Agrarpolitik 3,58 DM. Der neue Wert der RE (3,07 DM) soll künftig als EUR für alle Zwecke gelten (vorher nur für den Entwicklungsfonds) und nach einem Währungskorb der Mitglieder (Anteil der DM 27,3 %) ausgerichtet und täglich bestimmt werden. – Die volle *Europäische Wirtschafts- und Währungsunion* soll in Stufen bis 1980 erreicht sein. Im April 1973 wurde in Luxemburg der »Europ. Fonds für währungspolitische Zusammenarbeit« gegründet. Er soll später in ein EG-Zentralbanksystem eingegliedert werden. Die seit 1973 eingetretene Währungskrise wirkt sich auf die beabsichtigte Währungsunion verzögernd aus. – Am 11. 10. 1974 erhielten die EG Beobachterstatus bei der UNO.

EUROPÄISCHE FREIHANDELSZONE

(European Free Trade Association/**EFTA**)

Nach Gründung der EWG wurde zum Schutz der Handels- und Wirtschaftsinteressen von Dänemark, Großbritannien u. Nordirland, Norwegen, Österreich, Portugal, Schweden und der Schweiz 1959 ein Abkommen unterzeichnet, das am 4. 1. 1960 in Kraft trat. Liechtenstein gilt als ›zugewandt‹. Durch die Assoziierung von Finnland kam es 1961 zur *»EFTA-Finnland Assoziation«* (EFA). Die besonderen Bindungen Finnlands an die UdSSR wurden berücksichtigt. 1970 wurde Island Mitglied. – **Ziel:** Förderung d. Produktivität u. Stabilität durch Ausbau des gegenseitigen Handels. Die Zollfreiheit für industrielle Güter war bereits am 1. 1. 1967 erreicht. Ausnahmen für Portugal bis 1980. Zollautonomie gegenüber Nichtmitgliedsländern, Agrarprodukte ausgeklammert. – Großbritannien, Dänemark und Irland wurden am 1. 1. 1973 Mitglieder der EG. Die Rest-Mitglieder (Island, Norwegen, Österreich, Portugal, Schweden, die Schweiz und Finnland, zusammen rund 40 Millionen Einwohner) beschlossen am 16./17. 11. 1972 in Wien, die EFTA mit Rat, Sekretariat (Gen.-Sekr.: *Bengt Rabeus,* Schweden) u. Konsultationskomitee aufrechtzuerhalten. Freihandelsabkommen m. d. EG.

BENELUX

Luxemburg und Belgien, seit 1922 (für die Dauer von 50 Jahren bzw. 1972 auf weitere 10 Jahre) zu einer Wirtschaftsunion vereinigt (seit dem Abkommen vom 6. 3. 1972 mit neuer finanz. Grundlage), schlossen sich durch das Grundsatzabkommen v. 5. 9. 1944 u. weitere Abkommen m. d. Niederlanden zu einer **Zollunion** (Union Douanière Benelux – Benelux Customs Union) zusammen. – **Ziel:** Nach Vertrag v. 3. 2. 1958 Ausbau der Wirtschaftsunion. – **Organe:** *Ministerausschuß* mit einem *Koordinierungsrat, Konsultativer interparlamentarischer Rat, Kommissionen, Generalsekretariat* (Brüssel) – Im Oktober 1975 beraten die Länder auf einer Konferenz die Koordinierung von Umweltschutz, Raumordnung, Industrie- und Steuerpolitik.

WESTEUROPÄISCHE UNION/WEU

(Western European Union/**WEU** – Union de l'Europe Occidentale/**UEO**)

Nach Umbildung der **Westunion/WU** (Organisation du Traité de Bruxelles – Brussels Treaty Organisation/**BTO**), die ein kollektives Bündnis Belgiens, Frankreichs, Großbritanniens, Luxemburgs und der Niederlande gegen Deutschland war, durch die Aufnahme von Italien und der BRD (Pariser Verträge vom 23. Nov. 1954) am 6. Mai 1955 geschaffen. – **Ziel:** Förderung der Sicherheit aller Partner durch automatischen Beistand gegen jede Aggression. – **Organe:** Der *Rat* (Ministerrat) aus Ministern der 7 Mitglieder mit dem *Ständigen Rat* als Hilfsorgan. *Versammlung,* bestehend aus 89 Vertretern der Partner in der Beratenden Versammlung des Europarates (s. diesen). *Verwaltungsdirektorium* (Paris), *Generalsekretariat* (London), *Amt für Rüstungskontrolle* (Paris), *Ständiger Rüstungsausschuß* (Paris). Frankreich blieb seit 1969 zeitw. den Sitzungen fern.

NORDISCHER RAT

(Nordisk Rad – Nordiska Radet – Northern Council – Conseil Nordique)

Gründung 1951, Ratifizierung 1952 durch Dänemark, Island, Norwegen und Schweden; Beitritt Finnlands am 28. 10. 1955. – **Ziel:** Größtmögliche Zusammenarbeit auf den Gebieten von Wirtschaft und Kultur. – **Organe:** Der *Rat* aus Vertretern der Mitgliedsstaaten. *Ausschüsse: »Nordischer Industrialisierungsfonds«* (seit Mai 1970). Vorbereitende Kommission für die eventuelle Schaffung einer Zoll- bzw. Wirtschaftsunion.

Im Dezember 1975 Gründung einer Nordischen Investitionsbank (Sitz Helsinki) mit einem Grundkapital von 400 Mill. SZR.

EUROPARAT/ER

(Council of Europe/**CE** – Assemblée Consultative du Conseil de l'Europe/**CE**)

Unterzeichnung der Statuten am 5. 5. 1949 in London; in Kraft getreten am 3. 8. 1949. – **Ziel:** Schaffung einer engen Verbindung der Mitglieder zur Förderung der Ideale und Grundsätze, die ihr gemeins. europ. Erbe bilden. In diesem Sinne kam es zur Unterzeichnung der Europ. Menschenrechts-Konvention und zur Konstituierung (21. 1. 1959) des *Europ. Gerichtshofes für Menschenrechte* (Präs.: Prof. Dr. *Giorgio Balladore Pallieri,* Italien, seit 1974). *Europ. Sozialcharta.* **Organe:** *Minister-Ausschuß* als Vollzugskomitee, der die Befugnisse z. T. an seine *Ständigen Beauftragten* weitergeben kann. *Beratende Versammlung* aus 140 Mitgl. Präs.: *Karl Czernetz* (Österr.).
Ausschüsse, 18 Ratsmitglieder. Griechenland seit Nov. 1974 wieder Vollmitglied, ab Herbst 1976 vermutlich auch Portugal. – Seit 1971 in der B. Versammlung neben Englisch und Französisch auch Deutsch und Italienisch zugelassen. Generalsekretariat (Sitz Straßburg; Gen.-Sekr.: *Georg Kahn-Ackermann,* BR Deutschland, seit 1974). – Im Januar 1975 erhielt Liechtenstein im Europarat Beobachterstatus. – 1972 wurde das Thema des Chorfinales über Schillers »Ode an die Freude« aus Beethovens 9. Symphonie »Europahymne«. – **Bibliographie:** Das Europa der Siebzehn, Bilanz und Perspektiven von 25 Jahren Europarat, Bonn 1974.

WARSCHAUER VERTRAG

Nachdem die Sowjetunion mit den meisten anderen kommunistischen Staaten und diese untereinander seit dem II. Weltkrieg Freundschafts- und Beistandspakte unterzeichnet hatten, kam es am 14. 5. 1955 zum Abschluß des nach dem Unterzeichnungsort genannten Paktes »über Freundschaft, Zusammenarbeit und gegenseitigen Beistand« (Gültigkeit 20 Jahre). Die DDR war vom militärischen Teil des Vertrages ausgenommen, trat jedoch am 28. 1. 1956 auch in diese Verpflichtungen ein. – **Ziel:** Im Falle eines bewaffneten Überfalls auf einen oder mehrere Partner leisten alle Mitglieder sofortigen Beistand. – **Organe:** *Beratender Politischer Ausschuß, Ständige Kommission* für außenpolitische Fragen, *Vereinigtes Sekretariat* und *Vereinigtes Oberkommando* (unter einem sowjetischen Oberbefehlshaber: seit Juli 1967 Marschall *Iwan J. Jakubowski*) mit einem supranationalen *Generalstab,* alle mit Sitz in Moskau. Planmäßige Tagungen des »Militärrates«, gemeinsame Manöver.

– Mitglieder des Paktes: Bulgarien, DDR, Polen, Rumänien, Sowjetunion, Tschechoslowakei, Ungarn (Albanien trat 1968 aus).

RAT FÜR GEGENSEITIGE WIRTSCHAFTSHILFE

(engl.: Council of Mutual Economic Aid/**COMECON** – russ.: Sowjet ekonomitschesskoj wsjamopomoschtschi/**SEW**, einst auch »Molotow-Plan« genannt)

Am 25. 1. 1949 in Moskau unterzeichnet. **Mitglieder** sind die Sowjetunion, Bulgarien, Cuba, die DDR, die Mongolische Volksrepublik, Polen, Rumänien, die Tschechoslowakei und Ungarn; Albanien gilt seit Ende 1962 faktisch nicht mehr als Mitglied, doch ist es formell nicht ausgeschlossen. Vertreter Nordkoreas und Nordvietnams nehmen von Fall zu Fall an Tagungen teil, Jugoslawien arbeitet bei einigen Kommissionen u. Programmen mit. Mit Finnland wurde 1973 ein Koop.-Abkommen vereinbart. – Der RGW ist keine supranationale, sondern eine zwischenstaatliche Institution. – **Ziel:** Koordination der Wirtschaftspläne, Arbeitsteilung, gemeins. Ausbau des Transportsystems, techn. u. wissensch. Erfahrungsaustausch. – **Organe:** *Rat* aus gleichber. Vertretern aller Partner u. *Ständiges Vollzugs-Komitee* als oberste Organe. Zahlreiche *Ständige Kommissionen* für die einzelnen Wirtschaftsbereiche (Sitz in den verschiedenen Hauptstädten der Partner), *Arbeitsgruppen, Ständiges Sekretariat* (Sekretär: *Nikolai Faddejew*), *Ständige Stellvertretertagung* in Moskau. – *»Bank sozialistischer Länder«;* diese Bank (auch »Internationale Bank für wirtschaftliche Zusammenarbeit« genannt) hat ein Stammkapital v. 300 Mill. Rubel, von dem rund zwei Fünftel auf d. Sowjetunion entfallen. Sie nahm ihre Arbeit am 1. 1. 1964 auf und dient in erster Linie d. Verrechnungsverkehr. – Im Sommer 1960 wurde eine Koordination der Planungen f. zunächst 20 Jahre, d. h. bis 1980 vereinbart. 1962 wurde ein *»Güterwagenpool«,* 1963 ein multilaterales Zahlungsabkommen beschlossen. Ein »Institut für Standardisierung« befindet sich in Moskau, eine zentrale »Dispatcher-Verwaltung« in Prag. Auf einer Ratskonferenz vom Mai 1970 wurde die Gründung eines »Internationalen Instituts für ökonomische Probleme des sozialistischen Weltsystems« (Sitz in Moskau) beschlossen. Auf der Ratstagung vom 27.–29. 7. 1971 wurde in Bukarest ein »20-Jahres-Komplex-Programm« zur weiteren wirtschaftlichen Integration der Mitgliedsstaaten vereinbart, am 23. 2. 1972 die Gründung der Organisation »Interatominstrument« für nukleare Einrichtungen mit Sitz in Warschau vollzogen. Auch 1973/76 kam es zur Schaffung verschiedener neuer Einrichtungen. – Am 1. 1. 1971 nahm die **»Internationale Investitionsbank«/IIB** ihre Arbeit auf; sie gewährt lang- und mittelfristige Kredite. Stammkapital: 1052,6 Mill. Rubel (zu 70 % Transferrubel, zu 30 % harte Währung). Höchstes Organ ist der »Rat«, Vorstandsvorsitzender *Witalij Worobjow*. Von der IIB wurde auch ein **»Internationaler Fonds für Wirtschaftshilfe«** an Entwicklungsländer in Höhe von 3 Mrd. Rubel (zu 95 % nicht konvertierbare Rubel, so daß praktisch fast alle Lieferungen aus dem RGW-Bereich erfolgen werden) gegründet. Die eigentliche Tätigkeit soll 1977 aufgenommen werden. – Die »Bank Sozialistischer Länder« soll für Verrechnungszwecke bestehenbleiben; bisher werden im RGW noch rund 90 % der gegenseitigen Verbindlichkeiten bilateral verrechnet. Eine echte Währungskonvertibilität bleibt Fernziel. – Kooperation in der Nutzung d. Atomenergie. – Seit Herbst 1974 Kontaktaufnahme mit den EG. Seit 11. 10. 1974 Beobachterstatus bei der UNO. – Koop.-Abkommen u. a. mit Finnland, Irak u. Mexiko, ab 1975 m. d. IAEO.

Bibliographie: *Hacker, J. u. A. Uschakow:* Die Integration Osteuropas 1961–1965, Köln 1968 – *Stelzl, D.:* Die internationalen Banken des Rates für gegenseitige Wirtschaftshilfe, München 1973. – *Ruge, Fr.:* Bündnisse in Vergangenheit und Gegenwart. Unter besonderer Berücksichtigung von UNO, NATO, EWG und Warschauer Pakt, Frankfurt a. M. 1971. – *Terechow, W. F.:* Die Effektivität der sozialistischen Wirtschaft. Am Beispiel der RGW-Länder, Moskau 1973.

ORGANISATION DER AMERIKANISCHEN STAATEN

(Organization of American States/**OAS** – Organización de los Estados Americanos/**OEA**)

Hervorgegangen aus den panamerikanischen Konferenzen (erstmals 1826 bzw. unter diesem Namen 1889). Unterzeichnung eines kollektiven Sicherheitspaktes am 30. 8. 1947 in Rio de Janeiro (daher auch »Rio-Pakt«) und endgültige Organisation unter dem derzeitigen Namen am 30. 4. 1948 in Bogotá. Mitglieder sind 24 Staaten (nicht Bahamas u. – faktisch Mitgliedschaft suspend. – Cuba); Guyana, Kanada und Japan als Beobachter zugelassen. – **Ziel:** Gemeinsame Aktion bei Aggression, friedliche Regelung b. Streitigkeiten untereinander; Verhängung v. Sanktionen b. Nichtanerkennung von Schlichtungsverfahren und anderen Verstößen. Enge wirtschaftl., politische und kulturelle Zusammenarbeit. – **Organe:** Seit der Unterzeichnung der »Akte von Buenos Aires« (1967; in Kraft seit 27. 2. 1970): *Vollversammlung* mit jährl. Zusammentritt als oberstes Organ,

Ständiger Rat (Sitz Washington), *Wirtschafts- und Sozialrat* und *Interamerikanischer Rat für Erziehung, Kultur und Wissenschaft, Interamerik. Verteidigungsrat* (Inter-American Defense Board – Junta Interamericana de Defensa). Auf der VII. Konsultativversammlung 22.–31. 1. 1962) in Punta del Este (Uruguay) wurde der Marxismus-Leninismus als unvereinbar mit dem interamerikanischen System erklärt und 1962, auf einer Tagung in Washington, Cuba ausgeschlossen. *Generalsekretariat* als *Panamerikanische Union* (diese selbst als Organisation seit 1910) in Washington D. C. Gen.-Sekr.: *Alejandro Orfila* (Argent.). Die Mehrheit der Mitglieder vereinbarte am 14. 2. 1967 eine kernwaffenfreie Zone in Lateinamerika; die USA unterzeichneten 1968 das Protokoll II des Vertrages. Verschiedene Mitglieder beantragten wiederholt die Wiederzulassung Cubas u. im Nov. 1974 in der sogen. »Deklaration von Quito« die Aufhebung des Boykotts gegen Cuba, was 1975 geschah. Reform der OAS geplant.

Die Wirtschaftskonferenz der OAS billigte 1961 in Punta del Este (Uruguay) einen *Zehn-Jahres-Entwicklungsplan* für Lateinamerika. Der Wirtschafts- und Sozialrat (Consejo Interamericano Económico-Social/CIES bzw. IA-ECOSOC) der OAS gründete 1964 ein neues, nur auf die lateinamerikanischen Länder beschränktes Organ, die »**Comisión Especial de Coordinación Latinoamericana**«/**CECLA** (Sitz Buenos Aires) zur Entwicklung und Anwendung großräumigen Wirtschaftsdenkens und -planens. Diese einigte sich 1973 auf die Gründung einer »Lateinamerikanischen Energie-Organisation« (»Organisación Latinoamericana de Energía«/**OLADE**). – Die auf Initiative Brasiliens zurückgehende Devise »Operação Panamericano« für wirtschaftlichen Zusammenschluß, aufgegriffen durch das »**Komitee der 21**« (amerikanischen Staaten), das seit 1959 in Washington D. C. wirkte, führte in Verbindung mit der OAS zur **Gründung** der *Interamerikanischen Entwicklungsbank*/**IDB** bzw. **BID** (30. 12. 1959); sie nahm 1960 in Washington ihre Tätigkeit zur Finanzierung von Entwicklungsvorhaben nach dem Muster d. Weltbank auf. Stammkapital 1967 2850 Mill. US-$; Aufstockung auf üb. 5 Mrd. $ vorgesehen. Zu den Mitgliedern zählen auch europäische Staaten. – Nur beschränkte Erfolge hatte die v. Präsident J. F. Kennedy am 13. 3. 1961 verkündete *»Alianza para el Progreso«* (Alliance for Progress/**Bündnis für den Fortschritt**) mit dem »Interamerikanischen Komitee«/**CIAP** als Organ. Im Juli 1974 wurde das CIAP aufgelöst und durch einen Rat ersetzt, der als Exekutivorgan des IA-ECOSOC fungiert. – Außerhalb der OAS seit 1964 in Lima das ständige »**Iberoamerikanische Parlament**« für politische u. wirtschaftliche Zusammenarbeit. Gen.-Sekretariat seit 1965 in Lima. – In den »**Erklärungen**« vom Dez. 1974 – E. von Ayacucho u. E. von Guyana (S. Tomé de G., Venez.) – wird v. zahlr. lateinamerik. Staaten die Notwendigkeit wirtschaftl. Unabhängigkeit betont.

Bibliographie: Organization of American States, a Handbook, Washington 1972.

LATEINAMERIKANISCHES WIRTSCHAFTSSYSTEM

(Sistema Económico Latinoamericano/**SELA**)

Einer Anregung des mexikanischen Staatspräsidenten Luis Echeverría Alvarez v. 15. 7. 1974 folgend, gründeten am 18. 10. 1975 in Panamá 25 Staaten ein gemeinsames, von den USA unabhängiges Wirtschaftssystem. – **Ziel:** Regionale Interessenvertretung gegenüber anderen Gruppen, Finanzierung gemeinsamer Wirtschaftsvorhaben, Gründung multilateraler Unternehmen und u. a. gemeinsame Preispolitik; teilweise Übernahme von Koordinierungsaufgaben, die bisher bei der CECWA lagen und besonders auch die Kooperation zwischen »Andenpakt«, MCCA und CCM betreffen. Sitz der Organisation ist Caracas (Venezuela). Seit 1976 Aktionskomitees als Arbeitsinstrumente.

ORGANISATION DER ZENTRALAMERIKANISCHEN STAATEN/OCAS

(Organization of Central American States/**OCAS** – Organisación de Estados Centroamericanos/**ODECA**)

Am 12. 12. 1962 beschlossen Costa Rica, El Salvador, Guatemala, Honduras u. Nicaragua in der *»Carta de San Salvador«* die Gründung eines »**Zentralamerikanischen Verteidigungsrates**« (Consejo Centroamericano de Defensa, Sitz San Salvador), am 2. 7. 1965 seine Erneuerung. In der Konferenz von San José (18./19. 3. 1963) wurden in der *»Erklärung von Zentralamerika«* die wirtschaftliche Integration und der Schutz vor kommunistischer Infiltration niedergelegt. Bisher minimale Wirkung der Organisation, aber am 13. 2. 1975 Vereinbarung d. Mitglieder, die Kooperation in der ODECA zu verstärken.

ZENTRALAMERIKANISCHER GEMEINSAMER MARKT

(Central American Free Trade Area/**CAFTA** bzw. Central American Common Market/**CACM** oder **CACOM** – Mercado Común Centroamericano/**MCC**, z. T. auch **MCCA**)

Vorbereitungsmaßnahmen durch El Salvador, Guatemala und Honduras (*Tratado de Asociación Económica*). – **Ziel:** Eine Freihandelszone, später eine echte Wirtschaftsgemeinschaft. Am 13. 12. 1960 folgte ein weiterer Vertrag dieser Staaten und Nicaraguas (*Tratado General de Integración Econ. Centroamericana*/**SIECA**) über die Schaffung eines Gemeinsamen Marktes und einer Zentralamerikanischen Bank (Banco Centro-americano de Integración Económica/**BCIE**). 1961 kam dazu ein *Tratado de Intercambio Preferencial y de Libre Comercio,* 1962 *Tratado de Integración Económica Centroamericana* über einheitliche Importzölle. Costa Rica wurde 1962 Mitglied. Ständiges Sekretariat in C. de Guatemala. Mehrfach Rückschläge, aber z. T. gute Erfolge. Im September 1975 wurde die Gründung einer gemeinsamen Organisation zur Erforschung der Energiereserven beschlossen.

KARIBISCHER GEMEINSAMER MARKT

(Caribbean Common Market/**CARICOM,** auch **CCM**)

Am 1. 5. 1968 war von Antigua, Barbados, Guyana und Trinidad/Tobago zum Zwecke der stufenweisen Beseitigung der Zölle eine *»Karibische Freihandelszone«* (Caribbean Free Trade Area/ **CARIFTA**) gegründet worden, der später auch Dominica, Grenada, St. Kitts-Nevis, Anguilla, St. Lucia und St. Vincent, schließlich auch Belize, Jamaika und Montserrat beitraten. 1969 wurde mit Sitz in Barbados die »Karibische Entwicklungsbank« (Caribbean Development Bank) gegründet. Die wichtigsten Mitglieder (Barbados, Guyana, Jamaika sowie Trinidad und Tobago) beschlossen am 4. 7. 1973 in Chaguaramas (Trinidad) angesichts erzielter Erfolge die Ausgestaltung der Freihandelszone zum »Karibischen Gemeinsamen Markt«, dessen Organisation auf der ersten Tagung festgelegt wurde; die übrigen Mitglieder der sich auflösenden CARIFTA traten nach und nach dem CCM bei, so am 18. 4. 1974 m. Wirkung v. 1. 5. Belize, Dominica, Grenada, Montserrat, St. Lucia, am 4. 7. auch Antigua. Noch nicht beigetreten sind St. Christopher (St. Kitts), Nevis und Anguilla. Die Mehrzahl der Mitglieder einigte sich am 1. 12. 1975 auf die Gründung einer »Karibischen Schiffahrtsgesellschaft«/**NAMUCAR.** Der Entwicklungsbank traten u. a. auch die USA, Kanada und Venezuela bei.

LATEINAMERIKANISCHE FREIHANDELSZONE

(Asociación Latinoamericana de Libre Comercio/ **ALALC** – Latinamerican Free Trade Association/ **LAFTA**)

Unterzeichnung des ›**Vertrages von Montevideo**‹ am 18. 2. 1960; in Kraft getreten am 1. 6. 1961. Mitglieder: Argentinien, Bolivien, Brasilien, Chile, Ecuador, Kolumbien, Mexiko, Paraguay, Perú, Uruguay, Venezuela. – **Ziel:** Liberalisierung des Güteraustausches durch stufenweise Aufhebung der gegenseitigen Zölle und Meistbegünstigung, Schutzklauseln für bestimmte Güter Keine gemeins. Außenzölle gegenüber Dritten. – **Organe:** *Ständiger Ministerrat, Mitgliederkonferenz, Ausschüsse, Sekretariat* bzw. *Ständiges Vollzugskomitee* (Sitz Montevideo). – Innerhalb der ALALC wurden (»Acuerdo de Cartagena«) eine Präferenzzone der **Andengruppe** (Bolivien, Chile, Ecuador, Kolumbien, Perú, Venezuela; Sitz Lima) mit dem Entwicklungsorgan »Cooperación Andina de Fomento«/**CFA** (Sitz Caracas) und eine entsprechende Zone der **La Plata-Anlieger** (Argentinien, Bolivien, Brasilien, Paraguay u. Uruguay) gebildet (»Tratado de la Cuenca del Plata«), die 1972 ein Koordinationskomitee (Com. Int. de Coordinación/**CIC**) gründeten. Ende 1973 war die Ratifizierung des »Protokolls von Caracas« v. 1969 abgeschlossen, nach dem die Freihandelszone bis 1980 ganz verwirklicht sein soll; 1974 weitere Vereinbarungen (u. a. über die Gründung einer Kommission für institutionelle Angelegenheiten). Den größten Nutzen hatten bisher die am stärksten industrialisierten Länder Argentinien, Brasilien u. Mexiko (»ABRAMEX-Gruppe). – Die CFA beschloß 1975 die schrittweise Einführung eines gemeinsamen Außenzolls bis 1980. – **Bibl.:** H. Bleckert: Über einige progressive Aspekte und Tendenzen im Kapitalstatut der Andenintegration, in »Lateinamerika«, Rostock 1973.

ORGANISATION FÜR DIE EINHEIT AFRIKAS/OEA

(Organisation de l'Unité Africaine/**OUA** – Organization of African Unity/**OAU**)

Die von 30 vertretenen afrikanischen Staaten am 25. 5. 1963 in Addis Abeba (Äthiopien) angenommene, später v. d. übrigen unabhängigen afrikanischen Ländern – (nicht Republik Südafrika und Rhodesien) – unterzeichnete Charta der *»Organisation für die Einheit Afrikas«* sieht vor: jährlich eine Gipfelkonferenz der Staatschefs; zweimal jährlich die Tagung eines Ministerrates der Außenminister; ein Generalsekretariat; eine Schlichtungskommission sowie verschiedene Kommissionen. Beschlüsse forderten Abrüstung, Verbot der Atomwaffen, Aufhebung aller Kolonien und ausländischen Stützpunkte in Afrika, Kampf gegen Rassendiskriminierung und Unterstützung der Freiheitsbewegungen in den noch nicht unabhängigen Gebieten durch ein »Koordinations-Komitee«, das im Februar 1975 zu einem »Kooperationsausschuß für die Befreiung Afrikas« umgewandelt wurde. Sitz der OEA: Addis Abeba. – Am 4. 8. 1963 vereinbarten 22 Mitglieder in Chartum die Gründung einer *Entwicklungsbank* (African Development Bank; Banque de Développement Africaine/**BAD**); Sitz ist Abidjan. Entwicklungsfonds (**FAD**) – Präs. d. OEA ist seit Mitte 1976 Dr. *Seewoosagur Ramgoolam* (Mauritius); Gen.-Sekr.: *William Eteki Mboumoua* (Kamerun). – 1974 fand in Kairo die erste **»Konferenz für Arabisch-Afrikanische Zusammenarbeit«** statt, im April 1975 in Kairo u. a. eine Tagung unter der Bezeichnung »Afro-Asiatische Organisation für Volkssolidarität«. Eigenes Komitee für die afro-arabische Zusammenarbeit.

GEMEINSAME AFRIKANISCH- (bis 1973 MADEGASSISCH-)MAURITIANISCHE ORGANISATION/GAMO

(Organisation Commune Africaine et Mauricienne/ **OCAM**)

Nach dem Fehlschlag verschiedener Organisationen für die wirtschaftliche Zusammenarbeit afrikanischer Länder wurde am 12. 12. 1965 in Nouakchott von meist francophonen Ländern die »Gemeinsame Afrikanisch-Madegassische Organisation« gegründet, die sich eine eigene Charta gab. 1970 trat Mauritius bei, so daß sich damit der Name änderte. Neben der kulturellen, technischen und wirtschaftlichen Zusammenarbeit auch polit. Kooperation. – **Organe:** Generalsekretariat in Bangui (Zentralafr. Rep.). – **Mitglieder** 1976 (nach Austritt mehrerer Staaten): Benin, Elfenbeinküste, Mauritius, Obervolta, Niger, Ruanda, Senegal, Togo und die Zentralafrikanische Rep. – Es bestehen u. a. *Union für das Post- u. Fernmeldewesen* (*Union Africaine des Postes et Télécommunications,* Sitz Brazzaville). Weitere Organisationen: *Union Africaine et Mauricienne des Banques de Développement*/UAMBD.

OSTAFRIKANISCHE GEMEINSCHAFT UND GEMEINSAMER MARKT

(East African Community and Common Market/ **EAC**)

Am 6. 6. 1967 unterzeichneten Kenia, Tansania und Uganda einen Vertrag über einen *»Ostafrikanischen Gemeinsamen Markt«* mit einer »Gemeinsamen Versammlung« (*»East African Legislative Assembly«*) in Kampala. Der Vertrag trat am 1. 12. 1967 in Kraft. Sitz der »East African Development Bank« und der »East African Posts and Telecommunications Corporation« ist Kampala, Hauptquartier der restlichen, nun dezentralisierten »Gemeinsamen Dienste«/EACSO aus britischer Zeit wurde Aruscha (Tansania). Fünf Räte, vier »Corporations«. Seit 1971 Rückschläge; Zoll- u. Währungsunion faktisch nicht existent. – Burundi, Kenia, Ruanda, Somalia, Sudan und Tansania beschlossen im September 1975 die **Gründung eines gemeinsamen Kulturzentrums.**

WEST- UND ZENTRALAFRIKANISCHE ZUSAMMENSCHLÜSSE

»Union Douanière et Economique de l'Afrique Centrale«/UDEAC; ihr gehören Gabun, Kamerun, die Volksrepublik Kongo und die Zentralafrikanische Republik an. Einheitl. Zollgebiet, seit 1976 Entwicklungsbank (BDEAC). – Wenig wirksam ist bisher die 1966 von Dahome (jetzt Benin), der Elfenbeinküste, von Mali, Mauretanien, Niger, Obervolta u. Senegal vereinbarte **»Westafrikanische Zollunion«**/»Union Douanière des Etats d'Afrique Occidentale«/**UDEAO.** – Mit bescheidener Zielsetzung gründeten im März 1972 Mali, Mauretanien und Senegal die **»Organisation für die Nutzung des Senegal«** (»Organisation pour la mise en valeur du fleuve Sénégal«/**OMVS,** Sitz Dakar); außerdem gibt es in Westafrika auch einen **»Rat der Freundschaft«/»Conseil d'Entente«** (Benin, Elfenbeinküste, Niger, Obervolta, Togo). – Die 1972 gegründete **»Westafrikanische Wirtschaftsgemeinschaft«/CEAO** (Elfenbeinküste, Mali, Mauretanien, Niger, Obervolta, Senegal; Sitz in Ouagadougou in Obervolta) schuf sich einen Entwicklungsfonds. – Mitgliedsländer der **»Banque Centrale des Etats de l'Afrique de l'Ouest«** (Benin, Elfenbeinküste, Niger, Obervolta, Senegal) gründeten im November 1973 eine »Westafrikanische Entwicklungsbank«. – 1972 kam es durch Gabun, Kamerun, die Volksrep. Kongo, Tschad u. die Zentralafrik. Republik zur Gründung der **»Banque Centrale des Etats de l'Afrique Centrale«.** – Im Juni 1975 einigten sich Burundi, Ruanda und Zaïre auf die Gründung einer **Wirtschaftsgemeinschaft der Länder an den Großen Seen** (Communauté écon. d. pays d. Grands-Lacs/CEPGL). – Als bisher größte Organisation Westafrikas wurde am 28. 5. 1975 in Lagos die Gründung der **Wirtschaftsgemeinschaft Westafrikanischer Staaten** (Communauté économique des Etats de l'Afrique de l'Ouest/CEDEAO; engl. Abk.: ECOWAS) beschlossen, die nach der Ratifizierung durch 7 Mitglieder am 22. 6. 1975 in Kraft trat. – **Mitglieder:** Benin, Elfenbeinküste, Gambia, Ghana, Guinea, Guinea-Bissau, Liberia, Mali, Mauretanien, Niger, Nigerien, Obervolta, Senegal, Sierra Leone u. Togo. – **Ziel:** enge wirtschaftl. Kooperation, evtl. Schaffung einer Zollunion usw. – **Organisation** im Aufbau. – Der zum Zwecke wirtschaftlicher Kooperation 1973 von Liberia und Sierra Leone geschaffenen **»Mano-Fluß-Union«** schloß sich 1976 auch Gambia an.

SÜDAFRIKANISCHE WIRTSCHAFTS- UND WÄHRUNGSUNION

(Southern African Economic and Monetary Union/**SAEMU**)

Gebildet aus der Rep. Südafrika, Botsuana, Lesotho und Swasiland, künftig auch Transkei. Neben der Zoll- und Währungsgemeinschaft wirtschaftliche Konsultationsverpflichtungen.

ARABISCHE LIGA

Aus der panarabischen Bewegung hervorgegangen, die 1937 zur ersten *Arabischen Konferenz,* 1945 zu einem Konsultativ- und Nichtangriffspakt mehrerer arabischer Staaten, zur *Arabischen Liga,* führte, der später alle unabhängigen arabischen Staaten, Mauretanien u. Somalia beitraten. – **Ziel:** Enge kulturelle, wirtschaftliche, politische u. militärische Zusammenarbeit. Ein kollektiver Verteidigungspakt besteht seit 1950; er ist vorwiegend gegen Israel gerichtet. Beschlüsse sind nur für die Mitglieder bindend, die ihnen zustimmen. – **Organe:** *Rat der Könige und Staatschefs* (seit 1964), u. a. mit einer *Kontrollkommission* und einem *Arabischen Gerichtshof. Rat der Liga,* in dem jedes Mitglied eine Stimme besitzt. *Politischer Ausschuß der Außenminister. Kollektiver Verteidigungsrat. Militärausschuß. Oberkommando der Vereinigten Streitkräfte, Wirtschaftsrat. Entwicklungsbank.* »Arab. Entwicklungsfonds«/**AFESD.** *Gen.-Sekretariat der Liga* in Kairo (Gen.-Sekr.: *Mahmud Riad [Riyad],* Ägypt.). Das Oberkommando u. d. Ausschuß f. d. Jordanwasser-Projekt sind seit längerem praktisch arbeitsunfähig. – **Gemeinsamer Arabischer Markt** (Irak, Jordanien, Syrien, Arab. Rep. Ägypten) 1964 vereinbart, gegenseitige Zollsenkung ab 1965, kein einheitl. Außenzolltarif. Insges. Charakter einer Freihandelszone. Im Mai 1968 wurde ein *»Arabischer Entwicklungsfonds für Afrika«,* im März 1974 eine *»Arabische Bank für landwirtschaftliche und industrielle Entwicklung in Afrika«* – mit einem Kapital von 500 Mill. US-$ – gegründet. Anfang 1975 einigten sich die Zentralbanken der arabischen Staaten auf einen **»Arabischen Währungsfonds«;** Vertrag vom 27. 4. 1976, Kapital etwa 900 Mill. US-$ (s. auch die einzelnen arabischen Staaten). – Arabische Mitglieder der OPEC (s. Bergbau) sowie Syrien u. Ägypten sind in der »Organisation of Arabian Petroleum Exporting Countries«/**OAPEC** zusammengeschlossen: Arab. Emirate, Ägypten, Algerien, Irak, Katar, Kuweit, Libyen, Saudi-Arabien, Syrien. – **Mitglieder der Arabischen Liga** (Stand 15. 9. 1976): Ägypten, Algerien, Bahrein, Irak, Arab. Rep. Jemen, Dem. V.-Rep. Jemen, Jordanien, Katar, Kuweit, Libanon, Libyen, Marokko, Mauretanien, Oman, Saudi-Arabien, Somalia, Sudan, Syrien, Tunesien, Ver. Arabische Emirate, Palästinensische Volksbefreiungsfront/PLO (assoz.). Im Libanon-Konflikt uneinig. – **Arabische Gipfelkonferenzen:** 1. in Kairo (I/1964), 2. in Alexandrien (IX/1964), 3. in Casablanca (IX/1965), 4. in Chartum (IX/1967), 5. in Rabat (XII/1969), 6. in Algier (XI/1973), 7. in Rabat (X/1974; u. a. Anerkennung der PLO als Vertretung der Palästinenser. Schaffung einer Rüstungskasse.) – 1974 wurde in Damaskus von Ägypten, Bahrein, Jordanien, Kuweit, Libanon, Mauretanien, Sudan, Syrien u. Tunesien eine **»Arabische Parlamentarische Union«/UIA** gegründet; Sitz ist Damaskus. – 1975/76 Beginn eines *»Arabisch-Europäischen Dialogs«* – Das 1966 vom damaligen saudi-arabischen König *Feisal* außerhalb der Liga angeregte Ständige Sekretariat islamischer Staaten mit dem Ziel der Schaffung einer **»Islamischen Allianz«** gewann bisher nur mäßige Resonanz.

ASIATISCHE ENTWICKLUNGSBANK

(Asian Development Bank/**ADB**)

Gegründet am 3. 12. 1965 zur Förderung von Investitionen für regionale Entwicklungsprojekte. In Kraft seit 22. 8. 1966. Sitz Manila. Anfangskapital 1,1 Mrd. US-$. Länder, die nicht ESCAP- (früher ECAFE-)Mitglieder sind, dürfen nur 40 % des Kapitals einzahlen (größte Einzahlungen bisher durch Japan und die USA mit je 200 Mill. $, Indien 93 Mill. $; BR Deutschland mit 34 Mill. $ an 7. Stelle). 7 der 10 Direktoren müssen von asiatischen Ländern gestellt werden. Präs.: *J. J. Bryant* (Neuseeland). 1975 40 Mitglieder. Peking arbeitet seit 1972 in der ESCAP mit. – 1975 beschließen ESCAP-Mitglieder (u. a. Indien, Rep. Korea, Philippinen, Sri Lanka u. Thailand) im sogen. *»Bangkok-Abkommen«,* eine Handelsliberalisierung in die Wege zu leiten.

ZENTRALE PAKT-ORGANISATION

(Central Treaty Organization/**CENTO,** auch »Nahost-Pakt« bzw. bis 1959, bis zum Austritt des Irak, auch »Bagdad-Pakt« genannt)

Entstanden 1955 aus dem Sicherheitspakt zwischen dem Irak und der Türkei, dem im selben Jahr Großbritannien, Pakistan und der Iran beitraten. Die USA sind nicht unmittelbar Mitglied, aber in den wichtigsten Ausschüssen vertreten. – **Ziel:** Stabilisierung der Verhältnisse. – **Organe:** *Ministerrat* (mit Ständigem Sekretariat in Ankara). *Komitees* für wirtschaftliche, politische und militärische Fragen. *Ständiger kombinierter Planungsstab,* jedoch keine NATO-ähnliche Struktur. Wirkung mäßig. Aufbau eines CENTO-Ultrakurzwellen-Nachrichtenverbindungsnetzes (Iran-Pakistan-Türkei), einer CENTO-Verbindungsstraße (Iran-Türkei) und u. a. einer CENTO-Hochfrequenz-Nachrichtenverbindung zwischen den asiatischen Mitgliedern und London. Planung eines Amtes für industr. Entwicklung. Hauptsitz: Ankara. Gen.-Sekr.: *Nassir Assar* (Iran). Iran, Pakistan und die Türkei vereinbarten 1964 unabhängig von CENTO Zusammenarbeit: **»Regional Cooperation for Development«/RCD** (u. a. im Aufbau bzw. geplant: Gemeinsames Versicherungszentrum, gemeinsame Schiffahrt-, Luftfahrt- u. Transportgesellschaften sowie seit dem Izmir-Treffen von 1976 eine Investitionsbank und die Schaffung einer Freihandelszone).

SÜDOSTASIEN-PAKT

(Southeast Asia Collective Defence Treaty Organization/**SEATO; OTASE**)

Von den begründenden Staaten (Australien, Frankreich, Großbritannien, Neuseeland, Pakistan, Philippinen, Thailand, USA) am 8. 9. 1954 in Manila (daher auch »Manila-Pakt«) unterzeichnetes, am 19. 2. 1955 in Kraft getretenes Bündnis. – **Ziel:** Anfangs gemeinsame Verteidigung, ständige Konsultation, Bekämpfung kommunistischer Infiltration, gemeinsame Manöver zum Schutz der südostasiatischen Gebiete, und zwar im Pazifik bis 21° 30′ n. Br. – **Organe:** *Gemeinsamer Ministerrat* mit *Ständigen Vertretern* und einem *Sekretariat* in Bangkok. – Frankreich trat 1967, Pakistan 1972 aus. Seit 1975, d. h. seit der Machtübernahme durch die Kommunisten in Kambodscha, Laos und Süd-Vietnam, und durch die veränderte Stellung zur Chines. Volksrepublik seitens der meisten Mitglieder in der Zielsetzung fragwürdig geworden, was sich im Beschluß des SEATO-Ministerrates vom September 1975 ausdrückt: **Auflösung des Bündnisses bis spätestens 1977.**

VERBAND SÜDOSTASIATISCHER NATIONEN/ASEAN

1963 vereinbarten der Malaiische Bund (MA), die Philippinen (PHIL) und Indonesien (INDO) in einer zu schaffenden Organisation – **MAPHILINDO** – wirtschaftliche, soziale und kulturelle Zusammenarbeit. Die Organisation kam nicht zustande. Am 8. 8. 1967 beschlossen in einer »Sieben-Punkte-Deklaration« Indonesien, Malaysia, die Philippinen, Singapur und Thailand engere Kooperation in Wirtschaft, Verkehr, Kultur. Sie bildeten den **»Verband Südostasiatischer Nationen«** (Association of South-East Asian Nations/**ASEAN**) mit einem Sekretariat in Jakarta. Die genannten Länder halten von Zeit zu Zeit **»Ministerkonferenzen für die wirtschaftliche Entwicklung in Südostasien« (MEDSEA)** ab; sie gründeten eine gemeinsame Erziehungsorganisation **(SEAMEO);** Australien ist in MEDSEA Mitglied und an die SEAMEO assoziiert. Handelsausschuß. Sekretariate in den einzelnen Hauptstädten. Seit 1976 gemeinsamer Reeder-Verband. – Die kommunistische Machtübernahme in Kambodscha, Laos und Süd-Vietnam verstärkte seit 1975 die Tendenz, ASEAN als Ersatz für die SEATO auszubauen u. in Südostasien eine »Zone des Friedens, der Freiheit u. der Neutralität« zu schaffen. Vietnam sucht Kontakt mit A. – *Generalsekretär:* seit 1976 General Dharsono (Indonesien).

COLOMBO-PLAN

(»Plan für die gemeinsame wirtschaftliche Entwicklung Süd- und Südostasiens« – The Colombo-Plan for Cooperative Economic Development in South-East Asia)

Gegründet am 28. 11. 1950 – **Ziel:** Hebung des Lebensstandards. Mitglieder sind: Afghanistan, Bangladesch, Bhután, Birma, Brunei, Fidschi, Indien, Indonesien, Iran, Rep. Korea (Süd-Korea), Malaysia, Malediven, Nepál, Pakistan, Philippinen, Singapur, Sri Lanka und Thailand. Der C. soll die Entwicklungsprojekte finanzieren. Verlorene Zuschüsse, Anleihen und Investitionen durch die fördernden Mitglieder: Australien, Großbritannien, Japan, Kanada, Neuseeland und die assoziierten USA. Dauer des Plan-Programmes bis 1981 verlängert. – **Organe:** Konsultativrat, Büro in Colombo (Sri Lanka). College für Technische Ausbildung in Singapur.

ANZUS-PAKT

(Pazifik-Pakt)

Am 1. 9. 1951 in San Francisco unterzeichnetes Bündnis zwischen Australien (A), Neuseeland (NZ) und den USA (US). – **Ziel:** Ursprünglich gegen etwaige japanische Angriffe gerichtet, derzeit ganz allgemein Zusammenarbeit im Pazifik. – **Organe:** *Konsultativrat,* US-Stationen f. Satellitenbeobachtung usw. in Australien. Fachberatungen. Außerhalb dieses Paktes besteht faktisch eine britisch-australisch-neuseel. Sicherheitsvereinbarung **(ANZAM).** Am 10. 4. 1971 wurde ein Verteidigungsbündnis zwischen Großbritannien, Australien, Malaysia, Neuseeland und Singapur abgeschlossen. Es trat am 1. 11. 1971 in Kraft. Die in Singapur u. Butterworth stationierten austral.-brit.-neuseel. Verbände **(ANZUK-Truppen)** wurden 1975 zurückgezogen.

NEUSEELÄNDISCH-AUSTRALISCHES FREIHANDELS-ABKOMMEN

(New Zealand-Australia Free Trade Agreement/ **NAFTA**)

Das 1966 in Kraft getretene Abkommen soll mit der Tendenz zur Bildung einer Zollunion weiterentwickelt werden.

SÜDSEE-FORUM

Im Jahre 1971 gegründet. Mitglieder: Australien, Neuseeland, Cook-Inseln, Fidschi, Nauru, Niue, Papua-Niugini, Tonga und Samoa i Sisifo. Eine lockere Organisation. Veranstaltung von Tagungen seit 1971 auf wirtschaftlichem und kulturellem Gebiet. »South Pazific Bureau for Economic Cooperation«/**SPEC** (Sitz Suva). – Beobachterstatus s. 1975: Gilbert-, Tuvalu u. Brit. Inseln, Salomonen.

BANDUNG-STAATEN (Countries of the Bandung Conference) – BLOCKFREIE (BÜNDNISFREIE) STAATEN – SOLIDARITÄTS-KONFERENZEN

Nach Anregungen auf Konferenzen in Colombo und Bogor (1954) erste politische **AFRO-Asiatische Konferenz in Bandung** (Indonesien) vom 8. bis 24. 4. 1955. Vertreten waren 23 asiatische und 6 afrikanische Staaten, mit dem Westen verbündete, blockfreie und kommunistische, jedoch nicht die Sowjetunion. Gefordert wurden u. a. Ende des Kolonialismus, Kampf gegen die Rassendiskriminierung, enge wirtschaftliche, politische und kulturelle Zusammenarbeit. Einigung über die *»Fünf Prinzipien der friedlichen Koexistenz«* (»Panch Shila«). Die blockfreien Teilnehmer bilden einen *»Afro-Asiatischen Solidaritätsrat«.* An der **Afro-Asiatischen Solidaritätskonferenz in Kairo** (26. 12. 1957 bis 1. 1. 1958) nahmen bereits Delegierte aus 43 Ländern teil, meist Vertreter von Gewerkschaften, Parteien und Friedensorganisationen, darunter auch aus der Sowjetunion. Fast alle ursprgl. Bandungstaaten sind auch auf den Konferenzen der **»Bündnisfreien (Blockfreien) Staaten«** anwesend. Die letzte Bandung-Konferenz wurde im September 1970 in Lusaka (Sambia) abgehalten. – Die Außenministerkonferenz d. »Bündnisfreien Staaten« verabschiedete am 12. 8. 1972 die *»Deklaration von Georgetown«* (Guyana). Die IV. Konferenz dieser Staaten fand vom 5.–9. 9. 1973 in Algier statt; es waren 75 Vollmitglieder, 9 Länder als Beobachter und 13 »Befreiungsbewegungen« sowie die UNO vertreten. – Dem *Direktions-Komitee* steht ein permanentes *Sekretariat* aus 12 Mitgliedern zur Seite, geleitet von einem Generalsekretär. Sitz des Sekretariats ist Kairo. Das Hauptthema der Außenministerkonferenz in Lima (Perú), Aug./Sept. 1975 war die Neugestaltung des Verhältnisses zu den Industrieländern; Chile wurde nicht eingeladen. Auf der Ministerkonferenz vom 2.–8. 2. 1976 in Manila wird die sogen. **»Manila-Charta«** angenommen, die u. a. eine Öffnung der Märkte der Industrieländer für Industrieprodukte der Entwicklungsländer und höhere Entwicklungshilfe fordert. Die **letzte Gipfelkonferenz** der **»Gruppe 77«** (seit d. Neuaufnahmen 112 Mitglieder) **fand 1976** in Sri Lanka **statt.** 1966 wurde auf der **1. Solidaritätskonferenz der Völker Afrikas, Asiens und Lateinamerikas** (3.–15. 1.) eine **»Organisation der Solidarität der Völker Afrikas, Asiens und Lateinamerikas«**/»Organisación de la Solidaridad de los Pueblos de Africa, Asia y América Latina«/**OSPAAL** mit Sitz in La Habana (Cuba) gegründet. Die Beschlüsse wandten sich gegen Rassendiskriminierung, »neokolonialistische Ausbeutung« und »imperialistische Aggression« u. forderten die Unterstützung der »Befreiungsbewegungen aller unterdrückten Völker«. Gegründet wurden u. a. ein Provis. Vollzugssekretariat in La Habana (Generalsekretär *Osmani Cienfuegos,* Cuba), ein »Befreiungskomitee« und »Revolutionäre Nationalkomitees« sowie eine **»Organisation der lateinamerikanischen Solidarität«**/»Organisación Latino-Americana de la Solidaridad«/**OLAS** (»zur Unterstützung der revolutionären Befreiungsbewegungen in der Hemisphäre«); Sitz der Organisationen in La Habana.

Weltbevölkerung – Weltreligionen – Weltsprachen

WELTBEVÖLKERUNG

Erdregionen	*Einwohner in Mill.*			*Anteil der Weltbevölkerung in %*	
	1900	*1960*	*1975*[1]	*1960*	*1975*[1]
Europa (ohne Sowjetunion)	308	425	471	14,1	11,8
Sowjetunion (Russ. Reich)	122	214	255	7,1	6,4
Nordamerika (ohne Mexiko)	81	199	240	6,6	6,0
Lateinamerika	63	212	320	7,0	8,0
Afrika	120	276	412	9,2	10,3
Australien und Ozeanien	6	16	20	0,5	0,5
Asien (ohne Sowjetunion)	857	1668	2288	55,5	57,0
Erde insgesamt	**1557**	**3010**	**4006**	**100,0**	**100,0**

Jährl. Zuwachs der Weltbevölkerung 1,9 % – Nach UNO-Angaben belief sich die Weltbevölkerung Mitte 1975 auf 3967 Millionen; tägl. Zuwachs etwa 200000 Menschen

[1] Angaben nach »Demographic Yearbook«, UNO-Publ., jährl., New York, und K. Witthauer (Vorausberechnung f. 1975) in: »Peterm. Geogr. Mitteil.«, Gotha 1974/75 sowie US-Population Ref. Bureau

VORAUSSICHTLICHE BEVÖLKERUNGSENTWICKLUNG BIS ZUM JAHRE 2000

(Angaben nach »Monthly Bulletin of Statistics«, UNO-Publ.)

	Einwohner in 1000			*Jährliche Wachstumsrate in %*	
	1975	*1980*	*2000*	*1975-80*	*1980-85*
Welt	4 021 758	4 456 688	6 493 642	2,1	2,0
Entwickelte Länder	1 147 396	1 210 051	1 453 528	1,1	1,0
Entwicklungsländer	2 874 362	3 246 637	5 040 114	2,4	2,4

Die **Wachstumsrate der Weltbevölkerung** belief sich **1973** auf **2,1 % – Nach Untersuchungen von W. Winkler und N. Keyfitz dürften von der Menschwerdung bis heute insgesamt 69, nach Berechnungen von W. Fucks** (Zeitschr. f. d. ges. Staatswiss. 107, 3/1951) **60–80 Milliarden Menschen gelebt haben.**

BEVÖLKERUNGSDICHTE – LÄNDLICHE UND STÄDTISCHE BEVÖLKERUNG

(Angaben u. a. nach »UNESCO-Kurier« 1974/5)

Erdregion	*Einwohner je qkm (Zahlen abgerundet)*			*Städtische Bevölkerung in Mill.*			*Ländliche Bevölkerung in Mill.*		
	1950	*1975*	*2000*	*1950*	*1975*	*2000*	*1950*	*1975*	*2000*
Welt	18	29	47	704	1585	3395	1781	2445	3119
Europa (ohne UdSSR)	79	97	115	207	314	444	185	165	124
Sowjetunion	8	11	15	71	155	252	109	101	78
Ostasien	56	86	121	105	322	771	552	689	653
Übriges Asien	36	66	120	111	299	798	587	998	1556
Australien/Ozeanien	2	3	4	8	15	25	5	7	10
Nordamerika (ohne Mexiko)	8	11	15	106	186	285	60	57	48
Lateinamerika	8	16	32	66	196	494	96	131	158
Afrika	7	13	27	30	98	326	187	297	492

Nach Berechnungen von *K. Witthauer* lebten um **1970 in den Millionenstädten der Erde** (Agglomerationen) **rund 10 %** und allein in den Stadtkomplexen von je über 5 Mill. Einwohnern rund 3 **% aller Menschen.**

DIE 12 GRÖSSTEN STÄDTE DER WELT (in Mill. Einw.)

Agglomerationen; nach Angaben in »The World's Million Cities, 1970–1985«, UNO-Publ. (Letzte verfügbare Einwohnerzahlen s. Abschnitt »Souveräne Staaten«)

1970		*1985*	
1. New York	16,3	1. Tokio	25,2
2. Tokio	14,9	2. New York	18,8
3. London	10,5	3. C. de México	17,9
4. Schanghai	10,0	4. São Paulo	16,8
5. C. de México	8,4	5. Schanghai	14,3
6. Los Angeles	8,4	6. Los Angeles	13,7
7. Buenos Aires	8,4	7. Bombay	12,1
8. Paris	8,4	8. Kalkutta	12,1
9. São Paulo	7,8	9. Peking	12,0
10. Osaka	7,6	10. Osaka	11,8
11. Moskau	7,1	11. Buenos Aires	11,7
12. Peking	7,0	12. Rio de Janeiro	11.4

Während es (nach UNO-Angaben) um 1900 11 und **1950 75 Millionenstädte** gab, rechnen die UNO-Experten bis 1985 mit bis zu 270 solcher Komplexe. **Das stärkste prozentuale Wachstum zwischen 1970 und 1985** erwartet man in % für: Bandung/242 – Lagos/186 – Karatschi/163 – Bogotá/146 – Bagdad/145 – Bangkok/137 – Teheran/132 – Seoul/124 – Lima/121 – S. Paulo/115 – C. de México/113 – Bombay/109. – Nach S. Chamecki (UNESCO-Kurier 1976/6) leben gegenwärtig in den Industrieländern 130 Mill., in den Entwicklungsländern etwa 50 Mill. Menschen in Millionenstädten; für 1985 werden 340 Mill. bzw. 465 Mill. als in Millionenstädten lebend angenommen. 1920 lebten etwa 19% in »städtischen« Siedlungen, heute sind es zwei Fünftel.

Die Weltbevölkerungskonferenz. In dem von den »Vereinten Nationen«/UNO erklärten *Weltbevölkerungsjahr 1974«* fand auf Veranlassung des UNO-Wirtschafts- und Sozialrates/ECOSOC vom 19. bis 30. 8. 1974 in Bukarest unter der Präsidentschaft des rumänischen Außenministers *Gheorghe Macovescu* eine erste *»Weltbevölkerungskonferenz«* auf Regierungsebene statt, der u a. 1954 in Rom und 1965 in Belgrad Weltbevölkerungskonferenzen auf Expertenebene vorangegangen waren. 135 Delegationen von Staaten und UNO-Sonderorganisationen nahmen teil. Zum Hintergrund der derzeitigen Situation wurde festgestellt, daß **bei einer Wachstumsrate von etwa 1,9 % jährlich,** wie sie gegenwärtig im Weltdurchschnitt besteht, eine **Verdoppelung der Weltbevölkerung in 35 Jahren** zu erwarten sei. In den einzelnen Ländern und Gebieten schwankt die Bevölkerungsentwicklung zwischen einem Sterbeüberschuß und einer Wachstumsrate von z. T. weit über 3 %. In manchen **Entwicklungsländern** beläuft sich die Lebenserwartung bei der Geburt im Durchschnitt auf nur 40 Jahre. Während in den Entwicklungsländern 41 % der Gesamtbevölkerung unter 15 Jahre alt sind, beträgt der Anteil der Personen über 65 Jahre in den entwickelten Ländern über 10 %. – Als Ergebnis der Konferenz wurde ohne Abstimmung ein **Aktionsplan** angenommen, der sich in 108 Paragraphen untergliedert. Die Empfehlungen sehen u. a. vor, **bis 1985 die Wachstumsrate der Weltbevölkerung auf** ungefähr **1,7 %** zu **senken.** – Nach einem 1976 von *Lester Brown* und *Kathleen Newland* vorgelegten UNO-Bericht werden **jährlich in der Welt 40–45 Mill. Abtreibungen** vorgenommen. – Die **höchste durchschnittliche Lebenserwartung** verzeichnen nach dem Demographischen Jahrbuch der UNO für 1974 mit 77,6 Jahren die schwedischen Frauen; mit 75 Jahren folgen die Frauen in Norwegen, in der Schweiz, in den Niederlanden, in Frankreich, Kanada, Island, Bjelorußland, in Japan, in den USA, in Großbritannien und Hongkong. Auch bei den Männern steht Schweden mit 72,1 Jahren an erster Stelle. Schweden hat auch mit 9,2 auf 1000 die **geringste Kindersterblichkeit,** es folgen u. a. Finnland (10,1), die Niederlande (11), Japan (11,3), Island (11,4), Norwegen (11,8), Frankreich (12,1), Dänemark (12,2), die Schweiz (13,2), Luxemburg (13,5), Großbritannien (15,9), die BR Deutschland (16,0), Neuseeland (16,2) und u. a. die USA (16,5).

DIE WICHTIGSTEN RELIGIONEN

(Angehörige v. Religionsgemeinschaften; Schätzung 1973/74, Zahlen abgerundet; z. T. nach »Britannica Book of the Year« u. »Calendario Atlante de Agostini«, »Avvenire«, »Information Please Almanac«, »American Jewish Bookyear« usw.)

Religionsgemeinschaft	*Angehörige in Mill.*
Römische Katholiken	710,00[1]
Protestanten	320,00[2]
Orthodoxe	90–100[3]
Sonstige Christen	26,00
Juden (insgesamt, nicht nur Anhänger d. jüd. Religion)	14,23
Muslimen bzw. Mohammedaner (Sunniten, Schiiten usw.)	480–530,00
Chines. Konfuzianer, Taoisten u. Buddhisten	50–100,00[4]
Buddhisten (Mahajana-B., Hinajana-B., Lamaismus) außerh. Chinas	200–300,00[4]
Hindus	510,00
Sikh	10,00
Schintoisten	60–65,00
Dschainas	2,50
Parsen	0,20
Rest: Anhänger v. Naturreligionen, Personen ohne Glaubensbekenntnis und Nichtermittelte	

[1] = Ende 1974, nach Angaben des Statistischen Jahrbuches der Kathol. Kirche; Anteil an der Weltbevölkerung über 18 %; [2] = die Zahl der Lutheraner wird auf 75–80 Mill., die der getauften Anglikaner auf 50 Mill. geschätzt; [3] = nach Angaben, die eine geringere Zahl von Gläubigen in der Sowjetunion annehmen, weniger; [4] = Zahl auch nicht annähernd feststellbar; die Jugend in der Chines. Volksrepublik wächst praktisch ohne Religion auf.

Die Schätzungen ergeben nur einen Anhalt für ungefähre Größenordnungen. Von den christlichen Konfessionen abgesehen, werden Zählungen kaum oder nicht vorgenommen, und auch bei den Zahlen für die Christen bestehen große Unsicherheiten. Unbekannt ist die wirkliche Zahl der Gläubigen in den kommunistischen Staaten. In Ostasien kann ein Gläubiger gleichzeitig z. B. Buddhist und Konfuzianer oder Buddhist und Schintoist sein. Von den Christen leben mehr als die Hälfte in Europa und über ein Drittel in Amerika; von den Muslimen fast 80 %, von den Buddhisten, Dschainas, Hindus, Konfuzianern, Parsen, Schintoisten und Taoisten über 90 % in Asien; von den Juden rund die Hälfte in Amerika (hauptsächlich in den USA) und weniger als ein Viertel in Israel. Der *Anteil der Christen an der Weltbevölkerung* geht überwiegend zurück, da in den nichtchristlichen Ländern im allgemeinen eine stärkere natürliche Bevölkerungsvermehrung vorhanden ist; er machte um 1900 noch etwa ein Drittel, 1976 nur noch etwa 25 % aus. Es gibt jedoch auch Ausnahmen. Nach dem afrikanischen Theologen *John S. Mbiti* – Direktor des Ökumenischen Instituts beim Weltkirchenrat – wächst in Afrika das Christentum schneller als der Islam, den es zahlenmäßig überrundet habe. Die afrikanischen Christen gehören nach *Mbiti* 650 Kirchen an; daneben dürften 5500 von Afrikanern gegründete unabhängige Gemeinden und christliche Sekten vorhanden sein.

DIE WICHTIGSTEN SPRACHEN DER WELT

Die Angaben beruhen auf Schätzungen für 1974/75 und vermitteln nur einen ungefähren Überblick über die Verbreitung der einzelnen Sprachen. Genauere Daten aus neuerer Zeit fehlen; die verschiedenen Quellen weichen z. T. stark voneinander ab. Zwar gibt es schätzungsweise *heute 2700–3000 gesprochene Sprachen,* doch werden die meisten nur von kleinen und kleinsten Gruppen gebraucht. Von sämtlichen Sprachen werden nur rund 70 von je mindestens 5 Mill. Menschen gesprochen. Besonders unsicher sind die Angaben über die Beibehaltung der Heimatsprache als Muttersprache bei den nach Übersee – namentlich nach Nord- und Südamerika – ausgewanderten Europäern der letzten Generationen. – Afrikanische Sprachen weisen eine außerordentlich große Zersplitterung auf; über ihre Klassifizierung herrscht z. T. noch Unklarheit; über 100 Mill. Afrikaner dürften Sudan- und verwandte Sprachen, 70–80 Mill. Bantu-Sprachen sprechen. Kisuaheli, eine von arabischen, persischen, deutschen, englischen und portugiesischen Wörtern durchsetzte Bantusprache, ist Amtssprache (z. T. neben Englisch) in Tansania und Kenia sowie als Handels- und Verkehrssprache in ganz Ostafrika und in Teilen des Kongo-Beckens verbreitet.

Sprachen, die als Muttersprache von je mehr als 50 Mill. Menschen gesprochen werden – in Mill. 1975 (Hauptverbreitungsgebiete)

Chinesisch (China, Südostasien)	750–800
Englisch (USA, Großbritannien, Kanada, Australien, Irland, Neuseeland)	320–330
Spanisch (Spanien, Lateinamerika m. Ausn. v. Brasilien usw.)	210–220
Hindi (Vorderindien, Minderheiten in Südostasien usw.)	170–180
Russisch (Sowjetunion, Übersee usw.; ohne Weißr. u. Ukrainisch)	140–145
Arabisch (mit allen Dialekten; Vorderasien u. Nordafrika)	125–140
Deutsch (Mitteleuropa, Nord- und Südamerika)	100–110
Japanisch (Japan, Hawaii usw.)	110
Bengali (Indien, Bangladesch)	115–120
Portugiesisch (Brasilien, Portugal)	110–112
Französisch (Frankreich, Belgien, Westschweiz, Ost-Kanada, Teile der Antillen)	80
Italienisch (Italien, Tessin, Überseegruppen)	65–70
Javanisch	55
Koreanisch	50
Telugu (Südindien)	50

Nach einer Berechnung von *M. Wehrli* werden **in Europa** (im weiteren Sinn, d. h. vom Atlantik bis zum Ostfluß des Ural, u. einschl. von Kaukasien) **anteilmäßig gesprochen:** slawische Sprachen 33,8 %, germanische Sprachen 30,0 %, romanische Sprachen 26,7 %, sonstige indogermanische Sprachen 2,7 %, finno-ugrische Sprachen 3,3 %, türkische Sprachen 2,2 %, kaukasische Sprachen 0,6 %, übrige Sprachen 0,7 %. Nach Angaben in »Sowjetunion heute« wird Russisch als Mutter- und Zweitsprache von mindestens 180 Mill. Menschen, Französisch nach anderen Quellen im gleichen Sinne von 85–90 Mill. Menschen gesprochen. Als Länder der »Francophonie« werden – außerhalb Europas besonders in Afrika – 33 Staaten mit über 200 Mill. Bewohnern angesehen. – Von den sog. »Welthilfssprachen« (»Kunstsprachen«) hat das vom Warschauer Augenarzt Ludwig Zamenhof 1887 geschaffene, heute einen Wortschatz von etwa 80 000 Wörtern aufweisende **Esperanto** die weitaus größte Verbreitung erlangt. Die Esperantisten sind im »Esperanto Weltbund« (Universala Esperanto Asocio, Sitz Rotterdam) zusammengeschlossen.

Ausgewählte Kulturstatistik

DEUTSCHE PRESSE

(Auswahl wichtiger Tages- und Wochenzeitungen)

Richtung: soweit auf Anfragen geantwortet, nach eigenen Angaben der Blätter: bürgerl. = bürgerlich; christl. = christlich; dem. = demokratisch; gewerksch. = gewerkschaftlich; kath. = katholisch; komm. = kommunistisch; kons. = konservativ; lib. = liberal; n. parteigeb. = nicht parteigebunden; parteipol. = parteipolitisch; protest. = protestantisch; republ. = republikanisch; sa. = samstags; so. = sonntags bzw. zum Wochenende erscheinend; soz. = sozialistisch; überkonf. = überkonfessionell; überpart. = überparteilich; unab. = unabhängig; unpart. = unparteilich; unpolit. = unpolitisch; wo. = wochentags; m. Neb.-A. = mit Nebenausgaben. – **Auflagenhöhe** in Exemplaren meist 1975/76: (1) = über 5 Mill.; (2) = 1 bis unter 5 Mill.; (3) = 0,5 bis unter 1 Mill.; (4) = 0,2 bis unter 0,5 Mill.; (5) = 0,1 bis unter 0,2 Mill.; (6) = 50 000 bis unter 100 000; (7) = weniger als 50 000.

Bundesrepublik Deutschland
(m. Berlin/West)

Tageszeitungen

Aachener Volkszeitung, Aachen (5)/unabh. – **Der Abend,** Berlin (6)/unabh., überpart. – **Abendzeitung,** München (4)/unabh. – **8-Uhr-Blatt,** Nürnberg (6, sa. 5)/unpol. – **Allgäuer Zeitung,** Kaufbeuren (m. Neb.-A. 7)/unabh. – **Allgemeine Zeitung,** Mainz (m. Neb.-A. 5)/unabh., überpart. – **Augsburger Allgemeine Zeitung,** Augsburg (5)/unabh., überpart. – **Badische Neueste Nachrichten,** Karlsruhe (5)/unabh. – **Badische Zeitung,** Freiburg (5)/unabh. – **Berliner Morgenpost,** Berlin (5, so. 4)/unabh., überpart. – **B. Z.,** Berlin (4)/unabh., überpart. – **Bild-Zeitung,** Hamburg, Berlin, München (2)/unabh., überpart. – **Braunschweiger Zeitung,** Braunschweig, (5)/unabh., n. parteigeb. – **Bremer Nachrichten,** Bremen (7)/unabh. – **Darmstädter Echo,** Darmstadt (6)/unabh. – **Deutsche Tagespost,** Würzburg (7)/unabh., kath. – **Expreß,** Köln (4)/unabh. – **Flensburger Tageblatt,** Flensburg (6)/unabh. – **Frankenpost,** Hof (m. Neb.-A. 6)/unabh. – **Frankfurter Allgemeine Zeitung,** Frankfurt a. M. (4)/unabh., auf freiheitl.-staatsbürgerl. Grundlage – **Frankfurter Neue Presse,** Frankfurt a. M. (5)/unabh., bürgerl. – **Frankfurter Rundschau,** Frankfurt a. M. (5)/unabh., linkslib. – **General-Anzeiger Bonn,** (6)/pol. unabh. – **General-Anzeiger der Stadt Wuppertal,** Wuppertal (6)/unabh., überpart. – **Hamburger Abendblatt,** Hamburg (4)/unabh., überpart. – **Hamburger Morgenpost,** Hamburg (4)/unabh., SPD nahest. – **Handelsblatt/Deutsche Wirtschaftszeitung,** Düsseldorf (6, börsentäglich)/unabh. – **Hannoversche Allgemeine Zeitung,** Hannover (m. Neb.-A. 4)/unabh. – **Neue Hannoversche Presse,** Hannover (6)/unabh. – **Heilbronner Stimme,** Heilbronn (6)/unabh., überpart. – **Hessische Allgemeine,** Kassel (5)/unabh., überpart. – **Kieler Nachrichten,** Kiel (5)/unabh. – **Kölner Stadt-Anzeiger,** Köln (4)/unabh., überpart. – **Kölnische Rundschau,** Köln (5)/unabh., lib.-kons. – **Lübecker Nachrichten,** Lübeck (6)/unabh., überpart. – **Main-Post,** Würzburg, mit **Schweinfurter Tageblatt** (5)/überpart. – **Mannheimer Morgen,** Mannheim (5)/unabh., überpart. – **Mittelbayerische Zeitung,** Regensburg (5)/unabh. – **Münchner Merkur,** München (5)/unabh. – **Nachtausgabe/Abendpost,** Frankfurt a. M. (5)/unabh. – **Neue Osnabrücker Zeitung,** Osnabrück (4)/unabh., überpart. – **Neue Westfälische,** Bielefeld (5)/unabh., überpart. – **Nordwest-Zeitung,** Oldenburg (5)/überpart. – **NRZ, Neue Ruhr Zeitung** (am Rhein: **Neue Rhein Zeitung),** Essen (4)/unabh. – **Nürnberger Nachrichten,** Nürnberg (4)/unabh., lib. – **Passauer Neue Presse,** Passau (5)/unabh., überpart. – **Rhein-Neckar-Zeitung,** Heidelberg (6)/unabh., christl. – **Rheinische Post,** Düsseldorf (4)/Zeitung für christliche Kultur und Politik – **Die Rheinpfalz,** Ludwigshafen (5)/unabh. – **Rhein-Zeitung,** Koblenz (5)/unabh. – **Ruhr-Nachrichten,** Dortmund (4)/unabh., überpart. – **Saarbrücker Zeitung,** Saarbrükken (5)/unabh., überpart. – **Schwäbische Zeitung,** Leutkirch (5)/unabh., christl. Grunds. – **Schwarzwälder Bote,** Oberndorf (5)/unabh. – **Spandauer Volksblatt,** B.-Spandau (7)/unabh. – **Stuttgarter Nachrichten,** Stuttgart (6, m. Kopfbl. 5)/unabh., überpart. – **Stuttgarter Zeitung,** Stuttgart (5)/unabh. – **Süddeutsche Zeitung,** München (4)/links v. d. Mitte, unabh. – **Südkurier,** Konstanz (5)/unabh. – **Südwest-Presse,** Ulm (m. NWZ usw., 4)/unabh. – **Der Tagesspiegel,** Berlin (5)/unabh. – **Trierischer**

Volksfreund, Trier (5)/unabh. – **Unsere Zeit/uz,** Düsseldorf (7)/Organ d. DKP – **Die Welt,** Hamburg (4)unabh. – **Weser-Kurier,** Bremen (5)/unabh., überpart. – **Westdeutsche Allgemeine,** Essen (3)/unabh. – **Westfalen-Blatt,** Bielefeld (5)/unabh., bürgerl. – **Westfalenpost,** Hagen (5)/unabh., christl.-dem. – **Westfälische Nachrichten,** Münster (5)/unabh. – **Westfälische Rundschau,** Dortmund (4)/unabh. – **Wiesbadener Kurier,** Wiesbaden (6)/unabh. – **WZ-Westdeutsche Zeitung,** Krefeld, Mönchengladbach, m. **WZ-Düsseldorfer Nachrichten,** Düsseldorf (6)/unabh., überpart. – **WZ-Generalanzeiger,** Wuppertal, Schwelm, Gevelsberg (5)/unabh., überpart.

Wochen- und Sonntags-Zeitungen, Magazine usw.

Allgemeine Jüdische Wochenzeitung, Düsseldorf (7)/Zeitschrift der Juden in der Bundesrepublik Deutschland – **Bayern Kurier,** München (5)/CSU – **Berliner Stimme,** Berlin (7)/SPD – **Bild am Sonntag,** Hamburg (2)/unabh., überpart. – **Capital** (Wirtschaftsmagazin, monatl., m. Capital vertraulich) Köln (5)/unabh. – **Das Beste,** (2)/unabh. – **Das Liberale Forum** (7)/F.D.P., (mtl.) – **Das Deutsche Monatsblatt** (3)/CDU (mtl.) – **Esprit,** Bonn (7)/Gesellsch. Mag. – **Deutsche Zeitung/Christ und Welt,** Bonn (5)/unabh., lib., polit. Mitte, marktwirtsch. orientiert – **Deutsche Volkszeitung,** Düsseldorf (6)/linksdem., f. Fried. u. soz. Fortschr. – **Kommunistische Volkszeitung,** Mannheim (7)/KBW-Organ – **Deutsches Allgemeines Sonntagsblatt,** Hamburg (5)/unabh., protest. – **Kasseler Sonntagsblatt,** Kassel (5)/unabh., christl. (ev.) – **National-Zeitung,** München (4)/unabh., freiheitl., rechts – **Das Ostpreußenblatt,** Hamburg (6)/überpart., Heimatvertr. – **Das Parlament** m. Beilage »Aus Politik und Zeitgeschichte«, Bonn (5)/überpart. – **Sozialdemokrat-Magazin** für die Mitgl. d. SPD (3)/(mtl.) – **Rheinischer Merkur,** Koblenz (6)/CDU nahestehend – **Der Spiegel** (Das deutsche Nachrichten-Magazin), Hamburg (2 Druckaufl.)/unabh. – **Vorwärts,** Bonn-Bad Godesberg (6)/offiz. Organ d. SPD – **Welt am Sonntag,** Hamburg (4)/unabh. – **Welt der Arbeit,** Köln-Deutz (5)/gewerksch. (DGB), wöchentl. – **Die Zeit,** Hamburg (4)/unabh., lib. – **Rote Fahne** (7)/Organ d. KPD – 1974 insges. 54 (davon 15 überregionale) Wochenzeitungen.

Kulturzeitschriften (Auswahl) **Akzente – Areopag – Dokumente – kürbiskern – Kursbuch – Literatur-Magazin – Manuskripte – Merkur – Neue Deutsche Hefte – Neue Rundschau – Stimmen der Zeit**

Illustrierte Zeitschriften/Frauenzeitschriften usw.

Bild und Funk (2) – **Bravo** (Jugendzeitschrift) (2) – **Brigitte** (2) – **Bunte Illustrierte** (2) – **Burda-Moden** (2) – **Eltern** (3) – **Fernsehwoche** (2) – **Frau im Spiegel** (2) – **Freizeit-Revue** (3) – **Freundin** (3) – **Für Sie** (2) – **Funk Uhr** (2) – **Gong** (3) – **Das Haus** A (2) u. B (2) – **Heim und Welt** (3) – **Hör zu** (2) – **Illustr. Wochenzeitung** (3) – **Neue Post** (2) – **Neue Revue** (2) – **Neues Blatt** (2) – **Neue Welt** (3) – **Petra** (3) – **Praline** (2) – **Quick** (2) – **Schalt ein/Telestar** (3) – **Schöner Wohnen** (3) – **Sexy** (4) – **Stern** (2)/unabh., soz.-lib. – **TV Hören und Sehen** (2) – **Wirtschaftswoche** (7) – **Wochenend** (2) – **Zuhause** (4)

Seit 1975 besteht in Stuttgart eine »Verlegervereinigung der deutschsprachigen **Überseepresse**«.

Nachrichtenagenturen (Auswahl)

Deutsche Presse Agentur GmbH **(dpa),** Hamburg – **Deutscher Depeschendienst (ddp),** Bonn – **Deutschland-Union-Dienst (DUD)** (CDU) – **DIMITAG,** Bonn – **Evangelischer Pressedienst (epd),** versch. Landesdienste – **Freie Demokratische Korrespondenz,** Bonn (F.D.P.) – **Katholische Nachrichtenagentur (KNA),** Bonn – **Parlamentarisch-Politischer Pressedienst (PPP),** Bonn – **Progreß-Presse-Agentur GmbH (ppa),** Düsseldorf (kommunist.) – **Sozialdemokratischer Pressedienst,** Bonn (SPD) – **Vereinigte Wirtschaftsdienste (VWD),** Frankfurt a. M. – Deutscher Dienst von **Agence France-Press,** Bonn – **The Associated Press (AP),** Frankfurt a. M. – **Reuters Ltd.,** Bonn

Gesamtstatistik (BRD mit Berlin/West)

Durchschn. Druckauflage je Nummer der Tageszeitungen (1976 ohne aktuelle Sonntags-Z.) 21,9, der Zeitschriften 1974 103,25 Mill. Expl. 1954 gab es noch 225, im Mai 1976 nur noch 121 Tageszeitungen als »publizistische Einheiten« (1974 mit allen Nebenausgaben 1172 mehr als einmal wöchentlich erscheinende Blätter) – 1975 hatten **die fünf größten Zeitungskonzerne einen Marktanteil von 45 %.**

DEUTSCHE DEMOKRATISCHE REPUBLIK (m. Ost-Berlin)

Tageszeitungen

Azet (Abendzeitung), Halle/Leipzig (Boulevardblatt) – **Bauern-Echo,** Berlin/DBD – **Berliner Zeitung,** Berlin (5)/SED, offiziös – **Brandenburgische Neueste Nachrichten,** Potsdam (7)/NDPD – **Der Demokrat,** Rostock (7)/Ost-CDU – **Freie Erde,** Neustrelitz (5)/SED – **Freiheit,** Halle (4)/SED – **Freies Wort,** Suhl (6)/SED – **Junge Welt,** Berlin (5)/FDJ – **Lausitzer Rundschau,** Cottbus (5)SED – **Leipziger Volkszeitung,** Leipzig (4)/SED – **Liberal-Demokratische Zeitung,** Halle (7)/LDPD – **Märkische Union,** Potsdam (7)/Ost-CDU – **Märkische Volksstimme,** Potsdam (5)/SED – **Mitteldeutsche Neueste Nachrichten,** Halle (–)/NDPD – **Der Morgen,** Berlin (7)/LDPD – **National-Zeitung,** Berlin (6)/NDPD –

Neuer Tag, Frankfurt/Oder (6)/SED – **Neues Deutschland,** Berlin (3)/SED – **Der Neue Weg,** Halle (7)/Ost-CDU – **Neue Zeit,** Berlin (7)/Ost-CDU – **Norddeutsche Neueste Nachrichten,** Rostock (7)/NDPD – **Norddeutsche Zeitung,** Schwerin (7)/LDPD – **Ostsee-Zeitung,** Rostock (4)/SED – **Sächsische Neueste Nachrichten,** Karl-Marx-Stadt (7)/NDPD – **Sächsisches Tageblatt,** Dresden (7)/LDPD – **Sächsische Zeitung,** Dresden (4)/SED – **Schweriner Volkszeitung,** Schwerin (4)/SED – **Thüringer Neueste Nachrichten,** Weimar (7)/NDPD – **Thüringer Tageblatt,** Weimar (7)/Ost-CDU – **Thüringische Landeszeitung,** Weimar (7)/LDPD – **Tribüne,** Berlin (4)/FDGB – **Die Union,** Dresden (7)/Ost-CDU – **Das Volk,** Erfurt (4)/SED – **Volksstimme,** Magdeburg und Chemnitz (4)/SED – **Volkswacht,** Gera (5)/SED.

Wochenzeitungen, polit. Monatsschriften usw.

Sonntag, Berlin, Organ des ›Deutschen Kulturbundes‹ – **Wochenpost,** Berlin (3)/SED, offiziös – **für dich,** Berlin (3) – **Die Trommel,** Berlin (4) – **Magazin,** Berlin (4) – **Einheit** (4), Organ des ZK d. SED f. wiss. Soz. (mtl.) – **Der Neue Weg** (3), Organ d. ZK d. SED f. Fragen d. Parteilebens (mtl.) – Außer den Tageszeitungen existieren 28 Wochenzeitungen mit einer Gesamtauflage von über 7 Mill. Expl. Die Betriebs- und wöchentl. Kreiszeitungen haben eine Gesamtauflage von 1,6 Mill. Expl. Nach dem DDR-Jahrbuch 1975 erreichte die Jahresgesamtauflage der 515 Zeitschriften 1974 insgesamt eine Höhe von 228,7 Mill., 1974 die der Zeitungen von 2799 Mill. Expl.

Nachrichtenagentur

Allgemeiner Deutscher Nachrichtendienst (ADN), Berlin – regierungseigene Nachrichtenagentur in der DDR

INTERNATIONALE PRESSE

Ägypten

Al-Ahram, Kairo (4), freitags (3)/unabh., wichtigste Tageszeitung – **Al-Akhbar,** Kairo (3)/unabh. – **Al-Gomhurija,** Kairo (4), Org. d. »Arab.-Soz. Union« – *Nachrichtenagentur:* **MENA,** Kairo

Albanien

Zëri I Popullit, Tirana (5)/Organ der PPSH – *Nachrichtenagentur:* **ATA**

Argentinien

BUENOS AIRES: **La Prensa** (5)/liberal – **La Nación** (4)/kons. – **Clarín** (4, so 3)/kons. – **Última Hora** (5)/linkslib. – **Argentinisches Tageblatt** (6)/lib. – **Freie Presse** (6)/kons. (ab 1. 7. 76 Wochenblatt) – MENDOZA: **Los Andes** (5)/kons. – ROSARIO: **La Capital** (6)/kons. – TUCUMÁN: **La Gaceta** (6)/lib.-kons. – *Nachrichtenagentur:* **Agencia Noticiosa Saporiti/ANS**

Belgien

Tages- und Wochenzeitungen: ANTWERPEN: **De Nieuwe Gazet** (6)/lib. – **Gazet van Antwerpen** (5)/kath. – **La Métropole** (7)/kath. – **Le Matin** (7)/lib. – **Volksgazet** (6)/soz. – BRÜSSEL: **De Nieuwe Gids** (7)/kath., rechtsgerichtet – **De Standaard** (7)/kath., flämisch – **Echo de la Bourse** (7)/unabh. – **Het Laatste Nieuws** (4)/lib. – **La Cité** (6)/kath. – **La Dernière Heure** (5)/lib. – **La Lanterne** (6)/lib., unabh. – **La Libre Belgique** (5)/kath., kons. – **Le Soir** (4)/unabh. – CHARLEROI: **La Nouvelle Gazette** (6)/lib. – **Journal et Indépendance** (7)/soz., unabh. – **Le Rappel** (6)/kath., unabh. – GENT: **Het Volk** (4)/kath. Arbeiterinteressen – **Vooruit** (7)/soz. – LÜTTICH: **La Meuse** (4)/unabh. – NAMUR: **Le Progrès** (6)/links – VERVIER: **Le Travail** (6) – EUPEN: **Grenzecho** (7)/kath. – *Nachrichtenagentur:* **Agence Télégraphique Belge de Presse/BELGA,** Brüssel. (Gesamtaufl. d. Tageszeitungen in französ. u. niederl. Sprache je 1,3 Mill. Expl.)

Brasilien

BRASILIA: **Correio Brasiliense** (6)/lib. – PORTO ALEGRE: **Correio do Povo** (3)/lib. – RIO DE JANEIRO: **Jornal do Brasil** (3)/lib. – **O Globo** (3)/kons. – **Correio da Manhã**/oppos. – **O Século** (5)/prokomm. – SÃO PAULO: **Fôlha de São Paulo** (3)/lib. – **O Estado de São Paulo** (2)/lib. – *Nachrichtenagentur:* u. a. **Agencia Nacional/AN** u. **Transpress**

China

a) **Chinesische Volksrepublik**

PEKING: **Jen Min Jih Pao** (renmin Ribao = **Pekinger Volkszeitung**) (2)/KP-Zentralorgan – **Hung Tschi** (Hongqi; »Rote Fahne«)/theoret. Monatsschrift d. KP – **Tschieh Fang Tschün Pao** (»Tageszeitung der Befreiungsarmee«) – **Hsinhua/NCNA** (offiz. Nachrichtenagentur)

b) **Republik China** (Taiwan)

TAIPEH: u. a. **Tschung-Jang Jih-Pao** u. **Tschunghua Jih-Pao,** beide Kuomintang-Organe – **Lien-ho Pao**/oppos. – **News from China,** hg. v. Chin. Inf. Service, New York – Nachrichtenagentur: **CNA**

Cypern

(Griechischsprachige Zeitungen) **Agon-Anagenissis** – **Apogermatini** – **Makhi** – **Phileleftheros** – **Sime-**

rini (alle regierungsfreundlich, Auflagen unter 50 000 Expl.) – **TA NEA**/sozial. – **Haravghi**/Organ d. kommun. AKEL – **Cyprus Mail,** engl. – 41 **Wochenblätter,** u. a. **Kypros Dimokratiki – Kypriaka Nea**

Dänemark

Tageszeitungen: KOPENHAGEN: **Aktuelt** (6, so. 5)/sozialdem. – **B. T.** (4)/kons. – **Berlingske Tidende** (5, so. 4)/kons. – **Ekstrabladet** (4) – **Information** (5)/unabh. – **Politiken** (5, so. 4)/lib. – **Jyllands-Posten** (6, so. 5) – *Nachrichtenagentur:* **Ritzau's Bureau – Dansk Telegrammbureau/RB,** Kopenhagen

Finnland

Tageszeitungen: HELSINKI: **Helsingin Sanomat** (4)/unabh. lib. – **Uusi Suomi** (6)/kons. – **Kansan Uutiset** (5)/komm. – **Suomen Sosiaalidemokraatti** (7)/sozialdem. – **Savon Sanomat** (6)/Zentr. – **Turun Sanomat** (5)/unabh. – **Hufvudstadsbladet/** schwedisch (6)/unabh. – *Nachrichtenagentur:* **Suomen Tietotoimisto – Finska Notisbyrån/STT/FNB,** Helsinki/unabh.

Frankreich

Tageszeitungen: **France-Soir** (3)/gemäßigt – **La Croix** (5)/kath. – **L'Aurore** (4)/rechtsgerichtet – **L'Humanité** (6)/komm. – **Le Figaro** (4)/gemäß. rechts – **Le Monde** (3)/unabh., lib. – **Le Parisien Libéré** (3)/rechts – **Les Echos** (7)/finanzwirtsch., unabh. – **Le Populaire** (7)/Organ der S.F.I.O. – **Le Nouveau Journal** (7)/wirtsch. Inform.-Blatt – **Le Quotidien de Paris** (6)/lib.

Sonntagszeitungen und Nachrichtenmagazine: PARIS: **France-Dimanche** (2) – **Journal du Dimanche** (3) – Zahlreiche Meinungs-Wochenblätter, u. a. **L'Express** (3)/unabh. – **Le Canard Enchaîné** (4)/satir. – **Panorama Chrétien** (5)/kath. – **La Vie ouvrière** (5)/CGT – **Le Point** (5)/gem. rechts – **Le Nouvel Observateur** (5)/gem. links. Die *illustrierte Wochenzeitschrift:* **Paris Match** erreicht eine Auflage von über 0,6 Mill. Ex., ebenso **Nous Deux;** weitere wichtige Wochenillustrierte sind: **Ici Paris** (3) – **Le Pélerin** (3) – **La Vie Catholique illustré** (3) – **Jours de France** (3) – **Mode de Paris** (3) – **Elle** (3) – **Femmes d'aujourdhui** (2) – **Echo des Françaises** (3) – *Wirtschaftszeitung:* **L'Expansion** (6)/unpart. – *Provinzzeitungen:* **Le Dauphiné Libéré,** Grenoble (3)/unabh. – **La Dépêche du Midi,** Toulouse (4)/radik.-soz. – **La Montagne,** Clermont-Ferrand (4) – **L'Est Republiccain,** Nancy (4)/unabh. – **La Nouvelle République de Centre Ouest,** Tours (4)/unabh. – **Le Provençal,** Marseille (4)/soz. – **Midi Libre,** Montpellier (5) – **Ouest France,** Rennes (3)/bürgerl. – **Le Progrès de Lyon,** Lyon (4)/links unabh. – **Sud-Ouest,** Bordeaux (4)/gemäßigt – **La Voix du Nord,** Lille (4)/gemäßigt – **L'Alsace,** Mülhausen (5) – **Les Dernières Nouvelles d'Alsace,** Straßburg (4) – **Le Républicain Lorrain,** Metz (4) – **Nice-Matin,** Nice (4)/unabh. – *Nachrichtenagenturen:* **Agence France-Press/AFP,** Paris/halboffiz. – **Agence Centrale de Presse/ACP,** Paris. (Gesamtauflage d. franz. Tageszeitungen 1975 über 12 Mill. Expl.)

Griechenland

Tageszeitungen: **Acropolis** (6)/reg. nah – **Apoghevmatini** (5)/unabh. – **Athinaiki** (7)/linke Mitte – **Estia**/kons. – **Eleftheria** (7)/Mitte – **Eleftherotypia** (6)/sozialist. – **Ellinikon Mellon** (7)/liberal – **I Kathimerini** (6)/linkslib. – **Mesimvrini**/kons. – **Ta Nea** (5)/linkslib. – **Nea Politika**/kons. – **Rizopastis**/KP – **Thessaloniki-To Vima** (7)/linke Mitte – **Vradyni** (5)/unabh. – **Athen News** (7) – *Nachrichtenagentur:* **Agence d'Athène/AA,** Athen

Großbritannien

Tages- und Abendzeitungen: LONDON: **Daily Express** (2)/unabh., pro-kons. – **Daily Mail** (2)/unabh., pro-kons. – **Daily Mirror** (2)/unabh., links – **Evening News** (3)/unabh., pro-kons. – **Evening Standard** (4)/unabh., pro-kons. – **Financial Times** (5)/unabh. – **The Daily Telegraph** (2)/unabh., pro-kons. – **The Guardian** (4)/unabh., lib. – **The Sun** (2)/unabh. – **The Times** (4)/unabh. – **Morning Star** (7)/kommun. – CARDIFF: **Western Mail** (3)/unabh. – GLASGOW: **Glasgow Daily Record** (3)/unabh., liberale Tendenz – **Glasgow Herald** (4)/unabh. – *Sonntagszeitungen:* LONDON: **News of the World** (1)/unabh. – **Sunday Express** (2)/unabh. – **Sunday Mirror** (2)/unabh., linksgerichtet – **Sunday Times** (2)/unabh., kons. – **The Observer** (3)/unabh. – **The Sunday People** (2)/unabh. – **Sunday Telegraph** (3)/unabh. – *Wochenzeitschriften:* The **Economist** (5)/liberal, unabh. – **New Statesman** (7)/unabh., soz. – **Spectator** (7)/unabh. – **Tribune** (7)/soz. – *Nachrichtenagenturen:* **Exchange Telegraph** Co. Ltd./**EXTEL,** London/unabh. – **The Press Association** (PA), London/unabh. – **Reuters** Ltd./**REUTER,** London/unabh. (Gesamtauflage d. brit. Tageszeitungen 1975 29,5 Mill. Expl.)

Indien

Wichtige englischsprachige und überregionale Zeitungen: **The Indian Express** (4)/kons. – **The Times of India** (5)/regierungsnah – **The Statesman** (Calcutta 5, Delhi 7)/kons. – **The Hindu** (5)/unabh. – **Amrita Bazar Pratika** (5)/d. Kongreßpartei nahestehend – **The Hindustan Times** – **The Patriot** (7)/kommun. – **National Herald** (4)/offiz. Organ d. Kongreßpartei – Außerdem regional: CALCUTTA: Ananda Bazar Patrika (in Bengali) – KOTTAJAM: Majalaja Manorama (in Malajalam) – BOMBAY: Lokasatta (in Marathi) – DELHI: Nav

Bharat Times (in Hindi) – MADRAS: Thanthi (in Tamil) – *Nachrichtenagentur:* **Press Trust of India/PTI** u. **United News of India** (beide englischsprach.) – **Hindustan/Samachar** u. **Samachar Bharati** (indischspr.). Alle vier Agenturen seit 1976 in die nationale Einheitsagentur »SAMACHAR« zusammengefaßt. (Gesamtauflage aller Zeitungen 9 Mill. Exempl., davon in Englisch üb. 10 %)

Israel

Dawar u. **Omer**/beide gewerksch.- u. Mapai-frdl. – **Al Hamischmar**/Organ der Mapam – **Schearim** u. **Modia**/Agudat-Organe – **Jedioth Ahronoth** u. **Ma'ariv** (beide Abendztgn.) – **The Jerusalem Post**/ englischspr. – *Nachrichtenagenturen:* **Israel News Agency/INA – Itonut Israel Meuchedet**

Italien/Vatikanstadt

Tageszeitungen (Auflagen schätzungsweise): BOLOGNA: **Il Resto del Carlino** (4)/lib. Mitte – BOZEN: **Dolomiten** (7)/Tageblatt d. Südtiroler f. dt.-spr. Bevölk. – FLORENZ: **La Nazione** (4)/lib. Mitte – MAILAND: **Corriere d'Informazione** (5)/ unabh./tägl. 3 Ausg., zugl. Montag-Ausg. d. *Corriere della Sera* – **Corriere della Sera** (3)/ unabh., links/tägl. außer Montag – **Il Giorno** (5)/ linke Mitte – **Il Giornale Novo** (5)/unabh., rechtslib. – **L'Unità** (3)/komm. – **24 Ore** (m. **Il Sole**) (6)/ Inform.-Organ f. Wirtsch. u. Finanz. – NEAPEL: **Il Mattino** (5)/rechtsger. – **Roma** (6)/monarch. – ROM: **Avanti** (5)/links-soz. – **Il Messaggero** (4)/unabh., linke Mitte – **Osservatore Romano** (6)/Organ des Vatikans – **Il Popolo**/Aufl. nicht angegeb./Organ d. Democrazia Cristiana – **La Repubblica** (4)/links – **Il Tempo** (4)/kons., rechte Mitte – TURIN: **La Stampa**/morgens (3), abends **La Stampa Sera** (5), montags (4)/linkslib. – **Gazzetta del Popolo** (6)/linke Mitte – *Wochenzeitungen:* **Espresso** (4)/links – **Oggi**/unabh., rechts – **Tempo**/unabh. – **Corrispondenza Socialista** – *Nachrichtenagenturen:* **Agenzia Nazionale Stampa Associata/ANSA,** Rom/ unabh. – **Agenzia d'Italia/ITALIA,** Rom/unabh. (Gesamtaufl. d. ital. Tageszeitungen üb. 7,5 Mill. Expl.)

Japan

Größte Tageszeitungen: **Asahi Shimbun,** Morgen- u. Abendausgabe zusammen (1)/unabh. – **Yomiuri Shimbun** (1)/unabh. – Führende Wirtschaftszeitung: **Nihon Keiza Shimbun** (2) – Englischsprachig: **Japan Times** (7)/unabh. – *Wirtschaftszeitung:* **Shipping and Trade News** (7)/ unabh. – *Nachrichtenagenturen:* **Jiji Press/JP** (Jiji Tsushin), Tokio – **Kyodo News Service** (Kyodo Tsushin), Tokio

Jugoslawien

Tageszeitungen: BELGRAD: **Borba** (»Kampf«)/ kommun. Parteiorgan – **Politika** (4) – **Večernje Novosti** (4) – Weitere wichtige Zeitungen: ZAGREB: **Vjesnik** (»Bote«). – LJUBLJANA: **Delo** (»Werk«) – SARAJEWO: **Oslobodjenje** – SKOPJE: **Nova Makedonija** – *Nachrichtenagentur:* **Telegrafska Agencija Nova Jugoslavija/Tanjug,** Belgrad

Kanada

Tageszeitungen: MONTREAL: **La Presse** (4)/ unabh. – **Montreal-Matin** (5)/unabh. – QUEBEC: **Le Soleil** (5)/unabh. – TORONTO: **The Globe and Mail** (4)/gem. kons. – **Globe** (4) – **Toronto Daily Star** (3)/unabh. – WINNIPEG: **Winnipeg Free Press** (4)/lib. – *Wirtschaftszeitung:* **Daily Commercial News and Building Record,** Toronto – *Nachrichtenagentur:* **The Canadian Press**/unabh., Toronto (Die Gesamtauflage der Tageszeitungen – u. a. 12 französischsprachige – beläuft sich auf 4,7 Mill. Expl.)

Korea

a) Rep. K. (Süd-K.): **Hankok Ilbo**/unabh. – **Chosun Ilbo**/unabh. – **Choong Ang Ilbo**/unabh. – **Seoul Shinmun**/unabh. – **Dong a Ilbo** (3)/oppos. – *Nachrichtenagenturen:* **Dong Yang, Donghwa,** beide Seoul – b) K. Volksdem. Rep. (Nord-K.): **No Dong Shin Mun**/offiz. KAP-Organ – *Nachrichtenagentur:* **Chung Yang,** Pjöngjang

Luxemburg

Letzeburger Journal (7)/lib.-dem. mit stark europäischem Einschlag – **Luxemburger Wort** (6)/ christl.-sozial – **tageblatt**/Journal d'Esch (7)/soz.

Mexiko

C. DE MEXICO: **Excelsior** (4)/unabh.-lib. – **El Sol** u. **Universal,** wichtige Blätter einer faktisch von der Regierungspartei kontrollierten Zeitungskette – *Nachrichtenagentur:* **Informex S.A.**

Niederlande

Tageszeitungen: AMSTERDAM. **Haagse Post** (7)/unabh. progr. – **De Telegraaf** (3)/unabh., kons. – **De Volkskrant** (4)/progressiv – **De Waarheid** (6)/komm. Partei-Organ – **Het Parool** (5)/Mitte, progr. – **Het Vrije Volk** (5)/Partei d. Arbeit – **Trouw** (5)/kalvinistisch – ROTTERDAM: **NRC-Handelsblad** (6)/unabh., lib. – **Algemeen Dagblad** (4)/ unabh., lib. – *Wochenzeitungen:* AMSTERDAM: **Accent – De Groene Amsterdammer** (7)/unabh., radikal – **De Nieuwe Linie** (7)/progr.-radik. – **Elseviers Magazine** (5)/kons. – **Vrij Nederland** (4)/ progr. – *Nachrichtenagentur:* **Algemeen Nederlands Persbureau/ANP,** Den Haag/unabh.

Norwegen

Tageszeitungen: OSLO: **Aftenposten** (4)/kons.,

unabh. – **Arbeiderbladet** (6)/Arbeiterpartei – **Dagbladet** (5)/lib. – **Verdens Gang** (5)/unabh. – BERGEN: **Bergens Tidende** (6)/lib. – STAVANGER: **Stavanger Aftenblad** (7)/lib. – TRONDHEIM: **Adresseavisen** (6)/kons. – *Nachrichtenagenturen:* **Norsk Telegrammbyrå/NTB**, Oslo – **Norsk Presseforbund**, Oslo

Österreich

Tages- und Wochenzeitungen usw.: BREGENZ: **Vorarlberger Nachrichten** (7)/unabh. – GRAZ: **Kleine Zeitung** (5)/unabh. – **Neue Zeit/NZ am Montag** (6)/sozialdem. – **Grazer Montag** (6)/unpart. – **Südost-Tagespost** (6)/ÖVP nahest., unabh. – INNSBRUCK: **Tiroler Tageszeitung** (6)/ unabh. – KLAGENFURT: **Kärntner Tageszeitung** (7)/soz. – **Kleine Zeitung**/Schwesterblatt d. Grazer (6)/unabh. – **Volkszeitung** (7)/bürgerl. ÖVP – **Kärntner Montag** (7)/unpart. – LINZ: **Neues Volksblatt** (7)/ ÖVP – **Linzer Tagblatt** (7)/soz. – **Oberösterreichische Nachrichten** (wo. 6, sa. 5)/unabh. – SALZBURG: **Salzburger Nachrichten** (wo. 7, sa. 5)/unabh. – **Salzburger Volksblatt** (7)/unabh. lib. – WIEN: *Tageszeitungen:* **Arbeiterzeitung** (5)/ Zentralorgan der SPÖ – **Die Presse** (6)/unabh. – **Unabhängige Kronenzeitung** (3)/unabh. – **Kurier** (wo. 4, sa./so. 3)/polit. unabh. – **Volksstimme** (wo. 7, so. 6)/Zentralorgan d. KPÖ – **Wiener Zeitung** (7)/überpart. Hrsg.: Die Rep. Österreich – *Wochenzeitungen:* **Der Rundblick** (7)/links-lib. – **Die Furche** (7)/freie Kulturpolitische Wochenschrift, kath. – **Neue Front**/Zeitung der Freiheitlichen (7)/FPÖ – **Die Neue Zeitung** (4 × jährl. in Wien, 2 × jährl. in Niederösterr.; 3)/SPÖ – **präsent**/unabh. österr. Wochenblatt (7)/christl., unabh. – **Wochenpresse** (7)/unabh. – **Echo** (4)/neutr., unpol. – **Wiener Samstag** mit **Grazer Samstag** u. **Nachrichten für den Sonntag** (5)/unpart. – *Illustrierte Zeitschriften:* **Die Frau,** Wien (5) – **RZ illustr. Romanzeitung,** Wien (5) – **Hör zu,** Wien (6) – *Nachrichtenagenturen:* **Austria Presse-Agentur/APA**/Genossenschaftliche Einrichtung der Österreichischen Tageszeitungen. Eine tägliche Presseübersicht – **»Der Österreich-Bericht«** – wird vom Bundespressedienst des Bundeskanzleramtes herausgegeben. – 1946 gab es 35, 1975 19 Tageszeitungen (m. Kopfbl. 31) mit einer Gesamtauflage von 2,31 Mill. Expl.; der Anteil der 4 SPÖ-Zeitungen an der Auflage beträgt 11,5 %, jener der 3 ÖVP-Blätter 4,6 % und des einen KPÖ-Blattes 2,2 %.

Polen

Tageszeitungen: **Trybuna Ludu,** Warschau (4)/ Organ d. PZPR-**Głos Praacy,** Warschau (3)/gewerksch. – **Dziennik Ludowy,** Warschau (6)/Organ d. ZSL – **Kurier Polski,** Warschau (6)/Organ d. SD – **Życie Warszawy** (5)/allg. Tagesztg. – *Wochenzeitung:* **Polityka,** Warschau.

Portugal

Tageszeitungen: LISSABON: **A Batalha**/syndik. – **A Luta** (7)/linke Mitte – **A Capital** (7)/linkslib. – **Jornal do Comércio** (7)/unabh. links – **Diário Popular**/kommun. – **Diário de Lisboa**/kommun. – **Diário de Noticias** (5)/linke Mitte – **Jornal Novo** (6)/soz. dem. – **O Século** (7)/soz.dem. – PORTO: **Jornal de Noticias** (5)/unabh. links – **O Comércio do Porto**/kons. – *Wochenzeitungen:* u. a. **Expresso**/ linke Mitte – **Boletim MFA**/offiz. Organ d. MFA – *Nachrichtenagentur:* **Agencia de Noticias de Informações/ANI**

Schweden

Tages- und Wochenzeitungen: STOCKHOLM: **Aftonbladet** (4)/sozialdem. – **Dagens Nyheter** (3)/ lib. – **Expressen** (4)/lib. – **Svenska Dagbladet** (5)/ konserv. – **Vi** (3)/Wochenschr. d. Konsumgen. – GÖTEBORG: **Göteborgs-Posten** (4)/lib. – MALMÖ: **Kvällsposten** (5)/unabh., lib. – **Sydsvenska Dagbladet** (5)/unabh., lib. – **Arbetet** (6)/sozialdem. – *Nachrichtenagentur:* **Tidningarnas Telegrambyrå/TT,** Stockholm

Schweiz

Tages- und Wochenzeitungen usw.: AARGAU: **Aargauer Tagblatt** (7)/lib., bürgerl. – BADEN: **Badener Tagblatt** (7)/unabh., soziallib. – BASEL: **Basler Arbeiterzeitung** (7)/soz. – **Basler Nachrichten** (7)/unabh. – **Baslerstab,** Tagblatt der Stadt Basel (5)/neutr. Inseratenanzeiger – **National-Zeitung** (6)/unabh. – **Vorwärts** (7)/kommun. Wochenzeitung – BELLINZONA: **Il Dovere** (7)/freisinnig – **Popolo e Libertà** (7)/Konservative Volkspartei – BERN: **Berner Tagblatt** (6)/unabh. – **Berner Tagwacht** (7)/soz.-dem. – **Der Bund** (7)/lib. – **Berner Nachrichten** (6)/unabh. – **evolution** (7)/Monatsschrift – FRAUENFELD: **Thurgauer Zeitung** (7)/ bürgerl.-lib. – FRIBOURG: **La Liberté** (7)/unabh., d. konserv.-christl.-soz. Partei nahest. – GENF: **Journal de Genève** (7)/lib. – **La Tribune de Genève** (6)/ unabh. – **La Suisse**/Journal du Matin (wo. 7, so. 6)/neutr. – **La Voix Ouvriere** (7)/komm. – **Le Courrier** (7)/kath. – LAUSANNE: **Feuille d'Avis de Lausanne** (6)/neutr. – **Gazette de Lausanne/Journal Suisse** (7)/lib. – **Nouvelle Revue de Lausanne** (7)/ rad.-dem. – **24 heures** (6)/lib. – **Tribune – Le Matin** (6)/neutr. – LUGANO: **Corriere del Ticino** (7)/ unabh. – **Giornale del Popolo** (7)/kath., kons. – LUZERN: **Luzerner Neueste Nachrichten** (6)/unabh. – **Luzerner Tagblatt** (7)/lib. – **Vaterland** (6)/Organ d. CVP – NEUCHÂTEL: **Feuille d'Avis de Neuchâtel** (7)/national, aber völlig unabh. – ST. GALLEN: **Ostschweiz** (7)/nicht parteigeb., d. CVP nahest. – **St. Galler Tagblatt** (6)/lib. – SOLO-

THURN: **Solothurner Zeitung** (7)/freisinnig-dem. – **Schweizer Rundschau** (7)/soz.-christl. – THUN: **Thuner Tagblatt** (7)/fortschrittl.-bürgerl. – WINTERTHUR: **Der Landbote** (7)/parteipol. unabh.-dem. – ZÜRICH: *Tageszeitungen:* **Die Tat** (7)/unabh., lib. – **Neue Zürcher Nachrichten** (7)/kath., kons. – **Neue Zürcher Zeitung** (5)/unabh. – **Tagesanzeiger** (6 × wöchentlich, 4)/überpart. – **Zürichsee-Zeitung** Stäfa (7)/freis.-lib. – **Blick** (4)/unabh. (auflagenstärkste Tagesztg.) – *Wochenzeitungen:* **Evangelisch-Soziale Warte** (7)/unabh. – **Die Weltwoche** (5)/unabh. – **Schweizerischer Beobachter** (14tägl., 4)/parteipol. unabh., konfess. neutr. – **Nebelspalter** (7)/unabh., humorist.-sat. – **Schweizerische Allgemeine Volkszeitung** (5)/unabh. – *Illustrierte Zeitschriften:* **L'Illustré,** Zofingen (5) – **Radio und Fernsehen,** Zofingen (5) – **Schweizer Illustrierte,** Zofingen (4) – **Sie und Er,** Zofingen (5) – *Nachrichtenagenturen:* **Schweizerische Depeschenagentur** (Agence Télégraphique Suisse/Agenzia Telegrafica Svizzera)/**SDA/ATS** – **Schweizerische Politische Korrespondenz** (Correspondance Politique Suisse/Corrispondenza Politica Svizzera)/bürgerl. überpart.

Sowjetunion

Nach »Sowjetunion heute«, hrsg. v. d. Botschaft der UdSSR in Bonn/Rolandseck, hatte 1974 die **Prawda** eine Aufl. von rd. 10 Mill., **Iswestija** 8,5 Mill., **Pionjerskaja Prawda** 9,6 Mill., **Komsomolskaja Prawda** 7,5 Mill., **Sjelskaja Schisnj** 7 Mill., **Trud** 7 Mill., **Sowjetskaja Rossija** 3 Mill. Exemplare; insgesamt erscheinen Zeitungen und Zeitschriften in 57 Sprachen, die in der Sowjetunion gesprochen werden. 1974 gab es 8100 Zeitungen; tägliche Auflage: über 165 Mill. Exemplare (u. a. 28 Allunions-, 153 Republik-, über 2800 Rayons- u. 3250 Betriebsinstituts-Blätter), davon etwa 80 % in Russisch – Von Zeitschriften sind u. a. hervorzuheben: **Partinaja Schisnj-Kommunist** – **Agitator** – **Problema mira i sozialisma** – *Führende Illustrierte:* **Ogonjok** – **Rabotniza** – *Satirische Zeitschrift:* **Krokodil** – *Nachrichtenagenturen:* **Telegrafnoje Agenstwo Sowjetskowo Sojusa/TASS** – **Agenstwo Petschati Nowosti/APN,** Moskau

Spanien

Tageszeitungen: MADRID: **A.B.C.** (4)/monarch. – **Arriba**/Organ d. Falange – **El Alcázar**/Frontkämpfer Vbd. – **El País** (6)/lib. – **Informaciones**/unabh., lib. – **Pueblo**/gewerksch. – **Ya**/kath. – BARCELONA: **La Vanguardia** (4)/lib.-kons. – **Diario de Barcelona** (5)/gem. – VALLADOLID: **El Norte de Castillo** – **Cambio 16** (5)/unabh. (größte polit. Wochenzeitg., ersch. in Madrid, ebenso die Illustrierte **Actualidades**) – *Nachrichtenagenturen:* **Agencia EFE**/offiz. Agentur – **Información de Prensa/Logos**/kath. – **España cultural** (Mitteilungsbl. d. Informat.-Minist.) – **Servicio Nacional de Información/MENCHETA**/unabh. lokale Nachrichtenag. (alle Madrid)

Südafrika (Rep.)

JOHANNESBURG: **The Star** (5) – **Rand Daily Mail** (4)/oppos. – **Die Vaderland** (6)/Nat. P. – **Die Transvaaler** (6)/Nat.P. – **Argus** (5)/oppos. – KAPSTADT: **Die Burger** (6)/Nat.P. – **The Cape Times** (6)/oppos. – DURBAN: **Natal Mercury** (6)/oppos. – **Financial Mail** (7) – insges. 22 Tageszeitungen (14 in Engl., 8 in Afrikaans). – *Bantu-Zeitungen:* **Bona** (Mag.) (5) – **Imvo** (Xhosa u. Engl., 7) – **Ilanga** (Zulu u. Engl. 6) – **The World** (englischspr. Wochenz., 6) – **Cape Herald** (englischspr. Wochenztg., 6) – **Post Natal** (englischspr. Wochenztg., 6) – *Nachrichtenagentur:* **South African Press Association/SAPA,** Johannesburg

Tschechoslowakei

Rudé Právo (3)/offiz. KP-Organ – **Práce** (4)/Gewerksch. – **Lidová Demokracie**/kath. – **Večerni Praha**/Gewerksch. – **Aufbau und Frieden** (2 × wöchentlich) – *Nachrichtenagentur:* **Československá tísková kancelář/ČTK,** Prag

Türkei

Hürriyet (3)/lib. – **Tercüman** (3)/kons. – **Milliyet** (4)/soz. – **Ulus**/AP – **Cumhuriyet** (6)/soz. – **Günaydin** (4)/überpart. – **Yeni Istanbul** – *Nachrichtenagenturen:* **Haber Ajansi/HA,** Istanbul – **Türk Haberler Ajansi/THA,** Istanbul – **Anka Ajansi/ANKA** – **Anadolu Ajansi**

Vereinigte Staaten von Amerika

Tageszeitungen: BOSTON, Mass.: **Christian Science Monitor** (4)/unabh. im politischen Teil – CHICAGO: **Illinois Tribune** (3)/unabh. rep. – CLEVELAND, Ohio: **Plain Dealer** (4)/unabh. dem. – LOS ANGELES, Cal.: **Times** (2)/republ. – NEW ORLEANS, La.: **Times-Picayune** (5)/unabh., dem. – NEW YORK, N. Y.: **New York Post** (3)/unabh. – **The New York Times** (3)/unabh., dem. – **Wall Street Journal** (3)/finanzwirtschaftlich u. allgemein – PHILADELPHIA, Pa.: **Bulletin** (3)/unabh. – **Inquirer** (3)/unabh. – SAN FRANCISCO, Cal.: **Chronicle** (4)/unabh., republ. – **Examiner** (3)/unabh. – ST. LOUIS, Mo.: **Post Dispatch** (4)/unabh. – WASHINGTON, D. C.: **Washington Post** (3)/unabh., – **Evening Star** (4)/unabh., republ. – **»International Herald Tribune«** (6) (Paris). – *Wochenschriften:* NEW YORK: **Commonweal**/kath. – **Nation**/Linkstendenz – **Newsweek** (2)/Nachrichtenorgan – **Time** (2)/Nachrichtenorgan – **The New Yorker** (4)/unabh. – WASHINGTON: **U. S. News & World Report** (2)/Nachrichtenorgan – **TV Guide,** alle Ausgaben, Aufl. über 12 Mill. Exemplare –

Staats-Zeitung und Herold, New York, 2× wöchentlich (7) – **Der Aufbau,** New York, 1× wöchentlich (7)/unabh. – *Nachrichtenagenturen:* (Auswahl) **Associated Press/AP,** New York/unabh. – **United Press International/UPI,** New York/polit. unabh. Quellen: US Information Service, Frankfurt a. M. – »Political Handbook of the World«, New York – 1974 hatten die 1789 englischsprachigen Morgen- und Abendzeitungen der USA eine Gesamtauflage von 61 880 000 Exemplaren, die über 640 Sonntagszeitungen eine Auflage von über 51 Mill. Exemplaren.

Vietnam

HANOI u. SAIGON: **Nhan Dan**/Organ d. kommun. »Dang Lao Dong« – *Nachrichtenagentur:* VNA

Bibliographie: *Böddeker, G.:* 20 Millionen täglich. Wer oder was beherrscht die deutsche Presse?, Oldenburg 1967. – *A. Buzec:* Die kommunistische Presse, Frauenfeld-Stuttgart 1965. – *Flach, K.-H.:* Macht und Elend der Presse, Mainz 1967. – *Löffler, M.:* Presserecht, 2 Bde., n. A. 1968. – *Pross, H.:* Deutsche Presse seit 1945, 1965. – *Roegele, O. B.:* Presse-Reform und Fernsehstreit, hgg. unter Mitwirkung von P. Glotz, Gütersloh 1966. – *Stamm, W.:* Leitfaden für Presse und Werbung, Essen n. A. – *Wegner, W.:* Konzentration im Pressewesen, Beilage zu »Der Journalist« 1966 Nr. 4. – »World Press«/Newspaper and news agencies, UNESCO-Publ. – *Koschwitz, H.:* Politische Kommunikation unter den Bedingungen autoritärer Herrschaft, in »Aus Politik und Zeitgeschichte«, 1974, Beil. 10 zu »Das Parlament« – *Sandford, J.:* The Mass Media of the German-Speaking Countries, London 1976.

RUNDFUNK UND FERNSEHEN

Rundfunk- und Fernsehsender

BUNDESREPUBLIK DEUTSCHLAND

Bayerischer Rundfunk, München
Rundfunkplatz 1, 8000 München 2, F 5 90 01 / Fernsehstudio Freimann F 3 80 61, Unterföhring 9225-1; FS 529 831

Hessischer Rundfunk, Frankfurt/Main
Bertramstraße 8, Postfach 3111, 6000 Frankfurt/M. 1, F 15 51, FS 411 127, 411 583

Norddeutscher Rundfunk (NDR), Hamburg
Rothenbaumchaussee 132–134, 2000 Hamburg 13, F 41 31, FS 219 891

Radio Bremen
Hörfunk: Heinrich-Hertz-Straße 13, 2800 Bremen
Fernsehen: Hans-Bredow-Straße 10, 2800 Bremen, F 42 71, FS 246 131, Telex HF 2451811

RIAS Berlin
Kufsteiner Straße 69, 1000 Berlin 62, F 85 03-1, FS 1-83790

Saarländischer Rundfunk, Saarbrücken
Funkhaus Halberg, Postfach 1050, 6600 Saarbrükken, F 60 21, FS 4428 977

Sender Freies Berlin (SFB)
Masurenallee 8–14, 1000 Berlin 19, F 30 81, 308 u. Hausapparat, FS 1-82 813

Süddeutscher Rundfunk, Stuttgart
Postfach 837, Neckarstraße 230, 7000 Stuttgart 1, F 288-1, FS 723 456

Südwestfunk, Baden-Baden
Hans-Bredow-Straße, 7570 Baden-Baden, F 276-1, FS 7520-0

Westdeutscher Rundfunk (WDR), Köln
Postfach 101 950, Appellhofplatz 1, 5000 Köln 1, F 22 01, FS 8882 575

Deutsche Welle – Anstalt des öffentlichen Rechts – Kurzwellendienst der Bundesrepublik für das Ausland, Postfach 100 444, 5000 Köln 1, F 2 03 01, FS 888/485

Deutschlandfunk, Köln
Lindenallee 7, 5000 Köln 51, F 3 70 31, FS 8881/262

Zweites Deutsches Fernsehen, Mainz
Postfach 4040, 6500 Mainz, F 1 31, FS 4187 661

Deutsches Rundfunk-Archiv
Bertramstraße 8, 6000 Frankfurt/M. 1, F 59 08 95/96, FS über WIR 04/11155; dazu gehört Historisches Archiv der ARD

(**»Radio Free Europe«** und **»Radio Liberty«** in München, von den USA finanziert – Sender der alliierten Streitkräfte: **AFN, BFBS, FFB, CFN – »Radio Europa No. 1«,** Postfach 301, 6600 Saarbrücken, F 3 13 01, ein kommerz. Sender, der nicht deutsch senden darf)

DEUTSCHE DEMOKRATISCHE REPUBLIK

Deutscher Demokratischer Rundfunk u. a.
Stimme der DDR – Radio DDR 1 – Radio DDR 2 – Berliner Rundfunk
DDR Fernsehen (2 Programme)
DDR International
(Außerdem **»Radio Wolga«**, Sender der sowjetischen Streitkräfte)

LUXEMBURG

Radio Luxembourg
(»Compagnie Luxembourgeoise de Télédiffusion«/ CLT, privat.)
Ausgedehntes Hörfunk-, In- u. Auslandsprogramm in fünf Sprachen; als »Télé Luxembourg« Inlandsfernsehprogramm

ÖSTERREICH

Österreichischer Rundfunk (ORF)
Generalintendanz, Fernsehintendanz 1, Fernsehintendanz 2, Technische Direktion, Kaufmännische Direktion, Auslandsdienst auf Kurzwelle
ORF-Zentrum Wien
Würzburggasse 30, A 1136 Wien
Hörfunkintendanz
Funkhaus Wien
Argentinierstraße 30a, A 1040 Wien

Studios:

Studio Wien, Studio Niederösterreich, Funkhaus Wien
Argentinierstraße 30a, A 1040 Wien

Studio Burgenland, Argentinierstraße 29, A 1040 Wien

Studio Oberösterreich, Franckstraße 2a, A 4010 Linz

Studio Salzburg, Nonntaler Hauptstraße 49d, A 5020 Salzburg

Studio Steiermark, Zusertalgasse 14a, A 8010 Graz

Studio Kärnten, Sponheimerstraße 13, A 9010 Klagenfurt

Studio Tirol, Rennweg 14, A 6010 Innsbruck

Studio Vorarlberg, Höchster Straße 38, A 6850 Dornbirn

SCHWEIZ

Schweizerische Radio- und Fernsehgesellschaft/ SRG (Gesellschaft privaten Rechts)
Giacomettistraße 3, CH 3000 Bern 15
Konzessionsbehörde: Der Schweizerische Bundesrat
Aufsichtsbehörde: Eidg. Verkehrs- und Energiewirtschaftsdepartement

Die Regionalgesellschaften der SRG

a) Radio- und Fernsehgesellschaft der deutschen u. d. rätoromanischen Schweiz/RDRS, die sich aus den nachstehenden Mitgliedsgesellschaften zusammensetzt:
Radio- und Fernsehgenossenschaft in Zürich/RFZ
Radio- und Fernsehgenossenschaft Bern/RGB
Radio- und Fernsehgenossenschaft Basel/RFGB
Ostschweizerische Radio- u. Fernsehgesellschaft, St. Gallen/ORG
Innerschweizerische Radio- und Fernsehgesellschaft, Luzern/IRG
Cumünanza Rumantscha Radio e Televisiun/CRR, Chur (für die rätoromanischen Sprachgebiete Graubündens)
Radiostudios in Zürich, Bern und Basel. Programmstellen für Radio u. Fernsehen in St. Gallen, Luzern und Chur, Fernsehstudio in Zürich

b) Société de radiodiffusion et de télévision de la Suisse romande/SRTR, gebildet aus der Fondation de Radiodiffusion et de Télévision à Lausanne/ FRTL und der Fondation de Radiodiffusion et de Télévision à Genève/FRTG
Radiostudios in Lausanne und Genf, Fernsehstudio in Genf

c) Società cooperativa per la radiotelevisione nella Svizzera italiana/CORSI Radio- und Fernsehstudio Lugano

(Außerdem: Red Cross Broadcasting Service, 7 Avenue de la Paix, CH 1211 Genf – United Nations Radio, Rue de Nations, CH 1211 Genf)

Auf der im Oktober/November 1975 in Genf tagenden **II. Verwaltungskonferenz der Internat. Fernmeldeunion/ITU** (UNO-Sonderorganisation) in Genf wurde ein neuer **»Wellenplan«** aufgestellt, der 11 Jahre lang gültig sein soll. Es war notwendig, auf den Frequenzbedarf von 10 100 Sendern, die heute in Afrika, Asien, Europa, Australien/Ozeanien insgesamt vorhanden sind, Rücksicht zu nehmen; bisher waren nur 4400 angemeldet. Mehrere Länder mußten Einschränkungen hinnehmen; **der neue Plan tritt am 23. 11. 1978 in Kraft.** Die BR Deutschland mußte mehr als ein Drittel ihrer Mittelwelle-Frequenzen aufgeben, stehen ihr doch künftig faktisch statt 45 nur noch 28 zu, da 6 den in ihr stationierten ausländischen Sendern vorbehalten sind. Der DDR sind 29 Frequenzen

RUNDFUNKGERÄTE

(meist Ende 1975) insges. in Mill./Stück je 100 Einw. (meist nach EBU bzw. Media Perspektiven, 1976/4)

USA (1974)	402/182 (1976/4)	Italien	12,8/24
Sowjetunion (1974, m. Drahtempfang)	120,0/47	Argentinien (1973)	11,0/46
Japan (Ende 1973)	87,0/79	Spanien (1973)	8,0/23
Großbritannien	39,0/70	Brasilien (1973)	6,2/ 6
Chines. Volksrepublik (S 1975)	25,0/ 3	DDR (1974)	6,1/36
BR Deutschland (31. 12. 1975)	21,1/35	Polen	5,9/18
Kanada	19,5/84	Ägypten (1973)	5,1/14
Frankreich	17,2/33	Rep. Korea (Süd-K 1973)	4,3/13
Mexiko (1973)	16,9/31	und u. a.	
Indien (1973)	14,0/ 3	Österreich (1. 3. 1976)	2,2/28
		Schweiz (29. 2. 1976)	2,1/34

Der **Weltbestand an Rundfunkgeräten** wird für 1973 auf etwa 880 Mill. bzw. 27–28 je 100 Einwohner geschätzt, die Zahl der Rundfunksender auf ungefähr 24 300. – Nach UNESCO-Angaben kommen in über 90 % der afrikanischen Länder weniger als 10 Rundfunkgeräte auf je 100 Einwohner; gleiches gilt für viele der mittelamerikanischen Staaten sowie u. a. für Haïti und die Dominikan. Republik und in Asien z. B. für die meisten südostasiatischen Länder.

FERNSEHTEILNEHMER

(angemeldete Geräte; meist nach EBU bzw. Media Perspektiven, Stand 31. 12. 1975; Zahlen abgerundet)

	Mill. Stück/je 100 Einw.		Mill. Stück/je 100 Einw.
BR Deutschland (einschl. Berlin/West)	19,23/32	Italien	12,70/23
DDR (einschl. Berlin/Ost, 1974)	5,09/30	Kanada	9,97/45
Österreich (1. 3. 1976)	1,93/27	Spanien	6,64/19
Schweiz (29. 2. 1976)	1,77/28	Niederlande	3,63/27
USA (1974)	121,00/58	Jugoslawien	3,07/14
Sowjetunion (1974)	55,30/21	Schweden	2,90/36
Japan (1973)	24,80/23	Belgien	2,66/27
Großbritannien u. Nordirld.	17,94/32	Dänemark	1,60/32
Frankreich	14,16/26	Finnland	1,56/33
		Norwegen	1,05/32

Nach UNESCO-Angaben entfielen **außerdem Ende 1973 auf je 100 Einwohner folgende Zahlen an Fernsehempfängern:** Neuseeland 25, Tschechoslowakei u. Australien je 23, Island 22, Ungarn 21, Kuweit 20, Irland u. Polen je 17, Israel 14. In Lateinamerika standen von größeren Ländern Puerto Rico mit 20, Argentinien mit 16, Panamá mit 13, Uruguay mit 10 und Mexiko mit 8 an erster Stelle, in Asien außer den bereits genannten u. a. die Rep. Korea mit 20, Hongkong mit 18 und Libanon mit 11. In Indien, Indonesien, der Chinesischen Volksrepublik und in den meisten afrikanischen Ländern kommt auf je 500 Einwohner überwiegend nur 1 Gerät.

zugesprochen worden; deren Sender bringen 57 Watt je qkm auf, die Sender der Bundesrepublik nur 37 Watt. Die Zahl der Sender steigt in der Bundesrepublik von 88 auf 100, doch ist dies auf die Verwendung von Sendern mit kleiner Leistung (bis zu 1 kW) zurückzuführen.
Das deutsche Farbfernsehsystem **PAL** ist in Europa bisher außer in der BR Deutschland in den skandinavischen Ländern und Finnland, in den Benelux-Ländern, in der Schweiz, Österreich, Italien, Irland (einschl. Nordirland) und Jugoslawien eingeführt, das französische SECAM außer in Frankreich in den RGW-Ländern, abgesehen von Rumänien, das sich noch nicht entschieden hat.
Im September 1975 wurde von Cape Canaveral (USA) der neuartige Fernsehsatellit **»Intelsat IV A«** gestartet und in eine stationäre Umlaufbahn über dem Atlantik gebracht; er dient als erster von sechs vorgesehenen Satelliten der Verbesserung der Fernseh- und Fernsprechverbindungen der (Herbst 1975) 91 Mitglieder der INTELSAT-»Satelliten Telekommunikations-Organisation«. – Nach »Aviation Week« plant die Sowjetunion, in den Jahren 1978–1980 sieben Fernsehsatelliten in eine Synchronbahn zu bringen und mit den dazu gehörenden Einrichtungen im Rahmen des Systems **»Stationar«** einen weltumspannenden Nachrichtenverkehr zu organisieren.
Anfang 1976 wurde in der **Rep. Südafrika das Fernsehen eingeführt;** rund eine Million Haushalte können ein Schwarz-Weiß-Programm empfangen. Verwendet wird das PAL-System. Bis 1980 soll das Fernsehen auch für die farbige Bevölkerung eingeführt werden.

FERNSEH- UND RUNDFUNKAUSZEICHNUNGEN (AUSWAHL)

Berliner Kunstpreis Verliehen durch die »Akademie der Künste e. V.« in Berlin (West), 1976 zur Hälfte an *Ernst Jacobi* für seine Titelrolle im Fernsehfilm »Das Leben des schizophrenen Dichters Alexander März« und an den dänischen Regisseur *Peter Watkins* (für »Edvard Munch«); Stipendium an den Regisseur *Peter Hirche.*

Fernsehpreis der Bundesarbeitsgemeinschaft der freien Wohlfahrts-Pflege 1976 an *Hans Mohl* für die Sendung »Aktion Sorgenkind«.

Das Goldene Prag Hauptpreis des Internat. Fernsehfestivals in Prag in der Kategorie »Dramatische Filme« an den japanischen Beitrag »Das Opferlamm«, für »Musikfilme« an den sowjetischen Film »Phantasie«; Preis für die beste Kameraführung an *Willy Jamm* (für den ZDF-Film »Rheinpromenade«).

Fernseh-Preis der DAG 1976 in Gold an *Peter Stripp* (für »Hilde Breitner«), in Silber an *Werner Jens* (für »Der tödliche Schlag«); ehrende Anerkennung an *Eberhard Fechner* (für »Unter Denkmalschutz«).

Goldene Ampel Verliehen beim 7. Internat. Fernsehfilm-Wettbewerb in Berlin 1976, für Themen zur Verkehrssicherheit; u. a. für einen Kurzfilm »Keine Fahrt ohne Sicherheitsgurt« (WDR); er erhielt auch den Sonderpreis des Verkehrsministeriums. Weitere »Ampeln« an österr. u. finnische Filme.

Goldene Nymphe des Fernsehfestivals in Monte Carlo, 1975 an den französischen Bergsteigerfilm »Der Tod eines Führers« (ORTF).

Goldene Europa Schlagerpreis des Saarländischen Rundfunks, 1976 an die Nachwuchssängerin *Ingrid Peters.*

Goldene Kamera der Programmzeitschrift »Hör zu«, 1975 an *Rudi Carrell.*

Goldene Rose der 16. Festspiele von Montreux, 1976 an den norwegischen Film »The Nor-way to Broadcasting«, der auch den Preis der Stadt Montreux und den Pressepreis erhielt; Silberne Rose an den sowjetischen Film »Laterna Magica«, Bronzene Rose an den britischen Film »Picnic«.

Goldener Löwe von Radio Luxemburg, 1975 u. a. an *Udo Jürgens.*

Grand Prix Eurovision 1975 im Schlagerwettbewerb 1. Pr. u. a. an die Gruppe »Teach-in« (Niederlande).

Grimme (Adolf-G.)-Preis des »Deutschen Volkshochschulverbandes e. V.«, 1976 in Gold an *Eberhard Fechner* (für »Unter Denkmalschutz«, Hess. Rundfunk), in Silber an *Jorge R. Bodanzky* und *Wolf R. Gauer* (für »Iracema«, ZDF), in Bronze an *Michael Leckebusch* und *Adolf Mensak* (für »III. nach Neun«, Radio Bremen), an *Dieter Hildebrandt, Peter Gerlach* und *Gert Mechoff* (für »Notizen aus der Provinz«/ZDF) und an *Wolfgang Drecher, Thomas Schmitt, Hans-Gerd Wiegand* und *Günter Keils* (für »Vor Ort . . .«, WDR). Sonderpreis des Nordrhein-Westfäl. Kultusministeriums an *Eberhard Fechner* (für »Tadellöser und Wolff«, ZDF). Besondere Ehrung für *Klaus von Bismarck.* 1977 voraussichtlich keine Grimme-Preise.

Hörspielpreis der Kriegsblinden des »Bundes der Kriegsblinden Deutschlands e. V.«, 1975 an *Walter Adler* (für das Science-fiction-Hörspiel »Centropolis«).

Israel-Preis 1976 an den Filmproduzenten *Mordechai Kirschenbaum* (für das satirische Fernsehprogramm »Nikui Rosch« bzw. »Kopfwäsche«).

Kritikerpreis des »Verbandes der Deutschen Kritiker e. V.« in Berlin (West), 1975 für die Sparte »Fernsehen« an den Schauspieler *Gustl Bayrhammer.*

Prix Futura des Senders »Freies Berlin«, Wettbewerb 1975 in Gold für »Smog« von *Wolfgang Menge* und *Wolfgang Petersen.*

Prix Italia der Stadt Florenz 1975 an *Eberhard Fechner* (für »Tadellöser und Wolff«/ZDF, BR Deutschland); Preis für Hörfunk-Dokumente an die »Feature-Produktion« des Senders »Freies Berlin«: »Kann man Verdi ernst nehmen«? – Spezialpreis für »L'italiens de la rue des Cloys« von *Fabrice Pinte* (Frankreich).

Reuter (Ernst-R.)-Preis des Bundesministeriums für innerdeutsche Beziehungen, 1975 an *Horst Krüger* (für das Hörspiel »Die Grenze«) – Preise für Hörfunkdokumentation geteilt an *Traute Hellberg* und *Heinz Wenzel*

Schneider (Ernst-Sch.)-Preis 1975 für »Mekka für Ölmilliarden« (WDR) und »Nach Ladenschluß« (SWF); Sonderpreis für »Eintausend Milliarden« (NDR)

Sczuka (Karl-S.)-Preis des »Südwestfunks« in Baden-Baden, für die beste Produktion eines Hörwerks 1975 an den Komponisten *Peter Zwetkoff.*

Sowjetischer Staatspreis für Fernsehen 1975 an die Kommentatorin *Valentina Leonjewa.*

Stavenhagen (Fritz-St.)-Preis der »Freiherr-vom-Stein-Stiftung e. V.« in Hamburg, 1975 an *Konrad Hansen* (Radio Bremen)

US-Television Academy »Emmy Awards« 1975 an die Schauspieler *Ed Asner, Robert Blake, Ellen Corby, Will Geer, Valerie Harper, Katherine Hepburn, Jean Marsh, Laurence Olivier, Tony Randall* und *Betty White;* ferner für mehrere Dramen, Komödien und Musik-Serien.

Voix Sympathique Vom AvD verliehener Titel, zuletzt an die Rundfunksprecherin *Anneliese Fleyenschmidt* (Bayer. Rundfunk).

DATEN AUS DEM FILMBEREICH

Das Bundesinnenministerium sprach im November 1975 im Rahmen des Filmförderungsgesetzes sechs Filmvorhaben Prämien von je 200 000 DM, außerdem je 10 000 DM für die zugrunde liegenden Drehbücher zu, und zwar für folgende Projekte: »Vertreibung aus dem Paradies« von *Niklaus Schilling,* »Regel ohne Ausnahme« von *Wim Wenders* »Gruppenbild mit Dame« von *Jürgen Alexander* und *Aleksander Petrow,* »Der aufrechte Gang« von *Christian Ziewers,* »Der starke Ferdinand« von *Alexander Kluge* und »Grete Minde« von *Heide Genee.* Eine Prämie von 10 000 DM erhielt außerdem *Helma Sanders* für das Drehbuch zum Film »Heinrich«. – Vom Auswahlausschuß zur Förderung des deutschen Films wurden anläßlich der »Internat. Filmwoche« in Mannheim 1975 sechs Kurzfilme mit Prämien von je 25 000 DM bedacht: »Die große Ekstase des Bildschnitzers Steiner« von *Werner Herzog,* »Gerettetes Venedig« von *Ottokar Runze,* »Wir zum Beispiel« von Action Film Dr. *Alexander,* »Haarrisse« von der Hans-Sachs Filmproduktion, »Aufgezeichnete Träume von Guy Peelaert« von der Oko-Film-Ges. *Karel Dirka* sowie »Die Bürgschaft« von *Wolfgang Urchs* – Im Dezember 1975 erhielten auf Vorschlag des Auswahlausschusses beim Bundesinnenministerium acht Kurzfilmprojekte Prämien bis zu 20 000 DM – Die Projektkommission der *Filmförderungsanstalt*/FFA hat in den ersten beiden Jahren ihrer

Arbeit bis Frühjahr 1976 20 Filme mit nahezu 7 Mill. DM an Darlehen unterstützt; u. a. wurden auch »beispielhafte Maßnahmen im Bereich der Filmtheater« sowie Absatz und berufliche Fortbildung gefördert – Im Juli 1976 wurde von der Kommission die Förderung folgender Projekte beschlossen: »Das Schlangenei« von *Ingmar Bergman* mit 700 000 DM, der »Mädchenkrieg« von *Sinkel/Brustellin* mit 600 000 DM und »Die Standarte« von *Ottokar Runze* mit 400 000 DM sowie der Bau eines »beispielhaften« Kino-Centers in Fürth mit 95 000 DM – Die Prämie für das *»beste Filmprogramm«* in Filmtheatern der BR Deutschland wurde 1975 vom Bundesinnenministerium an das »Olympia-Kino« in Frankfurt/M. vergeben – Nach einem **Plan** des Bundesinnenministeriums sollen die verschiedenen **Filmförderungsmaßnahmen in einem neuen »Deutschen Filmpreis« zusammengefaßt werden,** wobei daran gedacht ist, die Höchstprämien von 500 000 DM auf 700 000 DM zu erhöhen (für programmfüllende Filme). Prämien für Drehbücher und Drehbuchentwürfe sollen wegfallen. Keine Prämien sollen Produzenten und Regisseure für Projekte erhalten, wenn sie vorher noch nie einen Film gemacht haben – Nach offiziellen Angaben sind in der **DDR** zwischen 1971 und 1974 117 Filme aus Frankreich, Großbritannien, Italien und den USA bezogen, dagegen nur 21 in diese Länder verkauft worden. 1975 wurden in der DDR 35 Spielfilme aus westlichen und 95 aus RGW-Ländern (davon u. a. 30 aus der Sowjetunion) gezeigt – Der *Spielberg*-Horrorfilm »Jaws«, über einen menschenfressenden Hai, spielte 1975 bereits in 78 Tagen in den USA und Kanada rund 125 Mill. $ ein und brach damit den **Rekord** des Films »Der Pate«. – Der Marktanteil westdeutscher Filme fiel von 26,5 % im Jahre 1974 auf 12,9 % 1975, während der Anteil amerikanischer Filme von 34,8 % auf 41,4 % stieg. 1975 nahm die Zahl der Kinobesucher in der BR Deutschland gegenüber dem Vorjahr um 5,9 % ab.

FILMPREISE

Deutschland

Adorno (Th.-W.)-Preis der Stadt Frankfurt am Main, 1975 in Höhe von 50 000 DM für Film, Theater, Literatur und Musik gestiftet – **Amateurfilm-Festspiele in Marburg** Bei den 7. Internat. A.-Festspielen erhielt der Farbfilm »Das vergessene Alter« von *Ludwig Schneider* den Preis des Bundesaußenministers. Der Preis des Hessischen Kultusministers fiel an den Film »Industrienahe Wildfährten« von *Franz Kopetzky* der Preis der Stadt Marburg an *Ruth* und *Paul Dotzert* für den Film »Tagtäglich«.

Becher (Johannes-R.-B.)-Medaille des »Kulturbundes« der DDR, 1976 in Gold an den DEFA-Filmregisseur *Kurt Mätzig* (für »Ehe im Schatten«).

Berliner Kunstpreis Verliehen durch eine Jury der »Berliner Akademie der Künste«, 1976 Stipendium an *Ottokar Runze* (für »Verlorenes Leben«).

Deutscher Filmpreis 1976. Verliehen durch das Bundesinnenministerium (überreicht anläßlich der Berliner Filmfestspiele): *»Goldene Schale«* verbunden mit einer Prämie von 500 000 DM für »Es herrscht Ruhe im Land« von *Peter Lilienthal;* Filmband in Silber und eine Prämie von 150 000 DM für »Sternsteinhof« von *Hans W. Geißendörfer,* ein Filmband in Silber und eine Prämie von 120 000 DM für den abendfüllenden Film ohne Spielhandlung »Mozart – Aufzeichnungen einer Jugend« von *Klaus Kirschner.* Je ein Filmband in Gold erhielten außerdem *Jost Vacano* (Kamera), *Roger von Möllendorf, Wolf Kaden* und *Moidele Bickel* (für Ausstattung), die Schauspieler *Hans Christian Blech, Edith Clever, Bruno Ganz, Ulrike Luderer, Gerd Olschewski, Karl Maria Schley* und *Angela Winkler* sowie für hervorragendes und langjähriges Wirken im deutschen Film der Regisseur und Schauspieler *Bernhard Wicki, Alfred Bauer* (bisheriger Leiter der »Berlinale«), *Charlotte Fleming* (Kostümbildnerin), *Emil Hasler* (Filmarchitekt), *Hilmar Hoffmann* (Gründer der Westdeutsch. Kurzfilmtage) und *Ernst Krüger* (Leiter der FSK) sowie der Kinobesitzer *Carl Aul.*

XVI. Berliner Filmfestspiele 1976 »Goldener Bär« an *Robert Altman* (USA, für »Buffalo Bill und die Indianer«), je ein »Silberner Bär« für einen Erstlingsfilm an *Lászlo Lugossy* (Ungarn, für »Mann ohne Namen«) und an *Parviz Kimiavi* (Iran, für »Der Garten der Steine«), ferner für die beste Regie an *Mario Monicelli* (Italien, für »Lieber Michael«), an die polnische Schauspielerin *Jadwiga Baranska* und an den deutschen Schauspieler *Gerhard Olschewski.* Kathol. Filmpreis für »Die plötzliche Einsamkeit des Konrad Steiner« von *Kurt Gloor* (Schweiz) und »Nachrichten aus einem Dorf« von *Safi Faye*

(Senegal), »Otto-Dibelius-Preis« (Evang. F.) an den Film von *Gloor* und für »Alltagsleben in einem syrischen Dorf« von *Omar Amiralay* (Syrien). Spezialpreis der Jury für den Film »Hetzjagd im Canoa« von *Felipe Cazals* (Mexiko). FIPRESCI-Preis des Internat. Filmkritikerverbandes für »Die langen Ferien von 1936« von *Jaime Camino* (Spanien).

Berliner Kunstpreis Verliehen durch die »Akademie der Künste« in Berlin (West), 1976 für Film an den Regisseur *Peter Hirche* (für »Verlorenes Leben«).

Film-Bambi der Programmzeitschrift »Bild und Funk«, 1974 an *Ottokar Runze* sowie an *Terence Hill* und *Bud Spencer*.

Goethe (Johann-Wolfgang-von G.)-Preis der Stadt Frankfurt/M. 1976 in Höhe von 50 000 DM an den schwedischen Filmregisseur *Ingmar Bergman*

Goldene Leinwand Vergeben durch den »Hauptverband Deutscher Filmtheater e. V.«, das »Film-Echo« und den Verlag Horst Axmann, 1975 wieder für Filme, die in 18 Monaten mehr als 3 Mill. Besucher aufweisen, und zwar für »Zwei Missionare«, »Ein Mann sieht rot« u. »Der große Blonde«.

24. Internationale Filmwoche in Mannheim 1975 **»Großer Preis«** zu gleichen Teilen für »Personell« von *Krzyztof Lieslowski* (Polen) und »Jutalomutazás« von *István Darday* (Ungarn). **»Josef-von-Sternberg-Preis«** für »Legacy« von *Karen Artzhur* (USA), **Preis der Internat. Föderation der Filmjournalisten** für »Viva Portugal« von *Christiane Gerhard, Malte Rauch* und *Samuel Schirmbeck*, **Sonderpreis** des Mannheimer Oberbürgermeisters für einen Dokumentarfilm mit sozialpolitischem Engagement für »Egyszerü történet« von *Judith Elek* (Ungarn). Außerdem u. a. **Filmdukaten** für »Eine private Unternehmung« von *Peter K. Smith* (Großbritannien), »Mein Vater« von *Daniel Wachsmann* (Israel), »Der altmodische Landwirt« von *Richard Brick* (USA), »Männerleben« von *Josh Hanig* und *Willi Roberts* (USA) und »Die Kinder von Furna« von *Christian Schocher* (Schweiz). Dazu u. a. ein Preis für »Kalldorf gegen Mannesmann« von *Suzanne Beyeler, Rainer März* und *Manfred Stelzer*.

Kritikerpreis des »Verbandes deutscher Kritiker e. V.« in Berlin (West), 1975 für Film an *Angelika Winkler*, für die Darstellung der Titelrolle in dem Film »Die verlorene Ehre der Katharina Blum«.

Lubitsch (Ernst-L.)-Preis des »Clubs der Berliner Filmjournalisten e. V.« 1976 an den Regisseur und Autor *Bernhard Sinkel* (für »Lina Braake«).

Preis der Filmkritik der »Arbeitsgemeinschaft der Filmjournalisten e. V.« 1976.

22. Westdeutsche Kurzfilmtage in Oberhausen 1976 Großer Preis der Stadt Oberhausen ex aequo für »Eine Spur von Zweifel« (Judendeportation; Regie *Rolf Orthel;* Niederlande; auch Preis d. Evangel. Filmzentr. u. Preis d. Nordrhein-Westf. Kultusministeriums f. d. besten Film mit bildungspolit. Thema) und »Campesinos« (Regie *Martha Rodriguez* u. *Jorge Silva;* Kolumbien) – Hauptpreise für »Verfassungsfeinde« (Regie »Arbeitskreis gegen die Berufsverbote«, Bühl/Baden; auch Preis d. Evangel. Filmzentrums) und »Grüße aus Neckarsulm« (Regie *Hannes Karnick* und *Wolfgang Richter;* auch Preis des DGB Oberhausen u. Nordrhein-W.). Zu den preisgekrönten Filmen gehören auch u. a. »Die Prägung« (von *Jacques Armand Cardon*, Frankreich; Preis d. Kathol. Filmarbeit), »Das Fenster« (von *Živko Nikolić*, Jugoslawien; Evangel. Filmzentrum), »Geldsorgen« (von den DDR-Regisseuren *Walter Heynowski* u. *Gerhard Scheumann*).

Ägypten

Erste Filmfestspiele in Kairo 1976 »Goldene Nofretete« für den besten Film an *Alberto Berilacqua* (Italien, für »Vorsicht vor dem Clown«) und u. a. für die beste Schauspielerin an *Lina Carstens* und »Silberne Nofretete« an den Regisseur *Bernhard Sinkel*. Außerdem Preise für je einen russischen und iranischen Film und u. a. für »Lina Braake« von *Bernhard Sinkel* (BR Deutschland).

Australien

XXIV. Internat. Filmfestival in Melbourne 1975 u. a. »Golden reel« an den kanadischen Dokumentarfilm »Nr. Symbol Man«.

Belgien

Preis der Union der belgischen Filmkritiker 1. Pr. 1975 an *Werner Herzog* (für »Aguirre oder Der Zorn Gottes«), 2. Pr. an *Michel Brault* (Kanada, für »Les Ordres«) – **Prix l'Age d'or** an den griechischen Regisseur *Theo Angelopoulos* (für »O Thiassos«).

China

(Rep. China/Taiwan)

Kinman (»Goldenes Pferd«)-Preise 1975 für den besten Regisseur an *Liu Yi*, für Design an *Chen Ching-sen*, für Farbphotographie an *Lin Tsantin*, für den besten Schauspieler an *Chin Hsianglin*, für die beste Schauspielerin an *Lisa Lu*.

Frankreich

César Skulptur, künftig von der »Académie des arts techniques de la profession cinématographique« in 16 Kategorien verliehen. 1976 u. a. an *Philippe Noiret* und *Romy Schneider*.

Grand Prix National du cinéma 1975 an den Filmregisseur *Jacques Prévert.*

Grand Prix du Festival international du film de l'ensemble francophone/FIFEF in Genf, 1975 an *Jean-Pierre Dikongue Pipa* (Kamerun) für »Munamoto«.

Prix Cocteau (Jean-C.) 1975 an *Werner Herzog* für »Jeder für sich und Gott gegen alle«.

Prix de l'Académie du cinéma 1975 »Prix International« an *Werner Herzog* (für »Aguirre oder Der Zorn Gottes«) – »Grand Prix« für »India Song« von *Marguerite Duras* – »Prix d'interprétation féminine étr.« an *Carol Cane* und u. a. »Prix d'interpr. masculine étr.« an *Al Pacino.*

Prix Georges Sadoul 1975 für den brasilianischen Film »Iracema« von *Jorge Bodanzky* und für drei afrikanische Filme: »Le fils de l'autre« von *Dikongue Pipa* (Kamerun), »Lettre Paysanne« von *Safi Faye* (Senegal) und »Nationalité Immigré« von *Sidney Bokhona* (Mauretanien).

Prix Louis-Delluc 1975 an den Regisseur *Claude Lelouch* für »Le chat et le souris«, 1976 an den Regisseur *Jean-Charles Tachella* (für »Cousin, cousine«).

Prix Léon Moussinac 1975 für den besten ausländischen Film an *Werner Herzog* (für »Aguirre oder Der Zorn Gottes«).

»Prix Arthur-Rimbaud« an *Christine Lipinska* (für »Je suis Pierre Rivière«).

»Prix d'Avoriaz« für den phantastischen Film, 1975 an *Richard Lester* (für »The Bed Sitting Room« und an *Robert Fuest* (für »Les Décimales du futur«).

XXIX. Internat. Filmfestspiele in Cannes 1976 »Goldene Palme« für »Taxi Driver« von *Martin Scorsese* (USA), für den besten Kurzfilm für »Metamorphosis« von *Berry Greenwald* (Kanada). – Sonderpreis der Filmjury ex aequo für »Die Marquise von O.« von *Eric Rohmer* (BR Deutschland) und »Cría Cuervos« von *Carlos Saura* (Spanien). – Preis für die beste Regie an *Ettole Scolla* (Italien), für die beste weibliche Hauptrolle an *Dominique Sanda* (Frankreich) und *Mari Torosik* (Ungarn), für die beste männliche Hauptrolle an *José-Luis Gómez* (Spanien).

Commandeur d. Ordens »Arts et lettres« für *Alfred Hitchcock.*

Großbritannien

Robert-Flaherty-Awards 1975 an *Boyce Richardson* und *Tony Ianuzielo* (Kanada) für »Cree Hunters of Mistassini«.

Iran

IV. Internat. Filmfestival in Teheran Großer Preis 1975 für »Swept Away« von *Lina Wertmuller* (Italien).

Italien

David di Donatello 1975 an *Lotte Ullmann.*

Premio Luchino Visconti Gestiftet 1976, Verleihung durch die Jury des »David di Donatello« jährlich vorgesehen.

Premio Taormina 1974 an *Romy Schneider.*

Premio Rizzoli Gestiftet 1976, jährlich für besonders wertvolle, erst kürzlich oder noch nicht aufgeführte italienische Filme.

Triest-Festspiele des fantastischen Films 1976 an *Jérôme Laperrousaz* (Frankreich, für »Hu-Man«).

Jugoslawien

Filmfestspiele in Pula 1976 1. Pr. an den Slowenen *Igor Pretnar* (für »Idealist«); Preis für Regie an *Goran Paskaljević* (für »Strandwächter im Winter«).

Liechtenstein

s. Kunstpreise

Österreich

Großer Österreichischer Staatspreis für Filmkunst Gestiftet in Höhe von 100 000 S und 1976 erstmals verliehen, an *Axel Corti* (für »Totstellen«).

Wiener Kunstfonds für Film Preis 1975 an *Thomas Ujlaki.*

Schweiz

Auszeichnungen aus den Kulturförderungskrediten des Kantons Zürich 1975 für Film u. a. an *Kurt Gloor, Elisabeth Gujer, Jürg Hassler* und das »Filmteam Zürich«.

XXIX. Internat. Filmfestspiele Locarno 1976 »Goldener Leopard« für »Le grand Soir« von *Francis Reusser,* »Silberner Leopard« u. Gr. Pr. d. Ökumen. Jury für »Die Ernte der drei Jahrtausende« von *Hailé Gerima* (Äthiopien), »Bronzener Leopard« an *Marco Belocchio* (Italien) für sein Gesamtwerk. FIPRESCI-Preis u. a. für »Shirins Hochzeit« von *Helma Sanders* (BR Deutschland). Spezialpreis der Jury an *Paolo Pasolini* (†, Italien) für »Saló oder die 120 Tage von Sodom«).

Sowjetunion

Staatspreis 1975 für Film an den Regisseur *Roman Carmen* für seinen Dokumentarfilm aus Lateinamerika.

Lenin-Preis 1976 postum an den Filmregisseur *Wassili Schukschin.*

IX. Moskauer Filmfestspiele 1975 Hauptpreise für »Dersu Usala« von *Akira Kurosowa* (jap. Regisseur), für »Das Gelobte Land« von *Andrzej Wajda* (Polen) und »So lieben wir uns« von *Ettore Scola* (Italien).

Spanien

Internat. Filmfestspiele von San Sebastián 1975 *»Goldene Muschel«* an *José-Luis Boreau* (Spanien) für »Los furtivos«, *»Silberne Muschel«* für die Regieführung in »Richter und Henker« an *Maximilian Schell*, Preise der Filmschriftsteller und der Intern. Kathol. Film-Jury für »Die verlorene Ehre der Katharina Blum« von *Volker Schloendorff.*

Tschechoslowakei

XX. Internat. Filmfestspiele in Karlsbad (Karlovy Vary) 1976 Gr. Pr. für »Kantate über Chile« von *Humberto Solas* (Cuba), Preis für die beste Darstellerin an *Hildegard Knef* (als »Anna« in »Jeder stirbt für sich allein«), Jubiläumspreis für »Stürmischer Wein« (Tschechoslowakei) und »Ich bitte um das Wort« (UdSSR).

Vereinigte Staaten von Amerika

Golden Globe des »Oversea Press Club« in Hollywood 1975 mehrfach für den Film »Einer flog über das Kuckucksnest« (»One flew over the Cuckoo's nest«, und zwar u. a. für die beste Regie an *Milos Forman*, für den besten Schauspieler an *Jack Nicholson* und für die beste Schauspielerin an *Louise Fletcher* – »Goldene Globen« erhielten außerdem die Filmkomödie »The Sunshine Boys« und die Schauspieler *Walter Matthau* und *Richard Benjamin* sowie als bester ausländischer Film »Lies my father told me«.
Motion Picture Academy Awards 1975 bei der »Oscar«-Verleihung sechsmal ein »Oscar« für den Film »Einer flog über das Kuckucksnest« (s. oben), und zwar als besten Film des Jahres 1975, für die besten Schauspieler (*Jack Nicholson* und seine Partnerin *Louise Fletcher*), an den Regisseur *Milos Forman*, für das Drehbuch an *Lawrence Hauben* und *Bo Goldman;* es ist seit 1934 der erste Film, der alle Auszeichnungen auf einmal erhalten hat – Außerdem je ein »Oscar« an *Lee Grant* für die beste Nebenrolle, für den besten ausländischen Film an »Su Usala« (Sowjetunion), für »Originalfilmmusik« an *John Williams* (»Der weiße Hai«), für Lied-Komposition ebenfalls an *John Williams*, und u. a. für Dokumentarfilme an »The man who skied down everest« von *Crawley*. Einen Sonderpreis erhielt die erste große US-Filmschauspielerin, *Mary Pickford* – Die **»Academy of Arts and Letters«** und das »Institute of Arts and Letters« ernannten *Charles Chaplin* zum Ehrenmitglied.
New York Film Critic's Awards 1975 für den besten Film an *Robert Altman* (»Nashville«), an diesen desgleichen als bestem Regisseur; für die beste Schauspielerin an *Isabelle Adjani*, für den besten Schauspieler an *Jack Nicholson.*

KUNSTPREISE

Auswahl Eine umfassende Darstellung brachte der Fischer Weltalmanach 1962 (S. 322 ff.) für die Jahre 1945–1961/62; seither wird im Weltalmanach laufend in Auswahl über Kunstpreise berichtet.

Deutschland

Albertus-Magnus-Medaille der Stadt Regensburg, 1975 an den Kunsthistoriker *Franz Winzinger.*
Architektur-Preis der DDR Gestiftet 1976 für hervorragende städtebauliche und architektonische Leistungen, für Einzelpreise 5000, für Kollektive 20 000 Mark. Jährlich mehrfache Verleihung.
Bampf (Richard-B.)-Preis der »Gesellschaft der Keramikfreunde e. V.« in Bonn, 1975 1. Pr. an *Stefan Emmelmann.*
Bayerische Akademie der Schönen Künste in München s. »Literaturpreise«.
BDA-Preis Großer Preis v. »Bund Deutscher Architekten e. V.«, 1976 an *Theodor Hugues.*
Beckmann (Max-B.)-Preis der Stadt Frankfurt/M., gestiftet 1975 in Höhe von 50 000 DM; Verleihung alle drei Jahre, erstmals 1977 vorgesehen.
Berliner Kunstpreis Verliehen durch eine Jury der »Berliner Akademie der Künste«, 1976 Förderpreis für Baukunst an die Architektengruppe *Peter* und *Bärbel Hübner* und *Frank Huster*, Stipendien an die Maler *Dieter Ommerborn, Wolfgang Petrick* und *Walther Stöhrer.*
Böttcherstraße Kunstpreis der Böttcherstraße, gestiftet von der HAG AG Bremen, 1976 an den aus Ungarn stammenden Maler *Lászlo Lakner.*
Bundespreis Gute Form 1975/76 für ausgereifte

Formen von Handwerkszeug verliehen; 1966/67 für den Themenkreis »Der Fahrerplatz im Kraftfahrzeug«, Design für den mobilen Arbeitsplatz vorgesehen.

Bundesverdienstkreuz der Bundesrepublik Deutschland 1976 u. a. an den Maler *Hermann Geiseler,* an den Architekten *Helmut von Werz* und an den Pressefotografen *Fritz Neuwirth.* – **Großes Bundesverdienstkreuz** an den italienischen Maler *Giorgio di Chirico.*

Corinth (Lovis-C.)-Preis Dotiert vom Bundesministerium des Inneren und verliehen durch die »Künstlergilde Esslingen e. V.«, 1975 an den Bildhauer *Bernhard Heiliger.* Ehrengaben an den Maler und Graphiker *Hans-Albert Walter* sowie an den Maler *Horst Skodlerrak.*

Dehio (Georg-D.)-Preis der »Künstlergilde Eßlingen e. V.«, 1976 an die Kunsthistoriker *Erich Bachmann* und *Otto Folberth.*

Design-Preis des Landes Hessen Gestiftet als Staatspreis 1975 zur Förderung von Nachwuchsdesignern.

DEUBAU-Preis Gestiftet von der Stadt Essen und jeweils aus Anlaß der »Deutschen Baufachmesse« an junge Architekten verliehen.

Europa-Preis für Denkmalpflege Gestiftet und verliehen in Höhe von 25 000 DM von der »Stiftung F.V.S. e. V.« in Hamburg, 1974 an *Ján Zachwatowicz* (Polen), 1975 an die italienische Organisation »Ente per le ville Venete« in Venedig.

Goldmedaillen 1974 an die Städte Colmar (Elsaß) und Svaneke (Dänemark), 1975 an die ungarische Stadt Ödenburg (Sopron) und an die niederländische Stadt Deventer, 1976 an die jugoslawische Stadt Dubrovnik.

Förderpreis des Landes Bayern 1976 für Bildende Kunst an den Maler und Graphiker *Wolfgang Kühnel.*

Förderungspreis der Landeshauptstadt München 1976 für Bildende Kunst an den Maler *Heiner-Matthias Priesnitz* und an den Bildhauer *Toni Preis.*

Förderpreis der Stadt Fürth 1976 an die Malerin *Christa Schön-Bruder.*

Goethe (Johann-Wolfgang-v.-G.)-Medaille der »Stiftung F.V.D.e.V.« in Hamburg, 1976 in Gold an die um die Erhaltung der Baudenkmäler Venedigs verdiente »Fondazione Georgio Cini«.

Goethe (Johann-Wolfgang-von G.)-Plakette des Landes Hessen 1975 u. a. an den Kunstsammler *Hans Krollmann.*

Goldene Lupe Wettbewerb um das »Juwel des Jahres«, 1975 an *Andrea Ariane Goldmann.*

Grohmann (Will-G.)-Preis der »Berliner Akademie der Künste« 1975 an den Maler *A. R. Penck.*

Jerg-Ratgeb-Preis Gestiftet 1976 von *HAP Grieshaber* zum Gedenken an den wegen Einsatz für die Aufständischen im Bauernkrieg hingerichteten Maler Jerg Ratgeb (1480–1526); Verleihung an politisch engagierte Künstler vorgesehen.

Hessischer Staatspreis für das Kunsthandwerk 1975 für die Webmeisterin *Gudrun Engels.*

Junger Westen Kunstpreis der Stadt Recklinghausen, 1975 (Ausschreibung für das Thema »Akt«) an *Erhard Göttlicher.*

Kaiserring der Stadt Goslar 1975 erstmals an den englischen Bildhauer *Henry Moore,* 1976 an den Maler *Max Ernst.*

Keramik-Preis s. »Bampf-Preis« und »Westerwald-Preis«.

Kollwitz (Käthe-K.)-Preis der »Akademie der Künste der DDR«, 1976 an den Maler *Harald Metzke.*

Kritiker-Preis des »Verband deutscher Kritiker e. V.«, 1976 an den Bühnenbildner *Karl-Ernst Hermann* und an die Aktionskünstlerin *Rebecca Horn* (New York).

Kultureller Ehrenpreis der Landeshauptstadt München 1976 nicht für Kunst oder Literatur verliehen.

Kulturpreis der »Deutschen Gesellschaft für Photographie e. V.«, 1976 an *Rosemarie Clausen, Regina Lang* und *Lieselotte Strelow.*

Kulturpreis der Siebenbürger Sachsen 1976 an die Bildhauerin *Annemarie Suckow-von Heydendorff.*

Kulturpreis der Ostpreußischen Landsmannschaft 1976 an den Maler *Robert Hoffmann-Salpia.*

Kulturpreis der Stadt Regensburg 1976 Förderpreis an die Malerin *Johanna Obermüller.*

Kulturpreis des Kulturwerks Danzig 1976 an den Maler *Bruno Paetsch.*

Kulturpreis der Stadt Würzburg 1975 an den Bildhauer und Schriftsteller *Richard Rother.*

Kulturpreis der Sudetendeutschen Landsmannschaft 1976 Anerkennungspreis für Bildende Kunst an den Bildhauer *Leopold Hafner.*

Kunstförderungspreis der Stadt Erlangen 1976 an die Maler *Michael Engelhardt* und *Thomas Richter.*

Künstlerstipendium der Stadt Duisburg Gestiftet für junge in- und ausländische Künstler; erste Verleihung im Oktober 1976 vorgesehen.

Kunstpreis der Europäischen Kunsthändlervereinigung in Köln 1975 an *Arnold Bode.*

Kunstpreis der Stadt Goslar 1975 an den englischen Bildhauer *Henry Moore,* 1976 an den Maler *Max Ernst.*

Lehmbruck (Wilhelm-L.)-Preis der Stadt Duisburg, 1975 in Höhe von 20 000 DM an den Plastiker *Jean Tinguely* (Schweiz). Nächste Verleihung 1980.

Lichtwark (Alfred-L.)-Preis der Freien und Hansestadt Hamburg, nächste Verleihung 1976.

Oberschlesischer Kulturpreis 1975 für Bildende

Kunst an den Maler *Erhard Paskuda,* 1976 für Bildende Kunst an *Rolf Burchard.*

Orden Pour le mérite 1975 u. a. an den aus Deutschland stammenden Kunsthistoriker *Richard Ettinghausen.*

Plakatwettbewerbe Für Denkmalschutz in Hamburg, 1976 kein 1. Pr.; 2. Pr. je an *Martin Hass* und *Walter Andreas Hanke* – Bundesgartenschau Stuttgart 1977, 1. Pr. an *Otto Rieger.*

Rubens (Peter-Paul-R.)-Preis der Stadt Siegen, 1976 an den Maler *Fritz Winter.*

Scharff (Edwin-Sch.)-Preis der Freien und Hansestadt Hamburg 1975 geteilt an die Malerinnen und Graphikerinnen *Almut Heise* und *Karin Witte.*

Schiller (Friedrich-von-Sch.)-Preis der Stadt Marbach, 1976 an den Kunsthistoriker *Max Schefold.*

Schinkel (Karl-Friedrich-Sch.)-Preis des »Architekten- und Ingenieur-Vereins e. V.« in Berlin (West), 1976 mit Plakette an *Wolf-Rüdiger Borchardt, Günter Franke, Jürgen Kreft, Joachim Kröh, Dietrich Mengel, Fred Miethe* und *Axel Schwennicke.*

Schumacher (Fritz-Sch.)-Preis der Hamburger »Stiftung F.V.S.«, 1975 an die Planer und Städtebauer *Armando Sarti* und *Pier Luigi Cervelatti* (Bologna) sowie (für die Neugestaltung von Fußgängerzonen) an *Fred Angerer* (München), *Eberhard Haller* (Lindau), *Friedrich Haßkamp* und *Horst Neidhardt* (Oldenburg), *Hubert Kath* und *Fritz Schmidt* (Celle) sowie *Hans Petzholdt* (Trier).

Schwabinger Kunstpreis München, 1976 an den Bildhauer *Frans Eska* und an den Maler *Kurt P. Lohwasser,* Ehrenpreis an den Bildhauer *Hanns Goebl.*

Senefelder (Alois-S.)-Preis International verliehen von der »Senefelder-Stiftung« in Offenbach; 1975 erste Verleihung: 1. Pr. (5000 DM), an *Christian Kruck* für Steindruckmalerei, 2. Pr. (3000 DM) an *Peter Schäfer* und *Rudolf Schoofs* für Offset-Lithographien, 3. Pr. (2000 DM) an *Kurt P. Lohwasser.*

Tessenow (Heinrich-T.)-Medaille 1975 in Gold an den Architekten *Otto Kindt.*

Theater-Plakat-Wettbewerb Internat. ausgeschrieben 1975 im Zusammenhang mit der »Kieler Woche 1976« von der Landeshauptstadt Kiel und der »Gesellschaft der Freunde des Theaters in Kiel e. V.«; für nach 1973 entstandene Arbeiten. 1. Pr. an *Peter Halmen.*

Villa Romana-Preis 1976 u. a. an *Nikolaus Lang.*

Westerwaldpreis Verliehen für Keramik, 1975 1. Pr. an *Dieter Crumbiegel.*

Wettbewerb des Bundes Deutscher Architekten/BDA in Bayern Prämierungen 1976: *Kurt Ackermann* u. Partner, *Alexander Freiherr von Branca, Knud Friis, Robert Gerum, Helmut Höflich/Ernst Heinsdorff, Theodor Hugues, Oswald Peithner, Eckart Pressel, G. u. H. Scherzer, A. Schröter, Steidle* u. Partner, *Werner Wirsing.*

Brasilien

Biennale von São Paulo Gr. Preis an den Maler *Guillermo Roux.*

Frankreich

Grand Prix National 1975 für Bildende Kunst an den aus der Schweiz stammenden Maler *Gérard Schneider;* für Architektur an *Jean Willerval.*

Japan

Großer Japanischer Kunstpreis 1975 an den Maler *Kômei Kondô.*

Kanada

Internat. Plakatwettbewerb in Toronto, 1976 fünf Preise an Schweizer Graphiker.

Internat. Salon der Karikatur in Montreal, 1976 Gr. Preis an *Paul Holck* (Dänemark).

Liechtenstein

Nationale Kunststiftung Nach Befragung von 378 Fachleuten aus aller Welt wurden als die **derzeit bedeutendsten Künstler der westlichen Welt** genannt: Der finnische Architekt *Alvar Aalto* (†), der schwedische Filmregisseur *Ingmar Bergman,* der spanische Maler *Juan Miró,* der englische Bildhauer *Henry Moore,* der russische Komponist *Dimitri Schostakowitsch* (†) und der nordamerikanische Schriftsteller *Thornton Wilder* (†).

Niederlande

Europäischer Stahlbaupreis der »Europ. Konvention für Stahlbau« in Rotterdam, 1975 an *Günther Domenig* (Österreich).

Kgl. Akademie der Bildenden Künste in Den Haag, 1975 Aufnahme von *Marc Chagall* und *Alexander Calder.*

Norwegen

Wettbewerb für Halsschmuck des norwegischen Verbandes der Goldschmiede, 1975 an *Ute G. Pieper* (BR Deutschland).

Österreich

Staatspreise für Bildende Kunst Verliehen für junge österreichische Künstler, 1975 erstmals als Jahresstipendien in Höhe von je 60 000 S an *Gernot Baur, Peter Dworak, Meina Schellander, Arthur Viehböck* und *Wolfgang Walkensteiner.* Förderungspreis zum Staatspreis 1975 an den Maler *Reimo S. Wukounig.*

Staatspreis für gute Form 1975 für Geräte, Apparate, Skibindungen usw. an verschiedene Firmen verliehen.

Klimt (Gustav-K.)-Ehrung der »Wiener Secession« 1975 an *Georg Eisler.*

Körner (Theodor-K.)-Stiftungsfonds zur Förderung von Kunst und Wissenschaft, 1976 Preise für Bildende Kunst an *Ronald Bolt, Waltraut Cooper, Mag Gangl, Jörg Hietzgern, Isolde Jurina-Kmiecik, Stephan Pral, Peter Rataitz, Linda Waber, H. J. Painitz, Hans Piccottini.*

Kulturpreis des Landes Kärnten 1975 Förderungspreis für Bildende Kunst an *Peter Krawagna.*

Kulturpreis des Landes Steiermark 1975 an den Maler *Bernhard Müller,* Förderungspreis des Bundesministeriums für Unterricht und Kunst an *Egon Waltl,* der »Gesellsch. d. Freunde d. Neuen Galerie«, an die Gruppe »Unthink Factor«.

Kulturpreis des Landes Oberösterreich 1975 für Bildende Kunst an *Waltraut Cooper;* Prämien für Nachwuchsförderung für Bildende Kunst 1975 an *Johann Ruschak* und *Elisabeth Schickmayr.*

Mozart Preis der »Johann-Wolfgang-von-Goethe-Stiftung«, 1976 an den Kunsthistoriker *Rupert Feuchtmüller.*

Wiener Kunstfonds 1975 Preis für Bildende Kunst (20 000 S) an *Gerhard Gutruf,* Förderung von Projekten im Bereich der Bildenden Kunst für *Karl Hikade, Timo Huber, Helmut Krumpel, Helmut Kurz-Goldenstein, Heinz Günter Leitner, Leonhard Stramit* und *Erwin Thorn.*

Ehrenzeichen für Kunst und Wissenschaften 1975 u. a. in Gold an den Kunsthistoriker *Franz Winzinger* (BR Deutschland).

Würdigungspreise der Stadt Wien. 1975 an den Architekten *Ernst Hiesmayr,* an den Bildhauer *Roland Goeschl,* an den Graphiker *Georg Schmid* und an den Maler *Hans Escher* (Förderungspreise an *Mario Decleva* u. *Werner Würtinger*); 1976 an den Architekten *Johann Georg Gsteu,* an den Bildhauer *Bruno Gironcoli,* an den Maler *Rudolf Schönwald,* für angewandte Kunst an *Erich Lessing.*

Schweiz

Kunstpreis der Stadt Zürich 1975 an den Maler und Graphiker *Camille Graeser* – **Prämien** aus den Kulturförderungskrediten des **Kanton Zürich** 1975 an mehrere Maler und Graphiker – Ehrengabe aus dem kantonalen Kunstkredit 1975 an den Bildhauer *Oedön Koch* und an den Bühnenbildner *Ambrosius Humm* – Leistungspreis der Kunstgewerbeschule Zürich an den Zeichner *René Fritschi* und die Goldschmiedin *Therese Künzli-Hilbert.* – **Aargauer Förderungsbeiträge** 1976 für Kunst an den Bühnenbildner *Hans Gloor.*

Sowjetunion

Staatspreis 1975 für Bildende Kunst u. a. in Höhe von 5000 Rubeln an das Karikaturisten-Kollektiv »Kukryniksy« (*Kuprijanow, Krylow, Sokolow*), an die Architekten des Wiederaufbaus von Alt-Taschkent sowie an den Bühnenbildner *M. Jaschin.*

USA

International Design Award der »American Society of Interior Designers« 1975 u. a. an die Stadt München für die Gestaltung der Fußgängerzone.

VOM WELTKUNSTMARKT – AUSSTELLUNGEN – MUSEEN – KUNSTDIEBSTÄHLE

Die Nationalgalerie von Schottland erwarb 1975 ein Gemälde von *Andrea Verrocchio* (Madonna mit Kind) für umgerechnet 2 Mill. DM.

Die **führende Kunstauktionsgruppe des Weltmarktes** »Sotheby/Parke Bernet« mit ihren Hauptauktionsplätzen London, New York, Los Angeles verzeichnete in der Saison 1974 (Oktober)/1975 (August) einen Rückgang ihres Umsatzes gegenüber dem Vorjahr um 16,8 % auf 75,1 Mill. £ Sterling (rund 427 Mill. DM); nur 9,6 Mill. Pfund entfielen auf die kleineren Versteigerungsplätze wie Florenz, Zürich, Monaco, Hongkong usw. (Saison 1975/76 neuer Umsatzrekord: prov. 98 Mill. £ bzw. rd. 450 Mill. DM). Höchstpreise wurden u. a. erzielt für das Gemälde »Heiliges Haus von Loretto« von *Tiepolo* (195 000 Pfund bzw. rund 1,2 Mill. DM), für das Ölbild »Hina Maruru« von *Gauguin* (950 000 $), für ein franz. Möbel-Ensemble (240 000 Pfund) und für ein Einzelstück frühen China-Porzellans (umgerechnet 900 000 DM). Ein neuer Höchstpreis für ein *Dubuffet*-Gemälde wurde mit »Echange de Vues« erzielt (340 000 $). Die Preise für *Picasso*-Graphik fielen zurück. Bei der Frühjahrsauktion 1976 von Sotheby/Parke Bernet in New York wurde für das Gemälde »Stilleben mit japanischem Holzschnitt« von *Paul Gauguin* mit 1,4 Mill. $ (rund 3,6 Mill. DM) der *bisher. Rekordpreis* für ein G.-Gemälde.

Das Auktionshaus *»Christie«* verzeichnete in der Saison 1974/75 einen Umsatzrückgang geg. 1973/74 um 21,8 % auf 33,7 Mill. Pfund (etwa 192 Mill. DM), 1975/76 jedoch einen Anstieg auf fast 50 Mill. £. Im Juni 1976 wurde bei einer Christie-Auktion in London für ein frühes Bild (»The Bridgewater Sea Piece«) von *William Turner* mit 340 000 £ Sterling (etwa 1,5 Mill. DM) der *bisherige Höchstpreis für ein Turner-Gemälde* gezahlt; mit 315 000 $ wurde das Gemälde »Washington und seine Generäle in Yorktown 1781« von *Ch. J. Peale* zum *bisher teuersten Gemälde eines nordamerikanischen Malers* – Eine Steigerung gegenüber dem Vorjahr erreichte 1974/75 von den großen Londoner Auktionsfirmen nur *»New Bond Street-Agentur Phillips«*, d. h. von 10,4 auf 10,7 Mill. Pfund (rund 60,9 Mill. DM; 1975/76 prov. 16 Mill. £). – Auf dem *Kölner Kunstmarkt* fanden sich im Herbst 1975 für große Objekte wenig Käufer.

In Maastricht (Niederlande) fand vom 29. 11. bis 7. 12. 1975 die erste **europäische Kunstmesse-Pictura** statt, eine Qualitätsmusterschau des Kunsthandels.

Nach dem Ergebnis von sechs internat. beschickten Messen moderner Kunst in den Jahren 1974/75 stand **Max Ernst** an erster Stelle, gefolgt von *Dali, Tapiés, Ernst Fuchs, Miró, Picasso, Antes Chagall Fatta Vasarély* und *Wunderlich.*

Das Germanische Nationalmuseum in Nürnberg hat den **Nachlaß** des Malers **Lovis Corinth** erworben; es handelt sich um rund 300 Familien- und Werkphotos, um etwa 500 Briefe des Künstlers und 6000 systematisch gesammelte Zeitungsausschnitte, die teilweise mit Randglossen *Corinths* versehen sind.

Die **Schmidt-Rottluff (Karl-Schm.-R.)-Stiftung für den Künstlernachwuchs,** 1975 von *Schmidt-Rottluff* dem damals einzigen noch lebenden Mitgl. d. einstigen »Brücke« aus seinem Privatvermögen in Höhe von etwa 3 Mill. DM ins Leben gerufen, soll aus ihren Erträgen Stipendien an Maler, Graphiker und Bildhauer im Alter bis zu dreißig Jahren vergeben. (Schm.-R. † August 1976).

Aus dem Nachlaß von *Adolf Wölfli,* dessen Lebenswerk eines der bekanntesten Beispiele für die Kunst von Geisteskranken darstellt, wurde in Bern eine **»Adolf-Wölfli-Stiftung«** gegründet.

Als Ergänzung zu dem 1970 eingeweihten »Vasarély-Museum« in Gordes wurde im Februar 1976 in Jas-de-Bouffan bei Aix-en-Provence ein **Forschungszentrum für das Werk des aus Ungarn stammenden Malers Victor de Vasarély errichtet.**

Nach über 100jähriger Verzögerung wurde von der britischen Regierung beschlossen, in der Residenz »Somerset House« in Erfüllung einer Vorbedingung für die Schenkung seiner Werke an den Staat ein **William-Turner-Museum** zu schaffen.

Die **Ausstellung** altägyptischer Kunst **»Nofretete-Echnaton«,** die von Januar bis März 1976 in München gezeigt wurde, war mit über 320 000 Besuchern die bisher **erfolgreichste Ausstellung in der Bundesrepublik seit Kriegsende;** sie ging anschließend nach Berlin-Dahlem und Hildesheim.

Das **Thema der »documenta 6«,** die vom 24. 6. bis 2. 10. 1977 in Kassel stattfinden soll, wird nach einem Beschluß des Internat. Komitees **»Kunst in der Medienwelt, Medien in der Kunst«** lauten.

Die **Museen moderner Kunst** in der BR Deutschland hatten 1975 mit 215 000 Besuchern einen Zuwachs von über 100 % gegenüber dem Jahr 1973.

Im Frühjahr 1976 wurde im Saarland eine **»Deutsche Bildhauergesellschaft«** gegründet.

Eine neue Zeitschrift **»Kunst aktuell«,** die als Forum der bildenden Kunst, Literatur und Musik dienen soll, geben das Rheinland-Pfälz. Kultusministerium und die Landesbank Rheinland-Pfalz heraus.

Der Leipziger Kunstverlag E. A. Seemann plant die **Herausgabe eines »Allgemeinen Lexikons der bildenden Künstler aller Zeiten und Völker«**; insgesamt sind über 30 Bände vorgesehen. Dem internat. Beirat gehören Experten aus 14 Ländern an.

Anfang 1976 schlossen sich in Köln international bekannte Künstler, darunter auch mehrere Ausländer, sowie Kunstkritiker auf Initiative von *Klaus Staeck* und *Joseph Beuys* zu einem **»Internationalen Künstlergremium e. V.«/IKG** zusammen (Generalsekretär: *C. P. Wittig*), das für die Freiheit der Kunst und für den gesellschaftlichen Anspruch der Bildenden Künste sowie für ihre humanen, moralischen und politischen Impulse eintreten, jedoch keine eigenen Ausstellungen veranstalten will.

In einem Beschluß der UNO-Vollversammlung vom November 1975 **werden alle Nationen aufgefordert, die in ihrem Besitz befindlichen Kunstwerke, Monumente, Museumsstücke, Manuskripte und Dokumente aus dem kulturellen Erbe einst kolonialisierter oder besetzter Gebiete den Ursprungsstaaten zurückzugeben.** Nach der bereits 1970 angenommenen **UNESCO-Konvention** sind alle Länder verpflichtet, die illegale Ein- und Ausfuhr sowie den Transfer von Kulturgütern zu unterbinden.

Nach einer Feststellung von Experten der UNESCO und griechischen Fachleuten sind **Sofortmaßnahmen zur Rettung der Skulpturen auf der Akropolis in Athen erforderlich,** z. T. durch vorläufiges Einhüllen, z. T. durch Verbringung in geschlossene Räume. Als besonders gefährdet gelten die Karyatiden am Erechtheion, die Friese des Parthenon und des Nike-Tempels – Die UNESCO rief 1975 auch zur Rettung der altindischen Kulturstätte von **Mohendscho Daro** im Indus-Tal auf.

Im Januar 1975 wurden durch einen Brand große **Teile des** berühmten **Hoian Schreins** von Kioto (Japan) **zerstört.**

In der Chinesischen Volksrepublik wird an der **Freilegung der Grabstätte des Kaisers Tschin Schi-Huangti** (Ch'in Shi Huang-ti) in der Provinz Schensi gearbeitet; es handelt sich um einen der größten archäologischen Grabfunde in China. Bisher wurden schon 530 überlebensgroße Kriegerfiguren und 24 Pferdefiguren aus Ton geborgen.

Im Herbst 1975 wurden **in Rom** unter dem Krankenhaus von San Giovanni in Lateran **urchristliche Fresken aus der Mitte des 4. Jahrhunderts freigelegt,** die wahrscheinlich ältesten christlichen Malereien eines Wohnhauses im Abendland.

1975, im Jahr der 500. Wiederkehr des Geburtstages von **Michelangelo,** wurden im Gebäudekomplex von San Lorenzo (Florenz) **Fresken aufgefunden,** die zumindest teilweise von der Hand des Meisters stammen.

Im Erzbischöflichen Museum in Utrecht wurde im Frühjahr 1976 ein bisher **unbekanntes Gemälde von Rembrandt entdeckt** (signiert: R. F. 1626); es wird »Taufe des Kammerherrn« genannt.

Ein **Europäisches Kulturzentrum in Delphi** planen die EG und das an diese assoziierte Griechenland; es soll u. a. Dokumente zur europäischen Kulturgeschichte vom griechischen Altertum bis zur europäischen Gegenwart enthalten.

Die **Kunstdiebstähle** haben auch in der Berichtszeit zugenommen. Schätzungsweise wurden allein in der BR Deutschland 1975 Kunstgegenstände von weit mehr als 10 Mill. DM geraubt, wobei die Aufklärungsquote bei unter 20 % blieb.

Zu den raffiniertesten Kunstdiebstählen gehört der in der Nacht zum 2. 11. 1975 erfolgte **Einbruch in die Schatzkammer des Kölner Doms** (Raub von Brustkreuzen, Monstranzen, einer Pax-Tafel usw.); die Diebe waren mit Bergsteigerausrüstung über das Dach zur Ventilatorenöffnung und schließlich in die Schatzkammer gelangt. Im Juni 1976 wurde mit der Verhaftung von drei Jugoslawen der Raub aufgeklärt, ein Teil der Gegenstände beigebracht.

Im Herbst 1975 gelang es, **von 38 Gemälden französischer Impressionisten** und italienischer Meister, **die** im Mai 1975 **aus der Mailänder Galerie für moderne Kunst gestohlen worden waren** (s. WA '76, S. 257), 26 im Wert von über 12 Mill. DM sicherzustellen.

Im Frühjahr 1976 konnten mit der Festnahme von mehreren Italienern zwei **Gemälde von Raffael** und **ein Bild von Piero della Francesca,** die im Februar 1975 aus der Nationalgalerie von Urbino geraubt worden waren, in einem Hotel in Locarno (Schweiz) sichergestellt werden. – Im August 1976 wurden bei einem Einbruch in die Villa eines Industriellen in Monza Gemälde von *Murillo, Rubens, Tiepolo, Tizian* u. a. im Werte von rd. 30 Mill. DM geraubt.

Das im April 1975 aus einem Museum in Boston (USA) **geraubte Gemälde** »Elsbath van Rijn« **von Rembrandt** wurde Anfang 1976 leicht beschädigt gegen »Finderlohn« (Lösegeld) zurückgegeben.

Schwer heimgesucht wurde im Oktober 1975 durch Diebstähle auch Pompeji; aus dem Antiquarium und anderen Räumen wurden restaurierte Fresken, Schmuckstücke und Münzen entwendet.

In **Avignon** (Frankreich) verübten Kunstdiebe einen **Raubüberfall** auf das Museum des Papstpalastes und stahlen 119 **Werke von Pablo Picasso.**

Ab Juni 1976 ist die neun Monate vorher durch einen Messerangriff eines geistesgestörten niederländischen Lehrers erheblich beschädigte **»Nachtwache« von Rembrandt** nach kunstvoller Beseitigung der Schäden **wieder** an ihrem alten Platz im Amsterdamer »Rijksmuseum« **zu besichtigen.**

LITERATURPREISE

Auswahl Eine umfassende Aufstellung für die Jahre 1945–1960 brachte der Fischer Weltalmanach 1961 (S. 297 ff.); seither wird im Weltalmanach laufend in Auswahl über Literaturpreise und Preise für Verdienste um die deutsche Sprache, für Übersetzungen, Journalismus und Darstellende Kunst berichtet.

Deutschland

Adenauer (Konrad-A.)-Preis der »Deutschland-Stiftung e. V.«, 1975 an *Gerhard Löwenthal.*

Adorno (Th.-W.-A.)-Preis Gestiftet 1975 von der Stadt Frankfurt am Main für hervorragende Leistungen auf den Gebieten Literatur, Theater usw.; Höhe 50 000 DM, erste Verleihung für 1977 vorgesehen.

Alker (Ernst-A.)-Goldmedaille Gestiftet für Verdienste um die deutsche Literatur v. »West-Ost-Kulturwerk e. V.«; 1975 erstmals verliehen an *Andreas Bruno Wachsmuth.*

Arndt (Ernst-Moritz-A.)-Medaille der Pommerschen Landsmannschaft an *Albrecht Dühr.*

Bayerische Akademie der Schönen Künste in München, 1976 Literaturpreis an *Hans Wollschläger.*

Bayerischer Verdienstorden 1976 an *Alois Fink, Ludwig Kuttner, Peter de Mendelssohn, Klaus Piper* und *Leonore Freiin von Tucher.*

Becher (Johannes-R.-B.)-Preis der DDR an den Lyriker *Paul Wiens.*

Berliner Kunstpreis der »Akademie der Künste e. V.« in Berlin (West), 1976 an den Schauspieler *Wilhelm Borchert;* Stipendien an *Oskar Pastor* und je zu einem Drittel an die Schauspieler *Wolfram Berger, Harald Clemen* u. *Adalbert Schichow.* Zum außerord. Mitglied der Abteilung Literatur wurde *Adolf Muschg* (Schweiz) gewählt.

Boedecker (Friedrich-B.)-Preis des Landes Niedersachsen und der Stadt Hannover für Kinder- und Jugend-Literatur, 1975 geteilt an *Heinrich Pleticha* u. *Gerold N. Anrich.*

Bodensee-Literaturpreis der Stadt Überlingen, 1975 an *Horst Stern.*

Bräuer (Karl-B.)-Preis des »Bundes der Steuerzahler e. V.« für journalistische Verdienste auf dem Wirtschafts- und Steuersektor, 1975 an *Kurt Steves.*

Bremer Literaturpreis der »Rudolf-Alexander-Schröder-Stiftung e. V.«, 1975 an *Paul Nizon* (Schweiz).

Büchner (Georg-B.)-Preis der »Deutschen Akademie für Sprache und Dichtung e. V.« in Darmstadt, 1976 an *Heinz Piontek.*

Bundesverdienstkreuz der Bundesrepublik Deutschland, 1976 u. a. an *Rudolf Dix, Jürgen Eick, Claus Dieter Heirler, Hans Reinhard Müller, Hans Heinz Sadila-Mantau* und *Georg Schödl;* **Großes Bundesverdienstkreuz** u. a. an den Schriftsteller *Herbert Günther* und die Verleger *Willy Droemer* und *Franz Ehrenwirth* sowie an den Theaterwissenschaftler *Heinz Kindermann* (Wien).

Buxtehuder Bulle für Jugendbücher, 1976 an *Johanna Reiss* (New York).

Dehio (Georg-D.)-Preis der »Künstlergilde e. V.« in Esslingen, 1976 u. a. an *Jürgen Petersohn* und *Hans Tesch.*

Dehmel (Ida-D.)-Preis des »Verbandes der Gemeinschaften der Künstlerinnen und Kunstfreunde e. V.«, 1975 an *Margot Scharpenberg* (USA).

Deutsche Akademie für Sprache und Dichtung e. V. in Darmstadt, Preisausschreiben über das Thema »Kann man dichten, ohne zu denken, und denken, ohne zu dichten?«. Von 147 Einsendungen mußten 105 sofort als unbeachtlich ausgeschieden werden. Neue Ausschreibung unter dem Motto: »Ist freier Ausdruck in Rede und Schrift ohne Sprachnormen möglich?« (s. auch Freud-Preis, Merck-Preis, Preis für Germanistik und Übersetzerpreis).

Deutscher Alpenverein Preise für beste Bergbücher 1976 an *Kurt Diemberger* und *Reinhold Messner.*

Deutscher Jugendbuchpreis des Bundesministers für Jugend, Familie und Gesundheit, 1976 für Bilderbücher an *Elisabeth Borchers* und *Wilhelm Schlote,* für Kinderbücher an *Peter Härtling* und *Ingrid Mizsenko,* für Jugendbücher an *John Christopher,* für Sachbücher an *Theodor Dolezol.*

Deutscher Kurzgeschichtenpreis des »Internat. Autorenkollegiums« in Arnsberg/Neheim-Hüsten, 1975 an *Ilse Tielsch-Felzmann.*

Deutsch-Französischer Übersetzerpreis der Stadt Baden-Baden, 1976 erstmals verliehen, und zwar an *Carlo Schmid.*

Deutscher Sachbuchpreis Förderpreis der Stadt Osnabrück, verliehen vom Deutschen Büchereiverband; Verleihung alle zwei Jahre; 1975 an *Helge Pross.*

Drexel (Joseph-D.)-Preis der gleichnamigen Stiftung in Nürnberg, 1975 an *Friedrich Bohnen, Hans Dahmen* und *Adrien Finck.*

Droste (Annette-von-D.-Hülshoff)-Preis der Stadt Meersburg, 1975 an *Eva Zeller.*

Duden (Konrad-D.)-Preis der Stadt Mannheim und des Bibliographischen Instituts für Verdienste um die deutsche Gegenwartssprache, 1975 an den polnischen Germanisten *Ludwig Zabrocki.*

Dramatikerpreis der Stadt Mülheim 1976 an *Franz Xaver Kroetz.*

Egk (Werner-E.)-Preis der Stadt Donauwörth, 1975 an den Schriftsteller *Reinhard Raffalt* (†). Nächste Verleihung 1977.

Ehrendoktorwürde Verliehen 1976 u. a. an Günter Grass (Harvard-Univ.), Elias Canetti (Univ. München), Karl Krolow (Techn. Univ. Darmstadt), Siegfried Lenz (Univ. Hamburg), Axel Springer (Hebr. Univ. Jerusalem) und Carl Zuckmayer (Univ. Vermont) – Professor e. h.: Friedrich Luft, *Walter Mehring* und Karl Silex (alle v. Berliner Senat).

Eichendorff (Joseph-von-E.)-Preis der Gesellschaft für Literatur und Kunst »Der Osten« bzw. des »Wangener Kreises«, 1975 an *Lutz Besch.*

Erzähler-Wettbewerb d. Internat. Assoziation Deutschsprachig. Medien/IADM, 1976 1. Pr. an *Eva Schneidereit* (USA), 2. Pr. an *Anne Eckardt* (Argentinien).

Europa-Preis der »Stiftung F.V.S. e. V.« in Hamburg, 1975 u. a. an den Märchensammler *Alfred Cammann.*

Flach (Karl-Hermann-F.)-Preis der »Friedrich-Naumann-Stiftung e. V.«, gestiftet 1975 in Höhe von 5000 DM für Verdienste in Publizistik und Journalismus um die Festigung der liberalen Demokratie; erste Verleihung im Herbst 1976 vorgesehen.

Fontane (Theodor-F.)-Preis der »Akademie der Künste« in Berlin, 1975 an *Hubert Fichte.*

Förderpreis der Landeshauptstadt München 1976 für Literatur an *Helmut Walbert,* für interpretierende Kunst an *Hans-Gert Pfaffenrodt.*

Förderpreis des Landes Bayern für Literatur 1976 an den Lyriker *Rainer Malkowski.*

Förderpreis der Stadt Erlangen 1976 für Literatur an *Hans Gerhard Gensch.*

Freud (Sigmund-F.)-Preis der »Deutschen Akademie für Sprache und Dichtung e. V.« in Darmstadt für wissenschaftliche Prosa, 1976 an *Jürgen Habermas.*

Freytag (Gustav-F.)-Gedenkmedaille des »Wangener Kreises«, 1975 an den Verleger *Carl Ritter* und den Schriftsteller *Egon H. Rakette.*

Fugger (Jakob-F.)-Medaille der gleichnamigen Stiftung, 1976 an den Verleger *Axel Springer.*

Gerstäcker (Friedrich-G.)-Preis der Stadt Braunschweig, 1976 an *Frederik Hetmann.*

Goethe-Medaille des »Goethe-Instituts« in München, 1976 in Gold an die Germanisten *John Alexander Asher* (Neuseeland), *Ingerid Dal* (Norwegen), *Eiichi Kikuchi* (Japan), *Pierre-Paul Sagave* (Frankreich) und *Waitschi Sakurai* (Japan).

Goethe (Johann-Wolfgang-von-G.)-Preis der DDR 1975 an den Schriftsteller *Helmut Meyer* und Schauspieler *Alfred Müller.*

Goldene Ehrenplakette der Stadt Bad Hersfeld 1975 an den Intendanten *Ulrich Erfurth.*

Grimm (Brüder-G.)-Preis der Philipps-Universität in Marburg, 1975 an den Germanisten *Winfried P. Lehmann* (USA).

Grimm (Brüder-G.)-Preis des Landes Berlin zur Förderung des Kinder- und Jugendtheaters, 1975 an den Leiter des »Grips«-Theaters *Volker Ludwig.*

Gryphius (Andreas-G.)-Preis der »Künstlergilde e. V.« in Eßlingen, 1976 an *Karin Struck;* Förderpreise an *Tamara Ehlert, Carl Guesmer* und *Margarete Kubelka.*

Groth (Klaus-G.)-Preis der »Stiftung F.V.S.« in Hamburg, 1975 für niederdeutsche Dichtung an *Siegfried Kessemeier.*

Günther-Buchpreis Verliehen für medizinische Werke in Höhe von 10 000 DM an *Dieter Platt.*

Hamburger Literatrubel Erzählerpreis »Rote Clownsnase«, 1976 für eine Lesung an *Peter Härtling.*

Hauptmann (Gerhart-H.)-Preis der »Freien Volksbühne e. V.« in Berlin (West), 1975 nicht verliehen; Stipendium an *Werner Simon Vogler.*

Hebel (Johann-Peter-H.)-Preis des Landes Baden-Württemberg 1976 an den elsässischen Schriftsteller *André Weckmann;* nächste Verleihung 1978.

Heine (Heinrich-H.)-Preis der DDR, 1975 an *Eva Strittmatter* und an den in der Schweiz geborenen, in der DDR lebenden Publizisten *Jean Villain.*

Heine (Heinrich-H.)-Preis der Stadt Düsseldorf, 1975 in Höhe von 25 000 DM an den Germanisten *Pierre Berteaux* (Frankreich). Nächste Verleihung 1978.

Heine-Plakette 1976 an *Marcel Reich-Ranicki* (dritter Empfänger nach *Max Brod* und *Hilde Domin*).

Hersfeld-Preis für Schauspieler, 1976 an *Heinz Baumann, Horst Bergmann* und *Loni von Friedel.*

Hoferichter (Ernst-H.)-Preis der gleichnamigen Stiftung, jährlich an freiberufliche Schriftsteller verliehen, die in oder bei München leben und sich durch »Originalität, Weltweite und Humor« auszeichnen. 1975 erstmals in Höhe von je 10 000 DM an *Carl Amery* und *Isabella Nadolny,* 1976 an *Eugen Roth* (†), *Karl Spengler* und *Karl Ude.*

Journalistenpreis (»Preis des Bayerischen Landtags«) Gestiftet 1974 vom Bayerischen Landtag für journalistische Arbeiten über die bayerische Landesvertretung; Verleihung alle zwei Jahre. 1975 1. Pr. an *Michael Stiegler*, 2. Pr. geteilt an *Hilde Balke* und *Max-Hermann Bloch*, 3. Pr. an *Mato Weiland*.

Journalistenpreis Entwicklungspolitik des Bundesministerium für Wirtschaftliche Zusammenarbeit, 1975 1. Pr. an *Uly Förster* und an den »Evangel. Pressedienst«; zweite Preise an *Hannes Burger, Hans-Georg Glaser, Hartmut Päffgen* und *Ansgar Skriver*.

Kästner (Erich-K.)-Preis der gleichnamigen Gesellschaft in München, gestiftet 1975. Verleihung jährlich vorgesehen.

Katholischer Journalistenpreis 1976 an *Eimar Bordfeld, Reinhold Iblacker* und *Hans Wallhof*.

Kesten (Hermann-K.)-Preis Gestiftet vom Verleger Rolf S. Schulz 1975 in Höhe von 10 000 DM; 1975 erstmals an *Horst Bienek*. Ein weiterer Preis an *Hans J. Fröhlich* (Weitergabe der Prämie an eine PEN-Organisation).

Kogge-Literaturpreis der Stadt Minden, 1974 an *Netti Boleslav* (Israel).

Kopernikus (Nikolaus-K.)-Preis der Stadt Gelsenkirchen, 1975 an den Schriftsteller *Georg Hermanowski*.

Kritikerpreis des »Verbandes deutscher Kritiker e. V.«, 1976 an die Schriftstellerin *Christa Reinig*, sowie an die »Pilobolus Dance Theatre«-Truppe (USA).

Kulturkreis im Bundesverband der Deutschen Industrie 1975. Ehrenpreis an *Oda Schaefer* und *Barbara Frischmuth* (Österreich).

Kulturpreis der Stadt Regensburg 1975 Förderpreise an *Horst Hanske* und an die »Regensburger Schriftstellergruppe«.

Kulturpreis der Stadt Würzburg 1976 an *Heinrich Pleticha*.

Kulturpreis Ostbayern der Energieversorgung Ostbayern AG, 1976 an *Ernst R. Hauschka* und *Josef Maier-Krafft*.

Kunstpreis der Stadt Ingolstadt 1975 an den Lyriker *Rudolf Langer*.

Kunstpreis der Stadt Nürnberg 1974 Förderungspreis an *Rüdiger Fitzgerald Kusz*.

Kunstförderungspreis der Stadt Erlangen 1976 an *Jürgen Naumann* und *Gisela Steinwachs*.

Leonce- und Lena-Preis für das beste Gedicht eines jungen Lyrikers, 1975 an *Rita Breit*.

Lessing (Gotthold-Ephraim-L.)-Preis der DDR 1975 an den Dramatiker *Heiner Müller;* ein weiterer Preis an *Hermann Kähler;* 1976 an den Dramatiker *Helmut Baierl* u. den Kritiker *Ernst Schumacher*.

Lessing-Preis der Freien und Hansestadt Hamburg, 1975 für publizistische Arbeiten an den ehem. Bundespräsidenten *Gustav W. Heinemann* (†).

VII. Literarischer Wettbewerb des Ostdeutschen Kulturrates und des Ministeriums für Arbeit usw. d. Landes Nordrhein-Westfalen, 1975 an *Herbert Berger, Wolfgang Durben, Klaus Granzow, Esther Knorr-Anders, Wolfdietrich Kopelke, Hellmut Walters* und *Eva Zeller*. Sonderpreis zum »Jahr der Frau« an *Gertrud von der Brincken*.

Literaturpreis der »Stiftung zur Förderung des Schrifttums e. V.« in München, 1975 an *Eberhard Horst*, Ehrengaben an *Alois Brandstetter, Walter Kolbenhoff* und *Marianne Langewiesche*.

Literaturpreis der Landsmannschaft der Litauendeutschen 1975 an *Elisabeth Josephi*.

Lyrik-Wettbewerb der Zeitschrift »Der neue Egoist« Hannover, ausgeschrieben 1976 unter dem Motto »neue, unbekannte Töne«.

Mackensen (Georg-M.)-Preis des Westermann-Verlages für die beste unveröffentlichte Kurzgeschichte, 1975 an *Karl Alfred Wolken, Herbert Schmidt-Kaspar* und *Jan H. Schulz*.

Mann (Heinrich-M.)-Preis der »Akademie der Künste« der DDR in Berlin (Ost), 1976 an den Schriftsteller *Siegfried Pitschmann* und an die Literaturwissenschaftlerin *Annemarie Auer*.

Mann (Thomas-M.)-Preis der Hansestadt Lübeck, gestiftet aus Anlaß des 100. Geburtstages des Dichters. Erste Verleihung an *Peter de Mendelssohn*, nächste 1980.

Merck (Johann-Heinrich-M.)-Preis für literarische Kritik und Essays, verliehen von der »Deutschen Akademie für Sprache und Dichtung e. V.« in Darmstadt, 1976 an *Peter Rühmkorf*.

J.-H.-Merck-Ehrung 1975 an den Verleger *Siegfried Unseld*.

München leuchtet Medaille der Landeshauptstadt München, 1976 u. a. an Regisseur *Günther Rennert*.

Norddeutscher Literaturpreis für junge Schriftsteller Gestiftet 1976 vom Ortsverein Hamburg des VDS.

Oberschlesischer Kulturpreis der Landesregierung von Nordrhein-Westfalen, 1975 an den aus Oberschlesien stammenden Germanisten *Oskar Seidlin* (USA).

Ossian-Preis der »Freiherr-vom-Stein-Stiftung e. V.« in Hamburg, für kulturelle Leistungen europäischer Minderheiten, 1973 erstmals an einen schottisch-gälischen Schriftsteller, 1974 an eine rätoromanische Gruppe Graubündens.

Perthes (Friedrich-P.)-Preis des »Börsenvereins des Deutschen Buchhandels e. V.«, gestiftet 1974 in Höhe von 30 000 DM für Arbeiten über buchhändlerische Probleme; dazu ein Förderpreis.

Petrarca (Francesco-P.)-Preis für Lyrik, verliehen

von einer Jury, der u. a. *Bazon Brock* und *Peter Handtke* angehören; 1975 postum an *Rolf Dieter Brinkmann,* 1976 geteilt an *Ernst Meister* (Hagen) und *Sarah Kirsch* (Ostberlin).

Pleticha (Heinrich-P.)-Preis 1976 Prämie von 5000 DM an *Wolfram zu Mondfeld.*

Pommerscher Kulturpreis 1976 an *Klaus Granzow.*

Preis für den ersten Roman der »Neuen Literarischen Gesellschaft« in Hamburg, 1975 an *Günter Radtke.*

Preis für Germanistik im Ausland der »Deutschen Akademie für Sprache und Dichtung e. V.« in Darmstadt, 1976 an *Marian Szyrocki* (Polen).

Raabe (Wilhelm-R.)-Preis der Stadt Braunschweig, 1975 an *Uwe Johnson.*

Reuter (Fritz-R.)-Preis der Hamburger »Stiftung F.V.S.« für niederdeutsche Dichtung, 1976 an *Erwin Herzig.*

Rilke (Rainer-Maria-R.)-Preis Gestiftet aus Anlaß des 100. Geburtstages des Dichters von seinen Nachfahren; 1975 erstmals an den Lyriker *Karl Krolow.*

Rosegger (Peter-R.)-Preis des L. Staackmann-Verlages in München, 1975 an *Hans Haid.*

Roswitha-Medaille der Stadt Gandersheim, bisher an *Marie Luise Kaschnitz, Hilde Domin, Ilse Aichinger, Grete Wurm* und *Elisabeth Borchers.*

Sachbuchpreis des »Freien Deutschen Autorenverbandes e. V.«, 1975.

Sachs (Nelly-S.)-Preis der Stadt Darmstadt, 1975 an *Elias Canetti.*

Schiller (Friedrich-von-Sch.)-Gedächtnispreis des Landes Baden-Württemberg, nächste Verleihung 1977.

Schlegel-Tieck-Preis s. Großbritannien.

Schneider (Reinhold-Sch.)-Preis der Stadt Freiburg i. Br., 1975 an *Paula Wessely.*

Schwabinger Kunstpreis München, 1976 für Literatur an *Sigi Sommer,* für Darstellende Kunst an *Peter Pasetti.*

Shakespeare (William-Sh.)-Preis der Hamburger »Stiftung F.V.S.«, 1976 in Höhe von 25 000 DM an den englischen Dichter *Philip Larkin;* dazu ein Stipendium.

Silbernes Blatt der »Dramatiker-Union e. V.«, 1975 an *Walther Karsch* und *Karl Vibach.*

Stadtschreiber von Bergen (bei Frankfurt), 1976/77 *Peter Rühmkorf.*

Stavenhagen (Fritz-St.)-Preis der »Stiftung F.V.S.« in Hamburg, 1975 für niederdeutsche dramatische Dichtung an *Konrad Hansen.*

Steffens (Hendrik-St.)-Preis der »Freiherr-vom-Stein-Stiftung e. V.« in Hamburg, 1976 an *Björn Landström* (Finnland).

Sudetendeutscher Kulturpreis der »Sudetendeutschen Landsmannschaft e. V.«, 1976 an den Schriftsteller und Kulturpolitiker *Victor Aschenbrenner;* Anerkennungspreis für Literatur an *Oskar Renner* (für Wissenschaft an *Helmut Preidel*).

Thoma (Ludwig-Th.)-Medaille 1976 an den Schriftsteller und Hörspielautor *Paul Wühr,* an den Intendanten *Hans-Reinhard Müller* und an den Volksschauspieler *Ludwig Schmid-Wildy.*

Tukan-Preis des »Münchner Tukan-Kreises«, 1975 an *Wolfgang Bächler, Charlotte Birnbaum, Heinz Coubier, Armin Eichholz, Herbert Günther* und *Helmut Walbert.*

Ubersetzerpreis der »Deutschen Akademie für Sprache und Dichtung e. V.«, 1976 an *Hanns Grössel.*

Vondel (Joost-van-den-V.)-Preis der »Freiherr-vom-Stein-Stiftung e. V.« in Hamburg, 1975 an *Hebe Kohlbrugge* (Niederlande), 1976 s. »Preise für Frieden«.

Wächter-Preis der »Stiftung Freiheit der Presse e. V.«, 1975 1. Pr. an *Klaus Fischer,* 2. Pr. an *Erich Kieckhöfel,* 3. Pr. an *Christof Baudrexel.*

Weber (Herwig-W.)-Preis des »Presseclubs« in München, der Münchner Zeitungsverlage, des Bayer. Rundfunks und der Bayer. Wirtschaft, verliehen für journalistische Arbeiten über München; 1975 kein 1. Pr., 2. Pr. an *Carl Schmoeller,* 3. Pr. an *Heinz Kaesbach.*

Zenta-Maurina-Sachpreis für Literatur Gestiftet 1975 von der Autoren- und Lesergemeinschaft »Kreis der Freunde« in Dülmen/Westf.; 1975 erstmals verliehen (in Form einer Stahlgußplastik) an die lettisch-schwedische Schriftstellerin *Zenta Maurina* selbst, die in Schweden lebt.

Australien

Miles Franklin Award Führender Literaturpreis des Landes, 1976 an *Alfred Xavier Herbert.*

Frankreich

Grand Prix national 1975 für Literatur an *André Chôtel,* für Theater an *Samuel Beckett.*

Grand Prix de l'Académie Française für Romane seit 1915, 1975 erstmals nicht verliehen; 1976 an *José Cabanis* für sein Gesamtwerk, für Lyrik an *Eugène Guillevic* für sein lyrisches Gesamtwerk – *Prix de la critique* an *Pierre-Georges Castex* – *Prix de la nouvelle* an *Christine Arnothy* – *Prix de l'essai* an *Pierre Flottes* – *Prix Lafontaine* an *Michel Ballerini* – *Grand Prix d'Académie* (Fond. Broquette-Gonin) u. a. an *Marcello Mathias* für sein Gesamtwerk.

Grand Prix de la »Fondation de France« 1976 an *Raymond Aron.*

Grand Prix des Ecrivains de l'Ouest 1975 an *Josane Duranteau.*

Grand Prix de la Ville de Paris, 1975 für Literatur an *Jules Roy,* für Theater an *Hugues Ouester.*

Prix Apollo 1975 an *Ian Watson.*

Prix aujourd'hui 1975 an *Pierre Jakez Hélias.*

Prix Balzac 1975 an *Jean d'Ormesson.*

Prix de la critique 1976 u. a. an *Jean Tardieu.*

Prix des Deux Magots 1976 an *François Coupry.*

Prix des Ambassadeurs 1976 an *Antoine Béthouart.*

Prix des créateurs 1975 an *Steve Non* (Pseudonym).

Prix du Quai des Orfèvres 1975 an *Bernard Matignon.*

Prix du Brigadier 1975 an *Peter Brook.*

Prix Femina 1975 an *Claude Faraggi.*

Prix George Sand 1976 erstmals vergeben, und zwar an *Monique Flepp.*

Prix Goncourt 1975 an *Emile Ajar* (Pseudonym; nicht angenommen) – (Ein »Goncourt pirate« bzw. ein Gegenpreis durch *Jean-Eldern Hallier* an *Jack Thieuloy*)

Prix Guillaume Apollinaire (sogen. »Goncourt-Preis der Poesie«) 1976 an *Bernard Noel.*

Prix Interallié 1975 an *Voldemar Lestienne.*

Prix Marcel Proust 1976 an *Marcel Schneider.*

Prix Médicis 1975 an *Jacques Almira* (*Jacques Schätzle*), für den besten ausländischen Roman als »Prix Médici Etranger« an *Steven Millhauser* (USA).

Prix Théophraste Renaudot 1975 an *Jean Joubert.*

Prix Paul Valéry 1975 an *Alfred Sauvy.*

Prix Emile Zola 1974 an *Frédéric Arnaud.*

Großer Adler der Stadt Nizza 1976 beim Buchfestival an *Julio Cortazar* (Argentinien) (1975 *Nadine Gordimer*).

Concours Internat. de Choreographie 1975 u. a. ein Preis an *Susan Linke* (BR Deutschland).

Prix Nadar für das beste illustrierte Buch 1976 an *Georg Gerster* (Schweiz).

Palmes Académiques (Offiziersklasse) 1976 u. a. an *Herbert Günther* (BR Deutschland).

Großbritannien

Booker Award des Verbandes britischer Verleger und des Industriekonzerns Booker McConnell, der bedeutendste britische Literaturpreis, in Höhe von 5000 £ 1975 an die aus Polen stammende, in Indien lebende Schriftstellerin *Ruth Prawer Jhabvala.*

Schlegel-Tieck-Preis des britischen und deutschen Verlegerverbandes für die beste englische Übersetzung eines deutschsprachigen Werkes, 1975 an *John Bowden.*

International Writer's Price, alle zwei Jahre vom »Arts Council« und der Universität Wales verliehen, 1976 an *Friedrich Dürrenmatt* (Schweiz).

Cranko (John-Cranko)-Foundation in London, Förderungspreis für Choreographie, gestiftet 1976 in Höhe von 500 £ Sterling zur Förderung junger Begabungen (Auskunft »British Council«, Köln).

INTERNAT. HANS-CHRISTIAN-ANDERSEN-PREIS für Jugendliteratur 1976 an die dänische Schriftstellerin *Cecil Bodker;* nächste Verleihung 1978.

INTERNAT. CINO DEL DUCA-PREIS Mit rund 85 000 DM der höchstdotierte Literaturpreis Europas, 1976 an den nordamerikanischen Schriftsteller *Lewis Mumford* für sein Gesamtwerk.

Israel

Jerusalem-Preis Verliehen für Verdienste von Schriftstellern um die Freiheit; nächste Verleihung 1977.

Italien

Premio Bagutta 1975 an *Mario Soldati.*

Premio Campiello 1975 an *Ladislao Nievo.*

Premio Ciampino 1975 an *Eugenio Montale.*

Premio Bancarella 1975 an *Susanna Agnelli.*

Premio Strega 1975 an *Tommaso Landolfi,* 1976 an *Fausta Cialente.*

Premio Viareggio 1976 an den Schriftsteller *Mario Tobino.*

Premio Viareggio-Versilia 1976 für einen ausländischen Autor an den spanischen Dramatiker *Alfonso Sastre;* Sonderpreis der V.-Jury 1976 an den kommunistischen Schriftsteller und Politiker *Umberto Terracini* für eine Sammlung von 1930/32 aus dem Gefängnis geschriebenen Briefen.

Goldene Feder der »Academia Pontzen« in Neapel, 1976 an *Ilse Fischer-Reitböck.*

Jugoslawien

BITEF/Theater-Festival in Belgrad, 1975 1. Preis an die Berliner Schaubühne am Halleschen Tor (für *Peter Steins* Inszenierung von *Gorkis* »Sommergäste«).

Malta

Kulturpreis von Malta, Verleihung vorgeschlagen von Kultusministerien europäischer Länder, dotiert mit 500 £M; 1976 an *Hans-Jürgen Heise.*

Nordischer Rat

Literaturpreis 1976 an *Olavur Johann Sigurdsson* (Island).

Österreich

Großer Österreichischer Staatspreis für Literatur 1974 an *H. C. Artmann.*
Großer Österreichischer Staatspreis für Europäische Literatur 1975 an *Miroslav Krleza* (Jugoslawien).
Staatspreis (Würdigungspreis) 1975 an *Ilse Aichinger.*
Csokor (Franz-Theodor-C.)-Preis des Österr. PEN-Clubs, 1974 an *Wolfgang Bauer,* 1975 an *Gyorgy Sebestyen.*
Grillparzer (Franz-G.)-Ring des Unterrichtsministeriums, 1975 erstmals an einen Theater-Kritiker, an *Zdenko Skreb* (Jugoslawien).
Kainz (Josef-K.)-Förderungspreis der Stadt Wien 1975 an die Schauspielerin *Elisabeth Augustin* und an den Schauspieler *Savin Sutter,* 1976 an die Schauspielerin *Christine Ostermayer* – K.-Preis für Regie 1975 an *Rudolf Jusits* – **Kainz-Medaille** 1975 an *Ezio Frigerio, Norbert Kappen, Hermann Kutscher* und *Christine Ostermayer.*
Körner (Theodor-K.)-Stiftungsfonds zur Förderung von Kunst und Wissenschaft, 1976 Preise an *Manfred Chobot, Leo Detela, Gustav Ernst, Erwin Gimmelsberger, Dietmar Grieser, Wolfgang D. Gungl, Friedrich Heller, Dieter Hornig, Vintilia Ivanceanu, Werner Kofler, Georg Kövary, Hermann Lienhard, Thomas Northoff, Ernst Nowak, Christian Wallner, Karl Wiesinger, Peter Paul Wiplinger.*
Kulturpreis des Landes Oberösterreich 1975 Literaturpreis an *Franz Rieger,* Förderungsprämien an *Peter Kraml* und *Sylvester Lohninger*
Kulturpreis des Landes Kärnten 1975 Literaturpreis an *Dolores Vieser,* Förderungspreis an *Alois Brandstetter.*
Kulturpreis des Landes Steiermark 1975 Literaturpreis an *Gerhard Roth.*
Literaturpreis des Salzburger »Management Club« 1976 1. Pr. an *Erwin Einziger,* 2. Pr. an *Christine Haidegger;* Prämie an *Werner Schmitz.*
Nabl (Franz-N.)-Preis der Stadt Graz Nächste Verleihung 1977.
Preise für Kunst und Wissenschaft der Stadt Wien 1975 Würdigungspreis für Literatur an *Friederike Mayröcker,* für Publizistik an *Claus Gatterer;* Förderungspreise an *Barbara Frischmuth* und *Peter Henisch;* 1976 Würdigungspreis für Literatur an *Ernst Jandl,* für Publizistik an *Hilde Spiel.*
Sachbuchpreis der Donauland-Stiftung 1975 an *Konrad Lorenz.*
Trakl (Georg-T.)-Preis des Landes Salzburg, 1974 an *Ernst Jandl.*
Wiener Kunstfonds Preis 1975 für Literatur an *Hans Krendelsberger,* für Darstellende Kunst an *Rudolf Jusits;* Förderungen an *Gerwalt Brandl, Beatrice Ferolli, Nils Jensen, Dieter Hornig, Georg Kövary* und *Wolfgang Mayer-König;* für Darstellende Kunst an *Inge Rosenberg* und *Werner Walkner.*
Wildgans (Anton-W.)-Preis der Vereinigung Österr. Industrieller, 1975 an *Ernst Hinterberger.*
Ehrenring des Landes Salzburg 1976 an *Carl Zuckmayer.*
(Preise z. T. nach der Zeitschrift *»Literatur und Kritik«,* Salzburg).

Polen

Plakatbiennale in Warschau 1. Pr. für kult. Plakate an *Waldemar Swierzy* (Polen), für polit. Plakate an *Mieczysław Wasilewski* (Polen), für Produktplakate an *Makoto Nakamura* (Japan), für Thema »Habitat« an *Jean Robert* (Schweiz).

Schweden

Internat. Literarische Versammlung in Mölle Literaturpreis an *Reiner Kunze* (DDR; 1973 verliehen, Ausreise zur Entgegennahme nicht genehmigt).

Schweiz

Aargauer Förderungsbeiträge 1976 für Literatur und Theater an *Urs Berner, Johanna Bossert, Willy Fasler, Klaus Merz, Margrit Schriber, Peter Schweiger* und *Michael West.*
Apfelbaum-Preis der Akademie Amriswil 1975 an *Otfried Preussler* (BR Deutschland).
Burckhardt (Jacob-B.)-Preis der »Johann-Wolfgang-von-Goethe-Stiftung« in Basel, 1976 an den Sprachforscher *Friedrich Maurer.*
Dramen-Wettbewerb im Auftrag der Hauni-Stiftung, 1976 ausgeschrieben vom Thalia-Theater in Hamburg mit dem Thema des älteren Menschen; je 1 Preis von 20 000 DM und 10 000 DM. Das mit dem 1. Pr. ausgezeichnete Werk wird vom Thalia-Theater u. v. Kulturzentrum der Stiftung aufgeführt.
Ehrengaben aus dem Literaturkredit des Kantons Zürich 1975 an *Elsie Attenhofer, Walter Baumgartner, Robert Bichler, Werner Bucher, Aloys Chang Sin-Ren, Walter Drack,*

Rosemarie Egger, Alfred Haechler, Mario Hindermann, Hans Jedlitschka, Anton Krättli, Manu Leumann, Anri Peer, Monika Plessner, Otto Schaufelberger, Marcel Schwander, Fritz Senn, Emil Usteri, Gert Westphal, Urs Widmer, Ursula von Wiese, Hans Wysling; Werkjahrbeiträge an *Silvio Blatter, Arthur Honegger, Gertrud Leutenegger* und *Gerold Späth.*

Großer Literaturpreis des Kantons Bern 1976 an *Jörg Steiner.*

Keller (Gottfried-K.)-Preis der »Martin-Bodmer-Stiftung« in Basel, 1975 an *Hans Urs von Balthasar;* nächste Verleihung 1977 – Ehrengaben an *Piero Bianconi* und *Albert Bettex.*

Kulturpreis der Innerschweiz 1976 an *Leonard Matt.*

Literaturkredit des Kantons Basel 1976 Werkbeiträge an *Dieter Fringeli, Frank Geerk, Christoph Geiser* und *Jürg Federspiel.*

Preis der Schweizerischen Schiller-Stiftung 1976 Literaturpreis an *Ulrich Becher* für sein Gesamtwerk; weitere Preise an *Gustave Cherpillod, Anne-Lise Grobéty, Jean-Claude Fontanet, Ludwig Hohl, Elisabeth Meylan, Alberto Nessi, Anne Perrier* und *Victor Stupan;* Werkbeiträge an *Ernst Halter, Arthur Honegger* und *Walther Kauer.*

Ramuz (Charles-Ferdinand-R.)-Preis 1975 an *Jacques Mercanton;* nächste Verleihung 1980.

Reinhart (Hans-R.)-Ring der »Schweizerischen Gesellschaft für Theaterkultur«, 1976 an den Tessiner Clown *Dimitri.*

Sowjetunion

Staatspreis 1975 (5000 Rubel) für Literatur an die Schriftsteller *Fjodor Abramow* und *Gawril Trojepolski.* an den Literaturhistoriker *Boris Suschkow* und an den Choreographie-Altmeister *Nikolai Tarassow.*

Lenin-Preis 1976 an den Schriftsteller *Georgij Markow* und (zum 2. Mal) an das »Bolschoi-Theater« in Moskau.

Spanien

Premio Espejo de España des Verlags »Editorial Planeta«, 1975 an *José Luis Vila-San Juan.*

Premio Nadal 1975 als einer der führenden Literaturpreise an *Francisco Umbral.*

Premio Planeta in Höhe von rund 100 000 DM (2 Mill. Pesetas, der höchstdotierte spanische Literaturpreis) 1975 an *Mercedes Salisachs.*

Türkei

Preis der Turk Dil Kurumu (Türk. Gesellsch. z. Pflege d. Sprache), 1976 erstmals an eine Schriftstellerin, an *Selçuk Füruzan.*

Vereinigte Staaten von Amerika

Hostovsky (Egon-H.)-Memorial Award für das beste im Ausland erschienene tschechische oder slowakische Buch, 1975 an *Jaroslav Vojvoda.*

National Book Awards 1975 für Poesie an *Marilyn Hacker,* für Biographien an *Richard B. Sewall,* für Übersetzungen an *Anthony Kerrigan,* für Kinderbücher an *Virginia Hamilton,* für Belletristik an *Joseph Heller.*

Pulitzer Price Awards 1976 für Literatur an *Saul Bellow;* außerdem Preise für journalistische Leistungen.

VON LITERARISCHEN GESELLSCHAFTEN, SCHRIFTSTELLERN, VERLEGERN, BUCHHÄNDLERN UND BÜHNEN

An dem im November 1975 in Wien tagenden **Internationalen PEN-Kongreß** nahmen über 300 Schriftsteller aus mehr als 40 Ländern teil. Der Kongreß stand unter der Devise »30 Jahre Frieden für Europas Schriftsteller«. Der österreichische Antrag, Deutsch wieder als Konferenzsprache zuzulassen, wurde vom Exekutiv-Ausschuß angenommen. – Auf dem 41. Kongreß (Aug./Sept. 1976) wurde in London *Mario Vargas Llosa* (Perú) zum neuen Präsidenten des Internat. PEN gewählt. *Eric Burger* (Zürich) trat im Herbst 1975 anstelle von *Eric Peschler* an die Spitze des **»Internat. Schutzverbandes deutschsprachiger Schriftsteller«/ISDS** – Im Mai 1976 wurden auf der **Jahrestagung des PEN-Zentrums der BR Deutschland** *Walter Jens* als Nachfolger von *Hermann Kesten* zum Präsidenten, *Horst Krüger, Gert Kalow* und *Hans Schwab-Felisch* zu Vizepräsidenten und *Martin Gregor-Dellin* zum Generalsekretär (als Nachfolger von *Thilo Koch*) gewählt – Neuer Bundesvorsitzender des **»Verband deutscher Schriftsteller in der IG Druck und Papier«** wurde *Carl Amery;* Stellvertreter wurden *Ingeborg Drewitz* und *Josef Reding,* Beisitzer *Klaus Birkenhauer, Irmela Brender, Uwe Friesel* und *Peter O. Chotjewitz.*

Der **»Schweizerische Schriftsteller-Verband«**/SSV wählte im Juni 1976 mit *Theo Candinas* erstmals einen Rätoromanen zu seinem Präsidenten.

Auf dem **Kongreß des Verbandes der Schriftsteller der Sowjetunion,** der im Juni 1976 in Moskau stattfand, wurde zum verschärften Kampf gegen die »bürgerliche Ideologie« in »allen ihren Abarten« aufgefordert; der Vorsitzende, *Georgi Markow,* erklärte, alle sowjetischen Schriftsteller seien der Überzeugung, »es gebe nichts Teureres als die Leninsche Wahrheit, die große Sache unseres heldenhaften Volkes und der heimatlichen Kommunistischen Partei«.

Der im Exil in Paris lebende sowjetische Schriftsteller *Wladimir Maximow* wurde 1975 von der Sowjetunion ausgebürgert, der Dissident und Gründer der Untergrundzeitschrift »Wjetscher« (»Abend«) *Wladimir Ossipow* im Herbst 1975 wegen »antisowjetischer Betätigung« zu acht Jahren Zwangsarbeit verurteilt. PEN und andere Organisationen fordern die Freilassung von *Wladimir Bukowski.*

Unter Mitwirkung des Vorstehers des »Börsenvereins des deutschen Buchhandels«, *Rolf Keller,* der ZDF-Kulturabteilung und mehrerer Schriftsteller ist eine **»Deutsche Lesegesellschaft e. V.«** zur Förderung einer zeitgemäßen Lesekultur und Schaffung eines Dokumentationszentrums für die Buchwissenschaft im Entstehen.

Zur Buchmesse in Frankfurt wurde im September 1976 eine von *Heinrich Böll, Günter Grass* und *Carola Stern* herausgegebene, viermal im Jahr erscheinende **Zeitschrift »L 76«** (»Sozialismus und Demokratie/Politische und literarische Beiträge«) vorgestellt.

In Berlin kam im Juli 1976 die erste Nummer von **»Litfaß** – Berliner Zeitschrift für Literatur« heraus, die vor allem auch junge Autoren fördern will. Zu gleicher Zeit erschien **in der DDR** die erste Nummer der ebenfalls besonders für Nachwuchsautoren gedachten neuen Literaturzeitschrift **»Temperamente«.**

Andrej Sinjawskij trat aus dem Herausgeberkollegium der **Zeitschrift »Kontinent«** aus, blieb jedoch weiterhin Mitarbeiter; an seine Stelle trat der ebenfalls im Exil in Paris lebende Schriftsteller *Viktor Nekrassow* – Im Oktober 1975 erschien in Paris zum erstenmal eine neue französische Literaturzeitschrift **»Lire«.**

Seit November 1975 erscheint im Verlag der »La Stampa« die von *Arrigo Levi* herausgegebene italienische Literaturzeitschrift **»Tuttolibri«,** die nicht nur über das literarisch und wissenschaftlich Wichtige berichten, sondern das Schrifttum auch breiten Kreisen zugänglich und verständlich machen will.

Die **zwanzig größten Buchverlage im deutschsprachigen Raum** sind (laut »Buchreport«) nach ihrem Umsatz im Jahre 1975 (z. T. geschätzt) in Mill. DM: Verlagsgruppe Bertelsmann/Gütersloh 185 – Springer Verlag KG/Berlin 112 – Otto Maier/Ravensburg 83 – H. Schroedel/Hannover über 65 – E. Klett/Stuttgart 65 – Westermann/Braunschweig 59 – Deutscher Ärzte Verlag/Lövenich 53 – Kohlhammer/Stuttgart 52 – Thieme/Stuttgart 46 – Deutscher Fachverlag/Frankfurt 45 – Mairs Geogr. Verlag/Ostfildern 44 – Vogel Verlag/Würzburg ca. 42 – C. H. Beck/München über 40 – Rowohlt/Reinbek über 38 – Adolf Hüthig/Heidelberg 38 – Droemer Knaur/München 38 – Hallwag/Bern 37 – Langenscheidt/München 35 – Herder KG/Freiburg 35 – S. Fischer Verlag/Frankfurt 34,5 – Der 100. Verlag hatte noch einen Umsatz von 8 Mill. DM.

Nach der Zeitschrift »Buchreport« ergab sich nach dem Umsatz in Mill. DM 1975 nachstehende **Rangfolge der zehn größten Taschenbuchverlage der BR Deutschland:** 1. Rowohlt/Reinbek b. Hamburg 32,8 – 2. Heyne/München 29,0 – 3. Deutscher Taschenbuch Verlag/dtv/München 26,5 – 4. Fischer Taschenbuch Verlag/Frankfurt/M. 20,2 – 5. Suhrkamp/Insel Frankfurt/M. (S) 15,0 – 6. Wilhelm Goldmann/München (S) 14,0 – 7. Knaur Taschenbuch/München (S) 9,5 – 8. Ullstein Taschenbuch/Berlin (S) 8,2 – Bastei-Verlag/Berg. Gladbach über 8,0 – 10. Reclam jun./Stuttgart 5,7 – Der dtv zeichnete 1976 erstmals Taschenbücher, die eine Auflage von einer Million erreichen, mit dem *»Goldenen Taschenbuch«* aus (Kishon: Drehn Sie sich um, Frau Lot – Bürgerliches Gesetzbuch) – Der *Fischer Verlag* bringt seit 1976 ein **»Magazin Brennpunkte«** im Taschenbuchformat heraus, das sechsmal im Jahr erscheint.

Der **Anteil der Taschenbücher an der Gesamtproduktion von Titeln** belief sich 1965/1974 wie folgt in %: Schöne Literatur 15,7/28,8 – Philosophie, Psychologie 6,4/19,5 – Jugendschriften 4,6/15,0 und u. a. Politik, Wehrwesen 4,7/8,2.

Die **Zahl der Sortimentsbuchhandlungen in Großstädten** der BR Deutschland beläuft sich (nach »Münchner Merkur« v. 4./5. 10. 1975) u. a. wie folgt: Berlin (West) 263 – München 244 – Hamburg 239 – Stuttgart 158 – Frankfurt 150 – Köln 131 – Düsseldorf 86 – Hannover 75 – Bonn 66 – Essen 63. **Nach der Zahl der Einwohner je Buchhandlung** ergibt sich jedoch eine andere **Reihenfolge,** entfallen doch auf 1 Buchhandlung (abgerundet) unter Einbeziehung weiterer Städte in Heidelberg 3000, Darmstadt 3600, Würzburg

3700, Stuttgart 4000, Bielefeld 4100, Bonn 4300, Frankfurt/M. 4400, Wiesbaden 4900, München 5500, Köln 6400, Hannover 6900, Hamburg und Düsseldorf 7400, Berlin (West) 8100, Augsburg 9200, Bochum 9400, Mannheim und Lübeck 10 000, Nürnberg 10 100, Essen 10 800, Bremen 11 100, Kiel 11 200, Dortmund 11 600, Gelsenkirchen 13 600 und u. a. Duisburg 17 000 Einwohner.

Die **zehn größten Sortimentsbuchhandlungen in der BR Deutschland** waren nach dem Umsatz von 1975 (z. T. geschätzt, nach »Buchreport«) in Mill. DM: Stern Verlag Janssen & Co. über 14 – Univers. Buchhdlg. Bouvier/Bonn 13,3 – Thalia-Buchhdlg. E. Könecke/Hamburg 13,1 – Hugendubel/München 12,7 – G. D. Baedeker/Essen 10,5 – J. A. Mayer'sche Buchhdlg./Aachen 10,1 – Kiepert KG/Berlin 10,0 – Konrad Wittwer KG/Stuttgart 10,0 – Elwert u. Meurer/Berlin 9,8 – Chr. Kaiser/München 9,5.

Nach Angaben des »Börsenvereins des Deutschen Buchhandels e. V.« hat sich **1974** die **Ertragslage des Buchhandels** gegenüber dem Vorjahr gebessert, stieg doch der Reingewinn von 0,2 % auf 1,3 %; der Anteil der Personalkosten am Umsatz fiel von rund 13 % auf 12,6 %. Der **Durchschnittsladenpreis** betrug 1974 20,93 DM, der Anteil der Bücher mit einem Preis von weniger als 10 DM belief sich auf rund 51 %.

Der **Gesamtumsatz von Verlagen und Sortimentsbuchhandlungen** erreichte 1974 rund 4,5 Mrd. DM; rund 13 % des Umsatzes entfielen auf Buchgemeinschaften, etwa 7,4 % auf Warenhäuser. Der **Export** betrug 1974 833 Mill. DM, wovon 434 Mill. (1973 409 Mill.) DM auf Bücher entfielen, der Rest auf Zeitschriften, kartographische Erzeugnisse usw. Rund die Hälfte der Ausfuhr geht in das deutschsprachige Ausland.

Nach Angaben des »Börsenvereins des Deutschen Buchhandels e. V.« sind 1974 für 17,28 Mill. VE (Verrechnungseinheiten/VE = DM) Gegenstände des Buchhandels **aus der Bundesrepublik in die DDR** bezogen und für 15,93 Mill. VE nach dort geliefert worden, bei allerdings unvollständiger Erfassung; die Zahl der Lizenzen aus der DDR belief sich auf 146, die Vergaben an die DDR waren etwa doppelt so hoch.

Im Jahre **1974** wurden in der BR Deutschland (einschl. Berlin/West) **49 761 Titel produziert,** die höchste Zahl seit dem Kriegsende (z. Vgl.: 1954 16 240, 1964 26 228 Titel); 9,5 % der Titel entfielen auf **Taschenbücher.** Im Herbst 1975 waren in der Bundesrepublik insgesamt 255 999 deutschsprachige Titel lieferbar.

Zu den wichtigsten **Lizenzgebern** der großen Buchgemeinschaften gehören die Verlage Droemer, Ullstein, Rowohlt, S. Fischer, Winkler, Scherz, Kiepenheuer und Witsch.

Die **Buchgemeinschaften** in der Bundesrepublik umfassen derzeit über 5. Mill. Mitglieder und setzen jährlich rund 35 Mill. Bücher um. Der **»Bertelsmann Lesering«** feierte im Herbst 1975 sein 25-jähriges Jubiläum – Die **Verlagsgruppe Holtzbrinck** vereinbarte im Herbst 1975 mit dem Mailänder Großverlag Rizzoli die Gründung einer italienischen Buchgemeinschaft **»Club Italiano dei Lettori«.**

Das britische Verlagshaus **»Penguin«** erwarb im Herbst 1975 die bedeutende amerikanische Verlagsfirma »Viking Press« – Die Bertelsmann-Verlagsgruppe übernahm am 1. 11. 1975 den Verlag Blanvalet – Schriftsteller und Publizisten gründeten Anfang 1976 eine Art **Autorenverlag,** das »Autoren- und Verlagsgesellschaft Syndikat« mit einer »Buchgesellschaft für Wissenschaft und Literatur« als Kern des Unternehmens – Vom 8. bis 14. 10. 1975 fand **in Frankfurt/M. die 27. Internat. Buchmesse** statt; erstmals nahmen an ihr über 4000 (4037) Verlage aus 62 Ländern teil; unter den ausländischen Ausstellern, die 76,4 % aller Aussteller ausmachten, führte Großbritannien mit 447, die Schweiz folgte mit 375, die USA mit 351, Frankreich mit 223 und Spanien mit 202 Verlagen. Erstmals seit 1958 war auch wieder die Volksrepublik China vertreten. Die BR Deutschland war durch 946, die DDR durch 46 Aussteller vertreten. Insgesamt wurden 251 000 Titel gezeigt.

Auf der **28. Frankfurter Buchmesse,** die vom 16. bis 21. September 1976 stattfindet, steht als Schwerpunkt-Thema *Lateinamerika* im Vordergrund. Unter den insgesamt 3946 ausstellenden Verlagen aus 62 Ländern sind erstmals auch Verlage aus der Dominikan. Republik, aus Honduras, Puerto Rico und Obervolta vertreten.

Auf der **Internat. Leipziger Buchmesse,** die vom 14.–21. 3. 1976 stattfand, waren Verlage aus über 20 Ländern vertreten. DDR-Verlage stellten rund 10 000 Titel aus, darunter etwa 3000 Neuerscheinungen.

Die im Herbst 1975 **in Moskau** veranstaltete **Buchausstellung »Kniga 75«** zählte mehr als 500 Verlage aus 44 Ländern; ausgestellt wurden Publikationen in 88 Sprachen. Nächste Ausstellung im Herbst 1977.

Beim **Buchfestival in Nizza** im Mai 1976 waren die meisten der großen französischen und ausländischen Verlage vertreten und über 150 Schriftsteller aus zahlreichen Ländern anwesend.

Im Herbst 1975 sind in der DDR und UdSSR die ersten beiden Bände (Arbeiten von *Marx* bis März 1843, Briefwechsel mit *Engels* bis April 1846) der auf etwa 100 Bände angelegten historisch kritischen **Marx-Engels-Gesamtausgabe** erschienen.

Vom »Goethe- und Schiller-Archiv« in Weimar wird eine **Gesamtausgabe der Briefe Herders** in acht Bänden vorbereitet, deren erste Bände 1978 er-

scheinen sollen.
Der Piper-Verlag in München hat die Arbeiten zu einer vierbändigen **Ingeborg-Bachmann-Gesamtausgabe** begonnen.
Durch Erwerb umfangreicher Unterlagen ist die Stadt- und Landesbibliothek in Dortmund zum Besitzer der größten **Hermann-Löns-Sammlung** geworden.
Die Mannheimer Duden-Redaktion legte 1976 Bd. I vom neuen **»Großen Wörterbuch der deutschen Sprache«** vor.
Als einen Beitrag zur Zweihundertjahrfeier der USA hat die Bundesrepublik aus Mitteln der VW-Stiftung an der »School for Social Research« in New York einen den Namen von *Theodor Heuss* tragenden **»Deutschen Lehrstuhl«** gestiftet.
Nach Angaben des »Vereins Internat. Assoziationen Deutschsprachiger Medien« gibt es **im Ausland rund 160 deutschsprachige Zeitungen und Zeitschriften,** außerdem zahlreiche Rundfunkprogramme in deutscher Sprache.
Das vom Kulturkritiker *Ivan Illich* vor 15 Jahren in Cuernavaca (Mexiko) gegründete Dokumentationszentrum CIDOC, das sich besonders in kritischer Auseinandersetzung mit der Erziehung und mit den entfremdenden Folgen des »Zwangskonsums« befaßte, wird geschlossen; *Illich* wird jedoch seine persönliche wissenschaftliche Arbeit fortsetzen.
In der **Sowjetunion** gibt es **360 000 öffentliche Bibliotheken** mit 3,5 Mrd. Bänden; sie werden jährlich von **180 Millionen Lesern** besucht. Auf dem sowjetischen Büchermarkt sind gleichzeitig etwa 300 000 Titel vorhanden.
Im Dezember 1975 wurde bei einer Hauswedell-Bücherauktion in Hamburg die **früheste Ausgabe (1510/11) des Volksbuchs von Till Eulenspiegel** entdeckt; bisher war nur ein Fragment bekannt.
Nach einer Statistik des »Deutschen Bühnenvereins e. V.« **erhielten die 85 öffentlich verwalteten Theater der BR Deutschland** (einschl. Berlin/West) **in der Spielzeit 1973/74 eine Gesamtsubvention von** 818 Mill. DM (gegenüber 1972/73 + 14 %), d. h. je Platz DM 42,–. Diese 83 Bühnen zählten 17,41 Mill. Besucher, wobei die Platzausnutzung in der Oper 87 %, bei Operetten und Musicals 81 % und beim Schauspiel im Durchschnitt 69 % betrug.
Nach der Werkstatistik des »Deutschen Bühnenvereins e. V.« ist **auf den deutschsprachigen Bühnen** der BR Deutschland, Österreichs und der Schweiz in der Spielzeit 1974/75 **erstmals ein Stück eines DDR-Autors am häufigsten aufgeführt worden,** nämlich »Die neuen Leiden des jungen W.« von *Ulrich Plenzdorf* 686mal. **Meistgespielte Autoren** waren *Brecht* (1363 Aufführungen) und *Shakespeare* (1211 A.), ferner *Molière* (726 A.), *Ibsen* (642 A.), *Franz Xaver Kroetz* (634 A.), *Schiller* (569 A.), *Hauptmann* (534 A.) und *Goethe* (464 A.) sowie u. a. *Schnitzler* (293 A.) und *Peter Handke* (278 A.). *Rolf Hochhuth,* vor 2 Jahren in der Spitzengruppe, erreichte nur 36, *Rainer Werner Fassbinder* nur 30 (im Vorjahr 313).
Nach Verlautbarungen des »Deutschen Bühnenvereins e. V.« sollen, nach einer endgültigen Regelung im Sommer 1976, künftig die Autoren von Theater- und Musikstücken statt bisher 10–14 % etwa 12–18 % der Kasseneinnahmen als **Tantiemen** erhalten.
Im Oktober 1975 wurde das **»Deutsche Nationaltheater« in Weimar** nach mehrjähriger Renovierung mit einer Premiere von »Faust I« wiedereröffnet.
In Basel (Schweiz) wurde Anfang 1976 in einem Zimmertheater **»Europas erste Profibühne zum Nulltarif«** gegründet; beim Verlassen des Theaters wird ein freiwilliger »Austritt« (Beitrag) erwartet.
Im Januar 1976 wurde der Bukarester Staatstheater-Intendant *Radu Beligan* erneut zum Präsidenten des **»Internat. Theater-Instituts«/ITI** gewählt, mit *Saulo Benavente* (Argentinien) und *Ivan Nagel* (BR Deutschland) als Stellvertretern.

MUSIKPREISE

Auswahl Eine umfassende Aufstellung brachte der Fischer Weltalmanach 1963 (S. 295 ff.) für die Jahre 1945–1961; seither wird fortlaufend darüber berichtet.

Deutschland

Bach (Johann-Sebastian-B.)-Preis der Freien und Hansestadt Hamburg, 1975 an den in Siebenbürgen geborenen Komponisten *György Ligeti.*
Beethoven (Ludwig-van-B.)-Preis der Stadt Bonn, nächste Ausschreibung für 1977 anläßlich des 150. Todestages des Komponisten.
Berliner Kunstpreis der »Akademie der Künste«, 1976 Stipendium an die Sängerin *Gabriele Schreckenbach.*
Bundesverdienstkreuz der Bundesrepublik Deutschland 1976 u. a. an die Sängerin *Anneliese Rothenberger.* **Großes Verdienstkreuz** an den Dirigenten *Fritz Rieger.*

Buxtehude (Dietrich-B.)-Preis der Hansestadt Lübeck, 1975 an die französische Organistin *Marie-Claire Alain.*

Deutscher Musikwettbewerb veranstaltet alljährlich in Bonn vom »Deutschen Musikrat«, für deutsche Nachwuchsmusiker mit abgeschlossener Berufsausbildung, 1976 je ein 1. Pr. für Klavier an den aus Ungarn stammenden Pianisten *Josef Acs* und an den Cellisten *Georg Faust;* kein 1. Pr. im Orgelwettbewerb, ein 2. Pr. an *Margarete Hürholz.* Außerdem ein 2. Pr. an den Geiger *Gottfried Schneider.* Neun Stipendien zu je 12 000 DM. Kein Preis im Wettbewerb für Blechbläser; eine Förderungsprämie an den Posaunisten *Wolfgang Wiest.* Von 56 angemeldeten Teilnehmern waren 43 zum Wettbewerb zugelassen worden.

Deutscher Schallplattenpreis 1976 an *Hannes Wader.*

Europa-Preis für Volkskunst der »Freiherr-vom-Stein-Stiftung e. V.« in Hamburg, 1975 an einen flämischen Laienchor sowie an je eine rumänische und ungarische Volkstanzgruppe.

Folkwang-Preis 1976 an den Hornisten *Guy Carmichael,* an den Pianisten *Heinz-Jakob Spelmanns* und an den Schlagzeuger *Michael Jüllich.*

Förderungspreis der Landeshauptstadt München für Musik 1976 an den Komponisten *Ulrich Stranz.*

Förderungspreis der Landeshauptstadt Stuttgart für Musik 1975 an den Komponisten *Jens-Peter Ostendorf;* weitere Preise an *Peter Michael Hamel* und *Berthold Paul.*

Förderungspreis des Landes Bayern für Musik 1976 an den Pianisten *Gottfried Hefele* und an den Bach-Chor der St. Johannis-Kirche in Würzburg.

Förderungspreis des Landes Nordrhein-Westfalen für Musik 1975 an *Peter Hofmann, Ulrich Leyendecker* und *Rolf Schulte.*

Förderungspreis 6-Uhr-Konzerte, veranstaltet von der Städt. Musikbibliothek und der Bayerischen Vereinsbank in München für junge Musiker; 1976 Preise an den Geiger *Eckhart Hermann* und an die Pianisten *Wolfram Lorentzen, Gerhard Oppitz* und *Raimund See.*

Goethe (Johann-Wolfgang-von-G.)-Preis der DDR 1975 für Musik an den Dirigenten *Kurt Sanderling.*

Hesterberg (Trude-H.)-Ring Nächste Verleihung 1979.

24. Internat. Musikwettbewerb der Arbeitsgemeinschaft der Öffentl. Rundfunkanstalten der Bundesrepublik Deutschland/ARD Veranstaltet in München, 1975 a) für Klavier 1. Pr. an *Diane Walsh* (USA), 2. Pr. an *Natascha Tadson* (Israel), 3. Pr. an *Nina Tichman* (USA) – b) für Violine 1. Pr. nicht vergeben, 2. Pr. an *Dora Schwarzberg* (Israel), 3. Pr. an *Kaja Danczowska* (Polen) und *Eugen Sarbu* (Rumänien) – c) für Orgel 1. Pr. nicht vergeben, 2. Pr. an *Klemens Schnorr* (BR Deutschland), 3. Pr. an *Martin Lücker* (BR Deutschland) – d) für Fagott 1. Pr. nicht vergeben, 2. Pr. an *Jiři Seidl* (Tschechoslowakei) und *Tomasz Sosnowski* (Polen), 3. Pr. an *Gilbert Audin* (Frankreich) – e) Bläserquintett 1. Pr. nicht vergeben, 2. Pr. an das »Syrinx-Quintett« (BR Deutschland), 3. Pr. an das Quintett »Jeunesses Musicales« (Ungarn). Der 25. Wettbewerb ist für Gesang, Gitarre, Klaviertrio, Oboe und Viola ausgeschrieben (7.–24. 9. 1976).

IV. Internat. Dirigentenwettbewerb der Herbert-von-Karajan-Stiftung Goldmedaille und 10 000 DM an *Daniel Oren* (Israel), Silbermedaille nicht vergeben, Bronzemedaille und 5000 DM an *Stanislav Macura* (Tschechoslowakei).

Kompositionswettbewerb des Staatstheaters in Braunschweig 1975 ausgeschrieben für Stücke des experimentellen Musiktheaters; Preise in Höhe von 1500 bis 5000 DM. Einsendeschluß 30. 9. 1976 – Außerdem Wettbewerb für Kammermusikkompositionen, ausgeschrieben von der Braunschweigischen Musikgesellschaft, für Komponisten aller Nationalitäten.

Kompositionswettbewerb der Gesellschaft der Freunde der sommerlichen Musiktage Hitzacker, ausgeschrieben 1974 für Kammermusik und Kammerchor.

Kritikerpreis des »Verbandes deutscher Kritiker e. V.« in Berlin (West), 1975 an die Geigerin *Christiane Edinger.*

Kulturkreis im Bundesverband der Deutschen Industrie Dreimalige Jahresgabe von je 48 000 DM an das »Melos-Quartett«.

Kulturpreis der Stadt Erlangen 1975 an den Chorleiter *Heinz Scheithauer,* 1976 an den Komponisten *Herbert Hechtel.* 1975 Stiftung eines Sonderpreises für die beste Ensemble-Leistung zeitgenössischer Musik im Bundeswettbewerb »Jugend musiziert«.

Kulturpreis der Stadt Regensburg 1976 an den Präsidenten d. Päpstlichen Hochschule für Musik in Rom, *Ferdinand Haberl.* Förderpreis an *Alexander Stein.*

Kulturpreis Ostbayern der »Energieversorgung Ostbayern AG«, 1976 an den Chorleiter *Franz Biebl* und den Dom-Organisten *Walter R. Schuster.*

Lincke (Paul-L.)-Ring der Stadt Goslar, 1975 an den Komponisten *Peter Kreuder.*

Mendelssohn (Felix-M.-Bartholdy)-Preis 1976 im 14. Wettbewerb für Klavier und Violine in Berlin (West) vergeben, und zwar an den aus Ungarn stammenden Pianisten *Andras Hamary* und den aus Polen stammenden Geiger *Edward Zienkowski.*

Mottl (Felix-M.)-Preis 1976 an den Organisten *Harald Feller.*
Ostpreußischer Kulturpreis 1976 für Musik an *Gottfried Herbst.*
Orden Pour le mérite 1975 an den französischen Komponisten *Pierre Boulez.*
Schwabinger Kunstpreis München, 1976 an den Komponisten *Dietrich Ammende.*
Spohr (Ludwig-Sp.)-Preis der Stadt Braunschweig, 1976 an den Komponisten *Hans Werner Henze;* nächste Verleihung 1979.
Stamitz (Wenzel-St.)-Preis der »Künstlergilde e. V.« in Esslingen, 1976 an *Gerhard Schwarz;* Förderungspreise an *Wolf Aichelburg* und *Peter Michael Braun.*
Sudetendeutscher Kulturpreis der »Sudetendeutschen Landsmannschaft e. V.«, 1976 Anerkennungspreise für Musik an den Komponisten *Markus Lehmann* und an den Dirigenten *Fritz Mareczek.*

Belgien

Concours-Reine-Elisabeth Internat. Musikwettbewerb in Brüssel, 1976 für Violine ausgeschrieben, 1. Pr. an *Michael Besverkny* (UdSSR), 2. Pr. an *Irina Medvedeva* (UdSSR), 3. Pr. an *Dong Suk Kang* (Rep. Korea).

Dänemark

Leonie-Sonning-Musikpreis der gleichnamigen Stiftung, 1975 an *Dietrich Fischer-Dieskau.*
(Für 1977 bereits im Jahre 1975 zugesprochen, aber Verleihung erst 1977 vorgesehen, an den französischen Komponisten *Olivier Messiaen.*)

Finnland

III. Internat. Sibelius (Jan-S.)-Wettbewerb 1975 für Violine 1. Pr. an *Yuval Yaron* (Israel), 2. Pr. an *Ilja Grubert* (Sowjetunion), 3. Pr. an *Eugen Sarbu* (Rumänien), 4. Pr. an *Sung Ju Lee* (Rep. Korea).

Frankreich

Grand Prix national 1975 für Musik an den aus Gibraltar stammenden Komponisten *Maurice Ohana.*
Grand Prix du Disque du Président de la République 1975 für das Konzert »Tout un monde lointain« von *Henri Dutilleux,* mit *Serge Baudo* u. *Mstislaw Rostropowitsch.*
Grand Prix du Disque 1975 auch an deutsche Schallplattenproduktionen: Magnificat von Monteverdi (Regensb. Domspatzen unter *G. Ratzinger*), Madrigale von Scarlatti (Hambg. Monteverdi-Chor unter *J. Jürgens*), Brahms-Lieder, gesungen von *Edith Mathis* u. *Peter Schreier* (Deutsche Grammophonges.).
Grand Prix de l'Académie National du Disque Lyrique 1975 für das Oratorium »Juditha Triumphans« von *Vivaldi* unter *Vittorio Negri* (Philips).
Orden Arts et Lettres 1975 im Kommandeursrang an *Wilhelm Kempff.*
Prix de l'Académie Cros 1976 Prix du Président de la République: *Elliott Carter* (Juilliard-Q.), *Charles Ravier* (Ens. Polyph. de France), *Julos-Beaucarne* (RCA).
Prix Arthur Honegger der »Fondation de France«, 1976 zu gleichen Teilen an die Komponisten *Alain Louvier* u. *Paul Mefano.*
Prix France-Allemagne 1975 u. a. *Pierre Boulez.*
Prix Francis-Salabert 1975 an den Komponisten *Frank W. Becker* (USA).
Zum besten Pianisten der Welt wurde von einer Jury der Zeitung »Le Point« *Maurizio Pollini* – vor *Arturo Benedetti Michelangeli, Svjatoslav Richter* u. *Alfred Brendel* – gewählt.

Großbritannien

Goldmedaille der »Royal Philharmonic Society« 1975 an *Olivier Messiaen* (Frankreich).
Master of the Queen's Music Neu seit 1975 der Komponist und Pianist *Malcolm Williamson* (Australien; als Nachfolger von Sir *Arthur Bliss*).

Italien

Concurso Ferruccio Busoni 1975 kein 1. Pr.; 2. Pr. an *Staffan Sheja* (Schweden).

Kanada

Concours international de piano in Montreal, 1976 1. Pr. an *Eteri Andjaparidze* (Sowjetunion).

Nordischer Rat

Musikpreis 1974 an den dänischen Komponisten *Per Nörgaard.*

Österreich

Böhm (Karl-B.)-Preis des Unterrichtsministeriums, nächste Verleihung 1977.
Bruckner (Anton-B.)-Medaille des Landes Oberösterreich, 1975 u. a. an die Münchner Philharmoniker.

Kompositionsauftrag der Salzburger Festspiele 1975 an den Komponisten *Helmut Eder.*

Körner (Theodor-K.)-Stiftungsfonds zur Förderung von Kunst und Wissenschaft, 1976 Preise bzw. Stipendien für Musik, s. WA '76, S. 265.

Marx (Josef-M.)-Preis des Landes Steiermark 1975 an den Dirigenten *Gustav Cerny.*

Kritikerpreis der Salzburger Festspiele 1974 an *H. H. Stuckenschmidt* (BR Deutschland).

Kulturpreis des Landes Kärnten 1975 Förderungspreis an den Komponisten *Josef Ropitz.*

Kulturpreis des Landes Oberösterreich 1975 an *Franz Plaimschein,* Förderungsprämie an *Ernst Würdinger.*

Preise der Stadt Wien für Kunst und Wissenschaft, für Musik Würdigungspreis 1975 an *Paul Kont,* 1976 an *Karl Heinz Füssl;* Förderungspreis 1975 an *Peter Planyavsky.*

Renner (Karl-R.)-Stiftung 1976 für Musik an den Dirigenten *Karl Böhm;* nächste Verleihung 1979.

Stolz (Robert-St.)-Stiftung Kunstpreis 1975 an die Sängerin *Anneliese Rothenberger.*

Verdienstmedaille der Stadt Wien 1976 in Gold an den Zithervirtuosen *Anton Karas.*

Wiener Kunstfonds 1975 Preis für Musik an das »Franz-Schubert-Quartett«.

Polen

Chopin (Fréderic-Ch.)-Wettbewerb Ausschreibung alle fünf Jahre, 1975 für junge Pianisten 1. Pr. an *Krystian Zimerman* (Polen; außerdem Sonderpreis der polnischen Chopin-Gesellschaft und des polnischen Rundfunks), 2. Pr. an *Dina Joffie* (Sowjetunion), 3. Pr. an *Tatjana Fiedkin* (Sowjetunion); Sonderpreis der polnischen Musikkritiker an *John Hendrickson* (Kanada).

Schweiz

Prix Mondial du Disque Verliehen beim Musikfestival in Montreux-Vevey 1975 an Chor und Orchester des Wiener Rundfunks unter *Michael Gielen* (für »Moses und Aron« von *Arnold Schönberg*), an das »English Chamber Orchestra« unter *Janet Baker* (für Händel-Arien) und an die »Philharmonia Hungarica« unter *Antal Dorati;* Ehrendiplom u. a. an *Dietrich Fischer-Dieskau.*

Haskil (Clara-H.)-Preis des 30. Internat. Musikfestival in Montreux 1975 an *Michel Dalberto.*

32. Genfer Musikwettbewerb Ausgeschrieben für September 1976 für Gesang, Klavier, Violine, Klarinette und Horn.

Kulturkredit des Kanton Zürich 1975 Auszeichnung für die Sängerin *Sylvia Gähwiller.*

Siemens (Ernst-von-S.)-Stiftung des gleichnamigen deutschen Industriellen, 1976 Preis an den sowjetischen Cellisten *Mstislav Rostropowitsch.*

Prix du Disque des Internat. Jazz-Festivals in Montreux 1976 Preis für die beste Neuproduktion an das *Gil Evans Orchestra* für »There comes a time«, für die beste »Folkplatte« an *Pierre Susan* für »Près de Paris«, »Blues/Gospel/Soul-Preis« für die *Sister Rosetta Tharpe/Marie Knight-Produktion;* ein weiterer Preis für »Rare Life Performance 1962« an *John Coltrane* und *Eric Dolphy.*

Aargauer Förderungsbeiträge 1976 an *Jörg Haller, Martin Schlumpf* und *Elisabeth Zinniker.*

Kompositionswettbewerb bei den Internat. Musikfestwochen in Luzern 1976 Preise an *Heinz Holliger, Robert Suter, Klaus Hochmann, Walter Baer* und *Armin Schibler.*

Sowjetunion

Lenin (Waldimir-Iljitsch-L.)-Preis 1976 an die Mezzosopranistin *Jelena Obraszowa;* nächste Lenin-Preis-Verleihung 1978.

Staatspreise 1975 für Musik u. a. an die Liederkomponistin *A. Pachmutowa.*

Tschaikowski-Wettbewerb VI. Wettbewerb im Juni 1978 für Pianisten, Geiger, Cellisten und Sänger. Zugelassen Instrumentalisten im Alter von 16–30, Sänger im Alter von 18–32 Jahren.

Spanien

Internat. Kompositionswettbewerb aus Anlaß des 100. Geburtstages von *Manuel de Falla* im Jahre 1976 ausgeschrieben; 1. Pr. rund 25 000 DM.

Internat. Klavier-Wettbewerb in Barcelona 1976 1. Pr. an *Yasuko Sugimoto* (Japan).

Ungarn

Internat. Musikwettbewerb 1975 in Budapest 1. Pr. für Sängerinnen an *Ilona Tokody* und *Lászlo Polgar* (beide Ungarn), für Viola je ein 1. Pr. an einen sowjetischen und ungarischen Bratschisten.

Preis der Internat. Franz-Liszt-Gesellschaft in Budapest 1975 an den Berliner Organisten *Karl Hochreither.*

Vereinigte Staaten von Amerika

Pulitzer Award 1976 für Musik an *Michael Bennett* für das Musical »A Chorus Line«.

AUS DEM MUSIKLEBEN

Im Sommer 1975 wurde in Eutin unter dem Vorsitz von *Erika von Witzleben,* einer Nachfahrin des Komponisten, eine **Carl-Maria-von-Weber-Stiftung** gegründet; im Geburtshaus von *Weber,* das in ein Museum umgestaltet wird, sollen im Winter Festspiele mit Konzerten und Opern stattfinden.
Die **»Neue Bach-Gesellschaft«** in Leipzig behielt auch nach Umbesetzung ihres Vorstandes ihren bisherigen Charakter mit *Hans Pischner* (Berlin/Ost) als nunmehrigem erstem Vorsitzenden und *Hans Heintze* aus Bremen als Stellvertreter.
Aus Anlaß des 150. Geburtstags des Komponisten wurde im Herbst 1975 unter dem Vorsitz von *Joachim Viedebandt* eine deutsche **»Johann-Strauß-Gesellschaft«** gegründet; geplant sind u. a. eine Bibliographie und eine Discographie sowie eine Strauß-Gesamtausgabe auf Tonträgern. Johann-Strauß-Gesellschaften bestehen bereits in Österreich (Vorbereitung einer Gesamtausgabe der Originalpartituren in Angriff genommen) sowie in Großbritannien, Frankreich, Japan und Schweden.
Anfang 1976 gründeten Künstler und Produzenten auf einer Versammlung in Aachen eine **»Deutsche Musik-Union«,** die eine Situationsanalyse der deutschen Künstler, eine bessere soziale Absicherung und den Austausch mit dem Ausland fördern will; zum Geschäftsführer wurde *Klaus Quirini* gewählt.
In Mainz wurde im Dezember 1975 auf Empfehlung des »Verbandes Deutscher Musikerzieher und konzertierender Künstler e. V.«/VDMK mit Sitz in München als Tochterverband eine **»Gewerkschaft Deutscher Musikerzieher und konzertierender Künstler«**/GDMK ins Leben gerufen (Vorsitz: *Eckart Rohlfs*), zu den Zielen gehört die Verbesserung der sozialen und wirtschaftlichen Belange; sie schloß sich der Gewerkschaft »Kunst« im DGB an.
Unter dem Motto **»Schwedischer Musikfrühling«** wird in Stockholm versucht, ein Forum für »Neue Musik« zu schaffen, besonders unter Berücksichtigung schwedischer, aber auch ausländischer Komponisten.
Auf eine Idee des Sängers *Hermann Prey* geht eine **»Schubertiade«** zurück, die – 1976 in Hohenems beginnend – in etwa 10 Jahren alle Kompositionen von *Franz Schubert* zur Aufführung bringen will.
Nach Angaben des »Deutschen Musikverleger-Verbandes e. V.« gab es 1975 in der Bundesrepublik Deutschland **373 Musikverlage,** wovon 251 Verlage für Unterhaltungsmusik (U-Musik) waren (u. a. Budde/Berlin, Gerig/Köln, Intersong Deutsche Grammophon/Hamburg, Meisel/Berlin, Sikorski/Hamburg, Ufa-Musikverlage-Ariola/München); unter den Verlagen für ernste bzw. klassische Musik sind u. a. Bote & Bock/Berlin, Breitkopf & Härtel/Wiesbaden, Heinrichshofen/Wilhelmshaven, Henle/München, Lienau/Berlin, Peters/Frankfurt/M. und Schott/Mainz zu nennen. Von den **jährlich etwa 8000 Neuerscheinungen** dürften 5000 auf U-Musik entfallen, mit einer durchschnittlichen Lebensdauer von wenigen Monaten, bei der sogenannten ernsten Musik gelten bereits 300 verkaufte Exemplare bei neuen Werken als Erfolg.
Im Herbst 1975 wurde ein Originalmanuskript von 14 meist unbekannten **Kanons von Johann Sebastian Bach entdeckt;** es gelangte in den Besitz der französischen Nationalbibliothek – Im November 1975 **verweigerte** das Bundesaußenministerium in Bonn zum zweitenmal die **Einreise der Nationalchinesischen Volksoper** aus Taipeh (Taiwan, Rep. China), da es sich um ein Instrument der taiwanesischen Außenpolitik handle.
Bei einer Versteigerung in London wurde im November 1975 für ein **Cello von Antonio Stradivari** ein **Rekordpreis** von 50 000 £ Sterling (damals etwa 265 000 DM) erzielt; im Mai brachte die Versteigerung einer **Stradivari-Geige** in London 44 000 £ (207 000 DM), der dritthöchste Preis, der je für ein derartiges Instrument gezahlt worden ist – Dem britischen Komponisten **Benjamin Britten** wurde 1975 die **Pairswürde auf Lebenszeit** verliehen.
Die »Sorbonne« in Paris verlieh dem Geiger *Yehudi Menuhin* die **Ehrendoktorwürde.**
Die italienische Stadt Positano ernannte den Pianisten *Wilhelm Kempff,* der in ihr seit 1957 Interpretationskurse für junge Pianisten abhält, zum **Ehrenbürger.** Kempff erhielt 1976 für 250 000 verkaufte Langspielplatten seiner Aufnahme des Klavierkonzerts Nr. 5 in Es-Dur von Beethoven (mit den Berliner Philharmonikern unter *Ferdinand Leitner*/Deutsche Grammophon) eine **Goldene Schallplatte.**
Im Juli 1976 wurde aus Anlaß der 100-Jahr-Feier der Bayreuther Festspiele die **»Villa Wahnfried«,** das Wohnhaus *Richard Wagners,* mit dem umfangreichen Archiv der nach dem Komponisten benannten Stiftung übergeben.

NOBELPREISE 1975

Friedensnobelpreis Verliehen für 1975 vom zuständigen Komitee des norwegischen Parlamentes in Oslo an den sowjetischen Atomphysiker *Andrej Dimitrijewitsch Sacharow,* mit der Begründung: »*Sacharows* persönlicher und unerschrokkener Einsatz für die Sache des Friedens unter der Menschheit ist eine Quelle großer Inspiration für alle wahrhaftigen Friedensanstrengungen. Kompromißlos hat *Sacharow* gegen Machtmißbrauch und alle Formen der Verletzung der Menschenwürde gekämpft. Er hat auf überzeugende Weise unterstrichen, daß die unverletzlichen Menschenrechte die einzige sichere Grundlage für eine aufrichtige und langfristige Zusammenarbeit zwischen den Völkern sind.« (Anstelle von *Sacharow,* der keine Genehmigung zur Ausreise erhielt, nahm seine Frau *Jelena Sacharowa* den Preis entgegen. Die sowjetische Nachrichtenagentur TASS nannte die Ehrung einen »Preis für Antisowjetismus«; durch seine Taten sei der »ehemalige Wissenschaftler« zum Antipatrioten und Gegner der Politik einer friedlichen Koexistenz geworden.)

Nobelpreis für Literatur Verliehen für 1975 von der »Schwedischen Akademie der Schönen Künste« in Stockholm an den italienischen Lyriker *Eugenio Montale* für »seine Dichtung, die auf ihre ganz besondere Art und mit großer künstlerischer Feinfühligkeit menschliche Würde gedeutet hat als Ausdruck einer von Illusionen freien Lebensanschauung«, die sich in der »hermetischen«, schwer zugänglichen Form von *Montales* Lyrik äußert.

Nobelpreis für Chemie Verliehen von der »Schwedischen Akademie der Wissenschaften« in Stockholm 1975 zu gleichen Teilen an den in Australien geborenen, in Großbritannien lebenden Chemiker *John Warcup Cornforth* für »Arbeiten über die Stereochemie enzymkatalytischer Reaktionen«, bzw. Beiträge über die Einhaltung von komplizierten räumlichen Bauprinzipien durch die Natur, und an den in Jugoslawien geborenen, in Zürich tätigen Chemiker *Vladimir Prelog* für seine »Arbeiten über die Stereochemie organischer Moleküle und Reaktionen« und die Bedeutung des räumlichen Baues der Moleküle für die organische Chemie.

Nobelpreis für Physik Verliehen von der »Schwedischen Akademie der Wissenschaften« 1975 zu gleichen Teilen an den dänischen Forscher *Aage Bohr* (Sohn von *Niels Bohr*), an den in den USA geborenen, in Dänemark wirkenden Chemiker *Benjamin Mottelson* und an den US-Gelehrten *James Rainwater* für Arbeiten über den »Zusammenhang zwischen kollektiven Bewegungen und Partikelbewegungen in Atomkernen sowie darauf beruhenden Entwicklungen in der Theorie über die Struktur des Atomkerns«. Durch ihre Arbeiten ist es u. a. gelungen, die Energiezustände eines aus 100 oder 200 Teilchen bestehenden Atomkerns zu berechnen.

Nobelpreis für Medizin und Physiologie Verliehen durch das »Kgl. Karolingische Medico-Chirurgische Institut« in Stockholm 1975 zu gleichen Teilen an die US-Forscher *David Baltimore* und *Martin Temin* sowie an den in Italien geborenen, in den USA wirkenden Gelehrten *Renato Dulbecco* für ihre grundlegenden Arbeiten über die Krebsauslösung durch Viren, d. h. für die Schaffung einer konzeptionellen Grundlage zur Erforschung der Beteiligung von Viren an bestimmten Tumoren. *Dulbecco* gilt als »Vater der Tumor-Virologie«.

Nobelpreis für Wirtschaftswissenschaften Verliehen durch die »Schwedische Akademie der Wissenschaften« 1975 als »Preis für ökonomische Wissenschaften in Erinnerung an Alfred Nobel« zu gleichen Teilen an den in den USA wirkenden Gelehrten *Tjalling Charles Koopmans* (geboren in den Niederlanden) und an den sowjetischen Forscher *Leonid Vitalewitsch Kantorowitsch* für die in wesentlichen Zügen unabhängig voneinander entwickelten Theorien zur Methodik der »Analyse des klassischen nationalökonomischen Problems der optimalen Verwendung knapper Ressourcen«; ihre Problemformulierungen und Versuche zeigen den Zusammenhang zwischen Produktionserfolg und eingesetzten Mitteln auf. (Die Prämie für den Nobelpreis belief sich 1975 in jeder Sparte auf 630 000 schwedische Kronen = etwa 370 000 DM.)

Von den seit 1901 verliehenen Nobelpreisen (1940 bis 1943 war die Verleihung ausgesetzt; außerdem kamen in einigen Jahren in einzelnen Gebieten keine Preise zur Verleihung) **fielen** u. a. **183** (vor 1940 110) an Empfänger aus **europäischen Ländern,** 91 an solche aus den USA (vor 1940 42) und 9 aus der Sowjetunion (vor 1940 2); auf Großbritannien kamen bisher 54, auf Deutschland 51, auf Frankreich 20, auf die Niederlande 10, auf Österreich, Schweden und die Schweiz je 9, auf Dänemark 5, auf Belgien und Italien je 4 und auf Spanien 1 Preis. Auf Japan entfiel erst 1949, auf China 1957 ein Nobelpreis. Es ist jedoch zu berücksichtigen, daß ein beachtlicher Teil der Empfänger nicht in dem Lande geboren wurde, in dem sie zur Zeit der Verleihung lebten. **Von den Friedenspreisen** wurden (nach »Le Monde« u. Ergänzungen; z. T. an Institutionen) 17 an Empfänger aus den USA (10 seit 1943), 9 an solche aus Frankreich, 8 aus Großbritannien, 5 aus der Schweiz, je 4 aus Schweden und Deutschland, 3 aus Belgien, je 1 aus Irland, Japan, Kanada, der Sowjetunion und Vietnam (nicht angenommen) verliehen. **Von den Literaturpreisen** entfielen bisher die meisten auf Empfänger aus Frankreich (11), USA und Deutschland (je 7), Großbritannien und Schweden (je 6), Italien und Norwegen (je 4) sowie Sowjetunion 3.

Anläßlich der Verleihung der Nobelpreise unterzeichneten am 12. 12. 1975 in Stockholm 47 Nobelpreisträger eine **Deklaration zum Schutz der Menschenrechte.**

PREISE FÜR FRIEDEN UND VERSTÄNDIGUNG, GESAMTSCHÖPFERISCHE LEISTUNGEN UND TATEN DER MENSCHLICHKEIT

Ami de L'Europe-Medaille 1975 vom Europarat u. a. an *Alfred E. Wissmann.*

Adenauer (Konrad-A.)-Preis der »Deutschland-Stiftung e. V.« in München, 1975 an *Gerhard Löwenthal, Wladimir Maximow* und *Karl Steinbuch.*

Bauer (Fritz-B.)-Preis der »Humanistischen Union« für engagierte Berichterstattung, 1976 an *Werner Hill.*

Baeck (Leo-B.)-Preis des »Zentralrates der Juden in Deutschland« 1975 postum an *Hendrik van Dam.*

Bentinck (Adolf-B.)-Preis Gestiftet 1973 in Gedenken an den niederländischen Botschafter, der seine Arbeit in den Dienst von Freiheit und Verständigung gestellt hatte; 1975 an *Henry Brugmans,* Gründer des Europakollegs von Brügge.

Buber-Rosenzweig-Medaille des »Deutschen Koordinierungsrates der Gesellschaften für Christlich-Jüdische Zusammenarbeit e. V.«, verliehen für die Verständigung zwischen Gruppen, Religionen und Nationen, 1976 an *E. L. Ehrlich* in Basel.

Doering (Wolfgang-D.)-Medaille der gleichnamigen Stiftung, 1976 an Bundesaußenminister *Hans-Dietrich Genscher.*

Ehrenbürger von Europa 1976 Verleihung der Auszeichnung durch den »Europäischen Rat« an *Jean Monnet* für seine Verdienste um Europa.

Erhard (Ludwig-E.)-Medaille der gleichnamigen Stiftung, u. a. verliehen für beispielhafte Leistungen für das Gesamtwohl und die Sicherung der sozialen Marktwirtschaft, gestiftet 1975.

Erasmus-Preis s. Praemium Erasmanum.

Europafahne Vom Europarat 1976 an 21 Gemeinden, darunter an 7 in der Bundesrepublik Deutschland verliehen.

Europäischer Karlspreis der »Sudetendeutschen Landsmannschaft e. V.«, 1976 an den Völkerrechtler *Theodor Veiter* (Österreich).

Europa-Medaille für Denkmalpflege der »Stiftung F.V.S. e. V.« in Hamburg, 1975 in Gold an die Städte Ödenburg (Sopron, Ungarn) und Deventer (Niederlande).

Europa-Preis für Denkmalpflege an die Organisation »Ente per le Ville Venete« (Italien).

Europapreis für Landespflege der »Stiftung F.V.S.« 1976 an *Stefán Myczkowski* u. *Tadeusz Skawina* (beide Polen).

»Peter-Joseph-Lenné-Medaille in Gold an *Hugo M. Schiechtl* (Österreich).

Freiheitsmedaille (»Presidential Medal of Freedom«, die höchste zivile Auszeichnung der USA), 1976 u. a. an den Pianisten *Arthur Rubinstein* und an den einstigen Olympiasieger *Jesse Owens.*

Freiherr-vom-Stein-Medaille der gleichnamigen Stiftung in Hamburg, 1975 an *Gerhard Merzyn,* 1976 an den Fürsten *Joseph-Ernst Fugger von Glött.*

Freiheitspreis des »Deutschen Autorenverbandes e. V.«/FDA, Verleihung alle zwei Jahre vorgesehen.

Friedenspreis des Deutschen Buchhandels 1976 an den Schriftsteller *Max Frisch* (Schweiz).

Friedenspreis des »Verbandes der Kriegs- und Wehrdienstopfer, Behinderten und Sozialrentner Deutschlands«/VdK, 1975 an *Gustav Heinemann* (†).

Goethe (Johann-Wolfgang-von-G.)-Medaille der »Freiherr-vom-Stein-Stiftung e. V.« in Hamburg, 1975 an Bischof *Hans Lilje.*

Goldene Bürgermedaille der Stadt Fürth 1976 für die Erneuerung d. Freundschaft zwischen d. deutschen u. amerikanischen Volk 1976 an *Henry A. Kissinger.*

Goldene Feder der Freiheit der »Internat. Föderation d. Zeitungsverleger«, an den portugiesischen Zeitungsherausgeber *Raul Rego.*

Goldene Freiheitsmedaille der »Vereinten Nationen« 1976 u. a. an den Maler *Marc Chagall.*

Große Goldmedaille des Europaparlamentes an *Jean Monnet* (Frankreich) für seine Verdienste um die Einigung Europas.

Guardini (Romano-G.)-Preis der »Katholischen Akademie in Bayern«, 1975 an *Franz Büchner,* 1976 an *Teddy Kollek,* Bürgermeister von Jerusalem, und an den Bibelwissenschaftler *Schemaryahu Talmon* (Israel).

Hansischer Goethe-Preis der »Freiherr-vom-Stein-

Stiftung e. V.« in Hamburg, 1975 an *Carlo Schmid.*

Herder (Johann-Gottfried-von-H.)-Preis der »Stiftung F.V.S. e. V.« in Hamburg, verliehen von der »Johann-Wolfgang-von-Goethe-Stiftung« in Basel und der Universität Wien für Verdienste um die Vertiefung der Beziehungen zu den ost- und südosteuropäischen Völkern, 1976 an die bildende Künstlerin *Jagoda Buic* (Jugoslawien), an den Komponisten *Marin Goleminoff* (Bulgarien), an den Sprachwissenschaftler *Ioannes Theophanos Kakridis* (Griechenland), an den Literaturwissenschaftler *Deszö Kérésztury* (Ungarn), an den Schriftsteller *Nichita Stanescu* (Rumänien), an den Archäologen *Rudolf Turek* (Tschechoslowakei) und an den Architekten *Kazimierz Wejchert* (Polen).

Heuss (Theodor-H.)-Preis der gleichnamigen Stiftung, verliehen für beispielhafte demokratische Verantwortung, 1975 an *Egon Bahr, Burkhard Hirsch* und (nicht angenommen) *Walther Leisler Kiep.*

Humboldt (Alexander-von-H.)-Medaille der Hamburger »Stiftung F.V.S.«, 1976 an *Reinhold Tuexen.*

Internationaler Karlspreis der Stadt Aachen 1976 an den belgischen Ministerpräsidenten *Leo Tindemans* für seine Verdienste um die europäische Einigung.

Japanischer Friedenspreis 1976 an den italienischen Politiker *Amintore Fanfani* für seine Verdienste um die Entspannungspolitik.

Jerusalem-Preis der Stadt Jerusalem verliehen für Verdienste um d. Freiheit d. Individuums in d. Gesellschaft, nächste Verleihung 1978 vorgesehen.

Joliot-Curie-Friedensmedaille des »Weltfriedensrates« 1975 in Gold an *Leonid I. Breschnjew.*

Kulturpreis des DGB 1976 an *Adolf Jungbluth* für seinen Kampf um Menschlichkeit am Arbeitsplatz.

Kulturpreis des Weltfriedensrates 1975 für Verdienst um Frieden und Völkerverständigung an die Schriftstellerin *Anna Seghers* (Berlin/Ost).

Lenin (Internat. Wladimir-Iljitsch-L.)-Preis der Sowjetunion, verliehen für »hervorragende Verdienste im Kampf um den Frieden«, 1975 an *Luis Corvalán* (Chile), *Raymond Goor* (Belgien) u. *Jeanne Sisse* (Guinea).

Menschenrechts-Preis der »Internat. Liga für Menschenrechte« 1975 an den US-Chefdelegierten bei der UNO, *Patrick Moynihan.*

Miegel (Agnes-M.)-Plakette für Verdienste um die Ost-West-Begegnung, 1975 an *Ludwig Landsberg.*

Montaigne (Michel-E.-M.)-Medaille der »Stiftung F.V.S. e. V.« in Hamburg, 1975 an *Franco Sartori* (Italien).

Montaigne-Preis für hervorragende Beiträge zur europäischen Kultur, 1976 erstmals verliehen, und zwar an den spanischen Arzt und Philosophen *Lain Entralgo.*

Nehru (Jawaharlal-N.)-Preis der indischen Regierung, verliehen für internationale Verständigung, 1976 an *Julius Nyerere* für seinen Einsatz für Sozialismus in Gerechtigkeit.

Ossian-Preis der »Stiftung F.V.S. e. V.« in Hamburg für Verdienste kleiner Kultur- und Sprachgemeinschaften um das europäische Kulturerbe, 1975 (20 000 DM) an die »Società Retorumantscha« in Chur (Schweiz), 1976 an *Robert Lafont* (Frankreich).

Ossietzky (Carl-von-O.)-Medaille der Deutschen Sektion der »Internat. Liga für Menschenrechte«, 1975 an den ehem. Westberliner Bürgermeister Pastor *Heinrich Albertz.*

Orden der Völkerfreundschaft der DDR 1976 an *Anna Seghers.*

Palmes Académiques verliehen für Verdienste um die französisch-deutschen Beziehungen, 1975 u. a. an *Herbert Günther, Ernst Peschl, Heinz-Otto Sieburg.*

Praemium Erasmanum (Erasmus-Preis) der »Fondation de la culture« in Amsterdam, verliehen für besondere Verdienste um die Bildung einer Brücke zwischen Bildender Kunst und dem breiten Publikum und für den Einsatz für die Menschenrechte, 1976 an den französischen Juristen *René David* und an »amnesty international«.

Prix René Maheu Gestiftet für Personen und Institutionen, die sich im Sinne der UNESCO Verdienste um die Zusammenarbeit zwischen den Völkern erworben haben.

Rehabilitationspreis des »Reichsbund der Kriegsopfer, Behinderten, Sozialrentner und Hinterbliebenen e. V.«, 1976 erstmals verliehen, und zwar an Bundesminister *Walter Arendt.*

Reuter (Ernst-R.)-Plakette des Senats von Berlin (West) 1975 an den ehem. Hochkommissar der USA für Deutschland, *John McCloy,* für Verdienste um den Wiederaufbau.

Schuman (Robert-Sch.)-Medaille der »Vereinigung der Freunde Robert Schumans«, verliehen für Verdienste um die europäische Einigung; 1976 an den britischen Vizepräsidenten der EG-Kommission, Sir *Christopher Soames.*

Schuman (Robert-Sch.)-Preis der Hamburger »Stiftung F.V.S.«, für die Förderung der europäischen Einheit, 1975 an *Pierre Pflimlin.*

Schweitzer (Albert-Sch.)-Medaille der »Johann-Wolfgang-von-Goethe-Stiftung« in Basel, 1975 an den Gründer der »Emmaus-Gemeinschaft« *Abbé Pierre* für sein beispielhaftes Wohltätigkeitswerk in weiten Teilen der Welt.

Schweitzer (Albert-Sch.)-Preis der Stiftung 1975 an *Dietmut Schnetz* für vorbildliches pädagogisches Wirken für junge Mütter und Kinder; 1976 an *Lieselotte Nold* für ihre Verdienste um das Müttergenesungswerk.

Internat. Albert-Schweitzer-Preis Gestiftet 1975 für Verdienste um die Wahrung menschlicher Belange in Medizin, Geisteswissenschaft und Musik, Verleihung alle 5 Jahre; 1975 erstmals an den Arzt *Theodor Binder,* Gründer des »Amazonas-Hospitals Albert Schweitzer« und Leiter des »Mazahua-Hospitals Albert Schweitzer« in Mexiko.

Stein (Freiherr-vom-St.)-Medaille der gleichnamigen Hamburger Stiftung, 1976 an *Josef Ernst Fugger von Glött* für seine Verdienste um das Gemeinwohl.

Stern der Völkerfreundschaft der DDR 1975 »Großer Stern« an den sowjetischen Außenminister *Andrej Gromyko* und an die Schriftstellerin *Anna Seghers;* »Stern« an den Führer der KP in den USA, *Gus Hall.*

Templeton-Preis der gleichnamigen interkonfessionellen Stiftung, begründet von einem US-Unternehmer, international verliehen, 1976 an *Joseph Kardinal Suenens* für seine Verdienste um die überkonfessionelle Zusammenarbeit und die Versöhnung zwischen den Religionsgemeinschaften.

Vondel (Jost-van-den-V.)-Preis der Hamburger »Stiftung F.V.S.«, 1975 an *Mejuffrouw Hebe Kohlbrugge* (Niederlande) für Verdienste um die Wiederherstellung der deutsch-niederländischen Beziehungen nach dem II. Weltkrieg.

Weltfriedensrat s. »Joliot-Curie-Friedenspreis«.

Wirtschaft

»Wenn **1975**, dem Jahr schlimmer Rezession, ein Name gegeben werden müßte, dann müßte es wohl als das **Jahr der Fehlprognosen** bezeichnet werden. Die meisten professionellen Konjunkturforscher haben sich mehr oder weniger über die Tiefe des Abschwungs geirrt . . . Es wäre schon viel geholfen, wenn es gelänge, wenigstens für die Diagnose des wirtschaftlichen Istzustandes schnell, ausreichend und genau genug die erforderlichen Daten des konjunkturstatistischen Instrumentariums zur Verfügung zu stellen. Denn von dem Grad der Zuverlässigkeit der Diagnose hängt weitgehend die Wahrscheinlichkeit der Prognose ab.« (*Klaus Bernhardt* in »Handelsblatt« v. 31. 12. 1975). – Das *»Deutsche Institut für Wirtschaftsforschung«*/DIW in Berlin erläutert in seinem »Wochenbericht« (1976/3–4) die *Grundlinien der Wirtschaftsentwicklung* 1976 und geht dabei von deren Verlauf in den vergangenen Jahren aus: »Die **weltweite Rezession**, die im **Winterhalbjahr 1974/75** einsetzte und bis weit in das Jahr 1975 hinein anhielt, war in ihrer Stärke nicht vorausgesehen worden. Den Wirtschaftsprognosen für 1975 lag vielmehr die Annahme zugrunde, daß es 1975 als Folge expansiver wirtschaftspolitischer Maßnahmen zu einer baldigen allgemeinen Nachfrage und einem – wenn auch mäßigen – Wachstum des realen Sozialprodukts in den Industrieländern kommen würde. – Das Zusammentreffen mehrerer Faktoren, wie eines starken Lagerabbaus, einer beträchtlich steigenden Sparquote und einer Wirtschaftspolitik, die aus Stabilitäts- und Zahlungsbilanzrücksichten zunächst nicht genügend expansiv war, bewirkte jedoch, daß sich die Rezession in den ersten Monaten des vergangenen Jahres verschärfte. **Im Sommerhalbjahr 1975** ist in allen bedeutenden Ländern die **Rezession zum Stillstand gekommen**, zuerst in den USA und in Japan. – Die Stärke des Konjunkturaufschwungs im Jahre 1976 wird in allen Industrieländern vor allem davon abhängen, in welchem Maße die Entwicklung der Anlageinvestitionen von der Zunahme der anderen Sozialproduktskomponenten stimuliert wird. – Der prognostizierte Aufschwung wird bei weiterhin zunehmender Erwerbsbevölkerung in den wichtigsten Ländern nur sehr zögernd zu einem Abbau der hohen Arbeitslosigkeit führen. Dieses Problem wird kaum allein konjunkturpolitisch zu lösen sein, sondern nur in Verbindung mit einer effizienten Struktur- und Ausbildungspolitik.«

Die Ende 1975 veröffentlichten Wirtschaftsperspektiven der »Organisation für Wirtschaftliche Entwicklung und Zusammenarbeit«/OECD unterstreichen die Aufschwungstendenzen, deuten jedoch an, daß die **Erholung** sich überwiegend nur **in mäßigem Umfang** vollziehen wird und die **Gefahr eines neuen Rückschlags nicht ausgeschlossen** werden kann, wenn es nicht gelingt, die Inflation zu bannen. – Die *»Deutsche Bundesbank«* nimmt in ihrem Geschäftsbericht für das Jahr 1975 zur Weltkonjunktur und zum Inflationsgefälle u. a. wie folgt Stellung: »Die Tatsache, daß zahlungsbilanzstarke Länder, wie die Vereinigten Staaten und die Bundesrepublik, die Rolle von ›Konjunkturlokomotiven‹ übernommen haben, d. h. in der Konjunkturerholung den anderen Industrieländern zeitlich vorangehen, eröffnet eine **gute Ausgangsstellung für die Verringerung der störenden Zahlungsbilanzungleichgewichte zwischen den Industrieländern.** Freilich kann mit einer . . . dauerhaften Verbesserung . . . und damit einer fundierten Stabilisierung der Wechselkursrelationen erst gerechnet werden, wenn . . . das bisherige Inflationsgefälle unter den Industrieländern abgebaut ist . . . Die gewogene Inflationsrate der OECD-Länder, gemessen an den Verbraucherpreisen, die auf ihrem Höhepunkt im Herbst 1974 noch 15 % betrug, ist bis zur Jahreswende 1975/76 auf eine Teuerungsrate von 9 % zurückgegangen . . . Mit dem Rückgang der vordem extremen Teuerungsraten in Japan, Großbritannien und Italien hat sich das absolute Inflationsgefälle zwischen den Industrieländern zwar verringert. Trotzdem reicht aber gegenwärtig (Frühjahr 1976) die Skala der Inflationsraten, gemessen an den Verbraucherpreisen, noch von 1 1/2 % in der Schweiz über 4 % in der Bundesrepublik bis zu 15 % in Großbritannien und Italien, von noch höheren Teuerungsraten in einigen kleinen OECD-Ländern ganz abgesehen. Teilweise noch stärker sind die Unterschiede in den Kostenentwicklungen, gemessen an den Lohnkosten in der Industrie je Produktionseinheit.«

(1975: Italien + 34 %, Großbritannien + 23 %, Belgien und Frankreich je + 21,5 %, Niederlande + 15 %, USA + 9 %, BR Deutschland + 6,5 %). (*Alle Hervorhebungen durch den Herausgeber*).

Das DIW rechnet (nach »Wochenbericht« 1976/24) Mitte Juni 1976 infolge der sich allgemein abzeichnenden **Erholung für das Jahr 1976** mit fol-

genden **Veränderungen gegenüber 1975** (jeweils +, wenn nicht anders vermerkt): BSP real/BSP nominal/Preise (*Deflationierungsfaktor*): EG-Durchschnitt 2/15,5/13,5 (u. a. BRD 6/9,5/3,5 – Frankreich 6/16/9,5 – Großbritannien 2,5/19/16 – Italien 2/17,5/15) – USA 6,5/13/6 – Japan 6/14,5/8.
In den **Entwicklungsländern** haben sich (nach »Handelsblatt« v. 5. 10. 1975) die Preise für Verbrauchsgüter 1973 um 21 %, 1974 um 29 % erhöht.
Das **Bruttosozialprodukt der 23 in der OECD vertretenen westlichen Industrieländer** hat sich (prov. Angabe) **real 1975 um 2 % verringert**, und zwar real nach vorläufigen Schätzungen am stärksten in der Schweiz (–4 %), gefolgt von der BR Deutschland, Italien und Irland; Norwegen, Japan und Schweden verzeichneten einen realen Zuwachs. – **Das Bruttosozialprodukt der EG** belief sich (nach EG- und OECD-Angaben, prov.) **1974** auf **1150 Mrd. US-$**, jenes der **USA** auf **1420 Mrd.** $ und von Japan auf **485 Mrd.** $. **Das nominale Bruttosozialprodukt** erreichte (nach prov. Angaben) **1975** folgende Höhe **in Mill. US-$**: USA 1504 – Japan 491 – BR Deutschland 423 – Frankreich 326 – Großbritannien und Nordirland 225 – Italien 169 – Kanada 154 – Spanien 101 – Australien 83 – Niederlande 80 – Schweden 69 – Belgien/Lux. 65 – Dänemark 36 – Irland 8 – Das **BSP** lag im EG-Durchschnitt im **1. Hj. 1976** um 6,5 % höher als im 1. Hj. 1975. Die **Entwicklungsländer, die 71 % der Weltbevölkerung beherbergen, haben nur einen Anteil v. etwa 18%** **am Welt-Bruttosozialprodukt** (1974); während bei ihnen (S) 1974 je Einw. ein BSP v. nur 352 $ zu verzeichnen war, ergab sich in d. Industrieländern ein Betrag von 3864 $. – **Große Unterschiede bestehen auch innerhalb der EG**; das durchschnittliche nationale Einkommen beläuft sich in % des EG-Durchschnitts wie folgt: Irland 54 – Italien 69 – Großbritannien 88 – Niederlande 97 – Belgien 108 – Luxemburg 118 – Frankreich 118 – BR Deutschland 123 – Dänemark 128. – **Die 15 führenden Länder der Welt beim**

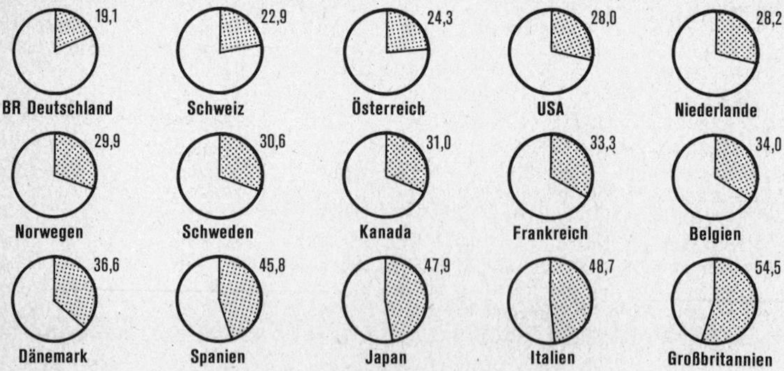

Anstieg der Lebenshaltungskosten (Verbraucherpreise)
Ende 1972 – Ende 1975 (Nach OECD-Angaben)

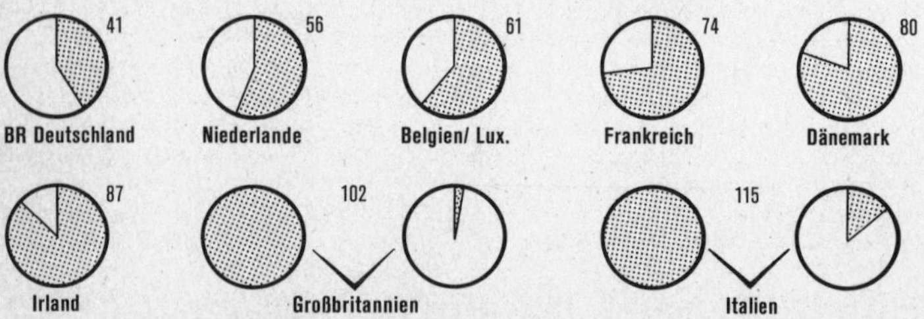

Anstieg der Lohnkosten in Industrie und Bergbau der EG-Länder
1970–1975 in % je Einheit Bruttoproduktion zu konstanten Preisen
(Nach OECD-Angaben)

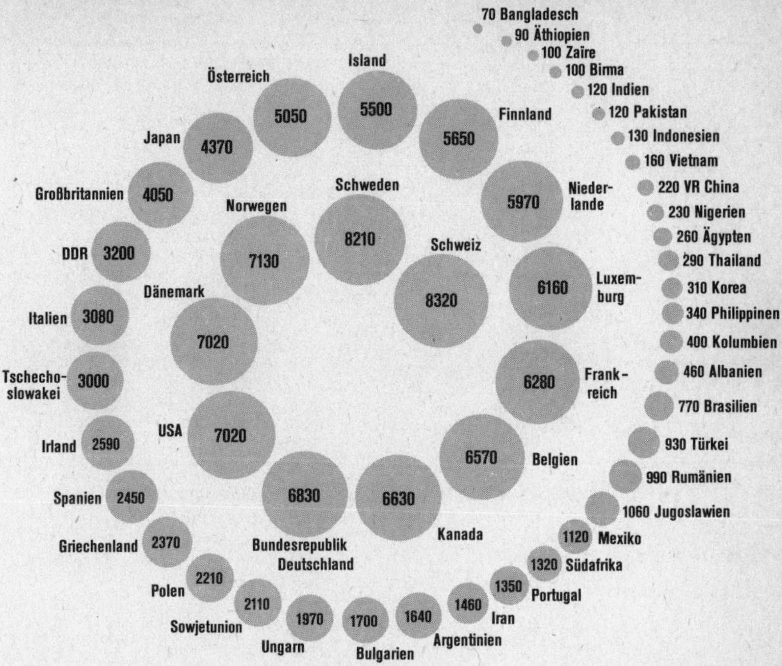

Bruttosozialprodukt je Einwohner in US-$
(Westliche Industrieländer 1975, übrige Länder letzter verfügbarer Stand; z. T. geschätzt, bei RGW-Ländern meist für 1973/74. Nach »Handelsblatt« v. 6. 4. 1976)

BSP je Einwohner in US-$ 1975 (nach »Schweizerische Bankgesellschaft«; wegen Berechnungsunterschieden nur bedingt vergleichbar mit den Angaben f. 1973 u. 1974 d. »Weltbank« u. ob. Fig.): Kuweit 11 365 – Schweiz 8740 – Schweden 8420 – Norwegen 7425 – Dänemark 7195 – USA 7020 – BR Deutschland 6855 – Frankreich 6665 – Kanada 6660 – Belgien 6540 – Autralien 6120 – Niederlande 5885 – Finnland 5205 – Österreich 4980.
Der Anteil von Steuern und Sozialabgaben am Bruttosozialprodukt hat sich in den westlichen Industrieländern ständig erhöht und beziffert sich (nach OECD-Angaben) **1974** auf folgende Prozentsätze: Niederlande 48,5 – Schweden 44,7 – Norwegen 43,4 – Dänemark 40,5 – BR Deutschland 36,7 – Frankreich 36,1 – Großbritannien und Österreich je 35,6 – Belgien 35,1 – USA 33,4 – Italien 30,1 – Schweiz 28,1.

Nach Angaben der »Weltbank«/IBRD leben in den Ländern, in denen (1973) das Bruttosozialprodukt je Einwohner und Jahr 5000 US-$ übersteigt, nur rund 8 % der Weltbevölkerung, etwa **ein Drittel der Weltbevölkerung** hat ein Jahreseinkommen je Einwohner von weniger als 200 $. Als **ärmste Länder** werden Haïti, Indonesien, Kenia, Madagaskar, Mauretanien, Sierra Leone, Sudan, Tansania, Togo, Uganda, Vietnam, Zaïre und die Zentralafrikanische Republik genannt.
Die **Zahlungsbilanz der westlichen Industrieländer**, die **1974** infolge der Ölpreiserhöhung eine äußerst ungünstige Entwicklung genommen hatte und **defizitär** geworden war, verzeichnete **1975 insgesamt** (bei Defiziten in einigen der Länder) einen **Überschuß**, der noch höher ausfiel als in den Jahren vor der Ölverteuerung. Der **Überschuß der Erdöl exportierenden Länder** (insgesamt) blieb verhält-

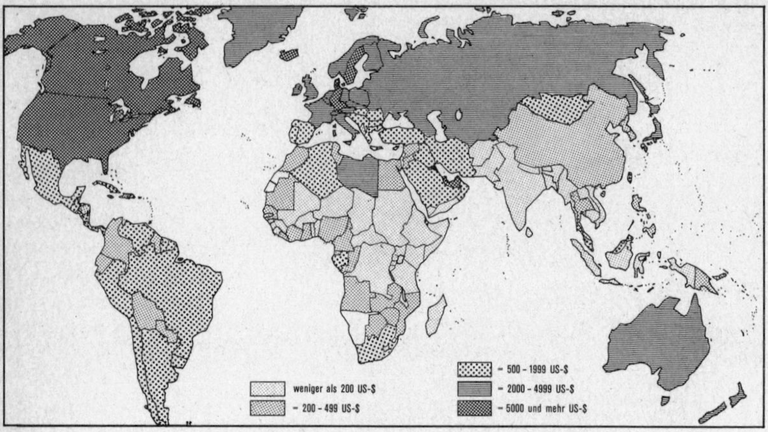

Bruttosozialprodukt/BSP zu Marktpreisen je Einwohner 1973
(Nach »World Bank Atlas 1973«, New York 1975; modifiz.)

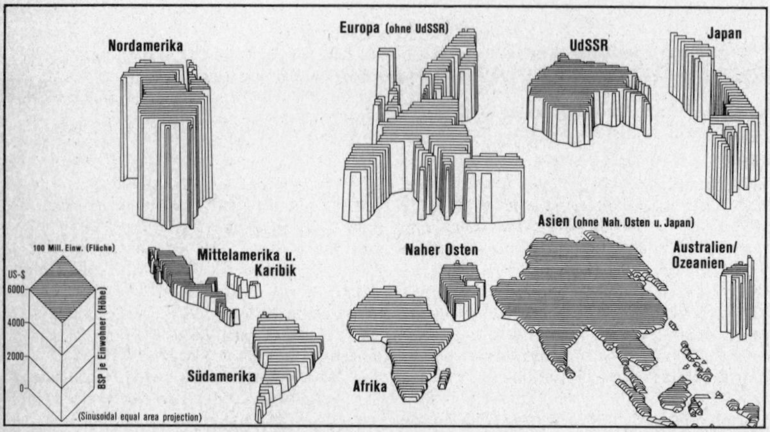

Bevölkerung und BSP je Einwohner nach Regionen 1973
(Nach »World Bank Atlas 1973«, New York 1975; modifiz.)

	Mrd. US-$ zu jeweiligen Wechselkursen				
	B	*H*	*D*	*K*	*Dev.*
Westeurop. Industrieländer (EG, Norw., Öst., Schwed., Schweiz)	+ 2,9 (−13,5)	+ 8,1 (− 8,7)	+ 7,9 (+ 7,6)	+ 1,2 (+14,9)	−4,1 (− 1,4)
darunter EG	+ 3,2 (−11,0)	+11,6 (− 3,4)	+ 3,5 (+ 3,4)	− 3,1 (+11,9)	−0,1 (− 0,9)
Außereuropäische Industrieländer	+ 6,2 (− 9,7)	+13,1 (− 2,2)	− 2,5 (+ 0,5)	− 9,4 (+ 3,0)	+3,2 (+ 6,7)
darunter USA	+12,1 (− 3,4)	+ 9,1 (− 5,3)	+ 7,5 (+ 9,1)	−14,1 (− 4,7)	+2,0 (+ 8,1)
Übrige Welt	− 9,1 (+23,2)	−21,2 (+10,9)	− 5,4 (− 7,1)	+12,0 (+ 5,1)	−2,9 (−28,3)
darunter Erdölländer	+35,0 (+56,0)	+53,0 (+91,8)	−16,5 (−34,3)	−27,5 (−24,6)	−7,5 (−31,4)

(Bilanz der laufenden Posten = **B** – Handelsbilanz = **H** – Dienstleistungsbilanz = **D** – Kapitalbilanz/netto = **K** – Devisenbilanz/Bestandszunahme bzw. -abnahme = **Dev.**) – BR Deutschland 1. Hj. 1976 Zahlungsbilanzüberschuß (prov.) 6,2 Mrd. DM

nismäßig hoch, zeigte jedoch gegenüber 1974 eine Abnahme. **Die auf Erdöleinfuhr angewiesenen Entwicklungsländer mußten** eine weitere **Steigerung ihres Zahlungsbilanzdefizits** hinnehmen. Nach **Berechnungen des DIW** (s. »Wochenbericht« 1976/12) **ergeben sich** für **1975**/z. T. geschätzt **(1974) für die einzelnen Wirtschaftsregionen die Bilanzen der obigen Tabelle.**

Die Ergebnisse der *»Konferenz der Industrie- und Entwicklungsländer über Energie, Rohstoffe und Entwicklungshilfe«* (s. Abschnitt »Weltchronik«/Entwicklungsländer) und der sogen. *»Welthandelskonferenz«* der UNCTAD (»Konferenz über Handel und Entwicklung«, s. Abschnitt »Welthandel«) haben für Weltwirtschaft und Welthandel neue Akzente gesetzt, deren Auswirkungen sich noch nicht übersehen lassen.
Nach Berechnungen der OECD sind **trotz der wirtschaftlichen Rückschläge der letzten beiden Jahre in den westlichen Industrieländern die realen Einkommen der privaten Haushalte** nicht gesunken, sondern im Durchschnitt sogar **gestiegen**, ganz im Gegensatz zur großen Weltwirtschaftskrise von 1930/32. Die Zunahme der realen verfügbaren Einkommen der privaten Haushalte erreichte in den einzelnen Ländern folgende Prozentsätze (prov.): BR Deutschland +4,4 – Frankreich 3,0 – Japan 2,9 – Kanada 2,3 – USA 1,4 – Italien 0,9 – Großbritannien 0,2 – Ein *Kaufkraftvergleich* ergibt für 1975 (nach Untersuchungen der »Gesellschaft für Konsum, Markt- und Absatzforschung«/GfK in Nürnberg) auf der Basis des westeuropäischen Durchschnitts von 100 die *Vorzugsstellung der Schweiz* mit der Kennziffer 148,4; es folgen Schweden mit 143,5, Dänemark mit 136,5, Belgien/Lux. mit 129,4 und die BR Deutschland mit 127,6; an letzter Stelle liegen Spanien mit 53,9, Griechenland mit 45,1 und Portugal mit 31,1.
Innerhalb der EG bestehen deutliche *Unterschiede bezüglich des Anteils der Nahrungsmittel*, der Getränke und des Tabaks *an den Endverbrauchsausgaben der privaten Haushalte*; 1975 erreichte dieser Anteil folgende Prozentsätze: Irland 44,0 – Italien 37,7 – Großbritannien 31,4 – Luxemburg 29,5 – Dänemark 28,9 – Frankreich 26,8 – Belgien 26,0 – Niederlande 25,8 – BR Deutschland 22,7. – Nach einem internationalen Kaufkraftvergleich für *1975* der »SZ« v. 20. 3. 1976 *mußte ein Industriearbeiter zum Kauf ausgewählter Güter durchschnittlich folgende Arbeitszeit aufwenden*: *Auto*/Wochen: BR Deutschland/D 22 – Schweiz/CH 26 – Großbritannien/GB 29 – Schweden/S 31 – Frankreich/F 35 – *Fernsehgerät* (schwarz/weiß)/Stunden: D 60 – S 63 – GB 72 – CH 88 – F 112 – *Herrenanzug*/Stunden: S 28 – D 30 – GB 32 – CH 34 – F 52 – 450 g *Butter*/Minuten: GB 16 – S 18 – D 24 – CH 32 – F 34 – 6 Flaschen *Bier*/Minuten: D 28 – CH und F 30 – GB 33 – S 36.
Auch in der *Gesundheitsfürsorge und bei den Krankenhauskosten* bestehen innerhalb der EG, aber auch innerhalb der verschiedenen Landesteile der einzelnen Länder beachtliche Unterschiede. So beliefen sich nach Angaben des »Zentralbüros des gemeinsamen Krankheitsfürsorge-Systems der EG« **die durchschnittlichen pauschalen Krankenhaustagesätze** in den chirurgischen Abteilungen 1974 in belgischen Franken wie folgt:

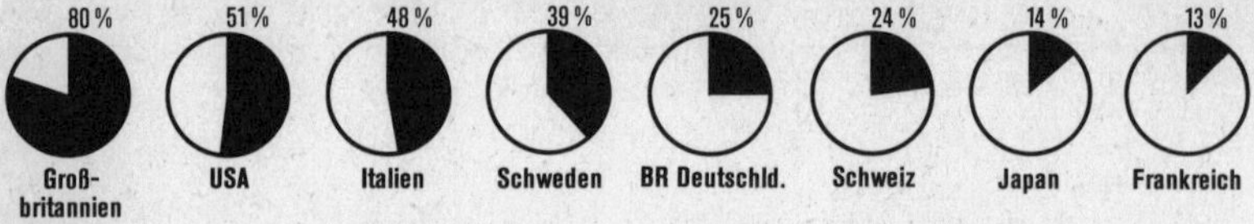

Je Einwohner gerechnet (Umrechnung nach Devisenkursen) ist die Verschuldung in den USA am größten, in Japan am kleinsten; die BR Deutschland nimmt die Mitte ein.

Vergleich der öffentlichen Gesamtverschuldung 1975
Anteil am Bruttosozialprodukt in % (z. T. Schätzung)

Niederlande 3103 – Frankreich 2758 – BR Deutschland 2739 – Luxemburg 2730 – Belgien 2567 – Italien 2094 und u. a. Großbritannien 1969.
Bei der privaten **Sparquote** steht nach OECD-Schätzungen 1975 Japan an erster Stelle, wurden doch hier rund 25 % des privat verfügbaren Einkommens gespart; in der BR Deutschland waren es 16,5 %, in Italien 16,2 %, in Frankreich 12,1 %, dagegen in Großbritannien nur 9,6 % und in den USA 8,9 %. Der Anteil der in den **Dienstleistungen** – im teritären Sektor der Wirtschaft – tätigen Beschäftigten an der Gesamtzahl der Erwerbstätigen ist (nach »The Economist« v. 29. 11. und 13. 12. 1975) in Schweden mit 63,8 % am größten; es folgen (1974) die USA mit 62,4 % und u. a. Dänemark mit 58,1 %, die Niederlande mit 57,9 %, Großbritannien mit 54,8 %, Frankreich mit 49,0 %, die Schweiz mit 46,5 %, die BR Deutschland mit 45,1 %, Österreich mit 43,8 % und Italien mit 39,3%. – **Einnahmen d.OECD-Länder aus d.Dienstleistungsverkehr m. d. Ausland** 1973 (nach »Comm. on Invis. Exp.«, Ld.) 162 Mrd. $; größt. Überschuß USA m. 13,4 Mrd. $, größt. Defizit BRD m. 6,56 Mrd. $.
Die **öffentliche Inlands- und Auslandsverschuldung der westlichen Industrieländer** betrug Ende 1975 (nach Angaben der »Schweizerischen Bankgesellschaft« in Zürich) je Einwohner – bei einer nur bedingten Vergleichsmöglichkeit – umgerechnet in DM: USA 9541 – Schweden 7675 – Belgien 7649 – Großbritannien 7041 – Schweiz 6097 – Niederlande 5739 – BR Deutschland 4143 – Italien 3547 – Österreich 2677 – Dänemark 2316 – Frankreich 1813 – Japan 1724.
Nach Angaben der EG-Kommission belief sich die **direkte öffentliche Auslandsverschuldung** 1975 in Mrd. US-$ wie folgt: Großbritannien 8,921 – Frankreich 1,475 – Irland 1,257 – Dänemark 1,171 – Italien 1,006 – BR Deutschland 0,272 – Belgien 0,116 – Luxemburg 0,061 – Niederlande 0,013 – Ausgedrückt in % des Bruttosozialprodukts zu Marktpreisen ergibt sich jedoch eine ganz andere Reihenfolge: Irland 16,2 – Großbritannien 4,0 – Dänemark 3,3 – Luxemburg 2,8 – Italien 0,6 – Frankreich 0,4 – Belgien 0,2 – BR Deutschland 0,1 – Niederlande 0,02 (Zahlen abgerundet).
Nach einer Statistik der »Internat. Arbeitsorganisation«/ILO in Genf gingen von 1970–1974 je durchschnittlich beschäftigte 1000 Arbeitnehmer durch **Streik** an Arbeitstagen verloren: BR Deutschland 90 – Niederlande 118 – Japan 288 – Frankreich 300 – Belgien 512 – Dänemark 912 – Großbritannien 1186 – USA 1380 – Kanada 1732 – Italien 1746; 1974/75 konnte Frankreich erstmals gegenüber d. and. traditionellen »Streikländern« einen Abstand gewinnen, während die BR Deutschland, im langjährigen Durchschnitt stets am wenigsten durch Streik betroffen, gegenüber den Niederlanden zurücktrat; je 1000 Arbeitnehmer gingen 1975 in den Niederlanden 0,3, in der BR Deutschland 3, in Dänemark 52, in Belgien 192, in Frankreich 205, in Großbritannien 261, in Irland (1974) 742 u. in Italien 1488 Arbeitstage verloren. Der Zusammenhang zwischen Löhnen u. Inflation einerseits u. Streik andererseits läßt sich faktisch in allen Ländern erkennen; das gilt auch für d. BR Deutschland, in der 1974 mit dem raschen Inflationssprung die Zahl der durch Streik verlorenen Arbeitstage jäh anstieg, d. h. auf das Vielfache eines Normaljahres. Verlorene Arbeitstage in Mill. 1974: USA 48,5 – Indien 31,6 – Italien 19,4 – Großbritannien 14,7 – Japan 9,6 – Kanada 9,2 – Frankreich 3,8 – BR Deutschland 1,0.
Im Herbst 1975 wurde (nach einer OECD-Statistik) **in den 23 Mitgliedsländern der OECD mit 17,1 Mill. Arbeitslosen die bis dahin höchste Zahl seit 40 Jahren erreicht**; zusammen mit den Familienangehörigen, für die Unterhaltspflicht bestand, waren somit über 40 Mill. Menschen von der Arbeitslosigkeit betroffen. In den Jahren 1933 und 1934 waren in den 23 Ländern rund 25 Mill. Arbeitslose vorhanden. Von den im Dezember 1975 in der OECD gezählten 18 Mill. Arbeitslosen waren **41 % Jugendliche** unter 25 Jahren; die Quote

belief sich bei den Frauen auf 6,1 %, bei den Männern auf 4,9 %. Die Quote der Jugendlichen war in Frankreich, den Beneluxländern und in den USA rund fünfmal höher als in Österreich und der Schweiz und etwa doppelt so hoch wie in der BR Deutschland. In der **EG** gab es **im Februar 1976 5,13 Mill. Arbeitslose** (Mai 1976 4,97 Mill.), was einer Quote von etwa 6 % der Gesamtzahl der Beschäftigten entsprach (1965 1,9 %, 1970 2,1 %). Im einzelnen beliefen sich (nach EG- und OECD-Angaben) im Februar 1976 die Zahl der Arbeitslosen (saisonbereinigt) in Mill. und die Quoten wie folgt: Irland 0,12/10,2 % – Belgien 0,21/8,5 % – Dänemark 0,11/8,0 % – USA 7,14/7,6 % (1975/Febr. 8,0 %) – Kanada 0,72/7,0 % – Niederlande 0,21/6,2 % – BR Deutschland 1,20/5,9 % – Italien (Dez. 1975) 1,16/5,9 % – Frankreich 0,93/5,5 % – Großbritannien 1,19 (Mitte Juni 1976 1,33/5,3 % – Australien 0,25/4,2 % – Österreich 0,07/3,5 % – Spanien (Dez. 1975) 0,30/2,8 % – Japan 1,08/2,2 % – Schweden 0,07/1,8 % – Schweiz 0,03/weniger als 1 %. – Im Juli 1976 lauteten die entsprechenden Zahlen: USA 7,43/7,8 % – Großbritannien 1,50/6,4 % – BR Deutschland 0,94/4,1 %.

Vergleich der Arbeitslosenunterstützung in ausgewählten Ländern (nach »Außenhandelsblätter« der »Commerzbank« 1975/10, gekürzt):

BR Deutschland Träger: Bundesanstalt für Arbeit, Voraussetzung für die Dauer: bei 26 Wochen Beschäftigung für 78 Tage, bei 104 Wochen bis zu einem Jahr Arbeitslosengeld; Höhe 68 % des Nettoeinkommens (maximal DM 1400 DM steuer- und sozialversicherungsfrei; wenn kein Anspruch auf Arbeitslosengeld (bzw. kein Anspruch mehr), 58 % des Nettoeinkommens.

Frankreich: Träger staatlich und berufsständisch, Voraussetzung bei ersterer 150, bei letzterer 91 Arbeitstage vor der Arbeitslosigkeit; Unterstützung staatlich für ein Jahr 90 % des Bruttoeinkommens; nach einem Jahr 40 % und Zuschüsse für Familienmitglieder berufsständisch 10 35 %

Großbritannien: Träger: staatlich, Voraussetzung 26 Wochenbeiträge f. gekürzte, 50 f. volle Leistung; Grundleistung f. ein Jahr, zusätzlich für ein halbes Jahr; Gesamtleistung etwa 40 % der Einkünfte; anschließend soziale Fürsorge.

Italien: Träger staatlich, Voraussetzung mindestens 52 Wochenbeiträge, Dauer sechs Monate, ausnahmsweise ein Jahr; sehr verschieden, insgesamt sehr niedrig; Zuschüsse für die Familienmitglieder und kurzfristig weitere Leistungen; anschließend soziale Fürsorge.

USA: Einzelstaatliche Regelung auf bundesstaatlicher Grundlage; Voraussetzungen und Leistungen unterschiedlich; meist etwa 40 % des Durchschnittsverdienstes, z. T. bis zwei Drittel, dank Arbeitslosenkassen in der Industrie z. T. einige Monate lang bis zu 95 %; anschließend soziale Fürsorge.

Japan: Träger verschiedene Behörden und Kassen; Voraussetzung mindestens 6 Monate Beiträge; 90–300 Tagegelder, manchmal auch mehr; 80 % des Bruttoverdienstes, für höhere Einkommen fallend auf 60 %, maximal etwa 40 DM je Tag; sodann gestaffelte soziale Fürsorge.

Auf der von der »Internationalen Arbeitsorganisation«/ILO im Juni 1976 in Genf veranstalteten **»Weltbeschäftigungskonferenz«** wurde davon ausgegangen, daß es **in der Welt derzeit mindestens 300 Mill. Vollarbeitslose** gibt, die zum größten Teil auf die nichtkommunistischen Entwicklungsländer entfallen. Bis zum Jahre 2000 müßten nicht nur für diese Menschen, sondern darüber hinaus mindestens 800 Mill. Arbeitsplätze geschaffen werden; dies sei nur möglich, wenn sich die Industrieländer auf spezialisiertere Produktionen verlegten und die arbeitsintensive Industrie den Entwicklungsländern überließen. Um diese Umstellung in die Wege zu leiten, müßte ein **»Internationaler Umstellungsfonds«** errichtet werden.

Nach Angaben des ILO-Sekretariats in Genf bzw. des Ifo-Instituts in München gab es **in den westeuropäischen Industrieländern vor der Ölkrise rund 8 Mill. ausländische Arbeiter** (Gastarbeiter; etwa ein Drittel von ihnen hat seither den Arbeitsplatz verloren); rund 0,8 Mill. dieser Arbeitskräfte stammen aus den Maghreb-Ländern und arbeiten vor allem in Frankreich, weitere 1,5 Mill. aus anderen überseeischen Ländern und arbeiten besonders in Großbritannien und Benelux-Ländern. Die Masse der Gastarbeiter kommt aus Südosteuropa, Südeuropa und der Türkei. In den letzten zwei Jahrzehnten sind durch diese ausländischen Gastarbeiter und ihre Familienangehörigen schätzungsweise 28–30 Mill. Menschen in Bewegung geraten.

Das Gewicht der **Gewerkschaften** ist in den einzelnen Ländern auch zahlenmäßig sehr unterschiedlich; von je 100 Arbeitnehmern sind derzeit (nach »Handelsblatt« v. 14. 5. 1976) in Schweden 85, in Belgien und Dänemark je 70, in Großbritannien 51, in Irland 50, in den Niederlanden 40, in der BR Deutschland 39, in Italien 33 und in Frankreich 23 gewerkschaftlich organisiert.

Die 500 größten industriellen Unternehmen in den USA hatten 1975 (nach »Fortune«, Mai 1976) bei einem **Umsatz von 865,23 Mrd. $** (gegenüber 1974 + 3,9 %) einen Gewinn von 37,85 Mrd. $ (−13,3 %); sie beschäftigten 14,41 Mill. (1974 15,32 Mill.) Personen. **Von den 50 größten Industriefirmen der westlichen Welt** hatten **24 ihren**

Sitz in den USA; auf diese entfielen 57 % des Umsatzes, 62 % des Gewinns und 52 % der Beschäftigten. Die 10 größten nach dem Umsatz in Mrd. $ waren: 1. Exxon/USA 42,06 – 2. Royal Dutch/Shell/Großbr.–Niederl. 33,04 – 3. General Motors/USA 31,55 – 4. Ford Motor/USA 23,62 – 5. Texaco/USA 23,25 – 6. Mobil Oil/USA 18,93 – 7. British Petroleum/Großbrit. 18,27 – 8. Standard Oil of California/USA 17,19 – 9. National Iranian Oil/Iran 16,80 – 10. Gulf Oil/USA 16,46. – Von den 1974 außerhalb der USA befindlichen Industrieunternehmen der 50 größten waren (nach »Fortune«, August 1975) 5 in Großbritannien, 4 in Japan (als größtes Nr. 14 Nippon Steel 8,84), 3 in Frankreich (als größtes Nr. 19 Cie Françaises des Pétroles 8,91), 2 in Italien (als größtes Nr. 26 ENI 7,17), je 1 in Großbritannien/Niederlande (Nr. 2 Royal Dutch/Shell 33,04), in den Niederlanden (Nr. 16 Philip's Gloeilampenfabrieken 9,42), in Brasilien (Nr. 50 Petrobrás [Petróleo Brasileiro] 4,99), im Iran (s. oben) und in der Schweiz (Nr. 42 Nestlé 5,60) und *7 in der BR Deutschland ansässig:* Nr. 21 August Thyssen-Hütte 8,66 – Nr. 22 BASF 8,50 – Nr. 23 Hoechst 7,82 – Nr. 31 Siemens 6,70 – Nr. 32 Volkswagenwerk 6,57 – Nr. 34 Bayer 6,30 – Nr. 35 Daimler-Benz 6,29 Mrd. $ Umsatz. – **Unter den 50 größten** Unternehmen waren 1974 **18 Ölfirmen,** auf die rund die Hälfte aller Umsätze und etwa zwei Drittel des Nettoeinkommens entfielen. – Stand 1975 (ohne USA) in Mrd. $: 1. Royal Dutch/Shell 32,10 – 2. Nat. Iranian Oil 18,85 – 3. BP 17,28 – 4. Unilever 15,01 – 5. Philip's 10,74 – 6. Cie Françaises des Pétroles 9,14 – 7. Nippon Steel 8,79 – 8. August Thyssen-Hütte 8,76 – 9. Hoechst 8,46 – 10. ENI 8,33 – 11. Daimler-Benz 8,19 – 12. BASF 8,15 – 13. Renault 7,83 – 14. Siemens 7,76 – 15. VW 7,68 – 16. Bayer 7,22. – **In der EG** gibt es (nach Ang. d. EG-Komm.) **4534 multinationale Konzerne,** davon 2570 m. Sitz in d. USA. – **Wert aller gehandelten Aktien** zu Kursen von **Ende 1975** in Mrd. $: alle Börsen d. USA 720 – Börse/B von Tokio 140 – B. v. London 86 – alle westdt. Börsen 53 – B. v. Paris 35 – B. v. Amsterdam etwa 19 – B. v. Zürich etwa 17 – B. v. Mailand 10 (n. Bache Halsey Stuart). – **Von den 50 größten Banken außerhalb d. USA** führten in d. Reihenfolge 1–4: Banque Nationale de Paris – Dai Ichi Kangyo Bank/Japan – Barclays Bank/Großbrit. u. Deutsche Bank/BR Deutschland; von westdeutschen Banken befanden sich darunter außerdem: Nr. 13 Dresdner Bank – Nr. 14 Westdeutsche Landesbank – Nr. 27 Commerzbank – Nr. 31 Bayerische Vereinsbank – Nr. 33 Bayerische Landesbank/Giro-Z. – Nr. 37 Hessische Landesbank/Giro-Z. – Nr. 45 Norddeutsche Landesbank/Giro-Z. – Nr. 50 Bank für Gemeinwirtschaft.

Länder des Rates für gegenseitige Wirtschaftshilfe/RGW (COMECON) (Quellenmaterial z. T. durch Erich Röper) – Die durchschnittliche **Zunahme des Nationaleinkommens** der RGW-Länder verminderte sich (nach »Außenhandelsdienst der Bank für Gemeinwirtschaft« 1976/2 bzw. amtlichen Angaben) von 7,5 % im Jahre 1974 auf 6,6 % 1975, wobei im einzelnen folgende Wachstumsraten in % erzielt wurden: Rumänien 9,8 – Cuba (gesellschaftl. Gesamtprodukt) 9 – Bulgarien 9 – Polen 8 – Mongol. Volksrep. 6,2 – Tschechoslowakei 6 – Ungarn 5 – DDR 5 – UdSSR 4 – In der Sowjetunion soll im Fünfjahresplan 1976–1980 das Nationaleinkommen um 24–28 % bzw. je Einwohner das Realeinkommen um 20–22 % wachsen; die Leistungen aus dem gesellschaftlichen Konsumfonds sollen um 28–30 % erhöht werden.

Von **1976–1980 beabsichtigen die RGW-Länder** etwa **9 Mrd. Rubel** (rund 31,5 Mrd. DM) **in gemeinsame Großprojekte zu investieren** (u. a. Erdgasleitung Orenburg – sowj. Westgrenze, Länge 2750 km; nach Fertigstellung jährliche Lieferung von 15,5 Mrd. cbm Erdgas aus der UdSSR an die RGW-Partner in Europa und Zellulose-Großanlage mit einer Kapazität von 500 000 t in Ust-Ilim, Sibirien). Die Sowjetunion deckt durch ihre Lieferungen (nach »Sowjetunion heute« 1976/3) den Einfuhrbedarf der RGW-Partner an Erdöl, Erdgas, Roheisen und elektrischer Energie fast ganz, an Erdölprodukten, Walzgut und Phosphordünger zu 75 %, an Baumwolle, Steinkohle und Manganerz zu über 60 %, an Eisenerz zu 90 % und an Holz zu 80 %.

Der *Lebensstandard* in den RGW-Ländern ist, nach der Versorgung mit gehobenen Verbrauchsgütern berechnet, in der DDR und Tschechoslowakei am höchsten. Auch in der **Wirtschaftsleistung je Einwohner** ergibt sich diese Reihenfolge, und zwar (nach Berechnungen der »Schweizer. Bankgesellschaft«) für **1975** in US-$: DDR 3430 – Tschechoslowakei 3220 – Polen 2450 – Sowjetunion 2300 – Ungarn 2140 – Bulgarien 1770 (Jugoslawien 1200). **In der Weltrangfolge des BSP je Einwohner** stehen die **DDR** und die Tschechoslowakei **an 19.** bzw. 20., die **UdSSR** sogar erst an **28. Stelle.**

Für die Periode 1976–1980 wird für die RGW-Länder mit einer Abschwächung der Wirtschaftsdynamik gerechnet. – Von 1971–1975 haben die **RGW-Länder rund die Hälfte ihres Defizits im laufenden Zahlungsverkehr durch westliche Kredite finanziert;** das Defizit ist durch die divergierende Nachfrageentwicklung zwischen OECD-Ländern und RGW-Partnern und durch Verschlechterung der RGW-Terms of Trade gewachsen. Nach der Schrift **»Euro Cooperation«** (der Europartner-Bankengruppe, deutsches Mitglied u. a. die »Commerzbank«)

verdoppelte sich 1975 das Handelsdefizit der RGW-Länder gegenüber den OECD-Staaten auf 12 Mrd. US-$ und erreichte die **Verschuldung der RGW-Mitglieder in harten Währungen Ende 1975 32 Mrd. $**.

In der **Chinesischen Volksrepublik** stieg (nach »Peking-Rundschau« v. 14. 10. 1976) von 1949–1974 der Gesamtwert der industriellen Produktion um 195 %, die Stahlerzeugung um 120 %, die Kohlenförderung um 92 %, die Stromerzeugung um 200 %, die Kunstdüngerproduktion um 350 %, die Traktorenerzeugung um 540 % und die Erdölförderung um 666 %, ferner die Agrarerzeugung um 140 %.

Inflation hat es **seit der Gründung der Volksrepublik** (nach »Bulletin der Botschaft der Chinesischen Volksrepublik« in der DDR, 1976/2) **nicht gegeben;** die Preise für Lebensmittel und Konsumgüter sind seit 1949 nicht gestiegen, sondern z. T. gefallen und für Lebensmittel relativ niedrig, z. B. 1 kg Reis 1974 0,30 Yüan (1 Yüan bzw. RMBY = 1,32 DM), 1 kg Huhn lebend 1,56 – 1 kg Schweinefleisch 1.8 – 1 kg Eier 1,8. Für die chinesischen Einkommensverhältnisse hoch sind die Preise für langfristige Konsumgüter: z. B. Armbanduhr 120,0 – Nähmaschine 168,0 – Transistor-Radio 61,0 RMBY.

In der **Republik China (Taiwan)** erhöhte sich das Bruttosozialprodukt 1975 nominal um 4,3 %, real um 2,8 %, je Einwohner um 2,3 % gegenüber dem Vorjahr. Die ausländischen Investitionen gingen auf 118,1 Mill. US-$ zurück. Für den Zeitraum von 1976–1981 ist ein durchschnittliches jährliches Wirtschaftswachstum von 7,45 % vorgesehen; das Agrareinkommen je Einwohner soll real um 28 % ansteigen.

LAND- UND FORSTWIRTSCHAFT – FISCHEREI

Der Ende 1975 nach langjähriger und auf einzelnen Sektoren erfolgreicher Arbeit aus seinem Amt als Generaldirektor der Ernährungs- und Landwirtschaftsorganisation«/**FAO** ausscheidende Niederländer *Addeke H. Boerma* (Nachfolger: *Edouard Saouma,* Libanon) erklärte zum Schluß seiner Tätigkeit, daß sich bis zum Jahre 1985 der **Hunger** in den Entwicklungsländern noch weiter ausbreiten und die Zahl der von ihm betroffenen Menschen von gegenwärtig einer halben Milliarde auf 750 Mill. erhöhen werde; es scheine auch bei großen Anstrengungen nicht möglich, die in den letzten zehn Jahren erzielte durchschnittliche jährliche Steigerung der Nahrungsmittelerzeugung um 2,6 % im kommenden Jahrzehnt auf im Mittel 3,6 % auszudehnen, wie es notwendig wäre, um den Hunger zu bannen. – Außer in Südasien und Teilen Lateinamerikas ist die Situation besonders in *Afrika* beunruhigend; nach einer Studie der UNO-Wirtschaftskommission für Afrika/**ECA** dürfte sich hier bis 1985 die Nahrungsmittelproduktion allenfalls um 45 %, die Bevölkerung aber um 76 % erhöhen; die Getreideeinfuhr werde sich stark erhöhen müssen, die Mittel dafür seien aber nicht vorhanden. Ein Bericht des UNO-Umweltprogramms/**UNEP** stellt fest, daß durch sorgfältigere Speicherung der Vorräte gerade auch in Afrika die Ernährungslage wesentlich verbessert werden könnte, dürften doch hier jährlich in den Speichern Lebensmittel in einem Umfang verderben, der dem Jahresbedarf von über 200 Mill. Menschen entspreche. – Da die *Getreidereserven* der Welt stark schwanken, kann der Ausfall durch schwere Mißernten unter Umständen nicht gedeckt werden; nach Schätzungen des US-Landwirtschaftsministeriums war Ende 1975 die Weltgetreidereserve geringer als je in den letzten 15 Jahren.

Die *UNO-Welternährungskonferenz*/WEK v. November 1974 ließ bisher kaum Impulse erkennen, und die 18. Session der **FAO-Konferenz** (18.–27. 11. 1975) brachte nach Ansicht von Fachleuten im wesentlichen die Wiederholung von Empfehlungen der WEK. Sie zeugte von einer wachsenden Politisierung und Bürokratisierung der Organisation, deren Personal sich in zwei Jahren um etwa 2000 auf rund 8000 erhöhte, wovon weniger als die Hälfte im Außendienst tätig sind. (s. u. a. *O. Matzke:* Parkinson und die Welternährungshilfe. Ein Beispiel für die internationale Bürokratisierung, in: Beitr. 1976/7 zu »aus politik und zeitgeschichte«, Bonn). Der reguläre **Zweijahreshaushalt** 1976/77 wurde von 106,7 Mill. US-$ auf 176 Mill. $ erhöht, 0 der 136 Mitglieder der FAO bringen 75 % des Haushalts auf, haben jedoch immer weniger Einfluß auf die Verwendung. Der hauptsächlich aus Mitteln des UNO-Entwicklungsprogramms/**UNDP** gespeiste außerordentliche Haushalt wird für 1976/77 auf 436 Mill. $ (1974/75 326,5 Mill. $) veranschlagt; das UNDP hat jedoch selbst mit finanziellen Schwierigkeiten zu kämpfen. Die Aufgabenteilung zwischen der FAO und dem »Welternährungsrat« (Vors.: *Sajid Marei, Ägypten* s. WA '76, S. 286) – des nun höchsten Organs der UNO für Welternährungsfragen – ist immer noch nicht ausreichend geklärt. – Der aufgrund der WEK 1975 geschaffene »Internationale Fonds für landwirtschaftliche Entwicklung«/IFAD wird mit einem Anfangskapital von 1,2 Mrd. SZR (etwa 1,25 Mrd. US-$) ausgestattet; fest zugesagt haben bisher u. a. die USA 200 Mill. $, die BR Deutschland 52 Mill. $ und die OPEC-Länder 400 Mill. $. Die RGW-Länder und China sind nicht beteiligt; die westlichen Industrieländer sollen insgesamt mehr als die Hälfte der Mittel aufbringen, die Entwicklungsländer (einschl. der OPEC-Partner) werden jedoch in der Organisation die Stimmenmehrheit besitzen. Aus dem Fonds sollen große Bewässerungsprojekte sowie u. a. der Bau von Düngemittelfabriken zum Zweck der Agrarproduktionssteigerung unterstützt werden. Die bilaterale und multilaterale **Agrarhilfe** der westlichen Länder erreichte 1975 etwa 1,5 Mrd. $; die Weltbank trug rund 60 %, auf die OECD-Länder entfielen etwa 20 %. Die Nahrungsmittelhilfe der **EG** erreichte 1975 eine Höhe von 230,8 Mill. RE (1 RE zu 3,66 DM gerechnet. Einzelheiten s. »Wochenbericht« des DIW 1975/51/52). Eine noch kaum in Angriff genommene Aufgabe in den Entwicklungsländern stellt die Landreform dar (s. u. a.: »Wochenbericht« des DIW 1975/3). Eines der größten noch zu lösenden Probleme ist zweifellos die Arbeitsplatzbeschaffung für die landwirtschaftliche Bevölkerung in den Entwicklungsländern, die sich im nächsten halben Jahrhundert absolut noch vermehren wird.

Die **EG** verzeichnete 1975 infolge verzögerter wetterbedingter Aussaat und Sommertrockenheit das *niedrigste Ernteergebnis seit 5 Jahren,* belief sich doch schätzungsweise die Getreideernte auf nur 97,5 Mill. t (1974 108,3 Mill. t); stark ging auch die Kartoffelernte zurück. **Durch die** Ausfälle infolge d. extremen **Sommertrockenheit** v. **1976** voraussichtl. **Getreideernte d. EG 93–94, der BRD 18,9 Mill. t.** – Nach vorläufigen Angaben der Kommission lagen die *Verkaufserlöse* der Landwirtschaft 1975 im Durchschnitt um 12,6 % höher als im Vorjahr. – Die *Preise* für die meisten landwirtschaftlichen Produkte lagen 1975 über den Weltmarktpreisen, besonders bei Butter, Rind- und Schweinefleisch. – Im Rahmen des *EG-Agrarfonds*/EAGLF *zahlten* 1975 die BR Deutschland 2642,2 Mill. DM, Belgien 517,9 Mill. DM und Luxemburg 8,5 Mill. DM *mehr ein als sie aus dem Fonds erhielten,* während Großbritannien 644,8 Mill. DM, Dänemark 851,6 Mill. DM, Irland 790,3 Mill. DM, Italien 279,3 Mill. DM, Frankreich 364,4 Mill. DM und die Niederlande 238,2 Mill. DM mehr aus dem Fonds erhielten als sie einzahlten.

In der **BR Deutschland** wird nach Vorausschätzungen die Getreideernte (einschl. Körnermais) 1976 mit rund 21,3 Mill. t etwa so hoch sein wie im Vorjahr. – Die *Selbstversorgung* (Zahlen über 100 = Überschüsse) mit Agrarprodukten beträgt derzeit im Normalfall in der Bundesrepublik in % bei Butter 116 – bei Rindfleisch 94 – bei Kartoffeln 92 – bei Schweinefleisch 85 – bei Obst 55 – bei Geflügel 51 und bei Gemüse 43. – Das *Realeinkommen* je Familienarbeitskraft in der Landwirtschaft ist im Durchschnitt der Jahre 1968/69–1975/76 jährlich um 11–12 % (in den einzelnen Jahren sehr verschieden), der gewerbliche Vergleichslohn (Vergleich nur bedingt möglich) um 10,6 % gestiegen.

Für das Wirtschaftsjahr 1975/76 wird im »Agrarbericht 1976« der Bundesregierung ein höheres Reineinkommen je Familienarbeitskraft angenommen als für 1974/75 (DM 21 200, d. h. gegenüber 1973/74 +6,2 %). – Der überwiegende Teil der

Anteil der landwirtschaftlich Erwerbstätigen an der gesamten Erwerbsbevölkerung
(Nach »Projections of World Agricultural Labour Force and Population«, FAO-Publikation, Rom)

	1970	*1980*		*1970*	*1980*
	Anteile in %			*Anteile in %*	
Welt insgesamt	51,4	45,0	Europa (ohne UdSSR)	21,6	15,1
Industrieländer	20,7	13,9	Sowjetunion	31,8	21,4
Entwicklungsländer	66,2	58,5	Australien/Ozeanien	23,7	19,9
			Lateinamerika	41,5	34,6
Regionen			Ostasien	60,3	52,7
Nordamerika			Südasien	68,3	60,5
(USA u. Kanada)	4,4	2,7	Afrika	71,8	65,8

Die vorstehende Tabelle zeigt, daß zwar der Anteil der von der Landwirtschaft abhängigen Bevölkerung und der landwirtschaftlichen Erwerbsbevölkerung an der entsprechenden Weltbevölkerung ständig zurückgehen wird, aber zwischen entwickelten Ländern und Entwicklungsländern die krassen Unterschiede weiterhin bestehen bleiben dürften. Selbst im Jahre 2000 wird in den Entwicklungsländern der Anteil der landwirtschaftlich Erwerbstätigen an der gesamten Erwerbsbevölkerung regional gesehen noch zwischen etwas über einem Fünftel (Lateinamerika) und fast der Hälfte (Afrika) ausmachen.

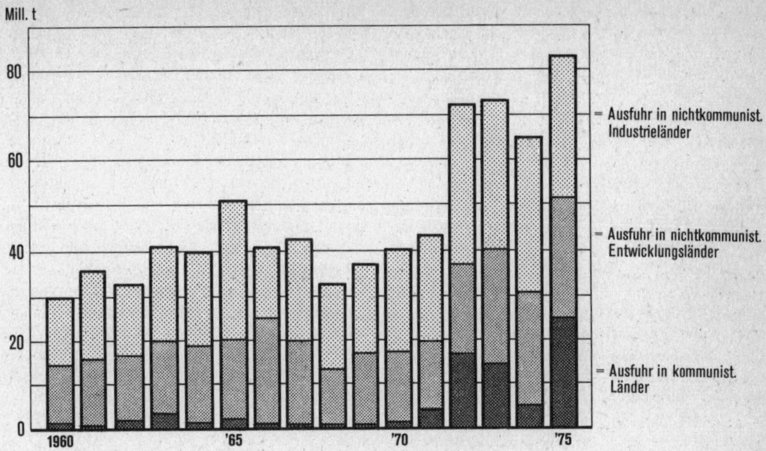

Getreide-Export der USA
(Nach »Fortune«, April 1976; modifiz.)

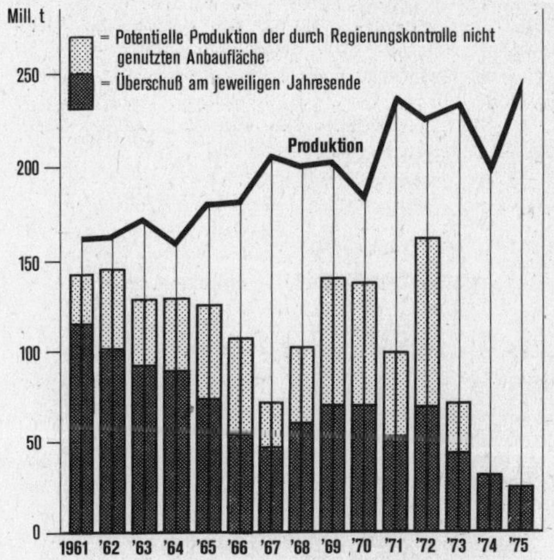

Entwicklung der Getreideüberschüsse der USA
(Nach »Fortune«, April 1976; modifiz.)

Landwirte wird nicht zur Einkommensteuer herangezogen. – Anteil d. Bundeszuschüsse (nach »Das Parlament« v. 17. 4. 1976) zur Unfallvers. 87 %, zur Altersvers. 78 % und zur Krankenvers. 38 %. – 1976 vorl. Hilfe f. dürregeschädigte Bauern 60 Mill. DM.

Die **Sowjetunion** verfügte 1975 nach offiziellen Angaben über 47 500 landwirtschaftliche Betriebe, darunter rund 30 000 Kolchosen und 17 500 (staatliche) Sowchosen. **1975** wurde – nicht zuletzt wegen ungünstiger Wetterbedingungen in den meisten Agrargebieten – eine Getreideernte von nur rund 140 Mill. t (Plan 215,7 Mill. t) erzielt, die **schlechteste Ernte seit 10 Jahren;** diese Ergebnisse führten zur Ablösung des Landwirtschaftsministers. Die Mechanisierung ist in der UdSSR zwar weit fortgeschritten, liegt jedoch gegenüber dem Stand in den westlichen Ländern noch immer weit zurück; die Erträge je ha erreichen im Durchschnitt nur 40 % jener in der Bundesrepublik erzielten. Der Anteil der in der Landwirtschaft Beschäftigten an der Gesamtzahl der Erwerbstätigen ist in den RGW-Ländern noch immer weit höher als im Westen und beträgt (1974, z. T. S) in %: Rumänien 39,8 – Bulgarien 31,2 – Polen 31,1 – Sowjetunion 25,0 – Ungarn 23,3 – Tschechoslowakei 14,4 – DDR 11,1. – Der *Getreide- und Futtermittelimport* der UdSSR auf westlichen Märkten wird für 1975 auf über 20 Mill. t geschätzt. Im Oktober 1975 wurde mit den USA ein Abkommen geschlossen, nach dem in den nächsten fünf Jahren die Sowjetunion insgesamt 30 Mill. t Getreide kaufen will. Westlicher Kritik an der in den Getreideimporten zum Ausdruck kommenden unzureichenden sowjetischen Agrarproduktion wird entgegengehalten, daß der Pro-Kopf-Verbrauch an Grundnahrungsmitteln seit 1913 überwiegend auf mehr als das Doppelte gestiegen sei, daß es u. a. billiger sei, Getreide für den Fernen Osten auf dem billigeren Schiffsweg aus Amerika zu beziehen als auf der Eisenbahn aus der Ukraine, und daß z. B. von einer Getreideeinfuhr von 10 Mill. t im Jahre 1974 rund 5 Mill. t an andere RGW-Länder weitergeleitet worden seien (s. »Sowjetunion heute« 1975/23 u. 1976/5, Botschaft d. UdSSR in Bonn).

In **Indien,** nach der UdSSR einer der größten Getreide-Importeure, wurde im Wirtschaftsjahr 1975/76 infolge ausreichender Monsunregen eine **gute Getreideernte** erzielt; sie lag nach offiziellen Schätzungen mit 118 Mill. t um fast 17 Mill. t über jener von 1974/75, so daß zusammen mit einer Einfuhr von etwa 6 Mill. t wieder Vorräte angelegt werden konnten. Die USA lieferten 1975 an Indien 0,8 Mill. t und im Mai 1976 erneut 0,5 Mill. t Getreide zu einem billigen Zinssatz bei Anzahlung von 5 % und Restzahlung in 40 Jahren. – In der **Chinesischen Volksrepublik** waren die **Ernteergebnisse** (nach »Peking-Rundschau« 1975) **um 40 % höher als im Vorjahr;** die gesamte Getreideproduktion soll (nach Hongkonger Experten) 280–290 Mill. t betragen haben. Im Rahmen des Fünfjahresplanes 1976–1980 soll eine Erhöhung auf 400 Mill. t geplant sein. Im September/Oktober 1975 fand im Bereich der Volksbrigade *Tatschai (Tachai)* entsprechend eines Aufrufes von *Mao,* »Lernt in der Landwirtschaft von Tatschai«, eine landwirtschaftliche Landeskonferenz statt.

Nach einer Aufstellung über **den Agrarhandel der westlichen Industrieländer** (nach »Handelsblatt« v. 14. 2. 1976) ergaben sich 1973 folgende Einfuhr-/Ausfuhrüberschüsse in Mrd. US-$: BR Deutschland 7,7/–, USA 6,9/–, Japan 6,5/–, Großbritannien 6,2/–, Italien 4,4/–, Australien –/2,6, Niederlande –/2,0, Neuseeland –/1,6, Kanada –/1,5, Dänemark –/1,4, Frankreich –/1,4, Schweiz 1,1/–, Schweden 0,8/–, Belgien/Lux. 0,7/–, Österreich 0,5/–, Irland –/0,5.

Ausgewählte Produktionszahlen

(Angaben überwiegend nach »Monthly Bulletin of Agricultural Economics and Statistics« der FAO [Rom], außerdem nach »Statistical Yearbook« der UNO [New York] sowie nach den Statistischen Jahrbüchern einzelner Länder. S = Schätzung)

Welternte 1975/prov. (1974) in Mill. t:

Getreide	1 357,01	(1 333.84)
Wurzelfrüchte	568,48	(563,73)
Hülsenfrüchte	47.13	(46.81)
Gemüse, einschl. Melonen	292,91	(288,94)
Früchte	256,89	(251,73)
Nüsse	3,31	(3,15)
Pflanzenfasern	18,99	(20,45)

Agrumen *Orangen* (ohne Mandarinen, Clementinen, Tangerinen) *Weltproduktion* 1974/prov. (1973) 29,14 (28,42) Mill. t – u. a. 1974/prov. in 1000 t: USA 8740 – Brasilien 3500 – Mexiko 2013 – Spanien 1830 – Italien 1700 – Israel 1180 – Indien 900 – Argentinien 774 – Marokko 765 – Chines. Volksrep. (m. Rep. China/Taiwan) 729 – Ägypten 725 – Rep. Südafrika 600 – Griechenland 590 – Türkei 578 – Algerien 385 – Australien 320 (Entwicklungsländer insges. 1974 13,85, 1973

12,02 Mill. t.) *Welternte an Mandarinen, Clementinen und Tangerinen* 1974/prov. (1973) 6,35 (6,16) Mill. t (davon Japan 3,57/3,39 Mill. t) – *Zitronen* Welternte 1974/prov. (1973) 3,97 (4,16) Mill. t, davon u. a. Italien 0,81, USA 0,64, Indien 0,45 und Argentinien 0,32 Mill. t – *Grapefruits* Weltproduktion 1974/prov. (1973) 3,71 (3,67) Mill. t, davon u. a. USA 2,43 und Israel 0,40 Mill. t – Gesamte **Zitrusfrucht-Welternte** 1975/prov. (1974/1973) 48,68 (47,56/45,46) Mill. t – *Wichtigste Ausfuhrländer* 1974 in Mill. t a) für *Orangen* (einschl. Clementinen u. Tangerinen) 1974 Spanien 1,70 – Israel 0,60 – USA 0,33 – Rep. Südafrika 0,21 – b) für *Zitronen* Italien 0,22 – USA 0,20 – Spanien 0,14 – *Wichtigste Einfuhrländer* a) für *Orangen* (einschl. Clementinen, Mandarinen u. Tangerinen) BR Deutschland 0,83 – Frankreich 0,81 – Großbritannien 0,43 – Niederlande 0,28 – Belgien/Lux. 0,18 – Kanada 0,21 (u. a. Österreich 0,10 – Schweiz 0,10) – b) für *Zitronen* 1974 in Mill. t: BR Deutschland 0,11 – Frankreich 0,10 – Japan 0,09 (u. a. Österreich 0,02 – Schweiz 0,02).

Bananen *Welternte* 1975/prov. (1974) 36,29 (35,89) Mill. t, davon 1975 (1974) Lateinamerika 20,92 (20,45) Mill. t (u. a. Brasilien 1973 3,7 Mill. t, Ecuador 3 Mill. t), Afrika 4,05 (4,02) Mill. t. – *Wichtigste Einfuhrländer* sind die BR Deutschland und andere EG-Länder, die USA und Japan. – 1974 schlossen sich einige der führenden lateinamerikanischen Bananen ausführenden Länder zur »Union Bananen exportierender Länder«/**UPEB** zusammen – In der BR Deutschland verminderte sich der Verbrauch von Bananen je Einwohner 1975 auf 8,4 kg (1974 9,8 kg, 1973 10,9 kg).

Baumwollfasern (entkernt; nach FAO und z. T. ICAC) u. a. 1975/z. T. prov. in 1000 t: Sowjetunion 2661 – USA 2513 – Chines. Volksrep. (S) 2141 – Indien 1290 – Pakistan 634 – Türkei 598 – Brasilien 564 – Mexiko 484 – Ägypten 441 – Sudan 229 – Iran 207 – Kolumbien 150 – Nicaragua 143 – Syrien 142 – Griechenland 121 – Guatemala 120 – Argentinien 118 – El Salvador 75 – Perú 75 – Tansania (S) 62 – Spanien 59 – Uganda (S) 53 – Israel 50 – *Welternte* von Baumfasern 1975/prov. (1974) 12,03 (13,62) Mill. t – *Wichtigste Ausfuhrländer* 1974 in 1000 t: USA 1173,1 – Sowjetunion (1972) 640,0 – Ägypten 232,2 – Türkei 200,0 – Mexiko 166,5 – Iran 140,0 – Nicaragua 131,9 – Syrien 109,9 – Guatemala 107,1 – Sudan 101,6 – Pakistan 96,7 – Brasilien 88,1 – Tansania 49,1 – Indien u. El Salvador je 45,6 – Mosambik (S) 41,2 – *Wichtigste Einfuhrländer* 1974 in 1000 t: Japan 798,7 – Frankreich 222,4 – BR Deutschland 199,3 – Italien 185,4 – Rep. Korea (Süd-K.) 169,0 – Hongkong 158,8 – Tschechoslowakei 119,4 – Jugoslawien 108,8 – Großbritannien 92,8 – Portugal 85,4 – Thailand (S) 63,4 – Kanada 61,5 – (u. a. Österreich 21,0 – Schweiz 36,2).

Baumwollsaat *Welternte* 1975/prov. (1974) 22,94 (25,62) Mill. t – u. a. 1975 in 1000 t: Sowjetunion 5130 – Chines. Volksrep. (S) 4300 – USA 3175 – Indien (ICAC) 2400 – Pakistan (ICAC) 1020 – Brasilien (ICAC) 1015 – Türkei 745 – Ägypten 730 – Mexiko 335.

Bohnen (getrocknet; Ph. vulgaris, Ph. lunatus, Ph. aureus, Ph. mungo usw.) *Welternte* 1975/prov. (1974) 12,67 (11,96) Mill. t – 1975/prov. u. a. in 1000 t: Indien 2500 – Chines. Volksrep. 2400 – Brasilien 2280 – Mexiko 896 – USA 780.

Buttererzeugung 1974 in 1000 t: BR Deutschland 518,5 (1975; 1974 507,9) – DDR 273,0 (1975; 1974 266,3) – Österreich 42,0 – Schweiz 34,8 – Sowjetunion (S) 1260,0 – Frankreich 540,0 – Indien (einschl. »ghee«, 1973) 438,0 – USA 436,8 – Neuseeland 201,6 – Polen 198,0 – Pakistan (1973, einschl. »ghee«) 193,0 – Niederlande 169,2 – Australien 162,0 – Dänemark 138,0 – Türkei (1973) 113 – Tschechoslowakei 110,4 – Kanada 109,2 – Belgien 85,2 – Irland (1973) 83,0 – Italien (1973) 80,0 – Finnland 78,0 – Chinesische Volksrepublik (S) 78,0 – Großbritannien 52,8 – *Wichtigste Butter-Ausfuhrländer* 1974 in 1000 t: Niederlande 181,9 – Neuseeland 159,5 – BR Deutschland 152,9 – Dänemark 101,2 – Frankreich 92,6 – Belgien/Lux. 79,3 – Australien 77,4 – *Wichtigste Butter-Einfuhrländer* 1974 in 1000 t: Großbritannien 458,0 – Belgien/Lux. 82,3 – Italien 52,4 – Der *Butterverbrauch* ging 1975 in der Bundesrepublik weiter zurück, und zwar auf 6,7 kg. – *Die Butterbestände* beliefen sich Mitte 1976 in der EG auf 247 000 t, in der Bundesrepublik auf 30 600 t.

Datteln *Weltproduktion* jährlich etwa zwischen 1,6 und 1,8 Mill. t – 1973 u. a. in 1000 t: Irak 400 – Ägypten 350 – Iran 300 – Saudi-Arabien 250 – Algerien 170 – Pakistan 140.

Eier (Hühnereier)-Erzeugung 1974/z. T. prov. in 1000 t u. a.: USA 3897 – Chines. Volksrep. (S) 3568 – Sowjetunion 3117 – Japan 1655 – BR Deutschland 904 (1975 14 598, 1974 14 926 Mill. Stück) – DDR 255 (bzw. 4922 Mill. Stück) – Großbritannien u. Nordirld. 808 – Frankreich 727 – Italien 628 – Brasilien 508 – Spanien 453 – Polen (S) 440 – Mexiko 439 – Kanada 313 – Niederlande 294 – Rumänien 245 – Tschechoslowakei 220 – Australien 217 – Belgien 213 – Argentinien 200 – Ungarn 189 – Jugoslawien 176 – Rep. Südafrika 146 – (u. a. Österreich 85 – Schweiz 40) – *Weltproduktion* 1975/prov. 23,32, 1974 22,95 Mill. t (bzw. 1972 409,87 Mrd. Stück) – *Wichtigste Ausfuhrländer* Chines. Volksrepublik, Benelux-Länder, Polen, Südosteuropa – Von der Gesamtproduktion an Hühnereiern entfielen 1974 rund 21 % auf Westeuropa, je etwa 18 % auf die RGW-Länder und die USA und u. a. 15 % auf die nichtkommunistischen Entwicklungsländer – Der **Eierverbrauch je Einwohner** belief sich 1973 in der BR Deutschland auf 293 Stück und u. a. in der DDR auf 250, in der UdSSR auf 194 Stück.

Erdnüsse (in Schale)-Erzeugung 1975/z. T. prov. u. a. in 1000 t: Indien 5163 – Chines. Volksrep. (S) 2700 – USA 1753 – Sudan und Nigerien je 1000 – Senegal 875 – Indonesien 541 – Birma 500 – Brasilien 439 – Argentinien 420 – *Welterzeugung* 1975/prov. (1974) 18,29 (17,58) Mill. t – *Wichtigste Einfuhrländer:* EG-Mitglieder, Polen, Schweiz.

Esel-Bestand 1973 (S) u. a. in Mill. Stück: Chines. Volksrep. 11,60 – Äthiopien 3,93 – Mexiko 2,89 – Brasilien 2,80 – Iran 2,00 – Türkei 1,70 – Ägypten 1,46 – Afghanistan 1,22 – Indien 0,98 – Pakistan 0,90 – *Weltbestand* (S) 1973 (1972) 41,70 (41,97) Mill. Stück.

Fischerei (s. Tabelle unten)
Entwicklung des Weltfischfangs in Mill. t nach FAO und UNO: 1948 19,6 – 1960 53,7 – 1970 69,7 – 1971 70,2 – 1972 65,5 – 1973 65,7 – 1974 69,8 – Einschließlich der Anlandungen im Ausland belief sich 1975 das Fangergebnis der *Bundesrepublik* auf 438 500 t; davon entfielen 22,8 % auf d. Nordsee, 14,0 % auf d. norweg. Küste und u. a. 12,6 % auf die isländischen Gewässer. Unter Einrechnung der Einfuhren standen 1975 589 000 t Fisch zur Verfügung, d. h. je Einwohner 9,5 (1974 10,4) kg. – **Kanada** erweiterte im Juni 1976 seine Fischereizone auf 200 Seemeilen. – Auch in der Berichtszeit kam es erneut im Zusammenhang mit der einseitigen Ausdehnung der Fischereizone auf 200 Seemeilen durch Island zu z. T. bewaffneten Auseinandersetzungen zwischen britischen und isländischen Fahrzeugen; Island brach am 19. 2. 1976 die diplomatischen Beziehungen zu Großbritannien ab, nahm diese jedoch im Juni 1976 nach Unterzeichnung eines Interimsabkommens über die künftigen Fischereirechte wieder auf. Am 28. 11. 1975 trat ein Abkommen zwischen Island und der *BR Deutschland* in Kraft, in dem u. a. die deutsche Fangmenge in isländischen Gewässern auf jährlich 60 000 t festgesetzt wurde; ein Abkommen wurde auch zwischen Island und Belgien getroffen.

Flachs-Erzeugung *Weltproduktion* 1973 648 000 t – u. a. Sowjetunion 460 000 t – Polen 55 000 t – Frankreich 46 000 t – DDR (1974) 9581 t.

Fischerei (See- und Binnenfischerei) Fangerträge (meist einschl. anderer Meerestiere und Anlandungen im Ausland, aber ohne Wassersäugetiere) 1973 in 1000 t

BR Deutschland (1975) (1974: 493)	438	Philippinen (o. Mollusken f. Futter)	1 249
DDR (1975) (1974: 325)	327	Kanada	1 152
Japan	10 702	Großbritannien u. Nordirld.	1 144
Sowjetunion	8 619	Island	906
Chines. Volksrep. (1974 S)	7 500	Frankreich	797
Rep. China (Taiwan, 1975)	780	Rep. Vietnam (Süd-V.)	714
Norwegen (m. Spitzbergen)	2 975	Dem.Rep. Vietnam (Nord-V.)	300
USA	2 670	Chile (ohne ausl. F.)	664
Perú (1972: 4 768, 1974/prov. 3 600)	2 299	Brasilien (1972)	590
Indien	1 958	Polen	580
Dänemark (m. Färöer)	1 711	Mexiko	482
Thailand	1 692	Angola	470
Rep. Korea (Süd-K.)	1 655	Birma	463
Volksdem. Rep. Korea (Nord-K.)	800	Portugal	453
Spanien (m. Ceuta, Melilla u. Kanar. In.)	1 570	Malaysia	445
Rep. Südafrika (m. Walvis Bay)	1 332	Marokko	397
Indonesien	1 300	Italien	390
		Niederlande	344
		Senegal	324
		Argentinien	302

Fleischerzeugung (Angaben nach FAO)	*Insgesamt*	*Rind-, Kalb- u. Büffel-F.*	*Schaf- u. Ziegen-F.*	*Schweine-F.*	*Geflügel-F.*
			1974 in 1000 t		
USA	23 709	10 716	211	6 262	6 520
Chines. Volksrep. (S)	15 186	1 969	592	9 556	3 069
Sowjetunion	14 630	6 430	1 300	5 500	1 400
Frankreich	4 319	1 791	138	1 570	820
BR Deutschland	4 062	1 356	16	2 424	266
(1975 insges. 4,08 Mill. t)					
DDR	1 586	382	11	1 041	152
(1975 insges. 1,435 Mill. t)					
Brasilien	3 344	2 182 (S)	60	723	379
Großbritannien	2 964	1 078	251	977	652
Argentinien	2 902	2 250	151	232	269
Italien	2 792	1 247 (S)	47	738	780
Polen	2 786	634	25	1 885	242
Australien	2 182	1 316	466	209	191
Kanada	2 171	956	8	611	596
Japan	2 142	321	1	1 080	740
Spanien	1 824	416	155	763	490
Niederlande	1 610	395	16	884	315
Tschechoslowakei	1 318	431	7	740	140
Rumänien	1 241	355	70	696	220
Mexiko	1 101	517	30	411	143
Dänemark	1 082	238	1	748	95
Neuseeland	966	410	498	34	24
Österreich	536	193	2	288	53
Schweiz	412	150	3	242	17

Welterzeugung von Fleisch insges. 1975/prov. (1974) 117,73 (115,71) Mill. t – Der *Fleischverbrauch* je Einwohner belief sich 1974/75 in der BR Deutschland auf 82,5 kg, in der DDR 1973/74 auf 73,5 kg.

Gerste Ernte 1975/z. T. prov. in 1000 t: BR Deutschland 6971 – DDR 3681 – Österreich 1006 – Schweiz 180 – Sowjetunion 35 000 (1974 54 208) – Chines. Volksrep. (S) 21 000 – Frankreich 9727 – Kanada 9500 Großbritannien 8436 – USA 8340 – Spanien 6877 – Dänemark 5194 – Türkei 4300 – Polen 3940 – Australien 2965 – Tschechoslowakei 2900 – Indien 2900 (S) – Rep. Korea (Süd-K.) 2225 (S) – Volksdem. Rep. Korea (Nord-K.) 366 – Schweden 1956 – Bulgarien 1500 – Iran 1438 – Marokko 1187 – Finnland 1154 – *Welternte* 1975/prov. (1974) 154,03 (170,68) Mill. t – *Wichtigste Ausfuhrländer* (ohne China u. RGW-Länder) 1974 in 1000 t: Frankreich 4315 – Kanada 2367 – Australien 1257 – USA 1179 – Dänemark 478 – BR Deutschland 425 – *Wichtigste Einfuhrländer* 1974 in 1000 t: Japan 1418 – BR Deutschland 1393 – Belgien/Lux. 1211 – Polen 1135 – Italien 1095 – Großbritannien 811 (u. a. Schweiz 562 – Österreich 67).

Hafer Ernte 1975/z. T. prov. in 1000 t: BR Deutschland 3445 – DDR 780 – Österreich 306 – Schweiz 63 – Sowjetunion (S) 11 000 – USA 9335 – Kanada 4440 – Polen (S) 3230 – Chines. Volksrep. (S) 3000 – Frankreich 1947 – Finnland 1423 – Schweden 1360 – Australien 1200 – Großbritannien 802 – Tschechoslowakei 650 – *Welternte* 1975/prov. (1974) 47,97 (51,03) Mill. t – *Wichtigste Ausfuhrländer* (ohne China u. RGW-Länder) 1974 in 1000 t: USA 403 – Australien 225 – Frankreich 167 – *Wichtigste Einfuhrländer* 1974 in 1000 t: BR Deutschland 259 – Italien 179 – Schweiz 136 – (u. a. Österreich 10).

Hanf-Erzeugung 1972 in t u. a.: UdSSR 80 000 – Indien 45 000 – Chinesische Volksrepublik (S) 25 000 – Ungarn 20 000 – Rumänien 15 000 – DDR 1893 – *Welternte* 1972 (S) 254 000 t.

Hirse (einschl. Sorghum)-Erzeugung 1974/prov. in 1000 t u. a.: Chinesische Volksrepublik 23 500 – Indien 17 500 – USA 16 055 – Argentinien 6333 – Nigerien 6300 – Sowjetunion 3300 – Mexiko 2950 – Sudan 1900 – Äthiopien 1250 – Australien 860 – Ägypten 850 – Rep. Südafrika 620 – *Welternte* 1974/prov. (1973) 92,40 Mill.

t, davon 45,45 Mill. t Sorghum (101,24 Mill. t, davon 53,11 Mill. t Sorghum).

Holzeinschlag 1973/z. T. prov. in Mill. cbm Rundholz N(adelholz/L(aubholz) u. a.: – Sowjetunion N 319,0/L 64,0 (1974 ohne Kolchosen insges. 296 Mill. cbm) – USA N 272,3/L 83,4 – Brasilien N 26,1/L 137,7 – Chinesische Volksrep. (S) N 81,2/L 96,7 – Indonesien N 0,2/L 125,8 – Kanada N 112,5/L 11,6 – Indien N 4,6/L 112,0 – Nigerien N –/L 59,8 – Schweden N 51,7/L 6,2 – Japan N 25,6/L 18,9 – Finnland N 31,3/L 11,7 – Philippinen N 0,2/L 34,9 – Frankreich N 14,7/L 9,2 – Tansania N 0,2/L 32,5 – Malaysia N –/L 32,0 – BR Deutschland (1974) Einschlag insgesamt N 23,6/L 8,4 – DDR N 8,1/L 1,4 – Kolumbien N –/L 26,8 – Äthiopien N 2,9/L 21,3 – Polen N 16,4/L 5,4 – Rumänien N 7,0/L 14,6 – Sudan N –/L 21,3 – Birma N –/L 21,2 – Thailand N –/L 19,5 – Türkei N 10,8/L 7,5 – Zaïre N –/L 14,7 – Tschechoslowakei N 11,3/L 3,8 – (u. a. Österreich N 9,9/L 2,1 – Schweiz N 2,8/L 1,1) – *Der Welteinschlag von Sägeholz* belief sich nach UNO-Angaben 1974 (1973) auf 424 000 (438 000) cbm, *von Rundholz* 1973 auf 2,5 Mrd. cbm. – Das gesamte *Waldareal der Erde* beläuft sich (nach H.-W. Windhorst) auf 2492,6 Mill. ha (davon u. a. 24,94 % borealer Nadelwald und u. a. 17,6 % äquator. Regenwald unt. Stufe), das gesamte geschätzte *Ertragspotential* auf 4673,1 Mill. t (borealer Nadelwald 465,8 Mill. t, äquator. Regenwald unt. Stufe 1496 Mill. t usw.) – Die *BR Deutschland* führte 1974 1,72 Mill. t Bau- und Nutzholz (Schnittholz) ein und 0,76 Mill. t aus. **Beim Sturm vom 3./4. 1. 1976 wurden in der BR Deutschland etwa 3 Mill. Festmeter Holz geworfen. 1975** (1. Hj. 1976) gab es in der BRD 1704 (2575) **Waldbrände m. Schäden von 41,2** (29,0) **Mrd. DM.** – Die »F.V.S.«-Stiftung in Hamburg vergab den **»Wilhelm-Pfeil-Preis«** f. vorbildl. Waldwirtschaft an *Josef Nikolaus Köstler* (BR Deutschland) und *Stanisław Kasprzyk* (Polen).

Hühner-Bestand im Wirtschaftsjahr Oktober 1972 bis Sept. 1973 in Mill. Stück u. a.: Chinesische Volksrepublik (S) 1200 – Sowjetunion 649 – USA 426 – Brasilien 300 – Japan 222 – Frankreich 190 – Polen 155 – Mexiko 145 – Großbritannien und Nordirland 133 – Indien 117 – Italien 110 – BR Deutschland 1975 89,12, – darunter 51,89 Leghennen (1974 99,5, darunter 53,4 Leghennen) – DDR 1975 46,3, darunter 25,0 Leghennen (1974 45,7, darunter 25,7 Leghennen) – Kanada 91 – Polen 61 – (u. a. Österreich 12,2 – Schweiz 6,0) – *BR Deutschland* 1974 (1950) Verzehr v. Geflügelfleisch je Einw.: 8,7 (1,2) kg.

Jute (außerdem verwandte Fasern wie Kenaf, Mesta usw.)-Erzeugung 1975/prov.: Indien 803 (Mesta usw. 216) – Chinesische Volksrepublik (S) 548 (892) – Bangladesch 791 (Kenaf usw. 20) – Birma (S) 112 – Brasilien 41 (dazu Kenaf 43) – Thailand 9 (dazu Kenaf 300) – Sowjetunion (Kenaf) 40 – *Weltproduktion* von Jute 1975/prov. (1974) 2,38 (2,39) Mill. t, von verwandten Fasern 1,58 (1,72) Mill. t.

Kaffee (grün) Ernte 1975/z. T. prov. (1974) in 1000 t

Brasilien	1 300	(1 650)	
Kolumbien	540	(468)	
Elfenbeinküste	280	(268)	
Mexiko	240	(208)	
Indonesien	192	(182)	
Uganda	180	(192)	
Äthiopien	170	(170)	
Guatemala	165	(137)	
El Salvador	146	(140)	
Indien	92	(86)	
Kamerun	90	(110)	
Costa Rica	88	(83)	
Ecuador	80	(77)	
Madagaskar	79	(79)	
Kenia	70	(73)	
Perú	65	(43)	
Venezuela	64	(46)	
Zaïre	61	(110)	
Philippinen	57	(53)	
Tansania	55	(55)	
Dominikan. Rep.	54	(47)	
Honduras	51	(48)	
Nicaragua	41	(41)	S
Papua-Niugini	41	(38)	S
Haïti	32	(32)	S
Cuba	27	(27)	S
Ruanda	20	(19)	
Burundi	18	(27)	
Bolivien	15	(14)	
Puerto Rico	12	(10)	
Zentralafr. Rep.	11	(11)	S

Welternte 1975/prov. (1974) 4,52 (4,82) Mill. t – *Wichtigste Ausfuhrländer* (von FAO registrierte Länder; Kaffee grün, geröstet sowie Kaffee enthaltender Kaffee-Ersatz) 1974 in 1000 t: Brasilien 692,0 – Kolumbien 411,6 – Elfenbeinküste 262,2 – Angola 214,4 – Uganda 201,5 – El Salvador 142,5 – Guatemala 121,1 – Mexiko 120,1 – Indonesien (S) 110 – Kamerun 100,7 – Costa Rica 90,1 – Zaïre 86,3 – USA (Reexport) 85,5 – Kenia 71,7 – Madagaskar/prov. 64,2 – Ecuador 59,0 – Tansania 41,1 – Nicaragua 32,4 – Honduras 30,7 – Ecuador 27,0 – Indien 23,4 – Haïti (S) 18,4 –

Venezuela 17,5 – *Wichtigste Einfuhrländer* 1974/prov. in 1000 t: USA 1164,3 – BR Deutschland 376,4 – Frankreich 282,1 – Italien 201,0 – Niederlande 137,8 – Schweden 102,1 – Schweiz 98,4 – Spanien 89,5 – Japan 85,6 – Belgien/Lux. 75,7 – Kanada 61,6 – Dänemark 59,2 – Finnland 59,0 – Jugoslawien 51,0 – *Kaffeeverbrauch* je Einwohner in der BR Deutschland 1974 (1950) 4,05 (0,6) kg. – Das neue Internat. Kaffee-Abkommen tritt am 1. 10. 1976 in Kraft; es regelt u. a. die Exportquoten und die Einfuhrbestimmungen von über 60 Ländern. – Die meisten afrikanischen Länder gehören der »Interafrikan. Kaffee-Organisation«/**IACO** an.

Kakao (Kakaobohnen) Ernte in 1000 t

	1974	*(1973)*
Ghana	376	(343)
Elfenbeinküste	234	(209)
Nigerien	207	(215)
Brasilien (S)	200	(196)
Kamerun (S)	118	(100)
Ecuador	91	(62)
Dominikan. Rep.	35	(28)
Mexiko	35	(28)
Papua-Niugini	34	(30)
Kolumbien	23	(22)
Venezuela	17	(19)
Togo	15	(17)
Volksrep. Kongo	12	(12)
S. Tomé u. Príncipe	7	(10) S

Prov. Angaben für 1975 in 1000 t: Ghana 396 – Brasilien 265 – Nigerien 220 – Elfenbeinküste 210 – *Welternte* 1974 (1973) 1,60 (1,47) Mill. t, 1975/prov. 1,46 Mill. t. – Nur etwa ein Viertel der verarbeiteten Kakaomenge wird in den Erzeugerländern verbraucht. Wichtigste Verbraucher sind die USA, die BR Deutschland, Frankreich, die Niederlande und die UdSSR. Die BR Deutschland führte 1975 (1974) 160 700 (152 000) t Rohkakao im Werte von 616,9 (513,3) Mill. DM und 86 500 (75 800) t Kakaoerzeugnisse im Werte von 271,0 (264,4) Mill. DM ein. Am 20. 10. 1975 wurde in Genf v. 55 Kakaoerzeugungs- u. Kakaoverbrauchsländern sowie mehreren internationalen Organisationen ein neues Kakao-Abkommen geschlossen.

Kartoffeln Ernte 1975/z. T. prov. (1974) in 1000 t

BR Deutschland	10 853	(14 548)
DDR	7 673	(13 404)
Österreich	1 700	(1 996)
Schweiz	1 000	(1 164)
Sowjetunion	95 000	(81 022)
Polen	50 000	(48 519)
Chines. Volksrep. (S)	40 000	(38 000)
USA	14 198	(15 477)
Frankreich	7 431	(7 490)
Spanien	5 266	(5 693)
Niederlande	5 003	(5 595)
Indien	4 811	(4 826)
Großbritannien	4 667	(6 791)
Tschechoslowakei	4 100	(4 522)
Rumänien	3 300	(4 178)
Jugoslawien	3 193	(3 128)
Japan	3 000	(2 949)

Welternte 1975/prov. (1974) 293,76 (295,62) Mill. t – *Hektarertrag* in dz 1974: Weltdurchschnitt 138 – Schweiz 434 – Belgien 362 – Niederlande 353 – Großbritannien 316 – BR Deutschland 311 – DDR 211 – *Wichtigste Ausfuhrländer* (ohne RGW-Länder) in 1000 t: Niederlande 1135 – Frankreich 276 – USA 230 – Italien 213 – Belgien/Lux. 171 – Großbritannien 152 – Cypern 133 – Kanada 125 – BR Deutschland 119 – *Wichtigste Einfuhrländer* 1974 in 1000 t: BR Deutschland (1975) 822 – Italien 432 – Großbritannien 241 – Frankreich 183 – Kanada 154 – Belgien/Lux. 152.

Käse-Erzeugung in ausgewählten Ländern – u. a. Monatsdurchschnitt 1974 in 1000 t: USA (ohne »cottage cheese« usw.) 110,8 – Sowjetunion (1973) 100,0 – Frankreich 71,6 – BR Deutschland 41,3 – Niederlande 30,4 – Argentinien 18,2 – Großbritannien (ohne »cottage cheese«) 18,1 – Dänemark 12,5 – Kanada 11,0 – Schweiz 8,4 – Australien 7,8 – Schweden und Neuseeland je 6,2 – (u. a. Österreich 4,8). – Der *Verbrauch* an Käse (einschl. Topfen/Quark u. Schmelzkäse) je Einwohner belief sich 1973/74 (1960) in der BR Deutschland auf 11,2 (7,5) kg.

Kopra *Weltproduktion* 1975/prov. (1974) 3,99 (3,80) Mill. t – u. a. 1974/prov. in 1000 t: Philippinen 1890 (1703) – Indonesien 750 (720) – Indien 350 (350) – 165 (157) – Mexiko 145 (145) Papua Niugini 140 (140) – Sri Lanka (Ceylon) 120 (109).

Leinsaat *Welternte* 1975/prov. (1974) 2,69 (2,51) Mill. t – u. a. 1975/prov. in 1000 t: Sowjetunion (S) 550 (520) – Indien 540 (471) – USA 413 (339) – Kanada 400 (363) – Argentinien 300 (370) – Äthiopien 75 (75) – Polen 60 (60).

Mais Ernte 1975/z. T. prov. (1974) in Mill. t Körnermais

BR Deutschland	0,53	(0,52)
DDR	0,01	(0,01)
USA	146,49	(118,46)
Chines. Volksrep. (S)	33,00	(31,00)

Brasilien	16,49	(17,48)
Rep. Südafrika	9,52	(11,10)
Jugoslawien	9,39	(8.03)
Mexiko	9,30	(7,78)
Frankreich	8,14	(8,88)
Argentinien	7,70	(9,90)
Ungarn	7,10	(6,33)
Rumänien	7,00	(7,16)
Indien (S)	5,50	(5,00)
Italien	5,29	(5,04)
Kanada	3,60	(2,59)
Indonesien	3,50	(3.24)
Thailand	3,00	(2,50)
Philippinen	2,65	(2,57)
Ägypten	2,60	(2,64)
Rep. Korea (Süd-K.)	2,06	(2,00)
Bulgarien	2,00	(1,63)

Welternte 1975/prov. (1974) 321,44 (293,73) Mill. t – *Wichtigste Ausfuhrländer* 1974 in Mill. t: USA (einschl. Hilfssendungen) 29,87 – Argentinien 5,60 – Frankreich 3,83 – Rep. Südafrika 3,00 – Thailand 2,33 – Brasilien 1,10 – *Wichtigste Einfuhrländer* 1974 in Mill. t: Japan 7,94 – Niederlande 4,40 – Italien 4,24 – Spanien 4,10 – Großbritannien 3,27 – BR Deutschland 3,00 – Belgien/Lux. 1,48 – Kanada 1,29 – Mexiko (ohne Freizonen-Import) 1,27.

Maultiere Bestand im Wirtschaftsjahr Oktober 1972 bis Sept. 1973 (1971/72) in Mill. Stück u. a.: Brasilien 4,71 (4,71) – Mexiko 2,70 (2,65) – Chines. Volksrep. (S) 1,57 (1,58) – Äthiopien 1,44 (1,42) – Marokko 0,42 (0,41) – Kolumbien 0,37 (0,36) – Türkei 0,31 (0,30) und u. a. in Europa: Spanien 0,38 (0,44) – Griechenland 0,17 (0,17) – Italien 0,15 (0,16) – *Weltbestand* 1972/73 (1971/72) 14,48 (14,47) Mill. Stück

Milch *Weltproduktion von Kuhmilch* 1975/prov. (1974) 386,21 (385,29) Mill. t – davon u. a. in 1000 t: Sowjetunion 90 300 (91 000) – USA 52 371 (52 414) – Frankreich 28,66 (28,68) – BR Deutschland 21,60 (21,51) – DDR 7,85 (8,07) – Polen 17,40 (16,67) – Großbritannien 14,00 (13,96) – Niederlande 10,00 (9,90) – Italien 9,90 (10,20) – Indien 8,58 (8,49) – Kanada 7,93 (7,57) – Brasilien 7,50 (7,30) – Australien 6,65 (6,89) – Neuseeland 6,08 (5,84) – Argentinien 5,70 (5,50) – Tschechoslowakei 5,50 (5,50) – Spanien 5,10 (5,08) – Japan 4,97 (4,87) – Dänemark 4,92 (4,82) – Irland 4,20 (4,04) – Mexiko 3,80 (3,59) – Belgien 3,76 (3,71) – Chines. Volksrep. (S) 3,54 (3,48) – Jugoslawien 3,40 (3,49) – Schweiz 3,36 (3,34) – Rep. Südafrika 3,30 (3,22) – Österreich 3,20 (3,18) – Schweden 3,13 (3,07) – Rumänien 3,00 (4,11) – *Durchschnittliche Milchleistung je Kuh und Jahr* 1975 in kg: Israel 5621 – USA 4696 – Dänemark 4393 – Niederlande 4348 – Schweden 4230 – Großbritannien 4217 – Japan 4142 – BR Deutschland 3937 und u. a. Schweiz 3772 – Österreich 3067 – *Weltproduktion von Büffelmilch* 1975/prov. (1974) 23,71 (23,15) Mill. t – davon u. a. in 1000 t: Indien (S) 16 400 (16 000) – Pakistan (S) 3998 (3928) – Äthiopien (S) 1151 (1130) – Chines. Volksrep. (S) 1000 (1000) – *Weltproduktion von Schafmilch* 1975/prov. (1974) 7,29 (7,20) Mill. t – davon u. a. in 1000 t: Türkei 980 (961) – Frankreich 825 (817) – Iran 598 (570) – Griechenland 536 (525) – Italien 460 (460) – Chines. Volksrep. (S) 450 (440) – *Weltproduktion von Ziegenmilch* 1975/prov. (1974) 6,99 (6,77) Mill. t – davon u. a. in 1000 t: Indien (S) 692 (680) – Türkei 630 (626) – Bangladesch (S) 546 (526) – Pakistan (S) 538 (490) – Sudan (S) 486 (471) – Sowjetunion (S) 400 (400) – Griechenland 390 (380) – Frankreich 355 (348) und u. a. DDR 120 (120) – BR Deutschland 24 (24) – Österreich 24 (24) – Der *Anteil der Entwicklungsländer* (ohne kommunist. Länder) *an der Welt-Kuhmilcherzeugung* belief sich 1975 auf etwa ein Siebentel, bei Büffelmilch auf über 90 %, bei Schafmilch auf fast die Hälfte und bei Ziegenmilch auf über zwei Drittel – *Größte Ausfuhrländer* von Kondens-, Trockenmilch usw. sind die Niederlande, Frankreich, die BR Deutschland, Kanada, Neuseeland, Großbritannien und Irland – Ein großes Problem sind in der *EG* die *Milchpulverbestände*; sie wuchsen bis Mai 1976 auf über 1,2 Mill. t – Die *Milch ist das kostspieligste Agrarprodukt der EG* (s. »Wochenbericht« des DIW 1975/47); im EG-Haushaltsentwurf für 1976 sind die Kosten der Milchmarktordnung mit fast 2 Mrd. RE veranschlagt – Der *Milchverbrauch* je Einwohner und Jahr belief sich 1973/74 in der DDR auf 99 l, in der BR Deutschland 1974/75 auf 82,5 l.

Naturkautschuk-Gewinnung 1975/z. T. prov. (1974) in 1000 t (Trockengewicht): Malaysia 1440 (1540) – Indonesien 880 (892) – Thailand 365 (379) – Sri Lanka (Ceylon) 145 (132) – Indien 135 (128) – Liberia 90 (86) – Nigerien 85 (80) – Zaïre 36 (36) – Philippinen 30 (28) – Brasilien 22 (19) – Süd-Vietnam 25 (25) – Elfenbeinküste 18 (17) – Birma 15 (15) – Kambodscha 8 (18) – Kamerun 12 (12) – Papua-Niugini 6 (6) – Perú 2 (2) – Singapur 1 (1) – *Welterzeugung* 1975/prov. (1974) 3,34 (3,45) Mill. t. Anteil des Naturkautschuks am *Weltverbrauch* von Kautschuk rund ein Drittel.

Obst *Weltproduktion* von *Äpfeln* 1975/prov. (1974) 23,55 (21,50) Mill. t – u. a. 1974 in

1000 t: Frankreich 3162 – USA 2900 – Italien 1886 – BR Deutschland 1281 – DDR 303 – Spanien 992 – Japan 924 – Türkei 860 – Ungarn 800 – Argentinien 786 – Polen 690 – Chines. Volksrep. (S) 420 – Kanada 407 (u. a. Schweiz 320 – Österreich 287) – *Weltproduktion* von *Birnen* 1975/prov. (1974) 7,23 (7,40) – u. a. 1974 in 1000 t: Italien 1507 – Chines. Volksrep. (S) 990 – USA 645 – Japan 514 – Spanien 452 – Frankreich 424 – BR Deutschland 331 (413) (u. a. Österreich 166 – Schweiz 120 – DDR 58) – *Welterzeugung von Früchten* (einschl. trop.) 1975/prov. (1974) 256,89 (251,73) Mill. t. – *Verbrauch* 1973/74 (1957) je Einwohner in kg: BR Deutschland (Frischobst, einschl. Zitrusfrüchte) 113,7 (39,2) – DDR 60,1.

Oliven *Welterzeugung* von Oliven/Olivenöl 1975/prov. (1974) 8,99 (7,57)/1,72 (1,40) – u. a. 1975/prov. in 1000 t: Italien 2950/600 – Spanien 2222/480 – Griechenland 1020/225 – Türkei 825/100 – Tunesien 549/100 – Marokko 303/20 – Syrien 146/28 – Algerien 170/10 – Libyen 100/20 – Argentinien 93/23 – USA 59/1 – Libanon 32/6 – *Hauptausfuhrländer:* Tunesien, Spanien, Marokko.

Palmkerne/-öl *Welterzeugung* 1975/prov. (1974) 1,44 (1,36) Mill. t/2,94 (2,68) Mill. t – u. a. 1975/prov. in 1000 t: Nigerien 300/450 – Malaysia 267/1100 – Brasilien (Babassu) 245/7 – Indonesien 80/350 – Zaïre (S) 75/165 – Kamerun (S) 62/60 – Elfenbeinküste 60/170 – *Hauptausfuhrland:* Nigerien.

Pferde Bestand im Wirtschaftsjahr Oktober 1972 bis Sept. 1973 in 1000 Stück u. a.: Brasilien 9350 – USA (in landwirtsch. Betrieben) 8500 – Sowjetunion 7075 – Chines. Volksrep. (S) 7000 – Mexiko 4333 – Argentinien 3000 – Polen 2373 – Mongol. Volksrep. (S) 2240 – Äthiopien 1440 – Jugoslawien 964 – Türkei 962 – Indien 950 – Kolumbien 860 – Paraguay 700 – Cuba 688 – Indonesien 670 – Rumänien 631 – Australien 450 – Frankreich 447 – Venezuela 445 – Uruguay 410 – Pakistan 400, außerdem u. a. BR Deutschland 1975: 342 (1974 325) – Österreich 1973: 119 – Schweiz 1973: 47.

Pflanzenöle *Weltproduktion* insgesamt 1975/prov. (1974) 41,92 (38,74) Mill. t – Die *größte Mühle der Welt für Ölfrüchte* befindet sich in Mannheim; hier werden jährlich bis 1,1 Mill. t Ölfrüchte gepreßt, extrahiert und destilliert – Im Jahre 1973 wurde der *Weltbedarf an Ernährungsfetten* etwa zu 23 % durch Sojaöl, zu über 14 % durch Butter, zu fast 12 % durch Sonnenblumenöl und im übrigen durch Schmalz, Baumwollsaatöl, Erdnußöl, Rübenöl, Palmöl, Kokosöl, Fischöl, Sesamsaatöl, Palmkernöl und Walöl gedeckt.

Rapssaat *Weltproduktion* 1975/prov. (1974) 8,15 (7,25) Mill. t – u. a. 1975/prov. in 1000 t: Indien 2100 – Kanada 1700 – Chines. Volksrep. (S) 1252 – Polen 650 – Frankreich 625 – Schweden 390 – Pakistan 310 – DDR (S) 230 – BR Deutschland 193 – Dänemark 100.

Reis (ungeschält) Ernte 1975/z. T. prov. (1974) in Mill. t

Chines. Volksrep. (S)	116,54	(115,21)
Rep. China (Taiwan; S)	3,90	(3,80)
Indien	70,50	(60,00)
Indonesien	23,10	(22,73)
Bangladesch	18,50	(16,93)
Japan	17,10	(15,96)
Thailand	15,00	(13,28)
Birma	8,70	(8,58)
Brasilien	7,67	(6,48)
Rep. Vietnam (Süd-V; S 1974 bzw. 1973)	7,30	(7,10)
Dem.Rep. Vietnam (Nord-V.)	4,50	(4,20)
Rep. Korea (Süd-K.)	6,48	(6,18)
Volksdem. Rep. Korea (S)	3,70	(3,50)
Philippinen	6,26	(5,66)
USA	5,79	(5,10)
Pakistan	3,66	(3,47)
Nepál	2,58	(2,45)
Ägypten	2,45	(2,44)
Madagaskar	2,00	(1,97)
Sowjetunion (S)	2,00	(1,91)
Kolumbien	1,61	(1,45)
Iran	1,39	(1,31)
Sri Lanka (Ceylon)	1,10	(1,60)
Italien	0,93	(0,99)
Laos	0,91	(0,90)
Kambodscha	0,80	(0,63)
Perú	0,50	(0,36)
Sierra Leone	0,50	(0,49)

Welternte 1975/prov. (1974) 342,59 (321,10) Mill. t – *Wichtigste Ausfuhrländer* (Reis ungeschält; ohne China) 1974 in 1000 t: USA 1725,6 – Thailand 1123,8 – Pakistan 622,6 – Italien 450,2 – Birma (S) 214,3 – Australien 159,5 – Ägypten 136,2 – *Wichtigste Einfuhrländer* 1974 in 1000 t: Hongkong 314,7 – Rep. Vietnam (Süd-V.) 305,5 – Sri Lanka (Ceylon) 297,4 – Senegal (S) 230,0 – Malaysia (West-M.) 222,4 – Singapur 162,9 – BR Deutschland 146,7 – Frankreich 153,6 – Großbritannien 128,9 – Niederlande 95,9 – Elfenbeinküste 73,0 – Rep. Südafrika 71,2 – Belgien/Lux. 70,2 – Japan 62,8 – Polen 62,7 – Indien 58,5 – DDR 51,1.

Rinder Bestand 1974/75 in Mill. Stück

BR Deutschland (XII/1975)	14,51
DDR (XII/1975)	5,59
Österreich	2,58
Schweiz	1,97
Indien (ohne etwa 55 Mill. Büffel)	180,27
USA	131,83
Sowjetunion	109,12
Brasilien (S)	92,48
Chines. Volksrep. (S)	63,47
Argentinien (S)	58,00
Australien	33,07
Mexiko	28,07
Bangladesch (S)	27,42
Frankreich	24,70
Äthiopien (S)	24,00
Kolumbien	23,22
Kanada	15,27
Sudan	15,00
Großbritannien	14,62
Pakistan	13,39
Türkei	13,38
Polen	13,25
Tansania (1973/74)	11,32
Uruguay	11,25
Nigerien	10,92
Rep. Südafrika	10,60
Neuseeland	9,77
Madagaskar	9,73
Venezuela	9,09
Italien	8,14
Kenia	7,60
Irland	7,00

Roggen *Welternte* 1975/prov. (1974) 24,56 (32,66) Mill. t – u. a. 1975/prov. in 1000 t: Sowjetunion 9000 (1974 15 223) – Polen 6810 – BR Deutschland 2181 (1974 2559) – DDR 1800 – Türkei 700 – Tschechoslowakei 650 – USA 522 – Kanada 454 – Österreich 347 – Schweden 324 – Frankreich 307 – Argentinien 280 – *Wichtigste Ausfuhrländer* 1974 in 1000 t: USA 222,1 – BR Deutschland 210,6 – Argentinien 109,9 – Schweden 101,7 – *Wichtigste Einfuhrländer* 1974 in 1000 t: BR Deutschland 76,4 – Norwegen 75,2 – Schweiz 41,1 – Niederlande 28,6 – Japan 27,5.

Schafe Bestand im Wirtschaftsjahr Okt. 1973 bis Sept. 1974 in Mill. Stück u. a.: Australien 145,30 – Sowjetunion 142,64 (mit Ziegen XII/1975 nur noch 120,00 Mill.) – Chines. Volksrep. (S) 73,00 – Neuseeland 55,88 – Argentinien 41,50 – Indien 40,00 – Iran 38,00 – Türkei 36,60 – Rep. Südafrika 31,00 – Großbritannien u. Nordirld. 28,64 – Brasilien 26,00 – Äthiopien 22,32 – Marokko 19,00 – Pakistan 18,07 – Perú 17,60 – Afghanistan 17,00 – USA 16,39 – Spanien 16,30 – Irak 15,50 – Uruguay 15,37 – Rumänien 14,30 – Mongol. Volksrep. 14,08 – Sudan 11,90 – Frankreich 10,32 – Bulgarien 9,76 – Griechenland 8,15 – Algerien 8,10 – Italien 7,89 – Jugoslawien 7,85; außerdem u. a.: BR Deutschland (XII/1975) 1,09 DDR (XII/1975) 1,88 – Österreich 0,13 – Schweiz 0,34 – *Weltbestand* 1973/74 (1972/73) 1034,89 (1021,01) Mill. Stück.

Schweine 1974/75 in 1000 Stück: BR Deutschland (XII/1975) 19 860 – DDR (XII/1975) 11 501 – Österreich 3517 – Schweiz 2170 – Chines. Volksrep. (S) 242 000 – Rep. China (Taiwan) 3100 – Sowjetunion 72 272 (XII/1974; XII/1975 nur 57 000) – USA 55 062 – Polen 21 311 – Frankreich 12 000 – Mexiko 11 779 – Philippinen 9700 – Italien 8960 – Rumänien 8652 – Ungarn 8293 – Japan 8243 – Volksdem. Rep. Vietnam 8204 – Rep. Vietnam (Süd-V.) 4275 – Spanien 7865 – Dänemark 7748 – Jugoslawien 7683 – Großbritannien 7523 – Niederlande 7271 – Tschechoslowakei 6719 – Argentinien 5500 – Kanada 5254 – *Weltbestand* 1974/75 (1973/74) 674,28 (669,03) Mill. Stück.

Sisal *Welterzeugung* 1974 (1973) 747 000 (686 000) t – u. a. 1974 in 1000 t: Brasilien 293 – Tansania 143 – Mexiko (S) 142 – Kenia 87 – Angola 70 – Mosambik 22; außerdem u. a. Philippinen (Abaca 1973) 55.

Sojabohnen *Welternte* 1975/prov. (1974) 68,35 (56,80) Mill. t – 1975/prov. u. a. in 1000 t: USA 41 406 – Chines. Volksrep. (S) 11 800 – Brasilien (S) 10 200 – Sowjetunion (S) 600 – Indonesien 557 – Mexiko 545 – Argentinien 485 – Rumänien 334 – Kanada 330 – Rep. Korea (Süd-K.) 270 – Thailand 136 – Japan 135 – Kolumbien 130 – *Wichtigste Ausfuhrländer* 1974 in 1000 t: USA 13 940 (außerdem Öl 2230) – Brasilien 2724 – *Wichtigste Einfuhrländer* 1974 in 1000 t: BR Deutschland 3714 – Spanien 1987 – Niederlande 1590 – Italien 1225 – Schweden 803 – Belgien/Lux. 746 – Japan 519.

Sonnenblumensaat *Welternte* 1975/prov. (1974) 10,87 (11,04) Mill. t – 1975/prov. in 1000 t u. a.: Sowjetunion 6500 – Argentinien 732 – Rumänien 700 – Türkei 520 – USA und Spanien (S) je 400 – Bulgarien 385 – Jugoslawien 317 – Rep. Südafrika 276.

Tabak Ernte 1974 in 1000 t

BR Deutschland	10
DDR (S)	1
Österreich (1972)	0,5
Schweiz (1972)	2
Chines. Volksrep. (S)	968
USA	903
Indien	462
Sowjetunion (S)	325
Brasilien	304
Türkei	179
Japan	156
Bulgarien	145
Kanada	116
Argentinien	98
Italien	96
Rep. Korea (Süd-K.)	95
Volksdem. Rep. Korea (S)	40
Griechenland	85
Rhodesien (S)	80
Indonesien	78
Birma (S)	74
Pakistan	66
Polen	65
Mexiko	63
Philippinen	62
Jugoslawien	59
Thailand (S)	56
Cuba (S)	50
Frankreich	49
Bangladesch (S)	42
Kolumbien	41

Welternte 1975/prov., 1974 (1973) 5,35, 5,29 (4,94) Mill. t – *Wichtigste Ausfuhrländer* für Rohtabak 1974 in 1000 t: USA 300,9 – Türkei 112,4 – Brasilien 91,4 – Indien 80,5 – Griechenland 67,2 – Italien 64,5 – Bulgarien 64,0; außerdem u. a. Rhodesien – *Wichtigste Einfuhrländer* 1974 in 1000 t: Großbritannien 164,3 – USA 158,6 – BR Deutschland 86,5 – Frankreich 80,7 – Japan 77,2 – Niederlande 73,2 – Spanien 70,6 (u. a. Österreich 16,2 – Schweiz 37,4).

Tee Ernte 1975/prov. (1974) in 1000 t

Indien	513	(490)
Chines. Volksrep. (S)	334	(318)
Rep. China (Taiwan, 1974)	28	
Sri Lanka (Ceylon)	214	(204)
Japan	103	(95)
Sowjetunion	81	(83)
Indonesien	65	(65)
Kenia (S)	56	(53)
Türkei	47	(43)
Argentinien (S)	38	(20)
Malawi	26	(23)
Iran	25	(24)
Uganda	18	(22)
Mosambik	17	(19)
Tansania (S)	14	(13)
Zaïre	11	(10)
Brasilien	6	(6)
Papua-Niugini (S)	4	(3)
Ruanda (S)	4	(3)
Malaysia (West-M.)	3	(3)
Kamerun	2	(1)
Burundi	1	(1)
Ecuador	1	(1)

Welternte 1975/prov. (1974) 1,68 (1,60) Mill. t – *Wichtigste Ausfuhrländer* 1974 in 1000 t: Indien 205,9 – Sri Lanka 166,0 – Kenia 49,6 – Großbritannien (Reexport) 26,6 – Mosambik 18,6 – Uganda 16,6 – Tansania 9,6 – *Wichtigste Einfuhrländer* 1974 in 1000 t: Großbritannien 230,9 – USA 80,9 – Australien 34,9 – Niederlande 33,9 – Irak 31,2 – Kanada 24,4 – Rep. Südafrika 20,5 (BR Deutschland 1975 10,4, 1974 9,6: 45 % aus Indien, 24 % aus Sri Lanka, 10 % aus Indonesien) – *Teeverbrauch* je Einwohner und Jahr (z. T. S) Großbritannien und Irland je 4000 g, Japan 1000 g, USA 340 g, BR Deutschland 170 g.

Tomaten *Welternte* 1975/prov. (1974) 38,83 (37,53) Mill. t; 1974 in 1000 t: USA 7273 – Sowjetunion 3810 – Italien 3637 – Spanien 2399 – Türkei 2150 – Ägypten 1729 – Griechenland 1585 – Mexiko 1227 – Rumänien 1123 – Brasilien 1035 (1975 BR Deutschland 13 113 t) – Die BR Deutschland führte 1975 322 500 t Tomaten ein, darunter 196 400 t aus den Niederlanden und 43 500 t aus Spanien.

Walfang 1972/73 insges. 32 352 (Antarktis allein 1972/73 14 380, 1973/74 13 995 Wale, einschl. Spermwalfang bei Fahrten in die Antarktis nördlich von 40° s. Br.) – 1972/73 2616 Finnwale, 7 Blauwale, 7425 Seiwale und u. a. 22 073 Spermwale. – *Wichtigste Walfänger* 1972/73: Sowjetunion 14 903 – Japan 11 268 – Perú 1838 – Rep. Südafrika 1658 – Australien 971 – Somalia 491 – Island 453 – Portugal 388 – Spanien 251 – *Walölproduktion* 1972/73 insgesamt 146 000 t, u. a.: Sowjetunion 72 300 (1973/74 56 300) – Japan 50 200 (1973/74 16 100) – Rep. Südafrika 6900 – Australien 5700 – Perú 4700 – Island 2500.

Wein-Erzeugung 1973/z. T. prov. in 1000 hl u. a.: Frankreich 82 428 – Italien 76 720 – Spanien 39 939 – Sowjetunion (S) 31 800 – Argentinien 20 000 – USA (S) 16 270 – Portugal 10 753 –

BR Deutschland (1975) 9241 [1974 6805] – Belgien 9690 – Rumänien (S) 9404 – Algerien 8700 – Jugoslawien 7716 – Ungarn 6231 – Chile (S) 6000 – Bulgarien (S) 5053 – Griechenland 4610 – Australien 2500 – Österreich 2404 – Brasilien (S) 2363 – Marokko 1200 – Schweiz 1191 – *Welterzeugung* 1973/prov. (1972) 365,96 (291,86) Mill. hl. – *Wichtigste Ausfuhrländer* sind Italien, Frankreich, Spanien, Portugal, südosteuropäische und nordafrikanische Länder – Die BR Deutschland führte 1975 (1974) 732 000 (663 000) t Wein im Werte von 815,3 (692,1) Mill. DM ein und 82 700 (67 400) t Wein im Werte von 251,7 (221,3) Mill. DM aus – Der *Weinbestand* belief sich 1974 (1973) in der BR Deutschland auf 13,73 (11,24) Mill. hl, davon 9,07 (6,98) Mill. hl. Weißwein, der *Weinverbrauch* 1975/prov. (1974) je Einwohner insgesamt (m. Schaumwein) 23,2 (19,9) Liter – *Welternte von Weintrauben* 1975/prov., 1974 (1973) 61,44, 61,55 (63,30) Mill. t – u. a. in 1000 t 1974/prov.: Italien 11 823 – Frankreich 11 524 – Spanien 5879 – USA 3805 – Argentinien 3528 – Türkei 3120 – (BR Deutschland 1975/prov. 870, Österreich 346, Schweiz 98) – In der **EG** belief sich der durchschnittliche *Hektarertrag* 1974 auf 7461 l – Die Weinerzeugung erreichte 1975/prov. (1974) in der EG 141,8 (160,2) Mill. hl, die Weinbestände beliefen sich Ende 1975 auf 81 Mill. hl – In der *BR Deutschland* betrug der *Weinverbrauch* je Einwohner 1962 nur 9,6 l.

Weizen Ernte 1975/prov. (1974) in 1000 t

BR Deutschland (m. Spelz)	7 014	(7 761)
DDR	2 900	(3 154)
Österreich (m. Spelz)	945	(1 102)
Schweiz (m. Spelz)	320	(409)
Sowjetunion	65 000	(83 913)
USA	58 074	(48 885)
Chines. Volksrep. (S)	41 000	(32 000)
Indien	25 800	(22 073)
Kanada	17 100	(13 295)
Frankreich	15 041	(19 142)
Türkei (m. Spelz)	14 750	(11 080)
Australien	11 700	(11 249)
Italien	9 620	(9 695)
Argentinien	8 200	(5 970)
Pakistan	7 279	(7 629)
Polen	5 530	(6 409)
Iran	5 483	(4 700)
Rumänien	5 000	(4 967)
Tschechoslowakei (m. Spelz)	4 500	(5 059)
Großbritannien	4 435	(6 130)
Spanien	4 354	(4 534)
Jugoslawien (m. Spelz)	4 336	(6 283)
Ungarn	4 084	(4 971)
Bulgarien	3 100	(2 911)
Afghanistan	3 000	(2 275)

Welternte 1975/prov. (1974) 354,93 (360,16) Mill. t – *Wichtigste Ausfuhrländer* (ohne RGW-Länder u. China) 1974 in 1000 t (ohne Weizenmehl): USA (einschl. Hilfssendungen) 25 133 (1973 37 398,0) – Kanada 10 184,4 (1973 12 324,0) – Frankreich 7384,4 – Australien 7264,9 – Argentinien 1900,0 – *Wichtigste Einfuhrländer* 1974 in 1000 t: Japan 5376,6 – Indien 4202,9 – Großbritannien 2866,7 – Italien 2544,2 – Brasilien 2399,2 – Ägypten 2250,9 – Polen 1758,2 – BR Deutschland 1701,5 – DDR 1219,0 – Niederlande 1436,4 – Rep. Korea (Süd-K.) 1312,8 – Belgien/Lux. 1131,4 – (u. a. Schweiz 371,6 – Österreich 3) (BR Deutschland 1975 1,43 Mill. t).

Wolle (Schafwolle, Reinbasis) 1975/prov. (1974) in 1000 t: Australien 449 (400) – Sowjetunion 289 (277) – Neuseeland 213 (203) – Argentinien 83 (84) – Rep. Südafrika 57 (56) – Uruguay 37 (31) – Chines. Volksrep. (S) 36 (36) – Großbritannien 32 (33) – USA 30 (31) – Türkei 30 (29) – Indien 23 (22) – Brasilien 22 (23) – Bulgarien 21 (20) – *Weltgewinnung* von Schafwolle (Reinbasis) 1975/prov. (1974) 1,55 (1,47) Mill. t – *Wichtigste Ausfuhrländer* (tatsächliches Gewicht) 1974 in 1000 t: Australien 490,2 – Neuseeland 214,2 – Rep. Südafrika 51,7 – Argentinien 36,1 – Uruguay 31,3 – *Wichtigste Einfuhrländer* 1974 in 1000 t: Japan 163,1 – Frankreich 125,5 – Großbritannien 121,0 – BR Deutschland roh u. bearbeitet (m. Tierhaaren) 74,5 (1975 101,8) – DDR 14,5 – Italien 67,0 – Belgien/Lux. 43,1 – Niederlande 15,3 (u. a. Österreich 3,6 – Schweiz 7,3).

Zucker Rohzucker, zentrif. 1975/prov. (1974) in 1000 t (Zucker aus Zuckerrohr und Zuckerrüben)

BR Deutschland	2 248	(2 238)
DDR	685	(655)
Österreich	490	(394)
Schweiz (1973 bzw. 1972)	78	(67)
Sowjetunion (S)	8 217	(7 826)
Brasilien	6 500	(7 190)
USA	5 930	(4 915)
Cuba (S)	5 500	(6 044)
Indien	5 300	(4 292)
Chines. Volksrep. (S)	4 300	(4 330)
Rep. China (Taiwan, 1974)	750	–
Frankreich	3 282	(2 945)
Mexiko	2 900	(2 837)

Australien	2 887	(2 848)
Philippinen	2 745	(2 446)
Rep. Südafrika	2 043	(1 883)
Polen	1 830	(1 588)
Italien	1 450	(1 011)
Argentinien (S)	1 275	(1 530)
Dominik. Rep.	1 170	(1 194)
Indonesien (S)	1 100	(1 030)
Thailand	1 021	(968)
Türkei (S)	1 000	(834)
Kolumbien	980	(895)
Perú	970	(1 021)
Rumänien	920	(590)
Niederlande	897	(777)

Welterzeugung von Zucker 1975/prov. (1974) 81,25 – bisheriger *Rekord* – (78,07) Mill. t, davon rund 30 % Rübenzucker – *Wichtigste Ausfuhrländer* (Rohbasis) 1974 (ohne China) 1974 in 1000 t: Cuba (S) über 4000 (haupts. nach RGW-Ländern) – Brasilien 2361,6 – Australien 1693,5 – Philippinen 1592,1 – Frankreich 1202,1 – Dominikan. Rep. 1017,2 – Rep. Südafrika 827,0 – Mauritius 669,9 – Indien 504,4 – BR Deutschland 441,4 – Perú 429,2 – Mexiko 427,2 – Großbritannien 328,4 – Belgien/Lux. 324,8 – Guyana 307,3 – Fidschi 276,6 – Jamaika 274,0 – Réunion 197,4 – Polen 180,6 – Tschechoslowakei 179,1 – Trinidad u. Tobago 176,3 – Mosambik 159,3 – Niederlande 141,2 – Dänemark 138,1 – Sowjetunion 103,5 – *Wichtigste Einfuhrländer* 1974 in 1000 t: USA 5238,4 – Japan 2771,4 – Großbritannien 2269,4 – Sowjetunion 1919,3 – Kanada 898,6 – Italien 766,0 – Spanien 510,9 – Irak 426,8 – Frankreich 402,8 – Malaysia (West) 343,7 – Portugal 316,6 – Marokko 286,5 – Schweiz 235,7 – Neuseeland 210,7 und u. a. BR Deutschland 157,5.

Ziegen *Weltbestand* 1973 396 Mill. Stück – u. a. in 1000 Stück (S): Indien 68 500 – Chines. Volksrep. 58 000 – Nigerien 23 000 – Türkei 18 800 – Brasilien 14 500 – Iran 12 000 – Äthiopien 11 000 – Sudan 10 000 – Pakistan 9000 – Marokko 8800 – Mexiko 8000 – Indonesien 7500 – Sowjetunion 5400 – Argentinien 5200 – Griechenland 4100 – Kenia 4000 (BR Deutschland 1974: 38 000 Stück – DDR 64 700 Stück).

Zwiebeln (getrocknet) *Weltproduktion* 1975/prov. (1974) 16,58 (16,21) Mill. t – 1975/prov. u. a. in 1000 t: Chines. Volksrep. 2200 – Indien 1550 – USA 1550 – Japan 1000 – Spanien 872 – Ägypten u. Sowjetunion je 700 – Türkei 666 – Italien 450 – Niederlande 405.

BERGBAU

Die wirtschaftliche Rezession in den westlichen Industrieländern wirkte sich in der Weltbergbauproduktion nicht in einem absoluten Rückgang, sondern nach UNO-Angaben (ohne kommunistische Länder Asiens) nur in einer **Stagnation** aus, da in den RGW-Ländern noch eine Zunahme zu verzeichnen war; in der Welterdölförderung allein, die sich 1974 gegenüber dem Vorjahr faktisch nicht veränderte, ergab sich jedoch 1975 ein Rückgang um über 6 %. Im Zusammenhang mit der gesamtwirtschaftlichen Entwicklung wird für 1976 mit einer Aufwärtstendenz auch im Weltbergbau gerechnet und nach Abbau der bei einzelnen mineralischen Rohstoffen umfangreichen Lager mit einer Erholung der Preise. Auf weitere Sicht werden die Beschlüsse der sogen. »Nord-Süd-Konferenz« (s. »Weltchronik«/Entwicklungsländer) und die Art ihrer Durchführung bemerkenswerte Auswirkungen auf die Weltbergbauproduktion und den Weltmarkt für mineralische Rohstoffe gewinnen.

Eine Übersicht über die **Zahl der Beschäftigten im Bergbausektor** wichtiger Bergbauländer (ohne kommunistische Länder Asiens) ergibt nach UNO-Angaben (meist für 1972/73) folgendes, allerdings von Land zu Land nur bedingt vergleichbares Bild in 1000: Sowjetunion 2051 – Rep. Südafrika 678 – Polen 457 – Großbritannien 361 – BR Deutschland 300 – Tschechoslowakei 177 – Ungarn 139 – Bulgarien 114 – Kanada 108 – Jugoslawien 107 – Spanien 100 – Japan 96 – Türkei 77 – Rumänien 75 – Rep. Korea (Süd-Korea) 72 – Australien 63 – Malaysia 63 – Sambia 62 – Zaïre 58 – Brasilien 50 – Belgien 47 – Nigerien 44 – Ghana 24 – Griechenland 24 – Österreich 23. – Dreizehn führende Bergbaugesellschaften der EG-Länder haben im Juni 1976 der EG-Kommission eine Studie überreicht, aus der hervorgeht, daß zur Versorgung mit NE-Metallen bis 1995 **Investitionen** in Höhe von mindestens 60 Mrd. US-$ für neue Projekte erforderlich sind. (Eine umfassende Übersicht über die Aktivitäten im Weltbergbau bringt u. a. Mining Magazine's »Annual Survey of World Mining Activity«, hgg. von The Manager, Mining Journal Books Ltd., P.O. Box 10, Edenbridge, Kent TN8 5NE, Großbritannien.)

Antimon (Sb-Inhalt von Erzen, z. T. von Konzentraten) – *Wichtigste Produzenten* 1973 in t (z. T. prov.): Rep. Südafrika (ohne A. als Nebenprodukt v. Bleiraff.) 15 483 – Bolivien (Ausfuhr) 14 719 – Chines. Volksrepubl. (S) 12 000 – Sowjetunion (S) 7100 – Thailand 3535 – Türkei 3353 – Mexiko 2388 – Jugoslawien 2055 – Australien (nur Inhalt von Konzentr.) 1583 – Italien 1360 – Marokko 1214 – Guatemala 962 – Perú (S) 815 – Österreich 585 – USA (ohne A. als Nebenprodukt v. Bleiraff.) 494 – *Weltproduktion* 1973 (nach UNO) 69 400 t (nach »Metallstatistik« 1973 72 485, 1974 78 478 t).

Asbest (einschl. Asbestpulver) – *Wichtigste Produzenten* 1973 in 1000 t (z. T. prov.): Kanada 1731 – Sowjetunion (S) 1280 – Brasilien (1972) 474 – Rep. Südafrika (ohne Südwestafrika) 334 – Chines. Volksrep. (S) 210 – Italien 149 – USA (Verkauf) 136 – *Weltproduktion* 1973 (1972) 4,98 (4,64) Mill. t.

Bauxit-Gewinnung (unterschiedl. Nässegehalt) in Mill. t

BR Deutschland (1974)	0,01
DDR (1974)	0,04
Australien (1. 7. 74–30. 6. 75)	22,15
Jamaika (Trockengewicht, 1974)	15,23
Guinea (S Metallst. 1974)	7,60
Suriname (1974)	6,85
Sowjetunion (m. Alunit, Nephelin usw., 1974 S)	6,00
Guyana (1973)	3,50
Frankreich (1974)	2,95
Ungarn (1975)	2,90
Griechenland (1974)	2,81
Jugoslawien (1975)	2,26
USA (Trockengewicht, 1974)	1,99
Indien (1975)	1,26
Dominikan. Rep. (Trockengewicht, 1974)	1,21
Indonesien (Trockengewicht, 1974)	1,00
Brasilien (1975)	0,90
Malaysia (West-M., 1974)	0,70
Chines. Volksrep. (1974, S)	0,70

Weltproduktion (nach »Metallstatistik«) 1974 (1973) 81,21 (73,11) Mill. t. – Die führenden Ausfuhrländer sind (ohne RGW-Länder u. China) in der »Internat. Bauxit Association«/**IBA** zusammengeschlossen; die Bauxitverarbeitung zu Hüttenaluminium wird fast ausschließlich in den Industrieländern vorgenommen. Die *Weltvorräte* werden auf rund 4,5 Mrd. t geschätzt – davon über die Hälfte in Entwicklungsländern und etwa ein Drittel in den westlichen Industrieländern –, d. h. sie reichen bei Fortdauer der derzeitigen Förderung nur noch über 50 Jahre. Hauptlieferant der BR Deutschland ist mit einem Anteil von über 50 % Australien.

Blei (Bergwerksproduktion; Pb-Inhalt; z. T. von Konzentraten) in 1000 t

BR Deutschland (1975)	32,28
DDR (1966, S »Metallstatistik«)	3,00
Österreich (nach UNO, 1974)	11,00
Sowjetunion (S »Metallstatistik«, 1974)	590,00
USA (1975)	558,00
Australien (1. 7. 74–30. 6. 75)	412,80
Kanada (1974)	301,20
Mexiko (1974)	214,80
Perú (nach »Metallstatistik«, 1974)	193,00
Chines. Volksrep. (S »Metallstatistik«, 1974)	130,00
Jugoslawien (1975)	127,20
Bulgarien (S 1974)	110,00
Korean. Volksdem. Rep. (Nord-K., S »Metallstatistik«, 1974)	90,00
Marokko (S »Metallstatistik«, 1974)	86,30
Schweden (nach »Metallstatistik«, 1974)	72,70
Polen (nach »Metallstatistik«, 1974)	70,00
Spanien (1975)	57,84
Südwestafrika/Namibia (1974)	47,60
Iran (nach »Metallstatistik«, 1974)	47,50
Rumänien (S »Metallstatistik«, 1974)	45,00
Japan (1974)	44,28
Irland (S »Metallstatistik«, 1974)	37,70
Argentinien (1974)	37,00
Grönland (S 1975)	37,00
Brasilien (nach »Metallstatistik«,1974)	27,40
Frankreich (1974)	23,00

Weltproduktion 1974 (1973) nach »Metallstatistik« 3,57 (3,56) Mill. t – Die wirtschaftlich gewinnbaren *Welt-Bleivorräte* werden vom »US Bureau of Mines« auf rund 130 Mill. t geschätzt. – Hauptlieferanten der BR Deutschland sind Irland, Perú, Schweden und Kanada. 1975 belief sich der durchschnittliche Vorrat an raffiniertem Blei in der BR Deutschland auf den Verbrauch von 5 Monaten. Von den *Weltreserven* an Bleierzen befinden sich über zwei Drittel in den westlichen, etwa ein Sechstel in den kommunistischen Industrieländern, der Rest in Entwicklungsländern.

Braunkohle-Förderung 1975 (z. T. prov.) in Mill. t

BR Deutschland	123,38
DDR	246,61
Österreich	3,96
Sowjetunion (1974)	157,17

Tschechoslowakei	86,27
Chines. Volksrep. s. Steinkohle	
Polen	39,86
Jugoslawien	34,94
Australien (1. 7. 74–30. 6. 75)	27,51
Bulgarien	27,48
Ungarn	21,87
Rumänien (1974)	19,78
USA	18,17
Griechenland (1974)	13,93
Türkei (1974)	5,39
Kanada	3,55
Spanien	3,38
Frankreich	2,99
Indien	2,82
Mongol. Volksrep. (1974)	2,34
Neuseeland	1,93
Italien	1,23

Weltförderung (nach UNO-Angaben, ohne Chines. Volksrepublik) 1975 (1974) 854 (842) Mill. t – *Weltreserven* (nach »World Energy Conference Survey of Energy Resources« 1974 bzw. UNO, nicht alle Länder erfaßt) 2628 Mrd. t, u. a. in Mrd. t: Sowjetunion 1720 – USA 638 – Australien 86 – BR Deutschland 56 – DDR 30 – Jugoslawien 21 – Polen 15 – Kanada 12 – Tschechoslowakei 10 – Bulgarien, Chile, Türkei und Ungarn je 5–6.

Chromerz (Cr_2O_3-Inhalt) – *Wichtigste Produzenten* 1973 in 1000 t: Sowjetunion (S) 800 – Rep. Südafrika (ohne Südwestafr.) 724,1 – Rhodesien 272,0 – Philippinen 232,0 – Brasilien (1972) 146,1 – Indien 145,1 – Finnland 97,9 – Iran (21. 3. 73–20. 3. 74) 86,4. – Die Hauptlieferanten der BR Deutschland sind die Rep. Südafrika (rund 50 %), die Sowjetunion und die Türkei.

Diamanten-Gewinnung 1973 (z. T. S) in 1000 Karat Schmuck- und Industriediamanten/nur Ind.-D.: Zaïre 13 097/12 162 – Sowjetunion 9500/7600 – Rep. Südafrika (ohne Südwestafrika) 7565/4059 – Ghana 2700/2430 – Botsuana (insges.) 2453 – Angola 2135/531 – Sierra Leone (insges. 1975) 1680 – Südwestafrika (Namibia) 1600/80 – Liberia (Ausfuhr 1972 insges.) 890 – Venezuela 778/537 – Tansania 580/290 – Zentralafrik. Rep. (insg.) 380 – Elfenbeinküste (insg.) 350 – *Weltgewinnung* 1973/prov. (1972) 44,63 (44,40) Mill. Karat. – Bei einer »Sotheby Parke Bernet-Auktion« in Zürich wurde im Mai **1975** für einen äußerst seltenen rosa Diamanten von 24,44 Karat ein Preis von 2,7 Mill. Franken erzielt, d. h. **je Karat 110 474 Franken** (bisheriger Höchstpreis 1975 66 960 Franken je Karat). – 1976 wurde bei Mirny in Jakutien (UdSSR) der bisher **größte Diamant gefunden**; er ist mit 232,1 Karat nicht nur schwerer als die berühmten Edelsteine »Orlow« und »Schah«, sondern übertrifft diese, wie berichtet wird, auch an Helligkeit.

Eisenerz-Förderung in Mill. t (z. T. prov.) (eingeklammerte Zahl = durchschnittl. Fe-Gehalt der Erze)

BR Deutschland (25 %, 1975)	3,28
DDR (25 %, 1975)	0,05
Österreich (30 %, 1975)	3,82
Sowjetunion (60 %, 1975)	233,04
Australien (65 %; 1. 7. 74–30. 6. 75)	99,72
USA (55–60 %; ohne Erze mit üb. 5 % Mangan-Gehalt, 1975)	81,35
Brasilien (68 %, 1974)	59,42
Frankreich (32 %, 1974)	54,26
Indien (61 %, 1975)	40,27
Chines. Volksrep. (50 %, S 1973)	39,00
Liberia (68 %, 1973)	34,62
Schweden (60–65 %, 1975)	32,04
Venezuela (64 %, 1974)	25,99
Rep. Südafrika (60–65 %, 1974)	11,55
Chile (63 %, 1974)	10,27
Perú (60 %, 1974)	8,96
Mauretanien (65 %, 1974)	8,28
Spanien (50 %, 1975)	8,22
Korean. Volksdem. Rep. (40–50 %, S 1975)	8,00
Angola (60–65 %, 1973)	6,00
Jugoslawien (35 %, 1975)	5,23
Großbritannien (28 %, 1975)	4,37
Norwegen (65 %, 1975)	4,07
Algerien (53–55 %, 1974)	3,79
Rumänien (30–35 %, 1974)	3,26
Luxemburg (30 %, 1975)	2,31

Weltförderung (Fe-Inhalt der Erze) 1974 (1973) nach UNO-Angaben 403 (472) Mill. t (ohne Chines. Volksrep.) – Die großen Förderländer beabsichtigen, bis 1980 ihre Förderung stark auszuweiten, so u. a. Australien auf 135, Brasilien auf 130, Indien auf 77 und die Rep. Südafrika auf 50 Mill. t – Die BR Deutschland führte 1974 57,77 Mill. t Eisenerze ein; infolge der Rezession ging 1975 die Einfuhr auf 44,83 Mill. t zurück. Brasilien und Schweden liefern je über ein Fünftel der Erze; es folgen Liberia und Frankreich. Von den *Weltreserven* an Eisenerzen befinden sich über ein Drittel in den westlichen und kommunistischen Industrieländern, der Rest in Entwicklungsländern.

Erdgas (»Naturgas«, einschl. Erdölgas), 1975, z. T. prov., in Mrd. netto-cbm (u. a. nach »Esso-Magazin« 1976/1)

BR Deutschland	17,84
DDR (1973, nach UNO; Methangas v. Kohlenbergw.)	7,00
Österreich (einschl. Methangas v. Kohlenbergw.)	2,36
USA	570,00
Sowjetunion (einschl. repr. Gas u. Gas aus Gaswerken)	288,99
Kanada	97,50
Niederlande	90,85
Großbritannien	34,23
Rumänien (einschl. abgefack. Gas)	27,00
Chines. Volksrep. (S)	23,00
Iran	22,00
Mexiko (einschl. abgefack. Gas)	17,40
Italien	15,20
Venezuela	11,50
Polen	8,00
Argentinien	7,40
Frankreich	7,10
Algerien	6,00
Kuweit	5,00
Libyen	5,00
Ungarn	5,00
Indonesien (einschl. abgefack. u. repr. Gas)	4,50
Australien	4,00
Pakistan	4,00
Afghanistan	3,00
Saudi-Arabien	3,00
Japan	2,80
Chile	2,40
Irak	1,00
Nigerien	0,10

Weltförderung 1975/prov. (1974) 1312,7 (1297,0) Mrd. cbm – Die nachgewiesenen *Weltreserven* beliefen sich 1975 auf 64 000 Mrd. cbm, darunter u. a. in Mrd. cbm: RGW-Länder, China usw. 24 000 (UdSSR 22 650) – Naher Osten 15 260 (Iran 9330, Saudi-Arabien 2920) – Nordamerika 7600 (USA 6090) – Afrika 5870 (Algerien 3570, Nigerien 1255) – Westeuropa 5550 (Niederlande 2400, Großbritannien 1415, Norwegen 710, BR Deutschland 305, Österreich 20) – Lateinamerika 2560 (Venezuela 1190, Mexiko 340, Argentinien 205) – Ost- und Südasien 2220 (Pakistan 465, Indonesien 425, Japan 50) – Australien 920 – Die Weltförderung von Erdgas stagnierte 1975; in der BR Deutschland ging die Förderung erstmals leicht zurück. – Der *Anteil von Erdgas an der Dekkung des Energiebedarfs* erreichte 1975 in den westlichen Ländern *18 %* (Bundesrepublik 14 %) und lag damit nur um 1 % unter jenem von Kohle. – Ende November 1975 wurde in Teheran zwischen der »Nat. Iranian Gas Company«/NIGC, der sowjetischen »Sojusgasexport« und der »Ruhrgas AG«/Essen – ferner in Direktabkommen mit den anderen beteiligten Firmen – das **bisher größte Vertragswerk in der Geschichte der Energie** unterzeichnet; nach drei Jahren Anlaufzeit werden den westlichen Ländern jährlich 11 Mrd. cbm Erdgas aus den iranischen (bzw. evtl. im Austausch aus den sowjetischen) Erdgasfeldern zur Verfügung stehen, davon etwa die Hälfte der Bundesrepublik, ein Drittel Frankreich, den Benelux-Ländern und der Schweiz und ein Sechstel Österreich. Der Vertrag läuft bis zum Jahre 2003. Nach heutigen Preisen hat das iranische Erdgas einen Wert von etwa **40 Mrd.** DM. Für den zu Lasten des Iran und der UdSSR gehenden Bau der Gasleitungen, Pumpstationen usw. sind rund 10 Mrd. DM erforderlich; dieser Betrag wird z. T. von westlichen Banken vorfinanziert und im übrigen mit dem Erdgas bezahlt. Die AEG-Kanis Turbinenfabrik GmbH und die Mannesmann-Export AG liefern für die sowjetische Erdgas-Pipeline Orenburg-Chust 17 Gasturbinen-Kompressorstationen mit einem Auftragsvolumen von über 1,5 Mrd. DM. – **Vor der Küste des iranischen Hafens Buschihr** (Busher) am Persischen Golf wurde im Frühjahr nach Angaben der japanischen Zeitung »Asahi« von japanischen Geologen ein **Erdgasvorkommen** aufgefunden, das zu den **größten bisher bekannten** gehören soll. – Das **Leitungsnetz** der 492 Ortsgasversorgungen in der BR Deutschland hat eine Länge von mehr als 90 000 km; die 14 Ferngasunternehmen und Fördergesellschaften verfügen darüber hinaus über ein Netz von fast 15 000 km.

Erdölförderung 1975, z. T. prov. (1974) in Mill t; (einschl. Naturbenzin und Flüssiggas; Zahlen gerundet)

BR Deutschland	5,7	(6,2)
Österreich	2,0	(2,2)
Sowjetunion	491,0	(459,0)
USA (m. Öl aus Teersanden usw.)	468,5	(491,8)
Saudi-Arabien	337,3	(421,7)
Iran	268,7	(302,2)
Venezuela	123,4	(155,1)
Irak	111,3	(91,6)
Kuweit	93,3	(114,4)
Nigerien	87,8	(111,0)
Arab. Emirate (davon 1975: Abu Dhabi 64,6, Dubai 12,6)	77,2	(80,1)
Chines. Volksrep. (S)	70,0	(64,0)
Libyen	71,0	(74,8)

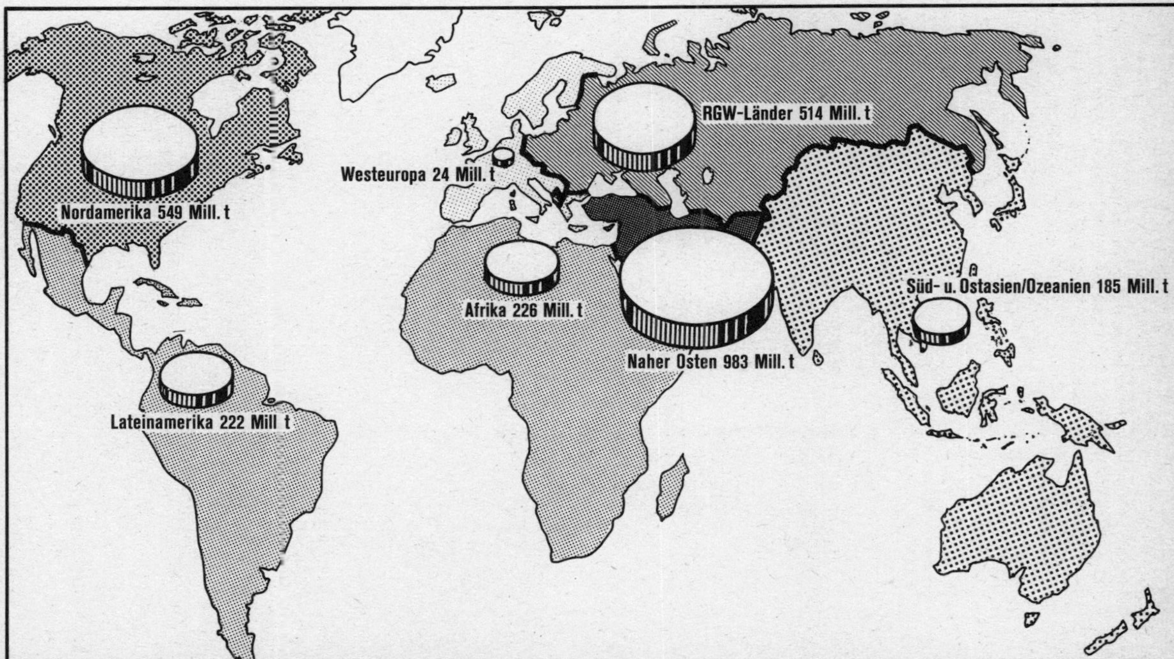

Die regionale Gliederung der Erdölförderung 1975
(Zahlen gerundet)

Indonesien	63,0	(68,2)
Algerien	42,6	(48,7)
Mexiko	37,5	(29,7)
Neutr. Zone (Kuw./Saudi-Ar.)	25,4	(29,0)
Katar	20,0	(24,8)
Argentinien	19,5	(21,1)
Australien/P.-Niugini	19,2	(18,9)
Oman	16,5	(14,3)
Ägypten	15,8	(12,2)
Rumänien	14,6	(14,5)
Gabun	11,5	(10,2)
Trinidad u. Tobago	10,0	(9,5)
Brunei/Sarâwak	9,6	(10,0)
Norwegen	9,4	(1,7)
Syrien	9,0	(6,5)
Brasilien	8,4	(8,6)
Indien	8,3	(7,5)
Ecuador	8,1	(9,0)
Kolumbien	8,0	(8,7)
Angola	7,0	(8,9)
Jugoslawien	3,7	(3,5)
Perú	3,5	(3,7)
Bahrein	3,1	(3,4)
Türkei	3,1	(3,4)
Volksrep. Kongo (1974/1973)	2,4	(2,0)
Ungarn	2,0	(2,0)
Bolivien	1,8	(2,1)
Niederlande	1,5	(1,5)
Großbritannien	1,1	(0,1)
Frankreich	1,0	(1,1)
Italien	1,0	(1,0)
Birma	0,9	(1,0)

Die *Weltförderung* von Erdöl belief sich 1975/prov. (1974) auf 2702 Mill. t (2873), d. h. sie **ging** in Auswirkung der Rezession in den westlichen Industrieländern **gegenüber dem Vorjahr um 6 %,** ohne die RGW-Länder und China sogar um 9,3 % **zurück.** Am stärksten drosselten ihre Förderung Saudi-Arabien, Venezuela, Nigerien sowie Kuweit und der Iran. Die Chines. Volksrep. und der Irak erhöhten ihre Förderung um je rund 22 %, die UdSSR um 7 %. Die **Sowjetunion erreichte 1975 erstmals die Spitze in der Erdölförderung,** da die bisher den ersten Rang behauptenden USA ihre Förderung verringerten. – **Von der Weltförderung entfielen 1975 35,8 % auf den Nahen Osten,** 21,9 % auf die RGW-Länder und China, 20,3 % auf Nordamerika, 9,0 % auf Afrika, 8,2 % auf Lateinamerika, 3,9 % auf Süd- und Ostasien sowie auf Australien/Ozeanien und 0,9 % auf **Westeuropa,** wobei dieses durch den Beginn des Ölleitungstransportes aus dem norwegischen **Ekofisk-Nordsee-Feld** seine Förderung zwar um 52 % steigerte, aber aus der eigenen Förderung nur 4 % des Verbrauchs deckte.

Die in der **OAPEC** (»Organization of Arabian Petroleum Exporting Countries«) zusammengeschlos-

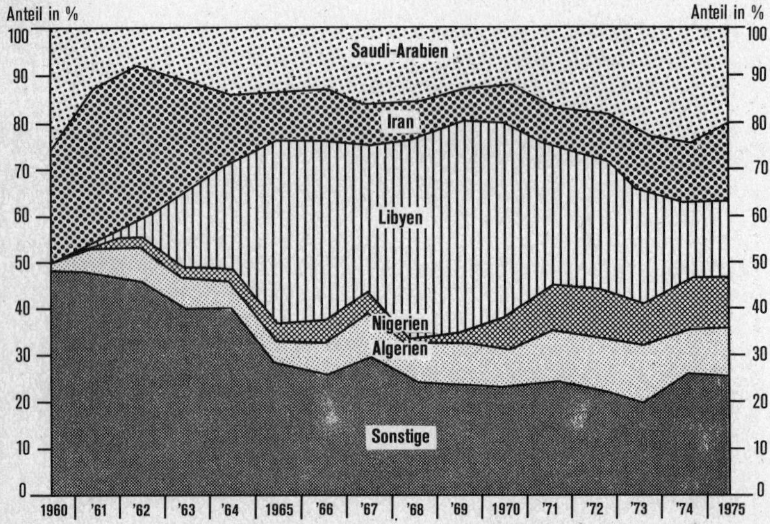

Die wichtigsten Rohöl-Lieferanten der BR Deutschland 1960–1975
Anteil an der Gesamt-Rohöleinfuhr in % (Nach »BP«; modifiz.)

senen Länder (Ägypten, Algerien, Bahrein, Irak, Katar, Kuweit, Libyen, Saudi-Arabien, Syrien und Vereinigte Arabische Emirate) verringerten 1975 ihre Produktion ebenso wie die Gesamtheit der in der **OPEC** (»Organization of Petroleum Exporting Countries«; Sekretariat in Kuweit; Gen.Sekretär: *Mo Feyide*) kooperierenden Länder (Algerien, Ecuador, Gabun, Indonesien, Irak, Iran, Katar, Kuweit, Libyen, Nigerien, Saudi-Arabien, Venezuela und die Ver. Arab. Emirate). **Bei den OPEC-Staaten ging die Förderung 1975 insgesamt um 13 % zurück, so daß der Anteil an der Weltförderung auf 48 % sank; die Einnahmen stiegen jedoch um über 94 Mrd. US-$ auf 105 Mrd. $ an,** da die Erhöhung der Ölpreise erst 1975 voll zur Geltung kam. (Einnahmen 1973: 23 Mrd. $). Nach »Esso Magazin« 1976/1 lieferten 1975 die OPEC-Mitglieder 62 % des in der westlichen Welt benötigten Erdöls; ihr Anteil am gesamten international gehandelten Erdöl liegt bei 90 %. Die **Zahlungsbilanz der OPEC** dürfte 1975 einen Überschuß von etwa 36 Mrd. $ aufgewiesen haben; der Gesamtbetrag der ausländischen Guthaben der Länder wird für 1975 auf weit über 90 Mrd. $ geschätzt. Die Entwicklungshilfe der OPEC-Länder ist stark angestiegen (s. »Weltchronik«/Entwicklungsländer).

Die relativ stärkste Entwicklung hat, noch dazu aus eigener Kraft, die **Chines. Volksrepublik** genommen, erhöhte sich doch ihre Förderung seit 1970 um mehr als das Sechsfache, so daß sie bereits an 10. Stelle im Weltrang steht; rund zwei Fünftel der Förderung kommen aus dem Feld Tatsching (Dajing), zwei Drittel der Reserven sind Offshore-Vorkommen.

Die **Verstaatlichungen** gingen 1975 weiter, u. a. im Irak, in Malaysia und in Venezuela. Die in bisher von Israel besetzten Gebieten der **Sinai-Halbinsel** gelegenen **Erdölreviere** (Abu Rodeis usw.) wurden vertragsgemäß **bis Ende November 1975 Ägypten übergeben.**

Im **Irak** wurde am 27. 12. 1975 die 810 km lange, von Haditah im Nordwesten zum Hafen Fao am Golf führende, strategisch wichtige **Erdölleitung** in Betrieb genommen.

Die **bisher tiefste Bohrung in Europa** (nicht in erster Linie auf der Suche nach Erdöl, sondern für allgemeine wissenschaftliche Zwecke) wurde 1975 mit 7500 m in der transkarpatischen Ukraine (UdSSR) erzielt.

In der **BR Deutschland** ging die Erdölförderung weiter zurück; an der Gesamtförderung von 5,7 Mill. t waren die Felder wie folgt in Mill. t beteiligt: Elbe–Weser und Weser–Ems sowie Felder westlich der Ems je zu 1,6, Reviere nördlich der Elbe 0,5, Sonstige 0,4.

Die **Weltreserven an Erdöl** wurden für Ende 1975 auf **89 551 Mill. t** geschätzt; davon besitzen in Mill. t bzw. % *Naher Osten* 50 079/55,9 (Saudi-Arabien allein 20 251, Kuweit 9365, Iran 8752, Irak 4602) – *RGW-Länder* und *China* 14 066/15,7 (UdSSR 10 930, nach anderen Schätzungen viel mehr; Chines. Volksrep. 2740) – *Afrika* 8695/9,7 (Libyen 3427, Nigerien 2726) – *Nordamerika* 5505/6,0 (USA 4449) – *Lateinamerika* 4972/5,6 (Venezuela 2527, Mexiko 1337) – *Westeuropa* 3453/3,9 (Großbritannien 2198, Norwegen 940, Italien 103, BR Deutschland 73 und u. a. Österreich 24) – *Süd- und Ostasien* sowie *Australien/Ozeanien* 2881/3,2 (Indonesien 1905, Brunei/Saráwak 273, Australien 219, Indien 123).

Bisher – von Förderungsbeginn bis Ende 1975 – sind **insgesamt rund 47 Mrd. t Erdöl verbraucht worden.** In den letzten drei Jahrzehnten ist 1974 erstmals der **Welt-Mineralölverbrauch zurückgegangen;** 1975 setzte sich diese Entwicklung fort. **Verbrauchsrekordjahr** war **1973** mit **2784 Mill. t** (davon 2340 Mill. t in den westlichen Ländern); 1974 ging der Weltverbrauch auf 2748 Mill. t und 1975 als Folge der Rezession in den westlichen Industrieländern auf 2694 Mill. t (westliche Länder 2160 Mill. t) zurück; in den westlichen Ländern lag der Verbrauch somit um 175 Mill. t bzw. 7,5 % unter jenem von 1973. Im einzelnen nahm der Verbrauch in % wie folgt ab: Japan 10, Großbritannien 8,7, Frankreich 7,9, Italien 7,3, Österreich 5,6, BR Deutschland 4,2 (Westeuropa insgesamt 5,1) und u. a. USA 1,2. **Die größten Ölverbraucher** waren 1975 in Mill. t: USA 764 – UdSSR 373 – Japan 238 – BR Deutschland 129 – Frankreich 108 – Italien 95 – Großbritannien 92 – Kanada 88 – Chines. Volksrep. 69 – Spanien 43. – **Mineralöl deckt** (ohne RGW-Länder und China) **rund 54 % des Energiebedarfs der Welt.**

Die **Raffinerie-Kapazität der Welt** erhöhte sich 1975 um 3,7 % auf 3,59 Mrd. t, doch ging die Kapazitätsauslastung auf 75 % (1973 85 %), in Westeuropa im Durchschnitt sogar auf 65 % zurück. – Die Raffineriekapazität belief sich 1975 in Mill. t nach den wichtigsten Ländern in den einzelnen Regionen wie folgt: *Afrika:* Rep. Südafrika 21,7 – Ägypten 9,0 – *Amerika:* USA 468,5 – Kanada 80,0 – Venezuela 72,5 – Brasilien 49,3 – Niederl. Antillen 42,5 – Mexiko 38,0 – Argentinien 34,2 – *Asien:* Japan 270,9 – Chines. Volksrep. 64,0 – Malaysia/Singapur 52,3 – Iran 39,0 – Kuweit 30,2 – Indien 28,2 – Saudi-Arabien 26,9 – *Australien:* 35,4 – *Westeuropa:* Italien 185,5 – Frankreich 164,7 – BR Deutschland 153,9 – Großbritannien 146,4 – Niederlande 100,8 und u. a. Österreich 14,5, Schweiz 6,8 –

RGW-Länder: UdSSR 480,0 – DDR 23,3 – Rumänien 19. – Der **Rohölpreis in den RGW-Ländern** belief sich 1975 (nach Angaben in »Deutsche Außenpolitik« [Berlin/Ost] für die DDR) auf 35 Rubel, d. h. er lag um etwa die Hälfte niedriger als der Preis, den Unternehmen der BR Deutschland ab Grenze zu zahlen hatten.

Die deutschen Ölgesellschaften nahmen für 1 l Mineralöl (Durchschnitt aller Produkte wie Heizöl, Benzin usw.) **Ende 1975 37 Pf. ein; davon waren zu zahlen** 18 Pf. an das Förderland und 14 Pf. Mineralöl- und Mehrwertsteuer, während 5 Pf. den Gesellschaften für ihre Gesamtausgaben verblieben (nach »Handelsblatt« v. 2./3. 1. 1976; für die folgenden Angaben: 19./20. 12. 1975).

Die EG-Kommission in Brüssel kommt in einer Studie zu dem Schluß, daß die internationalen Mineralölkonzerne zwischen Oktober 1973 und März 1974, also während der sogen. »Ölkrise«, dafür gesorgt haben, daß es innerhalb der EG zu keiner echten Versorgungskrise gekommen ist; verbotene Kartellbildung oder mißbräuchlich ausgenutzte Marktmacht konnte nicht festgestellt werden.

In der *Volksrepublik China* (Provinz Szetschuan) wurde *mit 6011 m die bisher tiefste chinesische Bohrung* niedergebracht.

Die *SUMED-Ölleitung* Ain Suchna (Golf v. Suez) – Sidi Kreir – Alexandrien (Ägypten) soll Ende 1976 in der ersten Ausbaustufe mit einer jährl. Kapazität von 70 Mill. t fertiggestellt werden (Endstufe 117 Mill. t). (*Bibliographischer Hinweis:* Hager, W., Erdöl u. internationale Politik, München 1975.)

Gold-Gewinnung (Bergbauproduktion, vereinzelt auch Raffinerieproduktion) 1974 nach UNO in kg: Rep. Südafrika 759 471 – Sowjetunion (S) 1974 bis 370 000 (1975 S 390 000–440 000 kg) – Kanada 52 826 – USA 34 894 – Ghana 22 669 – Papua-Niugini (1. 7. 72–30. 6. 73) 18 685 – Philippinen 16 684 – Australien 16 240 – Rhodesien (S) 15 000 – BR Deutschland (Raff. Pr.) 9298 – Kolumbien 8244 – Jugoslawien 5279 – 1973 u. a. Japan 6008 – Brasilien (S) 5000 – Zaïre 4157 – Mexiko 4117 – Chile 3244 – Indien 2946 – Schweden 2524 – Fidschi 2488 – Nicaragua 2371 (Export) – Frankreich 1718 – Bolivien 1152 – *Weltproduktion* 1973 (ohne UdSSR und China) 1 135 000 kg. – In der *Rep. Südafrika* wurden nach offiz. Angaben 1975 708 068 kg Gold gewonnen. – Der *Goldpreis je Feinunze* fiel von Ende 1974 bis Ende 1975 von über 160 auf weniger als 130 US-$, im August 1976 zeitweise auf 102 $ u. erholte sich sodann wieder (Anf. Sept. 1976 115 $).

Im Rahmen des hauptsächlich **zugunsten der Entwicklungsländer** (»Trust Fonds«) vorgesehenen **Goldverkaufs des Internat. Währungsfonds**/IWF (IMF) wurden aus der insgesamt 25 Mill. Unzen umfassenden Liquidationsmenge im Juli 1976 780 000 Feinunzen zum Durchschnittspreis von 122,05 $ je Unze abgegeben (3. Aukt. Sept. 1976). – 1975 wurden von d. im Westen insg. angebotenen Goldmenge von 1220 t schätzungsweise 800 t gehortet und 420 t industriell verbraucht. – Nach Londoner Schätzungen hat die UdSSR 1975 im Westen rund 140 t Gold verkauft; ihre **Gesamtgoldreserven** werden (einschl. der im II. Weltkrieg requirierten Mengen) auf 3500–4500 t geschätzt.

Kali-Gewinnung (K_2O-Inhalt) 1973 (z. T. prov.) in 1000 t: Sowjetunion 5715 – Kanada 4021 – BR Deutschland (1975 abbaufähige Kalisalze) 2222 – DDR (1974) 2864 – USA 2361 – Frankreich 2260 – Spanien 576 – Israel 544 – Volksrep. Kongo 442 – Chinesische Volksrepublik (S) 300 – Italien 215 – *Weltproduktion* 1973 (1972) 21,99 (20,49) Mill. t.

Kupfer (Bergwerksproduktion; Cu-Inhalt von Erzen, z. T. von Konzentraten) in 1000 t (Nach UNO-Angaben und »Metallstatistik«)

BR Deutschland (1975)	2,0
DDR (1974)	1,1
Österreich (1974)	2,9
USA (ausbringb. K., 1974)	1 440,0
Sowjetunion (1974)	1 150,0
Chile (1974)	904,8
Kanada (Exportmat., 1974)	822,8
Sambia (Exportmat., 1974)	698,4
Zaïre (1974)	452,4
Australien (1. 7. 74–30. 6. 75)	231,6
Philippinen (1974)	222,0
Perú (1974)	213,6
Polen (1974)	202,0
Rep. Südafrika (Exportmat., 1974)	170,0
Chines. Volksrep. u. Nord-Korea (zus., 1974 S)	140,0
Jugoslawien (1975)	114,9
Mexiko (1974)	84,7
Japan (1974)	82,2
Bulgarien (1974)	50,0
Türkei (1974)	40,7
Indien (1974)	39,0
Finnland (1974)	36,7
Norwegen (1975)	28,9
Südwestafrika/Namibia (1974)	26,1
Rhodesien (Exportmat., 1974)	21,4
Spanien (1975)	21,3

Weltförderung (nach UNO-Angaben, ohne China) 1975 (1974) 7,64 (7,75) Mill. t. – *Weltverbrauch* von raff. Kupfer (nach »Metallstatistik«)

1974 (1973) 8,32 (8,79) Mill. t – 1974 in 1000 t: USA 1956,4 – UdSSR 1170,0 – Japan 831,0 – BR Deutschland 731,0 – Großbritannien 496,9 – Frankreich 414,2 – Italien 308,0 – Kanada 270,0 – Hauptlieferanten der BR Deutschland sind für Erze Papua-Niugini (rund ein Drittel) und Chile sowie Kanada (je fast ein Fünftel), für Rohkupfer Chile, Belgien und Sambia. – Je über zwei Fünftel der *Reserven an Kupfererzen* befinden sich in den westlichen Industrieländern und in den Entwicklungsländern, der Rest in den RGW-Ländern. – 1967 schlossen sich Australien, Chile, Indonesien, Papua-Niugini, Perú, Sambia und Zaïre zum »Conseil Intergouvernemental des Pays Exportateur de Cuivre«/**CIPEC** (Sitz Paris) zusammen, um – bisher mit wenig Erfolg – auf dem Weltmarkt stabilere Preise zu erzielen, doch verfolgen sie, wegen Nichteinigung in wichtigen Punkten, ab 1. 7. 1976 keine gemeinsame Produktionspolitik mehr. – Ende 1975 beliefen sich die Lagerbestände der westlichen Welt auf 800 000 t.

Magnesit-Gewinnung 1973 (z. T. prov.) in 1000 t u. a.: Korean. Volksdem. Rep. (Nord-K., S) 1724,0 – Sowjetunion 1550 – Österreich 1414,3 – Chinesische Volksrepublik (S) 1000 – Griechenland (1972) 917,0 – Tschechoslowakei (1972) 628,9 – Jugoslawien 383,7 – Türkei (1972) 334,6 – Spanien 300,0 – Indien 193,3 – *Weltgewinnung* (ohne Bulgarien, Kanada und USA, für die keine Daten gegeben sind) 1973 (1972) 9,04 (8,95) Mill. t.

Mangan-Gewinnung (Mn-Inhalt) 1973 (z. T. prov.) in 1000 t u. a.: Sowjetunion 2838,6 – Rep. Südafrika 1375,2 – Brasilien (S) 1035,5 – Gabun 979,2 – Australien 632,5 – Indien 542,5 – Ghana 313,0 – Chinesische Volksrepublik (S) 300,0 – Zaïre 170,0 – Mexiko 131,0 – Marokko 121,9 – *Weltgewinnung* 1973 (1972) 9,20 (8,49) Mill. t. – Die BR Deutschland bezieht Mangan vor allem aus Südafrika, Gabun und Australien. – Von den *Weltreserven* befinden sich über 50 % in den westlichen Industrieländern, ein Fünftel in den Entwicklungsländern und ein Sechstel in den RGW-Ländern.

Molybdän-Gewinnung (Mo-Inhalt, z. T. von Konzentraten; Bergwerksproduktion) 1973 (z. T. prov.) in t u. a.: USA 52 553 – Kanada (Abtransport von Bergwerken) 12 451 – Sowjetunion (S 1972) 8200 – Chile 4843 – Schweden 2083 – Chines. Volksrep. (S) 1500 – Perú (1972) 777 – Norwegen (1972) 313 – Japan 156 – Rep. Korea (Süd-K.) 118 – *Weltgewinnung* 1973 prov. (1972) 83 040 (82 950) t. – Hauptlieferanten der BR Deutschland sind die USA (über 50 %), Chile und Kanada. – Rund 80 % der auf 8,8 Mill. t (Mn-Inhalt) geschätzten *Weltvorräte* befinden sich in Amerika (USA 40 %, Chile 24 %, Kanada 6 %), etwa 18 % in den RGW-Ländern und China.

Nickel-Gewinnung (Ni-Inhalt, z. T. von Konzentraten; Bergwerksproduktion) 1974 in t u. a.: Kanada 262 000 (S 1975 242 700) – Sowjetunion (S 1973) 136 000 – Neukaledonien 128 000 – Australien 41 000 – Cuba (S) 32 000 – Dominikan. Rep. 30 000 – Rep. Südafrika 21 000 – Indonesien 16 000 – USA 16 000 – Griechenland 15 000 – Finnland (1973) 7228 – Brasilien (1972) 3398 – Polen (S) 2000 – *Weltgewinnung* 1974/prov. (1973) 700 000 (665 000) t. – Von den *Weltreserven* befinden sich je über zwei Fünftel in den westlichen Industrieländern und in den Entwicklungsländern, der Rest in den RGW-Ländern. Die Hauptlieferanten der BR Deutschland sind Großbritannien, Australien und Norwegen, für Ferronickel, Neukaledonien und Griechenland.

Phosphat-Gewinnung (Naturphosphate u. Apatite; wechselnder P_2O_5-Gehalt) 1973 (z. T. prov.) in 1000 t u. a.: USA 38 226 – Sowjetunion (S) 21 230 – Marokko 1974 (19 750) – Tunesien 3474 – Chines. Volksrep. (S) 3000 – Togo 2272 – Rep. Südafrika 2063 – Nauru (1972 Ausfuhr 1. 7. 72–30. 6. 73) 1906 – Senegal 1533 – Christmas Island 1529 – Jordanien 1081 – Israel 780 – Span. Sahara 696 – Algerien 608 – Gilbert- u. Ellice-Inseln (1972, Ausfuhr) 511 – Dem. Rep. Vietnam (Nord-V., S) 500 – Volksdem. Rep. Korea (Nord-K., S) 360 – Brasilien 250 – *Weltgewinnung* (ohne Guano) 1973/prov. (1972) 98,50 (92,40) Mill. t. – Von den *Weltreserven* befinden sich über zwei Fünftel in den Entwicklungsländern (bes. Marokko), fast zwei Fünftel in den westlichen Industrieländern und der Rest in den RGW-Ländern. – Hauptlieferanten der BR Deutschland sind die USA (bis 50 %), die UdSSR und Marokko.

Platin-Gewinnung (Metallinhalt) u. a. in kg: Sowjetunion (S 1972) 77 200 – Rep. Südafrika (1972) 48 600 – Kanada (1972) 15 700; außerdem 1968: Kolumbien 469 – USA 460 – Japan 228 – *Weltgewinnung* 1968 rund 106 000 kg (S), 1972 143 432 kg – 1968 lag der Spitzenpreis für Platin je Feinunze bei 300 US-$, 1975 bei unter 150 $.

Quecksilber-Gewinnung 1973 (z. T. prov.) u. a. in t: Spanien 2071 – Sowjetunion (S) 1792 – Italien 1155 – Chines. Volksrep. (S) 900 – Jugoslawien 538 – Algerien 456 – Kanada 428 – Türkei 291 – Tschechoslowakei (S) 241 – Mexiko 197 (1972: 776) – Perú 107 – USA 75 – Philippinen 74 –

Weltgewinnung 1973 (1972) 7970 (9130) t. – Seit 1975 sind Italien, Jugoslawien, Perú, Spanien und die Türkei zu einem internat. Verband der Q.-Produzenten zusammengeschlossen, um Absatz und Preise abzustimmen.

Salz-Gewinnung (NaCl; Stein-, Siede- u. Meersalz) 1973 (z. T. prov.) u. a. in 1000 t: USA 39 834 – Chines. Volksrep. (S) 18 100 – Sowjetunion (S) 12 860 – Großbritannien u. Nordirld. (1971) 9293 – BR Deutschland (1975) 6412 – DDR (1974) 2250 – Indien 6864 – Frankreich 4849 – Kanada 4833 – Mexiko 4319 – Australien (1. 7. 72–30. 6. 73) 3671 – Rumänien 3296 – Polen 3078 – Niederlande 3059 – Spanien 2022 – *Weltgewinnung* 1973/prov. (1972) 147,70 (147,00) Mill. t.

Schwefel-Gewinnung (Elementarschwefel) 1973 (z. T. prov.) in 1000 t u. a.: USA 10 182 – Kanada 7407 – Sowjetunion (S) 4150 – Frankreich 1803 – Polen 3541 – Mexiko 1608 – Irak 683 – Japan 681 – Chines. Volksrep. (S) 130 – Italien 160 – *Weltproduktion* 1973 32,06 Mill. t.

Silber-Gewinnung (Bergwerksproduktion, Silber-Inhalt; nach »Metallstatistik«) 1974 in t u. a.: Sowjetunion (S) 1500,0 – Kanada 1308,8 – Perú 1260,0 – Mexiko 1168,0 – USA 1052,0 – Australien 672,3 – Japan 226,3 – Polen (S) 190,0 – Bolivien 177,0 – Chile (S) 170,0 – Jugoslawien (Hüttenproduktion) 146,2 – Schweden 141,4 – (BR Deutschland 38,2 – Österreich etwa 6,0) – *Weltproduktion* (nach »Metallstatistik«) 1974 (1973) 9305,6 (9662,8) t.

Steinkohlenförderung 1975/z. T. prov. (1974) in Mill. t

BR Deutschland	92,39	(94,87)
DDR	0,54	(0,59)
Sowjetunion (1975 mit Braunkohle)	701,00	(473,40)
USA	584,82	(539,10)
Chines. Volksrep. (S, einschl. Braunkohle)	430,00	(450,00)
Rep. China (Taiwan, S)	5,00	(4,80)
Polen	171,62	(162,00)
Großbritannien	128,66	(109,24)
Indien (S)	95,00	(83,93)
Australien (jew. 1. 7.–30. 6.)	70,17	(59,34)
Rep. Südafrika	69,50	(65,02)
Tschechoslowakei	28,12	(27,97)
Korean. Volksdem. Rep. (Nord-K., S)	28,00	(26,50)
Rep. Korea (Süd-K.)	17,45	(15,29)
Frankreich	22,40	(22,90)
Kanada	21,70	(17,37)
Japan (einschl. 7 % Braunkohle)	18,99	(20,35)
Rumänien	10,60	(8,70)
Spanien	10,57	(10,25)
Belgien	7,47	(8,11)
Mexiko (1974 bzw. 1973)	5,16	(4,26)
Türkei (1974 bzw. 1973)	4,97	(4,64)
Kolumbien (1974 bzw. 1973)	3,14	(3,62)
Rhodesien (1973 bzw. 1972)	3,06	(2,78)
Ungarn	3,02	(3,20)
Brasilien (1974 bzw. 1973)	2,58	(2,29)

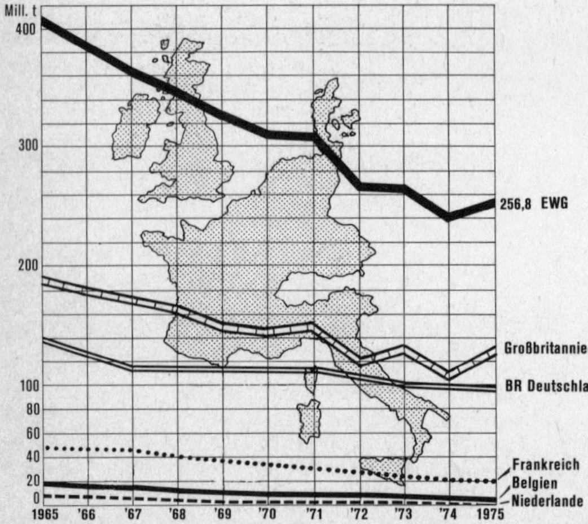

Entwicklung der Steinkohlenförderung in der EG

Die Regierung der USA gab am 11. 5. 1976 bekannt, daß sie durch besondere Maßnahmen bis zum Jahre 1985 die Erhöhung der Kohleförderung auf jährlich 1213 Mill. t erreichen wolle. – **In Indien** ereignete sich durch Wassereinbruch in einer Zeche bei Bihar am 27. 12. 1975 **eine der größten Katastrophen in der Geschichte des Kohlenbergbaus**; nach offiz. Angaben verloren 372, nach inoffiz. Berichten mindestens 800 Bergleute ihr Leben.

Weltförderung von Steinkohle (nach UNO-Angaben, ohne China) 1975 (1974) 1877 (1797) Mill. t, einschließlich der Schätzungen für China 2225 (2199) Mill. t – Die Gesamtförderung in der EG erhöhte sich dank d. brit. Steigerung 1976 um 6 %. – In d. *BR Deutschland*, in d. 1961 eine Förderung v. 142,7 Mill. t zu verzeichnen war, zeigte sich ein Ende d. 60er u. Anfang d. 70er Jahre verlangsamender *Rückgang*, bis 1975 mit 92,4 Mill. d. bisherige Tiefststand erreicht wurde. Die »Ölkrise« von 1973/74 änderte an dieser Entwicklung nichts. Der Absatz verringerte sich 1975 erneut um 2,5 Mill. t, so daß Ende 1975 die *Haldenbestände* auf 14 Mill. t anwuchsen. Die *gesamten Haldenbestände* v. Steinkohle und Koks (Koks in Steinkohle umgerechnet) erreichten *Anfang April 1976* einen Umfang v. 20,5 Mill. t u. waren damit am größten seit April 1967 (28,3 Mill. t). – Die *Zahl der Beschäftigten* im Steinkohlenbergbau d. BR Deutschland verringerte sich v. 490 000 (davon 297 000 unter Tage) im Jahre 1960 auf 203 000 (= etwa 3 % der industriellen Arbeitsplätze) 1975, von denen 110 000 unter Tage eingesetzt waren. Die *Schichtleistung* je Mann unter Tage stieg von 2063 kg im Jahre 1960 auf 4068 kg im Jahre 1973 und fiel 1974 auf 3937 kg und im 1. Hj. 1975 auf 3867 kg. – Ab 1. 4. 1976 wird von dem Stromversorgungsunternehmen je Kilowattstunde im Durchschnitt ein halber Pfennig erhoben (sogen. *»Kohlepfennig«*) und von einer Zentralstelle aus anteilsmäßig an die Kraftwerksunternehmen gegeben, die bundesdeutsche Steinkohle verfeuern; über die jeweilige Höhe der Abgabe, die die Verwendung einer Mindestmenge von Steinkohle in der Elektrizitätserzeugung sichern soll, entscheidet für die Dauer eines Jahres der Bundeswirtschaftsminister. – Die *Steinkohleneinfuhr* belief sich 1975 auf 4,7 Mill. t. – Auf dem IX. Weltbergbau-Kongreß (Mai 1976 in Düsseldorf) wurde die Bedeutung der Kohle als Energielieferant der Zukunft besonders unterstrichen. – Die französische Gesellschaft »Sidechar« erwarb im Mai 1976 8 % des Grundkapitals der *»Ruhr-Kohle AG«*.

Die *Steinkohlenreserven der Welt,* über die im einzelnen sehr verschiedene Werte angegeben werden, belaufen sich nach UNO-Angaben insgesamt auf 8 134 374 Mill. t; von den wirtschaftlich nutzbaren Reserven im Umfang von 1 076 661 Mill. t entfallen in Mill. t: 317 451 auf die USA, 300 000 auf China, 165 802 auf die UdSSR, 44 001 auf die BR Deutschland, 32 425 auf Polen, 25 540 auf Australien, 24 224 auf die Rep. Südafrika und u. a. 21 365 auf Indien (1 auf Österreich). – *Der Anteil von Kohle am Weltenergie-Verbrauch* wird für 1975 auf etwa ein Drittel, der *Anteil an den Welt-Energievorräten* auf 88 % geschätzt (ohne Atomenergiegewinnung).

Uran-Gewinnung (U_3O_8-Inhalt; nach IAEO- und OECD-Angaben) in ausgewählten Ländern 1973 in t: USA 10 164 – Kanada 3696 – Rep. Südafrika 2695 – Frankreich 1540 – Niger 1000 – Gabun 385 – Australien (1970) 254 (nach neuesten An-

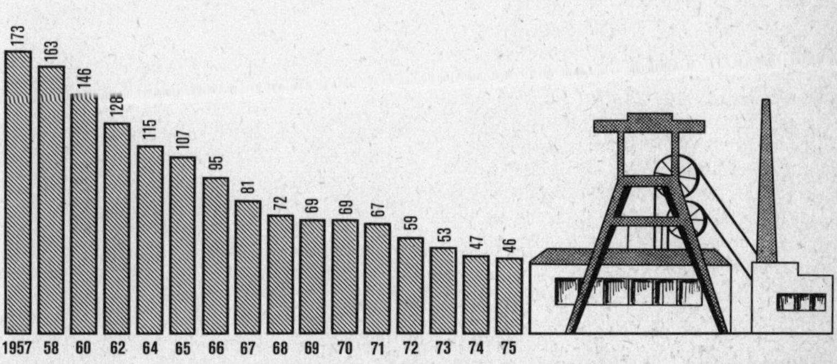

Verringerung von Schachtanlagen im Steinkohlenbergbau der BR Deutschland durch Stillegung seit 1957

gaben 400) – Portugal 81 – Spanien 60 – Argentinien 25 – Japan 15 – Schweden 7 – (verläßliche Angaben aus den RGW-Ländern, China und Korea nicht greifbar) – *Vorräte* (z. T. geschätzt, ohne RGW-Länder, China, Korea) Anfang 1973 in t: USA 262 000 – Rep. Südafrika 202 000 – Kanada 185 000 – Australien 161 000 – Niger 40 000 – Frankreich 36 600 – Gabun 20 000 – Argentinien 9200 – Spanien 8500 – Zentralfrikan. Republik 8000 – Portugal 6400 – Jugoslawien 6000 – Grönland 5600 – Japan 2800 – Brasilien 2500 – Türkei 2200 – Zaïre 1800 – Italien 1200 – Mexiko 1000. – Die EG-Länder hatten 1975 einen Bedarf von 4760 t an U_3O_8; nach Angaben der EG-Versorgungsstellen (URENCO, EURODIF) wurde dieser Bedarf zu 100 % aus nichteuropäischen Ländern gedeckt (Bedarf 1976 etwa 5440 t). 1985 soll die EG zu 50 % Selbstversorger sein. Die UdSSR wird bis zum Jahre 2000 angereichertes Uran im Werte von etwa 3,8 Mrd. DM an die Bundesrepublik liefern.

Vanadium-Gewinnung (V-Inhalt der Erze) 1973 (z. T. prov., z. T. geschätzte Ausbringung) in t u. a.: Rep. Südafrika 8163 – USA 3971 – Sowjetunion (S) 3357 – Finnland 1259 – Chile 960 – Südwestafrika (Namibia) 730 – Norwegen 726 – Frankreich 82 – *Weltgewinnung* (ohne China und einige andere Länder) 1973/prov. (1972) 19 250 (18 610) t. – Die Rep. Südafrika liefert etwa 60 % des Vanadium-Bedarfs der BR Deutschland; der Rest kommt vor allem aus RGW-Ländern.

Wasservorräte der Erde (Nach Raymond L. Nace vom US Geological Survey). Insgesamt etwa 1 321 890 000 cbm; davon in den Meeren 97,2 %, in den polaren Eiskappen und Gletschern 2,15 %, im Grundwasser 0,625 %, in Seen, Binnenmeeren, Flüssen 0,017 % (230 000 cbm) und in der Atmosphäre 0,001 % (13 000 cbm). Nach anderen Angaben insgesamt $1{,}64 \cdot 10^{18}$ t, davon flüssig, d. h. vor allem in den Meeren, $1{,}37 \cdot 10^{18}$ t, als Eis der Polarkappen usw $29{,}1 \cdot 10^{15}$ t, als Wasserdampf in der Lufthülle $12{,}4 \cdot 10^{12}$ t und in gebundener Form in den Sedimentgesteinen $36 \cdot 10^{15}$ t. – Nach Angaben der II. Weltwasserkonferenz, die im Dezember 1975 in Delhi (Indien) stattfand, haben mehr als 1 Milliarde Menschen in Afrika, Asien und Lateinamerika keine ausreichende Trinkwasserversorgung.

Wolfram-Gewinnung (WO_3-Inhalt von Konzentraten) 1973 (z. T. prov.) in t u. a.: Chines. Volksrep. (S) 10 100 – Sowjetunion (S) 9300 – USA (Abtransport von Bergwerken) 4038 – Rep. Korea (Süd-K.) 2839 – Bolivien (Ausfuhr) 2752 – Thailand 2733 – Korean. Volksdem. Republ. (Nord-K., S) 2700 – Kanada (Abtransport von Bergwerken) 2627 – Portugal 1951 – Australien 1876 – Japan 1096 – Frankreich 1049 – Perú (Ausfuhr) 1003 – Brasilien (1972) 905 – *Weltgewinnung* (S) 1973 (1972) 48 230 (46 770) t – Die wichtigsten Wolfram-Lieferanten der BR Deutschland sind die Chines. Volksrepublik, ferner die USA sowie die Rep. Korea und Frankreich (als Vermittler anderer Länder). Die Einfuhr verringerte sich in den letzten Jahren wegen des Rückgangs der Stahlerzeugung; 1975 betrug sie 3400 t.

Zink-Gewinnung (Bergbauproduktion; Zn-Inhalt von Erzen und Konzentraten, ohne Zinkinhalt von Schwefelkies; nach »Metallstatistik«) 1974 in 1000 t u. a.: Kanada 1121,7 – Sowjetunion (S) 950,0 – Australien 453,5 – USA 448,6 – Perú (ausgebr. Zn-Gehalt) 387,0 – Mexiko 262,7 – Japan 240,8 – Polen 200,0 – Korean. Volksdem. Rep. (S) 160,0 – Chines. Volksrep. (S) 130,0 – BR Deutschland (ausgebr. Zn-Inhalt) 116,4 – Schweden 108,9 – Zaïre 90,0 – (u. a. Österreich 21,0. – *Weltproduktion* 1974/prov. (1973) 5,89 (5,90) Mill. t. – Wichtigste Erz-Lieferanten der BR Deutschland sind Kanada (fast die Hälfte), Schweden und Perú; führender Hüttenzinklieferant sind die Benelux-Länder. – Über zwei Drittel der *Weltreserven* von Zinkerzen befinden sich in den westlichen Industrieländern, je ein Sechstel in den RGW-Ländern und in Entwicklungsländern.

Zinn-Gewinnung (Bergbauproduktion; Sn-Inhalt von Erzen und Konzentraten; nach »Metallstatistik«) 1974/z. T. prov. in 1000 t u. a.: Malaysia 68,1 – Bolivien 28,9 – Indonesien 25,0 – Chines. Volksrep. (S) 23,0 – Thailand 20,3 – Sowjetunion (S) 13,0 – Australien 10,3 – Nigerien 5,5 – Zaïre 4,4 – Brasilien 4,0 – Großbritannien 3,2 – Rep. Südafrika 2,6 – *Weltproduktion* 1974/prov. (1973) 217 200 (226 300) t bzw. nach UNO-Angaben (ohne RGW-Länder, China, Nord-Vietnam und Nord-Korea) 1975 175 000 t (Welt insg. S 210 000 t). – Wichtigste Lieferanten d. BR Deutschland sind mit einem Anteil v. je über einem Fünftel Bolivien, Indonesien u. Malaysia. – Der 1956 beschlossene und seither mehrfach erneuerte »Internat. Zinn-Rat«/**ITC,** dem seit dem 1976 erfolgten Beitritt der USA 30 Erzeuger- und Verbraucherländer angehören, ist bemüht, durch Stützungskäufe oder Produktionsbeschränkungen den Weltmarkt vor zu starken Preisschwankungen zu bewahren.

INDUSTRIE

Die **Weltindustrieproduktion zeigte 1975** unter dem Einfluß der 1974 einsetzenden Rezession in den westlichen Industrieländern, abgesehen von der Nahrungsmittelindustrie, deutlich einen Rückgang oder Stagnation, trotz der – wenn auch in verschiedenem Ausmaß – Produktionssteigerung in den RGW-Ländern, die erneut in der Schwerindustrie am kräftigsten war, während sie in den westlichen Industrieländern gerade in diesem Sektor den stärksten Rückschlag erfuhr.

In der **BR Deutschland** ging nach dem Konjunktureinbruch von 1974 auch **1975** die **negative Entwicklung** weiter, nahm doch die industrielle Produktion gegenüber dem Vorjahr um rund 7 % ab, und zwar am **stärksten im 1. Halbjahr,** während im letzten Vierteljahr in Auswirkung der befristeten Investitionszulage und der Nachfragebelebung die Entwicklung positiver verlief, wenn auch die Produktion immer noch um 1,6 % unter dem entsprechenden Vorjahresergebnis lag. **Am meisten** waren die **Produktionsgüter- und Grundstoffindustrien vom Rückgang betroffen** (−13 %), während die Verbrauchsgüterindustrie in der Erzeugung nur einen solchen um 2,3 % und die Nahrungs- und Genußmittelindustrie nur um 0,1 % aufwiesen. – Im **Bauhauptgewerbe** wurde 1975 mit 1,83 Mrd. geleisteten Arbeitsstunden (gegenüber 1974 −11,6 %) der **niedrigste Stand seit Beginn der 60er Jahre** verzeichnet. Die seit 1973 einsetzende Nachfrageverminderung nach baugewerblichen Leistungen wurde 1975 jedoch durch Nachfragebelebung beendet. Im Bauhauptgewerbe waren 1975 im Mittel 1,21 Mill. Personen beschäftigt (gegenüber 1974 −10,5 %); der Umsatz nahm mit 72,25 Mrd. DM gegenüber 1974 nominal um 2,6 %, real jedoch weit stärker ab. In den einzelnen Ländern verlief die Entwicklung unterschiedlich, am ungünstigsten im Saarland.

In der Gesamtindustrie waren **1975** (nach »Wirtschaft und Statistik« 1976/2) im Durchschnitt **7.61 Mill. Personen tätig, d. h. um 6,5 % weniger als 1974;** am Rückgang waren, vom Schiffbau abgesehen, alle Investitionsgüterindustrien beteiligt, desgleichen auch alle Zweige in der Konsumgüterindustrie, besonders stark die Textil- und Bekleidungsindustrie. – Der **Gesamtumsatz der Industrie** erreichte 1975 eine Höhe von 733,86 Mrd. DM; es war damit **erstmals seit 1967 auch nominal ein Umsatzrückgang (um 3 %) vorhanden, erstmals auch seit 1950 im Auslandsumsatz** (−5,7 %), auf den 23,5 % (1974 24,2 %) vom Gesamtumsatz entfielen.

Der Anteil der (direkt und indirekt) **von der Güter- und Dienstleistungsausfuhr abhängigen Erwerbstätigen** an der Gesamtzahl der Beschäftigten stieg von 17,1 % 1972 auf 20,6 % 1975 und ging 1975 nur leicht auf 20,1 % zurück, so daß (nach »DIW/Wochenbericht« 1976/22) bereits **jeder fünfte Erwerbstätige von der Ausfuhr abhängig ist,** d. h. insgesamt 4,6 Mill., in der Industrie allein 2,5

Indexziffern der Industrieproduktion 1970 = 100
(Nach »Monthly Bulletin of Statistics«, Mai 1976; UNO-Publ.)

Gebiet	*Jahr*	*Verarb. Industrie insges.*	*Leicht-Industrie*	*Schwer-Industrie*	*Nahrungsm. u. Getränke-, Tabakind.*	*Textil-Industrie*
Welt[1]	1960	52	61	47	62	67
	1974	127	120	131	120	117
	1975[2]	124	120	126	126	115
Westliche Industrieländer[3]	1960	56	65	52	66	59
	1974	121	116	124	117	113
	1975[2]	111	113	110	121	109
RGW-länder[4]	1960	42	54	36	55	61
	1974	142	129	148	126	127
	1975[2]	156	138	164	137	132
Entwicklungsländer[5]	1960	54	64	44	63	71
	1974	136	127	147	126	141

[1] = Ohne Albanien u. ohne kommunist. Länder Asiens; [2] = 1975 Juli/Sept.; [3] = Westeuropa, Israel, Japan, Rep. Südafrika, Australien, Neuseeland, Nordamerika; [4] = Bulgarien, DDR, Polen, Rumänien, Tschechoslowakei, UdSSR, Ungarn; [5] = ohne kommunistische Entwicklungsländer

Mill. (einschl. indirekt 3,1 Mill., davon 1,71 allein in der Investitionsgüterindustrie). – Die **Kapazitätsauslastung** (als volle Auslastung gelten 92 %) in der Verarbeitenden Industrie war im Sommer 1975 so niedrig wie im Sommer 1967; sie belief sich im Juli 1975 auf 76,0 %, im April 1976 jedoch bereits auf 82,6 %. Während im 3. Vierteljahr 1975 der Anteil der Industriebetriebe mit Stagnation oder Schrumpfung noch bei 83 % lag, sank er im 4. Vj. auf 48 % und im 1. Vj. 1976 auf 35 %. In den ersten sechs Monaten von 1976 wurde die industrielle Nachfrage nicht zuletzt durch Auftragseingänge aus dem Ausland gestützt.

Sehr deutlich zeichnet sich **seit 1960 eine Veränderung der Industriestruktur in der Bundesrepublik ab;** der Steinkohlenbergbau hat z. B. seither zwei Drittel seines Gewichtes verloren, der Schiffbau rund ein Drittel, die Nahrungs- und Genußmittelindustrie stagniert bei beachtlichen Unterschieden in ihren einzelnen Zweigen; dagegen hat sich das Gewicht von Fahrzeugbau sowie ESBM- und Elektro-Industrie um ein Viertel bis um die Hälfte vergrößert. Im kommenden Jahrzehnt dürften Maschinenbau, Elektrotechnik und u. a. Chemie zu den Wachstums-, Nahrungsmittel- und Möbelindustrien zu den stagnierenden und u. a. Textilindustrie und Fahrzeugbau zu den schrumpfenden Zweigen gehören.

Bei den westdeutschen **Industrieanlagen** zeigen sich **»Alterserscheinungen«;** 1960 waren 32 % älter als 11 Jahre, 1974 jedoch 45 %. Andererseits war der Altersaufbau beim Bruttoausrüstungsvermögen der gewerblichen Wirtschaft (nach »Wirtschaft und Statistik« 1976/4) 1975 günstiger als 1970, belief sich doch der Anteil des »jungen« (bis 5 Jahre) 1975 auf 47,1 % gegen 44,0 % im Jahre 1970. – Nach Angaben des »Statistischen Bundesamtes« belief sich von **1965–1974 der durchschnittliche Nettogewinn von je 100 DM Umsatz** bei den industriellen Aktiengesellschaften auf **2,59 DM;** am höchsten lag er mit 3,25 DM 1968, am tiefsten mit **1,52 DM 1974,** und 1975 dürfte er noch weiter gesunken sein.

Der **Preisanstieg der Industriegüter** lag vom 2. Vj. 1975 bis einschl. 1. Vj. 1976 vierteljährlich gerechnet jeweils **niedriger als etwa der Anstieg der Lebenshaltungskosten insgesamt.**

Die 25 größten Industrieunternehmen der BR Deutschland waren **1975 nach ihrem Umsatz** (Anteil des Auslandsumsatzes in %) in Mrd. DM (nach »Commerzbank«-Nachrichten; alle ohne Mehrwertsteuer und andere indirekte Steuern):

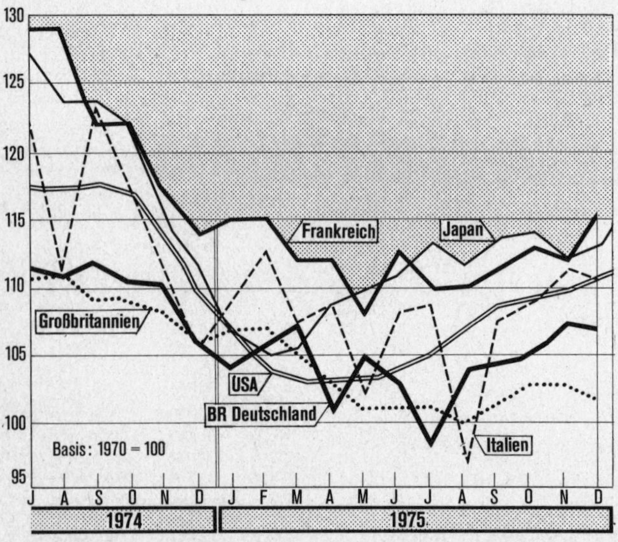

Entwicklung der industriellen Produktion in den westlichen Industrieländern
(Nach »Le Monde« v. 24. 2. 1976; modifiz.)

1. Veba 25,4 – 2. Thyssen 21,4[1] – 3. Hoechst 20,8[2] – 4. Daimler-Benz 20,1[2] – 5. BASF 20,1[2] – 6. Siemens 18,9[2] – 7. Volkswagenwerk 18,9[2] – 8. Bayer 17,7[2] – 9. Mannesmann 13,1[2] – 10. AEG-Telefunken 12,7[2] – 11. RWE 10,6 – 12. Ruhrkohle AG 10,5 – 13. GHH 9,9[4] – 14. Fried. Krupp GmbH 9,3[2] – 15. Esso 7,9[5] – 16. Deutsche Shell 7,3[6] – 17. Robert Bosch 7,3[3] – 18. Salzgitter/HDW 7,0[1] – 19. Deutsche Unilever 6,5 – 20. Flick-Gruppe 6,5 – 21. Ford 6,4 – 22. Opel 6,2 – 23. Metallgesellschaft 6,1[1,2] – 24. Hoechst-Werke 5,9[7] – 25. Henkel 5,3 ([1] = Gesch. Jahr endet 30. 9. 75 – [2] = Weltumsatz – [3] = geschätzt – [4] = Gesch.Jahr endet 30. 6. 75 – [5] = einschl. Mineralölsteuer 10,1 Mrd. DM – [6] = einschl. Mineralölst. 9,84 Mrd. DM – [7] = dt. Teilkonzern v. ESTEL).

Größte Unternehmen nach der Zahl der Beschäftigten waren 1975 (in 1000): 1. Siemens 296,0 – 2. Hoechst 181,7 – 3. VW 176,8 – 4. Bayer 169,4 – 5. AEG-Telefunken 162,1 – 6. Daimler-Benz 155,5 – 7. Ruhrkohle AG 152,5 – 8. Thyssen 141,4 – 9. BASF 124,5 – 10. Mannesmann 108,5 – 11. Bosch (Jahresdurchschnitt) 105,6.

Im Jahre 1974 erreichten mit 1,9 Mrd. DM die **Umweltschutzaufwendungen** (Betriebskosten für die Anlagen allein 1,2 Mrd. DM) **in der Chemischen Industrie** etwa die Höhe der Dividendenausschüttungen an die Aktionäre – Im Juni 1976 wählte die Mitgliederversammlung des »**Bundesverbandes der Deutschen Industrie**«/BDI das Vorstandsmitglied der Daimler-Benz AG und Vorsitzenden des Bundesverbandes der Deutschen Arbeitgeber, *Hanns Martin Schleyer*, als Nachfolger von *Hans-Günther Sohl* zum Präsidenten des BDI.

Die »Alfred Krupp von Bohlen und Halbach-Stiftung« beschloß 1974 die Schaffung eines **Alfred Krupp von Bohlen und Halbach-Preises für Energieforschung** für hervorragende Leistungen, Erfindungen und Entwicklungen in der Gewinnung, Verwendung und Weiterleitung von Primärenergie; der mit 500 000 DM dotierte Preis wurde 1975 erstmals vergeben, und zwar zu gleichen Teilen an leitende Persönlichkeiten der Rheinischen Braunkohlenwerke AG, an *Ludger Dilla, Erwin Gärtner, Hans Heublein, Hans-Joachim Leuschner* und *Hermann Pieper*.

Der in der westdeutschen Industrie sich seit dem Frühjahr 1975 abzeichnende **allmähliche Aufschwung** ist in verschiedenem Ausmaß auch in den

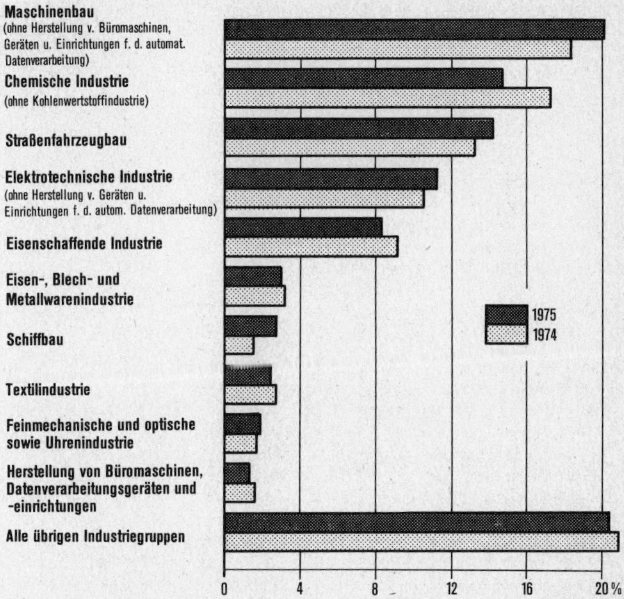

Anteil der Industriegruppen am (direkten) Auslandsumsatz der Gesamtindustrie der BR Deutschland 1975
(Nach »Wirtschaft und Statistik« 1976/2, hgg. vom Statist. Bundesamt)

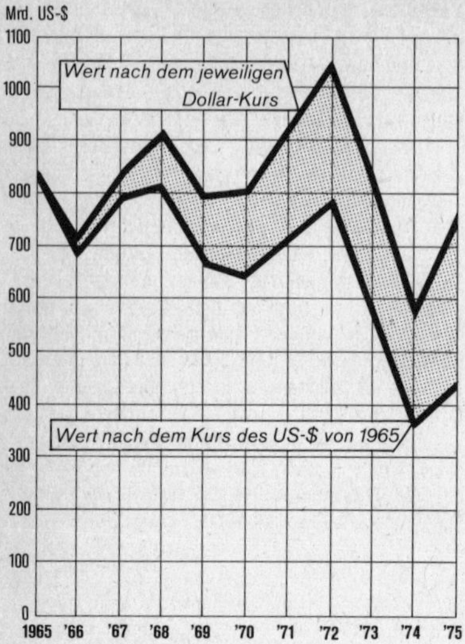

Gesamter Börsenwert der privaten Industrie-Aktiengesellschaften der USA am Jahresende
(Nach »Fortune«, April 1976; modifiz.)

anderen westlichen Industrieländern eingetreten; der Index der industriellen Produktion lag im 1. Vj. 1976 in der OECD um 10 % (Japan um 14 %, USA um 12 %) höher als in der Zeit d. Tiefpunktes, wobei nur Großbritannien m. anhaltender Stagnation eine Ausnahme machte. In d. **USA** wurde im 1. Vj. 1976 mit 71,8 % die höchste Kapazitätsauslastung seit dem letzten Quartal von 1974 verzeichnet. – Zehn US-amerikanische Industriezweige haben je mehr als 1 Mill. Beschäftigte, darunter 1975 in Mill.: Baugewerbe 3,45 – Maschinenbau 2,07 – Elektroindustrie 1,76 – Nahrungsmittelindustrie 1,67 – Fahrzeug- u. Transportmittelbau 1,65.

Der **Anteil an der Weltindustrieproduktion** belief sich (nach »Berichte« d. »Inst. f. Internat. Politik u. Wirtschaft«, 1975/12, Ost-Berlin) 1900/1937/1975, die heutige »Klassifizierung« verwendend, in % wie folgt: Westliche Industrieländer 84/81/50 – kommunistische Länder –/10/40 – nichtkommunistische Entwicklungsländer 16/9/10. – Auf der UNIDO-Vollversammlung in Lima wurde die Möglichkeit diskutiert, daß die »Dritte Welt« ihren Anteil an der Weltindustrieproduktion bis zum Jahr 2000 auf ein Viertel erhöhen könnte. **Indien,** das volkreichste nichtkommunistische Entwicklungsland, das im Wirtschaftsjahr 1972/73 in der Industrieproduktion einen Rückgang von 0,2 % und 1974/75 nur einen Anstieg von 2,5 % verzeichnet hatte, konnte nach offiziellen Angaben 1975/76 die industrielle Erzeugung um 4,5 % erhöhen. In der **Chinesischen Volksrepublik** sind weitere beachtliche Produktionssteigerungen erzielt worden, ohne daß im einzelnen konkrete Zahlen vorliegen; immer noch sind der Norden, Nordosten und Süden die Hauptindustriegebiete, entfallen doch auf diese Regionen über drei Viertel der Gesamtproduktion. – In den **RGW-Ländern** hat sich nach Angaben des RGW-Sekretärs *Nikolai Fadejew* die industrielle Bruttoproduktion um 8,4 % erhöht; die höchsten Steigerungsraten wiesen (nach AHD/BfG) mit je über 12 % Polen und Rumänien auf, die niedrigste hatte mit etwa 5 % Ungarn, während die UdSSR mit 7,8 % im Mittelfeld lag. Hier soll (nach »Sowjetunion heute«) von 1976–1980 die Herstellung von Produktionsmitteln um 35 bis 39 %, von Verbrauchsgütern um 30–32 % wachsen (1. Hj. 1976 insg. +5 %).

Aluminium (Hüttenproduktion 1974) in 1000 t
(meist nach »Metallstatistik«/Metallgesellschaft)

BR Deutschland (1975)	677,6
DDR (S)	60,0
Österreich (1975)	88,8
Schweiz (1975)	79,2
USA	4 447,9
Sowjetunion (S)	2 200,0
Japan	1 118,4
Kanada	1 008,8
Norwegen	648,6
Frankreich	393,3
Großbritannien u. Nordirld.	293,1
Niederlande	247,4
Australien	219,3
Italien	212,2
Spanien	189,6
Rumänien	187,0
Chines. Volksrep. (S)	160,0
Rep. China (Taiwan, S)	30,0
Ghana	157,2
Jugoslawien	147,1
Griechenland	146,6
Indien	129,1
Bahrein	118,0
Brasilien	113,6
Neuseeland	110,3
Polen	102,0

Weltproduktion von Hüttenaluminium 1974 (1973) 13,91 (12,71) Mill. t, 1975 nach prov. UNO-Angaben (ohne China) 12,54 Mill. t – Weltverbrauch von Aluminium (einschl. Umschmelz-A. usw.) 1974 (1973) 16,91 (16,63) Mill. t, davon kommunistische Länder 3,2 (3,0), USA 6,2, Japan

1,6, BR Deutschland 1,1 Mill. t – Verbrauch je Einwohner 1974 u. a. USA 25,9, Schweiz 20,9, Schweden 17,8, BR Deutschland 16,4, Japan 15,0 kg

Baumwollgewebe-Herstellung (ganz oder überwiegend aus Baumwolle) 1975/prov.

in Mill. lfd. m	
Chines. Volksrep. (S)	10 000
Rep. China (Taiwan, 1973)	493
USA	4 068
Indien (nur Fabrikprod.)[2]	4 000
Polen[1]	928
Pakistan[2] (Fabrik-Pr. 1. 7. 73–30. 6. 74)	648
Ägypten	561
Tschechoslowakei	555
Großbritannien u. Nordirld.	409
Bulgarien	368
Kolumbien (1969)	300
Philippinen[2] (1974, etwa 90 % d. Gesamtprod.)	172
Rep. Südafrika (1973)	138
Kanada[2,3] (1974)	107
Venezuela[2] (1972)	94
Österreich	63
in Mill. qm	
Sowjetunion[1]	6 636
Japan	2 124
BR Deutschland	781
DDR	429
Rumänien[1] (1974)	612
Hongkong (1974, reine Baumwolle)	546
Jugoslawien	376
Ungarn[1]	351
Rep. Korea (Süd-K.)	242
Korean. Volksdem. Rep. (Nord-K. S)	220
Zaïre[2] (1974)	108
Australien[1] (1. 7. 74–30. 6. 75)	50
in 1000 t	
Mexiko (1974)	150
Frankreich	140
Italien (1974)	140
Spanien (1974)	132
Argentinien (1974)	72
Belgien (1974)	67
Portugal (1974, reine Baumwolle)	60
Israel[1] (1974)	12
Finnland	11
Schweden	11

[1] = nach Fertigungsprozeß; [2] = einschl. Fertigfabrikate; [3] = Fabrikverkauf

Bier-Ausstoß 1973 in 1000 hl: USA (1. 7. 72–30. 6. 73) 167 824 – BR Deutschland 1975 88 426 (1974 87 688) – DDR 1975 20 400 (1974 19 300) – Großbritannien u. Nordirld. 60 582 – Sowjetunion 50 809 – Japan (1. 4. 73–31. 3. 74) 38 362 – Frankreich 22 704 – Tschechoslowakei (1975) 22 628 – Kanada 19 006 – Australien (1. 7. 72–30. 6. 73) 17 450 – Mexiko 17 325 – Spanien 14 755 – Belgien 14 691 – Polen 12 788 – Niederlande (Brauereiabsatz) 11 066 – Brasilien (nur Großbrauereien, 1971) 10 450 – Jugoslawien 9704 – Dänemark (Brauereiabsatz) 9023 – Österreich 8208 – Rumänien 5621 – Zaïre 4854 – Schweiz (Brauereiabsatz) 4710 – 1974 gab es in der BR Deutschland 1636, in Belgien 185, in Großbritannien 152 und in Frankreich 86 *Braustätten* – *Bierverbrauch* je Einwohner 1974 in Liter: BR Deutschland 148 (Bayern 241) – Belgien/Lux. 143 – EG-Durchschnitt 88 – Der *Bierausfuhrwert* der BR Deutschland erhöhte sich von 188,1 Mill. DM im Jahre 1974 auf 261,1 Mill. DM 1975

Chemische Industrie

In der **BR Deutschland** belief sich (nach »Wirtschaft und Statistik« 1976/5) die Zahl der in der Chemischen Industrie (ohne Kohlenwertstoffindustrie und ohne Mineralölverarbeitung) im Jahresdurchschnitt Beschäftigten 1975 (1974) auf 583 000 (600 000); der Umsatz ging gegenüber 1974 um 13,3 % auf 78,54 Mrd. DM zurück. Ohne Kohlenwertstoffindustrie belief sich der Auslandsumsatz der Chemischen Industrie 1975 (1974) auf 25,94 (31,29) Mrd. DM – Die **Weltproduktion von Chemiefasern** betrug (nach »Enka Glanzstoff« bzw. »Handelsblatt« v. 29. 1. 1976, prov. Angaben) 10,36 (davon Synthetika 7,15) Mill. t, d. h. sie war um 8 % (6 %) geringer als 1974; in Westeuropa ging die Erzeugung gegenüber 1974 um 19 % auf 2,57 Mill. t (S. −15 % auf 1,81 Mill. t), in den USA um 11 % auf 2,96 Mill. t (S. −6 % auf 2,49 Mill. t) und u. a. in Japan um 12 % auf 1,42 Mill. t (S. −9 % auf 1,04 Mill. t) zurück. Die USA standen auch 1975 an der Spitze; ihr Anteil an der Welterzeugung belief sich auf 33 % (bei Synthetika 28 %), jener Westeuropas auf 25 % (S. 28 %), der Anteil Japans auf 14 % (S. 15 %) und jener der übrigen Welt (RGW- und Entwicklungsländer) auf 33 % (S. 28 %), wobei letztere erstmals die USA überrundeten. In der EG, deren Produktion 1975 insgesamt 2,16 Mill. t betrug, ist die **BR Deutschland** mit 724 000 t (ohne Abfälle) der führende Produzent, aber ihre Erzeugung verminderte sich gegenüber 1974 um rund 21 %. Die strukturellen *Überkapazitäten* der EG und der Bundesrepublik werden mit 15–

20 % angegeben. Die Bundesrepublik hat 1975 (1974; nach »FAZ« v. 28. 4. u. 24. 5. 1976) 497 000 (550 000) t Chemiefasern ausgeführt, davon 361 000 t in den EG-Raum und 50 000 in die RGW-Länder sowie nur 14 000 in die USA; der Einfuhrüberschuß von textilen Halb- und Fertigwaren aus den nicht-westeuropäischen Ländern belief sich 1975 auf 285 000 t, wovon rund 40 % auf Chemiefasern entfielen. Im **1. Hj. 1976** stieg die Produktion von Chemiefasern gegenüber der entsprechenden Vorjahreszeit um 46 % auf 492 000 t.

Die Produktion von **Kunststoffen** war in den meisten Ländern, wie schon 1974, auch 1975 rückläufig und belief sich nach UNO-Angaben in 1000 t: USA 8160 – BR Deutschland 5085 (1974 6314) – DDR 615 – Japan 3591 – Sowjetunion 2844 (1974 etwa 2500) – Italien (1974) 2400 – Großbritannien u. Nordirld. (1974) 2314 – Frankreich (1974) 1752 und u. a. Österreich 304 – Die *Weltproduktion* an Kunststoffen dürfte 1975 etwas unter 40 Mill. t gelegen haben – Wichtigste Abnehmer von Kunststoffen auf dem westdeutschen Markt sind die Bau- und die Elektrotechnische Industrie.

Die **Pharmazeutische Industrie** der Bundesrepublik hatte 1975 (1974) einen Umsatz v. 11,0 (9,9) Mrd. DM, wovon 3,3 (3,5) Mrd. DM auf den Auslandsumsatz entfielen. Die BR Deutschland und die USA sind die wichtigsten Lieferanten des Weltmarktes an pharmazeutischen Produkten.

Synthetischer Kautschuk Produktion 1975 (1974) in 1000 t: USA 1940 (2518) – Japan 788 (858) – Frankreich 349 (463) – BR Deutschland 316 (373) – DDR 141 (139).

Schwefelsäure (H_2SO_4) 1975 in Mill. t: USA 25,93 – Sowjetunion 18,68 – Japan 6,00 – Frankreich (1974) 4,62 – BR Deutschland 4,15 – DDR 1,00 – Großbritannien u. Nordirld. 3,17 – Kanada 2,72.

Kaustisches Soda (100 % NaOH) 1975 in Mill. t: USA 9,28 – Japan 2,95 – BR Deutschland 2,49 – DDR 0,44 – Sowjetunion (1974) 2,20 – Frankreich 1,12.

Handelsdünger Welterzeugung 1973/74/Weltverbrauch 1972/73 (nach FAO-Angaben) in 1000 t: *Stickstoffdünger* (N) 40 488,8/36 022,5 (größte Erzeuger USA mit 9,18 Mill. t und UdSSR mit 7,24 Mill. t; BR Deutschland 1975 1,45 Mill. t) – *Phosphatdünger* (P_2O_5) wie oben: 25 161,0/22 765,0 (größte Erzeuger USA 6,23 Mill. t und UdSSR 7,24 Mill. t; BR Deutschland 1974 0,74 Mill. t) – *Kalidünger* (K_2O) wie oben: 22 230,0/18 704,0 (größte Erzeuger: Sowjetunion 5,92 Mill. t und USA 2,36 Mill. t; BR Deutschland 1975 2,22 Mill. t, DDR 1974 2,86 Mill. t) – Auf die *Entwicklungsländer* (ohne kommunistische Länder Asiens) entfallen vom Weltverbrauch bei Stickstoffdünger rund ein Sechstel, bei Phosphatdünger über ein Siebentel und bei Kalidünger nur etwa ein Zehntel.

Eisen (Roheisen, einschl. Hochofenlegierungen)-Erzeugung 1975 (z. T. prov.) in Mill. t

BR Deutschland	30,07
DDR[2]	2,42
Österreich	3,08
Sowjetunion	102,35
Japan	86,62
USA[2]	73,78
Chines. Volksrep. (S)	28,00–30,00
Rep. China (Taiwan)	0,08
Frankreich	17,93
Großbritannien u. Nordirld.	12,13
Italien	11,41
Tschechoslowakei	9,42
Belgien	9,19
Kanada	9,18
Indien	8,54
Polen[2]	8,21
Australien[1] (1. 7. 74–30. 6. 75)	7,60
Spanien	7,13
Brasilien[1]	6,99
Rumänien[1]	6,40
Rep. Südafrika	5,93
Niederlande	3,97
Luxemburg	3,89
Mexiko	3,21
Schweden	3,15
Korean. Volksdem. Rep. (Nord-K., S)	2,80
Rep. Korea (Süd-K.)	1,19
Ungarn	2,22
Jugoslawien	2,19
Norwegen	1,51
Bulgarien	1,50
Finnland	1,35
Türkei	1,20

[1] = ohne Eisenlegierungen; [2] = ohne Eisenlegierungen in elektrischen Hochöfen

Welterzeugung von Roheisen und Eisenlegierungen (nach UNO-Angaben, ohne China) 1975 (1974) 485 (489) Mill. t – Während in den RGW-Staaten und in den Entwicklungsländern z. T. 1975 eine Erhöhung der Produktion stattfand, ergaben sich in den westlichen Industrieländern überwiegend starke Rückschläge. 1974 hatte die BR Deutschland mit einer Erzeugung von 40,22 Mill. t einen neuen Höchststand erreicht; 1975 ging infolge der Rezession die Produktion um ein Viertel zurück. In den ersten vier Monaten des Jahres 1976 entsprach die Roheisenerzeugung fast genau der Produktion der entsprechenden Vorjahreszeit.

Elektrizitätserzeugung 1975, z. T. prov. (1974) in Mrd. kWh

BR Deutschland	302	(312)
DDR	85	(80)
Österreich	36	(34)
Schweiz (1. 4. 74–31. 3. 75)	41	(36)
USA (Netto-E.)	2000	(1968)
Sowjetunion	1038	(975)
Japan (1974 bzw. 1973)	461	(469)
Kanada (1975 unvollst.)	273	(279)
Großbritannien u. Nordirld.	272	(273)
Frankreich (Netto-E.)	178	(180)
Italien	141	(143)
Chines Volksrep. (S n. »Current Scene«)	110–120	
Rep. China (Taiwan, S)	18	(17)
Polen	97	(92)
Spanien	82	(81)
Schweden (Netto-E.)	79	(74)
Norwegen (Netto-E.)	78	(77)
Rep. Südafrika	76	(71)
Australien (1. 7. 74–30. 6. 75)	74	(70)
Indien (1. 4. 74–31. 3. 75)	70	(67)
Brasilien (Netto-E.; 1974 bzw. 1973)	68	(63)
Tschechoslowakei	59	(56)
Niederlande	54	(55)
Rumänien (1974 bzw. 1973)	49	(47)
Belgien	41	(43)
Mexiko (1974 bzw. 1973)	41	(37)
Jugoslawien	40	(39)
Finnland	29	(29)
Bulgarien	25	(23)
Argentinien	24	(22)
Ungarn	20	(19)
Neuseeland (1. 4. 74–31. 3. 75)	18	(18)

Welterzeugung von Elektrizität (nach UNO-Angaben, ohne China) 1975 (1974) 6253 (6112) Mrd. kWh

Vom Elektrizitätsverbrauch der Wirtschaft und der Haushalte der BR Deutschland lieferten 1974 allein 5 Unternehmen über zwei Fünftel: RWE 23,3 % – VEW 6,1 % – VEBA 6,1 % – Nordwestkraft 3,8 % und Bayernwerk 3,3 % – Der durchschnittliche Haushaltsverbrauch an Strom belief sich 1974 in kWh in den einzelnen Bundesländern wie folgt: Hamburg 3411 – Nordrhein-Westfalen 3363 – Rheinland-Pfalz 3039 – Saarland 2793 – Schleswig-Holstein 2772 – Niedersachsen 2770 – Hessen 2667 – Baden-Württemberg 2608 – Bayern 2174 – Bremen 2083 – In Berlin (West) betrug der Verbrauch 2849 kWh – In der **EG** belief sich d. ges. Netto-**Stromerzeugung 1975** (1974) auf **974** (991) **Mrd. kWh,** der Netto-**Stromverbrauch** auf **981** (992) **Mrd. kWh.** Infolge der Drosselung der Industrieproduktion ist **1975 erstmals** seit dem Zweiten Weltkrieg der **Stromverbrauch gesunken,** wenn auch nur um etwa 1 %, namentlich infolge der Einbußen in der Eisen- und Stahlindustrie und in der Elektrochemie; der Haushaltsverbrauch ist dagegen in einzelnen Ländern, besonders in Frankreich, gestiegen – Die Wasserkraftwerke erhöhten 1975 ihre Leistung um 4 % auf 126 Mrd. kWh, die traditionellen Wärmekraftwerke verminderten sie um 5 % auf 768 Mrd. kWh und die Kernkraftwerke steigerten ihre Leistung um rund 16 Mrd. kWh, so daß erstmals ihr Anteil an der Gesamtstromerzeugung 8 % erreichte.

Bei den Kernkraftwerken ergab sich **in der EG** Anfang 1976 nach der Kapazität in Megawatt **folgende Situation** nach Reaktoren im Betrieb/im Bau/projektiert./Leistung insgesamt: Großbritannien u. Nordirld. 5563/6200/3600/15 363 – BR Deutschland 3261/11 198/20 498/34 957 – Frankreich 2903/15 540/10 150/28 593 – Benelux-Länder 2162/1800 3000/6962 – Italien 597/872/3868/5337 – Dänemark –/–/900/900 – Irland –/–/600/600. – In der BR Deutschland wurden 1976 wegen kleiner techn. Defekte d. Kernkraftwerke Biblis u. Gundremmingen vorübergehend stillgelegt.

Die **Gesamtkapazität der in Betrieb befindlichen Kernkraftwerke belief sich** demnach Anfang 1976 **auf 14 486 Megawatt;** insgesamt waren **58 Reaktoren** in Kernkraftanlagen **in der EG in Betrieb.** Bis 1980 soll sich die Kapazität bereits auf 57 100, bis 1985 nach Plan auf 160 000 Megawatt belaufen. In den **RGW-Ländern** waren Ende 1975 (nach DIW) **28 Reaktoren** mit einer Leistung von 7500 Megawatt in Betrieb; bis 1980 soll eine Steigerung der Kapazität auf 26 300 Megawatt vorgesehen sein. **Von den 28 Reaktoren entfielen 22 auf die UdSSR** 3 auf die DDR, 2 auf Bulgarien und 1 auf die Tschechoslowakei – Die RGW-Länder haben 1975 insgesamt 1380 Mrd. kWh Elektroenergie erzeugt; nach dem sowjetischen Fünfjahresplan 1976–1980 soll in diesem Zeitraum die Elektrizitätserzeugung in der UdSSR allein auf 1340–1380 Mrd. kWh gesteigert werden.

In Sibirien entsteht in der Nähe des Braunkohlenreviers Kansk-Atschinsk bei **Berjosowo** mit einer Kapazität von 6,4 Mill. kWh **das größte Kraftwerk der Welt;** zwei Kamine von je 360 m Höhe sollen die Schmutzbelästigung auf einem Minimum halten – **Auf der Halbinsel Kola** wurde die erste Stufe eines Kernkraftwerkes in Betrieb genommen; es gilt als **das nördlichste Kernkraftwerk der Erde** – In den **USA** ist ein Energieprogramm in Vorbereitung, das u. a. den Bau von 200 größeren Kernkraftwerken vorsieht; die Zahl der in Betrieb befindlichen Reaktoren beläuft sich bereits auf über 50; ihre Kapazität ist größer als die der Reaktoren aller anderen Länder zusammen.

Der **Otto-Hahn-Preis** der Stadt Frankfurt/M. wurde 1976 *Adolf Birkhofer* für seine großen Verdienste um die Reaktorsicherheitsforschung und die sicherheitstechnische Überprüfung von Kernkraftwerken verliehen.

Nach Esso-Angaben ist 1975 der **Welt-Energieverbrauch** gegenüber dem Vorjahr **um etwa 3 %** auf umgerechnet 7,5 Mrd. Steinkohleeinheiten/**SKE gefallen;** er wurde 1975 und wird voraussichtlich bis 1990 wie folgt gedeckt (ohne RGW-Länder und China)

	1975	1980	1990
Mrd. SKE	6,1	7,3	11,3
Anteile in %			
Kohle	20	19	16
Öl	51	51	49
Erdgas	20	18	14
Kernenergie	1	5	13
Wasserkraft	8	7	7
Synthet. Energieträger	–	–	1

Elektrotechnische Industrie In diesem nach der Chemischen Industrie und dem Maschinenbau führenden Industriezweig waren 1975 (1974) 0,99 (1,09) Mill. Personen, d. h. um 8,3 % weniger als im Vorjahr, beschäftigt; der Umsatz belief sich (ohne Geräte u. Einricht. für automat. Datenverarbeitung) auf 72,44 (73,48) Mrd. DM, wovon 11,2 % (10,5 %) auf den Auslandsumsatz entfielen. Der nominalen Umsatzerhöhung entsprach 1975 real ein Rückgang. Der Umsatz je Beschäftigten erhöhte sich von 1972 bis 1974 von 60 000 auf 74 000 DM. Der westdeutsche Umsatz in diesem Industriezweig erreicht etwa ein Zehntel des Weltumsatzes, in dem den USA die führende Position zukommt.

Kraftfahrzeug-Produktion s. Abschnitt »Verkehr«.

Maschinenbau Die Zahl der Beschäftigten belief sich 1975 (1974) auf 1,04 (1,09) Mill., d. h. sie war auch in diesem wichtigen Industriezweig rückläufig. Gleiches gilt auch f. d. Nettoproduktion, die sich 1975 gegenüber dem Vorjahr um 7,7 % verminderte. Vom Gesamtumsatz im Jahre 1975 in Höhe von 73,64 Mrd. DM (1974 76,39 Mrd. DM) entfielen 34,38 Mrd. DM auf den Auslandsumsatz, so daß der Maschinenbau mit einem Anteil von 20,1 % am gesamten Auslandsumsatz der westdeutschen Industrie weit vor der Chemischen Industrie und dem Straßenfahrzeugbau lag. Während **1952** die USA mit einem **Anteil** von 39 % **am Maschinenexport der westlichen Industrieländer** an der Spitze lagen und die **BR Deutschland** mit einem Anteil von 16 % erst nach Großbritannien (20 %) an dritter Stelle lag, konnte sie **seit 1971** an die **erste Stelle** vorrücken; ihr Anteil belief sich 1974 auf 26 %, während die USA mit 24 % folgten und Großbritannien (9 %) weit zurückgefallen war. Am größten ist der westdeutsche Anteil mit einem Drittel bis zur Hälfte bei Getrieben, Werkzeug- und Textilmaschinen, bei Maschinen für die Nahrungsmittel-, Gummi- und Kunststoff-, Holzbearbeitungs- und Druckereimaschinen-Industrie und (rund 61 %) bei Prüfmaschinen. Rückläufig ist seit langem der Anteil an der Produktion von Büro- und Rechenmaschinen, fiel dieser doch seit 1955 von 20 % auf 17 % bzw. von 11 % auf 1 % zurück, während Japan marktbeherrschend geworden ist.

Papier-Erzeugung Die *Weltproduktion* von Zeitungspapier/anderem Papier einschl. Pappe belief sich 1973/prov. (1972) auf 22,00/125,55 (21,80/116,97) Mill. t – 1973 in 1000 t Zeitungspapier/anderes Papier m. Pappe: USA (1975) 3108/47 431 – Japan 2106/13 868 – Kanada (1975) 6960/13601 – UdSSR 1212/6213 – BR Deutschland (1975) 483/5365 – DDR (1975 P. m. Pappe) 1205 – Finnland 1386/4060 – Schweden 1176/4128 – Frankr. 305/4480 – Großbrit. u. Nordirld. 442/4230 – und u. a. Chines. Volksrep. (S) 700/3450 (Österreich 159/1168 – Schweiz 155/626) – Der *Weltverbrauch von Zeitungspapier* (21,17 Mill. t) belief sich 1973 (nach »The Canadian Pulp and Paper Association«) in Mill. t u. a. wie folgt: USA 9,11 – Japan 2,09 – Großbritannien u. Nordirld. 1,45 – BR Deutschland 1,10 – UdSSR 1,01 – Kanada 0,70 – Frankreich 0,54 – Australien 0,45 – Niederlande 0,33 – Brasilien 0,26 – Je Einwohner gerechnet ist (1972) der Gesamtverbrauch von Papier und Pappe in den USA (279 kg) am höchsten; in der BR Deutschland beläuft er sich auf rund 160 kg.

Schiffbau s. Abschnitt »Verkehr«

Stahl (Rohstahl-**Erzeugung** 1975/z. T. prov. (1974) in Mill. t (Zahlen gerundet)

BR Deutschland	40,4	(52,2)
DDR	6,4	(6,1)
Österreich	4,5	(5,2)
Sowjetunion	141,5	(136,0)
USA	106,0	(132,0)
Japan	103,3	(117,1)
Chines. Volksrep. (S)	27,0–30,0	
Italien	21,8	(23,8)
Frankreich	21,5	(27,0)
Großbritannien u. Nordirld.	20,2	(22,4)
Polen	15,0	(14,6)
Tschechoslowakei	14,3	(13,6)

Kanada	13,0	(13,6)
Belgien	11,6	(16,2)
Spanien	11,1	(11,6)
Rumänien	9,4	(8,8)
Brasilien (ohne Leg.)	8,4	(7,5)
Australien (Jahr endet jew. am 30. 6. d. gen. J.)	8,1	(7,7)
Indien (nur Rohstahlblöcke)	7,8	(7,0)
Rep. Südafrika	6,5	(5,8)
Mexiko	5,3	(5,1)
Schweden	5,2	(6,0)
Niederlande	4,8	(5,8)
Luxemburg	4,6	(6,5)
Ungarn	3,7	(3,5)
Jugoslawien	2,9	(2,7)
Korean. Volksdem. Rep. (Nord-K., S)	2,5	(2,4)
Rep. Korea (Süd-K.)	2,0	(1,9)
Bulgarien	2,2	(2,2)
Argentinien (nur Rohstahlblöcke)	2,0	(2,3)
Finnland	1,6	(1,6)
Türkei	1,5	(1,5)
Norwegen	0,9	(0,9)
Dänemark	0,6	(0,5)
Chile (nur Rohstahlblöcke)	0,5	(0,6)
Portugal	0,4	(0,5)

Weltproduktion von Rohstahl (nach UNO-Angaben, ohne China) 1975 (1974) 667 (674) Mill. t; der Rückgang der Stahlerzeugung im Jahre 1975 gegenüber dem Vorjahr war vor allem auf die Rezession im OECD-Raum zurückzuführen, in dem besonders die USA, die BR Deutschland und Japan starke Einbußen erlitten; in den RGW-Ländern, namentlich in der Sowjetunion, konnte z. T. eine beachtliche Produktionssteigerung erzielt werden. In der **EG** beliefen sich Rohstahlproduktion/Rohstahlverbrauch nach Angaben der Kommission (1976 S) in Mill. t wie folgt: 1974 39,04/34,37 – 1975 31,79/29,50 – 1976 32,90/29,70 – Der Anteil der verschiedenen Stahlsorten an der Produktion war 1975 in %: Oxygenstahl 69,3 – Siemens-Martin-Stahl 16,7 – Elektro-Stahl 12,6 – Thomas-Stahl 1,4 – Im Jahre 1974 hatten die *zehn größten Stahlunternehmen des OECD-Raumes* einen Anteil von 27,7 % an der gesamten Weltproduktion, und zwar u. a. in Mill. t: Nippon Steel (Jap.) 38,5 – US-Steel 30,8 – Bethlehem Steel/USA 20,2 – British Steel 19,3 – August Thyssen-Hütte 16,9 – Nippon Kokan/Jap. 16,2 – Kawasaki Steel/Jap. 14,9 – Sumitomo Metal/Jap. 14,6 – Finsider/Ital. 13,6 – Estel/BRD-N. 12,2.

Textilfasern-Weltverbrauch (Nach »Monthly Bulletin of Agricultural Economics and Statistics« 1974/9, FAO-Publ.) 1973 (z. T. S) in 1000 t: Baumwolle 12 725 – Flachs 710 – Seide 44 – Wolle 1635 – Chemiefasern auf Cellulosebasis 3603 – Synthetische Fasern 7623 – *Insgesamt:* 26 340 – In der BR Deutschland belief sich 1974 der Anteil der verschiedenen Fasern in % wie

Entwicklung der Rohstahlproduktion 1965–1975

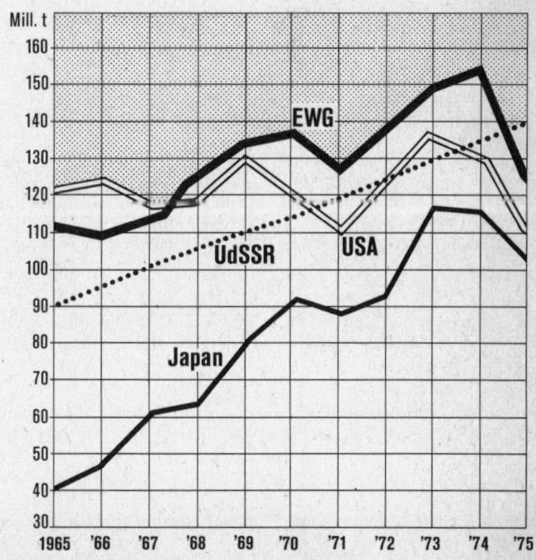

Anteil an der Weltproduktion von Rohstahl 1975 (z. T. S)

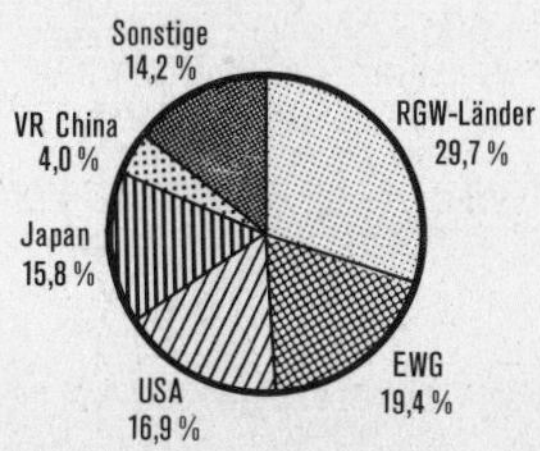

folgt (B = Baumwolle, C = Chemiefasern, W = Wolle): Bekleidung C 60, B 27, W 13 – Heimtextilien C 64, B 32, W 4 – Industrietextilien C 75, B 23, W 2 – Die *Textilindustrie* der BR Deutschland beschäftigte 1975 35 700 Mill. Pers., d. h. um 9,5 % weniger als 1974; in d. Bekleidungsindustrie verminderte sich d. Zahl d. Beschäftigten 1975 um 7,2 %, doch wurde im Umsatz nominal d. Vorjahreswert erreicht. In d. Textilindustrie ging d. Umsatz 1975 gegenüber 1974 um 3,4 % auf 26,9 Mrd. DM zurück.

Wollgewebe (ganz oder überwiegend aus Wolle) (Erzeugung 1975/z. T. prov. (1974)

	in Mill. lfd. m	
Polen[1]	125	(118)
USA	74	(77)
Tschechoslowakei	68	(56)
Bulgarien[1]	32	(31)
Türkei (1970 bzw. 1969)	30	(28)
Indien[2] (1973 bzw. 1972)	25	(18)
Venezuela (1972 bzw. 1971)	4	(5)
	in Mill. qm	
DDR	37	(37)
Sowjetunion[1]	740	(723)
Japan[2]	357	(357)
Großbritannien u. Nordirld.[1] (ohne Auftragsprod.)	151	(175)
BR Deutschland	99	(99)
Rumänien[1, 3] (1974 bzw. 1973)	93	(83)
Jugoslawien (einschl. Cellulosefasern)	66	(66)
Kanada[1] (1974 bzw. 1973, Fabrikausliefg.)	24	(29)
Rep. Korea (Süd-K.)[1]	19	(8)
	in 1000 t	
Italien (1974 bzw. 1973)	159	(166)
Belgien (1974 bzw. 1973)	30	(37)
Spanien	30	(35)
Frankreich[1]	29	(30)
Portugal	7	(10)
Schweiz (1974 bzw. 1973)	7	(8)
Österreich	6	(6)

[1] = nach Fertigungsprozeß; [2] = nur Fabrikerzeugung; [3] = Fabrikauslieferung

Zement-Erzeugung 1975/z. T. prov. 1974 in Mill. t

BR Deutschland	33,51	(35,97)
DDR	10,65	(10,09)
Österreich	5,68	(6,43)
Schweiz (1974 bzw. 1973)	5,25	(5,76)
Sowjetunion (ohne Prod. durch zwischenkollektivwirtsch. Org.)	121,92	(114,99)
Japan	65,52	(73,10)
USA (Fabrikverk., ohne Natur-Z.)	58,34	(68,06)
Chin. Volksrep. (S)		35–38
Rep. China (Taiwan, S)	6,00	(5,90)
Italien	34,27	(36,31)
Frankreich	29,21	(32,34)
Spanien	23,97	(23,66)
Polen	18,75	(16,76)
Indien	16,23	(14,27)
Brasilien (1974 bzw. 1973)	14,85	(13,34)
Türkei	11,84	(8,92)
Rumänien (1974 bzw. 1973)	11,20	(9,85)
Mexiko (1974 bzw. 1973)	10,70	(9,91)
Kanada	9,74	(10,06)
Rep. Korea (Süd-K.)	10,12	(8,84)
Korean. Volksdem. Rep. (S)	5,80	(5,50)
Tschechoslowakei	9,30	(8,96)
Rep. Südafrika	7,17	(7,29)
Jugoslawien	7,07	(6,65)
Griechenland (1974 bzw. 1973)	7,00	(6,48)

Weltproduktion (nach UNO-Angaben, ohne China) 1975 (1974) 657 (666) Mill. t

Zigaretten *Welterzeugung* (nach UNO-Angaben, ohne China und Korean. Volksdem. Rep.) 1973 2944 (1972 2873) Mrd. Stück – u. a. in Mrd. St.: BR Deutschland 141,53 (1975) – DDR 18,8 (1974) – Österreich 13,69 (1973) – Schweiz 31,07 (1973) – USA 615,5 (1. 7. 72–30. 6. 73) – Sowjetunion 362,5 (1973) – Japan 269,9 (1. 4. 72–31. 3. 73) – Großbritannien u. Nordirld. 158,8 (1974) – Brasilien 89,0 (1973) – Frankreich 82,1 (1974) – Polen 75,5 (1973) – Bulgarien (m. Zigarren) 67,7 (1973) – Italien 66,0 (1974) – Indien 62,5 (1973) – Kanada 56,0 (1973) – Philippinen 51,2 (1. 7. 72–30. 6. 73) – Spanien 51,1 (1973) – In der BR Deutschland belief sich 1975 (nach prov. Angaben) d. Zigarettenverbrauch je Einw. auf 2022, d. Zigarrenverbrauch auf 41 Stück – Die Mehrheit der Bundesbürger bevorzugt leichte Filterzigaretten; 86 % aller Zigaretten waren 1975 Filterzigaretten – Der Durchschnittspreis je Zigarette belief sich 1975 auf 11,7 Pfennig.

Verkehr

LUFTVERKEHR

Das **Jahr 1975** war nach den Angaben der »Internat. Civil Aviation Organization«/**ICAO** für die Verkehrsluftfahrt eine **Enttäuschung.** Die Fluggesellschaften der 131 ICAO-Mitgliedsländer (UdSSR, Chines. Volksrep. und einige kleinere Länder gehören der ICAO nicht an) verzeichneten im Fluggastaufkommen nur einen Zuwachs von etwa 2 %; die Zahl der Flugstunden und Flugkilometer stagnierte faktisch, der Luftfrachtverkehr ging sogar etwas zurück. Diese ungünstige Entwicklung wird in erster Linie auf die wirtschaftliche Rezession in den westlichen Industrieländern zurückgeführt. **1975 brachte seit zwei Jahrzehnten einen ersten Einschnitt in der Entwicklung, denn von 1955 bis 1974** haben sich die **Fluggastzahlen versiebenfacht,** die geflogenen Fluggastkilometer verzehnfacht und die in t/km ausgedrückte Leistung im Luftfracht- und Luftpostverkehr ungefähr verdreizehnfacht. – Die in der »Internat. Air Transport Association«/**IATA** zusammengeschlossenen Gesellschaften mußten 1975 einen **Verlust** von schätzungsweise 400 Mill. US-$ hinnehmen, obwohl die Einnahmen mit über 30 Mrd. $ einen neuen Rekord erreichten; die Erhöhung der Treibstoffpreise, der Löhne und der allgemeinen Unkosten sowie die ungenügende Auslastung werden hauptsächlich für diese Ergebnisse verantwortlich gemacht; es kommt dazu die Konkurrenz des Charterverkehrs, der sich die erfolgversprechendsten Routen aussuchen kann und die Möglichkeit hat, wegen Überkapazität oder Einsatz modernerer Flugzeuge von den großen Gesellschaften preisgünstig abgestoßene Maschinen zu erwerben. Von den führenden Fluggesellschaften haben in Europa nur wenige, wie etwa die *»Deutsche Lufthansa«* und die skandinavische »SAS« sowie die »Austrian Airlines«/AUA gute Ergebnisse erzielt. Die »Lufthansa« vermochte ihren Umsatz um rund 12 % auf 3,45 Mrd. DM (1. Hj. 1976 Bruttoerlöse + 22,4 %) zu steigern und einen Gewinn von 69 Mill. DM zu erwirtschaften. Große Verluste erlitten »Air France«, »Sabena« und »Alitalia«, ferner in Amerika besonders »TWA« und »PAN AM«; die »Japan Airlines«/JAL konnten nur einen minimalen Gewinn erzielen. In den USA haben die Gesellschaften ihre Routen eingeschränkt und z. T. untereinander Abkommen geschlossen, um ihr Flugnetz zu rationalisieren. – Die Lufthansa bietet durch Einsatz von »**Airbus**«-Maschinen neuen Großraumkomfort auf den europäischen Strecken. – Die »Air France« begann am 21. 1. 1976 mit der »**Concorde**« den Linienflug von Paris nach Rio de Janeiro

Zivilluftverkehr ausgewählter Länder (Linienverkehr) Monatsdurchschnitt 1975

	Fluggast/ km in Mill.	*Fracht-Netto-t/km in 1000 (ohne Übergepäck)*
BR Deutschland	1 136	82 785
DDR	86	3 569
Österreich	56	681
Schweiz[1]	630	25 707
USA	21 845	712 995
Großbritannien u. Nordirld.	2 314	71 043
Frankreich[6]	1 939	90 510
Kanada[2]	1 926	48 390
Australien	1 481	30 214
Japan[3]	1 462	70 163
Italien (1974)	948	38 747
Spanien	891	19 826
Niederlande[1, 10]	844	51 257
Brasilien	800	39 124
Rep. Südafrika[7]	498	10 491
Mexiko (1974)	491	5 900
Singapur	425	13 023
Indien (1974)	378	13 621
Belgien[4]	324	24 022
Griechenland	285	3 043
Portugal[8]	261	5 895
Israel[1, 9]	258	11 262
Schweden[5]	235	12 870

[1] = Anteil des internat. Verkehrs rund 95 %; [2] = nur Air Canada u. CP Air; [3] = nur JAL; [4] = nur internat. Verkehr; [5] = einschl. d. Anteils am SAS-Verkehr; [6] = Air France, UTA u. Air Inter; [7] = nur SAA; [8] = TAP, SATA u. DETA; [9] = nur EL AL; [10] = KLM u. ALM

Flugleistungen (nur Gesellschaften der ICAO-Staaten; nach »Monthly Bulletin of Statistics«, 1976 H. 5 u. 6, UNO-Publikation)

	1965	1974	1975
Geflogene km in Mill.	4 100	7 370	7 550
Fluggast/km in Mill.	198 000	546 000	569 000
Fracht-t/km in Mill.	4 960	17 030	16 990
Luftpost-t/km	1 100	2 450	2 450

Verkehrsleistungen führender internationaler Flughäfen 1975 (ohne Transit)
(Nach »Arbeitsgemeinschaft Deutscher Verkehrsflughäfen«/ADV 1975)

Flughafen	*Fluggäste in 1000*	*Veränderung geg. 1974 in %*	*Luftfracht in 1000 kg*	*Veränderung geg. 1974 in %*
Chicago O'Hare	35 804	− 1,7	544 865	− 16,5
Atlanta	25 269	− 1,3	201 986	− 12,5
Los Angeles	23 719	+ 0,6	562 472	− 3,5
London/Heathrow	21 295	+ 6,1	405 505	− 13,5
New York/Kennedy	19 476	− 3,7	876 559	− 4,3
San Francisco	17 504	+ 0,5	294 432	− 10,4
Tokio (1973; Haneda)	15 541	.	.	.
New York/La Guardia	13 186	− 3,8	45 963	− 15,2
Osaka (1974)	12 260	.	.	.
Miami	12 068	− 3,0	338 137	− 4,2
Denver	12 026	+ 4,7	98 237	− 4,5
Frankfurt/M.	11 939	+ 4,7	402 519	− 5,0
Washington National	11 369	− 2,9	34 715	− 24,4
Dallas/Fort Worth	10 865	+ 60,0	63 920	− 1,7
Paris/Orly	10 611	− 16,4	119 871	− 36,1
Boston	10 515	− 1,8	142 298	− 7,7
Rom/Fiumicino	8 393	+ 1,7	143 641	− 3,3
Madrid	7 962	+ 6,2	109 242	+ 4,6
Kopenhagen	7 576	− 0,2	129 615	− 9,0
Amsterdam	7 534	+ 4,3	226 322	− 3,5
Philadelphia	7 515	+ 2,7	109 725	− 12,3
Detroit	7 373	− 6,2	124 160	− 30,6
Palma de Mallorca	6 803	+ 5,9	22 919	+ 9,8
Sydney	6 507	+ 1,9	100 620	− 3,7
Las Vegas	6 501	+ 9,4	7 983	− 5,9
St. Louis	6 375	+ 0,4	46 118	− 7,6
New York/Newark	6 266	− 2,9	101 779	− 11,6
Houston	6 121	+ 4,2	41 165	+ 10,0
Seattle	6 082	+ 5,8	152 644	+ 18,5
Paris/Charles de Gaulle	6 010	+139,8	220 244	+ 68,2
Zürich	5 979	+ 2,0	113 787	− 4,1
Cleveland (Ohio)	5 506	− 4,7	85 404	− 13,1
London/Gatwick	5 344	+ 4,4	75 266	+ 37,8
Tampa	5 163	+ 1,7	24 731	− 9,2
Düsseldorf	5 110	+ 7,3	27 080	− 17,4
Melbourne	4 536	+ 1,8	67 912	− 5,5
San Diego	4 491	+ 1,8	14 053	− 0,6
Barcelona	4 412	+ 10,9	39 344	.
New Orleans	4 372	− 0,5	39 816	− 5,1
München	4 255	+ 4,7	25 507	− 10,8
Mailand/Linate	4 033	− 1,3	52 057	− 21,3

Verkehrsleistungen der Verkehrsflughäfen der BR Deutschland 1975 (nach ADV)

Flughafen	*Fluggäste insges. (gewerbl. einschl. Transit; einfach gezählt)*	*Veränderung geg. 1974 in %* *(örtl. Fluggastaufkommen)*	*Luftfracht in t (gewerblich einschl. Transit)*	*Luftpost in t (gewerblich einschl. Transit)*
Frankfurt/M.	12 756 963	+ 5	451 555	74 471
Düsseldorf	5 218 429	+ 7	30 727	4 081
München	4 540 151	+ 5	34 677	11 020
Berlin (West)	3 989 594	− 7	13 780	9 6[illegible]2
Hamburg	3 644 815	+ 3	30 670	9 090
Stuttgart	2 331 644	+ 4	19 962	4 588
Hannover	1 856 508	− 6	11 522	3 257
Köln/Bonn	1 824 543	+ 3	19 224	6 418
Nürnberg	717 307	+ 8	5 205	3 426
Bremen	552 200	+ 5	3 866	1 810
Saarbrücken	154 610	+ 10	644	1
Veränderungen gegenüber 1974 insgesamt		+ 3	− 5,3	− 4,3

(Flugzeit 7 Stunden) und am 24. 5. 1976 – wie die »British Airways«/BA – mit der »Concorde« den Linienflug von Paris bzw. London nach Washington (Flugzeit rund 4 Stunden); die Landeerlaubnis für die »Concorde« ist von den USA zunächst nur für 16 Monate erteilt worden. Ab 1. 1. 1977 wird »BA« mit der »Concorde« auch von London nach Singapur (über 7 Stunden Zeitersparnis) und Melbourne (mehr als 13 Stunden Zeitersparnis) fliegen. – Die »Boeing Lloyd Goodmanson«-Gesellschaft gab am 1. 4. 1976 bekannt, sie werde kurz nach 1990 ein Oberschallflugzeug in den Verkehr bringen, das dreimal so groß wie die »Concorde« sowie leiser und wirtschaftlicher sein werde.

Zu den verkehrsreichsten asiatischen Flughäfen gehören auch Hongkong (1975 knapp 4 Mill. Fluggäste), Singapur (über 3 Mill.), Bangkok und Bombay (je über 2,3 Mill.) und Delhi (1,7 Mill.). Die bedeutendsten Flughäfen Lateinamerikas sind Rio de Janeiro, S. Paulo, C. de México und Buenos Aires. In Afrika führen Kairo, Dakar und Johannesburg. Von den vier großen Moskauer Flughäfen hatte 1975 der für den internationalen Verkehr wichtige Flughafen Scheremetjewo ein Fluggastaufkommen von 2,4 Millionen. – Der *Luftverkehr* zeigte 1974/75 in Auswirkung der Rezession auf einigen Flughäfen der westlichen Industrieländer, besonders in den USA, Rückschläge oder Stagnation. Auf dem Flughafen **Chicago/O'Hare,** dem verkehrsreichsten der Welt, gab es 1974/75 im Durchschnitt täglich 1800 Flugzeugbewegungen, d. h. in den Spitzenzeiten von über 160 Maschinen in der Stunde bzw. alle 20–25 Sekunden einen Start oder eine Landung, eine Situation, die an die Flugkontrollanlagen und Fluglotsen außergewöhnliche Anforderungen stellt. – Zu den modernsten Flughäfen gehört der noch nicht in Betrieb genommene von Tokio/Narita; als flächenmäßig größter der Welt gilt mit über 360 qkm der neue Flughafen Montreal/Mirabel (Kanada).

Von **1958–1974** wurden an die ICAO-Mitgliedsländer **Düsenflugzeuge** für den Passagier- und Frachtverkehr **im Werte von 35,7 Mrd. US-$** geliefert, davon mit einem Wertanteil von 53 % an US-Gesellschaften, von 23 % an europäische und von 24 % an sonstige Gesellschaften; Lieferanten waren nach dem Wertumfang zu 55 % »Boeing«, zu 31 % »McDonnel Douglas«, zu 6 % »Lockheed und General Dynamics« (alle USA) und zu 8 % sonstige Flugzeughersteller (s. auch Helmut Koch: Verkaufs- oder Vertriebshilfen?, in: »Wehr und Wirtschaft«, 1975/4).

Die **sowjetische »AEROFLOT«** – wie die chinesische »CAAC« nicht IATA-Mitglied – beförderte (nach »Sowjetunion heute«, prov. Angaben) 1975 über 92 Mill. Fluggäste, mehr als 370 000 t Post und über 2 Mill. t Fracht; sie unterhält den Verkehr mit 69 Ländern. – Am 26. 11. 1975 wurde – zunächst nur im Fracht- und Postverkehr – mit einer »Tupolew 144« (»TU 144«) der **Überschallverkehr von Moskau nach Alma-Ata** (Kasachische SSR) aufgenommen, mit einer Durchschnittsgeschwindigkeit von 2200 km (Flugzeit 119 Minuten). – Das Großraumflugzeug »Iljuschin 86« (»Il 86«) soll in Kürze auf den Hauptrouten in Dienst gestellt werden. – Am 10. 9. 1975 wurde von der »Aeroflot« die **reguläre Linie Moskau–Spitzbergen** eingeweiht.

In der **BR Deutschland** stieg 1975 der Fluggastverkehr auf den 11 Flughäfen um rund 3 % auf 35,77 Mill., wobei im Linienverkehr eine Stagnation zu verzeichnen war, während im gewerblichen Gelegenheitsverkehr, der zum größten Teil aus Ferienreisenden besteht, eine Zunahme um 13,2 % erfolgte. Der Linienverkehr wurde besonders durch die rückläufige Entwicklung im Verkehr von und nach Berlin (West) betroffen, der um 22 % weniger Flugzeugbewegungen zählte als 1974. Der erleichterte Überlandweg hat im wesentlichen diese Entwicklung verursacht. Einschließlich des Transitverkehrs von 1,81 Mill. Fluggästen erreichte der **Fluggastverkehr 1975 mit 37,58 Mill. das bisherige Höchstergebnis,** was auch für den Auslastungsfaktor gilt. Der Anteil des Linienverkehrs am gesamten gewerblichen Verkehr belief sich 1975 auf 76 %. **Über 59 %** des gewerblichen Originärverkehrs von den deutschen Flughäfen ging **in das Ausland,** in erster Linie nach der Iberischen Halbinsel und den Balearen, ferner nach Südosteuropa, nach den Britischen Inseln und Nordamerika. Der Luftfrachtverkehr (zu 89 % nach dem Ausland) erfuhr 1975 eine Abnahme um 5,3 %, der Luftpostverkehr eine solche um 4,3 %. Das Fluggastaufkommen **auf den 29 regionalen Flughäfen und Verkehrslandeplätzen** stieg 1975 um 5,9 % auf **knapp 1 Mill. Fluggäste.**

In der **DDR** wurden durch »Interflug« 1975 (1974) 1 139 300 (1 032 300) Fluggäste gezählt, davon 9,8 % (9,9) im Inlandsverkehr. – Auf den in der **»Arbeitsgemeinschaft Österr. Verkehrsflughäfen«/ AÖV** zusammengeschlossenen Flughäfen (Graz, Innsbruck, Klagenfurt, Linz, Salzburg, Wien) wurden 1975 52 202 Flugzeugbewegungen (geg. 1972 −0,2 %) gezählt, von denen allein 43 469 auf **Wien** entfielen. Die Zahl der Fluggäste nahm gegenüber 1974 um 5,1 % auf 2 458 702, mit Transit auf 2 626 033 zu (Wien mit Transit 2 184 909, Salzburg 243 103). Das Luftfrachtaufkommen (m. Transit) nahm um 10,4 % auf 24 979 t (Wien 23 634 t) ab, die Luftpost stieg um 1 % auf 3958 t (Wien 3877 t). – In der **Schweiz** wurden 1975 auf dem Flughafen *Zürich* mit Transit 6 354 565 Fluggäste (gegenüber 1974 +5,3 %) sowie (ohne Transit) 113 787 t (−4,7 %) Luftfracht und 7416 t (+4,0 %) Luftpost gezählt; für *Basel* lauten die entsprechenden Zahlen 753 756 (+0,1 %), 14 564 t (+2,5 %) und 1695 t (+0,8 %).

KRAFTFAHRZEUGBESTAND UND -PRODUKTION STRASSENVERKEHR UND STRASSENBAU

Weltbestand an Automobilen 1973 nach UNO-Angaben 295,33 Mill. Stück, davon 232,85 Mill. Pkw – u. a. 1973: *Afrika* 5,97 Mill. (davon 4,15 Mill. Pkw); u. a. Rep. Südafrika 2,36 Mill. (1,74 Mill. Pkw), Libyen rund 0,2 Mill., Ägypten 0,17 Mill., Kenia 0,1 Mill. – *Amerika* 147,17 Mill., davon Nord- u. Mittelamerika 137,61 Mill. (112,01 Mill. Pkw), Südamerika 9,56 Mill. (6,95 Mill. Pkw), darunter Brasilien mit rund 4,0 Mill. (davon 3,0 Mill. Pkw) und Argentinien mit 2,60 Mill. (1,80 Mill. Pkw) – *Asien* (ohne kommunist. Länder) 32,00 Mill. (19,30 Mill. Pkw); u. a. Japan 24,63 Mill. (14,47 Mill. Pkw), Indien 1,2 Mill. (0,74 Mil. Pkw) und Chines. Volksrepublik etwa 1 Mill. – *Australien/Ozeanien* 7,03 Mill. (5,70 Mill. Pkw); u. a. Australien 5,58 Mill. (4,50 Mill. Pkw), Neuseeland 1,25 Mill. (1,06 Mill. Pkw) – *Europa* 95,15 Mill. (82,73 Mill. Pkw) – *Sowjetunion* 6,87 Mill. (1,81 Mill. Pkw) – **Staaten mit der größten Zahl von Kraftfahrzeugen Ende 1974 in Mill. Stück:** USA 130,75 – Japan 26,78 – BR Deutschland 20,42 (1. 7. 1975 21,01) – Frankreich 17,39 – Großbritannien 15,86 – Italien 15,44 – Kanada 10,34 – **Einwohner je Kraftfahrzeug** (Zahlen abgerundet) 1974: USA, Australien und Neuseeland 2 – Dänemark, BR Deutschland, Frankreich, Schweden und Schweiz 3 – Belgien, Großbritannien, Italien, Japan, Niederlande, Norwegen und Österreich 4, Finnland 5, DDR und Argentinien 9, Israel, Portugal u. Rep. Südafrika 10–11 (u. a. Indien 572, Pakistan 287, Indonesien 280 und Ägypten 182) – Die **USA** besitzen immer noch die weitaus größte Zahl von Kraftfahrzeugen; ihr **Anteil am Weltbestand** ist jedoch von rund 70 % im Jahre 1950 auf etwa **42 %** 1974 zurückgegangen.

In der **BR Deutschland** fiel nach einer Rekorderzeugung Anfang der 70er Jahre (1971 3,70 Mill. St.) die Pkw- und Kombi-Produktion 1974 auf 2,84 Mill. St., um sodann 1975 wieder auf 2,91 Mill. St. (etwa Stand von 1966) anzuwachsen.

Die Autofirmen mit der größten Produktion waren **1975** (nach »Le Monde« v. 11. 5. 1976) in Mill. St.: General Motors/USA 4,65 – Ford/USA 2,50 – Toyota/Japan 2,34 – Nissan/Jap. 2,10 – Volkswagen (m. Audi-NSU)/BR Deutschland 1,33 – Fiat (m. OM, Autobianchi u. Lancia)/Italien 1,23 – Chrysler/USA 1,22 – Renault (m. Saviem u. Berliet)/Frankr. 1,19 – British Leyland/Großbrit. 0,74 – Peugeot/Frankr. 0,64 – In der Bundesrepublik waren in der Pkw-Herstellung 1975 nach VW

Pkw-Erzeugung (einschl. Kombi; Zahlen abgerundet) **in der BR Deutschland in 1000 Stück**

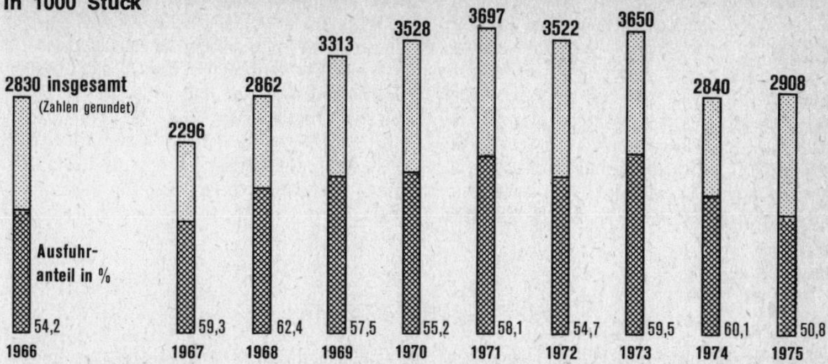

Pkw-Erzeugung (einschl. Kombi; Zahlen abgerundet) **im internationalen Vergleich in Mill. Stück**

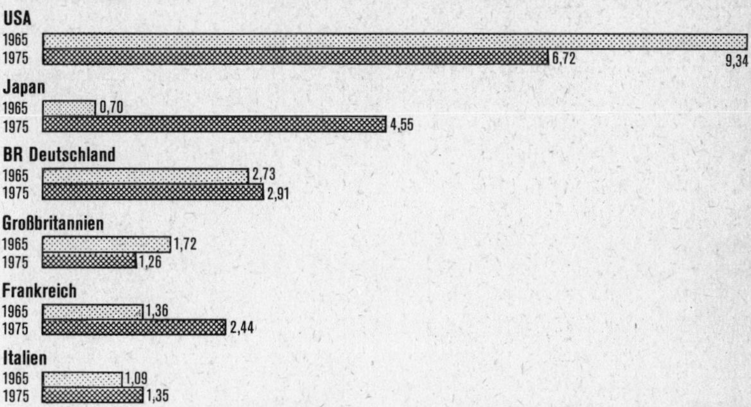

Daimler-Benz mit 0,36 Mill. und BMW mit 0,22 Mill. führend. – **Die größte Produktionsstückzahl** fiel 1975 (nach »Le Monde«, s. oben) in 1000 Stück auf: Corolla/Toyota 648 965 – Datsun/Nissan 531 430 – Golf/VW 419 620 – R 12/Renault 368 412 – Cutlass/Gen.Mot. 363 814 – R 5/Renault 339 609 – Granada/Ford 336 864 – Civic/Honda 328 107 – Chevrolet/Gen.Mot. 318 405 – Fiat 127 306 163.

Im **Export** nach den USA führten westdeutsche Kraftwagen 1967 mit 522 000, während Japan nur 94 000 lieferte; nach einem Ansteigen der westdeutschen Ausfuhr auf rund 800 000, darunter 570 000 VW, ging die Stückzahl bis 1975 auf 403 000 (268 000 VW) zurück, während die japanische Autoeinfuhr 1 040 000 St. erreichte. In den ersten sieben Monaten 1976 ging der VW-Export nach den USA um rd. 40 % geg. der entspr. Vorjahreszeit zurück; der japanische Export stieg weiter stark an. Um den US-Markt nicht zu verlieren, stimmte der VW-Aufsichtsrat am 23. 4. 1976 der Errichtung eines Montagewerks für den »Golf« (»Rabbit«) in New Stanton (Pennsylvanien) zu.

Automarken der Bundesrepublik hatten 1974 folgenden **Anteil an den Neuzulassungen auf dem europäischen Markt** in %: Österreich 49,0 – Norwegen 38,0 – Schweiz 37,6 – Dänemark 35,1 – Belgien 31,7 – Niederlande 31,6 – Italien 10,0 – Frankreich 9,4 – Großbritannien 4,6 (USA 6,7).

Gesamtexport von Pkw 1975 in 1000 St.: Japan 1770 – BR Deutschland 1476 – Frankreich 1363 – Kanada 940 – Italien 650 – USA 620 – Großbritannien 520 – Schweden 166 – Die Zahl der **Neuzulassungen** von Pkw und Kombi belief sich 1975 in der BR Deutschland auf 2,10 Mill. St., im 1.

Hj. 1976 stieg sie um 17 %; die Automobilproduktion kam auf 2,02 Mill. St. (1,85 Mill. Pkw) und war damit um 31 % höher als im 1. Hj. 1975. Der Autoexport konnte im 1. Hj. 1976 um 25 % auf über 1 Mill. Wagen erhöht werden, lag damit aber noch immer um rund ein Viertel hinter der Ausfuhr in den ersten sechs Monaten von 1973 zurück. – 1975 wurden in allen Kontinenten, **in 25 Ländern,** westdeutsche **Personenwagen mit in der Bundesrepublik erzeugten Teilen montiert.**
Ab 1. 1. 1976 gilt in der BR Deutschland mit dem Inkrafttreten der neuen Verkehrsvorschrift die **Anschnallpflicht** (in Österreich ab 1. 7. 1976).
1975 wurden in der Bundesrepublik 150 000 (Anteil der Frauen 5 %) Führerscheine entzogen, in 95 % der Fälle wegen des Ergebnisses der Blutalkoholprobe. – In der **DDR** belief sich 1975 die Zahl der zugelassenen Pkw 188 (1974 1,70) Mill. Stück – In **Österreich** waren Mitte 1975 2,653 Mill. Kraftfahrzeuge, darunter 1,699 Mill. Pkw und Kombi (rund ein Fünftel in Wien) zugelassen.

EISENBAHNVERKEHR

Das **Welteisenbahnnetz** erreichte 1974 eine Länge von fast 1 300 000 km; während in Europa und Nordamerika Rationalisierungsmaßnahmen zu Streckenabbau führen – entsprechende Pläne auch in der Bundesrepublik – ist in Afrika und Asien auch unter Berücksichtigung des Ausbaus von Fernverkehrsstraßen das vorhandene Schienennetz bei weitem nicht ausreichend. Der **Welt-**

Personenverkehr[1])

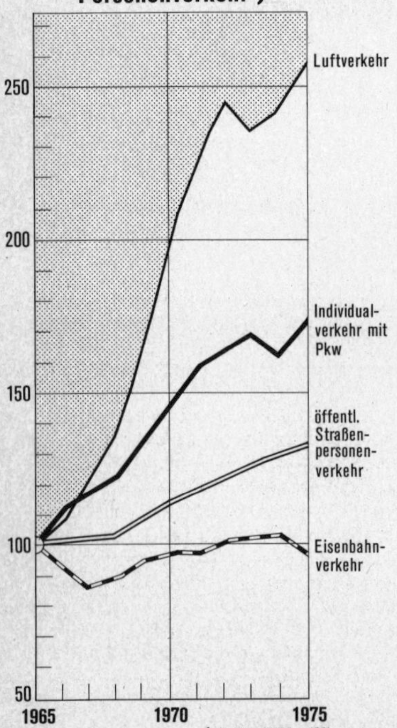

[1]) In Pkm (1965 = 100)

Güterverkehr[2])

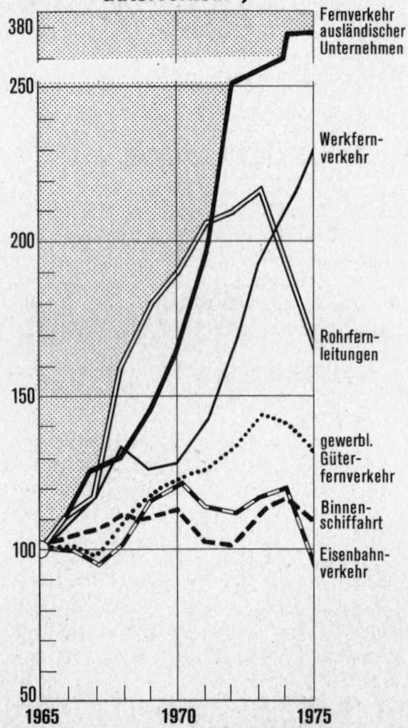

[2]) In tkm (1965 = 100)

Leistungen ausgewählter Verkehrszweige in der BR Deutschland
(Nach »Wochenbericht« des DIW, 1976/5; modifiz.)

eisenbahngüterverkehr belief sich nach UNO-Angaben 1974 (1973) auf 5964 (5762) Mrd. netto–t/km. Rund ein Drittel der Eisenbahnstreckenlänge entfällt derzeit noch auf Europa, einschließlich der europäischen UdSSR. Auf die Sowjetunion allein kommt etwas mehr als ein Zehntel der Welteisenbahnen, aber von den europäischen Zentral- und Südgebieten abgesehen ist die Eisenbahnerschließung ungenügend. Der Ausbau der ostsibirischen Bajkal-Amur-Bahn schreitet planmäßig fort.

Für **Jugoslawien** bedeutet die am 28. 5. 1976 erfolgte Eröffnung der **Eisenbahnlinie Belgrad–Bar** die transportmäßige Aufschließung weiter Gebiete Serbiens, Südbosniens und von Crna Gora sowie ihren Anschluß an die Adria. Die 476 km lange Strecke führt durch schwieriges Gelände, das u. a. den Bau von 254 Tunnels und 237 Brücken erforderlich machte, darunter der 498 m langen »Mala Rijeka-Brücke«, die mit einer Höhe von 201 m die **höchste Eisenbahnbrücke Europas** ist.

Die **»TANSAM«-Linie** (»Railway of Uhuru« bzw. »Bahn des Friedens«), auf der am 23. 10. 1975 der Probebetrieb aufgenommen wurde, ist Mitte Juli 1976 endgültig dem Verkehr übergeben worden. Sie verbindet das große Kupfergebiet von Sambia mit den – allerdings meist überlasteten – Häfen von Tansania; ursprünglich besonders aus politischen Gründen gebaut, ist die Linie seit der Unabhängigkeit der ehemals portugiesischen Gebiete politisch von zweitrangiger Bedeutung geworden und muß nun ihre Wirtschaftlichkeit beweisen. Die 1865 km lange, 22 Tunnels und über 300 Brücken aufweisende Linie hat insgesamt einen Kostenaufwand von etwa 1,6 Mrd. DM gefordert, der – wie die technische Ausführung – wesentlich von Peking getragen wurde und **das bisher größte** fertiggestellte **chinesische Entwicklungshilfsprojekt** darstellt. – Die **Chinesische Volksrepublik** hat nach offiziellen Angaben seit 1949 Eisenbahnlinien in einer Länge von 30 000 km neu gebaut, darunter die wichtigen Zentralchina mit den Gebirgsprovinzen des Südwestens verbindenden Strecken. 1975/76 wurden u. a. eine Kohlenreviere von Honan mit dem Jangtse verbindende westliche Parallelbahn zur Peking-Wuhan-Linie fertiggstellt.

BINNEN- UND SEESCHIFFAHRT

Auf den **Binnenwasserstraßen des Bundesgebietes** wurden 1975 227,3 Mill. t Güter befördert (gegen 1974 −9,8 %) bzw. 47,6 Mrd. t/km erzielt (−6,7 %). **Güterumschlag der Häfen des Binnenschiffsverkehrs 1975** in Mill. t (Veränderung geg. 1974 in %): *Rheingebiet* 203,82 (−11,0), u. a.: Duisburg 42,71 – Köln 8,44 – Mannheim 8,01 – Ludwigshafen 7,15 – Karlsruhe 6,87 – Frankfurt/M. 6,82 – Wesseling 6,10 – Dortmund 5,99 – Heilbronn 5,21 – Rheinhausen 5,04 – *Westdeutsches Kanalgebiet* 39,33 (−14,3), u. a. Gelsenkirchen 4,66 – *Elbegebiet* 16,07 (−12,2), u. a. Hamburg 9,42 – *Wesergebiet* 13,73 (−18,0), u. a. Bremen 4,84 – *Mittellandkanalgebiet* 11,32 (−6,5) – *Gebiet Berlin* (West) 6,32 (−12,0) – *Donaugebiet* 3,19 (−16,9) – Am 15. 6. 1976 wurde der 115 km lange **Elbe-Seitenkanal freigegeben,** der Hamburg und Lübeck an das mitteleuropäische Kanalnetz anschließt und u. a. auch den Verkehrsweg nach Berlin um etwa 130 km verkürzt. Am 18. 7. 1976 machte ein Deichbruch bei Erbstorf jedoch die Benutzung auf Monate hinaus unmöglich. – Der Bau des **Rhein-Main-Donau-Kanals,** in den bisher 2,75 Mrd. DM investiert wurden, wird planmäßig weitergeführt; 80 % der 677 km langen Gesamtstrecke dieser europäischen Wasserstraße sind fertiggestellt. Der Bau der Strecke Nürnberg–Kelheim und der Donaustrecken Regensburg–Vilshofen bzw. Kelheim ist im Gange.

Frankreich will das **fehlende Stück des Schiffahrtsweges Rotterdam–Marseille,** d. h. die 229 km lange Kanalstrecke zwischen Mülhausen am Rhein und St. Symphorien an Saône/Rhône, das den Bau von 24 Schleusen erfordert, bis 1990 fertigstellen. – Im September 1975 wurde in Belgien der **Rhein-Schelde-Kanal** eröffnet. – Der **Baltische Kanal in der Sowjetunion,** von Leningrad über den Ládoga-See zum Onega-See – Wyg-See und zur Onega-Bucht des Weißen Meeres, soll für Schiffe bis zu 5200 t ausgebaut werden. – Die **österreichische DDSG** erreichte 1975 auf der Donau ein Rekordergebnis; sie steigerte den Gütertransport um 6 % auf 2,65 Mill. t bzw. die Leistung um 8 % auf 1,6 Mrd. netto-t/km.

Die **Welthandelsflotte** hatte am 1. 1. 1976 (nach »Shipping Statistics« 1976/3, hgg. v. »Inst. f. Seeverkehrswirtschaft« in Bremen) einen **Bestand von 30 932 Schiffen** (von 300 BRT und darüber) mit einer **Tonnage** von **322 829 416 BRT** (Tragfähigkeit 540 275 417 tdw), wovon 23 910 Schiffe mit 170 531 145 BRT auf die *Trockenladungsflotte* (257 863 833 tdw) und 7022 Schiffe mit 152 298 271 BRT auf *Tanker* (282 411 584 tdw) entfielen. – Bestand am 1. 1. 1976 in Mill. BRT (davon Tanker/T in Mill. tdw): 1. Liberia 61,76

(T 77,50) – 2. Japan 38,26 (T 33,84) – 3. Großbritannien 31,60 (T 30,60) – 4. Griechenland 25,04 (T 15,22) – 5. Norwegen 25,02 (T 25,76) – 6. UdSSR 13,99 (T 5,85) – 7. USA 13,51 (T 10,53) – 8. Panamá 13,10 (T 10,59) – 9. Frankreich 10,31 (T 12,87) – 10. Italien 10,06 (T 8,14) – 11. **BR Deutschland** 7,92 (T 4,70) – 12. Schweden 7,39 (T 6,14) – 13. Niederlande (m. Ndl. Ant.) 5,73 (T 5,18) – 14. Spanien 4,99 (T 4,78) – 15. Dänemark 4,22 (T 4,15) – 16. Indien 4,13 (T 1,28) – 17. Singapur 4,08 (T 2,92) – 18. Cypern 3,14 (T 0,77) – 19. Chines. Volksrep. 3,04 (T 1,21) – 20. Brasilien 2,87 (T 1,71) – 21. Polen 2,68 (T 0,70) – 22. Jugoslawien 1,86 (T 0,38) – 23. Finnland 1,80 (T 1,88) – 24. Somalia 1,76 (T 0,24) – 25. Bermudas 1,38 (T 1,74) – 26. Rep. Korea (Süd-K.) 1,37 (T 1,17) – 27. Rep. China (Taiwan) 1,34 (T 0,71) – 28. Argentinien 1,30 (T 0,82) – 29. DDR 1,23 (T 0,58) – 30. Belgien 1,21 (T 0,63) – 31. Australien 1,14 (T 0,54) – 32. Portugal 1,07 (T 0,99) – 33. Kuweit 1,05 (T 1,23) – (*Österreich* hat 49 seegehende Schiffe mit 0,08 Mill. BRT, die *Schweiz* 27 mit 0,21 Mill. BRT).

Die *BR Deutschland* besaß Ende 1975 unter ihren 1742 Handelsschiffen 249 Fahrgastschiffe mit 0,10 Mill. BRT und u. a. 649 Seefischereifahrzeuge mit 0,15 Mill. BRT. Ende 1975 besaßen 21 **westdeutsche Reedereien** eine Tonnage von je über 100 000 BRT; die größten waren Hapag-Lloyd AG und »Hamburg-Süd« mit je etwa 1 Mill. BRT, Deutsche Shell Tanker GmbH mit 0,74, die Esso-Tankschiffreederei mit 0,69, die DAL/Essberger-Gruppe mit 0,46 und die Seereederei »Frigga« mit 0,42 Mill. BRT und u. a. die »Hansa-Linie«. – Mitte Februar 1976 waren wegen Überkapazität im Schiffsraum und infolge der erst langsam abklingenden Rezession **651 Schiffe** mit 26,10 Mill. BRT (darunter 499 Tanker mit 24,19 Mill. **BRT) aufgelegt,** wovon je über 7 Mill. BRT allein auf Liberia und Norwegen entfielen (BR Deutschland 6 mit 0,56 Mill. BRT). – **Abgewrackt** wurden 1975 325 Trockenfrachter mit 1,8 Mill. BRT und 280 Tanker mit 4,8 Mill. BRT (7,8 Mill. tdw), davon die meisten im Alter von 16 und mehr Jahren. – (Neu aufgelegt wurde 1975 in Zürich: C. Frick: Autofähren und Passagierschiffe der Welt.)

Der **Weltschiffbau** nahm (ohne UdSSR u. China) 1975 um rund 2 % auf 34,64 Mill. BRT zu; führend waren in Mill. BRT: Japan mit 12,49 – Schweden und Spanien mit je 2,16 – die USA mit 2,10 – Großbritannien mit 1,88 – Frankreich mit 1,86 – Italien mit 1,81 und die BR Deutschland mit 1,77 (DDR 0,18).

Güterumschlag der Seehäfen (nach UNO-Angaben, geladene Güter) 1974 (1973) 3288 (3274) Mill. t, davon 1838 (1867) Mill. t Tankerfracht – Monatsdurchschnitt 1974 geladene/gelöschte Güter in 1000 t u. a.: USA (m. Gr. Seen u. Transit) 20 460/35 406 – Japan 5837/45 784 – Niederlande 6734/20 216 – Frankreich (m. Küstenverkehr) 4922/20 552 – Großbritannien u. Nordirld. (1973) 4100/17 800 – Kanada (einschl. Gr. Seen) 8841/5058 – BR Deutschland 2959/9593 – DDR 252/1036 – Güterumschlag in ausgewählten **Seehäfen der BR Deutschland** in Mill. t insges. 1975 (1974) Hamburg 47,48 (51,67) – Wilhelmshaven (haupts. Erdöl) 23,70 (30,54) – Bremische Häfen 21,03 (26,47) – Emden 10,72 (15,74) – Lübeck 5,57 (6,23) – Nordenham 5,28 (6,55) – Brake 4,00 (4,33) – Puttgarden 2,05 (2,53) – Kiel 1,29 (1,35) – Flensburg 0,67 (0,63) – **DDR:** Rostock 12,31 (13,12) – Wismar 2,35 (2,32) – Stralsund 0,80 (0,88).

Den am 5. 6. 1975 wiedereröffneten **Suez-Kanal** passierte im Oktober 1975 erstmals wieder ein Passagierschiff, die französische »Renaissance«, am 2. 11. ein erstes mit Gütern für Israel bestimmtes Schiff und am 15. 2. 1976 erstmals ein Schiff mit israelischen Bürgern. – Am 4. 2. 1976 gab Ägypten den Ausbau des Kanals für Schiffe bis zu 150 000 BRT in mehreren Stufen bekannt; die Arbeiten sind in vollem Gange, der Kanal ist in seiner ganzen derzeitigen Kapazität genutzt.

Im am 30. 6. 1974 endenden Fiskaljahr passierten 14 033 Gebühren zahlende Schiffe den **Panamá-Kanal,** die im Pazifik-Atlantik-Verkehr 56,5 Mill. t, in umgekehrter Richtung 91,3 Mill. t Güter transportierten.

Durch den **Nordostsee-Kanal** wurden 1975 (1974) 51,20 (62,52) Mill. t Güter befördert (haupts. Erdöl, Erze, Holz, Kohle und Getreide). Von den Ostseeländern hatten 1974 am Transitverkehr die RGW-Länder einen Anteil von 43,6 %, die skandinavischen von 52,7 %, die BR Deutschland von 3,7 %.

Auf der 4. Session der **III. UNO-Seerechtskonferenz** (15. 3.–7. 5. 1976 in New York), an der von 156 eingeladenen Ländern Vertreter von 149 teilnahmen, wurden Verhandlungstexte für die 5. Session (2. 8.–17. 9. 1976 in New York) vorbereitet. Meinungsunterschiede bestehen besonders zwischen den traditionellen Seefahrts- und Entwicklungsländern, zwischen Meeranrainern und Binnenstaaten über den Zugang zur Küste und über Fragen der Meeresökologie und Meeresverschmutzung. Offen sind auch noch in Verbindung mit der wahrscheinlichen allgemeinen Erweiterung der Hoheitsgewässer auf 12 und der Wirtschaftszonen auf 200 Seemeilen die sich ergebenden Probleme der freien Benutzung der Meerengen.

Güterverkehr in Seehäfen in Mill. t

(Gesamtumschlag; Häfen mit 20 Mill. t und mehr Jahresumschlag. Meist nach UNO-Angaben; Zahlen z. T. gerundet; Ö = haupts. Ölumschlag; o. Kü. = ohne Küstenverkehr; E = haupts. Erzausfuhr; Gr. S. = Große Seen in Nordamerika)

Ras Tanura/Saudi-Arab. 1973	322,0	Ö
Rotterdam/Ndl. 1974 (d. 175 Mill. t. Ö)	279,5	
Charg/Iran 1972	198,3	Ö
Kobe/Japan 1974	141,5	
New York/USA 1974	135,3	
Jokohama/Japan 1974	128,8	
Chiba/Japan 1974	123,0	
New Orleans/USA 1974	111,4	
Marseille-Gruppe/Frankr. 1974	109,5	Ö
Kawasaki/Japan 1974	91,8	
Nagoja/Japan 1974	88,0	
Le Havre/Frankreich 1974	84,1	Ö
London m. Medway/Großbrit. 1974	78,7	
Houston/USA 1974	77,3	
Osaka/Japan 1974	77,1	
Antwerpen/Belgien o. Kü. 1974	76,0	
Philadelphia/USA 1974	62,6	
Baton Rouge/USA 1974	61,7	
Singapur 1974	60,4	
Vitória/Brasilien 1974	57,6	E
Tokio/Japan 1974	55,3	
Bonny/Nigerien 1971	54,9	Ö
Genua/Italien 1975	52,5	
Dumai/Indonesien 1974	52,2	Ö
Milford Haven/Großbrit. 1974	52,1	Ö
Baltimore/USA 1974	51,8	
Hamburg 1974 (1975 47,48)	51,6	
Aruba/Antillen 1970	51,2	Ö
Norfolk/USA 1974	49,3	
Curaçao/Antillen 1970	43,0	Ö
Bahía de Amuay/Venezuela 1974	39,5	Ö
Tampa Harbour/USA 1974	36,9	
Duluth-Superior Harb./USA Gr. S. 1974	36,6	
Augusta/Italien 1972	36,4	Ö
Triest/Italien 1972	35,8	
La Salina/Venezuela 1974	34,9	Ö
Hakodate/Japan 1974	34,6	
Dünkirchen/Frankreich 1974	34,5	
Puerto Miranda/Venezuela 1974	34,1	
Vancouver/Kanada 1974	33,3	
Beaumont/USA 1974	32,0	Ö
Corpus Christi/USA 1974	31,5	Ö
Kaohsiung/Rep. China (Taiwan) 1975	31,1	
Wilhelmshaven 1974 (1975 23,7)	30,5	Ö
Mobile/USA 1974	30,2	Ö
Banias/Syrien 1972	30,0	Ö
Southampton/Großbrit. 1973	29,7	Ö
Punta Cardón/Venezuela 1973	28,6	Ö
Pointe-à-Pierre/Trin.-Tob. 1972	28,2	Ö
Imingham/Großbrit. 1973	27,5	
Sept-Iles/Kanada 1974	27,5	E
Liverpool/Großbrit. 1973	27,2	
Paulsboro-Gruppe/USA 1974	26,6	
Es Sidrah/Libyen 1974	26,5	
Rio de Janeiro/Brasil. 1973	26,5	
Tees-Gruppe/Großbrit. 1973	26,3	
Bremische Häfen 1974 (1975 21,0)	25,6	
Port Arthur/USA 1974	25,0	Ö
Portland Harbour/USA 1974	24,9	Ö
Detroit/USA Gr. S. 1974	24,6	
Long Beach/USA 1974	24,2	
Venedig/Italien 1972	24,2	
Porto Foxi/Italien 1972	23,9	Ö
Guanta-Puerto la Crux/Venezuela 1974	23,7	Ö
Göteborg/Schweden 1974	23,0	
Maracaibo/Venezuela 1973	22,9	Ö
Los Angeles/USA	22,7	
Narvik/Norwegen 1974	22,6	E
Port of Boston/USA 1974	22,3	
Stettin/Polen o. Kü. 1974	22,2	
Amsterdam/Niederl. 1973	21,3	
Arzew/Algerien 1974	21,2	Ö
Marcus Hook-Gr./USA 1974	20,8	Ö
Zueitina/Libyen 1974	20,7	Ö
Tarent/Italien 1972	20,4	
Bangkok/Thailand 1974 o. Kü.	20,0	
Port of Chicago/USA Gr. S. 1974	20,0	
Cleveland Harbour/USA Gr. S. 1974	20,0	
Puerto Ordaz/Venez. 1973	20,0	Ö
Toledo Harbour/USA 1974	20,0	

Weitere wichtige Häfen mit einem Umschlag von weniger als 20 Mill. t (meist 1972/74): Alexandria/Ägypt. 12,0 – Auckland/Austral. 6,0 – Barcelona/Span. 13,4 – Bilbao/Span. 18,1 – Bombay/Ind. 18,3 – Bordeaux/Frankr. 14,6 – Buenos Aires/Argent. 10,5 – Calcutta/Ind. 6,3 – Cartagena/Span. 15,5 – Casablanca/Marokko 18,5 – Clyde (Glasgow)/Großbrit. 16,7 – Danzig/Polen 15,7 – Durban/Südafr. 15,6 – Emden 15,7 – Gdingen/Polen 13,4 – Halifax/Kan. 12,0 – Helsinki/Finnl. 7,6 – Hongkong 18,7 – Intschön/Rep. Korea 11,6 – Istanbul/Türkei 3,4 – Kapstadt/Südafr. 6,5 – Karachi/Pakist. 10,6 – Kopenhagen/Dän. 9,2 – Leningrad/UdSSR etwa 16,0 – Lissabon/Port. 11,8 – Luleå/Schweden 10,7 – Manchester/Großbrit. 16,2 – Manila/Phil. 9,3 – Melbourne/Austr. 14,4 – Montreal/Kan. 17,8 – Nantes-St. Nazaire/Frankr. 14,4 – Neapel/Ital. 11,6 – Newcastle/Austr. 16,2 – Odessa/UdSSR über 20 – Oslo/Norw. 3,3 – Palembang/Indones. 9,3 – Piräus/Griech. 7,4 – Port Elizabeth/Südafr. 9,1 – Pusan/Rep. Korea 14,1 – Quebec/Kan. 11,7 – Rijeka/Jugosl. 12,7 – Rouen/Frankr. 13,4 – Saigon/Vietn. 5,6 – Saloniki/Griech. 8,5 – Santa Cruz de Tenerife/Span. 15,5 – Santos/Bras. 4,3 – Schanghai/Chines Volksrep. (keine Angaben) – Stockholm/Schweden 5,4 – Sydney/Austr. 14,9.

POST- UND FERNMELDEWESEN

Verstärkte Rationalisierungsmaßnahmen und die Gebührenerhöhungen des Vorjahres ermöglichten der Bundespost der BR Deutschland 1975 einen Gewinn von rund 630 Mill. DM. Auch für 1976 wird mit einem Gewinn gerechnet. Nach Monatsdurchschnitten ergaben sich 1975 (1974) folgende Zahlen: Briefsendungen (einfach) 863 (863) Mill., eingeschrieben 10 (11) Mill., Paketsendungen 22 (23); Sprechstellen in 1000: 19 603 (18 767), abgehende Ferngespräche in Mill.: 404 (377), Einzahlungen auf Zahlkarten und Postanweisungen in Mill. DM: 6982 (6457).
1975 brachte **bei Brief- und Paketsendungen eine Stagnation bzw. einen Rückgang,** während im Fernsprech- und Postscheckdienst eine Zunahme zu verzeichnen war. – Die Ermittlungen, die angestellt werden müssen, um **mit ungenügender Anschrift versehene Sendungen** zuzustellen, **verursachen jährlich** für die Post **einen Aufwand von** rund **55 Mill.** DM; zu etwa 70 % sind die Ermittlungen von Erfolg.
Anfang 1975 belief sich der **Weltbestand an Telefonen** auf **358,6 Mill.** (USA 144 Mill., Japan 40 Mill., Großbritannien 20,5, BR Deutschland 18,77 Mill.) Stück; Telefone je 100 Einwohner: USA 68 – Schweden 63 – Schweiz 58 – Kanada 55 – Neuseeland 51 – Dänemark 43 – Luxemburg 40 – Finnland 36 – Norwegen 34 und u. a. BR Deutschland 30, Frankreich und Österreich je über 20. – Von Großstädten besitzt New York mit 5,9 Mill. die meisten Telefone; in Europa führt London mit 4,5 Mill., in der BR Deutschland Hamburg mit 1,07 Mill., gefolgt von Berlin (West) mit 1,009 Mill. und München mit 0,83 Mill. Apparate.

VERKEHRSUNFÄLLE UND -SCHÄDEN

Nach einem Bericht auf der Tagung der »Weltgesundheitsorganisation«/WHO im November 1975 werden **jährlich über eine Viertelmillion Verkehrstote** registriert und **über 10 Millionen Menschen bei Verkehrsunfällen** in aller Welt **verletzt.** 1974 wurden allein in den **USA** 45 534 Todesopfer im Straßenverkehr gezählt; es waren dies 9550 weniger als 1973, offenbar auf Geschwindigkeitsbeschränkungen und die wegen Benzinknappheit infolge des Ölboykotts eingetretene Fahreinschränkung zurückzuführen. In **Großbritannien** hat sich die fallende Tendenz bei der Zahl der Verkehrsopfer seit 1972 (7760) fortgesetzt; 1975 wurden 6530 im Straßenverkehr getötete Personen gezählt. Eine ähnliche Entwicklung ist auch in den **Niederlanden** festzustellen; hier ging z. B. – u. a. auch wegen verschärfter Alkoholbestimmungen und Geschwindigkeitsbegrenzung – 1974 die Zahl der Verkehrstoten gegenüber dem Vorjahr um 18 % auf 2540 zurück. In der **Schweiz** verminderte sich die Zahl der im Verkehr ums Leben gekommenen Menschen von 1499 im Jahre 1974 auf 1372 im Jahre 1975; sie war damit erstmals niedriger als die Zahl der durch Freitod aus dem Leben geschiedenen Personen (1416). In der **DDR** entwickelten sich die Verkehrsunfälle 1975 (1974) wie folgt: Unfälle 54 997 (54 033) – beschädigte Fahrzeuge 75 088 (73 500), Verletzte 47 000 (45 689) und Getötete 2141 (2051). In den USA wird im Durchschnitt (1974) alle elf Minuten ein Mensch durch Verkehrsunfälle getötet und alle 18 Sekunden eine Person verletzt. – **Auf je 100 000 registrierte Autos kamen 1973** (nach »Information Please Almanac 1976«, New York) folgende **Zahlen von Verkehrstoten:** Jugoslawien 270 – Österreich 130 – Irland und Spanien je 100 – Belgien 95 – Finnland 84 – *BR Deutschland* (m. Berlin/West) 82 – Frankreich 76 – Australien 62 – Italien 60 – Dänemark 58 – Niederlande 57 – Japan 56 – Schweiz 55 – Großbritannien 46 – Schweden 44 – USA 42 – Norwegen 41. – Nach amtlichen Angaben gab es in der **BR Deutschland je 1000 Kraftwagen 1953 57,9** und – von Jahr zu Jahr zurückgehend – 1975 **14,7 Unfälle mit Personenschaden**; je 100 Mill. Pkw/km ging (nach ADAC) die Zahl der unfallbeteiligten Fahrzeuge von 364 im Jahre 1960 auf etwa die Hälfte im Jahre 1975 zurück. **Zwischen dem 1. 1. 1954 und dem 31. 12. 1975 haben bei Verkehrsunfällen in der BR Deutschland** (m. Berlin/West) **337 165 Personen ihr Leben verloren;** 3 118 792 Personen wurden schwer, 6 605 649 leicht verletzt. – **1975 stieg erstmals seit 1971 die Zahl der Verkehrstoten** gegenüber dem Vorjahr an, um 1,4 % auf 14 844 im Straßen-, auf 397 im Eisenbahn-, 103 im Luft- u. 14 im Binnenschiffsverkehr. Die Zahl der Unfälle mit Personenschaden erhöhte sich (nach »Wirtschaft und Statistik« 1975/6) um 1,9 % auf 337 728. Je 1000 Kraftfahrzeuge ging die Zahl der Unfälle mit Personenschaden 1975 um 0,2 % zurück; je 100 000 Einwohner nahm sie leicht zu. Innerhalb der Ortschaften verringerte sich die Zahl der Unfälle mit Personenschaden um 2 %, außerorts nahm sie um 10 % zu. Bei Straßenverkehrsunfällen in der Bundesrepublik wurden von Januar bis August 1975 868 *Fahrer von Mofas und Mopeds* sowie Beifahrer getötet und nahezu 33 000 (+16 %) verletzt; für *Radfahrer* lauten die entsprechenden Zahlen für 1975 1407 und 44 000, für *Fußgänger* 3967 und 64 000 (prov. Angaben). – Im **1. Hj. 1976** gab es im Straßenverkehr in der BRD **6857 Verkehrstote** (–0,8 %).

Die Flugunfälle mit Todesfällen im Linienverkehr **gingen 1975** gegenüber dem Vorjahr von 30 auf 21 **zurück**; 12 entfielen auf Propellerturbinenmaschinen und 9 auf Düsenflugzeuge. 437 Personen verloren bei diesen Unfällen ihr Leben (1974 1411). Im Nichtlinienverkehr wurden bei 7 (1974 39) Unfällen 275 (459) Personen getötet. In der BR Deutschland sind 1975 in der *Privatfliegerei* 106 Personen ums Leben gekommen, mehr als je seit 1969. – Am 10. 9. 1976 forderte die bisher **drittschwerste Katastrophe der Zivilluftfahrt,** der Zusammenstoß einer jugoslawischen Chartermaschine mit einer britischen Düsenmaschine vom Typ »Trident« – offenbar durch Versagen der Flugsicherung – in 10 000 m Höhe bei Zagreb (Jugosl.) 176 Menschenleben (darunter 106 deutsche Urlauber).

Flugzeugentführungen und Anschläge auf Flugzeuge durch Terroristen hielten auch in der Berichtszeit an; das dramatischste Ereignis war die Kaperung eines französischen Großraumflugzeuges durch internationale Terroristen auf dem Flug von Athen nach Paris und die handstreichartige Geiselbefreiung in Entebbe (s. »Weltchronik«: Israel und Uganda).

FREMDENVERKEHR

Nach Mitteilungen auf dem »II. Internat. Reisemarkt« in München haben **1975** rund **30 Mill. Bürger der BR Deutschland 40 Mill. Urlaubsreisen unternommen**; dazu kommen etwa 80 Mill. Kurzreisen und jährlich rund 550 Mill. Ausflugsfahrten. Der **Inlandstourismus** hat sich **seit 1962** in der Bundesrepublik **verdoppelt, der Auslandstourismus verdreifacht.** Selbst das Rezessionsjahr 1975 brachte im Reiseverkehr eine erneute Steigerung. Die 14 größten Reiseunternehmen der Bundesrepublik verkauften 1975 4 Mill. Reisen und erhöhten ihrem Umsatz um 24,7 % auf 2,8 Mrd. DM. Rund 2,6 Mill. Urlauber (+14 %) reisten durch Vermittlung der Unternehmen mit dem Flugzeug in den Urlaub, 716 000 (+2 %) mit der Bahn und 35 000 (1974 31 000) mit dem Schiff. 583 000 (+25 %) mieteten ein Ferienhaus oder eine Ferienwohnung über Reiseunternehmen. Für 1976 rechnet man mit weiteren Steigerungen, wenn auch z. T. veränderter Zielrichtung. Der Auslandstourismus der Bundesbürger hat nach dem Ausgabenumfang längst die einst führenden US-Bürger überflügelt. In der BR Deutschland selbst nahm im Sommerhalbjahr 1975 (April–September) die Zahl der Übernachtungen (ohne Camping, Jugendherbergen usw.) von Inländern um 4 % auf 148 Mill., die von Ausländern um 6,4 % auf 11,2 Mill. zu. Von den **Ausländerübernachtungen** entfielen 1975 24 % auf Bayern, 19 % auf Baden-Württemberg und, mit starkem Anteil des Geschäftsreiseverkehrs, 14 % auf Nordrhein-Westfalen. Der durchschnittliche Aufenthalt von Ausländern belief sich auf nur 2,2 Tage. Nach Angaben des »Statist. Bundesamtes« entfielen 1975 von den 5,09 Mill. Ausländerankünften 1,0 Mill. auf Niederländer, 731 000 auf US-Bürger, je rund 366 000 auf Franzosen und Beneluxbürger, 405 000 auf britische Bürger, 311 600 auf Dänen, rund 300 000 auf Schweden, 243 700 auf Schweizer, 182 800 auf Italiener und u. a. 179 600 auf Österreicher.

Rekordzahlen wurden 1975 **im innerdeutschen Reiseverkehr** erreicht; im Transitverkehr von Berlin (West) nach dem übrigen Bundesgebiet und umgekehrt wurden 1975 14,8 (1971 7,6) Mill. Reisende gezählt; die Zahl der Besuche von Westdeutschen in der DDR stieg 1975 gegenüber dem Vorjahr um 62,7 % auf 3,12 Mill. (1970 1,25 Mill.). Im Jahre 1975 kamen 1,33 Mill. Bewohner der DDR im Rentenalter nach der Bundesrepublik (m. Berlin/West), jedoch nur 40 442 nicht im Rentenalter stehende Einwohner der DDR, diese besonders in dringenden Familienangelegenheiten. – Das **Defizit im Auslandsreiseverkehr** hat sich von Jahr zu Jahr vergrößert; es stieg von 8,57 Mrd. DM 1972 auf 12,21 Mrd. DM 1974 und 13,69 Mrd. DM 1975, so daß es einen wesentlichen Teil des Außenhandelsüberschusses aufzehrte. Im einzelnen ergaben sich zuletzt folgende Einnahmen/Ausgaben in Mrd. DM im bundesdeutschen Auslandsreiseverkehr: 1972 6,00/14,57 – 1974 6,02/18,23 – 1975 7,14/20,83.

Österreich verzeichnete 1975 eine Zunahme der Übernachtungen im Fremdenverkehr um 5,3 %, und zwar im Inländerverkehr nur um 2,6 %, im Ausländerverkehr jedoch um 6,1 %, wobei die Wintersaison die wichtigere blieb. Die Einnahmen aus dem internationalen Reiseverkehr stiegen um 9,6 % auf 50,6 Mrd. S, die aus dem Inländerverkehr nur um 6,3 % auf 15,2 Mrd. S. An erster Stelle standen wie immer Besucher aus der BR Deutschland. Jeder der rund 270 000 im Fremdenverkehr Beschäftigten erarbeitete im Durchschnitt 1975 über 20 000 S an Devisen. Der Anteil des Fremdenverkehrs am Bruttosozialprodukt ist größer als bei den meisten anderen Fremdenverkehrsländern.

Die **Schweiz** hatte 1975 noch ein zufriedenstellendes Ergebnis des Fremdenverkehrs, spürte jedoch ab 1. Vj. 1976 Rückschläge, namentlich durch die Abnahme der Übernachtungen bundesdeutscher Gäste, zurückgeführt in erster Linie auf den hohen Frankenkurs.

Der Internationale Reiseverkehr in den OECD-Mitgliedsländern
(Nach OECD-Angaben, Zahlen gerundet; angeordnet nach der Ausgabengröße 1974)

	Einnahmen		*Ausgaben*	
	in Mill. US-$			
Land	*1974*	*1973*	*1974*	*1973*
BR Deutschland	2 325	2 213	7 041	6 521
USA	4 032	3 412	5 943	5 526
Frankreich	2 640	2 398	2 380	2 162
Kanada	1 499	1 304	1 608	1 435
Großbritannien	1 957	1 677	1 601	1 683
Japan	234	209	1 385	1 252
Niederlande	1 033	960	1 346	1 173
Italien	1 915	2 373	1 287	1 459
Belgien/Luxemburg	695	628	1 043	1 143
Österreich	2 289	2 190	890	678
Schweden	275	219	769	718
Schweiz	1 415	1 378	664	584
Dänemark	642	578	524	499
Australien	260	205	491	429
Norwegen	298	253	387	295
Spanien	3 188	3 091	326	271
Portugal	443	514	255	232
Neuseeland	133	99	253	182
Finnland	293	283	207	195
Türkei	194	172	152	93
Griechenland	436	515	79	73
Irland	234	205		145
Island	16	13	18	13
Zusammen	26 445	24 886	28 692	26 517

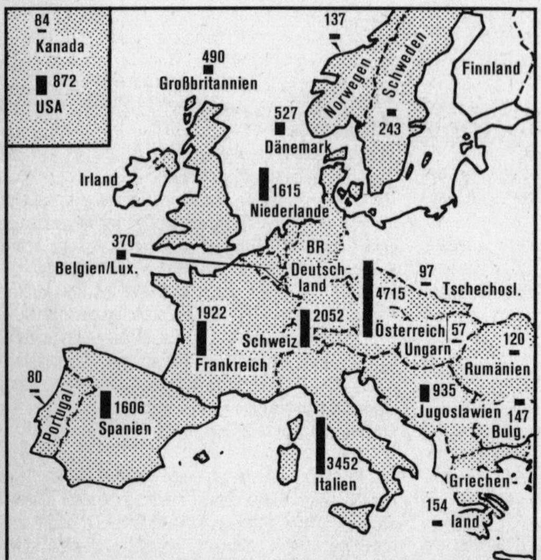

Ausgaben westdeutscher Urlauber in europäischen Reiseländern 1975
in Mill. DM (Zahlen gerundet; nach Angaben des »Statist. Bundesamtes«, der »Commerzbank« und »Bayer. Vereinsbank«)

Welthandel

Der **Welthandel** erfuhr trotz der Rezession in den meisten westlichen Industrieländern nominal sowohl 1974 als auch 1975 einen Zuwachs; 1974 erhöhten sich z. B. die Weltexporte nominal um 47 %, das Volumen jedoch, d. h. die reale Steigerung, belief sich nur auf 6 % gegenüber rund 11 % 1973. Im ersten Halbjahr **1975** ging das Volumen noch stärker zurück; besonders in den letzten Monaten zeigte sich sodann eine gewisse Erholung, aber **real** wurde nach den bisherigen Berechnungen im Welthandel **1975 erstmals seit Kriegsende ein Rückgang der Weltausfuhr verzeichnet. Nominal stieg** (n. prov. UNO-Ang.) **die Weltausfuhr** (ohne Handel zwischen den kommun. Ländern Asiens) **von 835,49 Mrd. $ im Jahre 1974 auf 879,6 Mrd. $ 1975.** Die – noch nicht endgültig errechnete – große Differenz, die sich 1975 zwischen der nominalen und realen Zuwachsrate ergab, war eine Folge der sehr erheblichen Preissteigerungen und Wechselkursänderungen. Hatte sich 1974 hauptsächlich durch den drastischen Anstieg der Erdölpreise die Einfuhr der Industrieländer um rund zwei Fünftel verteuert, so ist im Jahresdurchschnitt 1975 die Teuerungsrate der Importe auf weniger als 10 % gesunken, allerdings von dem nun wesentlich höheren Preisniveau berechnet. Die Rohstoff- und Energiekrise hat seit 1974 **zeitweise die außenwirtschaftlichen Ungleichgewichte verschärft.** Die *Industrieländer* vermochten durch die Entwicklung im 2. Hj. 1975 ihre Handelsbilanzdefizite gegenüber 1974 stark abzubauen, während bei den *Entwicklungsländern* infolge des Preisverfalls auf den Rohstoffmärkten eine weitere Erhöhung der Handelsbilanzdefizite stattfand und infolgedessen die Befürchtungen zunahmen, ihre Zahlungsunfähigkeit könne eine zusätzliche Krise auslösen. Unterdessen hat sich jedoch durch die Importbelebung in den westlichen Industrieländern eine kräftige Verschiebung der *Terms of Trade* zugunsten der Entwicklungsländer abgezeichnet. Die Ölexportländer der OPEC, die 1974 einen Überschuß von knapp 92 Mrd. $ erzielt hatten, sahen diesen 1975 auf 63,8 Mrd. $ verringert; es wird jedoch angenommen, daß – trotz des zunächst eingetretenen Rückgangs ihrer Überschüsse und der im Einzelfall sogar zu verzeichnenden finanziellen Enge infolge zu hoher Investitionen – 1975 eine Steigerung ihrer realen Einfuhren um etwa 20 % möglich sein wird. Die kein Erdöl besitzenden bzw. exportierenden Entwicklungsländer dürften zumindest teilweise zu einer Einfuhrdrosselung gezwungen sein. Eine Einfuhrerhöhung bei den RGW-Ländern wird vermutlich erst nach einem gewissen Abbau ihrer Handelsdefizite gegenüber den westlichen Industrieländern möglich sein. Das »Ifo-Institut für Wirtschaftsforschung« in München rechnet für 1976 durch die von den westlichen Industrie- und den OPEC-Ländern ausgehenden Impulse, deren Auswirkung rezessive Entwicklungen in den kommunistischen bzw. »Staatshandelsländern« und nicht Erdöl exportierenden Entwicklungsländern mehr als wettmachen dürften, mit einer realen Wachstumsrate des Welthandels 1976 gegenüber dem Vorjahr um etwa 6 %, andere Prognosen mit 4–7 %. Die **Entwicklung in den kommenden Jahren** wird nicht zuletzt auch davon abhängen, wie sich die im Mai 1976 gefaßten **Beschlüsse der UNCTAD** (»Handels- und Entwicklungsrat der UNO«, auch »Welthandelsrat«)-**Konferenz** auswirken werden, namentlich die »Resolution 93« über ein **integriertes Rohstoffprogramm,** das den Entwicklungsländern eine Diversifizierung des Handels und der Produktionskapazität ermöglichen soll, hauptsächlich durch die Stabilisierung der Rohstoffpreise auf einem »gerechten Niveau«, wobei zunächst im Programm Bananen, Baumwolle und Baumwollgarne, Fleisch, Gummi, Hartfasern und Erzeugnisse aus solchen, tropische Hölzer, Jute, Kaffee, Kakao, Olivenöl und Ölsaaten, sonstige Pflanzenöle, Tee und Zucker sowie Bauxit, Eisenerz, Kupfer, Phosphate und Zinn besonders berücksichtigt werden sollen. Schließlich soll bis spätestens März 1977 eine Konferenz über die **Errichtung eines gemeinsamen Fonds** zur Rohstoffstabilisierung einberufen werden. Die Schwierigkeiten, die sich für die Rohstoffe exportierenden Entwicklungsländer ergeben, lassen sich aus den Schwankungen des Weltmarktes erkennen, die sich in den **Rohstoffpreis-Indizes** niederschlagen: HWH/Reuter/Moody Durchschnitt 23. 12. 71–6. 1. 72: **113,0/539,0/374,5** / 3. 5. 74 **320,2** / 26. 2. 74 **1497,7** / 26. 2. 74 **785,6** – HWH 15. 10. 75 **257,7** / 26. 6. 75 **1051,5** / 12. 6. 75 **701,4** – März-Durchschnitt 1976 **277,1/1277,1/783,4** (HWH nur bis 25. 3. 75) – Das Eindämmen dieser Preisschwankungen ist ein Hauptziel der Entwicklungsländer. In diesem Sinne wird die Konferenz als großer **Erfolg** der – nunmehr 112 Staaten umfassenden – Länder der sogen. »**Gruppe 77**« gegenüber den westlichen Industrieländern angesehen, das Ergebnis aber z. T. nach außen hin als ein die Interessen beider Seiten berücksichtigender Kompromiß betrachtet. Von der BR Deutschland wie von einigen anderen Industrieländern werden nachteilige Folgen eines wachsenden Dirigismus und eine Beeinträchtigung marktwirtschaftlicher Grundsätze befürchtet, desgleichen eine Benachteiligung rohstoffarmer Entwicklungsländer und gleichzeitig neue Vorteile für umfangreiche Rohstoffe besitzende Industrieländer (s. auch Abschnitt: »Bergbau«). Als schwierig wird die Alimentierung des geplanten *»Common Fund«* für zunächst zehn wichtige Rohstoffe erachtet. Angenommen wurden in Nairobi auch Beschlüsse über die Herbeiführung spezieller Handelsvergünstigungen für die Entwicklungsländer – Zollfreiheit der Einfuhr von Fertigprodukten in Industrieländer usw. –, über Technologie-Transfer, über eine Erhöhung der Entwicklungshilfe der RGW-Länder und u. a. über eine Revision des internationalen Patentsystems sowie über Schuldenerleichterungen für Entwicklungsländer. In den RGW-Ländern, besonders in der UdSSR, wird das Ergebnis der Konferenz als eine Niederlage für die westlichen Industrieländer bezeichnet; nur die Nutzung der sozialistischen Quellen an Produkten, finanziellen Mitteln und Technologien könne Abhilfe vor dem Druck des kapitalistischen Marktes bringen (u. a. nach »Sowjetunion heute«). **Japan** verminderte 1976 sein Defizit auf ein Drittel.

Der **Anteil der** nichtkommunistischen **Entwicklungsländer an den Weltexporten** ging 1975 nicht nur real, sondern auch nominal zurück, und zwar von 27,2 % auf 23,8 % bzw. von 221,3 Mrd. DM auf 210,1 Mrd. DM; auch die nach dem Entwicklungszustand zu ihnen gerechneten »reichen« OPEC-Länder, deren Anteil 1974 infolge der Ölpreiserhöhung auf 16 % angewachsen war, erlitten einen

Anteil der Weltausfuhr 1975 in %

(Nach UNO- und GATT-Angaben, unter Einschluß z. T. geschätzter Zahlen für die RGW-Länder u. d. kommunistischen Staaten Asiens; Zahlen gerundet)

starken Rückgang. **Die 28 am wenigsten entwickelten (ärmsten)** nichtkommunistischen **Entwicklungsländer** (»Least developed countries«/**LDC**), **die** immerhin **fast 6 % der Weltbevölkerung beherbergen,** haben einen **Anteil an der Weltausfuhr von** nicht einmal **0,5 %;** es handelt sich um Afghanistan, Äthiopien, Bangladesch, Benin, Bhután, Botsuana, Burundi, Gambia, Guinea, Haïti, Arab. Rep. Jemen, Demokrat. Volksrep. Jemen, Laos, Lesotho, Malawi, Malediven, Mali, Nepál, Niger, Obervolta, Ruanda, Somalia, Sudan, Tansania, Uganda, d. Inselstaat West-Samoa (Samoa i Sisifo) und die Zentralafrikan. Republik. – Die nichtkommunistischen **Entwicklungsländer** insgesamt stellen zwar rund die Hälfte der Weltbevölkerung, aber ihr Anteil an der Weltausfuhr beträgt weniger als ein Viertel. Ihre **Situation** wird jedoch **erst konkret erfaßbar, wenn man berücksichtigt, daß der Anteil von Industrieerzeugnissen an ihrem Gesamtexport nur 16 % beträgt,** während mehr als vier Fünftel ihrer Ausfuhr auf agrare und mineralische Rohstoffe entfallen. Das **Defizit dieser Entwicklungsländer** (ohne OPEC-Länder) im Außenhandel belief sich 1975 auf (prov.) über 38 Mrd. $, d. h. es entsprach etwa dem des Jahres 1974. Bei den westlichen Industrieländern erreicht der Anteil der Industrieprodukte über drei Viertel, bei den kommunistischen Ländern 60 % ihrer Gesamtausfuhr.

Die führenden Welthandelsländer 1975/prov. in Mill. US-$
(Einfuhr cif.; RGW fob; Ausfuhr fob; nach »Monthly Bulletin of Statistics«, 1975/8, UNO-Publ.)

in Mill. US-$	*Einfuhr*	*Ausfuhr*
USA	102 984	106 157
BR Deutschland	75 565	91 620
Japan	57 881	55 844
Frankreich	54 247	52 214
Großbritannien u. Nordirld.	53 262	43 760
Italien	38 366	34 821
Kanada (Einfuhr fob)	34 306	31 881
Belgien/Lux.	30 691	28 807
Sowjetunion	36 989	33 324
Niederlande	34 573	35 075
Schweden	17 874	17 439
Saudi-Arabien (Einf. 1974)	3 473	27 113
Iran	10 343	20 249
Schweiz	13 305	12 957
Spanien	16 097	7 691
Polen (Einfuhr fob)	12 536	10 283
Australien (Einfuhr fob)	9 811	11 575
Brasilien	13 558	8 656
DDR (m. innerdt. Handel)	11 290	10 088
Dänemark	10 366	8 716
Österreich	9 391	7 518
Norwegen	9 718	7 207

Außenhandel ausgewählter Ländergruppen 1975 /prov.

in Mill. US-$	*Einfuhr*	*Ausfuhr*
EG	299 210	296 560
USA/Kanada	140 310	139 500
RGW-Länder (1974)	70 900	65 500
OPEC	49 900	113 700
EFTA	62 300	52 930
LAFTA (ALALC)	37 490	31 550
CACM (CCM)	2 900	2 420
UDEAC (CEUCA; E 1973, A 1974)	633	1 751

Von den organisatorisch oder durch besonders enge wirtschaftliche Verflechtung (USA/Kanada) miteinander verbundenen Staatengruppen nimmt die **EG** eindeutig den ersten Rang ein, entfällt doch z. B. auf sie allein ein Drittel der gesamten Weltausfuhr. Durch die wirtschaftliche Rezession stieg jedoch 1975 die Einfuhr nur um rund 2 %, die Ausfuhr um weniger als 7 %, während 1974 große Steigerungsraten gegenüber 1973 zu verzeichnen gewesen waren. Die EG ist der **wichtigste Absatzmarkt für die** (nichtkommunistischen) **Entwicklungsländer,** von deren Ausfuhr rund 76 % in westliche Industrieländer gehen, davon die Hälfte in die EG und je etwa ein Viertel in die USA und Japan, dagegen nur rund 4 % in die RGW-Länder und die Chinesische Volksrepublik. Die Entwicklungsländer selbst nehmen sich gegenseitig etwa ein Fünftel ihrer Exporte ab. Von ihrer Fertigwareneinfuhr bezieht die EG nur knapp 8 % aus Entwicklungsländern.

Die **EFTA**-Länder haben nach dem 15. Jahresbericht (1. 7. 74–30. 6. 75) insgesamt Einbußen erlitten, zumal sie besonders stark vom internationalen Handel abhängen und dadurch von der Rezession in der EG und in den USA und auch besonders stark von der Rohstoff-, namentlich der Ölverteuerung betroffen wurden, so daß sich ihre Zahlungsbilanzen entsprechend verschlechterten. Wie **intensiv** ihre **Verflechtung mit dem Weltmarkt** ist, ergibt sich u. a. daraus, daß sie zwar nur rund 1 % der Weltbevölkerung beherbergen, aber über 8 % der Welteinfuhr aufnehmen und rund 6 % der Weltausfuhr bestreiten.

Großbritannien gelang es, sein Handelsbilanzdefizit 1975 wesentlich gegenüber dem Vorjahr zu vermindern, **Frankreich** verzeichnete eine noch günstigere Entwicklung, verringerte sich doch sein Defizit auf etwa ein Viertel des Vorjahrsbetrages. – **Italien** gelang es, seinen hohen Passivsaldo des Jahres 1974 durch Restriktion der Einfuhren um fast 6 % und Steigerung der Exporte um über 15 % auf ein Drittel abzubauen.

Die **USA,** die ihren ersten Rang als Welthandelsland behaupteten, schränkten 1975 ihre Importe in Auswirkung der Rezession um rund 4 % ein, vermochten dagegen ihre Ausfuhr um etwa 9 % zu erhöhen, so daß sie statt des Passivsaldos von 1974 im Jahre 1975 einen Rekordüberschuß erzielten; besonders angewachsen sind die Ausfuhren von Maschinen, Ausrüstungen und (wie auch bei Frankreich und Großbritannien) von Waffen. – Bei **Kanada** ergab sich eine umgekehrte Entwicklung, folgte doch auf einen bescheidenen Überschuß im Jahre 1974 ein ebenfalls relativ mäßiges Defizit, da die Einfuhren – besonders aus den USA – um ungefähr 10 % zunahmen, während das Plus im Export – bei beachtlicher Zunahme der Ausfuhren nach der EG und Japan – nur 2 % ausmachte. – Der Handel im »Zentralamerikanischen Gemeinsamen Markt«/**MCC** stagnierte, doch war es möglich, das Defizit gegenüber dem Vorjahr etwas zu vermindern. – Die Integrationsbemühungen der »Lateinamerikanischen Freihandelszone«/**ALALC** verzeichneten nur geringe Erfolge bzw. z. T. sogar Rückschläge; der Handelsaustausch mit Drittländern, der 1974 einen starken, die Zunahme des Regionalhandels weit übertreffenden Aufschwung erlebt hatte, erfuhr 1975 einen schweren Rückschlag, so daß sich das Defizit gegenüber den Nichtmitgliedern verdreifachte. Der Regionalhandel, der 1973 mit einem Anteil von 11,5 % seit 1970 die stärkste Ausweitung erfahren, wenn auch nicht den Rekord von 1965 (13 %) erreicht hatte, ging 1974 auf 10,8 % und 1975

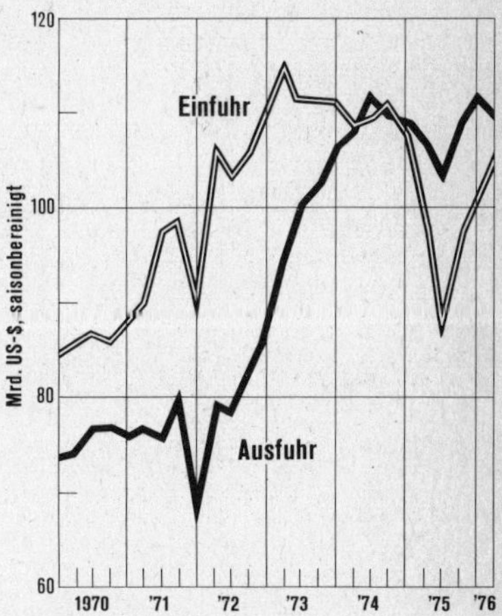

Außenhandel der USA in konstanten Dollars von 1975
(Nach »Fortune«, April 1976)

noch weiter zurück. Positiv ist die Zunahme von Fertigwaren im gegenseitigen Handelsaustausch der Partner. Am ungünstigsten verlief der Regionalhandel für die kleinen Länder.

Der **Außenhandel der BR Deutschland** erreichte zwar 1975 einen neuen **Rekordumfang**, doch stand er *im Zeichen der Abnahme der* nicht zuletzt preisbedingten *ungewöhnlich hohen Überschüsse des Jahres 1974*. Die Importe nahmen trotz der abgeschwächten Binnennachfrage (nach »Wirtschaft und Statistik«) noch gegenüber dem Vorjahr um nahezu 3 % auf 184,31 Mrd. DM zu, die **Ausfuhren** aber **gingen** in Auswirkung der weltweiten Rezession **erstmals seit Bestehen der Bundesrepublik zurück,** und zwar auf 221,59 Mrd. DM. Der Überschuß nahm infolge dieser Entwicklung von 50,84 Mrd. DM auf 37,27 Mrd. DM ab. Während die Einfuhr infolge der im Jahresdurchschnitt fast unveränderten Preise nominal wie real um rund 3 % wuchs, ergab sich bei der Ausfuhr ein Rückgang von nominal 4 %, infolge der gestiegenen Durchschnittswerte real sogar ein solcher von rund 10 %.

Diese Entwicklung wurde vor allem durch die Veränderungen im Handelsaustausch (nach Einkaufs- und Käuferländern) mit den westlichen Industrieländern bestimmt, ging doch im Handel mit diesen der Überschuß von 28,9 Mrd. DM auf 10,1 Mrd. DM zurück, wobei die größten Einbußen gegenüber den EG-Ländern eintraten, auf die 1956 etwa 56 % der Einfuhr und 44 % der Ausfuhr entfielen; im Handel mit den EG-Partnern nahmen die Ausfuhren um 6,9 % auf 97,2 Mrd. DM ab, während die Einfuhr aus ihnen um 3,1 % auf 103,4 Mrd. DM anstieg. Hatte sich 1974 ein Überschuß von 3,9 Mrd. ergeben, so stellte sich nun 1975 ein Passivsaldo von 6,2 Mrd. DM ein. Auch im Austausch mit den EFTA-Ländern und den übrigen westeuropäischen Ländern schwächte sich der Aktivsaldo ab; im Handel m. USA/Kanada wuchs das Defizit von 5,0 auf 7,3 Mrd. DM an; der US-Anteil am BRD-Außenhandel sank von 15,2 % 1950 auf 7,7 % 1975. Die Position der westlichen Industrieländer als Abnehmer westdeutscher Waren verminderte sich somit erneut, während andererseits die Erdöl-Länder und die RGW-Staaten ihre Stellung als Käufer verbesserten. Der Anteil des mittelbaren Handels ging 1975 bei der Einfuhr von 20,8 % auf 18 % bzw. auf 33,3 Mrd. DM zurück; bei der Ausfuhr erhöhte er sich von 3,4 % auf 3,8 % bzw. auf 8,3 Mrd. DM. Wichtigste Mittlerländer waren Großbritannien, die USA, die Benelux-Länder, die Schweiz und Österreich, auf die 94 % aller Einfuhren aus dritten Ländern und rund 75 % der Ausfuhren in solche entfielen.

Eine entgegengesetzte Entwicklung als der Handel mit den westlichen Industrieländern nahm 1975 der **Handelsaustausch mit den Ostblock-Ländern,** wenn auch die Ausweitung viel geringer war als in den beiden vorangegangenen Jahren. Die Ausfuhren nahmen von 14,64 auf 16,00 Mrd. DM (davon 1,37 Mrd. DM kommunist. asiatische Länder) zu, so daß sie **7,2 % der Gesamtausfuhr** ausmachten; bei der **Einfuhr** ergab sich eine leichte Zunahme von 7,18 auf 7,36 Mrd. DM (499 Mill. DM kommunist. asiatische Länder), womit der Anteil am Gesamtimport unverändert bei rund 4 % blieb. Die westdeutsche Ausfuhr nach den RGW-Ländern war 1975 etwa dreimal so hoch wie 1971. Die 1975 im Gegensatz zu den starken Zunahmen der Vorjahre

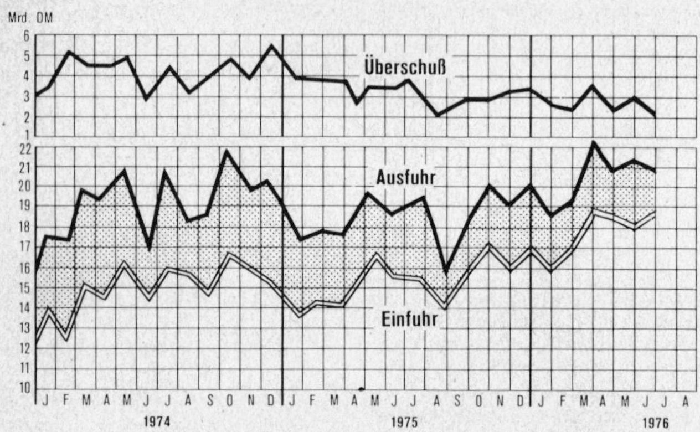

Entwicklung des Außenhandelsüberschusses der BR Deutschland
(Nach »Handelsblatt«, modifiz.)

abgeschwächte Entwicklung ergab sich als Folge der seit Jahren verzeichneten hohen **Defizite der RGW-Länder** (ohne DDR-Schulden) **gegenüber der BR Deutschland,** erreichte doch die **Gesamtverschuldung** an diese 1976 einen Umfang von brutto **19,7** (netto 16,5) **Mrd. DM.** Weitaus *wichtigster Kunde und Abnehmer* blieb (die DDR in diesem Rahmen nicht gerechnet) die *Sowjetunion,* gefolgt von Polen und der Tschechoslowakei. Die Einfuhr aus der *Chines. Volksrep.* in Höhe von 553 Mill. DM entsprach immerhin etwa 60 % der Importe aus Ungarn, und die Ausfuhr nach ihr mit 1292 Mill. DM reichte fast an die nach Ungarn heran. Insgesamt brachte der Handel mit den kommunistischen Ländern 1975 (1974) einen Aktivsaldo von 8,65 (7,42) Mrd. DM. – Eine Zunahme des Aktivsaldos ergab sich 1975 auch gegenüber den **Entwicklungsländern,** stieg doch die Einfuhr aus ihnen von 16,54 Mrd. DM auf 17,07 Mrd. DM, die Ausfuhr nach ihnen aber von 30,48 auf 35,16 Mrd. DM; bei Ausschaltung der Erdölländer vermindert sich der Überschuß 1975 von 18,1 auf 7,2 Mrd. DM. Im **Handel mit den Erdölländern** stieg der **Aktivsaldo der Bundesrepublik** von 4,9 Mrd. DM 1974 auf **10,9 Mrd. DM 1975.** Das Defizit der Bundesrepublik im Handel mit den *arabischen Ländern* verringerte sich von 10,2 Mrd. DM 1974 auf 2,7 Mrd. DM 1975.

Außenhandel der Bundesrepublik nach Warengruppen 1975 in Mill. DM (Veränderung geg. 1974 in %)

a) *Einfuhr:* Ernährungswirtschaft 31 127 (+6,1), darunter Nahrungsmittel pflanzlichen Ursprungs 19 724, N. tierischen Ursprungs 7295, Genußmittel 3504, Lebende Tiere 604; Gewerbliche Wirtschaft 150 746 (+1,6), darunter Fertigwaren 92 953, Halbwaren 27 648, Rohstoffe 30 144

b) *Ausfuhr:* Ernährungswirtschaft 10 397 (+4,5), Gewerbliche Wirtschaft 209 784 (−4,4), darunter Fertigwaren 188 350, Halbwaren 16 129, Rohstoffe 5304.

Bei der Einfuhr hatten Güter der Gewerblichen Wirtschaft einen Anteil von 81,8 % an den Gesamtimporten, bei der Ausfuhr belief sich dieser Anteil auf 94,7 %.

Die *Entwicklungsländer* (Herstellungs- und Verbrauchsländer) lieferten der Bundesrepublik 1975 20,9 % der Einfuhr an Gütern der Ernährungswirtschaft und 20 % der der Gewerblichen Wirtschaft, an denen Rohstoffe zu 73,8 % beteiligt waren. Die nach dem Umsatz wichtigsten Handelspartner unter den Entwicklungsländern waren 1975 in Mrd. DM: Iran 8,83 – Saudi-Arabien 5,29 – Brasilien 5,16 – Libyen 4,77 – Algerien 4,03 – Nigerien 3,99 – Irak 2,86 – und Hongkong 2,19; die größten Überschüsse der Bundesrepublik ergaben sich aus dem Handel mit dem Irak (+2,27) und dem Iran (+1,56), die größten Defizite im Handel mit Saudi-Arabien (−2,50) und Libyen (−2,13).

Im **1. Hj. 1976** nahm geg. 1. Hj. 1975 (vorl. Ang.) die Einfuhr in die Bundesrepublik um 20,7 % auf 107,0 Mrd. DM, die Ausfuhr um 13,7 % auf 123,2 Mrd. DM zu, so daß sich ein Überschuß von 16,2 Mrd. DM ergab, während im 1. Hj. 1975 ein Überschuß von 19,7 Mrd. DM zu verzeichnen war.

Im **innerdeutschen Handel,** d. h. im Handelsverkehr zwischen der BR Deutschland (m. Berlin/West) und der DDR (einschl. Berlin/Ost), ergab sich 1975 (nach Angaben des »Statistischen Bundesamtes«) im Gesamtumfang eine Erhöhung von 7 %, wobei die Lieferungen der DDR mit 3342 Mill. VE (Valutaeinheit = DM) sich kaum veränderten, die Bezüge der DDR dagegen nur um 251 auf

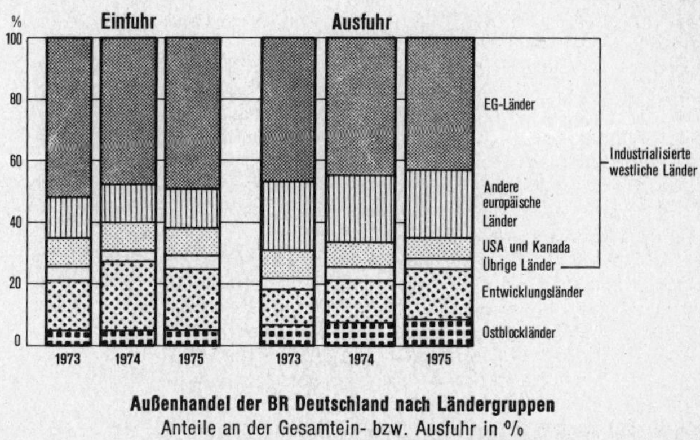

Außenhandel der BR Deutschland nach Ländergruppen
Anteile an der Gesamtein- bzw. Ausfuhr in %
(Nach »Wirtschaft und Statistik«, 1976/2)

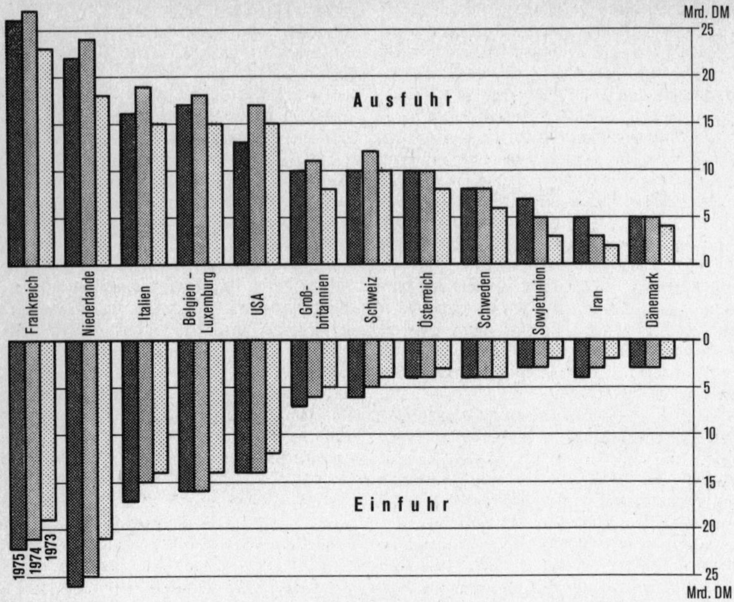

Außenhandel der BR Deutschland mit wichtigen Herstellungs- und Verbrauchsländern
(Nach »Wirtschaft und Statistik«, 1976/2, hgg. v. »Statist. Bundesamt«)

3 922 Mill. VE zunahmen. Der Handelsaustausch war somit **für die DDR erneut defizitär,** so daß sich der *kumulierte* **Aktivsaldo zugunsten der Bundesrepublik** bis Ende 1975 auf **rund 2,4 Mrd. VE** erhöhte; Bonn kam der DDR durch die Erhöhung des »Swing«, der permanenten Kreditlinie, entgegen. Seit 1970 wurden (nach »Wochenbericht« 1976/10 des DIW) die westdeutschen Lieferungen jährl. zu etwa 85 % durch DDR-Lieferungen gedeckt. – **Im 1. Hj. 1976** glichen sich die gegenseitigen Lieferungen nahezu aus.

Bei den Lieferungen/Bezügen der Bundesrepublik (m. Berlin/West) ergab sich 1975 folgender Warenanteil in %: Waren der Grundstoff- und Produktionsgüterindustrie 60,1/39,9 (u. a. Chemische Erzeugnisse 24,1/9,3 – Eisen- u. Stahl 14,2/8,0 – Maschinenbauerzeugnisse 15,5/2,9 – Textilien und Bekleidung 5,0/20,1 – Landwirtschaftl. Erzeugnisse und Produkte der Nahrungs- und Genußmittelindustrie 8,5/18,0 – Der **Anteil der DDR am Außenhandelsumfang der BR Deutschland** macht **rund 1,8 %,** ungekehrt über 10 % aus. – Der **Anteil der einzelnen Bundesländer an der Gesamtausfuhr der Bundesrepublik** verhält sich (nach »Vereinsbankinformationen« 1976/13 bzw. »Statist. Landesamt« München) in % wie folgt: Nordrhein-Westfalen 32,3 – Bayern 12,8 – Baden-Württemberg 13,1 – Hamburg 10,8 – Hessen 10,1 – Niedersachsen 6,8 – Bremen 3,1 – Schleswig-Holstein 2,6 – Saarland 2,0 – Berlin (West) 1,4 (Rest nicht ermittelt).

Jeder 6. Arbeitsplatz war 1975 vom Export abhängig. – Wichtigste Exportgüter waren 1975 Maschinen, Autos, Chemische und Elektrotechnische Erzeugnisse sowie Eisen und Stahl, gefolgt von Nahrungs- und Genußmitteln und Textilien. – Der **Importdruck** zeigte sich (nach »Handelsblatt« v. 29. 3. 1976) in den folgenden Anteilen der Einfuhren am Inlandsumsatz in %: Büromaschinen u. EDV-Geräte 49,0 – Musikinstrumente u. Spielwaren 46,5 – Feinmechanik, Optik, Uhren 33,0 – Textilien 32,1 – Schuhe 29,5 – Eisen u. Stahl 24,3 – Bekleidung 23,4 – Chem. Produkte 21,1 – Autos 19,5 – Maschinen 17,0 – Elektrotechn. Erzeugnisse 14,5 – Kunststoffe 11,7 – EBM-Waren 10,9 – Holzwaren 8,2.

Die **Abhängigkeit von den Rohstofflieferanten** ergab für die Bundesrepublik 1975 (gerundet) folgendes Bild: Westl. Industrieländer/Ostblock/Entwicklungsländer Anteile in %: Erdöl und andere Brennstoffe 32/8/60 – Rohstoffe (bes. Erze) 67/7/26 – Nahrungs- und Genußmittel 75/5/20.

Der **Außenhandel Österreichs** zeigte 1975 nominal eine Abnahme der Einfuhr von 168,33 Mrd. S im Jahre 1974 auf 163,34 Mrd. S und der Ausfuhr von 133,35 Mrd. S auf 130,88 Mrd. S, doch verlief die Entwicklung im einzelnen recht unterschiedlich. Das Defizit verringerte sich von 34,97 Mrd. S 1974 auf 32,46 Mrd. S. Weitaus *wichtigster Lieferant blieb die EG* mit 101,75 Mrd. S, gefolgt von den EFTA-Ländern mit 17,36 Mrd. S und den Oststaaten (ohne Jugoslawien) mit 16,68 Mrd. S; von den Ausfuhren gingen 57,78 Mrd. S in die EG-Länder, 19,97 Mrd. S in den EFTA-Raum und 22,23 Mrd. S in die Oststaaten. Der **Anteil der Oststaaten an der** österreichischen **Ausfuhr erhöhte sich** um rund 2 % (einschl. Jugoslawien und der kommunist. Länder Asiens sowie von Cuba) **auf 22,8 %** (nur RGW-Länder 17,1 %, nach 15,1 % 1974; Aktivsaldo 1975 5,66 Mrd. S); er überschritt damit erstmals ein Fünftel. Nach den »Statist. Nachrichten« d. »Statist. Zentralamtes« (1976/2) ergab sich im Handel mit den OECD-Ländern ein Defizit von (prov.) 42,96 Mrd. S. Die *BR Deutschland* war auch 1975 *führender Einzelpartner,* doch ergab sich hier mit einer Einfuhr von 65,34 Mrd. S und einer Ausfuhr von 28,60 Mrd. S mit 37,74 Mrd. S auch das größte Defizit; es folgten Italien (E 13,21, A 10,41 Mrd. S), mit knappem Abstand die Schweiz (m. Liechtenstein, E. 11,00, A 10,23 Mrd. S) und Frankreich (E 6,64, A 3,26), mit denen der Austausch ebenfalls defizitär verlief. Dagegen wurde im Handel mit Großbritannien (E 6,51, A 7,34) ein beachtlicher Überschuß erzielt. In der Warenstruktur erfolgten keine grundsätzlichen Veränderungen. Während die österreichische Gesamtausfuhr 1975 um 1,9 % zurückging, stiegen die Exporte in die BR Deutschland um 9,1 %, so daß sich der westdeutsche Anteil an den Ausfuhren auf 21,9 % erhöhte; der Import ging dagegen um 3,1 % zurück; das österreichische Defizit verringerte sich entsprechend.

Die **Schweiz** vermochte 1975 durch drastische Einfuhrverminderung ihre Handelsbilanz wesentlich zu verbessern. Die Einfuhr verminderte sich (nach prov. Angaben der »Eidgenöss. Oberzolldirektion«; Zahlen abgerundet) von 42,93 Mrd. Fr. im Jahre 1974 auf 34,27 Mrd. Fr. 1975, während die Ausfuhr von 35,35 Mrd. Fr. auf 33,43 Mrd. Fr. zurückging, so daß das Defizit von 7,58 Mrd. Fr. auf lediglich 0,84 Mrd. Fr. absank. Der Außenhandelsumsatz schwächte sich real noch stärker ab als nominal. Während 1974 die Ausfuhr die Importe nur zu 82,4 % zu decken imstande war, erhöhte sich dieser Prozentsatz 1975 auf 97,6 % und war damit weit höher als in den letzten Jahren. Die **EG** blieb auch für die Schweiz der **wichtigste Handelspartner,** entfielen doch auf sie 1975 (1974) von der Ausfuhr 43,4 (44,1) % und von der Einfuhr 66,3 (66,6) %; die entsprechenden Prozentsätze für die EFTA lauteten 12,2 (13,2) % bzw. 8,6 (9,4) %. Zwei Drittel der Ausfuhr und vier Fünftel der Einfuhr wurden mit europäischen Ländern abgewickelt. **An der Spitze der Einzelpartner** stand wiederum **die BR Deutschland** (A 14,8 %, E 27,9 %), gefolgt von Frankreich, Italien, Großbritannien, den USA und Österreich (E 5,5, A 4,3 %). Der *Handelsaustausch mit den RGW-Ländern blieb weiterhin gering;* die UdSSR hatte an der Einfuhr nur einen Anteil von 0,9 % und an der Ausfuhr von 1,4 %. Der Anteil der einzelnen *Warengruppen* erreichte 1975 in der Einfuhr/Ausfuhr folgende Beträge in Mill. Fr.: Rohstoffe u. Halbfabrikate 13,77/12,73 – Energieträger 3,41/0,07 – Investitionsgüter 5,59/12,22 – Verbrauchsgüter 11,49/8,41. – *Im 1. Hj. 1976 zeichnete sich eine deutliche Erholung ab;* die Einfuhr verminderte sich nur noch um 1,3 % auf 17,54 Mrd. Fr. (1. Hj. 1975 −18,9 %), die Exporte erhöhten sich um 8,9 % auf 17,80 Mrd. Fr. (1. Hj. 1975 −6,9 %).

Der **Außenhandel der RGW-Länder** und der anderen kommunistischen Staaten hat sich in den letzten Jahren stark erweitert und (nach UNO-Angaben) von 57,89 Mrd. US-$ 1973 auf 86,80 Mrd. $ 1975 zugenommen, also **in zwei Jahren nominal um rund 50 %;** das reale Wachstum ist infolge der Preissteigerungen und Wechselkursänderungen sicherlich beachtlich geringer gewesen, doch ändert dies die Gesamttendenz nicht wesentlich. Dieses Wachstum war bedingt durch die Notwendigkeit, die eigene Wirtschaft durch modernste Ausrüstungen aus dem Westen und überhaupt die fortgeschrittenere westliche Technologie für die eigene Wirtschaft einzusetzen und damit Produktion und Produktivität zu erhöhen, schließlich auch durch die hohen Einfuhren von Agrarerzeugnissen aus dem Westen, besonders aus den USA, Kanada und Australien, die notwendig waren, um Ausfälle durch Mißernten wettzumachen. Um den Mangel an harten Devisen, der auch durch sowjetische Goldverkäufe nur bedingt zu entschärfen war, auszugleichen, haben in den letzten Jahren die sogen. **»Kompensationsgeschäfte«** – etwa Röhrenlieferungen gegen Erdgas – an Umfang **stark zugenommen.**

Die UdSSR allein vermochte (nach UNO-Angaben) ihre Exporte von rund 5,00 Mrd. TRbl 1960 auf 24,03 Mrd. TRbl 1975 und ihre Importe in dieser Zeit von 5,07 Mrd. TRbl auf 26,67 Mrd. TRbl zu erhöhen, wobei für 1975 1 TRbl 1,387 US-$ gleichgesetzt wird. Vom gesamten Außenhandelsumfang der UdSSR **1975** in Höhe von rund 50,70 Mrd. TRbl entfielen (nach »Ekonomitschesskaja Gasjeta« 1975/19) 28,6 Mrd. TRbl auf alle »sozialistischen Staaten« und davon wieder **26,3 Mrd. TRbl** auf den **Austausch mit den RGW-Partnern, unter denen die DDR** mit 5,6 **an erster Stelle stand,** gefolgt von Polen mit 4,8, Bulgarien mit 4,0, der Tschechoslowakei mit 3,9, Ungarn mit 3,2 und u. a. Cuba mit 2,6 Mrd. TRbl.

Auf den Handel mit den westlichen Industrieländern kamen 15,8 Mrd. TRbl; führend waren die *BR Deutschland* mit 2,8, Japan mit 1,9, Finnland mit 1,7, die USA mit 1,6, Italien mit 1,4, Frankreich mit 1,2 und Großbritannien mit 0,96 Mrd. TRbl. Nur 6,3 Mrd. Rubel entfielen auf den Austausch mit den nichtkommunistischen Entwicklungsländern, bei denen Ägypten mit 0,71, Indien mit 0,68, der Irak mit 0,59, der Iran mit 0,51, Brasilien mit 0,40 und Argentinien mit 0,30 führten. Der *Handel mit* den *RGW-Partnern war weitgehend ausgeglichen* (E 12,9, A 13,4 Mrd. TRbl). Beim *Austausch mit* den *westlichen Industrieländern* (E 9,7, A 6,1 Mrd. TRbl) ergab sich *für die UdSSR ein Passivsaldo von 3,6 Mrd. TRbl,* d. h. umgerechnet rund 5 Mrd. US-$. Gegenüber den nichtkommunistischen Entwicklungsländern, die auch umfangreiche Waffenlieferungen erhielten, wurde ein Überschuß von umgerechnet rund 400 Mill. US-$ erzielt. Die RGW-Partner beziehen von der UdSSR in erster Linie Brenn- und Rohstoffe und z. T. Getreide und spezielle Schwerausrüstungen und liefern hauptsächlich hochwertige Erzeugnisse des Maschinen- und Apparatebaus sowie Verbrauchsgüter, wobei die Preisfestsetzungen zumindest teilweise für sie eine gewisse Benachteiligung bringen. In den letzten Jahren wurde u. a. auch der Preis für sowjetisches Erdöl stark erhöht, bezahlte doch z. B. die DDR 1973 noch 14,3 Rubel je t, 1975 jedoch bereits 28,2 Rubel. Nach ihrer Außenhandelsintensität sind die europäischen RGW-Partner der UdSSR weit höherrangiger, aber durch den hohen Brenn- und Rohstoffbedarf in den Kalkulationen viel empfindlicher. Der Handel aller dieser Länder war 1975 defizitär, besonders bei Polen und Rumänien. Im Handel mit den westlichen Ländern erhöhte sich das Defizit der RGW-Länder in erster Linie aufgrund der divergierenden Nachfrageentwicklung in den beiden Regionen

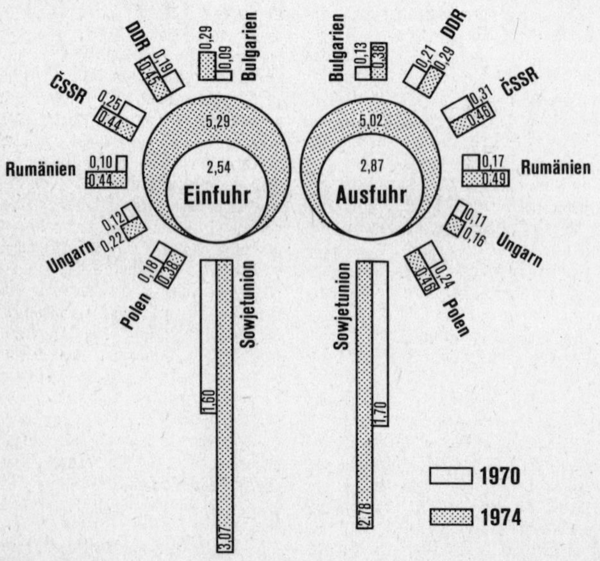

Außenhandel der RGW-Länder (ohne Cuba u. Mongol. Volksrep.) **mit Entwicklungsländern** (ohne Jugoslawien u. asiat. kommunist. Länder, aber mit Cuba und der Türkei) in Mrd. Transferrubel (1970 1 TRbl = 1,11 US-$, 1974 = 1,32 US-$; nach »Wochenbericht« des DIW, 1976/10)

sowie der Verschlechterung der östlichen *Terms of Trade.* Im Zeitraum von 1971–1975 finanzierten die osteuropäischen RGW-Staaten etwa 50 % ihres Defizits im laufenden Zahlungsverkehr durch westliche Kredite, die sich auf nahezu 8 Milliarden Dollar akkumulierten« (nach »Außenhandelsdienst« der »Bank für Gemeinwirtschaft« 1976/11). – **Die gesamte Devisenverschuldung der RGW-Länder gegenüber den westlichen Industrieländern (OECD) ist nach Berechnungen der »Commerzbank« Mitte 1976 auf rund 100 Mrd. DM angewachsen.**

Die **DDR,** die nach dem Außenhandelsumfang nach der UdSSR und Polen unter den RGW-Ländern an dritter Stelle steht, ist nach wie vor der wichtigste Handelspartner der Sowjetunion; sie wertet den innerdeutschen Handel als Außenhandel. Gegenüber 1974 erhöhte sie 1975 die Einfuhr in Mrd. VM (Valutamark, 1 VM = umgerechnet über die Paritäten von Rubel und US-$ etwa 0,66 DM) von 33,56 auf 39,29 und die Ausfuhr von 30,44 auf 35,10; das Defizit erreichte 4,19 VM. Der gesamte Außenhandelsumsatz mit den RGW-Ländern (UdSSR) erreichte 1975/1974 49,27/39,063 (26,54/20,10) Mrd. VM; die entsprechenden Zahlen für die westlichen Industrieländer lauten 19,29/19,79 Mrd. VM, für die Entwicklungsländer 3,25/3,17 Mrd. VM. Wichtigste westliche Handelspartner sind neben der Bundesrepublik die Niederlande, Großbritannien, die Schweiz und Frankreich. An der Ausfuhr/Einfuhr waren 1975 Maschinen, Ausrüstungen u. Transportmittel zu 50,7 (30,6) %, Brennstoffe, mineralische Rohstoffe und Metalle zu 12,1 (30,5) % und u. a. industrielle Konsumgüter zu 15,6 (5,8) % beteiligt.

Nach japanischen Schätzungen hat der **Außenhandel der Chinesischen Volksrepublik** 1975 einen Umfang von 14,7 Mrd. US-$ erreicht, an dem *Japan* mit Einfuhren von 1,53 Mrd. $ und Ausfuhren von 2,26 Mrd. $ beteiligt war, so daß es im Gegensatz zur weitgehenden Stagnation seines sonstigen Handels den Austausch mit der Chines. Volksrepublik um etwa 15 % erhöhen konnte. 1974 betrug (nach »Current Scene« 1975/9, Hongkong) die Ausfuhr 6,30 Mrd. $ und die Einfuhr 7,40 Mrd. $, so daß sich ein Defizit von rund 1,1 Mrd. $ ergab, während sich dieses z. B. 1973 nur auf 80 Mill. $ belaufen hatte und in den Jahren vorher Aktivsalden erzielt worden waren. Von der Ausfuhr gingen 1974 Waren im Werte von 1,37 Mrd. $ in kommunistische, jedoch von 4,93 Mrd. $ in nichtkommunistische Länder; bei der Einfuhr war der Unterschied mit 0,93 Mrd. $ bzw. 6,47 Mrd. $ noch größer. Das Defizit ergab sich also gegenüber den westlichen Industrie- und Entwicklungsländern. 1975 dürfte insgesamt ein Aktivsaldo von 0,1 Mrd. $ erzielt worden sein. Zweitwichtigster Handelspartner nach Japan blieb auch 1975 Hongkong, das von China Waren im Werte von 1,3 Mrd. $ bezog (und z. T. reexportierte), aber nur Güter in geringem Umfang nach dort ausführte. An dritter Stelle steht im Außenhandel der Volksrepublik die *BR Deutschland,* die nach den deutschen Berechnungen 1975 (1974) ihre Ausfuhren auf rund 1,29 (1,08) Mrd. DM und die Einfuhr aus der Volksrepublik auf 0,55 (0,50) Mrd. DM erhöhte. Die Einfuhr aus den USA verringerte sich 1975 um über 60 % auf 334,2 Mill. $, während die Exporte nach den USA um 38 % auf 158,3 Mill. $ anwuchsen. Die UdSSR stand 1974 mit einem Gesamtumfang von 280 Mill. $ erst an 11. Stelle. In der chinesischen Ausfuhr stehen Agrarprodukte, Erdöl und Erze, gefolgt von Maschinen und Textilien im Vordergrund; eingeführt werden hauptsächlich Ausrüstungen, Maschinen und Geräte. Mit Entwicklungsländern wird etwa ein Viertel des Außenhandels abgewickelt, zu einem beachtlichen Teil im Rahmen von Krediten und Entwicklungshilfe.

Die **Rep. China (Taiwan)** erlitt 1976 in Auswirkung einer gewissen Rezession auch eine Abschwächung ihres Außenhandels.

Nach Berechnungen der Gen.Inspektion des Zollwesens auf Grund der tatsächlich ein- und ausgegangenen Güter hat sich bei einem Gesamtumfang 10 629 Mill. $ eine Abschwächung von nur 3 % gegenüber 1974 und in der Bilanz ein Überschuß von rund 530 Mill. $ ergeben, wobei besonders der Handel mit Japan und Kuweit (Öleinfuhr) defizitär gewesen ist. Wichtigste Handelspartner waren 1975 wieder die USA (Gesamtumfang 1,39 Mrd. US-$) und Japan (1,09 Mrd. $), gefolgt von der BR Deutschland und in knappem Abstand von Kuweit und Hongkong. Nach Angaben des »Statist. Bundesamtes« führte die BR Deutschland 1975 aus Taiwan Waren im Werte von 915 Mill. DM ein und im Umfang von 668 Mill. DM nach der Inselrepublik aus. Der Handelsaustausch mit dem kleinen Taiwan war demnach fast genauso groß wie mit der Volksrepublik China. Von der Gesamtausfuhr Taiwans entfielen 1975 16,4 % auf verarbeitete und unverarbeitete Agrarprodukte und 83,6 % auf Fertigwaren, bei den Einfuhren 61,1 % auf Rohstoffe, 31,7 % auf Investitions- und über 7 % auf Verbrauchsgüter. Während **je Einwohner** gerechnet der **Außenhandelsumsatz der Chinesischen Volksrepublik rund 18 US-$** ausmacht, beträgt er für die **Rep. China (Taiwan) etwa 650** $ (z. Vergleich **BR Deutschland etwa 2800** $, **Sowjetunion 278** $).

Olympische Spiele

XII. OLYMPISCHE WINTERSPIELE VOM 4.-15. 2. 1976 IN INNSBRUCK (ÖSTERREICH)

Medaillenspiegel *

In Klammern Vergleich mit den Ergebnissen der Winterspiele von 1972 (Sapporo)

Land	*G*		*S*		*B*		*Platz 4*		*Platz 5*		*Platz 6*	
UdSSR	13	(8)	6	(5)	8	(3)	9	(4)	4	(4)	4	(7)
DDR	7	(4)	5	(3)	7	(7)	7	(1)	5	(3)	2	(4)
USA	3	(3)	3	(2)	4	(3)	1	(4)	5	(1)	8	(2)
BR Deutschland	2	(3)	5	(1)	3	(1)	2	(3)	6	(9)	2	(4)
Österreich	2	(1)	2	(2)	2	(2)	2	(0)	4	(1)	6	(1)
Norwegen	3	(2)	3	(5)	1	(5)	1	(5)	3	(2)	2	(1)
Finnland	2	(0)	4	(4)	1	(1)	4	(3)	–	(6)	1	(2)
Schweiz	1	(4)	3	(3)	1	(3)	3	(2)	3	(0)	1	(2)
Niederlande	0	(0)	0	(0)	2	(0)	0	(0)	0	(0)	0	(0)
Italien	1	(1)	0	(0)	0	(0)	0	(0)	0	(0)	0	(0)
Schweden	0	(0)	0	(0)	0	(0)	0	(0)	1	(1)	0	(0)
Kanada	0	(0)	0	(0)	0	(0)	0	(0)	0	(0)	1	(0)
Tschechoslowakei	0	(1)	0	(0)	0	(0)	0	(0)	0	(1)	1	(4)
Frankreich	1	(4)	2	(3)	3	(2)	0	(3)	1	(1)	2	(2)
Liechtenstein	1	(2)	2	(1)	1	(1)	2	(1)	0	(0)	2	(1)
Großbritannien	0	(1)	0	(1)	2	(2)	3	(4)	3	(1)	1	(1)
Ungarn	1	(0)	1	(1)	1	(0)	1	(2)	1	(0)	2	(0)
Australien	0	(1)	1	(0)	0	(2)	1	(0)	0	(1)	2	(2)
Polen	0	(0)	0	(1)	1	(2)	1	(2)	1	(2)	1	(1)

* Insgesamt wurden 111 Medaillen vergeben

An den XII. Olympischen Winterspielen nahmen insgesamt 1380 Sportlerinnen und Sportler aus 37 Ländern teil. – Die XIII. Winterspiele werden 1980 in Lake Placid/USA ausgetragen, wo schon einmal (1932) Winterspiele stattgefunden haben.

XXI. OLYMPISCHE SOMMERSPIELE VOM 17. 7.-1. 8. 1976 IN MONTREAL (KANADA)

Für die Olympischen Sommerspiele 1976 waren **ursprünglich 115 Sportler-Delegationen angemeldet**; die **»Republik China« (Taiwan) verzichtete** auf die Teilnahme, da die kanadische Regierung eine Einreise nur gestattet hätte, wenn diese Delegation unter der Bezeichnung »Taiwan« oder unter dem Banner der Olympischen Spiele mit der Plakette »RoC« aufgetreten wäre. Das IOC kritisierte diese kanadische Entscheidung. – Die meisten afrikanischen und arabischen Staaten nahmen an den Spielen nicht teil, weil ihre Forderung, Neuseeland wegen seiner Sportverbindungen mit der Rep. Südafrika auszuschließen, vom IOC zurückgewiesen wurde. Senegal und die Elfenbeinküste schlossen sich dem Boykott nicht an, dagegen von den karibischen Ländern Guyana. Insgesamt verringerte sich dadurch die **Zahl der Delegationen** auf **94.** – Die Spiele wurden am 17. 7. 1976 durch *Elizabeth II.* in ihrer Eigenschaft als Königin von Kanada eröffnet und am 1. 8. abgeschlossen; sie wurden an den Wettkampfstätten in Montreal sowie mit einzelnen Disziplinen an verschiedenen anderen Orten ausgetragen, darunter die Segelregatten auf dem Ontario-See und das Reiten in Bromont. Die Olympische Flamme wurde in Griechenland durch einen Laserstrahl entzündet und elektronisch umgewandelt durch einen Satelliten nach Kanada übertragen. – *Willi Daume,* seit 1957 Mitglied des IOC, schied turnusgemäß aus dem Komitee aus, Nachfolger wurde der Tunesier *Mohamed Mzali,* in der Eigenschaft als Erster Vizepräsident der Spanier *Juan Antonio Samaranch.* **Die nächsten Olympischen Sommerspiele – die XXII. – finden vom 10.–24. 8. 1980 in Moskau statt.**

Übersichtstabelle nach Ländern

Land	*G*	*S*	*B*	*4.*	*5.*	*6.*	*7.*	*8.*
Argentinien						1		1
Australien		1	4	5	6	5	3	8
Belgien		3	3	2		2	1	
Bermudas			1					
Brasilien			2	4	2		1	1
Bulgarien	7	8	9	8	7	7	4	4
BR Deutschland	10	12	17	14	16	13	6	14
Cuba	6	4	3	1	5	1	8	4
Dänemark	1		2			3	3	3
DDR	40	25	25	25	22	14	9	7
Ecuador							1	
Finnland	4	2		3	2	5	4	4
Frankreich	2	2	5	4	5	3	9	6
Griechenland					1	1	2	1
Großbritannien	3	5	5	4	4	6	14	6
Guatemala						1		
Indien							2	
Iran		1	1	1	1	2	1	2
Irland				2		1	2	
Israel					1	1	1	
Italien	2	7	4	4	9	7	6	11
Jamaika	1	1			1	1		1
Japan	9	6	10	6	6	6	4	6
Jugoslawien	2	3	3	3	2	2	1	1
Kanada		5	6	8	11	12	9	10
Kolumbien						1		
Korea, Rep. (Süd-K.)	1	1	4		1	1		1
Korean. Volksd. Rep. (Nord-K.)	1	1		18		2	1	1
Malaysia								1
Mexiko	1		1		1		1	2
Mongol. Volksrep.		1		1	1	2		
Neuseeland	2	1	1	3	1	2		1
Niederlande		2	3	3	4	1	3	3
Norwegen	1	1		1	1	1	3	2
Österreich			1		2	1	1	
Pakistan			1					
Panamá						1		
Perú							1	
Polen	8	6	11	11	8	13	4	4
Portugal		2			1			1
Puerto Rico			1	1				
Rumänien	4	9	14	12	6	4	3	5
Schweden	4	1		3	5	2	11	5
Schweiz	1	1	2	1		1	1	3
Senegal								1
Sowjetunion/UdSSR	47	43	35	19	17	13	18	13
Spanien		2		2	1	3	2	1
Thailand			1					
Trinidad u. T.	1					1		
Tschechoslowakei	2	2	4	5	6	8	7	3
Türkei				1			2	
Ungarn	4	5	12	9	6	8	7	7
USA	34	35	25	13	18	19	16	10
Venezuela		1						

Weltchronik

HERBST 1975 – HERBST 1976

Abrüstung und Rüstung

a) *Abrüstung*
Im Dezember 1975 spricht sich die UNO-Vollversammlung mit großer Mehrheit für ein von der UdSSR angeregtes internationales Abkommen aus, durch das die Herstellung neuer »Massenvernichtungsmittel« verboten werden soll. – Die 1962 erstmals in Genf zusammengetretene *UNO-Abrüstungskonferenz* (»Genfer Konferenz«) verzeichnet auch in der Berichtszeit keine substantiellen Fortschritte. – Bei den seit 1973 in Wien stattfindenden Verhandlungen der *»Konferenz über gegenseitige Verminderung von Streitkräften und damit zusammenhängende Maßnahmen in Mitteleuropa«* (Mutual Reduction of Forces and Armaments and Ass. Measures in Centr. Europa) / **MURFAAMCE** (früher MBFR) legen 1975 die Mitglieder der NATO und des »Warschauer Paktes« neue Vorschläge vor, ohne daß in den bisher über 100 Sitzungen eine Einigung erzielt wird. – Die Verhandlungen der USA und UdSSR über eine Teilbegrenzung der Nuklearwaffen (»Strategic Arms Limitations Talks«/SALT), die weniger eine Abrüstung als vielmehr eine begrenzte Aufrüstung betreffen, werden fortgeführt, bleiben aber bisher ohne greifbares Ergebnis. Beide Mächte einigen sich dagegen im April 1976 grundsätzlich auf eine Begrenzung der unterirdischen Kernwaffenversuche auf eine Sprengkraft von 150 Kilotonnen (Bombe von Hiroshima 20 Kilotonnen) und auf eine gegenseitige Kontrolle von nuklearen Explosionen für friedliche Zwecke an Ort und Stelle.

b) *Rüstung*
Die Ausgaben für Rüstung steigen auch in der Berichtszeit fast in allen Ländern an, wenn sich auch die Angaben über das Ausmaß teilweise wesentlich widersprechen, was besonders für die USA und UdSSR gilt. *Die militärischen Ausgaben aller Länder* werden von der US-Rüstungsexpertin *Ruth Leger Sivard* für 1975 auf rund *300 Mrd. US-$* geschätzt, wovon allein 60 % auf die USA und die UdSSR entfallen sollen. Rund 90 % werden von den Mitgliedern der NATO und des »Warschauer Paktes« ausgegeben. Die Rüstungsausgaben der Welt entsprechen etwa den gesamten Aufwendungen für Erziehung, Gesundheit und nichtmilitärische Forschung. Allein *das Kernwaffenarsenal der USA und UdSSR wird* von der Expertin *auf eine Zerstörungskraft von 1,3 Mill. »Hiroshima-Bomben« geschätzt.* – **Die Militärausgaben der UdSSR** sollen (nach Angaben von »Sowjetunion heute« v. 1. 1. 1976) von 1971 bis (Haushaltsentwurf) 1976 gesunken sein (von einem Haushaltsanteil von 11,1 % auf 8,7 %) und für 1976 rund 17,4 Mrd. Rubel (etwa 24 Mrd. US-$), nach einem Bericht des britischen Verteidigungsministeriums vom Mai

Verteidigungsausgaben zu konstanten Preisen

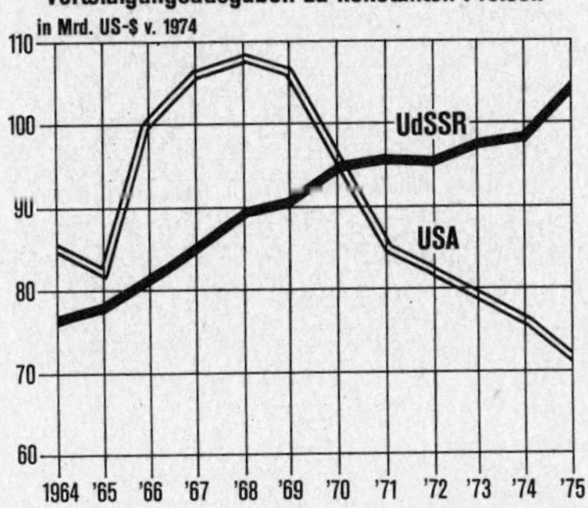

Mannschaftsstärke der Streitkräfte

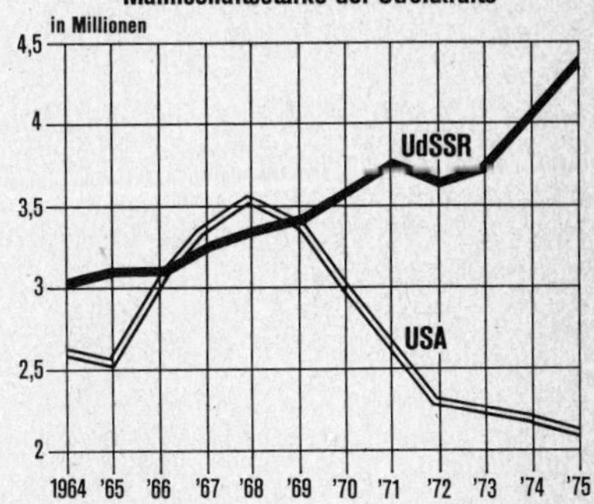

Verteidigungsausgaben und Mannschaftsstärke der USA und UdSSR
(Nach »Fortune«, Februar 1976; modifiz.)

1976 jedoch über 50 Mrd. Rubel ausmachen. Die »Peking-Rundschau« vom 3. 2. 1976 meldet eine Steigerung der sowjetischen Rüstungsausgaben, deren Anteil am Nationaleinkommen sich allein von 1970 bis 1974 von 17,1 % auf 19,6 % erhöht habe. – Die Ausgaben der »Entwicklungsländer«, besonders der Erdöl exportierenden, für militärische Zwecke wachsen rasch. Nach Angaben des »Internat. Instituts für Friedensforschung«/SIPRI in Stockholm hat sich von 1954 bis 1970 der Anteil der »Dritten Welt« an den Militärausgaben der Welt von 6,0 % auf rund 17 % erhöht. Hauptlieferanten von Rüstungsmaterial sind die USA und UdSSR, in weitem Abstand gefolgt von Frankreich. Der Nahe Osten allein hat nach SIPRI 1975 32,7 Mrd. DM für Rüstung ausgegeben.

Afar und Issas Im französischen Obersee-Territorium der Afar und Issas, auf das Somalia und Äthiopien Anspruch erheben, mehren sich die Forderungen nach Unabhängigkeit. Wiederholt kommt es zu Unruhen, Entführungen und blutigen Zusammenstößen. Der UNO-Entkolonialisierungsausschuß fordert Frankreich auf, unverzüglich und bedingungslos die Unabhängigkeit zu gewähren und seine Truppen abzuziehen, ein Verlangen, dem sich die von Somalia unterstützte »Afrikanische Volksliga für die Unabhängigkeit«/LPAI unter *Hassan Gouled* anschließt. Im Gegensatz zu den einen somalischen Dialekt sprechenden Issas erhalten die unter ihrem ins Exil geflohenen Sultan *Ali Mirah* ein »Groß-Afar« verlangenden Afar teilweise Unterstützung von Äthiopien, in dessen Grenzgebiet die dort als Danakil bezeichneten, den osthamitischen Galle nahestehenden Verwandten leben. Teile der »Union Nationale pour l'Indépendance« wünschen ein Verbleiben französischer Truppen auch nach Erlangung der Unabhängigkeit; ihr Führer *Ali Aret* sieht sich jedoch unter dem Druck von Gegnern im Juli 1976 veranlaßt, zurückzutreten. Äthiopien ist wegen seiner nach Djibouti führenden wichtigsten Eisenbahn-Verbindung zum Meer an der künftigen Entwicklung besonders interessiert. Frankreich beabsichtigt, im Januar 1977 ein Referendum über die Unabhängigkeit des Territoriums durchzuführen.

Afghanistan Die wirtschaftliche Entwicklung macht nur bescheidene Fortschritte. Der neue Siebenjahresplan soll mit Finanzhilfen der erdölreichen Nahoststaaten in Angriff genommen werden. Die Differenzen mit Pakistan halten zwar an, da in der

Territorium der Afar und Issas

sogen. »Paschtunistan-Frage« (s. WA '76, S. 344) keine Änderung der Auffassung eintritt, aber bei einem Besuch des pakistanischen Premierministers *Zulfiqar Bhutto* wird im Juni 1976 vereinbart, ohne Propaganda eine friedliche Einigung zu suchen. Der Nichtangriffspakt mit der UdSSR wird am 10. 12. 1975 um weitere 10 Jahre verlängert.

Afrika Die wirtschaftliche Entwicklung verläuft insgesamt sehr unbefriedigend. Nach Angaben des Generalsekretärs der UNO-Wirtschaftskommission für Afrika/ECA, *Adebayo Abedeji,* ist im Gegensatz zum afrikanischen Zahlungsbilanzüberschuß von 1974 im Jahre 1975 ein hohes Defizit eingetreten. Die Zusammenarbeit der in der »Organisation für die Einheit Afrikas«/**OEA** zusammengeschlossenen Länder macht geringe Fortschritte und erleidet verschiedentlich sogar Rückschläge, das gilt auch für die verschiedenen Organisationen für wirtschaftliche Zusammenarbeit, zu denen 1975 eine durch eine **»Charta des Seetransportes in West- und Zentralafrika«** angeregte Verkehrskooperation treten soll. Die **innenpolitische Lage** bleibt in den meisten Ländern **labil.** Differenzen ergeben sich in der OEA und zwischen einzelnen Staaten in der letzten Phase der kriegerischen Auseinandersetzungen in **Angola,** die durch sowjetische Waffenhilfe und Einsatz cubanischer Truppen zugunsten der MPLA entschieden wird. Neue Differenzen verursacht auch die **Entkolonialisierung der** ehem. Span. **Sahara** (s. »Sahara«), die zwischen Marokko und Mauretanien aufgeteilt wird; die OEA-Gipfelkonferenz, die im Juli 1976 auf Mauritius stattfindet und auf der Sir *Seewoosagur Ramgoolom,* der Staatspräsident der Inselrepublik, als Nachfolger von *Idi Amin* zum

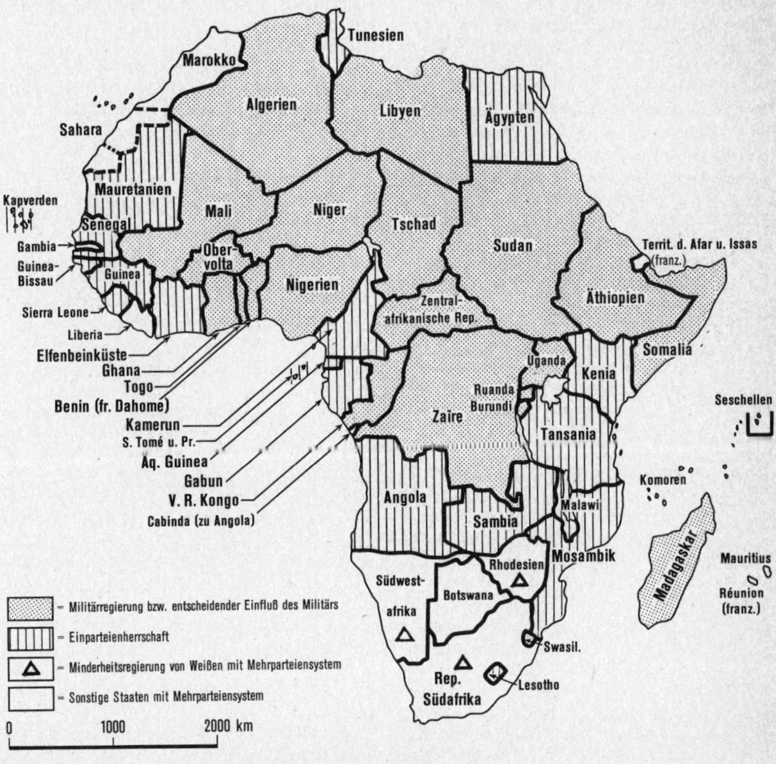

Zur politischen Situation in Afrika
Mitte 1976

Präsidenten der OEA gewählt wird, klammert dieses Thema von der Diskussion aus. Einigkeit wird nur in Hinsicht auf eine Forcierung der Ablösung der weißen Minderheitsregierungen in Rhodesien und Südafrika erzielt, die man ohne Gewaltanwendung als nicht mehr erreichbar ansieht. – Ende April/Anfang Mai 1976 besucht US-Außenminister *Henry A. Kissinger* sieben afrikanische Staaten und erläutert die Haltung der USA gegenüber dem Kontinent: Kooperation, politische, wirtschaftliche und moralische Unterstützung der Unabhängigkeitsbewegungen, jedoch keine Waffenlieferung. Die erneute Afrikareise *Kissingers* im Sept. 1976 gilt der Suche nach einer Lösung ohne Gewalt.
Die Bemühungen um **kulturelle Zusammenarbeit** erhalten neue Impulse, u. a. bei Begegnungen der Kultusminister von 32 afrikanischen Staaten in Akkra (Ghana) und durch die Vorbereitung des für Anfang 1977 vorgesehenen »Weltfestivals der afrikanischen Künste« in Lagos (Nigerien). – Die meisten afrikanischen Staaten boykottieren die Olympischen Spiele in Montreal (s. Abschnitt »Olympische Spiele«).

Ägypten *Die wirtschaftlichen Schwierigkeiten nehmen zu;* mangelnde Investitionen, Veraltung der industriellen Anlagen und organisatorische Schwierigkeiten hemmen die Produktion und verstärken *Arbeitslosigkeit* und Unterbeschäftigung. Die hohe Bevölkerungszunahme zwingt zu vermehrter Getreideeinfuhr, die sich 1975 auf mehr als 500 Mill. US-$ beläuft. Die Außenverschuldung, auf insgesamt mehr als 14 Mrd. US-$ geschätzt, entfällt fast zur Hälfte auf frühere sowjetische Lieferungen von militärischen und anderen Gütern. Das Außenhandelsdefizit steigt 1975 erneut stark an. Auslandsreisen von Staatspräsident *Anwar es Sadat* in arabische Länder und, als Ausdruck der stärkeren Öffnung gegenüber dem Westen, u. a. im Frühjahr 1976 nach Europa (auch Besuch der BR Deutschland), führen zu neuen *Kreditgewährungen* durch Abu Dhabi, Dänemark, Frankreich, den Iran, Kuweit, die Niederlande, Saudi-Arabien (langfristig zinslos 1 Mrd. US-$) und die USA. Frankreich erklärt sich zur Lieferung von Kampfflugzeugen und zur Hilfe beim Aufbau einer Rüstungsindustrie bereit. Die BR Deutschland sagt eine Kapitalhilfe von 100 Mill. DM, einen Kredit von 130 Mill. DM und Exportbürgschaften zu. – Von der ab November 1975 erfolgten Übergabe der Erdölreviere auf der Sinai-Halbinsel seitens der Israeli wird eine Entlastung der Devisenausgaben erwartet; gleiches gilt für die Einnahmen aus dem Suez-Kanal-Verkehr, die für die ersten sechs Monate auf 72 Mill. US-$ beziffert werden. Die Erklärung von Port Said zur Freihandelszone (ab 1. 1. 1976) soll ausländische Investitionen fördern. – *Innenpolitisch* zeigt sich eine gewisse Auflockerung, u. a. durch die Zulassung von drei politischen Gruppierungen in der Staatspartei »Arab. Sozialist. Union«, deren Generalsekretär *Rifaat Mahgub* offenbar wegen Kritiken dieser Entwicklung durch *Mustafa Chalil* abgelöst wird. – *Außenpolitisch* halten die Differenzen gegenüber Libyen und der Sowjetunion an. – Am 15. 3. 1976 wird der am 27. 5. 1971 unterzeichnete **»Vertrag über Freundschaft und Zusammenarbeit« mit der Sowjetunion gekündigt,** da diese u. a. Schuldenstundung sowie die Lieferung von Waffen und Ersatzteilen verweigere. – **Mit Peking** wird am 21. 4 ein **Militärabkommen unterzeichnet,** das chinesische Rüstungslieferungen, u. a. für die Luftwaffe, vorsieht. – Die Spannungen gegenüber Libyen verschärfen sich 1970; dazu treten schwere Differenzen mit Syrien, da Ägypten dessen militärisches Eingreifen in den libanesischen Bürgerkrieg verurteilt und eine gemeinsame arabische Friedenslösung fordert, ohne jedoch bisher Einfluß auf eine solche zu erlangen. Der PLO unter *Jassir Arafat* wird zumindest moralische Unterstützung gegeben. – Im Juli 1976 kommt es zu einem offenbar gegen Libyen gerichteten Beistandspakt mit dem Sudan auf die Dauer von 25 Jahren. – Die Finanzminister von Katar, Kuweit und d. Ver. Arab. Emirate bilden am 22. 8. 1976 einen Fonds von 2 Mrd. $ für ägyptische Entwicklungsprojekte.

Albanien Der Wirtschaftsplan 1975 ist nach offiziellen Angaben erfüllt worden. – In dem Entwurf für *eine neue Verfassung* heißt es u. a.: Albanien ist »ein Staat der Diktatur des Proletariats«. Die Partei ist die »einzige führende politische Kraft«. Die »herrschende Ideologie ist der Marxismus–Leninismus«. Persönliches Eigentum wird in begrenztem Umfang anerkannt. – Im November 1975 werden aus der »Partei der Arbeit« wichtige Politiker ausgeschlossen, im Februar 1976 Personennamen, die dem »revolutionären Status« nicht entsprechen, als nicht mehr zulässig erklärt. Die Territorialgewässer werden von 12 auf 15 Seemeilen ausgedehnt. Im April 1976 wird von Parteichef *Enver Hodscha* die **Aufdeckung einer Verschwörung** mitgeteilt, die das Ziel gehabt habe, das Land von der Kooperation mit Peking zu trennen und wieder in das »sowjetische Lager« zu führen.

Algerien Die wirtschaftliche Entwicklung wird als verhältnismäßig zufriedenstellend bezeichnet. – Das Anfang 1976 paraphierte umfassende Abkommen über Handel und Kooperation mit der EG bringt u. a. Erleichterungen für den Erdöl- und Weinexport und sieht für die nächsten fünf Jahre

114 Mill. RE an Darlehen und verlorenen Zuschüssen (25 Mill. RE) vor. – Die *Aufteilung* der ehem. spanischen *Sahara* (s. diese) zwischen Mauretanien und Marokko stößt auf heftige Ablehnung; in saharischen Grenzgebieten kommt es wiederholt zu Feuergefechten mit marokkanischen Truppen. Algerien unterstützt die saharische Befreiungsfront FPOLISARIO von seinem Territorium aus und übernimmt die Schirmherrschaft über einen neu gebildeten »Prov. Rat der Sahara« unter *Baba Ould Hassan*. In Auswirkung dieser Entwicklung wird für 1976 der Verteidigungshaushalt um 20 % erhöht. – Am 8. 4. 1976 vereinbart Algerien mit Libyen und dem Niger verstärkte wirtschaftliche und politische Kooperation gegen »Reaktion und aggressiven Imperialismus«. – Am 27. 6. 1976 wird in einer Volksabstimmung die **»Nationale Charta«** mit 98,5 % der Stimmen gebilligt; sie wird als »Wendepunkt der algerischen Revolution« angesehen, verankert das Einparteiensystem, proklamiert Algerien als »Staat des revolutionären Sozialismus« und erklärt den Islam zur Staatsreligion. Noch im Laufe des Jahres 1976 sollen die »Volkswahl« des Präsidenten und die Wahl einer neuen Nationalversammlung stattfinden. – Bis Ende 1976 soll außerdem die Arabisierung der bisher französischen Beschriftungen durchgeführt werden.

Ambonesen s. Molukken

Amerika Die innenpolitische Situation steht in den USA in der Berichtszeit ganz unter dem Zeichen der im Herbst 1976 stattfindenden Präsidentschaftswahlen, die in der Außenpolitik eine gewisse Zurückhaltung bringen. Lateinamerika bleibt weiterhin politisch labil, was sich am sichtbarsten in Staatsstreichen der Militärs in Argentinien und Uruguay ausdrückt. – Das sogen. »Russell-Tribunal« klagt im Januar 1976 Argentinien, Bolivien, Brasilien, Chile, die Dominikan. Republik, Guatemala, Haïti, Kolumbien, Nicaragua, Paraguay und Uruguay der Verletzung der Menschenrechte an. – Am 13. 10. 1975 unterzeichnen 23 lateinamerikanische Länder endgültig die neue Wirtschaftskooperation innerhalb der **SELA** (s. Abschnitt »Polit. u. Wirtschaftl. Zusammenschlüsse«), der die USA nicht angehören. – Die Interamerikanische Entwicklungsbank/IDB bzw. BID vergibt von 1961 (Gründung) bis Ende 1975 889 Kredite in Höhe von insgesamt 8,7 Mrd. US-$, davon 1975 70 im Gesamtumfang von 1375 Mill. $; die größte Summe entfällt 1975 auf Landwirtschaft, Energie und Verkehr. – Auf der **OAS**-Konferenz vom Juni 1976, die in Santiago de Chile stattfindet, wird Chile aufgefordert, die Einhaltung der Menschenrechte strikt zu befolgen. – In Costa Rica wird im Juli 1976 auf einer lateinamerikanischen Regierungskonferenz grundsätzlich beschlossen, eine von den »fremden« Nachrichtenagenturen unabhängige lateinamerikanische Agentur zu gründen und diese verwaltungsmäßig der SELA anzugliedern.

Amnesty international Die Organisation beschuldigt in der Berichtszeit mehrere Staaten der Verletzung der Menschenrechte. – Das Jahr 1977 wird zum **»Jahr des politischen Gefangenen«** erklärt.

Andorra Die Wahlen in den Generalrat vom 12. 12. 1975 bringen Erfolge der gemäßigt-linken Parteien.

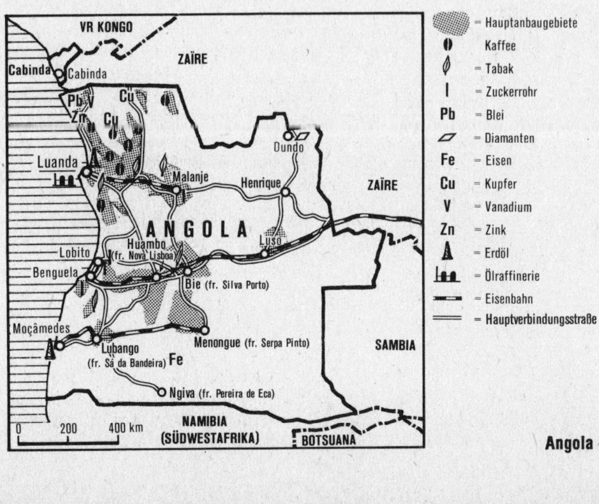

Angola – Wirtschaft und Verkehr

Angola Die Kämpfe zwischen den verschiedenen Befreiungsbewegungen der marxistischen MPLA unter *António Agostinho Neto* einerseits und den miteinander kooperierenden Verbänden der FNLA unter *Holden Roberto* sowie der UNITA unter *Jonas Savimbi* andererseits (s. WA '76, S. 346 ff. sowie Abschnitt »Kurzbiographien«) finden in der Berichtszeit ihre Entscheidung. Portugal erklärt am 11. 11. 1975 seine bisherige Überseeprovinz als **unabhängig** und zieht seine Truppen bis Anfang Februar 1976 zurück. Die MPLA ruft am 11. 11. 1975 die **»Volksrepublik Angola«** aus, mit *Neto* als erstem Präsidenten. Ebenfalls am 11. 11. wird in Huambo (fr. Nova Lisboa) und Ambriz durch *Roberto* und *Savimbi* die **»Volksdemokratische Republik Angola«** proklamiert, mit *Savimbi* als Staatsoberhaupt. Die **MPLA** wird mit Waffen und durch Berater von der Sowjetunion und durch – vermutlich bis 15 000 – **cubanische Soldaten unterstützt** und erzielt wachsende Erfolge, während die gegnerischen Fronten aus Mangel an Waffen und Führungskräften nach und nach zusammenbrechen, zumal der US-Kongreß Mittel für Waffenlieferungen an diese Verbände verweigert. **Anfang Februar 1976 sind FNLA und UNITA geschlagen**; bis zum 16. 3. wird die Volksrepublik von 92 Staaten anerkannt. Die im Süden von Angola zeitweise zum Schutz des Staudammes am Cunene und der im Bau befindlichen Kraftanlagen eingesetzten südafrikanischen Truppen werden zurückgezogen. Die Exklave **Cabinda**, von der FLEC (s. WA '76 S. 353) am 1. 8. 1975 als unabhängig erklärt, fällt ebenfalls in die Hände der MPLA. Bis auf relativ kleine Gruppen flüchten die Portugiesen nach Portugal. Die Zahl der durch die Kämpfe portugiesischer Einheiten gegen die Guerillas vor der Unabhängigkeit und durch den Bürgerkrieg zwischen den Befreiungsbewegungen **getöteten Angolaner wird auf 20 000 bis 100 000,** von manchen Stellen auf mehrere Hunderttausend **geschätzt.** Der UNO-Sicherheitsrat verurteilt am 31. 3. 1976 Südafrika wegen »Aggression«, erwähnt jedoch die für den Ausgang der Kämpfe entscheidenden cubanischen Verbände und sowjetischen Waffenlieferungen nicht. – In Luanda wird im April 1976 vom »Revolutionsrat« ein **»Revolutionäres Volkstribunal«** geschaffen, das am 28. 6. von 13 wegen »Kriegsverbrechen« angeklagten ausländischen Söldnern neun zu schweren Haftstrafen und vier zum Tode verurteilt, die – trotz Gnadengesuchen, u. a. der brit. Regierung – hingerichtet werden. – Innenpolitisch kommt es zu heftigen Auseinandersetzungen innerhalb der MPLA und in einigen Regionen zur Fortdauer der Kämpfe mit FNLA- und UNITA-Verbänden. Zerstörungen und Mangel an Fachkräften gestalten die wirtschaftlichen Verhältnisse außerordentlich kritisch. Die Cubaner werden nur in geringem Umfang abgezogen, Teile von ihnen als Ersatz für Portugiesen als Fachleute eingesetzt. Die Wirtschaftspolitik folgt sozialistischen Prinzipien. Die großen Agrargesellschaften, hauptsächlich auf Kaffeekultur spezialisiert, werden verstaatlicht, desgleichen die Bergbaubetriebe und Massenmedien. Besondere Kommissionen sollen die Wirtschaft neu strukturieren. – Die USA blockieren im Juni 1976 im Sicherheitsrat die Aufnahmen von Angola in die UNO, da die cubanischen Truppen vor einer Aufnahme abgezogen werden müßten. – Ende August 1976 beschließt die Regierung die Ausweisung aller Ausländer ohne Beschäftigung.

Äquatorial-Guinea Aktionen illegaler Oppositionsbewegungen nehmen zu; dem Präsidenten *Francisco Macias Nguema* werden Unterdrückung und Korruption vorgeworfen. Nigerien beschuldigt die Regierung, die rund 18 000 nigerianischen Gastarbeiter unter brutalen Umständen auszuweisen. Die USA suspendieren ihre Beziehungen zu Äquatorial-Guinea, in dem cubanische Soldaten stationiert sein sollen.

Arabische Emirate Die Integration der Föderation wird auf verschiedenen Gebieten vorangetrieben. Der wirtschaftliche Ausbau schreitet namentlich in Abu Dhabi, dem reichsten Mitglied, voran.

Arabische Länder Die Differenzen zwischen den Mitgliedern der Arabischen Liga, u. a. zwischen Ägypten und Libyen, aber z. T. auch Syrien, verstärken sich, nicht zuletzt im Nahen Osten durch den Bürgerkrieg im Libanon, in dem die Überschneidung unterschiedlichster Interessen sichtbar wird, und im Westen, im »Maghreb«, durch den Streit zwischen Algerien und Marokko um die ehem. spanische Sahara. An positiven Entwicklungen ist u. a. die Gründung einer »Arabischen Investitionsgesellschaft« durch die arabischen Erdölländer/OAPEC zu nennen. Für 1977 ist eine Arabisch-Afrikanische Gipfelkonferenz geplant. (S. auch »Nahostkonflikt«.)

Argentinien 1975 und 1976 gehören zu den **schwierigsten Jahren der neueren Geschichte.** Politische, wirtschaftliche und soziale Spannungen, Lohnkämpfe, Arbeitslosigkeit, Terroranschläge und Guerilla-Aktionen (besonders in der Provinz Tucumán) bestimmen die Situation. Der Präsidentin *María Estela Martínez de Perón* gelingt es nicht, die Lage zu meistern. Während der 21monatigen Amtszeit der Präsidentin verlieren etwa 1700 Menschen durch **Terrorakte** ihr Leben, davon allein über 900 im Jahre 1975. Ein **»Sozialpakt«** mit den

Gewerkschaften **mißlingt**, in der »Justizialistischen« (peronistischen) Partei bekämpfen sich die gegnerischen Gruppen erbittert. – Die Lebenshaltungskosten steigen v. Aug. 1975 bis Aug. 1976 um 396,1 % (1974 um 40,1 %), das Bruttosozialprodukt stagniert, die Exporte vermindern sich, die Devisenreserven schwinden, die Auslandsverschuldung bleibt in einer Höhe von über 8 Mrd. US-$. Kredite von BID, Weltbank, IWF, IDA und verschiedenen Staaten bringen keine wirkliche Erleichterung der wirtschaftlichen Schwierigkeiten. Die Zusammenarbeit mit den Nachbarländern leidet unter diesen Bedingungen, wenn auch, u. a. am 16. 3. 1976 mit Bolivien, neue Kooperationsabkommen geschlossen werden. – Angesichts der sich verschärfenden Krise **übernehmen** in der Nacht zum 24. 3. 1976 **die Streitkräfte in einem** nahezu ohne Blutvergießen verlaufenden **Militärputsch** (der **7.** seit 1930, der 4. seit dem Sturz von *Juan Domingo Perón* 1955) **die Macht** und internieren die Präsidentin, die der »Veruntreuung öffentlicher Mittel« beschuldigt wird. Am 26. 3. wird der Generalstabschef des Heeres, Generalltnt. *Jorge Rafael Videla,* Staatspräsident (vereid. am 29. 3.). Die Militärjunta aus *Videla,* dem Marineoberbefehlshaber Admiral *Emilio Massera* u. d. Luftwaffenchef Brigadegeneral *Orlando Agostini* betrachtet sich als »oberstes Verfassungsinstrument«. Neuer Wirtschaftsminister in der am 29. 3. vereidigten Regierung wird der Großgrundbesitzer und Finanzmann *José Alfredo Martínez de Hoz,* der durch straffe Lohn- und Preispolitik und Begünstigung ausländischer Investitionen die brachliegende Wirtschaft aktivieren will; der Anstieg der Verbraucherpreise wird eingedämmt, dürfte aber bis Ende 1976 noch bei über 200 % liegen. Widerstand wird scharf bekämpft. Mehrere Tausend Personen, darunter vor allem auch Gewerkschafter, werden verhaftet, Streiks verboten, desgleichen linksextreme Parteien, während die übrigen ihre Tätigkeit einstellen müssen, aber nicht der Auflösung verfallen. **Den Terroristen und Guerillas wird unerbittlicher Kampf angesagt**, besonders den linksextremen Organisationen »**Montoneros**« und »Ejército Revolucionario Popular« (**ERP**) – deren Anführer, *Roberto Santucho,* im Juli 1976 in einem Gefecht erschossen wird – und den rechtsextremen »Alianza Anti-Comunista Argentina«/**AAA.** Die Terror- und Vergeltungsaktionen fordern jedoch auch weiterhin Opfer – allein von Jan. bis Mitte Sept. 1976 845 Menschenleben. – Die Rückkehr zur Demokratie soll zu gegebener Zeit erfolgen, d. h. nach Befriedung des Landes und Reorganisation von Verwaltung und Wirtschaft, die durch neue Auslandskredite (IWF u. a.) im Herbst einige Impulse erhält.

Asien Die *wirtschaftliche und soziale Situation* bleibt, von wenigen Ausnahmen – etwa den Ölländern des Nahen Ostens – abgesehen, *prekär,* die *gesundheitliche* erfährt z. T. Verbesserung, ist doch Asien 1975 nach Mitteilung der Weltgesundheitsorganisation/WHO **erstmals pockenfrei.** Die »Asiatische Entwicklungsbank«/**ADB** will künftig vorrangig die Landwirtschaft fördern, benötigt jedoch eine Aufstockung des Kapitals. – In verschiedenen Ländern, u. a. in Malaysia, Thailand und auf den Philippinen, verstärken sich Guerilla-Aktionen. – Der Südostasienpakt/**SEATO** wird als überholt betrachtet; seine Auflösung ist eingeleitet. – Fünf Mitglieder (Indonesien, Malaysia, Philippinen, Singapur und Thailand) des »Verbandes Südostasiatischer Nationen«/**ASEAN** unterzeichnen im Februar 1976 in Den Pasar (Bali) einen neuen wenig konkreten »Freundschafts- und Kooperationsvertrag« und fordern in der *»Bali-Deklaration«* die Schaffung einer neutralen Friedenszone in Asien; das im Juli 1976 wiedervereinigte Vietnam versucht, Kontakte mit ASEAN zu gewinnen. – Peking warnt vor der sowjetischen Anregung, ein kollektives Sicherheitssystem in Asien zu schaffen, da ein solches nur der UdSSR nützen würde.

Äthiopien Die politische Situation bleibt undurchsichtig; verschiedentlich kommt es zu Unruhen und Streiks, so daß vorübergehend vom Prov. Militärischen Verwaltungsrat der Notstand verhängt wird. Die Aktionen der »Volksbefreiungsstreitkräfte«/**PLF** u. der »Eritreischen Befreiungsfront«/**ELF** können offenbar nur zeitweise unterdrückt werden. Der ELF-Generalsekretär *Osman Saleh Sabbeh* verlangt eine Volksabstimmung unter UNO-Aufsicht. Die von der Regierung für den Einsatz in Eritrea aufgestellte »**Bauernarmee**« bleibt wirkungslos. Die USA gewähren im Juli 1976 Rüstungshilfe. In der Wirtschaft werden **vereinzelt** Reprivatisierungen zugelassen, um die Produktion zu beleben, aber die Gesamttendenz bleibt entsprechend der Deklaration vom Dezember 1974 sozialistisch. Unter dem Motto »Ethiopia tikdem« – »**Äthiopien voran**« – wird weiterhin die Bevölkerung zu verstärkter Leistung angespornt. – Die Schulen werden verstaatlicht, die Universität der Hauptstadt bleibt wegen Studentenunruhen zeitweise geschlossen. Der Patriarch (»Aba«) der Äthiop. Orthodoxen Kirche, *Tewoflos,* wird wegen »Bereicherung« und Reaktion abgesetzt. – Im März kommt es mit Peking zu einem Abkommen über wirtschaftliche und technische Zusammenarbeit. Die EG sagt für die nächsten vier Jahre Wirtschaftshilfe in Höhe von 340 Mill. DM zu. – Im **Juli 1976 scheitern zwei Putschversuche** von Militärs; ihre Anführer, darunter ein Militärverwaltungschef, werden hingerichtet.

Atomwaffenversuche In der Berichtszeit werden weitere unterirdische Atomwaffenversuche durchgeführt, von der Chinesischen Volksrepublik in Sinkiang-Uigur, von Frankreich im Pazifik, von der Sowjetunion in Sibirien und von den USA in Nevada (s. auch »Abrüstung«/»Rüstung«), *Atomenergie* (s. Abschnitt »Industrie«).

Australien Im September 1975 einigen sich mehrere Bundesstaaten auf die Einrichtung eines »Staatenrates«. – Die wirtschaftlichen Schwierigkeiten, Korruptionsvorwürfe und das Scheitern der Labour-Regierung unter Premierminister *Edward Gough Whitlam* bei der Vorlage der Budgetgesetze veranlassen den Generalgouverneur Sir *John Kerr* am 11. 11. 1975, den Premierminister zu entlassen und unter dem liberalen Oppositionsführer *Malcolm Fraser* eine Übergangsregierung zu bilden; *Whitlam* bezeichnet diese Intervention als verfassungswidrig. Die **Neuwahlen** vom 13. 12. 1975 bringen für die »Labour Party« eine schwere Niederlage; ihre Mandate gehen von 65 auf 33 zurück, während die Liberalen ihre Sitze von 41 auf 68 vermehren. *Malcolm Fraser* bildet die neue Regierung, die am 22. 12. vereidigt wird. Als Hauptziel seiner Regierung bezeichnet *Fraser* die Förderung der Wirtschaft durch **Liberalisierung und produktive Investitionen**. – Im Mai 1976 wird mit der Ernennung von *Douglas Nicholls* zum **Gouverneur** von Südaustralien erstmals ein **Nachkomme australischer Ureinwohner** in ein derartiges Amt berufen. – Die vor längerer Zeit erfolgte De-facto-Anerkennung der im II. Weltkrieg erfolgten Eingliederung der baltischen Staaten in die Sowjetunion wird 1975 rückgängig gemacht, der Verteidigungshaushalt um 17 % erhöht. – Im Juni 1976 schließen Japan und Australien einen Freundschaftspakt.

Azoren Auf der im Atlantik gelegenen, zu Portugal gehörenden Inselgruppe, die sich in ihrer Bevölkerungsstruktur z. T. vom Mutterland unterscheidet und kaum afrikanische Blutmischung aufweist, kommt es verschiedentlich zu Unruhen. Die teilweise von der katholischen, mehrheitlich konservativen Bevölkerung getragene antikommunistische »Befreiungsfront der Azoren« (Frente de Libertação«/FLA) und die mit dieser kooperierende »Patriotische Aktionsliga«/LAPA fordern mehrfach **innere Autonomie**, die im Sept. 1976 realisiert wird. Die 2335 qkm großen, rund 280 000 Einwohner aufweisenden Azoren sind hauptsächlich landwirtschaftlich bestimmt. Die kargen wirtschaftlichen Möglichkeiten haben seit langem zur Auswanderung gezwungen; über eine halbe Million »Azorianer« leben in Nordamerika. – Die strategische Bedeutung der Inselgruppe erweist sich nicht zuletzt in der **US-Luftwaffen-Basis** auf Terceira. – Am 5. 9. 1976 werden beim Absturz einer venezolanischen Transportmaschine alle 68 Insassen getötet. (S. auch »Madeira«.)

Bahrein Im April 1976 wird die US-Marinebasis endgültig gekündigt. Mit Frankreich, dem Iran und u. a. Jordanien werden Kooperationsabkommen geschlossen, gemeinsam mit den anderen Golfstaaten wird eine Investitionsbank gegründet.

Balkan-Konferenz Vom 16. 1.–5. 2. 1976 beraten in Athen Delegationen Bulgariens, Griechenlands, Jugoslawiens, Rumäniens und der Türkei Probleme der wirtschaftlich-technischen Zusammenarbeit.

Azoren und Madeira

Bangladesch Die seit der Ermordung von *Mudschibur Rahman* (15. 8. 1975) anhaltenden **Differenzen zwischen den Militärs** nehmen zunächst zu; am 3. 11. 1975 werden 7 in Haft befindliche **ehemalige Mitglieder der Regierung** von *Rahman* und zahlreiche andere Personen von Offizieren **ermordet**; am 4. 11. wird der bisherige Oberkommandierende durch Brigadegeneral *Chalid Muscharaf* abgelöst. Am 5. 3. tritt Staatspräsident *Chondakar M. Ahmed* zurück; der Vorsitzende des Obersten Gerichts, *Abu Sadat Mohamed Sajem (Sayem)*, wird Staatspräsident. Nach Auflösung des Parlaments tritt das Kriegsrecht in Kraft. Am 7. 11. wird durch einen neuen **Militärputsch** *Muscharaf* als Oberbefehlshaber durch *Ziaur Rahman* ersetzt und Präsident *Sajem* Oberster Kriegsrechtsadministrator mit den Oberbefehlshabern von Heer (*Rahman*), Marine und Luftwaffe als Stellvertretern; der Luftwaffenchef *Tawab* wird jedoch abgesetzt und wegen angeblicher Beteiligung an einem Putschversuch hingerichtet. Erst allmählich zeichnet sich eine gewisse politische Konsolidierung ab. – Gegenüber Indien tritt eine Verschlechterung der Beziehungen ein, während als Zeichen einer gewissen Versöhnung mit Pakistan Botschafter ausgetauscht werden. – Trotz mehrfacher Überschwemmungen gelingt seit Frühjahr 1976 eine Erholung in der Landwirtschaft; ein sogen. »Food-for-work«-Programm wird ins Leben gerufen. – Ab 1. 8. 1976 werden wieder Parteien zugelassen.

Barbados Nach dem Wahlsieg der »B. Labour Party« bildet diese unter *J. M. C. Tom Adams* im Sept. 1976 die neue Regierung.

Belgien Die wirtschaftliche **Rezession** und die **Inflation** wirken sich 1975 tiefgreifend aus. Die Verbraucherpreise erhöhen sich 1975 um 11,7 %. Das 1974 noch leicht angestiegene Bruttosozialprodukt sinkt 1975 um über 2,5 %, die Ausfuhren gehen um 3,9 % zurück, das Handelsdefizit wächst. Der Haushalt 1976 muß zu etwa 15 % durch Kapitalaufnahme gedeckt werden, obwohl der Schuldendienst bereits die gesamten Verteidigungsausgaben übersteigt. Die Regierung ergreift einschneidende Maßnahmen, um die Inflation einzudämmen, und beschließt am 29. 1. 1976 zur Sicherung der Arbeitsplätze und Ankurbelung der Wirtschaft ein **Investitionsprogramm** in Höhe von 162,3 Mrd. belg. Francs. Im Laufe des ersten Halbjahres 1976 zeichnet sich eine allmähliche wirtschaftliche Belebung ab, aber die Arbeitslosigkeit bleibt m. 8 % hoch. – Die Gemeindereform, durch die sich die Zahl der Gemeinden auf ein Viertel verringert, wird am 22. 11. 1975 von der Kammer und am 24. 12. vom Senat gebilligt. – **Im März 1976 scheitert** eine **Gesetzesvorlage** der »Flämischen Volksunion« zur **Begnadigung von Kollaborateuren** während des II. Weltkrieges (seinerzeit Hinrichtung von 105 Flamen, 122 Wallonen und 15 »Brüsselern«, Verurteilung von 33 030 Flamen, 17 000 Wallonen und 7653 »Brüsselern« zu Haft, Rentenentzug, Geldstrafen usw.). – Im Juni 1976 billigt das Parlament ein Gesetz, das die Todesstrafe für Luftpiraten vorsieht, wenn bei einem Überfall Geiseln ihr Leben verlieren.

Belize 1975 erheben Guatemala und Mexiko erneut Anspruch auf diese britische Kronkolonie (früher »Brit.-Honduras«), in der Großbritannien 1859 u. a. Guatemala einen Zugang zum Meer zugesagt, aber das Versprechen nicht erfüllt hat. Der UNO-Entkolonisierungsausschuß bejaht mit großer Mehrheit im November 1975 das Recht der Bewohner auf Unabhängigkeit. Guatemala und Mexiko verneinen jedoch eine solche auf Grund ihrer Ansprüche.

Benin Am 30. 11. 1975 gibt Staatspräsident *Mathieu Kérékou* die **Umbenennung des Landes in »Volksrepublik Benin«** bekannt, da der bisherige Name »Dahome(y)« kolonialistischer Herkunft sei. (Das eigentliche Zentrum der alten, besonders im 17. Jh. blühenden »Benin-Kultur« mit ihren berühmten Bronze- und Elfenbeinarbeiten liegt nicht im nunmehrigen Staat B., sondern in der gleichnamigen Provinz Nigeriens.) Gleichzeitig wird die **Gründung einer »Revolutionären Volkspartei** auf dem Boden des Marxismus-Leninismus« verkündet, die künftig alle politischen, wirtschaftlichen und gesellschaftlichen Institutionen und Prozesse lenken werde. – Die politische Labilität findet ihren Ausdruck u. a. in einem **Putschversuch** im Oktober 1975, der scheitert. Am 2. 2. 1976 werden 11 an dem angeblich von Togo aus inspirierten Putschversuch Beteiligte zum Tode, weitere zu Kerker verurteilt. – Die ausländischen Mineralölgesellschaften werden verstaatlicht, ihr Vermögen wird enteignet. – Am 30. 6. 1976 werden die bisherigen religiösen Feiertage durch »revolutionäre« (u. a. »Tag der Arbeit«, »Tag der Streitkräfte« usw.) ersetzt.

Berlin s. Deutschland

Birma Die auf den »eigenen birmanischen Sozialismus« abgestellte Wirtschaftspolitik vermag die Probleme nicht zu lösen. Die Reiserzeugung erhöht sich seit 1941 nur um etwa 10 %, die Bevölkerung wächst in der gleichen Zeit fast auf das Doppelte. Die Reisausfuhr beträgt nur ein Zehntel jener der Vorkriegszeit; die Bauern erhalten vom Staat so niedrige Preise, daß die Anschaffung von Dünger und Geräten nicht möglich ist. Die meisten Handelsorganisationen stehen unter der Leitung von nichtfachkompetenten Offizieren. – Gegen die Regierungspolitik gerichtete Studentendemonstrationen führen mehrfach zur Schließung der Hochschulen. – Die Kämpfe gegen kommunistische Guerillas halten 1975/76 an. Die Unzufriedenheit nimmt auch im Heer zu; im Juli 1976 kommt es zu einem **Putschversuch** junger Offiziere, der niedergeschlagen wird. – Am 10. 6. 1976 sagt die BR Deutschland technische und Kapitalhilfe in Höhe von 12 Mill. DM zu. – Am 1. 9. 1976 wird der Ende 1974 verhängte Ausnahmezustand aufgehoben.

Blinde Nach Angaben der Weltgesundheitsorganisation/WHO gibt es in der Welt 16 Mill. Blinde.

Blockfreie Staaten s. Bündnisfreie Staaten

Bolivien Die wirtschaftliche Entwicklung verläuft 1975 relativ zufriedenstellend, die meisten der Investitionsvorhaben werden durchgeführt. Das Sinken der Ausfuhrpreise für wichtige Bergbauprodukte belastet jedoch den Staatshaushalt. Die Aufnahme von Krediten (BID, CAF, USA usw.) in Höhe von über 500 Mill. US-$ verursacht von Ende 1974 bis Ende 1975 ein Ansteigen der Auslandsschulden um 65 % auf 1,28 Mrd. US-$. – Die Diversifizierung der Landwirtschaft wird fortgesetzt. Das »Instituto Nacional de Inversiones«/INI sieht bis 1980 die Durchführung von 35 meist industriellen Projekten vor, wobei der Aufwand von rd. 1 Mrd. US-$ durch ausländische Kredite gedeckt werden soll. – Mit Argentinien und Perú werden Kooperationsabkommen geschlossen, im argentinischen Paranáhafen Rosario wird Bolivien eine Freizone gewährt; mit Chile werden Verhandlungen über einen Zugang zum Meer geführt. – Die politische **Opposition** bleibt **weiterhin lahmgelegt**; die Unzufriedenheit der Bergarbeiter führt im Juni 1976 zu einem langen **Streik**, der erst nach befristeter Verhängung des Ausnahmezustandes und Lohnerhöhungen beendet werden kann.

Botsuana Aus Anlaß der Zehnjahresfeier seiner Unabhängigkeit wird am 30. 9. 1976 die neue, vom südafrikanischen Rand gelöste Währung – der **»Pula«** – eingeführt; Botsuana verbleibt jedoch in der Zollunion mit Südafrika.

Bougainville Die kupferreiche Insel, die sich am 1. 9. 1975 (s. WA '76, S. 352) als unabhängige »Republik Nördliche Salomonen« erklärt hat, ist bisher ein Teil von Papua-Niugini geblieben, doch dauern sezessionistische Bestrebungen an, die sich auch 1976 mehrfach in Unruhen äußern.

Brasilien Das *Bruttosozialprodukt* wächst 1975 um 4,2 %, die Agrarproduktion jedoch nur um 3,3 %; für den armen Nordosten wird von der SUDENE ein Wachstum von 7,4 % gemeldet. Die **Lebenshaltungskosten** erhöhen sich in den Großstädten 1975 um rund 30 % (1974 34,5 %); die **Mindestlöhne** werden um 40–42 % angehoben. Der Außenwert des Cruzeiro verringert sich 1975 um 17,5 %, die Zahlungsbilanz schließt 1975 mit einem Fehlbetrag von 1,12 Mrd. US-$, die Handelsbilanz mit einem solchen von rund 3,5 Mrd. $ ab, während durch Kredite (BID, USA usw.) und ausländische Investitionen im Kapitalverkehr ein Nettoaktivsaldo von 5,6 Mrd. $ erzielt wird. Die *Auslandsverschuldung* erhöht sich von 17,3 Mrd. $ 1974 auf (prov.) 22,5 Mrd. $ 1975. Im Außenhandel rücken erstmals Sojabohnen an die erste Stelle, gefolgt von Zucker und Kaffee. – Überschwemmungen im Nordosten und Fröste im Südosten verursachen schwere Schäden. – *Wirtschaftlicher Schwerpunkt bleibt weiterhin der Bundesstaat São Paulo*, auf den nur 19 % der Bevölkerung, aber 25 % der landwirtschaftlichen Erzeugnisse, 55 % der industriellen Produktion und 35 % des BSP entfallen. – Kooperationsabkommen werden mit mehreren Staaten geschlossen. – Am 22. 7. 1976 unterzeichnen die deutsche Kraftwerkunion mit der »Furneis Centrais Elétricas S.A.« und diese mit Banken und Bankkonsortien der Bundesrepublik Verträge über den Bau bzw. Kredite in Höhe von 4,3 Mrd. DM für die bis 1983/84 zu errichtenden Kraftwerke »Angra Dos Reis II u. III«. Es handelt sich um die bisher größte westdeutsche Exportfinanzierung. – Die BR Deutschland gewährt 1976 Kapitalhilfe von 130 Mill. DM. – In der Innenpolitik ergeben sich kaum Änderungen, die **Aktivität der Opposition bleibt beschränkt.** – 1976 ereignen sich erstmals seit einigen Jahren wieder Terroraktionen größeren Umfangs; sie werden der rechtsextremen »Antikomm. Allianz Brasiliens« zugeschrieben.

Bulgarien Nach offiziellen Angaben sind im 6. Fünfjahresplan 1971–1975 folgende Steigerungen erzielt worden: Nationaleinkommen + 46 % (Ziel-Plan 1976–1980: + 50 %), Industrieproduktion + 55 % (+ 60 %), landwirtschaftl. Erzeugung + 17 %, Getreideproduktion allein + 37,7 %. Rückstände besonders im Wohnungsbau und bei den Dienstleistungen. 1975 Wohnfläche je Kopf 13,3 qm, Ziel bis 1990 20 qm. – Im Herbst 1975 weilt der Staatsratsvorsitzende *Todor Schiwkoff* zu einem ersten Staatsbesuch in der BR Deutschland. – In der **»Mazedonienfrage«** kommt es auch in der Berichtszeit wieder zu Auseinandersetzungen mit Jugoslawien. – Die **Par-**

lamentswahlen vom 30. 5. 1976 ergeben 99,92 % der Stimmen für die Einheitsliste der »Vaterländischen Front«. Auf dem Parteitag wird *Todor Schiwkoff* erneut zum Ersten Sekretär gewählt.

Bündnisfreie Staaten Die sich als »blockfrei« bezeichnenden Staaten, die z. T. jedoch faktisch widersprechende Bindungen eingegangen sind, bemühen sich weiterhin, eine Änderung der UNO-Charta zu ihren Gunsten herbeizuführen. – An der **Fünften Konferenz,** die im August 1976 in Colombo (Sri Lanka) stattfindet, nehmen (m. d. PLO) 85 Mitglieder und mehrere Staaten mit »Beobachtern« teil. Die zu Blöcken gehörenden Staaten Philippinen, Portugal und Rumänien werden als »Gäste« zugelassen. – An die Industrienationen – bes. an die westlichen – werden zahlreiche Forderungen gestellt und »Kolonialismus, Neokolonialismus sowie Imperialismus« verurteilt. Die Weltwirtschaft soll umstrukturiert, das »Ständige Koordinationsbüro« soll eine Art »Sicherheitsrat«, das Informationswesen »entkolonialisiert« werden.

Cabinda Die Unabhängigkeitsbestrebungen der Angola-Exklave (s. WA '76, S. 353) werden durch die Besetzung seitens der MPLA hinfällig; Cabinda wird 1976 Teil der »Volksrepublik Angola«.

Chile Die wirtschaftliche und soziale Situation bleibt in der Berichtszeit überaus ernst. Rückläufige Aufträge der öffentlichen Hand, eine Konsequenz der rigorosen *Sparmaßnahmen,* und schwindende Kaufkraft führen zu einer Schwächung der industriellen Produktion. Die Reprivatisierung vieler unter der Regierung von *Salvador G. Allende* verstaatlichter oder kollektivierter industrieller und landwirtschaftlicher Betriebe soll die Produktivität heben. Die *Lebenshaltungskosten* steigen 1975 um 340,7 % (1974 375,9 %), die Lohnerhöhungen gleichen den Kaufkraftverlust nicht aus. Die *Arbeitslosenquote* beträgt Ende 1975 16,5 %; durch Förderung arbeitsintensiver Betriebe soll die Arbeitslosigkeit bekämpft werden, nicht zuletzt auch durch ausländische Kredite (Weltbank, BID, AID). Auslandsschulden, *Außenhandels- und Zahlungsbilanz-Defizite* erschweren die Sanierung. – Umschuldungsabkommen mit den Mitgliedern des sogen. »Pariser Clubs« (u. a. im Oktober 1975 mit der BR Deutschland) bringen Erleichterung. – Mit einigen Ländern, u. a. Uruguay, kommt es zu Kooperations-Vereinbarungen. – Die **innenpolitische Situation** bleibt gespannt, die Regierung wird mehrfach umgebildet. Ein am 31. 12. 1975 gegründeter *»Staatsrat«,* dem ehem. Präsidenten ex officio angehören, soll die Regierung beraten. Ex-Präsident *Eduardo Frei Montalva* (Christl. Dem.) erklärt, er nehme nicht teil, da der Rat ohne jeden Einfluß sei; er fordert Achtung der Menschenrechte und Rückkehr zur Demokratie. – Am 28. 1. 1976 wird ein Gesetz erlassen, das den Gefangenen Rechtsschutz gewährleisten und sie vor Folterungen schützen soll. – Die UNO-Vollversammlung wirft der Regierung wiederholt **Verletzung der Menschenrechte** vor. – Nach offiziellen Angaben befinden sich Anfang Juli 1976 noch 1603 Personen aus politischen Gründen in Haft, und zwar 788 Verurteilte, 388 Angeklagte und 427 sogen. Präventivhäftlinge. – Die Chinesische Volksrepublik aktiviert die einst der Regierung von *Salvador Allende* gewährte Kreditzusage in Höhe von 52 Mill. $ und bezieht von Chile hauptsächlich **Kupfer** und Salpeter. – Im 1. Halbjahr 1976 zeigen sich erste Anzeichen einer wirtschaftlichen Belebung; die Inflationsrate liegt zwar um rund 90 % höher als Anfang 1976, ist jedoch nur etwa halb so groß wie im 1. Hj. 1975. – Im Sept. 1976 werden 205 politische Häftlinge freigelassen.

China

a) *Chinesische Volksrepublik* Die Berichtszeit steht ganz überwiegend im **Vordergrund ideologischer Auseinandersetzungen im Inland** im Zusammenhang mit der Bewältigung der großen wirtschaftlichen Ziele und der Bewahrung der soziopolitischen Grundsätze, Fragen, die bereits in den 60er Jahren die »Kulturrevolution« beherrschten. Es handelt sich um eine Fortsetzung der Kritik an *Liu Schao-tschi, Lin Piao* und an den *»Konfuzius«*-Anhängern, wobei zeitweise die Auseinandersetzung mit dem berühmten, wahrscheinlich aus dem 14. Jahrhundert stammenden Roman »Schui-hu tschuan« (»Die Räuber vom Liang-schan-Moor«) im Mittelpunkt steht, als Beispiel für die Verherrlichung des »Kapitulantentums«. Immer wieder steht zur Debatte, wie die **wirtschaftliche Entwicklung** vorwärtsgetrieben werden kann **unter Festhalten an der »Diktatur des Proletariats«,** bei Verhütung eines »bourgeoisen Revisionismus« und einer Rückkehr zu kapitalistischen Ordnungsstrukturen. Nicht zuletzt die Schaffung von über 6000 **»Arbeiter- und Bauernkollegs«** mit rund einer halben Million Studierenden, die nach einigen Jahren wieder in die Produktion zurückkehren, soll eine Hilfe bei diesen Zielen sein. – Mit dem Tod von *Tschou En-lai* am 8. 1. 1976 beginnt der **Kampf um die Nachfolge an der Spitze der Regierung,** für die offenbar der Verstorbene seinen Ersten Stellvertreter und Generalstabschef **Teng Hsiao-ping** vorgesehen hatte. *Teng,* bereits während der »Kulturrevolution« erstmals gestürzt und erst 1973 wieder rehabilitiert und in Führungspositionen gekommen, wird – wie damals – zunächst in **Wandzeitungen** (chines. »dazibao«), schließlich in Demonstrationen der Parteilinken beschuldigt, von den drei »Hauptkettengliedern« – nach *Mao* »Klassenkampf, Stabilität und Einheit« – das erste und entscheidende, den »Klassenkampf«, zugunsten der wirtschaftlichen Entwicklung zurückzustellen und Anhänger des »kapitalistischen Weges« zu sein. Die am 4. 4. 1976, am Todesgedenktag, auf dem »Tien An Men«-Platz in Peking niedergelegten Kränze und Ansammlungen werden als Demonstrationen für *Teng* ausgelegt; es kommt in den folgenden Tagen zu blutigen Zusammenstößen. Am 7. 4. wird offiziell verlautet, **Teng** habe **alle seine Partei- und Staatsämter verloren,** dürfte aber in der KPCh bleiben. **Hua-Kuo-feng,** seit Anfang 1975 Minister für öffentliche Sicherheit, seit 7. 2. amtierender Staatsratsvorsitzender, **wird** endgültig **Regierungschef** und nun auf einstimmigen Beschluß des Politbüros auch Erster stellv. Parteivorsitzender. Der Sieg der Parteilinken, die auch in der Provinz gegen *Teng*-Anhänger agitiert, wird jedoch nicht oder noch nicht als ein solcher des radikalen linken Flügels angesehen, dem Männer wie *Wang Hung-wen* angehören. – Ende 1975 erfolgt die **Entlassung aller noch seit 1949 in Haft befindlichen Kuomintang-Mitglieder**. – In der **Wirtschaft** werden auch für 1975 große Erfolge gemeldet. – **Außenpolitisch** treten keine größeren Änderungen ein; die ideologischen Spannungen gegenüber der KPdS und UdSSR halten an. Der Anspruch auf einige von Vietnam besetzte Inselgruppen im Südchinesischen Meer wird aufrechterhalten, auch von Taiwan (Rep. China). Entwicklungshilfe wird weiterhin an ausgesuchte asiatische und afrikanische Länder gegeben. – Am Vorabend des Besuches von Bundeskanzler *Helmut Schmidt* (Ende Oktober/Anfang November 1975) wird von der offiz. Nachrichtenagentur »Hsin Hua« die **Teilung Deutschlands** als ein »**anormaler Zustand**« und die Theorie von zwei deutschen Nationen als »absurd« bezeichnet. Der Zusammenschluß Europas wird beim Besuch des Bundeskanzlers als wichtig unterstrichen. – Der Besuch von US-Präsident *Gerald R. Ford* (Dezember 1975) bringt keine Änderung der auf eine Normalisierung tendierenden Beziehungen zwischen Peking und Washington. – Ende November tritt die Volksrepublik als 114. Mitglied der Wiener Konvention über diplomatische Beziehungen bei. – Am 21. 4. 1976 wird mit Ägypten ein Militärabkommen unterzeichnet. – Die Differenzen gegenüber Indien verändern sich nicht, doch werden die seit dem Grenzkonflikt von 1962 nur noch auf Geschäftsträgerebene bestehenden Beziehungen wieder normalisiert und im Juli 1976 gegenseitig Botschafter benannt. – Am 6. 7. stirbt Marschall *Tschu Teh (Chu Teh)*, einer der ältesten Kampfgefährten von *Mao Tse-tung*, der seit Mitte Juni keine ausländischen Besucher mehr empfängt. – Eine am 28. 7. beginnende **Erdbebenserie** (z. T. Stärke 8,2 der Richter-Skala) verursacht in Peking und dem Industriezentrum Tientsin, besonders aber in dem in der Nachbarschaft großer Kohlenvorkommen rasch gewachsenen Industrierevier von **Tangschan** schwerste Zerstörungen; Umfang und Zahl der Opfer sind noch nicht bekannt. Die Bevölkerung bewältigt die Katastrophe mit großer Disziplin. Ausländische Hilfe wird abgelehnt. – Das **Ableben von Mao** am 9. 9. 1976 (MEZ 8. 9.) wird in der ganzen Welt als einschneidendes Ereignis gewertet. Das ZK der KPCh erläßt einen **Aufruf,** in dem es u. a. heißt: »Wir müssen das vom Vorsitzenden Mao hinterlassene Erbe fortentwickeln und die zentralisierte Führerschaft der Partei stärken . . . Wir müssen zu jeder Zeit bereit sein, jeden Feind zu verjagen, der einzudringen wagt. Wir sind entschlossen, Taiwan zu befreien. Wir müssen den Kampf gegen den Imperialismus, Sozialimperialismus und Revisionismus bis zum Ende führen. Wir werden nie Vorherrschaft anstreben und nie eine Supermacht sein . . .«

b) *Republik China* (Taiwan) In der Berichtszeit wird weiterhin versucht, durch wirtschaftliche und kulturelle Aktivität die starke diplomatische Isolierung zu überbrücken. Die ausländischen Investitionen gehen 1975 gegenüber dem Vorjahr auf 118,1 Mill. US-$ zurück. Das Bruttosozialprodukt erhöht sich nominal um 4,3 %, real um 2,8 %, das Volkseinkommen um 4,2 % bzw. 0,3 %. Für den Fünfjahresplan 1976–1980 wird ein jährliches Wirtschaftswachstum von 7,5 % angesetzt. – Im Herbst 1976 bestehen noch **diplomatische Beziehungen zu 26 Staaten**. – Die Zumutung, bei den Olympischen Sommerspielen in Montreal ohne seine Staatsbezeichnung und mit geänderter Flagge aufzutreten, wird mit Nichtteilnahme beantwortet. – Von Qemoy (Kimoi) werden die letzten US-Soldaten abgezogen.

Costa Rica Das Bruttosozialprodukt wächst 1975 etwa wie im Vorjahr, d. h. um etwas über 4 %. Der Außenhandel wird stärker defizitär, das Pro-Kopf-Einkommen wird für 1975 auf etwas über 700 US-$ geschätzt. Die ausländischen Investitionen erhöhen sich. – Am 31. 5. 1976 wird eine 200-Meilen-Wirtschaftszone proklamiert.

Christliche Demokraten s. Europäische Volkspartei

Cuba Vom 14.–22. 12. 1975, d. h. 14 Jahre nach der Gründung der Einheitspartei und 10 Jahre nach ihrer Umbenennung in »Kommunist. Partei Cubas«/PCC, wird in Havanna der I. Parteitag abgehalten. *Fidel Castro*, erneut zum Ersten Sekretär des ZK gewählt, hebt die enge Zusammenarbeit mit der Sowjetunion hervor und betont, die gegenwärtige Phase sei, wie sich dies in der neuen »Parteiplattform« ausdrücke, durch den Aufbau des Sozialismus und die Diktatur des Proletariats bestimmt. Der vom Parteitag gebilligte erste *Fünfjahresplan* 1976–1980 soll die Industrialisierung und die landwirtschaftliche Kollektivierung beschleunigen sowie die Zucker- und Nickelproduktion ausbauen. – Im April 1976 werden in Cuba die Reisrationen je Einwohner wegen Dürre und höherer Importpreise um 400 g auf 2,3 kg im Monat herabgesetzt, doch wird zum Ausgleich mehr Maismehl zugeteilt. – Hervorgehoben wird das zunehmende Interesse westlicher Länder für Cuba. – Die **neue Verfassung** sieht eine »Volksversammlung« und einen »Staatsrat« vor, die Amtsdauer für erstere beträgt fünf Jahre. Von den am 10. 10. 1976 zu wählenden Gemeinderäten werden die Provinzräte und die Abgeordneten der »Volksversammlung« gewählt. – Am 14. 4. 1976 wird mit der UdSSR für die Periode 1976/1980 ein neues Abkommen über wirtschaftlich-technische Zusammenarbeit und den Bau eines Kernreaktors geschlossen. – Den **Einsatz von cubanischen Verbänden in Angola**, die entscheidend zum Sieg der MPLA beitragen, erklärt *Castro* als »Proletarisch-internationalistische Solidaritätsaktion«. Die cubanischen Streitkräfte (ohne Miliz und Sicherheitstruppen 117 000 Mann, 600 Kampfpanzer und 205 Kampfflugzeuge) werden, gemessen an der Einwohnerzahl, als die stärksten ganz Lateinamerikas bezeichnet. Cubanische »Berater« sollen u. a. in Äquatorial-Guinea, Guinea, Oman und Somalia eingesetzt sein.

Cypern Nach endgültigen Angaben der Regierung sind durch die türkische Invasion 1974 120 griechisch-cypriotische Siedlungen zerstört worden; die Zahl der Toten wird mit 3800, die der Vermißten mit 2200 und die der Flüchtlinge mit 200 000 angegeben. Die türkischen Cyprioten geben die Zerstörung von 103 ihrer Dörfer an. Im griechisch-cypriotischen Süden schreitet der **Wiederaufbau** einigermaßen zufriedenstellend fort; die Anbaufläche wird ausgedehnt, der Anbau intensiviert. Rund 30 000 Flüchtlinge aus dem Norden leben jedoch noch in Notunterkünften. – Im Norden sollen bis Mitte 1976 rund 45 000 Türken aus Anatolien – z. T. frühere Flüchtlinge – angesiedelt worden sein. – Die UNO-Vollversammlung fordert im Dezember 1975 den Abzug der türkischen Truppen; der Sicherheitsrat verlängert die Stationierung der UNIFCYP-Einheiten (knapp 3000 Mann), zuletzt bis Mitte Dezember 1976. – Neuer UNO-Sondervertreter auf Cypern wird der peruanische Diplomat *Xavier Pérez de Cuellar*. – Wegen Differenzen mit Staatspräsident Erzbischof *Makarios* legt *Glafkos Klerides* am 7. 4. 1976 seine Ämter als Parlamentspräsident und als Unterhändler der Regierung mit der türkisch-cypriotischen Volksgruppe nieder; Nachfolger wird *Tassos Papadopoulos; Klerides* gründet die neue »Demokratische Sammlung«. – Der einseitig erklärte **»Cyperntürkische Föderativstaat«** (38 % der Inselfläche und etwa 160 000 Einwohner, darunter etwa 7000 Griechen) wählt am 20. 6. 1976 *Rauf Denktasch* zum Präsidenten und sein neues Parlament; Regierungschef wird *Necat Onuk*. *Denktasch* tritt als Führer der Partei »Nationale Union« zurück, die über 40 % der Stimmen gewinnt; zweitstärkste Gruppe wird die »Republikan. Partei«. Wirtschaftlich werden kaum Fortschritte erzielt; die Türkei trägt 60 % des Haushaltes. – Bei den **Parlamentswahlen** v. 5. 9. 1976 entfallen auf die *Makarios* stützenden drei Parteien 34 der 35 Sitze. Die »Dem. Sammlung« gewinnt ein Viertel d. Stimmen, aber keinen Sitz. – Der Anführer d. Putsches v. 1974, *Nikos Sampson*, wird zu 20 Jahren Gefängnis verurteilt.

Dahome(y) s. Benin

Dänemark Das Bruttosozialprodukt sinkt real 1975 um fast 1 %, die Lebenshaltungskosten steigen um 9,6 %, die Arbeitslosenquote beträgt im August 1976 7,7 %. Die im Herbst 1975 vorgenommenen Konjunkturstützungsmaßnahmen bringen allmählich, wenn auch in bescheidenem Umfang, Erfolge, so daß man für 1976 ein reales Wirtschaftswachstum von 3,5–4 % annimmt. Mit einer grundsätzlichen Besserung, d. h. mit Vollbeschäftigung und einer ausgeglichenen Zahlungsbilanz, rechnet der Industrieverband erst für 1980. – Mit mehreren Ländern werden Kooperations- und Kreditabkommen geschlossen. – Die Vorschläge für eine etwa in drei Jahren in Kraft tretende Verwaltungsautonomie für Grönland werden im April 1976 vom grönländischen »Landsraad« gebilligt. – Das Parlament nimmt am 17. 8. einen **Zweijahres-Wirtschaftsplan** an; die Regierung wird im September umgebildet.

Deutschland

a) *Bundesrepublik Deutschland*
(m. Berlin/West)

Am 23. 9. **1975** werden diplomatische Beziehungen mit der Dem. Republik Vietnam aufgenommen. – Der saarländische Ministerpräsident

Franz Josef Röder unterbreitet der F.D.P. ein Koalitionsangebot, das jedoch abgelehnt wird. – Bei den **Bürgerschaftswahlen in Bremen** vom 28. 9. (10. 10. 1971) entfallen auf die SPD 48,75 (55,3) %, auf die CDU 33,76 (31,6) % und u. a auf die F.D.P. 12,95 (7,1) % der gültigen Stimmen; trotz Stimmenrückgang erringt die SPD die absolute Mehrheit (52) der Mandate und bildet am 3. 11. unter *Hans Koschnick* den neuen Senat. – Am 4. 10. wird in Hagen die **erste Fernsehuniversität** der Bundesrepublik eröffnet. – Bundesverteidigungsminister *Georg Leber* warnt am 5. 10. vor einer gesteuerten ideologischen Unterwanderung der Bundeswehr. – Am 9. 10. unterzeichnen in Warschau Bundesaußenminister *Genscher* und der polnische Außenminister *Stefan Olszowksi* folgende **Abkommen der Bundesrepublik mit Polen**: für eine pauschale Abgeltung von Renten zahlt die Bundesrepublik 1,3 Mrd. DM; Polen erhält einen Finanzkredit von 1 Mrd. DM, der 1975/76/77 in Jahresraten zu zahlen ist. In einem Protokoll erklärt die polnische Regierung, daß sie innerhalb von vier Jahren 120 000 bis 125 000 Deutschen die Ausreise aus Polen gestatten wird. Die CDU/CSU, die im Bundestag mit Mehrheit wegen grundsätzlicher Bedenken – besonders wegen der nach ihrer Ansicht unsicheren Ausreisebestimmungen für die Deutschen – die Verträge abgelehnt hat, stimmt im Bundesrat nach Klärung verschiedener Fragen am 12. 3. 1976 zu, so daß die Verträge ratifiziert werden können. – Die Generalsynode wählt am 9. 10. Bischof *Eduard Lohse* zum Leitenden Bischof der Vereinigten Lutherischen Kirche Deutschlands. – Der Bundestag billigt am 17. 10. die Ergänzung des Benzin-Blei-Gesetzes. – Die **»Aktionsgemeinschaft Vierte Partei«** etabliert sich am 19. 10. in Stuttgart als Bundespartei. – Am 29. 10. vereinbaren der Senat von Berlin (West) und die DDR Grundsätze für Rettungsaktionen in den Berliner Grenzgewässern. – Am 29. 10. wird die **»Stiftung Ostdeutscher Kulturrat«** errichtet. – Vom 29. 10. bis 2. 11. weilt Bundeskanzler *Helmut Schmidt* als erster Regierungschef der Bundesrepublik in der Chines. Volksrepublik (s. diese). – Am 27. 10. feiert die neue **Bayreuther Universität** offiziell ihre Eröffnung. – Der Bundestag verabschiedet am 6. 11. ein Gesetz zur Humanisierung des Strafvollzugs. – Bei seinem Besuch in der Sowjetunion plädiert Bundespräsident *Walter Scheel* am 10. 11. in Moskau für einen »Wettbewerb der Ideen«. – Auf dem **Bundesparteitag der SPD** werden in Mannheim am 14. 11. erneut *Willy Brandt* zum Vorsitzenden sowie *Helmut Schmidt* und *Hans Koschnick* zu Stellvertretern gewählt; am selben Tag wird der »Orientierungsrahmen '85« angenommen, der die Ziele des demokratischen Sozialismus verdeutlichen soll. – Am 17. 11. einigen sich *Helmut Kohl* und *Franz Josef Strauß* auf eine **Führungsmannschaft der CDU/CSU** für die Wahlen im Oktober. – Der Bundestag stimmt am 28. 11. einer **Erhöhung des Beitrags zur Arbeitslosenversicherung** von 2 % auf 3 % zu. – Im November wird Berlin (West) eine eigene Kirchenprovinz der Evangelischen Kirche. – Der Direktor des ZK der Deutschen Katholiken, *Klaus Hemmerle*, wird zum Bischof von Aachen geweiht. – In Frankfurt/M. konstituiert sich der »Bund Natur- und Umweltschutz e. V.«. – Nach dem »Bundesanzeiger« vom 4. 12. nehmen die **Bundesrepublik und São Tomé u. Príncipe diplomatische Beziehungen** mit nicht residierenden Botschaftern auf. – Am 5. 12. wird Portugal eine Kapitalhilfe von 70 Mill. DM zugesagt. – Die Fraktionen von SPD und F.D.P. billigen am 9. 12 den ausgehandelten Kompromiß zur Mitbestimmung. – Am 10. 12. wird vom Bundestag das mit den 46 sogen. AKP-Ländern geschlossene »Abkommen von Lomé« verabschiedet. – Der Planungsausschuß von Bund und Ländern stimmt am 15. 12. dem **5. Rahmenplan der Gemeinschaftsaufgaben** zu, der von 1976–1979 die Schaffung von 430 000 und die Sicherung von 177 000 Arbeitsplätzen vorsieht. – Das Oberlandesgericht in Düsseldorf **verurteilt** das DDR-**Agentenpaar Günter und Christel Guillaume wegen Landesverrats** zu 13 bzw. 8 Jahren Gefängnis. – Am 19. 12. wird **mit der DDR das Protokoll über die Transitpauschale** 1976/79 **unterzeichnet**, das für die Jahre **bis 1979 eine Zahlung** der Bundesrepublik für den Verkehr nach Berlin (West) **von je 400 Mill. DM** vorsieht. – Ein Bankenkonsistorium der Bundesrepublik gewährt in einem 4. Abkommen über einen Röhrenkredit d. Sowjetunion einen solchen in Höhe v. 1,2 Mrd. DM. – Im Dezember werden in der Bundesrepublik Zwangsadoptionen von Kindern republikflüchtiger Eltern in der DDR bekannt. – Der **Bundestag hat 1975 106 Gesetze verabschiedet** und 131 beraten. – Nach einer Berechnung des DGB sind **1975**, unter Einrechnung der sogen. Stufenpläne, **Löhne und Gehälter in der Bundesrepublik durchschnittlich um 8,5 % gestiegen.**

1976 Am 1. 1. tritt das am 2. 12.1975 mit der DDR abgeschlossene Gesundheitsabkommen in Kraft; am selben Tag wird das Sparprogramm der Bundesregierung wirksam. – Am 3. 1. sucht eine **Sturmflut die Landstriche nördlich und südlich der Unterelbe** heim und verursacht schwere Schäden; der Maximalwasserstand liegt z. T. um einen Dreiviertelmeter über der Rekordmarke der Katastrophe von 1962.

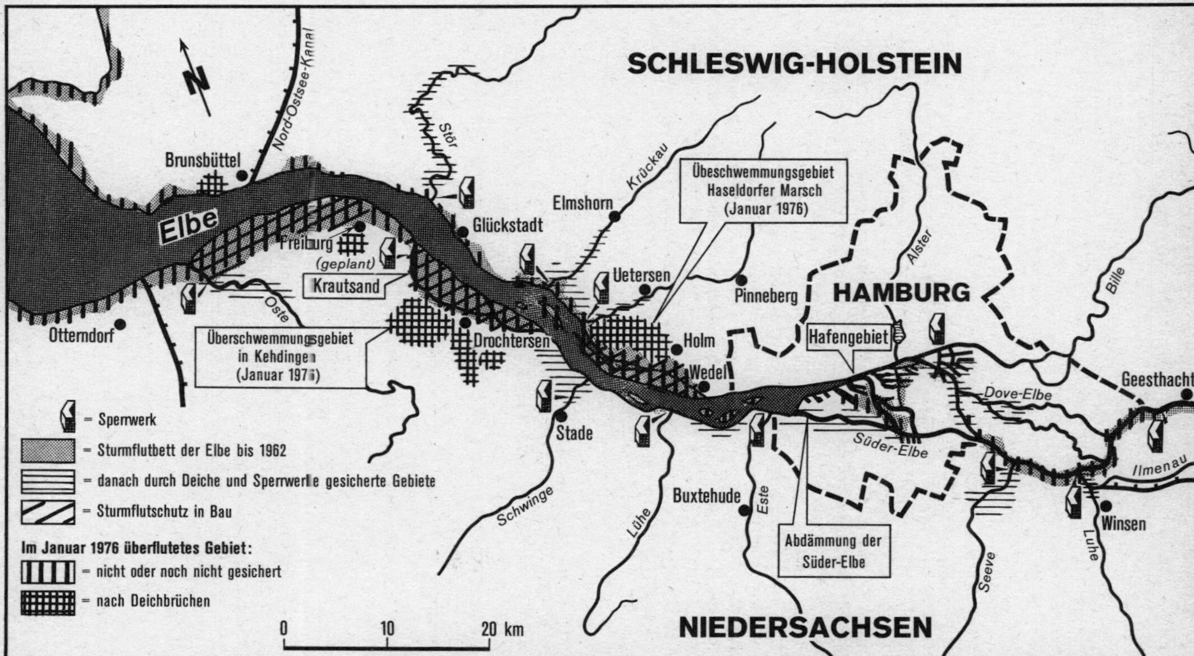

Uberschwemmungsgebiete und Schutzbauten an der Elbe
(Nach »Der Spiegel«, 1976/3; modifiz.)

Zu Ehren des 100. Geburtstages von *Konrad Adenauer* veranstaltet der Bundestag am 5. 1. eine Feierstunde. – Am 9. 1. fordert die Explosion eines Schiffskessels im Hamburger Hafen 26 Menschenleben. – Das Bundesaufsichtsamt für das Kreditwesen verfügt am 14. 1. die Schließung der »Pfalz-Kredit-Bank GmbH & Co. KG« wegen Überschuldung. – Der Bundestag verabschiedet am 30. 1. die **Novelle zum Kreditwesengesetz**, das die Sicherung der Einlagen von Bankkunden verbessert. – Am 31. 1. wird *H. von zur Mühlen* zum Vorsitzenden des Kuratoriums, *Josef H. Menzel* zum Vorsitzenden des Stiftungsbeirates der »**Stiftung Ostdeutscher Kulturrat**« gewählt. – **Ende Januar gibt es 1 351 000** (davon 149 900 Ausländer) **Arbeitslose** (Quote 5,9 %), **die höchste Zahl seit 1959**. – Nach der mit Wirkung vom 14. 1. erfolgten **Rücktrittserklärung des niedersächsischen Ministerpräsidenten Alfred Kubel** wird im 3. Wahlgang **am 6. 2.** mit 79 Stimmen – darunter 2 der SPD/F.D.P.-Koalition – der **CDU-Kandidat Ernst Albrecht zum neuen Regierungschef gewählt**. SPD und F.D.P. lehnen Koalitionsgespräche mit der CDU ab. – Am 3. 2. werden **mit Mosambik diplomatische Beziehungen** aufgenommen. – Am 9. 2. wird *Edwin Zdovc*, der jugoslawische Konsul in Frankfurt/M., ermordet. – Die vom Bundestag mit den Stimmen der Regierungskoalition am 24. 10. 1975 verabschiedete Gesetzesvorlage der Regierung »Gesetz zur Änderung dienstrechtlicher Vorschriften« (sogen. **Radikalen-Gesetz)** wird vom Bundesrat mit den Stimmen der CDU/CSU-Mehrheit am 28. 11. 1975 und später mehrfach erneut als ungenügend abgelehnt; erst am 29. 7. 1976 stimmen auch die von der CDU regierten Länder zu, betonen jedoch, daß sie im Falle eines Wahlsieges bei den Bundestagswahlen für Verschärfungen eintreten werden. Bayern versagt die Zustimmung, da die Bestimmungen nicht ausreichend seien. – Am 14. 3. löst sich in Regensburg die vor 30 Jahren gegründete »Bayernpartei« auf. – Der **Wehrbeauftragte** des Bundestages, *Karl Wilhelm Berkhan*, betont in seinem am 18. 3. vorgelegten ersten **Bericht**, die Disziplin sei 1975 in der Bundeswehr gegenüber den Vorjahren gestiegen, die Straftaten seien zurückgegangen. – Der **Bundestag billigt** am 18. 3. mit 391 gegen 22 Stimmen bei einer Enthaltung das **Mitbestimmungsgesetz**, das am 1. 7. 1976 in Kraft tritt; die Mitbestimmungsregelung gilt für Unternehmen mit eigener Rechtspersönlichkeit (ohne sogen. Tendenzunternehmen und ohne Veränderung im Montanbereich), die in der Regel mehr als 2000 Arbeitnehmer beschäftigen. Der Aufsichtsratvorsitzende erhält bei Stimmengleichheit eine zweite Stimme. – Das Bundesverfassungsgericht erklärt am 23. 3. die Christliche Gemeinschaftsschule als Rechtens. – Am 27. 3. gründen zum rechten Flügel der SPD gerechnete Gruppen in Wenningsen bei Hannover eine »Fritz-Erler-Gesellschaft«. – Am 29. 3. wird mit den Niederlanden ein Raumordnungsabkommen getroffen, am 30. 3. mit der DDR ein Abkommen zur Verbesserung des Post- und Fernmeldeverkehrs unterzeichnet. – Bundeswirtschaftsminister *Hans Friderichs* erklärt nach Besprechungen mit den zuständigen Stellen in Moskau am 31. 3., **das deutsch-sowjetische Projekt, bei Königsberg ein Atomkraftwerk zu bauen**, müsse als **gescheitert** angesehen werden. – Am 1. 4. wird vom Bundestag das **Jugendarbeitsschutzgesetz** gebilligt. Die **Landtagswahlen in Baden-Württemberg** vom 5. 4. **bringen der CDU** mit einem Stimmenanteil von 56,7 % (1972 52,9 %) **ihr bisher bestes Ergebnis**, während der Anteil der SPD von bisher 37,6 % auf 33,3 % und jener der F.D.P. von 8,9 % auf 7,8 % zurückgeht. Keine der anderen Parteien erreicht einen Anteil von 1 %. Der bisherige Ministerpräsident *Hans Filbinger* bildet ein neues CDU-Kabinett. – Am 7. 4. gibt das Bundeskabinett seine Zustimmung zur **Serienproduktion des Kampfflugzeugsystems MRCA**, ein gemeinsames Projekt mit Großbritannien und Italien; von 807 vorgesehenen Maschinen wird die Bundesrepublik 322 im Werte von rund 15,5 Mrd. DM kaufen. – Am selben Tag beschließen Koalition und Opposition im Bundestag das **Rentenanpassungsgesetz,** durch das mit Wirkung vom 1. 7. die Bezüge aus der gesetzlichen Rentenversicherung sowie die Leistungen aus dem Bundesversorgungsgesetz und die Altersgelder für Landwirte um je 11 % und die Leistungen aus der Unfallversicherung um 7 % steigen. Zur Aussprache kommen auch die Befürchtungen, die Rentenversicherung sei finanziell gefährdet. Gebilligt wird ferner durch die Koalition und trotz Bedenken mit der Mehrheit der Opposition das neue **Scheidungsrecht,** bei dem anstelle des Schuld- das Zerrüttungsprinzip im Vordergrund steht; bei dreijähriger Trennung gilt allgemein die Scheidung als gerechtfertigt, in Härtefällen auf Anregung der Opposition jedoch erst nach fünf Jahren. Im Bundesrat lehnen am 9. 4. nur Bayern und das Saarland diesen ausgehandelten Kompromiß ab. Durch die am 8. 4. durch den Bundestag gegen die Bedenken der Opposition vorgenommene Änderung des Wehrpflichtgesetzes soll jeder Wehrpflichtige durch eine einfache Erklärung, er verweigere aus Gewissensgründen den **Wehrdienst**, von diesem **befreit** sein und als Ersatz einen 18 Monate dauernden Zivildienst ableisten; der Bundesrat lehnt mit der CDU/CSU-Mehrheit das Gesetz ab. – Am 9. 4. billigt der Bundestag mit den Stimmen der Koalition das umstrittene Berufsbildungsgesetz; auch dieses Gesetz wird vom Bundesrat mit den CDU/CSU-Stimmen abgelehnt, da es ungeeignet sei; es wird am 7. 9. vom Bundespräsidenten unterzeichnet. – Am 11. 4. einigen sich nach kritischen Auseinandersetzungen die Tarifpartner im öffentlichen Dienst auf eine Lohnerhöhung von 5 %, mindestens jedoch je Monat von 85 DM, was etwa einer linearen Erhöhung um 5,3 % und damit in etwa den **Lohnerhöhungen** in der gewerblichen Wirtschaft entspricht. – Im Strafprozeß gegen die Verantwortlichen für die Eisenbahnkatastrophe von Warngau/Oberbayern (8. 6. 75), die 41 Menschenleben gefordert hat, werden der Fahrplansachbearbeiter und die Fahrdienstleiter wegen fahrlässiger Tötung zu Haftstrafen bis zu einem Jahr mit Bewährung verurteilt. – Am 1. 5. tritt das neue **Jugendarbeitsschutzgesetz** in Kraft. – Der Hamburger Senat wird mit Wirkung vom 1. 5. umgebildet. – Anfang Mai wird der in der Bundesrepublik lebende ehem. DDR-Häftling *Michael Gartenschläger* bei seinem zweiten Versuch, eine DDR-Selbstschußanlage an der Grenze abzumontieren, von DDR-Grenzposten erschossen. – Am 9. 5. stirbt in der Haftanstalt Stuttgart-Stammheim die wegen Terrorakten angeklagte *Ulrike Meinhof*, führendes Mitglied der sogen. »Rote Armee Fraktion«/RAF, durch Freitod. – Der zwischen dem 28. 4. und 13. 5. zunächst punktuell, sodann bundesweit erfolgte und durch die *erste bundesweite Aussperrungsaktion der Arbeitgeber* beantwortete **Streik der IG Druck und Papier**, der zeitweise in großen Teilen des Bundesgebietes das Erscheinen von Zeitungen verhindert, wird durch ein am 1. 6. in Kraft tretendes Lohnübereinkommen beendet. – Das Bundeskabinett beschließt am 12. 5. ein Programm zur Eingliederung der aufgrund der jüngsten Abkommen aus Polen zu erwartenden Aussiedler. – Am 14. 5. wird im Bundesgesetzblatt das **Gesetz über** die staatliche **Entschädigung der unschuldigen Opfer von Gewalttaten** verkündet. – Die am selben Tag beendete, mehrtägige Haushaltsdebatte im Bundestag zeigt die tiefen Differenzen zwischen Regierung und Opposition, besonders auch in Hinsicht auf die *finanzielle Lage der Rentenversicherung,* die von der Bundesregierung als solide, von der Opposition als beschönigt bezeichnet wird; das Thema rückt im Wahlkampf immer wieder in den Vordergrund, der von der Opposition z. T. unter der Devise »Freiheit oder Sozialismus«, von der Koalition unter Leitworten wie etwa »Freiheit«, »Soziale Sicherung« und »Soziale Gerechtigkeit« geführt wird. – Der im Dezember 1975 mit einem britischen Konzern vereinbarte Verkauf von 74,9 % der Aktien der *Fichtel & Sachs AG* wird am 14. 5. vom Bundeskartellamt untersagt (der Konzern erwirbt im Juli 24,98 %, ein Anteil, der nach dem Gesetz gegen Wettbewerbsbeschränkung nicht anmeldepflichtig ist). – In Auswirkung des Selbstmordes von *Ulrike Meinhof* kommt es Mitte Mai in Frankfurt/M. zu schweren **Ausschreitungen** sowie u. a. in Mailand, Venedig und Zürich **zu Anschlägen gegen deutsche Unternehmen.** – Am 17. 5. wird bekannt, daß der ehem. Botschafter und Leiter des CDU-Büros für Auswärtige Angelegenheiten *Heinrich Böx* sowie eine Sekretärin unter dem **Verdacht der Spionage** stehen. – Bundespräsident *Walter Scheel* und Bundesforschungsminister *Hans Matthöfer* eröffnen in Bonn das **»Deutsche Wissenschaftszentrum«**. – Am 19. 5. wird mit der DDR ein Abkommen über den *Abbau grenznaher Kohlenvorkommen* unterzeichnet. – *Julius Kardinal Döpfner*, der Vorsitzende der Deutschen Bischofskonferenz, spricht sich am 20. 5. gegen die Änderung des § 218 (ab 21. 6. 1976 in Kraft) und das neue Ehe- und Familienrecht aus, da sie die »Preisgabe unverzichtbarer Grundwerte« bedeuteten. – Am 21. 5. wird vom Bundestag das **Wasserabgabengesetz** gebilligt, das u. a. die Verursacher von Wasserverschmutzung durch schwer abbaubare und giftige Stoffe zu Schadensersatzzahlungen verpflichtet; der Bundesrat stimmt am 25. 6. zu. – Der niedersächsische Landessuperintendent **Martin Kruse** wird am 27. 5. von der Synode der Westberliner Evangelischen Kirche als Nachfolger von Bischof *Kurt Scharf* zum **neuen Bischof von Berlin gewählt**. – Die F.D.P. spricht sich am 30. 5. auf dem Wahlkongreß in Freiburg i. Br. für eine Fortsetzung der Koalition mit der SPD nach der Bundestagswahl aus. – Das ehem. Mitglied des Hauptvorstandes der ÖTV, *Hans Faltermeier*, wird **wegen geheimdienstlicher Tätigkeit für die DDR** am 31. 5. zu zwei Jahren Freiheitsstrafe verurteilt. – Am 2. 6. werden in mehreren Städten Zivilangestellte des Bundesverteidigungsministeriums unter dem **Verdacht** verhaftet, **für den Staatssicherheitsdienst der DDR gearbeitet** zu haben. – Der Bundestag billigt am 3. 6. bundeseinheitliche Rahmenvorschriften zur **Erweiterung des Naturschutzes**. Der **Bundesrat** stimmt am 4. 6. der vom Bundestag verabschiedeten **Novelle zum Bundesbaugesetz** zu, das u. a. den Gemeinden erweiterte Planungsmöglichkeiten bietet, aber keinen Planungswertausgleich vorsieht. **Er lehnt** dagegen an diesem Tag die vom Bundestag beschlossene **Erhöhung der Mehrwertsteuer** von 11 auf 13 % ab 1. 1. 1977 **ab**, da sie unsozial sein würde; er stimmt der Anhebung der Tabak- und Branntweinsteuer zu. – Bundesinnenminister *Werner Maihofer* legt den **Verfassungsschutzbericht** für 1975 vor und erklärt den internationalen Terrorismus als größte Gefahr für die innere Sicherheit. – Vom 8.–12. 6. weilt der Erste Sekretär der polnischen PVAP, **Edward Gierek, erstmals zu einem Besuch in der Bundesrepublik** und wird u. a. von Bundeskanzler *Helmut Schmidt* auch privat empfangen. Es kommt zur Unterzeichnung von Abkommen über kulturelle und wirtschaftliche Zusammenarbeit und von 16 speziellen Kooperationsabkommen, deren Durchführung beiderseits als wegweisend für die wirtschaftliche Partnerschaft angesehen wird. – Am 9. 6. wird das **Verbot mehrerer kroatischer Organisationen** in der Bundesrepublik, die terroristische Aktivitäten gegen die jugoslawische Sicherheit ausübten, bekanntgegeben. – Der Bundestag verabschiedet am 10. 6. die Reform der Körperschaftsteuer, die Bestimmungen zur Dynamisierung der Unterhaltsrenten für Kinder Geschiedener und das **Gesetz zur Bekämpfung der Wirtschaftskriminalität**, die alle am 22. 6. vom Bundesrat gebilligt werden. – Zwei Beamte des Bundesgrenzschutzes, die am 15. 6. versehentlich die Grenze überschreiten, werden einige Tage in der DDR festgehalten. – Bei einem Anschlag auf das Büro des Hamburger Rechtsanwalts *Klaus-Jürgen Langner*, Pflichtverteidiger der des Terrorismus angeklagten *Margret Schiller*, wird am 18. 6. eine Angestellte getötet, mehrere andere Personen werden schwer verletzt. – Die ÖTV **kündigt** am 18. 6. die **Tarifgemeinschaft mit der DAG**. – Vom Bundestag werden am 24. 6. ein *Gesetzentwurf zur Weiterentwicklung des Kassenarztrechts* verabschiedet sowie Antiterror-Bestimmungen – u. a. Bildung einer terroristischen Vereinigung als neuer Tatbestand des Strafrechts –, die von der Opposition als nicht ausreichend bezeichnet werden, gebilligt. – Mit Israel kommt es am 24. 6. zu einem Vertrag über den Schutz von Kapitalanlagen. – Durch eine am 1. 7. vom Bundestag gebilligte Grundgesetzänderung wird die bisherige Muß-Vorschrift zur **Neugliederung des Bundesgebietes** in eine **Kannvorschrift** umgewandelt. – Am 7. 7. stirbt Altbundespräsident **Gustav Heinemann,** dessen Verdienste um die Bundesrepubl. in einem Staatsakt gewürdigt werden. – **Am 7. 7. gelingt es** den wegen Verdachts des Terrorismus in Haft befindlichen **Angehörigen der sogen. »Baader-Meinhof-Gruppe« bzw. der »Bewegung 2. Juni«** *Inge Viett, Juliane Plambeck, Gabriele Rollnick* und *Monika Berberich* aus der Berliner Frauenhaftanstalt **zu entfliehen**; Frau *Berberich* wird einige Zeit später wieder aufgegriffen. – In Athen wird am 27. 7. der im Zusammenhang mit der seinerzeitigen Entführung des Berliner CDU-Vorsitzenden *Peter Lorenz* nach Erpressung durch die Entführer freigekommene Terrorist *Rolf Pohle* festgenommen. – Für den Haftausbruch vom 7. 7. übernimmt der Berliner Justizsenator *Hermann Oxfort* die politische Verantwortung und tritt zurück; Nachfolger als Justizsenator wird der Strafrechtler *Jürgen Baumann*, als Bürgermeister der Wirtschaftssenator *Wolfgang Lüder*. (**Von 1970 bis Mitte 1975** sind in der Bundesrepublik **12 Menschen durch Terroranschläge getötet, 86 verletzt** und gegen mehr als 100 Personen Anschläge verübt **worden**. 100 Terroristen sind rechtskräftig, 45 noch nicht rechtskräftig verurteilt worden; über 100 des Terrors Verdächtigen werden Mord, Mordanschlag oder Sprengstoffanschläge zur Last gelegt.) – Am 18. 7. werden durch einen **Dammbruch am Elbe-Seitenkanal** schwere Schäden verursacht (s. Abschnitt »Verkehr«). – Die von der Bundesregierung bestellte, unabhängige **Monopolkommission übt** in ihrem ersten Zweijahresgutachten **heftige Kritik am privaten und öffentlichen Konzentrationsprozeß in der Wirtschaft**, der eine Gefahr für den marktwirtschaftlichen Wettbewerb darstelle. – Ein aus Anlaß des Haftausbruches vom 7. 7. von der CDU im Berliner Abgeordnetenhaus gestellter **Mißtrauensantrag gegen den Regierenden Bürgermeister von Berlin**, *Klaus Schütz*, wegen »fortgesetzter leichtfertiger Politik« wird am 23. 7. abgelehnt. – Am 24. 7. stirbt der Erzbischof von München, *Julius Kardinal Döpfner*, Vorsitzender der Deutschen Bischofskonferenz und eine der hervorragendsten Gestalten des Katholizismus. – Auf der Gipfelkonferenz in Puerto Rico wird in Besprechungen zwischen Bundeskanzler *Helmut Schmidt* und US-Präsident *Gerald R. Ford* endgültig Einvernehmen darüber erzielt, daß ein **Devisenausgleich** der Bundesrepublik **zur Deckung eines Teiles der Kosten der in Westdeutschland stehenden US-Truppen** infolge der verbesserten Zahlungsbilanz der USA **nicht mehr erforderlich** sei; die Bundesrepublik übernimmt jedoch einen Teil der Aufwendungen für die Unterbringung einer US-Brigade im norddeutschen Raum. – Im Juli kommt es mehrfach bei irrtümlichen Grenzübertritten von Bundesbürgern zu Schußwaffengebrauch durch die DDR-Grenzsoldaten; die Bundesregierung erhebt Proteste, die DDR-Regierung erklärt, es habe sich um Provokation gehandelt. – Am 29. 7. wird die Regierungsvereinbarung der Bundesrepublik, Italiens und Großbritanniens über die Serienproduktion des MRCA-Kampfflugzeugs unterzeichnet. – Am 3. 8. erklärt die **UdSSR in Noten an die drei Westmächte, eine Beteiligung Westberlins an den Wahlen zum Europ. Parlament wäre ein Verstoß gegen das Viermächteabkommen; die Bundesregierung widerspricht** am 4. 8., gestützt auf die Auffassung der drei Mächte, dieser Behauptung. – Am 4. 8. gibt die Bundesregierung das dritte Gesamtprogramm für Meeresforschung bekannt. – In der

Nacht zum 5. 8. wird der italienische Lkw-Fahrer *Benito Corghi* am Grenzübergang bei Rudolphstein von DDR-Grenzsoldaten *erschossen.* – Bei einer aus Anlaß des 15. Jahrestages des Mauerbaus in Berlin von der »Jungen Union« und der CDU-Schülerunion unternommenen Sternfahrt nach Berlin werden die meisten Omnibusse von der DDR zurückgewiesen; die Bundesregierung und die drei Westmächte erklären diese Behinderung des Transitverkehrs als Verletzung des Berlin-Abkommens. – Am 16. 8. wird die Absicht eines Deutschen und eines Belgiers bekannt, MRCA-Unterlagen an den Ostblock zu verkaufen; die beiden Männer werden verhaftet. – Ende August geht der 186. »Starfighter« durch Absturz verloren; bisher wurden durch Unfälle mit dieser Maschine 87 Piloten getötet. – **Der Preisanstieg für Verbrauchsgüter liegt im August um 4,6 % über dem Stand des entsprechenden Vorjahrsmonats.** – Die »Aktionsgemeinschaft Vierte Partei« zieht Anfang September ihre Kandidatur zur Wahl zurück. – Nach Verkündung im Bundesgesetzblatt kann das sogen. »Antiterroristengesetz« am 20. 9. 1976 in Kraft treten.

b) *Deutsche Demokratische Republik*
(mit Berlin/Ost)

In der Berichtszeit werden die diplomatischen Beziehungen mit Angola, den Komoren und Lesotho aufgenommen und mit Spanien (wegen der Hinrichtung von baskischen Extremisten) im September 1975 suspendiert; Marokko bricht am 13. 11. 1975 die Beziehungen zur DDR – »wegen einer Kampagne gegen die marokkanischen Interessen in der Sahara« – ab, doch werden sie im März 1976 wiederhergestellt. – Der Ausbau der wirtschaftlichen und kulturellen Beziehungen zu anderen Ländern wird weiter verfolgt, u. a. durch Abkommen mit Mexiko (11. 9. 1975, erster Kulturvertrag), mit der Schweiz (17. 9., Handels- u. Wirtschaftsvereinbarungen), mit Bulgarien (26. 9., Absprachen über Wirtschaftskoordinierung), mit Perú (30. 9., Kulturabkommen), mit der Dem. Rep. Vietnam (19. 10., Kredit und Koordination der Wirtschaftspläne), mit dem Iran (19. 11., Kulturabkommen, Vereinbarungen über wirtschaftlich-technische Zusammenarbeit), mit Polen und der UdSSR (19. 11., gemeinsame Erdölsuche in der Ostsee), mit Argentinien (25. 11., Handelsvertrag), mit Kolumbien (17. 12., langfristige Vereinbarung über wirtschaftlich-technische Kooperation), mit der Mongol. Volksrepublik (Ende November, langfristiges Handelsabkommen), mit Schweden (15. 1. 1976 Zehnjahresabkommen über wirtschaftlich-technische Zusammenarbeit), mit Mexiko (4. 2., langfristiges Abkommen über wirtschaftlich-technische Kooperation) und u. a. mit Indien (über langfristige Kooperation anläßlich des Besuches von Indira *Gandhi* im Juli 1976) sowie in mehreren Vereinbarungen vor allem wirtschaftlich-technischer Art mit den europäischen RGW-Partnern. – Am 11. 1. 1975 würdigt *Erich Honecker,* Erster Sekretär des ZK der SED, die Ergebnisse der KSZE in Helsinki (s. WA '76, S. 363 ff.), die gezeigt habe, daß es **zur Koexistenz keine Alternative** gebe und deren Ergebnis den weltweiten revolutionären Fortschritt begünstige; der **Klassenkampf sei nicht aufgehoben,** menschliche Kontakte unter der Flagge der Informationsfreiheit dürften nicht zu ideologischer Diversion führen. – Außenminister *Oskar Fischer* hebt am 24. 9. vor der UNO-Vollversammlung besonders die Unverletzlichkeit der Grenzen, das Recht der DDR, über ihre Gesellschaftsordnung zu befinden, sowie die Solidarität mit allen Befreiungsbewegungen hervor. – Zur Feier des 26. Gründungstages der SED wird von *Honecker* und *Leonid I. Breschnjew* am 7. 10. in Moskau ein **neuer »Vertrag über Freundschaft, Zusammenarbeit und gegenseitigen Beistand zwischen der DDR und der UdSSR«** geschlossen, der die Unantastbarkeit der Grenzen hervorhebt, die Verträge zwischen den RGW-Ländern bekräftigt und noch einmal unterstreicht, daß Westberlin nicht zur Bundesrepublik gehöre und auch nicht von ihr regiert werden dürfe; die militärische Beistandspflicht ist nicht mehr auf Europa beschränkt, ein Hinweis auf die Wiedervereinigung Deutschlands (wie im Vertrag von 1964) und auf die gemeinsame Verantwortung der »Siegermächte« für die Bundesrepublik ist nicht mehr enthalten. Die Westmächte und die Bundesregierung sehen durch diesen Vertrag – der am 18. 12. 1975 in Kraft tritt – ihre Rechte nicht berührt; die CDU nennt ihn einen Beweis für die »fehlgeschlagene Ost- und Deutschlandpolitik« der Koalitionsregierung. – Am 1. 12. wird von der Volkskammer der **Volkswirtschaftsplan 1976** zusammen mit dem Staatshaushalt verabschiedet. Besonderer Nachdruck soll auf die Erhöhung der industriellen Investitionen und die Exportsteigerung gelegt werden. Bei der Verbrauchszunahme ist eine Verlangsamung vorgesehen. – Am 16. 12. wird der »Spiegel«-Korrespondet *Jörg R. Mettke* wegen angeblichen Verstoßes gegen die Bestimmungen über die Tätigkeit ausländischer Korrespondenten ausgewiesen; Proteste gegen diese Maßnahme bleiben ohne Erfolg.

1976 Am 1. 1. tritt das am 19. 6. 1975 verabschiedete neue **Zivilgesetzbuch** mit einer neuen Zivilgesetzgebung in Kraft; wie der Justizminister erklärt, stehen die Fragen, die mit einer »sozialistischen Persönlichkeit zusammenhängen«, im Vordergrund. – Am 3. 1. wird aus Anlaß des 100. Geburtstages des ersten und einzigen Präsidenten der DDR die Universität in Rostock in **»Wilhelm-Pieck-Universität«** umbenannt. – In der zweiten Januarhälfte werden die Entwürfe eines neuen Programms sowie neuer Statuten und Direktiven der SED veröffentlicht und zur Diskussion gestellt. In der Präambel zum Programm heißt es u. a.: »Die SED ist der bewußte und organisierte Vortrupp der Arbeiterklasse . . .« . . . »Ihr Ziel ist es, die kommunistische Gesellschaft zu entwikkeln« . . . »In der DDR entwickelt sich die sozialistische deutsche Nation . . . Sie umfaßt das Staatsvolk auf dem Territorium der DDR.«. . . »Die SED tritt dafür ein, daß die Beziehungen zwischen der sozialistischen DDR und der kapitalistischen BRD als Beziehungen zwischen souveränen Staaten unterschiedlicher Gesellschaftsordnung auf der Grundlage der friedlichen Koexistenz . . . entwikkelt werden.« – Am 30. 3. wird ein Abkommen mit der Bundesrepublik über die Verbesserung des Post- und Fernmeldeverkehrs unterzeichnet. – Mit Wirkung vom 1. 4. 1976 **verliert der »Staatsrat« an Befugnissen;** der Abschluß von völkerrechtlichen Verträgen durch den Ministerrat bedarf nicht mehr der vorherigen Zustimmung durch den Staatsrat. – Am 21. 4. bezeichnet *Erich Honecker* die vor 30 Jahren erfolgte Verschmelzung von SPD und KPD als ein historisches Ereignis. **Auf dem IX. Parteitag der SED,** der vom 18. bis 22. 5. in Berlin (Ost) stattfindet und an dem 103 Delegationen aus 92 Ländern teilnehmen, gibt der Erste Sekretär des ZK, *Erich Honecker,* den Rechenschaftsbericht und weist auf die *Erfolge des Fünfjahresplanes 1970–1975* hin, in dem u. a. das Nationaleinkommen um mehr als 30 % gestiegen sei. Das Ziel müsse es sein, während des nächsten Fünfjahresplanes die Produktion und besonders die Arbeitsproduktivität zu steigern und im Austausch mit der sozialistischen Gemeinschaft das geistig-kulturelle Leben zu fördern. Der »Bruderbund mit der UdSSR« bleibe unzerstörbar, denn er beruhe auf der Gemeinsamkeit der kommunistischen Ziele. Die **überlebte These vom »Offenhalten der deutschen Frage«,** von reaktionären Kräften der Bundesrepublik vertreten, werde entschieden zurückgewiesen, denn die Geschichte habe bereits gesprochen. – Das verabschiedete *neue Parteistatut* beruht auf dem Grundsatz des »demokratischen Zentralismus«. *Honecker* wird zum Generalsekretär (neue Bezeichnung) gewählt; *Werner Felfe, Erich Mielke* und *Konrad Naumann* werden als neue Vollmitglieder in das erweiterte Politbüro aufgenommen. – Eine Woche nach dem Parteitag wird ein **lohn- und sozialpolitisches Stufenprogramm verkündet,** das u. a. den seit 1971 unveränderten Monatsbruttolohn (ab 1. 10. 1976) von 350 auf 400 Mark und höhere Löhne um 15 bis 40 DM, außerdem die zuletzt 1972 erhöhten Alters- und Invalidenrenten (ab 1. 12. 1976) aufstockt, und zwar z. B. von 200 auf 230 bzw. von 240 auf 300 DM usw. Ab sofort wird der Schwangerschafts- und Nachurlaub für sozialpflichtversicherte Frauen von 18 auf insgesamt 26 Wochen erhöht (6 vor, 20 nach der Entbindung). – Am 17. 6. faßt der Ministerrat Beschlüsse zur Förderung des Eigenheimbaues. – Am 24. 6. billigt die Volkskammer ein **neues Wahlgesetz,** das am 1. 7. 1976 in Kraft tritt und damit bereits für die *Volkskammerwahl* vom 17. 10. 1976 Geltung hat; DDR-Bürger können künftig nicht erst ab 21, sondern bereits mit 18 Jahren in die Volkskammer gewählt werden. Am selben Tag billigt die erstmals im neuen Plenarsaal des »Palastes der Republik« in Ostberlin tagende Volkskammer die – nach Österreich und Finnland – nun auch mit Großbritannien und Indien unterzeichneten **Konsularverträge,** die von der Existenz einer eigenen DDR-Staatsbürgerschaft ausgehen. – Nach Angaben des Ständigen Vertreters der Bundesrepublik in der DDR, Staatssekretär *Günter Gaus,* werden von der Vertretung (Mitte Juli 1976) etwa 500 Westdeutsche und Westberliner, die sich, meist wegen Fluchthilfevergehen, in DDR-Gefängnissen befinden, betreut. – Der 15. Jahrestag des Berliner Mauerbaus wird in der Zeitung »Volksarmee« als »gelungene Aktion zur Rettung des Friedens« gefeiert, unter besonderer Hervorhebung der sowjetischen Verbände. Die Aktion habe dazu beigetragen, »in diesem Raum die friedenserhaltende Funktion sozialistischer Streitkräfte während einer besonders komplizierten Situation des Klassenkampfes« nachhaltig zur Geltung zu bringen.

Diplomatische Konferenz zur Ergänzung der Rotkreuzkonvention von 1949 Am 21. 4. 1976 beginnt die dritte Phase der Konferenz (s. WA '76, S. 361) über die Weiterentwicklung des in bewaffneten Konflikten anwendbaren humanitären Völkerrechts. Sie macht nur geringe Fortschritte, da zwischen entwickelten und in Entwicklung befindlichen Ländern in wesentlichen Fragen, so etwa beim Status von »Guerilleros«, große Auffassungsunterschiede bestehen; auch die Länder der »Dritten Welt« sind sich nicht einig. Die heikelsten Fragen bleiben bis zum Ende der Konferenz (10. 6. 1976) ungelöst; auch die Zusatzprotokolle über vermehrten Schutz der Zivilbevölkerung müssen auf 1977 verschoben werden.

Dominikanische Republik Die Zuckerwirtschaft bleibt, trotz Förderung von Bergbau und Industrie, der wichtigste Wirtschaftszweig. Der spanische König *Juan Carlos I.* besucht im Mai auf einer ersten Auslandsreise als König die Republik, um spanisch-lateinamerikanische Fragen zu erörtern.

Dritte Welt s. Entwicklungshilfe/Entwicklungsländer

Ecuador Die wirtschaftliche Entwicklung, 1974 durch starke Erdölausfuhr begünstigt, erfährt 1975 durch den wegen abnehmender Nachfrage zurückgegangenen Ölexport Rückschläge. Im laufenden Jahr des Entwicklungsplanes 1973–1977 soll nun wieder die Landwirtschaft stärker gefördert werden. Die ausländischen Kapitalinvestitionen erhöhen sich 1975 auf 90,5 Mill. US-$. Das Bruttosozialprodukt steigt 1975 nur um 6 % (1974 um 13,9 %). Die Lebenshaltungskosten erhöhen sich mit 12 % nur etwa halb so stark wie 1974. – Die innenpolitische Lage bleibt labil (in 100 Jahren 16 verschiedene Verfassungen, in einem Vierteljahrhundert 22 Präsidenten, Diktatoren und Militärjuntas). Nach einem blutig niedergeschlagenen **Putschversuch** im September und monatelangem Druck von Militärs und Politikern sowie Streiks tritt am 11. 1. 1976 der 1972 durch einen Militärputsch an die Macht gekommene Staatschef General *Guillermo Rodriguez Lara* zurück. Die Macht übernimmt eine Militärjunta mit Vizeadmiral *Póveda Burbano* an der Spitze; in der neuen Regierung sind auch einige Zivilisten vertreten. Die Junta will die Korruption bekämpfen, Reformen einführen, die Produktion intensivieren und bis Ende 1977 an der Macht bleiben.

EFTA An die Stelle des Ende 1975 ausgeschiedenen Generalsektretärs *Bengt Rabaeus* (Schweden) tritt 1976 *Charles Müller* (Schweiz). – Am 10. 4. 1976 billigt der Rat einen Entwicklungsfonds für Portugal. (s. auch »Polit. Zusammenschlüsse« u. »Welthandel«)

EG (EGKS/EWG/EURATOM) Das Jahr 1975 bringt für die *Europäische Gemeinschaft* ein Sinken des Bruttosozialproduktes um (prov. Angaben) 2,5 %, ein Ansteigen der Arbeitslosenzahl auf 4,4 %, einen Rückgang (erstmals) des innergemeinschaftlichen Handels um 7,5 % und eine Erhöhung der Verbraucherpreise von im Durchschnitt 11,5 %. Die Aussichten für 1976 werden als günstiger bezeichnet; man rechnet mit einem realen Wirtschaftswachstum von etwa 4,5 % im EG-Durchschnitt. – Die den ärmsten Ländern gewährten Handelspräferenzen (1975 rund 5 Mrd. DM) werden 1976 im Durchschnitt um 15 % erhöht. Den sogen. *»Maghreb-Staaten«,* d. h. den Ländern des westl. Mittelmeerraumes, soll eine Hilfe von 300 Mill. RE (rund 900 Mill. DM) gewährt werden. Mit Pakistan wird am 1. 6. 1976 ein Handelsabkommen unterzeichnet. – Am 7. 1. 1976 erstattet der belgische Premierminister *Léo Tindemans* seinen **Bericht über die Europäische Union,** den zu erarbeiten ihn die EG-Gipfelkonferenz von 1974 gebeten hat. Es heißt u. a.: Eine Europ. Union erfordere echte Solidarität der Völker und Staaten sowie die Übertragung von Kompetenzen und Ressourcen an die gemeinsamen Organe. Die Union müsse so lange unvollständig bleiben, als es keine wirkliche gemeinsame Verteidigung gebe. Die Verhandlungen über eine neue Wirtschaftsordnung verlangten unbedingte Einigkeit der Mitglieder der EG. In der geplanten Wirtschafts- und Währungsunion seien die gesteckten Ziele noch weit entfernt. Der gemeinsame institutionelle Apparat erfordere eine Stärkung, das Europäische Parlament müsse mehr Zuständigkeiten erhalten. – Am 9. 3. wird der französische Sozialist *Georges Spénale* erneut zum Präsidenten des **»Europäischen Parlamentes«** gewählt. – Nach vielen ergebnislosen Verhandlungen einigt sich der **»Europäische Rat«** der Staats- und Regierungschefs am 12. 7. 1976 in Brüssel auf Direktwahlen zum »Europäischen Parlament« im Jahre 1978 und auf die Sitzverteilung: Frankreich, Großbritannien, Italien und BR Deutschland je 81, Niederlande 25, Belgien 24, Dänemark 16, Irland 15 und Luxemburg 6 Mandate. – Einigkeit wird auch darüber erzielt, den bisherigen britischen Innenminister *Roy Jenkins* als Nachfolger von *François-Xavier Ortoli* zum Präsidenten der EG-Kommission zu bestellen.

Elfenbeinküste *Felix Hophouet-Boigny* wird am 16. 11. 1975 mit über 99 % der abgegebenen Stimmen (nur Kandidaten der Einheitspartei zugelassen) zum viertenmal zum Präsidenten gewählt; am 4. 3. 1976 nimmt er eine Kabinettsumbildung vor. – Die BR Deutschland gewährt eine Kapitalhilfe von 50 Mill. DM für den Bau von Staudämmen und Trinkwasseranlagen. Die Elfenbeinküste beteiligt sich nicht am afrikanischen Boykott der Olympischen Sommerspiele von 1976 in Montreal.

El Salvador Das Bruttosozialprodukt wächst 1975 um etwa 5 %, ein Satz, der für den Entwicklungsplan 1973/77 im Jahresdurchschnitt vorgesehen ist. Die Arbeitslosigkeit auf dem Land nimmt zu; ein neues Agrargesetz wird vorbereitet. Die Handelsbilanz bleibt defizitär, besonders wegen der Erdölimporte. Die Auslandsverschuldung erreicht Mitte 1975 175,4 Mill. US-$. – Mehrfach ereignen sich Überfälle von Guerillas der »Revolut. Volksarmee«. – Im Juli 1976 kommt es an der Grenze zu Honduras zu Zwischenfällen mit Feuergefechten, am 12. 8. zu einem Waffenstillstand.

Entwicklungsländer / Entwicklungshilfe Vom 13. bis 15. 10. 1975 findet in Paris die 2. vorbereitende Zusammenkunft für die von Frankreich angeregte **Konferenz der Industrie- und Entwicklungsländer über Energie, Rohstoffe und Entwicklungshilfe** statt. Man einigt sich, 19 Entwicklungs- und 8 Industrieländer sowie die EWG als Teilnehmer einzuladen; geladen werden ferner das UNO-Sekretariat, IAEA, FAO, GATT, UNIDO, UNCTAD, Weltbank und IMF, OECD und OPEC. Vier gemischte Kommissionen sollen sich mit Energiepolitik, Rohstoffen, Entwicklungshilfe und allgemeinen Finanzfragen befassen. Die Eröffnung der Konferenz erfolgt am 16. 12. 1975 in Paris. Die Präsidenten der Konferenz (auch **»Konferenz über internationale wirtschaftliche Zusammenarbeit«** oder **»Nord-Süd-Konferenz«** genannt) treten 1976 mehrfach zusammen, um die Arbeitsprogramme festzulegen. Ein Sekretariat unter Leitung von *Bernard Guitton* sorgt für die Organisation. Die nächste Ministerkonferenz soll Ende 1976 stattfinden. Als **Ziel der Konferenz** werden grundsätzliche Fortschritte in der Gerechtigkeit und Funktion der Weltwirtschaft genannt, in der bisher die Entwicklungsländer benachteiligt seien. – Die **Entwicklungsländer** selbst legen ihre besonderen Erwartungen auf einer Tagung der sogen. **»Gruppe 77«** – der unterdessen 112 Länder angehören – in Manila (2.–8. 2. 1976) fest, in der **»Charta von Manila«** mit folgenden Hauptpunkten: Selbstverantwortung für die Entwicklung, Neuordnung der Weltwirtschaft, Öffnung der Industrieländer für Halb- und Fertigwaren der »Dritten Welt«, **Anhebung der öffentlichen Entwicklungshilfe der Industrieländer auf 0,7 % des Bruttosozialprodukts/BSP bis 1980.**

Öffentliche Entwicklungshilfe der DAC-Länder in Mill. US-$ 1974/1975. Angeordnet nach Anteil am BSP 1975 (Anteil am BSP in % 1974/1975)
Schweden 402/566 (0,72/0,82), Niederlande 436/603 (0,63/0,75), Norwegen 131/184 (0,57/0,66), Frankreich 1614/2121 (0,59/0,63), Australien 430/507 (0,55/0,61), Belgien 271/377 (0,51/0,59), Dänemark 168/205 (0,55/0,58), Kanada 713/869 (0,50/0,57), Neuseeland 39/66 (0,31/0,52), BRD 1433/1691 (0,37/0,40), Großbritannien 730/863 (0,38/0,38), USA 3439/4007 (0,24/0,27), Japan 1126/1148 (0,25/0,24), Schweiz 68/104 (0,15/0,19), Finnland 38/48 (0,17/0,18), Österreich 59/64 (0,18/0,17)

Aus dem 1959 geschaffenen UNO-Sonderfonds für das **UNO-Entwicklungsprogramm**/UNDP wurden bis Ende 1975 von 143 Ländern 3,24 Mrd. US-$ an freiwilligen Regierungsbeiträgen erbracht, davon allein von den USA 1,08 Mrd. (u. a. BR Deutschland 197 Mill. $) – Die **Weltbank**/IBRD gewährt im Geschäftsjahr 1974/75 122 Darlehen in Höhe von 4319,7 Mill. US-$, ihre Tochter IDA 68 Kredite in Höhe von 1576,2 Mill. $; von der Gesamtsumme – 5698,5 Mill. $ – entfallen 1875,5 Mill. $ auf die Landwirtschaft, 988,7 Mill. $ auf den Verkehr und u. a. 790,3 Mill. $ auf die Industrie. Größte Kreditnehmer in Mill. $: Indien 840,1 – Brasilien 426,5 – Mexiko 360,0 – Indonesien 332,0 – Rep. Korea 297,5 – Jugoslawien 263,0 – Rumänien 230,0 – Philippinen 208,0 – Die Finanzminister der **OPEC**-Mitglieder einigen sich im Nov. 1975 auf der Tagung in Wien darauf, einen Fonds in Höhe von 1 Mrd. US-$ zu schaffen, um ölarmen Entwicklungsländern lang-

Entwicklungshilfe 1974 u. 1975
(Nach OECD-Angaben)

	1974	*1975*
Öffentliche Entwicklungshilfe	*in Mrd. US-$*	
DAC-Länder (OECD)	11,3	13,6
OPEC-Länder	2,5	(2,6)[1]
Staatshandels-Länder (Ostblock)	1,0	(0,7)[1]
Insgesamt	14,8	16,9
Öffentliche u. private Hilfe insgesamt		
DAC-Länder	28,0	38,8
OPEC-Länder	4,6	(5,6)[1]
Staatshandels-Länder (Ostblock)	1,1	(0,8)[1]
Anleihen in Euro-Währungen	(8,0)[1]	(9,0)[1]
IMF Erdöl-Fazilitäten	1,1	2,5
	42,8	56,7

[1] = vorläufige Angaben

fristige zinslose Kredite zur Verfügung zu stellen. – Die **öffentliche Auslands-Verschuldung der Entwicklungsländer** (ohne OPEC-Staaten) wird für 1974 auf über 85 Mrd. $ (nach OECD), die **Gesamtverschuldung** Ende 1975, einschl. der privaten Auslands-Schulden, von der US-Bank »Chase Manhattan« auf 150 Mrd. $ geschätzt. Das **Zahlungsbilanzdefizit** erreicht (ohne Ölexportländer) 1975 nach Schätzungen des IMF rund 35 Mrd. $, nach UNCTAD sogar 45 Mrd. $. (1973 erst 9,0 Mrd. $). – Die »Gruppe 77« regt die Gründung einer »**Zahlungsunion**« an. (S. auch Karten bei Abschnitt »Wirtschaft«.) (Bibliogr. Hinweis: *Petersen, H. J.:* Verteilung von Entwicklungshilfe nach Empfängerländern, DIW-Sonderheft 107, Berlin 1975.)

Erdbeben Am 28. Juli 1976 ereignet sich in **Nordchina** (s. China) eine der schwersten bisher verzeichneten Erdbebenkatastrophen. Schwere Beben suchen auch Bali, West-Neuguinea (s. Indonesien), Italien u. die Philippinen heim. Von den bekannten Erdbeben – z. T. in Küstengebieten von Flutwellen begleitet – sollen die Beben von 1556 und 1920 in China je einige Hunderttausend, die Erdbeben von 1730 und 1923 im Gebiet von Tokio über 137 000 bzw. 142 000, die Beben von Lissabon (1755) 60 000, von Kalabrien (1783) 50 000 und jenes von Messina (1908) 83 000 Todesopfer gefordert haben.

Europäische Gemeinschaften s. EG

Europäische Volkspartei Am 8. 7. gründen in Luxemburg Delegierte von 15 christlich-demokratischen (BR Deutschland, Belgien, Frankreich, Irland, Italien, Niederlande, Luxemburg) und ihnen nahestehenden christlich-konservativen Parteien die *»Europäische Volkspartei«*-EVP. Sie wählen den belgischen Regierungschef *Léo Tindemans* zum Präsidenten. Die bereits bestehende *»Europäische Union Christlich-Demokratischer Parteien«* (Vors.: *Kai-Uwe von Hassel*) soll daneben bestehenbleiben. – Da die EVP sich auf den EG-Raum beschränkt, einigten sich am 12./13. 7. 1976 in Kopenhagen 20 christlich-demokratische Parteien aus 16 europäischen Ländern darauf, im Herbst 1976 außerdem eine *»Europäische Demokratische Union«* ins Leben zu rufen. – Die schon 1965 auf einer Konferenz in Lima um eine bessere Koordinierung bemühte »Weltunion Christlich-demokratischer Parteien«/**UMDC** berät im November 1975 in Rom über eine Konkretisierung ihrer Aufgaben im Sinne eines »dritten Weges« zwischen Kapitalismus und Marxismus und einer Ordnung unter dem Zeichen christlicher Brüderlichkeit.

Eucharistischer Kongreß s. Vatikan.

FAO Auf einer Konferenz der »Organisation für Ernährung und Landwirtschaft«/FAO in Rom wird Ende Oktober 1975 vereinbart, einen Fonds in Höhe von 1,2 Mrd. US-$ zu schaffen, aus dem die ärmsten Entwicklungsländer Nutzen ziehen sollen. Der scheidende Generaldirektor der FAO, *Addeke Boerma* (Niederlande; Nachfolger: *Edouard Saouma,* Libanon), ruft die Entwicklungsländer auf, ihre »veralteten gesellschaftlichen Systeme über Bord zu werfen«.

Finnland Das Jahr 1975 bringt Finnland Rückschläge; das *Bruttosozialprodukt* geht real um (prov.) 0,5 %, die Ausfuhr real um etwa ein Fünftel zurück; die *Auslandsverschuldung* steigt bis Ende 1975 auf rund 20 Mrd. finnische Mark, so daß etwa ein Achtel der Ausfuhrerlöse für Zins und Tilgung verwendet werden muß. Die *Lebenshaltungskosten* erhöhen sich 1975 um 17,5 %, die Arbeitslosenquote liegt Ende März 1976 bei 3,5 %. Ein Sparhaushalt soll der Inflationsbekämpfung dienen, die Binnennachfrage für die Jahre 1976–1980 eingeschränkt werden, das Bruttosozialprodukt jährlich um etwa 4,5 % wachsen (1965–1974 +4,5 %). Das Zahlungsbilanzdefizit soll von derzeit 8 % des BSP innerhalb von 5 Jahren auf 2 % gesenkt werden. – Die *Reichstagswahlen* vom 21./22. 9. 1975 bringen relativ geringe Veränderungen; auf die Sozialdemokraten entfallen 54 (1972 55) Mandate, auf die kommunistische »Finn. Volksdem. Union« 40 (37), auf die »Zentrumspartei« 39 (35) und u. a. auf die konservative »Nat. Sammlungspartei« 35 (34) Sitze. Am 30. 11. 1975 bilden Sozialdemokraten, Kommunisten, Liberale, Zentrum und Schwedische Volkspartei eine Art »Volksfrontregierung« unter *Martti Miettunen* (Zentr.), um auf breiterer Basis der wirtschaftlichen Krise entgegenzuwirken. – Am 13. 4. 1976 fordert eine Explosion in einer nördlich von Helsinki gelegenen Munitionsfabrik 45 Menschenleben. – Am 13. 5. erklärt Ministerpräsident *Miettunen* seinen Rücktritt, da ein Flügel der in der Regierung vertretenen Kommunisten nicht für den Haushalt stimmt; Staatspräsident *Kekkonen* nimmt jedoch den Rücktritt nicht an und *Miettunen* bleibt bemüht, die wirtschaftlichen Probleme zu lösen.

Frankreich Die wirtschaftliche Abschwächung führt 1975 real zu einem *Rückgang des Bruttosozialprodukts* von rund 2 %; die Bruttoanlageinvestitionen nehmen um 4,5 % ab, die Ausfuhr erleidet ähnliche Einbußen, die Zahl der Arbeitslosen nimmt von über 1 Mill. im Januar 1976 lediglich auf 0,96 Mill. Ende Juni ab. Die Steigerung der Verbraucherpreise liegt 1975 bei 11,7 % (1974 13,7 %). – Ab Herbst 1975 deuten sich Aufschwungstendenzen an, die sich im 1. Hj. 1976 verstärken, so daß für 1976 ein Wirtschaftswachstum von real 4–6 % erwartet wird. Der *Staatshaushalt,* der 1975 mit einem Defizit von 39,6 Mrd. frs abschließt, soll 1976 einen Überschuß bringen. Im vom Kabinett am 21. 4. 1976 gebilligten **Fünfjahresplan 1976–1980** sind ein Wirtschaftswachstum von jährlich durchschnittlich 5,7–5,8 % und die Schaffung von 1,1 Mill. Arbeitsplätzen vorgesehen (1970–1975 Wachstumsziel 5,9 %, erreicht real 3,6 %). Durch Kooperationsabkommen mit anderen Ländern soll die wirtschaftliche Expansion gefördert werden. Um Kapitalflucht zu behindern und den Franc zu stützen, tritt Frankreich im März 1976 aus der sogen. »Währungsschlange« aus und läßt den Franc »floaten«. – **Bei den Generalratswahlen vom 7. u. 14. 3. 1976 erringen die linken Parteien Gewinne,** entfallen doch auf sie im 1. bzw. 2. Wahlgang 56 % bzw. 53 % der Stimmen; am besten schneiden die Sozialisten/P.S.F. mit 26,28 % bzw. 30,81 % ab, gefolgt von den Kommunisten/P.C.F. mit 22,82 % bzw. 17,34 %, während auf die U.D.R. (Gaullisten) nur 10,79 % bzw. 11,91 % entfallen. *Giscard d'Estaing* betraut Ministerpräsident *Jacques Chirac* mit der Koordination der drei Regierungsparteien und mit der Straffung ihres Programms als Gegengewicht gegen das Programm der Linken. – Die innenpolitische Situation erfährt eine Verstärkung der Spannungen; Streiks und Demonstrationen, wie etwa im April 1976 der Studenten gegen die geplante Hochschulreform, nehmen zu. – Am 25. 4. wird *Yves Gunéa* zum neuen Generalsekretär der gaullistischen Bewegung »Union des Démocrates pour la République«/U.D.R. gewählt. – Linke Mittelparteien gründen ein »Sozialdemokratisches Zentrum«/**CDS** und wählen *Jean Lecanuet* zum Vorsitzenden. – **Sozialisten**/P.S.F. und **Kommunisten**/P.C.F. **einigen sich im Mai mit Radikalsozialisten auf eine Einheitsliste bei den Kommunal-**

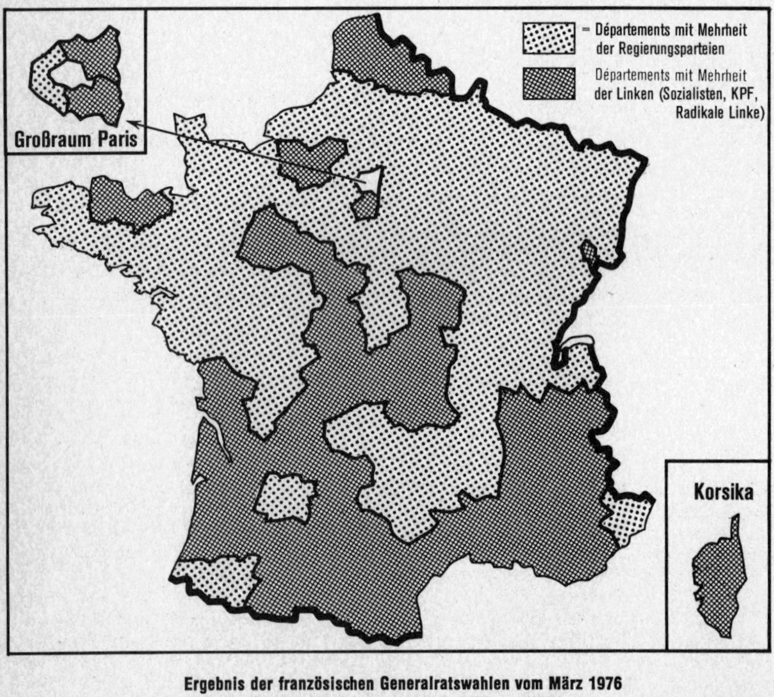

Ergebnis der französischen Generalratswahlen vom März 1976
(Nach »Le Monde« vom 19. 3. 1976; modifiz.)

wahlen von 1977. – Die Politik der Fernhaltung von Extremisten aus dem öffentlichen Dienst in der BR Deutschland stößt fast allgemein, besonders aber bei den Sozialisten und Kommunisten auf heftige Kritik, desgleichen Aussprüche des Bundeskanzlers bezüglich der Haltung zu Regierungen mit kommunistischer Beteiligung in westlichen Ländern. – Die Regierung beharrt in einer Debatte über die Verteidigungspolitik auf dem **Vorrang der Nuklearrüstung.** – Am 16. 6. beschließt das Kabinett die **Schaffung einer 200 Seemeilen breiten Wirtschaftszone. – Auf Korsika kommt es zu Anschlägen von Autonomisten** (APC). – Die **Dürre** im Juni und Juli führt zu umfangreichen Schäden, besonders in der Landwirtschaft. – Mitte Juli werden **aus den Safes einer Bank** in Nizza (Nice) **Werte von schätzungsweise 50 Mill. Francs geraubt.** – Am 28. 7. wird in Marseille ein Todesurteil gegen einen Mörder mit dem Fallbeil vollstreckt. – Nach dem vergeblichen Versuch, für seine Aufgaben vom Präsidenten größere Vollmachten zu erhalten, tritt am 25. 8. Ministerpräsident *Jacques Chirac* mit seinem Kabinett zurück. Präsident *Giscard d'Estaing* ernennt den bisherigen Außenhandelsminister *Raymond Barre* (parteilos) zum neuen Regierungschef, Wirtschafts- u. Finanzminister, m. der Hauptaufgabe der Bekämpfung von Inflation u. Arbeitslosigkeit, wobei versucht werden soll, die Mehrheit »nach der linken Mitte« hin zu erweitern. – **Die Zusammenarbeit mit den francophonen Ländern** wird besonders in Afrika verstärkt; sie erhalten 1976 an wirtschaftlich-technischer Hilfe etwa 75 % der gesamten Entwicklungshilfe. Dem Übersee-Territ. d. **Afar und Issas** (s. dieses) soll die Möglichkeit zur Selbstbestimmung gegeben werden. Die einseitige Unabhängigkeitserklärung der zum französ.-brit. Kondominium **Neue Hebriden** gehörenden Insel Espiritu Santo wird, wie von London, auch von Paris nicht anerkannt. Die **Komoren** (s. diese) werden am 31. 12. 1975 aus dem franz. Staatsverband entlassen, ausgenommen Mayotte. – Auf **Guadeloupe** werden wegen verstärkter Tätigkeit des Vulkans »La Soufrière« im Sommer 1976 vorübergehend 70000 Menschen aus seiner Umgebung evakuiert.

Gabun Die Regierung erklärt am 7. 9. 1976 den Austritt aus der OCAM.

Gambia Der Fünfjahresplan 1975/80 legt den Schwerpunkt auf Landwirtschaft und Verkehr.

Gewerkschaften Am 11. Weltkongreß des **»Internat. Bundes Freier Gewerkschaften«/IBFG,** der im Januar 1976 in der mexikanischen Hauptstadt stattfindet, nehmen 119 Gewerkschaften aus 89 Ländern, die rund 55 Mill. Arbeitnehmer vertreten, teil; der AFL-CIO (USA) bleibt fern, da er seine Mitarbeit am IBFG eingestellt hat. Zu den Verhandlungsthemen gehören die Kontrolle der Großunternehmen und die Stärkung der Organisationen in den Entwicklungsländern. – Im April 1975 wird auf dem II. Kongreß des »Europäischen Gewerkschaftsbundes«/EGB in London der DGB-Vorsitzende *Heinz Oskar Vetter* erneut für drei Jahre zum EGB-Vorsitzenden gewählt.

Ghana Am 9. 10. 1975 wird ein »Oberster Militärrat« gebildet, der fortan die höchste legislative und administrative Autorität darstellt; an der Spitze steht Staatschef Oberst *Ignatius Koti Akyeampong,* der eine Regierungsneubildung vornimmt. Der »Nationale Erneuerungsrat« wird reorganisiert. – 1975/76 werden Putschpläne aufgedeckt; die Beteiligten werden verhaftet, die Anführer hingerichtet.

Golfstaaten Die Arabischen Emirate, Bahrein, Katar, Kuweit, Oman und das ebenfalls an den Arabischen (Persischen) Golf heranreichende Saudi-Arabien gründen am 13. 11. 1975 eine gemeinsame »Golf-Bank« mit Sitz in Bahrein und einem für Investitionen vorgesehenen Kapital von 44 Mill. Dinar.

Griechenland Die wirtschaftliche Situation bleibt trotz zahlreicher Maßnahmen der Regierung zu ihrer Behebung schwierig, die Arbeitslosigkeit und Unterbeschäftigung hoch, doch erreicht das Wirtschaftswachstum 1975 real 3,3 % und die Steigerung der Industrieproduktion 4,4 % (1974 Rückgang um 2 %). Die Lebenshaltungskosten erhöhen sich zwar auch 1975 um 13,7 %, damit aber auch um die Hälfte weniger als 1974. Die Regierung strebt eine Vollmitgliedschaft in der EG an, um mit deren Hilfe eine kräftigere Förderung der Wirtschaft erzielen und die Probleme der Handels- und Zahlungsbilanz sowie der Auslandsschulden besser bewältigen zu können. – Das neue, am 27. 6. 1976 verabschiedete *Gewerkschaftsgesetz,* das auf heftigen Widerstand stößt, soll durch Verbot politischer Streiks und Solidaritätsstreiks die Produktionsverhältnisse verbessern. – Bei den Hochschul-Wahlen vom Dezember 1975 ergeben sich linke Mehrheiten, wobei besonders die kommunistischen Gruppen Erfolge erzielen. Die »Vereinigte Demokratische Linke«/EDA erklärt sich gegen die »Diktatur des Proletariats« und trennt sich von den beiden kommunistischen Parteien. – Am 30. 12. verurteilt ein Militärgericht 20 von 33 wegen der blutigen Niederschlagung des Studentenaufstandes vom 17. 11. 1973 Angeklagten zu langjährigen Haftstrafen, u. a. den ehem. Brigadegeneral *Dimitrios Ioannides* zu lebensläng-

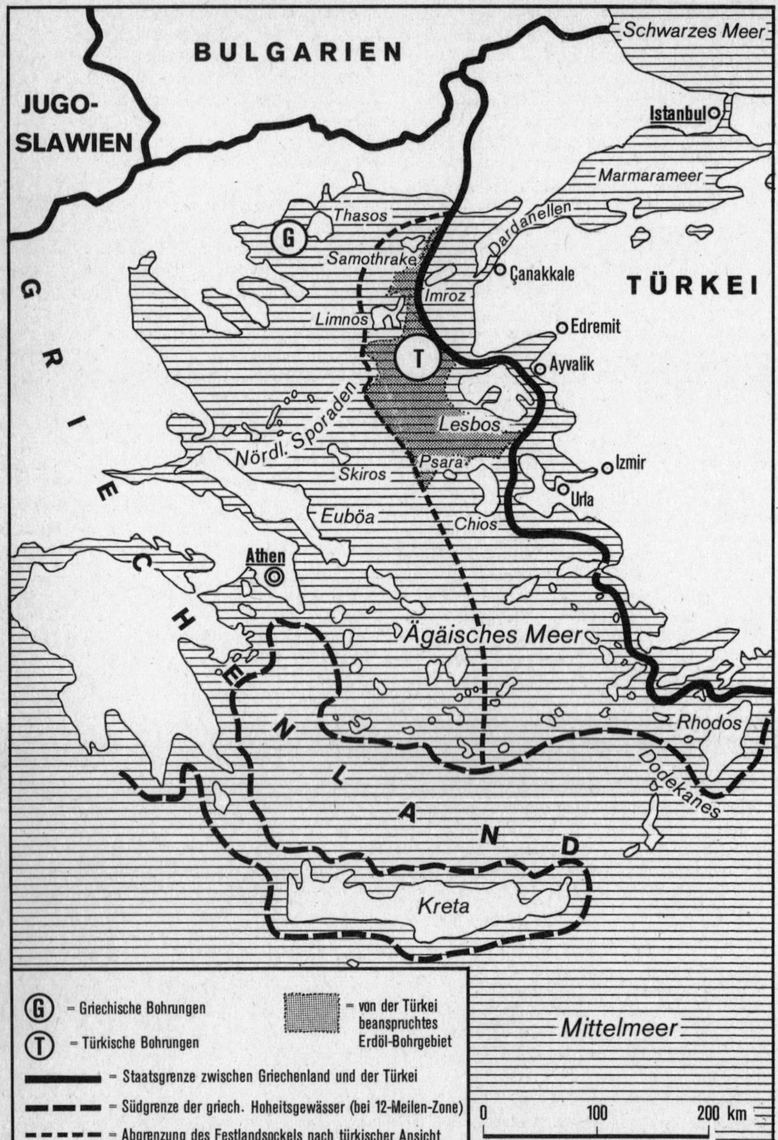

Zum griechisch-türkischen Streit um die ölhöffigen Gebiete in der Ägäis

lichem Kerker. – Im Januar 1976 vergibt die Regierung Erschließungsaufträge für Braunkohlenvorkommen an Unternehmen der BR Deutschland, der DDR und der UdSSR. – Am 16. 4. richtet Ministerpräsident *Konstantin Karamanlis* an die Türkei die Aufforderung, durch Verhandlungen die gegenseitigen Probleme, besonders die Cypern (s. dieses)-Frage sowie den Streit um die Ausbeutung der Erdölvorkommen in der Ägäis zu lösen. Der Internat. Gerichtshof in Den Haag fordert im Sept. 1976 Griechenland und die Türkei auf, über die strittigen Probleme direkt zu verhandeln. – Die USA schließen am 15. 4. mit Griechenland ein Abkommen über die US-Stützpunkte und sagen für den Vertragszeitraum von vier Jahren 700 Mill. US-$ Finanzhilfe zu. – Die BR Deutschland unterzeichnet am 2. 7. 1976 ein Abkommen über Verteidigungshilfe und gewährt eine erste Tranche von 60 Mill. DM. – Die Bundesregierung beantragt die Auslieferung des in Athen verhafteten deutschen Terroristen *Rolf Pohle.*

Großbritannien Die seit 1973 anhaltende Rezession dauert in der Berichtszeit mit unverminderter Stärke an; das Bruttosozialprodukt geht 1975 real um 7,9 % zurück, die Industrieproduktion stagniert. Die **Zahl der Arbeitslosen** steigt auf weit über 1 Mill. und liegt noch Mitte April 1976 bei 1,23 Mill., so daß die Quote 5,5 % (saisonbereinigt 5,3 %) beträgt. Die Handelsbilanz ist 1975 mit 3,2 Mrd. £ defizitär, das Haushaltsdefizit des Finanzjahres 1975/76 wird auf prov. 62,4 Mrd. £ geschätzt, der Umfang der Auslandsverschuldung für Ende 1975 auf 8,9 Mrd. US-$. Großbritannien nimmt zur Stützung des Pfundes Ende 1975 eine Anleihe von 1,7 Mrd. SZ beim IWF/IMF und erhält im Juni 1976 von der sogen. »Zehnergruppe«, der Schweiz und der BIZ einen Beistandskredit in Höhe von über 5 Mrd. US-$; es gibt andererseits an verschiedene Staaten Kredite, um seinen Industrieexport zu fördern. Das Wirtschaftswachstum und die Exporte dürften jedoch auch 1976 unbefriedigend sein. In der Thronrede von Königin *Elizabeth II.* wird betont, daß die Regierung **dem Kampf gegen Inflation** (1974 Anstieg der Verbraucherpreise um 16,0 %, 1975 um 24,3 %) **und Arbeitslosigkeit** höchste Priorität gewähren werde. Mit Schlüsselindustrien sollen **Planungsabkommen** abgeschlossen, die **Flugzeug- und Schiffbauindustrien so bald wie möglich verstaatlicht** werden. – Am 29. 9. 1975 geht die **Post zum metrischen System** über. – Am 3. 11. wird offiziell die erste Ölleitung, die vom wichtigsten britischen Ölrevier in der Nordsee, vom »Forties Field« zur Raffinerie (Schottland) führt, in Betrieb genommen. Trotz des Andauerns von Terroranschlägen lehnt das Unterhaus am 11. 12. 1975 die Wiedereinführung der Todesstrafe für Terrormord ab. – Am 27. 11. veröffentlicht die Regierung ein **»Weißbuch« über die Schaffung einer begrenzten Autonomie für Schottland und Wales.** – Am 19. 3. erklärt der britische Hof die Ehe zwischen Prinzessin *Margaret* und Lord *Snowdon* als faktisch beendet. – Als eine der größten innenpolitischen Überraschungen seit Jahrzehnten wird am 16. 3. 1976 der **Rücktritt von Premierminister Harold Wilson** aufgenommen, der erklärt, daß er sich nach langjähriger Tätigkeit als Partei- und Regierungschef dazu veranlaßt sehe, da er nicht mehr die Kraft habe, die Probleme, die sich schon einmal gestellt hätten, von neuem anzugehen. – Der Rücktritt, auch als Führer der »Labour Party«/LP, erfolgt in einer der schwierigsten Phasen der britischen Wirtschaft. Zum Nachfolger als Führer der LP wird im 3. Wahlgang mit 40 Stimmen Vorsprung vor *Michael Foot* am 30. 3. *James Callaghan* gewählt, der am 8. 4. seine Regierung vorstellt. *Callaghan* ist der erste nur von seiner Fraktion bestellte, **nicht vom Volke gewählte britische Premier.** – Unter dem Druck der wirtschaftlichen Tatsachen gelingt es, mit den Gewerkschaften eine Vereinbarung zu treffen, nach der die durchschnittlichen Grundlöhne nur um 4,5 % (Steigerung 1975 statt, wie vorgesehen, um bis zu 10 % faktisch im Durchschnitt um 17 %) steigen sollen, um die Investition zu beleben und die Inflationsrate zu senken; Steuerermäßigungen für niedrige und mittlere Einkommen sollen einen gewissen Ausgleich bringen. Das Pfund bleibt jedoch weiterhin schwach. – Im Juni wird vom Unterhaus mit 309 gegen 290 Stimmen ein **Mißtrauensantrag der Konservativen gegen die Wirtschaftspolitik der Regierung zurückgewiesen.** – Ein am 29. 7. von der Regierung mit den Gewerkschaften vereinbarter **»Sozialvertrag«** sieht die Kooperation bei dem Bemühen um eine Gesundung der Staatsfinanzen und der Zahlungsbilanz, bei der Arbeitsbeschaffung und bei Planungsvereinbarungen der Regierung mit den größten Unternehmen sowie Beibehaltung der Preiskontrollen vor. Die Annahme des Gesetzes zur **Verstaatlichung der Werft- und Flugzeugindustrien** gelingt am 30. 7. nur durch Zugeständnisse an die schottischen Nationalisten. – Der **Fischereikonflikt mit Island,** bei dem es zu 45 Zusammenstößen zwischen isländischen Kanonenbooten und britischen Fregatten kommt, wird am 1. 6. durch ein Interimsabkommen zunächst beendet. Die sich geschädigt fühlenden britischen Fischer fordern Entschädigung. – Mitte August 1976 erreicht die **Arbeitslosenzahl** mit (saisonbereinigt) 1 256 500 (Quote 6,4 %) den **höchsten Stand seit Ende des II. Weltkrieges.**

Dürreschäden bringen zusätzliche Sorgen. Das Pfund erleidet eine weitere Schwächung. – Ende August werden in London **bei Zusammenstößen mit Farbigen über 450 Personen verletzt.** – Am 10. 9. wird die **Regierung umgebildet**; Nachfolger des als EG-Präsident vorgesehenen Innenministers *Roy Jenkins* wird *Merlyn Rees.*

Überseegebiete Auf einer in London vom 19. bis 22. 1. 1976 stattfindenden Verfassungskonferenz wird die **Unabhängigkeit der britischen Kronkolonie Seschellen** (Seychelles; s. diese) auf den 28. 6. 1976 festgesetzt; der neue Staat wird das 36. unabhängige Mitglied des »Commonwealth«. – Das britische Protektorat **Solomon-Inseln** (s. diese) erhält am 2. 1. 1976 **innere Selbstregierung.** – Ab 1. 1. 1976 sind die bisher zu den Gilbert- u. Ellice-Inseln gehörenden **»Ellice Islands«** als **Territorium von Tuvalu** eine eigene britische Kolonie. – Anfang April 1976 erklärt die autonomistische Bewegung »Nagramiel« des französisch-britischen Kondominiums **»Neue Hebriden«**, sie verlange noch 1976 eine Beendigung der »ausbeuterischen kolonialen Herrschaft«. Die Ende 1975 erfolgte **einseitige Unabhängigkeitserklärung der** über 90 000 Einwohner zählenden, zum Kondominium gehörenden **Insel Espiritu Santo** wird von London und Paris nicht anerkannt.

Nordirland In der Berichtszeit ändern sich die Voraussetzungen für eine Beendigung des Terrors und Gegenterrors und für eine politische Lösung nicht. **Die** im »Verfassungskonvent« von Ulster über eine Zweidrittelmehrheit verfügenden **protestantischen Gruppierungen lehnen eine Beteiligung der Katholiken an einer künftigen Regierung erneut ab** und stellen diesen allenfalls eine Mitwirkung in den parlamentarischen Ausschüssen in Aussicht; diese die Rechte eines Drittels der Bevölkerung negierende Auffassung, die Ursache für den Beginn des Aufruhrs 1969, macht eine friedliche Einigung wiederum aussichtslos. **Mitte November 1975** wird **das 1000. zivile Opfer des Terrors** gezählt; dazu kommen bis zu diesem Zeitpunkt 357 getötete Soldaten und Polizisten. Die Zahl der Todesopfer für 1975 beläuft sich auf 245. – Am 5. 12. 1975 endet mit der Entlassung der letzten 70 Häftlinge die 1970 von der britischen Regierung eingeführte Präventivhaft von verdächtigten irischen Terroristen. Das Notstandsgesetz bleibt jedoch bestehen. Die britische Regierung entsendet Anfang 1976 600 Mann der Eliteeinheit »Special Air Service«/SAS nach Ulster. Am 5. 3. 1976 wird die »Verfassunggebende Versammlung« aufgelöst und die **Londoner Direktherrschaft über Nordirland fortgesetzt.** – Der Führer des politischen IRA-Flügels, *Rory O'Brady*, erklärt im Mai 1976, die IRA verlange nicht die Wiedervereinigung von Nordirland mit Irland. – Das am 1. 6. in Großbritannien und in der Republik Irland gleichzeitig in Kraft tretende **»Anti-Terroristen-Gesetz«**, das die Verurteilung von Terroristen auch für jenseits der eigenen Staatsgrenzen begangene Aktionen gestattet, führt zunächst zu keinem Nachlassen des Terrors. **Bis Ende August 1976 steigt die Zahl der durch Terroristen Getöteten auf schätzungsweise 1600.** – Auf **Friedensmärschen** protestantischer und katholischer Frauen wird das Ende der Gewalttätigkeiten gefordert. – Die **Europ. Menschenrechtskommission wirft** dem **brit. Militär Folterung** von des Terrorismus verdächtigen Personen **vor.** – Im Sept. 1976 wird *Roy Mason* als Nachfolger von *Merlyn Rees* zum Nordirland-Minister ernannt.

Guatemala 1975 bringt eine gewisse Erholung der Wirtschaft, doch macht sich infolge der bevorzugten Förderung von agraren Ausfuhrprodukten zeitweise eine Verknappung an Grundnahrungsmitteln bemerkbar. Die **Erdbebenkatastrophe** vom 4. 2. 1976 und die nachfolgenden Erdstöße bis 9. 2. werfen das Land um Jahre zurück; nach offiziellen Angaben haben *22 836 Menschen ihr Leben verloren;* mehr als 77 000 Personen sind verletzt, 250 000 Wohnungen vernichtet worden. Maßnahmen der Regierung und Hilfeleistung aus zahlreichen Ländern (bis April 125 Mill. DM) ermöglichen die allmähliche Behebung der gröbsten Schäden (Umfang rund 1 Mrd. $) und eine gewisse Normalisierung, namentlich im Hauptstadtbereich. Die Erdbebenserie ist die schwerste in Mittelamerika seit der Katastrophe von Managua im Jahre 1972. – Durch ein am 11. 6. 1976 verabschiedetes Gesetz wird eine 200-Seemeilen-»Patrimonialsee« (Wirtschaftszone) proklamiert; die Territorialgewässer werden auf 12 Seemeilen ausgedehnt.

Guinea Der Einfluß der RGW-Länder in Guinea hält weiterhin an. Nach Angaben des US-Verteidigungsdepartments befinden sich im Lande zahlreiche sowjetische und cubanische Militärberater. Die sowjetische Wirtschaftshilfe wird seit 1970 auf 90 Mill. US-$, die militärische auf 39 Mill. $ geschätzt. – Die Differenzen mit Ghana schwächen sich ab; die Beziehungen werden Ende 1975 wieder aufgenommen. – Am 13. 3. 1976 wird mit Mali vereinbart, gemeinsam eine *Eisenbahn* zu bauen, die von Bamako über Kouroussa nach Conakry führen soll. – Anfang Juni 1976 wird mitgeteilt, ein **Mordanschlag** auf Staatspräsident *Sékou Touré* sei **fehlgeschlagen.** – Im Juli wird ein **Putschversuch aufgedeckt** und der Justizminister und ehem. OEA-Generalsekretär *Diallo Telli* – ein Angehöriger der Ful (Peulh) – verhaftet.

Guinea-Bissau Nach offiziellen Mitteilungen bleiben die Kapverden und Guinea-Bissau bis auf weiteres zwei voneinander unabhängige Staaten, deren gemeinsame Partei, die PAIGC (s. Abschnitt »Staaten«), soll jedoch an der wirtschaftlich-politischen Angleichung arbeiten, um nach und nach mit dem Willen der Bevölkerung einen gemeinsamen Staat zu schaffen. – Ende Februar 1976 wird eine eigene Währung eingeführt, deren Name zwar »Peso« bleibt, die aber vom portugiesischen Peso völlig getrennt ist. Der Ausbau von Agrarkooperativen schreitet fort.

Guyana Bei den Wahlen vom 12. 3. 1976 behält der »Nat. Volkskongreß«/PNC die Mehrheit; Staatspräsident *Arthur Chung (Tschung)* wird wiedergewählt.

HABITAT-Konferenz Die im Juni 1976 in Vancouver (Kanada) unter diesem Motto tagende **»UNO-Konferenz für menschliche Siedlungen«**, die mit Vertretern von rund 140 Ländern und 175 Organisationen **bisher größte UNO-Konferenz überhaupt**, befaßt sich mit den Stadt- und Wohnungsproblemen, namentlich in den Entwicklungsländern, in denen schon heute eine Milliarde Menschen in faktisch unzumutbaren Unterkünften leben. In Anbetracht der Bevölkerungsvermehrung wird damit gerechnet, daß in den kommenden drei Jahrzehnten 600 Millionen zusätzliche Wohnungen benötigt werden, hauptsächlich in Millionenstädten, da sich bis zum Jahr 2000 über die Hälfte der Bevölkerung in Ballungszentren zusammendrängen werde. Die Konferenz stellt Grundsätze auf, faßt jedoch keine konkreten bindenden Beschlüsse.

Haïti Die wirtschaftliche Entwicklung bleibt weiterhin wenig befriedigend; soziale Verbesserungen treten kaum ein. – Im April wird die Regierung umgebildet und erstmals eine Frau in sie aufgenommen, die für Arbeit und Soziales zuständig ist.

Himalaja Im September 1975 erreichen die britischen Bergsteiger *Dougal Haston* und *Doug Scott* erstmals den 8848 m hohen Mt. Everest (Tschomolungma) über die Südwestwand; kurz darauf bezwingt eine zweite britische Gruppe den Gipfel, doch stürzt beim Aufstieg der Londoner *Mike Burke* tödlich ab. – Am 16. 5. 1976 bezwingen zwei britische Sergeanten den **Mt. Everest,** der somit **bisher von 54 Bergsteigern bestiegen worden** ist. Drei Japanerinnen erreichen 1976 den 7355 m hohen Abu Gamin, deutsche Bergsteiger den 7785 m hohen Batura I.

Hitzewelle Im Juni und Juli verursacht eine wochenlange heiße Trockenheit von Frankreich bis nach Polen und in die Tschechoslowakei schwere Dürreschäden. In Deutschland ist es die längste heiße Trockenheit seit einem Jahrhundert.

Honduras In der Inflationsbekämpfung werden einige Erfolge erzielt, doch die Wirtschaft stagniert; die Auslandsverschuldung steigt Ende 1975 auf etwa 237 Mill. US-$. Kredite vom IWF und von der BID bringen Erleichterungen. Anfang 1976 tritt das Gesetz über die Landreform in Kraft, das die Verteilung von 600 000 ha Land an 120 000 landlose Bauern vorsieht. – 1976 kommt es an der Grenze zu El Salvador (s. dieses) zu Zwischenfällen.

Indien Der Jahresplan 1975/76 im Rahmen des 5. Fünfjahresplanes dürfte gegenüber dem Vorjahr um rund ein Viertel höhere Ausgaben, gedrosselte Inflationsraten und bis zu seinem Abschluß Ende März 1976 eine reale **Steigerung der Investitionen** gebracht haben, bei denen Industrie, Energie und Landwirtschaft (Bewässerung) Priorität genießen. Zur Finanzierung tragen ausländische Kredite zu mehr als einem Zehntel bei. Durch die von ausreichenden Monsunregen begünstigte Erhöhung der **Getreideernte** und Einfuhr von rd. 6 Mill. t Getreide ist eine gewisse Vorratshaltung möglich. Trotz der Verbesserungen bleiben, wie ein Untersuchungsbericht feststellt, noch vier Fünftel der Kinder unter 5 Jahren unterernährt. – Zur Eindämmung des Bevölkerungswachstums und damit zur Ernährungssicherung wird Mitte April im Sinne der **Familienplanung** das Heiratsalter für Mädchen von 15 auf 18, für Männer von 18 auf 21 Jahre heraufgesetzt. 1976 sollen durch Sterilisation und Verhütungsmittel zusätzlich über 10 Mill. Personen i. d. Planung einbezogen werden. Durch ein Gesetz vom 24. 10. 1975 wird **»Fronarbeit«** (sogen. »gebundene Arbeit«) **verboten.** Südindische Tempeldienerinnen fordern Aufhebung der bei einigen Sekten üblichen Tempelprostitution. – Über *90 % der Entwicklungshilfe* kommen weiter aus westl. Industrieländern, 1974/75 allein 1328 Mill. US-$ (nach Abzug der Schuldentilgung 687 Mill. $); RGW-Länder netto 114 Mill. $, u. a. DDR 3,9 Mill. $ (BR Deutschland 139,5 Mill. $). Für 1976/77 erhält Indien nach dem Abkommen vom 21. 6. 1976 von der BR Deutschland Finanzhilfe in Höhe von 362 Mill. DM, außerdem für Bewässerungsprojekte in den nächsten 10 Jahren 200 Mill. DM. Das westliche **»Indien-Hilfskonsortium«,** dem 13 Länder, darunter die BR Deutschland angehören, vergibt für 1975/76 eine Hilfe von 1,1 Mrd. $, die »Weltbank« Darlehen in Höhe von 0,7 Mrd. $. – Im Herbst 1975 wird im Golf von Bengalen eine Ölbohrung im Schelfgebiet fündig. – Am 8. 1. 1976 werden die **Grundrechte zusätzlich einge-**

schränkt (s. WA '76, S. 369); gerichtlicher Einspruch auf Verfügungen der Behörden, z. B. gegen persönliche und Koalitionsfreiheit, ist während des Ausnahmezustandes nicht mehr möglich. Die Presse steht unter strenger Aufsicht, die **Zahl der politischen Häftlinge** beläuft sich nach »amnesty international« Mitte 1976 auf **mindestens 40 000.** – Durch Nachwahlen in das Oberhaus erringt im März 1976 die Kongreßpartei die Zweidrittelmehrheit. Am 31. 1. bzw. 12. 3. 1976 werden die Bundesstaaten Tamil Nadu und Gudscherat (Gujarat) unter die Direktregierung der Zentralgewalt gestellt; einige Parteien werden aufgelöst, **zahlreiche Politiker verhaftet.** – Die seit 1954 um Unabhängigkeit kämpfenden **Naga-Rebellen geben** nach offiziellen Angaben ihren **Widerstand** erst Ende 1975 **auf.** – Am 23. 3. 1976 wird **mit Sri Lanka ein Abkommen über die Regelung der Seegrenzen** in den Golfen von Bengalen und Mannar getroffen. – Im April werden nach fünfzehnjähriger Unterbrechung die **Beziehungen zu Peking diplomatisch** wieder **normalisiert.** – Die seit fast fünf Jahren unterbrochenen Beziehungen **mit Pakistan** – durch den Kaschmir-Konflikt, der ungelöst bleibt, belastet – werden **im Juli** durch **Botschafteraustausch** wieder aufgenommen. – Die indische Regierungschefin *Indira Gandhi,* die im Sommer 1976 u. a. die UdSSR und DDR besucht, unterzeichnet am 11. 6. **mit der Sowjetunion ein Abkommen** über die Weiterentwicklung der wirtschaftlichen Kooperation und die Vertiefung der Freundschaft. – Die Verteidigungsvorhaben werden intensiviert, obwohl die indische Aufrüstung bereits als wirtschaftl. kaum tragbar gilt (s. auch H. Heinzlmeir: Indiens Rüstungs- und Nuklearpolitik, in »Die neue Gesellschaft« 1976/5). – Die Zahl der unvermischten negritischen **Alteinwohner der** Inselgruppe **Andamanen,** Anfang des 19. Jh. noch auf 15 000 geschätzt, soll sich nur **noch** auf **23** belaufen. – Bis Ende März 1976 werden aus der **Kohlenzeche** von Chasnala, auf der am 27. 12. 1975 Bergleute durch Wassereinbruch eingeschlossen worden sind, **431 Opfer** geborgen. – Im August 1976 verursachen Überschwemmungen schwere Schäden und den Tod von über 350 Menschen. – Im September vorgelegte **Gesetzentwürfe** sehen u. a. **Einschränkungen der Gewaltenteilung,** Stärkung der Exekutive und **»Grundpflichten« für die Bürger** vor.

Indonesien Trotz gewisser Fortschritte in der Industrialisierung, fast nur im Großraum Jakarta und einigen anderen Zentren, bleibt die Landwirtschaft die entscheidende Erwerbsquelle, das Einkommen je Einwohner so niedrig wie in wenig anderen Entwicklungsländern und der Kontrast zwischen arm und reich übergroß. Noch kommt die Hälfte aller Staatseinnahmen aus der Ölwirtschaft, die 1975 wegen der weltwirtschaftlichen Rezession Rückschläge erleidet. In der Inflationsbekämpfung werden Fortschritte erzielt. Japan ist mit Abstand am stärksten an den ausländischen Investitionen beteiligt. Die BR Deutschland (Kapitalhilfe 1962 bis Herbst 1975 1,18 Mrd. DM) gewährt am 27. 10. 1975 erneut eine Kapitalhilfe von 100 Mill. DM. Ein **Bankenkonsortium der BR Deutschland schließt** mit Indonesien im Juli 1976 **Kreditverträge** in Höhe von rund 1,2 Mrd. DM zur Finanzierung des Baues von Stahl- und Kraftwerksanlagen durch deutsche Unternehmen ab. – Um die blutigen Auseinandersetzungen auf Ost-Timor (s. »Timor«) zu beenden, wird dieses im Dezember 1975 von indonesischen Truppen besetzt, deren Abzug, verbunden mit einer Verurteilung Indonesiens, der UNO-Sicherheitsrat verlangt. Indonesien proklamiert jedoch **Osttimor** am 17. 7. als **27. Provinz.** – Das Parlament verabschiedet im März 1976 ein Gesetz, das rund 4000 in den Niederlanden und 1000 in Suriname lebenden einstigen Rebellen der Süd-Molukken (s. »Molukken«) die Heimkehr ohne Strafe freistellt. – Die Zahl der seit dem niedergeschlagenen kommunistischen Aufstandsversuch von 1965 in Haft genommenen Rebellen soll in den letzten Jahren stärker zurückgegangen sein, aber immer noch einige Zehntausend betragen, darunter nach »amnesty international« auf allein über 10 000 auf der Strafinsel Buru. – **Erdbeben** fordern im Juni Irian Jaya (West-Neuguinea) wahrscheinlich mehrere Tausend (es werden Zahlen bis zu 10 000 genannt), im Juli auf Bali über 500 Menschenleben. – **Am 9. 7.** wird auf Cape Canaveral (USA) mit einer US-Rakete der **erste Nachrichtensatellit** (»Palapa«) Indonesiens gestartet, durch den man eine wesentliche Verbesserung der Kommunikation im riesigen Inselreich erwartet.

Internationales Rotes Kreuz Am 1. 7. 1976 tritt als Nachfolger von *Eric Martin* der Schweizer *Alexandre Hay* sein Amt als Präsident des IRK an.

Interparlamentarische (Welt) Union/IPU Auf der Tagung in Mexiko, an der Delegierte aus 70 Ländern teilnehmen, werden wegen »undemokratischer Zustände« Argentinien, Bahrein, Bangladesch und die Arab. Rep. Jemen (Nord-J.) ausgeschlossen.

Irak Der Fünfjahresplan 1976–1980 sieht u. a. den Bau von 2 Erdölraffinerien mit einer Kapazität von je 15 Mill. t, den Ausbau der Petrochemie und des Schwermaschinenbaus sowie des Energiesektors vor. Die Nationalisierung der Ölwirtschaft schreitet fort. Ende 1975 wird eine auch strategisch wichtige 810 km lange **Erdölleitung** von Haditha im Norden nach dem Golfhafen Fao fertiggestellt; eine weitere von Kirkuk nach dem türkischen Mittelmeerhafen Dörtyol ist im Bau; durch diese Leitungen wird die Abhängigkeit vom Transit über Libanon und Syrien endgültig beendet. – **Mit** dem **Iran** wird am 26. 12. 1975 ein **Abkommen** über die gemeinsame Benutzung von Grenzgewässern, mit der UdSSR ein umfassendes Abkommen über wirtschaftlich-technische Zusammenarbeit und u. a. über die Errichtung eines Bildungszentrums geschlossen. Unternehmen aus der BR Deutschland erhalten Planungsaufträge für den Bau einer Nord-Süd-Autobahn und von Flugplätzen. – Nach einem Dekret vom 26. 11. 1975 ist allen **Juden,** die seit 1946 das Land verlassen haben, bei Gewährung aller verfassungsmäßigen Rechte die **Rückkehr erlaubt.** – Das Abkommen mit dem Iran über die Regelung der Grenzstreitigkeiten wird von beiden Staaten im Juni 1976 ratifiziert. Die **Lage der Kurden** in den nordöstlichen Grenzgebieten soll nach Berichten überaus **prekär** sein und die Arabisierung ihrer Gebiete fortschreiten. – Aus dem Bürgerkrieg im Libanon hält sich der Irak weitgehend heraus.

Iran Der wirtschaftliche Aufbau wird, getragen von den Einnahmen aus der Ölwirtschaft, konsequent fortgesetzt, wenn auch mehr und mehr differenziert und unter Zurücknahme zu groß angelegter Vorhaben. Zwar sind noch immer zwei Fünftel der Erwerbstätigen in der Landwirtschaft beschäftigt, aber je rund 30 % entfallen schon auf Industrie (mit Gewerbe) und Dienstleistungen. – Der ausländische Anteil an Aktiengesellschaften darf künftig nur 15–25 %, in Ausnahmefällen bis 35 % betragen. – Am 30. 11. 1975 unterzeichnen die iranische NIGC, die sowjetische »Sojusgasexport« und Vertreter der »Ruhrgas AG« **Detailvereinbarungen** zum Grundsatzabkommen **über iranische Gaslieferungen** durch die UdSSR **nach der BR Deutschland,** Österreich und Frankreich. – Mit Japan wird Anfang 1976 ein Abkommen über die Errichtung eines petrochemischen Industriekomplexes unterschrieben. Mehrere Länder, u. a. Ägypten, Großbritannien, Syrien und die Türkei, erhalten hohe iranische Kredite. – Im Januar 1976 werden **acht Angehörige einer marxistischen Untergrundorganisation zum Tode verurteilt** und hingerichtet. Mehrere oppositionelle Schriftsteller werden zu Gefängnisstrafen verurteilt. – Bei einer Regierungsumbildung erhält zum zweitenmal eine Frau einen Kabinettsposten (für Frauenfragen). – Zu Ehren des 50. Jahrestages der Gründung der Pahlavi-Dynastie wird mit Wirkung vom 21. 3. 1976 vom Parlament der **Kalender umgestellt;** statt an diesem Tag den Beginn der »Hidschra« (Mohammeds Flucht nach Medina) zu begehen, wird das Jahr 2535 nach der Krönung des Achämenidenherrschers *Kyros d. Großen* begonnen. – Am 21. 3. wird erstmals eine Frau in das Amt eines Provinzgouverneurs berufen. – Im Juni wird mit Frankreich eine Vereinbarung über den Bau von zwei Kernkraftwerken getroffen, am 3. 7. **mit der BR Deutschland ein Rahmenabkommen über die Zusammenarbeit bei der friedlichen Nutzung der Kernenergie** geschlossen und mit Vertretern der »Kraftwerkunion« ein Vertrag über den **Bau von 2 Kernkraftwerken** von je 1300 Megawatt sowie Brennelementen **im Wert von rund 11 Mrd. DM** unterzeichnet. – Im August mit den **USA** unterzeichnete Protokolle sehen eine Erhöhung der amerikanischen Ölimporte, US-Waffenlieferungen und die **Errichtung von 8–10 Kernkraftwerken** im Wert von rund 10 Mrd. $ vor.

Irland Während 1974 einen Rekord an ausländischen Investitionen bringt, sind diese 1975 in Auswirkung der allgemeinen Wirtschaftsrezession rückläufig, so daß statt 23 000 nur rund 15 000 neue Arbeitsplätze geschaffen werden können. Das **Bruttosozialprodukt sinkt** 1975 um 3,5 % (1974 +2 %), die Verbraucherpreise steigen um 20,9 % (1975 +22 %). – Bis 1980 ist die Schaffung von 150 000–200 000 neuen Arbeitsplätzen erforderlich. – Der Haushaltsvoranschlag für 1976 ist zu einem Drittel defizitär. – Die EG gewährt Irland am 16. 2. 1976 eine Gemeinschaftsanleihe in Höhe von 300 Mill. US-$, um die wirtschaftliche Aktivität zu fördern. Am 21. 7. wird durch ein Bombenattentat in Baile Atha Cliath (Dublin) der britische Botschafter getötet, vermutlich von IRA-Terroristen. – Am 1. 9. 1976 stimmt das Parlament der Verhängung des Ausnahmezustandes zu. Im Durchschnitt der Jahre 1965/73 sind (nach »Bulletin of the Departm. of Foreign Affairs« v. 4. 7. 1976) jährlich 2000 Iren nach den USA ausgewandert (1930/65 6600 und u. a. 1840/80 62 500) (s. auch Großbrit./Nordirland).

Islam Vom 1.–6. 2. 1976 findet in Tripolis (Libyen) ein erstes Katholisch-Islamisches Dialogseminar statt. Das Schlußdokument setzt sich für Frieden, gerechte Verteilung der Güter sowie für Religions- und Kultfreiheit ein. In der Frage der Beurteilung des Zionismus wird keine Einigung erzielt, da die islamischen Vertreter diesen als eine »rassistische aggressive Bewegung« bezeichnen. – An der VII. *»Islamischen Konferenz«,* die im Mai 1976 in Istanbul stattfindet, nehmen Außenminister aus 41 Staaten und Beobachter aus sechs Ländern teil. Die Türkei, die sich wieder stärker dem Islam anzunähern scheint, erhält Unterstützung für ihre

Cypern-Politik, die PLO für ihre Haltung gegenüber Israel.

Island Die wirtschaftliche Situation verschlechtert sich 1975; das Defizit im Außenhandel, in der Zahlungsbilanz und im Staatshaushalt erhöht sich. Die *Lebenshaltungskosten steigen* 1975 nach offiziellen Angaben um 49 %, die Löhne nur im Mittel um 27 %; nach einem Streik wird im März 1976 eine erneute Lohnerhöhung bewilligt, u. a. auch um den privaten Verbrauch, der 1975 um 11 % gesunken ist, anzuregen. – Die **Ausdehnung der Fischereizone auf 200 Seemeilen,** die am 15. 10. 1975 in Kraft tritt, führt mit Großbritannien zu Konflikten, da britische Fischereifahrzeuge sich nicht daran halten und durch Fregatten begleitet werden. Island droht zeitweise mit dem Austritt aus der NATO. Dieser sogen. »Dritte Kabeljaukrieg« veranlaßt die isländische Regierung nach fruchtlosen Verhandlungen die Beziehungen zu Großbritannien am 19. 2. 1976 abzubrechen; am 1. 6. 1976 wird ein Interimsabkommen geschlossen. Mit der BR Deutschland kommt es am 28. 11. 1975 zu einer Einigung, die es den deutschen Fischdampfern gestattet, jährlich bis zu 60 000 t Fisch zu fangen. – Staatspräsident *Kristjan Eldjarn* gilt ab 1. 8. 1976 als für eine dritte Amtsperiode von vier Jahren bestätigt, da kein Gegenkandidat vorhanden ist.

Israel Der ungelöste Konflikt mit den Nachbarn kennzeichnet auch weiterhin die innenpolitische und wirtschaftliche Lage. Die **Wirtschaft stagniert,** das Bruttosozialprodukt sinkt 1975 um 1,8 % und dürfte 1976 nur bescheiden wachsen. Der Privatverbrauch, 1975 um 4,8 % niedriger als im Vorjahr, soll 1976 weiter gesenkt, die Subventionen für Grundnahrungsmittel sollen z. T. gestrichen werden. Der Preisanstieg von 23,5 % im Jahre 1975 hält auch 1976 an (1. Hj. 1976 +14,4 %). **Außenhandels- und Zahlungsbilanzdefizite wachsen.** Die Auslandsverschuldung erreicht bis Februar 1976 8,2 Mrd. US-$. Die **Verteidigungsausgaben** verschlingen fast ein Drittel des Sozialprodukts. – **Nur durch die Auslandshilfe der USA sind die dringendsten Finanzprobleme zu bewältigen;** für die Zeit 1. 7. 1975–30. 6. 1976 erhält Israel 2,23 Mrd. $, für die folgenden 3 Monate weitere 576 Mill. $. Positiv wirken sich auch die verstärkten Wirtschaftsbeziehungen mit der BR Deutschland aus, die auch für 1976 Wirtschaftshilfe von 140 Mill. DM gewährt und nach den USA Israels größter Lieferant ist. – Seit Anfang der 60er Jahre sind rund 115 000 Juden aus der UdSSR nach Israel eingewandert, darunter 1975 8580 (1974 17 000); die Zahl der 1975 aus Israel ausgewanderten Juden wird mit 15 000 angegeben. – **Mehrfach kommt es in der Berichtszeit zu arabischen Terroranschlägen,** die 1975 47 Menschenleben fordern. Erstmals ereignen sich auch in den arabisch besiedelten Gebieten Israels, namentlich in Galiläa (Nazareth, Sachnin usw.) blutige **Unruhen,** im Zusammenhang mit Enteignung oder Kauf arab. Bodens, aber zunehmend auch infolge des wachsenden Einflusses linker arabischer Kräfte. Bei den Wahlen in mehrheitlich arabischen Städten von Galiläa gewinnen überwiegend gemäßigte arabische Politiker, verschiedentlich jedoch auch Vertreter radikalerer Gruppen. Die Regierung plant ein Ministerkomitee, das sich mit Verbesserungen der Situation der Araber Israels befassen soll. – Von Oktober 1973 bis Mitte 1976 erhöht sich der Waffenbestand des Landes um 30 %; bis 1980 soll die **militärische Stärke** verdoppelt werden. (S. auch »Nahostkonflikt« u. »Uganda«.)

Italien der langwierige **Streit** mit Jugoslawien **über Gebiets- und Minderheitsprobleme im Raum von Triest** (s. Karte und Text im WA ’75, S. 404) wird durch neue, am 1. 10. von Jugoslawien und am 5. und 9. 10. 1975 von Italien ratifizierte Vereinbarungen **endgültig gelöst** und die Regelung durch Kooperationsabkommen unterbaut. – Ein **Erdbeben** vom 6. 5. 1976 (Stärke 5,5 der Richter-Skala) und zahlreiche Nachbeben verheeren **in den friaulischen Provinzen** Udine und Pordenone über 30 Ortschaften, vernichten wertvolle Kunstschätze und machen über 100 000 Menschen obdachlos. Mehr als 10 000 Wohnungen werden zerstört, etwa 12 500 beschädigt, die Gesamtschäden werden auf viele Hundert Mrd. Lire geschätzt. Fast 1000 Tote werden bis Anfang September geborgen; das Schicksal zahlreicher Vermißter ist noch ungeklärt. Nachbeben verursachen, besonders am 15. 9., weitere Schäden. Ein Großteil der Bevölkerung wird evakuiert. Internationale Solidarität mit der Bevölkerung drückt sich in der Hilfe benachbarter Länder aus. – Am 10. 7. 1976 verursacht das **Ausströmen einer Giftwolke** aus einer chemischen Fabrik in Soveso bei Mailand Gesundheitsschäden bei vielen Bewohnern und macht Evakuierungsmaßnahmen erforderlich. – Die schon 1974 einsetzende Rezession erreicht 1975 bedrohliche Ausmaße; die Investitionen gehen um 12,7 % zurück. Das **Bruttosozialprodukt sinkt** 1975 real um 3,7 % (1974 +3,5 %), die Verbraucherpreise steigen um 17,4 % (1974 25,2 %) und die Arbeitslosigkeit wächst weiter (offizielle Quote über 2 %, faktisch viel höher), desgleichen das Zahlungsbilanzdefizit, während sich der Passivsaldo der Handelsbilanz durch Verringerung der Einfuhr und Erhöhung der Ausfuhr wesentlich verkleinert. Dagegen steigt **die**

Italienische Regionen mit Links-Regierungen/PCI und PSI **sowie Schwerpunkte der Christl. Demokraten und Kommunisten bei den Parlamentswahlen vom 20./21. 6. 1976**

Auslandsverschuldung Ende 1975 auf 14,2 Mrd. US-$, bis März 1976 nach Gewährung neuer Kredite (EG, IBRZ usw.) auf rund 17 Mrd. $ an (die BR Deutschland ist mit 2 Mrd. $ größter Einzelgläubiger). Für Zins und Tilgung müssen allein 1976 über 3,4 Mrd. $ aufgebracht werden. Italien vergibt seinerseits Kredite, um seine Ausfuhr zu fördern. Der katastrophale Verfall der Lira zwingt zeitweise zur Schließung der Devisenbörsen. Die **Aufstellung eines neuen Wirtschaftsprogrammes** und seine Durchführung scheitern faktisch wegen der sich verschärfenden innenpolitischen Krise, des Parteiengegensatzes, zahlreicher **Streiks und Terroranschläge,** wegen Korruptionsskandalen und sich häufender **Entführungen** zur Erpressung von Lösegeld (1975 65 registrierte Entführungen und 60 Mrd. Lire an Lösegeldern). – In den Regionen setzen sich zunehmend **Linkskoalitionen,** besonders aus Sozialisten und Kommunisten, durch. Anfang Januar 1976 erzwingen die Sozialisten den **Rücktritt der Koalitionsregierung** unter *Aldo Moro*/DC; am 12. 2. bildet *Moro* ein DC-Minderheitskabinett, dem jedoch eine Lösung der Krise nicht gelingt. Ein Teil der DC verneint entschieden eine Mitverantwortung der KP, den sogen. *»Historischen Kompromiß«.* Die Notwendigkeit von Neuwahlen zeichnet sich immer stärker ab. – Nach der Kammer verabschiedet am 22. 4. 1976 auch der Senat ein **neues Wahlgesetz,** das die vorzeitige Ausschreibung von Neuwahlen und die Auflösung des Parlaments ermöglicht.

Am 24. 4. billigt nach der Kammer auch der Senat das Gesetz, das für den Zeitraum 1976–1980 für den Süden Investitionshilfen in Höhe von 16 500 Mrd. Lire vorsieht; 1980 soll sodann die »Cassa per il Mezzogiorno« liquidiert werden. – Da keine Aussicht auf eine ausreichende Mehrheit für eine Mitte-Links-Regierung unter Einschluß der Sozialisten – die eine Notstandsregierung unter Mitverantwortung der Kommunisten fordern – besteht, andererseits Ministerpräsident *Aldo Moro* nicht den Versuch unternimmt, eine Mehrheits-Regierung der Mitte mit den Sozialdemokraten, Liberalen, Republikanern und der Südtiroler Volkspartei zu bilden, erklärt er am 30. 4. den **Rücktritt des Kabinetts.** Staatspräsident *Giovanni Leone* löst am 1. 5. das Parlament auf. **Neuwahlen,** an denen erstmals die junge Generation ab 18 Jahre (bisher 21) teilnehmen kann, werden auf den 20./21. 6. festgesetzt. – Die italienische Bischofskonferenz warnt im Mai die Christen vor einer Zusammenarbeit mit Kommunisten und erntet von seiten der Liberalen und Linksparteien heftige Kritik. – Das **Wahlergebnis** bringt **für keine Gruppe eine eindeutige Mehrheit.** Die DC behauptet zwar ihre Position als stärkste Partei, aber die KPI holt weiter auf und muß in der einen oder anderen Weise als nicht zu übergehende Kraft berücksichtigt werden; die kleineren Parteien verlieren an Gewicht, nicht zuletzt die Sozialisten/PSI (Einzelheiten s. Abschnitt »Souveräne Staaten«/Italien). Der bisherige Haushaltsminister *Giulio Andreotti* bildet nach langwierigen Verhandlungen eine **DC-Minderheits-Regierung;** PLI, PRI und PSDI treten nicht in das Kabinett ein. Die Regierung bleibt faktisch von der Tolerierung durch die KPI abhängig, die auch im Parlament stärksten Einfluß durch den Vorsitz wesentlicher Ausschüsse gewinnt (Senat: u. a. Haushalt, Gesundheit, Landwirtschaft; Kammer: Finanzen, Verfassung, Arbeit und Verkehr). – Die KPI stellt mit *Pietro Ingrao* den Kammerpräsidenten, während *Amintore Fanfani*/DD das Amt des Senatspräsidenten übernimmt. – Am 11. 8. spricht die Kammer dem 39. Nachkriegskabinett bei 303 Enthaltungen (PCI, PSI, PSDI, PLI, PRi usw.) das Vertrauen aus. Die Regierungserklärung verspricht u. a. Sanierung der Wirtschaft, Arbeitsbeschaffung und industrielle Neustrukturierung. – **In Rom** wird im August eine **Volksfront-Stadtregierung** mit einem kommunistischen Bürgermeister gebildet.

Südtirol Landeshauptmann *Silvius Magnago,* Vorsitzender der SVP, weist mehrfach darauf hin, daß verschiedene vertraglich festgelegte **Autonomiebestimmungen noch** immer **nicht realisiert** seien; es handle sich nicht zuletzt auch um die Verwirklichung des ethnischen Proporzes bei den Behörden. Am 8. 7. wird von der Regierung ein entsprechendes Dekret verabschiedet. – Beim Revisionsverfahren im sogen. »Steinjoch«-Prozeß werden die erstinstanzlich gefällten Urteile z. T. noch verschärft und Haftstrafen bis zu 28 Jahren verhängt. – Die kleinen linken Parteien, die »Sozialdem. Partei Südtirols«/SPS und die »Soziale Fortschrittspartei«/SFP, schließen sich im Mai 1976 zusammen, um eine stärkere Opposition gegen die SVP zu bilden; eine SFP-Gruppe bleibt abseits. – Der ehem. SVP-Abgeordnete *Karl Vaja* wird im Juni 1976 aufgrund der vereinbarten Rotation zwischen deutsch- und italienischsprechenden Abgeordneten Regierungschef der Region Trentino-Alto Adige [Südtirol]. – Die Arbeitslosigkeit in Südtirol beträgt Mitte 1976 knapp 3000 (Quote 0,6 %).

Jamaika Die Wirtschaftsentwicklung verläuft zwar relativ zufriedenstellend, die innenpolitische Situation aber gestaltet sich labil. – Bei einer Tagung des »Internat. Währungsfonds«/IWF kommt es im Januar 1976 zu Ausschreitungen, die sich gegen die Teilnahme von Delegationen der USA und der Rep. Südafrika wenden. Politischer **Terrorismus** fordert vom Frühjahr 1975 bis Mitte 1976 über 100 Menschenleben. Im Juni 1976 wird der Ausnahmezustand verhängt.

Japan 1975 zeichnet sich, wenn auch z. T. mit Rückschlägen, eine wirtschaftliche Erholung ab, die im Herbst durch ein **Ankurbelungsprogramm** der Regierung gestützt wird. Nach einem Rückgang des Bruttosozialproduktes um 1,8 % im Jahr 1974 hat sich 1975 (nach OECD-Angaben) eine reale Zunahme von 1,25 % ergeben; für 1976 wird mit einem Wirtschaftswachstum von 5–6 % gerechnet. Die Verbraucherpreise steigen zwar 1975 weit langsamer als im Vorjahr (+21,4 %), jedoch immerhin noch um 7,8 %. – Die **Arbeitslosigkeit** erreicht Ende Januar 1976 eine Höhe von 1,24 Mill., die höchste Zahl seit März 1960; die Quote liegt bei über 4 %, nach Regierungsangaben nur noch bei 2,1 %. Streiks aus Lohn- und politischen Gründen sind häufig. Die **Handelsbilanz weist ein geringeres Defizit auf als 1974,** was **auch** für **die Zahlungsbilanz** gilt; insgesamt wird das Zahlungsbilanzdefizit von 1973–1975 mit 19 592 Mill. US-$ angegeben, während 1968–1972 ein Oberschuß von 17 200 Mill. $ zu verzeichnen gewesen ist. – Mitte 1976 wird der **Abschluß der japanischen Wiedergutmachungszahlungen** an 12 asiatische Staaten gemeldet und der Gesamtumfang mit 1,51 Mrd. US-$ angegeben. – Während seines Besuchs in den USA (30. 9.–12. 10. 1975) erklärt Kaiser *Hirohito* u. a., zur Zeit des japanischen Oberfalls auf Pearl Harbor (Hawaii, 7. 12. 1941) habe er keine Einflußmöglichkeit gehabt; seine Position habe es ihm erst 1945 erlaubt, die Kapitulation herbeizuführen. – Am 2. 2. wird die *Ausdehnung der Hoheitsgewässer* von 3 auf 12 Seemeilen verkündet. – Der Abschluß eines Freundschaftsvertrages mit der UdSSR scheitert auch 1975 an der Weigerung der Sowjetunion, einige der Kurilen-Inseln zurückzugeben. – Ende Juli 1976 wird der 1974 zurückgetretene ehem. Ministerpräsident *Kakua Tanaka* in Zusammenhang mit der Bestechungsaffäre der US-Flugzeugfirma »Lockheed« angeklagt. Eine Krise der LDP führt im Sept. zu einer Regierungsumbildung. –

Ein sowjet. Pilot landet am 8. 9. mit dem modernsten Kampfflugzeug (»**MiG 25**«) in Hakodate und erhält Asyl in den USA. – Mitte September verursachen Wirbelstürme schwere Schäden und fordern zahlreiche Menschenleben.

Jemen

a) *Arab. Rep. Jemen* (Nord-J.) Die unbefriedigende wirtschaftliche Situation ändert sich kaum. Der Straßenbau macht – z. T. mit Hilfe der BR Deutschland – einige Fortschritte. Mit Mitteln aus dem Kuweit-Fonds soll bei Al Salif am Roten Meer ein neuer Hafen gebaut werden, da die Anlagen von Hodeida veraltet sind. – Der im Oktober 1975 aufgelöste »Konsultativrat« soll in absehbarer Zeit durch eine »Verfassunggebende Versammlung« ersetzt werden.

b) *Demokrat. Volksrep. Jemen* Auch in Südjemen werden mit Krediten, besonders aus der Sowjetunion, Infrastrukturen ausgebaut. – Das Verlangen der Bundesregierung nach Auslieferung der mit der Entführung von *Peter Lorenz* in Verbindung stehenden Terroristen wird abgelehnt, da ihnen politisches Asyl eingeräumt worden sei; wahrscheinlich sind sie nicht mehr im Lande, da im Juli 1976 einer von ihnen, *Rolf Pohle,* in Athen aufgegriffen wird. – Ein europ. Konsortium (darunter westdeutsche Firmen) erhält Aufträge für den Ausbau von Mukalla.

Jordanien Die Regierung plant, in den nächsten 16 Jahren ein umfassendes **Siedlungsprogramm** durchzuführen, gestützt auf Kredite der Weltbank/IBRD, der USA, der Niederlande und von Kuweit. Bis 1982 sollen 36 000 ha Land bewässert werden, und die Bevölkerungsdichte im östlichen Jordanien soll verdoppelt werden. Die Neusiedler erhalten erschlossene Grundstücke und niedrigverzinste Kredite. Südkoreaner, Jugoslawen und Japaner arbeiten am Ost-Ghor-Kanal bzw. an Staudämmen. Zu neuen Infrastrukturen gehört u. a. die Bahn, die von den Phosphatminen bei El Hassa über Ma'an nach dem Hafen von Akaba führt. – Anfang 1976 wird der zweijährige Pflichtwehrdienst eingeführt. – Die Wiederannäherung an Syrien und Libyen erlaubt Maßnahmen zur Förderung der wirtschaftlich-technischen Zusammenarbeit, besonders mit Syrien. – Die im April 1976 im israelisch besetzten Westjordanien abgehaltenen Wahlen bringen große Erfolge für nationalistische und linke Gruppierungen und eine weitgehende Ausschaltung der bisher auf eine Kooperation mit den israelischen Besatzungsbehörden abgestellten Notabeln. – Nach dem Rücktritt der Regierung *Sejid er-Rifai* bildet am 13. 7. der bisherige Chef des kgl. Kabinetts *Mudar Badran* eine neue Regierung. Die BR Deutschland gewährt im Juli 1976 einen Wohnbaukredit von 10 Mill. DM.

Judentum In Paris versammeln sich im November jüdische Delegationen aus 14 Ländern zur Konstituierung einer weltweiten Organisation jüdischer Flüchtlinge aus arabischen Ländern, mit dem Ziel, von diesen Ländern für Vertreibung und Vermögensbeschlagnahme Wiedergutmachung zu fordern. – Im Dezember 1975 ruft der israelische Ministerpräsident *Jitzak Rabin* das Weltjudentum angesichts der schwierigen Situation des Landes zu vermehrter Hilfe und Solidarität auf. – Im Januar 1976 wird der Bürgermeister von Haifa, *Jossef*

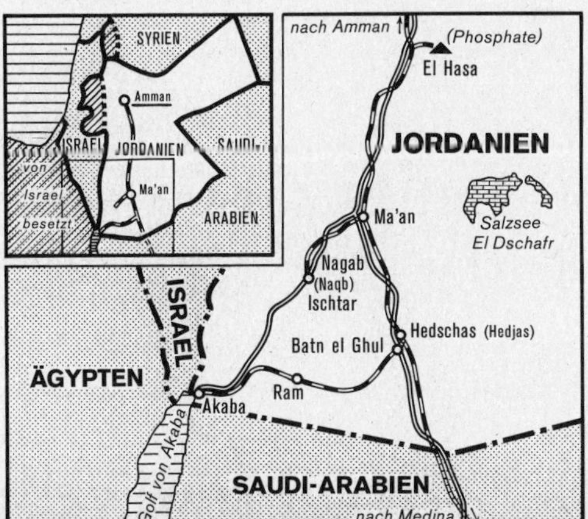

Jordanien
Die Eisenbahn zum Hafen Akaba (nach »Capital« 1975/12; modifiz.)

Almogui, zum neuen Präsidenten des Exekutivausschusses der »Jewish Agency«, der Verwaltungszentrale der Zionistischen Weltorganisation, gewählt. (S. auch »Israel«.)

Jugoslawien Die wirtschaftlichen Schwierigkeiten nehmen 1975 zu; Ende des Jahres stehen nach offiziellen Angaben den 4,7 Mill. Beschäftigten des sogen. »gesellschaftlichen Bereiches« über 560 000 Arbeitslose gegenüber, was einer Quote von 8,6 % entspricht; die tatsächliche Zahl dürfte höher liegen. Aus dem Ausland, besonders aus der BR Deutschland zurückkehrende Arbeitskräfte (bis Ende 1975 insgesamt über 150 000) sollen künftig stärker als bisher bei der Anlage eigener Produktionsstätten gefördert werden. – Mit dem RGW werden am 15. 10. 1975 Abkommen über Zusammenarbeit im Agrar- und Elektrosektor geschlossen. Zu Kooperationsabsprachen kommt es auch mit westlichen Ländern, u. a. mit der BR Deutschland. Die US-Firmen »Dow Chemical« und die jugoslawische INA unterzeichnen am 26. 3. 1976 einen Vertrag über die Errichtung eines 700-Mill.-$-Petrochemie-Komplexes. – Für den **Fünfjahresplan 1976–1980** werden Schwerpunkte gesetzt (Stahl- und Buntmetallindustrie, Verkehr und Landwirtschaft). – Innenpolitisch werden die Partei-»**Säuberungen**« fortgeführt und zahlreiche »Staatsfeinde« verhaftet, die den angeblich 13 aufgespürten Geheimorganisationen verschiedenster Richtung angehören sollen. Der kroatische »Separatist« *Miljenko Hrkac* wird wegen eines Sprengstoffanschlags, dem vor 7 Jahren 7 Menschen zum Opfer fielen, erneut zum Tode verurteilt. Der Schriftsteller *Mihajlo Mihajlov* wird weiter im Gefängnis gehalten. – Der als Partisan einst enge Mitkämpfer von *Tito* (und Bruder des derzeitigen Parlamentsvizepräsidenten), *Vladimir Dapčević*, Gegner des Bruches mit *Stalin*, 1948 zu 20 Jahren Haft verurteilt, 1956 entflohen und 1975 mit Gewalt aus Bukarest entführt, wird am 5. 7. 1976 wegen »Verschwörung gegen Jugoslawien« in Belgrad **zum Tode verurteilt**, die Strafe jedoch in 20 Jahre **Gefängnis umgewandelt**. – *Tito* nimmt im Juni 1976 am Kongreß der europ. kommunist. Parteien in Ostberlin teil, verstärkt jedoch auch die Beziehungen zu den »Blockfreien«. Mit Bulgarien (s. dieses) bestehen weiterhin Differenzen in der »Mazedonien-Frage«. Mit Italien (s. dieses) kommt es zu einer Bereinigung der Gebietsstreitigkeiten um Triest. – Eine Flugzeugkollision bei Zagreb fordert am 10. 9. 1976 176 Menschenleben.

Kambodscha Die **Gesamtzahl der Toten, Verletzten und Verhungerten** durch Krieg und Bürgerkrieg wird von der Regierung am 30. 3. 1976 mit **über 1 Mill.** angegeben. Die strenge Abschließung des Landes nach dem Sieg der »Pathet-Lao«-Streitkräfte im Mai 1975 ermöglicht nur bedingte und kontrollierte Nachrichtenübermittlung nach außen. Die nach der Bevölkerungsausweisung verödete Hauptstadt Pnom Penh soll wieder über 100 000 Einwohner zählen. Das Schwergewicht der Wirtschaftspolitik liegt eindeutig bei der Landwirtschaft, wobei angeblich in Kooperation mit Vietnam beabsichtigt sei, die von der »Mekong-Kommission« der »UNO-Wirtschaftskommission für Asien«/ESCAP ausgearbeiteten **Pläne für Staudamm und Kraftwerksanlagen** zu reaktivieren. – **Am** 5. 1. 1976 tritt die **neue Verfassung des »Demokratischen Kambodscha«** in Kraft, nach der das Land souverän, blockfrei und demokratisch ist und die Hauptproduktionsmittel dem gesamten Volke bzw. den Kollektiven der Volksmassen gehören; Männer und Frauen sind gleichberechtigt, Polygamie ist verboten. Religionsausübung ist erlaubt, die »Praktizierung reaktionärer Religionen« (d. h. christlicher) jedoch verboten. Arbeit und Lebensunterhalt werden garantiert; Verteidigung des Landes ist Pflicht. – Am 20. 3. 1976 wird die »**Repräsentativversammlung des Kambodschanischen Volkes**« gewählt, der 150 Bauern, 50 Arbeiter und Werktätige – darunter die politischen Führer – und 50 Soldaten angehören; sie ist für die Festlegung

Stauwerksanlagen in Kambodscha und Laos
(Nach »NZZ« v. 27./28. 12. 1975; modifiz.)

der Innen- und Außenpolitik verantwortlich. Sie wählt nach dem Anfang April erfolgten Rücktritt von Prinz *Sihanuk* als Staatschef und von *Penn Nouth* als Ministerpräsident am 14. 4. 1976 *Khieu Samphan* zum Vorsitzenden des »Staatsrates« (Staatsoberhaupt) und *Pol Pot* zum Regierungschef. – Nachrichten über Massenexekutionen und fortdauernde Guerilla-Aktionen in abgelegenen Gebieten sind nicht verbürgt, wohl aber solche über ungezählte Opfer als Folge der Zwangsevakuierung aus Pnom Penh und eine außerordentlich schwierige wirtschaftliche Situation. – In Paris erklärt am 27. 11. 1975 der frühere Oberst *K. Souvatthana*, er sei Chef der »Khmer-Widerstandsbewegung«, d. h. einer kambodschanischen Exilregierung, der auch *Lon Nol* und *In Tam* angehören sollen. Die Guerilla-Aktionen sollen angeblich vom ehem. Regierungschef *Son Ngoc Than* geleitet werden.

Kamerun Durch ein Zugunglück verlieren im Sept. 1976 bei Douala über 100 Reisende ihr Leben. – **Die BR Deutschland gewährt für 1976 u. 1977 Kapital- (80 Mill. DM) u. Technische (23 Mill. DM) Hilfe.**

Kanada Durch die Rezession in den USA wird das mit diesen wirtschaftlich-finanziell eng verflochtene Land seit 1974 ebenso stark betroffen, wie es andererseits auch durch die in den USA seit Herbst 1975 eintretende Erholung positiven Einfluß erfährt. Während 1974 das **Bruttosozialprodukt** noch real um 2,8 % zunimmt, sinkt es 1975 um etwa 0,5 %; für 1976 rechnet man mit einem realen Wachstum von 4–5 %. Die **Arbeitslosenquote** steigt Ende 1975 auf 7,3 %. Nach einem Außenhandelsüberschuß 1974 ergibt sich 1975 ein Defizit von 795 can. $. Die **Lebenshaltungskosten** erhöhen sich 1975 um 9,5 % (1974 +12,4 %). Der konjunkturneutrale Staatshaushalt 1976 ist defizitär. – Zur Förderung der Exporte werden an verschiedene Staaten Kredite gegeben. Die **Konjunkturentwicklung verläuft regional sehr unterschiedlich**; die auf Landwirtschaft und Fischfang angewiesenen Atlantikprovinzen stagnieren, Quebec wird durch die Investitionen für die Olympischen Spiele und für das James-Bay-Wasserkraftprojekt begünstigt; Ontario u. z. T. Saskachewan erleiden empfindliche Rückschläge, noch stärkere Brit.-Kolumbien. Die Erdölprovinz Alberta merkt die Rezession kaum. – Mit der UdSSR wird ein Abkommen über Fischereirechte im Nordatlantik getroffen. – Ein parlamentarischer Sonderausschuß kommt (nach »Profil Kanada« v. 24. 12. 1975) zu der Auffassung, daß das Land aus Gründen der wirtschaftlichen Erschließung jährlich mindestens 100 000 **Einwanderer** aufnehmen sollte, wenn sich die gegenwärtige Geburtenrate nicht erhöhe. 1975 werden 37 734 echte Einwanderer gezählt (9124 britische, 3835 US-amerikanische und u. a. je über 2000 aus Indien, Hongkong und Portugal). – Der am 17. 1. 1976 in Florida gestartete Fernmeldesatellit »CTS« gilt als derzeit leistungsfähigster der Welt. – Am 6. 6. 1976 wird die Ausweitung der **Fischereizone** auf 200 Seemeilen bekanntgegeben, am 6. 7. ein **Rahmenabkommen mit der EG** über handels- und wirtschaftspolitische Zusammenarbeit geschlossen. – Mitte Juli wird vom Parlament mit knapper Mehrheit die **Todesstrafe** abgeschafft. – Die erfolgreiche Durchführung der **Olympischen Spiele** erhöht einerseits das Ansehen des Landes, die – u. a. mit Rücksicht auf die Getreidelieferungen an die Chinesische Volksrepublik – der Rep. China (Taiwan) gestellten unzumutbaren Bedingungen, die deren Sportlern eine Teilnahme unmöglich machen, führen andererseits zu starker Kritik an der Politisierung der Spiele. – Mitte September erfolgt eine Regierungsumbildung.

Kapverdische Inseln Die wirtschaftliche Situation bleibt prekär, die Angleichung an Guinea-Bissau (s. dieses) wird weitergeführt.

Karibische Länder s. Abschnitte »Polit. Zusammenschlüsse« u. »Verkehr«

Katar Mit verschiedenen Staaten werden Abkommen über wirtschaftliche Zusammenarbeit geschlossen, gemeinsam mit anderen Golfstaaten wird eine Investitionsbank gegründet.

Kenia Die wirtschaftliche Entwicklung verläuft bedingt zufriedenstellend. Innenpolitisch ergeben sich Spannungen; oppositionelle Gruppen werfen der Regierung Vetternwirtschaft und Korruption sowie eine Bevorzugung der Kikuju vor. – Die Währung wird an die SZR des Internat. Währungsfonds gebunden. – Die BR Deutschland gewährt im März 1976 eine Kapitalhilfe von 13,5 Mill. DM zum Bau von Touristenstraßen. – Die nicht ganz geklärte Unterstützung der israelischen Befreiungsaktion der Geiseln aus der Hand von Terroristen auf dem Flughafen von Entebbe (Uganda) führt seit Juli 1976 zur Verstärkung der Spannungen mit Uganda (s. dieses), das mit Krieg droht; Kenia unterbricht die Zufuhr von Treibstoff und anderen Gütern nach Uganda, da dieses seine Schulden nicht zahle. Die USA sagen Mitte 1976 Kenia die Lieferung moderner Waffen, vor allem von Oberschalljägern zu.

Kernenergie s. Abschnitt »Industrie« – Kernwaffen s. Artikel »Abrüstung/Rüstung«

Kokos-Inseln Die australische Regierung erteilt im Oktober 1975 ihrem Administrator Vollmachten zur vollständigen wirtschaftlichen, schulischen und arbeitsrechtlichen Kontrolle.

Kolumbien Die finanzielle Entwicklung verläuft einigermaßen befriedigend, vor allem wegen Erhöhung der Kaffeeausfuhr infolge der brasilianischen Frostschäden. Die Masse der Bevölkerung zieht daraus kaum Nutzen, die regionalen und sozialen Diskrepanzen bleiben. Die Arbeitslosenquote erreicht etwa 10 %. Die **Lebenshaltungskosten erhöhen sich** 1975 für Arbeiter/Angestellte (1974) um 17,5 %/17,9 % (25,2 %/25,9 %), d. h. weniger stark als im Vorjahr. Kredite der IBD und Kooperationsabkommen mit mehreren Ländern (u. a. Frankreich, UdSSR; am 17. 12. 1975 ein langfristiges Abkommen mit der DDR) ermöglichen **Verbesserungen in der Infrastruktur**. Im Außenhandel wird, u. a. durch Reduzierung der Importe und die gute Kaffeeausfuhr, eine Abschwächung des Defizits erreicht. Der Anteil der Ausfuhr nach den Andenpakt-Ländern erhöht sich auf 17,5 %. Die **Auslandsschulden** wachsen 1975 auf 34,9 Mrd. Col. $ (etwa 1,1 Mrd. US-$) an. – Bei den Gemeinde- und Provinzwahlen entfallen bei einer Stimmbeteiligung von nur rund 20 % über 90 % Stimmen auf die im Proporz herrschenden Konservativen und Liberalen. – Mehrfach ereignen sich **Terroranschläge** von Rechts- (»ANAPO«) und Linksextremisten. Die Regierung entschließt sich jedoch am 22. 6. 1976, die wegen heftiger Zwischenfälle im April geschlossene Universität von Bogotá wieder zu öffnen und den im Juni verhängten Ausnahmezustand aufzuheben.

Kommunismus Mitte 1976 ergibt sich nach der politischen Position folgende **Lage**: a) *Kommunistische Parteien* (unter verschiedenen Namen; ohne nahestehende linkssozialistische) *an der Regierungsmacht*: Albanien – Jugoslawien – Kambodscha – Korean. Volksdem. Rep. (Nord-Korea) – Laos – Mongol. Volksrep. – Polen – Rumänien – Tschechoslowakei – UdSSR – Ungarn – (nach Wiedervereinigung) Sozialist. Republik Vietnam – b) *an der Regierung beteiligt*: Finnland – Irak – Sri Lanka – Syrien – c) nicht an der Regierung beteiligt, aber *im Parlament vertreten*: Belgien – Cypern – Dänemark – Frankreich – Griechenland – Guadeloupe – Indien – Island – Israel – Italien (seit Juli 1976 von wesentlichem Einfluß) – Japan – Kolumbien – Luxemburg – Niederlande – Norwegen – San Marino – Schweden – Schweiz. – Von den regierenden Parteien gilt nur die albanische als »maoistisch«, während sieben (jugosl., nordkorean., rumän., laot., kambodsch., vietnam.) einen mehr oder weniger unabh. Kurs steuern und die übrigen eng mit der KPdSU kooperieren, was auch für fast alle nicht regierenden, aber in der Regierung vertretenen Parteien gilt. Von den 20 sonstigen, nur im Parlament vertretenen Parteien gelten 11 als »unabhängig«, die übrigen als prosowjetisch. Von den weder in Regierung noch im Parlament vertretenen, aber legalen 38 Parteien werden 5 als »unabhängig« und je 14 als prosowjetisch bzw. »maoistisch« angesehen. Von den 41 illegalen kommunistischen Parteien betrachten sich 3 als »unabhängig«; 14 gelten als »maoistisch«. die übrigen als prosowjetisch. **Alle kommunistischen Parteien zusammen dürften 59–60 Mill. Mitglieder zählen**, wovon (u. a. nach »Fortune«, 1976/Febr.) über 56 Mill. auf die regierenden Parteien (allein die Hälfte auf die KPCh, fast 28 % auf die KPdSU), mehr als 2,6 Mill. auf die übrigen in Parlamenten vertretenen sowie je 0,25 bis 0,30 Mill. auf die sonstigen legalen und die illegalen Parteien entfallen. – Bei den jeweils letzten Parlamentswahlen entfielen im westlichen Europa in Italien 34,4 %, in Frankreich 20,6 %, in Finnland 19,0 %, in Island 18,4 %, in Portugal 14,5 %, in Norwegen rund 11 %, in Griechenland 9,8 %, in Luxemburg fast 10 %, in Schweden 5,3 %, in den Niederlanden 4,5 %, in Dänemark 4,2 %, in Belgien 3,2 %, in der Schweiz 2,7 %, in Österreich 1,2 %, in Norwegen über 1 %, in der BR Deutschland 0,3 % und in Großbritannien 0,1 % der gültigen Stimmen. – Die **kommunistischen Parteien Frankreichs/P.C.F. und Italiens/PCI erklären** durch ihre Generalsekretäre 1975 in Rom und 1976 erneut in Paris als **ihr gemeinsames Ziel**, als unabhängige Parteien auf demokratischem Wege den »Sozialismus« zu verwirklichen und ihre Kooperation zu verstärken. – Die für ideologische Fragen zuständigen ZK-Sekretäre der regierenden Parteien der RGW-Länder fordern am 26. 1. 1976 in Moskau eine Intensivierung der Kooperation. – An der **Konferenz der kommunistischen Parteien Europas** (einschl. UdSSR), die am 29./30. 6. 1976 in Berlin (Ost) stattfindet, nehmen 29 Parteien, meist mit ihren maßgebenden Führern, darunter auch *L. I. Breschnjew* und Marschall *Tito,* teil. Das angenommene, aber nicht unterzeichnete Schlußdokument unterstreicht die **Unabhängigkeit** und Gleichberechtigung **jeder Partei**. Die **gemeinsamen Ziele** werden eindeutig hervorgehoben, in erster Linie der Kampf für die »sozialistische Umgestaltung der Gesellschaft«, Fortsetzung der Politik für **Koexistenz und Entspannung**, aber **Einsatz aller, um »den Bewegungen für die demokratische und sozialistische Umgestaltung in den kapitalistischen Ländern günstigere Kampfbedingungen zu schaffen«**. Bei den üblichen Formulierungen tritt anstelle des

»Proletarischen Internationalismus« die »Solidarität der Werktätigen aller Länder«.

Komoren Die Inselgruppe, am 6. 7. 1975 einseitig als unabhängig erklärt und im November in die UNO aufgenommen, fordert die volle Integrität einschließlich der Insel *Mayotte* (s. Karte u. Text im WA '76, S. 378 ff.), deren Bevölkerung ihre Bindungen an Frankreich beibehalten will, was in einem Referendum am 8. 2. 1976 erneut zum Ausdruck kommt. Die vom UNO-Sicherheitsrat eingebrachte Resolution für die volle Einheit der Komoren wird am 6. 2. durch ein französisches Veto zu Fall gebracht. Die Entlassung der Komoren (ohne Mayotte, das den Status eines franz. Übersee-Départements erhalten dürfte) erfolgt sodann Anfang 1976. – Präsident wird am 2. 1. 1976 *Ali Soilih*, neuer Regierungschef am 6. 1. *Abdellahi Mohamed*. – Das französische Staatseigentum wird enteignet. – Wegen der sehr schwierigen wirtschaftlichen Lage wendet sich die Regierung um Hilfe an die UNO. – Am 15. 6. 1976 wird die Festsetzung einer 12-Seemeilen-Wirtschaftszone bekanntgegeben.

Konferenzen Konferenz für humanitäres Völkerrecht s. *»Diplomatische Konferenzen«*; Konferenz der Industrie- und Entwicklungsländer bzw. »Nord-Süd-Konferenz« s. *»Entwicklungsländer«* und »Rohstoffkonferenz«, ebenso »Pugwash«-Konferenz

Kongo Vom 5.–12. 12. 1975 findet eine außerordentliche Sitzung des ZK der Einheitspartei/PCT statt; das Politbüro der Arbeiterpartei wird aufgelöst, die Regierung erklärt ihren Rücktritt. Staatschef *Marien Ngouabi* tritt an die Spitze des neugegründeten **»Speziellen Revolut. Generalstabs«** (»Sonderhauptquartier«) und ernennt Commandant *Louis Sylvain Goma* zum Regierungschef. *Ngouabi* erklärt, die **Umstrukturierung** sei **notwendig, um den »revolutionären Prozeß zu radikalisieren«** und alle **»rückständigen Elemente«** auszuschalten. Nach Meldungen aus den USA sollen im Kongo cubanische Soldaten stationiert sein. – PCT u. KPdSU vereinbaren am 10. 9. 1976 Kooperation.

Kongresse Nach Schätzungen der »Internat. Vereinigung Offiz. Reiseorganisationen«/IUOTO sind 1975 rund 10 000 internationale Kongresse, je mit Delegierten aus mehr als drei Ländern, veranstaltet und von 5–6 Mill. Teilnehmern besucht worden; unter Hinzurechnung kleinerer wissenschaftlicher, wirtschaftlicher und politischer Kongresse dürfte sich die Teilnehmerzahl auf 15–20 Mill. belaufen haben. Schätzungsweise 500 000 Bürger der BR Deutschland sollen (nach »Westermanns Monatshefte« Nov. 1975) 1975 nationale oder internationale Kongresse im In- und Ausland besucht haben.

Korea

a) *Republik Korea (Süd-K.)* Nach Angaben der Wirtschaftsplanungsbehörde/EPB (z. T. übermitt. durch E. Röper) wird das **Bruttosozialprodukt** (Berechnungen von März 1976) im Jahresdurchschnitt 1972/1976 real um 9,3 % (1975 allein +7,8 %), die Agrarproduktion um 4,6 %, die Industrieerzeugung um 17,2 % wachsen, während bei den Dienstleistungen knapp 7 % erreicht werden dürften. Die ländliche Bevölkerung ist von 1971 bis 1975 von 14,7 Mill. auf 13,3 Mill. zurückgegangen, die städtische entsprechend gestiegen. Die *Getreideversorgung* wird – gestützt durch die Aktivität der »Saemaul-Undung« **(»Neudorf-Bewegung«)** *zu 80 %* aus eigener Produktion gesichert. Das Zahlungsbilanzdefizit wird nach eigenen Angaben für 1975 mit 1,8 Mrd. US-$, nach japanischen Schätzungen mit 2,5 Mrd. $ angenommen. Die Lebenshaltungskosten erhöhen sich 1975 um etwa 25 %. – Die **Auslandsverschuldung** liegt Ende 1975 bei 7,46 Mrd. $. 1976 erhält die Republik erstmals einen Kredit Saudi-Arabiens. Die ausländischen Investitionen werden als zufriedenstellend angegeben. Nach Ansicht des Ministeriums für Wiedervereinigung hat sich im letzten Jahrzehnt das BSP je Einwohner mehr als doppelt so stark erhöht wie in Nordkorea. – Am 19. 12. 1975 bildet Präsident *Pak Kung Li* eine **neue Regierung** mit den Berufsdiplomaten *Tschoi Kyu Ha* (*Choi Kyu Ha*) als Ministerpräsidenten. – Ende Dezember 1975 werden 2550 Häftlinge amnestiert, doch kommt es immer wieder zur Verurteilung von Oppositionellen, u. a. im Mai 1976 von Expräsident *Jun (Yun) Po Sun.* – Peking fordert den Abzug der US-Verbände (etwa 40 000 Mann), die aufgrund eines korean.-amerikan. Vertrages im Lande stehen. – Die **UNO-Vollversammlung verabschiedet am 19. 11. zwei sich widersprechende Resolutionen**, von denen die eine die Stationierung zuläßt, bis eine Alternativlösung zum Waffenstillstandsabkommen von 1973 gefunden ist, die andere – von den kommunistischen sowie blockfreien Ländern eingebrachte – jedoch den Abzug aller Verbände fordert; die USA – die weiterhin Militärhilfe leisten – weisen darauf hin, daß von ihren Truppen nur rund 300 unter der UNO-Flagge stationiert sind. – Der am 29. 4. 1976 verabschiedete **Haushalt** 1976 liegt mit 12,5 Mrd. Won (etwa 5,3 Mrd. US-$) um 8 % über jenem des Vorjahres; 16,4 % entfallen auf Verteidigungsausgaben. – Der Anregung von US-Außenminister *Henry A. Kissinger* vom 22. 7. 1976, eine Viererkonferenz unter Teilnahme von Nord- und Südkorea sowie der USA und der Chinesischen Volksrepublik abzuhalten, stimmt die Regierung zu, die nordkoreanische lehnt ihn ab. – Am 18. 8. werden bei einem Zwischenfall in der entmilitarisierten Zone von Panmunjon zwei US-Offiziere von nordkorean. Soldaten erschlagen; ein 850 m breiter »Sicherheitsstreifen« soll künftig derartige Zwischenfälle verhindern.

b) *Koreanische Volksdemokratische Republik (Nord-K.)* Die **Planziele** des seit 1971 laufenden Sechsjahresplanes sollen nach offiziellen Angaben bereits Ende 1975 **erreicht** worden sein, doch sind neue Planangaben bisher nicht bekannt. Besonders gut entwickelt haben sich Rohstahl- und Düngemittelerzeugung; zurückgeblieben ist die Konsumgüterindustrie, abgesehen vom Textilsektor. Die Landwirtschaft, in der noch 55 % der Erwerbstätigen beschäftigt sind, sichert mit einer **Getreideproduktion** von 8 Mill. t (offiz. Angabe) die **Eigenversorgung**. Mit den RGW-Ländern wird die Kooperation verstärkt, desgleichen mit der Chines. Volksrepublik, die eine Lieferschuld von 150 Mill. US-$ erläßt und seit Anfang 1976 durch die Erdölleitung »Freundschaft« mit dem Nachbarn verbunden ist. Außenhandel und Zahlungsbilanz bleiben defizitär. Von den **Auslandsschulden** in Höhe von etwa 1,7 Mrd. $ soll 1 Mrd. auf Japan und westliche Industrieländer, der Rest auf RGW-Länder entfallen. – Am 29. 4. 1976 wird Regierungschef *Kim Il Tschul (Chol)* durch den 60jährigen bisher. Stellv. *Pak Sung* **abgelöst**. – Im Juli wird – nach japanischen Berichten – eine 50-Seemeilen-Sicherheitszone proklamiert; die Territorialgewässer werden auf 12 Seem. ausgedehnt.

Kuweit Dank der Einnahmen aus der Erdölwirtschaft werden Ägypten, Mauretanien, dem Sudan, Tunesien und einigen anderen Entwicklungsländern Kredite gewährt. Die Verstaatlichung der Erdölindustrie wird abgeschlossen. – Ein Gesetz führt die allgemeine Wehrpflicht ein. – Wegen zunehmenden Einflusses radikaler Gruppen wird am 29. 8. 1976 das Parlament aufgelöst und die Pressefreiheit eingeschränkt.

Laos Nach Beendigung des eigentlichen Bürgerkrieges – Bergstämme wie die Meo kämpfen angeblich vereinzelt noch weiter – wird von den siegreichen kommunistischen »Pathet-Lao«-Verbänden eine provisorische Verwaltung eingeführt und in Machtdemonstrationen eine radikale politische Änderung gefordert. Die »**Regierung** der Nationalen Union« unter dem Neutralisten Prinz *Suvanna Phuma* **tritt zurück**; **König** *Savang Vatthana* **dankt** »aus eigenem Entschluß« am 29. 11. 1975 **ab. Der** neue »**Nationale Kongreß der Volksvertreter**« aus Bauern, Arbeitern und Soldaten stimmt am 1./2. 12. diesen Schritten zu, **proklamiert am 3. 12. die »Demokratische Volksrepublik Laos«**, ernennt Prinz *Suphannuvong* zum Präsidenten der Volksrepublik und zum Vorsitzenden des »Obersten Rates des Volkes« – des höchsten Organs – sowie *Kaysone Phomvihan* zum Regierungschef. Der bisherige König und nunmehrige »Prinz« *Savang Vatthana* wird zum »Berater« des Präsidenten, der zurückgetretene Ministerpräsident Prinz *Suvanna Phuma* zum »Berater« des Regierungschefs ernannt. Der Kongreß proklamiert als **Ziele der Volksrepublik**: Entwicklung des demokratischen und sozialen Fortschritts, Stärkung der ethnischen Gruppen, Ausschaltung aller »Bürokraten, Kriegsherren, alten Feudalisten und Reaktionäre«, aller »Zeugnisse der Sklaverei und des Pachtsystems« sowie der »Lakaien des US-Imperialismus«. Landbesitz früherer Politiker und Offiziere wird enteignet und kollektiviert; eine allgemeine Landreform findet zunächst nicht statt, da es kaum Großgrundbesitz gibt. Zu kollektiver Arbeit wird jedoch aufgefordert; ein Drittel der Ernte muß an den Staat abgeliefert werden. – Die »Internat. Kontroll- und Überwachungs-Kommission für Laos« stellt Ende 1975 ihre Tätigkeit ein. Vietnam verspricht technische und wirtschaftliche Hilfe, desgleichen Peking. Die Sowjetunion sagt im April 1976 bei einem Besuch von Regierungschef *Kaysone Phomvihan* umfassende wirtschaftliche, militärische und kulturelle Unterstützung zu. – Im Juli 1976 wird als neue Währung der »Kip Pot Poy« eingeführt. – Gegenüber Thailand (Lage s. Kärtchen bei Kambodscha) kommt es nach Grenzzwischenfällen zur Normalisierung.

Lesotho Im Oktober 1975 werden bei einer Umbildung der Regierung Oppositionspolitiker in das Kabinett aufgenommen. – Die gleichzeitig Botsuana und Swasiland dienende Universität wird gegen den Protest dieser beiden Länder aufgelöst, um den bisherigen Rektor, einen Neuseeländer, durch einen Afrikaner zu ersetzen. An die Stelle dieser Hochschule tritt nun eine eigene Nationaluniversität von Lesotho.

Libanon Die bereits im Herbst 1975 kritische Lage (s. WA '76, S. 381) verschärft sich zusehends; die bis dahin 13 Waffenstillstandsvereinbarungen bleiben ebenso ohne Erfolg wie die folgenden (bis Ende Sept. 1976 über 50). Der muslimische Ministerpräsident *Raschid Karame* führt erfolglos Verhandlungen mit den einzelnen politischen und konfessionellen Gruppierungen und mit arabischen Ländern, um Lösungen zu suchen. – In Beirut, aber auch in anderen Orten wie in Sahle (Zahlé), Sghorta (Zghorta) und Tripoli werden die Ausschreitungen ständig blutiger; die Armee erweist sich als unfähig, den Frieden wiederherzustellen. **Bis Ende 1975 sind schätzungsweise 8000 Todesopfer und 15 000–30 000 Verletzte**, größtenteils Zivilisten, zu beklagen. In den einzelnen Vierteln der Städte, besonders in Beirut, aber auch auf dem Lande, beginnen sich Christen und Muslimen noch stärker als bisher in besonderen Vierteln bzw. Landstrichen schutzsuchend zu konzentrieren; in den gemischten Gebieten werden gegenseitig Massaker veranstaltet. – Nach langen Verhandlungen gibt Staatspräsident *Sleiman Franschije* einen »11-Punkte-Plan« bekannt, der auf Forderungen der verschiedenen Gruppen teilweise Rücksicht nimmt, aber **faktisch von allen Seiten abgelehnt** wird. Unter den Maroniten spielen einflußreiche Schichten eine bedeutende Rolle, die keine grundsätzlichen Änderungen der Gesellschaftsordnung wünschen, während bei den Muslimen, die ein von den Maroniten behauptetes zahlenmäßiges Übergewicht der Christen verneinen und eine Änderung der Staats- und Gesellschaftsordnung anstreben, sozialreformerische und sozialistische Elemente entscheidend mitsprechen. – Zum christlichen Lager zählen vor allem die *Franschije* gegenüber loyalen **Teile der Armee** unter General *Barakat* (etwa 3000 Mann), die gut ausgerüstete maronitische **»Falange«** (arab. »Kataeb«) von *Pierre Dschemeijil*, unterstützt z. T. bzw. zeitweise vom ehem. Präsidenten *Camille Schamun* (*Chamoun*, Innenminister und 1976 auch zum Außenminister ernannt) und dessen »Nationallib. Partei« u. radik. »Tiger-Miliz«; dazu kommen die »Christl. Befreiungsstreitkräfte« von Sghorta und Sahle (3000), die extremistische »Front der Wächter der Zeder« von *Said Aki* und die »Mardaitische Brigade« (je einige hundert Mann). Noch viel stärker aufgespalten ist das **muslimische Lager** aus Sunniten und Schiiten und aus den verschiedenen Organisationen der »Palästinensischen Befreiungsfront«/PLO – mit der »Befreiungsarmee«/PLA – unter *Jassir Arafat*, der sich zeitweise um einen Ausgleich bemüht, aber unter dem Druck der Extremisten zwielichtig bleibt, versöhnt er sich doch im Sommer mit seinem bisherigen als Extremist betrachteten Gegner *Georges Habbasch*. Die wichtigsten Palästinenserorganisationen sind die relativ gemäßigte »Al Fatah« von *Arafat* und die von Syrien unterstützte »Al Saika« unter *Mohsen Soheir* (*Zoheir*), sowie die radikalen Gruppen wie die PDFLP unter *Najet Hawatmeh*, die marxistische PFLP von *Habbasch* und das marxistisch-terroristische »PFLP-Generalkommando« von *Ahmed Dschebril* (*Jabril*). Von **großer politischer Bedeutung ist die eigentliche Linke** der Muslimen und Drusen, darunter vor allem die progressive »Sozialistische Partei« und ihre rund 3000 Mann starke, aus drusischen Militärs und drusischen Freiwilligen gebildete Miliz des drusischen Großgrundbesitzers und Juristen *Kamal Dschumblat* (*Joumblat*), von dessen Entscheidungen – er tritt für den Weiterbestand des Libanon unter progressiven, antikonfessionellen Vorzeichen ein – nicht zuletzt die jüngste Entwicklung abhängig gewesen ist. Zur Linken zählt auch der schwerbewaffnete »nasseristische« Teil der Armee (etwa 3000) unter den Offizieren *Chatib* (*Khatib*) und *Maamari*. Dazu kommen prosyrische (unter *Assem Kanzo*) und proirakische Baath-Gruppen (unter *Abdel Magidal*), nationalistische Parteiungen sowie marxistische (unter *Georges Haoui* und *Mohsen Ibrahim*) Gruppierungen Alle diese linken Gruppen, auch die »Unabhängigen Nasseristen« unter *Ibrahim Koleilat*, die von *Gaddafi* unterstützt werden, desgl. einige nichtmaronitische christliche Kreise, wirken mehr oder weniger eng in der **»Front der Progressistischen Parteien«** von *Dschumblat* mit. – Seit Anfang 1976 wird die politisch-militär. Struktur noch komplizierter; der syrische Staatspräsident General *Assad* entsendet Einheiten der syrischkontrollierten »Palästinensischen Befreiungsarmee«/PLA und der palästinensischen Guerillaorganisation »Saika« nach dem Libanon, um einem endgültigen Sieg der Linkskräfte zuvorzukommen, die verstärkt seit März 1976 ihre Offensive gegen die von den Christen besiedelten Kerngebiete in den Gebirgen vortragen, wobei sich schließlich »Al Fatah«, PFLA und die anderen palästinensischen Linksgruppen zur **»Front der Ablehnung«** zusammenschließen und ein gemeinsames Oberkommando bilden. Syrien greift nun mit stärkeren Truppenteilen im Libanon ein und stützt die christlichen Milizen, die ihre Positionen befestigen und auch in Beirut Palästinenserlager erstürmen, so daß es zu schweren Verlusten, besonders im Lager »El Sataar«, kommt. Die meisten Ausländer werden, da sie ständig mehr bedroht sind, evakuiert, der US-Botschafter wird am 16. 6. ermordet. Der Hintergrund der Einschaltung anderer Länder, u. a. der USA, der UdSSR und Frankreichs, sei es politisch oder durch Waffenlieferungen, bleibt umstritten. Die »Arabische Liga«, in sich uneinig, da die Mitglieder – u. a. Ägypten und Libyen – unterschiedliche Interessen verfolgen, vermag erst im Juni 1976 durch die Bildung einer arabischen »Friedenstruppe« (sogen. »Grünhelme«), der u. a. libysche, saudische, sudanesische und syrische Kontingente angehören, aktiv einzugreifen, bisher jedoch nicht mit entscheidendem Erfolg. **Arafat verneint,** mit der PLO bzw. PLA im Libanon eine Art palästinensischen **»Ersatzstaat« schaffen zu wollen. Christliche Politiker** wie *Franschije* und *Dschemeijil* sowie die christlichen Milizen sind offenbar bestrebt, **eher eine Teilung** des Libanon **hinzunehmen als sich** den Plänen von *Dschumblat* und der linken muslimischen bzw. palästinensischen Gruppen **zu unterwerfen**. Das Eingreifen Syriens scheint unter dem Gesichtspunkt zu erfolgen, seine Flanke nicht durch einen Staat im Sinne von **Dschumblat** und **linksradikaler Gruppen** gefährdet zu wissen, die ihrerseits **Assad unterstellen, ein Groß-Syrien schaffen zu wollen.** Ob bei einer Erhaltung des libanesischen Staates – wie sie offenbar der gewählte, aber erst geg. Ende Sept. sein Amt antretende Präsident *Elias Sarkis* anstrebt – eine religiöse **Kantonalisierung** Stabilität bringen könnte, wird angezweifelt. Eine völlige, nicht nur die religiöse, sondern vor allem auch die soziale Komponente berücksichtigende **Umstrukturierung** wird **als unvermeidlich angesehen**. **Israel**, dem von der Linken durch die wiederholten Vergeltungsangriffe gegen palästinensische Lager und Guerillas eine Mitschuld an der Entwicklung angelastet wird, dürfte nach Ansicht mehrerer Beobachter unmittelbar in den Bürgerkrieg eingreifen, wenn es zur Staatsauflösung oder zu einer syrischen Vormacht kommt, und dann angeblich den Süden des Landes bis zur sogen. **»Roten Linie« am Litani-Fluß** besetzen. – Der Libanon, mit Beirut bis vor kurzem Finanzzentrum des Nahen Ostens, ein Brennpunkt des Transits und des Fremdenverkehrs, bleibt auch bei einer baldigen Lösung des Konflikts zunächst lahmgelegt. Beirut und andere Städte sind zu einem großen Teil verwüstet; die materiellen Schäden werden auf viele Milliarden US-$ geschätzt. Die Zahl der ums Leben gekommenen Menschen – meist Zivilisten – wird bis September 1976 mit 25 000–30 000, die der Verletzten mit über 5000 angenommen. Beiden Seiten werden blutige Racheakte vorgeworfen: palästinensischen Guerillas und linksextremen Libanesen die Ermordung von 59 christlichen Männern, Frauen und Kindern und die Verschleppung von weiteren hundert aus dem Dorf »Schikka« im Juli 1976, den christlichen Gruppen die rücksichtslose Belagerung und Eroberung (12. 8.) des Lagers »Tel Sataar« (Thymian-Hügel«) aus strategischen Gründen. – Eine für den 18. 10. in Kairo vorgesehene Gipfelkonferenz der »Arabischen Liga« soll die Lösung des Konfliktes näherbringen.

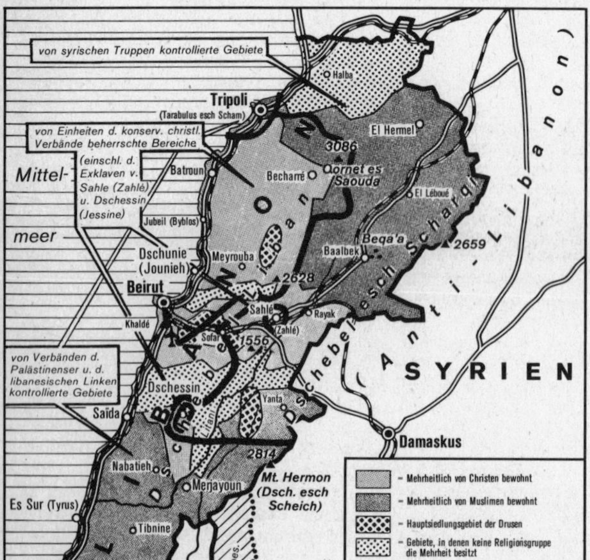

Libanon

Ungefähre Verbreitung der Religionsgemeinschaften vor dem Bürgerkrieg und von den verschiedenen Gruppen Anfang September 1976 kontrollierte Gebiete (Nach »Le Monde« u. and. Quellen)

Liberale Föderation Ende März 1976 tagen in Stuttgart Vertreter von 14 liberalen Parteien Europas, von denen neun eine »Föderation liberaler Parteien in der Europäischen Gemeinschaft« gründen; zum Vorsitzenden wird der luxemburgische Regierungschef *Gaston Thorn* gewählt.

Liberia Am 7. 10. 1976 wird Präsident *William Richard Tolbert* erneut zum Staatsoberhaupt gewählt; er besucht 1976 die BR Deutschland.

Libyen Differenzen im »Obersten Revolut. Kommandorat« führen zum Ausschluß von 5 der 10 Mitglieder durch Staatschef General *Gaddafi*. – Am 27. 11. 1975 wird mit Tunesien eine gemeinsame Schiffahrtsgesellschaft gegründet, mit Togo am 5. 1. 1976 ein »Verteidigungs- und Beistandspakt« geschlossen. – Im libanesischen Bürgerkrieg unterstützt *Gaddafi* linke Gruppen und beteiligt sich mit einem Kontingent an der arabischen »Friedenstruppe«. – Die Spannungen gegenüber Ägypten verschärfen sich, in einer Kampagne gegen Fremde werden im März 1976 12 200 Ägypter, aber auch 8000 Tunesier ausgewiesen. – Der Sudan wirft Libyen vor, den Umsturzversuch vom Juli 1976 mit angeregt und unterstützt zu haben. – Im Juni tritt in Bonn erstmals die von der Bundesrepublik und Libyen neu gegründete Wirtschaftskommission zur Verstärkung der industriell-technischen Kooperationen zusammen. Libyen gehört zu den wichtigen Erdöllieferanten der Bundesrepublik.

Liechtenstein Das Fürstentum wird von der Rezession in Nachbarländern wenig berührt; größere Einbußen erleidet nur das Baugewerbe. Anfang 1976 gibt es 61 Arbeitslose und 138 Kurzarbeiter. Die Landesrechnung 1975 schließt bei einem Gesamtertrag von 173,13 Mill. Franken mit einem Überschuß von 55 000 Franken. – Zur Einführung des Frauenstimmrechts auf Gemeindeebene ist eine Volksabstimmung vorgesehen.

Luxemburg Das Großherzogtum wird von der Rezession stark betroffen. Der Rückgang des Bruttosozialprodukts um 8 % im Jahre 1975 zehrt den Zuwachs der beiden vergangenen Jahre faktisch auf; besonders starke Einbußen erleiden die Stahl- und die Chemische Industrie. Durch den tertiären Sektor können die Steuerausfälle im Industriebereich zu rund 60 % ausgeglichen werden. – Die Inflationsrate bewegt sich 1975 um 10 %. – 1976 zeichnet sich eine Erholung der Wirtschaft ab.

Macao Ende Dezember **1975 beendet Portugal** in dieser Überseeprovinz auf dem chinesischen Festland zwar nicht seine politische, aber **seine Militärpräsenz.** Wirtschaftlich ist diese älteste europäische Besitzung in Asien weitgehend von Hongkong und von der Kooperation mit der Chinesischen Volksrepublik abhängig, die auch den wichtigsten Nahrungsmittelversorger darstellt und Macao als Stützpunkt für ihre Handels- und Verkehrsinteressen nutzt.

Madagaskar Am 21. 12. 1975 wird durch eine Volksabstimmung die neue Verfassung angenommen, die »**Charta der sozialistischen Revolution Madagaskars**«, die stark an maoistische Vorbilder angelehnt ist, aber auch Theorien des nordkoreanischen Präsidenten *Kim Il Sung* erkennen läßt. Gleichzeitig wird, ohne Gegenkandidaten, Fregattenkapitän *Didier Ratsirake* mit 94,66 % der Stimmen zum Präsidenten der neuen »Demokratischen Republik Madagaskar« gewählt. Nach 18 Monaten sollen Parlamentswahlen stattfinden. Freiheit ist legitim, soweit sie mit den revolutionären Zielen in Verbindung steht. – Nach Erklärungen des Präsidenten werden die landwirtschaftlichen Kommunen (*»Fokonolona«*) ausgebaut. Eine neu aufgestellte »Entwicklungsarmee« aus Soldaten, Lehrern, Ärzten usw. soll die Kommunen zur »Basis der Sozialistischen Revolution« machen sowie die ethnischen und politischen Gegensätze überwinden. Die Nationalisierung ausländischer Besitzungen wird weitergeführt. Am 11. 1. 1976 wird Oberst *Joel Rakotomalala* zum neuen Regierungschef ernannt und der »Revolutionsrat« neugebildet; bei einem Hubschrauberabsturz wird *Rakotomala* am 30. 7. 1976 wie seine Begleiter – darunter ein Minister und der Stabschef der »Volksstreitkräfte« – getötet; zum neuen Ministerpräsidenten wird am 12. 8. der bisherige Erziehungsminister *Justin Rakotoniaina* ernannt.

Madeira Die Entwicklung in Portugal führt unter der mehrheitlich konservativ eingestellten Bevölkerung der Insel zu separatistischen Bestrebungen; um diese aufzufangen, gewährt die Lissabonner Regierung 1976 innere Autonomie. (O. Kärtchen bei »Azoren«.)

Maghreb Am 5./6. 4. 1976 billigt der Rat der EG die seit 1973 vorbereiteten Präferenz- und Kooperationsabkommen mit den »Maghreb«-Ländern Algerien, Marokko und Tunesien.

Malawi Bei der Kabinettsumbildung vom 1. 10. 1975 wird erstmals eine Frau in die Regierung berufen, Frau *Fern Najere Sadyalunda*, zuständig für dörfliche Entwicklung und Sozialfürsorge. – Die Afrikanisierungspolitik wird fortgesetzt, der Druck auf die asiatischen – meist indischen – Minderheiten verstärkt sich. Zu Konflikten kommt es auch mit den etwa 30 000 »Zeugen Jehovas«, die sich parteipolitischer Mitwirkung widersetzen. – Mit der Bundesrepublik werden Projekte zur Verbesserung der Infrastruktur vorbereitet.

Malaysia Nach dem Ableben des Ministerpräsidenten *Tun Hadschi Abdul Rasak* (*Razak*) *bin Dato Hussein* wird am 15. 1. 1976 sein bisheriger Stellvertreter und Schwager, *Dato Hadschi Hussein Onn*, als Regierungschef vereidigt; er bildet am 5. 3. die Regierung um. Die feierliche Inthronisation des 6. Yang di-Pertuan-Agong (Königs), *Tuanku Jahja* (*Yahya*) *Petra ibni al-Marhum Sultan Ibrahim* von Kelantan für eine fünfjährige Periode findet am 28. 2. 1976 statt. – Die weltwirtschaftliche Rezession wirkt sich besonders auf den Export von Malaysia aus. – Der Anfang der 70er Jahre begonnene zweite *»Malaysia-Plan«*, auf die Förderung der politisch führenden, aber wirtschaftlich weniger entwickelten Malaien (den »Bumiputras«, den »Söhnen der Erde«) abgestellt, weckt bei dem starken chinesischen Bevölkerungsanteil Unzufriedenheit. Sorgen bereiten auch kommunistisch inspirierte Unruhen in der chinesischen Bevölkerung und Guerilla-Aktionen. – Auf Sabah in Ost-Malaysia wird im März 1976 eine Verschwörung aufgedeckt, deren Ziel es gewesen sein soll, das Gebiet an die Philippinen (die offiz. Anspruch darauf erheben) anzugliedern.

Malediven Ende Dezember wird der britische Luftstützpunkt auf Gan (Addu-Atoll) der maledivischen Regierung übergeben.

Mali In der Berichtszeit werden mehrere Kreditabkommen geschlossen, darunter mit Saudi-Arabien; am 20. 1. 1976 gewährte die BR Deutschland eine langfristige Warenhilfe in Höhe von 10 Mill. DM. – Nach Angaben des US-Verteidigungsdepartments besitzt die UdSSR, die 22 Mill. US-$ Militär- und Wirtschaftshilfe gegeben hat, in Mali Hafen- und Landerechte. – Ende April wird von der *Vereitelung eines Putschversuches* berichtet.

Malta Am 4. 3. 1976 wird mit der EG ein Ergänzungsprotokoll zum Assoziierungsabkommen von 1970, außerdem ein Finanzprotokoll unterzeichnet; im Agrarbereich und bei Industrieprojekten werden dadurch Vorteile erworben. – Für die zweite Septemberhälfte sind Neuwahlen angesetzt.

Marianen Nach Bejahung durch das Repräsentantenhaus spricht sich auch der Senat der USA am 25. 2. 1976 mit Mehrheit für innere Selbstregierung und Bindung des US-verwalteten UNO-Treuhandgebietes an die USA aus, da sich die Bevölkerung am 17. 6. 1975 in einem Referendum dafür entschieden habe (s. auch WA '76, S. 383). Der Treuhandausschuß der UNO stimmt am 14. 7. 1976 der Ausgliederung der Inseln aus den übrigen Treuhandgebieten mit dem Charakter eines mit den USA verbundenen »Commonwealth« zu. Die **Marshall-** und die **Palau-**Inseln fordern Verhandlungen mit dem Ziel voller Unabhängigkeit.

Marokko Die wirtschaftliche Entwicklung verläuft nur bedingt zufriedenstellend, soziale Reformen machen kaum Fortschritte. Durch ein Präferenzabkommen mit der EG (s. auch »Maghreb«) werden wirtschaftliche Erleichterungen erhofft. Im Streit um das bisherige Gebiet »Span. Sahara« (s. »Sahara«) greift König *Hassan II.* persönlich ein; nach dem Spruch des »Internat. Gerichtshofs«, der der Sahara das Recht auf Selbstbestimmung zugesteht, organisiert er im November 1975, unter Nichtbeachtung eines Appells der UNO, einen **»Friedensmarsch«** (»Grüner Marsch«) von mehr als 300 000 Marokkanern in die nördlichen Grenzgebiete der Sahara. – Nach der Räumung der Westsahara durch Spanien besetzen marokkanische Truppen den größten Teil des Gebietes, mit dessen Phosphatlagern Marokko fast ein Monopol bei diesem Rohstoff gewinnt. Es kommt zu Kampfhandlungen mit den Saharauís der FPOLISARIO und vereinzelt auch zu Grenzzwischenfällen mit Algerien, das die Besetzung ablehnt und selbst einen Zugang zum Atlantik wünscht. Im April 1976 erfolgt eine Vereinbarung mit Mauretanien (s. dieses) über die Aufteilung der westsaharischen Gebiete (s. »Sahara«). – Am 23. 7. 1976 werden in Fès und Rabat die letzten Prozesse einer im Zusammenhang mit dem Putschversuch vom März 1973 geführten Prozeßserie gegen Verschwörer abgeschlossen; in Rabat werden 71 Angeklagte freigesprochen, 5 zu Gefängnis zwischen einem Jahr und 10 Jahren, in Fès 13 zu Strafen zwischen 10 und 30 Jahren verurteilt. (22 Anführer sind bereits 1973/74 verurteilt und hingerichtet worden.) – König *Hassan II.* kündigt am 8. 7. *Wahlen* für die nächste Zeit an, was auch die oppositionelle »Istiklal« begrüßt. – Am 23. 7. werden m. Mauretanien gegenseitiger Beistand u. Kooperation vereinbart.

Mauretanien Am 26. 10. 1975 finden Parlamentswahlen statt, bei denen auf die Einheitspartei 99,99 % aller Stimmen entfallen. – Entwicklungshilfe wird weiterhin von östlichen und westlichen Ländern genommen; die BR Deutschland gewährt 7,8 Mill. DM für den Ausbau des Flughafens Nema sowie 3,4 Mill. DM für landwirtschaftliche Zwecke. Mit Frankreich wird ein neues Kooperationsabkommen geschlossen. Nach der Aufgabe der westlichen **Sahara** (s. diese) durch Spanien wird im Einvernehmen mit Marokko im Januar 1976 der Südteil dieses Gebietes besetzt und mit Dachla (Dakhela, das ehem. Villa Cisneros) ein wichtiger Fischereihafen gewonnen. Der Vertrag über die Aufteilung wird mit Marokko (s. dieses) im April unterzeichnet. – Im Juni 1976 führen FPOLISARIO-Guerillas Überfälle auf die Hauptstadt Nuakschott aus, die zurückgeschlagen werden. – Am 8. 8. wird Präsident *Ould Daddah* mit 99,9 % der Stimmen wiedergewählt. (S. auch Marokko.)

Mauritius Dank der vor allem von der EG sowie von Großbritannien und Frankreich gewährten Entwicklungshilfe wird versucht, die Landwirtschaft zu differenzieren und das Verarbeitungsgewerbe auszubauen; die EG übernimmt große Zuckerkontingente zu Vorzugspreisen. – Premierminister *Seewoosagur Ramgoolam* wird im Juli 1976 von der »Organisation für die Einheit Afrikas«/OEA als Nachfolger von *Idi Amin* Präsident.

Maya Das angebliche Entziffern der Maya-Schrift durch den sowjetischen Sprachwissenschaftler *Jurij Chorozow* wird vom »Maya-Studienzentrum« angezweifelt.

Mayotte s. »Frankreich« und »Komoren«

Menschenrechte Die »Internat. Juristenkommission« in Genf verlautet, die Menschenrechte würden in weiten Teilen der Welt verletzt; sie nennt besonders lateinamerikanische und afrikanische Länder, aber auch Indien und Bangladesch. – Der sowjetische Nobelpreisträger *Andrej Sacharow* wirft seinem Land mehrfach die Verletzung der Menschenrechte vor.

Mexiko Das Wirtschaftswachstum verlangsamt sich 1975 und beläuft sich nur noch auf etwa 4 % (1974 +6 %); es ist die niedrigste Zunahme seit 1971. Am besten schneiden Petrochemie und Erdölindustrie ab. Für 1976 wird mit einer rascheren Steigerung gerechnet, vor allem auch durch die Konjunkturbelebung in den für das Land wichtigen USA sowie durch erhöhte Investitionen, für die mehrere Länder sowie u. a. die Weltbank/IBRD und die BID Kredite zur Verfügung stellen. Die erhöhte Agrarproduktion dürfte 1976 eine Selbstversorgung mit Grundnahrungsmitteln ermöglichen. Die Inflationsrate geht auf 11,3 % (1974 20,6 %) zurück. Die Zusammenballung der Wirtschaft im Großraum der Hauptstadt zeigt sich darin, daß hier rund die Hälfte des Steueraufkommens erzielt wird. – Die *Auslandsverschuldung* wird für Ende 1975 auf rund 18 Mrd. US-$ geschätzt, wovon 10 Mrd. $ auf die öffentlichen Schulden entfallen. Der Außenhandelsumsatz schwächt sich 1975 ab, wobei sich besonders auch die Bilanz des »Andenpaktes« verschlechtert. Sorgen macht die wachsende Millionenzahl von Arbeitslosen und Unterbeschäftigten. – Mit der DDR wird am 4. 2. 1976 Wirtschaftskooperation beschlossen. – Im März 1976 werden die Führer der Studentenrebellion von 1968 amnestiert. – Bei den **Präsidentschaftswahlen** vom 4. 7. 1976 wird erwartungsgemäß mit hoher Mehrheit (über 94 %) der Kandidat der regierenden »Inst. Revol. Partei«/PRI, der ehem. Finanzminister *José Lopez Portillo y Pacheco,* zum Nachfolger von *Luis Echeverria Alvarez* gewählt. – Mit Wirkung v. 31. 7. 1976 werden die Hoheitsgewässer auf 200 Seemeilen ausgedehnt. – Der Führer der linksextremen Stadtguerilla-Organisation »Liga d. 23. September«, *D. Jiménez Sarmiento,* wird Mitte August bei einem Entführungsversuch getötet.

Mittelmeerkonvention Eine vom UNO-Umweltprogramm/UNEP organisierte Konferenz, die vom 2. bis 16. 2. 1976 in Barcelona tagt, verabschiedet eine Konvention zur Reinhaltung des Mittelmeeres.

Molukken s. »Niederlande«

Mongolische Volksrepublik Der Volkswirtschaftsplan 1975 wird als z. T. übererfüllt gemeldet. Die Sowjetunion bleibt weiterhin der führende Wirtschaftspartner, doch werden die Beziehungen zu den anderen RGW-Partnern verstärkt, u. a. durch einen besonderen Freundschafts- und Kooperationsvertrag mit Polen. – Auf dem 17. Parteitag der »Mongol. Revol. Volkspartei« wird in Anwesenheit einer großen sowjetischen Delegation heftige Kritik am »Maoismus« geübt, da dieser gegen Frieden und Sozialismus gerichtet sei; dies bedinge eine noch stärkere Kooperation mit der UdSSR.

Mosambik Die innenpolitische Lage der Mitte 1975 unabhängig gewordenen Volksrepublik konsolidiert sich nur langsam; ein von Soldaten im Dezember unternommener **Putschversuch** scheitert; **»Säuberungen«** in Partei und Volksarmee folgen. Präsident *Samora Moises Machel,* der die Zahl der im zehnjährigen Unabhängigkeitskampf gegen Portugal gefallenen FRELIMO-Angehörigen mit 2059, die der Verletzten mit 889 beziffert, gibt am 3. 2. 1976 die Schuld an der **Wirtschaftskrise** den »Kolonialisten«, die riesige Beträge ins Ausland geschafft hätten. Alle privaten Häuser sollen beschlagnahmt, die Clubs der rassischen Minderheiten – wie Weiße, Mulatten und Asiaten – geschlossen werden. – Die **Hauptstadt** *Lourenço Marques* wird **in Maputo umbenannt,** der 3. 2. zum Gedenken des am 3. 2. 1969 ermordeten FRELIMO-Gründers *Eduardo Mondlane* zum **Nationalfeiertag** erklärt. – Mit Sambia wird ein Vertrag über den Bau einer von Katete nach Bene in Mosambik führenden Straße unterzeichnet, um Sambia einen neuen Zugang zum Indischen Ozean zu geben. – Anfang März erklärt *Machel*, **Mosambik befinde sich ab sofort im Kriegszustand mit Rhodesien,** da dieses die Grenzen des Landes verletzt habe; alles rhodesische Eigentum werde beschlagnahmt. Die **USA sagen Mosambik** für Ausfälle durch den Rhodesien-Boykott **finanzielle Hilfe zu.** Der Rückgang der Industrie-, besonders aber der Agrarproduktion trifft auch den Export schwer; Zucker, früher ein Hauptausfuhrgut, ist kaum für den eigenen Bedarf vorhanden. Der Mangel an Facharbeitern nach der Flucht der Portugiesen wird ständig spürbarer. Die Staatsfinanzen sind zeitweise dem Zusammenbrechen nahe. Im Mai 1976 wird die Bevölkerung zum Aufbau von Kollektivwirtschaften aufgerufen, um die Produktion zu erhöhen; bei einigen der ethnisch sehr unterschiedlichen Gruppen macht sich gegen die Regierungsmaßnahmen Widerstand bemerkbar. – Nach einem v. d. UNO angenommenen Bericht sollen durch einen rhodesischen Angriff in einem Flüchtlingslager 618 Menschen getötet worden sein; nach rhodesischen Angaben handelte es sich um einen »Vergeltungsschlag« gegen ein Guerillalager, wobei »über 300« Guerillas den Tod gefunden hätten.

Nahostkonflikt Das am 4. 9. 1975 abgeschlossene 2. ägyptisch-israelische Truppenentflechtungsabkommen (s. WA '76, S. 387), das den Rückzug der israelischen Truppen aus einem 4300 qkm großen – nun mit seinen strategisch wichtigen Pässen von den UNO-Verbänden (UNEF) gesichert – sowie die Übergabe eines zu den Ölfeldern von Abu Rodeis führenden Streifens (1880 qkm) an die ägyptische Verwaltung bestimmt, ist bis zum 22. 2. 1976 erfüllt. Die Frühwarnstationen werden z. T. von US-Technikern besetzt. Die israelischen Truppen stehen weiter auf etwa vier Fünfteln der Sinai-Halbinsel. Die Differenzen zwischen Ägypten und Syrien sowie einigen anderen arabischen Ländern über diese Regelung halten an. – Der UNO-Sicherheitsrat verlängert das UNEF-Mandat und das UNDOF-Mandat auf den Golan-Höhen. – Die **UNO-Vollversammlung verurteilt** am 5. 12. 1975 mit 84 gegen 17 Stimmen (darunter Israel, die USA und die BR Deutschland) bei 27 Enthaltungen **Israel** und fordert erneut die Zurückziehung von den besetzten arabischen Gebieten. – Die **PLO** (Einzelheiten über ihre Struktur s. »Libanon« u. WA '76, S. 385) wird **erstmals zur Nahostdebatte im Sicherheitsrat** im Januar 1976 **zugelassen.** Ägypten fordert in der Debatte ein »palästinensisches Gemeinwesen«, die PLO einen »Nationalstaat«. Auf der erneuten Debatte im März 1976

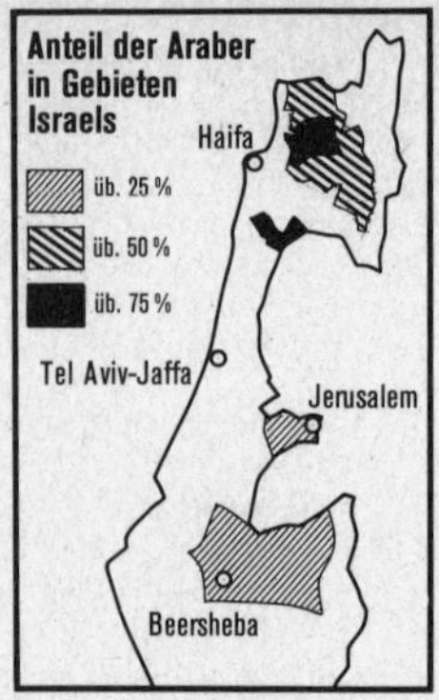

Zur Situation im Nahen Osten seit den Vereinbarungen vom 4. September 1975
(siehe Karte im WA '76, S. 386)

erklärt der ägyptische Delegierte, Israel habe 59 (bis Mitte 1967 68) illegale Siedlungen auf den Golan-Höhen und in Westjordanien gegründet und müsse endlich die Expansion einstellen. – **Eine weitere, Israel wegen dieser Siedlungspolitik verurteilende Resolution des Sicherheitsrates kommt durch das Veto der USA zu Fall.** – Im Frühjahr führen Landenteignungen im israelischen Galiläa zu schweren Zusammenstößen bei arabischen Protestdemonstrationen. **Blutige Zwischenfälle** ereignen sich auch am Ostermontag 1976 **bei einer Demonstration von schätzungsweise 30 000 Angehörigen** der jüdischen nationalreligiösen **»Gusch-Emunim«-Bewegung** (»Block der Getreuen«), die in einem zweitägigen Marsch von Bethel bis Jericho marschieren, um sich **für die jüdische Besiedlung des Jordantales** einzusetzen. – Die Verschärfung der Situation zeigt sich auch bei den **Gemeindewahlen** im israelisch besetzten Westjordanien; nur relativ wenige der alten Gemeinderäte kehren auf ihre Sitze zurück, die große Mehrheit der Neugewählten setzt sich aus – vornehmlich jugendlichen – arabischen Sympathisanten der PLO zusammen. – Die BR Deutschland hat seit 1950 an das UNRWA-Hilfswerk für Palästinaflüchtlinge rund 34 Mill. DM gespendet.

Namibia s. Südwestafrika

Nationalparks Nach einer auf Anregung der UNO erarbeiteten und 1975 von der »Internat. Union zur Erhaltung der Natur«/**IUCN** veröffentlichten Liste gibt es derzeit auf der Welt 991 Nationalparks und 244 Regionalparks sowie 117 National-Naturreservate. Die USA besitzen mit 269 die meisten Nationalparks, die größten befinden sich in Afrika.

NATO Die Nordatlantik-Paktorganisation verzeichnet (nach Angaben in der NATO Revue, Febr. 1976, »Le Monde« v. 12. 12. 1975 usw.) **1975** einen **Verteidigungsaufwand von 147 Mrd. US-$**, d. h. dieser beansprucht rund **5,3 % des Bruttosozialprodukts/BSP der Bündnispartner** (1974 5,4 %, 1971 6,2 %) bzw. nach einzelnen Ländern in %: Portugal 7,5, Griechenland 6,7 (bes. wegen Differenzen m. d. NATO-Mitglied der Türkei), USA 6,7 (u. a. wegen der viel höheren Besoldung als in den anderen Ländern), Großbritannien 5,7, Frankreich 4,6, BR Deutschland 4,1 (ohne Aufwendungen für Berlin), Niederlande 3,9, Norwegen 3,6, Belgien 3,3, Dänemark 2,9, Italien 2,8, Kanada 2,4 % und u. a. Luxemburg 1,0. *Je Einwohner* gerechnet ergeben sich in US-$ folgende Beträge: USA 380 – BR Deutschland 228 – Frankreich 198 – Norwegen 182 – Niederlande 178 – Großbritannien 173 – Belgien 160 und u. a. Kanada 124. – Auf der Tagung der »Eurogroup« der NATO im Dezember 1975 vertritt Bundesverteidigungsminister *Georg Leber* die Auffassung, die Rüstungskapazität der UdSSR gegenüber der NATO ergebe ein Verhältnis von 5:1. Auf dieser Tagung wird auch bekannt, daß **von den 2 150 000 Soldaten der NATO 1 100 000 Freiwillige sind.** Von den belgischen, britischen und niederländischen NATO-Soldaten stehen rund 20 % nicht im eigenen Land, sondern in anderen NATO-Ländern (besonders in der BR Deutschland). – Der Vorsitzende des »NATO-Militärausschusses«, der britische Admiral Sir *Peter Hill-Norton,* warnt am 10. 6. 1976 vor dem gefährlichen Sicherheitsvakuum auf den für die Versorgung Europas und Amerikas wichtigen Seewegen um die Südspitze Afrikas. (S. auch »Warschauer Vertrag« u. »Abrüstung/Rüstung«.)

Nepál Nach dem Rücktritt von Ministerpräsident *Nagendra Prasad Rijal* ernennt der König *Tulsi Giri* zum neuen Regierungschef. – Am 12. 12. 1975 wird von der »Radsch(Raj)Sabha« und vom »Nat. Pantschajat (Panchayat)«/NP eine Verfassungsänderung gebilligt, die die Stellung des Königs stärkt, der auch an der Spitze der »Back-to-Village« (»Zurück aufs Dorf«)-Bewegung steht, zu deren Aufgaben u. a. die Auswahl der Räte und die Kaderschulung gehören. Der NP wird künftig 112 Delegierte umfassen; die Bevorzugung der akademisch Graduierten wird abgeschafft, desgleichen die unmittelbare Entsendung von Vertretern der soz. Gruppen und Berufsstände ohne Wahl.

Neue Hebriden s. »Frankreich« und »Großbrit.«

Neuseeland Bei den Parlamentswahlen vom 29. 11. 1975 gewinnt die bisher oppositionelle **»National Party«**/NP von *Robert David Muldoon* 47,75 % (1972 41,45 %) der Stimmen und mit 55 Sitzen die **absolute Mehrheit,** während auf die regierende »Labour Party«/LP von *Edward Wallace Rowling* nur 39,55 % (48,48 %) der Stimmen und 34 Mandate sowie u. a. auf die »Social Credit Party«/SCP 7,5 % der Stimmen entfallen. Die neue Regierung von Premierminister *Muldoon* wird am 12. 12. 1975 vereidigt; sie verspricht eine liberalere Wirtschaftspolitik, Bekämpfung der Arbeitslosigkeit und eine Halbierung der bisherigen Inflationsrate von 15 %. Am 14. 5. 1976 werden mit Wirkung vom 25. 6. Erhöhungen der Löhne um 7 % (maximal um 7 $ je Woche), sodann Lohneinfrierung bis mindestens 14. 5. 1977 verfügt, außerdem Zahlungsaufbesserungen für höhere Führungskräfte ausgesetzt sowie die Dividenden begrenzt. – Im abgelaufenen Finanzjahr schwächt sich die Ausfuhr ab, das Zahlungsbilanzdefizit nimmt zu, desgleichen der Haushaltspassivsaldo. – Sportbegegnungen einer neuseeländischen Rugby-Mannschaft mit Vereinen der Republik Südafrika führen zu einem Boykott der Olympischen Sommerspiele in Montreal durch die meisten afrikanischen Staaten, da das IOK der afrikanischen Forderung nach Ausschluß Neuseelands von den Spielen nicht nachkommt. – Eine Entscheidung der vorherigen Regierung widerrufend, soll im Einvernehmen mit der Regierung von Singapur das neuseeländische Kontingent in Bataillonsstärke über 1978 hinaus im Stadtstaat stationiert bleiben.

Nicaragua Das Wirtschaftswachstum erreicht 1975 real 2,1 % (nach CECLA nur 1,7 %). Für den neuen bis 1980 laufenden Fünfjahresplan sind öffentliche Ausgaben von 6 Mrd. US-$ geplant, davon rund 10 % für den Wiederaufbau der 1972 durch ein Erdbeben zerstörten Hauptstadt. Zur Bekämpfung der Inflation wird 1975 eine Steuerreform durchgeführt. – BID, AID und BCIE geben Entwicklungskredite für Landwirtschaft und Wiederaufbau. – Die von der illegalen Untergrundorganisation **»Sandinistische Bewegung«** behauptete Folterung politischer Gegner wird von der Regierung bestritten.

Niederlande Wie die anderen EG-Länder werden auch die Niederlande von der Rezession betroffen. Das **Bruttosozialprodukt** steigt zwar 1975 nominal an, doch ergibt sich real eine Abnahme um über 2 %. Die Zahl der Arbeitslosen erreicht Mitte 1976 222 000 und entspricht saisonbereinigt einer Quote von etwa 6 %. Die Verbraucherpreise erhöhen sich 1975 etwa um 10 %. Die Währungsreserven decken Ende 1975 nur knapp die Einfuhr von 2½ Monaten. – Maßnahmen zur Ankurbelung der Wirtschaft und eine gewisse Erholung in den Nachbarländern bringen ab Frühjahr 1976 eine allmähliche Verbesserung der Situation, doch wird für das ganze Jahr mit einem realen Wachstum des Bruttosozialprodukts von 2,5–4 % gerechnet. – Die am 2. 12. bzw. 4. 12. 1975 erfolgten **Überfälle von »Ambonesen«** auf einen Zug bei Beilen und auf das indonesische Generalkonsulat in Amsterdam mit anschließender Geiselnahme fordern drei Menschenleben. Die »Ambonesen«, Angehörige der rund 35 000 nach dem Rückzug der Niederländer aus dem ehem. Niederländ.-Indien in Holland ansässig gewordenen Molukkenbevölkerung, wollen mit diesen Aktionen auf die am 25. 4. 1950 gegründete, kurzfristig existierende »Republik der Südmolukken« (»Maluku Selantan«) aufmerksam machen, die sie völkerrechtlich noch als existent betrachten, obwohl sie Teil Indonesiens geworden ist. Die an den Überfällen Beteiligten werden zu Gefängnisstrafen verurteilt; die Eingliederung der »ambonesischen« Minderheit bleibt weiterhin ein **politisch-ethnisch-soziales Problem.** – Die am 25. 11. 1975 in Kraft tretende *Unabhängigkeit von Suriname* (s. dieses) beschränkt die Überseebesitzungen nur noch auf die Niederl. Antillen. Eine verstärkte Abwanderung von farbigen Surinamesen erhöht deren Zahl in den Niederlanden auf schätzungsweise über 120 000 und verursacht Wohnungsprobleme und z. T. eine gewisse Mißstimmung unter den Niederländern, u. a. wegen des Wettbewerbsdrucks auf dem Arbeitsmarkt. – Als Nachfolger von *Bernhard Kardinal Alfrink* wird am 20. 12. 1975 von *Papst Paul VI. Jan Kardinal Willebrands* zum Primas der Katholischen Kirche in den Niederlanden ernannt. – Im Zusammenhang mit d. sogen. »Lockheed-Affäre« tritt *Prinz Bernhard* Ende Aug. 1976 – abgesehen von d. Mitgliedschaft im »Staatsrat« – von allen seinen öffentl. Ämtern zurück.

Niger Am 7. 10. 1975 stellt Saudi-Arabien einen Kredit in Höhe von 500 Mill. CFA-Francs für Landwirtschaft und Bewässerung zur Verfügung. Präsident *Seyni Kountié (Kountché)* bildet 1976 wiederholt sein Kabinett um. – Am 14. 3. 1976 scheitert ein **Putschversuch;** zahlreiche angebliche Verschwörer werden zu Gefängnisstrafen, **sieben zum Tode verurteilt** und am 21. 4. hingerichtet. Die meisten Verurteilten gehören den Haussa an.

Nigerien Die ersten beiden Fünfjahrespläne (1964 bis 1968, 1970–1974) sind nur in einigen Sektoren zufriedenstellend erfüllt worden, der zweite vor allem im Bergbau, nicht jedoch in Landwirtschaft und Industrie. Im **dritten Plan** (1975–1979) soll das Wirtschaftswachstum im Jahresdurchschnitt 9,8 % erreichen, bei besonderer Förderung der Energie-, Stahl- und Petrochemischen Industrie, der Landwirtschaft und des Kohlenbergbaus. Etwa 23 % der Investitionen sollen für den sozialen Sektor verwendet werden, davon knapp die Hälfte für das Bildungswesen. – Schwierigkeiten bringt in der Berichtszeit die Verstopfung des Hauptahafens Lagos-Apapa, vor dem zeitweise über 400 Schiffe liegen, darunter mehr als die Hälfte mit Zement, von dem offenbar zuviel bestellt worden ist. – Unter dem zu den Haussa zählenden Brigadegeneral *Murtala Ramat (Rufai) Mohammed,* seit dem Sturz von General *Yakubu Gowon* im Juli 1975 an der Macht, werden zahlreiche Offiziere entlassen, Pläne für eine neue Bundesstaatengliederung durchgeführt sowie Maßnahmen gegen Korruption ergriffen. In den nächsten **10–15 Jahren** soll südlich von Ajuba im Bundesstaat Niger die **neue Bundeshauptstadt** gebaut werden. – **Am 13. 2. 1976 scheitert ein Putschversuch** unter Führung von Oberst *Musa Dimka;* **Präsident Mohammed** und einige andere maßgebliche Politiker werden **ermordet.** Neuer Staatspräsident wird der bisherige Generalstabschef General *Olesegun Obasanjo,* der die Politik seines Vorgängers fortsetzen will; er gehört dem Joruba (Yoruba)-Stamm an. Am 11. 3. 1976 verurteilt ein Militärgericht 32 **Verschwörer** zum Tode; 30 werden sofort **hingerichtet,** darunter der ehem. Verteidigungsminister General *Iliya D. Bissala.* Die Hinrichtung des erst später verhafteten Oberst *Dimka* und sechs weiterer Putschisten findet am 15. 5. statt; die Auslieferung des im Exil in London befindlichen, angeblich zu den Anregern des Staatsstreiches gehörenden früheren Staatspräsidenten General *Yakubu Gowon* wird verweigert. – Am 30. 6. werden zur Verbesserung des inländischen Vermarktungssystems sieben Rohstoffbehörden gegründet; über 300 Unternehmen, die das Gesetz über die Investitionsförderung nicht befolgt haben, werden geschlossen. – 1977 sind Wahlen für lokale »Regierungsräte« vorgesehen.

Niugini s. Papua-Niugini

Nordirland s. Großbritannien

Nordischer Rat Das beratende gemeinsame Gremium skandinavischer Parlamentarier beschließt, bis 1977 eine »Nordische Investitionsbank« zu schaffen; der Plan stößt in der Wirtschaft z. T. auf Widerstand.

Nord-Süd-Konferenz s. Entwicklungsländer

Nördliche Salomonen s. Bougainville

Norwegen Die wirtschaftliche Entwicklung verläuft 1975 relativ befriedigend; das **Bruttosozialprodukt**

steigt um rund 5 %, der private Verbrauch und das Realeinkommen wachsen um 5,5 %; die Arbeitslosenquote beträgt nur 1,6 %. Der Ölexport verfünffacht sich 1975 gegenüber dem Vorjahr und gleicht damit die Verminderung der Warenausfuhr aus. – Nach »Norges Industri« besitzt der Staat Ende 1975 40–45 % aller Aktien, darunter zu 100 % der Ölgesellschaft »Statoil« sowie über 51 % von »Norsk Hydro«. – Die *Auslandsverschuldung* wird für Ende 1975 (1974) mit 50 (32,5) Mrd. Kronen angegeben. – Der Haushalt für 1976 sieht eine Steigerung von 18,6 % und ein Defizit von 8,3 Mrd. Kronen vor. Bei den – 1975 um 11,7 % erhöhten – Verbraucherpreisen wird 1976 ein Anstieg von 8,5 % erwartet; der Reallohnzuwachs soll bei etwa 3 % liegen. – Im November 1975 scheidet die KP aus der »Linkspartei« aus, d. h. sie beendet die Kooperation mit der »Sozialist. Volkspartei«. – Ministerpräsident *Trygve Bratteli*/soz. DNA tritt im Januar 1976 zurück; Nachfolger wird *Odvar Nordli*/DNA, der am 12. 1. das Kabinett umbildet und sich 1977 den Storting-Wahlen stellen muß. *Nordli* erklärt, am wichtigsten sei zunächst die Lösung der Wirtschaftsprobleme; die Arbeitslosigkeit müsse vermindert, die Inflationsrate gesenkt werden. – Am 16. 3. 1976 wird ein von den Linkssozialisten eingebrachter **Antrag auf Abschaffung der Monarchie** mit 117 gegen 19 Stimmen vom »Storting« **abgelehnt.** – Wegen Spitzbergen kommt es wiederholt zu Differenzen mit der Sowjetunion, die seinerzeit die norwegischen Hoheitsrechte anerkannt hat. Unterschiedliche Auffassungen bestehen u. a. bezüglich der Wohnungsnutzung in den vertraglich vereinbarten sowjetischen Kohlengruben, wegen der Nichtregistrierung eines sowjetischen Kraftwerkes beim norwegischen Arbeitsamt und hinsichtlich der Sektoren für Ölsuche auf dem Sockel der Barentssee. Norwegische Bedenken ergeben sich auch wegen der starken Aufrüstung auf der sowjetischen Kola-Halbinsel.

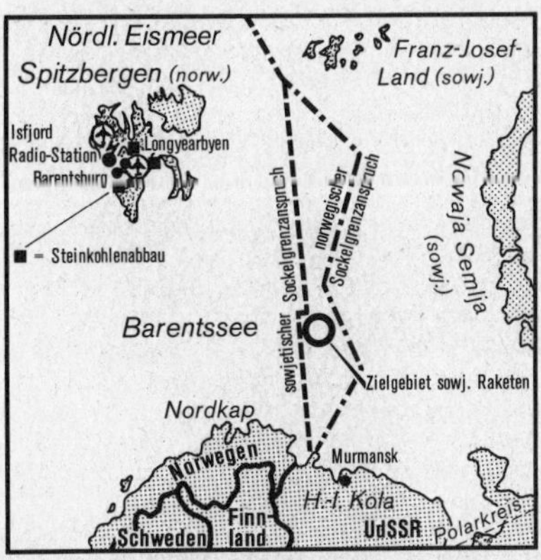

Norwegisch-sowjetische Differenzen in der Arktis

OAPEC s. »Arabische Länder« sowie Abschnitte »Polit. u. wirtschaftl. Zusammenschlüsse« und »Bergbau«

OAS s. »Amerika« sowie Abschnitt »Polit. u. wirtschaftl. Zusammenschlüsse«

Obervolta Am 29. 11. 1975 gibt Staatspräsident General *Sangoulé Lamizana* die Gründung einer »Nation. Erneuerungsbewegung« (»Mouvement National pour le Rénouveau«/MNR) als **Einheitspartei** bekannt, die alle politischen, wirtschaftlichen sowie sozial-kulturellen Aktivitäten zu lenken habe. Am 30. 10. wird verfügt, daß alle ausländischen Gesellschaften mit Hauptsitz im Lande binnen zwei Jahren ihr Kapital **»voltaisieren«** müssen; in Ausnahmefällen kann der ausländische Anteil bis 49 % betragen. – Auf Druck der Gewerkschaften, die im Dezember 1975 einen Generalstreik ausrufen, wird am 9. 2. 1976 eine neue Regierung gebildet, in der Zivilisten 10 (vorher 5) und die Militärs nur noch 4 (bisher 10) Ministerien innehaben.

OECD s. Abschnitte »Wirtschaft« und »Polit. und wirtschaftl. Zusammenschlüsse«. – Durchschnittl. Inflationsrate Juli 1975–Juli 1976: 7,9 % – **Prognose** (am 1. 9. 76): Durchschnittl. reales Wirtschaftswachstum f. d. Jahr 1976: 5,5 %.

Olympische Spiele s. Sonderkapitel

Oman Am 11. 12. 1975 gibt die Regierung bekannt, daß die zeitweise vom Irak, von Peking und angeblich auch von cubanischen Beratern, vor allem aber von der benachbarten »Demokratischen Volksrepublik Jemen« (Süd-J.) unterstützten **Guerillas der marxistischen »Volksfront für die Befreiung der besetzten Gebiete am Golf«/PFLOAG endgültig besiegt** seien. Britische Offiziere sowie iranische und jordanische Einheiten haben die Regierungstruppen unterstützt. Die britischen Luftstützpunkte Massira und Sallalah sollen vertragsgemäß bis 1. 3. 1977 geräumt werden.

OPEC Im 1. Hj. 1976 belaufen sich die Einnahmen der OPEC-Mitglieder auf 58,67 Mrd. US-$ (1975 50,59 Mrd. $) (s. Abschnitte »Polit. und wirtschaftl. Zusammenschlüsse« und »Bergbau«).

Organverpflanzungen Nach Angaben des »American College of Surgeon« sind weltweit von Dezember 1967 bis Ende 1975 294 Herzverpflanzungen bei 286 Patienten vorgenommen worden.

Orkankatastrophe Der Orkan und die Sturmflut vom 2./3. 1. 1976 verursachen schwere Schäden und fordern 82 Menschenleben (22 in Großbritannien, 16 in der BR Deutschland).

Österreich Die Rezession in den westlichen Industrieländern bringt auch für Österreich Rückschläge, u. a. eine reale Abnahme des Bruttosozialprodukts und der Industrieproduktion (s. Abschnitt »Souver. Staaten«/Österreich). – Mit mehreren Ländern werden Kooperationsabkommen geschlossen, z. T. mit Kreditgewährung (u. a. an Ägypten). – Die **Nationalratswahlen** vom 5. 10. 1975 ergeben mit einem Stimmenanteil von 50,41 (1971 50,04) % und 93 (93) Mandaten eine **absolute Mehrheit für die SPÖ**; es folgen die ÖVP mit 42,95 (43,11) % und 80 (80) Mandaten, die FPÖ mit 5,41 (5,45) % und 10 Mandaten sowie die KPÖ mit 1,19 (1,36) % und ohne (0) Mandat. Das Durchschnittsalter der Abgeordneten liegt bei 50,8 Jahren. – Am 8. 10. wird das Kabinett von *Bruno Kreisky* als Sachwalterkabinett bis zum 28. 10. vereidigt. – Am 22. 10. wird der türkische Botschafter *Danis Tunaligil* von unbekannten Attentätern ermordet. – Am 28. 10. ernennt der Bundespräsident den SPÖ-Vorsitzenden *Bruno Kreisky* erneut zum Bundeskanzler, der sein **3. Kabinett** aus 14 Ministern und 4 Staatssekretären vorstellt, das mit dem 2. identisch ist; in der **Regierungserklärung** vom 5. 11. unterstreicht der Bundeskanzler u. a. den Ausbau der Sozialpartnerschaft, die Notwendigkeit der Errichtung einer Volksanwaltschaft, die Sicherung der Vollbeschäftigung, die Verbesserung der Einkommen der bäuerlichen Familien sowie die Fortführung einer aktiven Neutralitätspolitik. Die Oppositionsführer *Josef Taus*/ÖVP und *Friedrich Peter*/FPÖ bekennen sich zu einer konstruktiven Opposition; *Peter,* wegen der Zugehörigkeit zu einer SS-Einheit während des II. Weltkrieges zeitweise Angriffen ausgesetzt, wird von der FPÖ-Bundesleitung Integrität bescheinigt und das Vertrauen ausgesprochen. – Der am 12. 11. eingereichte *Bundesvoranschlag* 1976 rechnet mit einer nominellen Wachstumsrate des Bruttosozialprodukts von 9 %; die Verabschiedung erfolgt mit den Stimmen der SPÖ am 18. 12. – Nach Angaben der »Aktion Leben« erreicht das **»Volksbegehren zum Schutz des menschlichen Lebens«** gegen die Fristenlösung 796 579 Stimmen, d. h. mit 17,94 % der wahlberechtigten Bevölkerung die bisher höchste Unterschriftenzahl eines Volksbegehrens, ohne damit jedoch die Regelung ändern zu können, trotz erneuter Behandlung im Parlament. – **Am 21. 12. nehmen 7 Terroristen** einer propalästinensischen Organisation (die PLO verurteilt den Anschlag) **Delegierte der in Wien tagenden OPEC als Geiseln;** 2 österreichische Sicherheitsbeamte und ein OPEC-Angestellter verlieren dabei das Leben. Nach langwierigen Verhandlungen werden die Terroristen – unter denen sich der Deutsche *H. J. Klein* befindet – ausgeflogen. In Algier bzw. Tripolis werden die letzten Geiseln (darunter der saudische Erdölminister und der iranische Innenminister) freigelassen; die Terroristen erhalten in Libyen Asyl. – **Am 1. 1. 1976** treten mehrere **wichtige Gesetze in Kraft,** u. a. über die rechtliche Gleichstellung von Mann und Frau in der Ehe, über die Erhöhung der Pensionen und Renten, über die Ausländerbeschäftigung und über die Erhöhung der Mehrwertsteuer von 16 % auf 18 %. – Am 20. 1. gibt der Finanzminister ein **Konjunkturprogramm** bekannt, das einen direkten Nachfrage-Effekt von über 11 Mrd. $ bewirken soll. – Vom 16./17. 2. weilt Bundeskanzler *Kreisky,* der in der Berichtszeit mehrere Auslandsbesuche unternimmt, als erster österreichischer Regierungschef offiziell in der Tschechoslowakei. Im März wird *Kreisky* erneut zum Vorsitzenden der SPÖ gewählt; im April kündigt er eine **Regierungsumbildung für September 1976** an. – Am 2. 4. tagt erstmals die Industrie-Kommission der Bundesregierung, die sich mit Strukturverbesserungen befassen soll. – In Kärnten dauern die Auseinandersetzungen mit der in ihren Rechten angeblich benachteiligten slowenischen Minderheit an (s. Karte WA '76, S. 391); slowenische Extremisten sprengen am 16. 6. in Völkermarkt das Denkmal für den Kärntner Freiheitskämpfer *Hans Steinacher.* – Am 26. 6. wird in Klagenfurt das Jubiläum **»1000 Jahre Kärnten«** gefeiert (Kärnten, im 3. vorchristlichen Jahrhundert Mittelpunkt eines keltischen Reiches, sodann römische Provinz Noricum, ist 976 durch *Otto II.* von Bayern getrennt und ein eigenes Reichsherzogtum geworden). – Ein am 23. 6. vom Nationalrat verabschiedetes Gesetz sieht die **Errichtung eines »Außenpolitischen Rates«** aus 3 Regierungsmitgliedern, 3 SPÖ-, 2 ÖVP- und 1 FPÖ-Abgeordneten vor. – Am 7. 7. werden vom Nationalrat ein Gesetz über die Vereinheitlichung des Urlaubsrechts und (vom Bundesrat am 11. 7.) ein Volksgruppen- und Volkszählungsgesetz – das jugoslawische Proteste hervorruft – gebilligt, am 14. 7. nach Mitteilung der »Österreichischen Bundesbank« die enge Anlehnung des Schillings an die »Währungsschlange« aufgegeben. – Am 1. 8. stürzt in Wien die »Reichsbrücke« über die Donau ein, wobei ein Mensch ums Leben kommt; Ursachen sind offenbar schadhafter Beton und Konstruktionsmängel. – In der Frage der slowenischen Minderheit bleiben die Gegensätze bestehen. – Die **Regierungsumbildung vom Sept. 1976** bringt folgende Änderungen: Stellv. d. Bundeskanzlers: *H. Androsch;* Außenminister: *W. Pahr;* Sozialminister: *G. Weissenberg;* Landwirtschaftsminister: *G. Haiden;* Staatssekretär: *A. Schober.* – ÖVP-Generalsekretär *E. Busek* wird Vors. des ÖVP-Landesgruppe Wien, *S. Lanner* neuer ÖVP-Generalsekretär.

Ost-Timor In der portugiesischen Überseeprovinz (14 925 qkm und 650 000 meist indonesische Einwohner; wenig entwickelte Landwirtschaft, Fischerei, ohne größere Industriebetriebe) verstärkt sich seit dem Sommer 1975 der Kampf um die politische Zukunft (vgl. WA '76, S. 395). Die angeblich prokommunistische »Revolutionäre Front für ein unabhängiges Timor«/**FRETELIN** gewinnt zunächst in Kämpfen mit den anderen Gruppen (»Demokrat. Volksassoziation von Timor«/APODETI, »Demokratische Union von Timor«/UDT) das Übergewicht und ruft am 28. 11. 1975 die unabhängige **»Demokratische Volksrepublik Osttimor«** aus, mit *Francisco de Amaral* – einem ehem. Jesuiten – als Präsidenten; Portugal lehnt diese einseitige Proklamation ab. **Die pro-indonesischen Gruppen fordern am 30. 11. den Anschluß an Indonesien.** Peking begrüßt die Gründung der Volksrepublik. – In den folgenden Monaten greifen »indones. Freiwillige« und schließlich reguläre Truppen in den Konflikt ein und kontrollieren schließlich, von einigen Bergländern abgesehen, das ganze Gebiet. Portugal ersucht die UNO um Einwirkung, doch bleiben die Beschlüsse des Sicherheitsrates vom 22. 12. 1975 und 22. 4. 1976, die Truppen abzuziehen, seitens Indonesiens unbeachtet. Am 24. 6. wird in Dilí vom Chef der pro-indonesischen »Provis. Regierung«, *Arnaldo dos Reis Aranjo,* der Anschluß an Indonesien als durchgeführt erklärt und am **17. 7. 1976 vom indonesischen Parlament die Eingliederung Osttimors als 27. Provinz Indonesiens gebilligt.** Gruppen der FRETELIN sollen in abgelegenen Gebieten weiterkämpfen, die Exilregierung der »Demokrat. Volksrepublik« mit einigen Mitgliedern noch in verschiedenen Ländern aktiv sein. Die kriegerischen Auseinandersetzungen seit 1974 haben schätzungsweise 60 000 Todesopfer und Verletzte gefordert.

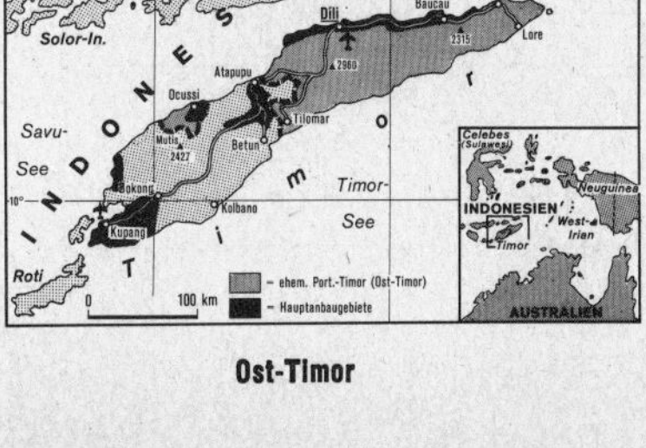

Ost-Timor

Pakistan Die wirtschaftliche Entwicklung verläuft im Finanzjahr 1974/75 ungünstig; das **Bruttosozialprodukt** steigt nur um 2,6 %, also geringer als der Bevölkerungszuwachs, die Landwirtschaft, durch große Trockenheit beeinträchtigt, stagniert, desgleichen die Industrie (+1,6 %); Klein- und Mittelbauern werden Steuererleichterungen gewährt. Niedrige Weltmarktpreise für die wichtigen Ausfuhrgüter (Baumwolle, Textilien, Leder) führen zur Erhöhung des Außenhandelsdefizits. Die Preissteigerung erreicht rund 25 % und dürfte 1975/76 auf ähnlicher Höhe bleiben. Kredite westlicher Industrieländer (u. a. 1975 und 1976 je 90 Mill. Kapitalhilfe der BR Deutschland) und muslimischer Erdölländer, die 1974/75 rund 1 Mrd. US-$ ausmachen, werden zu einem beachtlichen Teil durch Zins- und Tilgungsquoten aufgezehrt. Im Bau sind mehrere Düngemittelfabriken und, mit Hilfe der UdSSR, ein Stahlwerk in Karatschi. – Am 8. 4. 1976 werden die mit dem **»Sardar«-System** verbundenen **Vorrechte** feudalistischer Grundbesitzer **abgeschafft,** darunter der »Schischak«, d. h. die Einbehaltung eines Sechstels der Ernte von Stammesmitgliedern in Gebieten wie Bäludschistan, wo es im Juli 1976 lokal zu Rebellionen kommt, z. B. im Bereich des Bugti-Stammes. – Eine **Verfassungsänderung** vom 14. 11. 1975 und eine Grundgesetzerklärung vom 13. 6. 1976 garantieren Minderheiten größere Rechte. Mit Bangladesch (ehem. Ost-Pakistan) bringt der am 31. 12. 1975 vereinbarte Botschafteraustausch eine gewisse Annäherung. Gleiches gilt gegenüber Indien (s. dieses). Zu einer Versöhnung mit Afghanistan (s. dieses) erklärt sich Premierminister *Bhutto* bereit, wenn dieses seine Ansprüche auf pakistanische Grenzgebiete (s. WA '76, S. 340) fallenläßt. – Am 1. 6. 1976 wird **mit der EG** ein handelspolitisches **Abkommen** geschlossen. – Anfang Aug. 1976 billigt das Parlament eine Vorlage, nach der auf Grund der Notstandsgesetze **verhaftete Personen ohne richterlichen Beschluß in Haft gehalten** werden können. – Ende August zerstören **Überschwemmungen** über 400 000 Häuser und fordern mindestens 370 Menschenleben.

Palästina s. »Israel«, »Jordanien« und »Nahostkonflikt«

Panamá Die Wirtschaft erleidet 1975 Rückschläge; das Bruttosozialprodukt wächst nur um etwa 3 %

(1974 +4 %). Der Staatshaushalt schließt mit einem Fehlbetrag; das Außenhandelsdefizit vergrößert sich. Kredite internationaler Bankkonsortien sowie von AID und BID ermöglichen die Inangriffnahme mehrerer Industrieprojekte, den Ausbau der Freihandelszone von Colón sowie des Flughafens Tocumen im Rahmen des Fünfjahresplanes 1976 bis 1980. – Die Verhandlungen über einen neuen Kanal-Vertrag mit den USA stagnieren.

Papua-Niugini Die Entwicklung seit der im September 1975 erlangten Unabhängigkeit verläuft weitgehend ruhig, die Administration funktioniert zufriedenstellend. Dank wirtschaftlicher und technischer Hilfe Australiens können einige größere Investitionen vorgenommen werden. Hoffnung wird auf ausländische Unternehmen bei der Verwirklichung zweier wichtiger Projekte – Bau des Puarari-Dammes (evtl. mit japanischer Hilfe) und Erschließung hochwertiger Kupferlager im Nordwesten (bei Tedi) – gesetzt. Im Januar 1976 weilt eine Regierungsdelegation in Europa, u. a. in der BR Deutschland, um den Ausbau der Wirtschaftsbeziehungen zu fördern. – Die sezessionistische Bewegung der kupferreichen Insel **Bougainville** unter Führung von Pfarrer *John Momis* verursacht mehrfach, besonders im Januar, Unruhen; Premierminister *Thomas Michael Somare* und *Momis* vereinbaren am 28. 1. 1976 ein Stillhalteabkommen. – Den auf mehrere Tausend geschätzten Flüchtlingen aus dem indonesischen Westneuguinea (Irian Jaya), in dessen Bergen sich unter *Ben Tanggahma* eine »Revol. Prov. Regierung von Papua-Westneuguinea« gebildet hat, ist in Papua-Niugini jede politische Tätigkeit untersagt. – Das Parlament billigt am 26. 8. 1976 einen Beschluß, die ANZUS-Länder einzuladen, auf der Insel **Manus** einen **Luft- u. Flottenstützpunkt** zu unterhalten.

Paraguay Trotz Schädigung des Zuckerrohranbaus durch Fröste ist 1975 die Agrarproduktion insgesamt zufriedenstellend. Die Steigerung der **Lebenshaltungskosten** in der Hauptstadt kann von 25,2 % 1974 auf 6,7 % 1975 herabgedrückt werden. Durch das neue Investitionsförderungsgesetz und Auslandskredite (besonders der BID und u. a. 12 Mill. DM seitens der BR Deutschland für das Fernmeldewesen) können neue Investitionen vorgenommen werden. Mit Brasilien werden im Dezember 1975 Abkommen über Kooperation und Grenzregelungen getroffen. Der **Außenhandel** bleibt trotz erhöhter Exporte **defizitär.** – Im April beraten Vertreter von Uruguay, Paraguay und Bolivien – die sogen. **URUPABOL-Länder,** über die Möglichkeit der Gründung einer gemeinsamen Handelsflotte. – Eine *Verfassungsänderung* vom 16. 7. 1976 ermöglicht es Staatspräsident *Alfredo Stroessner,* für 1978–1983 erneut zu kandidieren.

Perú Die wirtschaftliche **Entwicklung** verläuft 1975 **ungünstig;** das Bruttoinlandsprodukt steigt 1975 nur um 4,4 % (1974 +6,6 %); der **Fehlbetrag im**

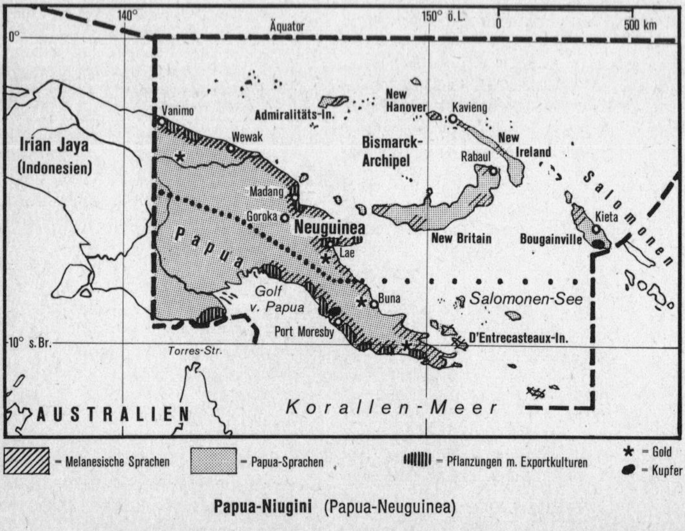

Papua-Niugini (Papua-Neuguinea)

Staatshaushalt wächst, desgleichen – wegen gefallener Kupferpreise auf dem Weltmarkt und geringerer Fischmehlexporte – das Außenhandelsdefizit. Die **Auslandsverschuldung** steigt von 2,16 Mrd. US-$ 1974 auf 3,14 Mrd. $ Ende 1975. *Die Lebenshaltungskosten* im Großraum Lima-Callao wachsen 1975 um 24 % (1974 +19,1 %, April 1975–April 1976 +25,71 %). Zur Ankurbelung der Wirtschaft sollen nun auch Klein- und Mittelbetriebe gefördert werden. Das Schwergewicht der **Investitionen** liegt jedoch weiter beim Staat, der auch den Bau der Ölleitung im Norden und des Ölhafens Bayóvar weiterführt; die Investitionen werden besonders durch Kredite zahlreicher Länder sowie von BID, CAF und IBRD ermöglicht. Die Landwirtschaft, bisher ungenügend gefördert, soll durch den Ausbau der Bewässerungsanlagen am Chira-Fluß und eine Traktorenfabrik neue Impulse erhalten. – Am 29. 1. 1976 erklärt die Regierung, sie verlange in der Frage der eventuellen Gewährung eines Korridors für Bolivien durch Chile zum Meer ein Mitspracherecht. – Am 31. 1. *nández Maldonado Solari* als Nachfolger von ernennt der Staatspräsident General *Jorge Fer-* General *Oscar Vargas Prieto* zum neuen **Regierungschef** und Verteidigungsminister. – Die steigenden Lebenshaltungskosten führen im April 1976 zu einem **Streik** im Kupferbergbau, so daß die sozialistisch orientierte Militärregierung den befristeten **Ausnahmezustand** verhängt. Am 24. 6. geht – sieben Jahre nach Erlaß des Gesetzes – die **zweite Phase der Agrarreform zu Ende;** seit 1969 sind 14 500 Großbetriebe mit mehr als 50 ha enteignet, davon 6,8 Mill. ha an genossenschaftlich zusammengeschlossene Bauernbetriebe, 140 000 ha an 19 500 private Kleinbetriebe übergeführt worden. Die restlichen 3,2 Mill. ha sollen in den nächsten Jahren an Kleineigentümer übergeben werden. Die Produktion ist zwar in einigen Regionen zurückgegangen, da den Genossenschaften Mittel und Fachleute vielfach noch fehlen, aber die **Zusammenlegung der »Minifundien«** hat die Voraussetzungen für steigende Erträge gebracht. – Politische Differenzen beim Militär, ein **Putschversuch** im Juli, Unruhen in Bergwerken und auch auf dem Lande, wachsende wirtschaftliche Schwierigkeiten im Rahmen des bis 1981 laufenden, an den »Plan Inka« anschließenden **Sechsjahresplans »Tupac Amaru«** führen am 16. 7. 1967 zu einem erneuten **Regierungswechsel.** Staatspräsident *Francisco Morales Bermudez* entläßt u. a. den Ministerpräsidenten *Jorge Fernández Maldonado Solari,* einst die treibende Kraft der sozialistischen Reformen unter dem weit links stehenden, 1975 gestürzten Präsidenten *Juan Velasco Alvarado.* Die Ernennung der neuen Regierung unter General *Guillermo Arbulu Galliani* gilt als eine Wendung zur Mitte hin, zu einer **Konsolidierung der Reformen** und zu einer Aktivierung v. Industrie u. Handel durch mehr Privatinitiative. – Im NW von Cuzco werden die **Ruinen der letzten Inka-Hauptstadt** (Vilcabamba) **aufgefunden.**

Philippinen Die wirtschaftliche Entwicklung verläuft nur wenig zufriedenstellend, die sozialen Spannungen erfahren keine Verminderung. – Die **Industrialisierung** schreitet **ungenügend** voran, noch immer entfallen 54 % der Erwerbstätigen auf die Landwirtschaft. – Die Aktionen der muslimischen »Befreiungsfront« (s. WA '76, S. 393) dauern an, namentlich auf dem Sulu-Archipel und auf Mindanao, wo angeblich 30 000 Bewohner von Lanao und anderen Unruhegebieten flüchten. – Insgesamt sollen sich kraft des seit 1972 bestehenden Ausnahmezustandes etwa **4000 Personen ohne formelle Anklage** in Haft befinden. – Im November ernennt **Präsident** *Fernando E. Marcos* seine Frau *Imelda R. Marcos* zur Gouverneurin der neuen Verwaltungseinheit Groß-Manila. Vom 31. 5.–6. 7. weilt Staatspräsident *Fernando E. Marcos* zu einem Besuch in der Sowjetunion und vereinbart mit dieser die Aufnahme diplomatischer Beziehungen sowie Wirtschafts- und Handelszusammenarbeit. Mitte August vernichtet ein **Erdbeben** auf Mindanao u. auf den Sulu-Inseln Hunderte von Siedlungen und **fordert weit mehr als 3000,** wahrscheinlich aber über 5000 Menschenleben. – Am 10. 9. 1976 bildet Präsident *Marcos* einen **»Staatsrat«** aus Regierungsmitgliedern und Vertretern der Gemeindeversammlungen, der mit ihm die Gesetzgebungsbefugnisse teilen soll.

Polen Nach offiziellen Angaben steigt 1975 das **Nationaleinkommen** gegenüber dem Vorjahr um 8 % an; die Industrieproduktion erhöht sich um 12,3 %, die Agrarerzeugung sinkt, witterungsbedingt, um 2,6 %. Der durchschnittliche Reallohn wächst 1975 um etwa 8 %. – Auf dem vom 8.–12. 12. 1975 in Warschau stattfindenden **Parteitag der PZPR** (PVAP) wird eine prov. Übersicht über den **Fünfjahresplan 1971–1975** gegeben: Erhöhung des durchschnittlichen Monatslohnes von 2235 Zł 1970 auf 3500 Zł (in Verbrauchergeldparität annähernd von rund 355 auf 690 DM); Anstieg der Netto-Anlageninvestitionen um 22 %; Schaffung von 1,9 Mill. Arbeitsplätzen und damit Vollbeschäftigung; Erhöhung des Fleischverbrauchs je Einwohner und Jahr von 53 kg auf 70 kg; Bau von 1 125 000 Wohnungen. **Planziele 1976–1980:** jährliche Steigerung der Inlandsproduktion um 7 %, der Industrieerzeugung um 8,2 %, der Arbeitsproduktivität um 6 %, des Reallohns um 3,4 %; Ausbau der Agrarproduktion, um zum Nettoexporteur von landwirtschaftlichen Erzeugnissen zu werden. (Am 28. 11. 1975 wird jedoch mit den USA ein Vertrag über jährliche US-Getreidelieferungen von 2–3 Mill. t im Zeitraum 1976–1980 geschlossen.) – Am 10. 2. 1976 billigt der »Sejm« eine **Verfassungsrevision;** es heißt nun u. a.: »Die Volksrepublik Polen ist ein sozialistischer Staat« (vorher »Staat der Volksdemokratie«). »Die führende politische Kraft der Gesellschaft beim Aufbau des Sozialismus ist die PZPR.« *Stefan Kardinal Wyszynski* und 59 führende Wissenschaftler, Künstler und Journalisten kritisieren verschiedene Artikel der Verfassung, da sie echten Pluralismus in Konfession, Erziehungswesen und Arbeitsrecht nicht garantierten. – Die **Wahlen in den »Sejm«** vom 21. 3. 1976 ergeben **98,10 % der Stimmen für die Liste der Kandidaten der »Nation. Einheitsfront«;** der Führer der PZPR, *Edward Gierek,* wird in seinem Wahlkreis mit 99,99 % der Stimmen wiedergewählt. Die Wahlen bringen keine wesentlichen Veränderungen; gleiches gilt für die Neuwahl des »Staatsrates« und die Neubildung der Regierung am 25. 3. – Am 15. 3. 1976 werden die **deutsch-polnischen Verträge ratifiziert** (s. BR Deutschland), die neben den deutschen finanziellen Leistungen in einem Protokoll die Ausreisegenehmigung für 120 000 bis 125 000 Deutsche aus Polen vorsehen; von Anfang 1950 bis Oktober 1976 sind insgesamt 471 760 Deutsche nach der BR Deutschland übersiedelt, darunter von Anfang 1971 bis Oktober 1975 59 381. – **Ministerpräsident** *Piotr Jaroszewicz* kündigt am 25. 6. **umfangreiche Preiserhöhungen** an, u. a. für Fleisch um bis zu 69 %; dafür sollen, besonders für niedrige Einkommen, Teuerungszulagen gewährt werden. **Gegen diese** angekündigten **Maßnahmen** kommt es an verschiedenen Orten und in Fabriken zu **Streiks,** u. a. im Traktorenwerk Ursus, wo Arbeiter durch Schienenbeschädigung eine D-Zugstrecke lahmlegen; in Radom werden **Fahrzeuge und ein Parteigebäude angezündet. Zwei Menschen verlieren bei den Unruhen ihr Leben.** Parteichef *Edward Gierek* verurteilt die Ausschreitungen, die von »asozialen Kräften« angestiftet worden seien. In einem Schnellverfahren werden mehrere **Arbeiter zu hohen Gefängnisstrafen verurteilt;** gegen die Urteile protestieren 13 Intellektuelle in einem offenen Brief. – Die Regierung nimmt die Preiserhöhungen zurück; die Partei erläutert jedoch in Versammlungen die Notwendigkeit der Preisanhebung, deren Umfang aber in Diskussionen mit der Bevölkerung festgelegt werden soll. – Die allgemeine wirtschaftliche Situation fordert zahlreiche Einschränkungen, infolge der schlechten Ergebnisse der Agrarproduktion besonders bei Lebensmitteln, in erster Linie in der Fleischversorgung.

Portugal Die **wirtschaftliche Situation erfährt** in der Berichtszeit **eine zunehmende Verschlechterung;** das Bruttosozialprodukt sinkt 1975 um 15 %, die Lebenshaltungskosten steigen von Mitte 1975 bis Mitte 1976 um 35 %, die **Zahl der Arbeitslosen** erreicht eine Quote von über 15 %, unter Einrechnung arbeitsloser Afrika-Flüchtlinge vermutlich 25 %. Die Zahl der Flüchtlinge wächst bis Mitte 1976 auf über eine halbe Million. Der am 31. 12. 1975 verabschiedete **Staatshaushalt** für 1976 ist bei einer Höhe von 105 Mrd. Escudos **zu einem vollen Drittel ungedeckt,** trotz der Senkung der Verteidigungsausgaben von 9 Mrd. auf 2 Mrd. Escudos; für soziale Einrichtungen sind 12,6 Mrd. Escudos vorgesehen. Die **Kapitalflucht,** durch Verstaatlichung von etwa 60 % von Industrie, Banken und Handel ausgelöst, kann nur bedingt eingedämmt werden. Das Handelsdefizit wächst rasch, nicht zuletzt durch die steigenden Nahrungsmitteleinfuhren wegen des Rückgangs der Agrarproduktion. Von den Goldreserven in Höhe von umgerechnet 7,5 Mrd. DM, die 1974 von der Revolutionsregierung übernommen worden sind, verbleiben im Frühjahr 1976 nur noch 1,5 Mrd. DM. – **Nur durch** die von der **EG** im Oktober 1975 gewährte **Soforthilfe** in Höhe von 150 Mill. RE (etwa 460,5 Mill. DM) und von weiteren 200 Mill. RE im April 1976, durch eine Kapitalhilfe der BR Deutschland (70 Mill. DM, weitere Hilfe zugesagt; außerdem 1975 westdeutsche Investitionen im Umfang von 350 Mill. DM) sowie verschiedene andere Kredite (USA 240 Mill. $ usw.) und EFTA-Zusagen sowie »Ölfazilitäten« des IWF **gelingt es, den drohenden wirtschaftlich-finanziellen Zusammenbruch zu verhindern.** – Landbesetzungen in dem von Großgrundbesitzern bestimmten Süden, Unruhen unter der kleinbäuerlichen Bevölkerung des Nordens, die sich gegen Kollektivierungsversuche zur Wehr setzt, Streiks und Unruhen in Industriebetrieben sowie Zusammenstöße schaffen im Herbst und im Winter 1975/76 zusätzliche Schwierigkeiten. – Dazu kommen heftige Auseinandersetzungen zwischen den Parteien und im »Revolutionsrat«. Am **25./26. 11. 1975 scheitert eine Rebellion linksgerichteter Truppenverbände,** die fünf Menschenleben und zahlreiche Verwundete fordert. Viele in den Putsch verwickelte Militärs werden degradiert und aus dem »Revolutionsrat« ausgeschlossen, darunter der Befehlshaber der Sicherheitsgruppe COPCON, Brigadegeneral *Otelo Saraivo de Carvalho,* und der Heeresgeneralstabschef General *Carlos Fabião.* – Am 26. 2. 1976 bringt ein **»Verfassungspakt«** zwischen »Revolutionsrat« und Parteien eine gewisse politische Beruhigung. – Am 2. 4. billigt die »Verfassunggebende Versammlung« die **Verfassung,** trotz gegensätzlicher Auffassung im einzelnen; sie **tritt**

am 25. 4. 1976 in Kraft und kann nur mit Zweidrittelmehrheit und erst nach 4 Jahren geändert werden, wobei jedoch die **Verankerung des Sozialismus nicht angetastet werden darf.** Festgelegt sind die »**klassenlose Gesellschaft**«, »demokratische Wirtschaftsplanung«, die »**Kollektivierung** der Produktionsmittel, des Bodens, der Bodenschätze und die Unterdrückung der Monopole sowie des Großgrundbesitzes«. – Bis zu den Wahlen vom **25. 4. 1976** kommt es verschiedentlich zu Unruhen und Demonstrationen, doch die **Wahlen** selbst verlaufen bei einer Beteiligung von 83,29 % ruhig und bringen **folgendes Ergebnis** in %: PSP (Soz.) 35,01 (1975 37,87) – PPD (Sozialdem.) 26,38 (20,01) – CDS (Dem. Soz. Zentr.) 15,87 (7,65) – PCP (Komm. P.) 14,59 (12,53) – UDP (Dem. Volksun., maoist. KP) 1,69 (0,79); alle übrigen (meist linken) Parteien erhalten weniger als 1 % der Stimmen, u. a. PDC (christl.-dem. 0,52) und PPM (monarch., 0,52). Die Sozialisten sind in der Algarve, im nördl. Alentejo, in Beira Lit. und Douro Lit. besonders stark vertreten, die Kommunisten in beiden Alentejo und im Gebiet von Setúbal, PPD und CDS vor allem im Norden. – Den Inselgruppen **Azoren** und **Madeira,** in denen sich sezessionistische Tendenzen abzeichnen, wird innere Autonomie zugebilligt. – Die Zeit zwischen den Wahlen vom April und den Präsidentschaftswahlen vom 26. 6. 1976 bringt Unruhe und weitere wirtschaftliche Verschlechterung. Von den vier Kandidaten für die Präsidentschaft geht der von Sozialisten und gemäßigten Parteien gestützte Heeresoberbefehlshaber General **Antônio Ramalho Eanes** mit einem Stimmenanteil von 61,54 % als eindeutiger Gewinner hervor; an zweiter Stelle folgt mit 16,52 % der von den Linksradikalen aufgestellte Kandidat, der frühere Sicherheitschef *Otelo Saraivo de Carvalho,* an dritter der bisherige Regierungschef Admiral *José Pinheiro de Azevedo* mit 14,36 % und an letzter der kommunistische Kandidat *Octavio Pato* mit 7,59 %. Am 14. 7. wird **Eanes** als Nachfolger von *Costa Gomes* als **Staatspräsident** vereidigt; **er ernennt** den Sozialisten **Mario Soares** als Nachfolger von Admiral *Azevedo* **zum neuen Regierungschef;** dieser bildet ein **Minderheitskabinett** – die 7. Regierung seit der Revolution von 1974 – seiner Partei, da er die Aufnahme der Kommunisten in die Regierung ablehnt und eine Regierungszusammenarbeit mit den gemäßigten und rechten Parteien der Mitte wegen des starken linken Flügels der PSP nicht ins Auge fassen kann. Das CDS läßt eine Tolerierung des Kabinetts erkennen, die PCP lehnt es ab, da sie eine Volksfront fordert. *Soares* nennt als **Hauptpunkte des Regierungsprogramms:** Erhaltung der Errungenschaften der Revolution, Sanierung der Wirtschaft, innere Befriedung. – Die Rückkehr des ehem. Präsidenten General *Spínola* stößt namentlich bei der Linken auf heftige Kritik. – Die Regierung unternimmt im Aug./September Schritte zu drastischen Sparmaßnahmen und zur Hebung ihrer Autorität, um der sich verschärfenden wirtschaftlichen Situation zu begegnen. Weitere umfassende Auslandshilfe wird als unerläßlich angesehen. – Mitglieder des »Revolutionsrates« dürfen künftig keine gehobenen militär. Funktionen ausüben.

Puerto Rico Die wirtschaftliche Entwicklung des zu den USA gehörenden autonomen »Commonwealth« zeigt ein immer stärkeres **Hervortreten von Industrie und Dienstleistungen;** von 750 000 Beschäftigten sind nur noch 53 000 in der Landwirtschaft tätig. – Angehörige der illegalen »Streitkräfte für die Nation. Befreiung« (»Fuerzas Armadas de Liberación Nacional«/**FALN)** verursachen auch 1975 wieder Terroranschläge in den USA; die FALN wird im Herbst 1975 auf einer internationalen »Solidaritätskonferenz« erneut in ihren Bestrebungen anerkannt. – Am 27./28. 6. findet auf Einladung von US-Präsident *Gerald R. Ford* ein **Gipfeltreffen** mit den Regierungschefs Frankreichs, Großbritanniens, Italiens, Japans und der BR Deutschland statt, bei dem die wirtschaftliche Situation und Maßnahmen zur weiteren konjunkturellen Belebung sowie allgemeine politische Probleme von gegenseitigem Interesse besprochen werden. Bei den kleineren EG-Mitgliedern herrscht Verstimmung darüber, nicht eingeladen zu sein. – Nicht zur Veröffentlichung bestimmte und umstrittene Äußerungen von Bundeskanzler *Helmut Schmidt,* Italien werde bei einer Regierungsbeteiligung von Kommunisten keine Kredite erhalten, verursachen kritische Äußerungen in zahlreichen Ländern, besonders in Italien, in dem sie als Einmischung in innere Angelegenheiten angesehen werden.

Rat für gegenseitige Wirtschaftshilfe/RGW In der Berichtszeit werden weitere gegenseitige Abkommen der Mitglieder für die Intensivierung der Zusammenarbeit und Koordinierung der Pläne geschlossen. Auch die Zusammenarbeit mit den Entwicklungsländern, von denen 1975 nach »TASS« 64 in Afrika, Asien und Lateinamerika Kredite erhalten haben, wird verstärkt. – Die Verschuldung der RGW-Partner bei westlichen Industrieländern wird auf etwa 18 Mrd. US-$ geschätzt. – Nach einer Aufstellung im »Wochenbericht« des DIW (1975 Nr. 36) steht beim Bestand an dauerhaften Konsumgütern die DDR überwiegend an der Spitze, gefolgt von der Tschechoslowakei, im Vergleich jedoch gegenüber der BR Deutschland beachtlich zurückliegend. (S. auch Abschnitt »Polit. und wirtschaftl. Zusammenschlüsse«.)

Rhodesien Nach der am 28. 9. 1975 erfolgten **Spaltung des** »African National Congress«/**ANC** in einen gemäßigteren Flügel unter *Joshua Nkomo* und einen radikalen, die Guerilla-Aktionen unterstützenden unter Bischof *Abel Muzorewa,* kommt es in **Konsequenz des Scheiterns der** von Herbst 1975 bis März 1976 **zwischen** Premierminister **Ian Smith und Nkomo geführten Gespräche** zeitweise zu einer Annäherung. Vorschläge Südafrikas zu einer gewissen Berücksichtigung der afrikanischen Forderungen finden bei *Smith* nur bedingt Zustimmung. Die im März 1976 erneut ausgesprochene Forderung der britischen Regierung, in dem nach ihrer Auffassung noch immer britischen Dominion – das von der UNO und von den Afrikanern als **»Zimbabwe«** bezeichnet wird – bis spätestens in 2 Jahren eine afrikanische Mehrheitsregierung (»Majority Rule«) zu bilden, wird von *Smith* abgelehnt; er nennt einen Zeitraum von 10 bis 15 Jahren und stellt fest, daß – trotz des von der UNO angeordneten und seit der Unabhängigkeit von Mosambik und Angola verstärkten Boykotts – die rhodesische Wirtschaft funktioniere. – Am 6. 4. 1976 verfügt der **UNO-Sicherheitsrat** einstimmig eine **Verschärfung der Sanktionen** und fordert die Unterstützung von Mosambik, das sich dem Boykott anschließt. Nachbarländer Rhodesiens und der radikale Flügel des ANC betonen, daß nur noch durch Krieg eine Lösung gefunden werden könne. US-Außenminister *Henry Kissinger* erklärt im April 1976 auf seiner Afrikareise, die **USA würden** zwar keine Waffen liefern, aber den durch den Boykott Nachteile erleidenden afrikanischen Staaten wirtschaftliche und finanzielle Hilfe leisten und **sich dafür einsetzen, eine afrikanische Mehrheitsregierung zu bilden.** – Premierminister *Smith* nimmt Ende April 10 Afrikaner (*»Simbabwer«*), darunter vier Häuptlinge, in die Regierung auf, und zwar vier als Minister und sechs als stellv. Minister, die jedoch nach Ansicht der Nationalisten ohne Einfluß sind. Nach rhodesischen Angaben soll es in den Gebieten an der insgesamt 1300 km langen Grenze und in den Gebirgen etwa 6000, im Innern des Landes rund 1000 afrikanische Guerillas geben, die wachsende Aktivität entfalten. Die reguläre **rhodesische Armee** in Stärke von 5700 Mann (außerdem 10 000 Reservisten) nimmt auch portugiesische Flüchtlinge aus Angola und Mosambik auf; die Wachsondereinheit aus früher in Armee oder Polizei gedienten Afrikanern soll auf 1000 Mann verstärkt werden. Durch die Unterstützung der Guerillas seitens Sambia und Mosambik werden die Anforderungen an die rhodesische Verteidigung ständig größer; die **Zunahme der Überfälle auf weiße Farmer** bereitet besondere Sorge. Im Sept. 1976 wird ein **»Kriegsrat«** gebildet, um die Aktionen gegen die Guerillas zu koordinieren. Nach offiziellen Angaben sind v. Dez. 1972 b. Mitte Sept. 1976 etwa 1600 Guerillas sowie durch Guerillas mehr als 200 Angehörige der Sicherheitskräfte und über 600 Zivilisten, ganz überwiegend Afrikaner, getötet worden. – Die Aktionen der schwarzen Nationalisten werden durch d. Streit zwischen d. verschiedenen Organisationen behindert. – US-Außenmin. *Kissinger* versucht auf seiner zweiten Afrikareise im Sept. erneut, Wege f. eine gewaltlose Errichtung einer schwarzen Mehrheitsregierung zu finden, bisher jedoch ohne sichtbaren Erfolg. – Papst *Paul VI.* ernennt d. schwarz-afrikan. Bischof *Tschakaipa (Chakaipa)* z. Erzbischof, so daß dieser nun den Vorrang in d. mehrheitl. aus Weißen gebildeten Bischofskonferenz besitzt. (S. auch »Mosambik«.)

Rohstoffkonferenz s. auch »Entwicklungsländer« und Abschnitt »Wirtschaft«.

Rumänien Der Volkswirtschaftsplan 1975 wird in den meisten Sektoren erfüllt, doch bleiben weiterhin Versorgungsengpässe. 1976 soll die forcierte **Industrialisierungspolitik fortgesetzt** werden; von den Investitionen sind 67 % für die Industrie und 10 % für die Landwirtschaft vorgesehen. Die Industrieproduktion soll 1976 um 10,2 % steigen. Die industrielle Kooperation mit anderen Ländern, auch mit der BR Deutschland, soll fortgesetzt werden. In den nächsten fünf Jahren ist geplant, auf dem Lande die Zahl der agroindustriellen stadtähnlichen Zentren auszubauen. Für 1976 ist der Bau von insgesamt 145 000 Wohnungen beabsichtigt. Mit der UdSSR wird am 28. 12. 1975 eine Vereinbarung über erhöhte gegenseitige Zusammenarbeit im Sinne einer intensivierten sozialistischen Integration geschlossen. – Am 3. 12. 1975 erklärt Präsident *Nicolae Ceaușescu,* die jeweilige Sprache der ethnischen Minderheiten sei wichtig für deren gesellschaftliche Aktivität, aber der Kommunismus könne nicht auf der Ebene der Nationalitäten aufgebaut werden, die übrigens ihren Platz als im Lande verwurzelt betrachten müßten; er betont erneut, daß die Abwanderung (von Deutschen) nur aus Gründen der Familienzusammenführung und sonstigen humanitären Gründen erlaubt werden könnte. – Im Juli 1976 wird eine Amnestie für alle Häftlinge erlassen, die Strafen bis zu zwei Jahren verbüßen. – Das Gesetz über den **Fünfjahresplan 1976–1980** wird im August 1976 endgültig angenommen; die Industrieproduktion bleibt Schwerpunkt, die Produktivität soll gesteigert, die Agrarproduktion wesentlich erhöht werden, um Engpässe in der Nahrungsmittelversorgung zu beseitigen.

Sabah s. Malaysia

Sahara Die Entwicklung in der ehem. Span. Sahara (Westsahara; s. WA '76, S. 396 ff.) nimmt einen dramatischen Verlauf. Der **Internat. Gerichtshof** in Den Haag **erklärt** am 16. 10. 1975, das Gebiet habe zum Zeitpunkt der spanischen Festsetzung zwar gewisse rechtliche, aber keine territorialen Bindungen zu Marokko und Mauretanien gehabt. Der Entkolonialisierungsausschuß der **UNO beschließt,** der Bevölkerung Gelegenheit zur **Selbstbestimmung** zu geben. **Marokko** (s. dieses) **organisiert** jedoch **einen »Volksmarsch«,** Mauretanien bekräftigt seinen Anspruch. Algerien unterstützt die **»Volksbefreiungsbewegung«/FPOLISARIO** der *»Saharaúis«,* (nach der Zählung von 1974 73 497, darunter 12 428 Nomaden). **Spanien kommt den Absichten von Marokko und Mauretanien entgegen. Algerien wendet sich gegen das Abkommen.** Das spanische Ständeparlament (»Cortes«) billigt am 18. 11. 1975 den spanischen Rückzug aus der Sahara. **Die letzten spanischen Truppen verlassen am 12. 1.,** die letzten Verwaltungsbeamten am 26. 2. **1976 diese Gebiete,** aus deren größeren Orten die Saharaúis aus Furcht vor marokkanischen Verfolgungen fliehen. Die FPOLISARIO spricht von »Völkermord«, das »Rote Kreuz« berichtet von einer schwierigen Situation der Flüchtlinge in den algerischen Lagern in der Umgebung von Tindouf. – **Die »UNO-Vollversammlung« stimmt am 6. 12. einer von Algerien angeregten Resolution zu,** die eine von der UNO gemeinsam mit Spanien vorzunehmende »Überwachung des Aktes der Selbstbestimmung« fordert, **bejaht aber ebenso einen von Marokko eingebrachten Entschluß,** der eine »Übergangsverwaltung« vorsieht, um dann mit Hilfe eines UNO-Vertreters die »Selbstbestimmung festzustellen«. **Marokkanische und mauretanische Truppen besetzen** nach und nach **die westsaharischen Gebiete;** vereinzelt kommt es zu Zusammenstößen an der algerischen Grenze, immer wieder aber zu Guerilla-Aktionen der FPOLISARIO, deren Generalsekretär *Sayedel-Quali* bei einem Überfall auf die mauretanische Hauptstadt Nuakschott Mitte Juni 1976 fällt (Nachfolger: *Mohamed Abdelasis*). Nach marokkanischen Angaben sollen bis April 1976 alle Guerillas vertrieben worden sein. Am 7. 3. 1976 brechen Marokko und Mauretanien die Beziehungen zu Algerien ab. – **Am 14. 4. 1976 wird das marokkanisch-mauretanische Abkommen über die gemeinsame Ausbeutung von Bodenschätzen und die neue Grenze unterzeichnet** und wenig später ratifiziert. **Marokko übernimmt** aufgrund eines Abkommens mit Spanien **65 % der Aktien der die** auf 1,7 Mrd. t geschätzten **Phosphatvorkommen** von Bou Craa **ausbeutenden spanischen INI.** – Am 6. 12. 1975 wird **in Algier** ein am 3. 12. gebildeter **»Provisorischer Nationalrat der Sahara«** vorgestellt, der sich auch auf Erklärungen der Mehrheit der ehem.-saharischen »Nationalversammlung« (»Jema« bzw. »Jamaa«) stützt; Vorsitzender ist *Mohamed Ould Ziou.* »Nationalrat« und FPOLISARIO proklamieren auf saharischem Boden (angeblich in der Oase Laheu)

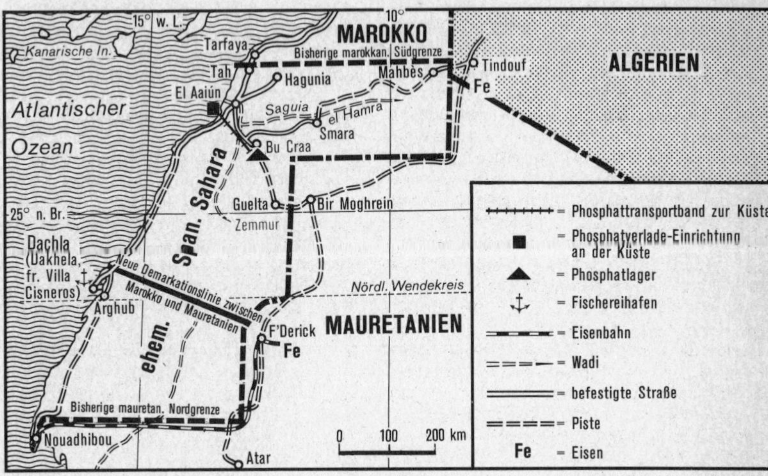

Sahara

Die West-Sahara (ehem. Sahara Español) seit der Aufteilung

in der Nacht zum 28. 2. 1976 die **»Arabisch-Saharaúische Demokratische Republik«** (Demokr. Arab. Rep. Sahara/DARS); Ministerpräsident ist *Mohamed Lamine Ould Ahmed,* Außenminister *Hekim Brahim.* Diese **Exilregierung,** die bis Ende März 1976 von Algerien, Angola, Benin, Burundi, Guinea-Bissau, der Volksdem. Rep. Korea (Nord-K.), Madagaskar, Mosambik und Togo anerkannt wird, will die Zulassung zur »Arabischen Liga« und zur UNO beantragen. Eine Einigung für eine Lösung des Sahara-Konfliktes zwischen Algerien, Marokko und Mauretanien gelingt auch nicht auf der OEA-Konferenz vom Juli 1976 auf Mauritius.

Sahel-Länder Die in den vergangenen Jahren von langer Dürre hart betroffenen Länder (s. WA '75, S. 398) sollen nach einer von US-Außenminister *Henry A. Kissinger* Anfang Mai 1976 in Senegal gegebenen Anregung unter maßgeblicher Beteiligung der USA durch ein umfassendes internationales Hilfsprogramm unterstützt werden.

Salomon-Inseln s. Großbritannien und Bougainville

SALT s. Abrüstung

Sambia Nach einer Bauzeit von fünf Jahren, ein Jahr früher als geplant, wird am 23. 10. 1975 probeweise und im Juli 1976 endgültig die **1860 km lange,** von Sambia nach dem Hafen Dar es Salaam in Tansania führende, mit Hilfe eines Pekinger Kredits von 410 Mill. US-$ und von 30 000 Chinesen sowie 20 000 Afrikanern gebaute Breitspurbahn (1067 mm) – die **TANZAM** – in ihrer ganzen Länge **dem Verkehr übergeben**; 300 Brükken, 22 Tunnels und 147 Bahnhöfe gehören zur technischen Leistung. Sambia kann nun zwar auf den Transport seiner Kupfererze über Rhodesien verzichten und über Tansania ausführen, doch ist der Hafen von Dar es Salaam ständig überlastet; außerdem stehen nun auch die Bahnen über die unabhängig gewordenen Länder Angola und Mosambik zur Verfügung, so daß die Wirtschaftlichkeit der Bahn, die zudem eine breitere Spurweite hat als die ostafrikanischen Linien, nicht gesichert erscheint. – Präsident *Kenneth David Kaunda* bildet Ende 1975 und auch 1976 mehrfach seine Regierung um, mit dem Ziel, größere wirtschaftlich-politische Effektivität zu erreichen. Die sinkenden Kupferpreise, ein Zahlungsbilanzdefizit und eine Inflationsrate von über 20 % stellen die Regierung vor große Aufgaben. – Die USA sagen Hilfe für Ausfälle durch den Rhodesien-Boykott zu. – Politische Agitation – angeblich kommunistisch gesteuert – führt zeitweise zu besonderen Sicherheitsmaßnahmen. – Im Juni 1976 werden vier Männer unter der Beschuldigung, 1972/73 rund 100 Sambier zu militärischer Ausbildung nach Südwestafrika gebracht zu haben, um einen Sturz der sambischen Regierung vorzubereiten, **zum Tode verurteilt.** – Die von Sambia vor den Sicherheitsrat gebrachte **Beschuldigung, Südafrika habe** am 11. 7. 1976 das **Grenzdorf Sialola angegriffen** und durch Bombenangriff 24 Menschen getötet, wird von der südafrikanischen Regierung als unwahr zurückgewiesen, desgleichen die am 31. 7. erfolgte Verurteilung durch den Sicherheitsrat.

São Tomé und Príncipe Auf dem 1. Kongreß der »Volksversammlung« wird am 11. 12. 1975 eine neue Regierung mit *Miguel Trovoada* als Ministerpräsident gebildet. Die wirtschaftliche Lage bleibt schwierig. Mit mehreren Ländern, darunter mit Rumänien, werden Kooperationsabkommen geschlossen. Am 4. 12. 1975 werden die **Beziehungen zur BR Deutschland aufgenommen.**

Saudi-Arabien König *Chalid* (*Khaled*) bildet am 13. 10. 1975 seine Regierung um, behält nur das Amt des Regierungschefs und gibt das Außenministerium an Prinz *Saud ibn Feisal* (*Faisal*) ab. – Die Einnahmen aus der Erdölwirtschaft erlauben auch in der Berichtszeit die Vergabe von Krediten, besonders an arabische (u. a. Ägypten), aber auch an afrikanische und nichtarabisch-asiatische Länder. – Die **Einnahmen aus der Erdölwirtschaft** wachsen 1975 um 13,7 % auf 25,7 Mrd. US-$, trotz geringerer Förderung. – In vom 7.–12. 3. 1976 geführten Verhandlungen wird die **Übernahme sämtlicher Netto-Aktiva der US-Ölgesellschaft ARAMCO** bei einer Entschädigung von 250 Mill. US-$ vereinbart. – Am 10. 3. 1976 werden die diplomatischen **Beziehungen zur Demokrat. Volksrepublik Jemen** (Süd-J.) aufgenommen sowie Nichteinmischung in innere Angelegenheiten und Zusammenarbeit auf der Basis arabischer Brüderlichkeit vereinbart. Mit US-Konzernen (u. a. mit Raython Co. über den Ankauf von Raketen im Wert von 1,14 Mrd. $) und Frankreich werden Abkommen über Waffenlieferungen abgeschlossen. – Dem US-Konzern Bechtel wird im Juni ein **Planungsauftrag** für die Dauer von 20 Jahren **zur Schaffung einer Industriezone** am Arabischen (Persischen) Golf erteilt (u. a. Bau einer Stadt mit Großhafen bei Jubail), dessen Gesamtwert mit 9 Mrd. $ angegeben ist. – Ein **westdeutsches Konsortium** erhält den Zuschlag für die **Errichtung eines** mit Erdöl gefeuerten **Kraftwerks** für Meerwasserentsalzung bei Dschidda, ein Projekt in der Größenordnung von rund 1,1 Mrd. DM. – Der frühere Bundeswirtschaftsminister *Karl Schiller* wird im Juli 1976 zum Wirtschaftsberater der Regierung berufen. – In Bagdad (Irak) konstituiert sich eine **Saudische KP im Exil.** – Am 17. 7. 1976 beraten in

Rijad König *Chalid,* der ägyptische Staatspräsident *Anwar as Sadat* und der sudanische Präsident *Dschafar el Numeiri* über die Situation im Libanon und über die Eindämmung der Einmischungsaktionen Libyens in Afrika und im Nahen Osten.

Schweden Die *wirtschaftliche Entwicklung* verläuft auch 1975 *relativ zufriedenstellend,* die **Arbeitslosigkeit** erreicht dank einer flexiblen Beschäftigungspolitik und einer steuerlich ermöglichten großen Lagerhaltung **nur eine Quote von 1,6 %.** Sorgen macht das Anwachsen des Zahlungsbilanzdefizits von 4,2 Mrd. Kr 1974 auf 7,6 Mrd. Kr 1975. Die Verbraucherpreise steigen 1975 um 8,4 % (1974 14,6 %). Der öffentliche Sektor umfaßt rund 47 % des Bruttosozialprodukts. – *Vergleich des realen Wirtschaftswachstums* 1971–1975/1976–1980 in %: 2,9/2,9 bis 3,2 – Privatverbrauch 2,3/2,0 bis 3,0, Bruttoinvestitionen 1,0/2,6 bis 2,7. – Das im September 1975 angenommene **neue Grundsatzprogramm der Sozialdemokraten** sieht als einzig richtigen Weg für die friedliche Entwicklung den »demokratischen Sozialismus« an. Im Oktober erklärt Arbeitsminister *Ingemund Bengtsson,* das gegenwärtige Wirtschaftssystem müsse durch ein sozialistisches ersetzt und die Kontrolle der Produktion in die Hände der Arbeiter gelegt werden. – Am 27. 10. 1975 bildet Ministerpräsident *Olof Palme* die Regierung um; am 28. 10. erklärt er, Schweden habe im laufenden Haushalt als erster Industriestaat 1 % des BSP für Entwicklungshilfe zur Verfügung gestellt. – Am 15. 1. 1976 wird **mit der DDR** ein **Zehnjahresabkommen über** wirtschaftlich-technische **Zusammenarbeit** geschlossen. – Ende April wird der Antrag der Sozialdemokraten und Kommunisten, die *Entwicklungshilfe für Cuba* aufzustocken, im Reichstag abgelehnt und die Hilfe von umgerechnet 36 auf 24 Mill. DM gekürzt. – Am 3. 6. stimmt der Reichstag einem **Gesetz über Mitbestimmung zu,** das den Gewerkschaften Einfluß auch auf Unternehmens- und Arbeitsleitung gibt. – Am 19. 6. wird die **Hochzeit** von Carl XVI. Gustaf mit der Deutschen *Silvia Sommerlath* in Stockholm festlich begangen. – Die *Reichstagswahlen* vom 19. 9. 1976 bringen den bürgerlichen Parteien die Mehrheit (s. Nachtrag am Schluß des Bandes).

Schweiz Die Rezession in den westlichen Industrieländern wirkt sich auch in der Schweiz aus. **Es gelingt** jedoch, den **Anstieg der Verbraucherpreise 1975 auf 3,4 %** und im 1. Hj. 1976 auf etwa 1,1 % **zu senken** (s. Abschnitt »Staaten«/ Schweiz). Das Außenhandelsdefizit verringert sich. Die Finanzrechnung für 1975 schließt mit einem Defizit ab, der Staatsvoranschlag für 1976 sieht ebenfalls ein solches vor. – Bei den **Nationalratswahlen** vom 11./12. 10. 1975 gewinnen die Sozialdemokraten 9 und die Christl.-Dem. Volkspartei 2 Sitze, während u. a. die Freisinnig-Dem. Partei, der Landesring und die Schweiz. Volkspartei je 2 Sitze und die kommunist. Partei der Arbeit 1 Sitz verlieren. Beim Ständerat ergeben sich nur geringfügige Verschiebungen. Die vier großen Parteien können sich nicht auf die Legislatur-Ziele einigen, erklären sich jedoch bereit, bei landeswichtigen Fragen nach gemeinsamen Lösungen zu suchen. Auf der Wintersession der Eidgenössischen Räte (1.–19. 12. 1975) werden u. a. der Beitritt zur BID, die Verlängerung der Preisüberwachung und die Beschaffung von Kampfflugzeugen aus den USA beschlossen. Am 10. 12. werden von der Vereinigten Bundesversammlung **alle bisherigen Bundesräte wiedergewählt;** Bundespräsident für 1976 wird Bundesrat *Rudolf Gnägi,* Vizepräsident *Kurt Furgler.* – Die beabsichtigte Eingliederung des Schweizer Franken in die sogen. »Währungsschlange« kommt wegen Bedenken Frankreichs nicht zustande. – Die Verordnung über die Herabsetzung der wöchentlichen **Höchstarbeitszeit** der Arbeiter und Angestellten in Industrie und Büros von 46 auf 45 Stunden tritt am 1. 1. 1976 in Kraft. – Die Eidgenöss. **Volksabstimmung** vom 21. 3. 1976 **lehnt** eine **Mitbestimmungsinitiative** der Gewerkschaften und einen Gegenvorschlag der Bundesversammlung **ab.** – Am 26. 3. erfolgt der Durchschlag des Sicherheitsstollens für den **St. Gotthard-Straßentunnel,** der bis 1980 fertiggestellt sein soll. – Auf der Frühjahrssession der Eidgenöss. Räte (1.–19. 3. 1976) werden Maßnahmen zum 3. **Arbeitsbeschaffungsprogramm** beschlossen, u. a. die einschlägigen Investitionen von Bund, Kantonen und Gemeinden. – Die Wahlen in den **Verfassungsrat des künftigen Kantons Jura** bringen den Autonomisten eine Zweidrittelmehrheit; am 14. 4. 1976 wird der Rat vereidigt. – Die männlichen **Stimmbürger** des Halbkantons Appenzell-Außerrhoden **versagen** am 25. 4. mit einer Mehrheit von vier zu eins den **Frauen die Mitwirkung bei der »Landsgemeinde«;** eine solche ist auch in A.-Innerrhoden und Obwalden nicht gegeben, dagegen in Glarus und Nidwalden gewährleistet. – Im April erläßt eine Aktionsgruppe – darunter *Max Frisch* und *Adolf Muschg* – ein **»Demokratisches Manifest«** zur Wahrung der freiheitlichen Meinungsbildung. – Im Mai spricht sich die **Regierung gegen die Fristenregelung** beim Schwangerschaftsabbruch aus; sie tritt für eine erweiterte Indikationslösung ein. – Die Europäische Sozialcharta wird in Straßburg unter Ratifikationsvorbehalt unterzeichnet. – Im Juni kommt es zu schweren Auseinandersetzungen zwischen südjurassischen Autonomisten und Berntreuen in Moutier. – Am 13. 6. billigt eine Eidgenöss. Volksabstimmung den neuen Verfassungsartikel über die **Arbeitslosenversicherung,** während sie einen Entwicklungshilfskredit im Rahmen der IDA ablehnt. – In der Nacht zum 23. 7. werden durch ein **Zugunglück im Simplon-Tunnel** 6 Menschen getötet und 34 verletzt. – Am 18. 8. 1976 wird bekanntgegeben, daß der Anfang des Jahres in den Ruhestand getretene Waffenchef der Luftschutztruppen, **Oberstbrigadier Jean-Louis Jeanmaire,** wegen des Verdachts, militärische Unterlagen an die Sowjetunion geliefert zu haben, **verhaftet** worden sei. – **Im September übersiedelt** der bisher im Exil in der Schweiz lebende russische Schriftsteller **Alexander Solschinizyn** mit seiner Familie **in die USA.**

Seerechtskonferenz Die Betrachtungen der in Abschnitten seit 1974 tagenden internationalen Konferenz (s. WA '76, S. 400) zur Ergänzung des geltenden Meeres-Völkerrechts zeitigen weder auf der vierten (15. 3.–17. 5. 1976) noch auf der fünften (2. 8.–17. 9. 1976) Tagung substantielle Fortschritte; weitere Tagungen sind für 1977 vorgesehen. (Eine ausführliche Darstellung über die politischen und wirtschaftlichen Zusammenhänge und Ziele bringt *Detlef Herold* in »Die Erde« Berlin 1974, S. 277 ff.)

Senegal Am 4. 2. 1976 wird die Ausweitung der Hoheitsgewässer auf 150 und die der exklusiven Fischereigewässer auf 200 Seemeilen bekanntgegeben. – Am 1. 4. verfügt das Parlament, daß es künftig statt der Einheitspartei drei Parteien geben dürfe: neben der bisher noch allein regierenden UPS die »Senegal. Demokrat. Partei«/PDS von *Ahmadou Booker Sadj* und die (seit 16 Jahren verbotene) prokommunistische »Afrikan. Unabhängigkeitspartei«/PAI.

Seschellen Am 1. 10. 1975 erhält die britische Kronkolonie »Seychelles« innere Autonomie (Einzelheiten über Wirtschaft u. Bevölkerung sowie Karte der Inselgruppe s. WA '76, S. 400 ff.). Auf der Verfassungskonferenz in London (19.–22. 1. 1976) wird die Unabhängigkeit auf den 29. 6. 1976 festgelegt. Der neue Staat erhält auch die Souveränität über die Inseln Aldabra, Desroches und Farquhar, die bisher zum 1965 gebildeten *»Brit. Territorium im Indischen Ozean«* gehört haben. – Die neue Republik mit ihrem Präsidenten *James R. Mancham* ist das 36. Mitglied des »Commonwealth« u. das 48. der OEA. – Am 3. 7. werden diplomat. Beziehungen zur DDR aufgenommen; Mitte 1976 wird die Assoziierung mit der EG vollzogen.

Sierra Leone Am 26. 3. 1976 wird *Siaka Probyn Stevens* vom Parlament einstimmig für eine 5-jährige Amtsperiode wiedergewählt. – Die BR Deutschland sagt 1975 einen Kredit von 17 Mill. DM für Straßenbau sowie technische Hilfe zu.

Simbawe (Zimbabwe) s. Rhodesien

Singapur Die wirtschaftliche Entwicklung verläuft trotz Schwierigkeiten in einzelnen Zweigen zufriedenstellend. Die Infrastruktur wird verbessert, der Wohnungsbau in dem dichtbesiedelten Stadtstaat besonders gefördert. – Am 31. 3. 1976 werden **die letzten britischen See- und Landeinheiten abgezogen.** – Auf den Vorwurf der »Sozialist. Internationale«, im Stadtstaat würden Verfassungs- und Presserecht verletzt, antwortet die regierende »Peoples Party« mit dem Austritt.

Somalia Die wirtschaftliche Entwicklung schreitet nur langsam voran; die Auswirkungen der langen Dürre treffen besonders auch die Nomaden, von denen etwa 1200 in das Küstengebiet von Braia umgesiedelt und zu Fischern umerzogen werden. – Am 1. 7. wird der »Oberste Revolutionsrat« aufgelöst und S. als **»sozialistischer Einparteienstaat«** proklamiert, mit der »Soz. Revolutionspartei« als oberstem Organ; General *Mohammed Siyad Barre* wird zu ihrem Vorsitzenden und erneut zum Staatspräsidenten gewählt.

Sowjetunion Nach offiziellen Angaben (s. »Sowjetunion heute«, 1976/2) ist im **neunten Fünfjahresplan 1971–1975 das Nationaleinkommen um 28 % gestiegen,** zu vier Fünfteln durch die Steigerung der Produktivität in der gesellschaftlichen Produktion; die industrielle Erzeugung hat sich um 43 % erhöht, darunter die Produktion von Verbrauchsgütern um 37 %. Die landwirtschaftliche Erzeugung ist trotz ungünstiger Witterung um 13 % gegenüber den vorherigen Durchschnitten gewachsen. Die Realeinkommen je Einwohner erhöhten sich um 24 %. – Insgesamt läßt sich eine Verlangsamung des Wirtschaftswachstums feststellen, das in den 50er Jahren im Mittel 6,4 %, in den 60er Jahren 5,8 % erreicht hat. – Der **Staatshaushalt** weist folgende Einnahmen/Ausgaben in Mrd. Rubel auf: 1960 102,3/101,6 – 1970 156,7/154,6 – 1974 200,3/198,5 – Ende 1975 werden in Baku fünf Männer wegen **Wirtschaftsverbrechen** zum Tode durch Erschießen verurteilt. – In der Berichtszeit kommt es mehrfach zur Verurteilung von »Dissidenten«. – Von **1970–1975** sind (nach »Sowjetunion heute«, 1976/7) **119 140 Juden ausgewandert;** 98,4 % der Antragsteller soll die Ausreise gestattet worden sein. Von den über 2 Mill.

Juden sollen angeblich nur 60 000 gläubig, die übrigen Atheisten sein; ihnen stünden 92 Synagogen zur Verfügung. In Leningrad, das rund 160 000 Juden aufweise, seien in der Synagoge bei Andachten nur 20–30 alte Leute anzutreffen. – Die **Sowjetische Akademie der Wissenschaften** feiert im Herbst 1975 ihr 250jähriges Bestehen. Von den 250 Vollmitgliedern kritisieren 72 die Verleihung des Friedensnobelpreises an *Andrej Sacharow*. – In der Berichtszeit werden mit den RGW-Partnern zahlreiche Kooperationsabkommen abgeschlossen. – Am 7. 10. 1975 wird **mit der DDR ein neuer Vertrag über Freundschaft, Zusammenarbeit und gegenseitigen Beistand abgeschlossen** und am 4. 12. 1975 ratifiziert. – Am 19. 10. bezeichnet die »Prawda« aus Anlaß des russischen Generalstreiks von 1905 den **politischen Massenstreik als bewährtes Mittel im Kampf der Arbeiterschaft** und betont unter Berufung auf *Lenin* einen Ausspruch von *Leonid I. Breschnjew*, daß die Anwendung einer jeden beliebigen Form des Kampfes erlaubt sei. – Am 4. 1. 1976 wird mit **der Demokrat. Rep. Vietnam (Nord-V.)** ein Abkommen über den Bau von rund 40 großen Objekten für die Zeit 1976/1980 unterzeichnet, u. a. eines Wasserkraftwerkes mit einer Kapazität von 1,7 Mill. kW. – Ende Dezember wird aus Anlaß eines Besuchs von Ministerpräsident *Alexej N. Kossygin* in der **Türkei** hervorgehoben, daß diese seit 1969 *wirtschaftliche und technische Hilfe* in Höhe von umgerechnet 3,5 Mrd. DM erhalten habe. – Auf dem **XXV. Parteitag der KPdSU,** der vom 24. 2.–5. 3. 1976 in Moskau stattfindet, sind 4998 Delegierte der Partei vertreten, darunter 1114 Parteifunktionäre; der Anteil der Frauen wird mit 25,1 % angegeben. Rund 12 % der Delegierten sind jünger als 35, ein Drittel zwischen 35 und 50 Jahre und u. a. 9,8 % über 60 Jahre alt. Sieben Delegierte sind bereits vor der Revolution von 1917 Parteimitglieder gewesen, 381 zwischen 1917 und 1941 beigetreten. – Bei den Berichten über die wirtschaftliche Entwicklung werden die Leistungen in der Leichtindustrie und in der Landwirtschaft als unbefriedigend kritisiert. – Bei der Wahl in die führenden Gremien der KPdSU gibt es wenige hervorstechende Änderungen; u. a. wird Landwirtschaftsminister *Dmitri Poljansky* nicht mehr in das Politbüro, das Oberste Führungsgremium, gewählt. Von den 287 Vollmitgliedern des ZK sind 9, von den 139 Kandidaten 4 Frauen. *Breschnjew* wird in allen seinen Ämtern bestätigt, desgleichen *Kossygin*. – Am 29. 3. 1976 eröffnet Bundeswirtschaftsminister *Hans Friderichs* die bisher größte deutsche Ausstellung in der UdSSR (»Metallbearbeitungstechnik in der BR Deutschland«). – Nach dem Tod von Marschall *Andrej A. Gretschko* wird am 30. 4. der

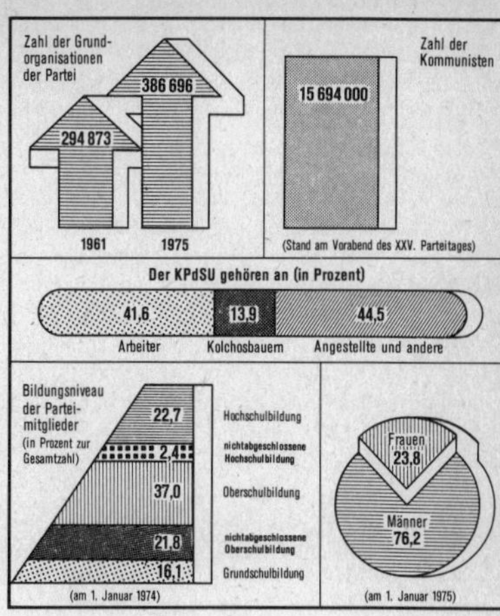

Mitgliederzahl u. soz. Zusammensetzung d. KPdSU
(Nach »Sowjetunion heute«, 1976/3)

Rüstungsexperte und Generaloberst des Technischen Dienstes *Dimitri Ustinow,* seit dem Parteitag vom März Vollmitglied des Politbüros, zum Nachfolger als Verteidigungsminister und im Juli zum Marschall ernannt. – Der zu einer Dissidentengruppe gehörende Krimtatare *Dschemilow* wird im April wegen »Verbreitung antisowjetischer Propaganda« zu Zwangsarbeit verurteilt; **zwei Ukrainer** werden im Mai wegen mehrfachen Mordes in Auswirkung ihrer Zusammenarbeit mit den deutschen Besatzungstruppen **zum Tode verurteilt.** – Dem mehrfach zu langen Haftstrafen verurteilten Systemkritiker und Historiker *André Amalrik* wird die Ausreisegenehmigung erteilt. – **Erdbeben** verursachen im Frühjahr, besonders nach Mitte Mai, in den mittelasiatischen Republiken – u. a. in Gasli, dem Ausgangspunkt wichtiger Erdgasleitungen – schwere Schäden. – Die Regierung veröffentlicht am 21. 5. eine öffentliche **12-Punkte-Erklärung über die Möglichkeiten einer Intensivierung der bilateralen Zusammenarbeit mit der Bundesrepublik,** in der sie sich auf die »Moskauer Verträge« von 1970 und auf das Viermächteabkommen über Berlin bezieht, wobei sie betont, daß deren Geschicke mit »der friedlichen Entwicklung untrennbar« verbunden sein müßten. – Am 2. 9. wird *Nikolai Tichonow* neben *Masurow* gleichberechtigter »Erster Stellvertreter« von *Kossygin*. (S. auch: »Abrüstung« – »Afrika« – »Ägypten« – »Angola« – »Australien« – »Cypern« – »Deutschland« (Bundesrepublik und DDR) – »Frankreich« – »Griechenland« – »Irak« – »Iran« – »Italien« – »Japan« – »Kommunismus« – »Libanon« – »Vereinigte Staaten von Amerika« sowie Abschnitte »Wirtschaft« und »Nobelpreise«.)

Sozialdemokratische und sozialistische Begegnung Im Mai findet in Caracas (Venezuela) ein Treffen von sozialdemokratischen und verwandten sozialistischen Parteien aus 25 westeuropäischen und lateinamerikanisch-karibischen Ländern (darunter auch die SPD mit ihrem Vorsitzenden *Willy Brandt*) statt. Die »faschistischen und totalitären Regime in Lateinamerika« werden verurteilt, die Notwendigkeit von Wirtschaftsabkommen zur Verbesserung der Lage in der »Dritten Welt« wird herausgestellt.

Spanien Die wirtschaftlichen Schwierigkeiten verstärken sich; das **Bruttosozialprodukt** wächst 1975 nur um 1 % (1974 +5,5 %), die Industrieproduktion geht um 2,5 % zurück. Landwirtschaft und Dienstleistungen wachsen um je 3,5 %. Die Arbeitslosenquote erreicht offiziell eine Quote von 4 %, nach privaten Schätzungen 1976 von 5 %. Die Lebenshaltungskosten steigen 1975 um rund 14 % (1974 +17,9 %), Löhne und Gehälter etwas stärker an. Die ausländischen **Investitionen** erhöhen sich jedoch 1975 gegenüber dem Vorjahr; an erster Stelle stehen mit einem Anteil von 65 % die USA. Das Defizit des Staatshaushalts steigt, das *Zahlungsbilanzdefizit* erreicht 1975 2,5 Mrd. US-$. Die öffentliche und private **Auslandsverschuldung** wird für Anfang 1976 mit 8,7 Mrd. US-$ angegeben. Für 1976 wird mit einem realen Wachstum des Bruttosozialprodukts um 4 % gerechnet. – **Terrorakte** ereignen sich besonders seit der zweiten Hälfte des Jahres 1975; mehrfach kommt es zur Ermordung von Polizisten und immer wieder zu polizeilicher Vergeltung, unter der besonders die **Basken** (in Spanien insgesamt etwa 650 000; in Frankreich 170 000) zu leiden haben, die in zahlreichen Organisationen zusammengeschlossen sind; am wichtigsten ist die ETA (»Euzkadi Ta Azkatasuna« = »Baskenland und Freiheit«), gespalten in einen nationalistischen (ETA-V-Versammlung) und in einen internationalistisch-trotzkistischen (ETA-VI-V.) Flügel; dazu kommt u. a. eine separatistische Gruppe (»**Anai Atea**« = »Brüder miteinander«). Teile der ETA arbeiten mit der »Revolut. Antifaschist. Front«/**FRAP** zusammen, die in Verbindung mit den maoistischen Kommunisten (PCEML), aber auch mit der ähnlich ausgerichteten »Liga Revol. Comunista«/**LRC** sowie der *»Jóven Guardia Roja«* steht. Die am 27. 9. 1975 erfolgte **Hinrichtung** der wegen Ermordung von 5 Polizisten verurteilten zwei baskischen Separatisten und 3 FRAP-Angehörigen **ruft** in Spanien und im Ausland **Protestdemonstrationen hervor.** – In dieser kritischen Periode **stirbt** nach langer Krankheit am 20. 11. 1975 der im Bürgerkrieg am 1. 10. 1936 zur Macht gekommene Caudillo und Staatschef General *Francisco* **Franco** *y Bahamonde*. Der Regentschaftsrat übernimmt die Staatsführung; am 22. 11. wird der designierte Nachfolger *Francos*, **Prinz Juan Carlos de Borbón y Borbón, zum König proklamiert und am 27. 11. als Juan Carlos I. gekrönt.** Er spricht sich für eine breite Beteiligung der Bevölkerung an den politischen Entscheidungen aus. Zum neuen Präsidenten des Ständeparlaments (»Cortes«) und des »Kronrates« wird *Torcuato Fernández-Miranda* ernannt. Der bisherige Regierungschef *Carlos Arias Navarro* wird mit der Bildung der neuen Regierung betraut, deren Vereidigung am 13. 12. erfolgt, die aber v. der Opposition abgelehnt wird. – Am 10. 1. 1976 wird **mit den USA ein neues Vertragswerk** über Zusammenarbeit und die US-Stützpunkte (3 Luft-

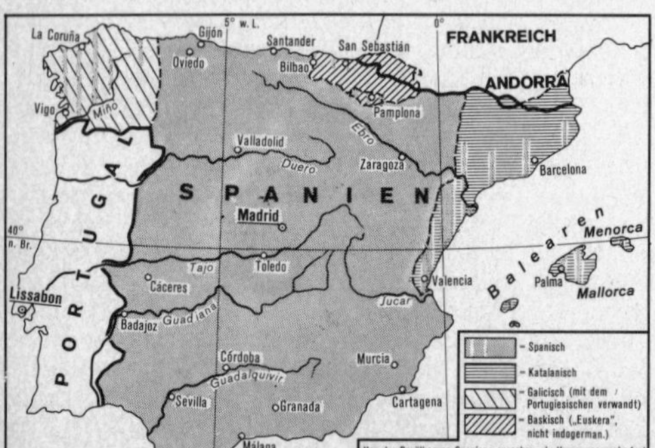

Sprachengliederung in Spanien
Verbreitung der Umgangssprachen (Spanisch ist Staatssprache)

waffenbasen u. der Marinestützpunkt Rota, von dem die Nuklear-U-Boote bis 1. 7. 1979 abzuziehen sind) geschlossen (ratif. 23. 7. 76). Für die 5-jährige Vertragsdauer sind US-Hilfen von 1,22 Mrd. $ vorgesehen, davon 485 Mill. $ für nichtmilitärische Zwecke (der US-Senat ratifiziert den Vertrag am 21. 6. 1976). – Die spanische **Kolonialzeit geht** am 12. 1. 1976 **mit dem Rückzug** der letzten Truppen **aus der** ehem. spanischen **Sahara** (s. diese) **zu Ende.** – In der Regierungserklärung vom 28. 1. und erneut vom Mai 1976 werden Reformen, Wahlen (Anfang 1977) und eine »besondere, spanische Demokratie« in Aussicht gestellt, Versprechen, die nicht befriedigen. – Am 27. 3. schließen sich die illegal kommunistisch gelenkte »Demokratische Junta« (»Junta Democrática«, s. WA '76, S. 404) und die von Sozialisten geführte, mehrere andere Gruppierungen – darunter Christl. Demokraten – umfassende »Demokratische Plattform« (»Plataforma Democrática«, auch »Allianza« oder »Conferencia D.«) zur **»Demokratischen Koordinierung«** (»Coordinación Democrática«) zusammen; sie verlangt künftig eine breite politische Koalition, unter Einschluß der Kommunisten. Gleiche Ziele verfolgt der Mitte April erstmals nach 37 Jahren wieder tagende Kongreß der sozialistischen Gewerkschaft/**UGT,** bei dem auch unter dem Vorsitz des mehrfach verhafteten *Marcelino Camacho*/PCE stehenden, mehrheitlich kommunistisch geführten, illegalen **»Arbeiterkommissionen«** (»Comisiones Obreras«/CCOO) vertreten sind. Von weiteren Zusammenschlüssen sind die 1975 gegründete *»Demokratische Versammlung des Baskenlandes«* (aus der PC de Euskadi, PSP, PTE und USO) sowie die ebenfalls Autonomie anstrebende *»Demokratische Versammlung Kataloniens«* hervorzuheben. Die in sich gespaltenen Sozialisten (die traditionelle PSOE, die PSP u. der regionale »Bund der Sozialist. Parteien«/FPS) lehnen grundsätzlich die Monarchie ab. – Die **Stagnation der innenpolitischen** Entwicklung **unter der Regierung von Arias Navarro** führt zu dessen Rücktritt und Anfang Juli nicht, wie erwartet, zur **Berufung von** liberalkonservativen Männern wie *Fraga Iribarne* oder *J. M. de Areilza,* sondern von **Adolfo Suárez Gonzales zum neuen Regierungschef,** der – wie sein Vorgänger politisch aus der Ära *Franco* kommend – zu den jüngeren Kräften zählt, als ideologisch kaum gebunden gilt, aber bei der Opposition auf Skepsis oder Ablehnung stößt. *Suárez* verspricht eine raschere Durchführung von Reformen und eine Aktivierung der Wirtschaftspolitik sowie eine Amnestierung politischer Gefangener, deren Zahl mit 634 angegeben wird. – Das Ständeparlament (»Cortes«) verabschiedet – nachdem bereits am 9. 6. die **Bildung politischer Parteien** gebilligt worden ist – mit 245 gegen 175 Stimmen und bei 57 Enthaltungen am 14. 7. eine **Strafrechtsreform**, so daß nun auch – unter bestimmten Voraussetzungen – die **Tätigkeit der Parteien** genehmigt werden kann. – *Suárez* nimmt erste Kontakte mit der Opposition auf; die Linkssozialisten, Kommunisten und Linksextremisten bestehen weiterhin auf einem »demokratischen Bruch« mit dem »Regime«. Am 18. 7. kommt es **in 27 Städten fast gleichzeitig zu Bombenanschlägen,** für die eine »Antifaschistische Widerstandsgruppe«/»1. Oktober« die Verantwortung übernimmt. – Am 2. 8. wird das vom König unterzeichnete Amnestiedekret veröffentlicht; rund **zwei Drittel der politischen Häftlinge erlangen die Freiheit**, auch verurteilte Soldaten und Kommunisten. In Haft bleiben alle wegen terroristischer und sonstiger Gewalttaten in Haft genommene und verurteilte Personen. – Die illegale **spanische PCE(KP) veranstaltet** Ende Juli/Anfang August **in Rom einen Kongreß,** an dem auch die italienischen KP-Führer teilnehmen. Der Führer der PCE, *Carrillo Santiago*, die Ehrenpräsidentin *Dolores Ibarruri* (»La Pasionara«) und der CCOO-Führer *Marcelino Camacho* betonen die Unabhängigkeit ihrer Partei und den Willen zu »demokratischer Zusammenarbeit in Spanien«. – Am 28. 7. wird mit dem Vatikan eine **Teilrevision des Konkordats** von 1953 unterzeichnet. – Ende August verfügt die Regierung, **keine Pässe für heimkehrwillige PCE-Mitglieder** (Kommunisten) auszustellen. – Am 4. 9. findet in Madrid eine **Konferenz der »Coordinación Democrática«** aus 79 Parteien, Gewerkschaften u. politischen Gruppen statt. – **Ministerpräsident Suárez kündigt am 10. 9. bis Mitte 1977 Wahlen zu einem Zweikammerparlament an.**

Sri Lanka Am 17. 9. 1975 bildet Ministerpräsidentin Frau *Sirimavo Rattwate Dias Bandaranaike* die Regierung um und schließt die trotzkistische »Lanka Sama Samaja«-Partei aus. – Mit der **Verstaatlichung der** 396 meist britischen **Tee-, der Gummi- und Kokosplantagen** (insgesamt 168 000 ha), schließt die 1972 begonnene Landreform (Höchstbesitz 20 ha) ab; die Leitung bleibt z. T. vorläufig in den Händen der ausländischen Handelshäuser. Von den mit der Reform gegründeten Dorf-Genossenschaften, Jugend-Kommunen und Staatsfarmen haben sich meist nur letztere bewährt. Von der Reform sind auch noch nicht eingebürgerte indische Tamilen betroffen worden; die zugebilligte Einbürgerungsquote reicht nicht aus. – Am 23. 3. 1976 wird ein Abkommen mit Indien über die Grenzregelung und die Wirtschaftszonen im Golf von Bengalen und im Golf von Mannar getroffen. – Parlamentswahlen werden für 1977 angekündigt; die KP stellt als Wahlprogramm die Verstaatlichung aller Banken und Schlüsselindustrien auf. Die Regierung zieht eine Verstaatlichung ausländischer Banken in Erwägung, wenn diese weiterhin zu wenig investieren. – Innenpolitisch erzeugt die schleichende Wirtschaftskrise Spannungen; außenpolitisch wird die Gastgeberrolle für die Gipfelkonferenz der »Bündnisfreien Staaten« (s. diese) im August 1976 als Prestigegewinn verzeichnet.

Südafrika Die wirtschaftliche Entwicklung verläuft nur bedingt zufriedenstellend, wozu auch der jüngste Verfall des Goldpreises beiträgt. Dennoch werden in Bergbau und Industrie durch umfangreiche, auch ausländische Investitionen weitere Fortschritte erzielt, allerdings nicht genug, um die Arbeitsplatzbeschaffungsprobleme für die Nichtweißen voll zu befriedigen. **Die Republik bleibt** mit weitem Abstand **das einzige entwickelte Land des Kontinentes** mit durchschnittlich hohem Lebensstand der Weißen und einem im allgemeineren auch weit höheren der Nichtweißen als in den anderen afrikanischen Ländern. Wachsende Verteidigungsausgaben, die etwa zwei Fünftel des Haushaltes verschlingen, machen eine Erhöhung von Steuern und Abgaben erforderlich. Der Ausbau des Kohlenverflüssigungsverfahrens zur Treibstoffgewinnung wird verstärkt vorgenommen, um von der Ölversorgung aus dem Ausland unabhängiger zu werden. Begonnen wird auch der Bau einer Großanlage zur Herstellung angereicherten Urans. – Die Regierung übergeht aus politischen Gründen Angebote westdeutscher und niederländischer Konsortien für den **Bau von 2 Kernkraftwerken** und unterzeichnet am 28. 5. einen Vertrag mit einer französischen Industriegruppe. – Die *Zahl der ausländischen afrikanischen Arbeiter* – vor allem aus Lesotho und Mosambik – beträgt immer noch etwa eine Viertelmillion; die Lohnüberweisungen sind für diese Länder wesentliche Devisenquellen. Die Möglichkeit eines verstärkten Handelsboykotts, wie die UNO ihn fordert, ruft Sorge hervor. – Anfang 1976 wird das *Fernsehen* eingeführt (PAL-System). – Die **Rassentrennungspolitik** (»Apartheid«) wird kaum gemildert. In 16 für Weiße vorgesehenen Hotels dürfen künftig Nichtweiße ohne Sondergenehmigung Zimmer mieten u. essen und unter bestimmten Bedingungen künftig Bantu Pachtverträge über Wohnungserwerb schließen. Gegenüber den Mischlingen (»Coloured«) im Kapland ergeben sich zunehmend Differenzen, obwohl ihnen gewisse Zugeständnisse gemacht werden. – Der illegale *»National Congress of South Africa«*/ANC arbeitet vor allem im Ausland gegen die »Apartheid«. – Das »Homeland« **Transkei** (s. diese) wird am 26. 10. 1976 unabhängig, unter Beibehaltung besonderer Beziehungen zur Republik. – Die südafrikanischen **Truppen,** die während der letzten Phase des Krieges **in Angola** (s. dieses) Teile des Südens besetzt halten, um Stauanlagen zu schützen, verzeichnen während dieses Einsatzes 38 Gefallene; sie werden **Ende März 1976 abgezogen.** Die Regierung drückt ihr Befremden darüber aus, daß der UNO-Sicherheitsrat am 1. 4. 1976 die Republik Südafrika der »Aggression« anklagt, ohne den massiven Einsatz cubanischer Truppen zu verurteilen. – Die nahezu ultimative Forderung des US-Außenministers *Henry A. Kissinger* – während seiner Afrika-Reisen (Apr. u. Sept.) 1976 –, die »Apartheid«-Politik zu ändern und Südwestafrika (s. dieses) – an dessen Grenze gegen Angola eine Sicherheitszone geschaffen wird – ohne Verzögerung die Unabhängigkeit im Sinne der dortigen SWAPO zu geben, wird zunächst als Einmischung in innere Angelegenheiten angesehen. Ende April fordert auch Bundesaußenminister *Hans-Dietrich Genscher* eine Beendigung der Rassendiskriminierung und die Unabhängigkeit für Südwestafrika. – **Die** seit den blutigen Unruhen von Sharpeville (67 getötete Bantu) im Jahre 1960 schwersten **Belastungsproben für** die **Rassentrennungspolitik** ergeben sich am 16./17. 6. 1976 **bei den Demonstrationen** rebellierender Bantu **in** der eine Million schwarze Arbeiter unter drückenden Bedingungen beherbergenden Township **»Soweto«**, die aus Anlaß der beabsichtigten – später modifizierten – Einführung des Afrikaans als gleichberechtigt mit Englisch an den Bantu-Schulen ausbrechen und später sich auch auf Vororte von Pretoria, auf Kapstadt usw. ausdehnen; sie werden jedoch von der Regierung auf zielbewußte Aktionen illegaler, besonders kommunistischer Untergrund-Organisationen zurückgeführt und in **rücksichtsloser Härte bekämpft,** so daß bis Mitte September über 300 **Menschen** – mit wenigen Ausnahmen Bantu – getötet und weit über 1000 verletzt werden. Die sinnlosen Zerstörungen von Schulen, Krankenstationen und Fahrzeugen werden jugendlichen Banden, den sogen. *»Tsotsis«*, zugeschrieben. Das Vorgehen der Sicherheitskräfte wird nicht nur von der OEA und dem Sicherheitsrat, sondern auch von den meisten Regierungen verurteilt. Die Nationalistenbewegung *»Panafrikanischer Kongreß von Ansania«* (»Anzania«) fordert ein unmittelbares Eingreifen der UNO, da sich weiterhin harte Maßnahmen der Regierung gegen Demonstrationen, Streiks und Anschläge ergeben. Die Regierung verschärft alle Sicherheitsmaßnahmen und erklärt, sie werde in den Kernpunkten an ihrer Politik der Rassentrennung und der Schaffung unabhängiger Bantustaaten festhalten, obgleich die Mehrheit der schwarzen **Chefminister der »Homelands«** am 21. 8. ihre frühere Haltung widerrufen und sich **für Gleichberechtigung und Mehrheitswahlrecht in der gesamten Re-**

publik aussprechen. – Verhandlungen des US-Außenministers *Kissinger* mit Ministerpräsident *Vorster* im September 1976 in Zürich und Pretoria sind in erster Linie Rhodesien und Südwestafrika gewidmet, doch spielt auch die künftige Entwicklung in Südafrika selbst eine wichtige Rolle.

Sudan Die wirtschaftliche Entwicklung verläuft wenig zufriedenstellend, obwohl u. a. arabische Öl-länder, besonders Kuweit, Kredite für Investitionen geben. – Der Plan eines »Jonglei-Kanals« im Süden für Verkehrszwecke und in Verbindung mit Bewässerungsanlagen wird wieder diskutiert. – In den von negriden Völkern bewohnten Südprovinzen kommt es wegen unzureichender Erfüllung des vor fünf Jahren abgeschlossenen »Friedensabkommens«, d. h. wegen schleppender Wiederaufbaumaßnahmen und verstärkter Stationierung von arabischstämmigen Truppen aus dem Norden, wieder mehrfach zu Unruhen. – Wegen Teilnahme an dem Putschversuch vom Sept. 1975 (s. WA '76, S. 405) werden zahlreiche Personen zu lebenslänglichem Kerker verurteilt und im Januar und Februar 1976 insgesamt 19 Verschwörer hingerichtet. Die Regionalverwaltungen erhalten Sondervollmachten für die Abwehr von Subversion. – Bei der Rückkehr von Präsident *Numeiri* – selbst 1969 durch einen unblutigen Staatsstreich an die Macht gekommen – von einem Staatsbesuch in Frankreich am 2. 7. 1976 erheben sich meuternde Truppenteile, um ihn zu stürzen. **Regierungstreuen Einheiten gelingt es** jedoch, die besetzten Gebäude zurückzuerobern und den **Aufstand niederzuschlagen; über 1200 Menschen sollen ihr Leben verloren haben.** Anfang August werden 98 **Anführer des Putschversuches zum Tode,** andere zu lebenslänglicher Haft **verurteilt.** – *Numeiri* bezeichnet den libyschen Staatspräsidenten *Gaddafi* als Anstifter des Putsches und bricht die Beziehungen zu Libyen ab. **Mit Ägypten,** das ebenfalls *Gaddafi* Einmischungsversuche vorwirft, wird ein gegenseitiger **Verteidigungspakt** abgeschlossen. *Numeiri* bildet im August die Regierung um, gibt mehrere seiner Ämter ab, ernennt *Raschid al Tahir Bakr* zum Regierungschef und *Mansur Chalid (Khaled)* zum Berater für außenpolitische Fragen.

Südtirol s. Italien

Südwestafrika/Namibia Während der letzten Phasen des Krieges in Angola flüchten mehrere Tausend portugiesische Siedler und Afrikaner nach Südwestafrika. – Die UNO, die wiederholt die Gewährung der Unabhängigkeit für das von ihr »Namibia« genannte, von Südafrika verwaltete Gebiet fordert, bestätigt den seit 1974 als **»Kommissar der Vereinten Nationen für Namibia«** außerhalb des Landes amtierenden ehem. irischen Außenminister *Sean MacBride* auch für 1976 in diesem Amt. – Die – mit Unterbrechungen – in Windhuk unter Teilnahme südafrikanischer sowie weißer und farbiger südwestafrikanischer Delegierter tagende multirassiale **»Verfassungskonferenz«** verabschie-

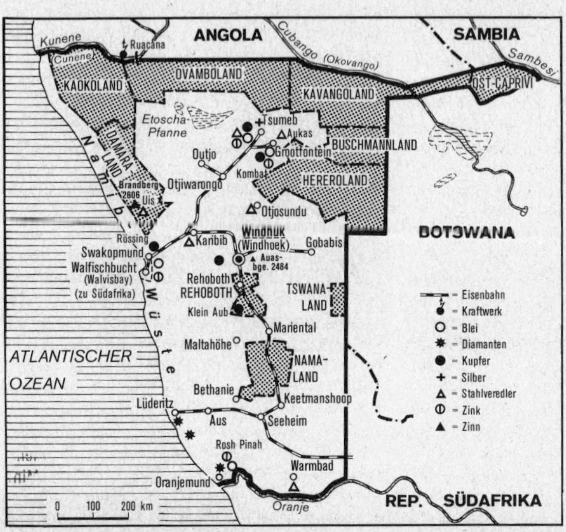

Die Territorien von Südwestafrika/Namibia

det zunächst u. a. eine »Absichtserklärung«, die eine Art föderativen Zusammenschlusses der Gebiete der einzelnen ethnischen Gruppen und eine **schrittweise Gewährung der Unabhängigkeit** vorsieht (s. auch WA '76, S. 405). Auf der Tagung im März 1976 findet der Vorschlag des **Herero**-Führers *Clemens Kapuuo* Aufmerksamkeit, das künftige Parlament in zwei Häuser zu teilen (Haus 1 mit Ovamboland, Kavangoland und Caprivi, ohne Küste von Kaokoveld; Haus 2 die übrigen, darunter die von Weißen besiedelten Gebiete), von denen keines allein entscheiden würde, so daß eine Übervorteilung ethnischer Gruppen vermieden werden könne. – Im Juni beschließt die »Verfassungskonferenz« den allmählichen Abbau der »Apartheid« in Hotels, Ferienorten und öffentlichen Gebäuden. – **Die Konferenz einigt sich am 18. 8. auf die baldige Einsetzung einer multirassialen Übergangsregierung und auf die Gewährung der Unabhängigkeit bis 31. 12. 1977.**
Die Befreiungsbewegung »South West Africa People's Organization«/**SWAPO**, die sich auf Teile der zwei Fünftel der Gesamtbevölkerung ausmachenden, zu den Bantu zählenden **Ovambo** stützt, ist nicht Teilnehmer der Konferenz; sie fordert unter ihrem Präsidenten *Sam Nujoma* im Sinne der UNO eine umgehende Gewährung der Unabhängigkeit und einen nichtföderativen Staat, ist jedoch in einen gemäßigten, in Südwestafrika selbst agierenden Flügel, und in die eine radikale Lösung anstrebende, von der OEA anerkannte, von Angola aus Guerillaaktionen durchführende Exil-SWAPO gespalten. – US-Außenminister *Henry A. Kissinger* unterstützt entschieden auf seinen Afrikareisen (Apr./Mai u. Sept.) 1976 des Verlangen nach Souveränitätsgewährung nach den Beschlüssen der UNO und den Forderungen der SWAPO. UNO-Generalsekretär *Kurt Waldheim* sieht die Konferenzbeschlüsse als unbefriedigend an und betont erneut, Südafrika müsse die Besetzung des Landes beenden und die von der UNO gefaßten Beschlüsse beachten. – Die Regierung von Südafrika gibt zu erkennen, daß sie auf die Exklave Walfischbucht nicht verzichten werde.

Suriname Der niederländische Teil von Guayana, 300 Jahre unter holländischer Herrschaft und sodann am 25. 11. 1975 eine unabhängige Republik geworden, wird am 4. 12. 1975 als unabhängiges Mitglied in die UNO aufgenommen. Die innenpolitische Entwicklung verläuft bisher ruhiger als befürchtet, trotz der Gegensätze zwischen den Parteien, die sich auf der Basis der rassischen und wirtschaftlich-sozialen Differenzen der Bevölkerung entwickelt haben. Obwohl zwischen 120 000 und 130 000 »Surinamesen« verschiedenster Herkunft vor der Erlangung der Unabhängigkeit nach den Niederlanden ausgewandert sind, bleibt die Arbeitslosigkeit mit einer Quote von 15 % gefährlich hoch und nimmt die Unterbeschäftigung auf dem Lande zu. Die niederländische Entwicklungshilfe, für ein Jahrzehnt fest zugesagt, sowie Vorteile aus der Assoziierung an die EG bringen Erleichterungen; aber insgesamt sind die Investitionen zur Differenzierung und zum Ausbau der Wirtschaft ungenügend.

Swasiland Am 31. 3. 1976 wird unter Oberst *Maphevu Dlamini* eine neue Regierung gebildet. Wirtschaftliche Fortschritte bleiben gering.

Syrien Die – nach Jahren großer Gegensätze – im Frühjahr 1975 grundsätzlich eingeleitete Zusammenarbeit mit Jordanien (s. dieses) wird durch mehrere Abkommen über wirtschaftliche, politische und militärische Kooperation ausgebaut und 1976 durch den Beginn einer allmählichen Integration der diplomatischen Auslandsvertretungen ergänzt. Besonders intensiviert wird die wirtschaftlich-technische Zusammenarbeit mit Frankreich, das u. a. auch Rüstungsgüter liefert, und mit dem Iran, der einen Kredit von 150 Mill. US-$ gewährt. Die BR Deutschland schließt mit Syrien am 26. 1. 1976 ein Rahmenabkommen über technische Zusammenarbeit und gibt eine Projekthilfe von 2,1 Mill. DM für das Studium der Nutzung des Assad-Sees. – Der Politik von Präsident *Hafes el Assad* gelingt es, sowohl die Beziehungen zur UdSSR auszubauen als auch die Kooperation mit westlichen Ländern zu verstärken, durch Eintreten für die Belange der Palästinenser zumindest zeitweise das Vertrauen bei deren gemäßigten Gruppen zu erreichen und sich die Unterstützung arabischer Ölländer für Haushalt und Investitionen zu sichern. Es gelingt zunächst, mäßigend auf die radikalen Kräfte der verschiedenen Lager im Libanon einzuwirken und einen spürbaren Einfluß auf die künftige Entwicklung zu gewinnen. Doch das **Eingreifen mit militärischen Verbänden in den libanesischen Bürgerkrieg,** in der Motivation umstritten, **führt zu einer schwierigen Situation** im arabischen Lager; es verhindert wahrscheinlich die völlige Überwältigung der christlichen Bevölkerung des Libanon durch die radikalen libanesisch-palästinensischen Kräfte, trägt zumindest vorläufig zur Aufrechterhaltung der staatlichen Existenz des Libanon bei und verhindert noch stärkeres Blutvergießen; gleichzeitig wachsen aber die Differenzen mit Ägypten und den linken Gruppierungen des Libanon, wobei auch der Vorwurf auftaucht, *Assad* erstrebe ein Groß-Syrien. – Am 7. 8. ernennt *Assad* seinen engen Vertrauten u. ehem. Ministerpräsidenten Generalmajor *Abdel Rahman Chleifaui (Khleifawi)* zum neuen Regierungschef, was von Beobachtern als Zeichen der Entschlossenheit gewertet wird, die bisherige Libanon-Politik fortzusetzen, entgegen der Auffassung vieler Kritiker.

Tansania Am 26. 10. 1975 wird Präsident *Julius Kambarag Nyerere* – ohne Gegenkandidaten – mit 91,5 % der Stimmen für eine 5jährige Amtsperiode wiedergewählt. Die 96 der zu wählenden Parlamentssitze fallen an die Einheitsparteien bzw. an die TANU (in Tanganjika) und ASP (Sansibar). Am 26. 10. wird die neue Regierung gebildet. Der Landwirtschaftsminister wird durch den bisherigen Außenminister *John Malecela* ersetzt, was als Konsequenz der wenig erfolglosen Umsiedlungspolitik auf dem Lande im Zusammenhang mit dem sozialistischen **»Ujamaa-System«** geplanter Dörfer bzw. Dorfgenossenschaften gedeutet wird. Diese Politik wird jedoch **fortgesetzt.** – Am 18. 2. 1976 werden privat geführte Geschäfte verboten; Einzel- und Großhandel werden nur noch genossenschaftlich abgewickelt (s. auch »Sambia«). – Beim Besuch in der BR Deutschland Anfang Mai 1976 kritisiert Staatspräsident *Nyerere* u. a. eingehend die wirtschaftliche Kooperation mit der Republik Südafrika. Die Bundesrepublik, die Tansania bis 1975 insgesamt Kredite in Höhe von rund 260 Mill. DM und Zuschüsse von mehr als 300 Mill. DM gegeben hat, wird für 1976/77 eine Kapitalhilfe von rund 100 Mill. DM, technische Hilfe von 40 Mill. DM, außerdem mehrere Millionen DM als Bildungshilfe gewähren. – Staatspräsid. *Nyerere* verficht im Konfliktkomplex Rhodesien/Namibia/Südafrika (s. diese) eine kompromißlos harte Richtung.

Thailand Die labilen innenpolitischen Verhältnisse, das Ausbleiben echter Landreformen und konkreter Maßnahmen zu einer besseren Sozialpolitik in den Städten, die damit zusammenhängenden Streiks, Demonstrationen und Anschläge sowie die seit dem Sieg der Kommunisten in den östlichen Nachbarländern – aus denen Flüchtlinge ins Land strömen – zunehmende Guerilla-Aktivität im von Laoten bewohnten Nordosten hemmen die **wirtschaftliche Entwicklung.** Die in- und ausländischen Investitionen nehmen 1975 gegenüber dem Vorjahr ab. Die **Wahlen** vom April 1976 zeigen eine starke Zersplitterung, kommen doch 20 Parteien in das Parlament. Die »Soziale Aktionspartei«/SAP des Ministerpräsidenten Prinz *Kukrit Pramot (Pramoj)* vermehrt zwar ihre Sitze von 17 auf 41, aber der Regierungschef verliert sein Mandat. Stärkste Partei wird die aus einem konservativen und einen gemäßigt linken Flügel bestehende »Demokratische Partei«/DP seines Bruders und Vorgängers Prinz *Seni Pramot,* auf die 115 Sitze entfallen; *Seni Pramot* wird Regierungschef und bildet eine Koalitionsregierung aus vier Parteien mit starker Vertretung der traditionalistischen Politiker. Der Einfluß der Militärs scheint zumindest nicht geringer zu sein als bisher, wenn auch nicht so stark vordergründig. – Dem **Rückzug der letzten US-Kampfflugzeuge** am 19. 12. 1975 folgt am 20. 6. 1976 vereinbarungsgemäß die Räumung der letzten Basen und der Abzug der noch verbliebenen kleinen Einheiten. Nur eine Gruppe von US-Militärberatern bleibt zurück, während zur Zeit des Vietnam-Krieges bis zu 50 000 US-Soldaten in Thailand stationiert waren und von hier, besonders vom Stützpunkt Utapao aus, die »B 52«-Bombenangriffe auf Vietnam geflogen worden sind. Basen, Munition und Fernmeldeanlagen werden ohne Entschädigung an Thailand übergeben. – Die Regierung trifft Vorbereitungen, um den 1976 beginnenden vierten **Fünfjahresplan** zu strukturieren und zu finanzieren, der besonders der Industrialisierung und Arbeitsplatzbeschaffung dienen soll. – Die BR Deutschland gewährt am 28. 5. 1976 eine Kredithilfe von 20 Mill. DM für eine Elektrizitätsbehörde und für die Landwirtschaft.

Timor s. Ost-Timor

Togo Am 23. 3. 1976 wird mit Frankreich ein Abkommen über wirtschaftlich-technische sowie wissenschaftlich-kulturelle und militärtechnische Zusammenarbeit geschlossen.

Tonga Die Regierung plant, den Ausbau der Hafen-, Werft- und Flugplatzanlagen Experten der Sowjetunion zu übertragen, die an Fischereistützpunkten interessiert ist.

Transkei Das größte der sogen. »Homelands« (Bantu-Gebiete Südafrikas mit innerer Autonomie) und zweitvolkreichste (s. Abschnitt »Souveräne Staaten«: Transkei) dieser »Heimatländer« **erhält** am 17. 9. faktisch, **am 26. 10. 1976** offiziell die **Unabhängigkeit,** wobei jedoch die besonderen Beziehungen zur Republik Südafrika gewahrt bleiben. Es handelt sich um eines der begünstigten, gut beregneten Gebiete Südafrikas zwischen dem Indischen Ozean und den Drakensbergen; Landwirtschaft ist die Haupterwerbsquelle, die industrielle Entwicklung (Textil-, Holz- u. Baustoffindustrie) steht noch in den Anfängen. Hauptstadt und Bildungszentrum ist Umtata (30 000 Einw.). Die Bewohner sind, von einigen Tausend Weißen abgesehen, fast ausschließl. zu den Bantu gehörende *Xhosa;* auch die in der Republik Südafrika arbeitenden Xhosa sind Staatsbürger von Transkei, so daß die De-jure-Bevölkerung über 3 Mill. zählt. –

Das Gebiet der Xhosa, die seit dem Ausgang des 18. Jh. in den sogen. »Kaffernkriegen« mit den weißen Siedlern in Konflikt leben, wird 1879 bzw. 1897 v. d. Briten annektiert, an die Kapprovinz angegliedert u. schließl. im Rahmen der südafrikanischen »Apartheid«-Politik zum Ansatz des ersten Versuchs der Bildung von autonomen schwarzafrikanischen »Heimatländern«; es erhält, mit *Kaizer Daliwongo Matanzima* als Chefminister, 1963 die erste gewählte gesetzgebende Versammlung und innere Autonomie. Der Haushalt wird bisher zu vier Fünfteln von Südafrika getragen. Wichtigstes Problem ist die Schaffung von Arbeitsplätzen, besonders durch die Gründung von Industriebetrieben, für die südafrikanisches und anderes ausländisches Kapital erforderlich ist. – Durch die Überlassung des Hafens Port St. Johns ist die Verkehrssituation verbessert worden. – Teile der Bevölkerung sehen *Matanzima* und seine Partei nicht als Vertreter echter Unabhängigkeit an. *Nelson Mandela,* einer der ältesten Nationalistenführer, befindet sich seit 1964 in Haft auf der südafrikanischen Robbeninsel. – Obwohl die Transkei größer an Fläche ist als 42 UNO-Mitgliedsstaaten und volkreicher als etwa ein Drittel der UNO-Mitglieder, darüber hinaus je Einwohner ein höheres Einkommen und eine geringere Zahl von Analphabeten aufweist als ein Viertel bis ein Drittel von ihnen, ist die Aufnahme in die Weltorganisation zunächst unwahrscheinlich; die OEA hat auf ihrer Tagung in Mauritius bereits beschlossen, auch eine Aufnahme in ihre Organisation zu verweigern, da keine echte Unabhängigkeit gegeben sei. (S. auch Karte im WA '75, S. 402.)

Triest s. Italien und Jugoslawien

Trinidad und Tobago Am 26. 3. 1976 billigt das Parlament eine neue Verfassung, durch die der Status einer konstitutionellen Monarchie unter der britischen Krone aufgegeben und die Republik proklamiert wird; sie bleibt im »Commonwealth«. Der bisherige Gouverneur *Sir Ellis Clarke* wird interimistisch Präsident. – Bei den Wahlen v. 13. 9. 1976 erringt die regierende PNM 24 der 36 Sitze. Das Parlament wird den definitiven Staatspräsidenten wählen.

Tschad Frankreich zieht auf Verlangen der Regierung im Oktober seine letzten Truppen zurück; im März 1976 schließt es jedoch mit dem Tschad einige Abkommen über Zusammenarbeit auf wirtschaftlichem, kulturellem und militärtechnischem Gebiet (u. a. Ausbildung von Soldaten). – Ein großer Teil des Nordens und Nordostens bleibt faktisch unter Kontrolle der »Front de libération nationale«/**FROLINAT;** der eine, angeblich von Libyen unterstützte Flügel unter dem Tubu-Häuptlingssohn *Goukouni* und dem eigentlichen Chef *Hissen Habré* operiert im Tibesti-Massiv im Norden und hält immer noch die französische Ethnologin *Françoise Claustre* gefangen. Der offenbar stärkere, von Algier aus von *Abba Siddick* geführte, mit seinen Verbänden jedoch unter *Mahamt Idriss* im Ennedi und Wadai operierende Flügel sieht sich als die eigentliche »Befreiungsfront« an und beherrscht größere Territorien. – Bei einem Anschlag von FROLINAT-Mitgliedern auf die Mitglieder des »Obersten Militärrates« am 13. 4. 1976 bleiben diese unverletzt, während 6 Begleitpersonen getötet werden. – Die BR Deutschland stellt im Februar 1976 der Regierung eine Finanzhilfe von 15 Mill. DM.

Tschechoslowakei Der fünfte **Fünfjahresplan** 1971 bis 1975 ist im wesentlichen erfüllt, in einzelnen Sektoren übertroffen worden; für den sechsten Plan (1976–1980) sind geringere Zuwachsraten angegeben: *1971–75/1976–80* in % **Volkseinkommen** rund 33/27–29 – Industrieerzeugung 38/32–34 (Slowakei allein 44) – Produktivität in der Landwirtschaft 14/14–15 – Realeinkommen 28/23–25. Für die Schwerindustrie ist im neuen Plan ein Ansteigen um 34 %, für die Konsumgüterindustrie von 25 % vorgesehen. – Für 1975 wird die Steigerung des Nationaleinkommens mit 6 %, der Industrieproduktion mit 7 % und des Realeinkommens mit 3,3 % angegeben. – Die **Kooperation mit den RGW-Partnern** wird weiter ausgebaut. – Auf dem **XV. Parteitag** der KP im April 1976 ergeben sich keine wesentlichen Änderungen in den Führungsgreminien. Staats- und Parteichef *Gustav Husák* erklärt, die Entscheidungen nach den Ereignissen von 1968 seien richtig gewesen. (Nach Angaben des ZK-Sekretärs der KP, *Vasil Bilak,* sind **nach der Intervention von 1968 70 934 Mitglieder aus der Partei ausgeschlossen** worden, 11 000 davon nach Emigration; die Mitgliedschaft v. 390 817 Personen sei ausgesetzt worden, doch hätten 50 % Selbstkritik geübt und 60 % hätten ihre Stellungen nicht verloren.) – **Ungenügende Agrarproduktion** u. Mängel in der Lebensmittelversorgung führen Mitte Sept. 1976 zur Ablösung des Landwirtschaftsministers.

Tunesien 1975, das vorletzte Jahr des laufenden Fünfjahresplans, bringt zufriedenstellende Ergebnisse, das Bruttoinlandsprodukt steigt um 9,1 %; die Landwirtschaft, in der drei Fünftel der Erwerbstätigen beschäftigt sind, ist daran nur zu 20 % beteiligt. Ein besonderer **»Agrarentwicklungsplan«** soll die Intensivierung der Produktion fördern. Die Lebenshaltungskosten sind trotz einiger Erfolge in der Inflationsbekämpfung um rund 15 %

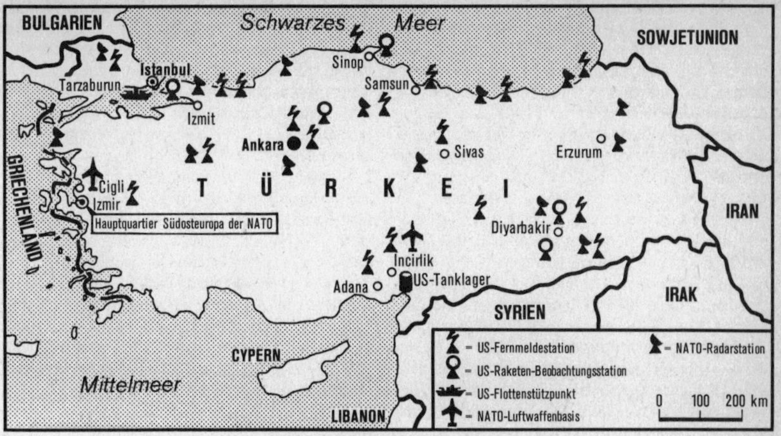

US-Beobachtungsstationen und Stützpunkte
in der Türkei (ohne Atomwaffenlager)

angestiegen. Der in Vorbereitung befindliche Fünfjahresplan 1977–1981 soll einen endgültigen wirtschaftlichen Aufschwung bringen und vor allem Arbeitsplätze schaffen, sind doch über 10 % der erwerbsfähigen Bevölkerung ohne Arbeit und mindestens ein ähnlich hoher Prozentsatz unterbeschäftigt. – Hoffnungen werden auf das mit der EG (s. diese) im Januar 1976 unterzeichnete Kooperationsabkommen gesetzt. Mit Libyen wird ein Schiffahrtsabkommen geschlossen. – *Mohamed Ali Nalei,* der Anführer des aus Libyen stammenden Kommandos, das einen Anschlag auf den tunesischen Regierungschef geplant haben soll, wird am 23. 4. 1976 zum Tode verurteilt. Die BR Deutschland sagt für 1976/77 eine Kapitalhilfe in Höhe von 100 Mill. DM für die Land- und Bewässerungswirtschaft zu.

Türkei Die wirtschaftliche Entwicklung hat mit zunehmenden Schwierigkeiten zu kämpfen; nur in einzelnen Zweigen werden Fortschritte gemacht. Mit mehreren Ländern werden **Kooperationsabkommen** geschlossen, darunter besonders mit der UdSSR und mit dem Iran, der einen Kredit in Höhe von 1,2 Mrd. US-$ gewährt, um u. a. Projekte gemeinsamen Interesses zu fördern, darunter den Ausbau des Hafens von Trabzon (Trapezunt), der Transitstraßen, der Eisenbahnen im Osten und von Landwirtschaftsvorhaben. – Die BR Deutschland gewährt für 1975 eine Finanzhilfe von 132,7 Mill. DM, u. a. für Braunkohlenförderung und ein Wärmekraftwerk, und sagt im Juli 1976 Verteidigungshilfe (seit 1964 600 Mill. DM) in Höhe von 100 Mill. DM für Rüstungsmaterial zu. Nach Abschluß der eingeleiteten Verhandlungen sind umfangreiche Kapitalhilfen durch die EG zu erwarten. Eine große Hilfe bedeuten weiterhin die Überweisungen der türkischen Gastarbeiter im Ausland, besonders aus der BR Deutschland. – Die **innenpolitische Lage** wird durch heftige Auseinandersetzungen zwischen den verschiedenen Parteien sowie rechts- und linksextremistischen Gruppen charakterisiert; mehrfach, besonders im Frühjahr und Sommer 1976, kommt es zu blutigen Unruhen. – Die Differenzen bezüglich der US-Basen (s. WA '76, S. 408) werden nach Aufhebung des amerikanischen Waffenembargos und Unterzeichnung eines neuen Stützpunkt- und Hilfsabkommens am 26. 3. 1976 beigelegt; die USA gewähren eine Gesamthilfe von rund 1 Mrd. US-$ und dürfen ihre Stützpunkte weiter benutzen. – **Mit Griechenland** dauern die **Streitigkeiten** wegen Cypern und der Ägäis an, die sich im Juli 1976 im Zusammenhang mit der unterschiedlichen Auffassung über die Abgrenzung des Kontinentalsokkels und damit über die Ausbeutung der in diesem vorhandenen Ölvorkommen noch verstärken. (S. auch »Griechenland«.)

Tuvalu s. Großbritannien

Uganda Die wirtschaftlichen Schwierigkeiten verschärfen sich; Präsident *Idi Amin Dada* erklärt im April 1976, daß die Devisenreserven aufgebraucht seien und die **Wirtschaft** stagniere. Lebensmitteleinfuhren und Waffenkäufe sowie die Verteuerung von Öl und Treibstoffen hätten in Verbindung mit dem Exportrückgang und unsystematischer Wirtschafts- und Finanzpolitik zu der krisenhaften Situation geführt, Kredite und Finanzhilfen Saudi-Arabiens und Libyens haben nur zeitweise Erleichterung gebracht. – Außenpolitisch werden die Beziehungen zu Großbritannien zunächst normalisiert, nach den Ereignissen von Entebbe jedoch von London abgebrochen. – Gegenüber der UdSSR, die insgesamt 48 Mill. US-$ Militärhilfe und 12 Mill. $ Wirtschaftshilfe gegeben hat, kommt es im November 1975 vorübergehend zum Abbruch der Beziehungen. – Die **Entführung eines »Airbus«** der »Air France« in Athen auf dem Flug nach Paris bringt am 27. 6. und in den folgenden Tagen für 226 großenteils israelische und andere jüdische Fluggäste höchste Gefahr, nachdem die Maschine über Libyen nach Entebbe zu fliegen gezwungen worden ist; das Verhalten der Terroristen, die Maßnahmen der Behörden und die ungeklärte Handlungsweise von Staatspräsident *Amin* veranlassen israelische Sonderkommandos zu einer Blitzaktion und zur gewaltsamen Befreiung der Geiseln auf dem Flugplatz von Entebbe; drei Geiseln und ein israelischer Offizier verlieren dabei das Leben, die sieben Terroristen – darunter Mitglieder der palästinensischen PLFP und der Westdeutsche *Wilfried Böse* – werden getötet, desgleichen 20 ugandische Soldaten. In den westlichen Ländern wird das Notwehrrecht für die Verletzung der ugandischen Souveränität geltend gemacht. Die OEA und die meisten RGW-Länder verurteilen die Aktion als »Aggression«. – Die Zwischenlandung der israelischen Flugzeuge in Kenia nimmt *Amin* – am 25. 6. Präsident auf Lebenszeit geworden und mehrfach Attentaten entgangen – zum Anlaß, Kenia der »Mittäterschaft« zu beschuldigen und mit Krieg zu drohen. Die politische und wirtschaftliche Situation von Uganda gestaltet sich überaus kritisch; die Konfrontation mit Kenia entspannt sich jedoch allmählich. Opposition und Demonstrationen werden blutig unterdrückt.

UNCTAD s. »Entwicklungsländer« u. Abschnitt »Welthandel«

UNESCO Im Dezember 1975 wird ein »Internat. Fonds zur Förderung der Kultur« gegründet, um die kulturelle Zusammenarbeit zu beleben. – Sorge bereitet in den Ländern, die Pressefreiheit genießen, die Nachricht, daß die UNESCO eine *Empfehlung zur Kontrolle des gesamten Nachrichtenwesens* im Sinne der Pläne der Entwicklungsländer vorbereite.

Ungarn Das Nationaleinkommen steigt 1975 um 5 % (Plan 5,5 %) auf rund 400 Mrd. Forint; der Zuwachs ist überwiegend einer Produktivitätssteigerung zu verdanken. Die industrielle Produktion (ohne Nahrungsmittel-I.) hat sich um fast 6 % (im sozialistischen Sektor allein um 5 %), die Industriepreise haben sich um 11 % erhöht. Die landwirtschaftliche Erzeugung ist nur um knapp 2 % gewachsen. Die Verbraucherpreise sind um 3,8 % angestiegen, die Realeinkommen um 4 %. – Die Kooperation mit den RGW-Ländern wird ausgebaut. – Am 12. 2. 1976 wird der apostolische Administrator der Erzdiözese Esztergom (Gran), *Lászlo Lekai*, von Papst Paul VI. als Nachfolger von *Joszef Kardinal Mindszenty* († 6. 5. 1975) zum Erzbischof und zum Primas der Kathol. Kirche in Ungarn ernannt; *Lekai* verzichtet auf den Titel »Primas« und die damit verbundenen Rechte, da diese der Geschichte angehörten.

UNICEF Nach Untersuchungen des Kinderhilfswerks der UNO sind 10 Mill. Kleinkinder vom Hungertod bedroht und 90 Mill. Kinder unterernährt. Für die umfassende Arbeit stehen 1974 nur 115,1 Mill. US-$ zur Verfügung, davon 101 Mill. $ an staatlichen und nichtstaatlichen Beiträgen, eine Summe, die etwa auch 1975 erreicht wird. Größte staatliche Spender sind die USA, Schweden, Norwegen und die BR Deutschland. Für 1976 werden 200 bis 250 Mill. $ benötigt.

UNIDO s. Abschnitt »Welthandel«

Urmensch Nach Berichten der amerikanischen Prähistorikerin und Paläontologin *Mary Leakey* sind die in der Oldoway-Schlucht der ostafrikanischen Serengeti-Steppe 1975 gefundenen Unterkiefer der Gattung Homo zuzurechnen und mit einem Alter von etwa 3,5 Mill. Jahren die frühesten bisher bekannten Zeugen menschlicher Existenz.

Uruguay Die wirtschaftliche Situation zeigt eine gewisse Erholung; die Arbeitslosigkeit kann etwas eingedämmt werden, die Lebenshaltungskosten steigen mit knapp 67 % (Nahrungsmittel allein 25 %) geringer als im Vorjahr (107 %; 1. Hj. 1976 8–9 %). Das Bruttosozialprodukt wächst um rund 4 % (1974 +2 %). Das Außenhandelsdefizit bleibt hoch. Anfang 1976 setzen kräftigere Niederschläge ein, so daß die Aussichten für die durch lange Dürre geschädigte Viehhaltung günstiger werden. Trotz Krediten von BID, AID, IDA und WMF bleibt die Investitionstätigkeit zu niedrig. – Staatspräsident *Juan Maria Bordaberry*, durch freie Wahl in sein Amt gekommen, aber seit Mitte 1973 nach Auflösung des Parlamentes und gestützt auf das Militär faktisch autoritär regierend, versucht, die auf den 28. 11. 1976 festgesetzten Präsidentschaftswahlen zu verschieben und eine ständestaatliche Staatsform zu schaffen. **Innen-, außen- und wirtschaftspolitische Gründe veranlassen die Streitkräfte, am 12. 6. den Präsidenten zu stürzen** und zunächst durch einen Interimspräsidenten zu ersetzen. Als höchstes Staatsorgan wird ein **»Rat der Nation«** (»Consejo de la Nación«) aus den Mitgliedern des »Staatsrates« und den ranghöchsten Offizieren gebildet. Der Rat wählt am 14. 7. den Juristen *Aparicio Mendez* – bisher Präsident des »Staatsrates« – auf die Dauer von fünf Jahren zum neuen Staatspräsidenten; *Mendez* gilt als Antimarxist und tritt sein Amt am 1. 9. an. Er verspricht die Zulassung der traditionell führenden Parteien und eine neue Verfassung. Beobachter nehmen an, daß die Konstitution möglicherweise dem brasilianischen Modell entsprechen könnte. **Die tatsächliche Macht bleibt zunächst in den Händen des Militärs.**

Vatikan In der Berichtszeit erfolgen mehrere Heiligsprechungen, u. a. des 1681 in London gevierteilten irischen Bischofs *Oliver Plunkett* und des im vorigen Jahrhundert in Äthiopien wirkenden und zeitweise verfolgten italienischen Missionsbischofs *Giustino de Jacobis.* – Am 15. 12. 1975 veröffentlicht der »Ständige Rat der italienischen Bischofskonferenz« ein gemeinsam mit Papst Paul VI. verfaßtes **Dokument zum Marxismus,** in dem es u. a. heißt: »Man kann nicht gleichzeitig Christ und Marxist sein.« – Ebenfalls Mitte Dezember wird ein apostolisches Schreiben über die Evangelisierung herausgegeben. – In der Nacht zum 24. 12. 1975 wird die »Heilige Pforte« des Petersdoms geschlossen und das **»Heilige Jahr« beendet,** in dem 8,7 Mill. Pilger nach Rom gewallfahrt sind, das aber finanziell für den Vatikan einen Verlust gebracht hat. – In einer am 15. 1. 1976 veröffentlichten Erklärung der »Glaubenskongregation« zur **Sexualethik** heißt es u. a., der Gebrauch der Geschlechtskraft finde seinen wahren Sinn und seine sittliche Rechtmäßigkeit nur in der Ehe. – Die **Schweizergarde** zählt Ende März 1976 87 Mann. – Die **Zahl der Kardinäle,** durch Todesfälle auf 117 gesunken, wird offiziell am 24. 5. 1976 um 21 vermehrt. Die meisten kommen aus den Entwicklungsländern, einer, der ungarische Erzbischof *Lászlo Lekai,* aus einem kommunistischen Land. Unter den neuen Kardinälen befindet sich als Kurienkardinal der deutsche Erzbischof *Joseph Schröffer.* Von den 136 (ohne zwei Nichtgenannte) Kardinälen sind 70 Europäer (u. a. 36 Italiener und 6 Deutsche), 38 Amerikaner (11 aus den USA), 11 Afrikaner, 1 Madegasse, 11 Asiaten und 5 aus Australien-Ozeanien. 120 Kardinäle sind (Mitte 1976) nach ihrem Alter zur Papstwahl berechtigt. – Im Juli 1976 wird Erzbischof *Marcel Lefèbvre,* Leiter eines Priesterseminars in der Schweiz, wegen seines Widerstandes gegen die Beschlüsse des Vatikanischen Konzils (u. a. Liturgiereform) von Papst *Paul VI.* seiner priesterlichen Funktionen entbunden. – Am **41. Eucharistischen Weltkongreß** (1.–8. 8. 1976 in Philadelphia) nehmen über 1 Million Katholiken aus 80 Ländern teil.

Venezuela Die wirtschaftliche Entwicklung verläuft nur bedingt zufriedenstellend; die Eisenerzförderung – 1975 verstaatlicht – muß wegen Rückgangs der Nachfrage ebenso wie die Erdölförderung gesenkt werden. Die Arbeitslosenquote bleibt bei 16 %. Die Lebenshaltungskosten erhöhen sich im Raum v. Caracas um rd. 8 % (1974 +11 %). Die Gold- u. Devisenreserven bleiben hoch. Im neuen **Fünfjahresplan** 1975–1980 ist in verschiedenen Wirtschaftsbereichen die Gründung von 11 staatl. Gesellschaften mit einem Kapitalaufwand von 35 Mrd. US-$ vorgesehen, **um die Wirtschaft zu differenzieren.** Ab 1. 1. 1976 wird die Erdölwirtschaft verstaatlicht, doch ist ausländisches technisches Personal z. T. noch unentbehrlich. Besondere Anstrengungen sollen zur Herabdrückung der Analphabetenquote von 23 % unternommen werden. – Gegenüber Kolumbien wird der Souveränitätsanspruch über die Inselgruppe »Monjes« erneut bekräftigt. – Mit Uruguay kommt es wegen angeblicher Verletzung des Asylrechts zu politischen Differenzen, der venezolanische Botschafter wird im Juli 1976 ausgewiesen.

Vereinigte Staaten von Amerika Im Wirtschaftsbericht vom 26. 1. 1976 stellt Präsident *Gerald R. Ford* fest, daß die **Talsohle der** schwersten **Rezession** seit dem Ende des II. Weltkrieges **durchschritten** sei und die Wiedererholung eingesetzt habe. Die Zahl der Beschäftigten sei von März bis Dezember 1975 um 1,3 Mill. auf 85,4 Mill. gewachsen, die Verbraucherpreise seien von Ende 1974 bis Ende 1975 nur noch um 7 %, in den 12 Monaten vorher dagegen um 12,2 % angestiegen. Das Wirtschaftsprogramm für 1976 werde auf eine flexible Wirtschaftspolitik zur weiteren Erholung abgestellt. – 1976 setzt sich die Erholung fort, die **Arbeitslosenquote** – im Mai 1975 noch bei 9,2 % gelegen – **geht** bis Mai 1976 auf 7,3 %, die absolute Zahl der Arbeitslosen von 8,5 Mill. auf rund 6,9 Mill. **zurück,** steigt jedoch bis Ende August auf 7,9 % (7,5 Mill.). **Zahlungs- und Handelsbilanz** sind **1975 positiv.** Das **Haushaltsdefizit** für 1974/75 erreicht 43,6 Mrd. $ und wird für 1975/76 auf 76 Mrd. $ geschätzt. Der Haushaltsentwurf für 1977 (1. 10. 1976–30. 9. 1977) weist Ausgaben in Höhe v. 349,3 Mrd. $

(davon 26,9 % für Verteidigung) und ein Defizit v. 51,8 Mrd. $ auf. Die **Auslandshilfe** für das Finanzjahr 1976/77 wird auf 5,9 Mrd. $ festgelegt; Israel ist der weitaus wichtigste Empfänger, gefolgt von Ägypten. – Nach einer Veröffentlichung des Statist. Bevölkerungsamtes gelten (1974) rund **11 % der Bevölkerung** bzw. 9 % der »Weißen«, 23 % der Hispano-Amerikaner und 31 % der schwarzen Bürger als »arm«; die **Armutsgrenze** liegt nach amerikan. Auffassung bei einem Jahreseinkommen von 5038 $ (rd. 13 000 DM 1974) für eine vierköpfige nichtbäuerliche Familie. – 1974 hatten 42 % der »Weißen« und 19 % der Farbigen ein Jahresfamilieneinkommen von 15 000 $ und mehr. Regional gesehen, ist das Durchschnittseinkommen im Osten und Westen am höchsten, im Südosten und Südwesten am geringsten. – Eine schwere **Finanzkrise der Stadt New York** wird 1975 durch eine Kreditgarantie der Bundesregierung zunächst behoben; die Gesamtschuldenlast erreicht 12,3 Mrd. $. – Die **Zahl der Morde** in den USA beläuft sich 1974 auf 20 600 und **geht 1975 erstmals seit 14 Jahren,** und zwar um 1 %, **zurück.** – (New York 1975 1645, Chicago 818, Los Angeles 551 Morde; je 100 000 Einw. Detroit 49,3, New York 22.) – In der Berichtszeit werden **auf Präsident Ford mehrere Anschläge versucht.** – Aus dem am 20. 11. 1975 vom **Geheimdienst** veröffentlichten Bericht geht hervor, daß die CIA Mordkomplotte gegen einige ausl. Politiker, darunter gegen *Fidel Castro,* geplant habe; am 1. 3. 1976 tritt eine Reorganisation der Geheimdienste in Kraft. – Nach Angaben des FBI sind **1975 2053** versuchte und vollendete **Bombenanschläge** bekannt geworden, die 69 Menschenleben und 320 Verletzte gefordert und für 26,9 Mill. $ Sachschäden verursacht haben. – Bei der Kabinettsumbildung vom 3. 11. 1975 wird Verteidigungsminister *James R. Schlesinger* von *Donald Henry Rumsfeld* abgelöst. – Vom 1.–4. 12. besucht Präsident *Ford* die Chinesische Volksrepublik (wie im Februar 1976 auf eine Einladung hin auch der ehem. Präsident *Richard M. Nixon*) und anschließend einige südostasiatische Staaten; am 7. 12. proklamiert er in der Universität Hawaii eine **»Pazifische Doktrin des Friedens«,** zu deren Grundlage eine starke US-Macht gehöre. – Am 20. 12. wird das letzte der Lager für die rund 145 000 Flüchtlinge aus Vietnam, Kambodscha und Laos geschlossen, da alle Wohnungen erhalten haben; ein Drittel der Flüchtlinge lebt noch von staatlicher Fürsorge. – Am 23. 12. unterzeichnet der Präsident ein **Gesetz über die beschleunigte Einführung des metrischen Systems.** – Nach der demographischen Fortschreibung aufgrund der letzten Volkszählung erreicht die **Bevölkerung der USA am 1. 1. 1976** die **215-Millionen**-Grenze. – In seiner »Botschaft an die Nation« stellt der Präsident am 19. 1. 1976 fest, daß deren Lage viel besser als ein Jahr vorher, aber nicht gut genug sei. Am 25. 2. ernennt er *William Scranton* als Nachfolger von *Daniel Patrick Moynihan* zum US-Botschafter bei der UNO. Am 1. 3. lehnt *Ford* den **Begriff »Détente«** ab und definiert die »Entspannungspolitik« als eine Politik der Verteidigung der US-Prinzipien durch Stärke und einen friedlichen Wettbewerb zwischen verschiedenen wirtschaftlichen und politischen Systemen. – Am 22. 3. wird die 1974 entführte, nach 19monatigem angeblich freiwilligem Verbleiben bei der Untergrundorganisation SML festgenommene Verlegerstochter *Patricia Hearst* wegen Beteiligung an Bankraub schuldig gesprochen. – Das Repräsentantenhaus lehnt am 24. 3. einen Antrag ab, nach dem die Bürger von Washington D.C. statt durch ernannte künftig durch gewählte Vertreter im Kongreß repräsentiert sein sollten. – Der Oberste Gerichtshof weist am 26. 3. eine Verfassungsklage gegen das Verbot von Homosexualität zurück. Durch ein nach dem Senat am 30. 3. auch durch das Repräsentatenhaus gebilligtes und am 13. 4. vom Präsidenten unterzeichnetes Gesetz wird die **Fischereizone** ab 1. 3. 1977 auf 200 Seemeilen ausgedehnt. – Das Oberste Gericht fällt am 21. 4. eine Entscheidung, nach der künftig der Zuzug von Negern in »weiße« Vororte erzwungen werden kann, was nach der Aufhebung der Rassentrennung in öffentlichen Schulen (1954) und der Neuordnung der Wahlbezirke einen **neuen Sieg der Bürgerrechtler** darstellt. – Im April/Mai u. im Sept. unternimmt Außenminister *Henry A. Kissinger* Afrikareisen, um die neue **Afrika-Politik der USA** zu verdeutlichen. – Am 5. 6. bricht der 94 m hohe neue, aus Erdmassen aufgeschüttete Staudamm am Teton-Fluß; weite Gebiete werden durch die Fluten schwer beschädigt, mehrere Menschen verlieren ihr Leben. – Am 24. 6. legt der US-Delegierte beim Sicherheitsrat der Vereinten Nationen ein Veto (das 15. der USA) gegen die Aufnahme von Angola in die UNO ein, da dieses nicht wirklich unabhängig sei, solange cubanische Truppen in Angola stehen. – Am 24./25. 6. trifft Außenminister *Henry A. Kissinger* auf einer Europareise im Bayerischen Wald, später erneut in Zürich mit dem südafrikanischen Premierminister *Johannes B. Vorster* zu **Gesprächen über die Probleme im Süden Afrikas** zusammen. – Der Sommer 1976 steht im Zeichen der **200-Jahres-Feier der Unabhängigkeit der USA,** die am 4. Juli ihren offiziellen Höhepunkt erreichen. – Der ehem. Gouverneur von Georgia, **James Earl Carter,** wird nach seinen großen Erfolgen im Wahlkampf beim Konvent der Demokraten am 15. 7. 1976 in New York **zum demokratischen Präsidentschaftskandidaten für die**

Präsidentschaftswahlen in den USA
Gewählte Präsidenten seit dem II. Weltkrieg

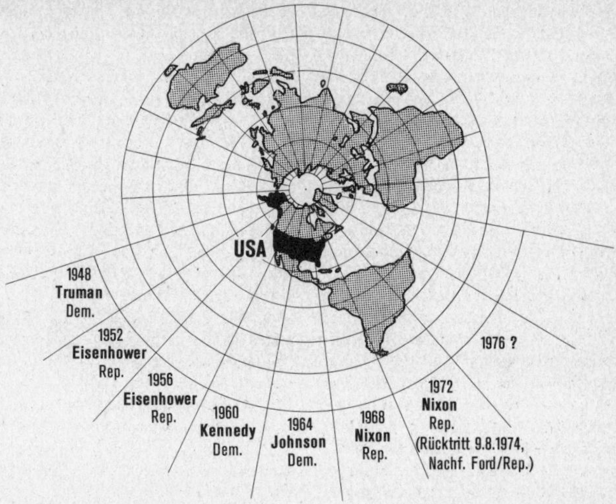

Wahlen vom November **nominiert;** *Carter* benennt *Walter F. Mondale,* Senator von Minnesota, als Stellvertreter. Nach den zunächst ausgeglichenen Erfolgen von Präsident *Gerald R. Ford* und des ehem. Gouverneurs von Kalifornien, *Ronald Reagan,* wird beim Parteikongreß in Kansas City am 19. 8. Präsident **Ford zum republikanischen Präsidentschaftskandidaten** gewählt; er nominiert für die Vizepräsidentschaft den Senator *Robert Dole.* – **Ende August wählt die** auf dem äußersten rechten Flügel des politischen Spektrums stehende **»American Independent Party«** den ehem. Gouverneur von Georgia, **Lester Maddox, zu ihrem Präsidentschaftskandidaten.** – In der Nacht zum 13. 9. entführen Exilkroaten eine »Boeing 727« von New York nach Paris, wo sie jedoch aufgeben; sie erklären, die Entführung als Werbung für ein »freies und unabhängiges Kroatien« unternommen zu haben, und werden nach den USA zurückgebracht. – (S. auch »Abrüstung/Rüstung« – »Afrika« – »Ägypten« – »Angola« – »Atomwaffen« – »Cuba« – »Deutschland« – »Entwicklungsländer« – »Island« – »Israel« – »Korea« – »Libanon« – »Marianen« – »Nahostkonflikt« – »Panamá« – Rhodesien« – »Saudi-Arabien« – »Spanien« – »Südafrika« – »Südwestafrika« – »Thailand« – »Vereinte Nationen« – »Vietnam« – »Weltraumforschung«)

Vereinte Nationen/UN bzw. UNO Der Personalbestand der UNO beläuft sich auf rund 15 000, unter Einbeziehung der Sonderorganisationen auf etwa 45 000; die BR Deutschland ist im Vergleich zu ihren Beitragsleistungen (1975 einschl. Sonderorganisationen 886 Mill. DM) weit unterrepräsentiert. Nach Angaben des UNO-Botschafters der BR Deutschland, *Freiherr von Wechmar,* haben die UNO-Delegierten 1975 insgesamt 2800 Treffen veranstaltet, mit einer Gesamtdauer von 5200 Stunden. 1040 Stunden seien mit Warten auf den Beginn der Tagungen verlorengegangen, nur jede 10. Sitzung beginne pünktlich. Die **XXX. Vollversammlung** (16. 9.–17. 12. 1975) hat ihre 124 Punkte umfassende Themenliste in 428 Ausschußsitzungen und 124 Plenarsitzungen abgehandelt. Jede Stunde in der Vollversammlung kostet mit der Übersetzung in die offiziellen Sprachen 5750 US-$. Zum Präsidenten der Vollversammlung wird am 16. 9. der luxemburgische Regierungschef *Gaston Thorn* gewählt; außerdem werden an diesem Tage als **neue Mitglieder** die *Kapverden, Mosambik* sowie *São Tomé u. Principe* aufgenommen; hinzu kommen *Papua-Neuguinea* (10. 10.) und *Suriname* (4. 12.). In den **Sicherheitsrat** werden am 20. bzw. 23. 10. als neue nichtständige Mitglieder für die Zeit vom 1. 1. 1976–31. 12. 1977 Benin (fr. Dahomey), Libyen, Pakistan, Panamá und Rumänien gewählt. – Die *BR Deutschland* wird erstmals am 1. 1. 1976 für drei Jahre Mitglied des Wirtschafts- und Sozialrates. – Das Budgetprogramm sieht für die Zweijahresperiode 1976 und 1977 *Ausgaben* von 745,8 Mill. US-$ (Haushalt 1974 und 1975 mit Nachtrag 612,5

Mill. $) vor. – Die Beschlüsse betreffen vor allem aktuelle Probleme in den Spannungsgebieten, wobei einige widerspruchsvoll sind (s. besonders **»Korea«** und **»Nahostkonflikt«** sowie **»Sahara«**). Der Einsatz von UNO-Verbänden im Nahen Osten und in **Cypern** (s. dieses) wird verlängert. – Schwere Differenzen ergeben sich hinsichtlich des Beschlusses, die **PLO** (s. »Nahostkonflikt«) als Vertreterin des palästinensischen Volkes zu den unter Auspizien der UN stattfindenden Konferenzen, Beratungen usw. über den Nahen Osten einzuladen, und der Resolution vom 11. 11., die feststellt, daß »Zionismus« eine Form von Rassismus und Rassendiskriminierung sei (dagegen stimmen u. a. die EG-Länder, Israel, Österreich und die USA). – Andere Beschlüsse verurteilen den Rassismus in der *Rep. Südafrika* (s. diese) und die israelische Politik in den besetzten arabischen Gebieten (s. »Nahostkonflikt), ferner *Rhodesien* (s. dieses); außerdem wird die *»Bantustanisierung« Südwestafrikas* (s. dieses) *verurteilt* und dessen Recht auf Unabhängigkeit als **»Namibia«** bekräftigt. Mit Mehrheit stimmt die Vollversammlung auch einem Beschluß zu, der die Anwesenheit von US-Streitkräften auf *Guam* als mit der UNO-Satzung nicht vereinbar erklärt. Auf *Brunei* sollen von der UNO überwachte Wahlen stattfinden. Die französischen Atomwaffenversuche (s. diese) im Pazifik werden scharf verurteilt. – Der UNO-Sozialausschuß wirft *Chile* Folterungen vor, die von diesem verneint werden. – Als Vertreter des *»Sudetendeutschen Rates«* und der *»Sudetendeutschen Landsmannschaft«* überreichen *Walter Becher, Almar Reitzner* und *Fritz Wittmann* dem stellv. UNO-Generalsekretär *Bradford Morse* eine Petition mit 151 000 Unterschriften, die für die Wiederherstellung der Rechte der Sudetendeutschen plädiert und sich u. a. auf die Initiativen zur Durchsetzung der Rechte der Palästinenser bezieht. – Am 13. 12. 1975 tritt das unter dem Patronat der UNO ausgearbeitete Abkommen in Kraft, das **Staatenlosen** die Möglichkeit gibt, sich bei ihren Problemen an eine Art *»Ombudsmann«* zu wenden, ein Amt, mit dem zunächst der UNO-Hochkommissar für Flüchtlinge betraut wird. – **Der Sicherheitsrat** fordert im Dezember 1975 den Abzug der indonesischen Truppen aus *Timor* (s. Ost-Timor) und verschärft u. a. am 7. 4. 1976 die *Sanktionen gegen Rhodesien.* Gegen den Beschluß des Rates vom 6. 2. 1976, die Einheit der **Komoren** (s. diese) zu wahren, d. h. unter Einschluß von Mayotte, legt Frankreich sein Veto (sein bisher 7.) ein. Am 31. 3. 1976 verurteilt der Sicherheitsrat die zeitweilige Besetzung eines Südstreifens von **Angola** durch die Republik Südafrika (s. diese) als »Aggression«, erwähnt jedoch das entscheidende Eingreifen cubanischer Truppen nicht. – Am 11. 3. 1976 kritisiert US-Außenminister *Henry A. Kissinger* das **Verhalten der »Dritten Welt« in der UNO** gegenüber den westlichen Industrieländern; sie betonten ihre »Nichtgebundenheit«, seien aber einer der evidentesten Blöcke in der Welt. – Das UNO-Sonderkomitee über die **Charta** der Vereinten Nationen hält vom 17. 2.–12. 3. 1976 seine erste Tagung ab; geprüft werden soll u. a. eine Abänderung der Charta, da seit der Gründung der UNO durch Verdreifachung der Mitglieder eine tiefgreifende Strukturwandlung stattgefunden habe. – Das *Umweltschutzprogramm* der UNO (UNEP) will gemeinsam mit der WHO ein internationales Register aller Giftstoffe vom Atommüll bis zu Industrieabgasen erstellen. – Am 19. 6. **verurteilt** der Sicherheitsrat die **Rep. Südafrika wegen** der »massiven Gewaltanwendung« bei den Bantu-Demonstrationen in **Soweto,** am 24. 6. verhindern die **USA** durch ihr bisher 15. Veto die **Empfehlung zur Aufnahme von Angola** in die UNO und am 30. 6. durch ihr 16. Veto einen Beschluß über den Rückzug Israels aus den besetzten arabischen Ländern, da er einseitig sei. Die im Juli geführte **Debatte über** die israelische **Geiselbefreiungsaktion** in Uganda kommt im Sicherheitsrat zu keinem konkreten Ergebnis. – Am 18. 7. tritt die 1973 von der Vollversammlung angenommene UNO-Konvention in Kraft, nach der das **»Verbrechen der Apartheid«** geächtet, als »Verbrechen gegen die Menschheit« bezeichnet wird und mit internationaler Strafverfolgung zu beantworten ist. – **Sambia** (s. dieses) klagt vor dem Sicherheitsrat die Rep. Südafrika an, am 11. 7. einen Angriff gegen sein Territorium verübt zu haben; Südafrika weist die Beschuldigung und die am 31. 7. erfolgte Verurteilung durch den Sicherheitsrat zurück. – Als Präsident der XXXI. Vollversammlung vom Herbst 1976 ist der UNO-Botschafter von Sri Lanka, *Hamilton Shirley Amerasinghe,* vorgesehen. **Unter den** fünf **im Herbst 1976 neuzuwählenden nichtständigen Mitgliedern des Sicherheitsrates** dürfte die **BR Deutschland** mit Wirkung vom 1. 1. 1977 sein; ein Jahr später wird auch mit der Wahl der DDR in den Rat gerechnet. – US-Präsident *Ford* weist im September 1976 den US-UNO-Delegierten an, sein Veto gegen eine etwaige Aufnahme von Vietnam in die UNO einzulegen, da dieses humanitäre Erfordernisse, wie etwa Auskunft über das Schicksal vermißter US-Soldaten, nicht erfüllt habe.

Vietnam Die Arbeiten zur Wiedervereinigung des Landes sind bereits weitgehend abgeschlossen, ehe der Akt proklamiert wird. Entscheidende Bedeutung hat der Beschluß des Ständigen Ausschusses der Nationalversammlung der DRV (Nord-V.)

und des Konsultativrates der Prov. Revol. Regierung der RSV (Süd-V.), am 25. 4. 1976 allgemeine **Wahlen zur Gemeinsamen Nationalversammlung** auszuschreiben, die als **»Schritt zur sozialistischen Gesellschaft«** bezeichnet werden. Die Resolution zur Wiedervereinigung wird von den Spitzendelegationen aus Nord- und Süd-V. am 20. 11. 1975 getroffen. Die Wahlen, bei denen **keine Oppositionskandidaten** zugelassen sind, ergeben für die 249 Sitze des Nordens und die 243 des Südens bei **99prozentiger Wahlbeteiligung** einen fast ebensolchen Prozentsatz für die Kandidaten der **Einheitsliste;** die Spitzenkandidaten wie *Le Duan* und *Pham Van Dong* werden mit über 99,7 % der Stimmen gewählt. Im **Süden wird eine Verwaltungsreform** vollzogen, so daß nun hier statt bisher 44 nur noch 20 Provinzen bestehen. Das neu eingeführte **Justizsystem** bringt *»Volksgerichtshöfe«* erster Instanz sowie Staatsanwälte und Berufungsgerichte; bei »Verbrechen gegen die Revolution« kann die Todesstrafe verhängt werden. Die **»Umerziehung«** wird mit großer Energie vorangetrieben; schon im ersten Halbjahr der »Befreiung« des Südens werden über 10 Mill. Lehrbücher verteilt. – Außerordentliche Schwierigkeiten bereitet die Umstrukturierung der Wirtschaft und die Beseitigung der umfangreichen Kriegsschäden. Die Richtlinien vom 21. 11. 1975 zielen **auch im Süden** auf die **Einführung eines sozialistischen Wirtschaftssystems** mit staatlich betriebenen Großunternehmen und teilweise kollektivierter Landwirtschaft, bei vorläufiger Förderung kleinbäuerlicher und kleiner Industrie- und Handwerks-Betriebe. Die »Kompradorenbourgeoisie« und alle mit ihr einst kooperierenden Personen werden ganz oder teilweise enteignet und z. T. verhaftet und abgeurteilt. Bestraft werden auch alle militärischen und zivilen Kräfte, die sich Verbrechen schuldig gemacht haben; die **Umerziehung** der einfachen Soldaten und Beamten soll sich in kurzer Zeit vollzogen haben, während bei den höheren Chargen längere Einweisung in Lager erfolgt ist. Ein **Teil der städtischen Bevölkerung**, vor allem der »Ho Tschi Minh«-Stadt Saigon, wird **auf das Land umgesiedelt** und offenbar auch zur Bildung erster Agrarkommunen verwendet. Probleme von größter Schwierigkeit bilden die Beseitigung der **Arbeitslosigkeit** in den Städten, die Betreuung der je mehrere Hunderttausend Kriegsversehrten, Waisenkinder sowie Rauschgiftsüchtigen und »Herumtreiber«. Nach offiziellen Angaben sind jedoch auch auf diesem Gebiet rasche Erfolge erzielt worden. Zu den wichtigsten Aufgaben gehört schließlich der **Ausbau der Verkehrsverbindungen** zwischen Nord und Süd, besonders der Eisenbahnen, die großenteils zerstört worden sind; die Eisenbahnstrecke Hanoi–Saigon wird vorrangig ausgebaut und erhält den Namen »Einheit«. RGW-Länder, besonders die UdSSR, aber auch die DDR, geben langfristige Kredite und wirtschaftliche Hilfe. Japan leistet für Zerstörungen während des II. Weltkrieges dem Namen nach keine »Reparationen« bzw. ersetzt diese durch Lieferung von Investitionsgütern. – Die USA werden gemahnt, die versprochene Wiederaufbauhilfe zu leisten. – Die vereinzelt gemeldeten Guerilla-Aktionen nichtkommunistischer Gruppen und von Bergvölkern scheinen keinerlei Bedrohung zu sein. Nach außen ist **Vietnam nun der volkreichste Staat des festländischen Südostasiens und die stärkste Militärmacht. – Am 2. 7. 1976 proklamiert die Nationalversammlung die Wiedervereinigung als vollzogen.** Der offizielle Name Gesamtvietnams ist von nun an **»Sozialistische Republik Vietnam«;** als Staatspräsident wird *Ton Duc Thang* gewählt, Stellvertreter sind der ehem. Präsident der Provis. Revolutionsregierung des Südens, *Nguyen Huu Tho,* sowie *Nguyen Luong Bang.* Der bisherige nordvietnamesische Regierungschef *Pham Van Dong* bleibt es auch im wiedervereinigten Vietnam; Hanoi bleibt Hauptstadt. Flagge und Nationalhymne des bisherigen Nordvietnams gelten nun für den ganzen Staat. – Am 2. 9. 1976 wird aus Anlaß der Unabhängigkeitserklärung des Landes vor 31 Jahren durch *Ho Tschi Minh* in Hanoi eine große Parade abgehalten und gleichzeitig der erste Nationalfeiertag seit der Wiedervereinigung der Landesteile Nord und Süd begangen. (S. auch Karte im WA '76, S. 413.)

Währungen In den letzten fünf Jahren, d. h. von 1970–1975 ist (nach »Handelsblatt« v. 30. 3. 1976) folgender *Kaufkraftverlust* der einzelnen Währungen in % festzustellen: Großbritannien 46 – Spanien 43 – Japan und Italien je 42 – Dänemark 36 – Frankreich und Niederlande je 34 – Belgien 33 – Schweden 32 – Schweiz 31 – Österreich 30 – USA und BR Deutschland 26. – Von Ende 1972 bis März 1976 ist der *Wert der einzelnen Währungen gegenüber der DM* in % wie folgt gesunken (nach »SZ« v. 21. 4. 1976): Lira 47 – Pfund Sterling 35 – Peseta 24 – US-$ und Jen (Yen) je 20 – franz. Franc und schwed. Krone je 14 – belg. Franc und dän. Krone je 11 – niederl. Gulden 5; gestiegen gegenüber der DM ist der österr. S um 1 % und der schweiz. Franken um 18 %. – Die Mitgliedschaft in der sogen. *Währungsschlange* (Gründung 1972 mit der Verpflichtung, die Kursabweichungen der Währungen der Mitgliedsländer durch einen Spielraum von plus/minus 2,25 % zu begrenzen), hat wiederholt gewechselt; 1976 sind nach dem erneuten Austritt von Frankreich nur noch die BRD, Dänemark und Benelux (dazu assoz. Norw. u. Schweden) im

Währungsverband. – Die von den Entwicklungsländern angestrebte **Reform des »Weltwährungsfonds«/IWF** zu ihren Gunsten kommt nach mehrjährigem Ringen durch die Beschlüsse des sogen. »Interimsausschusses« vom 9. 1. 1976 in Jamaika voran. Die Kreditaufnahmemöglichkeiten werden um 45 % erhöht, als eine Art Übergangslösung bis zur Ratifizierung der Aufstockung der Mitgliedsquoten; den Entwicklungsländern stehen somit für 1976 über 3 Mrd. $ mehr zur Verfügung. (Die Ratifizierung der Aufstockung von 29,2 Mrd. SZ auf 39 Mrd. SZ wird vom Gouverneursrat am 2. 4. 1976 bekanntgegeben. Die Werte der SZR werden laufend aus einem »Währungskorb« für die jeweilige Landeswährung errechnet.) Die Quote der USA vermindert sich auf 21,5 %, aber ihr Vetorecht bleibt erhalten; die OPEC-Länder-Quoten werden erhöht, so daß sie nun etwa 10 % ausmachen. – **Der offizielle Goldpreis** (Anfang 1976 42,22 US-$ je Feinunze) wird **abgeschafft.** Innerhalb von vier Jahren soll ein Sechstel des IWF-Goldbestandes versteigert werden (bisherige Versteigerungen s. Abschnitt »Bergbau«: Gold), der Erlös in einen Trustfonds fließen und aus diesem besonders zinsgünstige Kredite den ärmsten Ländern zukommen. Die **internationalen Währungsreserven** (ohne RGW-Länder, China und die anderen asiat. kommunistischen Länder) beliefen sich (nach »Monthly Bulletin of Statistics«, UNO-Publ., Juni 1976) **in Mrd. US-$** *Ende 1972/Ende 1974/Ende März 1976* (davon Gold mit IMF, EPU, BIS): 104,1/227,7/233,9 (38,6/41,6/40,8), Entwicklungsländer 32,2/87,9/88,8 (3,4/3,6/3,5), unter diesen Ölexportierende Länder 11,2/58,0/57,6 (1,3/1,4/1,4).

(Nach „Monatsbericht" der Deutschen Bundesbank, 1976/2; modifiz.)

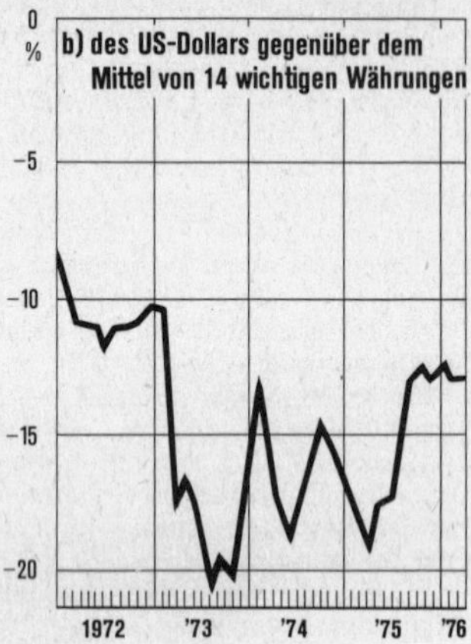

(Nach „Fortune", April 1976; modifiz.)

(Bibl. Hinweis: Währungen und Wirtschaft in Deutschland 1876 bis 1975; hg. von der Deutschen Bundesbank, Frankfurt/1976)

Warschauer Vertrag Am 25. 4. 1976 stirbt der Generalstabschef der Streitkräfte des Bündnisses, der sowjetische Armeegeneral *Sergej Matwejewitsch Schtemenko.*
(Vergleich der Verteidigungsausgaben mit der NATO s. »Abrüstung/Rüstung«; außerdem Abschnitt »Polit. und wirtschaftliche Zusammenschlüsse«)

Welthandelskonferenz s. »Entwicklungsländer« und Abschnitt »Welthandel«

Weltkirchenrat (»World Council of Churches«, Ökumenischer Rat; Mitglieder s. WA '76, S. 415) bemüht sich auch in der Berichtszeit, seine Arbeit zur Bekämpfung von Rassendiskriminierung und Unterdrückung zu intensivieren und Hilfe zur Verfügung zu stellen. – Auf der im Dezember 1975 in Nairobi (Kenia) stattfindenden 5. Vollversammlung des Rates wird zum weltweiten Kampf gegen Unrecht und Unterdrückung aufgerufen.

Weltraumforschung Das von der Bundesregierung verabschiedete Vierjahres-Weltraumprogramm 1976–1979 sieht Aufwendungen von insgesamt 2,3 Mrd. DM vor; der größte Teil davon entfällt auf die Abteilung an der »Europäischen Weltraum-Organisation« (»European Space Agency«/**ESA)** mit dem Schwerpunkt »Spacelab«; zu den bisherigen Mitgliedern der ESA (Belgien, Dänemark, BR Deutschland, Frankreich, Großbritannien, Italien, Niederlande, Schweden, Schweiz und Spanien) tritt 1976 Irland. – In der Nacht zum 21. 8. wird die erste von zwei US-Marssonden (**»Viking I«**) gestartet. Die am 8. 6. 1975 gestartete sowjetische Sonde **»Venus 9«** landet am 22. 10. 1975, die am 14. 6. gestartete **»Venus 10«** am 25. 10. auf dem Planeten; es wird eine Temperatur von 485° C, ein Luftdruck von 80 Atmosphären und eine Windstärke von 0,5 m pro Sekunde gemessen. – Der am 5. 12. 1975 gestartete, unter deutscher Leitung gebaute europäische Forschungssatellit **»Heos 1«** stürzt am 29. 10. 1975 nach Erfüllung seiner Aufgabe, den Einfluß des sogen. Sonnenwindes auf das Magnetfeld der Erde zu untersuchen, über der Antarktis in die Atmosphäre und verglüht. – Am 17. 11. 1975 wird das sowjetische Raumschiff **»Sojus 20«** unbemannt gestartet und ferngelenkt an die Raumstation **»Saljut 4«** angekoppelt. – Der am 26. 11. 1975 in der **Chinesischen Volksrepublik** gestartete vierte Satellit kehrt am 2. 12. **als erster chin. Satellit zur Erde zurück;** am 16. 12. 75 u. 30. 8. 76 werden weitere Satelliten gestartet. – Die am 16. 12. 1965 gestartete US-Raumsonde **»Pionier 6«,** bei der noch 5 der 6 Instrumente arbeiten, hat bis zum 10. Jahrestag fast zwölfmal die Sonne umkreist und ist die **bisher langlebigste Raumsonde.** – Ende Dezember wird in der Sowjetunion der stationäre Fernmeldesatellit **»Raduga«** gestartet, der erste von drei geplanten der Serie. – Auf Kap »Canaveral«/USA, auf dem bis Ende 1975 insgesamt 1977 Raketen gestartet sind, wird am 15. 1. 1976 als bisher größtes der westdeutsch-US-amerikanischen Weltraumprojekte die Sonnensonde *»Helios I«* (Kosten etwa 700 Mill. DM) gestartet; sie mißt u. a. die Auswirkungen des »Sonnenwindes« auf Wetter und Funkverkehr auf der Erde und **erreicht** gegen Ende April 1976 mit einer Entfernung von 43,4 Mill. km den **bisher sonnennächsten Punkt** einer Raumsonde. – **Japan** startet am 29. 2. seinen 8. Forschungssatelliten **ISS;** er dient zur Erforschung der Ionosphäre. – Im April 1976 wird der **erste NATO-Satellit** in eine Erdumlaufbahn gebracht; er gehört zu einem neuen Nachrichtensystem des Bündnisses, das aus 3 Satelliten bestehen soll. – In den **USA** wird am 4. 5. ein **Erdbeben-Forschungssatellit** in eine Umlaufbahn um die Erde gebracht (»Laser Geodynamics Satellite«). – Am 22. 6. erfolgt der **Start der sowjetischen Raumstation »Saljut 5«,** die planmäßig in die gewünschte Umlaufbahn gebracht wird; am 6. 7. folgt das Raumschiff **»Sojus 21«** mit *Boris Wolynow* und *Witali Scholobow* an Bord, die am 7. 7. die Ankoppelung an »Saljut 5« vollziehen und in die Station umsteigen, um ihren Forschungen (u. a. Beobachtungen von atmosphärischen Erscheinungen, Erkundung von Bodenschätzen und Gletschern auf der Erdoberfläche) nachzugehen. – Am 13. 7. schließen die RGW-Länder ein Abkommen über die Zusammenarbeit bei Forschung und Nutzung des Weltraumes zu friedlichen Zwecken. – Die im August 1975 gestartete US-Sonde **»Viking I« landet als erste Raumsonde am 20. 7. weich auf dem Mars** und sendet seither Bilder und Daten; Hauptaufgabe ist eine **biologische Analyse,** um festzustellen, ob irgendeine Form von Leben auf dem Mars existiert. Die sowjetische Mondsonde **»Luna 24«,** am 9. 8. gestartet, kehrt am 22. 8. mit Mondgestein planmäßig zur Erde zurück. – *Boris Wolynow* und *Witali Scholobow* beenden nach sieben Wochen erfolgreich ihre Aufträge. – Die US-Sonde **»Viking II«,** führt, am 7. 8. in eine Umlaufbahn um den Mars gebracht, ihre Untersuchungen durch. Die Suche nach organischen Verbindungen auf dem Mars bleibt bisher ohne Ergebnis.

Weltumseglung Nach über dreijähriger Fahrt beenden im Oktober 1975 in Cuxhaven die Segler *Günter Hormann* und *Dieter Viohl* ihre Weltumseglung.

Weltzeit In der Nacht zum 1. 1. 1976 werden um 1 Uhr MEZ die Normalzeituhren zum fünftenmal seit 1972 um 1 Sekunde zurückgestellt, um die nach der Atomzeit (nach Schwingungen eines bestimmten Cäsium-Atoms) ausgerichteten Uhren in Übereinstimmung mit der astronomischen Zeit der Gestirne zu bringen, gegenüber der sie im Jahr um eine Sekunde vorgehen.

Zaïre In der Berichtszeit verschärfen sich **die wirtschaftlichen Schwierigkeiten,** teils wegen eigener Organisations- und Planungsfehler, teils wegen der längeren Blockierung der Benguela-Bahn im Angola-Krieg und infolge des Preisverfalls wichtigster Exportprodukte wie Kupfer, Mangan usw. in Auswirkung der Rezession in den westlichen Industrieländern. Ein Ausgleich durch vermehrten Agrarexport wie in früheren Zeiten ist wegen der rasch gewachsenen Bevölkerung, aber z. T. auch wegen mangelhafter Bewirtschaftung der Pflanzungen nicht möglich. Warenmangel und Prestigeobjekte in der Hauptstadt verursachen 1975 eine **Inflation** von 45 % und ein Ansteigen der Auslandsverschuldung auf etwa 3 Mrd. US-$. Präsident *Mobutu* rationalisiert Partei und Verwaltung und läßt eine teilweise Privatisierung vorher verstaatlichter Unternehmen zu. Mit Belgien wird am 28. 3. 1976 ein Rahmenabkommen über wirtschaftlich-technische Kooperation und über Entschädigung für die Verstaatlichung belgischen Eigentums geschlossen. Am 12. 3. 1976 wird die Währung vom US-$ gelöst und an das SZR des IWF gebunden. Zusätzlich zu einer US-Hilfe von 23 Mill. $ für den Kauf von Reis in den USA werden beim Besuch des US-Außenministers *Henry A. Kissinger* Ende April 1976 in Kinshasa weitere 12,5 Mill. $ für die Erwerbung amerikanischer Baumwolle zur Verfügung gestellt. Außerdem gewährt die US-Import-Exportbank einen Kredit von 50 Mill. $. Die USA sagen für 1976 auch Lieferung moderner Waffen zu. – Hoffnungen werden auf Erfolge bei der Ende 1976 von einer internat. Gesellschaft begonnenen Erdölförderung im 10 Meilen von der Küste entfernten Ölfeld »Mibale« gesetzt. – Um die Beziehungen zu Angola zu verbessern, werden gegenseitig – in Luanda und Kinshasa – »Verbindungsbüros« eingerichtet werden.

Zambia s. Rhodesien

Zentralafrikanische Republik Die wirtschaftliche Entwicklung macht kaum Fortschritte. Acht Beteiligte an dem Mordanschlag auf Staatspräsident *Jean Bedel Bokassa* vom 3. 2. 1976 werden am 13. 2. zum Tode verurteilt, darunter Offiziere und einige Ausländer. – Präsident *Bokassa* gründet am 5. 9. als oberstes Organ nach Auflösung der bisherigen Regierung einen **»Rat der Zentralafrikanischen Revolution«**, übernimmt dessen Vorsitz und behält diesen auch im »MESAN«.

Zimbabwe s. Rhodesien

Verstorbene Persönlichkeiten

1975

18. 9. die Choreographin und Tanzschriftstellerin *Dorothee Günther* in Köln

20. 9. der französische Schriftsteller (Träger des Literatur-Nobelpreises) und Diplomat *Saint-John Perse* (eigentl. *Alexis Saint-Léger Léger*) in Giens (Dep. Var, Frankreich)

22. 9. der österreichische Komponist und Dirigent *Franz Salmhofer* in Wien und der Publizist *Giselher Wirsing* (in der Nacht vom 22. zum 23. 9.) in Stuttgart

24. 9. die Schriftstellerin *Elisabeth Castonier* in München

27. 9. *Maurice Kardinal Feltin,* ehem. Erzbischof von Paris, in Paris

28. 9. die Schauspielerin *Agnes Windeck* in Berlin (West) (Im September starb auch der japanische Holzschnittmeister *Schiko Munakata* in Tokio)

1. 10. der Regisseur und ehem. Intendant des Bayer. Staatsschauspiels *Helmut Henrichs* in München

2. 10. der ehem. Präsident der Indischen Kongreßpartei *Kumaraswamy Kamaradsch (Kamaraj)* in seinem Heimatstaat Tamil Nadu

3. 10. der französische sozialistische Politiker und ehem. Regierungschef *Guy Mollet* in Paris sowie der Kampfgefährte von *Mao Tse-tung* und einstige Teilnehmer am »Langen Marsch« *Tschu Hsing,* zuletzt Gouverneur von Jünnan (Yunnan), und der Musikschriftsteller und Kritiker *Karl Holl* in Frankfurt/M.

6. 10. der Verleger und Schriftsteller *Gerhard Bahlsen* in Berlin (West)

8. 10. der Begründer, Intendant und Chefregisseur der Ostberliner »Komischen Oper« *Walter Felsenstein* in Berlin (Ost) und der Kammersänger *Josef Traxel* in Stuttgart

11. 10. der Schriftsteller und Literaturwissenschaftler *Victor Klein,* Mitglied der »Kommission für deutsche Literatur« im sowjetischen Schriftstellerverband, in Nowosibirsk

13. 10. der Generalmusikdirektor *Philipp Wüst* in Saarbrücken

15. 10. der Schauspieler *Jacques Charon,* »Doyen de la Comédie Française«, in Paris

16. 10. der Theaterkritiker und Mitherausgeber des »Tagesspiegel« *Walther Karsch* in Berlin (West)

17. 10. der italienische Komponist und Dirigent *Vittorio Gui* in Florenz

19. 10. der Flugzeugkonstrukteur *Claire L. Egtvedt,* »Vater der fliegenden Festungen« (B 17, B 29), in den USA

21. 10. der britische Chemiker und Nobelpreisträger *James Wilfred Cook* in London

22. 10. der britische Historiker und Geschichtsphilosoph *Arnold Toynbee* in York (England)

23. 10. der Orthopäde und Chirurg *Max Lange* in München

27. 10. der nordamerikanische Kriminalschriftsteller *Rex Stout* in Danbury (Connecticut, USA) und der ehem. französische Boxweltmeister *Georges Carpentier* in Paris

28. 10. der Bildhauer *Hans Uhlmann* in Berlin (West)

29. 10. der Gründer und Leiter des Musikverlages Bärenreiter *Karl Vötterle* in Kassel

30. 10. der Physiker und Nobelpreisträger *Gustav Hertz* in Berlin (Ost)
(Im Oktober starben auch der sowjetische Choreograph *Leonid Jakobson* in Moskau, der aus Deutschland stammende Maler *Rolf Nesch* in Oslo sowie der Komponist und Kapellmeister *Hendrick Wehding* in Berlin/Ost)

1. 11. der italienische Filmregisseur *Pier Paolo Pasolini* in der Nacht vom 1. zum 2. 11. in Ostia bei Rom (ermordet)

6. 11. der Publizist *Ernst (»Putzi«) Hanfstaengl* in München

7. 11. *John Kardinal Heenan,* Erzbischof von Westminster in London

9. 11. der Schriftsteller *Ludwig Turek* in Berlin (Ost)

13. 11. der italienische Filmkritiker und -historiker *Luigi Chiarini* in Rom

14. 11. der Maler und Zeichner *Max Ackermann* in Unterlengenhardt (Schwarzwald)

16. 11. der Gründer und Leiter des internat. Zeitschriftenverlages »Musik und Medizin« *Helmut Niessner* am Frankfurter Kreuz (Autounfall) sowie der Schauspieler *Hermann Schomberg* in Hamburg

20. 11. der spanische Staatschef Generalissimus *Francisco Franco Bahamonde* in Madrid

21. 11. der isländische Schriftsteller *Gunnar Gunnarsson* in Reykjavík
24. 11. der SPD-Politiker und Verteidigungsexperte General a. D. *Friedrich Beermann* in Bonn
25. 11. der aus dem Sudetenland stammende Geograph und Asienforscher *Gustav Stratil-Sauer* in Klosterneuburg bei Wien
26. 11. der ehem. Bundesarbeits- und -sozialminister *Anton Storch* in Fulda und (in Weil am Rhein) der Altertumsforscher *Joseph Wiesner*
28. 11. der Musikwissenschaftler *Friedrich Blume* in Schlüchtern (Hessen) und der belgische Literat und Philosoph *Jacques Masui* in Montreux
29. 11. der ehem. Vorsitzende des Bruderrates der Bekennenden Kirche Propst *Heinrich Grüber* in Berlin (West)
(Im November starben auch die sowjetische Lyrikerin *Olga Bergholz* in Moskau, der englische Dramatiker *Robert Sherriff* in London und der britische Polarforscher und Meteorologe Sir *Charles Seymour Wright* in Victoria [Brit.-Kolumbien, Kanada] sowie der englische Rennfahrer *Graham Hill* [Flugzeugabsturz], ferner die lateinamerikanischen Schriftsteller *Salvador Salazar Arrué [Salarrué]*, in El Salvador und (in Pôrto Alegre) der Brasilianer *Enrico Verissimo* sowie der Schweizer Schriftsteller *Jakob Bührer* im Tessin
1. 12. der deutsche Bühnenbildner *Rudolf Heinrich* in London, der Regisseur *Hans Schweikart* in München und der italienische Autokonstrukteur und Fabrikant *Ernesto Maserati* in Bologna
3. 12. die Kammersängerin *Hedwig Fichtmüller* in Garmisch-Partenkirchen
4. 12. die aus Deutschland stammende Philosophin und Soziologin *Hannah Arendt* in New York, der Schauspieler *Albert Bessler* in Berlin (West) und der Ölmagnat *Wendell Phillips* in Arlington (Virginia, USA)
7. 12. der nordamerikanische Schriftsteller *Thornton Wilder* in Handen bei New Haven (Connecticut, USA)
8. 12. der Ehrenpräsident der »Bundesvereinigung der Deutschen Arbeitgeberverbände« *Otto A. Friedrich* in Düsseldorf
9. 12. der ehem. Staatsminister *Carlo Graaff* in Elze
11. 12. der ehem. künstlerische Leiter der Bayer-Philharmoniker und Wiederentdecker von Monteverdi, *Erich Kraack*, in Schildgen bei Leverkusen
14. 12. der langjährige Vorsitzende der »Deutschen Zentrumspartei« *Johannes Brockmann* in Hiltrup bei Münster
16. 12. der evangelische Altbischof *Wilhelm Stählin* in Prien am Chiemsee, der ehem. Generalintendant des Bonner Theaters *Karl Pempelfort* in Bonn und das Mitglied des Ständigen Ausschusses des Politbüros der KPCh, *Kang Scheng*, einer der Führer der »Alten Garde« der Partei, in Peking
19. 12. der Schriftsteller und Übersetzer *Hans B. Wagenseil* in Herrsching am Ammersee, der Altertums- und Bibliotheksforscher *Hans Widmann* in Mainz und der ehem. Generalsekretär der UNESCO, *René Maheu*, in Paris
20. 12. der Bildhauer *Engelbert Kaps* in Regensburg
21. 12. der französische Erfinder und »Vater des Aérotrain« *Jean Bertin* in Neuilly
24. 12. der CDU-Politiker und Enkel des einstigen Reichskanzlers *Otto Christian Archibald von Bismarck* auf Schloß Friedrichsruh in Niedersachsen sowie der Musikwissenschaftler *Ernst Ludwig Wältner*
25. 12. der Seniorchef des französischen Verlagshauses Gallimard, *Gaston Gallimard*, in Paris
27. 12. der albanische Parlamentspräsident *Iljas Reka* in Tirana
29. 12. der österreichische Pianist *Friedrich Wührer* in Mannheim
(Im Dezember starben auch der Schriftsteller *Heinrich Heim* in Frankfurt/M., der ehem. Vorstandsvorsitzende der Stumm AG, *Leonhard Lutz* in München [Freitod], die Schauspieler *Franz Nicklisch* und *Theodor Vogeler*, beide in Berlin/West, und der englische Schriftsteller und Historiker *John Wheeler-Bennett* in London sowie der aus der Ukraine stammende Genetiker *Theodosius Dobzhanski* in Davis [Calif., USA] und der französische Lyriker *Eugène Pascal-Bonetti*)

1976

1. 1. der Begründer der ehem. serbischen Agrarierpartei, *Milan Gavrilović*, im Exil in Washington (USA)

4\. 1. *Albin Karl,* der älteste Gewerkschaftsführer der Bundesrepublik Deutschland
5\. 1. in der Nacht vom 5. zum 6. 1. der ehem. irische Regierungschef *John Costello* in Dublin und der Komponist *Gustav Geierhaas* in München
7\. 1. der ehem. Staatsoperndirektor *Ernst August Schneider* in Wien
8\. 1. der Vorsitzende des Staatsrates (Regierungschef) der Volksrepublik China, *Tschou En-lai,* in Peking und der französische Schriftsteller und Kritiker *Pierre-Jean Jouve* in Paris
11\. 1. der Bühnenautor und ehem. Chefdramaturg des Wiener Burgtheaters *Friedrich Schreyvogl* in Wien, der Verleger *Adam Kraft* in Augsburg und der Architekt *Werner March* in Berlin (West)
12\. 1. die englische Kriminalschriftstellerin *Agatha Christie* in Wallingford (Oxfordshire), der Architekt *Werner March,* Erbauer des Berliner Olympia-Stadions, in Berlin (West)
14\. 1. *Tun Hadschi Abdul Rasak (Razak) bin Datuk Hussein,* Premierminister von Malaysia, in London, der aus Deutschland stammende Essayist *Ossip Kalenter* in Zürich und die englische Schauspielerin *Margaret Leighton* in London
18\. 1. der Schlager- und Filmmusikkomponist *Friedrich Hollaender* in München
19\. 1. der französische Chanson- und Filmmusikkomponist *Jean Lenoir* in Paris und der Wirtschaftsanalytiker *Kurt Hesse* in Bad Homburg
23\. 1. der amerikanische Negersänger *Paul Robeson* in Philadelphia (USA)
24\. 1. die Schriftstellerin *Wilhelmine Lade* in Gießen
28\. 1. der belgische Maler, Graphiker und Kunsttheoretiker *Marcel Broodthaers* in Köln
30\. 1. der Soziologe und Philosoph *Arnold Gehlen* und *Hans Bürger-Prinz,* Mitbegründer der Psychiatrie, beide in Hamburg, sowie der österreichische Schriftsteller *Reinhard Federmann* in Wien
(Im Januar starben auch der Schweizer »Friedensapostel« *Max Dätwyler* in Zumikon, der Schauspieler und Regisseur *Walter Janssen* in München, der Gran Chaco- und Libyenforscher sowie Mitbegründer der Medizingeographie *Helmut Kanter* in Marburg sowie der Gründer der Hersfelder Festspiele *Johannes Klein* in Bad Hersfeld)
1\. 2. der Physiker und Nobelpreisträger *Werner Heisenberg* in München, der Mediziner und Pathologe sowie Nobelpreisträger *George Hoyt Whipple* in Rochester (NY, USA)
2\. 2. der Maler *Eugen Croissant* und der Filmproduzent *Günther Stapenhorst,* beide in München, sowie der schwedische Liederdichter und Komponist *Evert Taube* in Stockholm
11\. 2. der Schriftsteller und Philatelist *Frank Arnau* in München, der nordamerikanische Schauspieler *Lee J. Cobb* in Los Angeles (USA) sowie die aus Frankreich stammende Opernsängerin *Lily Pons* in Dallas (Texas, USA)
13\. 2. General *Murtala Ramat Mohammed,* Staatspräsident von Nigerien, in Lagos (ermordet)
14\. 2. der Schriftsteller und Verleger *Alberto Mondadori* in Venedig
20\. 2. der französische Träger des Friedensnobelpreises *René Cassin* in Paris
25\. 2. der Filmregisseur *Paul May* in Taufkirchen (Oberbayern)
26\. 2. *Efrem Kardinal Forni* in Rom
29\. 2. der aus Polen stammende Schriftsteller *Joseph Wittlin* in New York und der Schriftsteller *Paul Schallück* in Köln
(Im Februar starben auch die österreichische Schriftstellerin *Alma Holgersen* in Innsbruck, der dadaistische Maler *Hans Richter* in Locarno und der Begründer des »Internat. Instituts für Strategische Studien«, *Alistair Buchan,* in London)
1\. 3. der französische Komponist und Dirigent *Jean Martinon* in Paris
2\. 3. der Verleger *Friedrich Vogel* in Düsseldorf
3\. 3. der nordamerikanische Chanson-Komponist *Ray Gilbert* in Los Angeles (USA)
4\. 3. der Nestor der physikalischen Wissenschaft in Deutschland, *Walter Schottky,* in Pretzfeld bei Forchheim
13\. 3. der aus Deutschland stammende Schriftsteller *Max Tau* in Oslo
14\. 3. die Schriftstellerin *Martha Saalfeld* in Bergzabern und in der Nacht vom 14. zum 15. 3. der nordamerikanische Choreograph und »Vater des Film-Musicals« *Busby Berkeley* (eigentl. *William Berkeley Enos*) in Palm Springs (Kalifornien, USA)
17\. 3. der Filmregisseur und Mitbegründer des sozialkritischen Neorealismus, *Luchino Visconti,* in Rom
22\. 3. der Maler *Franz Nagel* in Egern am Tegernsee
24\. 3. der britische Feldmarschall *Viscount Montgomery of Alamein* in Isington (Südengland)

25. 3. der aus Deutschland stammende Maler und Kunstpädagoge *Josef Albers,* der letzte große Repräsentant der »Bauhaus«-Gruppe, in New Haven (Connecticut, USA)
26. 3. die Malerin *Elisabeth Fischer-Dick* in Bad Tölz und die Kammersängerin *Felicie Hüni-Mihacsek* in München
26. 3. der chinesische Schriftsteller und Kulturphilosoph *Lin Yutang* in Hongkong
27. 3. der ehem. hessische Ministerpräsident *Georg-August Zinn* in Frankfurt/M.
29. 3. der Filmarchitekt *Hans Sohnle* in München
31. 3. der Regisseur und Schauspieler *Fritz Rémond* in Bad Nauheim
1. 4. der deutsche Maler *Max Ernst,* Mitbegründer des Surrealismus, in Paris
2. 4. *Carlo Kardinal Grano* in Rom
3. 4. der Kulturjournalist *Alfred Strobel* in Innsbruck
4. 4. der Biologe und entwicklungsphysiologisch-genetische Forscher *Ernst Hadorn* in Wohlen bei Bern
6. 4. in der Nacht vom 5. zum 6. 4. der nordamerikanische Unternehmer, Erfinder und Milliardär *Howard Hughes* auf dem Flug von Acapulco nach Houston in Texas
9. 4. der japanische Schriftsteller und Dramatiker *Saneatsu Mushanokoji* in Tokio
10. 4. der Kunsthistoriker *Günther Grundmann*
11. 4. In der Nacht vom 10. zum 11. 4. der italienische Komponist und Violoncellist *Enrico Mainardi* in München, der spanische Schriftsteller *Otero Pedrayo* in Orense (Spanien) und der Mitbegründer des Bertelsmann »Lesering« in Gütersloh, *Fritz Wixforth*
13. 4. der Verleger *Joseph Drexel* in Nürnberg
15. 4. der israelische Generalstabschef im »Jom-Kippur-Krieg«, *David Elasar,* in Jerusalem
22. 4. die Kammersängerin *Anny van Kruyswyk* an den Folgen eines Unfalls in München
23. 4. der nordamerikanische Maler *Marc Tobey* in Basel und der tschechoslowakische Regisseur *Alfred Radok,* Gründer der »Laterna Magica«, in Wien
25. 4. der dänische Nobelpreisträger für Medizin und Physiologie *Henrik Dam* in Kopenhagen und der aus Rußland stammende Pianist *Alexander Brailowsky* in New York sowie der Generalstabschef der Streitkräfte des »Warschauer Paktes«, Armeegeneral *Sergej Matwejewitsch Schtemenko,* in Moskau
26. 4. der britische Schauspieler *Sir James* und der Filmregisseur *Sir Carol Reed,* beide in London, sowie der sowjetische Verteidigungsminister Marschall *Andrej Antonowitsch Gretschko* in Moskau
28. 4. der Schriftsteller *Eugen Roth* in München und General a. D. *Walther von Seydlitz-Kurbach,* ehem. Präsident des »Bundes deutscher Offiziere« im »Nationalkomitee Freies Deutschland« (in der Sowjetunion), in Bremen
2. 5. der englische Schriftsteller *Richard Hughes* in Bangor (Wales) und der ehem. tschechoslowakische Ministerpräsident *Zdenek Fierlinger* in Prag
9. 5. der belgische Komponist *Raymond Chevreuille* in Brüssel und das ehem. Mitglied der »Rote Armee Fraktion«/RAF und der »Baader-Meinhof-Gruppe«, *Ulrike Meinhof,* in der Haftanstalt Stuttgart-Stammheim (Freitod)
11. 5. in der Nacht vom 11. zum 12. 5. der finnische Architekt und Städtebauer *Alvar Aalto* in Helsinki und der deutsche Dirigent *Rudolf Kempe* in Zürich sowie der Schriftsteller *Yves Regnier* in Paris
13. 5. der Filmschauspieler *Hans Stüwe* in Berlin (West)
21. 5. der weltbekannte Clown und Akrobat *Jakob Andreff* in Zürich, der Schriftsteller und Rundfunkpionier *Friedrich Bischoff* in Großweier (Baden)
26. 5. der Philosoph *Martin Heidegger* in Freiburg
27. 5. die Schauspielerin *Hilde Hildebrand* in Berlin (West; tot aufgefunden)
31. 5. der französische Biochemiker und Nobelpreisträger *Jacques Monod* in Cannes (Frankreich) (Im Mai starb auch der russische Maler *Eugen Rjuchin* in Leningrad bei einem Feuerunfall und der Erzpriester *Hippolyt Schischlow,* einer der letzten Repräsentanten der Russisch-Orthodoxen Kirche aus der Zarenzeit, in Beirut im Libanon)
1. 6. der ehem. bolivianische Staatspräsident General *Juan José Torres* im Exil in Buenos Aires (Argentinien; ermordet)
2. 6. der Hörspielautor *Fred von Hoerschelmann* in Tübingen
3. 6. der sozialdemokratische Politiker und ehem. dänische Ministerpräsident *Viggo Kampmann* in Kopenhagen

5\. 6. der Physiker *Robert W. Pohl,* einer der Wegbereiter der modernen Festkörperphysik, in Göttingen, und der in Deutschland geborene Schriftsteller und Übersetzer *Ludwig Kunz* in Amsterdam
6\. 6. die aus Deutschland stammende Opernsängerin *Elisabeth Rethberg* in Yorktown Heights (NY, USA)
9\. 6. die Schauspielerin *Sybil Thorndike,* die große alte Dame des britischen Theaters, in London, und der Schriftsteller *Gerd Gaiser* in Reutlingen
10\. 6. der aus Ungarn stammende Filmpionier *Adolph Zukor* in Hollywood (Kalifornien, USA)
13\. 6. der aus Ungarn stammende Pianist *Géza Anda* in Zürich
16\. 6. der Schriftsteller und Dramatiker *Reinhard Raffalt* in München und der Begründer der psychologischen Paläoanthropologie *Rudolf Bilz* in Mainz
17\. 6. der russische Schriftsteller *Konstantin Bogatyrjow* an den Folgen eines Überfalls in Moskau
20\. 6. der Schweizer Altbundeskanzler *Oscar Leimgruber* in Bern
22\. 6. der Historiker *Hans Rothfels* in Tübingen
27\. 6. der Literaturhistoriker *Joachim Günther* in Mainz
(Im Juni starben auch der Verleger *Franz Bachem* in Meersburg am Bodensee, die französische Malerin *Roberta Gonzales* in Paris (tot aufgefunden), der Denkmalpfleger *Günther Grundmann* in Hamburg, der ehem. Chefredakteur des »Grenzecho« *Henri Michel* in Brüssel und der Herausgeber des »Schwäbischen Tagblatts«, *Ernst Müller,* in Tübingen)
1\. 7. der Schriftsteller und Übersetzer *Ernst Sander* in Freiburg i. Br.
2\. 7. der Maler *Otto Ritschl* in Wiesbaden
3\. 7. der Schriftsteller *Alexander Lernet-Holenia* in Wien und der Kunsthändler *Otto von der Heyde* in Berlin (West)
4\. 7. der polnische Schriftsteller *Antoni Slonimski* in Warschau (nach Autounfall) und der Präsident der französischen Peugeot-Werke, *Francis Rougé,* in Paris
6\. 7. Marschall *Tschu Teh (Chu Teh),* Vorsitzender des »Ständigen Ausschusses des Nat. Volkskongresses« der Chines. Volksrep. und ältester Weggefährte von *Mao Tse-tung* und eigentlicher Schöpfer der »Roten Volksarmee«, in Peking
7\. 7. der ehem. Bundespräsident *Gustav Heinemann* in Essen
8\. 7. der Konservator der Basler Kunsthalle *Carlo Huber* in Basel
11\. 7. der ehem. Bischof von Lausanne, Genf und Fribourg (Freiburg), *François Charrière,* in Freiburg (Schweiz) und der Hotelmagnat *Charles Ritz* in Paris
13\. 7. der Komponist und Nationalpreisträger *Max Butting* in Ostberlin und der Maler *Max Pfeiffer-Watenphuhl* in Rom
15\. 7. der ehem. schweizerische National- und Ständerat *Frédéric Fauqeux,* ein »Brückenbauer« zwischen dem Welschland und der Deutschschweiz, in Riex ob Cully, und der nordamerikanische Romanschriftsteller *Paul Gallico* in Monte Carlo
16\. 7. der Komponist *Heinrich Simbriger* in Regensburg
17\. 7. der sowjetische Schauspieler und Regisseur *Michail Janschin* in Moskau
18\. 7. der ehem. Sultan *Mohamed Ben Arafa* in Nizza (Nice) und die Schauspielerin *Lucie Mannheim* in Braunlage im Harz
21\. 7. der Geiger *Gerhard Taschner* in Berlin (West), der Schriftsteller *Walter R. Fuchs* in München und die Funk- und Fernsehkritikerin *Anneliese de Haas* in Goslar
22\. 7. der Flugpionier *Otto E. Lindpaintner* in München und in der Nacht vom 22. zum 23. 7. der französische Schriftsteller *Paul Morand* in Paris
24\. 7. *Julius Kardinal Döpfner,* Erzbischof von München und Freising, in München
27\. 7. der französische Automobilkonstrukteur und Erfinder *Lucien Rosengart* in Villefranche an der Côte d'Azur
28\. 7. der Generalsekretär des britischen Gewerkschaftsverbandes/TUC, *Lord Feather,* in London
30\. 7. der madegassische Ministerpräsident *Joël Rakotomalala* (durch Hubschrauberabsturz) bei Antsirabé
31\. 7. der evangelische Theologe *Rudolf Bultmann* in Marburg a. d. Lahn
(Im Juli starben auch der Filmproduzent *Arthur Hornblow* in New York, der Generalsekretär der »Ackermann-Gemeinde« *Adolf Kunzmann* in München, der spanische Architekt und Erfinder des Moduls L, *Rafael Leoz,* in Madrid, der Archäologe *Herbert Treusch von Buttlar-Brandenfels* in Arlesheim (Schweiz), die finnische Tänzerin *Maggie Gripenberg*

in Mariehamn, der Verleger und Schriftsteller *Wolfgang von Weber* in München und der Maler *Conrad* in Wetzenhausen (Franken)

2. 8. der aus Wien stammende Filmregisseur *Fritz Lang* in Beverly Hills (Kalifornien, USA)

4. 8. der britisch-kanadische Zeitungsverleger *Lord Thomson* in London und der Altgermanist *Helmut de Boor* in Berlin (West)

6. 8. der ehem. Erzbischof von Salzburg, *Andreas Rohracher,* letzter Träger des Titels »Großprimas Germaniae«, in Altötting, der französische Schriftsteller und Literaturkritiker *Gaëtan Picton* in Paris sowie der aus Rußland stammende Cellist und Komponist *Gregor Piatigorsky* in Brentwood (USA)

9. 8. der cubanische Schriftsteller *José Lezama* in La Habana (Cuba)

10. 8. der Maler *Karl Schmidt-Rottluff,* Mitbegründer der expressionistischen Künstlervereinigung »Die Brücke«, in Berlin (West) und der ehem. Bundesminister für Wohnungsbau, Innenminister *Paul Lücke* in Bonn, der Präsident der Internat. Stiftung »Mozarteum«, *Friedrich Gehmacher,* in Salzburg und der rumänische Altkommunist *Gheorge Stoica* in Bukarest

12. 8. der Bildhauer *Lothar Dietz* in München

13. 8. der österreichische Filmregisseur *Victor Tourjansky* in München und der französische Schriftsteller *Kléber Haedens* bei Toulouse

21. 8. der Publizist und Journalist *Peter Hess* in der Nähe von Olten (Verkehrsunfall)

22. 8. der evangelische Pfarrer *Oskar Brüsewitz* in Halle/Saale (an den Folgen der Selbstverbrennung aus Protest gegen die Behinderung des kirchlichen Lebens) und der ehem. brasilianische Staatspräsident *Juscelino Kubitschek* bei Resende (Verkehrsunfall)

25. 8. der schwedische Schriftsteller und Träger des Literaturnobelpreises *Eyvind Johnson* in Stockholm

25. 8. die deutschstämmige Opernsängerin *Lotte Lehmann* in Santa Barbara (Kalifornien), der Schriftsteller *Paul Möhring* (in der Nacht zum 26. 8.) in Hamburg und der ehem. französische kommunistische Präsidentschaftskandidat *Georges Marrane* in Paris
(Im August starben auch der Schriftsteller *John F. Vuilleumier* in Basel, der bengalische Nationaldichter (»Dichter-Rebell«) *Kazi Nazrul* in Dacca [Bangladesch] und die Schauspielerin *Lu Säuberlich* in Berlin [West])

2. 9. der Unternehmer *Georg Frey* in München, der Romanist *Werner Krauss* in Berlin (Ost), der ehem. Bundesminister *Hans Schuberth* in München und der Erfinder des sogen. »Katzenauges« *Peroy Shaw* in Yorkshire (England)

7. 9. die ehem. Vorsitzende der ungarischen sozialdemokratischen Partei *Anna Kethly* in Brüssel

9. 9. (MEZ 8. 9.) der Mitbegründer der KPCh und Vorsitzende des ZK sowie des Ständigen Komitees des Politbüros der KPCh, *Mao Tse-tung,* in Peking

14. 9. die Maler *Max Hunziker* in Zürich und *Ferdinand Stager* in Waldkraiburg (Oberbayern)

Jahrestage 1977

(Daten aus der Welt-, Zeit- und Kulturgeschichte)

(Die in Klammern gesetzten Zahlen sind auf S. 861 einem Kalender zugeordnet)
✳ = geb.; † = gest.

Es geschah vor 500 Jahren

1477 *Karl der Kühne,* Herzog von Burgund, wird von den mit Tiroler, elsässischen und lothringischen Truppen verbündeten Eidgenossen in der Schlacht bei Nancy besiegt und verliert auf der Flucht sein Leben; das Herzogtum Burgund wird von König *Ludwig XI.* als erledigtes französisches Lehen eingezogen. – Beginn der Kämpfe mit Habsburg über den endgültigen Besitz der burgundischen Länder
Gründung von Universitäten in Mainz, Uppsala und Tübingen
Ortolf verfaßt das erste deutsche Apothekerbuch (Druck 1491)
† (Datum unbekannt) der italienische Maler *Francesco del Cossa* in Bologna
✳ (Jahr unsicher, 1476/77 wahrsch. später [1487?]), der italienische Maler *Tiziano Vercelli (Tizian)* in Pieve di Cadore

Es geschah vor 450 Jahren

1527 ✳ *Philipp II.,* Sohn Karls des V., in Valladolid
Spanien ergreift Besitz von Teilen des La Plata-Gebietes (Argentinien)
Plünderung Roms durch spanische und deutsche Söldner Kaiser Karls V. (»Sacco di Roma«)
Der österreichische Diplomat *Siegmund von Herberstein* beendet seine zweite Rußlandreise
Lutherische Reformation in Schweden; mit dem eingezogenen Kirchengut werden die Schulden getilgt und wird eine Flotte gebaut. *Gustav I. Wasa* läßt vom schwedischen Reichstag die Grundlagen einer nationalen Kirche schaffen
Luthers Kirchenlied »Ein feste Burg . . .« kommt als Flugblatt in Umlauf
Philipp von Hessen gründet in Marburg die erste protestantische Landesuniversität
Paracelsus verkündet in Marburg das Programm seiner neuen Heilkunde
† am 22. 6. der italienische Staatsmann, Philosoph und Schriftsteller *Niccoló Machiavelli* in Florenz **(1)**
✳ (Datum unbekannt) der italienische Maler und Baumeister *Tibaldi (Pellegrino)* in Turia (Valsolda)

Es geschah vor 400 Jahren

1577 Der englische Seefahrer, Entdecker und Freibeuter *Francis Drake* beginnt seine Weltumseglung und fügt der spanischen Handelsschiffahrt schwere Schäden zu
Don Juan d'Austria, Generalstatthalter in den Niederlanden, bestätigt die »Genter Pazifikation« von 1576; an der alleinigen Anerkennung der katholischen Religion ändert sich jedoch nichts
Danzig huldigt König *Stephan Báthory* von Polen
Bildung von »Ritterkreisen« des niederen Adels in Süd- und Westdeutschland
Theologenkonvente in Torgau und Klosterberge nehmen das lutherische Bekenntnisbuch (»Konkordienformel«) an
Gründung des Botanischen Gartens in Leiden
✳ am 28. 6. der flämische Maler *Peter Paul Rubens* in Siegen (Westfalen) **(2)**

Es geschah vor 350 Jahren

1627 *Schahdschahan (Sh. Jahan),* Erbauer des »Tadsch Mahal« in Agra, wird Großmogul in Indien

Wallenstein vertreibt den dänischen *König Christian IV.* aus Deutschland, scheitert jedoch mit seinen Flottenplänen an der vergeblichen Belagerung von Stralsund
Die »Verneuerte Landsordnung« für Böhmen hebt weithin ständische Rechte auf und verfügt die Gleichberechtigung von Deutsch und Tschechisch als Landessprache; die »Böhmische Hofkanzlei« wird nach Wien verlegt. Protestanten beginnen auszuwandern
Johannes Kepler legt verbesserte Tafeln der Planetbahnen (»Tabulae Rudolphinae«) vor
Uraufführung der »Daphne« von *Heinrich Schütz;* sie gilt als erste deutsche Oper
✳ am 25. oder 26. 1. der Physiker und Chemiker *Robert Boyle,* Vorbereiter der eigentlichen analytischen Chemie, in Lismore (Irland) (**3**)
† am 23. 5. der spanische Barockdichter *Luis de Góngora y Argote* in Córdoba (**4**)

Es geschah vor 300 Jahren

1677 Der französische Marschall *François Henri de Luxembourg* schlägt *Wilhelm III. von Oranien*
Die Franzosen besetzen Freiburg im Breisgau
Beginn des ersten Russisch-Türkischen Krieges
Gottfried Wilhelm Leibniz entwickelt einen neuen Begriff der »Souveränität«
Der niederländische Naturforscher *Antoni van Leeuwenhoek* entdeckt mikroskopische Infusorien
† am 21. 2. der niederländische Philosoph *Baruch Spinoza* in Den Haag (**5**)
† am 28. 3. der aus Prag stammende Kupferstecher *Wenzel Hollar* in London (**6**)
† am 9. 7. der Dichter *Angelus Silesius (Johann Scheffler)* in Breslau (**7**)
† (Datum unbekannt) der französische Komponist *Robert Cambert,* Schöpfer der französischen Nationaloper, in London

Es geschah vor 250 Jahren

1727 Nach dem Tod von *Katharina I.* wird *Peter II.* Zar von Rußland; Katharinas Günstling, der Feldherr und Staatsmann *Alexander Danilowitsch Menschikow,* wird nach Sibirien verbannt
Nach dem Tod von *Georg I.,* König von England und Kurfürst von Hannover, wird *Georg II.* Nachfolger
Im Abkommen von Kjachta regeln Rußland und China Grenzstreitigkeiten am Amur
Errichtung einer russischen Gesandtschaft und einer Handelsniederlassung in Peking
In Amerika fordern die Quäker Abschaffung der Sklaverei
Gründung der »American Philosophical Society« in Philadelphia
An den Universitäten von Halle und Frankfurt/Oder werden erstmals Kameralwissenschaften gelehrt
J. H. Schulze entdeckt die Lichtempfindlichkeit der Silbersalze
Die *»Neuberin« (Friederike Caroline Neuber)* nimmt in Leipzig mit Ihrer Schauspielgruppe die Arbeit auf
† am 31. 3. der englische Physiker und Mathematiker *Isaac Newton* in Kensington (**8**)
✳ am 14. 5. (getauft) der englische Maler *Thomas Gainsborough* in Sudbury (Suffolk) (**9**)
† am 8. 6. der Theologe und Pädagoge *August Hermann Francke,* einer der Väter des Pietismus, in Halle a. d. Saale (**10**)
✳ am 21. 9. der italienische Kupferstecher *Francesco Bartolozzi* in Florenz (**11**)

Es geschah vor 200 Jahren

1777 Kapitulation englischer Truppen unter General *J. Burgoyne* bei Saratoga (Schuylerville, N.Y.); Einleitung einer entscheidenden Wende im amerikanischen Unabhängigkeitskrieg. – Erste Verfassung der Vereinigten Staaten (»Articles of Confederation«; ratifiziert 1781) – *Friedrich Wilhelm Steuben* übersiedelt nach Amerika (1778 Eintritt in die Armee von *George Washington*)
Neuregelung der Grenzziehung zwischen den spanischen und portugiesischen Besitzungen in Südamerika im Vertrag von San Ildefonso

Aussterben der bayerischen Linie der Wittelsbacher, die von der pfälzischen Kurlinie beerbt wird
Eine »Hamlet«-Aufführung unter *Friedrich Ludwig Schröder* in Hamburg setzt endgültig die Werke von *Shakespeare* auf der deutschen Bühne durch
Gründung des Hof- und Nationaltheaters in Mannheim
✻ am 2. 1. der Bildhauer *Christian Daniel Rauch* in Arolsen (**12**)
✻ am 12. 2. der Dichter *Friedrich Heinrich de la Motte Fouqué* in Brandenburg (**13**)
✻ am 30. 4. der Mathematiker und Astronom *Carl Friedrich Gauß* in Brandenburg (**14**)
✻ am 23. 7. der Maler *Philipp Otto Runge* in Wolgast (Pommern) (**15**)
† am 25. 9. der aus dem Elsaß stammende Physiker und Philosoph *Johann Heinrich Lambert,* Begründer des nach ihm benannten Theorems zur Berechnung von Kometenbahnen, in Berlin (**16**)
✻ am 18. 10. der Dramatiker und Erzähler *Heinrich von Kleist* in Frankfurt/Oder (**17**)
✻ am 4. 12. die geistvolle Kunstförderin und Napoleongegnerin Madame *Récamier (Jeanne-Françoise-Julie-Adelaide, geb. Bernard)* in Lyon (**18**)
† am 12. 12. der Naturforscher und Schriftsteller *Albrecht von Haller* in Bern (**19**)
✻ am 23. 12. *Alexander I. Pawlowitsch* (1801 Zar von Rußland) in Taganrog (**20**)

Es geschah vor 150 Jahren

1827 Der Sieg einer englisch-französisch-russischen Flotte über die türkisch-ägyptische bei Navarino bringt eine entscheidende Wende im griechischen Unabhängigkeitskampf. – England, Frankreich und Rußland einigen sich in London über die Autonomie Griechenlands
Simón Bolívar wird in Perú zum Präsidenten gewählt
Einsetzung von Friedensrichtern in Preußen
Der Panslawistische Gedanke beginnt Widerhall zu finden
Verlegung der in Åbo gegründeten Universität nach Helsinki
Franz Schubert komponiert den Liederzyklus »Die Winterreise« – »Buch der Lieder« von *Heinrich Heine*
Der Zoologe *Karl Ernst von Baer* entdeckt das Säugetierei
Gründung des Reisehandbücherverlages *Karl Baedeker* in Koblenz
Der Physiker *Georg Simon Ohm* veröffentlicht seine Theorie der elektrischen Leitung
Der Chemiker *Friedrich Wöhler* gewinnt Aluminium aus Tonerde
Der französische Afrikaforscher *René Caillié* beginnt seine Reise von Sierra Leone nach Timbuktu; der englische Afrikaforscher *Hugh Clapperton* erreicht den Niger und stirbt in Sokoto – Der britische Polarforscher *William Edward Parry* erreicht mit *James Clark Ross* in der Spitzbergensee 82° 47′ n. Br. – *Eduard Pöpping* beginnt seine große Südamerikareise
† am 17. 2. der Schweizer Pädagoge und Sozialreformer *Heinrich Pestalozzi* in Brugg (Schweiz) (**21**)
† am 5. 3. der französische Mathematiker und Astronom *Pierre Simon Laplace* in Paris (**22**)
† am 26. 3. der Komponist *Ludwig van Beethoven* in Wien (**23**)
✻ am 5. 4. der englische Arzt *Joseph Lister,* erster Vertreter der Antisepsis in der Chirurgie, in Upton (Essex) (**24**)
† am 12. 8. der englische Maler, Zeichner und Kupferstecher *William Blake* in London (**25**)
✻ am 20. 8. der flämische Dichter *Charles de Coster* in München (**26**)
✻ am 16. 10. der schweizerische Maler *Arnold Böcklin* in Basel (**27**)
✻ am 2. 11. der Philosoph und Orientalist *Paul Anton de Lagarde* (eigentl. *Bötticher*) in Berlin (**28**)
† am 18. 11. der Dichter *Wilhelm Hauff* in Stuttgart (**29**)

Es geschah vor 100 Jahren

1877 *Königin Victoria* von Großbritannien wird zur Kaiserin von Indien ausgerufen – Großbritannien annektiert den burischen Freistaat Transvaal
In den USA werden die letzten Bundestruppen aus den Südstaaten abgezogen
Im Russisch-Türkischen Krieg dringen russische Truppen bis kurz vor Konstantinopel vor; auch serbische Truppen greifen unter Bruch des Waffenstillstandes von 1876 ein
Portirio Diáz wird Präsident von Mexiko
Der fremdenfeindliche »Satsuma«-Aufstand in Japan wird blutig niedergeschlagen

Erscheinen von *Henrik Ibsens* »Stützen der Gesellschaft«
Die Wiener Musiker *Johann* und *Josef Schrammel* gründen ihr berühmtes Quartett (»D' Schrammeln«), *Hermann Blohm* und *Ernst Voss* eine Schiffswerft in Hamburg, *Louis Rochat* und *A. Bovet* in Genf die christlichen Vereine zur Bekämpfung des Alkoholismus (»Blaues Kreuz«)
Errichtung des Reichspatentamtes in Berlin
Thomas Alva Edison erfindet den Walzen-Phonographen
Auffindung des ersten eingeschleppten Kartoffelkäfers (»Kolorado-Käfer«) in Deutschland
Einführung der gesetzlichen Fleischbeschau in Deutschland
Einigung auf internationale Richtlinien im Wetterdienst
Der englische Astronom *A. Hall* entdeckt die Mars-Monde, der italienische Astronom *Giovanni Schiaparelli* die später nach ihm benannten und sich als optische Täuschungen erweisenden sogen. »Mars-Kanäle«
Der Portugiese *Serpa Pinto* beginnt die Querung Südafrikas von West nach Ost, der Engländer *Henry Morton Stanley* beendet seine Querung des Kontinentes von der Ostküste bis zur Kongo-Mündung; der Österreicher *Andreas Reischek* beginnt seine Forschungsreisen in Neuseeland
✳ am 23. 3. der französische Maler *Raoul Dufy* in Forcalquier (Basses-Alpes) (**30**)
✳ am 10. 4. der Zeichner und Schriftsteller *Alfred Kubin* in Leitmeritz (Böhmen) (**31**)
✳ am 13. 4. der Bildhauer *Georg Kolbe* in Waldheim (**32**)
✳ am 4. 6. der Chemiker und Nobelpreisträger *Heinrich Wieland* in Pforzheim (**33**)
✳ am 7. 6. der englische Physiker und Nobelpreisträger *Charles Glover Barkla* in Widnes (Lancashire) (**34**)
✳ am 12. 6. der Baumeister *Fritz Höger*, Erbauer des »Chile-Hauses« in Hamburg, in Bekenreihe (Holstein) (**35**)
✳ am 2. 7. der Dichter *Hermann Hesse* in Calw (**36**)
† am 13. 7. Bischof *Wilhelm Emmanuel von Ketteler*, katholischer Sozialreformer und Politiker in Burghausen (Oberbayern) und ✳ der Tenor *Karl Erb* in Ravensburg (**37**)
✳ am 1. 9. der englische Physiker und Nobelpreisträger *Francis William Aston* in Harborn bei Birmingham (**38**)
† am 3. 9. der französische Staatsmann *Adolphe Thiers* in St.-Germain-en-Laye (**39**)
† am 1. 11. der preußische Generalfeldmarschall *Friedrich Heinrich Ernst Graf von Wrangel* (»Papa W.«) in Berlin (**40**)
✳ am 6. 12. der Architekt *Paul Bonatz* in Solgne bei Metz (**41**)
† am 31. 12. der französische Maler *Gustave Courbet* in La-Tour-de Peilz b. Vevey (Schweiz) (**42**)

Es geschah vor 50 Jahren

1927 *Ferdinand Buisson* (Frankreich) und der deutsche Historiker und Politiker *Ludwig Quidde* erhalten den Friedensnobelpreis
Das Deutsche Reich tritt dem »Ständigen Internat. Schiedsgerichtshof« in Den Haag bei. – Pflichtversicherung gegen Arbeitslosigkeit, Arbeits- und Kündigungsschutzgesetz für werdende und stillende Mütter und Gesetz zur Bekämpfung von Geschlechtskrankheiten im Deutschen Reich
Verschärfung der innenpolitischen Gegensätze in Österreich; Demonstrationen und Brand des Justizpalastes in Wien
Großbritannien bricht die Beziehungen zur Sowjetunion ab und erkennt den Irak als unabhängigen Staat an, unter Beibehaltung des britischen Mandats. – Die britische Regierung setzt eine Kommission zum Studium indischer Verfassungsfragen ein. – Die Bewegungsfreiheit der britischen Gewerkschaften wird durch ein Gesetz eingeschränkt
Frankreich schließt einen Freundschaftsvertrag mit Jugoslawien. – Im Elsaß-Lothringen machen sich Autonomiebewegungen bemerkbar
Italien schließt einen Freundschaftsvertrag mit Ungarn. – Attentate auf Mussolini und den König, Wiedereinführung der Todesstrafe. – Bildung von berufsständischen Zwangskorporationen, Einführung des faschistischen Arbeitsrechtes (»Carta del Lavoro«)
Verwaltungsreform in der Tschechoslowakei zuungunsten der Minderheiten
In Polen kommt es zur Verhaftung zahlreicher oppositioneller Politiker; eine neu erlassene Ordnung für die Grenzzonen bringt Erschwernisse für die Minoritäten

In Rumänien wird nach Thronverzicht des in eine Affäre verwickelten Kronprinzen *Carol* dessen unmündiger Sohn *Michael* unter Einsetzung eines Regentschaftsrates Nachfolger des verstorbenen Königs *Ferdinand I.* – Der Einfluß liberal-gemäßigter Parteien geht zurück; *Corneliu Codreanu* gründet die rechtsextreme Legion »Erzengel Michael«, aus der später die »Eiserne Garde« hervorgeht

Die Sowjetunion schließt mit dem Iran einen Neutralitätsvertrag. – Auf dem 15. Parteitag der KPdSU werden *Lew Borissowitsch Kamenew, Grigori Jewsejewitsch Sinowjew* und *Lew Dawidowitsch Trotzki (Trotzkij)* aus der Partei ausgeschlossen; *Jossif Wissarionowitsch Stalin (Dschugaschwili)* gelangt in den Vollbesitz der Macht. – Einleitung der Zwangskollektivierung und der verstärkten Industrialisierung durch »Fünfjahresplan«

In Ägypten übernahm *Nahhas Pascha* die Führung der nationalistischen »Wafd«-Partei

Die Südafrikanische Union führt das Frauenstimmrecht ein und gibt sich ein eigenes Außenministerium

Kemal Atatürk wird erneut zum Präsidenten der Türkei gewählt und umreißt in einer grundlegenden Rede (»Die neue Türkei«) sein Programm

Persien (Iran) schließt Freundschaftsverträge mit Afghanistan und der UdSSR und führt ein auf französischen Grundlagen fußendes Gesetzbuch ein

In China erobern die Truppen von General *Tschiang Kai-schek* beim Feldzug zur Wiedergewinnung der Einheit des Landes Schanghai, dessen Bevölkerung schwere Verluste erleidet. – Gründung der »Nationalregierung«, Ausschluß der Kommunisten aus der »Kuomintang«. In den Provinzen Kiangsi und Fukien bilden sich kommunistische Regierungen

Anhaltende Wirtschaftskrise in Japan. – Beginn der offensiven japanischen Politik gegen China; Besetzung von Schantung

Protest der ABC-Staaten (Argentinien, Brasilien, Chile) gegen die erneute militärische Intervention der USA in Nicaragua. – Umstrittener Mordprozeß *Sacco–Vanzetti* in den USA, Verurteilung und Hinrichtung der zwei Arnarchisten trotz weltweiten Protestes

General *C. Ibañez del Campo* wird chilenischer Staatspräsident und ergreift diktatorische Maßnahmen zur Sanierung der Finanzen und zu sozialen Reformen

Einweihung der neuen australischen Hauptstadt Canberra

Weltwirtschaftskonferenz in Genf fordert Abbau der Schutzzölle. – Weltbevölkerungskongreß in Genf, Welt-Funkkonferenz in Washington. – Der Völkerbund gründet den »Welthilfsverband« als Großkatastrophendienst

Beginn der großen internationalen Zentralasien-Expedition *Sven Hedins* und der »Deutschen Zentralasien-Expedition« unter *Emil Trinkler.* – Abschluß des von *Peter Petersen* begründeten »Jena-Plans« zur Erneuerung der Erziehung, u. a. durch Gruppenunterricht

Grundlegendes Werk von *Rudolf Geiger* »Das Klima der bodennahen Luftschichten«

Dem nordamerikanischen Biologen *Hermann Joseph Muller* gelingt es, bei seinen Versuchen mit der Taufliege (Drosophila) durch Röntgenbestrahlung künstliche Mutationen zu erzeugen

Gründung der Internat. Gesellschaft für Musikwissenschaften in Basel

Oper »Jonny spielt auf« von *Ernst Krenek,*
»Antigone« von *Arthur Honegger,*
»Oedipus rex« von *Igor Strawinsky* und
»Schwanda der Dudelsackpfeifer« von *Jaromir Weinberger*

Martin Heidegger »Sein und Zeit«, *Marcel Proust* »Le temps retrouvé«

Rudolf Steiner »Eurhythmie als sichtbare Sprache«

Bruno Taut »Die neue Wohnung«

Letzte Stummfilme von Bedeutung, u. a. »Circus« *(Charlie Chaplin);*
erste Erfolge des Tonfilms (u. a. »The Jazz Singer« von *A. Crossland*)

Fertigstellung des »Nürburg-Ringes« in der Eifel und des »Hindenburg-Dammes« zur Insel Sylt

† am 9. 1. der englisch-deutsche Kulturphilosoph *Houston Stewart Chamberlain* in Bayreuth (**43**)

† am 19. 2. der dänische Schriftsteller und Kritiker *Georg Brandes* (eigtl. *Cohen*) in Kopenhagen (**44**)

Am 20./21. 5. überfliegt der Amerikaner *Charles Lindbergh* erstmals den Atlantik von West nach Ost (New York–Paris) (**45**)

† am 2. 6. der Schweizer Komponist *Friedrich Hegar* in Zürich (**46**)

† am 14. 6. der englische Schriftsteller *Jerome K. (Klapka) Jerome* in Northampton (**47**)

† am 2. 10. der schwedische Naturforscher und Nobelpreisträger *Svante Arrhenius* in Stockholm (**48**)

† am 30. 10. der Schriftsteller und Herausgeber der »Zukunft« *Maximilian Harden* (fr. *Felix Ernst Witkowski*) in Montana-Vermala (Schweiz) (**49**)

Es geschah vor 25 Jahren

1952 *Albert Schweitzer* erhält den Friedensnobelpreis

Die Vereinten Nationen/UNO beschließen kollektive Maßnahmen zur Abwehr von Aggressionen

Generalsekretär *Trygve Lie* tritt vorzeitig zurück

Griechenland und die Türkei werden Mitglieder der NATO

Unterzeichnung des Vertrages über die »Europäische Verteidigungsgemeinschaft/EVG« (nicht realisiert)

Gründung der »Hohen Behörde« (Präs.: *Jean Monnet*) der »Montanunion«/EGKS (Sitz Luxemburg). – Ein Verfassungsausschuß der Montanunion entwirft einen Plan für eine »Europäische Gemeinschaft«

II. Kongreß der »Sozialistischen Internationale« in Mailand

Bundespräsident *Theodor Heuss* erhebt die dritte Strophe des »Deutschland-Liedes« zur Nationalhymne. – Der Deutsche Bundestag nimmt das Lastenausgleichsgesetz und das Betriebsverfassungsgesetz (einschl. Mitbestimmung in der Montanindustrie) an. – Die Sowjetunion schlägt die Einberufung einer Viererkonferenz zur Ausarbeitung eines Friedensvertrages für Deutschland vor; die Westmächte bestehen auf vorheriger Abhaltung freier Wahlen. – Unterzeichnung des »Deutschland-Vertrages« (Generalvertrag). – Eine Delegation der »Volkskammer« unterbreitet dem Bundestagspräsidenten *Hermann Ehlers* Vorschläge zur Wiedervereinigung (Ablehnung wegen Nichteignung). – Helgoland, bisher britisches Bomber-Übungsziel, wieder der Verwaltung der Bundesrepublik unterstellt. – Wiedergutmachungsabkommen zwischen der Bundesrepublik und Israel (3,5 Mrd. DM); arabische Proteste. – Die Bundesrepublik anerkennt im sogen. »Londoner Schuldenabkommen« Auslandsschulden in Höhe von etwa 14 Mrd. DM; sie wird Mitglied der »Weltbank« und des IRK. – *Konrad Adenauer* erneut Vorsitzender der CDU, *Franz Blücher* der F.D.P. – *Gustav Heinemann* gründet mit *Helene Wessel* und anderen die »Gesamtdeutsche Volkspartei«. – Die »Sozialistische Reichspartei«/SRP wird als verfassungswidrig erklärt. – Explosion eines an Konrad Adenauer adressierten Paketes mit Höllenmaschine in München. – Die DDR kündigt die Aufstellung nationaler Streitkräfte an und ersetzt die bisherigen Länder durch Bezirke. – Westberliner dürfen nur noch mit besonderer Genehmigung der sowjetzonalen Behörden in die DDR einreisen

Ende der »Marshall-Plan-Hilfe« für Europa

Frankreich verhandelt mit der Bundesrepublik über das Saarland; die ohne deutsche Parteien im Saarland stattfindenden Wahlen werden von der Bundesrepublik nicht anerkannt

Großbritannien reprivatisiert die Eisen- und Stahlindustrie. – Nach dem Tod von König *Georg V.* wird dessen Tochter *Elizabeth II.* Königin. – Erster britischer Atomwaffenversuch bei Australien

In der Sowjetunion veröffentlicht *Stalin* seine Schrift »Probleme des Sozialismus«

Polen erhält eine volksdemokratische Verfassung

In der Tschechoslowakei werden elf führende Politiker u. a. wegen »titoistischer und zionistischer Umtriebe« zum Tode verurteilt und hingerichtet, darunter *Rudolf Slánský* (1963 Aufhebung des Urteils)

Bei den Wahlen in Rumänien entfallen 98,84 % der Stimmen auf die kommunistische Einheitsliste

Friedens- und Sicherheitsvertrag der USA mit Japan; Japan erlangt wieder seine Souveränität. – General *Dwight D. Eisenhower* wird zum Präsidenten der USA gewählt. – Zündung der ersten US-Wasserstoffbombe. – Puerto Rico erhält eine neue Verfassung

In Cuba kommt General *Fulgencio Batista y Zaldivar* durch einen Staatsstreich zur Macht

Offiziersputsch in Ägypten, Sturz von König *Faruk;* General *Mohammed Nagib* wird Regierungschef unter dem minderjährigen König *Fuad II.* Eigentliche Machtausübung durch einen »Revolutionsrat«. Einleitung einer Bodenreform

Erste Maßnahmen für eine Sozialversicherung in Indien

König *Talal* von Jordanien wird wegen Geisteskrankheit abgesetzt; Nachfolger *Hussein II.*

Iran bricht im Ölkonflikt mit Großbritannien die Beziehungen zu diesem ab

Die Chinesische Volksrepublik schließt einen Freundschaftsvertrag mit der Sowjetunion
»Mau-Mau«-Aufstand im britischen Kenia
XV. Olympische Sommerspiele in Helsinki/Finnland unter Teilnahme von 69 Ländern, VI. Olympische Winterspiele in Oslo/Norwegen unter Teilnahme von 30 Ländern
† am 19. 1. der Schriftsteller *Wilhelm Schäfer* in Überlingen (**51**)
† am 8. 2. der Kunsthistoriker *Otto Kümmel* in Mainz (**52**)
† am 13. 2. der Musikforscher *Alfred Einstein* in El Cerrito (Kalifornien (**53**)
† am 15. 2. der englische Schriftsteller *George Norman Douglas* in Capri (Italien) (**54**)
† am 19. 2. *Knut Hamsun (Knut Petersen)* in Nörholm (Norwegen) (**55**)
† am 27. 2. der Schauspieler *Horst Caspar* in Berlin (**56**)
† am 1. 4. der ungarische Bühnenschriftsteller *Franz Molnár* in New York (**57**)
† am 15. 4. der katholische Priester und Zentrums-Politiker *Ludwig Kaas* in Rom (**58**)
† am 21. 4. der britische sozialistische Staatsmann Sir *Stafford Crips* in Zürich (**59**)
† am 23. 4. die Sopranistin *Elisabeth Schumann* in New York (**60**)
† am 6. 5. die italienische Ärztin und Pädagogin *Maria Montessori* in Noordwijk (Niederlande) (**61**)
† am 15. 5. der deutsche Schauspieler *Albert Bassermann* in Zürich (**62**)
† am 23. 5. der Komponist *Georg Schumann* in Berlin (**63**)
† am 1. 6. der nordamerikanische Philosoph und Pädagoge *John Dewey* in New York) (**64**)
† am 9. 6. der deutsche Geigenvirtuose *Adolf Busch* in Brattleboro/USA (**65**)
† am 12. 6. *Michael Kardinal von Faulhaber* in München (**66**)
† am 18. 6. der Bariton *Heinrich Schlusnus* in Frankfurt/Main (**67**)
† am 26. 7. die argentinische Politikerin und Sozialreformerin *Eva Duarte de Perón* (»Evita«) in Buenos Aires (**68**)
† am 31. 7. der Schriftsteller *Waldemar Bonsels* in Ambach am Starnberger See und die Schriftstellerin *Clara Viebig* in Berlin-Zehlendorf (**69**)
† am 20. 8. *Kurt Schumacher,* Wiederbegründer und Vorsitzender der SPD, in Bonn (*Erich Ollenhauer* wird SPD-Vorsitzender) (**70**)
† am 4. 9. der italienische Staatsmann Graf *Carlo Sforza* in Rom (**71**)
† am 13. 9. der Pädagoge *Wilhelm Hartnacke* in Soest (**72**)
† am 27. 9. der aus Spanien stammende nordamerikanische Philosoph *George Augustin Nicolas Santayana* in Rom (**73**)
† am 3. 10. der Schriftsteller und Übersetzer *Alfred Neumann* in Lugano (Schweiz) (**74**)
† am 20. 11. der italienische Philosoph und Politiker *Benedetto Croce* in Neapel (**75**)

KALENDER DER JAHRESTAGE FÜR DAS JAHR 1977

Die den Kalenderdaten nachgestellten und in Klammern gesetzten Zahlen – z. B. (**1**) – dienen zur raschen Auffindung der Jahrestage in der vorhergehenden Aufstellung

Januar	2. (**12**) – 5. (**50**) – 9. (**43**) – 19. (**51**) – 25. (**3**)
Februar	8. (**52**) – 12. (**13**) – 13. (**53**) – 15. (**54**) – 17. (**21**) – 19. (**44 + 55**) – 21. (**5**) – 27. (**56**)
März	5. (**22**) – 23. (**30**) – 26. (**23**) – 28. (**6**) – 31. (**8**)
April	1. (**57**) – 5. (**24**) – 10. (**31**) – 13. (**32**) – 15. (**58**) – 21. (**59**) – 23. (**60**) – 30. (**14**)
Mai	6. (**61**) – 14. (**9**) – 15. (**62**) – 20. (**45**) – 23. (**4+63**)
Juni	1. (**64**) – 2. (**46**) – 4. (**33**) – 7. (**34**) – 8. (**10**) – 9. (**65**) – 12. (**35 + 66**) – 14. (**47**) – 18. (**67**) – 22. (**1**) – 28. (**2**)
Juli	2. (**36**) – 9. (**7**) – 13. (**37**) – 23. (**15**) – 26. (**68**) – 31. (**69**)
August	12. (**25**) – 20. (**26 + 70**)
September	1. (**38**) – 3. (**39**) – 4. (**71**) – 13. (**72**) – 21. (**11**) – 25. (**16**) – 27. (**73**)
Oktober	2. (**48**) – 3. (**74**) – 16. (**27**) – 18. (**17**) – 30. (**49**)
November	1. (**40**) – 2. (**28**) – 18. (**29**) – 20. (**75**)
Dezember	4. (**18**) – 6. (**41**) – 12. (**19**) – 23. (**20**) – 31. (**42**)

Anhang

MASSE UND GEWICHTE

VERGLEICH METRISCHER UND ANGELSÄCHSISCHER LÄNGENMASSE

1 inch = 25,400 mm
1 mm = 0,039371 inch
1 foot (ft) = 12 inches (in.) = 30,479 cm
1 yard (yd) = 3 feet = 91,44 cm
1 foot = 0,30479 m
1 m = 3,2809 feet
1 pole = $5^1/_2$ yards (yd) = 5,03 m
1 chain = 4 pole = 20,12 m
1 furlong = 10 chain = 201,17 m
1 mile = 1,60931 km
1 km = 0,62137 mile
1 brit. oder statute mile = 8 furlong = 1,60931 km
1 geogr. Meile = 7,42044 km

Nautische Längenmaße

1 sm = internationale nautische Meile = 1,852 km
1 Kabellänge ist der zehnte Teil einer Seemeile
1 fathom = 6 feet = 1,829 m
1 cable length = 100 fathoms = 182,9 m
1 engl. nautical mile = 1,853 km

VERGLEICH METRISCHER UND ANGELSÄCHSISCHER FLÄCHENMASSE

1 Quadratmeter (qm, m^2 = 100 qdm (dm^2) = 10 000 qcm (cm^2) = 10,765 sq. ft.
1 square foot = 0,09290 qm
1 square inch (sq. in.) = 6,45 qcm
1 square yard (sq. yd.) = 9 sq. ft. = 0,836 qm
1 rod, pole, perch = $30^1/_4$ sq. yd. = 25,289 qm
1 square foot (sq. ft.) = 144 sq. in. = 9,288 qdm
1 rood = 40 rod = 10,12 a
1 acre = 4 rod = 0,40467 ha
1 acre = 0,40467 ha
1 ha = 2,4711 acres
1 Ar (a) = 100 qm = 119,599 sq. yd.
1 Hektar (ha) = 100 a = 2,4711 acres
1 square mile = 2,5889 qkm
1 qkm = 0,3861 square miles
1 Quadratkilometer (qkm, km^2) = 100 ha = 1 000 000 qm = 247,11 acres

VERGLEICH METRISCHER UND ANGELSÄCHSISCHER RAUM- UND HOHLMASSE

1 cubic inch (cu. in.) = 16,386 ccm (cm^3) / 1 ccm = 0,06103 cubic inch
1 cubic foot (cu. ft.) = 1728 cubic inches = 28,32 cdm (dm^3)
1 cubic yard (cu. yd.) = 27 cubic feet = 0,7646 cbm (m^3)
1 cubic foot = 0,02832 cbm
1 cbm = 35,317 cubic feet
1 Kubikmeter (cbm, m^3) = 1000 Kubikdezimeter (cdm, dm^3) = 1 000 000 Kubikzentimeter (ccm, cm^3) = 1 000 000 000 Kubikmillimeter (cmm, mm^3)
1 imperial bushel = 0,36349 hl
1 hl = 2,7511 imperial bushels
1 Liter (l) = 1 cdm = 1,760 engl. Pints = 2,144 US-pints
1 Hektoliter (hl) = 100 l = 21,997 engl. gallons (gal) = 26,41 US-gallons

Flüssigkeitsmaße

1 engl. gill = 0,142 l
1 US-gill = 0,118 l
1 engl. pint = 4 gills = 0,568 l
1 engl. gallon = 4 quarts = 4,546 l
1 US-gallon = 4 quarts = 3,787 l
1 barrel (bbl = Faß) = 31,5 gallons = 119,2 l (engl. u. US Einheit)

1 US-pint = 4 gills = 0,473 l
1 engl. quart (qt) = 2 pints = 1,136 l
1 US-quart = 2 pints = 0,946 l
1 barrel Erdöl = 42 petr. gallons = engl. 158,7584 cdm, US-am. 158,757 cdm
1 engl. gallon = 277,274 cubic inches
1 US gallon = 231,0 cubic inches

VERGLEICH METRISCHER UND ANGELSÄCHSISCHER GEWICHTE

Allgemeine Handelsgewichte

1 avoirdupois pound = 0,45359 kg
1 kg = 2,2046 avoirdupois pounds
1 dram (dr) = 27,34 grains = 1,772 g
1 ounce (oz) = 16 drams = 28,350 g
1 pound (lb) = 16 ounces = 453,59 g
1 stone (st) = 14 lb = 6,35 kg
1 brit. quarter (qr) = 2 st = 12,70 kg; in USA: 1 quarter = 11,339 kg
1 brit. hundredweight (cwt) = 4 qr = 50,802 kg; 1 US-hundredweight = 45,359 kg
1 long ton = 1,0160 t
1 t = 0,98421 long ton
1 long ton = 20 cwt = 1016,05 kg
1 central (short cwt bzw. US-cwt) = 100 lb = 45,359 kg
1 short ton = 0,90718 t
1 t = 1,10231 short ton
1 short ton = 20 short cwt = 907,185 kg

Edelmetallgewichte (Troy-System)

1 grain (gr) = 0,065 g
1 ounce (oz) = 20 dwt = 31,104 g
1 pennyweight (dwt) = 24 gr = 1,555 g
1 pound (lb) = 12 oz = 373,25 g

TEMPERATURSKALEN

°C	°R	°F	°K	°C	°R	°F	°K
30	24,0	86,0	303	− 1	− 0,8	30,2	272
29	23,3	84,2	302	− 2	− 1,6	28,4	271
28	22,4	82,4	301	− 3	− 2,4	26,6	270
27	21,6	80,6	300	− 4	− 3,2	24,8	269
26	20,8	78,8	299	− 5	− 4,0	23,0	268
25	20,0	77,0	298	− 6	− 4,8	21,2	267
24	19,2	75,2	297	− 7	− 5,6	19,4	266
23	18,4	73,4	296	− 8	− 6,4	17,6	265
22	17,6	71,6	295	− 9	− 7,2	15,8	264
21	16,8	69,8	294	−10	− 8,0	14,0	263
20	16,0	68,0	293	−11	− 8,8	12,2	262
19	15,2	66,2	292	−12	− 9,6	10,4	261
18	14,4	64,4	291	−13	−10,4	8,6	260
17	13,6	62,6	290	−14	−11,2	6,8	259
16	12,8	60,8	289	−15	−12,0	5,0	258
15	12,0	59,0	288	−16	−12,8	3,2	257
14	11,2	57,2	287	−17	−13,6	1,4	256
13	10,4	55,4	286	−18	−14,4	− 0,4	255
12	9,6	53,6	285	−19	−15,2	− 2,2	254
11	8,8	51,8	284	−20	−16,0	− 4,0	253
10	8,0	50,0	283	−21	−16,8	− 5,8	252
9	7,2	48,2	282	−22	−17,6	− 7,6	251
8	6,4	46,4	281	−23	−18,4	− 9,4	250
7	5,6	44,6	280	−24	−19,2	−11,2	249
6	4,8	42,8	279	−25	−20,0	−13,0	248
5	4,0	41,0	278	−26	−20,8	−14,8	247
4	3,2	39,2	277	−27	−21,6	−16,6	246
3	2,4	37,4	276	−28	−22,4	−18,4	245
2	1,6	35,6	275	−29	−23,2	−20,2	244
1	0,8	33,8	274	−30	−24,0	−22,0	243
0	0,0	32,0	273				

Die Temperaturspanne zwischen dem Gefrierpunkt und dem Siedepunkt des Wassers (je bei 760 mm Druck) ist bei Réaumur (R) in 80, bei Celsius (C) in 100 und bei Fahrenheit (F) in 180 Grad eingeteilt. Die Kelvin- (K) Skala zählt vom absoluten Nullpunkt der Temperatur (−273,1° C).

Der Gefrierpunkt liegt bei	0° C	0° R	32° F	273 °K
Der Siedepunkt liegt bei	100° C	80° R	212° F	373 °K
Die Körperwärme beträgt	37° C	etwa 30° R	etwa 100° F	310 °K

0° F = $-17\frac{7}{9}$° C = $-14\frac{2}{9}$° R

Das Verhältnis je eines Grades von C : R : F = wie 5 : 4 : 9

Temperatur-Umrechnungsformeln

	°Celsius	*°Réaumur*	*°Fahrenheit*
°C	–	$\frac{4}{5} \cdot C$	$\frac{9}{5} \cdot C + 32$
°R	$\frac{5}{4} \cdot R$	–	$\frac{9}{4} \cdot R + 32$
°F	$(F - 32) \cdot \frac{5}{9}$	$(F - 32) \cdot \frac{4}{9}$	–

(Ab 1978 soll die Temperaturmessung in der BR Deutschland offiziell von der Celsius- auf die Kelvin-Skala umgestellt werden)

Ferientermine in den Ländern der Bundesrepublik Deutschland

(einschl. Berlin/West; Allgemeinbildende Schulen)

(Nach Angaben des Sekretariats der Ständigen Konferenz der Kultusminister der Länder in der Bundesrepublik Deutschland)

Land	*Weihnachtsferien 1976/77*		*Osterferien 1977*		*Pfingstferien 1977*		*Sommerferien 1977*		*Herbstferien 1977*	
	von	*bis*	*von*	*bis*	*von*	*bis*	*von*	*bis*	*von*	*bis*
Baden-Württemberg	23. 12. 76	11. 1. 77	2. 4.	18. 4.	28. 5.	31. 5.	23. 6.	6. 8.	26. 10.	29. 10.
Bayern	23. 12. 76	8. 1. 77	4. 4.	16. 4.	31. 5.	11. 6.	28. 7.	14. 9.	31. 10.	2. 11.
Berlin	24. 12. 76	1. 1. 77*)	7. 4.	12. 4.	28. 5.	31. 5.	16. 6.	30. 7.	27. 10.	2. 11.
Bremen	22. 12. 76	5. 1. 77	21. 3.	12. 4.	—	31. 5.	16. 6.	30. 7.	10. 10.	15. 10.
Hamburg							1. 8.	10. 9.		
Hessen	24. 12. 76	8. 1. 77	4. 4.	26. 4.	28. 5.	31. 5.	28. 7.	10. 9.	—	—
Niedersachsen	22. 12. 76	5. 1. 77	23. 3.	12. 4.	28. 5.	31. 5.	16. 6.	27. 7.	3. 10.	15. 10.
Nordrhein-Westfalen	23. 12. 76	8. 1. 77	28. 3.	16. 4.	28. 5.	31. 5.	7. 7.	20. 8.	17. 10.	22. 10.
Rheinland-Pfalz	23. 12. 76	6. 1. 77	4. 4.	23. 4.	28. 5.	31. 5.	21. 7.	31. 8.	26. 10.	31. 10.
Saarland	23. 12. 76	8. 1. 77	4. 4.	23. 4.	—	28. 5.	21. 7.	3. 9.	31. 10.	5. 11.
Schleswig-Holstein	23. 12. 76	6. 1. 77	26. 3.	16. 4.	28. 5.	31. 5.	28. 7.	10. 9.	24. 10.	29. 10.

Angegeben sind jeweils der erste und letzte Ferientag

*) Berlin: Winterferien 31. 1.—19. 2. 1977

LITERATURVERZEICHNIS

Ein Teil der benutzten Literatur ist bei den einzelnen Kapiteln des Almanachs genannt. Von den folgenden Büchern, Zeitungen und Zeitschriften wurden die bis zum Redaktionsschluß vorliegenden neuesten Ausgaben ausgewertet.

Archiv der Gegenwart, Frankfurt a. M. – Auslandskurier, Schwäbisch Hall – Außenhandelsblätter der Commerzbank – Außenhandelsdienst der BfG, Hamburg – B. V.-Informationen – Börsen- und Wirtschaftshandbuch, hg. v. d. Frankf. Allg. Zeitung – Börsenblatt für den Deutschen Buchhandel, Frankfurt a. M. – Brockhaus-Lexikon – Calendario Atlante de Agostini, Novara – Capital, Hamburg – Current Scene, Hongkong – Demogr. Yearbook, UNO-Publ., New York – Der Spiegel, Hamburg – Deutsches Bühnenjahrbuch, Hamburg – Die Währungen der Welt, hg. v. d. Dt. Bundesbank – Die Welt, Hamburg – Die Weltwirtschaft, Kiel – Die Zeit, Hamburg – Economic Review, hg. v. Nat. Inst. of Econ. and Social Research, London – European Yearbook, London – Fortune, Chicago-New York – Frankfurter Rundschau, Frankfurt a. M. – Grosse, W.: Taschenbuch der Weltorganisationen, München – Haefs, H. u. H. von Siegler: Politische, militärische, wirtschaftliche Zusammenschlüsse und Pakte der Welt, Bonn – Handbuch der Auslandspresse, hg. v. Inst. f. Publizistik der Freien Universität Berlin – Herder-Lexikon, Freiburg i. Br. – Handelsblatt, Düsseldorf – Information Please Almanac, New York – Intern. Monatszahlen, hg. v. Statistischen Bundesamt, Stuttgart – Intern. Afrika-Forum, hg. v. Eur. Inst. f. Pol., Wirtsch. und soz. Fragen, München – Intern. Handbuch, hg. v. L. Munzinger, Ravensburg – Jahrbuch der DDR, hg. v. Inst. f. Zeitgesch., Ost-Berlin – Länder der Erde, Ost-Berlin – Le Monde, Paris – Media Perspektiven, Frankfurt a. M. – Merkblätter für den Außenhandel d. Dresdner Bank – Metallstatistik, hg. v. d. Metallgesellschaft AG, Frankfurt a. M. – Monthly Bulletin of Agricultural Economics and Statistics (FAO-Publ.), Rom – Monthly Bulletin of Statistics, UNO-Publ., New York – Österreich-Bericht, zusammengest. v. Bundespressedienst d. Bundeskanzleramtes, Wien – Osteuropa, Mithg. K. Mehnert, Stuttgart – Political Handbook of the World, New York – Soldat und Technik, red. v. K. Neher, Frankfurt a. M. – Statistical Yearbook, UNO-Publ., New York – Statistisches Jahrbuch für die Bundesrepublik Deutschland, hg. v. Statist. Bundesamt, Wiesbaden/Stuttgart/Mainz – Statistisches Handbuch für die Republik Österreich, hg. v. Österr. Statist. Zentralamt, Wien – Statistisches Jahrbuch der Schweiz, hg. v. Eidg. Statist. Zentralamt, Bern – Statistisches Jahrbuch der Deutschen Demokratischen Republik, hg. v. d. Staatl. Zentralverwaltung für Statistik, Ost-Berlin – Statistisches Taschenbuch, hg. v. d. Staatl. Zentralverwaltung f. Statistik, Ost-Berlin – Statistical Yearbook der UNESCO, Paris – Stein, W.: Kulturfahrplan, Berlin – Taschenbuch für Atomfragen, Bonn – Süddeutsche Zeitung, München – Taschenbuch für den Gemeinsamen Markt, Frankfurt a. M. – Taschenbuch für Wehrfragen, Bonn – The Europe-Year-Book, London – The State of Food and Agriculture, Rom – The Statesman's Year-Book, London – The New York Times – The Times, London – The World Almanac and book of facts, New York – Wirtschaft u. Statistik, hg. v. Statistischen Bundesamt, Stuttgart – Wiss. Dienst Südosteuropa, München – Witthauer, K.: Demographische Beiträge in Peterm. Geogr. Mitt., Gotha; ders. u. a.: Die Erde, Gotha – Wochenbericht d. Dt. Inst. f. Wirtschaftsforschung, Berlin (West) – World Christian Handbook, London – Year Book of Int. Organizations, Brüssel – Wirtschaftsbericht über die lateinamerik. Länder usw., hg. v. Deutsche Überseeische Bank, Hamburg – Zeitschr. f. Wirtschaftsgeographie, hg. v. J. Siedentop, Hagen – Kulturpolitische Korrespondenz, redigiert von P. Nasarski – Estudio Económico de América Latina, New York – Luzerner Neueste Nachrichten – Neue Zürcher Zeitung – Fochler-Hauke, G., Hg. »Länder, Völker, Kontinente« I–III, in »Lexikothek«, Gütersloh; ders.: Die Welt unserer Zeit (Aikamme Maailma) I/III, Helsinki 1975/76 – Berichte d. Inst. f. Internat. Politik u. Wirtschaft, Berlin (Ost)

NACHTRAG WICHTIGER NACH REDAKTIONSSCHLUSS EINGETRETENER EREIGNISSE

Ägypten Präsident *Anwar as Sadat* wird am 16. 9. durch eine Volksabstimmung wiedergewählt. – **Äthiopien** Am 23. 9. mißlingt ein Anschlag auf das DERG-Mitglied Major *Menghistu Hailé Mariam (Miriam).* – **Chinesische Volksrepublik** Rangfolge beim Staatsakt für *Mao Tse-tung* am 18. 9.: *Hua Kuo-feng, Wang Hung-wen, Jeh Tschien-jing, Tschang Tschun-tschiao, Sung Tsching-ling, Tschiang Tsching.* – **Cuba** *Fidel Castro* erklärt am 29. 9., das Volk müsse wegen der wirtschaftlichen Schwierigkeiten »Opfer bringen«. – **Deutschland** *Joseph Kardinal Höffner* wird am 22. 9. zum neuen Vorsitzenden der Deutschen Bischofskonferenz gewählt. – Am 28. 9. werden im sogen. »Hamburger Anarchistenprozeß« acht Angeklagte zu Freiheitsstrafen zwischen zwei und sieben *(Christa Eckes)* Jahren verurteilt. – Die Zahl der Arbeitslosen beträgt am 30. 9. 898 700 (dav. 96 000 Jugendliche unter 20 Jahren u. 79 300 Ausländer; Quote 3,9 %). – Am 3. 10. tritt der hessische Ministerpräsident *Albert Osswald* (SPD) zurück; SPD und F.D.P. einigen sich auf den bisherigen BGF der SPD, *Holger Börner*, als Nachfolger. (Bundestagswahl s. S. 877) – **EG** Die Zahl der Arbeitslosen in der Gemeinschaft erreicht Ende September 5,05 Mill. – Die Verhandlungen über eine Assoziierung Griechenlands werden aufgenommen. – Die Außenminister unterzeichnen am 20. 9. die Rechtsakte über die erste Direktwahl des Europ. Parlamentes im Frühjahr 1978. Der Kongreß der britischen »Labour Party« lehnt am 29. 9. die Direktwahl ab. – **Europarat** Portugal wird am 22. 9. als 19. Mitglied aufgenommen. – **Finnland** Ministerpräsident *Martti Miettunen* erklärt am 17. 9. wegen Differenzen mit den linken Parteien seiner Koalition den Rücktritt und bildet, vom Präsidenten erneut beauftragt, am 29. 9. ein Minderheitskabinett aus Vertretern der Mittelparteien, mit *Keijo Korhonen* als Außenminister. – **Frankreich** Ministerpräsident *Raymond Barre* legt am 22. 9. seinen Plan zur Bekämpfung der Inflation vor (Ausgeglichener Staatshaushalt, Begrenzung der Erdöleinfuhr, erhöhte Besteuerung der mittleren und hohen Einkommen, Lohn- u. Preisstop bis Ende 1976) und stößt auf heftigen Widerstand seitens der Linksparteien und Gewerkschaften. – **Gibraltar** Nach dem Wahlsieg seiner Partei (AACR) übernimmt Chefminister Sir *Joshua Hassan* erneut das Amt des Regierungschefs. – **Griechenland** Die Strafkammer des »Areopag« stimmt am 1. 10. der Auslieferung von *Rolf Pohle* (s. »Weltchronik«: Bundesrepublik) zu; *Pohle* wird am selben Tag nach der Bundesrepublik ausgeflogen. Die griechischen Linksparteien verurteilen die Auslieferung. – **Großbritannien** Energieminister *Tony Benn* schlägt am 27. 9. zur Überwindung der wirtschaftlichen Krise eine Abkehr von der Marktwirtschaft vor und empfiehlt ein sozialistisches Programm. – Der Pfundkurs erreicht Ende September mit 4,05 DM einen neuen Tiefstand. – **Laos** Parlamentspräsident *Muon Sches (Chez)* übernimmt wegen Erkrankung von *Pol Pot* Mitte September die Führung der Regierungsgeschäfte. – **Italien** Nach offiziellen Angaben sind von den Erdbeben in Friaul 93 435 Personen betroffen, 76 660 dadurch obdachlos und bis Ende September 40 352 umgesiedelt worden. Die Zahl der Todesopfer wird (vorl.) mit nahezu 1000 angegeben. – Am 1. 10. wird *Pier Luigi Romita* als Nachfolger von *Giuseppe Saragat* zum Generalsekretär der Sozialdemokraten/PSDI gewählt; *Saragat* bleibt Ehrenpräsident. – **Libanon** *Elias Sarkis* wird am 23. 9. als Nachfolger von *Sulaiman Franschije* in Schtaura (Chtaura) in Anwesenheit von 67 der 99 Abgeordneten und u. a. in Abwesenheit des Ministerpräsidenten *Raschid Karamé* als Staatspräsident vereidigt. – Syrische Verbände rücken Ende September weiter in von Linksgruppen kontrollierte Gebiete vor. – **Mali** Staatspräsident *Moussa Traoré* kündigt am 21. 9. die Gründung einer Einheitspartei (»Union démocratique du peuple malien«/UDPM) an. – **Malta** Premierminister *Dom Mintoff* gewinnt bei den Wahlen vom 17./18. 9. mit 34 Sitzen die Mehrheit und bildet erneut die Regierung; er erklärt, daß der NATO-Stützpunkt bis 1979 aufgegeben werden müsse. – **Mexiko** Anfang Oktober verursacht ein Wirbelsturm im Bereich der Stadt La Paz schwere Schäden und fordert vermutlich über 1000 Menschenleben. – **Österreich** Am 1. 10. stellt Bundeskanzler *Bruno Kreisky* die neuen Minister seines Kabinetts vor. – **Polen** Die wegen der Demonstrationen gegen angekündigte Preiserhöhung gegen Arbeiter verhängten Strafen werden am 27. 9. ermäßigt und zur Bewährung ausgesetzt. – **Namibia** s. Vereinte Nationen. – **Portugal** s. »Europarat«. – **Rhodesien** Nach Verhandlungen von US-Außenminister *Henry A. Kissinger* mit dem rhodesischen Premierminister *Ian Smith*, dem südafrikanischen Regierungschef *B. J. Vorster* und den Staatspräsidenten der sog. »Frontstaaten« (Angola, Botswana, Mosambik, Sambia und Tansania) stimmen Regierung und Parlament Rhodesiens angesichts der Gesamtsituation dem Plan, innerhalb von zwei Jahren die Macht an eine schwarze Mehrheitsregierung abzugeben, unter folgenden Bedingungen zu: Errichtung eines »Staatsrates« unter Vorsitz eines Weißen, Bildung einer Übergangsregierung, Ausarbeitung einer Verfassung; Einstellung der Guerilla-Aktionen, Garantien für die wirtschaftliche Existenz der Weißen. Die »Frontstaaten«-Präsidenten lehnen die gestellten Bedingungen ab und fordern u. a. die sofortige Einberufung einer Verfassungskonferenz. Die Führer von ZANU, ZAPU, FROLIZI und der (in Mosambik) 1975 neu gebildeten »Simbabwe-Volksarmee«/ZIPA unter *Robert Mugabe* sowie der ANC-Flügel (s. »Weltchronik«: Rhodesien) vermögen es bis Anfang Oktober nicht, ihre Differenzen beizulegen, wobei ethnische Gegensätze (Maschona/Matabele bzw. Ndebele) eine Rolle spielen. – **Schweden** Die Reichstagswahlen vom 19. 9. ergeben folgende Mandatsverteilung: Sozialdem. 152 (geg. 1973 –4), Zentrum 86 (–4), Konservative 55 (+4), Liberale 39 (+5), KP 17 (–2). Zum Regierungschef einer bürgerlichen Koalition wird *Thorbjörn Fälldin* gewählt (Außenminister *Karin Söder*). **Seschellen** s. »Vereinte Nationen« – **Spanien** Der als liberal geltende Generalleutnant *Manuel Gutiérrez Mellado* wird am 22. 9. vom König zum Ersten Stellv. Ministerpräsidenten ernannt. – **Syrien** Drei propalästinensische Terroristen, die am 26. 9. in einem Hotel in Damaskus 90 Geiseln nehmen, werden überwältigt und am 27. 9. öffentlich gehängt. – **Thailand** Nach blutigen Zusammenstößen zwischen demonstrierenden Studenten und Polizei wird die Regierung *Seni Pramot (Pramoj)* am 6. 10. gestürzt und das Parlament aufgelöst. Die Macht übernimmt der neue Verteidigungsminister *Sangad* an der Spitze eines »Nationalen Reformrates«. – **Türkei** Beim Absturz einer türkischen »Boeing 727« verlieren in der Nacht zum 20. 9. 154 Menschen ihr Leben. – **Uganda** Nach einem kenianisch-ugandischen Communiqué vom 22. 9. verzichtet Uganda auf alle territorialen Ansprüche gegenüber Kenia. – **Vereinigte Staaten von Amerika** Ein Gericht in San Francisco verurteilt am 24. 9. *Patricia Hearst* (s. »Weltchronik«) wegen Beteiligung an einem Bankraub zu sieben Jahren Gefängnis. – **Vereinte Nationen** Die 31. Vollversammlung (Präs.: *Hamilton Shirley Amerasinghe*) beginnt am 21. 9. und nimmt die *Seschellen* als ***145. Mitglied*** auf. Der Vertreter der Bundesrepublik erhält den Vorsitz der Sozialkommission, der DDR-Vertreter wird einer der 17 Stellvertreter des Präsidenten. Bis zum Ende der Sitzungsperiode (21. 12. 1976) sollen die 122 Punkte der Tagesordnung abgewickelt werden. – Bundesaußenminister *Hans-Dietrich Genscher* fordert am 28. 9. die Schaffung einer internationalen Konvention gegen Geiselnahme und die Errichtung einer Institution zur Wahrung der Menschenrechte. – US-Außenminister *Henry A. Kissinger* warnt am 30. 9. vor »ausländischer Einmischung« im südlichen Afrika und spricht die Überzeugung aus, Südwestafrika werde in einer »festgelegten kurzen Zeitspanne« als »Namibia« unabhängig sein, Rhodesien innerhalb von zwei Jahren als unabhängiger Staat eine schwarze Mehrheitsregierung haben und die Rep. Südafrika ihre Politik der Rassentrennung beenden müssen. *Kissinger* warnt vor einem Zerfall der UNO durch Blockbildungen. – **Weltraumforschung** Am 14. 9. startet das sowjetische Raumschiff »Sojus 22« mit *Walery Bykowski* und *Wladimir Aksjonow* an Bord. – Die ersten Bodenuntersuchungen von »Viking II« ergeben keine Hinweise auf Spuren von Leben auf dem Mars.

Meldung vom 11. 10. 1976:

Chinesische Volksrepublik Neuer Vorsitzender des ZK und des Politbüros *Hua Kuo-feng*.

WAHL ZUM 8. DEUTSCHEN BUNDESTAG AM 3. 10. 1976 (19. 11. 1972)

(Nach »Statist. Bundesamt«; 1976 vorl. amtl. Ergebnis. – Weitere Vergleiche s. S. 73; Erläuterung der Abkürzungen s. S. 117)

Wahlberechtigte	41 956 768	(41 446 302)
Gültige Stimmen	37 824 048	(37 459 750)
Wahlbeteiligung	91,0 %	(91,1 %)

Stimmen und Stimmenanteil

CDU/CSU	18 396 794 / 48,6 %	(16 806 020 / 44,9 %)
SPD	16 098 632 / 42,6 %	(17 175 169 / 45,8 %)
F.D.P.	2 995 160 / 7,9 %	(3 129 982 / 8,4 %)
AUD	22 272 / 0,1 %	–
AVP	4 794 / 0,0 %	–
CBV	6 686 / 0,0 %	–
DKP	118 483 / 0,3 %	(113 891 / 0,3%)
EAP	6 851 / 0,0 %	–
Fünf-%-Block	2 925 / 0,0 %	–
GIM	4 767 / 0,0 %	–
KPD	22 801 / 0,1 %	–
KBW	19 970 / 0,1 %	–
NPD	122 428 / 0,3 %	(207 465 / 0,6 %)
UAP	778 / 0,0 %	–
VL	707 / 0,0 %	–
RFP[1] u. WGR[2]	3 936 / 0,0 %	–

[1] = »Recht und Freiheit«-Partei; [2] = Wählergruppen

Sitzverteilung im Bundestag 1976 (1972) CDU/CSU 244 (225) – SPD 213 (230) – F.D.P. 39 (41). Dazu 22 Berliner Abgeordnete mit beschränktem Stimmrecht: CDU 11 (9) – SPD 10 (12) – F.D.P. 1 (1)

Das *Durchschnittsalter der Abgeordneten* liegt beim 8. (7.) Bundestag bei 47,3 (46,8) Jahren; der Anteil (vorl. Zahlen) von Vertretern des öffentlichen Dienstes liegt bei etwa 40 %, der Arbeiter bei 4 % und der Frauen (insgesamt 39) bei 7,5 %.

Bundesländer Stimmenanteil in % 1976 (1972)
(ohne die kleinsten politischen Gruppen)

	CDU (in Bayern CSU)		SPD		F.D.P.		NPD		KPD	
Baden-Württemberg	55,3	(49,8)	36,6	(38,9)	9,1	(10,2)	0,4	(0,8)	0,2	(0,2)
Bayern	60,0	(55,1)	32,8	(37,8)	6,2	(6,1)	0,4	(0,7)	0,2	(0,2)
Bremen	32,5	(29,6)	54,0	(58,1)	11,8	(11,1)	0,3	(0,5)	0,8	(0,7)
Hamburg	35,8	(33,3)	52,6	(54,4)	10,2	(11,2)	0,2	(0,4)	0,8	(0,6)
Hessen	44,8	(40,3)	45,7	(48,5)	8,5	(10,2)	0,3	(0,6)	0,4	(0,4)
Niedersachsen	45,7	(42,7)	45,7	(48,1)	7,9	(8,5)	0,3	(0,5)	0,2	(0,2)
Nordrhein-Westfalen	44,5	(41,0)	46,9	(50,4)	7,8	(7,8)	0,2	(0,3)	0,3	(0,3)
Rheinland-Pfalz	49,5	(45,9)	41,7	(44,9)	7,6	(8,1)	0,4	(0,8)	0,3	(0,3)
Saarland	46,2	(43,4)	46,1	(47,9)	6,6	(7,1)	0,4	(0,8)	0,5	(0,7)
Schleswig-Holstein	44,1	(42,0)	46,4	(48,6)	8,8	(8,6)	0,3	(0,5)	0,2	(0,2)

Der CDU-Vorsitzende *Helmut Kohl* erklärt am 7. 10. seine Absicht, sein Amt als Ministerpräsident von Rheinland-Pfalz niederzulegen und die Oppositionsführung in Bonn zu übernehmen.

Register

Die in *Kursivdruck* erscheinenden Seitenzahlen verweisen auf Anfänge eines Hauptabschnittes. Nur häufig wiederkehrende Begriffe und wichtige geographische Namen werden in diesem Register aufgeführt. Insbesondere konnten folgende Abschnitte aus Platzmangel nicht aufgenommen werden: »Abkürzungen« (S. 21), »Auszeichnungen« (S. 485), »Verstorbene Persönlichkeiten« (S. 837) und »Jahrestage 1977« (S. 849).